玉溪年鉴

2021

【第29卷】

中共玉溪市委　玉溪市人民政府　主办

中共玉溪市委党史研究和地方志编纂办公室　编

云南出版集团

云南人民出版社

图书在版编目（CIP）数据

玉溪年鉴. 2021 / 中共玉溪市委党史研究和地方志编纂办公室编. -- 昆明：云南人民出版社, 2021.12
ISBN 978-7-222-20517-8

Ⅰ. ①玉… Ⅱ. ①中… Ⅲ. ①玉溪－2021－年鉴
Ⅳ. ①Z527.43

中国版本图书馆CIP数据核字（2021）第225052号

出 版 人： 赵石定
责任编辑： 张力山
责任校对： 闵艳平
责任印制： 李寒东

玉溪年鉴 2021
YUXI NIANJIAN 2021
中共玉溪市委党史研究和地方志编纂办公室　编

出　版　云南出版集团　云南人民出版社
发　行　云南人民出版社
社　址　昆明市环城西路609号
邮　编　650034
网　址　www.ynpph.com.cn
E-mail　ynrms@sina.com
开　本　889mm × 1194mm　1/16
印　张　27.5
字　数　1055千
版　次　2021年12月第1版第1次印刷
制　作　昆明美雅奇印务有限公司
印　刷　云南速盈印刷有限公司
书　号　ISBN 978-7-222-20517-8
定　价　350.00元

如有图书质量及相关问题请与我社联系
审校部电话：0871-64164626
印制科电话：0871-64191534
如有印装问题请与承印厂联系，联系电话：0871-63302934

云南人民出版社微信公众号

通信地址　中共玉溪市委党史研究和地方志编纂办公室

（红塔区东风广场一号路上郑井 28-1 号 301 室）

邮政编码　653100

联系电话　0877-2025488

电子邮箱　yxdfzb@163.com

撰稿人员名单

（按文章顺序排列）

艾勇智　李相宏　王　媛　俞　江　段鸿斌　普丽萍　曹　瑞　白绍龙　林　可　陈福生
李明蔚　张　洁　徐瑞江　李咏励　陈雪娇　瞿星宏　官家燕　吴　磊　潘翠华　刘仕芬
许　勇　马国富　黄蕊仪　黄晓薇　杨艾琪　周海琼　刘亚丹　郭春梅　雷　蕾　杨继林
王建文　王　丹　张　迪　陈　刚　段青衿　张　坤　王文富　张　然　普玉龙　蔡　娥
吕　丽　白　帆　秦甜甜　吴　敏　王宏伟　张　明　颜洪敏　李双艳　杨耀兰　周文忠
赵艳丽　黄晓芳　黄莲英　张学芳　朱林立　林姣姣　施丽梅　廖树琼　杨雪莲　陈云端
李连坤　张红梅　张志军　孙　钺　吕　萍　杨云光　候贵琼　肖　梅　李敏华　扬灼雄
杨晓橙　李鸿俊　刘双玲　李连兴　阮　波　张培清　张员超　王宝云　曾维庆　董　灵
普　燕　陈燕红　方永宏　徐彦明　普文学　尹绍萍　龚文颖　秦　婧　李红彦　王田珍
旃庆全　刘建辉　普　群　张　波　瞿　观　安正云　胡选江　王文智　杨淑艳　钱荣青
沐　婵　尹琳芳　张丽慧　杨春江　李忠跃　蒋志东　吴建勇　高兴忠　倪海浪　陈桂芬
杨清华　向小华　孙红梅　高　倩　白寿光　何忠仙　彭　林　杨　妹　孟玉芳　苏玉龙
张　婧　应倩倩　赵雪如　刘晰恺　张国栋　赵腾蛟　吴　媛　李东华　张国英　祝德勇
王继青　方绍东　高　丽　周　游　柴文斌　杨　蕾　王　曦　余进宏　韩　楠　李　力
李　强　姚　梅　李　林　赵艳芳　杨媛媛　黄擂心　张　楠　王　松　段彩云　瞿　敏
柏存龙　管迎春　桂登云　乔艳梅　刘园丽　李晓琳　白云兰　廖　雁　龙　蓉　赵基臣
赵杨骁潇　潘文强　信长科　雷亚萍　雷冬梅　邹丽辉　罗雅馨　李跃辉　沈海亮　陈永丽
李　彤　刘家伟　管紫婷　唐文娟　邵昌云　张帆舸　胡贵青　尹艳彬　杨金发　杨　菡
刘寒丽　易　帅　毛倩雯　杨黎冉　郭　力　候树平　杨仕才　张　开　杨强国　陈跃明
周　洁　谭　悦　迟天龙　业　凌　戴廷波　陈　琳　李洪周　靳志良　解家敏　董文明
董朝阳　王冬洁　赵志丹　瞿　俊　郭文俊　曾琪芮　胡　晓　周泽宝　尹俊峰　靳　雨
李　敏　王　一　杨云舒　李忠福　谭　俊　熊　位　殷学勇　杨　勇　李卓泽　罗启元
陈南男　马一雄　梁　昆　陶晓兰　张喜云　杨　敏　杨　赟　刘　毅　杨云舒　瞿文君
刘　毅　顾世丹　王　博　徐亚玲　姜力榕　张培学　王静霞　王　蕊　张琼梅　马　苑
陈　娜　普　悦　刘燕锋　张　涛　李　丹　普　允　吴瑞帅　普俊松　杨　梦　瞿梦扬
扬晶晶　杜　洋　杞云搏　唐丽婷　黎明燕　许珊珊　杨新燕　赵思嘉　邓雪松　罗永波
邓光明　王一舒　孔凡莲　龙江涛　王　锦　晋新苑　史　丽　杨筱劼　陈　明　赵艳霞
杜有福　张　鹏　张　莉　杨　梅

编辑说明

一、《玉溪年鉴》是中共玉溪市委、玉溪市人民政府主办，中共玉溪市委党史研究和地方志编纂办公室编纂出版的地方综合性年鉴。自 1993 年，每年出版 1 卷，2021 卷为第 29 卷。

二、《玉溪年鉴》坚持以马克思列宁主义、毛泽东思想、邓小平理论、“三个代表”重要思想、科学发展观和习近平新时代中国特色社会主义思想为指导，坚持辩证唯物主义和历史唯物主义的立场、观点和方法，坚持“质量第一、常编常新”的编鉴宗旨，全面系统翔实地记述全市政治、经济、文化、社会、生态等各方面的基本情况、深刻变化和重大成就，是领导决策、部门开展工作的权威性、综合性、基础性、实用性、史册性的资料工具书，也是外界了解认识玉溪的重要窗口。

三、《玉溪年鉴 2021》记述玉溪市 2020 年度各方面的情况。全书分为图片专辑、特载、专文、大事记、市情概览、中共玉溪市委员会、玉溪市人民代表大会、玉溪市人民政府、政协玉溪市委员会、纪检监察、民主党派·工商联、人民团体、法治、军事、农业、水利、工业、烟草产业、园区经济、城乡发展、环境保护、经济管理、商业贸易、交通·邮政、财政·税务、金融业、教育体育、科学技术、文化旅游、卫生与健康、社会生活、人物、统计资料、索引 34 个类目，各类目下设分目，基本资料以条目形式撰写。全书共有条目 1479 条，照片 185 幅，统计图 17 个，表格 37 个，力求做到图文并茂，切实增强年鉴的信息量和可读性。

四、本年鉴设有目录和索引两种检索方法，目录在卷首，索引在卷尾。目录编排到条目；索引采用主题分析法，按主题词首字音序排列。

五、本年鉴在反映数量变化时，一般与 2019 年年末数相比，文中出现“上年”字样，均指 2019 年。在数据采用时，凡有统计数据的，采用统计数据；没有统计数据的，采用部门数据。在记述中，部分单位、事件等名称，第一次出现时用全称，以后用简称。

六、本年鉴所采用的稿件均由市直各有关单位和各县（市、区）委史志办提供，并经单位领导审定。

《玉溪年鉴》编辑部

重要活动

2020 年，面对复杂多变的国内外环境特别是新冠肺炎疫情冲击，全市上下坚持以习近平新时代中国特色社会主义思想为指导，认真学习党的十九大和十九届二中、三中、四中、五中全会精神，深入贯彻习近平总书记考察云南重要讲话精神，坚决落实省委省政府对玉溪市的工作要求，统筹推进新冠肺炎疫情防控和经济社会发展，扎实做好“六稳”工作，全面落实“六保”任务，经济运行持续回升，民生得到较好保障，社会大局和谐稳定，“玉溪之变”形成新的发展势能。

① 2020 年 8 月 1 日，全市 2020 年下半年加快项目建设投资“百日攻坚行动”工作会议召开
② 2020 年 8 月 15 日，玉溪市领导干部学习贯彻党的十九届四中全会和习近平总书记考察云南重要讲话精神研讨班开班
③ 2020 年 11 月 25 日，澄江市成功创建全国文明城市总结暨玉溪市创建全国文明城市动员会召开

（曾永洪　摄）

①

玉溪市领导干部学习贯彻党的十九届四中全会和习近平总书记考察云南重要讲话精神研讨班
②

澄江市成功创建全国文明城市总结暨玉溪市创建全国文明城市动员会
③

产业升级

2020 年，市委市政府出台 25 条应对疫情稳增长的政策举措，加强重点产业调研指导，推动经济稳定复苏、逐季向好。现代农业稳中有进，烟菜花果药畜 6 大产业量效齐增，红塔区、通海县入围国家花卉、蔬菜优势特色产业集群。工业经济平稳发展，烟草制品业发挥经济增长“压舱石”作用，玉溪卷烟厂技改项目开工建设，卷烟及配套产业增加值与上年持平，云南绿色钢城建设取得突破性进展。服务业稳步复苏，开展一系列促消费活动，夜间经济、电商直播助推消费回暖，青花街等特色街区开街运营，京东玉溪“互联网 +”新经济效益初显。启动云南数字经济第一城建设，区块链产业金融服务平台成功上线，入驻金融机构 31 家，注册企业 3871 户，解决融资需求 58.3 亿元。

①

②

③

④

①2020 年 12 月 21 日，沃森生物新冠疫苗生产车间建设奠基仪式

②新平工业园区力高（云南）箱包有限公司生产车间

③研和工业园区玉溪西美西节能减排服务有限公司生产车间，技术工人生产便携式氧气呼吸器

④玉溪大红山矿业有限公司以数字赋能打造“智慧矿山”

（曾永洪　摄）

三大战役

2020年，玉溪市坚持“两个毫不动摇”，引导民营企业参与混合所有制改革，设立工业产业发展引导基金，积极培育“专精特新”中小企业和行业“小巨人”。构建县域梯次发展格局，大力培育县域经济强县，壮大特色产业集群，加强县域财源建设。引导开发区差异化发展，推进玉溪高新区打造千亿级产业园区。

① 云南通力物流集团有限公司现代化物流园
② 江川区不断加快高原特色农业发展步伐，图为云南农业科技园工人管理优质花苗
③ 红塔区北城工业园区云南蓝晶科技股份有限公司现代化生产车间
④ 高新区九龙片区云南玉溪中汇电力设备有限责任公司生产电动汽车直流电充电桩

（曾永洪　摄）

①

②

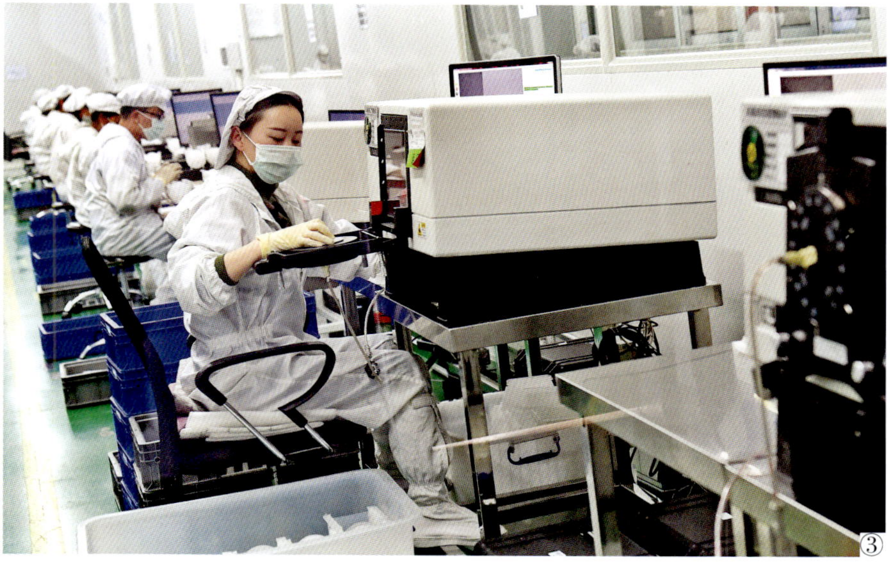
③

④

五网建设

2020年，玉溪市严格落实市级领导包保工作机制和“一把手”责任制，实施“百日攻坚行动”和“红黑榜”制度，强化促投资稳增长调度，加快推进“两新一重”建设，全年新开工入库项目758个，“四个一百”项目完成投资189亿元。弥玉、玉楚高速公路建设稳步推进，永金、澄华、峨石红高速开工建设，元蔓、大戛、墨临（玉溪段）高速基本完工，澄川高速建成通车。启动全域现代化水网规划建设，西水东调新平十里河输水管道工程开工，滇中引水工程（玉溪段）顺利推进。

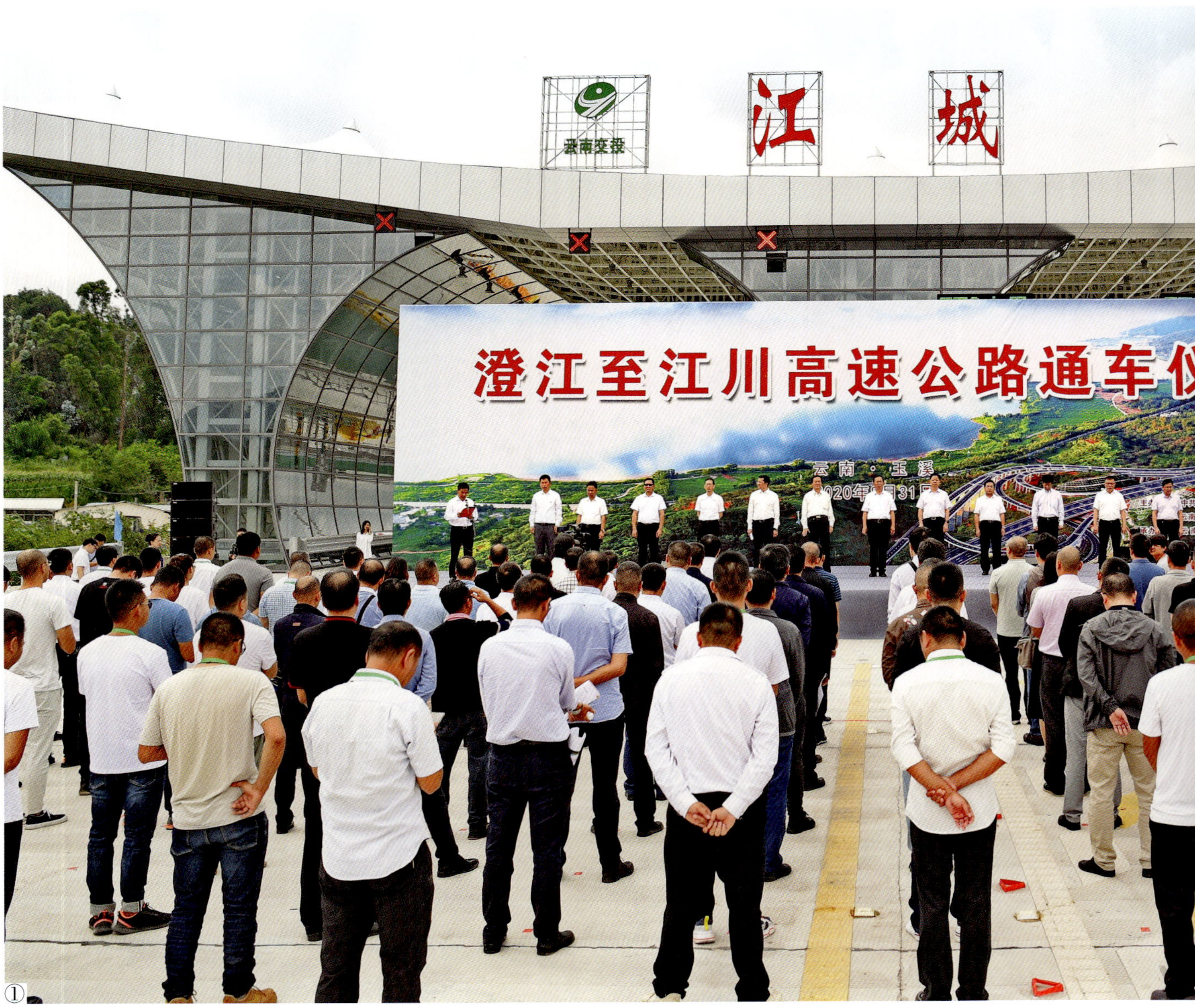

①

①2020年8月31日，玉溪举行澄川高速公路通车仪式（曾永洪　摄）
②澄川高速公路大凹段（李培润　摄）
③新平县平甸河水库（曾永洪　摄）
④正在建设中的玉磨铁路峨山火车站（峨山县交通运输局　提供）

城乡发展

2020 年，全市国土空间规划编制全面启动，村庄规划进一步提升完善。以红塔区“三城”、澄江“三个国际城市”建设为重点，城乡规划、美丽县城、旧城改造、人居环境整治等工作加快推进。红塔区城市规划区范围内全面停止“一户一宅”审批，高铁新城片区社区居民公寓启动建设。创建美丽乡村 80 个，新平县获评云南省“美丽县城”。改造老旧小区 226 个、棚户区 1722 套，峨山县改造经验在全省推广。新型智慧城市建设加快推进，在全国率先社会化发行智慧车牌 30 万个，建设智慧停车系统，新增机动车位 4787 个。

① 新平“美丽县城”建设有序推进
② 玉溪市加快推进半山酒店项目建设
③ 峨山县老旧小区改造
④ 市民在红塔区青花街休闲购物、品尝美食，特色街区点亮“夜间经济”
（曾永洪　摄）

②

①

③

④

生态建设

2020 年，玉溪市坚决打好蓝天、碧水、净土三大保卫战，中央和省环保督察反馈问题整改基本完成。全面建立河（湖）长制和“三湖”统一管理体制，“三湖”保护条例修订实施，“四退三还”“雷霆行动”成效显著，“三湖”水环境保护治理“十三五”规划和山水林田湖草项目基本完成。实施“深蓝抚仙湖、森林抚仙湖、七彩抚仙湖”建设，水质总体保持Ⅰ类。开展星云湖沿湖生态种植、养殖业污染负荷削减等专项攻坚，水质实现脱劣。3 个县、66 个乡镇获国家和省生态文明创建命名，森林覆盖率达 64.1%。

①

②

① 志愿者在抚仙湖主要入湖河道抚澄河开展河道清理　（曾永洪　摄）
② 2020 年 7 月 1 日，抚仙湖开湖捕鱼　（曾永洪　摄）
③ 玉溪大河畔的生态公园　（潘　泉　摄）
④ 江川区大街河整治工程　（曾永洪　摄）

③

④

脱贫攻坚

2020 年，全市上下深入开展脱贫攻坚“回头看补短板强弱项抓提升”行动，脱贫质量全面提升。落实就业帮扶机制，发放创业担保贷款 13 亿元，新增农村劳动力转移就业 7.3 万人、城镇就业 2.93 万人。

①

① 峨山县小街街道养殖大户李忠文生态养鸡大有“钱”途
② 山区群众因地制宜种植萝卜增收致富
③ 新平县建兴乡玉溪盛康食用菌开发有限公司食用菌扶贫车间助农增收
④ 2020 年，玉溪市建成 19 个就业扶贫车间。图为红塔区洛河乡双龙村无纺布加工扶贫车间

（曾永洪　摄）

②

③

④

民生保障

2020年，全市坚决兜住民生底线，十件惠民实事全部完成。新增养老床位5921张，社保参保率稳定在95%以上。投入教育经费69亿元，出台加快基础教育改革发展提高教育质量13条措施，“一村一幼”实现全覆盖，义务教育“控辍保学”动态清零，玉溪师范学院附属高新小学启动建设，新增普通高中学位1100个，市民族中学晋升为一级二等高中，玉溪师院高等职业技术学院挂牌成立。药品挂网采购顺利实施，澄江、新平、元江3县市中医院服务能力明显提升。

①

②

① 2020 年 9 月 2 日，峨山县小街街道舍郎社区白龙箐村稻农万长生家用水稻收割机收割稻谷

② 2020 年 11 月 4 日，通海县开展“担当——2020”地震救援跨区域实战演练

③ 2020 年 9 月 8 日，全市教育工作会议召开

④ 2020 年 3 月 27 日，元江县洼垤乡老茶已村村民有序分配生活用水，确保人畜饮水安全

（曾永洪　摄）

③

④

文体活动

2020年，玉溪市不断提升公共文化服务基础设施建设和覆盖，改造建设2个文化馆分馆、2个图书馆分馆、16个文化站，建设、提档升级5个博物馆。澄江化石地自然博物馆对公众开放。省第十六届运动会主场馆基本完工。成功创建中国最佳楹联文化城市、云南诗词之乡。全面开展全民阅读系列活动，建成农家书屋727个，乡愁书院6个，校园书店8个。放映农村公益电影4963场次，开展文化惠民演出640场次，受众80.4万人次。

① 2020年10月1日，玉溪市在聂耳文化广场举行国庆升国旗仪式，庆祝中华人民共和国成立七十一周年（曾永洪 摄）
② 新平县新化乡老五斗小学彝族山苏学生的足球梦（曾永洪 摄）
③ 2020年8月25日，市文明办主办2020年玉溪市新时代文明实践活动暨“我们的节日·七夕”主题活动（市委宣传部 提供）
④ 游客在澄江化石地博物馆参观（曾永洪 摄）

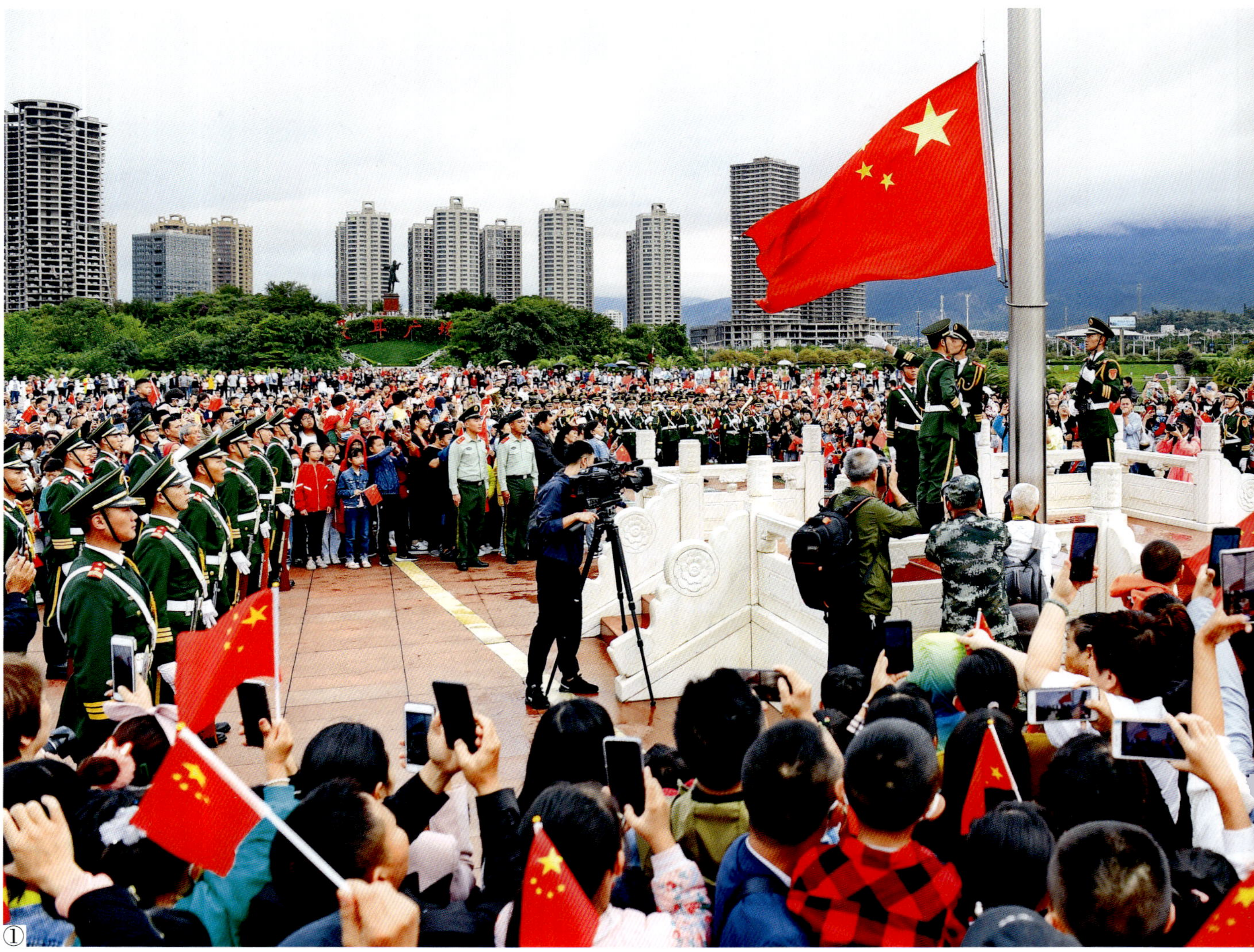
①

②

玉溪市新时代文明实践活动暨2020年玉溪市"我们的节日—七夕"主题活动
全面小康 奋斗有我 浪漫七夕 携手同行
主办单位：
协办单位：
承办单位：

③

④

抗击疫情

2020年，玉溪市坚持把人民生命安全和身体健康放在第一位，认真贯彻落实坚定信心、同舟共济、科学防治、精准施策的总要求，采取及时有效措施，控制了疫情蔓延发展。毫不放松抓好常态化疫情防控，压实“外防输入、内防反弹”防控责任，投入抗疫财政资金12亿元，有序抓好市场保供、复工复产、复学复市，全市生产生活秩序快速恢复。派出医护人员、公安干警、民兵驰援湖北保卫战和全省强边固防工作，为全国疫情防控大局作出了贡献。

①

① 2020年4月6日，玉溪市举行援鄂医疗队欢迎仪式 （曾永洪　摄）
② 2020年1月30日，执勤民警在呈澄高速收费站出口对入城车辆及人员进行登记、检测 （曾永洪　摄）
③ 隔离点值守 （红塔区　提供）

②

③

玉溪市行政区划图

楚雄彝族自治州
普洱市
新平彝族傣族自治县
元江哈尼族彝族傣族自治县
峨山
易门县
子午镇
双柏
大庄镇
大地基
新村镇
法脿镇
独田
爱尼山
碍嘉镇
安龙堡
大麦地镇
九甲镇
者竜
水塘镇
戛洒镇
漠沙镇
者东镇
和平镇
镇沅
平掌
建兴
团田镇
古城镇
孟弄彝族乡
新抚镇
新安镇
景星镇
德安
墨江
通关镇
龙坝镇
因远镇
咪哩
新平(桂山街道)
古城街道
新化
老厂
平甸
扬武
甘庄街道
曼来镇
元江(红河街道)
澧江街道
羊街
那诺
车古
绿汁镇
铜厂
小街
富良棚
塔甸镇
大龙潭
哀牢山国家级自然保护区
大雪锅山
磨盘山国家森林公园
磨盘山
龙泉国家森林公园
老黑山
阿波里山
大风垭口隧道
元江隧道
元江大桥
红河大桥
漠沙农场
甘庄华侨农场
红光农场
元江农场

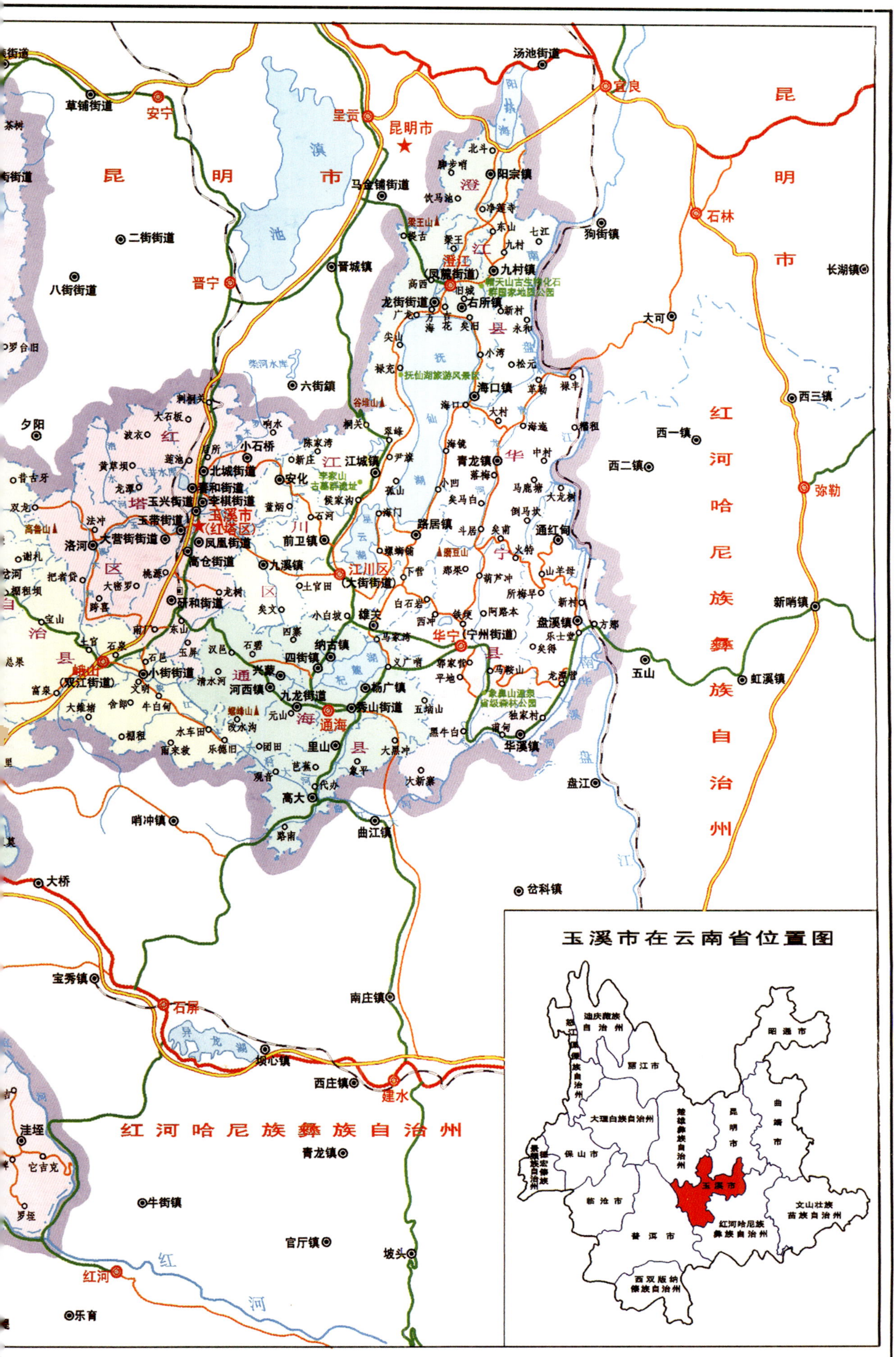
玉溪市在云南省位置图
迪庆藏族自治州
怒江傈僳族自治州
丽江市
昭通市
大理白族自治州
楚雄彝族自治州
昆明市
曲靖市
保山市
德宏傣族景颇族自治州
玉溪市
临沧市
文山壮族苗族自治州
红河哈尼族彝族自治州
普洱市
西双版纳傣族自治州
昆明市
昆明市
红河哈尼族彝族自治州
红河哈尼族彝族自治州
玉溪市(红塔区)
红塔区
江川区
澄江县
华宁县
通海县
峨山县
滇池
抚仙湖
星云湖
杞麓湖
阳宗海
异龙湖
昆明市
呈贡
晋宁
安宁
宜良
石林
弥勒
石屏
建水
红河
汤池街道
草铺街道
马金铺街道
二街街道
八街街道
晋城镇
六街镇
狗街镇
长湖镇
大可
西三镇
西一镇
西二镇
新哨镇
虹溪镇
五山
盘江镇
岔科镇
曲江镇
哨冲镇
大桥
宝秀镇
南庄镇
坝心镇
西庄镇
洼垤
它克
罗垤
牛街镇
青龙镇
官厅镇
坡头
乐育
阳宗镇
九村镇
右所镇
龙街街道
澄江(凤麓街道)
海口镇
帽天山古生物化石群国家地质公园
抚仙湖旅游风景区
江城镇
北城街道
春和街道
李棋街道
玉兴街道
玉带街道
大营街道
凤凰街道
高仓街道
研和街道
洛河
小石桥
安化
前卫镇
九溪镇
江川区(大街街道)
雄关
路居镇
青龙镇
通红甸
盘溪镇
华宁(宁州街道)
华溪镇
李家山古墓群遗址
象鼻山温泉省级森林公园
纳古镇
四街镇
兴蒙
河西镇
九龙街道
秀山街道
杨广镇
通海
里山
高大
峨山(双江街道)
小街街道
夕阳
审图号：云S（2017）021号

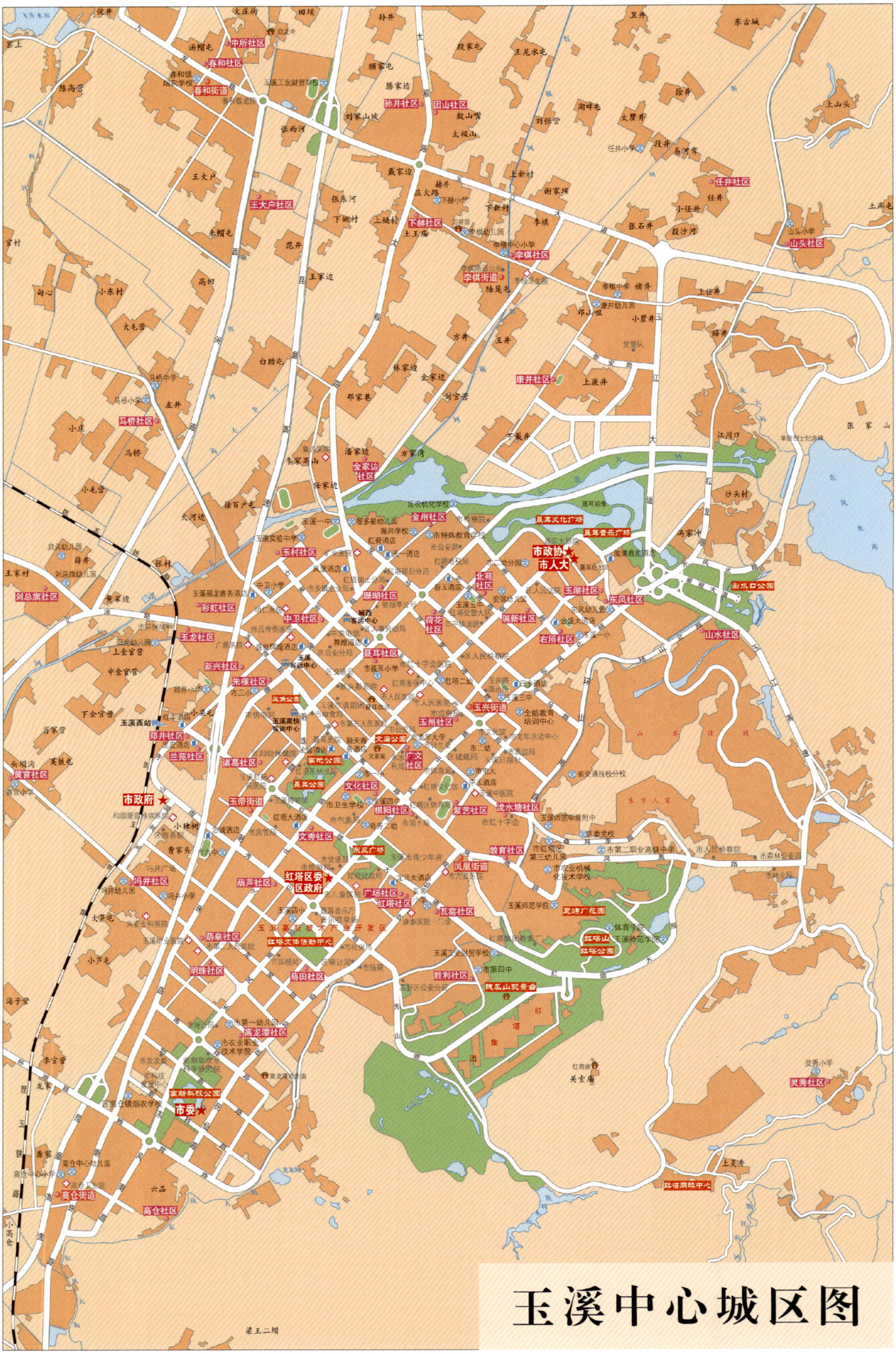

玉溪中心城区图

审图号：云S（2017）021号

目　录

CONTENTS

特　载

SPECIAL REPRINT

专　文

SPECIAL ARTICLES

大 事 记

A CHRONICLE OF MAIN EVENTS

市情概览

AN OVERVIEW OF YUXI MUNICIPALITY

中共玉溪市委员会
THE CPC COMMITTEE OF YUXI CITY

玉溪市人民政府

THE PEOPLE'S GOVERNMENT OF YUXI

政协玉溪市委员会

YUXI COMMITTEE OF CHINESE PEOPLE'S POLITICAL CONSULTATIVE CONFERENCE

纪检监察
DISCIPLINE INSPECTION AND SUPERVISION

民主党派·工商联
DEMOCRATIC PARTIES FEDERATION

人民团体
MASS ORGANIZATIONS

总工会

共青团玉溪市委

妇女联合会

科　协

侨　联

法　治
LEGAL SYSTEM

政法及综治

立法工作

法治政府建设

公　安

军 事

MILITARY

人民防空

农　业
AGRICULTURE

农业管理

农业经济管理

种植业

水　利

WATER CONSERVANCY

园区经济

PARK ECONOMY

城乡发展

URBAN AND RURAL CONSTRUCTION

科学技术
SCIENCE AND TECHNOLOGY

文化旅游
CULTURE AND TOURISM

文艺人才培养

文艺创作

文化遗产保护管理

文化场馆

新闻出版印刷管理及电影发行

广播电视

报 刊

景区建设与促销

旅游节庆活动

旅游行业管理

卫生与健康

HYGIENE

卫生管理

医疗保障

卫生规划与建设

卫生监督执法

基层卫生

疾病预防控制

卫生应急

妇幼保健

爱国卫生

医政管理

社会生活
SOCIETY

人 物
FIGURES

统计资料
STATISTICAL INFORMATION

索 引
INDEX

特　载

SPECIAL REPRINT

责任编校：李海明

在市委五届十二次全会
第一次全体会议上关于玉溪市国民经济和社会发展
第十四个五年规划和二〇三五年远景目标建议的报告

（2020年12月12日）

市委书记　王　力

现在，我受市委常委会委托，向全会作报告。

这次全会是在即将收官"十三五"、如期全面建成小康社会，乘势而上开启"十四五"、全面建设社会主义现代化新征程关键时刻召开的重要会议。主要任务是：以习近平新时代中国特色社会主义思想为指导，认真学习贯彻党的十九大和十九届二中、三中、四中、五中全会精神，深入贯彻习近平总书记考察云南重要讲话精神，全面落实省委十届十一次全会精神，审议通过《中共玉溪市委关于制定玉溪市国民经济和社会发展第十四个五年规划和二〇三五年远景目标的建议》《市委五届十二次全会决议》，动员全市上下凝心聚力、开拓进取，奋力谱写全面建设社会主义现代化国家的玉溪新篇章。

为让大家更好地理解和讨论规划建议，我就建议内容作简要报告。

第一，全面建成小康社会，开启社会主义现代化建设新征程

"十四五"时期是玉溪开启全面建设社会主义现代化新征程的第一个五年。我们必须提高政治站位，认真总结工作，深刻把握形势，找准发展定位，明确目标任务，奋力推动各项事业迈上新台阶、实现新跨越。

决胜全面建成小康社会取得决定性成就。"十三五"时期，市委认真贯彻中央和省决策部署，全市经济实力稳步提升，城乡居民人均可支配收入实现翻番，生产总值预计迈上两千亿元台阶，全部县（市、区）生产总值超百亿元。在全省州市中率先实现整体脱贫。进入高铁时代，实现县县通高速，启动全域现代化水网建设。江川撤县设区、澄江撤县设市。七十多项国家级、省级重大改革试点落地见效，农产品出口创汇领跑全省。玉溪市进入国家新一批创新型城市建设名单。澄江荣获第六届全国文明城市称号。抚仙湖水质稳定保持Ⅰ类，星云

湖水质实现脱劣，杞麓湖水质完成预定目标。捧得全国社会治安综合治理最高奖“长安杯”。抗击新冠肺炎疫情取得重大成果。全面从严治党纵深推进。“十三五”目标基本实现、全面小康胜利在望，为开启全面建设社会主义现代化新征程奠定了坚实基础。

“十四五”时期玉溪发展面临的机遇与挑战。从全球看，世界百年未有之大变局进入加速演变期，新一轮科技革命和产业变革深入发展，新冠肺炎疫情影响广泛深远。从全国看，我国经济长期向好的基本面没有改变，继续发展具有多方面优势和条件。从全省看，世界一流“三张牌”打造、现代产业体系构建、“数字云南”建设、昆玉同城化等决策部署接踵落地、集聚释能，为玉溪借势发展提供了重大机遇。从自身看，玉溪拥有战略节点性、生态宜居性、开放创新性、产业体系较完备性四大优势潜力。但也要看到，我们仍处在理念转变、动能转换、发展转型的紧要关头，多元产业体系尚未形成，良好的区位条件没有转化为服务业发展的竞争优势，投资对经济增长的贡献率远低于预期，新型城镇化建设步伐缓慢，财政收支矛盾突出，科技创新支撑能力不强，优质公共服务供给不足，“三湖”保护治理任务艰巨，社会治理存在短板，党的建设仍需加强，领导干部作风能力还不适应经济社会发展的要求。要科学研判“形”与“势”，辩证把握“危”与“机”，坚持目标导向、问题导向、结果导向，在危机中育先机、于变局中开新局。

立足新发展阶段谋划玉溪发展新蓝图。各级各部门要把学习贯彻党的十九届五中全会精神与学习贯彻习近平总书记考察云南重要讲话精神结合起来，科学把握新发展阶段的新形势、新任务、新要求，深刻把握习近平总书记对云南工作重要指示的精神实质和省委、省政府对玉溪的工作要求，全面对标对表，全面改进提高工作。正确认识把握玉溪在全省全国发展大局中的地位和作用，坚持把新发展理念贯穿到经济社会发展全过程。深入分析研究玉溪在国内大循环和国内国际双循环中的位置和比较优势，找准结合点和切入点，为构建新发展格局作出玉溪贡献。

“十四五”时期经济社会发展总体要求。高举中国特色社会主义伟大旗帜，深入贯彻党的十九大和十九届二中、三中、四中、五中全会精神，坚持以马克思列宁主义、毛泽东思想、邓小平理论、“三个代表”重要思想、科学发展观、习近平新时代中国特色社会主义思想为指导，深入贯彻落实习近平总书记考察云南重要讲话精神，全面贯彻党的基本理论、基本路线、基本方略，全面落实省委十届十一次全会安排部署，统筹推进“五位一体”总体布局，协调推进“四个全面”战略布局，坚定不移贯彻新发展理念，坚持稳中求进工作总基调，以推动高质量发展为主题，以深化供给侧结构性改革为主线，以改革创新为根本动力，以满足人民日益增长的美好生活需要为根本目的，统筹发展和安全，加快建设现代化经济体系，积极服务和融入新发展格局，推进市域治理体系和治理能力现代化，进一步巩固和夯实全面建成小康社会成果，全力打造云南社会主义现代化建设先行区、全国绿色创新发展示范区、国际高品质康养旅居新高地，确保全面建设社会主义现代化新征程开好局、起好步。

“十四五”时期经济社会发展必须遵循坚持党的全面领导、坚持以人民为中心、坚持新发展理念、坚持深化改革开放、坚持系统观念五大原则，并在实践中持续深化发展。

“十四五”时期的发展定位。立足“十四五”时期发展，着眼2035年远景目标，打造“两区一高地”：云南社会主义现代化建设先行区。聚焦科技创新、产业体系、数字赋能、农业农村、城镇建设、对外开放、文化建设、公共服务、生态文明、市域治理的现代化和人的现代化等方面争先率先领先，推动多领域全方位走在全省前列。全国绿色创新发展示范区。大力践行“绿水青山就是金山银山”理念，强化全域生态保护，持续擦亮“三湖”名片，做好“生态+”融合文章，打通“绿水青山”向“金山银山”转换通道，建设高品质“美丽玉溪”。以科技创新为核心，以产业创新为重点，以体制机制创新为动力，统筹主体、基础、资源、环境“四位一体”创新生态建设，努力成为具有一定区域影响力的创新发展引领区、示范区。国际高品质康养旅居新高地。激发地球生命起源地、世界深蓝湖区、聂耳音乐之都活力，打造宜居宜业宜游公园城市、湖滨城市、康养胜地。突出高端简约精致，打造澄江“三个国际”城市，提升旅游品质，集聚国内外高端医疗和康养服务资源，构建“国际和区域为主、地方为补”的会展项目品牌体系。聚焦高端化、特色化、法治化、国际化、智慧化建设，提升市域社会治理能力和水平，把玉溪建成来了不想走、走了还想来的品质城市、康养城市、旅居城市。

“十四五”时期经济社会发展主要目标。基于对国内外发展趋势及我市发展条件的综合考虑和分析研判，今后五年要努力实现以下六大目标：经济发展取得新成效。经济保持平稳健康发展，GDP年均增速高于全省平均水平，创新能力大幅增强，经济结构更加优化，农业基础更加稳固，城乡区域发展协调性持续增强，现代化基础设施体系加快构建，发展质量效益不断提升。改革开放迈出新步伐。重点领域改革取得重大进展，高标准市场体系基本建成，公平竞争制度更加完善，营商环境稳居全省前列；昆玉同城化取得实质性进展，以区域性国际物流中心、综合保税区、对外贸易等为支撑的内陆开放型经济新格局基本形成。社会文明程度得到新提高。社会主义核心价值观深入人心，中华民族共同体意识更加牢固，广大干部群众思想道德素质、科学文化素质、身心健康素质和法治素养明显提高，文化事业和文化产业繁荣发展，文旅融合深入推进，群众精神文化生活日益丰富。民生福祉达到新水平。推动更加充分更高质量就业，城乡居民收入增长与经济增长基本同步，基本公共服务均等化水平明显提高，实现教育发展水平与人均 GDP 全省排名相匹配，多层次社会保障体系更加健全，卫生健康体系持续完善，脱贫攻坚成果巩固拓展，乡村振兴战略全面推进，群众获得感、幸福感和安全感不断增强。生态文明建设实现新进步。“三区”主导功能划分更加明晰、“三线”边界刚性管控更加有力，山水林田湖草系统治理水平不断提升，“三湖”保护治理持续加强，森林覆盖率明显提高，生产生活方式绿色转型成效显著，主要污染物排放总量持续减少，城乡人居环境更加优美。市域治理效能得到新提升。社会治理体系更加完善，法治玉溪、平安玉溪建设纵深推进，政府行政效能和公信力显著提升，防范化解重大风险体制机制不断健全，突发公共事件和灾害应急处置能力明显增强，发展安全保障更加有力，市域社会治理现代化取得实效。

到二〇三五远景目标。地区生产总值力争突破五千亿元，科技创新能力实现全省领跑，国家创新型城市建设取得示范经验；新型工业化、信息化、城镇化、农业现代化建设全省一流，建成现代化经济体系；深度融入我国面向南亚东南亚辐射中心建设，形成较高水平的对外开放新格局；基本实现治理体系和治理能力现代化，基本建成法治玉溪、法治政府、法治社会；文化软实力显著增强，群众素质和社会文明程度达到新高度；城乡居民收入迈上新的大台阶，中等收入群体比例显著提高，基本公共服务实现均等化，城乡区域发展差距显著缩小；广泛形成绿色生产生活方式，“三湖”碧水长清，实现人与自然和谐共生；人的全面发展、人民共同富裕取得更明显的实质性进展。

第二，坚持创新驱动，塑造玉溪发展新优势

坚持创新在现代化建设全局中的核心地位，以科技创新催生新动能、打造新优势，提升国家创新型城市建设质量。

加快提升科教创新城核心区发展能级。发挥好创新引领功能，聚焦科学主题“铸魂”，面向未来发展“筑城”，联动全域创新“赋能”，推动产城、产教、产研融合发展，打造宜居宜业宜学宜游的现代化新城。争取国家和省创新重大政策、重大项目、重大工程等落地，深入推进与国内外特别是省内知名高校、科研院所交流合作，吸引高水平大学、科研机构和创新型企业入驻。谋划建设科创中心、孵化中心、玉昆钢铁科技研发中心等项目。

积极构建区域创新体系。落实科技强国行动纲要云南实施方案，积极参与构建昆曲玉楚国家自主创新示范区。提升各县（市、区）创新水平，支持玉溪高新区创建国家创新型特色园区，支持各类开发区与省内外园区开展科技合作。加大重要产品和关键核心技术攻关力度，组织实施若干重大科技专项。聚焦先进装备制造、人工智能等领域，实施一批重大科技项目，打造科技兴玉“升级版”。

大力培育创新主体。强化企业创新主体地位，引进培育一批创新型企业和科研平台。开展科技型初创企业“育苗”计划，打造“小微、科小、高新、领军”递进培育模式，推动科技型企业数量和质量“双提升”。支持企业组建创新联合体、加大研发投入、研发“专精特新”产品。提升重点产业领域科技创新能力，建设卷烟、生物医药等制造业创新中心。支持创建众创空间和科技企业孵化器，完善“众创空间—孵化器—加速器—产业化”全链条孵化育成体系，提高孵化成功率。

构筑创新人才洼地。大力培养引进一批战略科研人才、科技领军人才、青年科技人才、学科技术带头人、高水平创新团队和高层次管理人员，构建更加完整的创新创业梯队。大力支持引进院士专家设立工作站。建立科技人才评价体系和收益分配机制。健全专家人才关爱激励机制和服务体系。实施产业人才攻坚专项行动，壮大创新型、应用型、技能型人才队伍。加强新型职业农民和专业人才队伍培养。

完善科技创新体制机制。深入推进科技体制改革，推动重点领域项目、基地、人才、资金一体化配置。改进科技项目组织管理方式，实行“揭榜挂帅”等制度。鼓励金融支持创新，建立多元化投融资机制。加大研究与试验发展经费投入。鼓励发明创造和专利申报。大幅提高科技成果转移转化成效。营造鼓励创新的政策环境，认真梳理现有政策措施，确保落实兑现。弘扬科学精神，加强科普工作。

第三，加快构建现代产业体系，推动经济体系优化升级

坚持以供给侧结构性改革为主线，加快传统产业向数字化、智能化转型升级，新兴产业向引领性、战略性培育壮大，促进一二三产业融合发展，大幅提高经济质量效益和竞争力。

优化生产力空间布局。构建“一核三带”生产力空间格局，加快推进红塔区、江川区、高新区一体化发展，打造引领玉溪发展的核心；以澄江、江川、通海、华宁为重点，打造“三湖”绿色发展带；以新平、峨山、易门为主，打造资源型经济转型发展带；以易门、峨山、新平、元江、华宁为重点，打造热区产业发展带。

发展壮大千百亿级产业。大力发展高原特色现代农业、矿冶、旅游文化、现代物流、健康服务等千亿级产业，加快发展卷烟及配套、先进装备制造、数字经济、

生物医药及医疗器械、建筑、金融、房地产、新能源新材料等百亿级产业，打造千亿级园区、千亿级产业集群。高原特色现代农业，要加快“四个特色农业产业带”建设，健全完善“6+N”产业体系。矿冶产业，要以云南绿色钢城为引领，谋划建设全省钢铁板材加工中心、销售中心、采购中心、结算中心，打造钢铁产业高地，发展壮大贵金属循环、精细磷化工、绿色建材等产业。旅游文化产业，要积极融入滇中核心旅游圈，以“一核两翼”为重点，推动全域旅游、智慧旅游。现代物流产业，要推动中国西南·玉溪国际物流港等建设，引进培育一批限额以上物流企业，大力发展冷链、电商等新兴物流业态。健康服务业，要加快抚仙湖国际健康旅游谷、中山大学澄江市医院等重点项目建设，促进健康与医疗、养生等深度融合。卷烟及配套产业，要提升产业核心竞争力和品牌价值，率先建成全国一流原料烟叶生产基地、卷烟产业基地。先进装备制造业，要深入实施“中国制造2025”玉溪行动计划，实施智能制造和数字化园区示范工程，打造全国知名的数控机床产业基地及全省重要的风电装备、智能制造和优质铸造基地。生物医药及医疗器械产业，要大力发展生物技术药和中成药，推进疫苗产业园、高端医疗器械产业园建设。建筑业，要推进企业兼并重组、强强联合，提升经营资质等级。房地产业，要落实“房住不炒”，促进其平稳健康发展。金融业，要积极引进国有和全国性银行、保险、证券机构，支持红塔银行上市。新能源新材料产业，要规划建设产业园，推动锂资源开发与利用。

加快发展现代服务业。在生产性服务业方面，要向专业化和价值链高端延伸，大力发展研发设计、咨询中介及法律、金融、科技、会展等业态。在生活性服务业方面，要向高品质和多样化升级，大力发展健康、养老、育幼、体育、家政、物业等业态。提升服务业对经济增长的贡献率。

推进民营经济县域经济园区经济发展。坚持“两个毫不动摇”，引导民营企业参与混合所有制改革，设立工业产业发展引导基金，培育一批“专精特新”中小企业、制造业“单项冠军”和行业“小巨人”。构建县域梯次发展格局，大力培育县域经济强县，壮大特色产业集群，加强县域财源建设。引导开发区差异化发展，探索“飞地经济”“伙伴园区”等模式，推进玉溪高新区打造千亿级产业园区，力争进入全国50强。

打造云南数字经济第一城。聚焦加快建设云南数字经济先行区、面向南亚东南亚数字经济示范区和创新中心总目标，以推动政府数据资源整合和开放共享为引领，激活资本供给，培育数据市场，精准培引人才，推动经济社会全领域数字化。加快数字产业化，加速推进区块链技术应用，建强以5G通信、数据中心、人工智能、软件和信息技术服务等为重点的产业。推动产业数字化，突出数字赋能，促进工业、农业、服务业数字化转型。加快城市数字化，整合城市运用数据资源，推进“城市大脑”建设，打造新型智慧城市。推动数字乡村建设。加快网络安全产业发展。

第四，依托强大国内市场，积极服务和融入新发展格局

坚持扩大内需同深化供给侧结构性改革有机结合，以高质量供给、高水平开放引领和创造新需求。

主动融入国内国际双循环。围绕国家“一带一路”建设、长江经济带发展战略实施，依托昆曼、昆河两大对外开放通道，深挖潜力、积极作为，努力在烟草、钢铁、数控机床、绿色农产品、生物医药、旅游文化等产品，以及消费市场、金融服务、现代物流、信息枢纽等领域，全面提升玉溪的嵌入度、贡献度和价值链地位。加快推进昆玉同城化，提升市场、资源、技术、产业、资本、人才等要素集聚和协调联动能力。

发展更高水平开放型经济。健全促进和保障外贸外资、对外投资、开放平台等领域的政策和服务体系，推动贸易和投资便利化。充分发挥玉溪海关作用，打造外向型国际物流枢纽，加快建设B型保税物流中心，积极申建综合保税区。加快现代物流、生物医药及医疗器械、先进装备制造等外向型产业园区建设，推进特色农产品加工出口基地建设，大力发展加工贸易、跨境电商、外贸综合服务等新业态，打造进出口贸易中转站和集散地。提升对外投资水平，推动企业、产品、装备、技术、标准、基地“走出去”。深化国际友城工作，推动民间友好交往。积极创办中国云南玉溪国际农产品进出口贸易洽谈会。强化招商引资，推动一批大项目好项目落地实施。

拓展投资空间。抢抓重大政策机遇，统筹用好中央和省预算内投资、专项债券资金和政策性金融，引导资金投向共同受益、具有乘数效应的产业发展、新型城镇化、科技创新等领域，提高投资精准性有效性。优化投资结构，增加生产性投资特别是工业投资，扩大战略性新兴产业投资。强化项目谋划储备，健全项目推进和保障机制。创新投融资机制，强化政府投资撬动作用，激发民间投资活力，形成市场主导、政府引导的投资内生增长机制。

全面促进消费。顺应居民消费升级趋势，提升传统消费，培育新型消费，适当增加公共消费，建设区域消费中心城市。推进城市综合体建设，打造一批多业态聚合的购物中心。塑造特色商业街消费场景，充分激活夜经济潜力。积极培育标准化专业市场，提升汽车、家电、建材家具等大宗商品消费。加快发展数字消费、绿色消费、定制消费、共享消费，推动教体、文旅、康养等消费新业态新模式发展。促进线上线下消费融合发展，推动消费便利化。改善消费环境，强化消费者权益保护。

第五，补齐基础设施建设短板，提升发展保障能力

以全要素整合、全周期协同、全方位融合、全链条畅通为导向，构建系统完备、高效实用、智能绿色、安全可靠的现代化基础设施体系，夯实高质量发展之基。

系统推进新型基础设施建设。加快5G和下一代互联网规模部署，率先在全省实现乡镇以上5G全覆盖。鼓励企业建设数据中心和算力中心，争取建设国家级区域型数据中心，打造“滇中数仓”，推进“东数西存”“西算东送”。加快标识解析国家二级节点建设，构建工业互联网区域一体化公共服务平台，推动基础设施物联网应用、智能化改造，促进传统和新型基础设施深度融合发展。加大新能源汽车充电基础设施建设，实现市域高速公路服务区、车站、大型公共场所全覆盖。

加快建设现代综合交通运输体系。抢抓云南“交通强国”试点省份建设机遇，完善多层次交通网络布局。加快玉磨铁路建设，推动弥勒至红塔区、玉溪至楚雄、呈贡—澄江—江川—红塔区城际铁路规划建设。加快弥玉、玉楚等高速公路建设，新开工玉墨等高速公路，规划建设呈贡至通海等高速公路，加速市域高速成网，提质改造普通国省道及县乡道。推进民用、通用机场建设，争取在江川区规划建设昆明第二机场，规划建设无人机枢纽机场。打造高铁、机场等综合客运枢纽，实现多种交通方式无缝衔接。大力发展智慧交通。

构建全域现代化水网体系。以全域、全流程、全生命周期“三全”理念为统领，以“三湖两江”为水网骨干，以重点水库、生态湿地等为关键节点，积极推进滇中引水、骨干水源、新元大型灌区、重要水库除险加固、抗旱应急等工程，巩固提升农村饮水安全，全面提升水利信息化水平，着力构建“44533”全域现代化水网体系。

完善能源基础设施建设。建设玉溪市全域智能电网示范区、西部城市高可靠性配网供电示范区，打造红塔区停电三十分钟供电核心区、各县（市、区）城区停电一小时供电区，推进城乡均等化高水平供电服务，建设现代供电服务体系。加大重要节点输变电站扩能改造。加强天然气管道支线和终端设施建设，着力构建互联互通的天然气供应网络，大幅提高天然气使用率和工业用气占比。科学有序推动可再生能源开发，推进风电、光伏发电、生物质能发电等新能源高质量发展。

构建现代物流基础设施体系。按照“一核两带三中心多节点”空间布局，加快研和、龙泉、九龙、罗里、甘庄、九村等物流枢纽建设，规划建设一批商贸、生产服务型物流节点，形成“产业+”枢纽经济发展格局。加快推进玉溪南站、化念站、甘庄站、九龙站铁路货场货运设施建设，提前规划布局航空物流，构建“通道+枢纽+网络+平台”的现代物流运行体系。建设一批货运、商贸服务、冷链、食品仓储、空港等特色物流园区。推进多式联运发展，健全县乡村三级物流网服务体系。

第六，全面深化改革，推动有效市场和有为政府更好结合

认真贯彻落实中央和省委关于全面深化改革的决策部署，充分发挥市场在资源配置中的决定性作用，更好发挥政府作用，推动改革和发展深度融合、高效联动。

培育壮大各类市场主体。用改革的办法推进市场主体培育，激发市场主体活力。分类推进市属国有企业改革。鼓励非公有制企业参与国企改革、进入特许经营领域。健全国有资产监管体制，促进国有资产保值增值、国有资本做大做强。要亲商、爱商、敬商，构建清亲政商关系，完善领导干部挂联机制，搭建政企沟通平台，促进非公有制经济健康发展和非公有制经济人士健康成长。清理各类壁垒，完善政策体系，优化民营经济发展环境，推动企业“上云、上规、上市”。构建多层次激发和保护企业家精神的长效机制。

深化财税金融体制改革。加大重要部署、重点产业、重大项目的财力保障。健全预算制度和预算体系，强化预算约束和绩效管理。完善市县两级财政事权和支出责任相适应的制度，健全转移支付制度。深化税制改革。健全政府债务管理制度和举债融资机制，稳健有序化解地方政府债务。深化政银企合作，做强区块链产业金融服务平台，增强金融普惠性，提升金融服务实体经济质效。

夯实市场经济基础性制度。实施高标准市场体系建设行动，畅通市场循环、疏通堵点。深化自然资源、国有资产、知识产权等产权制度改革，健全产权执法司法保护制度。深化实体经济用地市场化配置改革，落实城乡建设用地增减挂钩政策。健全公平竞争审查机制。完善农村产权市场化流转交易机制，提升县级交易平台功能。加强社会信用体系和企业诚信体系建设。

打造最优营商环境。聚焦企业设立经营发展全生命周期服务体系，全力打造市场化法治化国际化营商环境。深入推进“放管服”改革，全面实行政府权责清单制度。深化行政审批制度改革，推行“双随机、一公开”监管常态化，对新产业新业态实行包容审慎监管。完善营商环境“红黑榜”和政务服务“好差评”制度。加快转变政府职能，强化诚信政府建设。健全重大政策事前评估和事后评价制度。深化综合执法改革，提升市场综合监管能力。稳步推进事业单位改革。深化行业协会、商会和中介机构改革。推进统计现代化改革。着力提高就学、就医、住房等公共服务保障水平，营造良好创业办事环境，打造投资兴业热土。

第七，实施乡村振兴战略，推进城乡融合发展

落实乡村振兴“二十字”总要求，全面推动“五个振兴”，强化以工补农、以城带乡，推动形成城乡发展一体化的新格局。

实现巩固拓展脱贫攻坚成果同乡村振兴有效衔接。抢抓全省开展巩固拓展脱贫攻坚成果“四个专项行动”的机遇，争取更多政策和项目支持。健全完善相对贫困监测机制和返贫预警机制。加强易地扶贫搬迁后续帮扶，抓好相对贫困地区基础设施、生态扶贫、综合保障等提升工程。推动产业扶贫向产业振兴提升。健全相对贫困村社会保障和救助制度。培育壮大相对贫困村集体经济，有效促进农村家庭经营性、劳务性增收。在脱贫村中集中支持一批乡村振兴重点帮扶村，增强其巩固脱贫成果及内生发展能力。创新扶贫同扶志扶智相结合的实践载体。

提高农业质量效益和竞争力。按照“种植作示范、加工多中心、销售强集散”的思路，持续深化农业供给侧结构性改革。培育壮大新型农业经营主体，发展多种形式适度规模经营，推动小农户和现代农业有机衔接，力争新型农业经营主体经营土地面积达百分之七十。谋划建设国家农业绿色发展先行区、全省柑橘产业发展示范区和露地蔬菜种植示范区，建设烟草、粮油、食品、生物药加工中心及果蔬产后化处理加工中心，打造农产品出口、食品原料收储和产品销售集散中心。实施产业兴村强县行动，做强一流玉系“绿色食品牌”。综合布局现代种养、农产品加工物流、乡村旅游、康体养生等产业，推动现代农业和现代服务业深度融合。推动开放型农业提档升级，加快电子商务进农村，大力发展数字农业。

实施乡村建设行动。推动多规合一的实用性村庄规划全覆盖，分类推进城郊融合型、集聚提升型、特色保护型、搬迁撤并型村庄发展，按照城镇标准完善功能配套。实施农村人居环境巩固提升行动，改善农村人居环境。落实全省美丽乡村建设万村示范行动，高标准建设一百个乡村振兴示范村、三百个美丽乡村、若干田园综合体。保护利用传统村落、特色民居。吸引各类人才投身乡村建设。加强农村精神文明建设，推动形成文明乡风。

健全城乡融合发展机制。构建城乡融合的规划体系，加快城乡产业发展、设施建设、公共服务、能源保障、生态环保等一体化进程。建立健全农业转移人口市民化、城市人才入乡激励等体制机制。完善农企利益紧密联结机制，促进乡村经济多元化和农业全产业链发展。落实第二轮土地承包到期后再延长三十年政策。实施农村集体经营性建设用地入市改革。稳慎推进农村宅基地制度改革，探索宅基地“三权”分置。探索农村危房闲房安心拆除、农户原有权益不变的有效途径，保障进城落户农民土地承包权、宅基地使用权、集体收益分配权，畅通“三权”自愿有偿市场化退出渠道。加强闲置资源盘活利用，巩固提升村级集体经济。推进供销合作社综合改革，健全农村金融服务体系，推进农业保险扩面、增品、提标。

第八，推进新型城镇化，建设宜居宜业宜游新玉溪

坚持实事求是的思想路线，顺应人民群众进城过上美好生活的需求，扎实推进以人为核心的新型城镇化，把促进有能力在城镇稳定就业和生活的常住人口有序实现市民化作为首要任务，大幅提高城镇化率。

做大做强做美中心城区。坚持用脚步丈量城市，提升规划执行力。突出“三城”定位，精心搞好城市设计，塑造城市风貌，全面提升城市“时尚气质”和“活力指数”。推进全域城市更新改造，加快高铁新城建设、东西向道路互联互通等重点工程。完善城市功能配套，加快城市管理大数据平台等建设，强化城市精细管理、智慧管理。大力培育总部经济和楼宇经济。优化城市组团发展布局，扩大城市规模，按照建成区一百平方公里、一百万人口的目标规划建设“双百”城市，彻底解决九溪湿地制约空间联通融合发展的“堵点”问题，推进红塔区、江川区、高新区和澄江、通海、华宁、峨山融合发展，打造市域半小时城镇经济圈和核心增长极，增强辐射带动作用。

打造澄江“三个国际”城市。按照一流的“国际旅游城市、国际健康养生城市、国际会议中心城市”标准，坚持以水定人、以水定城、以水定产，科学统筹环境容量和城市规模以及生产生活生态空间布局，打造精品山水生态之城。走全域城市更新改造路子，应拆尽拆、应并尽并，加快推进立昌小镇、寒武纪小镇、国际会议中心等重大项目，推进路居片区抚仙湖南岸新城规划建设，打造若干市域经济社会次中心。构建“大健康＋全域旅游＋康养＋特色小镇”链条，加速集聚国内外高端医疗、养老服务、康养旅游等资源，努力把澄江市建成世界级旅游景区和度假区。

高水平建设“美丽县城”。围绕“干净、宜居、特色、智慧”四大要素，按照建成区十平方公里、十万人口的目标规划建设县城，加快县城更新改造提升，强化综合服务能力。加快老旧小区改造，打造高端、优质特色主题街区，提升县城品位。改善人居环境，促进市政道路、公共交通等基础设施提档升级，争取更多县城进入“美丽县城”行列。推动通海、易门撤县设市（区）。

提升小城镇和特色小镇发展水平。加强规划引领，引导城镇分类发展。深入推进经济发达镇行政管理体制改革，加快重点城镇建设，增强辐射带动力。紧扣“特色、产业、生态、易达、宜居、智慧、成网”七大要素，重点

提升一批、稳步发展一批、谋划培育一批，构建特色小镇发展梯队。

第九，弘扬社会主义核心价值观，繁荣发展文化事业文化产业

坚持马克思主义在意识形态领域的指导地位，以社会主义核心价值观引领文化建设，担起举旗帜、聚民心、育新人、兴文化、展形象的使命任务，凝聚正能量、引领新风尚、提升软实力。

提高社会文明程度。推动形成适应新时代要求的思想观念、精神面貌、文明风尚、行为规范。深入开展习近平新时代中国特色社会主义思想学习教育，以马克思主义中国化最新成果武装头脑、凝心铸魂。推动理想信念教育常态化制度化，强化爱国主义教育基地保护建设和红色文化传承。推进公民道德建设，加强家庭家教家风建设，强化未成年人思想道德建设。实施文明创建工程，推动新时代文明实践中心（站、所）建设全覆盖，力争把玉溪创建成为全国文明城市。广泛开展弘扬时代新风行动，完善志愿服务体系，传承重信守诺美德。大力弘扬劳模精神、劳动精神、工匠精神。加强网络文明建设。

提升公共文化服务水平。全面繁荣新闻出版、广播影视、文学艺术、哲学社会科学、博物馆展览等文化事业。推动媒体深度融合，做强新型主流媒体，建强用好县级融媒体中心。建设“智慧广电”，推动广电5G一体化发展。实施文艺产品质量提升工程，设立玉溪文化艺术基金，培育一批名人名家。讲好聂耳和国歌的故事，将“聂耳音乐之都”打造成尽展玉溪魅力、代表玉溪文化的特色品牌。加强文物古籍的保护研究利用，强化重要文化遗存和自然遗产、非遗系统性保护。重视优秀民族文化的发掘保护和传承弘扬。

大力发展文化产业。深化文化体制改革，加快发展新型文化企业、业态和消费模式，发展文创、演艺等夜间经济业态，扩大优质文化产品供给。引进培育一批龙头文化企业，打造文化创意产业园区，提升澄江化石地自然博物馆、玉溪青花街、华宁碗窑村等旅游文化综合体影响力。加强对外传播能力建设，加大文化对外交流，展示玉溪形象、讲好玉溪故事。

推动文化和旅游康养深度融合发展。大力实施全域旅游发展战略和文化旅游康养融合发展行动计划，推进业态、产品、市场、服务、交流等方面融合，提高文化旅游康养产品供给质量。打造以山为纽带、以水为载体、以人文为依托的精品旅游带，建设一批富有文化底蕴的旅游景区和度假区，打造一批文化旅游节会品牌。依托优质旅游资源、生态资源和气候优势，把医疗、健康服务、康复疗养、休闲养生、体育健身等融入健康旅游目的地打造，形成“康养+旅游”新业态，构建康养旅游产业链。

第十，着力保障和改善民生，不断满足群众对美好生活新期待

坚持以人民为中心，持续改善群众生活品质，扎实推进共同富裕，促进人的全面发展和社会全面进步。

提高居民收入水平。增加劳动者特别是一线劳动者劳动报酬，完善工资制度，健全最低工资标准调整机制，提高低收入群体收入，扩大中等收入群体。落实各类生产要素由市场决定报酬的机制，探索通过土地、资本等要素使用权、收益权增加中低收入群体要素收入。多渠道增加城乡居民财产性收入。整治农民工工资拖欠问题。逐步缩小城乡、区域、行业和社会成员间收入差距。

稳定就业促进创业。坚持经济发展就业导向，实施积极就业政策，促进充分就业。高标准建设“双创”示范基地，加大“贷免扶补”、创业担保贷款等政策帮扶，鼓励引导自主创业，推动创业带动就业。健全就业公共服务体系，解决结构性就业矛盾，加强重点群体就业工作，重点帮扶残疾人、零就业家庭成员就业。扩大转移就业规模，提高转移就业质量。加强职业教育、继续教育和技能培训、创业培训，提升劳动者技能素质。

努力办好人民满意的教育。全面落实立德树人根本任务，加快推进教育现代化，营造支持教育优先发展的良好氛围，让玉溪人民享受质优价廉的公办教育。合理优化学校布点、资源布局，完善学区化治理机制。发展普及优质的学前教育，加强“一乡一公办、一村一幼”建设。提升农村教育质量，推动义务教育均衡发展和城乡一体化。普及高中阶段教育，加快“晋级升等”，重塑高中教育辉煌。落实职业教育提质培育行动计划，加快组建玉溪职业技术学院，深化职普融通、产教融合、校企合作。支持玉溪师院加快发展，建设一流地方应用型大学。加强师德师风建设，实施教师培养工程，打造名校长、名班主任、名教师“三支队伍”。支持和规范民办教育发展。完善终身学习体系，建设学习型社会。

全面加快健康玉溪建设。推进医防协同机制建设，织牢公共卫生防护网，加快卫生健康事业从以治病为中心向以健康为中心转变。深化医药卫生体制改革，加快国家公立医院综合改革示范城市建设，建设城市医联体和县域医共体，发展智慧医疗。推进重大传染病救治能力和疾控机构核心能力“双提升”工程，健全应急响应机制，提高应对突发公共卫生事件能力。加快优质医疗资源扩容和区域均衡布局，推进分级诊疗体系建设。按照“双百”城市建设的规模配置中心城区医疗资源，健全基层公共卫生服务体系，加强全科医生和村医队伍建设。鼓励和规范社会办医。促进中医药传承创新发展。深入开展爱国卫生运动。推进体教融合试点，广泛开展全民健身运动，承办好省第十六届运动会。

促进养老托幼服务健康发展。健全老有所养、幼有

所育的政策体系，着力解决好“一老一小”问题。提高优生优育服务水平，发展普惠性托育服务体系，降低生育、养育、教育成本。积极应对人口老龄化，推动养老事业和养老产业协同发展。发展银发经济，发展智慧养老等新业态新模式。

健全多层次社会保障体系。着力构建覆盖全民、统筹城乡、公平统一、可持续的多层次社会保障体系。深入实施全民参保计划，推进社保转移接续，接轨基本养老保险全国统筹以及基本医疗保险、失业保险、工伤保险省级统筹。健全重大疾病医疗保险和救助制度，优化异地就医直接结算，积极探索建立长期护理保险，积极发展商业健康保险。落实国家渐进式延迟法定退休年龄政策。健全退役军人工作体系和保障制度。完善分层分类的社会救助体系和最低生活保障制度。保障妇女儿童合法权益。健全老年人、残疾人关爱服务体系和设施。大力发展社会福利和慈善事业。持续加大保障性住房建设力度。

第十一，坚持生态立市，建设高品质“美丽玉溪”

牢固树立“绿水青山就是金山银山”理念，坚持保护优先，统筹山水林田湖草系统治理，促进发展全面绿色转型，建设人与自然和谐共生的现代化。

优化国土空间规划布局。健全国土空间开发保护制度，逐步形成城市化地区、农产品主产区、生态功能区三大空间格局。城市化地区，要坚持开发与保护并重，促进资源要素合理流动，高效聚集经济、产业和人口。农产品主产区，要坚持保护为主、开发为辅，保持并提高农产品特别是粮食综合生产能力。生态功能区，要坚持保护为主、限制开发，因地制宜发展不影响生态功能的文化旅游、适量农牧业、民族特色产业等，促进人口逐步有序向城镇转移。加强坝区空间管控。统筹推进山区综合开发与美丽乡村建设、生态环境保护，做优做强山区经济。

推进“三湖”保护治理。坚持山水林田湖草系统治理，坚决落实“四个彻底转变”，以革命性举措抓好“三湖”保护治理。严格“三湖”流域空间管控，着力构建污染防控、健康水循环、绿色低碳发展、监控管理四大体系。因地制宜、“一湖一策”，实施“三湖”流域生态保护与修复工程，加快推进污水和垃圾收集处理、入湖河道生态治理、调水补水、湖滨缓冲带生态修复、生态搬迁等项目，确保抚仙湖水生态安全和水质稳定保持Ⅰ类，实现星云湖、杞麓湖水质稳定向好。

加快推动绿色低碳发展。调整优化产业结构，转变生产方式，推进产业绿色发展。倡导简约适度、绿色低碳生活方式，开展绿色生活创建活动，推进全国生态文明建设示范市和省级生态文明县创建。全面提高资源利用效率，健全自然资源资产产权制度和法规，完善生态价值转换机制。建设节水型社会。坚持最严格的耕地保护和节约用地制度，开展全域土地综合整治，加强地质灾害防治。建立废旧物资循环利用体系，优化工业能源消费结构，推进节能示范。

持续改善环境质量。打好蓝天、碧水、净土保卫战和“8个标志性战役”。推进大气污染物协同减排，确保环境空气质量持续向好。推进南盘江、红河流域水污染综合防治，加快城乡污水管网配套建设，基本消除城市黑臭水体。开展土壤污染源管控行动、国土绿化行动，实施退耕还林、“三沿”绿化行动等工程。深化推行河（湖）长制、林长制。推动创建国家森林城市。加强生物多样性保护。

全面完善生态环境治理体系。制定生态环境保护责任清单。严格实行生态环境公益诉讼和损害赔偿制度。加强自然保护地和生态红线管控。实行排污许可制，完善排污权、用能权、用水权、碳排放权市场化交易制度。强化环境保护、节能减排约束性指标刚性管理。

第十二，统筹发展和安全，建设更高水平的平安玉溪

牢固树立安全发展理念，推进系统治理、依法治理、综合治理、源头治理，确保人民安居乐业、社会安定有序。

深入贯彻总体国家安全观。强化国家安全意识，把国家政治安全特别是政权安全、制度安全放在首位，严密防范和严厉打击敌对势力渗透、破坏、颠覆、分裂活动，扎实开展反邪教斗争。加强国家安全宣传教育。牢牢掌握意识形态工作领导权，严格落实意识形态工作责任制，打好网络意识形态工作主动战。全面加强经济安全，确保重要产业、粮食储备、通信网络、重要基础设施、生物、生态、能源、金融等安全可控。落实强边固防要求，切实筑牢安全屏障。建立全市疫情防控和经济社会发展工作中长期协调机制。

夯实基层社会治理基础。健全党组织领导的自治、法治、德治相结合的基层治理体系，完善社区管理和服务机制，推行“人房一张图”网格化管理和服务，发挥社会组织作用，实现政府治理和社会调节、居民自治良性互动。加强流动人口、自由职业者等新兴群体的群众工作。推动社会治理和服务重心向基层下移，向基层放权赋能。推动市县乡三级综治中心规范化建设、实体化运行。推进智慧治理，更好提供精准化、精细化服务，建成全国市域社会治理现代化第1期试点合格城市。

保障人民生命安全。完善和落实安全生产责任制，加强危险化学品、建筑施工、交通、校园等领域安全监管，有效防范和坚决遏制重特大安全事故发生。建立科学完善的食品药品安全治理体系。坚持“宁可备而不用、

不可用时无备”，加强应急救灾物资储备能力建设，提升应急管理工作水平，提高防灾减灾抗灾救灾能力。完善全民安全教育体系。

维护社会稳定。坚持和发展新时代“枫桥经验”，畅通和规范群众诉求表达、利益协调、权益保障通道。健全各类调解联动工作体系，加强专业性、行业性调解和社会心理服务危机干预工作。健全落实重大决策社会稳定风险评估机制。妥善防范化解“邻避”问题，推进重大项目实施。构建社会治安防控新体系，在全省率先推进治安网、警务网、党建网三网融合。防范和打击暴力恐怖、黑恶势力、新型网络犯罪等各类违法犯罪。深入开展禁毒防艾人民战争。

扎实推进民族团结进步。以宪法为根本遵循，全面贯彻民族区域自治制度和党的民族政策，引导各民族牢固树立“三个离不开”思想，不断夯实“五个认同”的思想根基，铸牢中华民族共同体意识。推进建立相互嵌入式的社会结构和社区环境，共建共享美好家园。加快推进全国民族团结进步示范市创建。促进民族文化创造性转化和创新性发展。加快民族地区经济社会发展，优化转移支付，加大财力支持。依法保障各民族合法权益。

加强国防动员体系和后备力量建设。落实国防动员体制改革要求，巩固强化党管武装工作。深入推进军民融合发展，加强现代人民防空建设。做好拥军优属工作，抓实全民国防教育，巩固提升全国双拥模范城创建成果。

第十三，加强党的全面领导，为推进社会主义现代化建设凝聚强大力量

实现“十四五”规划和2035年远景目标，必须把党的全面领导贯彻始终，充分调动积极因素，广泛汇聚各方力量，精心组织、高效落实，形成众志成城促发展的强大合力。

提高党领导经济社会发展的能力和水平。以党的政治建设为统领，增强“四个意识”、坚定“四个自信”、做到“两个维护”。坚决贯彻执行党的地方委员会工作条例等党内法规制度，推进制度治党、依规治党，不断提高党把方向、管大局、作决策、保落实的能力。把贯彻落实中央和省决策部署，作为重要的政治纪律来遵守和执行，强化督查考核。健全党委研究经济社会发展战略、定期分析经济社会形势、研究重大政策决策的工作机制，提高科学决策水平。巩固拓展“不忘初心、牢记使命”主题教育成果，学深悟透习近平新时代中国特色社会主义思想，掌握贯穿其中的马克思主义立场观点方法，并转化为贯彻落实的生动实践。全面贯彻新时代党的组织路线，落实好干部标准，提高选人用人质量。强化对敢担当善作为干部的激励保护，营造良好干事创业氛围。高标准高质量完成市、县、乡三级党委和村（社区）“两委”换届工作。树牢大抓基层的鲜明导向，健全完善上下贯通、执行有力的组织体系，分类别分领域抓好农村、城市、机关、国有企业、学校、医院、非公有制企业和社会组织党的建设，让党的领导真正如身使臂、如臂使指。

推进社会主义政治建设。支持和保证人大及其常委会依法履职，加强对“一府一委两院”的监督。支持和保证政协依章程进行民主监督，提高建言资政和凝聚共识水平。依照宗教事务条例管理宗教事务。健全基层群众自治制度。强化工青妇、科协、文联、侨联等桥梁纽带作用。巩固和发展大统战工作格局。

加快建设法治玉溪。深入贯彻习近平法治思想，健全党领导全面依法治市的制度和工作机制。稳步推进城乡建设管理、生态环境保护、历史文化保护等重要领域立法。加快法治政府建设，规范重大行政决策程序，严格执行重大行政决策终身责任追究制度。深化司法责任制综合配套改革，完善侦查权、检察权、审判权、执行权运行机制，促进司法公正。创新法治人才培养机制，深入开展法治宣传教育，加速构建覆盖城乡、便捷高效、均等普惠的现代公共法律服务体系。

持续营造风清气正政治生态。强化全面从严治党主体责任、监督责任、第一责任人责任。完善党和国家监督体系，坚持围绕“两个维护”加强政治监督，深化政治巡察，强化对公权力运行的制约和监督，破解“一把手”监督难题。锲而不舍落实中央八项规定精神，持续纠治形式主义、官僚主义，切实为基层减负。把严的主基调长期坚持下去，一体推进不敢腐、不能腐、不想腐。

健全规划制定和落实机制。各级各部门要按照本次全会安排部署，高质量编制“十四五”规划纲要和专项规划。健全政策协调和工作协同机制，完善规划实施动态监测、中期评估、总结评估机制，提升规划的严肃性、权威性、约束力，将规划主要指标任务分解纳入年度工作计划，以钉钉子精神推进机制化、政策化、项目化、事项化落实。

同志们，实现“十四五”规划和2035年远景目标，意义重大、任务艰巨、前景光明。全市广大干部群众要更加紧密地团结在以习近平同志为核心的党中央周围，认真贯彻落实中央和省决策部署，不忘初心、牢记使命，同心同德、顽强拼搏，奋力夺取全面建设社会主义现代化新胜利！

在市委五届十二次全会第二次全体会议上的讲话

（2020年12月13日）

市委书记　王　力

这次全会以习近平新时代中国特色社会主义思想为指导，认真学习贯彻党的十九大和十九届二中、三中、四中、五中全会精神，深入贯彻习近平总书记考察云南重要讲话精神，全面落实省委十届十一次全会精神，听取和讨论了市委常委会工作报告和市委党的建设工作专题报告、市委落实全面从严治党主体责任情况报告，审议通过了《中共玉溪市委关于制定玉溪市国民经济和社会发展第十四个五年规划和二〇三五年远景目标的建议》和全会决议，圆满完成了各项议程，取得了丰硕成果。

全会通过的《建议》，全面落实中央部署和省委要求、立足玉溪实际、回应人民期盼，提出了“十四五”时期我市经济社会发展的总体要求、主要目标、重大任务、重要举措和2035年远景目标，是指导我市推进社会主义现代化建设的好建议。蓝图已经绘就，目标已经明确，接下来就是要以钉钉子的精神抓好落实。

昨天，我以报告形式讲解了《建议》，目的就是要让同志们在深刻理解把握《建议》的基础上抓好落实。具体来说就是，以县区为例，书记要知道手里抓些什么，县长要知道肩上扛些什么，市直综合部门要知道自己该如何发挥作用，具体业务部门要在知道全局的基础上，知道工作的着力点在哪里。各级各部门要通过一个个“小切口”，努力实现引领性、系统性、带动性的“大突破”，把《建议》确定的各项决策部署和工作要求落到实处。

下面，我就贯彻落实全会精神讲四个问题。

一、积极看待和持续深化玉溪之变

玉溪是滇中明珠，物华天宝、人杰地灵。新中国成立以来特别是改革开放以来，玉溪人民在历届党委、政府的正确领导特别是在老一辈领导同志的带领下，创造了许多令人羡慕的发展辉煌，奠定了玉溪在全省发展格局中第一方阵的重要地位。但近年来，受各种主客观因素影响，玉溪的发展陷入了不进则退、慢进也是退的困境，时代呼唤玉溪之变、形势逼迫玉溪之变、人民期待玉溪之变。

市委认为，玉溪发展面临一系列的困境，表面上是在各类数据指标方面低于全省平均水平，GDP的增速、固定资产投资、城市建成区面积、人民满意度等指标上是落后的，这是表象，根子在领导班子。毛主席说过，政治路线确定之后，干部就是决定因素。一段时期以来，由于丢掉了玉溪老一辈领导精心谋划、抢抓机遇、脚踏实地、深入到底的工作作风和工作方法，代之以走形式、摆架子、装样子、不用心、“漂汤油”等一些虚化的工作作风。“其身不正，虽令不从”，领导是要做示范的，自己遇事就先矮了半截，由于领导缺乏了积极向上、积极进取的精神状态和工作作风，领导硬不起来，导致对干部的严格管理和严肃教育不敢动真碰硬，由于不敢动真碰硬，“忽悠”组织、“忽悠”干部、“忽悠”群众，所以导致了干部表面上敬重，其实内心瞧不起。更令人痛心的是，由于缺乏对干部的严格管理和严格教育，缺乏向上的正向引导和塑造风清气正的政治生态，“正”的东西树不起来，致使一些不认真履职、不落实工作的“喧哗者”反而“吃得开”、受重用、洋洋自得；由于缺乏对干部的严格管理和严格教育，正气树不起来，致使一些只讨领导欢心、不顾实际情况、不顾地方发展的“伪君子”反而高高在上、备受追捧；由于正气树不起来，不敢严格管理和教育，致使一些本来品质很好的干部慢慢转变为投其所好、报喜不报忧的“误事者”；由于正气树不起来，缺乏对干部的严格管理，致使一些本来很踏实很努力很勤恳的干部慢慢变为遇事退让、得过且过的“平庸者”，在干部群众中造成了很坏的影响。这种情况，由个别扩大到面上，慢慢地演化为在玉溪干部群体中，少数干部该学的没有用心学，该宣讲的没有用心讲，该担当的没有担起来，该作为的没有作为，该协调的不协调到位，该突破的没有实质性突破，该请示汇报的不及时主动请示汇报。逐渐地，党和人民的事业在一件一件的事情中，一点一点地远离目标；在一件一件的工作中，一步一步地走下坡路。人民看在眼里、干部看在眼里，痛心疾首！一个地方，领导班子管不好、干部队伍管不好，事业要干上去绝对是空话。一个地方，领导集体的正气树不起来，干部队伍的管理作风硬不起来，想把工作干上去是不可能的。这些问题，严重影响和阻碍玉溪发展。针对这些问题，今年以来，市委痛定思痛，认真剖析，敢于刀刃向内，坚持以上率下，示范引领带动党员干部以铁担当、真本事、硬作风抓落实、促发展。一是推动政治能力变强。市委把提升政治能力放在首位，让领导班子、领导干部理解什么是政治能力、知道如何提升政治能力，通过学习、执行党的地方委员会工作条例，充分发挥市委总揽全局、协调各方的领导核心作用，让市委有市委的样子，强化市委常委分工负责制，让市委常委知道市委常委该怎么做，改进工作汇报方式，推动市委常委会工作规范化建设。教育引导各级各部门树立强烈的执政意识，自觉围绕党委决策部署开展工作。同时，逢会强调，把贯彻落实上级决策部署作为重要的政治纪律，把不学习、不研究和不作为、慢作为等行为，作为严重不讲政治、严重阻碍党的路线方针政策贯彻执行、严重损害党的执政根基的问题来对待，从严要求、从严监督、从严查处。半年多来，全市上下思想、工作呈现积极变化。二是推动学习研究变实。市委大力倡导学习的关键要学进去，倡导结构化学习、板块化梳理、项目化推进的方式，从最基础的学习文件入手，建立文件阅研机制，市委常委带头学理论、学政策、学规划，通过自己讲授的方式，市委常委开展了规划、财税、融资、产业、项目建设、城市建设和党规党纪等方面的辅导培训，通过这样的学习方式，把领导干部逼向书本、逼向实践、逼向专业，推动干部在研究状态下工作。聚焦产业发展、新型城镇化、乡村振兴、领导班子建设等重点领域，深入开展调研座谈，多方听取意见，全方位摸清市情，为科学决策打牢基础。三是推动效率节奏变快。我们强化工作主动性，坚持急事急办、要事快办，反对“温吞吞”，坚持倡导不让一天光阴虚度，步步紧跟上级决策部署，提速工作效率和节奏，加强研究协调，确保第一时间掌握实际情况、提出具体建议、拿出解决办法，推动马上就办、雷厉风行成为工作习惯。过去一些干部见事不快、按部就班，对发展机遇认识慢，对上级政策理解慢，对新生事物接受慢，对工作任务落实慢的问题正在逐步改变。四是推动领导方法和工作方法变优。我们老老实实地践行马克思主义思想方法和工作方法，坚持一切从实际出发，按客观规律办事。明确要求领导干部看问题要高出一两个层次、抓落实要下沉一两个层次，放眼全局谋一域，找准战略实施的切入点，聚焦重点领域和关键环节精准发力。面对工作难题的时候，市委明确要求领导干部回答三句话：“是什么问题、用什么方法解决、哪个人来解决”，核心是找到问题的实质和原因，奔着问题去、盯着问题改，做到问题不解决绝不放过。明确要求领导干部必须认真学好、用好党的群众路线，站稳群众立场，科学引导教育群众，既不犯高高在上的官僚主义错误，也不犯胸无定见、毫无主意的尾巴主义错误，最大限度发挥群众工作的积极效应。通过持续的引导督促，全市领导干部思维方式的“系统化”不断增强，能力本领的“工具箱”不断丰富。五是推动执行落实变硬。我们坚持既重部署、也重跟进、更重效果的理念，认真落实好“出思路、想办法、抓推进、勤督查”的工作方法，把市委决策部署具体化为路线图、任务书、时间表，分解到市级领导和各县（市、区）、各部门，及时听取落实情况汇报，指出问题、提出要求，构建有部署、有督办、有跟踪、有问效的工作闭环，打通决策落实的“最先一公里”和“最后一公里”。在做足准备的同时不失时机向上争取汇报，用较短时间破解了云南绿色钢城建设、政府性债务预警级别畸高、玉溪师院财政体制上划等“老大难”问题，有力推动了城市更新改造、新基建、全域现代化水网建设、打造云南数字经济第一城等重点工作，玉溪的GDP增速，连续几十个月以来终于在今年的三季度第一次出现超出全省平均水平（0.1个百分点）。预计全年生产总值的增长也会高于全省平均水平，规模以上固定资产投资扭负为正，全市债务风险等级现在已经由红色变为橙色。我们坚持不懈抓“激励+约束”“保护+惩处”“容错+问责”“底线+标杆”，坚决调整在岗不尽责、人岗不相适的干部，大胆提拔重用敢于担当、表现优秀的干部，切实刹歪风、治顽疾、惩腐败、提效能，持续净化优化政治生态。半年来玉溪发生的变化，是思想观念之变、精神状态之变、能力素质之变、作风方法之变，人心都是向上的，每个人心中都有一盏明灯，这种变化正是每个玉溪干部心里的明灯，只不过是通过这样的方式把它拨亮，把良知唤醒，所以也得到了全市广大干部和群众的认可，汇聚形成了强大的作风势能、发展势能，也得到省委、省政府领导“玉溪变了”的评价和肯定。

在积极看待玉溪之变的同时，我们也清醒地认识到，“冰冻三尺非一日之寒”，改变痼疾不可能一蹴而就，转变干部作风不仅要大声疾呼，更要领导干部的身体力行；不仅要在思想上、生活上关心干部，更要在工作中、实际中严管干部。转变干部作风不仅需要领导一马当先，更需要全市上下所有干部“万马奔腾”；不仅是领导要监督要求好别人，更要自己带头。我们相信，朝着这个目标努力下去，一定能够转变，因为这个目标是正确的目标，是每个干部心里都存在着的一盏明灯。

二、准确把握新发展阶段玉溪的优势和短板

毛主席说，哲学就是认识论。准确地认识需要有勇气、有正确的方法。知别人者是智慧的，知道自己的人是聪明的。“十四五”时期我国将进入新发展阶段，看新

发展阶段，我们认识玉溪，既要有历史思维，也要有辩证思维。

第一，清醒地回首历史，汲取教训、保持警惕。回顾玉溪的历史，不由得让我们想起“夕惕若厉”这四个字。从经济总量上看，改革开放初期，玉溪的GDP仅为5亿元，随着红塔集团崛起，工业经济迅猛发展，GDP快速增长，在1993年超越曲靖位居全省第二。1995年我市GDP达到240亿元，占全省的19.6%，仅比昆明少118亿元。随后几年，曲靖和红河经济体量不断攀升，2004年曲靖就反超了玉溪，2016年红河也超过了玉溪。从增速上看，1993年至1996年我市GDP年均增长26.4%，而后烟草产业发展到了天花板，开始出现下滑，随之GDP增速放缓，2000年至2019年的20年间，昆明、曲靖、红河、楚雄的GDP分别增长9.9倍、12.1倍、15.5倍、11.6倍，而我市仅增长5.8倍。在滇中各州市中，玉溪的增长曲线与其他州市明显不在一个水平。总量紧跟玉溪的大理，也增长了10倍左右。坦率地说，速度放缓的20多年，理应是我们改革调整、转型发展的阶段。玉溪人民问，转型了20年，我们的问题解决了多少？发展的方向校准了多少？跨越的动力又积累了多少？玉溪的群众说，这20年我们确实慢下来了，这20年玉溪确实没有什么变化。增速的差距只是表象，背后的原因一定要深刻总结，过去那种温温吞吞的状态必须摒弃，新发展阶段玉溪该“醒”过来了！

第二，理性地看清现状，找准问题，有的放矢。进入新发展阶段，在未来的五年中，玉溪有三道“坎”，如果处理好了，就是华丽转身，如果重视不够、处理不好，那很可能就是一个陷阱。一是城镇化速度滞后于经济增长速度。城镇化是现代化的必由之路，是经济社会发展的重要动力。省委阮成发书记在省委全会上指出，云南有三个低于全国10%的指标。玉溪就有其中一个，就是城镇化指标。前些年玉溪工业化带动城镇化，一段时期都是全省领先，但是近些年城镇化速度慢下来了，已经同玉溪的工业化水平不在一个层次。2019年，全市城镇人口126.6万人，城镇化率52.98%，高于全省低于全国，这个数字昆明是73.6%。根据云图测算结果，中心城区建成区面积玉溪63.61平方公里，昆明584.84平方公里，曲靖101.31平方公里，红河99.59平方公里，楚雄79.46平方公里，差距是很明显的。高质量是建立在一定规模的基础上的，这是城市发展的规律，特别作为全省次中心城市，我们人均GDP 1万多美元，生产总值2 000亿元，这样的经济体量下，城市的规模和形态是远远滞后的。二是人口规模与经济发展水平不相适应。纵观中外城市，都是在人口集聚中走向繁荣，在人口凋敝中走向衰败。专家测算，每增加1个城镇人口，可增加约8万元的投资和2.5万元的消费。可是在城市建设中，在城市人口研究中，有一部分领导还在讲这样一句话，玉溪只有这么一点人，盖这么多房子干什么？每家人全部变成市民也就是这么一点人。这是极大的错误，玉溪的城镇化不是把农民城市化，而是要吸引更多的人口来玉溪，这个问题要想清楚。如果说只是把红塔区的农民全部市民化，那就叫城市化的话，那么这个城市是没有希望的。特别在新发展格局中，人口将是城市参与国内大循环的主要动力。杭州去年人口净流入达到了55.4万人，而玉溪仍处于净流出的状态。2019年，玉溪总人口不到240万，城区常住人口（含江川区）不到80万，人口增长率昆明14.6%、红河6.53%、普洱5.76%、曲靖3.69%、楚雄2.55%，玉溪1.17%。在人口结构方面，我们18至34岁的人口仅占户籍总人口的24.3%，年轻人少，城市的活力就起不来。认真查找背后的症结，一方面是自身的增量不足，一方面是人口人才长期处于净流出的状态。城市留不住人，人气聚不起来，财气就更加难以聚集，所以再不抓紧城市建设，再不抓紧扩大城市的规模“筑巢引凤”，玉溪就会陷入“城越来越旧，人越来越走，人越走越多，城越建越旧”的恶性循环。其实这些年走过的路，在某些方面就已经浅显地反映出这些问题，我们看到了问题就要立即行动起来解决。今天明确，城市建设，特别是中心城市建设方面，看准了就要干，哪个不坚定哪个先下台！哪个打了退堂鼓哪个先下来！如果不这样做，所有对玉溪人民负责全是一句空话。如果这个城市再是这样，就将越来越凋敝。三是创新优势没有转化为经济优势。创新是玉溪显著的竞争优势，可现实情况是，市场的创新、企业的创新、人民的创新没有得到很好的认可和推广。很多创新，在我们的冷漠中，在我们的边缘化中，在我们的自我嘲讽中，灰心暗淡下去，导致科技创新对玉溪经济社会发展牵引带动作用并不强劲。很多事情玉溪人都是走在云南的1.0版，但是，1.0版创新出来了以后，由于没有得到及时的关心重视、呵护推广，到了2.0版的时候就被别人超了过去。3.0版的时候，我们就无影无踪了。比如，在云南，共享单车刚开始是玉溪推出来的，但是由于党委政府在关心重视方面流于形式，没有认真地去挖掘、去培育，致使这些很有生命力的创新没有得到很好的推广。所以2019国家创新型城市创新能力评价报告，在参加评价的72个创新型城市（地级市）中，玉溪创新能力指数得分30.66，居第70位，倒数第三。玉溪在“十四五”发展期间，在新的发展阶段，又是新的发展格局之下，如果说没有创新的思路，没有领导的创新，没有部门的创新，没有企业的创新，没有政府的创新，没有人民的创新，或者说没有把这些创新抬升起来、推广开来的氛围，要实现高质量快速发展是不可能的。党中央在“十四五”规划分论的第一条就是创新驱动。所以玉溪也是这样。这是我们玉溪在“十四五”期间必须引起高度重视的“三大陷阱”：城镇化的问题，人的问题，创新的问题。归结起来就是“人城产”三个字。大家必须牢牢记在心里面，要时时刻刻想办法，一定要解决掉这三个问题，否则玉溪发展的被动局面就难以扭转。

第三，主动地靠近未来，理清优势，把握机遇。进入新发展阶段，百舸争流、齐头并进，全国各地都在面临同样的任务和挑战，要想脱颖而出，只能靠我们自己，最关键的，就是理清楚自己的家底和优势。看问题，看玉溪，既不要夜郎自大，也绝对不要妄自菲薄，玉溪在云南16个州市中，多项主要指标仍然是排名第二的。真正的优势在3个方面：一是小康成色相对较好。从全省来看，我们在建成小康社会方面确有比较优势，全面小康社会总指数高于全省水平，多项指标仅次于昆明，三大攻坚方面指标均100%完成。这方面，玉溪是明显领先于省内其他州市的，成色好，意味着基础好，同时也意味着起点更高。二是区位的战略节点优势。优越的区位条件是我们高质量发展的基础，是玉溪最核心的优势。我们在云南最中心的位置，交通路网的覆盖和层级全省领先，货运物流起步很早，随着国家新发展格局的不断深化，同南亚东南亚的交流合作不断加强，泛亚铁路中线明年通车，玉溪的枢纽作用将越发凸显。三是生态环境的厚积薄发。立体气候、高原湖泊、生物多样、空气质量是玉溪的宝贵财富。新发展阶段强调高质量的发展，玉溪的基础和底蕴将得到充分体现，可以预见的是，从“十四五”开始，将是玉溪绿色福利厚积薄发的重要时期。

三、在服务和融入新发展格局中抢占先机

天下武功，唯快不破。在服务和融入新发展格局中，必须要抢占先机，这是大战略。我判断，新发展格局是与“改革开放”同等重要的。我们必须保持清醒头脑，深刻理解把握新发展格局的内涵要义，在服务和融入新发展格局中走在全省前列。

第一，玉溪融入新发展格局的关键词：聚集和打通。构建新发展格局，本质上是一种新的发展模式，是一种新战略。玉溪相较于云南其他州市来说，占地面积不算大，人口也不算多，但为什么能发展成为经济强市？很重要一点就是既立足玉溪发展玉溪，又跳出玉溪发展玉溪。过去玉溪卷烟、通海的蔬菜、研和的数控机床，不仅仅是为玉溪人民服务，更是服务全省、服务大局，这就是一种初级形态的“双循环”路子了。如果我们再有面向全国市场的更多产品，玉溪就能也必然在服务和融入新发展格局中有所作为、大有作为。

一是“聚集”。国内国际大循环格局，就是把高端的要素循环到玉溪来，以畅通要素循环来提升经济竞争力、拓展新空间。融入大格局中，既是为了服务别人，也是为了成全自己。如果说要素循环经过玉溪，但是来了就走掉，那这样的循环对于我们来说有什么意义呢？所以在融入的过程中不要光想“过桥米线”，一定要给地方留点什么东西，要考虑到聚集的问题。前不久阮成发书记、王予波代省长带领云南省党政代表团赴浙江学习考察，两省签署了融入新发展格局深化区域合作框架协议，为我们融入新发展格局提供了方向，玉溪必须主动作为，循环之中要聚集，争取与浙江各地的深度合作，把浙江等先进地方的高端要素循环到玉溪来。所以玉溪要考虑4个聚集：一是让市场主体在循环中聚集到玉溪。市场主体是经济的力量载体，是形成双循环新发展格局的根基，市场主体的活力就是双循环发展的动力，这是抓经济工作的基础。2019年底，全市各类市场主体达20.18万户，今年上半年，全市新登记设立市场主体2.5万户，同比增长14.8%，远高于全省新登记市场主体5.22%的增长率，市场主体积极活跃，但知名度不高，重点要在“抓大”“扶小”“稳链”“育新”上下功夫，抓好循环主体，既要招进些来，又要让本地小的成长起来，也要让我们本地的和外地的合作起来，要让它们聚集。如果在新一轮大循环中，浙江的企业和我们的企业以及联合起来的企业，在明年新注册落户玉溪的市场主体超过10 000户或者15 000户，那玉溪市场就会热闹起来。二是让技术要素在循环中聚集到玉溪。聚集不是聚集一些“废弃物”过来，是要把有用的技术要素在循环中聚集到玉溪来。玉溪创新基础很好，要继续发挥优势，着力打造以科技创新为核心、多领域互动、多要素联动的综合创新生态体系，增加高质量科技供给。比如，我们的赛灵集团，有院士专家工作站的支持，有核心知识产权，企业的发展就会呈现爆发式的增长，我们就是要多把这样的优质要素循环到玉溪。科教创新城核心区要认真谋划，高新区要下功夫，各县（市、区）要用心研究，在这个过程中把技术要素循环到玉溪来。三是让产业要素在循环中聚集到玉溪。玉溪产业体系较为完备，但大部分产业处于价值链中低端，必须加快从中低端到中高端的跃升，提升竞争力。关键要用好市场这个载体，从注重生产环节向注重流通、中转、集散环节转变提升。产业的聚集，是要通过一些市场的手段，无商不活。如果没有商户串起来、连起来，是不行的。特别在这个过程中要发挥好进出口贸易的优势，不限于农产品，要各方面的进出口贸易，把名商、大户、大商人、产业做生产的、做流通的、做包装的、做中介的、做运输的等等都聚集到玉溪来，朝着“买全球、卖全球”的方向去努力。四是让资本要素在循环中聚集到玉溪。一方面要改变过去主要依靠银行的资本模式，加快向政策性银行、资本市场、创投、信托等多元资本模式升级，加大金融机构引进力度，推动完善玉溪金融服务生态。同时，人才也是最重要的资本，要加快引进中高端人才，聚天下英才而用之。在市场经济中，上当的东西很多，骗子也很多，要有火眼金睛。这次我和德华在浙江学习，阿里王坚说了一句话，“浙江省委和杭州市委对于创新和新鲜的东西，都在将信将疑的眼光中坚定地支

持”。玉溪在“十四五”期间要吸引金融的聚集，这个理念必须要有。

二是“打通”。市场主体、技术、产业的业态、金融聚集到玉溪，这幅愿景非常好，但现实生活中还有许多聚集的堵点痛点，还有“玻璃墙”，打通这些环节才能顺畅有序。主要是打通“四个关键环节”：一是先进制造环节。加入循环是要有资格的。在先进制造这个环节，玉溪要当仁不让。省委提出云南要成为部分领域先进制造节点，在生物医药、疫苗、稀贵金属新材料等方面实现进口替代。玉溪在先进制造环节基础好，沃森生物研究生产的国产13价肺炎疫苗打破了进口垄断的现状，克雷斯等生物医药后劲十足，在生物医药和疫苗发展方面，一定要有“说到玉溪，就想到生物医药；说到生物医药，云南一定是玉溪”的魄力。其他部分先进制造环节要突出精准供给、高端供给，继续推进产业集群化发展，打造更多具有玉溪标志的产业链，为市场提供更多的高品质产品，为参与国内大循环夯实基础。二是现代流通环节。目前玉溪关于流通的路网、信息网、物流网等领域的短板还比较多，“十四五”期间要大力补短板。特别要以中老铁路通车为契机，建设一流的中国西南·玉溪国际物流港，学习借鉴义乌中欧班列模式，与昆明加强沟通对接，共同研究打造中老铁路班列，发展更高水平的开放型经济。三是消费市场环节。2019年全市城镇居民人均可支配收入为40 700元，农村居民为15 719元，无论是绝对数还是增量都仅次于昆明，扩大消费潜力很大。但是我们很多时候没有消费的场景，在“十四五”期间要改变方式，真正把消费潜力挖掘出来，同时还要创造高端市场供给，吸引外州市的人到玉溪消费，把玉溪建成区域消费中心城市。四是数字化环节。据专家测算，现如今的工业发展，经过数字赋能以后，可以提升5%的效率。比如，2018年，玉溪工业总产值1 986亿元，提升5%，就会增加上百亿元的产值。我们都在说浙江的数字经济发展得好，与其临渊羡鱼，不如退而结网，我们在数字化这个环节上，那是绝对不能犹豫的，必须下一番苦功夫来抓，对于玉溪来说，这是真正意味着当下，关乎未来。

第二，玉溪融入新发展格局的“四个着力点”。主动融入新发展格局是玉溪打造云南社会主义现代化建设先行区的关键之举和鲜明标识。在融入新发展格局中抢占先机，玉溪怎么干？就是“操其要于上”，也要“分其详于下”，找准工作着力点，一个钉子一个钉子地敲，在融入新发展格局中不断取得新成效。

一要着力推动产业升级。农业上要聚焦打造“绿色食品牌”，走现代农业与现代服务业高度融合的路子，支持引导各类专业化经营主体发展农产品加工业，提高农产品加工水平，提升高原特色农业的质量效益和竞争力；要深化培育一县一业，抓住种子、电商这两个关键，锲而不舍推进设施化、有机化、数字化。我给大家举新平漠沙种雪茄烟的例子，从种烟开始，起步就是新型农业经营主体，第二步是现代化水平，第三步是智慧化管理，我们称之为高级高档农业，玉溪就是要更多这样的产业升级。工业上重点要聚焦玉溪有基础有优势的建筑建材、风电水电、数控机床、卷烟及配套等产业，培育一批产业龙头。服务业上，省委特别强调健康生活目的地是云南高质量发展的“王牌”，玉溪生态资源丰富，在做好保护的同时，有基础有条件大力发展三产，完全可能成为“王牌中的王牌”。2019年，我们第三产业发展的指数从过去全省的第8位升至了第3位，这是一个比较客观的描述。如果说“绿色能源牌”“绿色食品牌”可以管十年甚至更长时间的话，“健康生活目的地牌”可以管“一辈子”。我们要用工业化的理念抓服务业发展，聚焦国际化、高品质这一内涵，推动“文”“游”“医”“养”“体”“学”“智”产业链融合发展，创新模式和产品，让玉溪真正成为国内外游客来了就不想走、走了还想来的地方。

二要打通全流程创新链条。我们融入新发展格局，就是要坚持全流程的创新。创新链条主要有三个环节：一是从无到有的创新，是从0到1环节；二是从科学到技术的转化创新，是1到100的环节；三是从技术到产品，规模化、产业化甚至资本化的阶段，是100到100万的环节。就是说在这个过程中，重要的是我们在座的同志们都要营造一个全社会共同创新的氛围。为什么我们是国家创新型城市，拥有这么多的创新资源，却没能成长出具有国内乃至全球影响力的领军企业和新兴产业？很重要的一条就是没有将创新落实到产业活动上。创新要以需求为导向、以企业为主体。玉溪的创新，必须真正落到产业活动上，落到新业态、新模式、新产业的育成上，落到经济社会新的发展上，致力于创新型企业和新兴产业的培育发展。要吸引人才到玉溪创业就业，在全市营造“来了就是玉溪人”的良好氛围，以创业创新者为主体，找准政府角色定位，为创新创业提供充足的阳光氧气，让企业和人才在玉溪这块土地上“无忧生长”。

三要以新基建推动玉溪全领域数字化。阮成发书记讲，现在摆在我们面前的任务，不是要不要发展数字化，而是如何发展数字化。玉溪打造“云南数字经济第一城”，其时已至、其势已成，但任重道远。对于这个崭新领域，我们有的同志不熟悉，但时间不等人，我们只能在战争中学习战争。首先思想上要大胆解放，树立数字经济思维，准确识变、科学应变、主动求变，积极拥抱数字化。其二是组织上要强力保障，成立领导小组，我和德华同志任双组长，高位推动、系统谋划。三是从数字经济、数字政府、数字社会、数字城市“四条线”同步推进数字化，使玉溪经济社会全领域数字化。四是按照“切口小一点、研究深一点、更管用一点”的原则，找准数字安全产业、场景应用开发、网上进出口等着力点，以“应用引企业”，以“市场换产业”，用“数字”为经济赋能、为发展提质、为治理增效。

四要推进城乡一体化。一是提升中心城区综合承载能力。近期省政府下发了关于统筹推进城市更新的指导意见，许多指标得以量化，既给我们划定了红线，也为我们加快城市更新改造提供了标准。比如，我们中心城区的城市道路，还有100多条规划里有，但没修通；又如，到2025年16个州市中心城区管道气要实现全覆盖，管道总里程要达到4 000公里，玉溪现有350公里，澄江、新平、元江还未通管道，这些就是短板、这些都是项目。请劲松同志牵头，把现状摸清楚，找准工作的方向，研究后加速推进。说到城市更新改造，刚才我讲了很多严峻性，讲了很多紧迫性。这里也强调一下，我们有些单位，包括驻玉单位，在这次中心城区城市更新改造中，不配合、不主动，个别单位有的甚至“狮子大开口”，把相关安置补偿当成了“唐僧肉”。我想说的是，所有涉及的单位，特别是涉及公产的，一定要无条件支持配合红塔区指挥部的工作，所有的补偿标准都是依法评估后确定的，没有讨价还价的余地。要知道，我们每一个单位名称前面都冠以“玉溪”二字，大家要知道它的分量，识大体、顾大局，该争取汇报的积极主动，该协助做工作的协助好，这才是应该有的姿态。希望大家保持头脑清醒，红塔区要像澄江市开展抚仙湖雷霆行动一样，把拆除中央省市企事业单位那种劲头拿出来，大胆开展工作，当然要主动协调解决问题，确保工作顺利推进。二是加快美丽县城、特色小镇建设。美丽县城玉溪只有新平，特色小镇也只有戛洒和广龙，与玉溪发展不相符，这个短板要在“十四五”期间补上。美丽县城建设上，全市每个县(市、区)都要争取，认真贯彻落实“干净、宜居、特色、智慧”的要求，提升城市品质特别是公共设施和服务能力，把玉溪的每个县城都建成公园城市。在特色小镇建设上，要充分挖掘文化底蕴，比如九溪镇、杨广镇、绿汁镇还有化念镇都有很好的基础，要因地制宜发展特色产业，吸引带动农民到城镇集聚，玉溪的特色小镇必须形成梯队，接续入选省和国家建设名单。三是推进农业农村现代化。省委提出全面实施乡村振兴“百千万”工程，即建设100个集现代农业、休闲旅游、田园社区为一体的田园综合体；1 000个乡村风貌特色化、产业发展专业化、生活品质现代化的精品示范村，10 000个生活富裕、生态优美、人与自然和谐共生的美丽乡村。我们要抢抓机遇，对标“百千万”入选要求，积极主动实施乡村建设行动，把乡村建设成为与城市共生共荣、各美其美的美好家园。中心城区周边的村，比如小石桥、梅园、灵秀等地方，要积极学习浙江安吉余村的经验，在规划、环境、产业、氛围打造上认真研究，努力打造几个“绿水青山就是金山银山”的玉溪实践样本。

总之，主动服务和融入新发展格局，是玉溪发展的重要课题，面对复杂的国际国内形势，我们认识要到位、重视要到位、工作要到位、措施要到位，更关键要先人一步、主动作为，这样才能在竞争赶超中赢得发展主动权。

四、提高党领导贯彻新发展理念、服务融入新发展格局的能力和水平

进入新发展阶段、贯彻新发展理念、融入新发展格局，对各级领导班子和领导干部提出了新的更高要求。我们在座的同志们，决不能身子进入了新时代，能力水平还是老样子。我们要全力以赴把方向、管大局、作决策、保落实，着力破解制约玉溪经济社会发展的瓶颈问题。

第一，提高党领导驾驭经济的能力和水平。中央、省委组建了玉溪市委，派我们到玉溪执政，还有各个县委书记是受市委的委派，到一个地方主政一方，我们都肩负着推动一个地方发展的重大政治责任。时光如梭，一寸光阴一寸金。干事的平台来之不易，一定要倍加珍惜。我和德华同志随云南党政代表团赴浙江考察学习，感受最深的除了浙江经济社会的繁荣发展，很重要的一条就是佩服浙江干部的工作能力，干部的紧迫感和责任感。浙江的干部熟悉党政运作方式、熟练调度行政资源，以资源的无缝衔接和整合来推动工作，许多我们干不成或干不好的工作他们却干成了、干好了，根本上就是工作本领和工作水平的差距。每个人只要进步一点点，可能汇集起来就是一个很大的变化。我们要系统提高我们全市各级领导干部的学习力、创新力、执行力，包括提高认识和把握经济社会发展形势的能力，提高从整体上推进经济发展和社会发展的能力，提高综合运用组织手段、经济手段、行政手段、法治手段推动经济社会发展的能力，提高统筹发展和安全的能力，提高营造经济社会发展良好环境的能力，让各级领导干部真正面向现代化、适应现代化、建设现代化。

第二，步调一致才能得胜利。回看历史、审视当下，“步调一致才能得胜利”一直是我们党不断取得新胜利的优良传统和成功法宝。在座的都是玉溪高质量发展的领导者、组织者、推动者和实践者。市委全会作出的决议、定下的目标，就是我们共同的意志、共同的目标。此次提交市委全会审议的《建议》，花了半年多的时间在准备，在这个过程中，同志们有什么意见和建议都有充足的机会和渠道来表达。今天通过全会以后，《建议》就是全体市委委员的共识，决不能说我对这个《建议》还不清楚、不了解，我不大认同这个《建议》，这就是政治纪律的问题。全市各级各部门要在市委的统一领导下、统一指挥下，做到职责分、思想合，工作分、目标合，权限分、力量合。要充分发扬社会主义民主，把各党派、各团体、各民族、各阶层、各界人士的思想和行动统一到市委的决策部署上来，拧成一股绳，齐心协力推

动各项工作落地落实。

第三，持续用力修复净化政治生态。要坚决压实各级党组织管党治党的责任，坚持严的主基调，严肃党内政治生活，严明政治纪律和政治规矩，加强作风建设，力戒形式主义、官僚主义，持续深入推进反腐败斗争。所谓党内政治生活，就是按照党章和《中国共产党地方委员会工作条例》的要求，按照党内的规矩和分工，认认真真地履行好自己的职责。所谓风清气正的党内政治生活，党内政治生活的若干规定，根本要义就是这么一条：党章、《条例》规定可以做的，你就去做；党章、《条例》规定不可以做的，你就不许做。在我们具体工作中，就是不能有“山头主义”，不能只识小局，不识大局，不知市委为大，而以部门为大，这就犯了严重的违反党的政治纪律的问题。到市委常委这一层，市委常委按照市委的分工部署，做好自己那一块的工作，领导班子认识到位，然后人大、政府、政协认识到位，各县（市、区）、各部门认识到位，我们的工作就能做到如身使臂、如臂使指。要一体推进不敢腐、不能腐、不想腐，持续营造风清气正的政治生态。特别要强调一条，一段时期，多干多错、少干少错在干部中普遍流传，少数干部发出了“为官不易”的叹息声，产生了“为官不为”的软腐败，掉落进“升官发财”的泥潭里，还有一些“伪作为、假作为”，我们要当头棒喝，坚决斗争，正确区分集体与个体、少数与多数，旗帜鲜明地为担当者担当，为负责者负责。纪检监察工作要始终聚焦市委中心工作，充分发挥“纪检监察促发展”的作用，主动自觉地服务保障玉溪事业发展。尤其要坚持实事求是、依规依纪精准问责，既要防止问责不力、该问责不问责，又要防止问责泛化、简单化，真正把该打的板子打准、让被问责的干部心服，不让担责者受苛责、担难者被刁难、担险者有风险。

第四，决策的生命力在于落实。推动工作的根本是人，思想问题不克服、方法问题找不准、工作找理由搪塞，工作如何能推动？所以，就落实讲两个关键点。一是绝对负责。从中央到地方，每一个层级、每一个岗位都有各自的职责，安排下去一项工作，如果层层放水、层层失守就会乱套。比如，有的文件报批时，表面上看起来是层层签阅、层层把关，签了十来个人的拟同意，但其实所有的人就是签个拟同意，文件讲的什么东西根本就没有看，所以导致有些出了大问题、甚至出了政治问题的文件，还在拟同意，一直拟同意到我这里，这样的问题就是绝对不负责的，这些事情稍有不慎，就是失职渎职。所以在绝对负责这个问题上，今天在会上强调，要着力解决市委常委、各位副市长、市委委员认真履职的问题，市委常委、各位副市长要提升亲和力、责任心、走好群众路线。市委常委、副市长调研工作，既要会问正职，也要请教一下副职，甚至要问问科长，有的领导分管部门几年却连部门在哪里还找不到，有的部门想找分管领导汇报工作也很难，这就犯了官僚主义的错误，必须下决心解决。这次全会确定的11个方面工作，关键就在于组织好各位市委常委、副市长狠抓落实，要用一种对党和人民事业绝对负责的态度来对待落实工作。二是高效运转。高效运转的基础是规范行事、按制度办事、按规矩办事。就工作体系来说，要实现高效运转，关键的一条是必须把职责明确清晰，做到调度有序。在有的工作中或者有的地方，会出现一些“打乱仗、乱打仗”的问题，指挥者胸中无数，下面的运行情况一团乱麻，丝毫理不清楚，其中一个重要的原因就是权责不清，指挥者懵懵懂懂，指令不清晰，命令不明了，这个是大忌，以至于把原有的工作机制也弄坏掉。全市各级各部门“一把手”，包括市委常委、市政府副市长都要对管辖范围内的工作体系进行一个梳理，做到每一个环节都职责明确，并督促严格履职，确保推动各项工作更加有力、有序、有效。

年末岁初，各项工作任务十分繁重，大家要统筹抓好。一要毫不放松抓好常态化疫情防控工作，严格落实“外防输入、内防反弹”各项措施，深入开展爱国卫生“7个专项行动”，决不能出现麻痹思想、厌战情绪、侥幸心理、松劲心态。二要抓紧做好今年各项任务的收尾工作，及早谋划明年工作，研究储备一批重大项目，加速推进，确保“十四五”发展开好局、起好步，为明年年初省委到玉溪召开现场办公会做好充分准备。三要精心做好市“两会”的筹备工作，高质量编制“十四五”规划纲要和各专项规划。四要认真抓好市、县、乡三级党委换届，提前谋划各级人大、政府、政协换届工作。五要高度重视安全生产和维护稳定工作，抓好安全隐患排查和专项整治，严格落实各项责任措施，统筹抓好各行业领域风险防控，确保岁末年初社会和谐稳定。

同志们，时代潮流，浩浩荡荡势不可挡。时光如梭，我们要只争朝夕。让我们更加紧密地团结在以习近平同志为核心的党中央周围，在中央和省委的坚强领导下，夙夜在公、昼夜兼程，永不懈怠、一往无前，努力交出一份无愧于时代、无愧于人民的答卷，向建党一百周年献礼！

政府工作报告

——2021年1月18日在玉溪市第五届人民代表大会第四次会议上

市长 张德华

各位代表：

现在，我代表市人民政府，向大会报告政府工作，请连同《玉溪市国民经济和社会发展第十四个五年规划和二〇三五年远景目标纲要（草案）》一并审议，请市政协委员和列席人员提出意见。

一、2020年及“十三五”工作回顾

2020年是极不平凡的一年。面对复杂多变的国内外环境特别是新冠肺炎疫情冲击，我们坚持以习近平新时代中国特色社会主义思想为指导，认真学习党的十九大和十九届二中、三中、四中、五中全会精神，深入贯彻习近平总书记考察云南重要讲话精神，坚决落实省委省政府对玉溪市的工作要求，统筹推进新冠肺炎疫情防控和经济社会发展，扎实做好“六稳”工作、全面落实“六保”任务，经济运行持续回升，民生得到较好保障，社会大局和谐稳定，“玉溪之变”形成新的发展势能。预计全市生产总值增长2.3%，固定资产投资下降1.4%，一般公共预算收入增长1%，社会消费品零售总额下降2.5%，城乡居民人均可支配收入分别增长3.5%和7.5%，居民消费价格涨幅3.5%，城镇登记失业率3.78%。一年来，我们重点做了7个方面的工作。

*一是全力抗击新冠肺炎疫情。*坚持把人民生命安全和身体健康放在第一位，认真贯彻落实坚定信心、同舟共济、科学防治、精准施策的总要求，采取及时有效措施，控制了疫情蔓延发展，自去年2月8日起全市无新增确诊病例。毫不放松抓好常态化疫情防控，压实“外防输入、内防反弹”防控责任，投入抗疫财政资金12亿元，有序抓好市场保供、复工复产、复学复市，帮助5 900户企业解决用工1.8万人，社保缴费费率和基数“双降”政策减免16.9亿元，实现返岗复工18.5万人，生产生活秩序快速恢复。派出医护人员、公安干警、民兵驰援湖北保卫战和全省强边固防工作，为全国疫情防控大局作出了贡献。实施重大传染病救治能力和疾控机构核心能力“双提升”工程，开工建设市传染病医院，完成8个县级疾控核酸实验室改造。全面开展爱国卫生“7个专项行动”，清除垃圾1.4万吨，新改建公厕500座、洗手台2 364座，健康文明的生活方式渐入人心。

*二是全力以赴稳定经济增长。*及时出台25条应对疫情稳增长的政策举措，加强重点产业调研指导，推动经济稳定复苏、逐季向好。现代农业稳中有进。烟菜花果药畜6大产业量效齐增，红塔区、通海县入围国家花卉、蔬菜优势特色产业集群。粮食产量61.2万吨，收购烟叶153.1万担、烟农总收入突破25亿元，农产品出口超过30亿美元、保持全省第一。新增国家级农业龙头企业1户、全国“一村一品”示范村镇2个、“三品一标”农产品68个，入围绿色食品“10大名品”和“10强企业”“20佳创新企业”数量居全省第二，滇雪粮油连续5年进入全国食用油加工企业50强。农业增加值增长5%。工业经济平稳发展。烟草制品业发挥经济增长“压舱石”作用，玉溪卷烟厂技改项目开工建设，卷烟及配套产业增加值与上年持平。云南绿色钢城建设取得突破性进展，仙福钢铁转型升级一期工程竣工投产，玉昆钢铁启动升级改造。沃森13价肺炎疫苗投产上市、国内首个mRNA新冠疫苗生产项目开工，生物医药制造业增加值增长80%以上。开发区优化提升工作加快推进。全市煤矿整体关闭退出。为各类市场主体减税降费81.1亿元，清偿民营企业中小企业无分歧账款22.1亿元。新增规上工业企业25户，市场主体总量增长23.3%、达22.7万户。服务业稳步复苏。开展一系列促消费活动，夜间经济、电商直播助推消费回暖，青花街等特色街区开街运营，京东玉溪“互联网+”新经济效益初显。玉溪海关开关运行，外贸发展综合贡献百强和外向型农业发展百强企业数量全省第一。旅游业加快恢复，创建省级以上旅游目的地品牌29个，10个半山酒店建成运营，10家星级民宿（客栈）通过省级认定，评定3A级景区11个。新增3A和4A级物流企业各1户，现代物流业增加值增长10%。启动云南数字经济第一城建设。区块链产业金融服务平台成功上线，入驻金融机构31家，注册企业3 871户，解决融资需求58.3亿元。建成工业互联网标

识解析二级节点和应用平台，智慧政务协同工作成为全省示范。深化与中国移动、中国电信、中科曙光、省广电网络等企业合作，建成网络安全生态示范园，获评全国数据中心产业发展创新城市奖。财税金融工作得到加强。实施财源培植工程，税收增速居滇中州市之首，调整优化支出结构，债务化解全面提速，全市债务率降至230%以下，风险等级由红色变为橙色，6个县（市、区）风险等级下降，红塔区、澄江市列入全国建制县化债试点。开展金融服务实体经济行动，金融活跃度提高，金融机构人民币贷款余额增长16%。

三是千方百计促进有效投资。严格落实市级领导包保工作机制和“一把手”责任制，实施“百日攻坚行动”和“红黑榜”制度，强化促投资稳增长调度，加快推进“两新一重”建设，全年新开工入库项目758个，“四个一百”项目完成投资189亿元。弥玉、玉楚高速公路建设稳步推进，永金、澄华、峨石红高速开工建设，元蔓、大戛、墨临（玉溪段）高速基本完工，澄川高速建成通车。启动全域现代化水网规划建设，西水东调新平十里河输水管道工程开工、滇中引水工程（玉溪段）顺利推进。耕地占补平衡工作取得重大突破，补充耕地1.5万亩、水田0.5万亩，新增储备土地2.1万亩，获得省级追加建设用地指标1.4万亩。争取专项债31.9亿元、抗疫特别国债15亿元、中央特殊转移支付13.2亿元，有力保障了建设项目资金需求。

四是大力推进城乡建设。完成生态保护红线评估调整，国土空间规划编制全面启动，村庄规划进一步提升完善。以红塔区“三城”、澄江“三个国际城市”建设为重点，城乡规划、美丽县城、旧城改造、人居环境整治等工作加快推进。红塔区城市规划区范围内全面停止“一户一宅”审批，高铁新城片区社区居民公寓启动建设，生活垃圾焚烧发电项目建成运营。澄江市荣获第六届全国文明城市称号，农村人居环境整治获国务院嘉奖。创建美丽乡村80个，新平县获评云南省“美丽县城”。改造老旧小区226个、棚户区1 722套，峨山县改造经验在全省推广。新型智慧城市建设加快推进，在全国率先社会化发行智慧车牌30万个，建设智慧停车系统，新增机动车位4 787个。城乡生活垃圾无害化处理率达100%，农村卫生厕所普及率达88.5%、生活污水治理率达90%。

五是切实加强生态环境保护。坚决打好“8个标志性战役”，实施“三湖”保护和科学利用专项规划，流域水资源调度机制基本建立，“智慧三湖”项目稳步推进，玉溪湖泊研究创新中心挂牌成立，健康水循环系统加快构建。严格控制抚仙湖流域农业面源污染，抚仙湖国家湿地公园通过验收。星云湖环湖截污治污生态调蓄带全面贯通，污水处理厂除磷提标改造和原位控藻初见成效。采取节水导流等超常规措施，强势推进杞麓湖保护治理。完善河（湖）长制责任体系，推动“见河长”向“见成效”转变。中心城区空气质量优良率达99%、城市黑臭水体基本消除，县城以上集中式饮用水水源地全部达标。完成营造林29.7万亩，建成高速公路绿色廊道0.5万亩。

六是着力保障和改善民生。坚决兜住民生底线，十件惠民实事全部完成。深入开展脱贫攻坚“回头看补短板强弱项抓提升”行动，脱贫质量全面提升。落实就业帮扶机制，发放创业担保贷款13亿元，新增农村劳动力转移就业7.3万人、城镇就业2.93万人。新增养老床位5 921张，社保参保率稳定在95%以上。投入教育经费69亿元，出台加快基础教育改革发展提高教育质量13条措施，高考质量提升，“一村一幼”实现全覆盖，义务教育“控辍保学”动态清零，玉溪师范学院附属高新小学启动建设，新增普通高中学位1 100个，市民族中学晋升为一级二等高中，玉溪师院高等职业技术学院挂牌成立。澄江化石地自然博物馆对公众开放。《玉溪市革命遗址保护条例》颁布。省第十六届运动会主场馆基本完工。药品挂网采购顺利实施，澄江、新平、元江3县市中医院服务能力明显提升。启动第七次全国人口普查。成功创建中国最佳楹联文化城市、云南诗词之乡。江川区、峨山县被命名为云南省民族团结进步示范县。全国市域社会治理现代化试点城市建设扎实推进。深入开展扫黑除恶专项斗争，打掉黑恶势力犯罪团伙12个，查获涉案资产3.8亿元。

七是精心组织“十四五”规划编制。全面总结“十三五”规划实施情况，做好与国家和省“十四五”规划对接，找准玉溪服务和融入新发展格局坐标。坚持发扬民主、开门问策、集思广益，充分听取市人大常委会、市政协、专家及社会各界意见建议，将调查研究贯穿始终，编制“十四五”总体规划及43个重点专项规划。

各位代表，去年各项工作扎实有效，为“十三五”收官画上了句号。“十三五”是玉溪决胜全面建成小康社会的五年。五年来，我们按照经济社会发展“5 577”总体思路，全力打造“三张牌”，坚决打好三大攻坚战，决胜全面建成小康社会和决战脱贫攻坚取得决定性成就，为开启全面建设社会主义现代化新征程奠定了坚实基础。

经济实力稳步提升。全市经济平稳发展，人均生产总值突破1万美元，城乡居民人均可支配收入居全省第二，各县（市、区）生产总值均突破100亿元。三次产业结构由9.1∶50.9∶40调整为10∶42∶48。玉溪农业科技园区通过科技部验收，农业增加值增速稳居全省前列。新兴产业不断集聚，数字经济加快发展，“旅游革命”纵深推进，成功创建抚仙湖国家级旅游度假区，旅游总收入增长3倍。物流基础设施不断完善，城乡一体的商贸流通体系初步形成。

改革开放创新不断深化。全力开展国家创新型城市建设，全社会研发经费投入强度、高新技术企业数量等主要指标居全省第二，科技对经济增长的贡献率达60%。70多项国家级、省级重大改革试点落地见效。深化“放管服”改革，“一颗印章管审批”持续推进，“红黑榜”制度全面推开，营商环境不断优化。市属企业改革重组整合有序推进。持续做好国家健康城市试点工作，在全省率先启动紧密型县域医共体建设，公立医院综合改革获国务院表扬，创造了医改“玉溪模式”和殡改“玉溪经验”。引进市外国内资金年均增长14%，签约项目1 178个，招商引资成效明显。支持优势企业“走出去”，境外投资项目达40个。

五网基础设施建设得到加强。全力推进“能通全通”“互联互通”工程，在建高速公路450公里、通车里程达530公里，实现县县通高速。昆玉电气化铁路开通，玉磨铁路加快建设。玉溪民用运输机场前期工作顺利推进。人饮安全得到巩固提升，农村电网改造升级基本完成，天然气管道覆盖6个县（区）。实现移动通信光纤宽带和4G网络行政村全覆盖，建成5G基站1 344座，互联网普及率达107%。

新型城镇化建设取得进展。开展全国城市设计和“城市双修”试点，玉溪规划馆建成，海绵城市通过国家现场绩效考核，建成综合管廊26.9公里。江川撤县设区、澄江撤县设市，新平等5县成功创建国家园林县城，通海国家级历史文化名城申报通过专家组考察，国家卫生城市（县城）实现全覆盖，特色小镇建设加快推进，全市城镇化率54%。通海地震灾后恢复重建基本完成。改造农村危房6.1万户，建成公厕3 060座，农村人居环境整治三年行动圆满收官。

生态环境明显改善。坚决打好蓝天、碧水、净土三大保卫战，中央和省环保督察反馈问题整改基本完成。全面建立河（湖）长制和“三湖”统一管理体制，“三湖”保护条例修订实施，“四退三还”“雷霆行动”成效显著，“三湖”水环境保护治理“十三五”规划和山水林田湖草项目基本完成。实施“深蓝抚仙湖、森林抚仙湖、七彩抚仙湖”建设，水质总体保持Ⅰ类。开展星云湖沿湖生态种植、养殖业污染负荷削减等专项攻坚，水质实现脱劣。推进杞麓湖截污治污、沟河整治，水质达到国考标准。3个县、66个乡镇获国家和省生态文明创建命名，森林覆盖率达64.1%。

民生保障更加有力。全力打赢脱贫攻坚战，12.1万建档立卡贫困人口、198个贫困村、9个贫困乡镇率先脱贫出列。社会参保覆盖面持续扩大。投入资金120余亿元，全面排除不安全校舍，新增校舍面积134万平方米，市卫校、体校和少体校完成整体迁建。完成市医院改扩建，市儿童医院建成，县级医疗服务能力提质达标，甲乙类传染病发病率连续5年全省最低，人均寿命达到77.78岁。建设足球场地296块，体育基础设施实现行政村全覆盖，“三馆”和文化站实现全覆盖。“聂耳音乐之都”建设成效显著。平安玉溪建设深入推进，玉溪被列为全省唯一的全国扫黑除恶重点培育市，打击跨境违法犯罪工作取得新成效，荣获全国社会治安综合治理最高奖“长安杯”。连续五届获评全国双拥模范城。新平县成功创建全国民族团结进步示范县。妇女儿童、残疾人、老龄、红十字会、慈善等事业得到发展，统计、审计、外事、台侨、应急、气象、防震减灾等工作稳步推进。

政府自身建设全面加强。组织开展“不忘初心、牢记使命”主题教育。坚决肃清白恩培、仇和余毒和秦光荣流毒影响，汲取蔡四宏、姜兴林严重违纪违法案件教训，深化以案促改，党风廉政建设和反腐败工作进一步加强。坚决贯彻执行中央八项规定精神及省市委实施办法，力戒形式主义、官僚主义，持续为基层减负，“三公”经费支出大幅下降。自觉主动接受各方面监督，办理人大代表议案1 371件、政协委员提案1 505件。全面推进依法行政，县级政府及工作部门实现法律顾问全覆盖，下放市级审批权限64项。

五年的实践使我们深刻认识到，实现玉溪高质量发展，必须坚持把党的全面领导作为我们战胜一切困难和风险挑战的“定海神针”，坚定不移沿着习近平总书记指引的方向奋勇前行；必须坚持以新发展理念破解经济发展深层次矛盾，以改革推动创新，以创新引领发展；必须坚持绿色发展，举全市之力推进以“三湖”为重点的生态保护和环境治理，充分放大玉溪生态优势；必须坚持以人民为中心的发展思想，始终把人民利益放在最高位置，不断提高人民生活品质。

各位代表，过去五年经济社会发展取得的成绩和进步，是省委省政府和市委坚强领导、市人大常委会和市政协监督支持、全市人民共同努力的结果。在此，我代表市人民政府，向全市广大干部群众，向市人大代表、政协委员、各民主党派、工商联、无党派人士和各人民团体，向广大医务工作者、公安干警，向中央和省驻玉单位、驻玉解放军和武警部队官兵，向各位离退休老同志，向所有参与和支持玉溪发展的各界人士，表示衷心的感谢！

我们也清醒地认识到，我市优势潜力还没有充分转化为发展竞争力，经济社会发展还面临诸多困难，工作中还存在不少短板和问题，支撑我市高质量发展的基础还不牢固，主要表现在：多元产业体系尚未形成，非烟产业层次不高，市场竞争力不强，技术密集型、知识密集型产品和服务有效供给不足；交通运输、城乡建设、生态环保、社会民生等领域存在投资短板，投资结构不优，生产性投资占比不高，尚未形成对民间投资的有效拉动；现代服务业发展滞后，消费产品、配套设施、流通网络等要素保障不到位，本地消费不旺，良好的区位条件没有转化为服务业发展的竞争优势；新型城镇化建设步伐缓慢，村庄规划建设质量低，城市承载能力不强，人口规模与经济发展水平不相匹配；市场培育不足，营商环境有待提升，制约市场主体发展和影响资源要素集聚的堵点痛点还不同程度存在；少数干部政策研究不深，主动担当作为的精气神不足，工作落实和作风转变不到位。我们一定要直面问题，深刻反思，采取更加有力的措施，认真加以解决。

二、“十四五”主要目标任务

根据党的十九届五中全会、省委十届十一次全会、市委五届十二次全会精神，市人民政府编制了《玉溪市国民经济和社会发展第十四个五年规划和二〇三五年远景目标纲要（草案）》。《纲要（草案）》基于对国内外发展趋势的分析研判，综合考虑玉溪发展的基础、优势和短板，确立了“十四五”时期玉溪经济社会发展的重大思路和重大举措，提出了“六个新”的定性目标和5大类25项定量指标，确定了全力打造云南社会主义现代化建设先行区、全国绿色创新发展示范区、国际高品质康养旅居新高地的发展定位。做好“十四五”时期经济社会发展工作，推动高质量发展，要重点把握好以下四个方面。

（一）深入贯彻“新发展阶段、新发展理念、新发展格局”的总体要求。立足新发展阶段，要以习近平总书记考察云南重要讲话精神作为推动经济社会发展的“纲”和“魂”，用全面辩证长远的眼光看问题，将玉溪发展置于“两个大局”之中，科学研判“形”与“势”，辩证看待“危”与“机”，发挥战略节点性、生态宜居性、开放创新性、产业体系较完备性四个鲜明特质，把优势做到极致，努力在危机中育先机、于变局中开新局。贯彻新发展理念，要从根本宗旨、问题导向、忧患意识把握新发展理念，完整、准确、全面贯彻新发展理念，以深化供给侧结构性改革为主线，坚持质量第一、效率优先，切实转变发展方式，推动质量变革、效率变革、动力变革，实现更高质量、更有效率、更加公平、更可持续、更为安全的发展。融入新发展格局，要依托强大国内市场，在国内大循环中寻求聚集，加快融入滇中城市群发展，推进昆玉同城化，推动市场主体、技术要素、产业要素、资本要素在循环中聚集到玉溪。要深入分析研究玉溪在国内大循环和国内国际双循环中的位置和比较优势，以推动贸易便利化为切入点，发展更高水平开放型经济，从全局高度准确把握和积极推进，不断增强竞争力、发展力和可持续性，在积极融入和服务新发展格局中抢占先机，为构建新发展格局作出玉溪贡献。

（二）着力打造云南社会主义现代化建设先行区。在大抓产业、大抓投资、大抓城镇化、大抓区域性消费中心建设上下功夫，着力解决供给和需求“四个不匹配”问题，推动玉溪多领域全方位走在全省前列，努力走出一条体现时代特征、云南特点、玉溪特色的社会主义现代化路子。要加快构建现代产业体系，大力提升产业链供应链现代化水平，打造世界一流“三张牌”新优势，做强做大制造业，大力发展现代服务业，构建“5+8”现代产业体系，大力培育县域经济强县，力争生产总值年均增速高于全省平均水平，综合经济实力显著提高。要加快构建现代基础设施网络，以推进“两新一重”建设为重点，系统推进新型基础设施建设，构建高效智能的多层次现代化综合交通运输体系，构建“44533”全域现代化水网体系，构建多元开放、清洁安全的能源保障体系，构建“通道＋枢纽＋网络＋平台”的现代物流运行体系，到2025年，基础设施总量和规模大幅提高，布局和结构更加优化，实现提质增效、适度超前。要繁荣发展文化事业和文化产业，以社会主义核心价值观为引领，切实担起举旗帜、聚民心、育新人、兴文化、展形象的使命任务，传承开放包容、敢为人先、善于创新的玉溪基因，力争创建成为全国文明城市，持续打造“聂耳音乐之都”特色品牌，推动旅游文化产业跻身全省第一方阵。要全面深化改革促进开放，激发各类市场主体活力，深化国有企业改革，推动企业“上云、上规、上市”。深化财税金融体制改革，加强政银企合作，完善政府举债融资机制，稳健有序化解地方政府债务。实施高标准市场体系建设行动，抓好产权制度改革。深化农业农村重点领域改革。深入推进“放管服”、行政审批、综合行政执法等改革，构建亲清政商关系，打造最优营商环境。大力发展枢纽经济，扩大进出口贸易，推动贸易和投资便利化，吸引要素聚集，形成开放发展新格局。要深入实施乡村振兴战略，全面推动“五个振兴”，大力实施产业兴村强县，开展乡村建设行动，高标准建设10个田园综合体、100个精品示范村和1 000个美丽乡村，实现巩固拓展脱贫攻坚成果同乡村振兴有效衔接，加快形成城乡发展一体化的新格局，打造乡村振兴“玉溪样板”。

（三）着力打造全国绿色创新发展示范区。践行“绿水青山就是金山银山”理念，坚持生态优先、绿色发展，深入实施绿色发展示范引领战略、创新驱动战略，做好“绿色＋创新”文章。要全力建设高品质生态玉溪，坚持方向不变、力度不减，持续打好蓝天、碧水、净土保卫战和8个标志性战役，优化国土空间规划布局，实施主体功能区战略，统筹山水林田湖草系统治理，加快推动绿色低碳发展。坚决落实“四个彻底转变”，坚持依法治湖、科学治湖、系统治湖、责任治湖，以革命性举措抓好“三湖”保护治理。强化“三湖”流域空间管控，加快建设“污染防控、健康水循环、绿色低碳发展、监控管理”四大体系，确保抚仙湖水质总体保持Ⅰ类稳定态势，星云湖实现Ⅴ类向好，杞麓湖实现脱劣企稳。深化河（湖）长制、林长制，推进南盘江、红河流域水污染综合防治，持续改善生态环境质量。要大力塑造玉溪创新发展新优势，坚持创新在现代化建设全局中的核心地位，提高国家创新型城市建设质量，提升科教创新城核心区发展能级，构建区域创新体系。强化企业创新主体地位，组织实施若干重大科技专项，促进科技成果转移转化和推广应用，打造全省重要的研发创新中心和科技成果转化基地。完善科技创新体制机制，引进培育一批创新型企业和科研平台，壮大创新型、应用型、技能型人才队伍。

（四）着力打造国际高品质康养旅居新高地。抓住云南打造全域旅游示范区、国际康养旅游消费中心、具有文化底蕴的世界级康养旅游目的地机遇，打造世界一流“健康生活目的地”，用好“一地四乡”名片，推动玉溪气候、人文、区位及生态资源优势转化为具有国际影响力的竞争优势，建设品质城市、康养城市、旅居城市。要增强国际竞争力，打造澄江“三个国际城市”，汇聚高品质康养要素，提升旅游品质，构建“国际和区域为主、地方为补”的会展项目品牌体系。统筹推进国内外优质医疗资源引进和本土优质医疗资源下沉，把玉溪建成面向南亚东南亚的大健康中心。要增强产业支撑力，全力建设滇中核心旅游圈，打造昆玉红旅游文化带核心产业平台，建设全域旅游大景区，引进符合高品质定位的产业和企业，建设一批康养旅游休闲度假项目，推动健康与旅游文化、养生养老、托育、体育等深度融合，将旅游文化、健康服务业培育成千亿级产业。要增强城市吸引力，按照100平方公里、100万人口的目标规划建设红塔区—江川区中心城区，按照10平方公里、10万人口的目标规划建设其他县城，构筑市域半小时城镇经济圈和核心增长极。出台实施吸引人才的政策措施和农村转移人口市民化的激励机制，加快人口、产业、要素集聚，打造玉溪新型城镇化主阵地。推动通海、易门撤县设市（区）。大力推进城市更新改造，建设宜居城市，打造高品质的生活空间。实施积极就业政策，提高居民收入水平，大力发展社会事业，构建多层次社会保障体系，提升市域社会治理能力和水平，建设更高水平的平安玉溪，持续增强人民群众的获得感、幸福感、安全感。

各位代表！完成好“十四五”各项目标任务，必须深刻把握党中央对做好经济工作“五个根本”的规律性认识，统一思想、凝聚共识，化危为机、开拓进取，把“十四五”宏伟蓝图转化为美好现实，不断开创发展新局面。

三、2021年工作安排

2021年是“十四五”开局之年，是开启全面建设社会主义现代化新征程的第一年。政府工作的总体要求是：以习近平新时代中国特色社会主义思想为指导，全面贯彻党的十九大和十九届二中、三中、四中、五中全会精神以及中央经济工作会议精神，认真贯彻习近平总书记考察云南重要讲话精神，全面落实省委十届十一次全会、省委经济工作会议和市委五届十二次全会、市委经济工作会议安排部署，坚持稳中求进工作总基调，立足新发展阶段，贯彻新发展理念，主动服务和融入新发展格局，以推动高质量发展为主题，以深化供给侧结构性改革为主线，以改革创新为根本动力，以满足人民日益增长的美好生活需要为根本目的，坚持系统观念，巩固拓展疫情防控和经济社会发展成果，巩固夯实全面建成小康社会成果，更好统筹发展和安全，扎实做好“六稳”工作、全面落实“六保”任务，加快构建玉溪现代产业体系，切实扩大有效投资，进一步释放消费需求，扩大高水平对外开放，推动经济平稳运行、健康发展，确保“十四五”开好局，努力在打造“两区一高地”上不断取得新进展，以优异成绩庆祝建党100周年。

经济社会发展目标建议为：全市生产总值增长8%以上，固定资产投资增长12%，规上工业增加值增长8%，社会消费品零售总额增长10%以上，进出口总额增长15%，居民消费价格涨幅控制在3%左右，一般公共预算收入增长3%，城乡居民人均可支配收入分别增长6%和8%，城镇登记失业率控制在5%以内，城镇化率提高1.5个百分点，粮食产量稳定在60万吨以上，单位生产总值能耗下降完成省下达目标。

今年要重点抓好10个方面的工作：

（一）打造世界一流“三张牌”新优势。集中资源，找准切口，持之以恒推动打造“三张牌”走深、走精、走长。

持续打好“绿色能源牌”。推进全域智能电网示范区、西部城市高可靠性配网供电示范区建设，加快500千伏玉溪变扩建，确保110千伏尖山变、李棋变竣工投产。加快市应急气源储备中心建设，启动澄江、新平天然气管道支线建设，确保5.3万户群众用上天然气。推动通变电器、前列电缆等企业转型发展，加快华宁风电制造产业集聚，积极争取风能、太阳能产能指标，打造西南山地绿色风电基地。依托中汇电力发展充电装备制造产业，努力形成年产各类充电桩20万枪以上的生产能力。

做强一流玉系“绿色食品牌”。按照“种植作示范、加工多中心、销售强集散”思路，着力做品牌、壮主体、转模式、深加工、强外贸，扎实推进“一二三行动”，培育“一县一业”，抓住种子、电商关键两端，锲而不舍推进设施化、有机化、数字化。加快“三湖”地区种植结构调整和生产方式转变，推进红河谷—绿汁江热区产业开发。谋划建设国家农业绿色发展先行区、全省柑橘产业发展示范区和露地蔬菜种植示范区，稳定粮食、蔬菜、鲜切花、中药材种植面积，新增水果种植面积2万亩，确保粮食产量稳中有增。加强种质资源保护和利用，建设全国一流的蔬菜种苗繁育供应基地和花卉种苗研发生产基地。大力发展绿色生态健康养殖，持续推进德康100万头、双胞胎40万头生猪项目建设，强化重大动物疫病防控，畜牧业产值增长3%以上。打好“区域公共品牌＋产品品牌＋企业品牌”组合拳，力争新平进入

“一县一业”示范县，建设一批“一村一品”专业村。支持龙头企业、种养大户向优势区集聚，加大土地流转力度，发展壮大经营主体，新增市级以上重点龙头企业不少于5户、市级农民合作社不少于20个、家庭农场不少于40个。扩大绿色有机农产品生产基地，加快宏斌蔬菜加工示范、猫哆哩产业园建设，积极引进正大集团发展农产品精深加工，推进烟草、粮油、食品、生物药加工中心及果蔬产后化处理中心建设，把褚橙、滇雪打造成世界一流品牌。强化农产品质量安全监管，实施农产品出村进城工程，扩大市场占有率。农业增加值增长6%。

打好“健康生活目的地”优势牌。瞄准高端化、特色化、国际化、智慧化方向，推进“文、游、医、养、体、学、智”全产业链发展，打造“健康+N”新业态。抓好国家健康城市试点，加快抚仙湖国际健康旅游谷、中山大学澄江市医院建设。抢抓大滇西旅游环线和昆玉红旅游文化带建设机遇，加强与复星、融创、览海、华侨城、华人文化等企业合作，推进寒武纪乐园、立昌小镇、海口小镇、国际峰会中心等项目建设，打造面向南亚东南亚的国际康养旅游示范区。积极创建澄江国家级、红塔区省级全域旅游示范区，推动15个旅游名镇、19个旅游名村和19个景区提档升级，建设以小湾村为示范的高品质民宿集群地。抓实文旅IP打造、宣传推介创新，深化旅游市场综合整治。旅游总收入增长26%。

（二）全力推动产业加快发展。树立大抓产业、主抓工业的鲜明导向，加快形成多点支撑、多业并举、多元发展新格局。

重塑支柱产业新优势。全产业链重塑玉溪卷烟工业新优势。巩固优质烟叶强市地位，做实“第一车间”，高标准建设优质核心烟区。以“K326+其他品种”为方向，优化烟叶品种结构和布局。实施标准化、绿色化生产，着力打造年产20万担以上的种烟大县、万担以上的种烟大乡（镇），种植烤烟56.7万亩，收购烟叶153.1万担。加快漠沙雪茄烟叶基地建设，完成500亩示范种植。支持红塔基地单元建设和玉溪卷烟厂技术改造，推动新型烟草项目落地玉溪，建设“数字烟草”，做精“玉溪”、做稳“红塔山”，打造高档卷烟领先品牌，提升产业核心竞争力和品牌价值。支持合和集团谋划整合配套企业，加强科技创新能力建设，拓展非烟市场，促进卷烟及配套产业稳步发展。全产业链重塑钢铁产业新优势。围绕打造全省第一钢铁大市目标，支持昆钢产能优化整合、技改升级，规划建设云南绿色钢城，加快玉昆钢铁主体工程建设，确保供水工程、搬迁安置房主体工程完工，仙福特钢、太标合金钢项目开工，大红山铁矿智能化项目投产运行，推进钢材交易中心建设，开展铁矿石自营进口和加工，发展高端高品质钢材。矿冶产业增加值增长15%。用好辉煌汽车生产资质，加快小马国炬年产3 500辆半挂车项目建设，确保锦福智能设备基础件项目竣工，完善全产业链组装，探索智能化发展模式，努力打造汽车零部件和半挂车生产基地。建立数控机床产业生态体系，加快云界科技数控机床转型示范项目建设。装备制造业增加值增长12%。全产业链重塑稀贵金属新优势。引进稀贵金属生产加工销售企业，开展联合技术攻关和产业化建设，推动贵研资源二期项目落地，提升玉溪在全省有色金属产业链中的地位。

培育壮大新兴产业。做精新材料产业。启动建设云南省新能源电池及材料产业技术研究院、先进锂电池云南联合实验室，推动恩捷科技8条电池隔膜生产线建设，规划建设新能源新材料产业园，确保合和集团铬锆铜带和钛青铜带新材料项目开工。壮大钢结构产业，整合提升传统建材企业，支持新型建筑材料生产，大力发展绿色建材。加快蓝晶科技LED衬底片改扩建，提高产业配套能力，打造年产值150亿元的光电子产业聚集区。做强生物医药产业。紧盯200亿元产业规模，贯彻落实生物医药高质量发展意见，规划建设医疗器械产业园，培育疫苗、单抗、免疫球蛋白制品集群，推进玉产中药品牌化发展。争取省级生物资源数字化集成中心、工程研究中心等落户玉溪，支持沃森、泽润、嘉和等企业加快疫苗产业园建设，促进赛灵、林缘、鸿翔等企业成长壮大，力促沃森mRNA新冠疫苗项目建成投产，生物医药及医疗器械产业增加值增长30%。做大现代物流产业。加快玉溪国际物流港、粮食物流园、农产品冷链物流中心建设，启动建设化念片区、大开门片区综合物流园区，强化研和、甘庄、盘溪等节点物流项目招商，每个县（市、区）至少启动1个重点物流项目建设。培育航空物流、无人配送等新业态，推动现代物流与其他产业融合发展。整合供销、交通、邮政仓储资源，实现县级物流集散中心全覆盖，建制村基本实现“村村通快递”。稳健发展金融业。制定支持金融业发展的政策措施，积极引进各类金融机构，支持红塔银行、红塔证券、农村信用社等金融机构发挥作用，开展普惠金融改革和商业性保险试点，力争区块链产业金融服务平台解决企业融资需求100亿元以上，2户企业实现上市。健全金融稳定和风险防范协调机制，坚决取缔非法金融机构和非法金融业务活动，严守不发生系统性、区域性金融风险底线。确保金融机构存贷款余额增长11%。实施现代服务业提升行动，推动研发设计、法律服务、科技服务、咨询中介等服务业发展壮大，促进服务业标准化品牌化建设。第三产业增加值增长9%。

发展建筑业和房地产业。用好用足支持建筑业发展政策，大力引进市外优质企业打造总部经济，推进本地建筑建材企业兼并重组，提高企业经营资质等级，支持建投六公司晋升特级资质，争取1至2家企业晋升一级资质，10家以上企业晋升二级资质。采取引进、整合、混改等方式，力争每个县（市、区）拥有1家一级资质建筑企业。主动承接市外购房需求，鼓励农民进城购房落户，加快高铁新城、高新智慧城等重大项目建设，发展文旅、康养等跨界融合地产。建筑业增加值增长13%。

加快园区建设发展。优化功能定位和产业布局，创新管理机制和运营模式，完成园区优化提升工作。加快高新区龙泉智能制造园、电子产业园等园中园建设，非烟规上工业增加值增长15%。支持研和工业园区集中发力数控机床制造产业，固定资产投资增长30%、规上工业增加值增长15%。推动红塔工业园区加快发展装备制造等产业，规上工业增加值增长12% 以上。强化新平、易门、通海、澄江等开发区产业发展、投资促进、企业服务等工作，园区主营业务收入、固定资产投资分别增长10% 和20% 以上。鼓励磷化工企业延伸产业链，力争磷化工产业聚集区规划建设取得实质性进展。

（三）加速打造云南数字经济第一城。统筹推进数字经济、数字政府、数字社会、数字城市建设，用“数字”为经济赋能、为发展提质、为治理增效、为城市添彩。

做大数字经济产业规模。出台加快推进云南数字经济第一城建设行动计划，编制数据中心、人工智能、网络安全、软件和信息技术等专项规划，组建数字经济股权投资基金。高标准规划建设亿方资本工园、紫晶冷数据产业园，提速网络安全生态示范园规模化运营。实施工业互联网三年行动计划，推进100户以上企业实现工业互联网标识解析应用，打造全国机床行业工业互联网应用试点示范。深化华宁、易门国家电子商务进农村示范项目建设，加快云南绿色食品大数据中心、交易公共服务平台建设，推进互联网、大数据、区块链与农业深度融合。抓好京东“互联网+”新经济项目实施，探索设立数字新经济应用场景实践区，发展互联网医疗、线上办公、直播带货等新业态。坚持以资源引企业、以市场换产业、以应用促发展，深化与中国电子、奇安信、中科曙光、美亚柏科等企业合作，加大独角兽企业招引力度，引育一批国内一流的人工智能、机器人、无人机等先进制造企业，支持融建信息、永兴元开拓市场，力争蓝典新一代人工智能服务器生产线建成投产。

推进数字化治理。加快数字政府建设，推动“一站式信息惠民平台”与“一部手机办事通”有机融合，优化“政务云”业务流程，推动业务信息实时在线、数据实时流动，打造全省智慧政务标杆。加快数字社会建设，实施应用场景开放拓展和数据共享开放行动，在社会治理、公共服务、环境保护等领域打造一批示范应用，推进数字社区、数字小区建设，大力推广“刷脸就行”。加快智慧城市建设，推进实施“城市大脑”项目，加快建成数字玉溪展示中心、智慧城市运营中心，全面整合交通、金融、医疗、住建等领域数据资源，加速向“城市大脑”汇聚利用。以智慧交通为突破口，推进城市交通基础设施智能化改造，加大智慧车牌推广应用力度，形成标准化模式和可推广可复制的经验。

（四）发挥投资关键作用。树牢“抓项目就是抓发展、抓发展就要抓项目”的理念，掀起“大抓项目、抓好项目”热潮，以项目建设激发新动能，以有效投资创造新需求。

强化重大项目谋划和实施保障。市级、高新区、各县（市、区）分别安排不少于2亿元、1亿元、2 000万元的项目前期工作经费，实行前期工作经费与项目储备挂钩机制、市级重大项目前期工作经费报账制。落实主要领导重大项目主谋主抓职责，扎实做好项目包装、审查、报批、要素保障、业主对接等前期工作，力争年度项目投资支撑率达到目标任务的120%。实行项目谋划、落地、建设、竣工、投运全程闭环管理，充分发挥促投资稳增长指挥调度中心作用，实行分月分批现场观摩督促、台账管理、专人专班推进。强化耕地占补平衡，实现耕地占补结余，补充耕地1万亩，新增水田6 400亩，完成批而未供及闲置土地处置工作。积极争取中央和省预算内投资、专项债券资金和政策性金融支持，力争申报发行专项债券100亿元以上。

提速综合交通基础设施建设。启动13个“互联互通”工程，开工建设机场高速、北城至研和、晋宁至易门3条高速公路。争取呈贡至红塔区城际铁路、昆明至玉溪轨道交通纳入省级规划，推动云南绿色钢城铁路专用线全线开工，完成峨山、罗里、元江等站前广场和进站道路建设，确保玉磨铁路如期建成。力争玉溪民用运输机场通过行业审查，新平、元江通用机场获批立项。

加快全域现代化水网建设。实施滇中引水、骨干水源、新元大型灌区等重大工程，推进新平十里河、白沙河、亚尼河3件中型水库建设，新开工水网项目111件，完成18座小型水库除险加固，治理水土流失面积120平方公里。加快董炳河等中小型水库前期工作，持续实施大龙潭补水工程，有效缓解中心城区饮用水供需矛盾。启动50件抗旱应急工程建设，科学制定供用水方案，全力保春耕保饮水安全。深化水务一体化改革，实行成本水价收费，建设节水型社会。

系统推进新型基础设施建设。加快4G 补盲，建成5G 基站3 900座、在全省率先实现乡镇以上全覆盖。完成直连北京国际互联网专用通道申报，新增互联网出口带宽1.5T。加大绿色数据中心集群建设力度，确保云南移动第二数据中心开工建设，中国电信天翼云节点建成运营，紫晶存储冷数据灾备中心落地，争取省支持建设“东数西存”“西算东送”算力基础设施，打造“滇中数仓”。

（五）扎实做好促消费和保市场主体工作。牢牢把握扩大内需战略基点，强化消费基础性作用，增强市场主体活力，最大限度对冲疫情影响，激发经济发展内生动力。

推动消费提质升级。推进大堂百年奥莱、水映溪里、戛洒花腰风情街等项目建设，大力引进名牌、名店，打造万达广场核心商圈，发展夜间经济、小店经济等新业态新模式。开展节庆促消费活动，融合发展线上线下消费，促进家电家具家装消费，提升汽车等大宗商品消费，提振餐饮消费，推动便利消费进社区、进乡村。加强农村商贸流通设施建设，推动农产品上行、工业品下行，激发农村消费潜力。合理增加公共消费，提高教育、医疗、养老、育儿等公共服务支出效率，提升消费市场整体质量。

培育壮大市场主体。全面实施市场准入负面清单制度，整合利用各类双创平台，打造更多众创空间、企业孵化器，持续推进大众创业万众创新。鼓励支持存量企业加快设备更新和技术改造，采取贷款支持、重组、引入合作伙伴等方式，帮助有市场、有信用而暂时受制于资金制约的停产半停产企业复工达产。严格落实减税降费政策，开展民营企业梯次培育行动，支持中小微企业渡过难关。全面摸清各行业市场主体情况，建立企业数据库，实施动态管理，定期分析研判，做好“四上”企业、潜力企业、退库企业服务工作，新增规上工业企业30户，民营经济增加值增长6%。

（六）协同推进新型城镇化和乡村振兴。统筹抓好城镇化与乡村振兴互促互进、双轮驱动，提升城乡人居环境和生活品质，让城市和乡村更加宜居宜业。

全面提速新型城镇化。完成全市国土空间总体规划编制，科学确立各县（市、区）城市定位、城镇发展边界和路网结构。实施城市更新行动，全面开展城市体检，编制城市更新三年行动计划和五年实施方案。围绕老旧小区、厂区、街区等重点领域，启动78个城市更新项目、完成投资148亿元。发挥中心城区引领作用，突出“三城”定位，东融西拓、南连北进、中优化，促进红塔区、高新区、江川区融合发展，高品质规划建设九溪片区，打造中心城区半小时经济圈，争创国家生态园林城市。加快市第三污水处理厂及配套管网、北片区供水工程建设，打通红塔大道、聂耳路、冯井中心路、南祥路，推进高铁新城片区社区居民公寓建设，逐步消除存量违章违法建筑。围绕澄江“三个国际城市”建设目标，做好重点片区城市设计，与抚仙湖流域保护和科学利用专项规划衔接，加快“一中心三组团”建设，高质量推进市政基础设施建设，高标准加强沿湖村庄建设管理。推动县城提质扩容，力争澄江、易门、峨山、元江入列省“美丽县城”建设名单。因地制宜推动九溪、杨广、绿汁、化念等重点镇建设，推进大营街幸福小镇、青花艺术小镇等特色小镇建设。强化城市管理考核，加强规划管控、综合执法，科学化规范化推进小区物业管理，发挥好市政公用设施作用。全面推进红塔区、澄江市城乡生活垃圾分类工作。

深入实施乡村振兴战略。建立健全巩固拓展脱贫攻坚成果长效机制，扎实开展“一平台、三机制”四个专项行动，严格落实“四个不摘”要求，确保边缘易致贫户和不稳定户不返贫、新增监测户得到及时帮扶。编制完成“多规合一”实用性村庄规划，严格规划执行和风貌管控，加强宅基地联审联批，深入整治农村乱占耕地建房问题。实施乡村振兴“十百千”工程，全力推进田园综合体建设，打造精品示范村20个，创建美丽乡村100个以上。开展乡村建设行动，实施村庄基础设施改善工程，有序推进迁村并点，建成高标准农田13.2万亩，各县（市、区）至少建设50公里“美丽农村公路”。启动实施农村人居环境整治提升五年行动，抓好改厕和污水、垃圾处理。加强传统村落保护。持续深化农村改革，推进江川区国家农村宅基地制度改革试点，有序推进集体经营性建设用地入市。实施乡村文化振兴工程，培育高素质农民1 000人。发展壮大农村集体经济，确保60%的行政村集体经济收入均达5万元以上，其中240个行政村集体经济收入均达10万元以上。

（七）持续加大改革开放创新力度。以更大的气魄深化改革，以更宽广的胸怀扩大开放，以更果敢的行动开拓创新，增强发展活力。

不断深化改革增动力。制定出台优化营商环境实施办法，强化营商环境“红黑榜”和政务服务“好差评”结果运用，力争全年进入省“红榜”。深入推进“放管服”改革，探索以承诺制为核心的极简审批，加大简政放权力度，持续规范行政审批中介服务，全面实行政府权责清单制度，推进政务服务“一窗受理”“一网通办”“一库共享”“掌上可办”“最多跑一次”。持续推进国企改革三年行动，推动国有企业做大做强，增加税收贡献。抓好财税金融体制改革，深化市场监管、生态环境保护等综合执法改革，统筹推进社保、医疗、科技、文化等领域改革。抓好戛洒镇行政管理体制改革试点。

强化招大引强扩增量。抓住沿海产业转移由零散“择地而居”转变为集体“区域推进”的大潮大势，落实滇浙两省深化区域合作框架协议，积极实施企业入玉招商专项行动，建立结对合作机制，灵活运用园中园招商、共建园区、园区托管代管等方式，引入长三角、珠三角地区商团，打造外贸出口加工产业园和产业集群转移承接基地。实施产业链精准招商，强化网络招商、以商招商、市场化招商，确保重大生产性项目、产业链项目、工业项目精准招商取得突破。落实重点产业投资促进优惠政策，压实县（市、区）和部门“一把手”招商责任，加强项目布局市级统筹，建立项目落地建成利益分享机制，推进重大签约项目尽快落地实施。实际利用市外国内资金增长8%，实际利用外资1 000万美元以上。

扩大外经外贸促循环。用好“一带一路”建设和区域全面经济伙伴关系协定签署带来的机遇，架好生产与贸易、出口与进口、境内与境外三座桥，争取与昆明联合打造中老铁路班列，加快进出口贸易中转站和集散中心建设，建成玉溪海关综合用房，积极联动沿边开放口岸和昆明机场口岸，推进贸易便利化。树牢“买全省卖全省、买全国卖全国”的理念，谋划组织中国玉溪国际进出口投资贸易洽谈会，积极申建中国（云南）自贸区联动创新区、跨境电子商务综合试验区、保税区，探索跨境电商、海外仓等新业态。用足出口退税、信用保险等稳外贸稳外资政策，推动蔬菜水果等农产品出口增量提质，扩大智能装备、机电产品等优势工业制成品出口，推动易门普洱茶加工出口。支持钢铁、化工、建材、食品加工企业到境外投资建厂。

加大科技创新提质效。积极引导企业加大科技研发投入，着力提高全社会研发经费占生产总值比重，推动高新区创建国家新型工业化产业示范基地、国家知识产权试点园区，加快推进科教创新城科创中心、玉昆科技大厦、玉溪国际智慧创新城建设，确保国家创新型城市建设通过总结评估。促进市院市校合作，加快培育高新技术企业，申报认定高新技术企业35户、省级科技型中小企业50户以上。深入实施质量提升行动，加强知识产权保护和运用。抓好“兴玉技能大师”培养选拔，引进一批高层次紧缺人才，培育一批创新团队和应用技术人才。

（八）持续加强生态建设。坚决扛实保护生态的政治责任，努力建设天蓝、地绿、水净的美好家园，为建设中国最美丽省份作出玉溪贡献。

持续打好碧水保卫战。严格执行“三湖”保护条例、“三湖”保护和科学利用专项规划，强化流域空间管控和综合行政执法，坚决抓好长江经济带生态环境警示教育片暴露问题整改。科学规划“三湖”流域“十四五”项目，引入第三方参与保护治理。精细护理抚仙湖，持续推进“七彩抚仙湖”、全域污水收集处理设施巩固提升和生态移民搬迁安置，加快北岸生态湿地、“智慧三湖”、健康水循环系统试点项目建设，启动托管区行政区划调整，完善湖泊研究创新中心工作机制，积极争创“绿水青山就是金山银山”实践创新基地，确保抚仙湖总体保持Ⅰ类水质。精准治理星云湖，完善城镇和农村污水收集处理体系，实施污水处理厂提质增效项目，持续改善湖泊水质。精确调理杞麓湖，统筹推进村庄污水治理、河道提升、种植结构调整、生产生活方式改变、山水林田湖草系统全域治理，确保水质改善向好。加强南盘江、红河流域保护修复，提高断面水质达标率。强化河（湖）长制，实现“河长清河”“清四乱”常态化规范化。全面整治水源地保护区环境问题，强化中心城区供水保障。

持续打好蓝天保卫战。严格落实大气污染防治责任，持续推进钢铁行业超低排放、固体废物、柴油货车、工业炉窑污染综合治理，强化环保治理新科技应用，巩固空气质量持续向好态势，确保低碳城市试点通过国家和省级评估。实施大气污染省级重点减排项目，协同控制氮氧化物、挥发性有机物等大气主要污染物排放，适时采取错峰生产、差异化管控等措施，严防出现中度及以上污染天气，确保完成大气环保约束性指标任务。

持续打好净土保卫战。开展土壤污染源管控行动，加大农业面源污染治理力度，整体推进矿山生态修复，提高土壤环境管理能力。持续开展国土绿化行动，全面推行林长制，实施森林抚育、低效林改造、石漠化综合治理等工程，扎实推进乡村绿化美化，完成营造林16.28万亩，切实增强生态系统碳汇能力。

（九）切实强化财税工作。把加强财源建设作为经济工作的重要任务，强化债务风险防范化解，增强保障服务经济社会发展的能力。

抓实财源培植。安排2亿元产业发展引导资金，集中扶持生产性、经营性和有就业、有税收而且成长性好的项目，强化新兴后续财源建设，确保两烟、电力、矿冶、房地产等支柱税源稳定增长。压实县（市、区）培植财源责任，确保在增加产业投资和税收上有作为、出效果，一批创税较多的税源项目落地建设。加大财源建设奖励激励力度，启动县乡财政体制改革，激发县乡增收节支的积极性，增强县域财力。完善综合治税机制，用好税收征管保障数据资源共享平台，堵住收入漏洞，确保应收尽收。

提高财政治理能力。强化预算法治意识，严格执行预算激励约束机制，加强县级新增预算监控，严肃预算绩效评估。加强专项资金管理，一律不得挪用，积极化解欠拨专款问题。强化资金落实，产业引导资金必须预算到位，上级下达资金必须拨付到位，招商引资政策承诺资金必须兑现到位。制定实施行政事业单位国有资产管理办法，维护国有资产安全完整。盘活用好存量资金资产资源，清理整合专项资金，规范重点支出挂钩事项。研究吃透中央省政策支持重点，做好项目包装储备，提高向上争取的竞争力。

守牢风险底线。健全政府债务管理制度和举债融资机制，多渠道筹措资金，一债一策将债务率和债务风险等级降至合理水平。夯实市国资委监管企业实体化、市场化、专业化转型基础，压实市属企业及平台公司债务风险防控主体责任，强化内控体系建设，助力企业提高抗风险能力。推行专项债券“借、用、管、还”全周期管理，抓实化解政府隐性债务风险工作，严密防范各种风险挑战。力争市本级债务率降至300%以下、风险等级降为橙色，各县（市、区）确保均在黄色以内。

（十）统筹推进社会建设和民生保障。千方百计抓好普惠性、基础性、兜底性民生建设，提高保障和改善民生水平。

推进疫情防控和健康玉溪建设。针对疫情变化和外部环境不稳定因素，落实依法防控要求，健全常态化防控机制，保持现有指挥体系、运行机制、工作力度“三不变”，压实“四方”责任，主动预警监测，有效开展医疗救治，严密做好境外疫情输入“人防”工作，严格执行冷链食品及非冷链货物防控措施，加强重点场所、社区、农村防控，优化健康码管理使用，加强应急能力保障，有序推进疫苗接种工作。加快实施重大传染病救治能力和疾控机构核心能力“双提升”工程，尽快建成市传染病医院，新增传染病床位300张。继续推进市妇幼保健院迁建、市人民医院及市中医医院扩容提质项目建设，实施9个省级临床医学中心分中心和省级中医区域诊疗骨伤中心建设，加快紧密型县域医共体建设，确保80%的县级公立医疗机构建成胸痛中心和卒中中心、70%建成创伤中心、85%建成危重孕产妇和危重新生儿救治中心。巩固提升卫生城镇创建成果，确保第三轮国家卫生城市复审顺利通过，实现省级卫生乡镇全覆盖、争创1—2个国家卫生乡镇。持续推进爱国卫生“7个专项行动”，全面消除城乡裸露垃圾、城镇旱厕，完善公众洗手配套设施，改善餐饮服务卫生环境，实现公共场所清洁消毒常态化，彻底改变农贸市场“脏、乱、差”现状，引导全社会形成健康文明新风尚，确保3个县（市、区）列入省级评优行列。

办好人民满意教育。市级财政安排3个1 000万元资金，支持学前教育、义务教育、普通高中教育发展。实施教师培养工程，强化师德师风教育，提高立德树人水平。走好基础教育集团化办学路子，每个县（市、区）至少引进1所优质学校或教育机构。推进学前教育普惠优质发展，严格落实城镇新建小区配套建设幼儿园要求，改造少体校老校区建设优质幼儿园，增加公办幼儿园学位供给。改造卫校、体校老校区扩大一小、四中办学空间，玉溪师院附属高新小学建成招生。加快普通高中学校“晋级升等”，实施以县一中为龙头的高中阶段教育普及攻坚计划，提高办学质量。高起点谋划筹建玉溪职业技术学院，推动玉溪农业职业技术学院“双高”建设，支持玉溪师院建设一流地方应用型大学。实施教育信息化2.0行动计划，推行精准教学，以数字化推动教育教学质量提升。完成省第十六届运动会主场馆建设，推动各县（市、区）体育场馆改造提升，全力做好备战工作。

做好就业和社保工作。全面落实就业创业政策，强化职业技能培训，加大公益性岗位开发力度，支持灵活就业和就业新业态，保障重点人群就业，力争新增城镇就业3万人，农村劳动力转移就业达66.7万人，着力增加农民工资性、财产性、家庭经营性、转移性收入。持续推进全民参保扩面专项行动，强化社保基金运行监管。抓好省级养老服务业综合改革试点，健全社会救助机制，完善留守儿童、老人、残疾人关爱服务体系。

繁荣发展文化事业。实施文艺产品提升工程，全面推进全国文明城市创建工作。开展以劳动创造幸福为主题的宣传教育，办好第七届中国聂耳音乐（合唱）周活动。持续加大文化遗产传承保护，深入开展考古调查研究，提升澄江化石地自然博物馆展陈水平。

扎实开展市域治理。启动实施“八五”普法规划。深入贯彻党的民族宗教政策，全面推进民族团结进步示范创建工作。扎实抓好社区、社会组织、社会工作者“三社联动”。做好国防动员、退役军人服务保障、双拥工作。加强防灾减灾救灾能力建设，强化食品药品安全监管，深化重点行业领域安全整治，严防重特大安全事故发生。持续推进社会治理现代化，深化法治玉溪、平安玉溪建设，扎实推动领导包案和信访积案化解，严密防范化解各类公共安全风险隐患，推进扫黑除恶常态化制度化，深入开展禁毒人民战争，坚决打击暴力恐怖、新型网络犯罪，确保政治安全和社会大局稳定。

配合做好联合国《生物多样性公约》第十五次缔约方大会有关工作。做好第七次全国人口普查。加强机关事务、外事、台侨、保密、档案、气象、红十字、慈善等工作，支持群团组织改革发展。全力办好10件惠民实事。

各位代表！“十四五”的宏伟蓝图和新一年的艰巨任务，激励着我们奋勇向前。我们将充分调动一切积极因素，在正确的轨道上干事，用正确的方法干事，锤炼作风，认真履职，努力向党和人民交出一份满意的答卷。一是加强政治建设。我们将始终坚持党的领导，严守政治纪律和政治规矩，巩固拓展“不忘初心、牢记使命”主题教育成果，增强“四个意识”，坚定“四个自信”，做到“两个维护”，不断提高政治判断力、政治领悟力、政治执行力。认真贯彻党中央、国务院和省委省政府、市委各项决策部署，闻令而动、令行禁止，确保把重大决策创造性地变成玉溪实践，持续深化玉溪之变。二是严格依法行政。我们将认真学习贯彻习近平法治思想，严格遵守宪法法律。依法接受市人大及其常委会的法律监督和工作监督，自觉接受市政协的民主监督，认真办理人大代表议案和政协委员提案。广泛听取各民主党派、工商联、无党派人士和各人民团体的意见建议。三是提升能力素质。我们将努力提升学习力、落实力、创新力，按照结构化学习、板块化梳理、项目化推进要求，培养一批懂政策、懂项目、懂市场、懂金融的干部，增强推动经济社会发展的能力。四是转变工作作风。我们将锤炼攻坚克难、严字当头、团结协作、埋头苦干的作风，把落实成效作为检验工作的最终标准，把过硬作风作为撬动工作的有力杠杆，以结果论英雄，把作风势能转化为发展势能。五是强化廉政建设。我们将严格落实中央八项规定精神，持之以恒纠正“四风”，着力减轻基层负担，坚决克服形式主义、官僚主义。厉行勤俭节约，带头过“紧日子”。坚决肃清秦光荣等流毒影响，教育广大党员干部知敬畏、存戒惧、守底线，持续用力修复净化政治生态，努力做到干部清正、政府清廉、政治清明，树立良好的政府形象。

各位代表！迈入全面建设社会主义现代化新征程，使命如磐，重任在肩。我们要牢记党和人民重托，更加紧密地团结在以习近平同志为核心的党中央周围，在省委省政府和市委的坚强领导下，团结拼搏、真抓实干、攻坚克难，全力推进玉溪高质量发展，以优异成绩迎接建党100周年！

2021年十件惠民实事

一、稳住高校毕业生、农村劳动力、退役军人等重点群体就业，新增城镇就业3万人，农村劳动力转移就业达66.7万人。

责任单位：市人力资源社会保障局，各县（市、区）人民政府

二、扩大优质教育资源，新增幼儿园学位1 000个、中小学学位2 000个。

责任单位：市教育体育局，各县（市、区）人民政府

三、加强天然气管网管道建设，确保5.3万户群众用上天然气。

责任单位：市发展改革委，市住房城乡建设局，各县（市、区）人民政府

四、持续推进“美丽公路”建设，每个县（市、区）建设“美丽农村公路”不少于50公里。

责任单位：市交通运输局，各县（市、区）人民政府

五、启动城市更新改造，实施城镇老旧小区改造200个。

责任单位：市住房城乡建设局，各县（市、区）人民政府

六、巩固提升农村饮水安全工程，启动实施50件抗旱应急工程建设。

责任单位：市水利局，各县（市、区）人民政府

七、建成高标准农田13.2万亩，建设美丽乡村100个以上。

责任单位：市农业农村局，各县（市、区）人民政府

八、加快通信基础设施建设，重点场所千兆宽带覆盖率达100%，建成5G基站3 900个。

责任单位：市委网信办，市工业和信息化局，各县（市、区）人民政府

九、有序开展新冠疫苗接种，为10 000名贫困适龄妇女提供宫颈癌免费筛查。为200名精神病患者实施免费住院、1 350名精神病患者实施免费服药救助，为1 000名残疾人提供辅助器具适配，为150名残疾儿童实施康复救助服务，为1 000名智力、精神及重度肢体残疾人实施“阳光家园”居家托养服务，为100户贫困残疾人家庭实施无障碍改造。

责任单位：市卫生健康委，市残疾人联合会，各县（市、区）人民政府

十、实施七彩云南全民健身工程，开展20场全民健身示范活动，培训各级社会体育指导员1 000人，建设10个科学健身指导中心，组织不少于1万人次的科学健身指导服务。

责任单位：市教育体育局

名词解释

1. 爱国卫生7个专项行动：省人民政府提出，在全省开展“清垃圾、扫厕所、勤洗手、净餐馆、常消毒、管集市、众参与”爱国卫生7个专项行动，实现全省129个县（市、区）达到国家卫生县城（城市）标准。

2. “两新一重”建设：指新型基础设施建设，新型城镇化建设，交通、水利等重大工程建设。

3. “四个一百”项目：指100项竣工投产项目、100项在建项目、100项新开工项目、100项前期工作项目。

4. 滇中引水工程：工程从金沙江干流引水至滇中地区，线路全长661.07公里，静态总投资748.85亿元，涉及丽江、大理、楚雄、昆明、玉溪、红河六州（市），受益国土面积3.69万平方公里，惠及人口1 112万，是国务院确定的172项节水供水重大水利工程中的标志性工程，也是西南地区规模最大、投资最多的水资源配置工程。

5. 红塔区“三城”：科教创新城、健康宜居城、生态园林城。

6. 澄江“三个国际城市”：国际旅游城市、国际健康养生城市、国际会议中心城市。

7. 8个标志性战役：九大高原湖泊保护治理、以长江为重点的六大水系保护修复、水源地保护、城市黑臭水体治理、农业农村污染治理、生态保护修复、固体废物污染治理、柴油货车污染治理攻坚战。

8. “城市双修”试点：指生态修复、城市修补，试点城市可在组织模式、规划设计理念、工程技术、资金筹措、机制体制及评价标准等方面先行先试，有序修复被破坏的山体、河流、湿地、植被。

9. 四退三还：指在抚仙湖、星云湖、杞麓湖一级保护区内实施“退人、退房、退田、退塘，还湖、还水、还湿地”。

10. “六个新”定性目标：“十四五”期间，经济发展取得新成效，改革开放迈出新步伐，社会文明程度得到新提高，民生福祉达到新水平，生态文明建设实现新进步，市域治理效能得到新提升。

11. 四个不匹配：产业门类较为齐全与产品有效供给不匹配，投资需求强烈与实际供给不匹配，消费发展水平与经济发展水平不匹配，人们渴望到城市生活与城市承载能力不匹配。

12. “5+8”现代产业体系：构建以高原特色现代农业、矿冶、文化旅游、现代物流、健康服务5个千亿级产业，卷烟及配套、先进装备制造、数字经济、生物医药及医疗器械、建筑、金融、房地产、新能源新材料8个百亿级产业为重点的玉溪现代产业体系。

13. “44533”全域现代化水网体系：“四纵四横”“五

水统筹”“三网联动”“三片融合”的全域现代化水网体系，系统解决全市水资源供需矛盾问题。“四纵”指滇中引水至中心城区一线、滇中引水至易门一线、绿汁江支流扒河、南盘江支流曲江，“四横”指东片区暨“三湖”生态保护水资源配置应急工程、新平县西水东调中线调水工程、元江县西水东调江西至洼垤工程、元江县西水东调江西至青龙工程，地表水、龙潭泉水、地下水、滇中引水、非常规水“五水统筹”，防洪水网、供水水网、生态水网“三网联动”，东部片区、北部片区、西部片区“三片融合”。

14. 五个振兴：产业振兴、人才振兴、文化振兴、生态振兴、组织振兴。

15.四个彻底转变：彻底转变“环湖造城、环湖布局”的发展模式，彻底转变“就湖抓湖”的治理格局，彻底转变“救火式治理”的工作方式，彻底转变“不给钱就不治理”的被动状态。

16. 一二三行动：“一”是指大力培育“一县一业”，“二”是指抓住种子、电商这两个关键两端，“三”是指推进设施化、有机化、数字化。

17. 文旅 IP：狭义指在文化与旅游要素融合下，文旅企业和产品的品牌形象；广义指在文化与旅游要素融合下，具有文化特质、品牌内核、独特价值体现的知识产权体系。

18. “四上”企业：规模以上工业企业、资质等级建筑业企业、限额以上批零住餐企业、限额以上服务业企业。

19. 一中心三组团：以抚仙湖北岸主城片区为中心，海口小镇、星空小镇、立昌小镇为组团的澄江市城市规划布局。

20. “一平台、三机制”四个专项行动：建救助平台，建产业帮扶全覆盖机制，建壮大村级集体经济帮扶机制，建扶志扶智机制。

21. 四个不摘：严格落实摘帽不摘责任，严格落实摘帽不摘政策，严格落实摘帽不摘帮扶，严格落实摘帽不摘监管。

22. 乡村振兴“十百千”工程：“十四五”期间，高标准建设10个田园综合体、100个精品示范村、1 000个美丽乡村。

23. 清四乱：清理整治乱占、乱采、乱堆、乱建等河湖管理保护突出问题。

专 文

SPECIAL ARTICLES

责任编校：李海明

玉溪市决战决胜脱贫攻坚工作情况

玉溪是全省唯一没有贫困县的州市，2013年底，全市共有9个贫困乡镇、198个贫困村、12万贫困人口。虽然贫困人口不多，但分布较散，贫困程度深，攻坚难度较大。党的十八大以来，市委、市政府认真学习贯彻习近平总书记关于扶贫工作的重要论述及考察云南重要讲话精神，严格落实党中央、国务院和省委、省政府脱贫攻坚决策部署，把脱贫攻坚作为最大的政治任务和第一民生工程，作为实现全面建成小康社会目标的首要任务，聚焦“两不愁三保障”扶贫目标标准，坚持精准扶贫精准脱贫基本方略，按照“12345”脱贫攻坚思路，扎实开展“六个到村到户”和“五个一批”脱贫攻坚措施，玉溪的脱贫攻坚工作取得了决定性成效，贫困地区群众

2017年11月11日，玉溪市政府召开全市贫困对象动态管理暨扶贫开发工作成效考核培训会议 （崔永红　摄）

生产生活条件明显改善、基础设施建设明显加强、基本公共服务水平显著提高。

贫困乡镇、贫困村、贫困人口全部达到脱贫退出标准。2016年，6个贫困乡镇、58个贫困村脱贫退出；2017年，3个贫困乡、140个贫困村脱贫退出，全市贫困发生率从3.99%降至0.78%，县、乡、村贫困发生率降到了3%以下；2018年末，建档立卡贫困人口减少至512户1 705人，贫困发生率降至0.13%；2019年，全市建档立卡贫困人口稳定达到脱贫退出标准，如期实现高质量脱贫胜券在握。

"两不愁三保障"目标全面实现。收入水平稳步提升，2019年农村居民人均可支配收入15 719元，比2015年增长了43%，贫困地区农村居民人均可支配收入13 578元，比2015年增长了67%；贫困户人均可支配收入达9 519元，近三年年均增幅16.7%。工资性收入、经营净收入占比达88.2%。义务教育、基本医疗、住房安全得到保障，贫困户家庭子女义务教育阶段无因贫失学辍学，建档立卡贫困人口100%参加基本医疗、大病保险，符合条件的100%得到医疗救助，建档立卡贫困人口个人住院报销比例达90%以上，大病专项救治率达99.76%，县域内就诊率达93%，符合条件的建档立卡慢病患者慢病证办证率100%，做到了应办尽办。全市1 279户5 246人建档立卡搬迁户全部搬迁入住，并且有了稳定的产业和就业，产业帮扶1 235户，就业帮扶346户；完成了1.9万户4类重点对象危房存量改造，完成了655户非4类重点对象无力建房户危房改造。贫困地区贫困群众饮水安全有保障，均达到了《云南省脱贫攻坚农村饮水安全评价细则》各项指标要求，季节性缺水且有巩固提升条件的104个片区563个自然村组已通过实施巩固提升工程彻底解决了季节性缺水问题。

基础设施得到全面提升。县县通高速。乡镇、行政村和30户以上、贫困人口占比35%以上的自然村全部通硬化路，且危险路段均有防护措施，行政村已全部通客运班车；行政村、学校和卫生室宽带网络全覆盖，在全省率先实现行政村广电网络光纤全覆盖；贫困村和200人以上或党员10人以上的自然村都有了活动场所；行政村全部有标准化卫生室和村医，医保基金打包付费、县级公立医院提质达标实现全覆盖。行政村通10KV动力电、自然村通380V动力电；1 279户贫困户通过易地扶贫搬迁摆脱了"一方水土养活不了一方人"的困境。贫困地区群众出行难、用电难、上学难、看病难、通信难等长期没有解决的老大难问题得到了全面解决，为乡村振兴打下了坚实的基础。

脱贫攻坚促进区域发展。全市农业农村发展稳中有进、稳中向好，农村社会保持和谐稳定。2019年，完成农业总产值298.8亿元，增长5.7%，实现农林牧渔业增加值183.6亿元，近五年年均递增9.4%；农产品出口额26.6亿美元，增长74.2%，占全省农产品出口总额的55.6%。美丽乡村建设扎实推进，创建认定美丽乡村57个，农村基础设施和公共服务设施条件得到明显改善。牢固树立绿水青山就是金山银山的发展理念，坚持"共抓大保护、不搞大开发"战略导向和"保护第一、治理为要、科学规划、绿色发展"工作思路，抓好管水的人、管好装水的湖、治好流水的河、护好蓄水的山，"三湖"保护治理取得新成效。抚仙湖水质持续保持Ⅰ类，在中国81个水质良好湖泊保护绩效考评中名列第一。社会和谐稳定，人民安居乐业，玉溪第九次入选全国最安全城市，荣获全国社会治安综合治理最高奖"长安杯"。

玉溪的脱贫攻坚之所以能取得决定性成效，主要得益于习近平总书记关于扶贫工作的重要论述科学指引，得益于中国特色社会主义制度优越性，得益于党中央、国务院和省委、省政府的关心支持，得益于各级各部门、社会各界和广大贫困群众的共同努力。总结几年来的脱贫攻坚工作，主要有以下几点做法：

一是坚持党的领导。坚持发挥各级党委总揽全局、协调各方的作用，落实市、县、乡、村"四级书记"抓扶贫和党政同责责任制。扎实开展"挂包帮"工作，全市39名市级领导、22名县（市、区）领导负责联系68个有建档立卡贫困人口的乡镇，全市953家单位2.6万名干部参与帮扶工作。选优配强驻村工作队，对任务相对艰巨的贫困村选派实职副县级干部担任第一书记。扎实开展"万企帮万村"，230家民营企业结对帮扶206个村，实施帮扶项目458个，惠及建档立卡群众2.4万户8.7万人。

二是健全制度机制。建立健全组织动员、责任落实、政策支持、资金投入、合力攻坚、监督检查考核等体系机制，制定出台了《中共玉溪市委　玉溪市人民政府关于打赢脱贫攻坚战的实施方案》和产业就业扶贫、教育健康扶贫、危房改造、饮水安全、社会保障等"1+N"精准扶贫精准脱贫的系列配套政策和措施。坚持把脱贫质量放在首位，制定出台了《玉溪市脱贫攻坚巩固提升三年行动实施方案》《玉溪市贫困地区农村人居环境整治三年行动实施方案》和《玉溪市防止返贫监测和帮扶机制的实施方案》，为打赢打好精准脱贫攻坚战提供了制度保障。

三是保障资金投入。发挥政府投入的主体和主导作用，加大财政专项扶贫资金投入和财政涉农资金整合力度。在中央和省级补助10.2亿元的基础上，2015年至今市县两级投入财政专项扶贫资金分别达12.6亿元和3.3亿元，统筹整合各块资金近50亿元，为打赢打好精准脱贫攻坚战提供了资金保障。

四是坚持精准施策。坚持"六个精准"基本方略，紧扣"两不愁三保障"目标标准，扎实开展"六个到村到户"和"五个一批"脱贫攻坚措施。全市共有557个新型农业经营主体参与产业扶贫，实现了新型农业经

玉溪市峨山县富良棚乡扶贫鸡养殖 （曾永洪　摄）

玉溪市新平县建兴乡建成了山区一流的中学 （崔永红　摄）

玉溪市新平县戛洒镇关圣庙易地扶贫搬迁项目是全省最大的易地扶贫安置点，一期工程已经完成，有586户（2 306人）建档立卡户和地质灾害搬迁户搬入新房 （崔永红　摄）

玉溪市贫困山区群众发展养殖业脱贫致富 （崔永红　摄）

营主体带动有条件、有意愿的贫困户全覆盖；贫困劳动力实现转移就业3万人，教育扶贫1.6万户，易地扶贫搬迁1 279户，生态扶贫5 003户，享受农村居民最低生活保障1万户，特困供养2 261户。

五是抓实问题整改。开展脱贫攻坚“找问题、补短板、促攻坚”专项行动，以“春季攻势”“夏季攻势”“冬季攻势”和“回头看补短板强弱项抓提升”行动为抓手，对中央脱贫攻坚专项巡视、巡视“回头看”发现问题严格整改，把脱贫攻坚成效考核、“不忘初心、牢记使命”主题教育发现问题结合起来，举一反三，真改实改，确保“两不愁三保障”问题全部清“零”，做到“账实相符、账账相符”。

六是强化监督问效。坚持把全面从严治党贯穿脱贫攻坚全过程、各环节，扎实开展扶贫领域腐败和作风问题专项整治，严肃惩治扶贫领域不正之风和腐败问题，严肃查处脱贫攻坚中的不作为、慢作为、乱作为问题。全面落实“基层减负年”要求，坚决纠正和解决脱贫攻坚中的形式主义、官僚主义突出问题，确保扶贫工作务实、脱贫过程扎实、脱贫结果真实，为打赢打好精准脱贫攻坚战提供了坚强纪律保障。

脱贫不是终点，是新的起点。下一步，在省委、省政府的正确领导下，按照《云南省决战决胜脱贫攻坚百日提升行动方案》要求，继续发扬“玉汝于成、溪达四海”的玉溪精神，保持攻坚态势，持续深入开展脱贫攻坚“回头看补短板强弱项抓提升”行动，统筹推进疫情防控、脱贫成果巩固提升、乡村振兴的有效衔接，如期实现高质量脱贫目标任务，向党和人民交出一份满意的“合格答卷”。

（一）继续加大产业就业扶贫力度，努力把疫情影响降到最低

认真落实好国家和省、市应对疫情影响出台的相关政策，围绕打造“绿色食品牌”和“一县一业”总体布局，指导贫困地区立足资源优势，发挥柑橘产业在全省的龙头引领作用和特早熟优势，以新平县、元江县、华宁县为重点，扩增柑橘面积10万亩，产值增加10亿元以上。以易门县、峨山县、新平县、元江县为重点，发展生猪家庭农场，扩增生猪产能50万头以上，产值增加10亿元以上。发挥红河谷—绿汁江流域独特的热区资源、产业基础、生态环境优势，加大红河谷—绿汁江热区产业经济带开发建设力度，实现100万亩热区作物种植规模、

100亿元农业产值“双百”目标。做好扶贫小额信贷续贷、展期和延期工作，助力贫困群众稳定增收，巩固提升脱贫成效，实现与乡村振兴有效衔接。到2025年，贫困地区农村居民人均可支配收入年均增幅高于全市平均水平，特色产业经营收入对相对贫困人口收入的贡献率达到55%以上。推动《玉溪市促进农村劳动力转移就业工作意见》等政策举措落地落实，抓好农村劳动力转移就业信息化、组织化、市场化工作，加强农村劳动力技能培训，落实好贫困劳动力职业培训补贴、外出务工奖补、一次性创业奖补、用人单位吸纳就业补贴、就业扶贫车间吸纳就业补贴、有组织劳务输出补贴等就业扶贫惠民政策，切实维护就业大局稳定。

（二）扎实开展“三保障”和饮水安全巩固提升行动

解决了“不愁吃、不愁穿”问题后，重点巩固提升“三保障”成效，继续抓实控辍保学专项行动，压实压紧“双线四级”责任，持续改善贫困地区办学条件，加强师资力量，提高教育质量。把防止因病特别是因疫返贫致贫摆在突出位置，确保建档立卡贫困人口“三重保障”全覆盖、有机衔接，做实大疾集中救治、慢病签约服务管理、重病兜底保障，推动贫困乡、村医疗卫生机构服务能力提升。巩固提升住房安全保障成效，确保危房不住人、住人无危房。严格落实农村饮水安全管理“三个责任”和“三项制度”，围绕“建好、用好、管好”，全面提升贫困地区水利基础设施水平。按照“应保尽保、应兜尽兜”的原则，全面落实好低保、医保、养老保险、特困人员救助供养、临时救助等综合社会保障政策，“脱贫不脱保”“救助渐退”，确保“兜准、兜住、兜牢”。

（三）建立落实返贫监测预警和动态帮扶机制

把巩固脱贫成果、防止返贫致贫作为底线目标任务，加强对易返贫和易致贫人口的动态监测和帮扶。玉溪市目前还有脱贫监测户8户34人和易致贫边缘户104户363人没有消除返贫致贫风险。我们将根据返贫致贫原因和帮扶需求，及时帮助有劳动力、有产业发展意愿的脱贫不稳定户、边缘户与新型经营主体建立合作关系，实现产业经营性收入持续稳定。完善“三个清单”、做好“三清”工作，对有就业意愿的贫困劳动力，强化技能培训，拓宽就业渠道，保障群众持续稳定增收。健全完善社会保障制度，有效防止脱贫户返贫和边缘户掉队。强化社会扶贫的聚力机制，进一步完善贫困村巩固提升方案，创新建立“万企帮万村”载体，实现企业与群众互利共赢、共同发展。同时，积极探索建立治理相对贫困的长效机制，不断缩小收入差距，向共同富裕迈出新步伐。

（四）推进脱贫成果巩固提升与乡村振兴有效衔接

坚持脱贫不脱责任、脱贫不脱政策、脱贫不脱帮扶、脱贫不脱监管，按照乡村振兴“产业兴旺、生态宜居、乡风文明、治理有效、生活富裕”的总要求，持续加大贫困地区高标准农田、“四好农村路”、水利设施、“互联网＋扶贫”等巩固提升项目建设力度，夯实贫困地区实施乡村振兴战略基础。以78个易地扶贫搬迁集中安置点为重点，集中力量解决好搬迁群众产业就业、基本公共服务、社区治理、社区党建、社会融入等后续帮扶问题，确保搬得出、稳得住、有就业、能致富。坚持“富脑袋”和“富口袋”并重，认真总结脱贫攻坚中涌现出来的脱贫致富典型，以身边的脱贫典型、脱贫事迹教育贫困群众，持续深入开展“自强、诚信、感恩”教育实践活动，引导贫困户听党话、跟党走、感党恩，帮助贫困群众摆脱思想贫困、精神贫困、意识贫困，激发贫困群众过上美好生活的信心和斗志。积极倡导移风易俗，引导群众树立厚养薄葬、文明节俭的良好风尚，促进社会发展和文明进步。

（五）认真谋划好“十四五”巩固拓展脱贫成果规划

“十四五”时期是“两个一百年”奋斗目标的历史交汇期，是实现第二个一百年奋斗目标的起步期。我国的减贫战略将由集中性减贫治理向常规性减贫治理转型，由解决绝对贫困向解决相对贫困转变，由主要解决农村贫困向统筹解决城乡贫困转变。我们将进一步深化市情再认识，扎实深入开展调研，按照乡村振兴战略“2022年脱贫攻坚成效得到进一步巩固；2035年乡村振兴取得决定性进展，农业农村现代化基本实现，相对贫困进一步缓解；2050年乡村全面振兴”的目标任务，做好《玉溪市“十四五”巩固拓展脱贫成果规划》，进一步推动玉溪乡村振兴和现代化建设。

——2020年8月7日云南省决战决胜脱贫攻坚系列发布会玉溪专场新闻发布稿

玉溪市全面建设小康社会基本情况

党的十八大以来，玉溪市委、市政府以习近平新时代中国特色社会主义思想和党的十八大、十九大精神为指导，深入学习贯彻习近平总书记考察云南重要讲话精神，对标省委、省政府对玉溪提出的新要求，感恩奋进、担当实干，加快推进高质量发展，全市综合实力不断提升，人民生活持续改善。具体发生了六方面的深刻变化：

经济发展从平稳运行到再上新台阶。立足我国经济由高速增长转向高质量发展的新阶段，市委、市政府始终坚持稳中求进工作总基调，积极推进动能转换、发展转型、方式转变，GDP从2012年的1 000亿元增加到2020年的2 058亿元、实现了翻番，年均增长9.4%，所有县（市、区）GDP均超过百亿元，2020年人均GDP为91 514元（13 267美元），居全省第一位。烟草工业占比从2015年的69.8%下降至2020年的57.1%，非烟生产总值比重从66.3%提高到78.8%，三次产业结构为10.1∶42∶47.9，税收占一般公共预算收入的77.2%。今天的玉溪，发展潜力巨大、前景广阔，是一方创新创业的热土。

基础设施从串点连线到实现基本成网。市委、市政府全面推进能通全通和互联互通，先后迈入高铁时代、实现县县通高速，在建高速公路450千米、通车里程达530千米，建制村公路硬化率、通客车率、通邮率达100%，现代化综合交通运输体系基本成型；滇中引水玉溪段等水源工程建设顺利推进，“44533”的全域现代化水网体系正在加快构建；建成成品油输油管道178千米，8条天然气管网覆盖6个县（市、区），供电保障率达99.8%；实现移动通信光纤宽带和4G网络行政村全覆盖，建成5G基站1 344座，互联网普及率达107%。今天的玉溪，基础设施支撑保障能力不断增强，为高质量发展打通了“大动脉”、畅通了“微循环”。

改革开放创新从多点突破向全面深化推进。市委、市政府坚持不懈推进更深层次改革、更高水平开放、更大力度创新，为高质量发展注入了动力活力。获国家和省授权的改革试点共135个，殡葬制度、农村集体产权制度、城市基层党建、公立医院等重点领域改革取得了显著成效。先后与80多个国家和地区建立贸易往来关系，设立6个驻外商务代表处，玉溪海关挂牌开关，入列全省境外投资备案初审试点州（市），获评“最具投资吸引力城市”，中国—南亚合作论坛永久落户抚仙湖畔，成功举办2019年《财富》全球可持续论坛等国际国内会议，与老挝占巴塞省、柬埔寨奥多棉吉省和上海金山等城市结为友好城市。全市研发经费支出占生产总值比重从2015年的0.37%提高到2020年的1.2%，高新技术企业、国家和省级科技型中小企业数量分别达136家、789家，沃森自主研发的全国首个13价肺炎结合疫苗获批上市、国内首个mRNA新冠疫苗项目即将投产，赛灵药业“恒古骨伤愈合剂”获2020年云南省科学技术进步一等奖、产品纳入国家医保目录，蓝晶科技荣获云南首个国家级制造业单项冠军，建成云南唯一的工业互联网标识解析二级节点，科技对经济增长的贡献率达59%。今天的玉溪，“朋友圈”越来越广，发展活力越来越足。

生态理念从坚持保护优先转向寻求绿色发展。市委、市政府坚决扛起以为国家计、为子孙谋的责任担当，以更大力度抓好生态环境保护。万元生产总值能耗从2015年的1.7吨标煤降至2020年的0.7吨标煤，城市黑臭水体基本消除，县城以上集中式饮用水水源地全部达标，3个县、66个乡镇获国家和省生态文明创建命名。全力打好湖泊保护治理攻坚战，沿湖2.2万余人生态移民搬迁安置，5.8万亩重度污染区耕地休耕轮作，抚仙湖、星云湖和杞麓湖都建设了调蓄工程，建成了一批湿地，抚仙湖水质总体保持Ⅰ类，星云湖水质实现脱劣。获批成为第三批国家低碳城市试点，自然资源资产离任审计、生态环境损害赔偿、市场化多元化生态保护补偿等多项改革举措推进生态文明建设持续深化。今天的玉溪，优良生态环境正成为最大的发展优势和竞争优势。

人民生活从基本小康迈向全面小康。市委、市政府始终坚持以人民为中心的发展思想，尽心竭力为群众办实事解难题，城乡差距进一步缩小。江川撤县设区、澄江撤县设市，澄江成功创建全国文明城市、农村人居环境整治获国务院嘉奖，通海获批国家历史文化名城，新平等5县成功创建国家园林县城，国家卫生城市（县城）实现全覆盖，新平县、澄江市被命名为全省美丽县城，戛洒镇入选全国特色小镇，常住人口城镇化率从2012年的42.9%提高到2020年的54%、居全省第二；在全省州（市）中率先实现整体脱贫，城乡常住居民人均可支配收入较2012年实现了翻番；率先在全省实现义务教育发展基本均衡目标，学前三年毛入园率等主要教育指标稳步提升，全国健康城市试点扎实推进，人均寿命达77.78岁；“三馆”和文化站实现全覆盖，公共服务体系更加完善；统筹疫情防控和经济社会发展，较早实现了新增病例清零；全国民族团结进步示范市创建加快推进，连续五届获评全国双拥模范城；平安玉溪建设持续深化，10次入选中国最安全城市，捧得全国社会治安综合治理最高奖“长安杯”，成为全国第一批市域社会治理现代化试点城市。今天的玉溪，百姓生活蒸蒸日上，呈现出团结和谐、安居乐业的祥和景象。

全面从严治党从治疾祛疴转为纵深推进。市委、市政府坚持以党的政治建设为统领，全面贯彻新时代党的建设总要求，推动全面从严治党向纵深发展。打出基层党建“组合拳”，统筹抓好各领域基层党建，入选全国城市基层党建创新最佳案例，在全省率先启动“智慧党建”、探索开展开放式创意型主题党日活动；坚持不懈抓“激励 + 约束”“保护 + 惩处”“容错 + 问责”“底线 + 标杆”，持续深化“玉溪之变”，推动全市各级班子和干部政治能力变强、学习研究变实、效率节奏变快、领导方法和工作方法变优、执行落实变硬；毫不松懈纠治“四风”，深入开展“肃流毒、除影响、清源头、树正气”专项行动，严肃查处了一批腐败案件，政治生态得到净化优化。今天的玉溪，干事创业氛围日益浓厚，高质量党建正在引领推动经济社会高质量发展。

玉溪发生的翻天覆地变化，市委、市政府更加深切感受到中国共产党领导和中国特色社会主义制度的显著优越性，更加深切感受到习近平新时代中国特色社会主义思想的强大真理力量和实践伟力。开启“十四五”新征程，市委、市政府坚持以习近平新时代中国特色社会主义思想为指导，在党中央和省委、省政府的坚强领导下，完整准确全面贯彻新发展理念，全力打造滇中崛起增长极、乡村振兴示范区、共同富裕示范区。

——2021年6月1日云南省庆祝中国共产党成立100周年系列新闻发布会玉溪专场新闻发布稿

玉溪市新冠肺炎疫情防控实践和启示

2020年，一场突如其来的新冠肺炎疫情在全球迅速蔓延，波及210多个国家和地区，发展成为第二次世界大战结束以来最严重的全球公共卫生突发事件，给全世界人民的发展、生活、健康和生命造成了严重的危害和影响。疫情发生以来，玉溪市认真贯彻习近平总书记关于疫情防控工作的重要讲话和指示批示精神，全面落实党中央、国务院和省委、省政府工作部署，团结带领全市广大干部群众，有力有序做好疫情防控和稳增长工作，努力克服疫情带来的不利影响，取得了疫情防控和经济发展的阶段性胜利，积累了防控和治理重大突发公共卫生事件的宝贵经验。

一、基本情况

玉溪的抗“疫”战斗，自1月21日市政府常务会议传达全国全省新型冠状病毒感染肺炎疫情防控工作视频会议精神，研究我市贯彻落实意见开始打响。作为全国抗“疫”阻击战、总体战、攻坚战的一个组成部分，大致可以分为3个阶段。

（一）谋划部署，战前准备阶段（1月21日至25日）

这一阶段玉溪尚未发现感染新冠肺炎病例。市委市政府及时传达全国全省新型冠状病毒感染肺炎疫情防控工作视频会议精神，研究我市贯彻落实意见；成立新型冠状病毒感染的肺炎疫情防控工作领导小组和指挥部；市政府办公室及时下发《关于切实加强新型冠状病毒感染的肺炎疫情防控工作的通知》，要求各级切实加强我市疫情防控工作，坚决打赢疫情防控阻击战，全力保障人民群众生命安全和身体健康；全市取消大型公众聚集性活动，红塔区、通海、华宁、澄江等县区发布紧急通知，为打赢抗“疫”战斗进行了充分的思想准备、组织准备和物资准备。

（二）科学精准防控，阻击攻坚阶段（1月25日至5月15日）

1月25日，易门县确诊全市首例新冠肺炎病例，全市迅速启动公共卫生事件一级响应机制，按照突出重点、统筹兼顾、分类指导、分区施策的原则，调整健全由市委、市政府主要负责同志担任组长的“双组长”防控工作领导小组及指挥部，市级党政领导班子成员分组包县督查指导，研究出台25条一级响应社会管控措施和联防联控、“五早”“四严”等11项工作机制；坚持分区分级精准防控，抓牢“外防输入、内防扩散”，实施差异化县域防控措施；按照“四集中”原则，成立医疗救治领导小组，制定出台医疗救治工作方案，整合力量，全力做好医疗救治工作；建立联保联供市场保障机制，实行重点物资日报告制度，保障一线和各医疗机构防疫应急物资需求，“米袋子”“菜篮子”产品实现稳产保供和有效供应；强化政策服务保障，认真落实省政府22条政策，及时出台25条稳增长措施，对企业复工复产作出渐进式、针对性安排。自2月8日后再无新增确诊病例，3月2日14例确诊病例中除1例具有基础性疾病的危重病例病亡外，其余13例全部治愈出院，实现了确诊病例全部“清零”，所有县（市、区）列入低风险地区。

（三）常态化防控，巩固战果阶段（5月15日以后）

5月15日，市应对疫情工作指挥部发出《关于进一步做好新冠肺炎疫情常态化防控工作的通知》，标志着玉溪疫情防控工作由战时阶段转入常态化防控阶段。这一阶段，围绕“外防输入，内防反弹”的工作重点，全市各级认真贯彻习近平总书记和党中央关于疫情防控常态化的工作要求，坚决克服麻痹思想、厌战情绪、侥幸心理、松劲心态，持续抓紧抓实抓细各项具体防控措施，坚决防止疫情反弹，统筹推进疫情防控和经济社会发展各项工作，确保疫情防控和经济发展两手抓、两不误。2020年上半年，全市经济克服疫情影响，GDP总量达969.93亿元，同比增长1.3%。

二、主要做法

（一）强化统一领导，高位推动疫情防控工作

疫情发生后，玉溪及时启动一级响应，1月28日成立了以市长挂帅的市委市政府应对新型冠状病毒感染肺炎疫情工作领导小组，1月29日调整成立了以市委书记、市长任双组长的应对疫情工作领导小组，市级党政领导班子成员分10个小组包县督查指导，领导小组下设指挥部，指挥部设立1个办公室及13个工作组（之后又增加了5个工作组，共18个工作组）。市、县（市、区）指挥体系建立后，做到现有指挥体系、运行机制、工作力度“三不变”。研究出台一级响应社会管控措施和联防联控、“五早”“四严”等11项工作机制，制定防范境外疫情输入、“云南健康码”扫码登记实施方案、边境地区新冠肺炎防输入应急预案、复工复产常态化疫情防控和秋冬季疫情防控等一系列防控措施，进一步压实“外防输入、内防反弹”防控责任，强化联防联控、群防群

治。制定下发《关于做好一线医务人员激励关爱工作的通知》，高度重视关心关爱一线医务人员。8月10日，开展了2020年全市突发公共卫生事件桌面推演应急演练，为不断健全完善同新的防控形势相适应的工作机制和措施提供重要决策依据。累计投入财政资金9 328.54万元，拨付医保资金8.12亿元，完成国开行疫情防控融资8.5亿元。动员330家企业和社会组织、8 474名爱心人士捐款捐物，社会各界通过红十字系统捐赠物资4 044.99万元。安排300万元财政资金采购高原特色农产品985吨支援湖北，调配5万毫升血液、50万元非定向捐款支援武汉，向黄冈市捐赠78万元的消毒酒精、氧气呼吸器等物资。组织30名医护人员、15名公安干警驰援武汉。

（二）全面科学防控，有效切断疫情传播通道

坚持分区分级精准防控，实施差异化县域防控措施，强化市、县、乡、村、组五级网格化管理，2.1万名党员干部纳入1.2万个网格开展地毯式、全覆盖、网格化摸排，卫健、公安、交运、商务、工信、农业农村、市场监管、文化旅游、教育体育、发改、民政等部门和广大基层干部战斗在疫情防控第一线。实行点长负责制，建立留验留观站点62个、设置检查卡点39个、公安检查站点91个，实现摸排监测登记全覆盖。综合运用大数据分析，精准排查管控境外和国内中高风险地区入玉人员，全市累计排查管控境外入滇人员2 474人。严格各类公众聚集度高的公共场所和活动场（馆）管理，有效杜绝疫情感染传播。加强监测预警机制建设，落实及早报告制度，确保能够在2小时内进行网络直报、12小时反馈监测结果、24小时完成流调。积极组建全市采样、流调、检测、消杀4支队伍，同步逐步强化培训。全面推进“云南健康码”推广使用和红黄码核验处置。开展集中防疫消杀，在各村、小区设立检查点、消杀处、出入登记处，有针对性地、有效地做好预防消杀工作。针对湖北区域内返乡人员实行责任到人，村、社区干部及时跟踪、做好思想疏导，劝其居家隔离，及时做好疫情监测。全面开展爱国卫生“清垃圾、扫厕所、勤洗手、净餐馆、管集市、众参与”7个专项行动，消除传染病病媒生物。加强医疗机构监督、传染病防治、医疗废弃物处置、生活饮用水卫生监督、学校卫生监督、非法行医、消毒产品等专项检查和临床用血源头安全管控。在全省率先开展了献血者新冠病毒核酸检测工作。

（三）集中隔离留观，整合各方力量开展救治

先后制定了《玉溪市市级新型冠状病毒感染的肺炎疫情留验站管理实施方案》《玉溪市境外入滇人员集中隔离医学观察实施方案》，实行集中隔离观察点点长负责制，制定了集中隔离观察点工作制度、工作职责、工作人员守则、文明服务公约、监测统计与信息报送制度、登记制度、交接班制度、医护人员工作守则、消毒人员工作守则、集中隔离留观解除制度、个人承诺书、温馨提示等一系列制度，严格实行单人单间，规范“三区两通道”，强化健康监测和预防性卫生消毒。一级应急响应期间，全市共设置集中隔离观察点62个，转入常态化防控以来，在红塔区、江川区、澄江市设置了12个境外入滇人员集中隔离观察点。全市累计隔离观察4 983人，集中隔离观察点未发生二次感染的情况。不断规范发热门诊管理和预检分诊，严格筛查，快速诊断，确保“零漏诊”。检查督促药品经营企业严格落实购买咳嗽、发热药品登记报告制度，累计监督检查药品经营户13 991户次。按照“四集中”原则，成立医疗救治领导小组，制定出台医疗救治工作方案，指定市县两级10家人民医院为定点收治医院，14例确诊病例全部集中到市人民医院救治，市级37名专家负责医疗救治工作，邀请钟南山团队远程会诊、省级专家驻点指导。组建中医药防治专家团队，发挥好中医药特色优势作用。组建志愿服务队向社会公众提供24小时免费心理援助和法律咨询热线服务。

（四）发挥堡垒作用，拓宽渠道广泛宣传发动

充分发挥基层党组织的战斗堡垒作用和广大党员的先锋模范作用，7 943个基层党组织、5.9万余名党员、1 704支党员突击队投入疫情防控一线。加大卫生防疫宣传力度，通过电视、广播、报纸等公众媒体，全方位向群众宣传疫情防控措施和普及卫生知识。市、县媒体分别刊播相关稿件580余篇（条）、3.4万多篇（条），建立工作微信群1.3万个，704个村（社区）通过张贴标语、发放资料、广播宣传等多种方式开展防控知识和法律法规宣传教育。组织文艺创作鼓舞抗疫士气，共创作有关文学作品470余篇，滇剧《卜算子·白衣天使之歌》、花灯《我们充满希望》、歌曲《最美天使》等一批优秀作品在“学习强国”等平台推送。召开5次新闻发布会，主动回应社会关切。强化网络监测管控，及时处置不实疫情信息57条，妥善处理四川籍养蜂人在易门自缢身亡引发的舆情，高度关注境外敌对势力借机炒作、转载的情况。

（五）全力保供稳价，精准施策助推复工复产

全力组织医疗、防控应急物资和居民所需日常防护物品货源采购，保障供给。依法加大对恶意抢购、恶意囤货、哄抬物价等不法行为的打击力度，确保市场平稳有序。做好隔离病房、治疗药物、消杀药品、检测试剂、医疗器械、防护用品等医疗物资储备和供应。建立联保联供市场保障机制，加强价格监测和产品质量安全监管，累计筹措口罩85.3万只、护目镜6 021个、防护服9 225件，发放物资18批次，保障一线和各医疗机构防疫应急物资需求。加强市场监管，实行重点物资日报告制度，“米袋子”“菜篮子”产品实现稳产保供和有效供应。认真落实省政府22条政策，及时出台25条稳增长措施，有序安排企业复工复产。降低企业运行成本，对49户工业企业减少用电成本638.44万元。加大金融支

持，推进贷款企业名单制管理，帮助5户企业获批贷款1.27亿元，争取到全省首笔人民银行专项再贷款3 000万元。目前，全市基建和市政基础设施、高速公路建设项目全部复工，交通运输、线上批发业、电商企业、加油站、大型商场、超市均已全部复工复产，经济指标已经呈现大幅反弹的积极信号。

（六）聚焦发展短板，夯实公共卫生应急基础

有序推进重大传染病救治能力“双提升”工程规划建设，市传染病医院新建项目前期工作进展顺利，县级改造类工程项目已全部完成房屋结构安全鉴定，8个县级医院核酸检测实验室改造工程施工队已陆续进场施工。目前，全市核酸日均检测能力5 000人份。积极协调省内第三方核酸检测机构，签订有关合作协议，在秋冬季本地发生聚集性疫情时，能够确保5－7天完成辖区内所有人员检测任务。加强核酸检测队伍能力建设，为即将启动开展核酸检测工作的县级医院提前做好人力准备。市人民医院核酸检测获省卫生健康委批准，自6月2日开展核酸检测业务以来，累计完成新住院患者、医护人员等重点人群核酸检测17 659人份。委托第三方核酸检测1 058人份、血清抗体检测529人份。

（七）严明纪律监督，保障防控工作措施落实

加强对习近平总书记重要讲话重要指示批示精神、党中央决策部署和省委、市委要求落实情况监督，严明应对疫情工作纪律要求，对有群众举报或者监督检查中发现的违纪问题坚决查处、决不姑息。疫情防控中，聚焦疫情防控和组织纪律“双保障”，发布“六条禁令”，实现疫情防控工作监督检查全覆盖，发现各类问题1 061个，处置问题线索56件，党纪政务处分24人，问责11个单位29人，提醒谈话、批评教育57人，通报疫情防控失职失责典型问题16起。同时，发挥正向激励引导作用，先后对防控“疫”线的103个优秀党组织和93名优秀党员进行通报表扬。通过严格的纪律监督，保障了全市各项疫情防控措施落实到位。

三、几点启示

（一）始终坚持党的领导是打赢抗疫战争的核心关键

疫情发生后，玉溪市委市政府始终坚决贯彻落实好习近平总书记和党中央决策部署，坚持与全国一盘棋，上下同欲、共克时艰。全市各级各部门严守政治纪律和政治规矩，确保政令畅通，坚决服从市应对疫情领导小组指挥部统一指挥、统一调度，确保了各项防控工作令行禁止、一贯到底。

（二）坚持人民至上理念是打赢抗疫战争的制胜法宝

习近平总书记强调，“各级党委和政府及有关部门要把人民群众生命安全和身体健康放在第一位”。玉溪市委市政府在制定各项疫情防控政策和治理措施时始终坚持以人民为中心的价值导向，市、县、乡、村、组五级紧紧依靠人民群众、广泛发动人民群众，带动广大干部和群众构筑起最严密的疫情防控人民防线，凝聚起坚不可摧的强大力量，为最终打好打赢疫情防控人民战争提供了坚强后盾。

（三）充分发挥制度优势是打赢抗疫战争的根本保证

疫情发生以来，从中央到地方各级党委政府疫情防控部署举措有力、行动迅速、工作有序。联防联控、群防群治，体现了中国特色社会主义制度显著优势和强大治理效能，这是西方一些资本主义国家所做不到的。疫情防控的斗争实践证明，无论任何时候，我们只有坚持走中国特色社会主义道路，才能有效推动制度优势转化为治理效能，才能为战胜各种困难提供科学完备的制度保障。

（四）勇于担当主动作为是打赢抗疫战争的力量支撑

疫情发生后，玉溪市各级党组织和广大党员干部增强“四个意识”、坚定“四个自信”、做到“两个维护”，切实把思想和行动统一到党中央决策部署和省委、市委要求上来，主动担当作为，严格落实属地责任和联防联控、群防群治各项措施，把疫情防控作为践行初心、担当使命的具体行动。在疫情防控中，充分发扬了不惧艰险、不畏牺牲、敢于胜利的“逆行者”精神，涌现出了许多模范先进人物和感人的先进事迹，在此战“疫”中很好地践行了初心和使命。

（五）健全完善体制机制是打赢抗疫战争的长久之策

这次疫情也是对玉溪公共卫生应急体系和能力的一次大考，从疫情防控这场大考中也看到了玉溪暴露出来的短板和不足。针对这些短板和不足，我们在大力推进改革开放和经济建设的同时，必须切实加强公共卫生体系建设。要加大对公共卫生建设的投入，建立健全疾病预防控制体系，逐步完善农村卫生体系、城市基本医疗服务体系、环境卫生体系和财政经费保障体系，全面提高外置突发公共卫生事件的能力，构筑保障人民群众身体健康和全命安全的防护屏障。

张德书　王艺梅

大事记

A CHRONICLE OF MAIN EVENTS

编写：王　斌

1月

5日

△ 玉溪市在通海县召开通海7.8级大地震50周年纪念大会。

6日

△ 省政府对2019年认真履行教育职责，教育事业发展成绩突出的6个县（市、区）政府给予表扬，通海县被授予“云南省教育工作先进县”荣誉称号。

△ 5—6日，市长张德华率队到北京开展经济合作交流活动。其间，玉溪市与中国科学院绿色城市产业联盟签订战略合作框架协议。

12日

△ 在广州举行的2019—2020赛季中国男子篮球职业联赛（CBA）全明星周末扣篮大赛中，来自易门县铜厂乡的彝族小伙矣进宏成功加冕。成为首个获得CBA全明星周末扣篮大赛冠军的草根选手，也成为第一位登上CBA赛场的玉溪人。

14日

△ 11—14日，中国人民政治协商会议玉溪市第五届委员会第三次会议在聂耳大剧院举行。

15日

△ 12—15日，玉溪市第五届人民代表大会第三次会议在聂耳大剧院举行。

25日

△ 玉溪市启动重大突发公共卫生事件一级响应。

29日

△ 云南恩捷新材料股份有限公司向玉溪市红十字会捐赠人民币60万元。同时，向上海市慈善基金会、无锡市锡山区厚桥街道慈善会、高安市红十字会、珠海市红十字会合计捐赠人民币240万元，支持抗击新型冠状病毒感染的肺炎疫情防控。

30日

△ 全市104个活禽交易市场全部关闭。

△ 京东集团配合玉溪市政府及40余家单位完成“应急物资信息发布平台”的上线注册工作。

△ 玉溪市召开疫情防控工作新闻发布会，通报全市新型冠状病毒感染肺炎疫情防控工作进展情况。截至1月29日24时，全市报告新增新型冠状病毒感染肺炎确诊病例1例，累计报告确诊病例6例，无死亡、危重、重症病例。报告疑似病例3例。密切接触者医学观察188人，所有病例均属输入型疫情。

2月

2日

△ 京东集团和玉溪市联手搭建的疫情智能机器人咨询平台“智能疫情助理”在玉溪网、玉溪日报新闻客户端、玉溪发布等平台上线。

3日

△ 玉溪市召开疫情防控工作第二次新闻发布会，通报全市新型冠状病毒感染的肺炎疫情防控工作最新进展。截至2月2日24时，全市新增确诊病例1例，全市累计报告确诊病例12例，无重症、死亡病例。现有疑似病例11例，累计报告疑似病例28例，已排除疑似病例17例，解除密切接触者103人。第1例病例2次复查核酸检测阴性，已于2月3日上午治愈出院。

4日

△ 国开行云南分行向玉溪市提供应急融资8.5亿元。

7日

△ 全市工商联系统企业、商会和个人向玉溪市红十字会捐款捐物1 737.877 7万元，其中现金1 511.61万元，物资226.267 7万元。

8日

△ 玉溪市召开疫情防控工作第三次新闻发布会，通报全市新型冠状病毒感染的肺炎疫情防控工作新进展。截至2月7日24时，全市新增确诊病例1例，累计报告确诊病例14例，重症4例，无死亡病例，治愈出院2例。现有疑似病例3例。

尚在医学观察的确诊、疑似病例密切接触者178人。

9日

△ 玉溪高新区11家企业复工生产，并主动捐款捐物453万元。

11日

△ 全市全面铺开“云南抗疫情”扫码系统使用。

15日

△ 玉溪市召开疫情防控工作第四次新闻发布会。截至2月14日24时，全市连续9天无新增确诊病例，累计报告确诊病例14例，重症4例，无危重病例和死亡病例，治愈出院3例。全市新增报告疑似病例1例，累计报告疑似病例37例，已排除疑似病例35例，现有疑似病例2例，解除密切接触者660人，尚在医学观察的确诊、疑似病例密切接触者33人。

17日

△ 经过两周的隔离观察，玉溪市首例确诊、治愈的新冠肺炎患者解除医学观察。

△ 市中心血站对无偿献血血液标本进行新冠病毒核酸检测，玉溪市率先在全省采供血机构中实现新冠病毒核酸检测。

19日

△ 澄江撤县设市会议以视频形式召开。市委副书记、市长张德华主持会议并宣读《关于撤销澄江县设立县级澄江市有关干部人事问题的批复》等相关文件。市人大常委会主任李洪云，市政协主席夏立洪，市委常委、市纪委书记、市监委主任孟凡兵出席会议。

△ 玉溪市首批支援湖北的30名护理人员在红塔大酒店举行誓师出征仪式。

3月

1日

△ 玉溪在全省率先实现汽车检验标志电子化首发，系全国首批16个试点城市之一，为云南省唯一试点城市。

5日

△ 玉溪被列为四个省级养老服务业综合改革试点城市之一。

10日

△ 省政协副主席徐彬率调研组到玉溪高新区开展“加快发展我省疫苗产业”专题调研。

13日

△ 红塔区16个建设项目在红塔工业园区集中开工，总投资30.86亿元。此前红塔区已有9个项目开工，涉及投资15.7亿元。

20日

△ 云南省集中组织一批对全省经济发展有示范带动作用的招商引资重点项目进行互联网签约。在玉溪分会场，玉溪市组织3个签约项目，签约总投资为17.83亿元。

25日

△ 玉溪市召开第四次全国经济普查成果新闻发布会。根据修订后的情况显示，2018年全市GDP总量修订为1 800.8亿元。2018年全市9县（市、区）GDP总量均超过百亿元；全市人均GDP为75 554元，按年平均汇率折算达到11 418美元，突破1万美元。

30日

△ 由玉溪市委、市政府主办的七彩云南　抚仙玉溪“相约春天　共筑梦想”2020年聚云端·谋发展投资合作线上推介会在WeLink上举行，吸引了国内外100余位嘉宾和企业家代表“屏对屏”“线连线”相聚“云”端，开启疫情防控期间“云招商”模式。3个项目借助云端平台成功签约。

4月

6日

△ 30名玉溪援鄂医疗队员结束为期14天的隔离平安返玉。市委、市政府举行隆重仪式，欢迎英雄回家，向他们致以崇高的敬意和真诚的问候，献上最美的礼赞。市党政领导出席了欢迎仪式。

7日

△ 经过3年零5个月的奋战，玉楚高速公路峨山段齐云隧道全幅贯通。齐云隧道全长4.53千米，为双向六车道设计，隧道单幅开挖断面面积最大为168平方米。该工程是交通运输部隧道施工安全管控能力提升攻关行动在云南省的唯一试点，在施工中运用了大量的新技术和信息化手段进行控制和管理，不断优化创新隧道施工技术。

△ 中国至老挝铁路玉（溪）磨（憨）段元江双线特大桥顺利跨越154米世界最高墩，正式向世界最大跨度的上承式连续钢桁梁桥249米主跨延伸。元江特大桥是大跨度上承式连续钢桁梁铁路桥，全长832.2米。大桥桥面到江面高差237米，共有4个桥墩，其中主墩3号墩设计高度154米，为世界同类桥梁最高墩。

9日

△ 玉溪智健生物医疗科技有限公司、玉溪美辰医疗用品有限公司分别获得云南省药品监督管理局颁发的中华人民共和国医疗器械注册证，正式获批生产一次性使用医用口罩。2家企业共5条自动化口罩生产线正式投入使用，填补玉溪无一次性使用医用口罩生产企业的空白。

△ 副省长董华到玉溪市调研烟草科技创新、创新型城市建设及工业企业生产经营情况。

11日

△ 中国地震台网正式测定：04时03分在云南玉溪市元江县（北纬23.73度，东经101.93度）发生3.5级地震，震源深度9千米。

17日

△ 16个卫生行业专家科研工作站落户市人民医院，16位医学专家将定期到玉溪坐诊交流。

20日

△ 省科学技术厅发布通知，批准认定2019年云南省院士专家工作站，玉溪市闻邦椿院士工作站、张兴栋院士工作站和程运江专家工作站三个院士专家工作站上榜。

22日

△ 玉溪市保险行业协会消费者权益保护专业委员会成立大会召开。

26日

△ 玉磨铁路重点控制性工程——新平隧道按期贯通。新平隧道全长14 835米，属单洞双线隧道。该隧道从两大断裂带间通过，共穿越7条断层破碎带，围岩极其松散、破碎、富水，溜坍、软岩大变形以及突泥涌水频发，地质条件极为复杂、安全风险极高、施工难度极大，是全线的“咽喉”工程。2016年6月开工建设以来，每向前掘进1米，建设者们都要付出艰辛的努力。

27日

△ 国家发展改革委办公厅会同国家体育总局办公厅、国务院足球改革发展部际联席会议办公室联合下发文件，确定全国社会足球场地设施建设第二批重点推进城市名单，玉溪市成功入选，成为20个入选城市之一。

29日

△ 抚仙湖北岸湿地项目开工仪式在澄江市举行，抚仙湖北岸湿地项目总占地约1.2万亩，东西总长11.8千米，概算总投资19.18亿元。

5月

7日

△ 玉溪市公安局留置勤务支队授牌仪式举行。

14日

△ 省文化和旅游厅公布云南首批省级全域旅游示范区名单，澄江市被认定为云南首批省级全域旅游示范区。

15日

△ 玉溪市与贵州富康集团签订合作协议，共同推进玉溪高新智慧城项目建设。市党政主要领导及富康集团领导等出席仪式并见证签约。

24日

△ 经过铁路建设者4年多的艰苦奋战，位于元江县的一级高风险隧道甘庄隧道顺利贯通。甘庄隧道全长15.25千米，最大埋深860米，穿越8条断层，集岩溶、暗河、有害气体、特殊岩土、粉质黏土等复杂地质于一体，地质条件复杂，施工难度大。

25日

△ 玉楚高速易门朋多隧道右幅顺利贯通。朋多隧道全长710米，为分离式隧道，左线全长360米、右线全长350米，最大埋深52.3米，穿越地层为强－中风化泥质粉砂岩，具有大变形特质。

28日

△ 全长10.9千米双向六车道的弥玉高速公路华宁登楼山隧道破土动工。

6月

1日

△《云南省元江哈尼族彝族傣族自治县自治条例修正案》施行。

△ 5月31日至6月1日，市委副书记、市长张德华率队到北京开展招商引资活动。

8日

△ 红塔区召开工业经济发展暨招商引资大会，会议通过了扶持鼓励61户优秀企业和15名优秀企业家的决定。签订18项投资额139.37亿元的招商引资项目战略合作或投资协议。

10日

△ 玉溪市规划馆正式开馆。

11日

△ 市委召开全市领导干部大会，受省委委派，省委组织部常务副部长李兴华出席会议并宣布省委决定：王力同志任玉溪市委委员、常委、书记。

△ 玉溪市儿童医院与重庆医科大学附属儿童医院签订技术指导合作协议，市儿童医院挂牌为“重庆医科大学附属儿童医院技术指导医院”。

13日

△ 玉溪市“5123XE”教师培养工程启动暨“海上名师讲坛”网络培训开班仪式举行。

17日

△ 下午2点，京东智联云携手中共玉溪市委、市政府共同举办的“陶冶千秋　京心传承”玉溪市华宁陶文化直播活动开播。市长张德华与云南广播电视台主持人合作，通过多渠道平台进行网络直播，12位玉溪本土主播同时进行网络直播。通过线上直播带货的方式，推动华宁陶瓷文化产业加快数字化、网络化发展，线上线下共同助力打响“云南华宁国际陶都”品牌。

18日

△ 以“行业数字化加速时”为主题的华为中国生态之行2020・云南峰会在澄江市抚仙湖畔举行。来自云南省相关部门和企业负责人及国内行业大咖、专家学者等各界人士参会，1 000余人在线同步观看直播。本次峰会由玉溪市政府与华为技术有限公司共同主办，就新基建、数字化转型和升级等热门话题进行了深入讨论。玉溪市委常委、常务副市长李朝伟代表市委、市政府与华为、蓝光发展集团、成都数联铭品科技、广州科泽云天智能科技等9家企业进行招商合作洽谈。全省首个鲲鹏云平台——玉溪华为云计算数据中心鲲鹏云上线。

△ 云南省重点招商引资项目线上签约仪式举行，玉溪市签约4个项目。

△ 17—18日，省委常委、常务副省长宗国英到玉溪市调研。

19日

△ 永金高速新平（戛洒）至（红光）段开工。该路段起于新平县戛洒止于元江县红光，接在建元蔓高速玉溪段的起点，全长64.5千米，估算总投资超过100亿元。

24日

△ 副省长和良辉到玉溪调研抚仙湖保护治理工作。

28日

△ 省委副书记王予波到玉溪市调研市县乡三级党校工作。

△ 玉溪市公安局森林警察支队揭牌仪式举行。在原市森林公安局的基础上组建市公安局森林警察支队，并纳入地方公安序列。各

县(市、区)森林警察大队也相继揭牌。

29日

△ 玉溪军分区党委第一书记任职大会召开，会上宣布省军区党委决定：增补王力为玉溪军分区党委委员、常委、第一书记。

△ 汽车电子标识社会化发行全国首发暨玉溪智慧车牌发行启动仪式在聂耳广场举行，仪式上签发了玉溪首张智慧车牌。公安部、省公安厅相关负责人到玉溪见证了这一历史性时刻。

7月

1日

△ 中老铁路元江双线特大桥合龙。

△ 市人民检察院与市教育体育局联合举行法治副校长聘任仪式，即日起，被聘的7名法治副校长入驻玉溪一中、玉溪师院附中、玉溪市民族中学等7所市直学校。

2日

△ 国家邮政局办公室印发《关于开展“快递进村”试点工作的通知》，玉溪成为市级试点城市之一。

9日

△ 市科技局与玉溪师院举办2020年校企产学研合作洽谈会和签约仪式，30家企业与玉溪师院专家博士团队签订产学研合作协议。

10日

△ 玉溪市省级博士后科研工作站暨第六批升级专家基层科研工作站授牌仪式举行，市政府为云南猫哆哩集团食品有限公司博士后科研工作站、澄江市人民医院缪应雷专家工作站、华宁县文化馆王一君专家工作站、峨山县人民医院程若川专家工作站、云南昆钢耐磨材料科技股份有限公司李祖来专家工作站授牌。

15日

△ 共青团澄江市委团校成立并举行揭牌仪式，为全省首个县级团校。

23日

△ “京彩玉溪　慧链未来”——京喜＆京东冷链玉溪鲜花产业带战略发布会举行。玉溪市与京东集团举行了战略合作签约、基地授牌仪式。

24日

△ 市人民医院举行首名博士研究生毕业典礼，院长暨博士生导师曾勇教授为该院自主培养的首名博士研究生张云桥颁发博士学位证书。

27日

△ 玉溪市就业创业工作领导小组印发《关于促进高校毕业生就业创业的若干措施》，这是玉溪首次针对高校毕业生创业就业的综合性措施。

30日

△ 在全国粮食和物资储备系统“双先”表彰暨经验交流视频会上，玉溪国家粮食储备库被评为全国粮食和物资储备系统先进集体，是全省唯一获此殊荣的粮食企业。

31日

△ 在第十六届中国(云南)野生食用菌交易会招商引资推介暨投资项目签约仪式上，易门县签约14个项目、总投资46.2亿元。

8月

5日

△ 4—5日，朱有勇等中国工程院院士一行到玉溪市调研抚仙湖生态农业发展及“森林抚仙湖”建设等工作。

△ 市委书记王力与华人文化集团董事长兼首席执行官黎瑞刚一行进行座谈并见证相关项目签约。澄江市与华人文化集团签订抚仙湖国际峰会中心项目合作协议。

7日

△ 玉溪市与省建设投资控股集团有限公司签订战略合作框架协议。

△ 10—11日，副省长和良辉到玉溪就滇中引水工程玉溪段施工情况及玉溪市全域现代化水网建设规划情况进行调研。

13日

△ 市委党史研究和地方志编纂办公室召开《玉溪市志(1978—2005)编纂出版总结座谈会。按照国家、省有关部署和市委工作安排，玉溪市于2004年12月全面启动第二轮地方志修编工作。在《玉溪市志》编纂委员会和全市各级各部门的共同努力下，该书于5月由云南人民出版社出版。

19日

△ 18—19日，中国科学院控股有限公司、中国科学院绿色城市产业联盟的50余位专家、企业家到玉溪市，考察交流康养、抚仙湖流域农业发展面源污染治理工程、循环经济产业园、植物工厂、工业互联网及“信创”等项目。市委副书记、市长张德华，中国科学院企业党委副书记、中国科学院控股有限公司副董事长、总经理杨建华，中国科学院绿色城市产业联盟理事长、中科实业集团(控股)有限公司党委书记、董事长张国宏等参加座谈会。市委常委、常务副市长李朝伟主持会议，并代表玉溪市政府与曙光云计算集团有限公司签订深化合作协议，与北京中科润宇环保科技股份有限公司签订战略合作框架协议。

23日

△ 昭通市委副书记、市长郭大进率队到玉溪市考察产业发展、城市规划与建设、特色小镇打造等工作。

27日

△ 26—27日，省人大常委会副主任、省总工会主席王树芬率督察组到玉溪，督察杞麓湖河(湖)长制工作及保护治理、问题整改落实、《云南省杞麓湖保护条例》贯彻实施情况。

△ 省人大常委会常务副主任、省级河(湖)长制副总督察和段琪率督察组到玉溪市，对落实抚仙湖河(湖)长制工作和保护治理情况进行工作督察。

28日

△ 26—28日，滇中经济区五州(市)政协合作机制第十二次会议在玉溪举行。省政协副主席李正阳出席会议并讲话，市委书记王力出席并致辞，市委副书记、市长张德

华出席，市政协主席夏立洪做主旨发言。

△ 玉溪首个生活垃圾焚烧发电项目在红塔区高仓街道龙树社区启动运营，正式开启生活垃圾“减量化、资源化、无害化”处理新模式。该项目总投资5.14亿元，日处理生活垃圾700吨，预计年发电量8 718万千瓦时。

31日

△ 经过历时三年零四个月建设，澄川高速公路正式开通。澄川高速起自澄江市山冲新村，接昆明东南绕城高速公路，止于江川区大寨村。全长46.48千米，设计时速为80千米/小时，双向四车道。

9月

1日

△ 2020云南非公企业百强榜单揭晓，玉溪有11户企业入列。云南玉溪玉昆钢铁集团有限公司以营业收入207.03亿元位居第二，云南玉溪仙湖钢铁（集团）有限公司以132.51亿元位居第三。

△ 元江县政府与中广核新能源投资（深圳）有限公司云南分公司签约元江县风电资源投资开发项目，项目总投资额38.2亿元。

△ 玉溪第五小学、第六小学揭牌，李棋中心小学、冯井中心小学分别加挂相应校牌，纳入城市学校管理。

△ 市政府与省市场监督管理局召开玉溪市质量技术监督综合检测中心整体移交工作会议，玉溪市质量技术监督综合检测中心正式从省级下划到玉溪市进行管理。

3日

△ 2—3日，副省长董华到玉溪市调研科技创新和产业创新工作，并召开专题会议加快推进玉溪国家创新型城市建设。

7日

△ 玉溪市出台《玉溪市加快基础教育改革发展提高教育质量若干措施》，重点从方向、目标任务、方法路径、保障四个方面提出13条改革措施，加快中小学、幼儿园高质量发展，办好人民满意的教育，重塑玉溪教育辉煌。

16日

△ 10—16日，市长张德华率高新区及玉溪市部分工业园区负责人到上海、江苏、浙江三省（市），学习了解高科技企业发展趋势和东部地区园区管理先进经验，开展招商引资活动。15日在杭州期间，玉溪市政府与杭州宗盛智能科技有限公司签署投资合作框架协议。

△ 全省首个区块链产业金融服务平台在玉溪上线。仪式上，玉溪市政府与人民银行昆明中心支行签署战略合作协议。

20日

△ 2020年“全国科普日”云南省主场活动在聂耳文化广场举行。

22日

△ 2020年云南省“10大名品”和绿色食品“10强企业”“20佳创新企业”表彰大会在昆明举行。玉溪市有6个产品、3家企业入选。

23日

△ 玉溪市与中国移动云南公司签订战略合作框架协议，开展云南移动第二数据中心及核心网灾备中心项目合作。

10月

10日

△ 富康城控股集团与法国雅高酒店集团项目签约仪式在富康城控股集团玉溪分公司举行。雅高集团旗下铂尔曼酒店正式落地富康城控股玉溪高新智慧城项目。

11日

△ 市委书记王力与伟光汇通文化旅游投资集团董事长陆学伟一行座谈，双方就相关合作项目达成共识。座谈会后举行了元江县政府文化旅游综合开发项目签约仪式。

12日

△ 五届市委常委会第188次会议召开。会议审议通过《玉溪市全域现代化水网建设规划（2020—2035年）》。

13日

△ 玉溪市人力资源和社会保障局与中国南方人才市场测评中心签订战略合作框架协议，中国南方人才市场测评中心云南运营分中心揭牌。中国南方人才市场测评中心云南运营分中心是该公司在国内设立的第一个地级市运营中心。

20日

△ 全国双拥模范城（县）命名暨双拥模范单位和个人表彰大会在北京举行。玉溪市获“全国双拥模范城”称号，创下全国双拥模范城“五连冠”佳绩。

23日

△ 玉溪市委常委会召开会议，宣布省委相关任职决定。经省委常委会研究决定：江华同志任中共玉溪市委委员、常委、副书记（正厅级）。

△ 22—23日，省政协副主席黄毅率督察组到玉溪市，督察珠江水系（玉溪段）河（湖）长制工作情况。

26日

△ 在第27届中国杨凌农业高新科技成果博览会闭幕式上，云南万家红园艺有限公司申报的樱花新品种“万家红樱”获“后稷特别奖”，“中国红樱”获“后稷奖”。

27日

△ 优铸科技（玉溪）有限公司高端铸造智能工厂产业园项目在研和工业园区开工。该项目总投资4.5亿元，占地面积108亩。

28日

△ 玉溪市招商引资大数据服务中心暨云南省招商引资大数据中心玉溪分中心上线发布会在玉溪举行。该中心是全省第一个州（市）级招商引资大数据服务中心，由线上信息服务平台和线下招商服务中心组成。

29日

△ 世界遗产保护联盟（云南）成立暨世界遗产联展和论坛活动在澄江化石地自然博物馆举行。

31日

△ 聂耳和国歌研究院揭牌暨爱国主义教育基地奠基仪式在玉溪师范学院举行。

11月

4日

△ 2—4日，云南省消防救援总队在通海县组织开展“担当——2020”地震救援跨区域实战演练。省抗震救灾指挥部指挥长、副省长和良辉出席演练活动并讲话。

△ 3—4日，市委副书记、市长张德华率队到江苏考察交流。

5日

△ 省科技厅公布2020年度云南省众创空间认定名单。玉溪市云科高原农业众创空间、云科澄江众创空间上榜。

7日

△ 在第三届中国国际进口博览会期间，云南省交易团玉溪分团举行馆外集中签约仪式，共有9个项目签约，签约总额18.36亿元人民币。

8日

△ 5—8日，市委书记王力、市长张德华率队到上海开展招商洽谈。

10日

△ 澄江市入选第六届全国文明城市。

11日

△ 峨山至石屏至红河高速公路玉溪段、澄江至华宁高速公路试验段正式开工建设。作为全省县域高速公路“互联互通”工程的重点项目，两条高速公路在玉溪境内的项目概算投资超过180亿元。峨石红高速玉溪境内主线全长18.2千米，项目投资47.74亿元，澄华高速全长64.01千米，项目总投资133亿元。

12日

△ 总投资9.53亿元的华宁、峨山、新平、元江县9件小(一)型水库工程集中开工仪式在华宁县龙洞河水库举行，标志着玉溪市“全域现代化水网体系建设规划”正式启动实施。

△ 玉溪市政府与云南省交通投资建设集团签订战略合作框架协议。

13日

△ 市政府、高新区与华氏医药集团分别签订合作框架协议、合作基金协议。

17日

△ 玉溪市政府与中南大学、合和集团、云南省科学技术院举行铁镍锂系列锂电材料项目战略合作框架协议签约仪式，四方将在新能源、新材料领域展开全方位合作。

12月

11日

△ 9—11日，由中国有色金属工业协会锂业分会主办，玉溪高新区承办的中国锂业年会暨锂电材料国际标准及锂资源战略研讨会在澄江市召开。

15日

△ 农业农村部发布《关于递补128家企业为农业产业化国家重点龙头企业的通知》，云南猫哆哩集团食品有限责任公司入选，全省共3家企业入选。

△ 省委常委、省委组织部部长李小三到玉溪市调研。

△ 省卫健委公布2020年省级慢性病综合防控示范区评审结果，峨山、华宁、元江县通过评审，评为“省级慢性病综合防控示范区”，全市实现慢性病综合防控示范区全覆盖。

16日

△ 在玉溪市委书记王力的陪同下，昆明市委副书记、市长王喜良一行考察澄江化石地自然博物馆，双方举行座谈，共商合作事宜，共同推进昆明玉溪同城化发展步伐。昆明市市长王喜良和玉溪市市长张德华代表双方签订合作框架协议。

△ 2020年云南省体育旅游项目招商暨体育产业培训会公布2020年中国体育旅游、体育文化精品项目云南入选情况，以及云南省体育旅游精品项目称号的50家项目单位、云南省体育文化优秀项目的20家项目单位并为项目入选单位授牌。玉溪市6个项目入选国家和省级项目。

17日

△ 工业和信息化部发布《关于公布第四批国家工业遗产名单的通告》，易门铜矿与其他61个项目一同被认定为第四批国家工业遗产。

18日

△ 玉溪市政府与中国电信云南分公司、广东亿方集团、上海壁仞科技公司、长城紫晶公司分别签订战略合作框架协议。

19日

△ 共建玉溪湖泊研究创新中心签约仪式暨湖泊保护治理座谈会在澄江市举行，玉溪湖泊研究创新中心由玉溪市三湖生态环境保护研究与工程管理中心和云南省生态环境科学研究院湖泊中心合作共建。

21日

△ 国内首个mRNA新冠疫苗生产车间在玉溪市高新区疫苗产业园开工建设。

△ 玉溪市农民工工资支付举报投诉中心成立。

24日

△ 玉溪市首批20个“就业扶贫示范村”授牌仪式举行。

25日

△ 市人大常委会召开《玉溪市革命遗址保护条例》颁布施行新闻发布会，是全省首部革命遗址保护的地方性法规，将于2021年1月1日起施行。

28日

△ 国家林业和草原局印发《关于2020年国家湿地公园试点验收结果的通知》，云南玉溪抚仙湖国家湿地公园通过验收。

31日

△ 玉溪市首个全户内变电站项目110千伏李棋输变电工程开工建设。该工程总投资7 097万元，占地面积8.2亩。

市情概览

AN OVERVIEW OF YUXI MUNICIPALITY

责任编校：李海明

主要数据指标2020

基本概况

总 面 积：15 285平方千米

行政区划：辖1市2区6县，共设75个乡（镇、街道）

最高海拔：3 165.9米（哀牢山脉主峰大磨岩山）

最低海拔：327米（小河底河与元江汇合处）

人口

户籍总人口：221.8万人

男性：111.5万人

女性：110.3万人

少数民族人口：77.6万人

GDP

生产总值（GDP）：2 058.1亿元

第一产业增加值：207.3亿元

第二产业增加值：864.3亿元

第三产业增加值：986.6亿元

三次产业结构：10.1∶42.0∶47.9

农业

农林牧渔业增加值：208.8亿元

农业总产值：240.2亿元

粮食总产量：61 204万千克

烤烟总产量：8 253万千克

蔬菜产量：290 163万千克

工业和建筑业

全部工业增加值：736.9亿元

规模以上工业企业主营业务收入：1 774.2亿元

建筑业增加值：127.9亿元

固定资产投资

固定资产投资下降：1.5%
第一产业投资下降：57.4%
第二产业投资下降：21.5%
第三产业投资增长：9.3%

国内贸易和对外经济

社会消费品零售总额：790.3亿元
外贸自营进出口总额：36.4亿美元
引进市外国内资金增长：13.2%
实际使用外资：273万美元

交通与旅游

公路通车总里程：1.7万千米
年末机动车保有量：94.2万辆
接待游客：3 213.8万人次
旅游总收入：266.2亿元

财政收支

一般公共预算收入：134.5亿元
一般公共预算支出：301.6亿元
预算安排“三保”资金：190.9亿元

教育和医疗

普通高校：2所
普通高中：23所
公共图书馆：10个
医疗卫生机构：1 424个

城乡居民收入

城镇居民人均可支配收入：42 125元
农村居民人均可支配收入：16 835元
城镇职工医疗保险参保：30.3万人
城乡居民医疗保险参保：184.5万人

自然环境

【地理位置】 玉溪市位于云南省中部，介于东经101°16′—103°9′、北纬23°19′—24°53′之间。东北和北面接昆明市，东南和南面与红河州相邻，西南和西面连普洱市，西北靠楚雄彝族自治州。市委、市政府驻地红塔区中心城区距云南省省会昆明市88千米。区域最大横距172千米，最大纵距163.5千米。总面积15 285平方千米，其中，红塔区、江川区、澄江市、通海县4个县（区市）是坝区，面积共3 348平方千米，占总面积的21.9%；华宁县、易门县2个县是半山区，面积共2 888平方千米，占总面积的18.9%；峨山县、新平县、元江县3个县是山区，面积共9 053平方千米，占总面积的59.2%。

【地形地貌】 市内地势西北高，东南低，地形复杂。山地、峡谷、高原、盆地交错分布。西部哀牢山是一巨大屏障，山峦连绵，谷壑纵横，属滇西纵谷地带；哀牢山以东是云贵高原西缘，东部和北部有一些较大的断层陷落盆地，南部和西部地表因被河流切割得支离破碎，形成一系列向南弯凸的弧形山脉，失去高原本来面貌。元江河谷沿哀牢山脉东侧的元江断裂带切割较深，从江面到山顶高差达2 000米以上，形成高山峡谷地带。哀牢山脉主峰大磨岩山海拔3 165.9米，为市内最高点。小河底河与元江汇合处海拔327米，是市内最低点。全市除元江河谷外，大部分地区海拔1 500—1 800米。玉溪市政府驻地红塔区中心城区海拔1 630米。

【山地和山脉】 境内主要山峰中，哀牢山脉呈西北向东南走向，斜贯市内新平、元江2县西部。高鲁山位于玉溪盆地西侧，南北走向，主峰黑风洞山海拔2 614米；梁王山从江川区谷堆山转向北东，直抵阳宗海西侧，最高海拔2 820米；磨豆山沿抚仙湖东岸经江川区、华宁县直达杞麓湖北岸，最高海拔2 663米；大水井岩头山位于华宁县中部，自北向南，有红岩（海拔2 281米）、大水井岩头（海拔2 623米）、登楼山（海拔2 507米）、羊槽（海拔2 229米）等山峰；螺峰山位于通海县境内，是云南山字形构造的前弧地带，呈向南凸出的弧形，海拔2 241米。境内还有众多的零散破碎山体，因高山峡谷交错，形成海拔在2 000米以上的数十座孤立山峰。

【江河和湖泊】 市内河流分属珠江和红河两大水系。新平县、易门县、元江县3个县和峨山县的一部分属红河水系，集水面积共9 981平方千米。红塔区和江川区、通海县、华宁县、澄江市及峨山县的一

图1 2020年玉溪市平均气温(上)和气温距平(下)分布

单位：℃

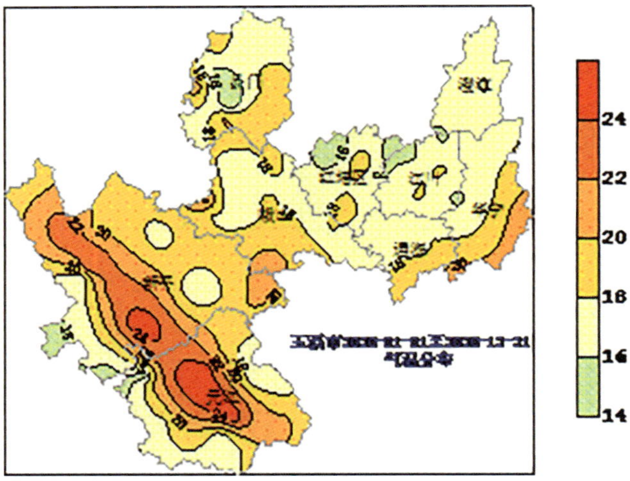

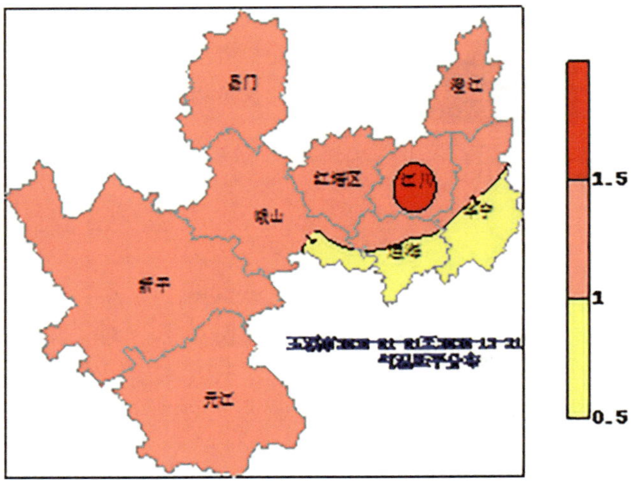

部分属珠江水系，集水面积5 044平方千米。红河的上游元江，源头在区外巍山县与大理市之间的茅草哨，自北向南流，进入新平县，称戛洒江、漠沙江，流入元江县境后称元江，出境入红河县，流入越南后方称红河。元江在市内长度为165千米。其支流绿汁江由北向南流经禄丰、双柏、易门、峨山4个县，在新平县三江口汇入元江，在市内长度为180千米；小河底河发源于峨山县甸中，流经化念称化念河，再沿新平、元江2县与石屏县边界流向东南称撮科河、小河底河，在元江县洼垤乡注入元江干流，在市内全长170千米。珠江上游南盘江的一段，在市内长度为90千米，流经华宁县。其支流曲江，发源于红塔区小石桥，南流入江川区称董炳河，经红塔区南流入峨山县，称猊江(峨山大河)，流入通海县称曲江(高大河)，再流经建水县曲溪镇入华宁县称华溪河，在盘溪镇三江口注入南盘江。曲江全长208千米，集水面积4 103平方千米。

市内有高原断陷湖泊抚仙湖、星云湖、杞麓湖和阳宗海。抚仙湖位于江川区、澄江市、华宁县之间。湖形似葫芦，北宽而深，南窄而浅，中间细长如颈，南北长31.5千米，东西最宽11.5千米，最窄处3千米，湖岸线长90.6千米，湖面水位海拔1 721米，面积212平方千米，容量205.5亿立方米，最大水深151.5米，平均水深87米，是云南省最深的湖泊，也是中国第二深水湖，总蓄水量比滇池大12倍，比洱海大6倍。

【气候概述】 2020年，全市平均降水量720.5毫米，比常年偏少19%，较2019年偏多89.5毫米；平均气温18.3℃，比常年偏高1.1℃，较2019年偏低0.4℃，是1961年以来第3高值年。冬季降水偏多，春、夏、秋季降水较常年不同程度偏少，春末夏初高温干旱严重，盛夏和秋冬高温少雨，气象干旱再度发展。雨季开始期偏晚至特晚，主汛期降水量和强降水天气日数均较常年偏少，暴雨洪涝影响偏轻；后汛期(9—10月)降水偏少，中、东部地区出现秋季连阴雨天气。全年水分条件较差，热量和光照条件较好，年内低温霜冻和暴雨洪涝影响偏轻，干旱影响偏重，水稻抽扬期无夏季低温影响，秋季“阴雨寡照”天气影响略重。本年气候条件对交通、旅游较有利，对森林防火工作略为不利，对湖泊和库塘蓄水及农业生产不利，总体属中等稍偏下气候年景。

气温 2020年，全市各县(市、区)平均气温：元江25.1℃，新平18.5℃，其余各县(区)16.9℃—17.6℃。与常年相比：江川偏高1.7℃，其余县(区)偏高0.8℃—1.2℃。与2019年相比：澄江、元江偏低0.6℃—0.7℃，其余县(区)偏低0.1℃—0.4℃。江川、通海、新平、元江列1961年以来仅次于2019年的次高值年份。全市平均气温18.3℃，比常年偏高1.1℃，较2019年偏低0.4℃，是1961年以来第3高值年(见图1和表1)。

表1 2020年玉溪各县区平均气温

气象要素	红塔区	江川	澄江	通海	华宁	易门	峨山	新平	元江
温度(℃)	17.4	17.6	17.2	16.9	17.1	17.5	17.2	18.5	25.1
比历年(±℃)	+1.1	+1.7	+1.2	+0.9	+0.8	+1.0	+1.0	+1.0	+1.2
比2019年(±℃)	−0.3	−0.4	−0.6	−0.4	−0.3	−0.1	−0.2	−0.3	−0.7

图2　玉溪2020年全市平均气温逐月分布

单位：℃

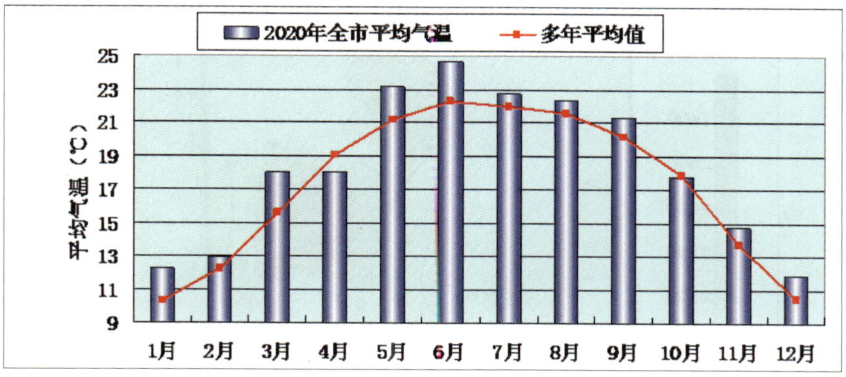

表2　2020年玉溪各县区降水总量

气象要素	红塔区	江川	澄江	通海	华宁	易门	峨山	新平	元江
降水（mm）	777.1	712.6	961.3	789.6	618.4	542.4	659.2	880.4	543.9
比历年（±%）	-14.5	-16.0	+3.8	-12.2	-31.2	-35.7	-28.8	-7.5	-32.4
比2019年（±mm）	+105.8	+112.2	-37.5	+154.3	-35.6	+32.5	+72.2	+233.0	+168.9

气温月、季变化：2020年全市气温季节分布为冬季（2019年12月—2020年2月）和秋季（9—11月）略偏高；春季（3—5月）和夏季（6—8月）偏高。全市各月平均气温与常年同期相比：3月、6月偏高2.4℃，属特高年份；1月、5月、9月、11月和12月偏高1.0℃—1.9℃，属偏高年份；4月偏低1.0℃，属偏低年份；其余各月偏高0.1℃—0.8℃，属正常略高年份（见图2）。

年内暖冬现象依然明显，全市冬季平均气温13.4℃，比常年同期偏高1.3℃，是1961年以来第7高值年；春末夏初持续高温干旱，全市5—6月平均气温23.9℃，较常年同期偏高2.2℃，是1961年以来仅次于2019年（24.3℃）的第2高值年，其中6月平均气温创1961年以来最高纪录。

降水　2020年，全市各县（市、区）降水量：澄江961.3毫米，新平880.4毫米，易门、元江542.4—543.9毫米，其余县（区）618.4—789.6毫米。与常年相比：澄江偏多4%，新平偏少8%，通海、红塔区、江川偏少12%—16%，其余县（区）偏少29%—36%。与2019年相比：华宁、澄江偏少35—38毫米，易门和峨山分别偏多33和72毫米，新平偏多233毫米，其余县（区）偏多106—169毫米。全市平均降水量720.5毫米，比常年偏少19%，较2019年偏多89.5毫米（见图3和表2）。降水月、季分布：2020年全市降水季节分布为：冬季（2019年12月—2020年2月）特多；春季（3—5月）偏少（红塔区、易门特少）；夏季（6—8月）降水分布不均，其中华宁特少，易门、峨山、元江偏少，新平、澄江略多，其余正常略少；秋季（9—11月）偏少至特少。全市各月平均降水量与常年同期相比：1月和2月分别偏多244%和51%，属特多年份；4月偏多32%，属偏多年份；8月偏多9%，属略多年份；5月、11月和12月偏少60%—82%，属特少年份；7月偏少12%，属略少年份；3月、6月、9月和10月偏少22%—44%，属偏少年份。降水

图3　2020年玉溪市降水量（上）和降水距平分率（下）分布

单位：毫米　　　　单位：%

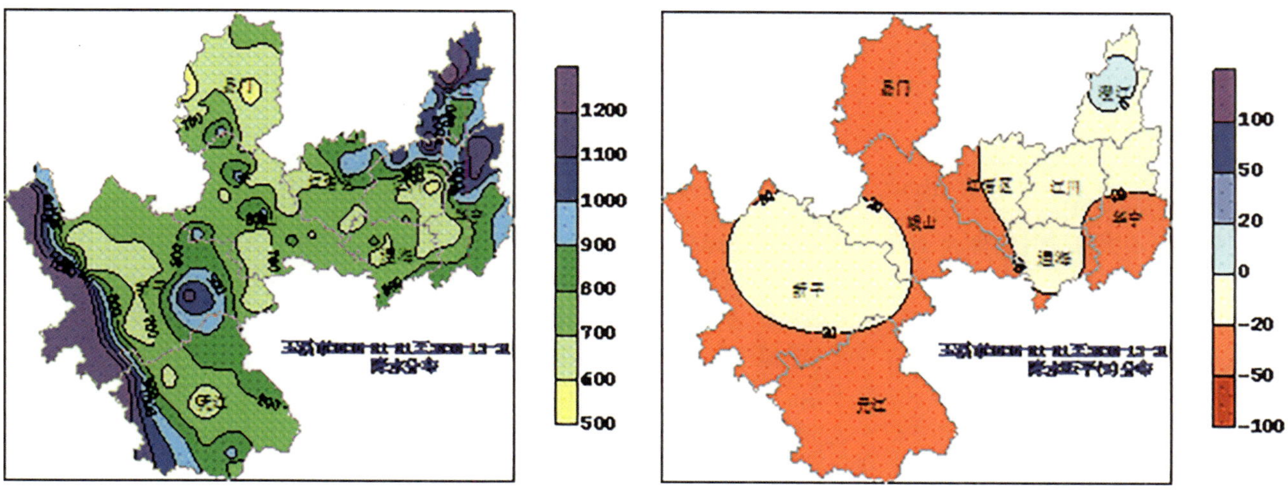

图5　玉溪市2020年日照时数（上）和日照距平百分率（下）分布

单位：小时　　　　单位：%

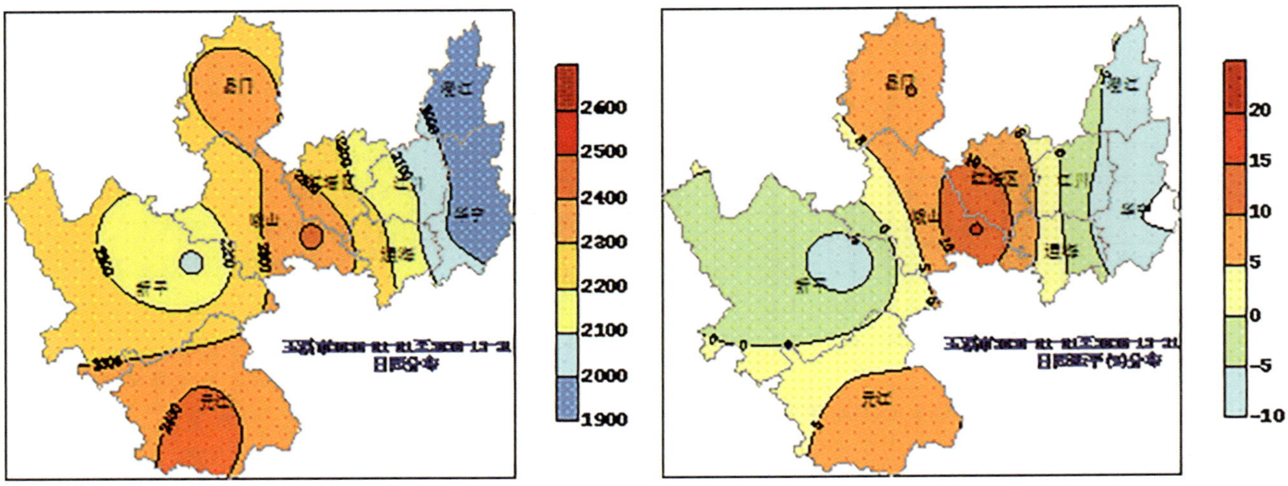

图4　玉溪市2020平均降水量逐月分布

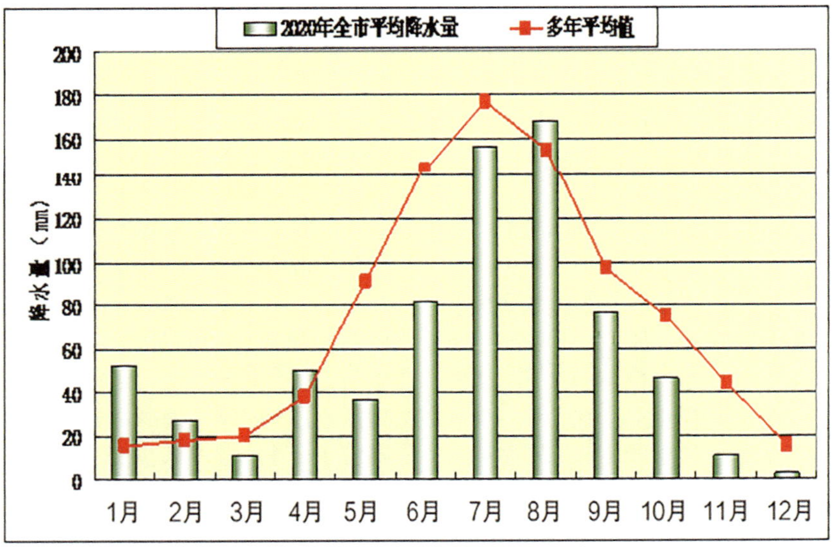

表3　2020年玉溪市各县区日照

气象要素	红塔区	江川	澄江	通海	华宁	易门	峨山	新平	元江
日照（小时）	2 202	2 135	1 939	2 173	1 976	2 354	2 432	2 108	2 428
比历年（±%）	+9	-3	-6	0	-9	+11	+16	-7	+7
比2019年（±小时）	-121	-200	-376	-270	-427	+40	+21	-477	-109

绝对量以5—6月及11月偏少和1月偏多明显（见图4）。

年内1—4月降水总量较常年偏多，气象干旱较常年偏轻，但春末夏初5—6月及盛夏7月中旬—8月上旬持续高温少雨，气象干旱较常年偏重，其中6月下旬大部地区出现重到特旱；2020年全市大部雨季开始期较常年偏晚至特晚，其中红塔区、易门、元江特晚，其余县（区）偏晚，全市平均雨季开始期较常年偏晚16天；主汛期降水总量和强降水天气日数均比常年偏少，无大范围严重洪涝灾害发生，暴雨洪涝较常年偏轻；后汛期（9—10月）降水偏少，9月中旬和10月中旬出现阴雨寡照天气，其中江川、澄江、通海、华宁、峨山5县（区、市）达到秋季连阴雨标准。

日照　2020年，全市各县（市、区）日照时数：澄江、华宁1 939—1 976小时，新平、江川、通海、红塔区2 108—2 202小时，其余县（区）2 354—2 432小时。与常年相比：澄江、新平、华宁偏少6%—9%，通海、江川接近常年，其余县（区）偏多7%—16%。与2019年相比：峨山、易门偏多21—40小时，澄江、华宁、新平偏少376—477小时，其余县（区）偏少109—270小时。全市平均日照时数2 194小时，比常年偏多2%，比2019年偏少213小时（见图5和表3）。

日照时数月、季分布：2020年全市日照时数季节分布为冬季（2019年12月—2020年2月）和春季（3—5月）正常略多；夏季（6—8月）和秋季（9—11月）正常至略少；全市平均日照时数与常年相比，3月、5月、6月和11月偏多1—2成；9月偏少近3成；7月、8月偏少1—2成；其余各月接近常年（±10%以内）。3月大部地区日照偏多，其中红塔区、通海、易门、峨山4站日照时数突破历史同期最多纪录（见图6）。

图6 玉溪市2020平均日照时数逐月分布

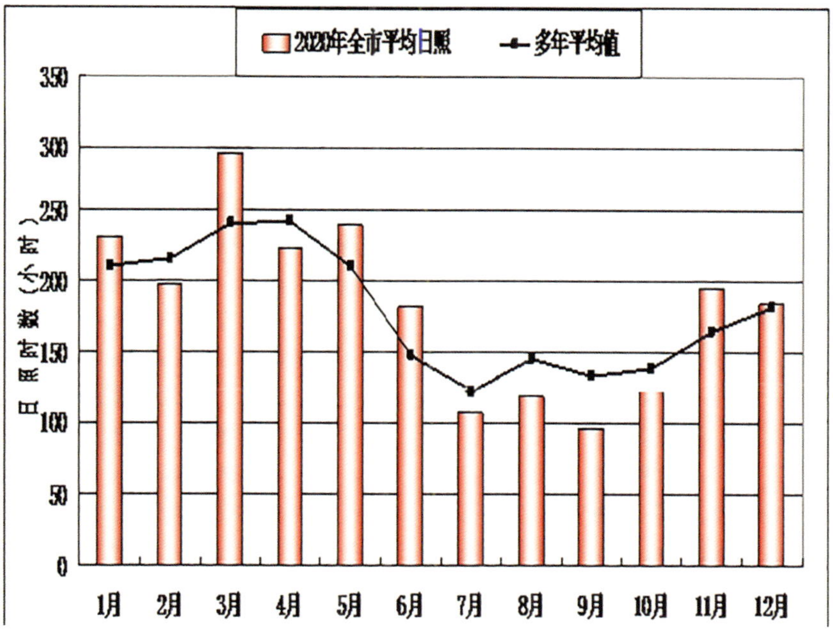

表4 玉溪市各县(区)2020年雨季开始期情况及比较

	红塔区	江川	澄江	通海	华宁	易门	峨山	新平	元江	平均
雨季开始期(日/月)	14/6	29/5	14/6	29/5	29/5	18/6	28/5	28/5	14/6	5/6
比常年(天)	晚21	晚9	晚19	晚13	晚11	晚25	晚10	晚10	晚30	晚16
比去年(天)	早9	晚7	晚22	晚1	早25	早12	早42	早33	早16	早12

主要气候事件及影响

冬季强降温、降雨(雪)：2020年1月25—26日受强冷空气和南支槽影响，全市出现强降温和降雨(雪)天气，日最高气温下降5—8℃，中东部地区出现中到大雨及雨夹雪或降雪，西部地区出现小雨。红塔区因雪灾造成局部农作物受冻、折断、大棚倒塌。冷空气过后天气转晴，夜间辐射降温明显，27日部分地区出现低温霜冻。本次冷空气过程最低气温：易门-1.3℃，峨山、澄江、红塔区、华宁0.1—0.8℃，元江10.4℃，其余县(区)2.4—2.8℃。

春夏严重干旱(5—8月)：2020年全市大部春末夏初(5—6月)降水持续特少，气温异常偏高，全市5—6月平均降水量列1961年以来第3少年份，平均气温列第2高年份，其中红塔区、易门5—6月降水总量创历史同期最少纪录。受雨季开始偏晚、初夏持续高温少雨、盛夏出现阶段性高温少雨等天气影响，5月下旬大部地区出现轻到中旱，6月上旬发展为中到重旱；6月中旬大部地区出现大到暴雨天气，东部地区干旱明显缓解，中部以西地区仍有中旱局部重旱；6月下旬高温少雨，大部地区再度出现重到特旱；7月1—3日受低涡切变及冷空气影响出现全市性大到暴雨天气，气象

图7 玉溪市2020年汛期(5—10月)降水(左)和降水距平百分率(右)分布图

单位：毫米　　　　单位：%

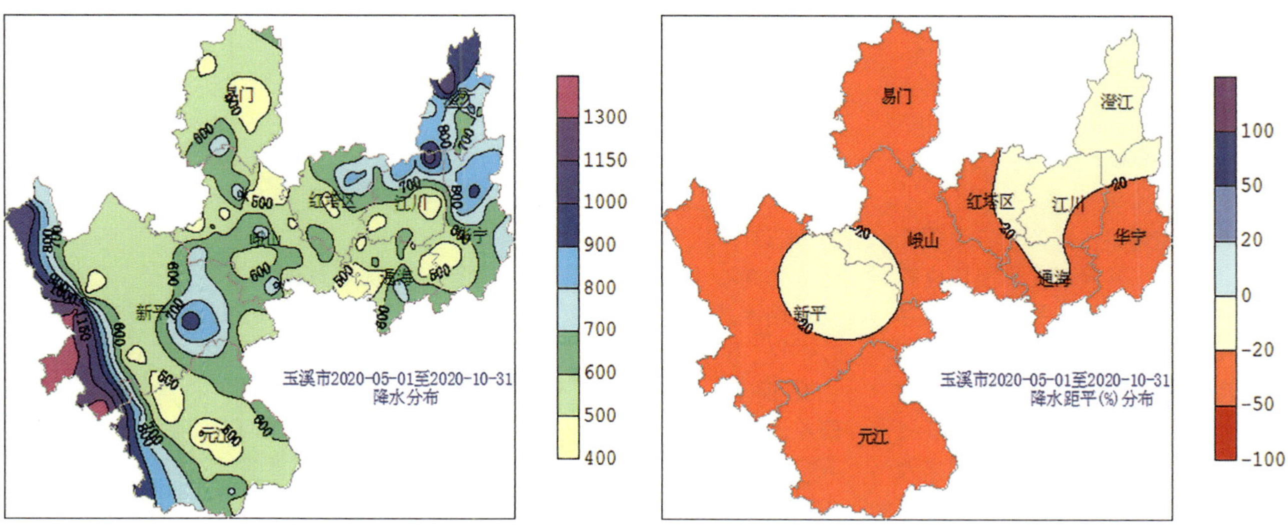

干旱明显缓解；盛夏7月中旬—8月上旬高温少雨，气象干旱再度发展，华宁、易门、通海、峨山及元江再度出现中到重旱局部特旱；8月16—18日出现全市性强降水过程，气象干旱的范围和强度明显减小减弱，除东部华宁还有中到重旱外，其余地区干旱解除或仅有局部轻旱。

雨季开始期偏晚至特晚：2020年5月全市平均降水量36.7毫米，较常年偏少6成，其中新平、元江、易门、红塔区偏少6—8成，其余县（区、市）偏少4—5成。全市大部2020年雨季开始期偏晚至特晚，其中江川、通海、华宁、峨山、新平5县（区）于5月28—29日达到雨季开始期标准，较常年偏晚9—13天；红塔区、澄江、元江、易门于6月14—18日达到雨季开始期标准，较常年偏晚19—30天，全市平均偏晚16天（见表4）。

汛期降水总体偏少，雨季结束期早晚不一：2020年各县（区）汛期（5—10月）降水总量较常年同期不同程度偏少，西部地区偏少明显（见图7）。全市5—10月平均降水量565.3毫米，较常年同期偏少23.6%，为1961年以来第四少年份，西部地区易门、峨山、元江及东部华宁较常年偏少3成以上，其中华宁、易门创历史同期最少纪录。2020年全市各地雨季结束期早晚不一易门、峨山、通海、江川于9月中下旬结束，元江于10月10日结束，华宁于10月24日结束，澄江、红塔区、新平于11月7—8日结束。与常年相比：元江接近常年，通海、江川、峨山、易门偏早18—28天，其余县（区）偏晚13—25天。

秋季连阴雨（9—10月）：受弱冷空气、副高外围偏南气流等系统影响，全市大部9—10月出现阴雨寡照天气，阴雨寡照主要出现在9月中旬和10月中旬，其中江川、澄江、通海、华宁、峨山、新平6县（区、市）出现7天及以上的秋季连阴雨天气过程。

秋冬干旱（9—12月）：9月以来全市大部降水持续偏少，其中11月偏少达6—9成，12月偏少8—9成，受降水偏少影响，9—10月出现局部气象干旱，11月干旱快速发展蔓延，11月下旬至12月大部地区出现中旱局部重旱。

气候对农、水、林以及交通、旅游的影响

2020年，全市水分条件较差，热量和光照条件较好。年内低温霜冻和暴雨洪涝影响偏轻，干旱影响偏重，水稻抽扬期无夏季低温影响，秋季“阴雨寡照”天气影响略重。

2020年小春作物种植期，全市气温偏高，降水偏多，光照充足，低温霜冻和气象干旱影响不明显，气象条件较有利于小春作物的生长；2020年全市大部5月降水特少，雨季开始期偏晚至特晚，春末夏初干旱严重，对无水源保障或灌溉条件较差地区的水稻、玉米等秋收作物的顺利播种、移栽、出苗及成活产生了较大影响，作物受灾严重；主汛期和后汛期降水不同程度偏少（西部地区尤为明显），暴雨洪涝影响偏轻，9—10月阴雨寡照天气突出，大春作物生育期气候适宜度总体为略差至偏差年景。综上所述，2020年，全市气候条件对农业生产而言属略差至偏差年景。

2020年，全市平均降水量720.5毫米，较常年偏少19%，其中峨山、华宁、元江、易门偏少达3成左右。年内干旱较常年偏重，主汛期和后汛期降水持续偏少，对夏、秋季蓄水不利。据玉溪市水利局统计，2020年全市库塘蓄水仅为4.023亿立方米，占蓄水计划的74.5%，比去年同期多0.803 3亿立方米，比正常年景保障全市安全用水的5亿立方米蓄水底线少0.977亿立方米（偏少19.54%）。总体而言，2020年蓄水条件为偏差。

2020年1—4月，全市大部降水总量120毫米以上，比常年同期偏多4—9成，冬春气候条件对森林防火有利；春末夏初5—6月高温少雨，雨季开始期偏晚至特晚，干旱严重，森林防火气象风险等级偏高，气候条件对森林防火工作不利；2020年秋冬降水持续偏少，其中9—10月阴雨寡照天气突出，11—12月高温少雨，森林防火气象条件中等略差。年内气候条件对森林防火总体为中等略差。

2020年，全市冬季无明显冰冻雨雪灾害影响交通；春季高温少雨，有利于旅游；汛期大面积洪涝灾害不明显，除局地强降水造成部分道路堵塞、塌方外，基本未出现严重影响交通、旅游的天气、气候事件；年内“春节”“五一”“中秋”“国庆”等重大节假日天气较好，对交通旅游有利。2020年气候条件对交通、旅游总体较有利。（艾永智）

自然资源

【森林资源】2020年末，全市有森林面积95.88万公顷，有林地面积110.18万公顷，森林覆盖率64.06%；森林蓄积量6 187万立方米；乔木林单位面积蓄积量80立方米/公顷。全市已建立各级自然保护地27个，其中自然保护区15个，面积164.45万亩，占国土总面积的7.32%。市境内有国家级重点保护野生植物31种，其中：国家一级保护野生植物5种，国家二级重点保护野生植物36种；有陆生野生动物资源735种，其中国家重点保护陆生野生动物87种：一级保护陆生野生动物14种，二级保护陆生野生动物73种。

【湿地资源】2020年末，全市湿地总面积64.6万亩，列全省第四位，占全市面积的2.88%。其中河流湿地12.4万亩，占湿地总面积的19.21%；湖泊湿地45.1万亩，占湿地总面积的69.79%；沼泽湿地0.08万亩，占湿地总面积的0.12%；

人工湿地7万亩，占湿地总面积的10.88%。（市林业和草原局供稿）

【水资源】 水资源总量 全市多年平均降雨量993.8毫米，折合水量148.53亿立方米；多年平均水资源总量42.64亿立方米（含地下水16.81亿立方米），平均每平方千米产水量28.56万立方米，2019年全市水资源量19.07亿立方米，人均水资源量802立方米。降水量时空分布不均，一年内干、湿两季分明，降水多集中在夏、秋季而形成雨季，雨季地表径流量占全年径流量的70%—80%，元江流域的新平、元江两县的水资源较多，而珠江流域的红塔区、通海、江川、澄江水资源较少。

水利工程蓄水动态 2020年末，全市已累计建成水库工程608座，其中：中型16座，小（一）型102座，小（二）型490座，总库容7.66亿立方米；小坝塘2 070座；窖池317 085处。全市各类水利工程实蓄水量3.22亿立方米，比上年同期减少2.28亿立方米，减少41.4%，完成计划蓄水量的61.9%，其中，中型水库年末蓄水量1.56亿立方米，较上年同期减少1.10亿立方米；小（一）型水库年末蓄水量1.04亿立方米，较上年同期减少0.64亿立方米；小（二）型水库年末蓄水量0.44亿立方米，较上年同期减少0.38亿立方米；小坝塘年末蓄水量0.18亿立方米，较上年同期减少0.14亿立方米。

“三湖”蓄水动态 2020年末，境内3个高原湖泊（抚仙湖、星云湖、杞麓湖）年末总容水量205.01亿立方米，比上年同期少蓄0.06亿立方米，其中，抚仙湖比上年同期少蓄0.19亿立方米；星云湖比上年同期多蓄0.13亿立方米；杞麓湖比上年同期多蓄0.01亿立方米。

供用水量 2020年，全市地表水源供水量中，蓄水工程供水量5.11亿立方米，占地表水源供水量的64.6%；引水工程供水量1.48亿立方米，占地表水源供水量的18.7%；提水工程供水量1.28亿立方米，占地表水源供水量的16.2%，其他（人工载运水量）供水量0.04亿立方米，占地表水源供水量的0.5%。

地表水水资源分布状况 主要河流有元江、南盘江两大水系，径流面积14 945.4平方千米，其中元江流域径流面积9 524平方千米，珠江流域径流面积5 421.4平方千米。多年平均水资源量42.64亿立方米，其中，元江流域多年平均水资源量32.82亿立方米，珠江流域10.38亿立方米。玉溪出境断面以上元江控制径流面积23 125平方千米，多年平均年径流量58.75亿立方米。玉溪境内全长165千米，主要支流有绿汁江、清水河、小河底河、扒河等80多条，全长360千米。玉溪出境断面以上南盘江控制径流面积14 000平方千米，多年平均年径流量31.57亿立方米。主要支流有曲江、海口河、青龙河等17条主要河流，全长292千米。主要湖泊有抚仙湖、星云湖、杞麓湖。抚仙湖位于江川区、澄江市和华宁县三县区之间，径流区面积674.69平方千米，当湖面高程为1 723.35米时，水域面积约216.6平方千米，湖长约31.4千米，湖最宽处约11.8千米，湖岸线总长约100.8千米；最大水深158.9米，平均水深95.2米，相应湖容水量约206.18亿立方米，其蓄水量占云南省九大高原湖泊蓄水总量的68.3%，占全国淡水湖泊蓄水总量的9.16%。星云湖位于江川区内，湖面积34.7平方千米，水深4至10米，最大水深10米，平均水深6米，湖容量2.02亿立方米，多年平均入湖量8 191万立方米。杞麓湖位于通海县境内，湖面积37.3平方千米，最大水深6.79米，平均水深4米，湖容量1.82亿立方米，多年平均入湖量8 710万立方米。河流湖泊的水质，除曲江流经红塔区、峨山段和星云湖、杞麓湖已被污染外，其他河流湖泊的水质基本上达标。

地下水资源分布状况 珠江流域各县岩溶地区地下水出露形成泉水较多，珠江流域的红塔区、江川、通海、华宁、澄江等五县以及峨山的珠江流域部分，出露流量在0.01立方米每秒以上的就有150处，其中华宁县最多，有53处。较大的泉水有红塔区的九龙池、华宁县的王马大龙潭、盘溪大寨大龙潭、澄江市的西龙潭、峨山县的大龙潭以及易门县的大龙泉等。元江流域各县的泉水则较少，但由于河床切割较深，降水渗入到地下的水量绝大部分又汇入河道，特别是哀牢山地区，地下水的动储量较为丰富。地下水较为丰富的县为新平、元江县，较少的为通海县。地下水无大的污染现象。几个大的泉水如澄江市的西龙潭、华宁县的盘溪大龙潭、王马大龙潭、易门县的大龙泉水质都很好。

入出境水量 主要过境河流有元江、南盘江、小河底河，年内从邻近地区（含南盘江干流）入境的水量为25.44亿立方米，流出本市的出境水量为42.01亿立方米，其中，南盘江流域入境水量14.04亿立方米，出境水量19.08亿立方米；元江流域入境水量11.4亿立方米，出境水量22.93亿立方米。

各县（市、区）水资源分布情况 红塔区：多年平均水资源总量即地表水2.38亿立方米（含地下水0.85亿立方米），水资源量1.53亿立方米（含地下水0.77亿立方米），人均占有量297立方米。主要河流有州大河、红旗河、西河、密罗河、龙潭河、清水河、甸苴河、干沟河等。主要水库有东风水库、飞井海水库、红旗水库等，东风水库总库容为9 060万立方米，是红塔区生产、生活的主要水源。较大的泉水有九龙池、黑龙潭、白龙潭等。其中九龙池的多年平均出流量为1.13立方米/秒。

江川区：多年平均水资源总量即地表水0.98亿立方米（含地下水0.74亿立方米）。水资源量0.67亿立方米（含地下水0.33亿立方米），人均占有量232立方米。境内有星云湖，与澄江、华宁共有抚仙湖，有季节性河流16条。中型水库有茶尔山水库。

澄江市：多年平均水资源总量即地表水1.45亿立方米(含地下水0.72亿立方米)。水资源量1.03亿立方米(含地下水0.51亿立方米)，人均占有量596立方米。境内河流短小，以湖泊为主。湖泊有抚仙湖、阳宗海。海口河为抚仙湖至南盘江的唯一天然出口，年平均出流量0.95亿立方米。重要水库有梁王河、东大河两座中型水库。地下水比较丰富，其中西龙潭年出流量为3 500.5万立方米，最大出水量2.82立方米/秒，最小出流量0.49立方米/秒，是县城凤麓镇和龙街镇的生产、生活用水水源。

通海县：多年平均水资源总量即地表水0.97亿立方米(含地下水0.41亿立方米)。水资源量0.62亿立方米(含地下水0.31亿立方米)，人均占有量198立方米。杞麓湖是县内的主要湖泊，沿湖有中河、碧溪、大兴河等10多条季节性河流汇入。境内最大的河流为曲江。曲江常受上游东风水库蓄泄水量的影响，多年平均流量16.0立方米/秒。

华宁县：多年平均水资源总量即地表水3.36亿立方米(含地下水1.10亿立方米)。水资源量2.17亿立方米(含地下水1.08亿立方米)，人均占有量976立方米。与澄江、江川共有抚仙湖，主要河流有5条，分别为南盘江、曲江、华溪河、青龙河、龙洞河、小红河。泉水有盘溪大龙潭泉水，最大出流量为5.2立方米/秒。

易门县：多年平均水资源总量即地表水2.33亿立方米(含地下水0.81亿立方米)。水资源量1.28亿立方米(含地下水0.53亿立方米)，人均占有量707立方米。主要河流有绿汁江及其支流扒河。扒河集水面积1 531平方千米，年平均产水3.15亿立方米。绿汁江县内集水面积560.6平方千米，年平均流量28立方米/秒，多年平均产水1.15亿立方米。扒河阿姑水文站断面年平均流量2.07立方米/秒，最大流量37.9立方米/秒，最小流量0.237立方米/秒，重要水库有岔河，大谷厂、苗茂等3座中型水库。

峨山县：多年平均水资源总量即地表水3.79亿立方米(含地下水1.35亿立方米)。水资源量1.88亿立方米(含地下水0.83亿立方米)，人均占有量1 108立方米。县内有大小河流24条，分属红河、珠江水系，属珠江水系的有猊江(上游为州大河)，属红河水系的有化念河、绿汁江。峨山大河峨山水文站控制断面平均流量6.13立方米/秒，最大流量69.6立方米/秒，最小流量0.56立方米/秒。绿汁江多年平均径流量0.64亿立方米；绿汁江江边水文站断面平均流量10.2立方米/秒，最大流量172立方米/秒，最小流量0.66立方米/秒，化念河多年平均径流量9 701亿立方米。全县蓄水工程平水年可供水量4 261万立方米，重要水库有化念水库，总库容1 836万立方米。

新平县：多年平均水资源总量即地表水17.67亿立方米(含地下水7.23亿立方米)。水资源量5.01亿立方米(含地下水2.04亿立方米)，人均占有量1 717立方米。主要河流有戛洒江(元江上游)和平甸河。戛洒江最大流量319立方米/秒，最小流量3.88立方米/秒；平甸河大开门水文站控制断面平均流量1.54立方米/秒，最大流量87.2立方米/秒，最小流量0.18立方米/秒。全县蓄水工程总库容14 410万立方米。中型水库有黄草坝、平甸河2座，总库容5 620万立方米。

元江县：多年平均水资源总量即地表水9.70亿立方米(含地下水3.60亿立方米)。水资源量4.88亿立方米(含地下水2.09亿立方米)，人均占有量2 174立方米。元江干流元江水文站控制断面平均流量55.6立方米/秒，最大流量427立方米/秒，最小流量10.4立方米/秒。清水河最大流量390立方米/秒，最小流量0.49立方米/秒；小河底河最大流量1 400立方米/秒，最小流量1.67立方米/秒；主要河流有元江(红河)及其支流清水河、小河底河、磨房河等27条。主要中型水库有章巴水库、磨房河水库、街子河水库等。其中街子河水库总库容1 292万立方米，是元江县城集中式饮用水水源地。（市水利局供稿）

建制区划

【历史沿革】玉溪市辖地，两汉分属益州、牂牁两郡。蜀汉分属益州、牂牁、兴古三郡。东晋、南朝分属晋宁、建宁、梁水、兴古四郡。隋属昆州。唐初分属黎、钩二州。唐南诏时分属拓东节度、通海都督、银生节度。宋大理时分为37部及善阐府、银生节度地。元设云南行省时，分属澄江路、临安路、元江路、中庆路。明时，澄江路改澄江府，通海、华宁、峨山县属临安府，新设新平县隶临安府，易门县属云南府，元江县设元江军民府。清时，新平县属元江直隶州，其余沿明制。民国废府、州，设道，属滇中道、蒙自道、普洱道，后撤道，县直属省。民国后期曾在新平县设第六行政督察专员公署。

新中国成立后，1950年1月1日成立滇中专员公署，3月改称玉溪专员公署，辖玉溪、昆阳、晋宁、呈贡、澄江、江川、华宁、通海、河西、峨山、易门、新平12个县。1951年，峨山县改为峨山彝族自治区。1954年，原属蒙自专区的元江县划属玉溪专区。1956年，峨山彝族自治区改为自治县。1960年，晋宁县(包括昆阳、呈贡)划属昆明市。1970年12月，新平县改设新平彝族傣族自治县，元江县改设元江哈尼族彝族傣族自治县。1983年8月，玉溪县改设玉溪市(县级)。1997年12月13日，经国务院批准，撤销玉溪地区，设立地级玉溪市，原县级玉溪市改设红塔区，1998年

6月28日，新设立的市级领导机关挂牌工作。玉溪市下辖红塔区、江川县、澄江县、通海县、华宁县、易门县、峨山彝族自治县、新平彝族傣族自治县、元江哈尼族彝族傣族自治县。2015年12月3日，经国务院批准，撤销江川县，设立江川区。2019年11月20日，经国务院批准，民政部批复同意撤销澄江县，设立县级澄江市。

【行政区划】 2020年，全市下辖1市2区6县，共设75个乡(镇、街道)，其中，街道24个，镇25个，乡26个(其中10个民族乡)，其中，社区284个，行政村429个。红塔区辖9个街道，2个乡，95个社区，10个行政村。江川区辖1个街道，4个镇，1个乡，1个民族乡，23个社区，53个行政村。澄江市辖2个街道，4个镇，25个社区，15个行政村。通海县辖2个街道，4个镇，3个民族乡，27个社区，49个行政村。华宁县辖1个街道，3个镇，1个民族乡，23个社区，54个行政村。易门县辖2个街道，1个镇，1个乡，3个民族乡，19个社区，39个行政村。峨山县辖2个街道，3个镇，3个乡，21个社区，55个行政村。新平县辖2个街道，4镇，6个乡，27个社区，97个行政村。元江县辖3个街道，2个镇，5个乡，24个社区，57个行政村。

人口与民族

【人口】 常住人口。2020年末，全市常住人口224.9万人。年末全市城镇化水平达52.98%，比上年提高1.1个百分点；人口自然增长率为5.8‰，比上年下降0.3个千分点。户籍人口。2020年末，户籍总人口221.8万人(不含阳宗镇)，其中，男性111.5万人，占总人口的比重为50.3%；女性110.3万人，占总人口的比重为49.7%。年末总户数806 924户，其中，城镇390 318户，乡村416 606户；户均2.8人。

【民族】 2020年，全市共有少数民族77.6万人，占总人口34.9%。其中，彝族47.4万人，占少数民族人口61.1%；哈尼族13.5万人，占少数民族人口17.4%；傣族7.8万人，占少数民族人口10.1%；回族4.5万人，占少数民族人口5.8%；其他少数民族4.4万人，占少数民族人口5.7%。 (市统计局供稿)

国民经济与社会发展

【生产总值】 2020年，全市完成现价生产总值(GDP)2 058.1亿元，按可比价格计算增长2.1%。分产业看，第一产业增加值207.3亿元，增长5.8%；第二产业增加值864.3亿元，下降0.6%；第三产业增加值986.6亿元，增长4.4%。三次产业结构由上年的9.3∶43.7∶47.0调整为10.1∶42.0∶47.9，一、二、三产业分别拉动GDP增长0.5、下降0.3、增长1.9个百分点，对经济增长的贡献率分别为23.4%、-14.8%、91.4%。非公经济实现增加值957.9亿元，增长0.8%，占全市生产总值比重为46.5%，比2019年下降0.5个百分点，拉动全市经济增长0.4个百分点，对全市经济增长的贡献率为18.5%。分产业看，第一产业非公经济增加值拉动全市经济增长0.1个百分点；第二产业非公经济增加值拉动全市经济下降0.4个百分点；第三产业非公经济增加值拉动全市经济增长0.7个百分点。

【财政收支】 2020年，全市一般公共财政预算收入134.5亿元，增长1.0%，其中：增值税完成46.3亿元，下降9.3%；企业所得税完成6.5亿元，增长13.2%；个人所得税完成1.1亿元，增长21.1%；城市维护建设税完成18.9亿元，增长0.1%。各县(市、区)一般公共财政预算收入完成情况：红塔区18.7亿元，增长3.4%；江川区5.7亿元，增长5.7%；澄江市8.0亿元，下降13.7%；通海县4.1亿元，增长4.3%；华宁县3.3亿元，增长3.7%；易门县7.3亿元，增长6.1%；峨山县3.9亿元，增长3.3%；新平县12.9亿元，下降1.0%；元江县3.9亿元，下降14.6%。全市一般公共预算支出301.6亿元，增长3.0%，其中：教育支出49.9亿元，增长2.3%；社会保障和就业支出36.9亿元，下降0.2%；卫生健康支出32.8亿元，增长12.5%。全年预算安排“三保”资金190.9亿元，其中：保工资120.2亿元、保运转36.5亿元、保基本民生34.2亿元。助力脱贫攻坚圆满收官，市级安排专项扶贫资金1.8亿元，各级投入财政专项扶贫资金3.8亿元，用于农业基础设施、产业发展、饮水安全、人居环境整治等直接与群众利益相关的项目建设。

【市场物价】 2020年，全市居民消费价格比上年上涨3.5%。分类别看，居民消费八大类商品及服务价格呈现“五涨三降”的运行态势：食品烟酒类价格上涨11.8%，其中粮食类价格上涨1.2%，畜肉类价格上涨50.6%，鲜菜类价格上涨4.0%，鲜瓜果类价格下降11.2%；衣着类价格下降1.6%；居住类价格上涨1.7%；生活用品及服务类价格下降0.4%；交通和通信类价格下降4.0%；教育文化和娱乐类价格上涨0.2%；医疗保健类价格上涨0.8%；其他用品和服务类价格上涨2.6%。全市商品零售价格上涨1.6%；农业生产资料价格上涨1.5%；工业生产者出厂价格下降3.8%；购进价格下降3.1%。

【农业】 2020年，全市实现农林牧渔业现价总产值343.5亿元，按可比价格计算增长5.8%；农林牧渔业现价增加值208.8亿元，增长5.8%，比上年提高0.2个百分点。从构成看：农业现价总产值240.2亿元，增长13.3%；林业现价总产值10.2亿元，增长8.7%；牧业现价总产值82.0亿元，增长22.7%；渔业现价总产值2.7亿元，下降3.4%；农林牧渔业服务业8.4亿元，增长8.0%。农业对农林牧渔业总产值的贡献率达63.1%，拉动农林牧渔业总产值增长9.5个百分点。全市粮食产量61 204万公斤，增长1.4%；烤烟产量8 253万公斤，增长1.1%；油料产量3 271万公斤，下降20.8%；园林水果产量104 985万公斤，增长8.0%；甘蔗产量59 390万公斤，下降5.8%；蔬菜产量290 163万公斤，增长4.0%；核桃产量1 670万公斤，增长11.9%。

【工业】 2020年，全市完成全部工业增加值736.9亿元、按可比价格计算下降0.3%。2020年末，全市规模以上工业企业448户，主营业务收入1 774.2亿元，下降2.1%，增加值下降0.3%。分轻重工业看：轻工业增加值增长0.8%，其中烟草制品业增速同比持平；重工业增加值下降2.5%，其中黑色金属矿采选业下降4.0%，黑色金属冶炼及压延加工业增长9.2%，有色金属矿采选业下降5.1%，有色金属冶炼及压延加工业下降3.1%。主要工业产品中产量增幅最高的是纸制品增长37.4%，其次是黄磷增长34.1%，其余依次是磷酸增长29.3%、钢材增长15.9%、磷矿石增长11.9%。

【建筑业】 2020年，全市建筑业完成增加值127.9亿元，按可比价格计算下降2.8%。全市联网直报资质以上建筑施工企业261户，资质建筑企业期末人数107 216人，其中工程技术人员12 692人，比重为11.8%。资质以上建筑企业房屋施工面积114.9万平方米，下降14.1%；房屋竣工面积44.7万平方米，下降23.1%。

【固定资产投资】 2020年，全市固定资产投资下降1.5%，其中第一产业投资下降57.4%，第二产业投资下降21.5%，第三产业投资增长9.3%。从主要行业看：工业投资下降21.5%，交通运输、仓储和邮政业投资增长2.5%，房地产业投资增长4.5%。

【国内贸易和对外经济】 2020年，全市实现社会消费品零售总额790.3亿元，下降2.9%。从销售单位所在地看：城镇市场实现消费品零售额663.3亿元，下降3.0%；乡村市场实现消费品零售额127.0亿元，下降2.5%。从消费形态看：商品零售实现656.2亿元，下降2.9%；餐饮收入实现134.1亿元，下降3.1%。全市完成外贸自营进出口总额363 540万美元，增长18.1%，其中：出口346 479万美元，增长15.0%；进口17 061万美元，增长160.8%。从企业情况看：218户私营企业完成出口345 611万美元，增长15.2%；3户外商投资企业完成出口868万美元，下降42.1%。新批准设立外商投资企业8户，合同外资金额950.4万美元；增资1户，合同外资148.5万美元；股权变更1户，合同外资76.3万美元。全市共实施市外国内资金项目476个，增长91.9%，引进市外国内资金增长13.2%，其中引进省外资金增长7.5%。实施项目合同总投资增长32.5%，到位资金增长10.1%，实际使用外资273万美元，下降72.9%。

【交通运输、邮电业】 2020年，全市交通运输、仓储和邮政业实现增加值122.3亿元，增长7.0%。全市公路通车总里程达到17 426.8公里，其中高速公路552公里（含省公投管养里程）、一级公路117.6公里，高级、次高级路面占全市公路总里程的72.5%。全市拥有机动车94.2万辆，其中：汽车49.8万辆，汽车中载客汽车40.0万辆（轿车22.5万辆），载货汽车9.5万辆，其他汽车2 755辆；摩托车43.8万辆；挂车6 346辆。全市机动车驾驶员96.5万人，其中汽车驾驶员79.0万人。全市电信业务总量233.5万元，增长30.0%，互联网用户251.3万户，比上年增加4.5万户，增长1.8%，其中宽带网用户64.9万户，比上年增加7.7万户，增长13.5%，全市固定电话用户9.0万户，移动电话用户222.8万户。

【金融和保险业】 2020年，全市金融业实现增加值75.4亿元，增长3.6%。年末金融机构人民币各项存款余额2 010.9亿元，比上年增加54.1亿元，增长2.8%，其中住户存款余额1 053.9亿元，增长9.1%。全市金融机构人民币各项贷款余额1 512.6亿元，增加172.0亿元，增长12.8%。存贷比75.2%，比上年提高6.7个百分点。全市共有产险公司15家、寿险公司11家，代理公司17家。全市实现保费收入51.4亿元，增长7.3%，其中：财产险原保险保费收入19.2亿元，增长0.8%；人身险原保险保费收入32.2亿元，增长11.5%（产险公司原保险保费收入23.1亿元，增长14.1%，寿险公司原保险保费收入28.3亿元，增长2.3%）。全市赔款支出18.1亿元，赔付（给付）率为35.2%（简单赔付率）。其中：财产险业务支付赔款9.5亿元，综合赔付率59.6%；人寿险业务给付赔款8.6亿元，满期给付率35.7%。

【教育体育和科学技术】 2020年，全市共有各级各类学校1 128所，共有教职工32 169人，专任教师26 760人。全市有高等院校2所，招生7 373人，增长9.3%；在校学生21 326人，增长11.0%；毕业生4 953人，增长18.0%。普通中专学校3所，招生2 302人，下降22.7%；在校学生6 794人，下降11.5%；毕业生2 084人，下降25.8%。职业高中10所，招生3 380人，下降29.6%；在校学生12 662人，下降16.4%；毕业生5 473人，增长7.9%。普通高中23所，招生15 130人，增长11.7%；在校学生40 761人，增长3.8%；毕业生12 481人，增长3.2%。初中84所，招生22 598人，下降2.3%；

在校学生69 837人，下降5.4%；毕业生26 379人，下降2.2%。普通小学506所，招生24 425人，下降1.5%；在校学生142 944人，增长0.2%；毕业生23 517人，下降1.9%。学前三年毛入园率94.05%，小学学龄儿童入学率达99.97%，幼儿园在园幼儿7.2万人。全市共投入“三免一补”资金25 965万元，春季学期48 805名、秋季学期49 417名贫困学生享受义务教育家庭经济困难学生生活补助。补助对象为寄宿建档立卡等四类家庭经济困难学生，小学生补助标准1 000元/生/年，初中生补助标准1 250元/生/年，非寄宿建档立卡等四类家庭经济困难学生，小学补助标准500元/生/年，初中625元/生/年。中职（含中专、职高）与普通高中招生比例达0.47∶1.0。投入220万元启动皮划艇训练比赛场地建设，组建19个项目运动队开展备战训练，创建市级青少年体育后备人才基地9个，创建市级体育传统特色学校160所，体教融合工作得到进一步推进。2个赛事获评“2019一带一路·七彩云南”抚仙湖国际半程马拉松金牌赛事。在云南省全民健身日系列线上民族健身操和广场舞比赛中，荣获第1名的好成绩；参加云南省社会体育指导员交流展示大会的少数民族健身操（舞）类自选套路项目比赛获得第1名；第九届健身气功交流比赛（站点联赛），获得3项集体赛2等奖。全市实施国家和省各类科技计划项目128项。获国家、省奖励的科技成果项目5项，其中：特等奖1项，一等奖1项、二等奖2项、三等奖1项。争取各项科技经费5 267.2万元，市级科技项目投入80.0万元。拥有高新技术企业136户，增加38户，增长38.8%；拥有国家、省级科技型中小企业789户，增加269户，增长51.7%，实现历史性突破。

【文化旅游和卫生健康】2020年，全市改造建设2个文化馆分馆、2个图书馆分馆、16个文化站，建设、提档升级5个博物馆，文化馆、图书馆、博物馆县级区划建设覆盖率均达到133%，乡级文化站行政区划建设覆盖率达122%以上。创作以抗击新型冠状病毒为主题的战“疫”作品169件，举办“同舟共济战疫情”玉溪市美术作品网络展4期。全市开展文化惠民演出共计940余场，观众达235万余人次（含线上观众）。全市共接待国内游客3 213.8万人次，下降31.9%；旅游总收入266.2亿元，下降41.1%。全市住宿业营业额下降15.7%，文化、体育和娱乐业工资总额增长15.1%，完成固定资产投资63.8亿元，增长39.8%。29个项目创建省级以上旅游目的地品牌，其中国家级品牌1个，澄江小湾村入选2020年“全国乡村旅游重点村”，省级品牌28个。共10家民宿（客栈）通过省级验收，成功创建了14家A级景区，A级旅游景区数量突破了10多年一直未达20家的困境，上升到了33家。推荐上报2家省级旅游扶贫示范村，评定了7家市级旅游扶贫示范村。全市医疗卫生机构1 424个，其中医院65个；医疗卫生机构实有床位数14 081张；卫生技术人员20 048人，其中执业（助理）医师7 028人。疾病预防控制机构10个，卫生技术人员491人；妇幼保健院（所、站）10个，卫生技术人员961人。传染病发病率为112.98/10万，全年发现艾滋病感染者随访管理率达100%。全市稳步提高城镇职工医疗保障水平，参保职工最高支付限额达到35.0万元。全市城乡居民筹资标准为800元，其中各级财政补助550元（中央财政补助440元，省级财政补助77元，市县区补助33元），个人缴费250元。全市参加基本医疗保险人数达214.8万人，其中城镇职工医疗保险参保30.3万人，城乡居民医疗保险参保184.5万人，基本医疗保险参保率为97.1%，参保城镇职工就医687.9万人次，统筹基金支付72 732.6万元；参保城乡居民就医881.6万人次，统筹基金支付136 387.9万元。

【城市建设和生态环境】2020年，城市建成区面积74.6平方千米，城市污水处理率达95.3%，生活垃圾无害化处理率达到100%，累计清运并处理垃圾47.1万吨，建成区绿化覆盖面积4 427.7公顷，建成区绿化覆盖率40.9%。建成区园林绿地面积2 663.1公顷，其中公园绿地面积976.9公顷，人均公园绿地面积12.8平方米。全市集中式饮用水源地水质达标率保持100%；全市共建成10个水质自动监测站点，站点覆盖全市三个高原湖泊以及南盘江、元江、曲江、绿汁江等主要地表水体，初步形成地表水水质自动监测网。中心城区环境空气质量优良率达到99.2%，比上年提高2.8个百分点，实现了县级城镇环境空气质量自动监测系统全覆盖。中心城区环境空气质量一级245天，二级117天，与去年同期相比一级天数增加34天，二级天数减少23天，超标天数减少10天。市环境空气质量呈持续向好态势。全市规模以上工业能源消费量为751.0万吨标准煤（综合能耗，下同），增长4.3%，其中：采矿业能源消费量为19.2万吨标准煤，增长8.4%；制造业能源消费量为723.0万吨标准煤，增长4.1%；电力、热力、燃气及水生产和供应业能源消费量为8.8万吨标准煤，增长14.5%。规模以上工业电力消费量为108.2亿千瓦时，增长10.1%。

【劳动就业、社会保障和安全生产】2020年，全市城镇新增就业人员2.9万人，帮助0.8万名就业困难人员实现就业，城镇下岗失业人员再就业1.0万人，开发公益性岗位4 642个。全市农村劳动力转移培训21.2万人次、新增农村劳动力转移就业7.3万人、省外转移就业1.2万人次，城镇登记失业率3.8%。全市新增发放创业担保贷款13.0亿元，创业担保贷款扶持创业4 785人，扶持小微企业58户，“贷免扶补”扶持创业2 844人。全市参加基本养老保险159.0万人，其中参加城镇职工基本养老保险36.2万人；参加城乡居民基本养老保险122.9万人；参加失业保险17.9万人；参加工伤保险31.0万人。城镇职工基本养老保险基金征缴收入28.8亿元，其中企业为14.6亿元，机关事业单位为14.1亿元；失业保险基金征缴收入1.6亿元，工伤保险基金征缴收入0.6亿元，全市农村劳动力培训21.2万人次；新增农村劳动力转移就业7.3万人次，其中，转移到省外就业1.2万人次、新增高技能人才3 840人，企业劳动合同签订率为98.3%，劳动人事争议仲裁结案率为100%，劳动人事争议调解成功率为88.3%，劳动保障监察举报投诉立案案件结案13件，结案率为100%，社会保障卡持卡人数为227.5万人。全市共发生各类伤亡事故122起、死亡118人；其中，生产经营性道路交通事故死亡55人；工矿商贸事故死亡44人。发生一次死亡3至10人（含3人）较大事故1起，死亡4人，其中：生产经营性较大事故1起、死亡4人，非生产经营性较大事故0起、死亡0人；连续18年杜绝一次死亡10人以上的重特大事故。

【人民生活】 2020年，全市在岗职工平均工资达到97 300元，比上年增加3 294元，增长3.5%。城镇常住居民人均可支配收入42 125元，比上年增加1 425元，增长3.5%；城市常住居民（红塔区）人均可支配收入43 672元，比上年增加1 518元，增长3.6%。农村常住居民人均可支配收入16 835元，比上年增加1 116元，增长7.1%。财政专项扶贫资金到位37 774.5万元，资金到位率100%，支出资金35 113.2万元，实际支出率为92.6%。建档立卡贫困劳动力已外出务工3.4万人，达到上年全年外出务工总数的116.0%；已帮助243名返乡务工人员重新就业。通过动态帮扶，全市脱贫监测户997户3 314人已消除返贫风险995户3 307人，边缘户1 593户5 401人已消除致贫风险1 590户5 395人。脱贫监测户中，产业帮扶655户2 308人，就业帮扶451户1 640人，教育帮扶267户1 165人，综合保障783户2 545人，生态扶贫帮扶284户995人，健康扶贫实现了100%全覆盖；边缘户中，产业帮扶598户2 175人，就业帮扶514户1 891人，教育扶贫237户981人，综合保障1 028户3 495人（享受低保2 115人），生态扶贫帮扶368户1 338人，参加城乡居民基本医疗保险5 389人，占边缘人口的97.1%。 （市统计局供稿）

机构及负责人

市直单位正副职名录

中共玉溪市委

书　记　罗应光（2020.06离任）[①]
王　力（2020.06任）
副书记　张德华
保明顺（2020.04离任）
江　华（2020.10任）
常　委　罗应光（2020.06离任）
王　力（2020.06任）
张德华
保明顺（2020.04离任）
江　华（2020.10任）
景　绚
柳文炜（2020.07离任）[②]
马加能
杨兴荣（2020.12离任）
张小良（2020.12离任）
孟凡兵
梁　栋（挂职至2020.12，2020.12任）
王志新
李朝伟（2020.04任）
安　顺
胡春雨（挂职，2020.04离任）
雷江平（挂职，2020.06任）
秘书长　王志新
副秘书长　陈川铭
吕　伟
张　丽
李　德
杨文钦
高　勇（2020.11任）
张国华
施克林

玉溪市人大常委会

主　任　李洪云
副主任　叶本功
郭开堂
孙云鹏
马良昌
吴伯平
龙　兰
党组书记　李洪云
党组副书记　叶本功
秘书长　廖　伟
副秘书长　朱尤锋（2020.10离任）
张存良
姚学松
吴　芸
金德芳
许忠云
邓　兵
李万标
王革平

市纪委市监委驻市人大机关纪检监察组

组　长　秦俊杰

办公室

主　任　朱尤锋（2020.10离任）
李万标（2020.10任）
副主任　罗　旭
杨　辉
罗焯丹

民族外事与华侨委员会

主任委员　吕元平
副主任委员　鲁燕标

法制委员会

主任委员　张　敏
副主任委员　杨英泽
卢八林

监察和司法委员会
主任委员　杨正昌
副主任委员　向绪林
财政经济委员会
主任委员　魏德武（2020.08离任）
副主任委员　孙学著
黄太武
环境与资源保护委员会
主任委员　唐建民
副主任委员　杨静媛
社会建设委员会
主任委员　肖剑林
教育科学文化卫生工作委员会
主　任　罗江云
副主任　邹伟斌
农业农村工作委员会
主　任　马琼仙（2020.10离任）
刘建荣（2020.10任）
副主任　蒋兴龙
刘建荣（2020.10离任）
选举联络工作委员会
主　任　袁　平（2020.08离任）
陈开翔（2020.10任）
副主任　普香庭
法制工作委员会
主　任　卢八林
预算工作委员会
主　任　黄太武
副主任　柏宁红
机关党组
书　记　廖　伟
副书记　李万标（2020.09任）
机关党委
专职副书记　李发林

玉溪市人民政府

市　长　张德华
副市长　李朝伟（2020.04任）
柳文炜（2020.08离任）
蔡四宏（2020.04离任）[3]
贺　彬[4]
黄太文
李劲松
曾　敏
李　锐
张光彦（2020.06任）
胡春雨（挂职，2020.04离任）
梁　栋（挂职，2020.01任）
雷江平（挂职，2020.06任）
党组书记　张德华
党组副书记　柳文炜（2020.04离任）
李朝伟（2020.04任）
秘书长　张亚辉
副秘书长　张　名
田江龙
董晓娟（2020.10任）
钱树才（2020.12离任）
毕孝宁（2020.10离任）
李　莉
白文华
溥恩武（2020.10离任）

玉溪市政协

主　席　夏立洪
副主席　贺光明
郭亚钢（2020.12离任）
杨兴荣（2020.12提名为候选人）
李少华
何雪峰
杨建敏
杨丽萍
党组书记　夏立洪
党组副书记　贺光明
秘书长　普昌文
副秘书长　方正春
马文荣
莽成柱
冯晓燕
何国斌（兼）
毕永富
侯　坤（2020.08离任）
王　力（2020.12任）
市纪委市监委驻市政协机关纪检监察组
组　长　张　寻（2020.09离任）
赵　波（2020.09任）
办公室
主　任　方正春
副主任　韩　龙
黄海东
提案委员会
主　任　刘兴荣（2020.12离任）
赵永云（2020.12任）
副主任　吴志珍
经济和农业农村委员会
主　任　谢光平（2020.08离任）
侯　坤（2020.08任）
副主任　李　娜
宋子正
杨　敏（兼）
人口资源环境委员会
主　任　普永发
副主任　张国华
杨立波（兼）
教科卫体委员会
主　任　金志林
副主任　刘德安
沐德能
陈　原（兼）
社会和法制委员会
主　任　王宏义（2020.08离任）
李长伟（2020.08任）
副主任　吕玉雄（2020.01任）
合丽娟
施忠平（兼）
民族宗教委员会
主　任　许志云（2020.12离任）
副主任　张少英
矣胜荣（兼）
文化文史和学习委员会
主　任　房红彬
副主任　张德华
张艳霞
杨志文（兼）
联络委员会
主　任　任连荣
副主任　李金秀
周　勇（兼）
研究室
主　任　马文荣
副主任　白洪峰
机关党组
书　记　普昌文
副书记　方正春
机关党委
专职副书记　田　涓

玉溪市中级人民法院

院　　长　陈　昌（2020.12离任）
副院长、代理院长
王　进（2020.12任）
副 院 长　业宁州
严　翔
陈　聪
杜红英
党组书记　陈　昌（2020.11离任）
王　进（2020.12任）
党组副书记　业宁州

市纪委市监委驻市法院纪检监察组
组　长　王建文

政治部
主　任　那汝琼
副主任　文　艳

执行局
局　长　郑子云
副局长　刘宝金
李德见（2020.09任）

审判委员会专职委员
李泳材（2020.09离任）
潘万江（2020.09离任）
机关党委专职副书记　钱丽芳
办公室主任　阮朴全
立案庭庭长　洪家敬
行政审判庭庭长　杨志江
刑事审判一庭庭长　柴继红
刑事审判二庭庭长　杨贵东
民事审判一庭庭长　严光辉
民事审判二庭庭长　曹　燕
审判监督庭庭长　杨　勇
研究室主任　田永德
司法行政管理处处长　苏建友
司法警察支队支队长
吕永江（2020.02离任）
书记员管理处处长
张兴明（2020.10离任）
司法技术处处长　王庆生
新闻信息宣传中心主任
武国中
环境资源审判庭庭长
范兴林（2020.09离任）
审判管理办公室主任　孙忠宁

玉溪市人民检察院

检 察 长　张仕明（2020.03任）
副检察长　方家明
矣长城
李志明
褚绍明
党组书记　张仕明
党组副书记　方家明

市纪委市监委驻市检察院纪检监察组
组　长　尹贞宁
副组长　李　新

政治部
主　任　资云坤（2020.09任）
副主任　王政云
张玉江
检察委员会专职委员　柏利民
杨燕晨
机关党委专职副书记　吴秀芬
办公室主任　杨绍平（2020.09离任）
第一检察部主任
林家宏（2020.10离任）
第二检察部主任　何　斌
第三检察部主任
黄希志（2020.10离任）
第四检察部主任　李　芊
第六检察部主任　陈永俊
第八检察部主任　严　康
法律政策研究室主任　曹立松
案件管理办公室主任　杨云川
检察技术与信息部主任　段　兵
检务督察部主任　龙　斌
财务装备部主任　李权晖
法警处处长　王　超

市委部门负责人

市纪律检查委员会、市监察委员会

书　记　孟凡兵
副书记　张　伟
蒋光厚
陈世雄
常　委　孟凡兵
张　伟
蒋光厚
陈世雄
金家辉
叶永发
李文山
张　宇
主　任　孟凡兵
副主任　张　伟
蒋光厚
陈世雄
委　员　龚德武
金家辉
李学祥（2020.12离任）
叶永发

办公室
主　任　李文山（2020.09离任）
郭兴勋（2020.09任）

组织部
部　长　马　玲（2020.08任）

政策法规研究室
主　任　施正林

党风政风监督室
主　任　张　宇（2020.09离任）
刘才旺（2020.09任）

第一监督检查室
主　任　叶正华

第二监督检查室
主　任　张盛国

第三监督检查室
主　任　武国珍（2020.09离任）
周家旺（2020.09任）

第四监督检查室
主　任　俞　琴

第六监督检查室
主　任　赵　旭

第七审查调查室
主　任　李晓荣

第八审查调查室
主　任　高　勇

第九审查调查室
主　任　毕　芳

第十审查调查室
主　任　龙证明

案件审理室
主　任　杨涓涓

纪检监察干部监督室
主　任　胡　斌

机关党委
专职副书记　赵　波（2020.09离任）
王晓军(2020.10任)

市委办公室
主　任　陈川铭
副主任　王　力（2020.09离任）
杨建兰
张春天（2020.09任）
丁光猛
机关党委
专职副书记　张春天（2020.09离任）
市纪委市监委驻市委办纪检监察组
组　长　朱建全
市委督查室
主　任　吕　伟
市委副处级督查专员　王红喜
丁　莉
张　云
市委国家安全委员会办公室
专职副主任　罗云寿
市档案局
局　长　王　力（2020.09离任）
丁光猛（2020.09任）
市档案馆
馆　长　杨长利
市专用通信局
局　长　徐永梅
市关工委
秘书长　李雪梅

市委组织部
部　　长　景　绚
常务副部长　王　华
副部长　周　俊（兼）
李家富（兼）
詹道斌
黄子连
代春强
部务委员　宋成杰
白树明
李生喜
市委非公有制经济组织和社会组织工委
书　记　詹道斌
副书记　方建华（兼）
王　军（兼，2020.09离任）
方　灵（兼，2020.09任）
马利兴（兼）
普庆荣（兼）
市公务员局
局　长　代春强
市党的基层组织建设办公室
主　任　普庆荣
市纪委市监委驻市委组织部纪检监察组
组　长　毕现昆

市委宣传部
部　长　杨兴荣
常务副部长　方勇云（2020.08任）
副部长　龚紫山（2020.08离任）
张正友
邓志刚
李文平
方勇云（2020.08离任）
市文明办
主　任　邓志刚
副主任　郑寿启
乐兴建（2020.08离任）
市新闻出版（版权）局
局　长　龚紫山（2020.08离任）
市政府新闻办公室
主　任　张正友
市加强和改进互联网舆论引导工作领导小组办公室
主　任　倪　军
市纪委市监委驻市委宣传部纪检监察组
组　长　郭春良

市委统一战线工作部、市民族宗教事务局
部　长　保明顺（兼，2020.06离任）
江　华（兼，2020.11任）
常务副部长　何国斌
副部长　沐爱斌（2020.09离任）
马利兴
柴慧明（2020.09任）
柳卫国
杨美琼
党组书记　沐爱斌（党组撤销，任至2020.08）
局　长　沐爱斌（2020.10离任）
柴慧明（2020.10任）
副局长　官建团
解永辉
杨哲博
市纪委市监委驻市委统战部纪检监察组
组　长　张庆春
市委台湾工作办公室（市政府台湾事务办公室）
主　任　柳卫国（兼）
市政府侨务办公室
主　任　柳卫国（兼）

市委政法委员会
书　记　马加能
常务副书记　娄勇强
副书记　李　锐（兼）
杜　杰
杨应勇
政治部
主　任　李　浩
副主任　肖玉成
执法监督室
主　任　马映涛

市委政策研究室
主　任　杨文钦
副主任　合晓斌
刘万平
张子懿

市委网络安全和信息化委员会办公室（市互联网信息办公室）
主　任　王　勇
常务副主任　杨林生
副主任　李宜涛
李玉江（2020.09任）

市委机构编制委员会办公室
主　任　赵永云（2020.09离任）
张　秦（2020.09任）
副主任　师尚佳
周　萍

市委市直机关工作委员会
书　记　王志新
常务副书记　曹绍平
副书记　李增荣（2020.09离任）
陈　杰（2020.09任）
吕智元（2020.09任）
纪工委书记　汤之德

市委机要和保密局
局　长　许中华
副局长　王从明
杨　勇（2020.08离任）
陈全胜
李艳萍
市国家保密局
局　长　许中华
市国家密码管理局
局　长　王从明

市委巡察工作领导小组办公室（市委巡视工作联络办公室）
主　任　杨丽坤
副主任　王宏明
储建玲
市委第一巡察组
组　长　杨江明
副组长　刘庆平
市委第二巡察组
组　长　吴天明
副组长　甘莉娅
市委第三巡察组
组　长　袁永祥
副组长　卢　辉
市委第四巡察组
组　长　邵昌荣
副组长　李亚林（2020.09离任）
武国珍（2020.09任）
市委第五巡察组
组　长　李　黎
副组长　刘利平
市委第六巡察组
组　长　王　辉
副组长　周志红（2020.09任）

市委老干部局
局　长　周　俊
副局长　冯　平（2020.08离任）
李增荣（2020.09任）
何永贤
市干休所（副处级）
所　长　杜继玲（2020.09离任）
顾文琼（2020.09任）
市老年大学（副处级）
校　长　刘应元
市委离退休干部工作委员会
书　记　周　俊（兼）

市委党史研究和地方志编纂办公室
主　任　孔施祥
副主任　高柳莎
官朝弼

市委党校
校　长　保明顺（兼，2020.04离任）
江　华（兼，2020.11任）
常务副校长　刀有忠
副校长　宋红瑛
任　晗
市行政学校
校　长　李劲松
副校长　刀有忠
宋红瑛
任　晗
玉溪社会主义学院
院　长　保明顺（兼，2020.04离任）
江　华（兼，2020.11任）
副院长　刀有忠
宋红瑛
任　晗

市接待办公室
主　任　李　德（兼）
副主任　岳东芬
严　辰

玉溪日报社
党组书记　金宏森（党组撤销，任至2020.08）
社　长　金宏森
副社长　李卫东
李向文
赵　琳
总编辑　杨　光
副总编辑　矣顺文
赵　琳

市政府部门负责人

市人民政府办公室
党组书记　张亚辉
党组副书记　张　名
主　任　张　名
副主任　张伟红
秦立明
黄继麟
刘有会
市纪委市监委驻市政府办纪检监察组
组　长　耿　兵
市政府驻北京联络处
主　任　张　名（兼）
副主任　李晓斌
市政府督查室
主　任　李　斌
市政府正处级督查专员　王伟生
市政府副处级督查专员
黄必权
杨四新
普家荣

市发展和改革委员会
党组书记　罗绍国（2020.09离任）
王　军（2020.09任）
主　任　罗绍国（2020.10离任）
王　军（2020.10任）
党组副书记　罗盛勇
副主任　罗盛勇
李长伟（2020.08离任）
钱兴平
夏德喜
隆　勇
高正刚（2020.08任）
市纪委市监委驻市发改委纪检监察组
组　长　施永林
市能源局
局　长　罗盛勇
市粮食和物资储备局
局　长　钱兴平
市搬迁安置办公室
主　任　张庆丽（2020.10任）

市工业和信息化局
党组书记　李庆华
局　长　李庆华
副局长　傅宏辉
王　亮
杜　勋
黄建华

张跃光（2020.10任）
市纪委市监委驻市工业和信息化局纪检监察组
组　长　王礼学
市数字经济局（市中小企业局）
局　长　李庆华
市无线电管理办公室
主　任　李庆华
市委工业和信息化工作委员会
书　记　李庆华
副书记　杜　勋（2020.09任）

市教育体育局

党组书记　张绍东
局　长　张绍东
副局长　颜永宏
陈　挺
王　刚
段利星
李　丹
吴光连
王　红
严翠芬（挂职，2020.06任）
市纪委市监委驻市教育体育局纪检监察组
组　长　郭　华
市教育科学研究所（副处级）
所　长　杨琼英
市招生考试委员会办公室
主　任　方丽华（2020.08离任）
市委教育工作委员会
书　记　李劲松（兼）
常务副书记　张绍东（兼）
副书记　陈　挺（兼）

市科学技术局

党组书记　李世华
局　长　李世华
副局长　柏文忠（2020.10离任）
张　华
宋明清
黄云松（2020.10任）
市外专局
局　长　李世华
云南玉溪国家农业科技园区管委会
主　任　李世华

市公安局

党委书记　李　锐
党委副书记　徐琪勇（2020.11离任）
王贵元（2020.09任）
局　长　李　锐
常务副局长　徐琪勇（2020.12离任）
副局长　杨江云
曾　逵
赵南方
督察长　李　锐
市纪委市监委驻市公安局纪检监察组
组　长　王贵元（2020.09离任）
副组长　李　斌
政治部
主　任　飞　霞
副主任　黄伟华
交警支队（正处级）
支队长　王景明⑤
政　委　聂　波
副支队长　何文奎
许文平
丁光师
车管所所长　李劲明
车管所政委　张庆莲
政治处主任　王　全
禁毒支队（正处级）
支队长　卢保成
副支队长　李浏华（2020.11离任）
周庆刚
治安支队（正处级）
支队长　杨兴龙
副支队长　刘　荣
李天才
国内安全保卫支队（正处级）
支队长　杜云昌
政　委　张再洪
副支队长　胡来福
杨江飚
科技信息化支队（正处级）
支队长　雷建明
政　委　夏贵山（2020.09离任）
技术侦察支队（正处级）
支队长　李红星
政　委　余　辉（2020.09离任）
副支队长　孙　建
网络安全保卫支队（正处级）
支队长　业光权
政　委　周　斌
副支队长　王乔林
经侦支队（正处级）
政　委　业增华
副支队长　王卫林
李东有
刑侦支队（正处级）
支队长　李顺平
政　委　阮兆成（2020.09离任）
副支队长　李乔明
拔春明（2020.09离任）
巡特警支队（正处级）
政　委　李卫东
副支队长　张文献
肖　明
警令部（正处级）
主　任　谢俊东（2020.09离任）
溥恩武（2020.10任）
政　委　毕金剑
吴　卫
反恐支队（副处级）
政　委　李云峰
水务治安分局（副处级）
局　长　曹文刚
政　委　李　迪
监所管理支队（副处级）
支队长　普光伟
政　委　李先祥
警务督察支队（副处级）
支队长　汪兴介
警卫支队（副处级）
支队长　谢　军
森林警察支队（正处级）
支队长　胡健伟（2020.10任）
副支队长　柴力明（2020.10任）
董海霞（2020.10任）
信访处（控告申诉办公室）（副处级）
处长（主任）　饶　静
警务保障处（副处级）
处　长　期来红
出入境管理支队（副处级）
支队长　李绍洪
市看守所（副处级）
所　长　解靖南

市民政局

党组书记　方建华
局　　长　方建华
副 局 长　杨思荣
　　　　　赵　燕
　　　　　戴吉国

市纪委市监委驻市民政局纪检监察组
组　长　李佳雄

市社区建设领导小组办公室
副主任　肖　伟

市司法局

党委书记　师　文
局　长　师　文
副局长　张文信
　　　　夏黎明（2020.08离任）
　　　　黄志慧
　　　　刀彦伟
　　　　余　坤（2020.10任）
政治部主任　何东明

市纪委市监委驻市司法局纪检监察组
组　长　周葆华

市财政局

党组书记　李丁全
局　长　李丁全
副局长　禹联信（2020.10离任）
　　　　杨　莉
　　　　高　勇（2020.12任）
　　　　沈国庆
　　　　黎　坚（2020.12离任）
　　　　郭金平（2020.10任）
　　　　张　娟

市纪委市监委驻市财政局纪检监察组
组　长　梁黎坤

市政府金融办公室
主　任　黎　坚（2020.12离任）
　　　　高　勇（2020.12任）

市会计管理局（副处级）
局　长　陈　波

市非税收入管理局（副处级）
局　长　沈国庆

市人力资源和社会保障局

党组书记　李家富
局　长　李家富
副局长　张　秦（2020.10离任）
　　　　马勤伟
　　　　朱培亮
　　　　施令凯（2020.10任）
　　　　温进武（2020.10任）

市纪委市监委驻市人社局纪检监察组
组　长　施立慰

市社会保险局（副处级）
局　长　唐碧云

市就业局（副处级）
局　长　沈永生

市人才服务中心（副处级）
主　任　董　波

市人事考试院（副处级）
院　长　王自超

市自然资源和规划局

党组书记　胡庆华
局　长　董金柱
副局长　陈川明
　　　　王柄璋
　　　　李云辉
　　　　刘红进
　　　　张继弟（挂职，2020.12任）

市纪委市监委驻市自然资源和规划局纪检监察组
组　长　高培洪

市土地储备中心（副处级）
副主任　余　莉
　　　　李云嵩

市生态环境局

党组书记　张金翔
局　　长　张金翔
副 局 长　黄朝荣
　　　　　矣家宁
　　　　　李春文
　　　　　杨雪波

市纪委市监委驻市生态环境局纪检监察组
组　长　马　青

市住房和城乡建设局

党组书记　张春玉
局　长　董晓娟（2020.10离任）
　　　　王　红（2020.10任）
副局长　业权华
　　　　李　毅
　　　　资永俊
　　　　王　晋（2020.08离任）
　　　　张帮能

市纪委市监委驻市住建局纪检监察组
组　长　秦京伟

市人民防空办公室
主　任　业权华（兼）

市交通运输局

党组书记　朱光波
局　长　朱光波
副局长　张赶良
　　　　孙汝泽
　　　　廖江华
　　　　冯卫宁

市纪委市监委驻市交通运输局纪检监察组
组　长　刘　麟

市道路运输管理局
局　长　杨云波[⑥]

市农业农村局

党组书记　陈开翔（2020.09离任）
　　　　　郭铭强（2020.09任）
局　长　陈开翔（2020.10离任）
　　　　郭铭强（2020.10任）
副局长　王　东
　　　　保艳敏（2020.08离任）
　　　　王琼丽（2020.10离任）
　　　　王保才
　　　　李顺德（2020.10离任）
　　　　吴正坤（2020.08任）
　　　　矣胜荣（2020.10任）

市纪委市监委驻市农业农村局纪检监察组
组　长　王　杰

市畜牧兽医局
局　长　王保才

市农科院（副处级）
院　长　张　钟

市乡村产业发展中心（副处级）
主　任　郭春平

市水利局

党组书记　马金鸿
局　　长　马金鸿
副 局 长　宁　杰
　　　　　李霁涛
　　　　　吴正坤（2020.08离任）
　　　　　可松柏

督查专员（副处级）
王　燕
市中心城区水资源调度管理局
局　长　李吉友（2020.06离任）
市商务局
党组书记　赵　琼
局　　长　赵　琼
副 局 长　赵永平
王传宝
李艳红
林德开

市文化和旅游局
党组书记　何永平
局　　长　何永平
副 局 长　岳　川
朱建华
冯咏梅
孙　旭
杨耀芬
督查专员（副处级）
王洪卫
市纪委市监委驻市文化和旅游局纪检监察组
组　长　李树辉
市文物局
局　长　岳　川
市博物馆
馆　长　张　青

市卫生健康委员会
党组书记　鲁志明
主　　任　鲁志明
副主任　施玉兰（2020.08离任）
尹义宪
史　勇
曲校德
师琼华
赵　华（2020.10任）
督查专员（副处级）
杨　坤
市纪委市监委驻市卫生健康委纪检监察组
组　长　康德勤
市中医药管理局
局　长　鲁志明
市防治艾滋病局
局　长　鲁志明

市卫生监督局（副处级）
局　长　尉迟培俊
市疾病预防控制中心（副处级）
主　任　矣成江
市委卫生健康工作委员会
书　记　曾　敏（兼）
常务副书记　鲁志明（兼）
副书记　师琼华（兼）

市退役军人事务局
党组书记　孔令斌
局　　长　孔令斌
副 局 长　林　清
施义东（2020.08离任）
向贵福
陈　凡

市应急管理局
党组书记　潘宝华（党组撤销，任至2020.08）
党委书记　潘宝华（2020.08任）
局　　长　潘宝华
副 局 长　郭永生
张智勇
李之泽（2020.10离任）
申从德
金发辉
罗金寿
孙乔宽
安全生产巡查专员（副处级）
杨丽红（2020.08离任）
安全生产监察专员（副处级）
郭　超（2020.08任）

市审计局
党组书记　方　洪[7]
局　　长　方　洪
副 局 长　李国录
许立贞
张　雄
重点项目稽查特派员
曾丽娟
苏　博（2020.10离任）
杨海军

市人民政府外事办公室
党组书记　姚晓岩
主　　任　姚晓岩
副 主 任　刘东红
张桂兰

市人民政府国有资产监督管理委员会
党委书记　柳　洪
主　　任　柳　洪
副 主 任　杨　徽
康旭辉（2020.08离任）
王　波
市纪委市监委驻市国资委纪检监察组
组　长　张　寻（2020.09任）

市市场监督管理局
党组书记　王　军（2020.09离任）
方　灵（2020.09任）
局　长　王　军（2020.10离任）
方　灵（2020.10任）
副局长　陆永喜（2020.08离任）
王　林
王琼珍（2020.08离任）
普文生
付春飞
廖　平
李宏奇（2020.08离任）
邹明佑
食品安全总监（副处级）
鲁法荣
市纪委市监委驻市市场监督管理局纪检监察组（机构更名，不再保留）
组　长　王进方（2020.09离任）
市政府食品安全办
主　任　王　军（2020.10离任）
方　灵（2020.10任）
市知识产权局
局　长　王　军（2020.10离任）

市广播电视局
党组书记　雷　鸣
局　长　雷　鸣
副局长　郭　敏
李飞跃

市林业和草原局
党组书记　沐洪胜
局　长　沐洪胜
副局长　吴洪明
张跃伟（2020.10离任）

刘绍宏（2020.10任）
张世杰

市自然资源公安局（机构改革，不再保留）
党组书记　胡健伟（党组撤销，任至2020.08）
局　长　胡健伟（任至2020.10）
副局长　余朝俊（任至2020.10）
柴力明（任至2020.10）
政治部主任　董海霞（任至2020.10）

市统计局
党组书记　史金华（2020.09离任）
张　娟（2020.09任）
局　长　史金华（2020.08离任）
蔡　伟（2020.08任）
副局长　周映海
张　娟（2020.10离任）
蔡　伟（2020.08离任）
赵光能（2020.10任）
杨　斌（2020.10任）

市人民政府扶贫开发办公室
党组书记　刘应华
主　任　刘应华
副主任　曹炳勇
杨其久

市机关事务管理局
党组书记　刘世祥
局　长　刘世祥
党组副书记　付少剑
副局长　付少剑
董存志
万里鹏

市信访局
党组书记　张　丽
局　长　张　丽
副局长　袁自福（2020.08离任）
马孔军
吕爱平
杨兴景（2020.10任）
副处级督察专员
王若文
潘美华

市医疗保障局
党组书记　李　泓
局　长　李　泓
副局长　杨丽萍
杨益昌
杨士伟

市医疗保险中心
主　任　杨益昌（2020.10离任）
金荣芳（2020.10任）

市政务服务管理局
党组书记　王增琪
局　长　王增琪
副局长　郭艾华（2020.08离任）
杨云华（2020.08任）
桂云国

市公共资源交易管理局局长
局　长　王增琪

市公共资源交易中心
主　任　普长福

市投资促进局
党组书记　康凌华
局　长　康凌华
副局长　胡宝玉（2020.08离任）
冯以春
马艳青

玉溪高新技术产业开发区
党工委书记　马亚东
党工委副书记
姚　翔
李长金（2020.04离任）
管委会主任　姚　翔
管委会副主任
李长金（2020.04离任）
黄云鹍
普东海
纪工委书记　何光涛

市公安局高新技术产业开发区分局
局　长　李全盛

管委会党群工作部
部　长　周于娜

管委会经济发展部
部　长　杨云兵

管委会建设发展部
部　长　陈云松

管委会社会事业发展部
部　长　赵世福

玉溪研和工业园区
党工委书记　方　灵（2020.09离任）
罗绍国（2020.09任）
党工委副书记
吴小郎（2020.11离任）
钱树才（2020.11任）
彭福山
管委会主任　吴小郎（2020.12离任）
钱树才（2020.12任）
管委会副主任　蔡振刚
矣　勇
期来生

云南省抚仙湖旅游度假示范区管委会
主　任　罗江鹏（2020.10离任）
毕孝宁（2020.10任）

市抚仙湖管理局
党组书记　罗江鹏（2020.09离任）
毕孝宁（2020.09任）
局　长　罗江鹏（2020.10离任）
毕孝宁（2020.10任）
副局长　马　虎
杨云华（2020.08离任）
施纯律
杨丽红（2020.08任）

机关党委
专职副书记　马凌云

抚仙湖管理处
处　长　郭志云

杞麓湖管理处
处　长　周国斌

市供销合作社联合社
党组书记　喻学超
理事会主任　喻学超
理事会副主任　罗　勇
郭恩达
监事会主任　周德梅（2020.09任）

市人民政府发展研究中心
副主任　毕孝宁（2020.10离任）
杨　增
祁　虹

市科教创新服务中心

党组书记　普红青
主　　任　普红青
副 主 任　柴连树
　　　　　法绍伟

市防震减灾局

党组书记　陆建明
局　　长　陆建明
副 局 长　张　建
　　　　　钱宝运

市住房公积金管理中心

党组书记　李春宏
主　　任　李春宏
副 主 任　柴艳华
　　　　　杨田伟

市烟草产业服务中心

主　任　贺　彬（兼，2020.10离任）
　　　　张光彦（兼，2020.10任）
党组书记　夏伯林
常务副主任　夏伯林
副主任　张　磊

玉溪广播电视台

党组书记　朱星宇
台　　长　朱星宇
副 台 长　陈　佳
　　　　　朱学红
　　　　　舒　勇
副总编辑　李勇坤

群团组织负责人

市总工会

主　　席　马良昌
党组书记　张艳华
常务副主席　张艳华
副主席　陈　杰（2020.09离任）
　　　　郭荣兴
　　　　刘家俊（2020.10任）
兼职副主席　林　清
　　　　　　王新华

共青团玉溪市委员会

书　记　普　睿
副书记　卜绍良
　　　　魏丽明
兼职副书记　冯海云
　　　　　　余家赛

市青联

主　席　普　睿
副主席　魏丽明

市妇女联合会

党组书记　王　红
主　席　王　红
副主席　张永慧
　　　　张春亚
　　　　张　冬（挂职，2020.08任）
兼职副主席
　　张　丽（2020.08离任）
　　李红梅
　　吕爱平
　　许立贞（2020.08任）

市科学技术协会

党组书记　施　超
主　　席　沐华斌
副 主 席　陈晓静
　　　　　杨继林
兼职副主席　张　钟
　　　　　　宋明清
　　　　　　张锡光
　　　　　　杨琼英

市社会科学界联合会

党组书记　钱彦富
主　席　钱彦富
副主席　钟长生
　　　　傅鹏飞
兼职副主席　李　涛
　　　　　　宋红瑛
　　　　　　李文平

市社会科学院

院　长　钱彦富
副院长　钟长生
　　　　傅鹏飞

市文学艺术界联合会

党组书记　鲁春红
主　　席　鲁春红
副 主 席　贾来发
兼职副主席　龚紫山（2020.08离任）
　　　　　　杨耀芬

市残疾人联合会

党组书记　普建蓉（2020.09离任）
　　　　　蔡骏辉（2020.09任）
理事长　普建蓉（2020.09离任）
　　　　蔡骏辉（2020.12任）
副理事长　李媛美
　　　　　金忠武

市归国华侨联合会

党组书记　罗云川（党组撤销，任至2020.10）
主　席　罗云川
专职副主席　许真生
兼职副主席　周海明
　　　　　　李晓松

市红十字会

会　　长　曾　敏（兼）
党组书记　欧光荣
常务副会长　欧光荣
副　会　长　田海泉
兼职副会长　陈　挺
　　　　　　曲校德
　　　　　　孙乔宽
监 事 长　沐德能（兼）
副监事长　彭曾平

市计划生育协会

会　　长　曾　敏（兼）
党组书记　郑丽英
专职副会长　郑丽英
副 会 长　刘燕萍
　　　　　王进方（2020.09任）
兼职副会长　史　勇
　　　　　　李　丹
　　　　　　张春亚

中国国际贸易促进委员会云南省玉溪市委员会

党组书记　丁　伟
会　长　自福庄
副会长　郑玉玲（2020.04离任）
　　　　唐雅馨（2020.09任）

市法学会

会　长　马加能（兼）
副会长　龚德武（2020.08任）
　　　　卢八林（2020.08任）
　　　　严　翔
　　　　矣长城
　　　　夏黎明
　　　　马映涛
　　　　罗家云

民主党派和工商联负责人

民革玉溪市委

主　委　李少华
专职副主委　施忠平
副主委　董金柱（兼）
　　　　冯咏梅（兼）

民盟玉溪市委

主　委　董晓娟
专职副主委　杨志文
副主委　白洪峰（兼）
　　　　蒋建明（兼，2020.04离任）

民建玉溪市委

主　委　自福庄
专职副主委　杨　敏
副主委　高巨华（兼）
　　　　王建钢（兼）

民进玉溪市委

主　委　何雪峰
专职副主委　矣胜荣
副主委　谭　佳（兼）
　　　　伍贤学（兼）

农工党玉溪市委

主　委　周爱华
专职副主委　陈　原
副主委　张铁群（兼）
　　　　罗增勇（兼）

致公党玉溪市委

主　委　周　勇
副主委　任云珏（兼）
　　　　李晓松（兼）
　　　　邓雪松（兼）

九三学社玉溪市委

主　委　宁　杰
专职副主委　杨立波
副主委　王树坤（兼，2020.02离任）

市工商业联合会（商会）

主席（会长）　杨建敏
党组书记　马利兴（兼）
副主席（副会长）　任　敏
　　　　谢　江
　　　　黄翠岚

市直学校、医院、企业负责人

玉溪技师学院（玉溪工业财贸学校）

党委书记　杨正祥
党委副书记　杨宝嘉
　　　　朱　莉
纪委书记　朱　莉（兼）
院长（校长）　杨宝嘉
副院长（副校长）
　　张正全
　　周爱华（2020.06离任）
　　朱尤锋（2020.10任）
　　刀玉萍
党委办公室主任　张庆泉
行政办公室主任　李相达
人事处主任　李　朝
纪检监察处主任　倪吉艳
计划财务处主任　李　磊
招生就业处主任　谭华运
教务处主任　林向阳（2020.10离任）
　　　　刘　勇（2020.10任）
学生处主任　韩东良
保卫处主任　朱贵云
总务处主任　杨建帆

云南省玉溪第一中学

党委书记　李富春（2020.09任）
党委副书记　李富春（2020.09离任）
　　　　王　利
校　长　李富春
副校长　岳从阁
　　　　武增明
　　　　刘建坤

玉溪农业职业技术学院

党委书记　王丽娟
党委副书记　董从华
　　　　普发明
纪委书记　许建辉
院　长　董从华
副院长　董绍辉
　　　　陆　欣

云南省玉溪卫生学校

党委书记　高丽清
党委副书记　权永红
　　　　王启润
纪委书记　王启润（兼）
校　长　权永红
副校长　施茗祥
　　　　李翠芳

玉溪体育运动学校

党委书记　杨　红
党委副书记　柏家渭
　　　　李文平
纪委书记　李文平（兼）
校　长　柏家渭
副校长　张朝和
　　　　张开兰
　　　　何　斌

玉溪师范学院附属中学

党委书记　吴希敏
党委副书记　张兴斌
　　　　王　敏
纪委书记　王　敏（兼）
校　长　张兴斌
副校长　李明辉
　　　　曾学康
　　　　杨春楠

市民族中学

党委书记　张延强
党委副书记　李永云（2020.07离任）
　　　　罗忠诚
纪委书记　罗忠诚（兼）

校　长　李永云（2020.08离任）
副校长　何建国
　　　　朱培康
　　　　李红敏

市特殊教育学校（副处级）

校　长　张国强

市人民医院

党委书记　马跃光（2020.12离任）
党委副书记　曾　勇
　　　　　　杨　玲
纪委书记　王娅波
院　　长　曾　勇
常务副院长　郝应禄
副 院 长　蔡德芳（2020.12离任）
　　　　　童宗武
　　　　　张锡光
　　　　　赵云焰
总会计师　朱红媛

市中医医院

党委书记　施　平
党委副书记　景　明
纪委书记　白跃林
院　　长　景　明
副 院 长　徐　欣
　　　　　刘　琼
　　　　　杨晓歌

市第二人民医院

党委书记　杨顺英（2020.11离任）
　　　　　李学祥（2020.11任）
党委副书记　马晓元（2020.11离任）
　　　　　　蔡德芳（2020.11任）
　　　　　　陈存文
纪委书记　陈存文（兼）
院　　长　马晓元（2020.12离任）
　　　　　蔡德芳（2020.12任）
副院长　杨顺英（2020.12离任）
　　　　赵贵红
　　　　李玉有

玉溪国有资本运营有限公司

党组书记　柏继武（党组撤销，任至2020.09）
党组副书记　张国庆（党组撤销，任至2020.09）
董事长　柏继武（2020.09离任）
党委副书记　邱　海（2020.09任）
总经理　邱　海（2020.09任）
副总经理　王建斌
　　　　　李玉红
工会主席　张国庆

市开发投资有限公司

党委书记　徐志坚（2020.09任）
董 事 长　徐志坚（2020.09任）

市抚仙湖保护开发投资有限责任公司

党委书记　谢洪文（2020.09任）
董 事 长　谢洪文（2020.09任）

市家园建设投资有限公司

党委书记　柏继武（2020.09任）
董 事 长　柏继武（2020.09任）

云南玉溪交通运输集团公司

党委书记　孔　伟（2020.09离任）
　　　　　邹桂鹏（2020.09任）
党委副书记　李　睿（2020.09离任）
　　　　　　李东滏
纪委书记　李东滏（兼）
董 事 长　孔　伟（2020.09离任）
　　　　　邹桂鹏（2020.09任）
总 经 理　李　睿（2020.09离任）
副总经理　尹跃洪
　　　　　邹桂鹏（2020.09离任）
　　　　　马现廷

（市委组织部供稿）

注：① 2020年11月25日，罗应光涉嫌严重违纪违法，已主动投案，目前正在接受纪律审查和监察调查。
② 2020年4月3日，柳文炜涉嫌严重违纪违法，目前正在接受纪律审查和监察调查。
③ 2020年2月25日，蔡四宏涉嫌严重违纪违法，目前正在接受纪律审查和监察调查。
④ 2021年7月8日，贺彬涉嫌严重违法，目前正在接受监察调查。
⑤ 2021年5月19日，王景明涉嫌严重违纪违法，目前正在接受纪律审查和监察调查。
⑥ 2021年7月8日，杨云波涉嫌严重违纪违法，目前正在接受纪律审查和监察调查。
⑦ 2021年7月18日，方洪涉嫌严重违纪违法，目前正在接受纪律审查和监察调查。

中共玉溪市委员会

THE CPC COMMITTEE OF YUXI CITY

责任编校：李海明

重要会议及决策

【市委全体会议】 2020年，市委召开市委全体会议3次。

8月17—18日，中国共产党玉溪市第五届委员会第十次全体会议在玉溪举行。市委书记王力代表市委常委会向全会作报告并作总结讲话，总结2020年以来重点工作，分析当前面临形势，对2020年后4个月主要任务进行部署。

10月29日，中国共产党玉溪市第五届委员会第十一次全体会议举行，王力同志对澄江市阳宗镇行政区划调整有关情况作说明，听取《玉溪市国民经济和社会发展第十四个五年规划基本思路》《玉溪市工业和信息化“十四五”发展规划纲要》《玉溪市“十四五”商务发展规划》《玉溪市“十四五”农业农村现代化发展规划》《玉溪市“十四五”文化旅游业发展规划》编制情况汇报，围绕阳宗镇行政区划调整和“十四五”规划编制汇报情况作讨论发言，审议通过《中国共产党玉溪市第五届委员会第十一次全体会议关于澄江市阳宗镇行政区划调整的决议（草案）》。

12月12—13日，中国共产党玉溪市第五届委员会第十二次全体会议举行。会议听取和讨论了王力受市委常委会委托作的工作报告，听取和讨论了市委党的建设工作专题报告、市委落实全面从严治党主体责任情况报告，审议通过了《中共玉溪市委关于制定玉溪市国民经济和社会发展第十四个五年规划和二〇三五年远景目标的建议》。王力就《建议（讨论稿）》向全会作了说明。

【市委常委会会议】 2020年，市委召开市委常委会议46次，研究议题281个。

1月3日上午，市委书记主持召开五届市委常委会第156次会议，会议议题有6项：研究拟提交市五届人大三次会议和政协玉溪市五届三次会议的市人大常委会、市政府、市政协、市中级人民法院、市人民检察院工作报告，《玉溪市2019年国民经济和社会发展计划执行情况与2020年国民经济和社会发展计划草案的报告》《玉溪市2019年地方财政预算执行情况和2020年地方财政预算草案的报告》及有关事项；研究市高等级公路公司3宗闲置土地处置有关事项；研究瀑布生态公园周边地块（冯家冲片区）项目土地收储有关事项；研究《玉溪市生态环境机构监测监察执法垂直管理制度改革实施方案》；研究玉溪市市本级2020年预算安排建议情况报告；传达学习省直机关党的建设工作会议精神，研究我市贯彻工作。1月16日下午，市委书记主持召开五届市委常委会第157次会议，会议议题有4项：传达学习十届省委常委会第162次（扩大）会议精神，研究全市贯彻工作；传达学习十九届中央纪委四次全会和省纪委十届五次全会精神，研究市纪委五届五次全会有关事项；传达学习全国和全省宣传部长会议精神，研究玉溪市贯彻工作；研究干部人事问题。1月29日上午，市委书记主持召开五届市委常委会第158次会议，会议议题有1项：传达学习习近平总书记对新型冠状病毒感染的肺炎疫情防控工作的重要指示精神，以及中央和省的有关会议精神，进一步分析研判全市疫情防控形势，对全市防控工作进行再研究再部署再细化。

2月11日上午，市委书记主持召开五届市委常委会第159次会议，会议议题共有3项：传达学习习近平总书记考察云南重要讲话精神和十届省委常委会第164次（扩大）会议精神，研究全市贯彻工作；传达学习习近平总书记在中央政治局常委会会议研究应对新型冠状病毒感染的肺炎疫情工作时的重要讲话和十届省委常委会第169次会议精神，研究部署下一阶段疫情防控工作；研究纪检案件。2月18日，市委书记主持召开五届市委常委会第160次会议，会议议题有7项：传达学习中央有关文件精神，研究全市贯彻工作；研究撤销增加市家园建设投资有限公司资产降低负债率会议决定有关事项；研究监狱强戒单位国有土地置换有关事项；研究澄川高速公路项目政府方应承担资金有关事项；听取2019年全市扫黑除恶专项斗争工作情况汇报；听取市委第九轮巡察整改工作和全市人防系统机动巡察暨对市住建局巡察“回头看”情况汇报；研究干部人事问题。2月24日，市委书记主持召开五届市委常委会第161次（扩大）会议，会议议题有1项：传达学习中央统筹推进新冠肺炎疫情防控和经济社会发展工作部署会议精神，以及2月23日省委常委会会议精神，研究全市贯彻工作。2月25日，市委书记主持召开五届市委常委会第162次(扩大)会议，会议有议题1项：通报省委、省纪委对蔡四宏涉嫌严重违纪违法进行纪律审查和监察调查的决定。

3月5日，市委书记主持召开五届市委常委会第163次会议，会议共有17项议题：传达学习近期习近平总书记重要讲话精神，研究全市贯彻工作；传达学习省委领导调研玉溪讲话精神，研究全市贯彻工作；传达学习中央和省委农村工作会议精神，审议《关于抓好“三农”领域重点工作确保农村同步全面建成小康社会的实施意见》，研究相关工作；通报2019年度全市经济指标完成情况，排名靠后的有关县区作说明；审议《玉溪市贯彻落实＜关于努力将云南建设成为中国最美丽省份的指导意见＞工作方案》；研究废止《玉溪市人大常委会关于同意市人民政府设立抚仙湖—星云湖生态建设与旅游改革发展综合试验区项目保证金和抚仙湖保护治理专项资金的决议》；研究市政府购买政务云服务有关事项；审议《市委常委会2020年工作要点》《市委常委会会议2020年度议题计划》；研究全市部分党委（党组）书记抓基层党建述职评议综合评价意见，审议省委对我市2019年度抓基层党建述职评议考核综合评价反馈意见整改方案；研究筹建玉溪市域治理干部学院暨玉溪党建智库有关事宜；审议《深化运用“四种形态”实施办法（试行）》；传达学习全国、全省组织部长会议精神，研究全市贯彻工作；审议《关于2019年全市意识形态领域形势的通报（送审稿）》；传达学习全国、全省统战部长会议精神，研究全市贯彻工作；传达学习中央、省委政法工作会议精神，研究全市贯彻工作；传达学习全国、全省市域社会治理现代化工作会议精神，研究我市贯彻工作；研究干部人事问题。3月8日，市委书记主持召开五届市委常委会第164次会议，传达学习中央决战决胜脱贫攻坚座谈会精神和全省电视电话会议及省委常委会会议精神，听取全市决战脱贫攻坚工作情况汇报，研究全市贯彻工作。3月12日，市委书记主持召开五届市委常委会第165次会议，征求市委常委关于省纪委对玉溪市3名领导干部处理意见的意见。3月16日下午，市委书记主持召开五届市委常委会第166次（扩大）会议，会议共有7项议题：传达学习习近平总书记在湖北武汉考察新冠肺炎疫情防控工作时的重要讲话精神，研究全市贯彻工作；传达学习省委书记陈豪到玉溪调研讲话精神，研究全市贯彻工作；审议《玉溪市中长期青年发展规划（2019—2025年）》；传达学习全国、全省党校（行政学院）校（院）长会议精神，学习《中国共产党党校（行政学院）工作条例》，研究全市贯彻工作；审议《玉溪市人大常委会2020年工作要点》；审议《政协玉溪市委员会2020年工作要点》《政协玉溪市委员会2020年协商计划》；研究玉江大道提升改造工程等3个市级重点建设项目资金有关事项。

4月3日，市委书记主持召开五届市委常委会第167次会议，会议共有19项议题：传达学习习近平总书记在浙江考察时的重要讲话精神，研究全市贯彻工作；审议《贯彻落实习近平总书记考察云南重要讲话精神主要任务分工方案》；传达学习《党委（党组）落实全面从严治党主体责任规定》，研究全市贯彻工作；传达学习全省农村劳动力转移就业工作视频调度推进会和全省推进农村人居环境整治电视电话会议精神，研究全市贯彻工作；传达学习省委常委、省委组织部部长李小三同志赴玉溪调研讲话精神，研究我市贯彻工作；传达学习省委常委、省委宣传部部长赵金同志赴玉溪调研讲话精神，研究全市贯彻工作；审议《玉溪市受处理处分干部教育管理使用办法（试行）》；研究机构编制事项；审议《关于推动全市各级党组织和广大党员干部维护制度权威保障制度执行的监督工作意见》；审议《全市2019年巡察工作情况和2020年工作计划报告》；通报2019年度省对市综合考核评价情况，审定2019年全市综合考评结果，审议《2020年度全市目标任务综合考评实施方案》；研究市级领导落实“七位一体”重点工作项目有关事项；审议《玉溪市党政机关电子公文系统安全可靠应用全面替代工程工作方案》；听取关于2019年全市公安工作情况及2020年工作计划的汇报，审议《关于加强新时代公安工作的实施意见》；研究2019年市管领导班子和领导干部年度考核等次事项；审议《2020年政党协商计划》；研究纪检案件；研究干部人事问题；通报省监委对柳文炜涉嫌严重违法采取留置措施的决定。4月17日，市委书记主持召开五届市委常委会第168次会议，会议共有6项议题：听取全市一季度经济运行情况汇报，研究下一步经济工作；听取2019年市委党内法规工作情况汇报，研究部署2020年工作；审议《玉溪市人民代表大会常务委员会2020年立法工作计划草案（党内送审稿）》；传达学习全省抓党建促决战决胜脱贫攻坚电视电话会议精神及《关于抓党建促农村宗教治理工作的意见》文件精神，研究全市贯彻工作；通报省纪委有关处分决定；研究干部人事问题。

5月7日，市委书记主持召开五届市委常委会第169次会议，会议共有10项议题：传达学习中共中央办公厅《关于持续解决困扰基层的形式主义问题为决胜全面建成小康社会提供坚强作风保证的通知》，研究全市贯彻工作；听取全市关于中央第十二巡视组对云南省开展脱贫攻坚专项巡视“回头看”反馈意见的整改工作情况汇报；传达学习全省脱贫攻坚农村危房改造问题整改工作调度电视电话会和全省推进产业扶贫工作电视电话会议精神，研究全市贯彻工作；传达学习云南省机要密码和保密工作会议精神，研究全市贯彻工作；审议《关于建立玉溪市扫黑除恶长效机制的指导意见》；审议《市委理论学习中心组2020年学习选题计划》；传达学习全省推进文明城市创建和新时代文明实践中心建设电视电话会议精神，研究全市贯彻工作；审议《玉溪教育现代化2035》《加快推进玉溪教育现代化实施方案》；审议《关于玉溪卫生学校迁建项目、玉溪体育运动学校及玉溪市少年儿童体育学校迁建项目土地划拨供应价款问题的整改方案》；研究纪检案件。5月15日，市委书记主持召开五届市委常委会第170次会议，会议共有10项议题：传达学习习近平总书记关于安全生产的重要指示精神和李克强总理重要批示精神以及全国安全生产电视电话会议精神，研究全市贯彻工作；传达学习省“两会”精神，研究全市贯彻工作；传达学习省委理论学习中心组2020年第三次集中学习会议精神，研究全市贯彻工作；传达学习《中共云南省委关于省委常委班子巡视整改专题民主生活会情况的通报》，研究全市贯彻工作；传达学习省委议军会议精神，研究全市贯彻工作；研究2020年动态新增4类重点对象危房改造补助资金有关事项；研究玉溪大河下段黑臭水体治理及海绵工程项目有关事项；传达学习全省控辍保学工作和加强婚姻管理引领婚育新风三年专项行动视频调度会议精神，研究全市贯彻工作；传达学习全省对村（社区）党组织巡察现场评析会议精神，研究全市贯彻工作；传达学习省委对台工作会议精神，研究全市贯彻工作。5月27日，市委书记主持召开五届市委常委会第171次会议，会议共有1项议题：研究干部人事议题。

6月2日，市委书记主持召开五届市委常委会第172次会议，会议共有1项议题：研究干部人事议题。6月19日，市委书记王力主持召开五届市委常委会第173次会议，会议共有9项议题：传达学习十三届全国人大三次会议和全国政协十三届三次会议精神，以及省委书记陈豪同志对贯彻落实全国“两会”精神的要求，研究全市贯彻工作；通报省纪委省监委关于给予姜兴林开除党籍、开除公职处分的决定；研究2020年新型智慧城市重点建设项目政府购买服务资金和中电科技合作产业引导奖励资金有关事项；研究玉溪科教创新投资有限公司注资有关事项；研究晋红高速公路耕地占补平衡费用有关事项；研究玉溪市传染病医院项目土地划拨款有关事项；研究玉溪市妇幼保健院迁建项目土地划拨款有关事项；研究纪检案件研究干部人事问题。6月20日，市委书记王力主持召开五届市委常委会第174次会议，会议共有8项议题：学习习近平总书记在中央政治局第二十次集体学习时的重要讲话精神，研究全市贯彻工作；学习《领导干部干预司法活动、插手具体案件处理的记录、通报和责任追究规定》等三个规定，研究全市贯彻工作；传达学习省委书记陈豪同志和省委常委、省委组织部部长李小三同志对玉溪工作的指示精神，研究全市贯彻工作；传达学习十届省委常委会第183次（扩大）会议精神，研究全市贯彻工作；传达学习省委常委、常务副省长宗国英同志赴玉溪调研指示精神，研究全市贯彻工作；学习《云南省党政领导干部食品安全责任清单》，听取关于全市食品药品安全工作情况的汇报；审议《玉溪市2020年“扫黄打非”工作方案》；学习全省集中开展领导干部个人有关事项报告专项整治工作动员部署会精神，研究全市贯彻工作。

7月3日，市委书记王力主持召开五届市委常委会第175次会议，会议共有11项议题：传达学习省政府副省长和良辉同志调研玉溪时对阳宗镇行政区划调整工作指示要求，研究全市贯彻工作；学习省委办公厅《工作情况交流》第2期《大招商引大企业　大项目促大发展—文山州“筑巢引凤”推动形成项目落地集聚效应》工作经验，听取全市有关工作情况汇报；听取关于玉溪市全域现代化水网体系规划建设工作有关情况汇报；研究红塔体育森林公园建设有关事项；听取五届市委常委会第174次会议安排的有关工作落实情况汇报；研究玉溪市机关事务局后勤保障周转房项目有关事项；审议《玉溪市防范和惩治统计造假、弄虚作假督察整改领导小组》《玉溪市统计督察反馈意见整改实施方案》；听取关于市委第十轮巡察整改、第十一轮巡察有关情况汇报，审议《市委巡察整改监督办法（试行）》《市委巡察工作人才库管理办法（试行）》；传达学习省委常委、省纪委书记、省监委主任冯志礼同志在《云南纪检监察信息专报》第173期上的批示精神，研究全市贯彻工作；审议《关于以胡长磊案为鉴深挖成因推进以案促改的工作方案》；学习《中国共产党党校（行政学院）工作条例》和全国党校（行政学院）校（院）长会议、全省党校（行政院校）校（院）长会议精神，传达省委副书记王予波同志调研玉溪党校工作指示要求，研究全市贯彻工作；传达学习《党委（党组）意识形态工作责任制实施办法》，研究全市贯彻工作；审议《中共玉溪市委关于2020年上半年意识形态工作情况的报告》。7月16日，市委书记王力主持召开五届市委常委会第176次会议，会议共有14项议题：传达学习云南省新型基础设施建设工作推进会议精神，研究全市贯彻工作；听取文明城市创建工作情况汇报；传达学习习近平总书记关于加快实施安可替代工程的重要批示及十届省委常委会第184次、185次（扩大）会议精神，研究全市贯彻工作；传达学习全省网络人士统战工作会议精神，研究全市贯彻工作；5.研究中心城区园林城市提质扩容工程项目二期土地供应价款有关事项；研究国道G357华宁段改造修缮有关事项；研究新增土地收储资金有关事项；研究2020年玉溪市开展评比达标表彰计划有关事项；审议《关于治理“沙化”“阿化”“清真”概念泛化等突出问题的实施方案》；传达学习国家脱贫攻坚普查电视电话会议、全省脱贫攻坚普查动员部署会议和省扶贫开发领导小组第十七次全体会议精神，研究全市贯彻工作；研究市供销合作社第一次代表大会有关事项；学习全省学校思想政治工作推进会议精神，研究全市贯彻工作；听取玉溪市未成年人思想道德建设工作情况汇报；研究干部人事问题。7月23日，市委书记王力主持召开五届市委常委会第177次会议，会议共有1项议题：研究干部人事议题。7月27日，市委书记王力主持召开五届市委常委会第178次会议，会议共有8项议题：传达学习省委十届十次全会精神，研究市委五届十次全会有关事项；传达学习云南省主要领导干部学习贯彻党的十九届四中全会和习近平总书记考察云南重要讲话精神研讨班（第1期）精神，研究我市贯彻工作；听取市政府党组有关工作汇报；听取上半年安全生产工作情况汇报；听取玉溪市耕地占补平衡工作推进情况汇报；研究2017年易地扶贫搬迁项目款有关事项；审议《玉溪市有突出贡献优秀专业技术人才选拔管理办法（试行）》；传达学习省委书记陈豪在省委十届十次全会上关于全面从严治党的工作要求，省委巡视巡察工作会议暨十届省委第十一轮巡视动员部署会和2020年度州（市）党委书记专题报告履行全面从严治党主体责任情况会议精神，研究全市全面从严治党工作。7月30日，市委书记王力主持召开五届市委常委会第179次会议，会议共有1项议题：研究干部人事议题。

8月1日，市委书记王力主持召开五届市委常委会第180次会议，会议共有1项议题：传达学习省委书记陈豪同志对澄江市路居镇孤山村委会大沙嘴村和牛摩村委会下村违规加层建房的批示，听取澄江市整改落实情况的汇报，研究部署批示精神落实工作。8月14日，市委书记王力主持召开五届市委常委会第181次会议，会议共有9项议题：传达学习十届省委常委会第186次、187次及189次（扩大）会议精神，研究全市贯彻工作；传达学习省政府和良辉副省长赴玉溪调研有关精神，研究全市贯彻工作；研究市委五届十次全会有关文件；审议《2020年省对市综合考评任务分工方案》及《玉溪市2020年度全市目标任务综合考评实施方案（调整方案）》；研究昆磨高速公路（红塔区段）沿线风貌整治应急工程项目资金补助有关事宜；听取有关工作落实情况的汇报；审议《玉溪市2020年度党风廉政建设责任制检查考核实施方案》；研究纪检案件；研究干部人事问题。8月18日，市委书记王力主持召开五届市委常委会第182次会议，会议共有1项议题：专题听取市委五届十次全体会议分组讨论情况汇报。8月18日，市委书记王力主持召开五届市委常委会第183次会议，会议共有2项议题：宣布《中共云南省纪律检查委员会关于给予柳文炜开除党籍处分的决定》《云南省监察委员会关于给予柳文炜政务撤职处分的决定》；讨论省纪委下发的有关文件（省纪委拟报请省委批准给予玉溪市人民政府党组成员、副市长蔡四宏开除党籍、开除公职处分）。8月26日，市委书记王力主持召开五届市委常委会第184次会议，会议共有11项议题：听取关于贯彻落实省委、省政府领导批示精神，处置新平县涉嫌非法行医事件工作情况的汇报；听取关于玉溪市与合和集团合作重点项目推进情况的汇报；审议《玉溪市贯彻落实星云湖杞麓湖生态环境问题专项督察反馈意见整改方案》；听取关于玉溪市农村乱占耕地建房问题整治工作推进情况的汇报；研究玉溪市煤矿整体关闭退出一次性补偿资金有关事项；审议《玉溪市2020年市本级财政专项预算调整方案（草案）》；听取关于全市公安机关“坚持政治建警全面从严治警”教育整顿及试点工作情况、2020年上半年全市公安工作及下半年重点工作情况的汇报；传达学习中央、省委关于当前意识形态领域情况通报的主要精神，审议《关于当前全市意识形态领域情况的通报》《玉溪市2020年宣传工作及意识形态工作督查报告》；传达学习省委常委、省纪委书记、省监委主任冯志礼同志赴玉溪调研有关精神，研究全市贯彻工作；审议《关于集中开展领导干部违规借贷问题专项整治的工作方案》；研究纪检案件。

9月5日，市委书记王力主持召开五届市委常委会第185次会议，会议共有11项议题：传达学习十届省委常委会第190次（扩大）会议精神，研究全市贯彻工作；传达学习云南省7州（市）农村人居环境整治推进现场会议精神，研究全市贯彻工作；传达学习玉溪国家创新型城市建设推进专题会议和董华副省长调研指示精神，研究全市贯彻工作；传达学习有关文件精神，研究全市贯彻工作；听取做好防范化解融资平台公司到期存量政府隐性债务风险工作情况汇报；审议《玉溪市加快基础教育改革发展提高教育质量若干措施》；研究玉溪市中心城区环山路与红塔大道连接线黑臭水体及市政道路应急工程有关事项；传达学习农村宅基地制度改革试点精神，研究全市贯彻工作；传达学习省政府副省长、省公安厅厅长任军号赴玉溪调研指示精神，研究全市贯彻工作；听取市委机动巡察市属12家国有企业情况汇报；研究干部人事问题。9月25日，市委书记王力主持召开五届市委常委会第186次（扩大）会议，会议共有4项议题：听取关于玉溪市贸易高质量发展工作情况的汇报；传达学习中央《2019—2023年全国党政领导班子建设规划纲要》和省委《关于贯彻落实<2019—2023年全国党政领导班子建设规划纲要>的实施意见》精神，审议贯彻落实的系列配套文件；传达学习全国、全省组织系统深入学习习近平总书记重要讲话精神贯彻落实新时代党的组织路线电视电话精神会议精神，听取各县（市、区）委关于基层党建工作情况的汇报，审议《玉溪市贯彻全省基层党建工作调研座谈会精神提升基层党建工作质量任务清单》等4个文件；宣布省纪委省监委关于给予蔡四宏有关处分的决定。9月27日，市委书记王力主持召开五届市委常委会第187次会议，会议共有4项议题：听取关于玉溪市乡村振兴规划工作情况的汇报；审议《玉溪市市属国有企业改革整合重组方案》；研究机构编制有关事项；研究干部人事问题。

10月12日，市委书记王力主持召开五届市委常委会第188次会议，会议共有13项议题：传达学习习近平总书记在全国抗击新冠肺炎疫情表彰大会上的重要讲话精神，研究全市贯彻工作；审议《玉溪市全域现代化水网建设规划（2020—2035年）》；听取关于推进农村人居环境整治工作情况的汇报；研究地方立法有关事项；传达学习中央和省有关文件精神，研究全市贯彻工作；研究司法业务用房建设项目用地资金事项；研究缴纳2017年行政事业单位资产处置相关税费事项；传达学习全国地方政协工作经验交流会精神，研究全市贯彻工作；听取关于学习贯彻新时代“西畴精神”有关情况的汇报；传达学习十九届中央第六轮巡视工作动员部署会议及中央第十巡视组巡视云南省工作动员会议精神，研究全市贯彻工作；传达学习省纪委省监委《关于五起领导干部违规借贷典型问题的通报》，研究全市贯彻工作；研究纪检案件；研究干部人事问题。10月16日，市委书记王力主持召开五届市委常委会第189次会议，会议共有1项议题：研究干部人事议题。10月19日，市委书记王力主持召开五届市委常委会第190次会议，会议共有1项议题：研究干部人事议题。10月23日，市委书记王力主持召开五届市委常委会第191次会议，会议共有8项议题：传达学习习近平总书记在中央政治局第二十三次集体学习时的重要讲话精神，研究全市贯彻工作；听取关于加快区块链产业金融服务平台推广应用工作情况的汇报；研究澄江市阳宗镇行政区划调整有关事项；审议《玉溪市市级机关购买后勤服务管理办法（试行）》；审议《玉溪市本级2020年财政预算调整方案（草案）》；传达学习十届省委常委会第192次（扩大）会议精神，研究全市贯彻工作；研究市委五届十一次全会有关事项；听取关于玉溪市国民经济和社会发展第十四个五年规划基本思路及四个专项规划编制情况的汇报。

11月2日，市委书记王力主持召开五届市委常委会第192次会议，会议共有8项议题：传达学习党的十九届五中全会精神和十届省委常委会第200次（扩大）会议精神，研究全市贯彻工作；传达学习十届省委常委会第195次（扩大）会议、196次（扩大）会议精神，研究全市贯彻工作；传达学习省委常委、省委统战部部长张国华赴玉溪调研指示精神，研究全市贯彻工作；传达学习省委领导批示精神和省委统一战线工作领导小组会议暨宗教工作督查整改推进会主要精神，研究全市贯彻工作；研究实施品牌赋能助推玉溪工业发展有关事项；传达学习十届省委常委会第198次会议有关议题精神，研究全市贯彻工作；传达学习省委常委、省纪委书记、省监委主任冯志礼对玉溪纪检监察工作的批示要求，研究全市贯彻工作；听取关于市检察院2020年来主要工作情况的汇报。11月15日，市委书记王力主持召开五届市委常委会第193次会议，会议共有9项议题：听取赴上海开展招商引资工作有关情况汇报；听取抚仙湖“十三五”暨山水林田湖草项目推进情况汇报；传达学习和良辉副省长赴玉溪调研指示精神，研究全市贯彻工作；审议《玉溪市关于加强法治乡村建设的实施方案》；听取玉溪市新能源产业发展有关情况汇报；研究2021年度立法计划项目有关事项；传达学习省委《党委（党组）意识形态工作责任制实施细则》，研究全市贯彻工作；研究纪检案件；研究干部人事问题。11月18日，市委书记王力主持召开五届市委常委会第194次会议，会议有1项议题：研究云南省抗击新冠肺炎疫情先进集体、先进个人玉溪市推荐评选有关事项。11月29日，市委书记王力主持召开五届市委常委会第195次会议，会议共有10项议题：传达学习习近平总书记在中央政治局第二十四次集体学习时的重要讲话精神，听取量子科技有关知识辅导；传达学习全省强边固防工作会议精神，研究全市贯彻工作；研究玉溪市参与全省有线电视网络整合发展工作相关事项；听取全市爱国卫生“7个专项行动”推进落实情况的汇报；研究澄江至江川高速公路股权无偿划转有关事项；研究进一步调整规范县乡村组烤烟生产组织奖励政策有关事项；传达学习全省村（社区）“两委”换届动员部署视频会议精神，研究全市村级组织换届有关事项；审议市委常委班子2020年度工作总结；通报罗应光接受纪律审查和监察调查有关情况；研究干部人事问题。

12月8日，市委书记王力主持召开五届市委常委会第196次会议。会议共有5项议题：传达学习云南省党政代表团赴浙江省考察学习有关精神，研究全市贯彻工作；听取市委五届十二次全会有关事项的汇报；听取市五届人大四次会议和市政协五届四次会议有关事项的汇报；听取市委巡察整改复盘监督检查情况和市委第十一轮巡察整改进展情况的汇报；观看反腐警示专题片《围猎：行贿者说》。12月13日，市委书记王力主持召开五届市委常委会第197次会议，会议有1项议题：听取市委五届十二次全会分组讨论情况的汇报。12月21日，市委书记王力主持召开五届市委常委会第198次会议，会议有1项议题：研究考察对象建议人选。12月24日，市委书记王力主持召开五届市委常委会第199次（扩大）会议。会议共有13项议题：传达学习省委十届十一次全会精神，研究全市贯彻工作；传达《中共云南省纪委云南省监委关于德宏州瑞丽市疫情防控严重形式主义官僚主义问题问责情况的通报》精神，研究全市贯彻工作；传达学习省委常委、省委组织部部长李小三带队赴玉溪考核及调研讲话精神，研究全市贯彻工作；传达学习省政府副省长王显刚督导星云湖河（湖）长制工作指示精神，研究全市贯彻工作；听取市场主体培育发展情况汇报；审议《关于贯彻落实〈中共云南省委　云南省人民政府关于加快构建现代化产业体系的决定〉的实施意见》；审议《关于进一步加强和改进国有资产监督管理的实施意见》；传达学习玉溪市创建全国禁毒示范城市工作汇报会精神，听取第四轮禁毒人民战争工作情况汇报；审议《贯彻落实〈新时代公民道德建设实施纲要〉的实施方案》；审议《中共玉溪市委关于2020年意识形态工作情况的报告》，听取全市意识形态工作2019年度考评和2020年专项督查反馈问题整改情况汇报；审议《关于贯彻落实省委〈关于进一步加强新时代全省反间谍斗争的若干措施〉的实施意见》；研究2020年度党风廉政建设责任制检查考核等次评定情况；研究干部人事问题。12月30日，市委书记王力主持召开五届市委常委会第200次（扩大）会议。会议共有18项议题：传达学习习近平总书记近期有关重要讲话和重要指示精神及省委有关会议精神，研究全市贯彻工作；传达学习中央全面依法治国工作会议、省委全面依法治省和平安云南建设工作会议精神，研究全市贯彻工作；传达学习中央经济工作会议和省委经济工作会议精神，听取关于全市2020年经济运行情况的汇报，研究2021年经济社会发展预期目标建议；传达学习云南省抗击新冠肺炎疫情表彰大会精神，研究全市贯彻工作；听取关于向省政府争取财政体制调整落实情况的汇报；听取关于红塔区大矣资社区移民搬迁项目严重质量问题案件调查情况的汇报；听取关于联合国《生物多样性公约》第十五次缔约方大会玉溪市筹备工作进展情况的汇报；听取关于玉溪市全域现代化水网建设规划项目推进情况的汇报；研究干部人事问题。听取关于东风水库饮用水源地保护区调整划定工作有关情况的汇报；听取关于市委市政府主要领导率队赴上海招商项目对接推进情况的汇报；听取关于2021年数字经济重点工作方案的汇报；传达学习国家和省城市更新有关政策文件精神，研究全市贯彻工作；审议《关于加强学校领导班子政治能力建设实施意见》；审议《关于加快推进高原特色现代农业高质量发展的意见》；听取关于市直机关党的建设情况的汇报；传达学习中共云南省委《关于加强新时代人大工作的意见》有关精神，研究全市贯彻工作；研究纪检案件。12月31日，市委书记王力主持召开五届市委常委会第201次会议。会议共有1项议题：开展2020年度党委（党组）书记抓基层党建工作述职评议考核。

【市委重要会议】 2020年1月6日，市委召开各民主党派、工商联和无党派人士2019年度重点调研课题协商座谈会，听取玉溪市各民主党派、工商联和无党派人士重点调研成果汇报，推动调研成果转化运用，为玉溪高质量跨越式发展汇聚广泛共识、团结各方力量。9日，市委理论学习中心组举行集中学习，深入学习贯彻习近平总书记关于法治工作的重要论述。会议强调，提高政治站位，深入学习贯彻习近平总书记关于全面依法治国的新理念新思想新战略，弘扬法治精神，不断巩固拓展全面依法治市和法治玉溪建设成果，谱写玉溪法治建设新篇章。11日，市委召开出席市五届人大三次会议和市政协五届三次会议的中共党员代表、委员会议。会议强调，要更好地发挥党的政治优势和共产党员的先锋模范作用，强化政治担当，团结带领全体与会代表和委员，同心同德、群策群力，确保市两会取得圆满成功。12日，玉溪市召开“不忘初心、牢记使命”主题教育总结大会。市委书记、市委“不忘初心、牢记使命”主题教育领导小组组长在会上强调，要认真学习贯彻中央和省委“不忘初心、牢记使命”主题教育总结大会精神，不断巩固深化主题教育成果、持续推进全面从严治党，只争朝夕、接续奋斗，在推动玉溪高质量跨越式发展和社会主义现代化建设新征程上创造新业绩、续写新辉煌。13日，全市决胜全面小康工作推进会召开，进一步统一思想、压实责任，推动“找问题、补短板、抓落实、奔小康”行动走深走实。会议强调，要提高站位、凝聚共识，补短板强弱项，以决战决胜的勇气魄力确保建成更高水平的全面小康社会。16日，全市2020年烟叶生产工作会议召开，贯彻落实全国和全省烟叶工作会议精神，总结去年工作，安排部署今年工作。会议强调，要聚力攻坚、加压奋进，厚植发展优势、加快提档升级，确保全市烟叶高质量发展始终走在前列。25日，玉溪市召开新型冠状病毒感染的肺炎疫情防控工作电视电话会，对疫情防控工作进行再安排再部署。会议强调，要坚决贯彻习近平总书记重要指示精神，认真落实中央和省相关会议精神，进一步强化防控措施，全面做好各项应对工作，坚决打赢疫情防控这场硬仗，全力保障人民群众生命安全和身体健康。28日，省应对新型冠状病毒感染肺炎疫情工作领导小组指挥部会议结束后，市委、市政府应对新型冠状病毒感染肺炎疫情工作领导小组及指挥部接着召开会议，会议强调，全市上下要坚持统一领导，精准施策，严格按照相关程序和要求抓好疫情防控各项工作落实；要认真落实好云南省重大突发公共卫生事件一级响应20条措施，强化疫情防控工作。

2月5日，市委召开电视电话会议，深入学习贯彻习近平总书记重要指示批示精神和考察云南重要讲话精神，贯彻落实中央、省委相关会议及省委主要领导在玉溪检查疫情防控工作的讲话精神，就当前重点工作进行安排部署，确保全市经济平稳健康发展和社会大局稳定。19日，澄江撤县设市会议以视频形式召开。市委副书记、市长张德华主持会议并宣读《关于撤销澄江县设立县级澄江市有关干部人事问题的批复》等相关文件，出席会议的市领导向澄江市委、市人大常委会、市政府、市政协、市纪委市监委授印，并为澄江市委、市人大常委会、市政府、市政协、市纪委市监委揭牌。同日，全市脱贫攻坚巩固提升推进视频会召开。会议总结了2019年全市脱贫攻坚巩固提升工作，安排部署了2020年脱贫成果巩固工作。20日，全省新冠肺炎疫情防控工作电视电话会议结束后，市委、市政府应对新冠肺炎疫情工作领导小组电视电话会议召开，分析研判当前形势，对下步工作进行再安排再部署再动员。会议强调，要深入贯彻落实习近平总书记重要指示精神，认真落实中央、省委决策部署，统一思想行动，按照分区分级精准防控要求，统筹做好疫情防控和稳增长工作，努力实现全年经济社会发展目标任务。28日，市委、市政府应对新型冠状病毒感染肺炎疫情工作领导小组指挥部工作会召开，会议传达了中央、省有关会议和文件精神，汇报了全市新冠肺炎疫情防控总体工作情况，听取相关部门疫情防控重点情况汇报，分析研判当前疫情防控形势，总结了前一阶段工作的成效，安排部署了下一步工作。

3月5日，市直机关党的建设工作会议召开，会议强调，要以习近平新时代中国特色社会主义思想和习近平总书记考察云南重要讲话精神为指导，全面贯彻落实中央和国家机关党的建设工作会议精神，切实把思想和行动统一到党中央和省委决策部署上来，增强“四个意识”、坚定“四个自信”、做到“两个维护”，以改革创新精神推动市直机关党的建设工作提质增效、上档升级，为玉溪各项事业发展提供坚强有力的政治保证。9日，市委召开加大投资加快发展专题会，研究抓项目稳投资促发展工作。市发展改革委、高新区和各县（市、区）、市直有关部门作情况汇报，与会市领导结合分管工作作发言。会议强调，以习近平新时代中国特色社会主义思想为指导，贯彻落实习近平总书记考察云南重要讲话精神及中央和省委决策部署，坚持项目为王，实干为要，书写高质量跨越式发展玉溪答卷。10日，市委农村工作会议召开。会议强调，以习近平新时代中国特色社会主义思想为指导，全面贯彻落实中央相关会议和习近平总书记考察云南重要讲话精神，对标建成更高水平全面小康目标，做好“三农”领域重点工作，加强脱贫攻坚与乡村振兴有机衔接，确保玉溪“三农”工作和乡村振兴走在全省前列。同日，全市2020年领导干部报告个人有关事项工作专题部署视频会议召开，强调贯彻落实组织部通知要求和全省专题部署会议精神，落实“两项法规”要求，提高全市如实报告率，高质量完成年度集中填报等工作。市委组织部在会上作业务辅导。11日，国家创新型城市建设工作推进电视电话会议召开。会议通报了2019年国家创新型城市考核结果，相关县（市、区）和单位作交流发言。各县（市、区）、各单位签订责任书。会议强调，认真学习贯彻习近平总书记关于科技创新的重要论述和考察云南重要讲话精神，落实省委、省政府决策部署，认清形势，明确方向，找问题补短板，勠力同心、精准发力，确保顺利通过国家考核评估。同日，玉溪市委政法工作会议召开，会议传达贯彻了中央和省委政法工作会议精神，回顾2019年全市政法工作，分析当前形势，部署今年全市政法工作。会上对2019年玉溪市见义勇为群体和个人进行表彰奖励。同日，玉溪市市域社会治理现代化试点工作启动。会议强调，以习近平新时代中国特色社会主义思想为指导，以申报试点为契机，对照工作要求，全力驱动市域社会治理格局转变、方式转化、重心转移、动能转换，努力打造共建共治共享、平安文明和谐的精品城市。17日，全市统战部长会议召开，全面贯彻落实党的十九届四中全会精神和习近平总书记考察云南重要讲话精神，认真落实全国、全省统战部长会议和市委统一战线工作领导小组全体会议精神，总结2019年工作，部署2020年任务，推动全市统战工作创新提质增效。20日，市委理论学习中心组举行集中学习，深入学习贯彻习近平新时代中国特色社会主义思想和习近平总书记考察云南重要讲话精神，认真学习贯彻习近平总书记在统筹推进新冠肺炎疫情防控和经济社会发展工作部署会议以及决战决胜脱贫攻坚座谈会上的重要讲话精神。24日，市委党的建设工作领导小组会议召开，深入学习贯彻党的十九届四中全会精神和习近平总书记考察云南重要讲话精神，贯彻落实新时代党的建设总要求和党的组织路线，总结2019年工作，研究部署2020年任务，推动全市党建工作全面进步全面过硬。26日，全市宣传部长会议召开，传达学习贯彻全国、全省宣传部长会议精神，总结工作，分析形势，安排部署2020年全市宣传思想工作。30日，由玉溪市委、市政府主办的七彩云南　抚仙玉溪—“相约春天　共筑梦想”2020年聚云端·谋发展投资合作线上推介会在WeLink上举行。推介会就新时代玉溪的开放优势、开放合作产业领域及优异的投资环境等作了综合推介。3个项目借助云端平台成功签约。

4月16日，澄江市2020年创建文明城市百日攻坚动员大会召开。会上观看了澄江市创文2020年实地测评视频，澄江市对创文工作作具体安排。市委书记出席会议并讲话，会议强调，坚定信心、履职尽责、攻坚冲刺，坚决摘下全国文明城市桂冠，推进澄江“三个国际城市”建设。同日，全市脱贫攻坚整改暨推进农村劳动力转移就业和农村人居环境整治工作电视电话会召开。会议学习贯彻中央、省关于脱贫攻坚的相关会议精神，通报了全市农村劳动力转移就业、农村人居环境整治工作、脱贫攻坚“回头看补短板强弱项抓提升”行动和脱贫攻坚整改等工作情况，安排部署了下一阶段工作。23日，玉溪市举行优化营商环境专题讲座，邀请零点有数董事长、飞马旅创始人袁岳博士为全市领导干部授课，讲授如何打造适宜新经济成长的营商环境新常态。24日，市委理论学习中心组举行集中学习，围绕深入学习贯彻习近平总书记关于民族宗教工作的重要论述，做好新时代玉溪民族宗教工作进行研讨。会议强调，要提高政治站位，深刻领会习近平总书记重要论述的精神实质，掌握科学方法、落实关键举措，着力提高做好新时代玉溪民族宗教工作的能力和水平，推动玉溪民族宗教工作取得新成效，巩固和发展全市民族团结、宗教和谐、社会稳定、经济发展的良好局面。

5月8日，市委常委班子开展学习研讨，就警示教育片《政治掮客苏洪波》谈认识体会，强调以案为鉴、以案示警、以案明纪、以案促改，增强思想政治行动自觉，对党绝对忠诚，严守政治纪律和政治规矩，把“肃流毒、除影响、清源头、树正气”专项行动向纵深推进。15日，玉溪市深入推进文明城市创建和新时代文明实践中心建设工作会在澄江召开，会议总结去年工作，部署今年工作。参会人员实地观摩澄江市文明城市创建工作，新时代文明实践中心、融媒体中心建设等。澄江市、江川区等在会上做交流发言。19日，玉溪市2020年新时期产业工人队伍建设改革工作推进电视电话会召开，会议强调玉溪作为全省新时期产业工人队伍建设改革工作试点之一，要力争在全国、全省产业工人队伍建设改革工作中盯住要点，改出亮点，干在实处、走在前列。会议总结成效，交流经验，安排工作。

6月10日，全市脱贫攻坚“回头看补短板强弱项抓提升”行动工作调度视频会召开。会议发出总攻令，要求全市各级各部门以只争朝夕勇立潮头的精气神，落实更大决心更强力度的工作要求，确保所有问题在六月底前全面彻底整改清零，实现高质量脱贫的目标任务。11日，市委召开全市领导干部大会，宣布省委关于玉溪市委主要领导调整决定：王力同志任玉溪市委委员、常委、书记。17日，五届市委对市属国有企业开展机动巡察动员部署会召开，决定对市属10家国有企业开展机动巡察，对市属2家国有企业以机动的形式开展巡察“回头看”。28日，党的第99个生日即将来临之际，市委书记王力带头落实双重组织生活制度，到所在的市委办一支部与市人民医院党支部的党员同志们一道参加“分享抗疫故事、弘扬爱国精神、增强使命担当”主题党日活动。他强调，强化党员意识，紧跟时代步伐，忠诚履职尽责，发挥先锋模范作用，以实际行动践行对党的铮铮誓言。参加活动的党员集体过政治生日并齐声诵读党章，党员代表围绕主题作交流发言。29日，玉溪军分区党委第一书记任职大会召开，会上宣布省军区党委决定：增补王力为玉溪军分区党委委员、常委、第一书记。

7月2日，市委平安玉溪建设（市域社会治理现代化）工作领导小组第一次会议召开，会议听取相关情况汇报，审议通过《玉溪市创建全国市域社会治理现代化第1期试点城市实施方案》和领导小组及专项工作组组成情况、工作规则。7日，玉溪市召开扫黑除恶专项斗争工作推进会，会议贯彻落实全省扫黑除恶专项斗争领导小组第5次会议精神，全面推进重点行业领域涉黑涉恶突出问题专项整治，安排部署重点县（市、区）督办推动工作。16日，市委理论学习中心组围绕做好统计工作开展集中学习，深入学习贯彻习近平总书记关于统计工作的重要指示批示精神和相关决策部署，以抓好统计督察反馈意见整改为契机，进一步深化认识，加强组织领导，实事求是，切实做好新时代统计工作，为全面建成小康社会提供坚强统计保障。22日，玉溪市新型基础设施建设工作推进会议召开，相关部门和公司做工作情况汇报。市委王力书记强调，顺应时代潮流，抢抓机遇，找准“新基建”的着力点和突破口，结合推进5G基站建设、4G补盲和光纤覆盖，构建高速、移动、安全、泛在、优质的新一代信息网络；消除认识误区，聚焦打造绿色数据中心集群的目标，为经济转型积蓄强大的数字动能；加强“终端”建设，注重谋划完备的产业布局，实现产业链的延伸，抓好智能化升级和改造，进一步拓展“新基建”赋能潜力，催生数字经济新模式、新业态、新产业。28日，玉溪市召开全市卷烟及配套企业座谈会，有关企业负责人等敞开心扉、争相发言，介绍企业基本情况、分析面临的困难问题、畅谈下一步规划打算，就加大特需品种引导种植力度、加大技改项目支持和科技创新、构建产销协调体制机制、整合产业链、营造良好市场环境等提出意见建议。市委王力书记强调贯彻落实习近平总书记在企业家座谈会上的讲话精神，坚定信心，共同发力，激发企业活力，扎实做好“六稳”工作，全面落实“六保”任务，加快推进卷烟及配套产业发展。同日，玉溪市召开全市建筑建材业企业座谈会，市住建局、市工信委汇报了全市建筑业、建材业发展现状及下一步工作打算。相关企业负责人就减税降费、项目招投标、市场管理、建设企业总部经济、民营企业融资等提出意见和建议。市委王力书记强调，要发挥好玉溪建筑建材业的传统优势，紧抓国家、省、市“两新一重”建设机遇期，统一思想，形成合力，推动玉溪建筑建材业企业发挥更大作用实现更大发展，合力开创玉溪建筑建材业新辉煌。29日，玉溪市召开全市物流企业座谈会，市商务局汇报了全市物流产业发展情况，相关企业就快递进村、惠农经济服务、开辟以商招商绿色通道、降低企业运行管理成本、建立物流商圈实现资源整合和产业链完善等提出意见建议。市委王力书记强调贯彻落实习近平总书记重要讲话精神和省委全会精神，抓住机遇、补齐短板、提升能力水平，不断激发市场主体活力，推动现代物流产业发展。30日，玉溪市召开全市水电风电企业座谈会，相关企业就围绕加大可再生能源开发力度、加强电网建设、做好电源接入服务、进行智能运维和抓住“两新一重”发展机遇，加快相关行业发展等提出意见建议。市委王力书记强调贯彻落实习近平总书记重要讲话精神和省委全会精神，提早谋划布局，注重科技创新，找准工作着力点，推动玉溪水电风电产业做大做强。同日，召开全市数控机床企业座谈会，相关企业分享了各自企业发展中有益的经验做法，分析生产经营中的困难问题，就如何共同发力、加快行业发展进行热烈讨论。市委王力书记强调要贯彻落实习近平总书记在企业家座谈会上的重要讲话精神和省委全会精神，坚定信心，加强合作，形成集群效应，提升创新力和竞争力，推动数控机床产业发展壮大。

8月1日，全市2020年下半年加快项目建设投资“百日攻坚行动”工作会议召开，对抓项目、促投资、稳增长工作进行再动员、再部署。会议强调，强化责任担当，勠力同心、攻坚克难，以钉钉子精神，全力以赴奋战三季度、决战下半年，确保全年投资目标任务圆满完成。王力要求，各级各部门要提高思想认识，抓住“两新一重”重大战略机遇，准确把握当前形势，正视存在的问题，各司其职、各尽其责，整合资源力量，同心协力，推动项目尽快落地落实，扎实开展好抓项目、促投资、稳增长工作。3日，市委理论学习中心组举行集中学习，专题学习《中华人民共和国民法典》和习近平总书记在中央政治局第二十次集体学习时的重要讲话精神。同日，市委、市政府召开支持玉溪师范学院发展专题会议，研究解决制约玉溪师范学院发展的相关问题及全市高等教育、职业教育、基础教育发展问题。7日，市委理论学习中心组举行集中学习，强调要贯彻落实习近平新时代中国特色社会主义思想，牢牢坚持、全面践行新时代党的组织路线，贯彻落实全面从严治党主体责任，坚持问题导向，统一思想行动，把全市各级党组织建设得更加坚强有力。12日，玉溪举行座谈会，与到玉溪观摩的“高校服务云南经济社会发展”培训班专家学者交流。来自全省公办本科高校的党委书记、校长共聚一堂，为玉溪经济高质量发展出谋划策，推动双方合作进一步深化。15日，玉溪市领导干部学习贯彻党的十九届四中全会和习近平总书记考察云南重要讲话精神研讨班在市委党校开班。市委书记王力在作开班动员暨主题报告时强调，深入学习贯彻党的十九届四中全会和习近平总书记考察云南重要讲话精神，结合省委工作要求，深入思考，深化市情再认识，提升工作能力本领，知行合一接续奋斗，开创玉溪经济社会高质量发展新局面。18日，市委2020年议军会议召开，会议以习近平新时代中国特色社会主义思想为指导，深入贯彻习近平强军思想和考察云南重要讲话精神，传达学习省委议军会议精神，研究部署2020年全市国防动员建设任务。26日，市委、市政府召开市属国有企业改革工作专题会。会议听取了市国资委关于市属国有企业改革工作的有关情况汇报，与会的市领导和市直有关单位负责同志作了充分发言，市委书记王力对下一步深化市属国有企业改革工作进行了安排部署，提出了明确工作要求。30日，市委书记王力、市长张德华率队到研和工业园区，在深入调研的基础上，召开专题会议，研究解决园区及相关产业发展中存在的困难问题，集思广益、凝聚智慧力量，支持园区进一步提升核心竞争力，为玉溪经济高质量发展提供有力支撑。

9月1日，市委、市政府召开“十四五”规划基本思路和相关专项规划编制专题会议。听取市发展改革委关于《玉溪市国民经济和社会发展第十四个五年规划基本思路》编制工作情况的汇报。2日，市委、市政府召开玉溪市“十四五”商务发展规划编制专题会议。听取市商务局关于玉溪市“十四五”商务发展规划总体情况的汇报。3日，市委、市政府召开“十四五”全市农业农村现代化规划编制工作专题会议。听取市农业农村局关于玉溪市“十四五”农业农村现代化规划编制工作情况的汇报。8日，市委、市政府召开全市教育工作会议，会议表扬了2020年玉溪市教育体育系统先进集体、优秀教师、优秀班主任、优秀校长、优秀教育工作者，为获省级表彰的乡村学校从教20年以上优秀教师代表颁发了证书，四位受表扬代表作发言。会议宣读《玉溪市加快基础教育改革发展 提高教育质量若干措施》。市委书记王力强调，市委、市政府将团结带领大家坚持“教育兴市、教育惠民、教育报国”的情怀重塑玉溪教育辉煌。通过三年努力，实现玉溪教育在全省位次与人均GDP位次相匹配，即排名全省第二位。11日，市委理论学习中心组举行集中学习，深入学习领会《习近平谈治国理政》第三卷，深入学习贯彻习近平总书记关于统计工作的重要论述和指示批示精神，进一步学懂弄通做实习近平新时代中国特色社会主义思想，更好地用党的创新理论武装头脑、指导实践、推动工作，全面提高领导干部科学认识统计、充分运用统计、依法抓好统计的能力和水平。24日，全省脱贫攻坚百日提升行动工作调度会议刚结束，玉溪市立即召开脱贫攻坚“回头看补短板强弱项抓提升”行动推进视频会，深入学习贯彻习近平总书记在决战决胜脱贫攻坚座谈会上的重要讲话精神，贯彻落实全省工作会精神，分析研判形势，部署工作，确保高质量打赢打好脱贫攻坚战。25日，全市县（市、区）委书记抓基层党建工作会议召开，贯彻落实中央、省有关会议精神，听取各县（市、区）委书记2020年基层党建重点任务推进情况汇报，对下一步工作进行再部署、再推进。28日，全市领导干部警示教育大会召开，通报有关严重违纪违法案件情况。市委书记王力强调，以案促改、以案示警，以反面典型为镜鉴，受警醒、明底线、知敬畏、存戒惧，不断锤炼忠诚干净担当的政治品格，持续构建风清气正政治生态，推动全面从严治党向纵深发展，开创玉溪高质量发展新局面。30日，玉溪市召开平安玉溪建设（市域社会治理现代化）领导小组第二次会议，市委书记、平安玉溪建设（市域社会治理现代化）领导小组组长王力强调要践行以人民为中心的发展思想，紧盯创建全国市域社会治理现代化试点城市目标，形成多方合力，全面提高我市平安建设和市域社会治理现代化工作水平。

10月9日，杞麓湖保护治理工作专题会议召开。会议强调，深入贯彻习近平生态文明思想和习近平总书记考察云南重要讲话精神，全面落实省委工作要求，清醒客观认清当前面临形势，深刻反思、痛定思痛，以自我革命的精神确保各项保护治理措施落实到位，扭转被动局面，坚决打好打赢杞麓湖保护治理攻坚战。13日，市委、市政府围绕全市生物医药产业发展开展调研并召开专题会议，深入了解掌握全市生物医药产业情况，认真梳理分析、研究破解存在的困难和问题。市委书记王力强调，全市上下要以“说到玉溪，就想到生物医药；说到生物医药，云南一定是玉溪”的决心和魄力来抓好生物医药产业，着力解决当前存在的困难和问题，全力推动玉溪生物医药产业高质量发展。17日，市委书记王力率队到峨山县化念镇调研玉昆转型升级产能置换项目推进情况，并召开现场推进会，研究解决项目进展中的困难问题。现场推进会上，峨山县就项目推进及产城融合发展作情况汇报，云南玉昆钢铁集团有限公司汇报项目进展情况。调研组一行围绕项目建设，结合职能职责就规划编制实施、产城融合发展、基础服务配套、公共服务提升、解决要素保障等提出意见建议。王力强调，要紧盯目标、攻坚克难，以钢铁的意志和灵活的思想方法加快项目推进；及早谋划部署，强化项目带动，促进产城融合。21日，全市乡村振兴统筹城乡发展现场推进会在元江召开。通过现场实地观摩，听取情况介绍，交流工作经验，相互借鉴、比学赶超，推动乡村振兴、统筹城乡发展工作走在全省前列。25日，全市智慧车牌项目建设专题汇报会召开，听取情况汇报，加快工作推进。市委书记王力强调，围绕打造“云南数字经济第一城”目标，深化对智慧车牌项目建设的认识，创新思路、持续用力，以先行先试的姿态，探索出可推广复制的玉溪经验，进一步提升治理能力，让市民有更多获得感。26日，市委理论学习中心组围绕加快推进媒体深度融合发展开展集中学习。市委书记王力主持学习时强调，深入领会习近平总书记关于媒体融合发展重要论述精神，深刻认识媒体融合发展的重要性紧迫性，顺应时代需求、厘清思路、把握重点，推动玉溪媒体融合发展走在全省前列，助力打造“云南数字经济第一城”。29日，玉溪市召开财税工作专题辅导暨冲刺四季度经济运行分析会。市委书记王力强调，各级领导干部特别是主要领导干部要把学财政、懂经济、强治理作为重要课程和必备能力，学习掌握玉溪财政发展和财政治理的规律，全面提升玉溪财政治理能力和水平。30日，玉溪市召开“玉溪智库”和意识形态工作座谈会，会议通报了全市新型智库建设工作情况，有关专家学者及部门负责人做交流发言。市委书记王力强调，要学习贯彻习近平总书记关于意识形态、哲学社会科学、中国特色新型智库建设的重要论述，加快推进具有玉溪特色的新型智库建设，为推动玉溪“十四五”高质量发展凝聚更多力量，贡献更大智慧。同日，玉溪市对口帮扶迪庆州德钦县工作座谈会举行，市委副书记江华与迪庆州委副书记、德钦县委书记张卫东一行座谈，共同总结对口帮扶经验，推动交流协作向更深层次、更高质量、更宽领域迈进。

11月13日，市委理论学习中心组举行集中学习，传达党的十九届五中全会和习近平总书记重要讲话精神。市委书记王力强调，深刻领会全会精神实质、核心要义和新发展阶段、新发展理念、新发展格局的深刻内涵，自觉把思想和行动统一到党中央决策部署和省、市委工作要求上来，科学谋划好玉溪“十四五”规划和2035年远景目标。同日，玉溪市学习贯彻党的十九届五中全会精神省委宣讲团报告会举行，推动全市上下更加全面系统深刻理解把握全会精神。24日，澄江市成功创建全国文明城市总结暨玉溪市创建全国文明城市动员会召开。市委书记王力对全市创文工作做出部署，强调要认真领会好全国精神文明建设表彰大会精神和省委常委会会议精神，大力深化全国文明城市创建工作，实施全域创建工程，常态长效推进创建工作，全面加强新时代玉溪精神文明建设。同日，抚仙湖“十三五”项目暨山水林田湖草项目督办专题会在澄江召开，落实中央、省环保督察反馈意见整改的政治任务，现场督办解决相关困难和问题，加快推进抚仙湖流域水环境保护治理“十三五”规划项目及山水林田湖草生态保护修复工程试点项目。25日，全省村（社区）“两委”换届动员部署视频会后，市委接着召开视频会议，贯彻落实中央、省委决策部署，安排启动全市村级组织换届工作。市委书记王力强调，以习近平新时代中国特色社会主义思想为指导，充分认识做好换届工作的重大意义，深刻把握新时代新征程新要求，依法依规做好换届工作，结合玉溪实际，选优配强村（社区）“两委”班子，为全市高质量发展提供坚强组织保障。29日，市委理论学习中心组举行集中学习，深入学习贯彻党的十九届五中全会精神，深刻领会习近平总书记关于总体国家安全观和意识形态、安全生产等重要论述，分析社会治理中面临的挑战和问题，统筹发展和安全的关系，安排部署相关工作，营造玉溪安全稳定的经济社会发展环境。

12月18日，市委理论学习中心组举行集中学习，专题学习铁路经济。市委书记王力强调，深入学习领会习近平总书记相关重要论述和考察云南重要讲话精神，贯彻落实党的十九届五中全会和省委、市委全会精神，结合“十四五”规划，抢抓机遇，大力发展铁路经济，在主动服务和融入新发展格局中，实现玉溪高质量发展。22日，“共筑中国梦·同绘彩云南”云南高校百场形势政策报告会走在玉溪师范学院。市委书记王力应邀为450余名高校师生代表作题为“同时代齐奋进、与玉溪共成长”的形势政策报告。王力强调，深入学习领会党的十九届五中全会和省、市委全会精神，提高站位，树立战略思维，担当奋进，为服务和融入玉溪发展贡献智慧力量。同日，市委书记王力到市委党校与第十七期青干班学员就“贯彻落实市委五届十二次全会精神，年轻干部如何干”进行座谈交流。王力强调，新发展阶段下，年轻干部要适应新要求新使命，加强学习，不断提升专业化水平，在干事创业中练就本领，推动玉溪高质量发展。（李相宏）

【重要通知、决定】 2020年4月21日，市委、市政府印发《玉溪市中长期青年发展规划（2019—2025年）》。以习近平新时代中国特色社会主义思想为指导，全面贯彻党的十九大精神，坚持党管青年原则，引导全市青年树立共产主义远大理想和中国特色社会主义共同理想，坚定“四个自信”，自觉团结凝聚在党的周围，更好成长为中国特色社会主义事业的合格建设者和可靠接班人。紧紧围绕玉溪发展总体目标和要求，充分照顾青年的特点和利益，优化青年成长环境，服务青年迫切需求，维护青年发展权益，促进青年全面发展，发挥青年生力军和突击队作用，更加有力地推动玉溪实现高质量跨越式发展。

5月19日，市委、市政府印发《关于抓好“三农”领域重点工作确保如期实现全面小康的实施意见》。为认真贯彻落实中央、省委一号文件精神，集中力量打好脱贫攻坚巩固提升总攻战和补上全面小康“三农”领域短板两大重点任务，通过聚力打好脱贫攻坚巩固提升总攻战，着力补齐“三农”领域的短板弱项，保障重要农产品有效供给和促进农民持续增收提升农村基层治理水平，强化“三农”工作保障措施，确保脱贫攻坚巩固提升取得新成效，确保农村同步全面建成小康社会。

7月14日，市委印发《关于以习近平新时代中国特色社会主义思想为指导加强党的政治建设的实施意见》。为深入贯彻落实习近平新时代中国特色社会主义思想和党的十九大精神，认真落实《中共中央关于加强党的政治建设的意见》，通过坚定政治信仰，夯实思想根基；坚持党的政治领导，坚决做到“两个维护”；站稳政治立场，始终坚持以人民为中心的发展思想；涵养政治生态，严明党的纪律规矩；防范政治风险，坚持居安思危知危图安；建设廉洁政治，永葆政治本色；提高政治能力，认真履行政治责任；强化组织实施，确保落实落地，切实加强党的政治建设，推进全面从严治党向纵深发展。

8月3日，市委办公室、市政府办公室印发《关于全面提高农村基层干部群众综合素质增强农村发展动力和发展能力的实施意见》。为全面贯彻落实中央和省各项安排部署，着力提高农村基层干部群众综合素质，通过实施习近平新时代中国特色社会主义思想入脑入心行动、扶志立志行动、农村基础教育提质行动、农村精神文明创建行动、健康素养提升行动、就业促进行动、创业帮扶行动、村干部综合素质大提升行动、乡村治理能力提升行动，不断增添农村发展动力，厚植夯实农村发展能力，千方百计巩固提升脱贫攻坚成效，全面推进乡村振兴，确保玉溪始终干在实处、走在全省前列，提出以下实施意见。

9月7日，市委办公室、市政府办公室印发《玉溪市加快基础教育改革发展提高教育质量若干措施》。为全面落实全国、全省、全市教育大会精神，主动适应经济社会发展对教育的需求，回应人民群众关切的教育突出问题，进一步推进玉溪基础教育改革发展、质量提升，办好人民满意的教育，重塑玉溪教育辉煌，提出十三条具体措施：坚持党对教育事业的全面领导、健全立德树人落实机制、加快学前教育普及普惠发展、推进义务教育优质均衡发展、提升普通高中教育教学质量、切实提高教育科研能力、促进信息技术与教育深度融合、加强教师队伍建设、强化教育教学管理、大力推进名校集团化办学、加大财政对教育的投入、激发办学活力和积极性、严格督导考核与督查。

11月6日，市委、市政府印发《深化改革加强食品安全工作的实施方案》。为进一步加强食品安全工作，推进“党政同责、政府负责、部门监责、企业主责、社会共责”食品安全现代化治理进程，通过落实食品安全“四个最严”、健全食品安全“六大体系”、严把食品安全“七道关口”、实施食品安全放心工程“十大行动”，增强人民群众的获得感、幸福感、安全感，确保人民群众“舌尖上的安全”。

12月8日，市委办公室、市政府办公室印发《玉溪市数字乡村建设实施方案》。以习近平新时代中国特色社会主义思想为指导，全面贯彻党的十九大和十九届二中、三中、四中、五中全会精神，深入贯彻落实习近平总书记考察云南重要讲话精神，积极融入全省“数字乡村”发展战略，坚持统筹推动、融合创新、示范引领，促进产业数字化和治理数字化“两化融合”发展，通过加快建设乡村信息基础设施、推进农村数字经济发展、建设绿色智慧美丽新乡村、建设文明和谐的现代数字乡村，不断构建“数字乡村”发展新生态，形成多元参与、成果普惠的数字乡村发展“玉溪模式”。

12月14日，市委印发《关于制定玉溪市国民经济和社会发展第十四个五年规划和二〇三五年远景目标的建议》。“十四五”时期是玉溪在全面建成较高质量小康社会基础上，开启全面建设社会主义现代化新征程的第一个五年。《建议》共明确了十一项重点任务，分别是坚持创新驱动发展，塑造玉溪发展新优势；构建现代产业体系，推动经济体系优化升级；依托强大国内市场，积极服务和融入新发展格局；补齐基础设施建设短板，提升发展保障能力；全面深化改革，推动有效市场和有为政府更好结合；实施乡村振兴战略，推进城乡融合发展；推进新型城镇化，建设宜居宜业宜游新玉溪；弘扬社会主义核心价值观，繁荣发展文化事业文化产业；着力保障和改善民生，不断满足群众对美好生活的新期待；坚持生态立市，建设高品质“美丽玉溪”；统筹发展和安全，建设更高水平的平安玉溪。（王　媛）

【办文、办会】 2020年，市委办加强统筹谋划，严控文件数量。持续巩固“基层减负年”成果，聚焦“2020年发至县级的文件只减不增”的目标，合理确定年度发文限额，精准梳理年度发文项目，出台《2020年市委文件制定计划》，减少发文的临时性和随意性，确保市委文件选项科学、数量适当、务实管用。年内，制定市委文件154件。认真贯彻落实市委主要领导对办文工作的要求，对中央、省委文件进行阅研办理，深入分析文件出台历史背景和目的意义，深度解读政策举措和落实要求，了解掌握全省及玉溪市实际现状和经验做法，提出有针对性和可操作性的拟办意见。全年接收办理中央、省委和上级部门文件556件，没有出现一件失误和延误，充分发挥办文参谋助手作用，推动中央、省委和市委决策部署落地落实。提升文电办理质效，严格按照《党政机关公文处理工作条例》和文件发布阅读管理的相关规定，健全工作机制，完善文件流转管理台账，健全快速响应、督促提醒、及时反馈机制，规范做好中央和省委、市委文件的接收、印制、翻印、分发、管理工作，有效提升文电办理水平。年内完成374件21 920份文件收发管理，翻印中央、省委文件11 729份，排版印制市委文件及各类材料7 894份。（俞　江）

2020年，市委办进一步完善市级机关秘书长办公室主任联席会议机制和全市性会议、活动“季谋划、月计划、周安排、日调度”制度，制定每周全市性重要会议活动安排建议表51期，按照“三化三致”工作要求，把责任具体到部门、到人，时间明确到天，把握工作规律性，增强工作的前瞻性、预见性和系统性，赢得主动性，确保市委和全市性重要会议活动更加有序更加高效。全年高标准服务保障市委全会、市委常委会、市委理论学习中心组学习和市委专题会议等重要会议230余次，其中，召开全市性会议33次，执行进度89.1%，较去年减少5次、减幅达13%。（段鸿斌）

【法规工作】 2020年，市委办不断健全以合法合规性审核贯穿公文办理全过程的公文处理机制，严把政治性、合法合规性、合理性和规范性“四道关口”，建立健全文件办理主办人负责制、AB角交叉复核制、三级校核制、清单复查制，确保市委文件立得住、行得通、管得了。全年前置审核市委文件稿38件，发文前审核189件，出具审查意见书46份，提出政治性、合法合规性、合理性、规范性审查意见建议147条，对24件照搬照抄、缺乏务实管用举措、内容违反上位文件规定的文稿退回起草部门重新修改，对13件发文必要性不够充分、随意升格发文的，不再以市委文件印发。高效做好向省委报备工作，建立“发文目录日梳理、周筛查、月复审”制度，杜绝迟报、漏报现象发生，做到备案“零停留”、工作“零延误”。年内向省委报送备案市委规范性文件38件。报备率、及时率、合法合规率达100%。规范开展下备一级工作，年内审查各县（市、区）党委、市纪委、市委工作机关、经市委批准设立的党组（党委）报送市委备案的党内规范性文件327件。督促和指导县（市、区）党委下备一级工作，鼓励和引导市委工作机关积极开展系统内备案审查，编织起纵向到底、横向到边、市县乡三级联动、覆盖全市各级党委（党组）的党内规范性文件备案审查网，推动备案审查工作高质量发展。（王　媛）

【信息工作】 2020年，市委办信息工作始终牢牢把握中央、省委和市委的重大决策部署，围绕市委中心工作，着眼全市改革发展大局，聚焦群众最关心、反映最强烈、需求最迫切的问题，全面收集、整理和报送各类信息，为省委了解玉溪发展情况提供了及时、全面、优质、高效的服务，为市委及时全面掌握重要动态、进行科学决策、推动工作落实提供了准确信息支撑。全年向省委办公厅上报信息4 083条，被省委办采用393条，市本级采编各县（市、区）、市直各单位信息4 513条，编辑出刊《玉溪重要信息》40期、《信息专报》60期、《工作情况交流》6期。（普丽萍）

档案管理

【档案服务效能建设】 2020年，全市档案工作服务效能得到全面的提升。始终做到服务党委政府决策。找准档案工作服务大局的切入点、着力点和结合点，用好用活档案资源，把“死档案”变成“活信息”，为党委政府决策提供资政参考。新冠肺炎疫情发生以来，认真贯彻落实《中共云南省委办公厅　云南省人民政府办公厅转发〈省档案局关于做好新冠肺炎疫情防控档案工作的实施方案〉的通知》精神，积极响应，主动作为，一手抓疫情防控，一手抓疫情防控档案收集工作，及时印发《关于做好新冠肺炎疫情防控文件材料收集归档工作的通知》等文件，积极对县（区、市）开展调研和业务指导，疫情防控档案工作有序推进。各级综合档案馆发布了《新冠肺炎疫情防控档案资料征集公告》，并组织开展玉溪市援鄂医务工作者档案征集采集工作，采集了蔡警等30名援鄂医务工作者口述历史档案，征集到大量证书、照片等资料。始终做到服务经济社会发展。按照省、市关于国有企业退休人员社会化管理改革文件精神，各级档案部门提高政治站位、服务改革大局，有效服务国有企业退休人员社会化改革。市档案局多次到国有企业和县区调研相关工作，组织各县（市、区）开展专项业务研讨，制定并印发《玉溪市档案局关于做好国有企业退休人员人事档案整理和移交工作的通知》，进一步规范整理归档工作和移交程序。各县级综合档案馆与相关国有企业签订了档案移交协议，有序推进接收进馆工作。除通海县外，全市县级综合档案馆接收国有企业退休人员人事档案共12 429卷。始终做到服务人民群众。强化档案的惠民功能，主动融入放管服改革，市档案局按照改革要求将服务事项清单纳入互联网＋政务服务平台，运用“互联网＋监管”系统，梳理完善监管事项的认领和检查实施清单，完成率达100%，切实做到让档案信息“多跑路”，让人民群众“少跑腿”。

【档案行政执法检查】 2020年，各级档案行政管理部门，坚持依法治档管档，认真落实行政执法“三项制度”，积极开展自检自查，进一步整合资源、规范行政执法行为，开展档案行政执法检查工作。9月，市档案局对113市直家单位印发了行政执法检查的通知，要求围绕重点开展自检自查、报送自查报告，11月23—27日市档案局抽调县区人员组成档案行政执法小组，分别对75家市直单位开展实地检查和现场反馈。通过检查，进一步摸清了机构改革后，市直各单位室藏档案数量、档案管理水平等情况，有力促进各单位依法治档意识的提升和工作的规范。

【档案业务监督指导】 2020年，市档案局围绕重点工程建设、精准扶贫、农村土地确权登记颁证、国企离退休人员社会化管理改革等为重点，通过工作调研、现场指导、电话咨询、微信和QQ访问、人员培训等方式，积极开展档案工作日常指导和监督，年内，对市直单位、县（市、区）、乡镇（街道）和社区等66家单位、80余次进行监督指导。通过调研起草了《玉溪市城建档案管理工作建议》《机构改革后全市档案工作情况》专题调研报告。市档案局对玉溪市科教创新服务中心全体干部职工开展了档案业务知识专题培训，切实增强从业者档案意识，提高档案业务素质。

【档案资源建设】 2020年，全市各级综合档案馆不断加大档案资源建设力度，以特色档案、民生档案和机构改革涉改单位档案等为重点，不断丰富馆藏档案，优化资源结构。全市各国家综合档案馆档案资源总量为70余万卷、200余万件，各档案室室藏档案177.8余万卷、537余万件。市档案馆与市博物馆、红塔区和通海县文管所联合开展古碑刻拓片工作，完成拓片214块，不断丰富馆藏档案，优化资源结构。

【档案开发利用】 2020年，全市各级综合档案馆围绕为经济社会发展服务、为人民群众服务，畅通查阅利用渠道，利用电子数据库等现代化手段，及时为各单位和人民群众提供免费档案查阅利用服务，利用馆藏档案为编史修志、解决群众诉求、学术研究等提供翔实的档案史料，年内接待档案资料查阅利用者5 491人次，10 670卷次。

【档案法治工作】 2020年，市档案局广泛开展档案法治宣传。以“6·9”国际档案日为契机，围绕“档案见证小康路、聚焦扶贫决胜期”宣传主题，联合市档案馆，红塔区档案局、馆，编印了档案法律法规宣传材料，在聂耳文化广场、葫芦社区、康井社区、北苑社区、红塔集团等地通过线下发放资料、现场咨询，以及线上推送宣传文章、图片和视频等方式开展宣传活动，发放档案法规宣传彩页等宣传资料2 000余份。利用档案管理规范化认定复查工作贯彻落实好档案法律法规，积极推进机关企事业单位档案规范化示范单位认定及复查工作。年内全市档案行政管理部门共完成57家机关企事业单位档案规范化示范单位认定及复查工作。积极开展新修订的《档案法》宣贯，不断提升依法治档管档工作的能力和水平。新修订的《档案法》颁布后，市档案局通过网络、报纸认真组织学习，下沉到各县区，在峨山县2020年档案工作会上进行解读。12月10—11日，市档案局组织全市各级档案部门和相关单位、部门的档案工作者分别在10个分会场参加了国家档案局举办的“新修订档案法公益大讲堂”培训班，实现档案法宣贯全覆盖。

【档案馆业务建设评价】 2020年，省档案局对玉溪市、澄江市、红塔区、江川区4家综合档案馆进行业务建设评价工作。为扎实做好此项工作，达到以评促建、以评促改、以评促优的目的，6月，在全市档案工作会上，市档案局对国家综合档案馆业务建设评价工作进行培训，市档案局局长、馆长先后2次到相关档案馆进行指导和督促，要求逐项逐条对照评价标准，结合工作实际情况，认真进行自查自评，完善相关工作台账和资料。11月中旬，4家档案馆顺利通过业务建设评价工作。（曹　瑞）

督查工作

【党中央和省委、市委重大决策、重要工作、重要会议部署贯彻落实情况的督促检查】 2020年，市委督查室认真履职、主动担当，牢牢把握党委督查姓党、为党、听命于党的政治属性，牢固树立抓督查就是抓落实、抓效率、抓服务的思想，坚持问题导向，突出督查重点，改进督查方式，增强督查实效，充分发挥参谋助手和市委“耳目”作用，做到“市委的工作到哪里，督查工作就到哪里，市委的决策到哪里，督查工作就悄无声息地到哪里”。自觉把工作放到全市发展大局中去思考谋划，找准位置，发挥作用，及时对市委决策部署和年度工作要点进行任务分解、立项督查，全力推动市委决策部署贯彻落实。坚持政治督查定位，用督查“利剑”推动“两个维护”向纵深贯彻落实。认真贯彻落实习近平总书记考察云南重要讲话精神和2019年重要指示批示精神，将涉及玉溪的71项工作开展“回头看”，对2020年习近平总书记考察云南重要讲话精神进行任务分解并按省、市委要求开展督查，以工作成效践行“两个维护”。及时修订完善督查制度。针对新形势督查工作新要求，及时修订完善《中共玉溪市委常委会决定事项督查工作制度》，确保督查内容、督查程序、督查方式更加科学规范，更加适应市委工作要求。将长期性重大决策部署纳入督查计划，确保工作连续性。围绕市第五次党代会任务分工方案和水利改革、“两湖”生态环境问题整改等重点工作项目，制定督查计划，由专人负责进行定期督查。把抓具体、抓深入作为抓落实的重要方法，树立清单思维，对工作进行项目化分工、清单化推进、时限化管理、责任化落实，把市委决策部署具体化为路线图、任务书、时间表，分解到市级领导和各县（市、区）、各部门，推动各项决策部署落地见效。起草印发市委五届九次全会《实施意见》重点任务分工方案、市委经济工作会议任务分工方案、市级领导落实“七位一体”重点工作项目等任务分工方案、市委常委会工作要点分工方案、市委常委会决定事项分工方案、市委五届十次全会重点任务分工方案等方案，共分解立项1 559项，将市委的重大决策部署落实到牵头领导、责任单位和相关责任人，压紧压实各级责任，为后续的督查工作明确了方向，找到了抓手。全年编发《督查专报》76期、《督查通报》6期、《督查工作》15期。

【领导批办件督促落实】 2020年，市委督查室为进一步加强和完善领导批示件的管理，根据中央和省委办公厅关于领导批示件办理工作的相关规定，制定《中共玉溪市委办公室关于规范领导批示件办理工作的规定》。严格按照“准确、快捷、高效”原则，抓好领导批示件的督办落实。督办过程中，准确领会领导批示精神，在进一步抓好规范化工作的基础上，积极探索提高批示件办理的工作效率和质量。在批示件办理过程中始终坚持“即时交办、专人负责、逐件反馈、及时专报”，做到全程跟踪，督查从速，办理快速，反馈迅速。并适时与承办单位沟通联系，全面客观了解办理落实情况，对反馈材料严格审核把关，真正做到了“事事有着落、件件有回音”。年内接收市委书记王力批示件262件（备案件24件），办结231件，办结率97%。

【重点工作督查】 2020年，市委督查室把“出思路、想办法、抓推进、勤督查”工作方法贯穿督查工作全过程，把抓落实作为履职尽责的唯一主线和核心职责，构建有部署、有督办、有跟踪、有问效的工作闭环，打通决策落实的“最先一公里”和“最后一公里”，推动市委决策部署落地生根。按照市委重大决策部署和市委领导要求，针对疫情防控、经济社会发展、全面从严治党主体责任落实、新型基础设施建设、食品安全等重点领域，坚持主动督查、跟踪督查、持续督查，确保市委决策部署真正落到实处。在新冠肺炎疫情防控期间，累计上报省委督查室相关情况报告3个，印发相关工作简报专报3期，分5批次对疫情防控工作开展专项督查。围绕市委加大投资加快发展专题会议精神，对市直重点投资单位进行了专项督查，了解掌握项目及投资情况，针对项目支撑不足、要素保障欠缺、项目融资困难等问题提出工作意见和建议。对市委书记王力调研易门、元江、通海、华宁4个县工作要求进行跟踪督查，掌握了解工作推进情况，并及时形成督查专报。加强对全市农村人居环境整治三年行动考评指标完成情况进行专项督查，组建由市委督查室牵头，市政府督查室、市农业农村局参加的3个督查组，深入9县（市、区）开展实地督查调研，并及时形成督查专报呈报市委、市政府相关领导。针对《关于落实全面从严治党主体责任专题报告会反馈意见的整改方案》，认真做好市委办公室牵头的10项整改任务，按照市委领导的要求，对全市各级党委（党组）推进整改情况进行立项督查，并形成督查专报报市委领导，确保各项整改任务有序推进、有效落实。

【督查通报】2020年，市委督查室为进一步推动全市整治形式主义突出问题为基层减负工作落深落细落实，巩固2019年减负成果，提升2020年精文减会和规范督查检查考核工作成效，市专项工作机制办对精简文件、会议和规范督查检查考核情况进行跟踪监测，按季进行通报，指出存在问题，提出工作要求。对工作抓得紧、落实情况好的进行通报表扬，对措施不得力、工作不落实的限期整改。及时总结基层在贯彻落实决策过程中的典型性问题、倾向性苗头和有创造性的工作经验，通过《督查工作》推广经验，通过典型的带动和示范，使决策在更大范围和更广领域得到切实有效的落实。对市委重大决策紧盯不放、一抓到底、久久为功，做到“三个不放过”，即：责任不清楚不放过、情况不掌握不放过、问题不解决不放过。按照市委部署和市委主要领导要求，针对省委主要领导调研玉溪高原湖泊讲话精神落实、水利改革等重点领域，坚持主动督查、跟踪督查、持续督查，特别在“两湖”省级督察反馈问题整改等工作中，做到10天一督查、10天一专报，真实客观及时将工作推进情况向市委、市政府领导报告，并跟踪问效。年内上报《关于星云湖杞麓湖省级生态环境问题专项督察反馈意见整改落实情况的报告》12期，上报《关于“水利改革”工作任务落实情况的督查报告》8期。

【综合考评】2020年，市委督查室严格对标省委、省政府对综合考评的部署要求，切实加强与省考评办的汇报沟通，深入分析2019年度省对市年度综合考评存在的主要问题，督促市级各考评责任部门逐项制定整改措施，狠抓整改落实，以整改质效推动玉溪经济社会高质量发展。统筹协调完成省对市综合考评，6次到省考评办对接汇报省对市综合考评相关事宜。统筹协调全市各责任部门团结协作，全面完成2019年度省对市综合考评工作。深入分析2019年度综合考评中存在的问题和短板，狠抓整改落实，并向省委和省考评办报送《中共玉溪市委玉溪市人民政府关于玉溪市2019年度全省综合考评存在问题整改落实情况的报告》；认真研究2020年的指标体系，印发《2020年度省对市综合考评任务分工方案》，细化目标任务64项，并根据年度工作目标任务，进一步明确21个市级牵头领导和41个牵头单位的责任。顺利完成2019年度全市综合考评。统筹协调市直各考评责任单位，严格依据考评办法，采取自查、部分实地和书面集中考核评价等方式，对全市82个被考评对象进行综合考评。对涉及45个考评责任单位报送的114类成绩和相关资料进行认真细致的审核，汇总82个被考评对象的4 033个分值。印发审定通过的考评结果，反馈被考评对象2019年度综合考评成绩，并提交相关部门兑现综合考评奖励资金。组织做好2020年全市综合考评相关工作。提前安排部署综合考评工作，制定下发《玉溪市2020年度全市目标任务综合考评实施方案》。在全市综合考评指标设置上，参照全省综合考评实施方案考评指标，突出工作重点，优化全市考评方案，印发了《玉溪市2020年度全市目标任务综合考评实施方案（调整方案）》，考评方案既保持与省级方案的协调一致，又突出玉溪特色，体现创新、协调、绿色、开放、共享的发展理念。将固定资产投资百日攻坚行动“红榜”“黑榜”纳入加、扣分项，制定印发《玉溪市市级部门2020年度综合考评基本职能目标评分表》。

【专项机制】2020年，市委督查室深化拓展基层减负工作，对省委提出的10个方面持续解决形式主义突出问题的30条措施进行任务分工，全面推动各项工作任务落到实处。加强计划管理，严格规范督查检查考核。按照“只减不增、重在提质”的原则，制定玉溪市2020年督查检查考核计划41项，同比减少46.75%。年内开展督查检查考核事项38项，同比减少50%。对精文减会工作实行限额管理。严格按照省专项机制办认定的市本级发文及会议限额开展精文减会工作，年度市本级发文限额2 600件，召开会议限额620次，将限额分配到23个党群部门、41个政府部门，并预留一定限额调剂使用。进一步明确会议、文件统计口径，不断增强工作的针对性、有效性。建立调度机制，强化预警提醒。按季度对各县（市、区）各部门文件、会议及督查检查考核有关情况实行动态监测、分析研判，确保实现精减量化目标。实行季度通报，对工作不到位、执行搞变通、落实打折扣的县（市、区）、市级部门及时进行预警提醒。年内发文1 990件，同比减少26.35%；召开会议477次，同比减少29.65%。

【督查调研】 2020年，市委督查室对市委重大决策和重要工作部署落实情况、领导关注的重要问题以及群众反映的热难点问题，深入开展督查调研，研究分析影响决策深入贯彻的因素，发现和反映带全局性的倾向性、苗头性问题，推动和促进决策的落实，切实发挥督查工作的参谋助手作用。为全面掌握我市经济社会发展形势，了解有关重点工作推进情况，为市委提供决策服务，由市委督查室三位领导带队，整合督查室及考评中心人员，组成3个督查调研组到各县（市、区）督查调研稳增长、综合考评、专项机制、脱贫攻坚等重点工作，形成了5个专题调研报告。组成3个督查组，对澄江市创建文明城市工作以暗访方式进行实地督查，形成《关于澄江市创建国家级文明城市工作督查报告》报市委相关领导，市委书记王力就此作出批示交办。组成调研组联合市直相关部门就全市当前办理不动产登记存在问题的小区（楼盘）进行梳理排查，形成《关于我市不动产登记历史遗留问题的督查报告》，市委书记王力2次就此问题作出批示，推动了该问题市级层面的研究落实。在服务市委提供决策的同时，积极配合省委督查室抓好专项督查调研，先后起草上报《玉溪市关于落实关于深化改革加强食品安全工作的实施意见的报告》《玉溪市关于开展新型基础设施建设工作的情况报告》《陈豪书记调研玉溪高原湖泊讲话精神督查情况报告》《玉溪市促进云台经济文化交流合作“75条措施”贯彻落实情况报告》等。

【督查队伍建设】 2020年，市委督查室为提高工作效率，便于督查考评资料的查阅和利用，将2018年、2019年督查工作资料及2019年综合考评工作资料汇编成册，共8册4 500多页，采用线下询价、网上直采方式进行采购，大大节约了印制成本。总结提炼我市党委督查队伍建设经验做法，在《云南通讯》刊发。及时将市政协五届三次会议涉及党群部门的11件提案交由主会办单位办理，对办理情况全程跟踪。积极参加书记市长接待日活动，对市党政领导视频接访的信访事项跟踪催办、督办，限期办结。通过以会代训的形式加强督查、考评、专项工作机制人员培训，组织市、县两级党委督查考评人员参加全省党办业务专题培训、全省综合考评业务培训会议，邀请中办督查室挂职领导和省委督查室领导为全市党委办公室系统业务培训班作督查业务培训，先后组织各县（市、区）召开2020年党委督促检查及综合考评工作会议和整治形式主义突出问题为基层减负工作推进会、玉溪市2020年度党委督促检查暨整治形式主义突出问题为基层减负工作推进会和综合考评工作会议等。加强与州市党委督查室的交流学习，协调配合西双版纳州委督查室考察组完成对华宁县、红塔区相关工作考察洽谈，深入交流做好督查考评工作的思路、方法、经验。（白绍龙）

政策研究

【重要文稿起草】 2020年，市委政研室始终坚持以习近平新时代中国特色社会主义思想为指导，认真贯彻落实中央和省、市委的决策部署，把文稿起草作为决策参谋服务的重要载体和重要抓手，进一步提高文稿工作站位，精准把握玉溪发展定位，紧扣市委的中心工作和领导的思想意图，完成好市委交办的重大会议报告、重要讲话、汇报材料等各类文稿起草工作，当好重要文稿的“写手”。完成了市委五届十次全会报告及决议（草案），市委主要领导在参加市人大五届三次会议红塔区代表团审议时的讲话、在决胜全面小康工作推进会上的讲话、在全市新型冠状病毒感染的肺炎疫情防控工作会议上的讲话、省对市综合考评自检自查报告、玉溪市贯彻落实统筹疫情防控和经济社会发展情况报告、玉溪市贯彻落实习近平总书记对云南工作重要指示精神的情况、玉溪市数字经济发展情况等重要文稿70多篇，得到了市委领导的肯定。

【决策咨询】 2020年，市委政研室充分发挥“智囊团”“参谋助手”作用，紧紧围绕市委中心工作和玉溪经济社会发展提建议、献谏言，为市委科学决策、民主决策提供依据和支撑，着力提升决策咨询水平，当好决策咨询的“帮手”。完成了关于清理拖欠民营企业中小企业账款工作、学习借鉴滇中新区深化改革创新举措、加快构建现代化产业体系、金融支持“稳企业保就业”稳定地方经济增长、加强土地增值税征管工作情况等13件市委书记批示件的阅研办理，起草市级五机关文件阅研工作实施办法，配合起草了云南省规划馆布展市情基础资料，完成2件市委市政府督查件和1件市政协提案的办理。

【调查研究】 2020年，市委政研室紧紧围绕市委的决策部署和中心工作，聚焦事关全市经济社会发展的重大问题、市委领导关注的重点问题，做好调研选题，深入开展调研，形成了有质量、有分量的调研报告，为市委做出决策部署提供第一手资料，更快更多地为市委提供决策建议和决策反馈，当好调查研究的“能手”。起草了市委调查研究制度和“四下基层”工作法制度，开展了玉溪市系统推进抚仙湖保护治理构建抚仙湖生态圈、玉溪市当前贯彻落实统筹疫情防控和经济社会发展工作情况、玉溪市干热河谷地区农业特色产业发展情况、全市服务业发展情况、加快“三区”融合发展情况、红塔区“三城”建设情况、村社区干部及待遇情况、玉溪生物医药产业发展政策情况、澄江市新时代文明实践中心（所、站）试点建设情况等专题调研，形成6篇专题调研报告，办理省市委《重要调研记录》8期，为市委决策提供参考。

【农村工作】 2020年，市委农村工作领导小组办公室认真履行牵头抓总、统筹协调、督促考核工作职能，组织开展“三农”重大问题的政策研究。全面深化农业农村领域改革，全年完成7项具体改革任务。筹备召开市委农村工作会议和市委农村工作领导小组会议。牵头起草《中共玉溪市委　玉溪市人民政府关于抓好“三农”领域重点工作确保如期实现全面小康的实施意见》，进一步调整完善“千名领导挂千村、万名干部抓振兴”责任制。组织开展“听党话感党恩跟党走”乡村主题宣讲活动。抓好年度乡村振兴战略实绩考核和“三农”发展综合考评工作，在省对市乡村振兴战略实绩考核和“三农”发展综合考评中，玉溪市分别排全省第9名和第1名。按有关规定向云南省报告玉溪市实施乡村振兴战略情况。　（林　可　陈福生）

全面深化改革

【概况】 2020年，市委全面深化改革委员会以习近平新时代中国特色社会主义思想为指导，深入贯彻落实习近平总书记全面深化改革重要论述和考察云南重要讲话精神，全面落实省委各项改革决策部署，全年共召开市委全面深化改革委员会会议6次，研究审议通过《关于加快推进市级从事生产经营活动事业单位改革若干措施》等31个改革议题，听取民主法制领域改革专项小组和财税体制改革专题组等13个重点改革领域工作推进情况汇报，审议同意《玉溪市江川区落实移风易俗监督管理办法（试行）》等17个县（市、区）自行探索的改革试点。制定《中共玉溪市委全面深化改革委员会2020年工作要点》，建立《中共玉溪市委全面深化改革委员会2020年工作台账》，细化了269项改革任务。制定《市委全面深化改革委员会2020年督查计划》，对中央部署的各项改革任务特别是党的十八届三中全会部署的1 331项改革任务进行“回头看”，对省级层面出台的16个改革方案贯彻落实情况进行检查评估，对7个改革方案进行专项实地督查，对31个市级层面出台的改革方案进行督查检查。新增国家授权改革试点21项、省级授权改革试点21项，澄江市农村人居环境整治被国务院通报表扬，智慧车牌、城市基层党建、国家创新型城市建设、农业绿色发展先行先试支撑体系等一批国字号试点落地玉溪。

【市委改革办工作】 2020年，市委改革办认真履行工作职能，按照市委深改委的决策部署，全力服务推动各项改革工作。探索制定了《玉溪市全面深化改革市级试点管理办法（试行）》，实现对市级改革试点的精细化管理、全过程监控，督促试点责任单位不断提升试点质量，进而不断带动全面深化改革工作向全局、向纵深发展。召开全市改革办主任会议1次、改革工作调度推进会7次，督促、指导各县（市、区）和市直部门推进改革工作和解决改革问题186次，压实9个县（市、区）和74个市直部门主要负责人抓改革的责任。在《中国改革报》刊发《奋楫扬帆逐浪行　勇立潮头谱新篇——云南省玉溪市全面深化改革七年回眸》《党建引领乡村振兴看玉溪》等玉溪改革宣传文章，与玉溪日报、玉溪电视台等媒体进行深度合作，刊发《玉溪开创全面深化改革新局面》等20余篇改革宣传文章。“玉溪改革”微信公众号累计刊发《玉溪改革进行时》系列报道等49期245篇信息。《玉溪改革简报》共刊发32期82篇稿件，专刊8篇，《玉溪市新时期产业工人队伍建设改革向纵深发展》等10篇信息被《云南改革快报》采用。

【经济体制改革】 2020年，全市供给侧结构性改革成效凸显。推进落后产能淘汰，塔甸煤矿等5个煤矿企业整体关闭退出，实施7户磷化企业“三磷”整治，拆除1条水泥熟料生产线并通过省级验收，云南绿色钢城建设取得突破性进展，仙福钢铁转型升级一期工程竣工投产，玉昆钢铁启动升级改造。严控政府性债务总量，规范政府举债融资行为，全年争取专项债券31.9亿元。全力化解房产库存，全年商品房销售面积230.3万平方米、增长33.3%。全面落实减税降费政策，为实体经济企业降低综合成本81.1亿元。“放管服”改革持续推进。建成运行“一站式”惠民平台，市级部门政务服务事项集中进驻政务服务实体大厅，全市已实现政务服务事项、部门入驻线上网络、线下大厅“四个100%”。压缩政务服务事项审批时限，市、县两级政务服务事项实现“承诺1个工作日内办结数量增加50%，承诺5个工作日以上办结数量减少50%”的目标。积极推广“一部手机办事通”，累计注册用户214 463个，办理业务1 658 606件。发放“多证合一”营业执照65 507户，办理2 405户企业全程电子化登记。建立政务服务“好差评”机制、营商环境“红黑榜”评价机制，荣获“中国持续优化营商环境典范城市”称号。财税金融改革稳步推进。出台玉溪市预算制度改革、地方政府性债务管理、基本公共服务、教育等领域财政事权和支出责任划分、政府购买服务等一系列改革方案。制定深化金融体制改革配套政策，银行业金融机构小微企业贷款余额350.51亿元，较年初增长14.13%。区块链产业金融服务平台成功上线，入驻金融机构31家，注册企业3 871户，解决融资需求58.3亿元。全市债务率降至230%以下，风险等级由红色变为橙色，6个县（市、区）风险等级下降，红塔区、澄江市列入全国建制县化债试点。

【开放型经济体制改革】 2020年，全市大通道建设日趋完善。建制村公路硬化率、通客车率、通邮率均达100%，玉溪民用运输机场场址获国家民航局批复，中越、中老、中泰国际铁路在玉溪交汇，铁路、公路、机场复合立体式现代综合交通构架基本建立。全市物流企业总数达500户，培育了具有国际道路货物运输许可资质的企业14户，国际道路运输车辆954辆，国家3A级物流企业3户、4A级企业2户，现代物流业增加值增长10%。“引进来”力度不断加大。京东（玉溪）新经济产业园实现当年落地当年挂牌，成功聚集入园企业123户，启动云南绿色食品大数据中心基础平台建设，普洱茶区块链溯源平台（一期）建成试运营，京东智联云（玉溪）直播服务中心投运。先后与复旦大学、上海音乐学院等32所高校院所对接，签订合作协议18个，积极对接各类“科研工作站”，成功引进300余名高层次人才。泛珠三角、长三角、环渤海、京津冀四个区域引进到位资金合计较去年同期增长18%。“走出去”步伐不断加快。全省外贸发展综合贡献百强玉溪企业上榜47户、外向型农业发展百强玉溪企业上榜73户。玉溪海关挂牌开关，新设立玉溪市驻外商务代表处2个，总数达6个，新设立外资企业8户，投资总额2 196.53万美元，合同外资771.23万美元；开展外贸业务企业达227户，其中进出口额上千万美元以上企业94户，贸易伙伴扩大到80多个国家和地区。全市新增境外投资项目21个，总数达39个，其中“一带一路”沿线国家项目35个。

【农业农村改革】 2020年，全市农业供给侧结构性改革扎实推进。实施高原特色农业三年行动计划和产业兴村强县等6大行动，全力打造“绿色食品牌”，新增国家级农业龙头企业1户、全国“一村一品”示范村镇2个、“三品一标”农产品68个，入围绿色食品“10大名品”和“10强企业”“20佳创新企业”数量居全省第二，红塔区、通海县入围国家花卉、蔬菜优势特色产业集群。2020年，实现农业增加值增长5%，农产品出口超过30亿美元，连续三年保持全省第一。脱贫攻坚与乡村振兴紧密结合。出台实施新型经营主体带动建档立卡贫困户工作等系列政策文件，626个新型经营主体通过资金或资产入股、订单收购、劳务用工等方式与农户建立利益联结机制，带动建档立卡贫困户22 938户83 239人。建成就业扶贫车间30个，吸纳就业9 052人。全市590所义务教育学校“20条底线”100%达标，建档立卡家庭子女义务教育阶段学生实现“零辍学”；符合条件的建档立卡贫困人口基本养老保险参保率达100%，24 499名贫困人员基本养老保险费100%由地方政府代缴，总额达245.28万元，14 927名60周岁以上建档立卡贫困老人100%按时足额领取养老待遇；建档立卡贫困人口100%参加基本医保和大病保险，符合条件的100%享受医疗救助；4类重点对象和非4类重点对象无力建房户危房改造实现“清零”目标。农村集体产权制度改革深入推进。全面完成667个行政村、6 223个村小组改革试点任务。清理核实集体资产总额189亿元，颁发股权证书52万份，农民从集体收入中获得股金分红8 572万元，实现集体和成员双增收。

【民主法制领域改革】 2020年，全市人大立法和监督机制不断健全。《玉溪市革命遗址保护条例》颁布施行，出台《玉溪市人民代表大会常务委员会规范性文件备案审查实施办法》，首次测评市政府5个部门，推动问题整改落实。政协协商民主扎实推进。出台开展“协商在基层”工作更好地发挥政协专门协商机构作用、加强对县（市、区）政协工作联系指导、对口协商工作实施意见等制度文件，搭建“1+3+N”协商平台，推动政协全体会议协商、常委会议协商、专题协商、对口协商、界别协商等各种协商形式联动发力，多项协商成果得到转化落实。推动多党合作健康发展。制定贯彻中央“三个文件”精神和省委相关文件的分工方案，民主党派人士代表队伍建设规划等，进一步加强民主党派领导班子、代表人士队伍和自身建设。制定实施政党协商计划，健全约谈协商、对口联系等制度，推动政党协商规范有序高效开展。开展“无党派人士”认定登记工作，认定无党派人士108名。基层民主建设成效明显。全面推进村规民约修订完善，出台《关于加强城乡社区协商的实施方案》。创建民主法治示范村52个（国家级7个、省级27个、市级18个）、民主法治社区22个（省级4个、市级18个），有力促进城乡基层民主发展和社会和谐稳定。行政执法体制不断完善。全面推行行政执法公示制度，对全市424家行政执法主体资格、行政职权、责任事项、追责情形进行公告，“信用玉溪”网站归集行政许可和行政处罚信息21万余条。

【文化教育卫生体制改革】 2020年，全市文化供给能力不断增强。持续推进“三馆一站”免费开放工作，建成农家书屋727个，建成澄江凤麓、华宁盘溪、新平戛洒等5个“云上乡愁书院”，建成玉溪第四小学、澄江凤山小学小西校区、易门云师大附中等6所“校园书店”。实施市图书馆智能化城市系统项目，开通数字图书借阅，建成24小时街区图书馆。在全省率先完成中央广播电视节目无线数字化覆盖工程，率先实现行政村有线电视通达全覆盖。大力推进全市数字化影院（院线）建设，建成数字影院18家，实现数字影院县级全覆盖。红塔区、通海县、江川区、华宁县4县（区）文化产业增加值排名进入全省30强。创建省级以上旅游目的地品牌29个，澄江化石地自然博物馆对公众开放，半山酒店建成运营10个，通过省级认定星级民宿（客栈）10家，评定3A级景区11个。教育综合改革更加顺应群众需求。积极实施中小学教育质量综合评价改革、特殊教育“送教上门”2项国家教育改革，推进教育体制改革试点、外来务工随迁子女入学试点2项省级改革。率先在全省实行多重残疾儿童少年“送教上门”服务，残疾儿童入学率达99.66%，流动人口子女在公办学校就读比例达95.3%，居全省前列。在全省率先实现义务教育基本均衡目标，红塔区优质均衡省级改革试点稳步推进。实施市属与县（市、区）21所普通高中组建4个“捆绑体”，试行优秀教师多点执教。医疗卫生体制改革有序推进。紧密型县域医共体建设全面推开。出台《玉溪市全面推进紧密型县域医共体建设实施方案（试行）》及相关配套政策，在全省率先全面启动紧密型县域医共体建设，以县（市、区）人民医院为牵头医院组建了紧密型县域医共体，峨山、新平县被列为首批国家级紧密型县域医共体建设试点县。完成8个县级疾控核酸实验室改造，32个乡镇卫生院和社区卫生服务中心建成慢病管理中心，15个卫生院建成心脑血管救治站。全市县域内就诊率达89.9%，基本实现大病不出县。全市60个养老机构与医疗机构签订医疗卫生服务协议，占规模以上养老机构的95.23%。

【社会体制改革】 2020年，全市打通社会治理神经末梢。9个县（市、区）、74个乡镇（街道）、702个村（社区）综治中心实现建成率100%、实体化运行100%。74个乡镇（街道）、702个社区（村）以综治中心为平台，实行网格化管理、信息化运用一体化运行。老旧小区实现提档升级，完成226个老旧小区改造，棚户区改造1 722套。抓实平安玉溪建设。实施2020—2022年命案防控三年行动，连续五年命案全破并创发案历史最低，全力打击治理电信网络新型违法犯罪，“7项指标”大幅上升，扛起“打垮”工作的政治责任，破获71起跨境赌博案件实现了“零”的突破，抓好道路交通安全事故防范，首次实现较大道路交通事故“零发生”。严厉打击“黄赌毒”“盗抢骗”“食药环”等违法犯罪活动，玉溪入选全省唯一“全国禁毒示范城市”。

【生态文明体制改革】 2020年，玉溪市全力打造“三湖”生态圈。以“三湖”流域水环境保护治理“十三五”规划及抚仙湖山水林田湖草试点项目建设为重点综合施策、系统治理，77项规划项目（除1项延期实施外），完工75项，在建2项（抚仙湖），完工率97.40%，投资完成率92.3%。高标准编制《抚仙湖保护和科学利用专项规划》，划定“三湖”生态保护红线、保护岸线，并把控制新增污染隐患作为保护治理的核心任务，执行“熔断机制”。完成抚仙湖径流区生产生活供水替代2 149万方，有效缓解抚仙湖低水位运行风险压力。星云湖调减蔬菜种植1.65万亩，沿湖重点区域完成生态烟叶移栽0.5万亩、水稻（荷藕）种植0.4万亩，减少化肥用量512.8吨、农药用量8.48吨；杞麓湖推广测土配方施肥技术109.9万亩、水旱轮作种植示范区1.4万亩，建成高效节水灌溉0.88万亩，农业面源污染防治取得新成效。驰而不息狠抓污染防治。全面实施《玉溪市打赢蓝天保卫战三年行动实施方案》，淘汰县级城市建成区10蒸吨及以下燃煤锅炉38台，完成钢铁行业超低排放改造项目56个、工业炉窑综合治理项目37个。强化机动车环境监管执法，在全省率先建成使用黑烟车智能监控识别系统。中心城区环境空气质量优良天数比率99.2%。完成26个“千吨万人”饮用水水源保护区划定及报批，县城以上集中式饮用水水源地水质达标率达到100%。推进玉溪市城市黑臭水体治理攻坚战，玉溪大河、金水河、玉带河和中心沟已基本消除黑臭。

【党建纪检领域改革】 2020年，玉溪市牢牢把握政治建设的正确方向，建立健全党员领导干部民主生活会制度，全面推行支部主题党日和党员“政治生日”，建立党员领导干部带头落实组织生活制度提醒公示制度，从严落实领导干部双重组织生活制度，严格“三会一课”申报预审派员指导制度。压实管党治党政治责任，坚持“一把手”示范带动，实施干部实绩评价必看党建、干部考察必察党建、调研督查必问党建、年度考核必考党建“四必”工作法，制定党委（党组）书记年度党建责任清单，实行党建任务季度派单，每季度点对点向每位县（市、区）党委书记、市属党（工）委书记、市直单位党组（党委）书记派发抓党建具体任务清单，季度末收集派单落实情况，逐步形成清单化落实、项目化推进、立体化考核的责任机制。锻造忠诚干净担当的高素质干部队伍，出台《突出政治标准加强干部政治表现考察的实施办法（试行）》《关于建立一线考察识别干部工作机制》等政策文件，建立干部政治表现负面清单，推行政治鉴定和廉政鉴定“双鉴定”，加大一线考察识别干部力度，严格执行党政领导干部选拔任用工作条例，建立健全分析研判、提拔任职推荐考察工作规程、选拔任用档案审核、任前公示等制度机制，扣紧选人用人程序链条。巩固党在基层的领导力和影响力，印发《玉溪市加强党的组织体系建设提升组织力三年行动计划（2020—2022年）》，进一步健全党的组织体系、突出政治功能建设、加强基层党建三支队伍建设、推进党建引领市域治理、实施“智慧党建”工程、强化责任落实机制。制定《党支部规范化建设达标创建实施方案》，精准推进12类党支部规范化达标创建，完成8 060个党支部达标创建，占目标任务的81.8%。构建了城市基层党建“2+5+N”制度支撑体系，建成110个标准化党群服务中心，玉溪实践入选全国城市基层党建40个最佳案例之一。（市委政研室供稿）

组织工作

【党的政治建设】2020年，市委组织部坚持以党的政治建设为统领，坚决扛稳压实“两个维护”政治责任。压紧压实党建工作责任。将党建工作与经济社会发展同谋划、同部署、同推进，实施干部实绩评价必看党建、干部考察必察党建、调研督查必问党建、年度考核必考党建“四必”工作法，出台党委（党组）书记抓党建八条措施，每季度向党委（党组）书记点对点派发党建任务清单。强化党组织政治功能。全面推行支部主题党日和党员“政治生日”，探索开展开放式创意型主题党日活动，出台《关于市委委员履行职责的若干措施》《关于党代表大会代表闭会期间履行职责的若干措施》，充分发挥市委委员作用。严明党的政治纪律和政治规矩。教育党员干部始终做到“五个必须”，坚决杜绝“七个有之”，坚决肃清白恩培、秦光荣、仇和等流毒影响，在政治立场、政治方向、政治原则、政治道路上始终同以习近平同志为核心的党中央保持高度一致。

【党的思想建设】2020年，市委组织部坚持思想引领补钙铸魂，持续用习近平新时代中国特色社会主义思想武装党员干部头脑。强化思想政治引领。坚持把学习贯彻习近平新时代中国特色社会主义思想以及习近平总书记考察云南重要讲话精神作为首要政治任务，巩固深化“不忘初心、牢记使命”主题教育成果，在学懂弄通做实上持续用力。举办学习贯彻党的十九届四中全会精神和习近平总书记考察云南重要讲话精神研讨班、习近平新时代中国特色社会主义思想读书班暨专题进修班，采取“视频直播＋分课堂”方式对1 400余名县处级干部集中培训，分级分类分层对党员干部进行全覆盖培训。创新方式开展教育培训。坚持落实“六个第一”措施，将学习习近平新时代中国特色社会主义思想纳入各级党委（党组）理论中心组学习、“三会一课”等重要内容。在全市建立10个党员教育培训基地，开发100个现场教学点，深入开展党史、新中国史、改革开放史、社会主义发展史学习教育，组织开办“基层党组织书记讲坛”，举办“万名党员进党校”培训班330期、“万名党组织书记大轮训”培训班205期。拍摄制作58部党员教育视频片，9部作品在全省观摩交流中获奖。实施领导干部专业化能力提升工程。在全省率先建成玉溪市党内法规研学中心、玉溪市域治理干部学院，全年举办培训班18期，培训学员2 542人。在全国范围内选聘105名专家学者、行业人才组建玉溪党建智库，举办兴玉党建论坛，编制《玉溪党建智论》，积极开展党的建设、国土空间规划、数字经济、社会治理等专业化能力培训，举办3期出省重点培训班次，选派211名干部参加省级以上部门调训，举办主体班次34期，举办第17期青年干部培训班，提升干部解决实际问题能力。

【党的组织体系建设】2020年，市委组织部制定出台《玉溪市加强党的组织体系建设提升组织力三年行动计划（2020—2022年）》，逐步构建全区域统筹、多方面联动、各领域融合的基层党建工作格局。围绕“五个基本”要求，精准推进12类党支部规范化达标创建和农村基层党建“双整百千”四级联创，年内完成1 798个党支部达标创建，逐级遴选命名119个市级示范党支部，命名11个农村基层党建“达标乡镇”，排查确定109个软弱涣散基层党组织持续开展整顿。规范党组设置，撤销17个党组、新成立5个党委，在国有企业改革重组中同步调整党组织设置，推动“党建入章”应进尽进。在中小学校开展100所党建工作示范校创建活动，集中开展“两新”组织党建摸底排查和覆盖提升行动，成立快递物流、交通运输、互联网、外卖行业等新兴领域党组织，党的有形有效覆盖进一步扩大。

【城市基层党建】2020年，市委组织部加快红塔区、江川区、澄江市城市基层党建省级重点创新示范市建设，跟进街道管理体制改革、社区工作事项准入、社区工作者职业体系建设等关键问题落实，全市实践入选全国城市基层党建40个最佳案例。开展党建引领小区治理暨“红色物业”工作，将党建工作纳入物业服务企业信用评价指标，开展“党员找党员、党员找组织”活动，深化“双报到”“双报告”工作，成立小区党组织1 277个，实现居民小区党的组织和工作全覆盖。建设“1+10+N”党群服务中心联盟体系，建成110个标准化党群服务中心，实施13个“党群同心、共建美好家园”服务项目。实施“兴玉社工”人才计划，建立健全社区工作者岗位评价与绩效考核相结合的薪酬分配体系，不断提升社区工作者职业化、专业化水平，增强职业吸引力和认同感，激发扎根基层干事创业的积极性、主动性。

【党建促脱贫攻坚、乡村振兴】2020年，市委组织部实施提高抓党建促脱贫攻坚成果巩固提升促乡村振兴组织化程度和党建引领乡村振兴“三百三千双万一化”等行动计划，累计选派2 665名驻村工作队员全覆盖联系帮扶贫困村和贫困户，大力推进产业扶贫组织化、劳动力转移就业扶贫组织化、易地扶贫搬迁组织化，实现贫困劳动力转移就业36 087人，转移率达62.9%，在58个易地扶贫搬迁集中安置区、20个分散安置点成立党组织58个、群团组织51个，实现易地扶贫搬迁安置党建工作全覆盖。实施村级集体经济强村工程，高质量推进160个村级集体经济项目建设，向70个涉农乡镇（街道）选派502名乡村振兴工作队员，明确“十抓十好”工作任务，落实市级季度派单、县级每月清单、承诺践诺、实绩登记、工作直报等制度，选树45个抓党建促乡村振兴建设示范点，培育出澄江市马房村、元江县桥头社区打炭小组等一批示范点。

【党建引领城乡基层治理】2020年，市委组织部建立党建引领基层治理“联建双推”、党建带群建联席会议制度，全覆盖建立街道党建联盟、社区党建联合体，实施“智慧党建”三年行动计划，开发建设党建引领市域治理智慧化平台，出台党建引领“多网合一”实施意见，构建街道党工委—社区党组织—小区党支部—楼栋党小组—党员中心户五级网络党建体系，实现党建、创文、创卫、综治等“多网融合”，走好自治、法治、德治相融合的善治之路。新冠肺炎疫情发生后，及时将城市基层党建日常工作机制转换为疫情防控战时机制，发挥小网格大作用，组建1 704支党员突击队，发动1.6万余名社区工作者、党员志愿者投身疫情防控，做到管理无死角、服务无盲区、诉求有回应，率先出台激励关爱疫情防控阻击战一线工作人员“十条措施”，通报表扬了103个党组织和93名党员，全市疫情防控一线的医护人员、人民警察、群众等221人提出入党申请，接收预备党员27名。

【村级组织换届】2020年，市委组织部出台《玉溪市村（社区）党组织书记管理办法（试行）》，实施村（社区）干部任职资格联审，全覆盖开展村级班子分析研判，完成14 261名村组干部离任审计，培育100名基层党组织书记头雁群体，选树18名村（社区）“好支书”，调整存在不胜任、不履职等问题村（社区）党组织书记31名。推行村级组织“大岗位”制，科学合理开展定职、定岗、定责、定酬工作，推动换届后村干部岗位补贴到“543”目标，即“正职”每人每月5 000元，“副职”每人每月4 000元，“委员”每人每月3 000元。第一时间部署启动村级组织换届工作，实行一把手主抓、市委常委包县联乡、县委常委包乡联村、乡镇党委班子成员和工作组驻村入组指导制度，稳步有序推进各环节工作。1月4日，玉溪市在全省率先完成村（社区）党组织换届选举工作，709个村（社区）党组织全部顺利选举产生新一届委员会，5 556个村（居）民小组党支部同步完成换届选举，换届工作平稳有序推进，实现了组织意图与党员意愿高度有机统一。全市709个村（社区）已全部推选产生村（居）民选举委员会和监督委员会并公布了选举办法，689个村（社区）公布了选民名单，2月5日前完成村（居）委换届选举工作。

【干部监督管理】2020年，市委组织部完善领导班子和领导干部联检联审工作机制，对9个市直单位开展选人用人专项检查。健全巡察整改日常监督机制，对77家被巡察单位反馈涉组涉干问题整改情况进行督促检查。建立干部档案任前审核风险点清单和重点项目清单，将全市1.6万余名干部信息全部纳入干部信息系统进行管理。推动提醒、函询和诫勉工作常态化，对存在漏报个人事项报告、信访举报等情形的36名干部进行提醒，5名干部进行函询，5名干部进行诫勉。

【干部选拔任用】2020年，市委组织部出台《关于推行正负面清单管理促进干部新时代新担当新作为的通知》《市管领导班子和市管干部承诺践诺行动方案》，健全完善干部考核评价体系，努力推动优者上、庸者下、劣者汰。建立《玉溪市受处理处分干部教育管理使用办法（试行）》等制度，完善干部容错清单、免责清单，着力营造鼓励改革、宽容失误的良好环境。加大在新冠肺炎疫情防控、重点项目建设、乡村振兴、扫黑除恶专项斗争、生态环境保护等重点工作一线考察识别干部力度，及时对工作不力的干部进行调整，对表现突出的干部优先提拔使用，提拔使用干部254名（含科级干部）。

【公务员管理】2020年，市委组织部有序推进公务员职务与职级并行工作，市直单位完成科级以下干部职级晋升及备案971人次。推广使用云南省公务员管理信息系统，推动公务员日常管理业务线上办理。做好疫情防控常态化下的考录工作，新录用公务员240人，举办公务员初任培训、任职培训、选调生素质能力提升培训4期培训947人。规范参公单位管理，积极稳妥解决公务员管理历史遗留问题。成立玉溪市公务员申诉公正委员会，畅通公务员申诉、再申诉渠道，保障公务员的合法权益。

【人才工作】2020年，市委组织部围绕《关于实施玉溪市“百千万人才计划”的若干意见》，出台《玉溪市“百人计划”引进专项实施细则（试行）》《关于贯彻落实<关于鼓励引导人才向艰苦边远地区和基层一线流动的若干措施>的通知》等政策文件，从人才项目申报、人才服务、人才发展三个方面初步构建起了具有玉溪特点、具备区域竞争力、闭环衔接的人才政策和制度体系。深入实施“高层次人才引进计划”“高层次人才培育支持计划”“人才储备计划”，年内有737人、32个项目(团队)入选，其中，刚性引进高层次人才13人，柔性引进8人，柔性引进高层次创新创业团队2个，新建市级专家基层科研工作站5个，新建行业专家工作站15个。1人荣获第五届“兴滇人才奖”，14人入选省“高层次人才培养支持计划”，1人进入年度“国贴”入选公示，5个人选“省突”“省贴”。实施青年企业家培养计划，首批遴选31名青年企业家进行系统培养，充分发挥他们在玉溪经济社会建设中的优势和作用。深化拓展“百名专家扶百村”行动，积极探索脱贫攻坚巩固提升与推进乡村振兴工作的有效衔接，组织动员百名市委联系专家将专业、智力和资源优势在乡村振兴一线聚集，实现了专家在种植技术提升与产业提档升级、乡村规划设计与乡村旅游发展、疾病预防培训与村级卫生院人才培养等8方面的立体化帮扶，为全省开展人才助力乡村振兴工作作出了有益探索。选派24名教师和医生参与怒江州脱贫攻坚人才支持专项，选派23名教师和医生参加昭通市教育、医疗人才支持帮扶工作，为决战脱贫攻坚提供了人才支撑。在全市广大知识分子中深入开展“弘扬爱国奋斗精神、建功立业新时代”活动，落实分层分类联系服务专家工作，定期开展走访慰问，组织市委联系专家和援鄂医疗队员开展体检，举办全市高层次人才市情研修班，放大人才政治引领的“乘数效应”。优化提升高层次人才服务水平，在全省各州市中率先畅通市委联系专家就医“绿色通道”，构建起以3家市级人民医院+9家县(市、区)人民医院为主体的专家就医保健服务网络，切实解决人才落户、就医、子女教育、配偶就业等需求，人才服务保障体系不断“求实”“走心”。聚焦人才信息化建设，率先开展高层次人才信息数字化管理，完成全市高层次人才信息全采集，建成“急需紧缺人才需求信息库”“人才项目评审专家库”，依托玉溪人才网建成高层次人才招聘专区，为人才培养引进、联系服务、决策咨询提供数据参考和技术支撑。

【自身建设】 2020年，市委组织部组织开展“努力掌握马克思主义思想方法和工作方法”专题研讨、“政策大学习、能力大提升、作风大转变、工作大提标”活动等，集中一个季度时间开办“组工夜校”26期，围绕48个专题开展讲授，提升组工干部综合能力素质。对市委组织部30个创新项目和60个重点项目、各县(市、区)委组织部40个创新项目进行立项跟进，通过清单化管理、项目化推动，确保各项决策部署落到实处。及时总结提炼组织工作好经验好做法，3篇组工参阅信息被中组部采用，24篇组工信息被省委组织部采用，在新华网、人民网等中央、省级重点媒体刊发新闻宣传稿件847篇，承诺践诺行动、基层党组织书记上讲台、红色物业等经验做法在中国组织人事报刊载。办结市委领导批示件30余件，答复人大代表建议和政协委员提案6件。紧盯议事决策、作风纪律、联系群众、财务报销等关键环节，制定《关于进一步严明纪律规矩加强作风建设的通知》《中共玉溪市委组织部经费审批使用管理办法》等系列制度文件，推动权力公开透明运行。（市委组织部供稿）

宣传工作

【概况】 2020年，全市宣传思想文化战线深入学习宣传贯彻习近平新时代中国特色社会主义思想和习近平总书记考察云南重要讲话精神，认真贯彻落实《中国共产党宣传工作条例》，紧紧围绕中央、省市关于宣传思想文化工作的各项决策部署，贯彻落实全国、全省、全市宣传部长会议精神，召开全市宣传部长会议，进一步统一思想，明确目标，压实任务，在思想引领、舆论推动、精神激励、文化支撑等方面主动作为，为全市高质量发展提供坚强思想保证、凝聚磅礴精神力量。

【全市宣传部长会议】 2020年3月26日，全市宣传部长会议召开，传达学习贯彻全国、全省宣传部长会议精神，总结工作，分析形势，部署任务。市委常委、市委宣传部部长杨兴荣出席会议，并安排部署2020年全市宣传思想工作。会议强调，全市宣传思想战线要举旗定向，持续推动习近平新时代中国特色社会主义思想入脑入心、落地生根；鼓劲助力，巩固壮大决胜全面建成小康社会、决战脱贫攻坚的强大舆论声势；扬正引航，做大做强正面宣传，凝聚正能量；培根铸魂，压紧压实意识形态工作责任制；深耕厚植，推动社会主义核心价值观内化于心、外化于行；提质增效，以高质量文化供给增强群众文化获得感、幸福感；提高站位，构建对外宣传工作新格局；强基固本，夯实宣传思想工作基层基础。会议要求，各级各部门要切实加强党对宣传思想工作的全面领导，聚焦使命任务、坚持守正创新，锻造精干高效的宣传思想工作队伍，为坚决打赢脱贫攻坚战、全面建成小康社会、实现玉溪高质量跨越式发展提供坚实思想基础和强大精神动力。

【理论武装】 2020年，全市理论学习坚持思想引领，推动习近平新时代中国特色社会主义思想入脑入心、落地生根，市委理论学习中心组以“深入学习贯彻习近平新时代中国特色社会主义思想和习近平总书记考察云南重要讲话精神”等为主题举行12次集中学习，带动全市各级党委(党组)中心组学习930

次。对红塔区委、市卫健委、高新区党工委等理论学习中心组学习进行巡听旁听，推动中心组学习巡听旁听、随机抽查、学习报告、定期通报、巡察指导、专题督查、约谈问责等学习机制落地落实。征订《党建》《时事报告》《思想政治工作研究》等重点刊物，加强形势政策宣传教育。全市党员干部群众征订《习近平谈治国理政》(第三卷)8.5万余册，完成征订任务数的146%。组织召开“玉溪智库”和意识形态工作座谈会、“学习《习近平新时代中国特色社会主义思想三十讲》，努力把握马克思主义思想方法和工作方法”座谈会、“学习《习近平谈治国理政》第三卷理论研讨会”，诸多专家学者围绕研讨会主题作主旨发言，进一步提升领导干部理论指导实践能力水平。依托基层宣讲团广泛开展以习近平总书记考察云南重要讲话精神、《习近平谈治国理政》第三卷、党的十九届五中全会精神、“自强 诚信 感恩”等为主题的各类宣讲活动10 537场，受众25.7万余人次。线上理论宣讲队伍撰写的20篇理论文章被“学习强国”云南学习平台“云理轩”栏目采用。“玉溪宣传”理论学习微信平台先后选登重点理论和评论文章260余篇。持续推进全市10个学习宣传贯彻习近平新时代中国特色社会主义思想示范基地、示范点建设。深入挖掘全市宣传思想文化工作先进经验，形成7篇典型案例，2个选题入选省委宣传部2020年重点调研选题，年度社科研究课题立项33项。

【“学习强国”学习平台运用】 2020年，玉溪市共向“学习强国”云南学习平台推送稿件1 469篇，被省级平台采用1 416篇，签发率达96.39%，居全省第一，被中宣部主平台采用235篇，占全省36.89%，采用数量及采用率均居全省第一，受邀到迪庆州做工作经验交流。4人学习积分排名全省前十名、16人排名全省前一百名，入围全省前十名和全省前一百名人数占比均居全省第一。玉溪市代表队在全省首届“学习强国·学习达人”学习竞赛中，分获团体赛二等奖、最佳人气奖、个人赛三等奖、优秀组织奖。全市近10万名党员干部主动运用“学习强国”平台进行网上学习。

【新型冠状病毒肺炎疫情防控宣传引导】 2020年1月23日和28日，2次召开全市宣传部长会议、全市防控新冠肺炎疫情宣传舆论工作会议，及时安排部署新冠肺炎疫情新闻舆论和舆情管控相关工作。成立疫情防控宣传舆论工作领导小组，制发工作方案，向市级媒体和各县(市、区)融媒体中心推送相关信息、稿件及链接9 900余条。市、县(市、区)主流媒体开设“众志成城 团结奋进 抗击疫情”等专栏专题，累计转载转发刊播和自采新闻6.3万余篇(幅、条)，制作播出广播电视社教节目200余期，播出公益广告、公益歌曲等2万余条次。悬挂、粘贴宣传标语18万余条幅，发放防控疫情宣传单408万余张，滚动播出LED电子屏1 140万余条次，村村通“大喇叭”广播疫情防控知识覆盖704个村(社区)204.88万名村民，建立疫情防控宣传教育工作微信群1.3万余个，全面提升全市干部群众科学防控、依法防控意识。创作抗疫文学、音乐、书法、摄影、微视频等作品2 000余件。根据疫情防控和经济社会发展形势，在做好疫情防控宣传同时，加大全市复工复产、全力稳增长等宣传报道力度，开设“统筹做好疫情防控和经济社会发展”专栏，聚焦涉及全面建成小康社会、决胜脱贫攻坚、“六保”“六稳”、乡村人居环境整治等重点工作开展宣传报道。对疫情防控斗争一线30名先进个人事迹、20个先进集体事迹开展宣传报道。根据网上舆情发展变化，形成分析专报55期。

【融媒体中心建设】 2020年，市委宣传部成立玉溪市县级融媒体中心建设领导小组，统筹协调推进各县区融媒体中心建设，累计投入各级资金3 000余万元，整合各县(市、区)广播电视台、信息中心、媒体管理中心等，成立县级融媒体中心。建成一体化采编中心，建立全媒体内容管理系统，健全策、采、编、审、发、评全流程。全市县级融媒体中心顺利通过省级验收，新平县、元江县被评为优秀等级。与云南大学新闻学院签订合作协议，为全市媒体融合发展提供智力支撑。借助云南日报“智慧云”平台、云南广播电视台“七彩云”平台、新华社“云融”平台，提升县级融媒体中心技术平台应用能力，打造集广播、电视、网站、微博、移动客户端、微信公众号、抖音等为一体的全方位、立

2020年8月25日，市文明办主办玉溪市新时代文明实践活动暨“我们的节日·中秋”主题活动（市委宣传部 提供）

体化全媒体传播体系，“新闻+政务”“新闻+服务”“新闻+文明实践”等的综合型信息服务平台。玉溪日报社建成全媒体指挥中心，重构“玉溪+”APP客户端，玉溪广播电视台构建形成“传统广播电视播出平台+新闻门户网站+新媒体矩阵”的融合媒体格局，电视新闻外宣工作实现全省“六连冠”。

【精神文明建设】 2020年，全市精神文明建设坚持以培育和践行社会主义核心价值观为主线，不断提升全市人民思想觉悟、道德水平、文明素养和全社会文明程度。以模范典型学习宣传、文明讲堂活动、善行义举榜等多种方式持续推进社会主义核心价值观“进机关、进企业、进学校、进村(社区)、进宗教场所”。编印发放《向上向善——沿着榜样的足迹》(第四册)5 000册。组织开展玉溪市2020年文化科技卫生“三下乡”活动启动仪式暨集中示范活动，落实156万余元的项目、资金和物资。完善社会主义核心价值观融入法治建设的工作协调机制。广泛开展马克思主义祖国观、民族观、历史观宣传教育，建立玉溪市爱国主义教育联席会议制度，对32个爱国主义教育示范基地开展测评，组织开展爱国主义教育活动700余场次，参加人数13.6万余人次。评选命名第五届、第六届“玉溪好人”36名，年度“新时代好少年”20名，“最美科技工作者”10名，慰问帮扶道德模范、身边好人44人。举办“2020年‘德耀中华’玉溪市先进模范事迹暨‘玉汝于成、溪达四海’玉溪精神主题巡讲”和“决胜小康、奋斗有我”暨玉溪精神宣讲，受众6万余人。组织开展爱国卫生“7个专项行动”“公筷公勺·文明用餐”“一米距离 护卫健康”等宣传教育。持续开展“自强、诚信、感恩”主题实践教育活动，编印发放《学榜样、奔小康——玉溪“扶贫扶志”暨“自强、诚信、感恩”主题实践活动先进事迹汇编》31 000册。不断加强未成年人思想道德建设，澄江市荣获第六届全国未成年人思想道德建设工作先进城市。志愿服务深入开展，3名优秀志愿者获评云南省疫情防控优秀志愿者，1人获评全国疫情防控最美志愿者。澄江市获评第六届全国文明城市，4个村获评六届全国文明村镇，3个单位获评第六届全国文明单位，1户家庭获评第二届全国文明家庭，2个学校获评第二届全国文明校园，1人获评第五届全国未成年人思想道德建设工作先进工作者。建成9个中心、66个乡级实践所、471个村级实践站、志愿服务队793支，志愿者达13万余人，组织开展理论宣讲、教育、文化、科技与科普服务等文明实践活动6 000余场次，覆盖95万余人。

【文化体制改革】 2020年，市委宣传部持续深化文化体制改革，促进文化事业全面繁荣、文化产业快速发展和优秀传统文化传承弘扬，不断提升文化软实力。稳步推进市电影发行放映管理中心改革，积极推进基本公共文化服务标准化、基层综合性文化服务中心建设、文化馆图书馆总分馆制建设和公共文化结构法人治理结构改革工作。

【文化事业发展】 2020年，市委宣传部围绕全面建成小康社会指标，提升公共文化服务基础设施建设和覆盖，改造建设2个文化馆分馆、2个图书馆分馆、16个文化站，建设、提档升级5个博物馆，“三馆”县级区划建设覆盖率均达130%，乡级文化站行政区划建设覆盖率达120%。实现数字影院县级全覆盖。以“畅想阅读”“书香进社区”等为载体，全面开展全民阅读系列活动，有序推进农家书屋与“乡愁书院”“校园书店”融合发展，建成农家书屋727个，乡愁书院6个，校园书店8个。放映农村公益电影4 963场次，开展文化惠民演出共计640场，受众80.4万人次。澄江寒武纪小镇·欢乐大世界、果香四季国际旅游度假区纳入省级20个重大文旅项目库，抚仙湖三百亩村汽车旅游营地综合体、玉溪青花街、新平戛洒金湾花腰田间纳入省级50个新业态项目库，澄江市小湾村获评全国乡村旅游重点村。持续推进陶、铜、银、刺绣、石材特色文化产业发展，组织40家文化企业参展2020年深圳文博会(云上文博会)，举办玉溪市文化产业博览会。升级打造《花腰飞虹》《山茶花红》《王者江上》等文艺精品，《花腰飞虹》获省级文艺精品专项扶持资金立项。5人入选第三批“兴玉文化名家”，6件文艺作品和1名个人获第八届云南文学艺术奖，在第十三届云南省青年演员比赛中，荣获戏剧表演类7个奖项，8件作品荣获“奋斗杯”云南省群众文艺作品大赛奖项。

【舆论推动】 2020年，市委宣传部深入宣传贯彻习近平新时代中国特色社会主义思想和考察云南重要讲话精神及十九届五中全会精神，市级新闻媒体开设栏目，在全市迅速掀起学习热潮。开设“决战决胜脱贫攻坚”专栏，反映全市干部群众艰苦奋斗、摆脱贫困的历程做法和精神。深入开展全面建设小康社会宣传报道，开设“决胜全面小康”“走向我们的小康生活”等专栏，市级新闻媒体刊登播出有关脱贫攻坚、全面建成小康社会相关新闻1 400余篇(幅)。深入开展城市规划建设管理宣传报道，刊播相关报道350余条，营造玉溪加快城市建设、统筹城乡融合发展的良好舆论氛围。深入开展生态文明建设宣传，以新闻报道、深入解读等形式，展示全市干部群众践行“绿水青山就是金山银山”理念的生动实践。组织召开新闻发布会25场，全面解读我市统筹疫情防控、复工复产、脱贫攻坚、经济社会发展等工作取得的成效。

【对外宣传】 2020年，人民日报、新华社、求是、中国日报等中央、省级媒体以《这里的农民集体住别墅 家园是花园》《抚仙湖：护我一池澄碧，还你金山长依》等稿件集中反映我市群众小康生活新面貌。《云南玉溪：特色产业富农家》登上人民日报海外版，《守护好一湖清水，让抚仙湖永驻玉溪》在新华每日电讯刊出，《玉溪加速创新型城市建设》《玉溪创新型城市建设成效显著》在香港大公报、文汇报相继刊出，云南日报“幸福玉溪”专版刊登我市相关报道200余篇，《吉祥》《湄公河》《占芭》《高棉》等外宣期刊持续反映我市经济社会文化建设成就。

【意识形态工作】2020年，市委宣传部坚持高位推动，压实意识形态工作责任。将《中国共产党宣传工作条例》纳入党建工作责任制。对11家市直单位党组织开展意识形态工作责任制专项巡察，实现9个县（市、区）和101个市直单位党委（党组）2020年宣传工作及意识形态工作督查全覆盖，约谈年度考核排名靠后的党委（党组）。指导8个县（市、区）做好省委第十轮、第十一轮意识形态专项巡视整改。深入开展“扫黄打非”，组织开展“正道”“新风”集中行动，收缴非法出版物2.6万余件，处置网络有害信息3 717条，查办案件116件，1人被表彰为全国“扫黄打非”先进个人。对299家出版物发行和印刷企业进行年度核验，审批印刷企业、出版物发行单位45家。加强网络综合治理体系建设，落实全市750个网络平台账号、168个信息系统的属地管理责任。红塔分局“网安警务室”板块入选中央网信办“走好群众路线典型案例”平台栏目类案例、网安大队民警李正平入选党员干部个人类案例。

【队伍建设】2020年，市委宣传部设立市委讲师团，提升服务理论研究、理论宣讲能力水平。持续开展“四力”教育，组织开展“全市宣传思想暨意识形态培训班”“全市新闻发言人培训班”“新闻出版版权”和“扫黄打非”业务培训班等教育培训，提升干部队伍能力素质。（李明蔚）

统战工作

【思想政治引领】2020年，市委统战部牢牢把握统战工作的政治性，市委常委会专题研究统战工作10次，市委主要领导带头落实“六个纳入”“三个带头”规定，到市委统战部、各民主党派市委机关开展随机调研，对统战工作作出批示9次，安排专题调研4个，为统战干部作出了表率；充分发挥市委统一战线工作领导小组办公室作用，召开领导小组会议3次，研究出台与各民主党派主委、工商联负责人联系和约谈制度，推动宗教重点难点问题治理等重点工作6项，修订规章制度5个，制定领导小组年度工作要点和责任分工方案，压实成员单位工作责任，强化督促检查，推动构建党委统一领导、统战部门牵头协调、有关方面各负其责的大统战工作格局；支持各民主党派、无党派人士深化“不忘合作初心、继续携手前进”主题教育活动，探索建立“学、讲、约、悟”的思想政治引领机制，进一步巩固统一战线成员的共同思想政治基础，不断增强“四个意识”、坚定“四个自信”、做到“两个维护”；依托浙江大学、江西干部学院以及省、市社会主义学院，举办统一战线培训班，培训党外代表人士670余人次，推荐选调3名党外干部参加中央、省党外县处级中青年干部培训班，举办统一战线“同心智汇”大讲堂4期。举办全市统一战线学习贯彻习近平总书记考察云南重要讲话精神、信息宣传工作、民主党派和无党派代表人士培训班，学习党的十九届四中、五中全会精神、《民法典》、“城市规划建设”“数字经济”等专题学习培训或讲座；做好76名统战特色新型智库成员的联系服务，完成好市委交办的重点课题调研。市、县两级统战部部长（副部长）与民营企业家谈心谈话153人次；全市统一战线同心聚力战役，248名统战成员直接参与社区、重要交通卡点防控、医疗一线救治工作，制作防控宣传短片，新媒体人士提出“以舆止役”的倡议被收入百度词条；协调争取各方捐款捐物3 800余万元，募集口罩、护目镜、消毒水等150余万件（套），向武汉捐赠运送蔬菜260余吨。

【多党合作】2020年，市委统战部研究制定《2020年度政党协商计划》，探索政党协商的形式和内容，组织召开玉溪市各民主党派工商联无党派人士2019年度重点调研课题协商座谈会、2019年度全市党风廉政建设和反腐败工作情况通报协商会、法检两院工作调研协商座谈会。组织开展“元江县现代物流特色集镇”“峨山县老旧小区改造”等“微协商”。组织65名民主党派、无党派代表人士赴井冈山开展专题培训。按照省委统战部有关要求，形成了56名玉溪市市级层面民主党派代表人士人选。协助民盟、农工党、九三学社玉溪市委推进届中调整工作。支持各民主党派市委加强内部监督，民革、民盟、民建、民进、农工党、致公党玉溪市委成立监督委员会。制定《玉溪市人民政府有关部门与市级各民主党派工商联对口联系制度》等，进一步健全知情明政机制、畅通协商渠道。采取会议协商与书面协商相结合方式，发出协商函5份，梳理意见建议129条。各民主党派、工商联年内完成调研报告12篇，年初“两会”提交人大建议12件、政协提案129件，其中9件被列为督办提案。一批意见建议得到市委市政府领导批示，被有关部门采纳，推动了政策的出台。支持7名民主党派成员特约检察员及1名特约监察员积极

2020年2月14日，市委统战部到红塔区金州社区报到，向基层防疫一线赠送一批防疫工作和生活保障物资，看望慰问坚守在卡点一线的基层工作人员

（市委统战部　提供）

2020年9月13—18日，市委统战部组织全市民主党派和无党派代表人士80余人到井冈山开展"传承革命精神、凝聚政治共识"培训（市委统战部　提供）

履职，支持民主党派人士参加检察院听证，旁听法院案件审理，充分保障民主党派发挥民主监督作用。支持7家民主党派市委对口9个县（市、区）开展脱贫攻坚巩固提升民主监督。

【无党派人士和党外知识分子工作】2020年，市委统战部加强学习培训，着力抓好思想引领。通过到井冈山举办专题培训班，到华宁万松山革命教育基地开展爱国主义教育，微信群交流等方式，抓好思想政治引领。发出倡议书引导无党派人士和党外知识分子坚守本职岗位，不信谣、不传谣，参与联防联控，为疫情防控贡献力量。支持市党外知识分子联谊会加强制度建设，修订和新增10个制度，组织开展活动，增强会员凝聚力。创造条件，积极引导有序政治参与。发挥市党外知识分子联谊会平台载体作用，支持无党派人士做好年度调研工作，参加重点调研课题协商座谈会。搭建知情明政平台，组织无党派代表人士参加全市党风廉政建设和反腐败工作情况通报协商会以及市人民检察院、市中级人民法院工作情况调研协商座谈会3次。开展"无党派人士"认定登记工作，全市共认定无党派人士108名，进一步规范"无党派人士"政治面貌的使用。

【民族宗教工作】2020年，市委统战部有序推进民族团结进步示范创建，全市146个单位被命名为云南省民族团结进步示范单位；中共红塔区委、新平县民族宗教事务局被省政府表彰为全省民族团结进步模范集体，5名同志被省政府表彰为全省民族团结进步模范个人，242个单位（家庭）被命名为市级示范创建单位（家庭），建成5个市级民族团结进步教育基地；持续抓好第三轮"十县百乡千村万户"示范创建工程，争取省级资金2 480万元，实施24个示范村（特色村）和1个示范社区项目建设，争取民贸民品贴息贷款613.18万元，支持36个民贸民品企业发展；争取省级资金155万元，完成10个省级少数民族文化项目建设。深入推进宗教活动场所"五进"活动，实现全市寺观教堂"五进"全覆盖，全面加强对宗教界的教育引领。

【港澳台海外统战工作】2020年，市委统战部面对台海形势及新冠肺炎疫情等新情况，做实在玉港澳台侨代表人士工作。召开市委对台工作会议，落实中央惠台"31条措施""26条措施""11条措施"，云南省惠台"75条措施"，制定《玉溪市贯彻落实云南省〈关于促进云台经济文化交流合作若干措施〉责任清单》。先后12次深入台企调研疫情防控和复工复产工作，组织台企、台胞开展涉台政策辅导培训8次，实地走访慰问困难归侨侨眷和侨界代表人士、黄埔同学、黄埔同学遗孀、台胞、台资企业负责人260人次。认真调查生活困难的归侨侨眷情况，向上申报临时救助金7.6万元，慰问帮扶76户困难归侨侨眷。协调解决台企台胞社保减免、租金减免、产品通关、公租房、车辆年检等困难诉求6起，为9名"三侨生"落实高考加分政策，解决3名台侨子女入园入学问题，坚定在玉台企台胞台属的发展信心。积极开展"归侨侨眷权益保护法颁布实施30周年宣传月"等政策法规宣传活动，通过在地方党政媒体开设专栏、利用统一战线各类新媒体广泛宣传、印制宣传品等形式，扩大“侨法”对归侨侨眷的传播范围和受众面。广泛开展与玉溪港澳台同胞、华侨、归侨、侨眷、留学人员及海外侨团侨社的联谊，不断巩固壮大爱国力量；牵线搭桥助力经济发展，向中国侨商联合会、云南省侨商会及有联系的海外侨团侨社、省台办推送重点招商引资项目10个，促成6个涉台企业和项目落地。强化与海内外及两岸媒体交流合作，57名两岸主流媒体记者对进行了多角度采访报道；安全有效开展海外华文教育和文化交流活动，选派6名老师赴老挝、缅甸华文学校任教。

【非公有制经济领域统一战线工作】2020年，市委统战部研究制定《玉溪市贯彻落实省委办公厅＜关于加强新时代民营经济统战工作的实施意见＞任务分解方案》，深入开展民营经济统战工作专题调研。推动支持民营经济发展的政策措施落地见效，帮扶企业有序开展复工复产，全市434户规模以上企业于4月底全部复工复产；认真落实政企沟通协商制度和谈心交流制度，市委领导与包括年轻一代、商会主要负责人、有较大影响力但未作政治安排以及企业在境外有投资业务的民营经济人士在内的15人进行谈心，了解诉求困难6条、收集意见建议7条；践行“亲”“清”政商关系，健全完善政商交往正面清单14条、党政机关干部政商交往负面清单8条、民营经济人士政商交往负面清单6条，加强检查调研，形成《玉溪市构建“亲”“清”新型政商关系推动落实情况检查报告》。加强对民营经济人士特别是年轻一代的思想引领，组织民营经济人士参加各级各类培训5期225人次。持续深入推进“万企帮万村”精准扶贫行动，全市7户民营企业实施帮扶项目25个，企业投入总金额309万元，惠及困难群众1 766人。组织上规模企业参加“2020云南省非公企业100强”评选活动，11户2019年度收入9亿元以上的民营企业入围全省非公企业100强；4户企业入围制造业20强，其中2户位居榜首；2户企业入围服务业20强。

【新的社会阶层人士统战工作】2020年，市委统战部精心设计载体，不断凝聚思想共识，线上线下结合，通过举办新的社会阶层代表人士专题培训班、网络人士统战工作座谈会、“同心聚力促发展”走访活动、“玉心E意”微信群交流等方式，宣传党的理论、方针、政策，加强正面引导，促进沟通交流。指导市新的社会阶层人士联谊总会修订和新增工作制度13个，更好地发挥联谊组织平台载体作用。加强网络人士统战工作，召开全市网络人士统战工作会议，印发工作责任清单，推动网络人士统战工作创新发展。按照“六有”标准，推动新的社会阶层人士统战工作实践创新基地建设，2家企业入选省级网络人士统战工作实践创新基地，建成7家市级网络人士统战工作实践创新基地，新的社会阶层人士实践创新基地建设经验在全省统战部部长会上交流。坚持品牌带动，发挥新的社会阶层人士作用。打造“玉溪市新媒体矩阵”，引导广大新媒体（网络）人士为打赢防控疫情阻击战凝聚社会正能量，累计发布抗疫信息3 600余条，10W+爆款文章37篇/条。市新阶联公益专委会支持引导市义工联、市暖暖公益等5家公益组织开展慰问、捐赠等活动，参与联防联控。继续打造好“玉溪九峰”“云蚁力量”活动品牌，分别开展“玉溪九峰”活动2期、“云蚁力量”活动1期。

2020年9月23日，“全国台联2020两岸媒体人云南行”参访团到玉溪参访考察
（市委统战部 提供）

【自身建设】2020年，市委统战部持续深化党和国家机构改革，推动市委统战部、市民宗局合署办公，实现“人财物”全面融合；推荐1名优秀干部参加玉溪市第十七期青年干部培训班，向市委巡察工作人才库推荐3名优秀干部，向意识形态巡察督查工作人才库推荐1名优秀干部，推荐9名基层统战干部参加省委统战部基层统战干部培训班，严格按规定程序完成21名干部职级晋升工作，提拔使用科级干部2名，优化了干部职务职级层次结构，形成合理的干部队伍成长梯次；严格落实统战工作“一制四化”和建设“讲党性、服务型、争一流、守纪律、重团结”政治机关的工作要求，完成党总支换届，以机关党建推动统战干部能力素质提升，动员在职党员参与所居住小区党组织建设和小区综合治理，主动融入为民服务，为红塔区城市基层党建创新提质建言献策。组织开展“主题党日”活动24次，参与党员983人次，进一步

丰富了支部活动的具体内容。党员干部以党章为根本遵循，落实“承诺践诺”要求，推行正负面清单管理，66名中共党员签订了“共产党员不信仰宗教和参加宗教活动承诺书”，确保党员队伍纯洁；严格落实全面从严治党主体责任，坚决肃清秦光荣流毒影响，不断深化党风廉政建设和反腐败斗争，支持驻部纪检监察组加大监督执纪力度，认真做好市委巡察复盘整改工作；认真落实脱贫攻坚巩固提升“回头看”，组织党员干部入户走访慰问，积极参与挂钩联系贫困村开展人居环境整治，推进乡风文明，派出巩固脱贫攻坚驻村工作队员2人和乡村振兴工作队长3人，组织党员参与社区开展扫黑除恶宣传、疫情防控宣传、创文创卫、爱国卫生“七个专项行动”等活动18次，党员自愿向党组织捐款6 475元支持新冠肺炎疫情防控工作，向红塔区金州社区、华宁县盘溪镇矣得村捐赠价值26 889元的抗疫物资。（市委统战部供稿）

机关党建

【政治建设】2020年，市直机关各级党组织把政治建设摆在首位，把坚决做到“两个维护”作为首要政治任务，深入贯彻落实习近平总书记考察云南重要讲话精神以及习近平总书记在中央和国家机关党的建设工作会议上的重要讲话精神，全面贯彻落实中央关于加强党的政治建设的重要部署和省委、市委工作要求。聚焦“五强五带头”，注重示范引领，以“寻标对标达标创标”行动和特色品牌创建为抓手，扎实推进模范机关创建活动，共打造“铸红色忠魂，护经济航程”“公安党旗红”等党建工作品牌15个。持续开展“肃流毒、除影响、清源头、树正气”专项行动，深化“以案促改”，营造风清气正的良好政治生态。

【理论武装】2020年，市委市直机关工委持续巩固深化“不忘初心、牢记使命”主题教育成果，举行市委宣讲团市直机关专场报告会、“学习身边榜样”，赠阅党报党刊和学习资料14 226册，推动学习贯彻习近平新时代中国特色社会主义思想往深里走、往心里走、往实里走。市直机关领导干部坚持突出“关键少数”，带动“绝大多数”，组织开展“党课开讲啦”“领导干部上讲堂”901人次，带动各级基层党组织书记讲党课1 704次，开展党员集中学习、“书香机关·书香支部”活动，理论学习氛围进一步浓厚。丰富理论学习路径，加强“学习强国”“云岭先锋”等平台的使用推广力度，举办“学习强国”学习达人知识竞赛、“学条例、在线测、见实效”活动，进一步深化学习效果。严格落实意识形态工作责任制，强化舆论引导，提升巩固“玉溪机关党建”微信公众号等阵地的发声作用。

【市直机关党的建设工作会议】2020年3月5日，市委召开市直机关党的建设工作会议。会议深入学习贯彻习近平新时代中国特色社会主义思想和习近平总书记考察云南重要讲话精神，全面贯彻落实党的十九届四中全会、中央和国家机关党的建设工作会议以及省直机关党的建设工作会议精神，总结工作，分析形势，部署任务，推动市直机关党的建设工作提质增效、上档升级。会议强调，加强和改进新时代市直机关党的建设，要坚持以习近平新时代中国特色社会主义思想为指导，大力践行“三个表率”，践行初心使命、创新思路举措，以改革创新精神全面提高机关党的建设质量，推动新时代玉溪机关党建工作走在全省前列，建设让中央和省委放心、让人民群众满意的模范机关。要带头做到“两个维护”，切实加强党的政治建设，增强政治自觉，坚决贯彻党的理论和路线方针政策，对党忠诚；带头学思践悟，切实做习近平新时代中国特色社会主义思想的坚定信仰者、忠实实践者；带头夯实基层基础，抓住领导干部这个关键少数、机关基层党支部这个“末梢神经”，强基固本，锻造坚强有力的机关基层战斗堡垒；要纠治“四风”，把形式主义、官僚主义戒得更彻底，深化“以案促改”，把纪律螺丝拧得更紧，强化对“一把手”行使权力的监督和制约，带头推进正风肃纪，涵养风清气正的政治生态；带头强化制度建设，建立和落实不忘初心、牢记使命的制度，建立健全整治突出问题长效机制，从严从实抓好制度的执行，在全面推进制度治党、依规治党上务求实效；带头狠抓工作落实，围绕中心、服务

2020年4月2日，市直机关举办“基层党组织书记讲坛”（第一期）
（市委市直机关工委　提供）

大局，确保党建活动与业务工作紧密结合，推动机关各项工作干到位、干出彩，在服务全市大局中勇攀工作高峰。

【机关党建“灯下黑”专项整治】 2020年，市委市直机关工委持续开展机关党建“灯下黑”专项整治工作，着力破解“灯下黑”等突出问题。开展机关党建“灯下黑”专项督查，抽调6个督查组于7月24日至8月5日深入75个市直部门（单位），采取查阅资料、与党组（党委）书记和机关党组织书记及党员群众代表个别谈话、集体座谈等形式，结合市委巡察发现的机关党建突出问题，全面排查贯彻落实机关党建工作责任制等机关党建“灯下黑”问题具体表现，列出清单，建立台账，共听取意见建议180条，发现问题406个，点对点反馈问题清单404条，盯住具体问题抓整改，推动机关党建目标任务落实落地。市直机关各级党组织积极加强调查研究，撰写形成《持续解决机关党建“灯下黑”问题研究》等优秀课题研究理论成果22篇，其中《玉溪市级机关基层党组织建设现状面临的困难和问题研究》荣获省机关党建研究会“十佳课题研究成果”。

【基层党组织建设】 2020年，市委市直机关工委以提升组织力为重点，突出政治功能，加强党的组织体系建设，全面增强基层党组织政治功能和组织力。制定实施年度党组（党委）书记抓基层党建工作责任清单12项任务、基层党建工作重点任务项目清单11个项目28项具体措施，建立市直部门单位党组（党委）书记党支部工作联系点632个。投入11.47万元为基层党员征订学习资料和补助党员活动阵地建设，批准成立机关纪委28个，指导党组织完成换届和改选补选87个，全年发展党员39名，培训入党积极分子101名和党员发展对象99名。遴选命名示范党支部5个，创建省级“规范化建设示范党支部”1个、市级“规范化建设示范党支部”3个，党支部达标创建实现全覆盖。推动“智慧党建”信息化平台“进机关”全覆盖，市直机关各级党组织配备安全密钥49个，安装党建盒子168个，规范运用“云岭先锋”网上党支部、全国党员管理信息系统等平台开展工作，完善基础党务台账。加强党内激励关怀帮扶，下拨党费3.85万元，走访慰问生活困难党员、老党员和因公牺牲干部家属53人。

【党务干部队伍建设】 2020年，市委市直机关工委加大对基层党组织书记、新任专兼职党务干部培训力度，全力提升党务干部的专业能力，锻造过硬党务干部队伍。制定出台《市直单位机关党组织负责人任免审批办法》，实行新任党组织书记任职谈话制度，6名基层党组织书记列入玉溪市“头雁群”培育计划。成立市委市直机关工委党校，印发《玉溪市直机关“万名党组织书记大轮训”和“万名党员进党校”实施方案》《玉溪市直机关“基层党组织书记讲坛”实施方案》，举办基层党组织书记（新任支部书记、支部委员）培训、“双万行动计划”“基层党组织书记讲坛”6期，运用Welink开展“智慧党建”信息化平台操作视频培训2期，培训基层党组织书记、党务干部2 900余人次。

2020年9月22日，市直机关开展“学习身边榜样”活动（市委市直机关工委 提供）

【自身建设】 2020年，市委市直机关工委以推进“工作提升年”为抓手，强化工委机关自身建设。加强工委领导班子建设，专题研究部署和推进巡察反馈问题整改落实工作，全力推进巡察反馈34个问题整改落实到位。成立机关党建服务中心，通过考核选调、公开招考、政策性安置3名事业人员到中心工作，工作力量进一步加强。全年举办理论学习中心组学习9次、党员集中学习10次，主题党日活动12次。认真落实脱贫攻坚政治责任，为扶贫联系点解决3个村民小组276户安全饮水问题。压实党风廉政建设主体责任，加强党员教育管理监督，抓好党员干部的纪律教育、政德教育、家风教育，常态化开展警示教育和家庭助廉活动，强化对权力运行的制约和监督。严格贯彻落实中央和省委、市委关于“解决形式主义突出问题为基层减负”有关要求，改进文风会风，整治形式主义、官僚主义，工委机关作风持续好转。（张 洁）

老干部工作

【离退休干部队伍】 截至2020年底，全市有离休干部257人，退休干部23 553人，共23 810人。离退休干部党员11 374人。有离退休干部党

（工）委10个，有党支部767个，其中离休干部支部2个，退休干部支部213个，离退休合编支部179个，与在职党员合编支部244个，社区党支部129个。

【走访慰问老干部】 2020年春节前夕，市委市政府统一安排，对全市540名离休干部、离休干部遗属和县（处）级以上退休干部、特困老干部以及建国初期参加革命工作的部分退休干部进行走访慰问。在抗日战争胜利75周年之际，组织慰问了7名老八路、新四军老战士。老年节期间，市委书记王力和市委副书记、市长张德华等领导带头走访慰问参加过抗美援朝的老干部27人。

【全市老干部工作会议】 2020年2月25日，全市老干部工作会以视频形式召开。会议全面总结2019年工作，安排部署2020年任务，推动全市老干部工作高质量发展。市委老干部局机关全体人员及直属单位班子成员在主会场参会，各县（市、区）委常委、组织部长及老干部工作部门有关同志在分会场参会。

【新春"团拜会"】 2020年1月19日，市委老干部局举办2019年度全市经济社会发展情况通报会暨2020年全市离退休干部新春"团拜会"，市委常委、市委组织部部长景绚出席会议并通报情况，市政府副市长曾敏主持会议。800余位老同志欢聚一堂，欢声笑语共迎新春佳节。

【参观考察】 2020年1月，市委老干部局组织市级老领导参观考察玉溪规划馆、玉溪科教创新城建设，全面了解玉溪发展足迹和未来发展蓝图。11月，组织厅级老领导深入峨山县、新平县和元江县开展"我看脱贫攻坚新成就、我为乡村振兴献一策"市情考察活动，实地感受脱贫攻坚、乡村振兴发展以及"十三五"期间所取得的成功经验和做法，共话玉溪跨越发展。

【"比学赶超"活动】 2020年，市委老干部局在全市分3个组深入开展离退休干部工作"比学赶超"活动，先后在红塔区、澄江市、易门县、新平县以"离退休干部党建融入城市基层党建""精准服务""提升阵地建设"为主题开展学习交流。

【离退休干部健康体检】 2020年6月，市委老干部局组织担任过副厅以上领导职务和享受副厅级双项、三项、单项待遇，以及抗日战争时期享受副厅级医疗待遇的离退休干部共84人进行一年一度的健康体检，以"组织安排到位、项目涵盖到位、精细服务到位、结果反馈到位"做实做细做优工作。

【离退休干部党建工作】 2020年4月10日，市委老干部局召开全市离退休干部党建工作会，印发《离退休干部党支部建设指导手册》，制定"一方案三清单九措施"谋划工作。5月13日，举办第22期党支部书记读书班，对党支部规范化示范化建设进行培训，评选命名2020年全市"五有五好"示范党支部38个。7月，举办第二届离退休干部党组织微党课比赛和优秀主题党日评选，评选出"十佳微党课"10个、"十佳主题党日"10个。12月，召开"党建引领离退休干部融入城市社会基层治理现场推进会"。

【基层党组织书记讲坛】 2020年，市委老干部局举办5期"基层党组织书记讲坛"，20名离退休干部党支部书记走上"领讲台"，紧扣发挥'头雁'效应，助力中心工作，讲述党支部工作、老党员事迹、老同志风采。

【"金晖先锋之家"】 2020年，市委老干部局在全市建立30个"金晖先锋之家"，推动实现党建活动场所"一室共用"、党建学习资料"循环利用"、文化养老设施"多方共用"，共服务100余个离退休干部党组织。

【家门口老年大学】 2020年，市委老干部局与市委组织部等8个部门联合发文《关于加强全市老年教育工作的通知》，明确提出了"234"老年教育发展路径，推进"家门口老年大学"建设，建立健全"市、县（市、区）、乡镇（街道）、村（社区）"四级老年教育网络。全市建立"家门口老年大学"320所，开设班级720个、专兼职教师1 075名、老年学员达4.83万人次。

【"碧玉生辉"志愿服务】 2020年，市委老干部局与市文明办联合发文《关于加强离退休干部志愿服务工作融入新时代文明实践活动的实施意见》，建立"碧玉生辉"志愿服务总队1个、大队8个、志愿服务队205个，有志愿者3 700余人。成立"碧玉生辉"宣讲团7个，开展政策理论宣讲120余场次，受众达1.8万多人次；1 100多名老同志参与红色物业，融入基层社会治理；3 000多人投身爱国卫生"七个专项行动"，离退休干部党员助力疫情捐款达101万元。积极推动志愿服务项目化，推出"捐一本书、种一棵树、送一个微笑"志愿服务活动，共建立"碧玉生辉"爱心书架3个，捐赠书籍1 000余本；在星云湖畔实施"老干部长寿林"工程，种植各种树木188棵，捐款4万余元。市老干部诗书画协会助力玉溪成功创建"中国最佳楹联文化城市""云南诗词之乡"。夕阳红志愿者协会启动"健康玉溪"推广项目、"晚霞情缘"联谊项目、"微笑向阳"癌友互助项目。市老干部摄影协会举办"脱贫攻坚新成就、乡村振兴新起点"主题摄影展。

【评选"最美"典型】 2020年，市委老干部局开展"五星四比"活动，在老干部中评选"学习之星、健康之星、才艺之星、关爱之星、公益之星”53名，评选“最美老干部”10名、“最美银发志愿服务团队”2个、“最美银发志愿者”10名。

【荣誉退休】 2020年，市委老干部局深化“九个一”荣誉退休制度，编印《离退休人员服务手册》，提供暖心服务、生活指南、文体活动指导。举办第七期退休生活适应性培训班，引导广大离退休干部科学规划退休生活，做到优雅退休，幸福养老。

【市干休所工作】 2020年，市干休所持续加强党员党性体检中心建设，构建“不忘初心、牢记使命”长效机制。推行“无接触”安全诊疗、放宽开药数量、预约特殊药品、开设电话巡诊、建立健康台账，打通精准服务老干部的“最后一公里”，确保老干部在疫情期间“小病不出门、慢病不断药”。

【老年大学工作】 2020年，市老年大学强化“互联网”思维，在中国老年大学协会官网开设“云课堂”专栏，为老年学员免费提供党建、书画、养生、舞蹈、音乐等多个专业优质网络课程教学，推送的125个课件全国网上点击量超过52万人次。

【老干中心工作】 2020年，市老干中心搭建心理咨询沟通平台和健康保健培训平台，举办心理健康知识讲座、义诊等活动，共接待心理咨询23例。坚持政治引领，建设红色中心、学习中心、文化中心、健康中心、快乐中心、幸福中心、文明中心、平安中心、绿色中心。

（市委老干部局供稿）

党校工作

【干部教育培训】 2020年，市委党校研究制定《中共玉溪市委党校贯彻落实〈条例〉重要改革举措实施规划（2020—2025年）》，把党校姓党贯穿工作各方面各环节，把用习近平新时代中国特色社会主义思想武装党员干部作为教学培训的中心任务，深入推进用学术讲政治教学改革，新增13个教学专题，打造4门样板课。坚持把党的理论教育和党性教育作为主业主课，创新教学方式方法，教育引导学员把学习成效转化为推动事业发展的实际行动，切实当好党的理论的布道者和党性锻炼的熔炉工。全年举办培训班（会议）131期15 915人次，其中，主体班次30期合计5 663人次。

【科研咨政】 2020年，市委党校聚焦全市重点工作和关键环节，加强课题研究和决策咨询，充分发挥智库外脑和参谋作用。全年完成科研成果102项，核心期刊3项，国家级成果7项、省级成果56项、市级成果36项、市级课题2项。加强党委信息工作，报送采用17条，为市委科学决策提供参考。

【理论宣讲】 2020年，市委党校围绕市委市政府中心工作，充分发挥在宣传党的路线方针政策和马克思主义中国化最新理论成果等方面的主力军作用，推动党的路线方针政策“飞入寻常百姓家”。全年开展宣讲513场，听讲人数4.63万余人次。

【市域治理干部学院成立】 2020年4月26日，玉溪市域治理干部学院在玉溪党校成立，围绕学习贯彻党的十九届四中全会精神和习近平总书记考察云南重要讲话精神开展培训，着力提高党员领导干部市域治理能力、提升党建引领市域治理现代化水平。目前，已举办2期“玉溪市党建引领基层治理专题培训班暨兴玉党建论坛”，承办市内外各类培训18期2 542人次，其中，市内班次13期2 289人次。

【党内法规研学中心成立】 2020年8月31日，玉溪市党内法规研学中心在玉溪党校揭牌成立，是继省党内法规研究中心后，成立的首个州市级党内法规研学中心。编写完成领导干部学习党内法规工具书《中央党内法规执行责任要点》，形成全市从严治党、依规治党的总体纲目，印发全市领导干部学习使用，并准备公开出版。

【队伍建设】 2020年，市委党校坚持公平、公正、公开原则调配和任用干部，着力加强人才队伍建设，举办全市党校系统师资培训班1期，选拔任用科级干部8人、交流轮岗1人、参公人员职级晋升19人，专业技术

2020年8月31日，玉溪市党内法规研学中心在玉溪市委党校成立

（市委党校　提供）

人员职务晋升7人，1人申报入选兴玉文化名家，选派14人次到相关部门挂职、跟班学习锻炼、驻村工作。

【深化改革】 2020年，市委党校印发《全面深化改革2020年工作要点任务书》，明确试点（推广）工程改革任务清单3项、创新工程任务清单33项，落实工程任务清单27项。制定印发《玉溪市党校系统推进用学术讲政治教学改革实施方案》《中共玉溪市委党校2020年开展用学术讲政治教学改革工作实施方案》等，有力推进全市党校系统用学术讲政治教学改革工作。印发《中共玉溪市委党校贯彻落实＜中国共产党党校（行政学院）工作条例＞重要改革举措实施规划（2020—2025年）》，明确重点改革任务61项，全面推动《条例》贯彻落实。开展行政后勤工作流程化、精细化、制度化改革试点和推进改革方案科学化、民主化、法制化改革试点两个改革试点项目工作，取得阶段性成效，形成制度性成果2项。

【业务指导】 2020年，市委党校协调督促各县（市、区）党委落实办党校管党校建党校主体责任，峨山、易门、红塔、澄江、元江5个党校完成改扩建，通海、新平、江川、华宁4个正在建设中，全市党校办学能力全面提升，峨山县委党校争取省级专项补助资金500万元。组织县区党校负责人、教师参加“龙马论坛”等学术研讨，举办全市党校系统师资培训班等，选派教师到县级党校授课，扎实推进县级党校建设。 （徐瑞江　李咏励）

史志编纂及研究工作

【党史征研】 2020年，市委党史研究和地方志编纂办公室公开出版《中国共产党玉溪历史简明读本（1927~1950）》12 000册；对《2019中共玉溪市委执政纪要》进行了改版，并完成出版发行工作；编撰出版《玉溪民主法制建设（1978~2012）》《玉溪解放70年》；完成《中国共产党玉溪历史（1950~1978）》初稿的撰写；全面启动新冠肺炎疫情防控史料征集、编研工作；完成省委党史研究室安排的《玉溪社会事业建设》《玉溪党的建设》等专题研究。

【全市“两全目标”完成】 2020年，为完成全市“两全目标”工作，市长张德华和市委常委、市委秘书长王志新多次作出了重要批示和要求。2020年6月底和10月底，市、县（市、区）两级地方综合志书10部和综合年鉴2020卷10部编纂出版，全市“两全目标”完成。

【《玉溪年鉴（2019）》获全国一等年鉴】 2020年12月，市委党史研究和地方志编纂办公室编辑出版的《玉溪年鉴（2019）》荣获中国地方志指导小组、中国地方志学会举办的第七届全国地方志优秀成果（年鉴类）市级综合年鉴一等年鉴。据悉，此次评选活动玉溪市共报送3部年鉴，除《玉溪年鉴（2019）》获市级综合年鉴一等年鉴外，《红塔年鉴（2019）》获县级综合年鉴三等年鉴，《红塔集团年鉴（2019）》获专业年鉴三等年鉴。

【《玉溪市志（1978—2005）》编纂出版】 2020年，市委党史研究和地方志编纂办公室完成《玉溪市志（1978—2005）》的编纂出版工作。全书历时16年编纂，分上、中、下3卷，志体部分有总述、大事记、33篇分志及人物、附录，下册附U盘电子书，共320万字，全面系统地记录了玉溪的山川形胜、自然环境、风俗民情28年间的政治经济文化社会的历史现状、重大事件和著名人物，准确、客观、真实地反映了玉溪改革开放、经济建设与社会发展的主要举措成就。

【省年鉴业务培训班暨省情系列微视频动员会议在玉溪举办】 2020年7月15、16日，云南省年鉴业务培训班暨省情系列微视频动员会议在玉溪举行。会议由云南省地方志办公室主办，玉溪市委党史研究和地方志编纂办公室承办，来自全省各地州的130余名代表参加会议。7月15日上午，云南省情资源开发利用项目——《美丽云南》省情系列微视频（第二季）开机仪式在玉溪红塔大酒店举行。省地方志编纂委员会专职副主任、办公室主任杨建林和市委常委、市委秘书长王志新共同为拍摄设备进行开机揭幕。

2020年7月13日，省地方志办公室主任杨建林（左三）一行，在市委史志办主任孔施祥（右二）的陪同下，到峨山县调研 （市委史志办　提供）

2020年8月13日，市委党史研究和地方志编纂办公室召开《玉溪市志(1978—2005)》编纂出版总结座谈会 （市委史志办　提供）

【拍摄《美丽云南》“玉溪篇”】 2020年，市委党史研究和地方志编纂办公室申报省情微视频拍摄选题26个，并配合完成全部拍摄工作。26集《美丽云南》“玉溪篇”微视频内容主要包括“美名”9集，“美物”5集，“美文”1集，“美食”4集，“美景”3集，“美俗”1集，“美人”1集，其他2集。

【史志宣传】 2020年，市委党史研究和地方志编纂办公室扎实做好史志宣传教育工作。在全市初中二年级学生中继续开展“玉溪党史进校园”试点工作。深化《滇中·红色记忆》党史纪录片的宣传利用工作，剪辑制作24个微视频在新媒体上广泛传播，其中，14个微视频在“学习强国”上刊播。积极开展“四史”宣讲，为各类培训班开展“四史”宣讲12场次，受众2 000余人。充分发挥“玉溪史志网”“玉溪史志”微信公众号宣传阵地作用，编辑上传“玉溪史志网”文章、信息及视频707篇(条)，推送“玉溪史志”微信公众号文章、信息及视频730篇(条)；“玉溪史志网”浏览量95万人次，“玉溪史志”微信公众号订阅人数2 863人，阅读量7.4万人。撰写上报省委党史研究室信息92条，被采用30条；撰写上报市委办信息综合室34条，被采用15条(次)；编辑上传“玉溪史志网”92条；编印《玉溪史志工作信息》4期，向社会各界宣传了玉溪史志工作。

【革命遗址保护利用】 2020年，市委党史研究和地方志编纂办公室申请到革命遗址和纪念设施保护利用补助专项资金80万元，对元江县“原省工委小柏木军政干部训练班旧址”进行修缮保护。积极参与《玉溪市革命遗址保护条例》调研、修改等立法工作。 （陈雪娇）

保密工作

【概况】 2020年，市委机要和保密局全面落实党管保密工作原则，统筹促进各项工作有序开展。及时调整市委保密委员会成员，组织召开市委保密委员会暨全市保密工作会议，传达学习了中央和省委、市委关于保密工作指示批示及有关会议精神，总结2019年工作，安排部署2020年工作，确保全市保密工作顺利开展。按照上级通知要求，统筹开展全省保密系统“查漏洞、补短板、抓整改”和“规范建设年”活动，进一步明确职责、制定标准、细化分工、限时完成，将各项工作任务分解细化到具体科室(中心)，压实到具体工作人员，努力促进全市保密工作更上新台阶。将保密工作融入全市经济社会发展，做到同安排、同部署、同检查、同验收。疫情防控期间，制定工作预案，采取“线上监督指导”的方式，督促指导全市机关单位在涉密文件领取、传阅、保管各流程中加强个人防护、落实管理规定、排查风险隐患，确保不发生任何问题。

【宣传教育】 2020年，市委机要和保密局强化宣传教育，有效提高全民保密意识。突出专题教育。以密码法颁布实施为契机，把学习贯彻落实密码法作为当前和今后一个时期的重要任务，将密码法用生动形象的漫画、插图和标注，制作成漫画读本，编印10 000余册发放至全市机关单位学习。将保密工作公益广告片、宣传标语口号在玉溪电视台、玉溪网、机关单位电子屏等平台进行播放，不断增强全市干部职工的保密意识和密码安全意识。开展常规教育。认真开展领导干部、涉密人员、初任公务员等常规性教育培训，加大典型案件警示教育和保密优良传统教育。开展“保密法制宣传月”活动，抓好《保密工作》《保密科学技术》学刊用刊工作，办好《玉溪保密工作》简报。编写上报的信息被《云南保密工作》、全国《保密工作》杂志采编34条。抓实全民教育。以“4·15”国家安全日和“12·4”宪法日活动为契机，大力开展保密法律法规“进党校、进社区、进机关、进学校”等宣传活动，活动期间，全市共传达学习有关机要密码和保密工作文件书籍2 448册，播放保密“两识”视频2 995次，电子大屏播放标语2 170条，OA、短信、微信群发送信息9 090条，编发宣传简报420篇，受教育人数达108 159人，有效引导全体公民弘扬保密法治精神、培育保密法治理念、推动保密法治实践。

【业务培训】 2020年，市委机要和保密局强化业务培训，全面提升队伍能力水平。采取“以会带训、以工带学”的方式，组织全局干部职工系统学习“计算机微课堂”，组织全局干部职工编写《保密业务培训大纲》，进一步更新全局干部职工的知识结构，提高实践能力，增强能力素质，提升业务水平。根据工作任务和实际需要，组织市、县（市、区）办公室主任和保密工作人员参加全市规范定密和保密自查自评工作培训，提升了涉密人员保密管理能力。根据省委办公厅通知要求，采取电视电话会议形式，组织市、县（市、区）委保密委员会主任、副主任和委员以及市、县（市、区）机关单位办公室主任和保密工作人员进行保密业务专题培训，有效提升全市涉密人员保密意识和保密常识。

【保密科技】 2020年，市委机要和保密局强化科技支撑，全面提高保密科技水平。加强涉密网络建设监管。加强涉密网络保密监督管理，指导全市涉密信息系统迁移改造和测评审查，参与配合中科院软件研究所完成了市纪委和市委宣传部2张网络13个接入节点的测评任务。积极推进保密测评中心规划建设，了解掌握最新的机构申报标准，申领测评实验室建设标准、分级保护技术要求、分级保护管理规范等测评标准文件。发挥“三大平台”作用。按照“三大平台”日常管理制度，定期对机房基础设施环境进行巡检，及时排除违规外联平台外网服务器故障。加强值班值守和值班检查，全年共计排查113 296条信息，发现互联网接入口平台敏感信息监管事件2起，违规外联报警事件1起，均按规定要求进行处理。提升保密科学技术水平。与奇安信科技集团签订合作机制框架协议，将“保密教育实训平台”纳入“玉溪网络安全生态示范园”建设，现已完成确定建设场地，进入项目建设规划编制工作。组织开发保密检查工具，积极开发监管和服务平台，规范电子政务内网和涉密文件、涉密人员、涉密资产、宣传教育、案件查处等业务流程，着力打造玉溪市保密业务标准体系。已申请2项发明专利和2项应用系统软件著作权。

【保密检查】 2020年，市委机要和保密局强化督促检查，有效提升保密防范能力。扎实开展常规检查。组织开展保密自查自评督查，细化量化主要督查内容，增加督促检查的评判标准和结果应用。结合定点联系制定，对机关单位整改情况进行“回头看”，变堵塞漏洞式检查为经常性、系统性检查，不断提高全市机要密码和保密工作质量水平。持续开展计算机自检自查，每季度组织开展计算机自检自查工作，开展网络信息公开保密审查，对送审的《执政纪要》等文史资料进行保密审查，确保“涉密不上网、上网不涉密”。适时开展专项检查。组织开展涉密资质单位和周边文印店保密检查，采取听取汇报、谈话了解、查阅台账、现场检查等方法，对11家涉密资质企业和15家文印店进行全覆盖保密检查，不断加强涉密资质企业和周边文印店的保密监督管理。组织开展定密工作专项检查，对全市29家机关单位进行抽查检查，逐步规范科学定密、密级标注、解密变更等工作。严肃查处各类案件。教育引导全市干部职工充分认清保密违法违纪行为的危害性，坚决查处各类失泄密案件，不留情面，不徇私情，发现一起，查处一起，结案一起，坚决维护保密法律法纪的

2020年5月19日，市委机要和保密局召开全市机要和保密工作会议（张 琨 摄）

2020年6月29日，市委机要和保密局组织参加全省保密专题培训（张 琨 摄）

权威性和严肃性。全年，对执法检查、平台监控和文件清退中发现的7起线索进行了查处，切实达到“以查促改、以查促防、以查促教、以查促建”的目的。

【保密服务】 2020年，市委机要和保密局强化服务保障，服务全市经济社会发展。积极保障各类涉密活动。积极主动保障全市涉密会议、涉密活动和各类考试，先后保障市直机关单位组织的52场次2 736人参加的涉密会议和46场次18万余人参加的各类考试。加强涉密载体清退销毁。坚持涉密文件、内部资料的“统一回收、统一押运、统一销毁”，严格执行涉密载体销毁管理规定，考察确定3家造纸厂作为文件资料承销点。2020年，全市共清退2019年度涉密文件和内部资料63 640份，销毁纸质资料7.25余吨，磁介质313件，确保涉密载体“全寿命”管控。服务保障经济社会发展。积极探索保密工作服务经济社会发展的有效途径，主动参与军民融合工作，指导玉溪5家申报涉密信息系统集成资质企业（云南拓普、玉溪三和、玉溪天马、玉溪昊协、玉溪盈科）顺利通过现场审查。组织涉密资质企业开展保密业务知识培训，进一步规范资质企业的日常保密管理，促进资质企业从事涉密业务能力的提升，起到服务地方经济建设的目的。 （瞿星宏）

机构编制

【巩固深化党政机构改革】 2020年，市委编办持续加强市、县区机构职能体系建设，促进机构职能优化协同高效，做好机构改革“后半篇文章”。紧紧扭住“三定”规定执行落实这个关键，深入开展“三定”规定落实情况监督检查和机构编制执行情况评估，以“三定”规定的全面贯彻执行，推动机构、职能、人员和业务的深度融合。市、县（市、区）农业农村、文化和旅游、教育体育等机构改革新组建机构高效运转，机构职能实现由“物理整合”向“化学反应”转变。同时，聚焦改革后实际运行中出现的新情况新问题，梳理公布部门权责清单，跟进调整优化应急、林草、水利、退役军人、住建、农业农村等部门机构职能；调整理顺森林公安管理体制；全面梳理扶贫机构设置情况，做好扶贫工作机构调整设置准备工作，促进机构改革不断向纵深发展。圆满完成经营类事业单位改革。印发《关于加快推进市级从事生产经营活动事业单位改革的若干措施》，有效破解改革政策瓶颈。印发《玉溪市从事生产经营活动事业单位改革任务清单和推进时间表》，明确改革任务书、时间表、路线图；从市委编办、市财政局等部门抽调人员组建改革工作专班，强化改革的部门协作、综合协调和集中审核，确保改革的有序推进、圆满完成。全市48家经营类事业单位按省要求时限全部完成改革，其中：市级9家，县（市、区）39家。平稳推进综合行政执法改革。成立由市长任组长、副市长任副组长的综合行政执法改革领导小组，下设市场监管、生态环境保护、文化市场、农业、交通运输、应急管理6个改革协调组，分别由分管副市长任组长，高位统筹推进改革。制定印发市场监管、生态环境保护、文化市场、农业、交通运输5个领域综合行政执法改革实施方案，并完成综合行政执法队伍挂牌组建，改革取得阶段性成效。扎实推进经济发达镇行政管理体制改革。成立由市长任组长、组织部部长和常务副市长任副组长的经济发达镇行政管理体制改革工作领导小组，组建改革工作专班，加强改革的组织领导和统筹协调，建立市县镇一体联动的组织实施工作机制。及时印发经省批复同意的《玉溪市新平县戛洒镇行政管理体制改革方案》和《新平县赋予戛洒镇部分县级行政职权目录》，指导拟订《戛洒镇干部职工管理考核办法》《戛洒镇财政体制管理办法》等配套措施办法，推动改革落细落小落实。有序推进开发区（园区）管理体制改革。结合开发区（园区）布局的调整，对各级各类开发区管理机构进行全面清理，研究起草《玉溪市清理规范开发区管理机构实施方案》，提出各类开发区管理机构设置、职能职责优化、领导职数配备、人员编制核定等规范建议，根据省委编办指导意见反复修改完善后按要求报省，待省批准后认真组织实施。统筹推进相关领域改革。纪检监察体制改革、生态环境监测监察执法垂直管理体制改革、基层整合审批服务执法力量改革、党政机关办企业改革、行业协会商会脱钩改革、群团改革、“三湖”管理体制改革等持续深化，各领域改革统筹推进。

【科学优化机构编制资源配置】 2020年，市委编办加强机构编制资源的统筹使用。坚持“瘦身”与“健身”相结合，统筹配置编制资源。严格控制机构编制总量，对职能任务弱化的做减法，精简多余的机构编制。如，近年来市级共整合撤并“小散弱”事业单位12个；峨山县将农业农村局所属事业单位由16个撤并整合为5个，全县事业单位减少26个，做到该精简的精简，有效盘活了机构编制资源。同时，根据职能和任务调整变化情况，加强重点领域的机构编制配备，重点保障教育、卫生健康等重要领域和红塔区、澄江市等事业发展任务较重地区的用编需求。2020年，市级统筹为红塔区、澄江市核增事业编制270名，为教育系统核增事业编制162名，为卫生健康系统核增事业编制157名，优化编制配置，提高编制使用效益。创新机构编制资源统筹制度。完善编制使用计划管理，建立市、县（市、区）集中统一的编制使用计划管理制度，市委编委统一核准市级及县（市、区）年度编制使用计划，加强全市编制使用统筹，把住编制使用关。建立带编制调配工作机制，因党委中心工作或加强某一方面工作，需要增加人员和编制，而承担相应职责的部门又满编或超编时，采取从其他部门连人带编“带编制调配”的方式补充人员，人员调配与编制调整同步到位，做到人员和编制在部门间有减有增，创新总量内部门间编制调剂方式。如在纪检监察体制改革中，玉溪市分批次为市纪委监委、巡察办、巡察组、纪检监察组带编制调配70余人，有效保障了改革实施。推行“零空编”管理，在红塔区试点，除教育、卫生系统外，事业单位空编统一收回，原则上不再保留空编，推行“零空编”管理，加大空编资源的统筹，减少编制资源的“闲置浪费”，盘活编制资源。强化机构编制总量管理。在严格执行机构限额和编制总量管理的基础上，制定出台义务教育学校编制总量管理、高等职业院校教学教辅机构和公立医院临床医技机构备案管理、市属学校编制总量备案管理、县（市、区）医共体机构编制管理等相关措施办法，进一步拓展延伸总量管理的领域和内涵，建立健全机构编制总量管理制度体系。

【认真落实机构编制法律法规政策规定】 2020年，市委编办深入学习贯彻《中国共产党机构编制工作条例》，采取编委会议集中学习、个人研读《条例》释义相结合的方式，深入学习《条例》，深刻领会《条例》精神，准确把握《条例》内容。举办专题培训班，对市级、县（市、区）有关负责同志和机构编制干部进行集中培训，深入解读《条例》，精准把握《条例》精神实质和核心要义，提升贯彻落实的能力水平。及时印发《关于深入学习贯彻执行〈中国共产党机构编制工作条例〉的通知》，压紧压实各级党委和各部门党组（党委）学习贯彻执行《条例》的主体责任，积极营造学习《条例》、贯彻《条例》、执行《条例》的良好氛围。严格规范机构编制议事决策。根据《条例》规定，对市委编委工作规则和市委编办工作细则进行认真梳理，进一步细化机构编制管理权限、机构编制审批程序等，规范市委编办室务会议、市委编委会议的议事决策程序、内容、方式，确保机构编制议事决策符合规定。严格落实机构编制法律法规政策规定。全面贯彻《中国共产党机构编制工作条例》《地方各级人民代表大会和地方各级人民政府组织法》《地方各级人民政府机构设置和编制管理条例》《云南省机构编制管理条例》等法律法规，严格在法律法规和政策规定框架内开展机构编制工作，严格在法律法规和政策规定框架内审批和管理机构、职能、编制、领导职数等事项，推进机构编制法定化。

【强化机构编制管理刚性约束】 2020年，市委编办严明机构编制纪律。严格执行机构编制“三个一”、机构编制“五不准”、严肃“条条干预”等纪律，进一步加强违反规定在领导讲话、为市委市政府代拟文件中明确具体机构编制事项，以及违反规定提请各类领导小组会议、专题会议等研究决定具体机构编制事项等问题整治，严明机构编制纪律要求，维护机构编制管理的权威性、严肃性。加强机构编制监督检查。建立机构编制工作情况报告制度，从2021年起，各县（市、区）党委编委和市直各部门党组（党委）每年要向市委编委书面报告机构编制工作情况。开展机构编制执行情况和使用效益评估，探索建立机构编制评估机制。持续推进落实机构编制工作情况和纪律要求执行情况“四个纳入”，加强与纪检监察机关、巡察机构和组织人事、财政、审计等部门的协作配合，形成监督合力。借助“12310”网上举报受理平台，及时发现和查处机构编制违规违纪行为。严肃抓好机构编制问题整改落实。根据省委编办《关于开展超审批权限设置机构等问题自查自纠的通知》精神，对超审批权限设置机构等问题进行认真自查，并按省委编办要求严肃进行整改。 （市委编办供稿）

侨务工作

【春节慰问活动】 2020年春节期间，市委统战部组织开展送温暖慰问活动，走访慰问困难归侨侨眷和侨界代表人士200户，发放慰问金10万元。为困难归侨侨眷送去党和政府温暖的同时，慰问了有影响力的海外华人华侨在国内的眷属和归侨侨眷代表人士，通过他们与海外侨胞联系感情，以乡情、亲情凝聚海外人才，为涵养侨务资源，推动侨务公共外交打下基础。

【困难侨眷调查及救助】 2020年，市委统战部认真调查全市年内因病、受灾导致生活困难的归侨侨眷情况，向省委统战部上报争取临时救助金，发挥补助资金扶危救难作用、营造爱侨护侨暖侨氛围，对全市76户困难归侨侨眷发放补助经费7.6万元。

【涉侨信访】 2020年，市委统战部强化法治观念，坚持依法行政要求，切实维护侨胞和归侨侨眷的合法权益。做好信访接待，畅通侨胞诉求表达渠道，协助解决侨胞的正当诉求。积极协调相关部门帮助归侨侨眷、华侨华人解决就业、申领低保、房屋产权等实际困难和问题。

【“侨法宣传月”活动】 2020年是《中华人民共和国归侨侨眷权益保护法》颁布实施30周年，也是“七五”普法收官之年。全市组织开展了“侨法宣传月”活动。通过微信公众号、微信群等平台推送侨法30年系列图解，及时了解掌握中央对侨方针政策、相关法律法规和涉侨相关知识。积极组织全市涉侨部门和涉侨群众参加第二届“侨商杯”法律知识竞赛活动，有效提高统战侨务干部的侨务法治观念。结合3期“送医送药送温暖义诊”活动，在涉侨群众集中的街道、社区，通过张贴宣传画、悬挂宣传横幅及发放资料等形式，重点围绕侨法、民法典、涉侨政策问答及法律法规开展普法宣传，与群众进行现场交流，面对面宣传解答，共发放宣传资料15 000余份、宣传画8 000份、宣传手提袋2 600个。

【外派教师工作】 2020年，市委统战部协助5名优秀教师前往老挝、缅甸协助当地开展华文教育工作，积极关注境外疫情，了解全市外派教师在海外的防疫情况，引导外派教师加强自我防护措施，主动配合有关国家和部门做好各项防疫工作。召开以“老师，您好”为主题的玉溪市赴海外华校任教教师座谈会，与近两年全市外派至老挝、缅甸华校任教的教师进行座谈交流。

【对外交流】 2020年，市委统战部与澳大利亚中国人协会、云港澳台青年交流促进会、日本云南联谊会、腊戍云南同乡会等海外侨团侨社负责人取得联系，向侨团侨社转发中国侨网、中国侨联公众号关于疫情期间海外华侨华人自我防护与求助指南、建议文章等宣传资料，号召各侨团侨社团结互助，与住在国齐心抗击疫情。（市委统战部供稿）

玉溪市人民代表大会

THE PEOPLE' CONGRESS OF YUXI

责任编校：李海明

重要会议

【概况】 2020年，市人大常委会坚持以习近平新时代中国特色社会主义思想为指导，全面贯彻党的十九大、十九届二中三中四中五中全会和习近平总书记考察云南重要讲话精神，在中共玉溪市委的坚强领导下，紧紧围绕决战脱贫攻坚、决胜全面建成小康社会、收官“十三五”谋划“十四五”，认真落实统筹推进疫情防控和经济社会发展部署要求，坚持党的领导、人民当家作主、依法治国有机统一，紧扣经济社会发展“5577”总体思路和“四带多园”产业布局，全面履行宪法法律赋予的各项职责，为推动玉溪高质量跨越式发展作出了积极贡献。

【市五届人大三次会议】 市第五届人民代表大会第三次会议于2020年1月11—15日在聂耳大剧院召开。会议应出席代表311名，实到296名，符合法定人数。会议由大会主席团主持。会议共有8项议程：听取和审议玉溪市人民政府工作报告；审查和批准玉溪市2019年国民经济和社会发展计划执行情况与2020年国民经济和社会发展计划草案的报告，批准玉溪市2020年国民经济和社会发展计划；审查和批准玉溪市2019年地方财政预算执行情况和2020年地方财政预算草案的报告，批准玉溪市2020年市本级财政预算；听取和审议玉溪市人民代表大会常务委员会工作报告；听取和审议玉溪市中级人民法院工作报告；听取和审议玉溪市人民检察院工作报告；选举；其他事项。会议表决通过了玉溪市第五届人民代表大会第三次会议关于玉溪市人民政府工作报告的决议、关于玉溪市2019年国民经济和社会发展计划执行情况与2020年国民经济和社会发展计划的决议、关于玉溪市2019年地方财政预算执行情况和2020年地方财政预算的决议、关于玉溪市人大常委会工作报告的决议、关于玉溪市中级人民法院工作报告的决议、关于玉溪市人民检察院工作报告的决议。会议选举张仕明为玉溪市人民检察院检察长，根据有关规定报省人大常委会批准。

【人大常委会会议】 2020年，市五届人大常委会举行常委会会议7次。

1月4日，市五届人大常委会举行第十九次会议。会议议程共6项：审议玉溪市第五届人民代表大会第三次会议议程（草案）；审议玉溪市第五届人民代表大会第三次会议主席团和秘书长、列席人员等相关名单（草案）；审议玉溪市第五届人民代表大会第三次会议选举办法（草案）；审议市人大常委会工作报告（讨论稿），决定报告人；审议市人大常委会代表资格审查委员会关于个别市人大代表的代表资格审查的报告；审议人事任免事项。会议表决通过了玉溪市第五届人民代表大会第三次会议议程（草案）、玉溪市第五届人民代表大会第三次会议主席团和秘书长名单（草案）、玉溪市第五届人民代表大会第三次会议列席人员名单、玉溪市人民代表大会常务委员会关于审议常委会工作报告及报告人的决定。表决通过了玉溪市人民代表大会常务委员会代表资格审查委员会关于个别代表的代表资格审查的报告，确认玉溪市第五届人民代表大会代表名额318名，现实有代表312名，实有常委会组成人员38人。会议审议了人事任免事项。根据表决结果，决定任命梁栋为玉溪市人民政府副市长（挂职一年），免去吕玉雄玉溪市监察委员会委员（正县级）职务，免去张德勋玉溪市人民检察院检察委员会委员职务。会议表决通过了《玉溪市人民代表大会常务委员会规范性文件备案审查实施办法（修订草案表决稿）》。

3月24日，市五届人大常委会举行第二十次会议。会议议程共5项：传达学习习近平总书记考察云南重要讲话精神；审议《玉溪市人大常委会2020年工作要点（草案）》；审议《玉溪市人民政府提请审议废止〈玉溪市人大常委会关于同意市人民政府设立抚仙湖—星云湖生态建设与旅游改革发展综合试验区项目保证金和抚仙湖保护治理专项资金的决议〉的议案》；审议《玉溪市人民代表大会常务委员会法制工作委员会关于2019年规范性文件备案审查工作情况的报告》；审议人事任免事项。会议审议通过了《玉溪市人大常委会2020年工作要点》《玉溪市人民代表大会常务委员会关于废止〈玉溪市人大常委会关于同意市人民政府设立抚仙湖—星云湖生态建设与旅游改革发展综合试验区项目保证金和抚仙湖保护治理专项资金的决议〉的决定》《玉溪市人民代表大会常务委员会关于2019年规范性文件备案审查工作情况的审议意见》。会议审议通过了相关人事任免事项，任命张艳波为玉溪市中级人民法院立案庭副庭长，任命龚辉为玉溪市中级人民法院民事审判一庭副庭长，免去李翌铭玉溪市中级人民法院审判委员会委员、审判员职务。

4月30日，市五届人大常委会举行第二十一次会议。会议议程共3项：审议市人民政府《关于玉溪市贯彻实施反家庭暴力法工作情况的报告》；审议《玉溪市人民代表大会常务委员会代表资格审查委员会关于个别代表的代表资格审查的报告》；审议人事任免事项。会议审议通过了《玉溪市人民代表大会常务委员会关于玉溪市贯彻实施反家庭暴力法工作情况的审议意见》。会议审议了《玉溪市人民代表大会常务委员会代表资格审查委员会关于个别代表的代表资格审查的报告》，确认李朝伟、黄太文、李锐的代表资格有效，柳文炜、蔡四宏的代表资格终止，保明顺、王润荣的代表资格自然终止。会议审议通过了相关人事任免事项，会议决定免去蔡四宏玉溪市人民政府副市长职务，决定免去胡春雨玉溪市人民政府副市长职务，决定任命李朝伟为玉溪市人民政府副市长；分别免去尚云海、王海明、潘云辉玉溪市中级人民法院审判员职务。

6月24日，市五届人大常委会举行第二十二次会议。会议议程共7项：传达学习十三届全国人大三次会议、省十三届人大三次会议精神；审议市人民政府关于玉溪市2019年环境状况和环境保护目标任务完成情况的报告；审议市人民政府关于实施《中华人民共和国野生动物保护法》《云南省陆生野生动物保护条例》情况的报告；审议市人民政府关于实施《中华人民共和国动物防疫法》《云南省动物防疫条例》情况的报告；审议市人民政府关于"七五"普法规划实施情况的报告；审议玉溪市人民政府关于调整2019年江川区星云湖污染底泥疏挖及处置工程项目（二期）3亿元专项债券资金的议案；审议人事任免事项。会议审议通过了《玉溪市人民代表大会常务委员会关于玉溪市2019年度环境状况和环境保护目标任务完成情况的审议意见》《玉溪市人民代表大会常务委员会关于玉溪市人民政府实施〈中华人民共和国野生动物保护法〉〈云南省陆生野生动物保护条例〉情况的审议意见》《玉溪市人民代表大会常务委员会关于玉溪市人民政府实施〈中华人民共和国动物防疫法〉〈云南省动物防疫条例〉情况的审议意见》《玉溪市人民代表大会常务委员会关于玉溪市实施"七五"普法规划情况的审议意见》《玉溪市人民代表大会常务委员会关于同意〈玉溪市人民政府关于调整2019年江川区星云湖污染底泥疏挖及处置工程项目（二期）3亿元专项债券资金的议案〉的决议》。会议审议通过了人事任免事项，决定任命张光彦为玉溪市人民政府副市长，决定任命雷江平为玉溪市人民政府副市长（挂职两年），免去王政云玉溪市人民检察院检察委员会委员职务。

8月28日，市五届人大常委会举行第二十三次会议。会议议程共10项：传达学习市委五届十次全会精神；审议市人民政府关于玉溪市2020年上半年国民经济和社会发展计划执行情况的报告；审议市人民政府关于玉溪市2020年上半年地方财政预算执行情况的报告；审议玉溪市2020年市本级财政专项预算调整方案（草案）；审议市人民政府关于玉溪市2019年市本级财政决算（草案）的报告；审议市人民政府关于2019年度玉溪市市级地方预算执行和其他财政收支的审计工作报告；审议市人民政府关于贯彻实施《中华人民共和国传染病防治法》情况的报告；审议市人民政府关于全市农村集体产权制度改革工作情况的报告；审议《玉溪市革命遗址保护利用条例（草案）》；审议人事任免事项。会议审议通过了《玉溪市人民代表大会常务委员会关于玉溪市2020年上半年国民经济和社会发展计划执行情况的审议意见》《玉溪市人民代表大会常务委员会关于玉溪市2020年上半年地方财政预算执行情况的审议意见》《玉溪市人民代表大会常务委员会关于批准玉溪市2020年市本级财政专项预算调整方案的决议》《玉溪市人民代表大会常务委员会关于批准玉溪市2019年市本级财政决算的决议》《玉溪市人民代表大会常务委员会关于玉溪市人民政府实施〈中华人民共和国传染病防治法〉情况的审议意见》《玉溪市人民代表大会常务委员会关于玉溪市人民政府开展农村集体产权制度改革工作情况的审议意见》。会议审议通过了人事任免事项，决定接受魏德武同志辞去玉溪市第五届人大常委会委员职务、玉溪市第五届人民代表大会财政经济委员会主任委员职务，接受袁平同志辞去玉溪市第五届人大常委会委员职务，并报玉溪市第五届人民代表大会备案；免去袁平玉溪市人大常委会选举联络工作委员会主任职务；决定免去柳文炜玉溪市人民政府副市长职务；决定免去史金华玉溪市统计局局长职务；决定任命蔡伟为玉溪市统计局局长；免去俞自力玉溪市中级人民法院审判员职务。会议第一次审议了《玉溪市革命遗址保护利用条例（草案）》。

10月26—27日，市五届人大常委会举行第二十四次会议。会议议程共6项：审议市人民政府关于玉溪市2020年市本级财政预算调整方案（草案）；审议《玉溪市人民政府关于提请审议澄江市阳宗镇行政区划调整的议案》；审议市人民政府关于全市优化营商环境工作情况的报告；审议市人民政府关于玉溪市2019年度国有自然资源（资产）管理情况的报告，关于玉溪市2019年度国有资产管理情况的综合报告（书面）；审议《玉溪市革命遗址保护条例（草案）》；审议人事任免事项。会议审议通过了《玉溪市人民代表大会常务委员会关于批准玉溪市2020年市本级财政预算调整方案的决议》《玉溪市人民代表大会常务委员会关于澄江市阳宗镇行政区划调整的决定》《玉溪市人民代表大会常务委员会关于玉溪市2019年度国有资产管理情况的审议意见》。会议第二次审议《玉溪市革命遗址保护条例（草案）》，表决通过了《玉溪市革命遗址保护条例（草案表决稿）》，会后按程序报请省人大常委会进行审查。会议审议了人事任免事项，决定接受朱尤锋、马琼仙辞去玉溪市第五届人大常委会委员职务，并报玉溪市第五届人民代表大会备案；免去朱尤锋玉溪市人大常委会副秘书长、办公室主任职务。免去马琼仙玉溪市人大常委会农业农村工作委员会主任、玉溪市人大财政经济委员会委员职务。免去袁平玉溪市人大法制委员会委员职务。免去方灵玉溪市人大社会建设委员会委员职务；任命李万标为玉溪市人大常委会办公室主任。任命刘建荣为玉溪市人大常委会农业农村工作委员会主任。任命陈开翔为玉溪市人大常委会选举联络工作委员会主任；罗焯丹试用期满，任命为玉溪市人大常委会办公室副主任；决定免去罗绍国玉溪市发展和改革委员会主任职务。决定免去沐爱斌玉溪市民族宗教事务局局长职务。决定免去董晓娟玉溪市住房和城乡建设局局长职务。决定免去陈开翔玉溪市农业农村局局长职务。决定免去王军玉溪市市场监督管理局局长职务；决定任命王军为玉溪市发展和改革委员会主任。决定任命柴慧明为玉溪市民族宗教事务局局长。决定任命王红为玉溪市住房和城乡建设局局长。决定任命郭铭强为玉溪市农业农村局局长。决定任命方灵为玉溪市市场监督管理局局长。会议以联组会议的形式，开展了玉溪市优化营商环境专题询问。

12月31日，市五届人大常委会举行第二十五次会议。会议议程共9项：审议市人民政府关于2019年度市级预算执行和其他财政收支审计查出问题整改情况的报告。审议市人力资源社会保障局、市住房城乡建设局、市交通运输局、市水利局、市应急局审计查出问题整改情况的报告，开展满意度测评；审议市人民政府关于代表建议、批评和意见办理情况的报告；审议市人大财政经济委员会关于市五届人大三次会议主席团交付审议的代表提出的议案审议结果的报告；审议市人大环境与资源保护委员会关于市五届人大三次会议主席团交付审议的代表提出的议案审议结果的报告；审议市人大常委会代表资格审查委员会关于个别市人大代表的代表资格审查的报告；审议《玉溪市人民代表大会常务委员会关于召开玉溪市第五届人民代表大会第四次会议的决定（草案）》；审议市人大常委会主任会议《关于提请审议接受罗应光辞去云南省第十三届人民代表大会代表职务的议案》；审议市人大常委会主任会议《关于补选云南省第十三届人民代表大会代表的议案》；审议人事任免事项。会议审议通过了《玉溪市人民代表大会常务委员会关于召开玉溪市第五届人民代表大会第四次会议的决定》。会议表决通过了《玉溪市人民代表大会常务委员会代表资格审查委员会关于个别代表的代表资格审查的报告》，确认罗应光、徐贤、李忠仙、景峰、严泽平、朱尤锋、魏德武、袁平、马琼仙、陈昌的代表资格终止。确认王力、江华、张光彦、李万标、刘建荣、陈开翔、张振民的代表资格有效。会议表决通过了《玉溪市人民代表大会常务委员会关于接受罗应光辞去云南省第十三届人民代表大会代表职务的决议》，按照规定相关决议报省人大常委会备案、公告。会议依法补选了云南省第十三届人民代表大会代表。王力同志当选为云南省第十三届人民代表大会代表。选举结果报省人大常委会代表资格审查委员会审查，由省人大常委会确认并予以公告。会议审议了人事任免事项，免去李学祥玉溪市监察委员会委员职务；决定接受陈昌辞去玉溪市中级人民法院院长、审判委员会委员、审判员职务，并报玉溪市第五届人民代表大会备案；任命王进为玉溪市中级人民法院审判员、审判委员会委员、副院长；决定王进为玉溪市中级人民法院代理院长；免去林家宏玉溪市人民检察院检察委员会委员、检察员职务。会议根据《玉溪市人大常委会对审计查出突出问题整改情况的报告进行满意度测评办法》，对市人力资源社会保障局、市住房城乡建设局（市人防办）、市交通运输局、市水利局、市应急局开展了审计查出突出问题整改情况满意度测评。

【主任会议】 2020年，市五届人大常委会举行主任会议16次。

1月3日，市五届人大常委会举

行第四十四次主任会议。会议有7项议题：研究市五届人大常委会第十九次会议有关事项；听取和讨论人事任免名单（草案）；听取和讨论关于玉溪市第五届人民代表大会第三次会议主席团和秘书长等名单（草案）及有关事项的说明；听取和讨论关于玉溪市第五届人民代表大会第三次会议列席人员名单（草案）的说明；听取和讨论关于玉溪市第五届人民代表大会第三次会议选举办法（草案）的说明；听取和讨论关于玉溪市人民代表大会常务委员会工作报告（讨论稿）及有关事项的说明；听取和讨论玉溪市人民代表大会常务委员会代表资格审查委员会关于个别代表的代表资格审查的报告。

2月12日，市五届人大常委会举行第四十五次主任会议。会议有3项议题：传达学习习近平总书记考察云南重要讲话精神和五届市委常委会第159次会议精神；传达市委、市政府应对新型冠状病毒感染肺炎疫情工作领导小组指挥部有关通知精神，听取市人大常委会机关疫情防控工作开展情况，研究市人大常委会贯彻工作；按照"两手抓、两不误、两促进"要求，对近期工作进行研究安排。

3月24日，市五届人大常委会举行第四十六次主任会议。会议有5项议题：研究市五届人大常委会第二十次会议有关事项；听取和讨论人事任免名单（草案）；听取和讨论《玉溪市人大常委会2020年工作要点（草案）》；听取和讨论玉溪市人民代表大会常务委员会法制工作委员会关于《玉溪市人民政府提请审议废止〈玉溪市人大常委会关于同意市人民政府设立抚仙湖—星云湖生态建设与旅游改革发展综合试验区项目保证金和抚仙湖保护治理专项资金的决议〉的议案》审查结果的报告；听取和讨论《玉溪市人民代表大会常务委员会法制工作委员会关于2019年规范性文件备案审查工作情况的报告》。

4月29日，市五届人大常委会举行第四十七次主任会议。会议有9项议题：听取市人民政府关于玉溪市筹备2022年云南省第十六届运动会工作情况汇报；听取市人大常委会教科文卫工委关于省第十六届运动会筹备工作情况的调研报告；听取关于易门等县土地开发利用情况的调研报告；研究市五届人大常委会第二十一次会议有关事项；听取和讨论人事任免名单（草案）；听取和讨论玉溪市人民代表大会常务委员会代表资格审查委员会关于个别代表的代表资格审查的报告；听取和讨论市人大社会建设委员会关于玉溪市贯彻实施反家庭暴力法情况的调研报告；听取和讨论2020年立法工作计划编制情况的报告；听取和讨论关于提请研究决定重点处理建议的报告。

5月29日，市五届人大常委会举行第四十八次主任会议。会议有2项议题：听取玉溪市县级财政2019年末未拨专款情况的调研报告；听取市人民政府关于司法行政改革工作情况的报告及市人大常委会调研报告。

6月22日，市五届人大常委会举行第四十九次主任会议。会议有9项议题：研究市五届人大常委会第二十二次会议有关事项；听取和讨论人事任免名单（草案）；听取和讨论市人大环境与资源保护委员会关于玉溪市2019年环境状况和环境保护目标任务完成情况的调研报告；听取和讨论市人大常委会农业农村工委关于对市人民政府实施《中华人民共和国野生动物保护法》《云南省陆生野生动物保护条例》情况的执法检查报告；听取和讨论市人大常委会农业农村工委关于对市人民政府实施《中华人民共和国动物防疫法》《云南省动物防疫条例》情况的执法检查报告；听取和讨论市人大监察和司法委员会关于市人民政府"七五"普法规划实施情况的调研报告；听取和讨论市人大财政经济委员会关于玉溪市人民政府关于调整2019年江川区星云湖污染底泥疏挖及处置工程项目（二期）3亿元专项债券资金的议案审查结果报告；研究《玉溪市人大常委会关于进一步加强审计查出突出问题整改情况监督的办法（送审稿）》和《玉溪市人大常委会对审计查出突出问题整改情况报告进行满意度测评的办法（试行）（送审稿）》；听取市人大代表建议办理专项资金2019年管理使用情况，研究2020年拟安排方案。

6月24日，市五届人大常委会举行第五十次主任会议，听取市五届人大常委会第二十二次会议分组审议情况，同意将相关议题提请常委会会议表决。

7月24日，市五届人大常委会举行第五十一次主任会议。会议有11项议题：听取市人民政府关于全市生猪产业发展情况的报告；听取市人大常委会农业农村工委关于全市生猪产业发展情况的调研报告；听取市人民政府关于扫黑除恶专项斗争工作情况的报告；听取市人大监司委关于扫黑除恶专项斗争工作情况的调研报告；听取市中级人民法院关于矛盾纠纷多元化解工作情况的报告；听取市人大监司委关于矛盾纠纷多元化解工作情况的调研报告；听取市人民检察院关于民事行政检察工作情况的报告；听取市人大监司委关于民事行政检察工作情况的调研报告；研究《玉溪市人民代表大会环境与资源保护委员会工作规则（试行）（送审稿）》；研究《玉溪市人大常委会新闻发言人制度（讨论稿）》；研究其他事项。

8月24日，市五届人大常委会举行第五十二次主任会议。会议有10项议题：研究市五届人大常委会第二十三次会议有关事项；听取和讨论人事任免名单（草案）；听取和讨论市人大财经委关于玉溪市2020年上半年国民经济和社会发展计划执行情况的调查报告；听取和讨论市人大常委会预算工委关于玉溪市2020年上半年地方财政预算执行情况的调查报告；听取和讨论市人大财经委关于《玉溪市2020年市本级专项预算调整方案（草案）》的审查结果报告；听取和讨论市人大常委会预算工委关于《玉溪市人民政府关于2019年度市级预算执行和其他财政收支的审计工作报告》的情况汇报；听取和讨论市人大财经委关于《玉溪市2019年度市本级财政决算（草案）的报告》的审查结果报告；听取和讨论市人大常委会教科文卫工委关于玉溪市贯彻实施《中华人民共和国传染病防治法》执法检查情况的报告；听取和讨论市人大常委会农工委关于全市农村集体产权制度改革工作情况的调研报告；听取和讨论市人大常委会教科文卫工委关于《玉溪市革命遗址保护利用条例（草案）》审议意见的报告。

8月28日，市五届人大常委会举行第五十三次主任会议，听取市五届人大常委会第二十三次会议分组审议情况，同意将相关议题提请常委会会议表决。

9月24日，市五届人大常委会举行第五十四次主任会议。会议有2项议题：听取和讨论市人大常委会预算工委关于新增易地扶贫搬迁等项目资金预算报备的情况汇报；听取和讨论机关经费调整有关情况汇报。

9月27日，市五届人大常委会举行第五十五次主任会议。会议有2项议题：听取和讨论市人民政府关于全市少数民族非物质文化遗产传承和保护情况报告；听取和讨论市人民政府关于玉溪市“三湖”保护治理工作情况报告。

10月24日，市五届人大常委会举行第五十六次主任会议。会议有8项议题：研究市五届人大常委会第二十四次会议有关事项；听取和讨论人事任免名单（草案）；听取和讨论市人大财经委关于玉溪市2020年市本级财政预算调整方案（草案）审查结果报告；听取和讨论市人大社会委关于市人大常委会作出澄江市阳宗镇行政区划调整决定的报告；听取和讨论市人大常委会预算工委关于玉溪市2019年度国有自然资源资产管理情况的调研报告；听取和讨论关于《玉溪市革命遗址保护条例（草案）》修改情况的报告；研究搁置审议《玉溪市飞井水库饮用水水源保护条例》有关事项；研究开展全市优化营商环境专题询问有关事项。

10月26日，市五届人大常委会举行第五十七次主任会议，听取市五届人大常委会第二十四次会议分组审议情况，同意将相关议题提请常委会会议表决。

11月26日，市五届人大常委会举行第五十八次主任会议。会议有3项议题：听取市人民政府关于全市医疗保障工作情况的报告和市人大社会委关于玉溪市医疗保障工作情况的调研报告；研究《玉溪市地方性法规实施情况报告办法（草案）》；研究《审计查出突出问题整改情况满意度测评工作方案》。

12月29日，市五届人大常委会举行第五十九次主任会议。会议有12项议题：研究市五届人大常委会第二十五次会议有关事项；听取和讨论关于召开玉溪市第五届人民代表大会第四次会议的决定（草案）的说明；听取和讨论人事任免名单（草案）；听取和讨论玉溪市人民代表大会常务委员会代表资格审查委员会关于个别代表的代表资格审查的报告；研究接受罗应光辞去云南省第十三届人民代表大会代表有关事项；研究补选云南省第十三届人民代表大会代表有关事项；听取市人大常委会预算工委关于听取和审议市政府及5个部门审计查出问题整改情况报告的汇报；听取和讨论关于视察市人大代表建议、批评和意见办理工作情况的报告；听取和讨论市人大财政经济委员会关于市五届人大三次会议主席团交付审议的代表提出的议案审议结果的报告；听取和讨论市人大环境与资源保护委员会关于市五届人大三次会议主席团交付审议的代表提出的议案审议结果的报告；听取和讨论市人大监察和司法委员会关于全市开展民法典学习宣传情况的调研报告；传达第二十六次全国地方立法工作座谈会和云南省地方立法视频会议精神，研究我市贯彻落实意见。

监督工作

【概况】 2020年，市人大常委会听取审议“一府两院”专项工作报告42项，开展执法检查4次、专题调研47次、专题询问1次、满意度测评1次，组织代表视察3次，配合全国人大、省人大开展视察、调研和执法检查11次，依法作出决议决定12项。

【聚焦经济高质量发展强化监督】 2020年，市人大常委会听取审议国民经济和社会发展计划执行、财政预决算和预算调整及审计情况报告，开展专项债券审查，强化经济工作监督实效。组织开展“以保促稳、稳中求进”专题调研，全力助推全市经济社会发展。深入督促检查“十三五”规划目标任务完成情况，积极为“十四五”规划和相关专项规划编制出谋划策。听取审议市人民政府关于全市优化营商环境工作情况报告，有针对性地开展专题询问，推动解决执行条例不到位等问题。深入调研精细磷化工产业、风电装备制造业现状，提出持续健康有序发展建议。组织部分全国、省人大代表视察钢铁产业、旅游产业发展情况，加快推进钢铁产业转型升级，助推打造旅游精品线路。跟踪全市土地开发整治情况，推动解决规划不统一、布局不合理、土地开发利用统筹不够等问题。积极参与全市数据共享、区块链技术应用工作，助推打造“云南数字经济第一城”。听取审议市人民政府国有自然资源资产专项报告、国有资产管理综合报告，促进国有资产管理有效、保值增值。持续跟踪县级财政未拨专款情况，督促政府严格控制

2020年5月18日，市人大常委会主任李洪云（左三）调研峨山嵋峨古镇项目建设情况 （高 翔 摄）

2020年6月11日，市人大常委会主任李洪云（右二）陪同红河州人大常委会领导调研基层人大代表活动中心 （高 翔 摄）

2020年11月19—20日，市人大常委会组织驻玉全国人大代表和玉溪选举的省人大代表进行视察 （官家燕 摄）

和逐步化解。强化预算联网监督，加强预警信息分析研判，函告相关部门研究办理，规范财政预算管理。跟踪监督审计查出突出问题整改情况，制定监督办法和满意度测评办法，首次测评5个部门，紧盯问题推动整改落实。

【聚焦生态文明建设强化监督】 2020年，市人大常委会深入调研水环境保护、大气污染治理、人居环境整治、企业“三废”治理和节能降耗等情况，听取审议市人民政府关于玉溪市2019年环境状况和环境保护目标任务完成情况报告，全力推进污染防治攻坚战。开展贯彻实施水污染防治法执法检查，严格省、市“三湖”河（湖）长制工作督察，督促各级环保督察反馈问题整改落实，推动“三湖”保护治理“十三五”规划和山水林田湖草项目实施。持续跟踪玉溪市生活垃圾焚烧发电项目建设，推动实现点火试运行目标。开展贯彻实施土壤污染防治法执法检查，促进废弃农药及农药包装废弃物回收处置、农业面源污染治理和乡村环境保护治理。督促制定《玉溪市提升农村人居环境管理办法》，着力改善农村人居环境。开展森林防火检查，促进森林资源管护。

【聚焦“三农”和民生福祉强化监督】 2020年，市人大常委会高度关注烤烟生产收购，力促巩固烤烟产业支柱地位。认真落实“挂包帮、转走访”“千名领导挂千村、万名干部抓振兴”工作，扎实开展“回头看补短板强弱项抓提升”行动，促进各类问题整改落实，巩固提升脱贫攻坚成果。深入调研农村集体产权制度改革情况，为维护农村集体所有制基础提出意见建议。积极助推华宁县开展农村居民进城购房，加快新型城镇化试点工作。开展贯彻实施公路法、云南省农村公路条例执法检查，推进全市农村公路规划建设、养护管理和路域环境整治。组织代表视察旱情和抗旱应急工作，推动全市抗旱保民生促生产。调研全市生猪产业情况，促进生猪产能恢复发展。调研无序引入胡蜂等养殖问题，关注生物物种安全。开展珍惜粮食、反对浪费专题调研，推动养成文明餐饮风尚，坚决制止餐饮浪费行为。听取讨论全市医疗保障工作报告，促进医保改革更加便民惠民。调研旅游发展项目推进情况，推动康养产业发展和旅游文化产业转型升级。调研省十六届运动会筹办情况，推动各项筹备工作落地落实。

【聚焦社会和谐稳定强化监督】 2020年，市人大常委会听取审议市人民政府“七五”普法规划实施情况报告，专题调研司法行政改革、法院行政审判、公安机关规范执法行为促进公平正义等工作，持续督导检查扫黑除恶专项斗争工作，听取讨论法院矛盾纠纷多元化解、检察机关民事行政检察工作情况报告，助推法治玉溪、法治政府、法治社会一体建设。听取审议市人民政府贯彻实施反家庭暴力法情况报告，维护平等和睦文明的家庭关系。调研未成年人保护工作，推动完善预防青少年违法犯罪工作机制。调研退役军人事务管理工作，促进提升管理服务水平。开展残疾人保障工作“回头看”，助推市残疾人康复中心建设。听取讨论全市少数民族非物质文化遗产传承保护情况报告，推动传承保护工作深入开展。跟踪民族宗教和谐发展，促进民族团结进步示范创建工作扎实开展。常委会领导认真履行“七位一体”职责，以身作则在脱贫攻坚、河（湖）长制、企业解困、百村示范等工作中作表率。严格执行领导包案、化解信访突出问题制度，推动解决土地权属纠纷、拖欠工程款等7件信访突出问题。

代表工作

【完善制度机制】 2020年，市人大常委会制定实施加强和改进人大代表工作的意见、代表活动经费管理使用意见，保障代表依法全面履职，着力提升代表工作水平和质量。

【强化服务保障】 2020年，市人大常委会加强代表履职培训，提升代表履职能力。强化市人大常委会、“一府一委两院”与各级代表的联系，加强代表与人民群众的联系。首次召开五级人大代表座谈会，通报工作情况，听取代表意见。充分发挥代表网络平台作用，及时推送工作信息，拓宽代表知情知政渠道。着眼“建”“管”“用”结合加强代表活动阵地规范化建设管理，充分发挥代表活动阵地作用，一年来组织各级代表开展学习培训172次、4 359人；市、县两级人大常委会组成人员联系代表3 307人次，各级代表联系选民和群众15 090人次，收集民意2 968条，转化为建议1 124件，办结863件，解决问题630个。

【提升代表建议办理质量】 2020年，市人大常委会高度重视省人代会代表建议工作，促使《关于将玉溪科教创新城纳入省重点工程加快建设的建议》办理续复，促成玉溪师范学院上划省管、理顺财政管理体制。认真做好市五届人大三次会议和闭会期间312件代表建议办理工作，着力抓好2件议案和2件重点处理建议的督办落实，避免代表建议办理“回娘家”。督查2019年列为代表建议专项资金办理的32件代表建议办理情况，安排2020年专项资金解决37件“急、难、老、小”代表建议。全年代表建议办复率100%，满意率98.4%，解决率60.3%、比2019年提高9.3个百分点。

（官家燕）

玉溪市人民政府

THE PEOPLE'S GOVERNMENT OF YUXI

责任编校：李海明

重要会议及决策

【重要会议】 2020年，市政府共召开全体会议1次，廉政工作会议1次，常务会议22次，专题会议173次。

第五届市人民政府第三次全体会议暨廉政工作电视电话会议。2月19日，玉溪市第五届人民政府召开第三次全体会议暨廉政工作电视电话会议。市委副书记、市长张德华出席会议并讲话，市委常委、常务副市长主持会议。市政府全体班子成员、市政府工作部门主要负责人出席会议；市政府副秘书长，办公室党委副书记、副主任，市政府督查专员，市直有关单位，中央、省驻玉有关单位主要负责人，各县区人民政府县区长列席会议；市人大常委会、市政协、玉溪军分区，市法院、市检察院，红塔集团、合和集团、云南红塔银行，市委办、市人大办、市政协办，各人民团体，民主党派和工商联应邀参加会议。会议贯彻落实了省、市重要会议及市"两会"精神，结合2020年经济社会发展目标做了各项工作安排，部署了2020年政府系统党风廉政建设和反腐败工作任务。各县（市、区）设分会场参加会议。

市政府常务会议。2020年，市政府共召开22次常务会议。

第38次常务会议。1月21日，市长张德华主持召开第五届市人民政府第38次常务会议，会议共有12项议题：传达全国全省新型冠状病毒感染的肺炎疫情防控工作电视电话会议精神，研究玉溪市贯彻落实意见；研究《玉溪市2019年度法治政府建设情况的报告（送审稿）》；研究市政府工作报告任务分解有关事项；研究《玉溪市贯彻落实〈关于努力将云南建设成为中国最美丽省份的指导意见〉工作方案》；研究《加快推进市级从事生产经营活动事业单位改革的若干措施（送审稿）》；研究《加快生物医药产业高质量发展的实施意见（送审稿）》；研究市人民政府购买政务云服务有关事项；研究数字经济发展有关事项；研究《抚仙湖流域健康水循环系统初步框架暨试点建设方案（送审稿）》；研究《抚仙湖山水林田湖生态保护修复工程2019年第二批中央重点生态保护修复治理资金安排计划》；研究《抚仙湖—星云湖生态建设与旅游改革发展综合试验区建设项目保证金退还计划》；通报云南峨山矿冶（集团）有限责任公司100万吨菱铁矿焙烧磁选产业化项目整体拆除补偿相关事项。

第39次常务会议。2月6日，市长张德华主持召开第五届市人民政府第39次常务会议，会议共有3项议题：传达学习中央、省和市委关于疫情防控相关会议精神，听取和研究全市疫情防控和稳增长相关工作；研究澄川高速公路项目政府方应承担资金有关事项；听取2019年全市扫黑除恶专项斗争工作情况和2020年工作计划汇报。

第40次常务会议。2月18日，市长张德华主持召开第五届市人民政府第40次常务会议，会议共有9项议题：传达学习习近平总书记考察云南重要讲话精神和中共中央政治局常务委员会会议、省委常委会会议以及省人民政府常务会议精神，研究全市贯彻工作；研究玉溪市保障性住房开发投资有限公司向民生银行贷款3.69亿元化解存量政府隐性债务有关事项；研究撤销增加市家园建设投资有限公司资产降低负债率会议决定的有关事项；研究监狱强戒单位国有土地置换有关事项；研究《玉溪市深化生态环境保护综合行政执法改革实施方案（送审稿）》；研究《玉溪市殡葬管理办法（送审稿）》；研究玉溪市机动车驾驶人考试中心改革有关事项；研究玉溪市传染病医院建设有关事项；

通报2020年疫情防控应急贷款资金安排计划。

第41次常务会议。3月4日，市长张德华主持召开第五届市人民政府第41次常务会议，会议共有10项议题：通报2019年各县（市、区）主要经济指标完成情况，并请易门县、新平县作出说明；研究原玉溪家佳购物超市物流配送中心〔YTC（2009）37号〕地块规划设计条件变更有关事项；研究《玉溪市深化文化市场综合行政执法改革实施方案（送审稿）》；传达学习中央、省委农村工作会议精神，研究《中共玉溪市委　玉溪市人民政府关于抓好“三农”领域重点工作确保农村同步全面建成小康社会的实施意见（送审稿）》；研究《玉溪市中长期青年发展规划（2019—2025年）（送审稿）》；研究机构改革后市级部门权责清单调整工作有关事项；研究2019年城乡人居环境整治夏季攻势行动综合验收有关事项；听取全市抗旱救灾工作情况汇报；研究玉江大道提升改造工程等3个市级重点建设项目资金有关事项；传达全省政府系统秘书长和办公室主任会议精神。

第42次常务会议。3月20日，市长张德华主持召开第五届市人民政府第42次常务会议，会议共有12项议题：研究玉溪市“十四五”规划编制有关事项；研究玉溪市第四次全国经济普查有关工作；研究“三湖”保护治理规划有关事项；研究玉溪市环保监测执法业务用房建设项目有关事项；研究给予玉溪市智慧政务运维保障资金预算支持有关事项；传达学习应对疫情财政金融相关政策，听取我市落实情况汇报；听取恢复促进消费市场情况汇报；听取玉溪市教育体育系统疫情防控和开学准备工作情况汇报；听取全市扫黑除恶专项斗争线索核查中心建设情况汇报；听取2019年全市公安工作主要情况及2020年重点工作情况汇报；研究其他事项；学习《云南省党政领导干部食品安全责任清单》，通报全市食品药品安全工作。

第43次常务会议。4月17日，市长张德华主持召开第五届市人民政府第43次常务会议，会议共有5项议题：学习《中华人民共和国传染病防治法》；研究《市人民政府常务会议2020年度议题计划（送审稿）》；研究原77208部队东风水库营区土地一级开发整理项目的原滇中传统民居办公室修缮加固工程竣工决算审计遗留问题有关事项；研究《新平县戛洒镇行政管理体制改革方案（送审稿）》；研究《玉溪市深化交通运输综合行政执法改革实施方案（送审稿）》。

第44次常务会议。4月22日，市长张德华主持召开第五届市人民政府第44次常务会议，会议共有7项议题：听取一季度经济运行情况通报，研究二季度稳增长工作措施；研究其他事项；听取市人大代表视察全市抗旱保民生促生产反馈意见的整改情况汇报；研究《深化玉溪市市场监管综合行政执法改革实施方案（送审稿）》；研究玉溪教育现代化有关事项；研究《玉溪卫生学校迁建项目玉溪体育运动学校及玉溪市少年儿童体育运动学校迁建项目土地划拨供应价款问题整改方案（送审稿）》；通报玉溪市近期新冠肺疫情防控工作情况。

第45次常务会议。5月14日，市长张德华主持召开第五届市人民政府第45次常务会议，会议共有17项议题：传达学习习近平总书记关于安全生产的重要指示精神和李克强总理重要批示精神以及全国安全生产电视电话会议精神，听取2020年1至4月全市安全生产工作情况汇报，研究部署下一步安全生产工作；传达学习全省“两会”及十三届省人民政府第六次全体会议精神，研究我市贯彻落实意见；听取玉溪市国土空间总体规划编制和生态保护红线评估调整工作情况的汇报；研究《关于推进玉溪市物流产业高质量发展的实施意见（送审稿）》；研究《关于加强玉溪市国有企业资产负债约束的任务交办清单（送审稿）》；研究玉溪科教创新城创新创业中心项目建设有关事项；研究玉溪大河下段黑臭水体治理及海绵工程项目有关事项；研究2020年动态新增4类重点对象危房改造补助资金有关事项；研究《玉溪市教育领域财政事权和支出责任划分改革实施方案（送审稿）》；研究《玉溪市科技领域财政事权和支出责任划分改革实施方案（送审稿）》；研究2020年新增乡村振兴工作队工作经费预算有关事项；研究《玉溪市2020年市预算内前期工作经费投资计划（送审稿）》；研究玉溪市职业年金归集省级有关事项；通报全市扫黑除恶专项斗争行业整治情况；研究玉溪市妇幼保健院迁建项目土地划拨款项有关事项；通报全市新冠肺炎疫情防控常态化的工作情况；通报全市应对新冠肺炎疫情实施阶段性减征及缓缴基本医疗保险费的工作情况。

第46次常务会议。6月9日，市长张德华主持召开第五届市人民政府第46次常务会议，会议共有14项议题：学习《中华人民共和国外商投资法》；传达学习全国“两会”精神，研究我市贯彻落实意见；研究《玉溪市加快补齐短板全面建成更高水平小康社会行动计划（送审稿）》；研究2020年新型智慧城市重点建设项目政府购买服务资金和中电科技合作产业引导奖励资金支持有关事项；研究促进建筑业发展有关事项；研究玉溪科教创新投资有限公司注资有关事项；研究玉溪市重点产业招商投资促进优惠政策有关事项；研究玉溪市工业互联网应用服务平台建设项目有关事项；研究玉溪市传染病医院土地划拨款有关事项；研究晋红高速公路耕地占补平衡费用有关事项；研究其他事项；通报玉溪市第四轮禁毒人民战争工作开展情况；通报全市1—5月信访工作情况；研究2019年江川区星云湖污染底泥疏挖及处置工程项目（二期）3亿元专项债券资金调整有关事项。

第47次常务会议。6月30日，

市长张德华主持召开第五届市人民政府第47次常务会议，会议共有16项议题：研究《玉溪市革命遗址保护利用条例（草案）（报批稿）》；研究其他事项；研究《玉溪市汽车驾驶技术培训学校改革实施方案（送审稿）》；研究《玉溪市养殖水域滩涂规划（2020—2030年）（送审稿）》；研究玉溪市统计督察反馈意见整改有关事项；研究《玉溪市加快推进城市生活垃圾分类工作实施方案（送审稿）》；研究中心城区园林城市提质扩容工程项目二期土地供应价款有关事项；研究新增土地收储资金有关事项；研究玉溪市机关事务管理局后勤保障用房项目有关事项；研究玉溪市供销合作社召开第一次社员代表大会有关事项；研究红塔体育森林公园建设有关事项；研究国道G357华宁段改造修缮有关事项；通报玉溪市煤矿整体关闭退出工作情况；书面通报全市治超工作情况；书面通报全市涉黑涉恶案件有关情况；书面通报全市贯彻落实完善企业职工基本养老保险省级统筹制度有关情况。

第48次常务会议。7月15日，市长张德华主持召开第五届市人民政府第48次常务会议，会议共有15项议题：学习《中华人民共和国城市房地产管理法》；传达学习云南省新型基础设施建设工作推进会议精神，研究全年市贯彻落实意见；传达学习云南省科学技术奖励大会精神，研究全市贯彻落实意见；传达学习省决战县域高速公路“能通全通”工程领导小组第5次会议精神，研究全市贯彻落实意见；传达学习省煤矿整治工作领导小组第六次会议精神，研究全市贯彻落实意见；听取全市安全生产工作情况汇报；研究《玉溪市公共租赁住房管理办法（修订稿）》；研究其他事项；研究2017年易地扶贫搬迁项目款有关事项；研究东风水库除险加固暨路坝合一工程建设项目土地供应价款有关事项；研究2020年玉溪市开展评比达标表彰实施计划有关事项；研究《玉溪市有突出贡献优秀专业技术人才选拔管理办法（试行）（送审稿）》；研究原国家机关失业保险市级结余资金处理有关事项；书面传达全省政府系统秘书长和办公室主任会议精神；书面通报玉溪市政务公开工作情况。

第49次常务会议。7月22日，受市委副书记、市长张德华委托，市委常委、常务副市长李朝伟主持召开第五届市人民政府第49次常务会议，研究《峨山县2020年至2022年成片开发建设方案（送审稿）》。

第50次常务会议。8月6日，市长张德华主持召开第五届市人民政府第50次常务会议，会议共有16项议题：传达国务院第三次廉政工作会议和第十三届云南省人民政府第三次廉政工作电视电话会议精神，研究全市贯彻落实意见；传达学习全国安全生产电视电话会议精神，研究全市贯彻落实意见；传达学习国务院联防联控机制严防新冠肺炎聚集性疫情做好秋冬季防控工作电视电话会议精神，研究我市贯彻落实意见；传达学习阮成发省长在省防汛抗旱指挥部督导检查座谈会上讲话精神，研究全市贯彻落实意见；传达学习全省“美丽县城”建设工作现场推进会会议精神，研究我市贯彻落实意见；研究《玉溪市加快电子商务高质量发展实施意见（送审稿）》；研究《玉溪市促进夜间经济发展实施意见（送审稿）》；研究《玉溪市自然保护地整合优化预案（送审稿）》；研究《玉溪市玉白顶市级自然保护区总体规划（2020—2029年）（送审稿）》；研究昆磨高速公路（红塔区段）沿线风貌整治应急工程项目资金补助有关事项；听取全市上半年经济运行情况汇报；听取2020年上半年全市国民经济发展情况报告；听取2020年上半年全市主要调查指标运行情况；听取2020年上半年地方财政预算执行情况报告；听取2020年上半年全市公安工作情况及下半年重点工作情况；通报全市扫黑除恶专项斗争“线索清仓”、“案件清结”工作情况。

第51次常务会议。8月6日，8月20日，市长张德华主持召开第五届市人民政府第51次常务会议，会议共有20项议题：学习《中华人民共和国药品管理法》；听取1—7月全市固定资产投资情况；研究《关于建立健全城乡融合发展体制机制政策措施的实施方案（送审稿）》；研究《玉溪市综合设计院改革方案（送审稿）》；研究《玉溪市2019年市本级财政决算（草案）的报告》；研究《玉溪市2020年市本级财政专项预算调整方案（草案）的报告》；研究《2019年度市级预算执行和其他财政收支的审计工作报告》；研究《玉溪市2020年固定资产投资百日攻坚行动红黑榜考核工作方案（试行）（送审稿）》；研究《玉溪市煤矿整体关闭退出一次性补偿资金配套方案（送审稿）》；研究《玉溪市关于落实改革和完善疫苗管理体制的实施方案（送审稿）》；研究《玉溪市“厕所革命”攻坚行动实施方案（送审稿）》；研究《玉溪市推进爱国卫生“7个专项行动”方案（送审稿）》；研究《玉溪市网络预约出租汽车经营服务管理实施细则（送审稿）》；研究《玉溪市在养禁食陆生野生动物处置工作方案（送审稿）》；研究《玉溪市综合评标评审专家库和专家管理办法（送审稿）》；研究亚洲花卉科创谷科创园核心区建设有关事项；研究理顺“三湖”试验区管委会职责关系有关事项；研究《玉溪市改进耕地占补平衡管理实施方案补充意见（送审稿）》；通报玉溪市农村乱占耕地建房问题整治工作推进情况；通报1—7月全市非烟规模以上负增长工业企业帮扶情况。

第52次常务会议。9月1日，市长张德华主持召开第五届市人民政府第52次常务会议，会议共有5项议题：研究《玉溪市加快基础教育改革发展提高教育质量若干措施（送审稿）》；研究清理规范市级政府部门行政审批中介服务和投资项目技术性审查服务有关事项；研究玉溪市中心城区环山路与红塔大道连接线黑臭水体及市政道路应急工程有关事项；研究《玉溪市人民政府决策咨询顾问工作考核办法（试行）（送审稿）》；研究《中共玉溪市委　玉溪市人民政府关于深化改革加强食品安全工作的实施方案（送审稿）》。

第53次常务会议。9月11日，受市委副书记、市长张德华委托，市委常委、常务副市长李朝伟主持召开第五届市人民政府第53次常务会议，会议共有2项议题：研究瀑布（出水口）生态公园景观苗圃（冯家冲片区A地块）搬迁诉讼民事调解有关事项；研究新增玉溪市纪检监察外网建设专项资金有关事项。

第54次常务会议。9月21日，市长张德华主持召开第五届市人民政府第54次常务会议，会议共有11项议题：传达学习全国深化“放管服”改革优化营商环境电视电话会议精神，研究全市贯彻落实意见；研究缴纳2017年行政事业单位资产处置相关税费有关事项；研究《玉溪市全域现代化水网建设规划（2020—2035年）（送审稿）》；研究玉溪市重点产业投资促进优惠政策有关事项；听取玉溪市参加省人民政府领导赶赴突发事件现场指导救援工作桌面推演情况汇报；研究《玉溪市市级机关购买后勤服务管理办法（试行）（送审稿）》；研究解决司法业务用房建设项目用地资金有关事项；研究《玉溪市市属国有企业改革整合重组方案（送审稿）》；研究提高市对县（市、区）目标任务绩效综合考评奖励标准有关事项；研究新增2020年筹办省十六运会经费有关事项；通报近期扫黑除恶巡视督导反馈问题及整改情况。

第55次常务会议。10月21日，受市长张德华委托，市委常委、常务副市长李朝伟主持召开第五届市人民政府第55次常务会议，会议共有16项议题：听取全市三季度经济运行情况汇报；听取1—9月份全市安全生产工作情况汇报；研究澄江市阳宗镇行政区划调整有关事项；研究《玉溪市新能源汽车推广应用工作实施方案（送审稿）》；研究《云南省抚仙湖交通培训中心改革方案（送审稿）》；研究《玉溪市公共汽车服务公司改革方案（送审稿）》；研究《玉溪市水利建设大队改革方案（送审稿）》；研究《玉溪日报社印刷厂改革实施方案（送审稿）》；研究《2020年市本级财政预算调整方案（草案）》；研究编制2021年预算建立预算激励约束机制的有关事项；研究启动县级新增预算监控机制的有关事项；研究《关于玉溪市2019年度国有自然资源资产情况的报告（送审稿）》；研究实施品牌赋能助推玉溪工业发展有关事项；研究市消防救援支队消防装备建设等经费事项；通报玉溪市未成年人思想道德建设工作情况；研究《玉溪市国民经济和社会发展第十四个五年规划基本思路》及玉溪市“十四五”农业农村现代化、工业和信息化、商务、文化旅游产业发展规划编制有关工作。

第56次常务会议。11月17日，市长张德华主持召开第五届市人民政府第56次常务会议，会议共有13项议题：传达学习全国全省疫情防控工作电视电话会议精神，研究全市贯彻落实意见；听取全市爱国卫生“7个专项行动”推进落实情况汇报；研究《玉溪市禁止违法建设若干规定》立法有关事项；研究玉溪市参与全省有线电视网络整合发展工作有关事项；研究《玉溪市关于进一步加强和改进国有资产监督管理的实施意见（送审稿）》；研究澄江至江川高速公路股权无偿划转有关事项；研究“三湖”一级保护区相对集中行政处罚权有关事项；研究调整规范县乡村组烤烟生产组织奖励政策有关事项；研究《玉溪市交通运输领域财政事权和支出责任划分改革实施方案（送审稿）》；研究《玉溪市2020年电子商务进农村综合示范项目实施方案（送审稿）》；研究东风水库中央省级投资部分产权划转省水利水电投资有限公司有关事项；通报东风水库饮用水水源地保护区调整划定进展情况；通报全市扫黑除恶专项斗争“六清行动”工作情况。

第57次常务会议。12月11日，市长张德华主持召开第五届市人民政府第57次常务会议，会议共有16项议题：传达学习云南省党政代表团赴浙江省考察学习有关精神，研究贯彻工作；传达国家、省推动长江经济带发展有关要求，研究全市2020年长江经济带生态环境警示片反映问题整改有关工作；研究《玉溪市促进区域协调发展实施方案（送审稿）》；研究《玉溪市产业发展“三百”工程实施方案（送审稿）》；研究《中共玉溪市委、玉溪市人民政府关于贯彻落实〈中共云南省委、云南省人民政府关于加快构建现代化产业体系的决定〉的实施意见（送审稿）》；研究其他事项；研究市级政府部门拟调整的行政权力事项和政务服务事项有关事项；研究《玉溪市推进贸易高质量发展的实施意见（送审稿）》；研究《玉溪市2020年度法治政府建设情况报告（送审稿）》；研究其他事项；研究《2019年度市级预算执行和其他财政收支审计查出问题整改情况（送审稿）》；通报赴广东参加“高交会”暨招商引资工作情况；传达学习国务院根治欠薪冬季专项行动动员部署电视电话会议精神，研究贯彻落实意见；听取全市1—11月信访工作情况汇报；听取玉溪市2020年反恐怖工作情况汇报；听取2020年市政府系统人大代表建议政协提案办理工作情况。

第58次常务会议。12月23日，市长张德华主持召开第五届市人民政府第58次常务会议，会议共有13项议题：学习《中华人民共和国土地管理法》和《保障农民工工资支付条例》；传达学习习近平总书记防灾减灾救灾重要论述，听取全市防震减灾工作汇报；传达学习国家、省城市更新有关政策文件精神，研究全市贯彻意见；研究《玉溪市物业管理办法（送审稿）》；研究《玉溪市中心城区（红塔区）市区两级城市建设管理职能调整补充意见（送审稿）》；研究市级人防基本指挥所（4420工程）建设有关事项；研究《关于开展工程建设项目招标投标领域突出问题专项整治的工作方案（送审稿）》；研究《玉溪市人民政府关于推进健康玉溪行动的实施意见（送审稿）》；研究《关于加快推进高原特色现代农业高质量发展助推乡村振兴的意见（送审稿）》；研究《玉溪市深化农村公路管理养护体制改革实施细则（送审稿）》；研究新建新一代地球物理观测站有关事项；通报玉溪市2020年稳就业工作情况；通报贯彻落实降费减免政策助力企业复工复产情况。

第59次常务会议。12月29日，市长张德华主持召开第五届市人民政府第59次常务会议，会议共有5项议题：听取全市2020年经济运行情况汇报，研究2021年经济社会发展预期目标建议有关事项；听取《生物多样性公约》第十五次缔约方大会玉溪市筹备工作进展情况汇报；听取玉溪市全域现代化水网建设规划项目推进情况汇报；研究《玉溪市人工影响天气管理办法（送审稿）》；书面传达云南省推动长江经济带发展领导小组会议精神。

市政府专题会议。2020年，市政府共召开173次专题会议。

1月9日，市政府副秘书长田江龙主持召开棋阳路114号办公楼产权办理协调会议，听取了市机关事务管理局关于棋阳路114号办公楼产权办理工作的情况汇报，参会单位就下步工作提出意见建议。1月10日，玉溪市人民政府市长张德华主持召开澄川高速公路通车工作协调会。会议听取了省交通投资建设集团有限公司、云南澄大高速公路有限公司关于澄川高速公路项目推进情况和确保2020年春节前项目具备通车条件的施工计划情况汇报，参会领导作了充分发言，玉溪市人民政府张德华市长和省交通投资建设集团有限公司王珏副总经理对下一步工作提出了明确要求。1月10日，市政府分管副市长主持召开会议，专题研究瀑布生态公园周边地块（冯家冲片区）土地供应工作。会议听取了市土地储备中心关于瀑布生态公园周边地块（冯家冲片区）土地供应前期工作情况的汇报，参会单位作了充分发言，市政府分管副市长对下一步工作提出明确要求。1月15日，受市政府分管副市长委托，市政府副秘书长钱树才主持召开市保障性住房开发投资有限公司（以下简称市住投公司）向民生银行贷款化解存量政府隐性债务专题会，会议听取了市住投公司、民生银行玉溪分行关于贷款化解存量政府隐性债务的有关情况汇报，参会人员进行了充分发言，钱树才就下一步工作提出明确要求。1月17日，受市政府副市长李劲松委托，市政府副秘书长白文华主持召开会议，专题研究组织申报全国社会足球场地设施建设专项行动第二批重点推进城市有关事宜。会议听取了市发展改革委、市教育体育局关于申报全国社会足球场地设施建设专项行动第二批重点推进城市工作情况汇报，参会人员作了充分发言，副秘书长白文华对申报工作提出明确要求。1月17日，受市政府副市长李劲松委托，市政府副秘书长白文华主持召开会议，专题研究玉溪一中新建后勤服务中心项目隔震层变更为地下车库有关事宜。会议听取了市教育体育局党组关于玉溪一中新建后勤服务中心项目隔震层变更为地下车库的情况汇报，参会人员作了充分发言，副秘书长白文华对下一步工作提出明确要求。1月19日，市长张德华主持召开会议，专题研究市人民政府与世博旅游集团合作项目推进工作有关事宜。会议听取了世博旅游集团、玉溪市相关县（区）和部门关于华侨城江川欢乐休闲度假区、华侨城哀牢山国际康养度假区、澄江棚改商业安置项目规划建设情况的汇报，市长张德华对加快项目推进工作提出明确要求。1月21日，副市长曾敏主持召开全市新型冠状病毒感染的肺炎疫情防控工作会议。会议听取了市卫生健康委对新型冠状病毒感染的肺炎疫情防控前期开展工作情况及下步工作安排的汇报，市联防联控成员单位、各县（市、区）人民政府分别发言并作工作表态，曾敏对下一步工作进行安排部署、提出工作要求。1月21日，根据市委五届九次全会、市人大五届三次会议精神，市人大常委会、市人民政府联合对玉溪市生活垃圾焚烧发电项目实地调研，并由市委常委、常务副市长主持召开座谈会议专题研究项目推进工作。会议分别听取了红塔区人民政府、云南水务投资有限公司和中国有色金属工业第十四冶金建设公司关于玉溪市生活垃圾焚烧发电项目推进情况的汇报，市直有关单位和江川、通海、峨山3县（区）人民政府作了发言，市委常委、红塔区委书记张小良，市政府分管副市长分别针对项目推进工作提出意见建议，市人大常委会主任李洪云就保证施工安全、有序推进项目建设、确保如期实现点火运行等工作提出明确要求。1月22日，市人民政府副市长、市河（湖）长制领导小组副组长主持召开会议，对未完成河道脱劣、河道综合整治工程推进缓慢的江川区人民政府和市抚投公司进行工作约谈，市纪委监委、市政府督查室等相关单位出席会议。会议通报了相关情况，江川区和市抚投公司分别就克期实现河道脱劣和完成河道综合整治建设任务作表态发言，分管副市长对下步工作提出了明确要求。1月31日，市人民政府召开新型冠状病毒感染肺炎疫情防控资金保障融资工作专题会议。市委市政府应对新型冠状病毒感染肺炎疫情工作领导小组副组长、副市长黄太文出席会议。会议听取了市财政局、市国资委、市卫生健康委关于新型冠状病毒感染肺炎疫情防控资金保障工作情况的汇报，与会人员进行了认真讨论，提出了意见建议。副市长黄太文作了工作安排，提出了明确要求。

2月2日，市人民政府召开应对新型冠状病毒感染肺炎疫情市场保供工作专题会议。市委常委、副市长梁栋出席会议。会议传达学习了2月1日召开的全省疫情防控工作调度电视电话会议和市应对新型冠状病毒感染肺炎疫情工作领导小组指挥部会议精神，听取了市商务局等市直有关单位关于市场保供工作情况的汇报，讨论研究了《玉溪市应对新型冠状病毒感染肺炎疫情重要生活必需品供应保障工作方案（送审稿）》，市委常委、副市长梁栋作了工作安排，提出了明确要求。2月5日，市人民政府召开督查工作专题会议，市委常委、副市长梁栋出席会议。会议听取了市政府督查室关于应对新型冠状病毒感染肺炎疫情督查和近期重点工作情况的汇报，与会人员提出了意见建议。市委常委、副市长梁栋对进一步做好督查工作作了安排，并提出明确要求。2月7日，市人民政府召开加快推进各级环保督察反馈意见问题整改工作专题会议，市长张德华出席会议。会议通报了玉溪市各级环保督察反馈意见问题整改进展及金色抚仙湖九龙国际会议中心项目整改工作滞后情况，听取了相关责任县区和部门整改进展情况汇报，市长张德华对下步工作提出明确要求。2月14日，市人民政府召开强化联保联供措施做好疫情防控期间保供稳价工作专题会议，市委常委、副市长梁栋出席会议。会议传达学习了省委省政府应对新型冠状病毒感染肺炎疫情工作领导小组指挥部《关于强化联保联供措施做好疫情防控期间保供稳价工作的通知》和市委市政府应对新型冠状病毒感染肺炎疫情工作领导小组指挥部第11次例会精神，听取了市发展改革委、市商务局等市直有关单位关于疫情防控期间保供稳价工作情况的汇报，与会单位提出了工作意见建议。市委常委、副市长梁栋作了工作安排，提出了明确要求。2月15日，为进一步加快推进省监狱管理局、省戒毒管理局在玉溪市辖区内的相关监所土地与玉溪市政府国有土地置换工作，助推玉溪市经济社会高质量跨越式发展，省司法厅党委书记、厅长商小云率省监狱管理局、省戒毒管理局主要领导一行赴玉溪市，就相关土地置换问题进行再次研究协商。玉溪市委、市政府和省司法厅召开座谈会，会议听取了玉溪市人民政府和省监狱管理局、省戒毒管理局对国有土地置换工作情况的汇报，对拟置换土地的位置、面积等进行了研究。2月19日，副市长曾敏主持召开会议，专题研究玉溪市大健康产业2020年行动计划。会议听取了市卫生健康委关于《玉溪市大健康产业2020年行动计划（讨论稿）》起草情况的汇报，认真分析了大健康产业发展现状及存在问题，对大健康产业2020年重点工作、重大项目支撑和相关保障措施进行了研究，各单位参会人员提出了意见和建议。2月20日，受市政府常务副市长委托，市政府副秘书长田江龙主持召开玉溪市救灾物资储备库项目建设专题会议。会议听取了市发展改革委副主任钱兴平关于玉溪市救灾物资储备库项目建设推进情况的汇报，认真分析了项目建设当前亟待解决的问题和困难，对项目建设用地的收储、划拨等问题进行了研究，各单位参会人员充分发表了意见，田江龙提出具体工作要求。2月21日，受市委常委、常务副市长委托，市政府副秘书长田江龙主持召开玉溪市全面推开行业协会商会与行政机关脱钩改革专题研究会议。会议听取了有关单位关于《玉溪市全面推开行业协会商会与行政机关脱钩改革工作方案（讨论稿）》（以下简称《工作方案》）、全市性行业协会商会脱钩名单、市老年人体育协会的情况汇报，各单位参会人员充分发表了意见，田江龙提出了明确要求。2月21日，市政府召开星云湖脱劣冲刺会，市长张德华、市人大常委会副主任叶本功、马良昌、市政府秘书长张亚辉出席会议。会议听取了江川区星云湖脱劣方案汇报，市直有关单位作表态发言，区级河长向市级河长递交了河道脱劣承诺书，市长张德华与江川区和市直有关部门签订脱劣工作责任书，并对下步工作提出明确要求。2月28日，市委副书记、市长张德华赴市森林防火指挥部调研并召开全市森林防火系统视频会议，市政府秘书长张亚辉出席会议。会议听取了全市森林防火工作情况及林草产业发展情况汇报，市长张德华现场调度全市森林防火指挥部智慧平台演示，并对下步工作提出明确要求。2月28日，市政府分管副市长主持召开会议，专题研究2020年烤烟生产扶持政策及相关问题。会议听取了市烟草产业服务中心关于玉溪市2020年烤烟生产扶持政策及相关问题的汇报，市直有关单位和相关企业参加会议并发言，分管副市长对下阶段工作提出明确要求。2月28日，副市长、“三湖”保护治理雷霆行动组执行组长主持召开会议，专题研究“三湖”保护治理相关工作。会议听取了市抚仙湖管理局有关工作情况汇报，江川区、澄江市、通海县和市直有关部门参会并发言，分管副市长提出了明确要求。

3月1日，市人民政府召开九龙晟景项目整改工作推进会，市委副书记、市长张德华，市委常委、常务副市长，副市长黄太文出席会议。会议听取了市自然资源规划局、江川区人民政府、澄江市人民政府关于九龙晟景项目整改工作推进情况的汇报，对整改工作存在的困难和问题进行了研究。市委副书记、市长张德华对下步工作提出明确要求。3月4日，市委、市政府召开杞麓湖保护治理攻坚推进会议，张德华、保明顺、马加能、曾敏、何雪峰等出席会议。会议听取了通海县保持杞麓湖水质稳定工作方案汇报，县级河长作了表态发言并向市级河长递交承诺书，市委副书记保明顺与通海县和市直有关部门签订了工作责任书，市长张德华对下步工作提出明确要求。3月9日，市人民政府分管副市长主持召开“森林抚仙湖”建设项目推进专题会议。会议听取了市林草局、澄江市人民政府和市抚仙湖保护开发投资有限责任公司（以下简称抚投公司）、玉溪市抚仙湖生态运营管理有限责任公司（以下简称抚运公司）关于森林抚仙湖建设工作的情况汇报，对项目推进中存在的困难和问题进行了研究，市直参会单位充分发表了意见，分管副市长对下一步工作提出明确要求。3月11日，市人民政府张德华市长主持召开玉溪市人防工作专题会议。会议听取了市住房城乡建设局关于人防工作暨住建领域重点工作情况汇报，参会领导作了发言，张德华市长对下一步工作提出明确要求。3月18日，市人民政府召开现代物流产业发展专题会议，市委常委、副市长梁栋出席会议。会议听取了市商务局关于全市现代物流产业发展情况和2020年工作计划的汇报，与会单位围绕实现年度目标任务、加快推动现代物流产业高质量发展进行了讨论发言，提出了意见和建议。市委常委、副市长梁栋对有关工作进行了安排部署，提出了明确要求。3月19日，市新型智慧城市建设工作领导小组召开第5次会议，会议听取了领导小组办公室关于新型智慧城市建设模式与路径的介绍以及玉溪市新型智慧城市建设工作推进情况的汇报，研究了玉溪新型智慧城市2020年重点项目建设清单、保障措施以及加快推进与中国电子科技开发有限公司的协议履行、合作推进等有关事项，参会单位领导作了发言，常务副市长、副市长黄太文、李锐提出了工作要求，市长、市新型智慧城市建设工作领导小组组长张德华作了重要讲话。3月19日，市政府分管副市长主持召开会议，专题研究农业农村相关工作。会议听取了市农业农村局有关工作情况汇报，市直有关部门参会并发言，分管副市长提出了明确要求。3月20日，受市政府副市长李劲松委托，市政府副秘书长白文华主持召开会议，专题研究学校疫情防控和春季学期开学准备工作。会议听取了检查组的情况汇报和市卫生健康委、市疾控中心疫情防控形势介绍，对全市学校疫情防控、2020年春季学期开学工作进行了分析研判和安排部署，副秘书长白文华提出明确工作要求。3月21日，市长张德华主持召开交通运输重点工作专题会议。会议听取了市交通运输局关于全市交通运输重点工作推进情况的汇报，参会单位作了充分发言，北京华杰工程咨询有限公司就做好项目前期工作提出了意见建议，张德华市长对下一步工作提出明确要求。3月23日，市人民政府召开九龙晟景项目整改推进工作领导小组会议，会议听取了市自然资源规划局、市生态环境局、市住房城乡建设局和江川区、澄江市人民政府关于3月1日九龙晟景项目整改工作推进会议精神落实情况的汇报，对整改工作存在的困难和问题进行了研究，市长张德华对下步工作提出明确要求。3月23日，副市长李劲松主持召开会议，专题研究玉溪市文化旅游产业发展有关工作。会议听取了市文化旅游产业组办公室关于文化旅游产业发展情况的汇报，分析研究全市文化旅游产业重点工作、重大项目和推进计划，与会人员提出了意见建议，副市长李劲松对加快玉溪文化旅游产业发展作了安排部署并提出明确要求。3月25日，市人民政府召开财政增收专题会议。市委副书记、市长张德华，副市长黄太文，市政府秘书长张亚辉出席会议，市直有关单位负责同志参加会议。会议听取了市财政局、市自然资源规划局、市土地储备中心、市国资委、市税务局关于财政增收工作情况的汇报。副市长黄太文作了工作安排，市委副书记、市长张德华对下步工作提出明确要求。3月26日，市人民政府召开仙湖山水项目协调推进会。市委副书记、市长张德华，市委常委、常务副市长，副市长黄太文出席会议。会议听取了上海复地产业发展集团公司、融创云南地产公司、澄江市关于仙湖山水项目推进情况的汇报，与会领导充分发言。市委副书记、市长张德华对下一步工作提出明确要求。3月26日，市人民政府召开市优化营商环境暨推进政府职能转变和“放管服”改革工作领导小组第一次会议。市委副书记、市长张德华，市委常委、常务副市长，副市长黄太文、曾敏，市政府一级巡视员解仕清，市政府秘书长张亚辉出席会议，市直有关单位负责同志参加会议。会议由市委常委、副市长梁栋主持。会议听取了市政务服务局、市住房城乡建设局关于全市2019年优化营商环境工作及投资项目审批制度改革情况汇报，审议了《玉溪市“营商环境提质年”实施方案（送审稿）》《关于建立营商环境“红黑榜”制度的通知（送审稿）》《玉溪市政务服务“好差评”制度建设工作实施方案（送审稿）》。与会市领导作了发言，张德华市长作了重要讲话，提出明确要求。3月26日，市人民政府召开2020年市招商引资工作委员会第一次会议。市委副书记、市长张德华，副市长黄太文，市政府党组成员、一级巡视员解仕清出席会议。会议听取了市投资促进局关于2019年招商引资工作情况及2020年招商引资工作计划的汇报，听取了玉溪高新区管委会、市委网信办、市工业和信息化局、市科技局及市农业农村局关于2020年招商引资工作计划的汇报。参会市领导作了发言，市委副书记、市长张德华对2020年招商引资工作进行了安排部署，提出了明确要求。3月27日，副市长李劲松主持召开会议，专题研究玉溪市人民政府与世博旅游集团合作项目推进工作有关事宜。会前实地调研了两个项目选址地的有关情况；会议听取了华侨城世博投资公司关于江川、新平两县（区）项目推进情况的汇报，副市长李劲松对加快项目推进工作提出明确要求。3月28日下午，玉溪市新冠病毒感染肺炎疫情境外入滇人员集中隔离管理工作专班召开会议，研究境外入滇人员集中留观相关事宜。

4月1日，副市长李劲松主持召开会议，专题研究玉溪卫生学校迁后资产调配盘活工作。会议听取了市教育体育局关于《玉溪卫生学校迁后资产调配盘活使用方案》的情况汇报，与会人员提出了意见建议，副市长李劲松对下一步工作提出了明确要求。4月2日，市政府副秘书长田江龙主持召开棋阳路114号办公楼产权办理推进会议，专题研究棋阳路114号办公楼产权办理工作的困难和问题，参会单位根据职能职责明确了相关办理程序。4月3日，市政府召开研和工业园区重点项目推进专题会议。副市长黄太文，市政府党组成员、一级巡视员解仕清出席会议。会议听取了研和工业园区管委会关于研和工业园区重点项目建设推进情况及存在困难问题的汇报，各参会单位提出了意见建议，市政府党组成员、一级巡视员解仕清作了发言，副市长黄太文对下一步工作进行了安排部署，提出明确要求。4月14日，市政府分管副市长主持召开会议，专题研究水利有关工作。会议听取了市水利局有关工作情况汇报，分管副市长提出了明确要求。4月16日，市人民政府召开云南绿色钢城项目建设推进专题会议。市委副书记、市长张德华，副市长黄太文，市政府党组成员、一级巡视员解仕清出席会议。会议听取了玉昆项目一线工作指挥部、峨山县关于项目建设推进情况、存在困难问题及下步工作措施的汇报，听取了市自然资源规划局、市生态环境局、市交通运输局、市林草局、市工投公司关于工作推进情况的汇报。参会市领导作了发言，市委副书记、市长张德华对云南绿色钢城项目建设下步工作进行了安排部署，提出了明确要求。4月20日，市委副书记、市长张德华率队到澄江市调研促投资稳增长工作，实地察看了仙湖山水、中山大学澄江医院等重大项目建设情况并召开专题会议。会议听取了澄江市经济社会发展情况、上海复地产业发展集团有限公司和融创云南地产公司关于项目合作推进情况的汇报，与会领导充分进行发言。市委副书记、市长张德华对下一步工作提出明确要求。4月21日，市人民政府召开第三产业稳增长专题会议。市委副书记、市长张德华，市委常委李朝伟，副市长李劲松、曾敏，市委常委、副市长梁栋，市政府秘书长张亚辉出席会议。会议听取了市统计局关于全市一季度第三产业各行业领域数据指标完成情况的通报，听取了市发展改革委、市商务局、市文化和旅游局、市市场监管局、市人力资源社会保障局、市金融办关于第三产业稳增长措施办法的汇报。与会市领导作了发言，市委副书记、市长张德华对第三产业稳增长工作进行了安排部署，提出明确要求。4月22日，受副市长李劲松委托，市政府副秘书长白文华主持召开会议，专题研究玉昆钢铁集团科技研发中心项目建设有关事宜。会议听取了市科教创新服务中心关于玉昆钢铁集团科技研发中心项目推进中存在问题的汇报，与会人员充分发言，副秘书长白文华对玉昆钢铁集团科技研发中心项目建设工作提出明确要求。4月23日，市委副书记、市长张德华主持召开住建领域重点项目协调推进会议。会议听取了市住房城乡建设局、红塔区人民政府关于玉水金岸项目风险化解、新天地项目风险化解和玉溪大河下段黑臭水体治理及海绵工程项目建设有关情况的汇报，参会领导围绕项目推进作了充分发言，张德华市长对下一步工作提出明确要求。4月27日，市人民政府召开昆磨高速公路（玉溪段）绿化美化工作调研座谈会，市委副书记、市长张德华，市委常委李朝伟出席会议。会议听取了市林草局、市交通运输局和峨山县、新平县、元江县人民政府关于昆磨高速公路（玉溪段）绿化美化及路域环境整治工作情况的汇报，对工作推进中存在的困难和问题进行了研究。市委副书记、市长张德华对下步工作提出明确要求。4月28日，受市委常委李朝伟委托，市政府副秘书长田江龙、钱树才主持召开脱贫攻坚农村危房改造专题会。会议听取了市住房城乡建设局关于全市脱贫攻坚农村危房改造有关工作的情况汇报，参会单位作了充分发言，副秘书长田江龙、钱树才对下一步工作提出了明确要求。4月29日，中国电信云南公司总经理王宏一行到玉溪市政府，就玉溪市卫生健康项目信息化工作与副市长曾敏进行会谈，市卫生健康委、市人民医院及中国电信玉溪分公司有关负责人参加会谈，双方就深化玉溪市卫生健康项目信息化工作交换了意见，副市长曾敏就下步推进双方深度合作提出了明确要求。4月30日，副市长黄太文主持召开会议，专题研究推进玉溪监狱国有土地置换工作。会议听取了市自然资源规划局和红塔区、峨山县关于玉溪监狱国有土地置换工作推进情况的汇报，对工作推进存在的困难和问题进行了研究。副市长黄太文对下一步工作提出明确意见。4月30日，受市委常委、市政府党组副书记李朝伟委托，市政府副秘书长田江龙主持召开会议，专题研究市开投公司AA+资信评级提升工作。会议听取了市开投公司关于《市开投公司AA+资信评级提升工作方案》的汇报，与会单位领导作了充分发言，田江龙对市开投公司AA+资信评级提升工作提出了工作要求。4月30日，受市长、市新型智慧城市建设工作领导小组组长张德华委托，副市长、市新型智慧城市建设工作领导小组副组长、市公安局局长李锐主持召开市新型智慧城市建设工作领导小组专题会议，听取玉溪智慧车牌综合管理与运营平台项目建设推进情况汇报，研究智慧车牌项目建设增加内容、新建交管大数据等有关事项，与会人员围绕项目方案进行讨论发言，副市长李锐提出明确要求。

5月6日，市人民政府召开红塔集团玉溪卷烟厂就地技术改造项目协调推进专题会议，市委副书记、市长张德华，市委常委、常务副市长李朝伟，副市长黄太文出席会议。会议听取了红塔集团关于就地技术改造项目推进情况汇报，参会领导作了发言，张德华市长对下一步工作提出明确要求。5月7日，市人民政府召开玉溪海关项目建设工作推进专题会议。市委常委、副市长梁栋，市政府党组成员、一级巡视员解仕清出席会议。会议听取了玉溪高新区管委会关于玉溪海关建设推进情况的汇报，各参会单位作了发言，梁栋副市长、解仕清巡视员对下步工作进行了安排部署，提出明确要求。5月8日，市人民政府召开全市固定资产投资及稳增长工作汇报会。会议分别听取了市住房城乡建设局、市交通运输局和市指挥调度中心办公室统计分析组、投资调度组关于固定资产投资及稳增长工作情况的汇报，参会领导作了充分发言。市委副书记、市长张德华就全市固定资产投资和稳增长工作提出明确要求。5月11日，为贯彻落实市长张德华4月30日对卫生系统项目建设和固定资产投资工作的重要批示精神，市委常委、市政府常务副市长李朝伟，副市长曾敏主持召开会议，专题研究全市卫生领域重点项目规划建设工作。会议听取了市卫生健康委关于全市卫生行业2020年固定资产投资建设项目建设情况汇报，与会单位结合自身职责作了讨论发言，常务副市长李朝伟、副市长曾敏提出了工作建议及要求。5月11日，受市委常委、常务副市长李朝伟委托，市政府副秘书长田江龙主持召开会议，专题研究葫田二区老年人活动中心资产管理有关事宜。会议听取了市机关事务管理局的情况汇报，参会人员进行了深入讨论，田江龙对下一步工作提出明确要求。5月11日，市委常委、常务副市长李朝伟主持召开脱贫攻坚农村危房改造、公共租赁住房续租和人防系统腐败问题专项整治工作会。会议听取了市住房城乡建设局关于全市脱贫攻坚农村危房改造、市本级公共租赁住房续租、全市人防系统腐败问题专项治理有关情况的汇报。参会单位作了发言，常务副市长李朝伟对下一步工作提出明确要求。5月14日，受市委常委、常务副市长李朝伟委托，市政府副秘书长田江龙、钱树才召开会议，专题研究墨临、弥玉、晋红、武易、大戛、元曼、玉楚等7条高速公路项目用地报批工作。会议听取了市自然资源规划局关于高速公路项目用地报批工作推进情况、玉溪交通发展投资有限公司关于晋红高速公路耕地占补平衡指标省级统筹调剂费用相关情况的汇报，对工作推进中存在的困难和问题进行了研究，明确了下一步工作的重点。5月14日，市人民政府召开打击走私综合治理领导小组会议暨2020年打击走私综合治理工作会议及“绿滇2020”专项联合行动动员会。市委常委、副市长、市打击走私领导综合治理领导小组组长梁栋出席会议，领导小组各成员单位有关负责同志参加会议。会议传达学习了2020年全省打击走私工作会议精神，听取了市打私办关于2019年工作情况和2020年工作建议的汇报，审议了《玉溪市“绿滇2020”打击走私专项联合行动方案（送审稿）》和《玉溪市人民政府打击走私综合治理领导小组成员单位职责（送审稿）》。市公安局、市森林公安局、市烟草专卖局、玉溪海关等有关单位作了发言，副市长梁栋对全市打击走私工作作出安排，提出明确要求。5月17日，市长张德华主持召开高速公路项目用地报批工作专题会，研究墨临、弥玉、晋红、武易、大戛、元曼、玉楚等7条高速公路项目用地报批工作。会议听取了市交通运输局关于高速公路项目用地报批工作推进情况、市家园建设投资有限公司关于20亿元非公开公司债券资金用途情况的汇报，参会单位作了充分发言，市长张德华对下一步工作提出明确要求。5月18日，市政府副市长、市应对疫情工作领导小组副组长兼指挥部副指挥长曾敏主持召开会议，专题研究在全市推行“公筷公勺”活动有关事宜。会议听取了与会单位结合自身职责所作的在全市推行“公筷公勺”活动的汇报，副市长曾敏提出了具体工作要求。5月18日，市长张德华率队调研全市数字经济和智慧城市建设工作，并主持召开调研座谈会，会议分别听取了市工业和信息化局、市智慧办、部分企业代表的工作情况汇报，参会人员进行了交流发言，与会市领导就分管工作进行了具体安排，市长张德华对全市数字经济发展提出明确要求。5月21日，市人民政府召开会议，专题研究推进红塔体育森林公园建设工作，市委常委、常务副市长李朝伟和红塔集团党委副书记、总经理李恒出席会议。会议听取了红塔集团和市家园建设投资有限公司、市财政局关于红塔体育森林公园建设工作推进情况的汇报，对工作推进中的困难进行了研究，市直参会单位作了充分发言，市委常委、常务副市长李朝伟对下一步工作提出明确意见。5月28日，市人民政府召开玉溪高新区南片区“退二进三”项目推进工作专题会议。副市长黄太文，市政府党组成员、一级巡视员解仕清出席会议。会议听取了玉溪高新区管委会关于玉溪高新区南片区“退二进三”相关情况的汇报，红塔区人民政府及市直有关单位作了发言，副市长黄太文、一级巡视员解仕清对下步工作进行了安排部署，提出明确要求。5月29日，受市委常委、常务副市长李朝伟委托，市政府副秘书长田江龙召集会议专题研究加快推进江川—通海—华宁生活垃圾焚烧发电项目建设有关事宜。会议听取了市发展改革委副主任（市能源局局长）罗盛勇关于项目前期完成情况和审批事项的情况汇报，市住房城乡建设局、市生态环境局和三县、区人民政府针对项目建设作了发言，市政府副秘书长田江龙就推进项目建设提出了明确要求。

6月3日，市政府分管副市长主持召开“三湖”健康水循环系统构建工作推进会议。会议听取了市直有关部门关于健康水循环系统构建、抚仙湖取水专项排查和重大项目开发环评审批相关工作情况汇报，江川区、澄江市有关领导参会并发言，分管副市长对下步工作提出明确要求。6月4日，市委常委、常务副市长李朝伟主持召开玉水金岸和新天地城市综合体项目风险化解工作推进会。会议听取了市住房城乡建设局、红塔区人民政府、市家园建设投资有限公司、农行玉溪分行、新天地公司等单位关于玉水金岸项目、新天地项目风险化解工作推进情况的汇报，各参会单位作了充分发言。市委常委、常务副市长李朝伟对下一步工作提出明确要求。6月4日，市政府召开全市煤矿整体关闭退出工作专题会议。副市长黄太文出席会议。会议听取了市工业和信息化局关于全市煤矿整体关闭退出工作推进情况的汇报，华宁县、峨山县、新平县人民政府作了发言，参会单位结合工作情况提出了意见建议。副市长黄太文对下一步工作进行了安排部署，提出明确要求。6月15日，市政府秘书长张亚辉主持召开市级机关交流干部周转住房建设项目专题会议。会议分别听取了规划单位关于规划设计方案情况的汇报，以及市机关事务局对《关于市级机关交流干部周转住房及配套设施规划建设有关事项的汇报（送审稿）》的汇报，研究了市级行政综合服务中心规划选址地块利用工作，明确了相关事项。6月21日，市政府副市长曾敏在澄江市政府会议室主持召开会议，专题研究中山大学澄江市医院项目规划建设相关事宜。会议听取了澄江人民市政府及项目建设单位关于项目推进情况的汇报，并就项目推进过程中存在的困难、问题进行了讨论和研究，对下一步工作进行了安排部署。6月30日，云南建投集团董事长陈文山一行赴玉溪高铁新城调研并与玉溪市人民政府召开座谈会，就双方合作事项进行商议沟通。陈文山简要介绍了云南建投集团在玉溪业务开展情况和工程项目推进情况，双方参会人员作了充分发言，市长张德华对有关工作进行了具体安排，提出了明确的工作要求。

7月1日，副市长曾敏主持召开会议，专题研究抗击新冠肺炎疫情国家级表彰推荐评选工作，重点是玉溪市报送全国抗击新冠肺炎疫情先进个人、优秀党员推荐人选事宜。会议听取了市人力资源社会保障局关于本次评比表彰工作相关要求汇报，听取了市卫生健康委关于我市开展抗击新冠肺炎疫情国家级表彰推荐评选工作情况汇报，与会同志经过认真分析讨论，就市卫生健康委提出的推荐人选达成一致同意意见，副市长曾敏对推荐评选工作提出明确工作要求。7月1日，市人民政府召开玉溪高新区优化提升工作座谈会，专题研究全市开发区优化提升工作、高新技术产业开发区优化提升工作有关问题。会议听取各参会单位关于全市开发区优化提升工作推进情况及高新技术产业开发区优化提升工作推进情况的汇报，参会市领导作了发言，张德华市长对下步开发区优化提升工作进行了安排部署，提出了明确要求。7月2日，市政府召开水利工作专题会议，市长张德华出席会议并讲话。会议听取了市水利局关于玉溪市全域现代化水网体系规划和“十四五”水安全保障规划编制、全市水利固定资产投资、2020年防汛抗旱等工作情况汇报，市发展改革委、市财政局、市气象局、省水文水资源局玉溪分局有关负责人参会并发言，市长张德华对下步工作提出明确要求。7月2日，市政府副市长曾敏召集市卫健委、市住建局、市人民医院，澄江市人民政府及相关部门，在澄江市召开中山大学澄江市医院项目推进会。会议听取了澄江市政府及项目建设、设计单位项目推进情况的汇报，对项目推进过程中出现的困难和问题进行了讨论、研究，并对下一步工作作了安排部署。7月6日，玉溪市与中国铁路昆明局集团有限公司（以下简称昆明铁路局）举行座谈，双方就玉磨铁路建设、大化产业园区（罗里站）铁路专用线建设、象山宾馆提质改造项目等事项进行座谈交流。会议听取了双方在合作过程中需要对方协调解决的事项，参会市领导作了发言，市长张德华对加快推进玉溪铁路建设项目、持续深化双方合作事项提出了明确要求。7月8日，市长张德华召开会议专题研究全市债务化解工作，会议听取了市政府债务管理委员会办公室主任、市财政局局长李丁全关于玉溪市债务化解工作的情况汇报，研究了债务化解具体措施，市长张德华对债务化解工作提出了具体要求。7月8日，市人民政府召开财政增收工作专题会议。市委副书记、市长张德华，副市长黄太文，市委常委、副市长雷江平，市政府秘书长张亚辉出席会议，市直有关单位负责同志参加会议。会议听取了市自然资源规划局、市土地储备中心关于全市土地供应情况及土地整理工作推进情况的汇报，参会单位作了发言，市长张德华对下一步工作提出明确要求。7月14日，市长张德华率队到玉溪科教创新城调研，专题研究科教创新城建设有关事宜。会议听取了市科教创新服务中心、市教育体育局、市科技局相关工作落实情况及下一步工作情况的汇报，与会领导充分发言，常务副市长李朝伟、副市长李劲松对科教创新城建设提出建设性意见建议，市长张德华对科教创新城规划建设工作提出明确要求。7月15日，根据副市长黄太文批示及副市长曾敏指示要求，市人民政府副秘书长李莉主持召开会议，专题研究玉溪市公共实训基地项目建设用地划转事宜。会议听取了市人力资源社会保障局、玉溪技师学院关于推进玉溪市公共实训基地项目规划建设及项目用地划转协调情况汇报，与会人员充分进行了分析讨论。7月16日，受常务副市长李朝伟委托，市政府副秘书长田江龙召开专题会议，研究市财政局瑞丰小区临街商铺盘活相关事项。会议听取了市财政局相关情况汇报，参会部门就资产盘活事项进行了讨论。7月22—24日，受市长张德华委托，常务副市长李朝伟主持召开全市促投资稳增长调度分析工作会议，对全市9县（市、区）、高新区、11个重点行业促投资稳增长工作进行“一对一”研究谋划和安排部署，黄太文、李劲松、曾敏、张光彦、梁栋、雷江平、解仕清等市领导分别参加了包保县（市、区）和重点行业的专题会议，并对下半年促投资稳增长工作提出具体明确的工作要求。7月23日，市委常委、副市长雷江平主持召开澄江市阳宗镇行政区划调整工作专题会议。会议听取了市民政局关于澄江市阳宗镇行政区划调整工作情况汇报，对澄江市阳宗镇行政区划调整工作方案进行了研究，各参会单位作了充分发言，市委常委、副市长雷江平对下一步工作提出了明确要求。7月24日，市人民政府召开老挝玉溪中亚水泥有限公司矿难死者家属信访要求赔偿事宜专题会议，市委常委、副市长梁栋出席会议。会议听取了市商务局关于老挝玉溪中亚水泥有限公司矿难死者家属信访要求赔偿事宜处置情况的汇报，参会单位结合工作开展情况提出了意见建议。市委常委、副市长梁栋对下一步工作进行了安排部署，提出明确要求。7月29日，市委常委、副市长雷江平主持召开市政府决策咨询顾问管理工作专题会议。会议听取了市政府发展研究中心情况汇报，对市政府决策咨询顾问工作考核办法进行了研究，各参会单位作了发言。市委常委、副市长雷江平对市政府发展研究中心规范化管理工作提出明确要求。7月31日，市人民政府召开玉溪市优化营商环境暨推进政府职能转变和“放管服”改革工作领导小组第二次会议。市委常委、副市长梁栋出席会议。会议听取了市政务服务局、市发展改革委、市公安局、玉溪高新区管委会和江川区、华宁县、易门县人民政府有关优化营商环境、“一颗印章管审批”等工作情况汇报，审议了《玉溪市优化营商环境实施办法（送审稿）》《玉溪市第三批拟清理规范的市级政府部门行政审批中介服务事项清单（送审稿）》《玉溪市市级部门行政审批中介服务事项目录（送审稿）》《玉溪市市级投资项目技术性审查服务事项目录（送审稿）》。市委常委、副市长梁栋对下步工作作出部署安排，提出明确要求。

8月6日，市人民政府召开会议，专题研究部署全市根治拖欠农民工工资工作。会议上，市根治拖欠农民工工资工作领导小组办公室（市人力资源社会保障局）通报了根治欠薪工作开展情况，市住房城乡建设局、市交通运输局、华宁县政府、元江县政府就根治欠薪工作作了表态发言，市长张德华就如何抓好下一步工作进行了安排部署。8月6日，市长张德华主持召开住建领域重点项目协调推进会。会议听取了市住房城乡建设局有关工作情况汇报，与会领导就有关工作提出意见建议。市长张德华对有关工作提出明确要求。8月10日，市人民政府召开云南太标精工铸造有限公司优化供给侧结构发展循环经济示范项目（以下简称为“太标循环经济示范项目”）建设现场推进会，实地调研项目推进情况，并研究项目推进中存在的困难问题。会议听取了云南太标集团关于太标循环经济示范项目建设推进情况及存在困难问题的汇报，参会单位提出了意见建议，李朝伟、黄太文、雷江平、解仕清等参会市领导作了发言，对下一步工作进行了具体安排，并提出了明确要求。8月11日，受市政府副市长张光彦委托，市政府副秘书长钱树才主持召开玉溪市脱贫攻坚展厅拓展提升项目专题会。市委宣传部、市扶贫开发领导小组办公室、市财政局、市规划馆负责人及有关同志参加会议。8月13日，玉溪市与猪八戒股份有限公司（以下简称猪八戒公司）举行座谈。会议听取了市委网信办关于全市数字经济发展的情况汇报，猪八戒公司就企业发展情况、下一步与玉溪合作重点作了介绍，双方就进一步深化合作进行了深入交流，市委书记王力对下一步工作提出明确要求。8月14日，分管副市长主持召开澄江市固定资产投资工作推进会。会议听取了市农业农村局关于抚仙湖径流区现代标准化农业产业面源和土壤污染控制示范项目（以下简称“示范项目”）推进情况的汇报，市直有关单位、澄江市政府有关领导参会并发言，分管副市长对下阶段工作提出明确要求。8月19日，云南玉溪玉昆钢铁集团有限公司转型升级产能置换项目（以下简称“玉昆集团转型升级产能置换项目”）建设领导小组召开第八次领导小组会议。市委副书记、市长张德华，市委常委、常务副市长李朝伟，市人大常委会副主任孙云鹏，市政府一级巡视员解仕清出席会议。会议听取了峨山县、市自然资源规划局、市生态环境局和市工投公司关于玉昆集团转型升级产能置换项目建设推进情况、存在的困难问题、当前重点工作及下一步工作措施的汇报。参会市领导作了发言，市委副书记、市长张德华对项目建设下步工作进行了安排部署，提出了明确要求。8月20日，市委、市政府召开玉溪高新智慧城规划工作专题会议，会议观看了《玉溪高新智慧城总体策划和概念性规划》，听取了编制单位对《玉溪高新智慧城控制性详细规划》方案的汇报，对下步工作进行了安排部署，提出明确要求。8月21日，市政府召开省政府行政复议决定确认玉溪市人民政府未对丁忠福等5人提交的《查处申请书》作出答复违法约谈会议，副市长、市公安局局长李锐出席会议。市政府副秘书长溥恩武通报了元江县滨江片区棚户区改造被征收人丁忠福等5人向省政府申请行政复议案相关情况；元江县人民政府、市住房城乡建设局、市政府行政复议办（市司法局）、市政府办公室分别作表态发言；副市长、市公安局局长李锐对各参会单位负责同志开展约谈，对下步工作进行安排部署，提出明确要求。8月22日，副市长曾敏主持召开会议，专题研究新平县涉嫌非法行医致多人出现不良反应事件处置工作。会议传达了省委书记陈豪、省政府副省长李玛琳以及市委书记王力、市长张德华所作的批示精神，听取了新平县人民政府调查处置情况汇报以及市卫生健康委、市市场监督管理局、市公安局、市卫生监督局、市人民医院等部门前期调查、排查、救治、处置等情况汇报，认真分析了事件的起因、调查、排查、救治、处置等情况，副市长曾敏就落实省、市领导批示及做好后续处置工作提出了明确要求。8月23日，市人民政府召开弥玉、玉楚高速公路征地拆迁工作现场会，副市长黄太文出席会议，有关县（区）、市直有关单位负责同志参加会议。与会人员实地调研了下金鸭大桥、多依树互通、曲陀关联络线、华宁南互通工程进展情况及征地拆迁情况，会议听取了市交通运输局、项目公司关于弥玉、玉楚征地拆迁总体进展情况汇报，参会单位提出了意见建议，副市长黄太文对下一步工作提出明确要求。8月24日，市委副书记、市长张德华主持召开玉溪市打击非法行医专题工作会议，专题研究推进全市打击非法行医专项行动和新平县涉嫌非法行医致多人不良反应事件处置工作。会议传达学习了省委书记陈豪、省政府副省长李玛琳以及市委书记王力的重要批示精神，听取了新平县委、县政府及市卫生健康委、市市场监管局、市公安局、市委宣传部、市委网信办、市人民医院等部门工作情况汇报，副市长曾敏、张光彦及副市长、市公安局局长李锐结合分管工作进行发言，市委副书记、市长张德华提出明确具体工作要求。8月24日，市政府秘书长张亚辉主持召开昆磨高速公路（玉溪段）绿化美化工作推进会。会议通报了昆磨高速公路（玉溪段）美丽公路建设工作督查情况，听取了市交通运输局、市农业农村局、市林草局关于路域环境整治、沿线村庄人居环境整治、绿色廊道任务清单有关情况的汇报，红塔区、峨山县、新平县、元江县政府分别做了表态发言，张亚辉对下一步工作提出明确要求。8月25日，市政府召开会议，专题研究与省交投深化合作事宜。会议听取了市直单位上海市政设计院关于中心城区路网优化提升情况汇报，市商务局、市交通运输局等市直单位汇报了与省交投合作项目情况，省交投集团党委委员、财务总监潘正军，党委委员、投资公司董事长罗红星代表省交投集团作了讲话，市委常委、常务副市长李朝伟就下一步工作提出明确要求。8月25日，市长张德华主持召开全市“厕所革命”攻坚行动约谈会。会议听取了市“厕所革命”工作领导小组办公室（市住房城乡建设局）的工作推进情况汇报，红塔区、澄江市、华宁县、易门县、峨山县和市农业农村局作了表态发言，副市长李劲松、张光彦提出工作意见，市长张德华对“厕所革命”攻坚行动提出明确要求。8月26日，市人民政府召开玉溪市违建别墅问题清查整治专项行动领导小组会议。市委副书记、市长张德华，市委常委、常务副市长李朝伟，副市长黄太文，市政府秘书长张亚辉出席会议。会议听取了市违建别墅问题清查整治专项行动领导小组办公室（以下简称“市违建办”）关于全市违建别墅问题清查整治工作情况的汇报，参会部门结合工作情况提出了意见建议。市长张德华对下步工作提出明确要求。8月26日，市政府副市长曾敏主持召开会议，专题研究促进3岁以下婴幼儿照护服务发展工作。会议听取了市卫生健康委关于《玉溪市促进3岁以下婴幼儿照护服务发展实施方案（送审稿）》起草情况汇报，相关部门与会同志结合各自职责进行讨论发言，副市长曾敏提出了具体工作要求。8月27日，市长、市开发区优化提升工作领导小组组长张德华主持召开领导小组会议，专题研究开发区优化提升相关工作。会议听取了综合工作组、产业园区工作组、高新技术产业开发区工作组和体制机制保障工作组的情况汇报，有关县区人民政府和市直有关单位作了发言，参会市领导就相关工作作了安排部署，市长张德华对下一阶段工作提出明确要求。8月27日，市长张德华率队赴数字玉溪运营中心、科教创新城和玉溪高新区调研数字经济发展和智慧城市建设工作，并召开调研座谈会。会议听取了玉溪高新区管委会、市商务局和京东集团关于数字经济、电子商务发展情况和深化合作情况的汇报，与会领导作了充分发言，市长张德华对下一步工作提出明确要求。8月27日，市委副书记、市长张德华主持召开全市促投资稳增长工作汇报会。市政府班子成员、市级有关单位主要负责同志参加会议。会议听取了市工业和信息化局关于全市工业负增长企业调研情况的汇报，市政府领导围绕包保县（市、区）及重点行业固定资产投资工作分别进行了汇报，市长张德华对下一步工作提出明确要求。8月27日，市委常委、常务副市长李朝伟主持会议，专题研究2017年市属行政事业单位资产处置产权转移工作。会议听取了市财政局关于2017年市属行政事业单位资产处置产权转移工作进展情况和相关税费缴纳情况汇报，参会人员围绕工作进展情况、存在的困难问题和下一步工作措施进行了发言，市委常委、常务副市长李朝伟对下一步工作提出了明确要求。8月28日，市政府秘书长张亚辉主持召开会议，专题研究《玉溪市市级机关购买后勤服务管理办法（试行）》（以下简称《管理办法》）。会议听取了市机关事务管理局的情况汇报，参会人员进行了认真研究和充分交流，张亚辉对下一阶段工作提出具体要求。8月31日，玉溪市人民政府市长张德华在新平县主持召开高速公路建设现场推进会。会议听取了云南省建设投资控股集团有限公司关于大戛、元蔓、永金、澄华4条所承建高速公路建设推进情况的汇报，新平县、元江县围绕各自工作开展情况进行了补充汇报，参会市直部门作了发言，市长张德华对下一步工作提出明确要求。8月31日，市政府分管副市长主持召开会议，专题研究全域现代化水网建设规划有关工作。会议听取了市水利局关于《玉溪市全域现代化水网建设规划（2020—2035年）》编制情况的汇报，市直有关部门参会并发言，分管副市长对下步工作提出明确要求。

9月4日，市人民政府召开工业品出口企业座谈会，市委常委、副市长梁栋出席会议。会议听取了市商务局关于全市工业品出口情况的汇报，市直有关单位及参会企业作了发言，市委常委、副市长梁栋对全市工业品出口工作作出安排部署，提出明确要求。9月9日，市人民政府召开汽车贸易企业座谈会，市委常委、副市长梁栋出席会议。会议听取了市商务局关于全市汽车贸易发展情况的汇报，市直有关单位、红塔区人民政府及参会企业作了发言，梁栋对推动玉溪市汽车贸易发展作出了安排部署。9月15日，受市委常委、常务副市长李朝伟委托，市政府副秘书长田江龙主持召开会议，专题研究《玉溪市应急物资保障体系储备方案》等相关工作。会议听取了市卫生健康委、市财政局的情况汇报，参会人员进行了交流发言，副秘书长田江龙就下一步工作提出明确要求。9月16日，市人民政府召开全市优化提升营商环境专题会议。市委常委、副市长梁栋出席会议。会议通报了2020年上半年全省、全市营商环境"红黑榜"评价结果，听取了市政务服务局关于全市优化营商环境工作总体情况的汇报，市自然资源规划局、市住房城乡建设局、市市场监管局、市税务局做了汇报发言。梁栋作出工作安排，对下步工作提出明确要求。9月22日，市政府分管副市长主持召开会议，专题研究全市饮用水水源保护区划定工作。会议听取了市生态环境局有关工作情况汇报，分管副市长对下步工作提出明确要求。9月22日，市人民政府召开玉溪市传染病医院和明超电力装备产业园项目选址现场推进会，实地调研两个项目选址情况，研究项目推进中存在的困难问题。会议听取了玉溪高新区管委会、市卫生健康委、江川区人民政府关于玉溪市传染病医院和明超电力装备产业园项目选址上存在冲突的情况汇报，参会单位提出了意见建议，副市长黄太文、曾敏对下一步工作进行了安排部署，提出了明确要求。9月23日，为加快推进红河天然气支线管道工程建设，受市委常委、常务副市长李朝伟的委托，市政府副秘书长田江龙主持召开会议，就推进云南中石油红河天然气支线管道工程建设存在的困难问题进行专题研究，市发展改革委、市自然资源规划局、市住房城乡建设局、云南中石油昆仑燃气有限公司、红塔区人民政府及有关区属单位、街道办事处负责人参加了会议。会议听取了市发展改革委的有关工作推进情况汇报，参会单位就存在的困难问题及解决办法进行了充分发言，田江龙提出了明确具体的工作要求。9月24日，市人民政府召开交通运输工作专题会议。市长张德华、副市长黄太文出席会议。会议听取了市交通运输局关于支付比亚迪公司购车尾款、玉磨铁路建设、澄江至华宁高速公路项目推进等工作进展情况的汇报，市直有关部门结合工作情况提出了意见建议，副市长黄太文作了工作安排，市长张德华对下步工作提出明确要求。9月30日，市人民政府召开玉磨铁路配套工程建设工作现场推进会，实地调研红塔区、峨山县、元江县玉磨铁路配套工程建设情况，研究项目推进中存在的困难问题。会议传达了9月8日省人民政府关于玉磨铁路站房配套工程建设协调会议精神，听取了铁路沿线县（区）人民政府关于玉磨铁路及配套工程建设情况的汇报，滇南铁路建设指挥部负责人通报了有关情况，参会单位提出了意见建议，副市长黄太文对下一步工作进行了安排。

10月10日，市委常委、副市长雷江平主持召开澄江市阳宗镇行政区划调整推进工作专题会议。会议听取了市民政局关于澄江市阳宗镇行政区划调整工作进展情况的汇报，安排部署了相关工作，对澄江市阳宗镇行政区划调整的意见及风险评估报告进行了研究，各参会单位作了充分发言，市委常委、副市长雷江平对下一步工作提出了明确要求。10月10日，市委常委、常务副市长李朝伟主持召开会议，专题研究玉溪建筑业骨干企业建筑业产值和税收归属分配有关事宜。会议听取了市住房城乡建设局关于玉溪市建筑业骨干企业建筑业产值归属和税收分配方案的汇报，与会单位充分发言，副市长李劲松对骨干企业建筑业产值和税收分配提出建设性意见，市委常委、常务副市长李朝伟对下一步工作提出明确要求。10月12日，市委常委、副市长雷江平主持召开会议，专题研究地震应急响应工作有关事宜。会议听取了市防震减灾局关于我市参加省政府领导赶赴突发事件现场指导救援工作桌面演练和省政府地震预警信息发布演练的情况汇报，与会人员充分发言，市委常委、副市长雷江平对下一步地震应急响应工作提出明确要求。10月20日，市政府副市长李劲松主持召开会议，专题研究澄江化石地自然博物馆建设、运营和管理有关事宜。会议听取了澄江化石委、澄江奇元公司、云南建投五公司、深圳华南公司关于博物馆建设、运营和管理的情况汇报，与会单位充分发言，副市长李劲松对下一步工作提出明确要求。10月20日，市委常委、副市长梁栋主持召开会议，专题研究玉溪海关挂牌开关筹备工作。会议听取了市商务局、市财政局、玉溪高新区、玉溪海关汇报有关工作情况，与会人员作了发言，市委常委、副市长梁栋对下一步工作提出了明确要求。10月20日下午，市委常委、市政府常务副市长李朝伟，市政府副市长曾敏召开会议，研究玉溪市城乡居民基本医疗保险市、县财政补助相关事宜。会议听取了市医保局局长李泓对全市城乡居民基本医疗保险基金收支运行情况，市、县财政补助情况，考察学习曲靖、红河医保工作情况的汇报，市财政局禹联信就市财政预算安排情况进行汇报，参会人员从不同的角度作了发言，常务副市长李朝伟对下一步工作提出了明确要求。10月27日，市政府副秘书长田江龙主持召开会议，专题研究智慧车牌建设项目资金筹措和专项债发行工作。会议听取了市公安局交警支队和市智投公司的情况汇报，参会人员进行了交流发言，田江龙就下一步工作提出明确要求。10月27日，副市长、市公安局局长李锐主持召开关于《玉溪市禁止违法建设若干规定》列入市人大常委会立法计划专题会议。会议听取市司法局关于《玉溪市禁止违法建设若干规定》作为新增立法项目，拟提请市人大常委会列入立法计划相关工作情况汇报，参会单位作了充分发言，副市长李锐对下一步工作提出明确要求。10月27日，受市政府副市长曾敏委托，市政府副秘书长李莉主持召开医疗卫生行业综合监管工作会议，市医疗卫生行业综合监管联席会议相关成员单位参加会议。会议学习传达《云南省人民政府办公厅关于改革完善医疗卫生行业综合监管制度的实施意见》和国家、省有关文件会议精神，听取了市卫生健康委、市公安局、市人力资源社会保障局、市医保局、市财政局、市委编办、市市场监管局、市卫生监督局医疗卫生行业综合监管工作情况的汇报。10月28日，分管副市长主持召开会议，专题研究“三湖”保护治理相关工作，会议听取市抚仙湖管理局关于“三湖”保护治理有关工作情况汇报、市生态环境局关于各级环保督察问题整改有关工作情况汇报，分管副市长就下步工作提出明确要求。10月28日，副市长、市公安局局长李锐主持召开会议，专题研究玉溪市公安局高新分局机构撤销后续工作。会议听取市公安局关于机构撤销后续工作组织实施方案汇报，市公安局和玉溪高新区相关部门就有关问题进行了充分讨论，李锐、马亚东对下一步工作作了安排部署，提出明确要求。10月29日，市委常委、常务副市长李朝伟主持召开市特许经营权管理委员会会议。会议听取了市水利局副局长李霁涛关于《玉溪市9件小（一）型水库特许经营权出让方案》的情况汇报和市住房城乡建设局副局长张帮能关于《江川—通海—华宁生活垃圾焚烧发电项目特许经营权出让方案》的情况汇报，参会部门作了充分发言，李朝伟对下一步工作进行了具体安排。10月30日，玉溪市人民政府与云南省水利水电投资有限公司工作推进专题会议在昆明召开，玉溪市人民政府分管副市长和省建投集团副总经理刘金荣参加会议，会议由省水投公司总经理赵琼华主持。会议围绕《玉溪市人民政府与云南省建设投资控股集团有限公司战略合作框架协议》的推进落实进行了深入交流，并就下一步加快玉溪水利投资项目推进形成了一致意见。

11月2日，受市政府副市长李劲松委托，市政府副秘书长白文华主持召开会议，就云南省中电科技产业发展有限公司10月28日呈报的，《关于中国电子玉溪国际智慧创新城（一期）建设有关事项的沟通函》作专题研究。会议听取了市科教创新服务中心的情况汇报，与会单位充分发言，副秘书长白文华提出明确要求。11月3日，市政府召开会议，专题研究市政府与猪八戒股份公司、重庆丰鸟无人机科技有限公司合作有关事宜，会议听取了市委网信办关于与猪八戒股份公司前期合作情况和市交通运输局关于与重庆丰鸟无人机科技有限公司合作情况的汇报，参会人员进行了认真讨论，市委常委、常务副市长李朝伟和市委常委、副市长梁栋分别就下一步工作提出明确要求，11月3日，根据8月28日“三湖”保护治理第二次月度会商会和10月28日市政府“三湖”保护治理相关工作推进会精神，为加快推进澄江市抚仙湖流域“十三五”规划和抚仙湖山水林田湖草生态保护修复试点项目建设。分管副市长带领市水利局、市抚仙湖管理局对有关项目进行现场督察，并召开调度推进会，会议听取澄江市和市直相关部门有关工作情况汇报，分管副市长就下步工作提出了明确要求。11月5日，市人民政府召开创新型城市建设专题会议。副市长黄太文出席会议。会议听取了市科技局关于玉溪国家创新型城市建设工作推进情况的汇报，各县（市、区）人民政府和市直相关单位进行了汇报发言，副市长黄太文对下一步工作进行了安排部署，提出了明确要求。11月5日，为贯彻落实五届市委常委会第191次会议精神，市政府召开区块链产业金融服务平台推广应用暨数据资源共享专题会议，市人大常委会主任李洪云出席会议并提出工作要求，市委常委、副市长雷江平主持会议。会议听取了市委网信办关于区块链产业金融服务平台运行和数据共享的情况通报，涉及数据资源共享问题未完成接入的5家单位和2家企业对下一步工作推进做了表态发言，市委机要和保密局就数据安全和保密问题提出了意见和建议。11月9日，市政府召开会议对玉溪市高原湖泊研究创新中心构建工作进行了专题研究，会议听取了市抚仙湖管理局和省生态环境科学研究院关于“玉溪市高原湖泊研究创新中心构建方案”的汇报，分管副市长对下步工作提出了明确要求。11月10日，市政府召开会议专题研究红塔体育森林公园产权变更过户有关工作。会议听取了玉溪市家园建设投资有限公司、红塔集团关于红塔体育森林公园产权变更过户有关工作的情况汇报，参会的市自然资源规划局、市税务局、红塔区人民政府等有关单位负责人进行了充分发言，常务副市长李朝伟对下一步工作开展进行了具体安排并提出了明确工作要求。11月10日，市委常委、常务副市长李朝伟主持召开云南绿色钢城大化产业园区铁路专用线项目投资专题会议。会议听取了市开发投资有限公司董事长徐志坚关于大化产业园区铁路专用线项目工作推进的情况汇报，市发展改革委、市交通运输局、市自然资源规划局、市林草局、玉昆项目一线工作指挥部、峨山县政府参会人员针对项目工作推进情况作了发言，李朝伟就项目投资有关工作提出了明确要求。11月11日，玉溪市人民政府与云南省建设投资控股集团有限公司举行合作项目推进会。会议听取了关于永金、澄华、峨石红高速公路和高铁新城等合作项目推进情况的汇报，双方就加快项目推进交换了意见。云南省建设投资控股集团有限公司党委书记、董事长陈文山和市委副书记、市长张德华就项目推进和双方合作提出明确要求。11月12日，市委常委、红塔区委书记张小良，市人民政府副市长黄太文组织召开昆阳至玉溪铁路（老昆玉线）电化扩能改造工程及研和进站道路（贾井路）工程专题会议，市级有关部门、红塔区人民政府和区级相关部门领导参加会议。会议听取了中铁二院昆明勘察设计研究院有限责任公司关于两项工程的情况汇报，参会单位做了充分研究讨论，市领导提出明确要求。11月16日，分管副市长主持召开会议，专题研究全域现代化水网建设规划项目推进工作，会议听取了市水利局关于规划项目开展及今年明年拟开工项目推进情况的汇报，各参会部门结合职责针对项目工作推进情况作了发言，市政府秘书长张亚辉就有关工作提出要求。11月16日，市委常委、常务副市长李朝伟主持召开专题会议，研究玉水金岸C区15栋资产盘活事宜，会议听取了市国资委关于盘活玉水金岸C区15栋资产相关情况的汇报，并对相关工作进行了安排部署。11月20日，市政府召开抚仙湖“十三五”规划暨山水林田湖草项目推进专题会，会议听取江川区、澄江市有关情况汇报，市直相关部门参会并发言，常务副市长李朝伟就贯彻落实五届市委常委会第193次会议精神及下步工作提出明确要求。11月23日，华宁县顺昌工贸有限责任公司“11·19”事故处置工作领导小组召开第一次会议，市委常委、常务副市长、领导小组组长李朝伟，市政府党组成员、领导小组副组长孙会强，领导小组各成员、各工作组组长参加会议。会议听取了华宁县委、县政府以及调查处理组、安全维稳组、安全生产组、管理组、技术组关于事故处置工作进展情况的汇报，研究部署下一步工作。11月24日，市委副书记、市长张德华主持召开澄江市促投资稳增长工作汇报会，市委常委、常务副市长李朝伟，澄江市和市直有关单位负责同志参加会议。会议听取了澄江市关于促投资稳增长及抚仙湖重大项目推进情况的汇报，参会领导作了充分发言，市长张德华对下一步工作提出明确要求。11月25日，市政府召开开发区优化提升专题会议。会议听取了市发展改革委、市工业和信息化局、市科技局、玉溪高新区管委会关于产业园区优化提升工作情况和省对我市开发区优化提升初步审查反馈意见修改情况的汇报，市政府党组成员、一级巡视员解仕清作了发言，市委常委、常务副市长李朝伟提出了工作要求。11月27日，市政府秘书长张亚辉主持召开会议，专题研究市政府办公区爱国卫生专项行动工作。会议听取了市机关事务局关于市政府办公区开展爱国卫生专项行动的情况汇报，参会单位作了充分发言，秘书长张亚辉对下一步工作提出明确要求。11月27日，市政府召开抚仙湖“十三五”暨山水林田湖草项目推进落实会，听取江川区、澄江市关于项目推进情况汇报，市直有关部门参会并发言，常务副市长李朝伟就贯彻落实市委市政府督办专题会精神和解决项目推进中存在的具体问题提出了明确要求。11月27日，市政府召开“三湖”保护治理雷霆行动推进会，会议听取市抚仙湖管理局和沿湖三县（市、区）关于雷霆行动工作进展情况的汇报，市直有关部门参会并发言，市政府副市长、“三湖”保护治理雷霆行动组执行组长就下步工作提出明确要求。11月29日，市人民政府召开江通高速公路项目土地报件工作专题会议。市长张德华、常务副市长李朝伟、副市长黄太文、市政府秘书长张亚辉出席会议。会议听取了市交通运输局关于江通高速公路项目土地报件上报工作进展情况的汇报，江川区、通海县人民政府就缴纳规费工作做了发言，市直有关部门结合工作情况提出了意见建议，常务副市长李朝伟、副市长黄太文对缴纳规费和土地报件工作进行了安排部署，市长张德华对下步工作提出明确要求。

12月3日，副市长李劲松召开全市城市更新工作部署会议。会议听取了各县（市、区）城市更新工作推进情况，市住房城乡建设局传达了全省统筹推进城市更新工作现场会议精神，副市长李劲松就加快推进全市城市更新工作作了安排和要求。12月4日，市政府召开会议专题研究玉溪市教育体育发展“十四五”规划、玉溪市文化旅游产业“十四五”发展规划、玉溪市住房和城乡建设事业“十四五”发展规划、玉溪市“十四五”住房与房地产业发展规划编制工作。市文化和旅游局、市教育体育局、市住房城乡建设局负责同志汇报了行业“十四五”发展规划的编制情况，各参会部门结合职责作了发言，市政府参会领导提出具体修改意见，李劲松对“十四五”期间行业规划的重点项目、重点工作作了进一步安排，李朝伟对规划编制工作提出具体要求。12月6日，市政府召开工业和信息化等行业“十四五”发展规划编制工作专题会议，专题研究《玉溪市工业和信息化“十四五”发展规划纲要》《玉溪市矿冶产业“十四五”发展规划》《玉溪市烟草及配套产业“十四五”发展规划》《玉溪市生物医药制造业“十四五”发展规划》《玉溪市数字经济发展规划（2021—2025年）》《玉溪市食品工业“十四五”发展规划》《玉溪市“十四五”民营经济发展规划》《玉溪市“十四五”科技创新规划》《玉溪市“十四五”综合交通规划》和《玉溪市交通枢纽“十四五”发展规划》编制有关事项。会议分别听取市工业和信息化局、市科技局、市交通运输局关于专项规划编制情况的汇报，市直有关单位发表了意见建议。副市长黄太文作了发言，市委常委、常务副市长李朝伟对下步工作提出明确要求。12月8日，副市长曾敏主持召开会议，专题研究2020年玉溪市首届有突出贡献优秀专业技术人才候选人推荐评审工作，会议听取了市人力资源社会保障局关于2020年玉溪市首届有突出贡献优秀专业技术人才候选人推荐评审的相关情况汇报，征求了各参会部门对候选人名单的意见，各参会部门针对推荐评审流程及候选人名单作了发言，曾敏对下步工作作出安排部署。12月9日，市政府分管副市长带队到澄江市实地检查抚仙湖流域“十三五”规划项目和山水林田湖草生态保护修复试点项目推进情况，召开抚仙湖保护治理相关工作推进会议。会议对实地检查情况进行了通报，听取了澄江市、市抚投公司有关工作情况汇报，市直有关部门参会并发言，分管副市长就下步工作提出明确要求。12月10日，市人民政府召开会议专题研究商务行业“十四五”发展专项规划编制工作，会议由市委常委、副市长梁栋主持。会议听取了市商务局关于《玉溪市“十四五”外向型经济发展规划》《玉溪市电子商务“十四五”发展规划》编制情况汇报，参会人员提出了意见建议，市委常委、常务副市长李朝伟对下步工作提出明确要求。12月10日，市政府召开会议专题研究《玉溪市“十四五”卫生与健康规划（含玉溪市“十四五”卫生与健康服务体系规划）》《玉溪市促进就业“十四五”专项规划》和《玉溪市人才需求规划（2021—2025年）》编制情况。会议分别听取市卫生健康委、市人力资源社会保障局关于专项规划编制情况的汇报。各参会部门结合职责作了发言，提出具体修改意见。副市长曾敏对“十四五”期间行业规划的重点工作作了进一步安排，市委常委、常务副市长李朝伟对规划编制工作提出明确要求。12月11日，市人民政府召开未按期归还建制村通硬化路专项贷款补助资金专题会议。会议听取市交通运输局通报了玉溪市未按期归还建制村通硬化路专项贷款补助资金情况和市长张德华批示意见，各县人民政府作了表态发言。市委常委、常务副市长李朝伟就归还建制村通硬化路专项贷款补助资金工作作了安排部署，提出明确要求。12月11日，市人民政府召开玉溪市新能源汽车推广应用工作领导小组会议。副市长黄太文出席会议。会议听取了市新能源汽车推广应用工作领导小组办公室（以下简称市推广办）关于全市新能源汽车推广应用工作开展情况的汇报，市直有关部门结合工作情况提出了意见建议，副市长黄太文对加快推进全市新能源汽车推广应用工作进行了安排部署，对下步工作提出了明确要求。12月12日，市长张德华主持召开全市年底冲刺调度会暨工作务虚会，深入贯彻落实党的十九届五中全会、省委十届十一次全会和市委十届十二次全会精神，总结去年工作，安排12月全市稳增长冲刺工作，就科学谋划好“十四五”和2021年各项工作集思广益。各县（市、区）人民政府县（市、区）长围绕冲刺全年稳增长目标任务、政府廉政建设、2021年目标思路作汇报，市政府分管领导对分管领域年底冲刺工作进行安排部署，围绕2021年工作重点、目标、思路发言，市长张德华作总结讲话。12月14日，市人民政府召开市优化营商环境暨推进政府职能转变和“放管服”改革工作领导小组第三次会议，市委副书记、市长张德华出席会议。会议传达学习了国家、省有关深化“放管服”优化营商环境会议精神和部署要求，听取了市政务服务局、市住房城乡建设局、市市场监管局、红塔区人民政府有关工作情况汇报，参会市领导作了发言，张德华市长对下一步工作提出了明确要求。12月14日，市委副书记、市长张德华主持召开全市固定资产投资工作会。会议听取了市发展改革委关于投资管理、项目管理和全市固定资产投资工作情况的汇报，市直有关单位分别就项目协同管理平台建设和固定资产投资工作情况进行了汇报，参会领导作了充分发言，市委副书记、市长张德华对下一步工作提出明确要求。12月16日，市委常委、副市长梁栋主持召开会议，对2020年“放管服”改革情况专项审计调研发现问题整改工作进行再检查、再部署、再落实。会议通报了专项审计调查发现问题整改进展情况，参会单位作了汇报发言，市委常委、副市长梁栋对整改工作提出了明确要求。12月17日，市人民政府副市长黄太文主持召开玉溪市美丽铁路规划研究及铁路配套工程建设推进会。会议听取了中铁二院关于《玉溪铁路路基段景观提升工程概念方案设计》的汇报，红塔区、峨山县、新平县、元江县政府汇报了铁路配套工程建设情况，参会单位提出了意见建议，副市长黄太文对下步工作提出了明确要求。12月21日，副市长曾敏主持召开推进健康玉溪行动有关工作专题会议，专题研究《关于推进健康玉溪行动的实施意见》等4个文件，会议听取了市卫生健康委主任鲁志明对《实施意见》等4个文件起草情况的汇报，参会人员结合实际提出意见建议，副市长曾敏提出具体工作要求。12月23日，市委常委、副市长梁栋主持召开玉溪海关开关运行保障专题会议。会议传达了市委有关工作要求，听取了玉溪海关开关运行保障工作情况汇报，市直有关部门结合工作实际提出了意见建议。市委常委、副市长梁栋做了工作安排，提出明确要求。12月26日，市委常委、市政府常务副市长李朝伟率队赴江川区调研"十四五"规划编制和经济运行等工作情况，并召开调研座谈会。会议听取了江川区的综合情况汇报，市直参会单位作了发言，李朝伟对下一阶段工作提出明确要求。

【政府督查】 2020年，市政府督查室共开展各类综合督查、专项督查、跟踪督查、书面督查活动265次，形成重点工作督查专报51期；完成督查落实市政府领导交办批示督查件354件，整理印发领导重要批示督查专报16期，市委主要领导批示件120件；对市政府常务会议150项决定事项进行了跟踪落实，150项决定事项已全部办结；按月和按季对2020年《政府工作报告》和十件惠民实事进行督查；完成39个市政府专题会明确的817项任务的督查，完成上级部门要求督查落实件45项；将新冠肺炎疫情防控重点工作25项任务细化分解成186项进行督查，形成督查疫情专报45期；完成省十件惠民实事报告3期；完成市政府与部门和县区签订目标责任书700项任务督查；对市政府完成国务院复工复产调研筹备、省政府综合督查自检自查发现问题的跟踪整改督促落实；做好国务院、省政府"互联网＋督查"发现问题的督促整改，国务院、省政府"互联网＋督查"发现的40个问题均已整改到位并上报了完成情况。全力投入新冠疫情防控督查，牵头对全市县（市、区）开展3轮全覆盖疫情防控督查，共开展实地督查检查53次、累计走访乡镇、村（社区）、重点场所30个，督促有关单位及时进行整改。切实做好爱国卫生"7个专项行动"督查，坚持目标导向、问题导向，聚焦重点、强力推进，深入一线，加强分析调度和督办推进，强化明察暗访、曝光通报，创新工作机制，扎扎实实推进"7个专项行动"，牵头推动全市各县（市、区）完成143个问题的督查整改工作；牵头4批次对"三湖"保护开展雷霆行动验收销号，共验收销号25个项目。

【议案提案办理】 2020年，市政府共协助省人民政府办理十三届全国人大三次会议代表建议4件，会办省十三届人大三次会议代表建议8件，主办省政协十二届三次会议提案1件，其中，主办1件办复率、满意率均达100%。办理五届市人大三次会议代表建议291件，政协玉溪市五届三次会议委员提案298件，分别占总数的93.27%、96.45%；办复率、面商率、满意率均达到三个100%。代表建议办理结果满意286件、基本满意5件，分别占98.28%、1.72%，无不满意件；政协提案办理结果满意291件、基本满意7件，分别占97.65%、占2.35%，无不满意件。已经解决或基本解决的A类件为172件和185件，占办理总数的59.11%和62.08%；正在解决或列入规划逐步解决的B类件为90件和96件，占办理总数的30.93%和32.21%；因目前条件限制或其他原因难以解决留作参考的C类件为29件和17件，占办理总数的9.97%和5.7%。

【政务信息】 2020年，市政府办公室共收到各县（市、区）、各部门上报的政务信息6 148篇，采编1 920篇，采编率31.2%；上报省政府办公厅489篇，被采用75篇，被省政府领导批示2篇，全年得分1 126.67分（任务分400分）；上报市委办公室信息216篇，被采用65篇，得分1 085分（任务分500分）；编报《信息专报》14期、编报《信息快报》4期、编发《玉溪政务信息》20期。

【政府信息与政务公开】 2020年，全市12个在运行政府网站、225个政务新媒体管理规范有序；政府信息公开网主动公开发布信息90 097条，收到和处理政府信息公开申请124件；政府网站"政民互动"平台共收到网民留言659条，已督促回复办结633条，全市办结率96%；全市完成了26个试点领域政务公开事项标准目录的编制和发布。

【电子政务】 2020年，市政府办公室智慧政务协同工作平台（OA系统）稳定运行，有效提升了工作效率，全年市政府办公室OA系统共发文2 583个，办公室收文流转16 393个，其中，办件10 156个，会议、调研通知类文件2 168个，传阅文件4 069个。

【上级领导调研】 2020年2月4日，省委书记陈豪，省委常委、常务副省长宗国英，省委常委、秘书长刘慧晏，以及省级有关部门负责同志，赴红塔区现场检查新型冠状病毒感染的肺炎疫情防控工作。2月15日，省司法厅厅长商小云赴玉溪调研监狱强戒单位国有土地划转地方工作。2月25日，省政府副省长王显刚赴玉溪调研交通行业复工和疫情防控落实情况。3月13日，省委书记陈豪率队到玉溪市检查指导统筹推进新冠肺炎疫情防控和经济社会发展工作，落实河（湖）长责任、督促检查抚仙湖保护治理工作。2月28—29日，省委副书记、省委党校校长王予波到新平县、元江县的8家企业、产业基地、项目工地和4个乡镇、街道，调研复工复产、农业农村和基层党建工作。4月9日，省政府副省长董华调研玉溪市工业经济发展、创新型城市建设，省烟草公司科技创新等工作。6月5日，省政府副省长王显刚调研抚仙湖山水林田湖草生态保护修复工程试点项目、九龙晟景项目存在问题整改落实情况，督导检查星云湖保护治理工作。6月17—18日，省委常委、常务副省长宗国英到玉溪市易门、峨山、新平、通海、华宁等地调研高速公路“能通全通”工程建设、美丽县城、特色小镇、“一县一业”、开发区整合优化、易地扶贫搬迁等工作。6月28日，省委副书记、省委党校校长王予波同志到玉溪市调研市县乡三级党校工作。8月10—11日，省政府副省长和良辉调研玉溪市全域现代化水网建设规划、滇中引水工程玉溪段施工情况。8月27日、8月26—27日、9月2—3日省人大常委会常务副主任和段琪、省人大常委会副主任王树芬、省人大常委会副主任杨福生分别率督察组对玉溪市抚仙湖、杞麓湖、星云湖及其流域开展河（湖）长制督察。8月29日，省政府副省长、省公安厅厅长任军号赴红塔区、易门县、峨山县调研“坚持政治建警全面从严治警”教育整顿、大数据建设运用、公安“放管服”改革工作、党建引领基层社会治理等工作。9月2—3日，省政府副省长董华召开加快推进玉溪国家创新型城市建设专题会议并赴高新区、通海县调研科技创新和产业创新工作。9月2—3日，省政府副省长李玛琳一行分别到玉溪市通海县、新平县、元江县进行实地走访，对玉溪市新冠肺炎疫情防控、基层医疗卫生体系建设、“双提升”工程建设、爱国卫生专项行动、医保基金监管、健康扶贫、社会足球场地设施建设、河长制等工作进行调研。9月8日，省政府副省长王显刚赴玉溪澄江，实地调研澄江市广龙旅游小镇、规划馆、蔚蓝城以及凤麓古城项目。9月8—9日，省政府在峨山县召开全省“清垃圾、扫厕所、勤洗手”爱国卫生专项行动暨老旧小区改造现场推进会，省政府副省长王显刚出席会议并作重要讲话。10月27—28日，省委常委、省委统战部部长张国华到玉溪市调研杞麓湖保护治理、智慧玉溪、数字经济、统一战线等工作。11月4—5日，省政府副省长和良辉赴玉溪市调研杞麓湖治理、残疾人就业、物流产业等工作。11月20日，中华全国供销合作总社党组成员、理事会副主任王伟赴玉溪调研供销合作社深化综合改革工作。11月28日，农业农村部副部长刘焕鑫赴玉溪调研农村人居环境整治。12月4—5日，省政府副省长李玛琳一行赴玉溪市新平县实地调研，调研组走访了戛洒镇戛洒山绿玖大酒店、戛洒客运站、戛洒新寨村等地，就爱国卫生“7个专项行动”及常态化疫情防控工作、基层医疗卫生服务体系建设等工作情况进行实地走访调研。12月16日，省政府副省长王显刚赴玉溪市督导星云湖河（湖）长制工作。

（市政府办供稿）

调查研究

【开展调研】 2020年，市政府发展研究中心紧紧围绕市委、市政府工作重点，把专题调研作为服务决策的重要抓手，大力践行一线工作法，深入基层、深入乡镇、深入企业、深入实际开展调研。完成了《聚焦“一县一业”打响玉溪品牌——玉溪市打造世界一流“绿色食品牌”调研报告》《玉溪市餐饮业发展情况的调研报告》《关于加快补齐水利民生短板的六点建议》《疫情后玉溪社区治理如何升级？》《聚焦粮食供需平衡　提升安全保障水平》《疫情后加快玉溪花卉产业转型升级势在必行》《玉溪市城镇老旧小区改造调研报告》《疫情后提速玉溪优质医疗资源建设的对策建议》《玉溪市生物医药产业发展情况调研报告》《玉溪市民营企业之困境及出路》《我市职业技能培训稳就业保就业情况、存在问题及下一步对策建议》《玉溪数字经济融合发展》等12篇调研报告，完成《关于澄江“三个国际城市”建设情况的调研报告》专报1期，切实为全市重点领域工作梳理了脉络、贡献了发展建议，为市委、市政府和有关县区、部门决策提供有效参考。

【重要文稿起草】 2020年，市政府发展研究中心认真做好市委、市政府安排的重要文稿起草工作。根据市委、市政府安排的文稿起草要求，及时抽调相关人员组成起草组，由分管领导任组长，按时按质完成了市长在全国“两会”期间审议有关报告发言提纲、疫情之后玉溪新经济发展对策建议、促投资稳增长政策梳理、“六稳”工作落实“六保”任务工作方案等一批重要文稿，有效服务和保障了市政府重点工作推进落实。

【提升决策咨询服务质量】 2020年，市政府发展研究中心针对决策咨询顾问管理办公室工作不够规范、顾问作用发挥不充分等问题，研究制定《玉溪市人民政府决策咨询顾问聘任管理实施细则（试行）》，切实加强顾问聘任管理和顾问办工作规范化建设。积极与13名市政府决策咨询顾问协调联系，搭建起顾问与县区、部门的良性沟通互动平台。年内，顾问到玉溪开展调研11场次，向市委、市政府报送《决策咨询建议》17期、领导批示7件次，顾问作用得到发挥。编辑报送《领导参阅》24期，为41家市直部门和县区提供咨询上千条。

（市政府发展研究中心供稿）

应急管理

【概况】 2020年，市应急局深入学习贯彻上级关于应急管理和防灾减灾救灾重要论述精神，按照国家应急管理部和省委省政府、市委市政府的部署要求，坚持把防范化解重大风险作为首要任务，不断强化政治担当，健全工作机制，落实工作责任，抗疫情、战旱灾、化危机，服务“六稳”“六保”大局，竭力保护人民群众生命财产安全，为实现全市经济社会高质量跨越式发展营造良好稳定的社会环境。

【应急管理体制机制建设】 2020年，市应急局坚持改革方向不动摇，按照推进应急管理体系和能力现代化的要求，着力固根基、扬优势、补短板、强弱项，进一步健全完善应急管理体制机制，在建立“1+4”应急管理指挥机制的基础上，制定出台了自然灾害应急救援联动机制、市自然灾害应急管理委员会及其办公室工作规则、联席会议制度、军地抢险救灾协调联动工作机制等制度机制，进一步解决了在具体工作实践中存在的沟通不够、衔接不畅、职责不清等问题；主动融入昆玉同城化，与昆明市协商签订《应急联动合作协议》，着力提高灾害联动处置水平。“统一指挥、专常兼备、反应灵敏、上下联动”的应急管理体制逐步形成，防灾减灾救灾合力不断提升。

【自然灾害应急处置】 2020年，全市抗旱形势异常严峻，9个县（市、区）57个乡镇（街道）252个村（居）委会909个村组（自然村）33.69万人和5.15万头大牲畜饮水困难，全市农作物面积181.43万亩，受旱面积45.88万亩，市应急局积极争取落实3 000万元抗旱应急资金，补助解决城乡居民用水困难，有效化解旱灾风险。全市共发生森林火情16起，按照“打早、打小、打了”原则，均快速、科学完成扑救，未发生重特大森林火灾和人员伤亡事故。扎实抓好洪涝、地质灾害防范处置工作，加强统筹协调和会商研判，压实防治责任，提升防灾合力，成功指导处置了“5·29岩体崩塌事件”“6·13”“7·02玉溪一中内涝”和“8·17红塔区洪涝灾害”等灾害，全力保障人民群众生命财产安全。

【减灾救灾】 2020年，面对突如其来的新冠肺炎疫情，市应急局提高站位，服务大局，根据玉溪市工业和信息化局、玉溪市财政局印发的《玉溪市应急物资保障体系储备方案》，做好2 000万元疫情防控物资储备工作，为疫情防控提供了坚实的应急物资保障支撑。组织开展全市基层灾害信息员队伍建设调研，完成了市、县、乡三级共106灾害信息员的培训工作，提升了基层灾情报送业务水平。完成灾情的核查、统计工作，精准上报灾害情况，为应急救援决策提供了及时、精准、可靠、高效的支撑依据，累计向上争取2 370万元救灾资金。做好救灾物资储备管理和储备工作，严格按照救灾物资管理办法，实行封闭式管理，专库存储、专账管理，全市自有和代储物资11.7万件套。积极

2020年10月22日，市应急局举办全市自然灾害信息员暨水旱地质灾害救援管理培训班（卢怡涵　摄）

2020年5月，玉溪市应急管理系统项目（应急指挥中心搬迁改造）完成终验（市应急局　提供）

推动玉溪市通海县秀山街道六一社区、玉溪市华宁县宁州街道上村社区2个社区开展了“全国综合减灾示范社区”创建。

【应急预案体系建设】2020年，市应急局持续加强全市应急预案体系构建，共完成1件市级总体应急预案、9件县（市区）总体应急预案、17件专项预案、23件部门预案的收集整理、登记归档工作。制定下发《关于做好应急预案编制修订工作的通知》，组织修订编制全市安全生产类、自然灾害类专项预案，重点抓好防汛抗旱、森林草原防火、地震、突发地质灾害、自然灾害救助、生产安全事故灾难、危险化学品事故灾难等专项应急预案的修订编制。指导协调各县（市、区）及各有关部门、各企事业单位编制修订各类应急预案，逐步形成相互衔接、完整配套的应急预案体系。抓好应急预案备案管理，共对27件应急预案进行审查、备案、登记、归档。推进应急预案数字化建设，逐步实现应急预案的数字化管理、模块化调用，提高应急预案的科学性、实用性和可操作性。

【应急救援力量建设】2020年，市应急局按照省、市关于加快推进政府专职消防队伍建设的要求，全力推进全市政府专职消防队伍组建工作，全市共招录465名合同制专职消防队员，投入2 266.05万元保障经费，各县（市、区）均已安排队伍驻地并提供营房物资、设备、服装等保障。始终把防扑火人员的生命安全放在首位，强化人员队伍教育培训，切实提升扑救队伍人员综合素质和专业技能，实现安全、科学、高效扑救。做好全市安全生产、自然灾害类应急救援队伍、队伍装备、物资的摸底统计工作，掌握基本信息，建立数据库。深入县（市、区）、部门和企业开展调研，形成《玉溪市应急救援队伍建设情况报告》。全市共组建市级应急救援队伍29支，救援人员2 659人，各类装备共计7 390件，全市志愿者人数248 357人，各县（市、区）均组建了60人左右规模的综合应急救援队伍。

【应急管理宣传教育】2020年，市应急局认真组织开展第十二个全国防灾减灾日系列宣传教育活动。宣传周期间，玉溪日报刊登了有关宣传报道24篇（幅），公益广告1次；通过玉溪广播电视台新闻中心《玉溪新闻》《玉广新闻》和玉溪网、玉溪日报客户端等多种媒体，播出了有关宣传报道32条（次）、刊播相关公益广告72次、刊播《防灾减灾知识系列短片》每套每天1次、《防震篇》每套每天4次、《防火篇》每套每天4次、《安全用火》每套每天2次、《森林防火》每套每天3次；展出宣传栏802块，张贴宣传标语1 015条，电子屏滚动宣传标语3 110条，举办知识专题讲座615场次，校园广播宣传1 822次，发放宣传手册12 150本，散发宣传单55 600份，播放宣传影片、视频605场次，开展应急疏散、自救互救等应急演练453场次，发放《防震避震知识读本宣传手册》《防灾减灾应急常识》宣传资料和环保袋等宣传品共近40 000份。积极参与、协调指导部门、学校和企业开展各类应急预案演练36场次，不断提升社会公众的防灾避险意识和自救互救能力。成功组织纪念通海7.8级大地震50周年活动抗震救灾应急演练。11月2—5日，配合省应急厅、省消防救援总队完成了全省“担当—2020”地震救援跨区域实战演练。（市应急局供稿）

脱贫攻坚

【概况】2020年，市扶贫办紧扣高质量脱贫目标任务，以脱贫攻坚“回头看补短板强弱项抓提升”行动为抓手，全面落实决战决胜脱贫攻坚百日总攻、百日提升、百日巩固行动要求，扎实抓好稳岗就业、产业扶贫、易地扶贫搬迁后续帮扶、贫困监测帮扶等重点工作，持续巩固脱贫成果，脱贫成色得到大幅提升。建档立卡贫困人口人均纯收入13 927.28元，较2015年2 933.27元增加10 994.01元，年均增幅达36.55%。

【稳岗就业】2020年，全市建档立卡贫困人口劳动力外出务工人数达3.4万人，较2019年新增长5 325人，增长18.4%。乡村公益性岗位3 283个，较2019年新增1 172个，增长180.1%。26个扶贫龙头企业、30个扶贫车间、1 053个扶贫项目复工复产，吸纳贫困劳动力1 727人。帮助254名返乡务工人员重新就业，聘请578名建档立卡贫困人员为护林员。发放外出务工奖补3 800人274.13万元，一次性创业补贴110人73.2万元，当地用人单位吸纳就业补贴559人60.5万元，就业扶贫车间吸纳就业奖补619人80.64万元，乡村公益性岗位补贴2 064人1 045.55万元，“易地扶贫搬迁安置区”服务站服务补贴2个20万元，就业创业服务补助金427人42 700元。69名建档立卡离校未就业高校毕业生全部实现就业。成功调剂当地富余劳动力资源就业357人（建档立卡贫困劳动力46人），其中，省外调剂47人，省内调剂310人。除调剂人员外，解决当地企业缺工数518个。

【产业扶贫】2020年，全市培育农业龙头企业、农民专业合作社、家庭农场等农业新型经营主体3 058个，其中，有带贫的农业新型经营主体557个，带动建档立卡贫困人口1.86万户7.09万人。实施财政专项扶贫资金产业项目143个，总投资8 196.25万元，其中，专项扶贫资金投入8 049.45万元；有产业发展条件贫困户的100%实现了产业到户全覆盖。新增发放扶贫小额信贷3.72亿元，受益贫困户7 727户，累计贷款余额4.35亿元；累计办理延期7户32.7万元、累计办理展期197户883.33万元、办理续贷926户4 145.72万元。认定扶贫产品157个、供应商33个，商品价值量13亿元，销售产品价值7.92亿元，带动建档立卡贫困户14 276户次。开展消费扶贫月暨扶贫产品展示活动，扶贫产品销售额近168.15万元，涉及贫困户3 600多户。

【巩固“三保障”和饮水安全质量】 2020年，全市动态新增153户“四类重点对象”危房改造全面竣工，其中，建档立卡42户。全市辍学学生存量全部清零，九年义务教育巩固率达99.76%，建档立卡贫困家庭义务教育阶段学生持续保持“零”辍学；建档立卡贫困户子女享受“雨露计划”12 251人次。建档立卡贫困人口办理特慢病证10 164人，纳入“两病”备案共2 538人次，做到了应办尽办；组建1 483支家庭医生团队，提供签约服务的人员5 722人，4类慢性病的建档立卡贫困患者实现应签尽签、应管尽管。通过拉水、抽水、提水和强化管理等综合保障措施，解决了267个自然村组的季节性缺水和管护缺水问题，涉及1.52万户5.53万人，其中建档立卡贫困户0.26万户1.02万人。86个贫困地区农村饮水安全巩固提升项目全部通过县级验收并投入使用，82个村329个小组20 164户69 715人受益，其中建档立卡贫困户3 638户13 073人。农村集中供水工程已全部收取水费，千人以上农村供水工程水费收缴率99.45%，千人以下农村供水工程水费收缴率96.4%。

【易地扶贫搬迁后续帮扶】 2020年，全市易地扶贫搬迁集中安置点农村劳动力7 915人，转移就业4 892人，其中，建档立卡贫困劳动力3 842人，转移就业2 306人，零就业家庭实现动态清零。1 275户（整户死亡4户）搬迁户中实现产业后续帮扶1 038户。安置区安全饮水、生活用电入户率100%，通信网络、广播电视信号覆盖率100%，中小学生就学条件改善率100%，就医条件改善率100%，社区管理服务合格率100%。组建、共建基层党组织58个，其他群团组织51个，做到了基层党建全覆盖。

【贫困监测帮扶】 2020年，市扶贫办制定实施《玉溪市防止返贫致贫监测和帮扶机制的实施方案》，加大对全市脱贫监测户和边缘户的监测帮扶。全市997户3 314人脱贫监测户中，通过种植、养殖、新型经营主体带动等进行帮扶655户2 308人，通过点对点培训输送、公益岗位安置等方式解决就业451户1 640人，教育帮扶267户1 165人，综合保障783户2 545人，生态扶贫284户995人，健康扶贫实现了100%全覆盖。全市1 593户5 401人边缘户中，通过种植、养殖、新型经营主体带动等帮扶598户2 175人，实用技术培训、技能培训、点对点等帮扶措施514户1 891人，教育扶贫237户981人，综合保障1 028户3 495人（享受低保2 115人），生态扶贫368户1 338人，参加城乡居民基本医疗保险5 389人，占边缘人口的97.13%。通过帮扶，全市脱贫监测户997户3 314人已消除返贫风险的脱贫监测户995户3 307人，边缘户1 593户5 401人已消除致贫风险的边缘户1 592户5 399人。

【贫困对象动态管理】 2020年，全市组建以乡村组干部和驻村扶贫工作队员为主的动态管理工作队747支8 099人，举办培训班400期、培训12 749人次，对636个行政村46.17万户进行了贫困分析，无新增返贫致贫户，自然增加贫困人口619人，自然减少贫困人口747人，销户31户31人，全市锁定在档建档立卡贫困户25 940户92 710人。新纳入脱贫不稳定户3户9人，全市锁定脱贫不稳定户977户3 314人；边缘易致贫户消除风险16户52人，自然增加边缘易致贫人口37人，自然减少边缘易致贫人口75人，销户2户2人，锁定边缘易致贫户1 593户5 401人。

【扶贫资金项目管理】 2020年，全市9个县（市、区）实施并完成财政专项扶贫资金项目386个，投入专项扶贫资金20 415.33万元。制定出台《玉溪市规范完善资产收益扶贫项目及资金管理办法》，规范开展扶贫项目资产后续管理工作，建立起产权归属明晰、权责义务匹配、运营管护高效、收益分配合理、资产处置合规的扶贫项目资产管理机制，进一步发挥扶贫资金项目效益。

2020年7月24日，峨山县富良棚乡迭舍莫村摆依组人居环境整治人畜分离项目建成（峨山县扶贫办 提供）

【"挂包帮"定点扶贫及"万企帮万村"】 2020年，市、县两级"挂包帮"定点扶贫单位帮助贫困村引进各类项目572个，其中，市级帮扶单位引进238个，县级帮扶单位引进334个；帮扶单位协调或直接投入资金38 677万元，其中市级帮扶单位22 694万元，县级帮扶单位15 983万元。全市235个民营企业结对帮扶206个村，实施帮扶项目535个，投入物资12 501.64万元，其中，产业帮扶5 493.89万元、就业帮扶4 176.89万元、公益帮扶2 625.97万元、技能帮扶204.89万元，项目资金惠及建档立卡23 901户86 789人。

（吴　磊）

政务服务管理

【概况】 2020年，全市政务服务管理工作按照国家、省、市对深化"放管服"改革优化营商环境工作的安排部署，结合省委、省政府对玉溪工作的新要求，认真筹划全市营商环境各项工作，积极推进政务服务事项梳理、中介服务事项规范、政务服务办理时限压缩、"一颗印章管审批""互联网＋政务服务"、营商环境"红黑榜"等重点工作，进一步提高行政效率、优化投资环境。

【优化营商环境】 2020年，市政务服务局紧盯各级关于转变政府职能、深化"放管服"改革、优化营商环境决策部署，针对2019年工作中存在的短板弱项，积极筹划优化营商环境各项工作，组织召开优化营商环境工作协调会和领导小组第一次、第二次会议，全面贯彻落实《云南省2020年深化"放管服"改革优化营商环境工作要点》部署要求，相继出台《玉溪市人民政府办公室关于印发玉溪市营商环境提质年实施方案的通知》《玉溪市人民政府办公室关于建立营商环境"红黑榜"制度的通知》《玉溪市人民政府办公室关于印发玉溪市政务服务"好差评"制度建设实施方案的通知》等一系列优化营商环境政策措施，为优化营商环境工作打下了坚实基础。

【清理规范中介服务事项】 2020年，市政务服务局根据省级相关文件要求，多次函请市级各有关部门，对照省级中介服务事项目录认真清理规范各部门行政审批中介服务事项，汇总整理形成《玉溪市第三批拟清理规范的市级政府部门行政审批中介服务事项清单》《玉溪市市级政府部门行政审批中介服务事项目录》和《玉溪市市级投资项目技术性审查服务事项目录》。第三批拟规范市级政府部门行政审批中介服务事项82项，涉及发改、公安、住建、交通、自然资源、市场监管等18个市直部门，在第三批清理规范基础上形成《玉溪市市级政府部门行政审批中介服务事项目录》，包含150项中介服务事项涉及20个市直部门，市级投资项目技术性审查服务事项50项。

【压缩政务服务审批时限】 2020年，市政务服务局按照《玉溪市人民政府办公室关于印发〈玉溪市营商环境提质年实施方案〉的通知》"实现市、县两级政务服务事项承诺1个工作日内办结事项数量增加50%，承诺5个工作日以上办结事项数量减少50%"要求，组织市、县两级对政务服务事项承诺办结时限进行压缩。云南省政务服务管理平台玉溪市市级部门政务服务事项共1 413项，其中，承诺1个工作日办结事项342项，承诺5个工作日及以上办结事项795项。压缩时限后，承诺1个工作日办结事项达到581项，在原来的基础上提高69.88%；承诺5个工作日以上办结事项压缩至335项，在原来的基础上压缩57.86%。市、县两级已完成政务服务事项审批时限压缩"两个50%"工作目标。

【"一颗印章管审批"推进】 2020年，市政务服务局按照玉溪市优化营商环境领导小组第一次会议精神和《玉溪市营商环境提质年实施方案》，分2批推进县（市、区）"一颗印章管审批"工作。第一批试点的红塔区、华宁县、新平县、元江县和玉溪高新区均印发《"一颗印章管审批"改革实施方案》，县（区）行政审批局正式运行第二批试点县（市、区）中峨山县、江川区已印发《"一颗印章管审批"改革实施方案》。

【"互联网＋政务服务"稳步推进】 2020年，市政务服务局全面推进审批服务"三集中、三到位"。结合部门实际实行分类进驻政务服务中心，已设置行政审批科的部门，由行政审批科科长带队整建制进驻，未设置行政审批科的，选派业务骨干进驻；部分办件频率低、办理对象特殊或场地有特殊要求的部门，不派常驻工作人员进驻的部门，明确专人负责相关业务对接协调和审批工作，政务服务中心成为有政务服务事项的市级部门实施政务服务的唯一窗口。39个部门和企业进驻市级实体政务服务大厅，14个部门采用事项集中方式进驻，进驻实体大厅工作人员380人。市级部门、事项实现入驻线上、线下政务服务平台"四个100%"。

【营商环境"红黑榜"评价制度建立】 2020年，市政务服务局统筹组织完成省级上半年"红黑板"评价，明确评价指标牵头部门、责任部门工作任务，督促各县区、各部门在规定时间节点内完成数据线上填报和数据反馈工作，在上半年云南省营商环境"红黑榜"评价中位列第9位。积极开展市级"红黑板"评价，通过公开招标委托第三方评估机构北京零点有数科技公司，聚焦开办企业、办理建筑许可、登记财产、获得电力、获得用水、获得用气、纳税、获得信贷、政务服务等18项指标，对9个县（市、区）和玉溪高新区营商环境进行综合评价，根据评价总得分进行排名，前2名进入营商环境"红榜"，后2名进入营商环境"黑榜"。2020年上半年玉溪市营商环境"红黑榜"评价中，高新区、澄江市进入"红榜"，峨山县、新平县进入"黑榜"。强化营商环境"红黑榜"评价发现问题整改落实。省、市营商环境"红黑榜"评价存在问题反馈后，市优化营商环境领导小组及领导小组办公室先后4次召开营商环境整改工作会议，提出7个整改问题清单和任务分解表，进一步压实牵头部门责任，以省营商环境"红榜"地区指标数据为目标，提出整改目标，结合实际提出切实可行的具体整改措施。针对上半年全市营商环境"红黑榜"中县(市、区)存在问题，提出《2020年上半年玉溪市营商环境"红黑榜"评价发现问题整改清单》，将问题细化为125项具体问题反馈各县(市、区)，要求各县(市、区)、各部门即知即改、立行立改，建立整改台账，对标对表、对账销号，做到反馈意见整改零遗漏、全覆盖。

【政务服务"好差评"推行】 2020年，市政务服务局按照国务院、省政府关于开展政务服务"好差评"工作要求，制定并印发《玉溪市政务服务"好差评"制度建设实施方案》，从评价范围、评价渠道、回访整改、评价结果运用和评价人保护等方面，对"好差评"工作进行系统全面的部署安排。为政务服务中心每个服务窗口配备评价仪，要求每名工作人员在服务结束后邀请办事群众进行评价。在"玉溪政务服务"微信公众号上开通评价功能，办事群众现场未评价的，可通过公众号进行追评，评价结果在公众号上公开，实现事后可追评，结果全公开，主动接受社会大众的监督，做到了"一事一评、一环节一评"。每周梳理评价结果，汇总"差评"数据，制定整改清单，明确责任单位，要求"差评"相关责任单位逐项回访、整改落实，确保"差评"回访整改率达到100%。对已办结的"差评"，采取人工电话回访方式，对整改落实情况进行满意度测评。截至10月26日，全市形成评价369 379条，其中，好评369 257条，差评122条，满意率99.97%；市级形成评价159 244条，其中，好评159 171条，差评73条；满意率99.95%，"差评"回访和整改落实情况得到办事群众的认可和好评。

【公共资源交易电子化建设】 2020年，市政务服务局按照《云南省公共资源交易平台土地招标拍卖挂牌出让电子交易实施细则(试行)》要求，完成了第一宗土地电子化交易项目、也是云南省首宗通过"云南省土地使用权网上交易系统"交易成功的国有土地项目。创新、拓展产权交易新模式，把产权交易业务从被动接受提升到主动对接的层面，既当好"参谋"角色，又干好"店小二"工作，积极完善交易全流程事前事后对接工作。探索"先租后让、租让结合"的出让方式，并顺利完成首宗"先租后让"土地使用权出让工作。远程异地评标进入常态化，截至目前，全市(含市、县区)两级远程异地评标系统已全部建成，已完成384个远程异地评标项目，远程异地评标工作走上常态化轨道。CA数字证书办理持续推进，截至10月，全市累计新办CA数字证书11 519本。（市政务服务局供稿）

机关事务管理

【机关后勤社会化改革】 2020年11月6日，为贯彻落实中央、省、市关于过"紧日子"要求，市机关事务管理局结合玉溪实际，大力推进机关后勤服务社会化改革，在全省率先印发实施了《玉溪市市级机关购买后勤服务管理办法(试行)》，明确指导原则、购买内容、购买主体、承接主体、购买费用、购买程序、监督检查等内容，明确16项购买后勤服务事项购买费用实行定额管理，并结合现代后勤服务特点，对每个后勤服务项目，赋予相应的服务内容，规范市级机关购买后勤服务工作，控制机关运行经费支出，降低机关运行成本，提高市级机关后勤服务保障标准化、专业化和均衡化水平，推进节约型机关建设。

【财务资产管理】 2020年，市机关事务管理局认真履行财务管理、核算职能，按照部门预算和财务制度要求，认真做好经费管理和账户核算，资金管理做到规范、安全。以实物盘点和财务清查相结合，完成固定资产标识化管理，进一步查清家底。切实加强"三公"经费预算的执行管理，严控"三公经费"支出。在省财政厅网站、玉溪网、部门网站预决算公开专栏完成2019年决算和2020年预算信息公开，方便公众查询和监督。完成市政府一、二办公区功能用房改造项目等4个项目的绩效自评，强化项目绩效跟踪管理。在政采云电子卖场试行电子反拍和网上超市采购，完成市机关事务管理局劳务派遣、办公用品耗材、办公材料打复印、饮用水、法律顾问等采购招标、合同签订等工作，积极推进局政府采购工作。根据《中华人民共和国审计法》对政府预算执行情况和决算以及其他财政收支情况进行审计监督的要求，配合完成市审计局对单位2019年度部门预算执行情况审计调查；完成厉行节约专项办理全省减税降费政策措施贯彻落实情况的专项审计整改。会同市财政局、市审计局完成玉溪市2019年度国内公务接待情况自查备案工作。认真组织38家市政府所属行政单位、参公管理单位本级及其附属的后勤服务事业单位完成首次机关运行成本统计调查工作，11月5日，统计数据通过省级平台检查，统计进度位于全省前列。

【公务用车管理】 2020年，市机关事务管理局严把车辆配备关，共审批配备公务用车20辆，办理实物配车落户手续1辆，车辆划拨手续1辆。在全省率先完成全市党政机关公务用车统计报告工作，进一步摸清全市公务用车底数，建立数据系统，首次在全市范围内对车辆账面价值、行驶里程、运行费用进行单车核算统计，对车辆运行状况有了更清晰的认识。认真履行监管责任，根据省市有关规定，充分运用信息化手段，加强对市级党政机关和县市区公务用车管理日常监督检查。年内就保障区范围内用车事宜对5家单位进行提醒谈话；针对劳动节和中秋、国庆期间抽查发现的15辆次无任务出行问题进行核实、处理，切实加强和规范单位留用车辆管理；围绕公务用车配备、无任务出行、保障区范围内车辆使用管理等方面，对新平县、峨山县、华宁县开展监督检查。组织市级保留车辆的92家事业单位参加市级事业单位公务用车综合服务管理信息化平台应用培训。会同市车改办向省车改办请示，将红塔区公务交通补贴保障区范围从原来整个红塔区行政范围调整为以区委、区政府为起点，10千米内作为保障区范围，完善巩固了车改成果；修订完善《玉溪市公务用车综合服务保障平台管理办法（试行）》，重点对信息化平台功能进行细化，使用范围进行微调，收费标准从按人收费调整为按车型收费等方面进行了修改完善；在省公车办组织的平台运行及信息化管理抽查中，玉溪市得分在90分以上，居全省前列。玉溪市公务用车服务中心按规定为涉改单位提供一般公务车辆出行5 400辆次，服务23 884人次，向执勤执法单位提供执勤执法车辆出行271辆次，服务882人次；司勤人员出车7 427天次，车辆行驶总任务里程137.35万千米。全年收取车辆使用费297.94万元，减免执法车辆使用费6.41万元，车辆运行成本支出231.15万元（不含人员经费）。全力以赴保障疫情防控、国家复工复产调研工作组赴玉溪调研、第七次全国人口普查、爱国卫生“7个专项行动”、全国、全省人大代表视察、云南省产业工人队伍建设改革工作现场推进会等重大活动和重要会议的公务出行，充分发挥“保重点、保中心”作用。

【公共机构节能管理】2020年，全市公共机构节能管理工作有序开展，按时按质上报年度节能工作报表，月表、季报如期上报；江川区人民医院、易门县中医医院创建成为2019—2020年国家级节约型公共机构示范单位，通海县第一中学、峨山彝族自治县双江中学创建成为2019—2020年省级节约型公共机构示范单位。印发全市公共机构生活垃圾分类方案，筹资46 738元购买垃圾分类站1组和垃圾桶89组，积极推动市政府一办公区开展垃圾分类试点；配合昆明理工大学规划编制组赴全市30家公共机构，开展公共机构节约能源资源调研工作，扎实推进玉溪市公共机构节约能源资源“十四五”规划编制工作；摸底排查全市党政机关情况，印发《玉溪市机关事务管理局　玉溪市发展和改革委员会　玉溪市财政局关于印发玉溪市节约型机关创建行动实施方案的通知》，组织县级及以上党政机关开展节约型机关创建行动，17家市级党政机关创建成为节约型机关。

【办公用房管理】2020年，市机关事务管理局以《玉溪市党政机关办公用房管理实施细则》为基本遵循，严格按照中央和省、市要求，依法依规有序推进党政机关办公用房规范管理。科学调配，以面积标准为主要依据，结合部门职能职责和业务需求，合理出具市住房城乡建设局等27家市直单位办公用房调剂意见，配合市纪委监委完成葛井苑租赁工作；接收管理彩虹路12号、群艺巷1号、聂耳路58号等3处闲置办公用房，主动调剂市总工会、市国资委等5家市直单位办公用房，每年节约房屋租赁费用80余万元。人民路52号6间办公用房按程序调配作为广文社区“红色物业”活动场所。规范处置，通过公共资源交易平台对群艺巷4号办公用房和人民路52号等4间商铺进行公开招租，依法依规通过评估机构合理出具评估租金，经三次招租，群艺巷4号办公用房和群艺巷1号商铺已成功出租，并落实支持实体经济发展减免房租政策，累计向承租的中小企业和个体工商户减免租金共计331 883.77元；指导市级行业协会商会开展脱钩工作，对76家行业协会商会的脱钩方案出具审核意见，扎实推进行业协会商会占用党政机关办公用房清理腾退工作；参与从事生产经营活动事业单位改革工作，抽调科室1名干部职工作为专班人员，积极配合出台《关于加快推进市级从事生产经营活动事业单位改革的若干措施》，参与审核涉改单位具体改革方案等相关工作。有序推进统一权属，有序推进棋阳路114号办公楼产权办理工作，完成房屋安全鉴定、权籍调查、房屋及土地资产价值评估等工作，12月31日取得不动产权证书。监督检查，严格落实《党政机关办公用房监督检查制度》，年内开展2次办公用房监督检查，涵盖市级党政机关和各县（市、区），扎实推进办公用房常态化监督。加强制度执行和建设，认真执行厅局级易地交流干部周转住房管理相关规定，按规定研究出台县处级易地交流干部周转住房管理办法。

【服务保障】2020年，市机关事务管理局根据市级机关交流干部周转住房管理服务工作需要，新增租赁5套干部周转住房，对符合条件的5人办理申请入住手续，对5人办理申请退住手续。按照规定对6人入住、退住对象进行物资清点和移交手续。收取市级机关交流干部周转住房缴纳租金和水电费并及时上缴财政。坚决扛起市政府集中办公区疫情防控和安全保障政治责任，进一步统筹协调，上下联动、群策群力、规范量化，组织推动市政府集中办公区工作有落实、环境有改善、服务有提升。完成合计投资67.2万元的疫情防控项目7个，以爱国卫生“7个专项行动”工作指南和考核标准为目标，推动工作扎实有序开展。按服务合同约定和服务标准，进一步细化任务分工，强化对后勤服务单位日常监管，通过设置监督岗、设立投诉电话、健全检查考核机制等方式将监督管理各项工作贯穿于日常管理。落实疫情防控要求和常态化工作需要，按照市政府安排部署，投资45万元完成升级改造市政府3个会议室的视频系统，进一步完善会议设施设备，以科技化、信息化手段加强安全防控，提高工作效率，全力保障市政府视频会议工作需要。通过社会化会议服务购买方式，引进专业管理团队提供会议服务，确立会议服务标准，建立健全会议服务日常周考核管理制度，加强合同职责和服务标准履责监督，通过奖优罚劣，监督管理服务单位全力做好市政府机关会议服务保障工作，年内共接待各类会议1 081场次，服务会议人员42 007人次，制作名称水牌11 146个。

（市机关事务管理局供稿）

信访工作

【概况】2020年，全市信访部门坚决贯彻落实党中央、国务院关于信访工作的决策部署，坚持以人民为中心，聚焦重点、主动作为，坚持疫情防控和信访工作两手抓、两不误，持续推进信访工作制度改革，强化信访工作基层基础，有力有效维护群众合法权益，促进社会和谐稳定，为推动玉溪市域社会治理现代化建设发挥积极作用。全市信访形势平稳可控，呈现“走访降、网上升，结构趋优、秩序向好”的良好形势，在全省信访工作2020年度综合考评中荣获优秀等次。

【领导干部接访下访】2020年，有13位市级领导到市信访局采取视频和现场接访两种方式接访群众，市、县两级视频接访群众共87批135人次。市委书记王力到市信访局面对面倾听群众在办理不动产权证过程中遇到的困难和问题等，提出要由点及面、在深入调查研究分析的基础上制定出台务实管用的问题化解政策措施。市信访局及时排查梳理近3年来全市涉房信访问题，在深度挖掘、梳理分析、厘清责任的基础上，提出有关部门全面清查问题隐患、系统研究化解政策、有效防范社会风险的工作建议。市政府成立不动产登记历史遗留问题处置工作专班，研究制定政策措施、统筹推进问题处置，部分群众反映的不动产权证登记问题已经得到解决。

【领导包案化解信访案件】2020年，市信访局排查梳理突出信访案件分别由市级17名党政领导包案化解。市信访局协调服务包案领导深入实地调研，在查清事实、分清责任的基础上，坚持“三到位”（即：诉求合理的解决问题到位、诉求无理的思想教育到位、生活困难的帮扶救助到位）工作原则，针对不同案情灵活采取措施，多方协调资金积极推动问题解决，切实帮助群众解决老大难问题。领导包案化解信访案件工作，带动了更多的领导干部与群众面对面交流、沟通，有效解决群众反映问题、化解矛盾纠纷，密切联系了群众，解决了群众所盼，群众满意度达95%以上。

【信访矛盾化解攻坚】2020年，市信访局认真组织开展“四大重点”信访矛盾化解攻坚，召开案件分析会、专题座谈会、面见信访人、实地走访，找准症结，明确措施，推动“案结、事了、人稳”。全面启动集中治理重复信访、化解信访积案专项工作，通过案件评查、复查复核、包案化解、政策完善等方式，采取精准管用的工作措施，推动上级转交的重复信访事项和市联办梳理排查的重复信访事项的化解，督促办理省信访局交办的重复信986件。梳理4大类10项当前信访突出问题，下发文件，督促有关责任部门依法及时就地解决问题。通过对历史遗留信访问题、缠访闹访案件的攻坚克难，化解了江川区关于城市建设项目拖欠土地流转租金问题；新平县群众反映新三公路建设征占土地拖欠补偿费用10余年的问题；华宁县王某某反映垫资多年的退耕还湖工程问题；原玉溪市五交化公司职工马某某反映改制后长达17年的安置费、社会保险费用问题等。

【夯实信访工作基础】2020年，市信访局深化“互联网＋信访”改革，加大网上信访引导力度，年内网上信访事项占56.12%，网上信访主渠道趋势凸显。整合民生热线，实行“7×12小时”热线服务，玉溪市12345政务服务便民热线接听量为全市来访总量的8.05倍。进一步规范信访基础业务，在全市信访系统开展“党建促业务 岗位大练兵”活动，建立错情通报制度，年内共通报各级各部门办理不规范问题482个，经督促整改，全市信访事项办理质量明显提升。完善案件评查工作，采取个案检查与集中评查相结合的方式，赴各县区对信访案件进行评查、研讨，共开展案件评查399件，以业务的规范来保证工作的效率和效果，以程序的公正严密来确保实体问题处理公正到位。继续巩固、拓展“三无”县区创建工作，推动开展“三无”乡镇（街道）创建。

【信访服务保障】2020年，市信访局围绕党委、政府重点工作，研判分析当前突出信访形势，先后报送因征地拆迁引发信访问题调研报告、涉房信访突出问题、赴省进京信访分析等，共计17件，为党委、政府决策提供参考。适时使用“三项建议权”，针对群众反映突出的土地征占补偿、小区违建、企业改制后职工养老保险和安置费、集体土地资源闲置、信访件超期办理等问题，向相关县（市、区）党委、政府和部门发出工作建议函12份，督促属地政府和责任部门采取有效措施，完善政策规定，切实做好矛盾纠纷化解工作。强化责任担当，通过“零报告”“3+N”情报会商预警和处置机制、督导检查等措施，做好重大活动信访服务保障。

（市信访局供稿）

外事工作

【因公出国（境）管理】 2020年，市外办坚持“统筹安排、服务大局”原则，多措并举，对因公出国（境）工作进行梳理和规范，确保全市因公出国（境）工作有序开展。重计划，严格按照省外办要求，科学制定上报玉溪市2020年因公出国（境）计划，对招商引资等团组给予重点保障。严把关，继续严格执行“五个不批”，强化审核把关。优服务，对上年批准出访执行公务延续到今年的几个团组，提供优质服务保障工作，从向省外办申请延期、更改航线和经停第三国、指导签证延期，做好人身安全防护等方面，对在外执行公务人员给予服务保障，确保这些团组、人员平安圆满完成任务回国。扎实做好事中、事后监督管理，年内3次对出访归来人员开展面对面回访，确保国家安全和出访成果得到落实。因新冠肺炎疫情影响，云南省外办停止审批因公出国（境），年内，全市没有审核报批因公出国（境）事务。

2020年2月1日，越南安沛省安沛市向玉溪市赠送1万个医用防护口罩

（市外办　提供）

2020年9月1日，哥伦比亚驻华大使路易斯·蒙萨尔韦（右五）率团赴玉溪考察访问（市外办　提供）

【外事接待】 2020年，市外办根据来访外宾的目的和国别，有针对性地安排参观点，着重展示玉溪经济建设、复工复产、教育、旅游发展等方面的成果，体现玉溪的区位优势和良好的投资环境，重点宣传介绍与外方可能合作的领域和内容，积极牵线搭桥，力促实现成果。受新冠肺炎疫情影响，年内全市共接待来自德国、孟加拉国、俄罗斯、乌兹别克斯坦、哥伦比亚、日本、比利时、白俄罗斯、美国等12个国家和地区的外宾9批38人次。重要接待：9月1日，哥伦比亚驻华大使路易斯·蒙萨尔韦一行4人赴玉溪考察访问，与红塔工业园区管理委员会负责人和园区内国际化制造业企业负责人进行座谈交流。市政府副市长李劲松会见了路易斯·蒙萨尔韦一行，并就推动玉溪与哥伦比亚合作事宜交换意见。

【友好城市建设】 2020年春节前，受新冠肺炎疫情影响，在玉溪师院就读的5名老挝学生和在玉溪第二职业高级中学就读的40名老挝学生回老挝后，学校通过网课进行正常教学，并定期发送学习资料和任务，及时为学生解答难题。在巩固深化与老挝占巴塞省友好城市关系的同时，积极协调推进与柬埔寨奥多棉吉省、越南安沛市建立国际友好城市工作。根据全国友协新的规定和要求，补充完善玉溪市与柬埔寨奥多棉吉省结好的申报材料。玉溪市与柬埔寨奥多棉吉省建立国际友好城市关系已获全国对外友好协会批复。积极协调推进玉溪市与越南安沛市提供结好资料，结好申报材料已经市政府同意，上报省友好协会逐级审批。

【助力疫情防控】 2020年2月1日，在全市打响疫情防控阻击战医疗物资紧缺的关键时期，市外办充分利用国际友好资源，争取到越南安沛市捐赠玉溪市10 000个医用口罩，交由市应对新型冠状病毒感染肺炎疫情工作领导小组指挥部统筹安排使用。2月4日，市外办及时向越南老街省外事厅、老街海关多方对接，开辟战“疫”物资绿色国际通道，给予协调办理通关事宜。通过积极开展相关协调工作，玉溪市应对疫情工作领导小组采购的259箱60余万副一次性医用口罩，云南新天地实业发展有限公司从马来西亚采购捐赠玉溪市的防疫物资（1 200件医用防护服、15 000个医用口罩、12 000双医用脚套）及时顺利运抵玉溪，有效缓解了医疗防护用品紧缺的形势，为玉溪市疫情防控工作作出了有力的外事服务，切实助力全市疫情防控工作。2月24日至3月2日，联合国南南合作办公室（UNOSSC）捐赠玉溪市1 000套医用防护服，为全市疫情防控贡献外事力量。按照“外防输入、内防反弹”工作要求，牵头建立外宣、公安、安全、网信等部门参加的外国记者工作联席会议机制，扎实开展秋冬季疫情防控医疗物资储备督查，扎实开展涉外企业、涉外婚姻、教育教学、旅游或私人事务长期居留的外籍人士摸排工作，加强分析研判，推送疫情防控政策和信息，服务好境外入滇人员集中隔离的涉外工作，统筹抓好涉外疫情防控工作。年内，全市没有外籍人士感染新冠肺炎情况。认真贯彻落实“六稳”“六保”工作要求，先后赴华宁、峨山、通海、元江等开展外贸企业受疫情影响和复工复产情况调研，积极为企业排忧解难，推动外事工作与中心工作紧密结合、互促互进。根据玉溪市境外入滇人员集中隔离医学观察工作的相关文件要求，市外办认真履行疫情防控外事组职责，严格按照市疫情防控指挥部的安排和实际需求，安排相关语种的翻译人员随车及驻守集中隔离点，做好翻译及相关协助等工作。市外办共计参与入境人员集中隔离医学观察共计7轮次，其中，为4批8人次外籍人员开展集中隔离医学观察点翻译工作。

【提升影响力】 2020年，市外办不断加强对外交流工作载体建设，充分利用外事接待、玉溪网英文版等载体，广泛宣传和推介玉溪经济社会发展取得的成果、秀美的自然风光、多彩的民族风情和悠久的历史文化，提升玉溪的知名度、美誉度和影响力，全年共发布76篇英文新闻信息。（潘翠华）

政协玉溪市委员会

YUXI COMMITTEE OF CHINESE PEOPLE' S POLITICAL CONSULTATIVE CONFERENCE

责任编校：李海明

重要会议

【政协玉溪市五届三次会议】 2020年1月10日—14日，中国人民政治协商会议玉溪市第五届委员会第三次会议在玉溪召开。本次会议应到委员314名，实到299名，符合规定人数。市委副书记、市长张德华，市委副书记、市委统战部部长保明顺，市人大常委会主任李洪云等到会祝贺。大会执行主席夏立洪、贺光明、郭亚钢、李少华、何雪峰、杨建敏、普昌文在主席台前排就座。市政协主席夏立洪代表政协玉溪市第五届委员会常务委员会向大会报告工作。市政协副主席李少华受政协玉溪市第五届委员会常务委员会委托，向大会报告市政协五届二次会议以来提案工作情况。会议听取并协商讨论了张德华同志代表玉溪市人民政府所作的《政府工作报告》，协商讨论了《玉溪市中级人民法院工作报告》《玉溪市人民检察院工作报告》及《玉溪市2019年国民经济和社会发展计划执行情况与2020年国民经济和社会发展计划草案的报告》《玉溪市2019年地方财政预算执行情况和2020年地方财政预算草案的报告》。会议审议通过了《政协玉溪市第五届委员会第三次会议关于政协玉溪市第五届委员会常务委员会工作报告的决议》《政协玉溪市第五届委员会第三次会议关于五届二次会议以来提案工作情况报告的决议》《政协玉溪市第五届委员会第三次会议决议》。中共玉溪市委、市人大常委会、市政府、市纪委监委、玉溪军分区、市中级人民法院、市人民检察院、玉溪国家安全局、玉溪高新区、玉溪师范学院、玉溪技师学院、市人民医院、红塔集团、合和集团、红塔银行的领导，住玉溪的省政协委员，市直各单位、中央和省驻玉单位、驻玉军（警）部队的领导等应邀列席会议。

【常务委员会会议】 2020年1月3日，政协玉溪市第五届常委会第十二次会议召开。市政协主席夏立洪主持会议并讲话。副市长李劲松，市政协副主席贺光明、郭亚钢、李少华、何雪峰、杨建敏，秘书长普昌文出席会议。会议听取了李劲松通报市政协五届二次会议以来提案办理情况，听取了市纪委副书记、市监委副主任张伟通报玉溪市2019年党风廉政建设和反腐败工作情况，审议了《政协玉溪市第五届委员会常务委员会工作报告（草案）》《政协玉溪市第五届委员会常务委员会关于五届二次会议以来提案工作情况的报告（草案）》，通过了人事事项。会议审议通过了政协玉溪市第五届委员会第三次会议有关事项，决定于2020年1月10—14日召开政协玉溪市五届三次会议。

3月30日，政协玉溪市第五届常委会第十三次会议召开。市政协主席夏立洪主持会议并讲话。市政协副主席贺光明、郭亚钢、李少华、何雪峰、杨建敏、杨丽萍，秘书长普昌文出席会议。会议审议并通过《政协玉溪市委员会2020年工作要点》《政协玉溪市委员会2020年协商计划》《政协玉溪市委员会常务委员会2020年会议计划》。会上，3个专委会向常委会报告了工作情况，2名常委作了履职报告。

5月29日，政协玉溪市第五届常委会第十四次会议召开。市政协主席夏立洪主持会议并讲话。副市长黄太文，市政协副主席贺光明、郭亚钢、李少华、何雪峰、杨建敏、杨丽萍，秘书长普昌文出席会议。会议听取市科技局、市工业和信息化局、人行玉溪支行通报了玉溪市生物医药产业发展相关情况，审议并通过了《关于玉溪市生物医药产业发展情况的调查报告（草案）》，围绕“生物医药产业发展”

开展了专题协商。

8月31日，政协玉溪市第五届常委会第十五次会议召开。市政协主席夏立洪主持会议并讲话。副市长张光彦，市政协副主席贺光明、郭亚钢、李少华、何雪峰、杨建敏、杨丽萍，秘书长普昌文出席会议。会上，张光彦代表市人民政府通报玉溪市2020年上半年经济社会发展和决胜全面建成小康社会情况，市统计局局长通报玉溪市全面建成小康社会监测情况，市政协6个调研组负责同志汇报玉溪市决胜全面建成小康社会专题调研情况，市委组织部领导作人事事项说明，市发展改革委、市生态环境局、市文化和旅游局主要负责同志分别进行发言。会议围绕“决胜全面建成小康社会”开展专题协商，原则通过6个专题调查报告，通过了人事事项。

12月2—4日，政协玉溪市五届常委会第十六次会议召开。市政协主席夏立洪主持会议并讲话。市政协副主席贺光明、李少华、何雪峰、杨建敏、杨丽萍，秘书长普昌文出席会议。市委常委、常务副市长李朝伟出席会议并通报玉溪市“十三五”规划执行情况和“十四五”规划及2035年远景目标编制情况。会议听取玉溪市“十三五”规划执行情况和“十四五”规划及2035年远景目标编制情况通报，审议通过6个相关专题调查报告及有关人事事项。

【主席会议】 2020年1月13日，市政协召开五届二十七次主席会议，听取各讨论组对政协玉溪市五届三次会议“三个决议”草案的讨论情况汇报，审议“三个决议”草案、《政协玉溪市第五届委员会第三次会议期间提案审查情况的报告(草案)》。

2月2日，市政协召开五届二十八次主席会议，成立市政协机关应对新型冠状病毒感染肺炎疫情工作领导小组。

2月24日，市政协召开五届二十九次主席会议，传达中央统筹推进新冠肺炎疫情防控和经济社会发展工作部署会及省市相关会议精神，研究市政协贯彻落实工作。

3月12日，市政协召开五届三十次主席会议，讨论《政协玉溪市委员会2020年工作要点(讨论稿)》《政协玉溪市委员会2020年协商计划(讨论稿)》《政协玉溪市委员会常务委员会2020年会议计划(讨论稿)》，确定《市政协五届三次会议重点督办提案》《市政协五届三次会议各委室对口督办提案》，审议《政协玉溪市委员会关于开展界别活动组活动的实施办法(试行)》《政协玉溪市第五届委员会界别活动组分组名单(讨论稿)》《玉溪市政协系统2020年脱贫攻坚助推行动实施方案(讨论稿)》。

3月24日，市政协召开五届三十一次主席会议，研究确定市政协五届十三次常委会议有关事项，审议《政协玉溪市第五届委员会委员和政协机关干部培训筹备工作方案(讨论稿)》。

4月27日，市政协召开五届三十二次主席会议，传达学习市委全面深化改革委员会第八次会议精神和有关文件精神，审议通过《玉溪市政协机关2020年度目标任务综合考评任务分解》《玉溪市政协机关2020年度督查检查任务分解》，研究部署政协玉溪市委员会2020年全面深化改革工作。

5月26日，市政协召开五届三十三次主席会议，研究确定市政协五届十四次常委会议有关事项，讨论《关于落实中央和省委市委政协工作会议主要任务分工方案(讨论稿)》《关于玉溪市关于生物医药产业发展情况的调查报告(讨论稿)》和《玉溪市生物医药产业发展专题协商方案(讨论稿)》，研究政协玉溪市五届三次会议提案办理专项补助资金分配方案。

6月9日，市政协召开五届三十四次主席会议，讨论通过《关于开展玉溪市决胜全面建成小康社会各项指标完成情况的专题调研方案(讨论稿)》《滇中经济区五州市政协合作机制第十二次(玉溪)会议工作方案(讨论稿)》《市政协机关2020年守法普法依法治理工作要点及任务分工(讨论稿)》，传达学习了中央、省委及市委保密工作有关精神。

7月17日，市政协召开五届三十五次主席会议，听取各专委会汇报2020年上半年工作总结及下半年工作计划，讨论《关于玉溪市突发公共卫生事件应急能力建设情况的视察报告(讨论稿)》。

8月24日，市政协召开五届三十六次主席会议，讨论通过人事事项，听取市政协6个调研组对玉溪市决胜全面建成小康社会各项指标完成情况的专题调研汇报，讨论通过《决胜全面建成小康社会专题协商方案(讨论稿)》《政协玉溪市第五届委员会常务委员会第十五次会议筹备工作方案(讨论稿)》《玉溪市山区民族教育促进会 红塔集团联合资助第十届贫困大学生暨表扬山区民族地区优秀教师会议筹备方案(讨论稿)》，审议通过《关于加强对县(市、区)政协工作联系指导的实施意见(讨论稿)》，传达学习《关于认真学习宣传和贯彻落实<网络信息内容生态治理规定>和<网络音视频信息服务管理规定>的工作方案》。

10月20日，市政协召开五届三十七次主席会议，讨论通过《政协玉溪市委员会关于编制玉溪市国民经济和社会发展“十四五”规划的专题调研方案(讨论稿)》《玉溪市政协机关2020年度目标任务综合考评任务分解调整表(讨论稿)》。

10月26日，市政协召开五届三十八次主席会议，审议通过澄江市阳宗镇行政区划调整的协商意见，传达学习了五届市委常委会第188次会议、全省政协系统“协商在基层”工作推进会、省政协各专委会助推办主任会议精神，研究提出了市政协贯彻落实意见。

11月17日，市政协召开五届三十九次主席会议，讨论通过《中国人民政治协商会议玉溪市第五届委员会第四次会议筹备工作方案》和《玉溪市政协2021年新年茶话会筹备方案》，审议通过《政协玉溪市委员会对口协商工作实施办法（试行）》。

12月1日，市政协召开五届四十次主席会议，讨论人事事项，听取市政协6个调研组对玉溪市编制国民经济和社会发展“十四五”规划调研情况的汇报，讨论《编制玉溪市国民经济和社会发展“十四五”规划和2035年远景目标专题协商方案（讨论稿）》《政协玉溪市第五届委员会常务委员会第十六次会议筹备工作方案（讨论稿）》。

12月25日，市政协召开四十一次主席会议，听取各专委会汇报2020年工作总结和2021年工作计划，审定政协玉溪市第五届委员会第四次会议有关事项，审议有关人事事项。

【滇中经济区五州市政协合作机制第十二次会议】 2020年8月26—28日，滇中经济区五州市政协合作机制第十二次会议在玉溪举行，围绕实施《滇中城市群发展规划》，以“推动区域经济协调发展，共融共建美丽滇中”为主题进行交流协商，同心协力推动滇中城市群高质量发展。省政协副主席李正阳出席全体会议并讲话，市委书记王力出席并致辞，市委副书记、市长张德华出席，市政协主席夏立洪作主旨发言。昆明市政协主席熊瑞丽、曲靖市政协主席朱德光、楚雄州政协主席杨静、红河州政协主席聂明，分别围绕会议主题作主旨发言。经协商，将由楚雄州政协承办滇中经济区五州市政协合作机制第十三次会议。省政协办公厅、经济委有关领导，五州市政协副主席、秘书长等相关人员参加会议。

协商议政

【协商工作】 2020年，市政协着力发挥政协全会协商这一政协履职最高形式的重要作用，政协玉溪市五届三次会议期间，8名委员围绕推进民营工业企业加快发展、美丽乡村建设要彰扬乡土文化、力戒形式主义提高行政效能等方面作了大会发言；13个界别围绕加快发展“一县一业”促进农业农村经济发展、推进抚仙湖流域新型城镇化建设、扶持和推进医疗器械产业发展等方面作了界别联组会发言，得到了市委、市政府领导的重视和肯定。聚焦全市高质量发展的大事、改革攻坚的要事、各界群众关心的实事，全年共安排11个协商议题。重点围绕玉溪市决胜全面建成小康社会、编制玉溪市国民经济和社会发展“十四五”规划、生物医药产业发展开展专题议政性常委会会议协商；围绕推进国家创新型城市建设、建设项目用地保障、阳宗镇行政区划调整开展专题协商；围绕加快电子商务发展、加快推进中心城区“厕所革命”开展对口协商；围绕加强“三社联动”推动城市社区治理创新、加大民族文化传承保护发展工作力度开展界别协商；围绕《玉溪市革命遗址保护条例》《玉溪市老年人权益保障实施办法》开展立法协商；围绕重点提案开展提案办理协商。积极探索推动政协协商与基层协商有效衔接的方法路径，在部分乡（镇、街道）、村（社区）、企事业单位搭建平台、建立机制、开展活动，“协商在基层”试点工作不断推进，践行了“基层的事在基层协商，群众的事由群众说话”的协商民主理念。市委、市政府领导高度重视市政协协商成果。市委书记王力对《关于玉溪市生物医药产业发展情况的协商报告》作出批示，要求有关部门充分吸收报告成果，把生物医药企业现状盘清，逐一推进三年倍增计划。市长张德华对《关于编制玉溪市国民经济和社会发展“十四五”规划的协商意见》作出批示，要求有关部门认真学习、参考借鉴，进一步修改完善规划纲要。

【提案办理】 2020年，市政协始终把提案工作作为政协民主监督的第一抓手，树立质量意识和精品意识，加强培训指导，不断提高委员提出高质量提案的能力和水平，严把提案审查立案关，完善重点提案遴选办法和督办机制，引入第三方评价，促进政协提案质量和办理质量双提升。政协玉溪市五届三次会议以来共收到提案329件，立案309件，立案率93.9%，办复率100%，解决率61.8%，办理结果、办理态度满意率100%。通过市政府领导领办、市政协领导督办、市政协委室对口督办共同发力，《关于推进规模以上民营工业企业加快发展的建议》《关于加强基层医疗卫生发展的建议》2件重点提案和《关于申报易门铜矿工业遗产保存工业遗迹留住“活的历史”的建议》等11件委室对口督办提案高质量办理完成。聚焦市委、市政府决策部署推进落实情况和全市重点工作，围绕玉溪市贯彻落实中央和省委市委政协工作会议精神、公共卫生突发事件应急能力建设、推进市域社会治理现代化工作、商贸发展、特色小镇建设、民宿文化产业发展、野生动物保护、重点提案督办等工作开展专项视察。对省委《关于加强和改进人民政协民主监督工作的实施意见》及市委实施意见完成情况进行专项督查。支持和推荐政协委员担任政府部门、司法机关监督员，通过评议、公开听证、旁听庭审等方式，开展协商式监督，促进政风、行风建设。

【建言献策】 2020年，市政协紧扣补齐全面建成小康社会短板、编制国民经济和社会发展“十四五”规划，由主席会议成员牵头，组成12个课题组分别开展调研。围绕数字经济、民营经济、电子商务、建筑业发展，“三湖”保护治理体制机制运行，城镇老旧小区改造，深化教育领域综合改革、推动全市教育均衡发展等课题开展专题调研，提出有见地、可操作性强的对策建议。市政府主要领导多次作出指示批示，对政协建议采纳、成果转化提出工作要求；市政府分管领导牵头研究解决问题；责任部门积极主动、对标对表，切实将市政协提出的意见建议落地落实；市政府办公室就2020年市政协调研视察协商政府工作落实情况进行了专题答复。发挥社情民意信息“直通车”作用，以党政所需、群众关注的问题为重点，及时准确反映社会各界的诉求、愿望和呼声，着力增强社情民意信息报送的针对性，提高意见建议的实效性。一年来，全市各级政协组织、各党派团体、政协委员报送社情民意信息57条，编发30条，其中《强化服务基层提高补充耕地（水田）审核认定工作效率》被省政协采用上报，《关于改进全市学生营养改善计划的建议》《关于保护利用好玉溪中心城区历史文化风貌建筑集中街区的建议》等9条得到市政府领导批示，市政府有关部门及时办理。

政协专门委员会工作

【提案委员会】 2020年，提案委员会强化理论学习，提高政治站位，加大引导力度，广泛征集提案。政协玉溪市五届三次会议以来共收到提案329件，立案309件，立案率93.9%。做好审查立案、重点提案遴选和提案交办工作。在政协玉溪市五届三次会议期间召开提案审查立案会议。做好重点提案和委室对口督办提案的调研与遴选工作，确定2件重点督办提案、11件委室督办提案。积极配合市委办、市政府办做好提案交办相关工作，并向市政府办公室提交了《关于市政府领导牵头办理重点提案的函》。增强服务意识，开展提案督办。深入县（市、区）对38件“急难小”提案进行实地调研，对涉及人居环境整治和人畜饮水等30件提案给予300万元的专项资金补助。立案的309件提案在规定时限内办复完毕，办复率100%，解决率61.8%，办理结果、办理态度满意率均为100%。

【经济和农业农村委员会】 2020年，经济和农业农村委员会加强学习明方向，断加强政治理论和业务知识学习，提升政治协商、民主监督、参政议政的能力和水平。调研视察建净言。对玉溪市决胜全面建成小康社会经济发展指数完成情况、生物医药产业发展情况、大力发展数字经济推动经济高质量发展情况进行专题调研。对玉溪市商贸发展情况进行专题视察。积极参与玉溪市“七位一体”重点工作项目调研。对提案《关于加强政府对当地卷烟辅料配套企业给予关注和扶持的建议》进行对口督办。联系委员搭平台。积极组织经济界别小组委员活动。

【教科卫体委员会】 2020年，教科卫体委员会把牢正确政治方向，加强思想政治建设。围绕中心工作，积极开展调研视察和协商议政。对玉溪市突发公共卫生事件应急能力建设情况进行重点视察，对玉溪市创新型城市建设推进情况、全面建成小康社会“人民生活指数”、深化教

2020年8月27日，参加滇中经济区五州市政协合作机制第十二次会议代表考察红塔区大营街“幸福小镇”玉泉湖小区 （李 冉 摄）

2020年10月12日，玉溪、普洱、版纳3州市政协联合视察玉磨铁路规划建设情况 （侯 坤 摄）

育领域综合改革推动全市教育均衡发展进行专题调研，提交集体提案《关于加快玉溪市体育事业发展的建议》，上报社情民意信息《关于进一步改善营商环境促进民营医疗机构健康发展的建议》。秉持宗旨意识，积极关注民生。完成玉溪市山区民族教育促进会年检工作，制定11项制度；促进会荣获2019年度社会组织4A级荣誉称号；促进会和红塔集团联合开展第十届资助贫困大学生暨表扬优秀教师活动，对180名贫困大学生进行资助，对50名山区民族地区优秀教师进行表扬。推进界别建设，加强和改进界别工作。配合工作大局，做好相关重要工作。完成政协玉溪市五届三次会议宣传报道工作，开展“委员风采”专题宣传。牵头协商督办提案《关于构建玉溪市现代职业教育体系的建议》《关于使用公筷公勺聚餐倡导卫生安全健康生活方式的建议》。先后参与《玉溪市老年人权益保障实施办法》听证、公务员面试监督、教育督导评估等工作。

2020年12月2日，市政协组织住玉省政协委员到澄江市开展视察活动（龚文欢　摄）

2020年10月15日，省政协到峨山县练江南苑小区视察爱国卫生“7个专项行动”推进情况（金志林　摄）

【人口资源环境委员会】 2020年，人口资源环境委员会突出政治引领，打牢履职基础。切实履行职责，增强履职成效。围绕玉溪市建设项目用地保障工作、决胜全面建成小康社会资源环境指数完成情况、持续推进美丽乡村建设全面提升农村人居环境、“三湖”保护治理体制机制运行情况开展专题调研。围绕东风水库饮用水源地保护区调整划定工作开展专题协商。增强服务委员意识，活跃专委会工作。组织开展“美丽县城”建设和土地整治工作、野生动物保护工作、乡村振兴及特色小镇建设视察。反映社情民意信息2篇。重视互动协商，抓实提案督办工作。召开提案督办协商会，协商督办提案《关于进一步完善物业管理体制机制的建议》。对本委提出的提案《关于加强中心城区公厕规划布局和建设管理工作的建议》开展视察和对口协商。

【社会和法制委员会】 2020年，社会和法制委员会加强理论学习，提升履职能力。开展专题调查研究，发挥专门委员会协商作用。对玉溪市开展“三社联动”试点工作进行专题调研。开展专项视察工作，建言社会治理创新。就推进市域社会治理现代化工作情况和编制玉溪市国民经济和社会发展“十四五”规划中的加强城乡养老服务体系建设进行视察。积极关注民生热点，创新履职方式议政建言。对提案《关于进一步加强玉溪市中心小学校周边环境综合整治的建议》进行对口督办。对《玉溪市革命遗址保护条例》开展立法协商。先后4次到市检察院参加座谈和公益诉讼公开听证活动。参加法院队伍建设专题会议，对提高法官队伍的职业素质提出意见和建议。参加全市“七五”普法验收工作。精心组织委员活动，搭建委员履职平台。创新工作方式，加强对委员的联动管理。

【民族宗教委员会】 2020年，民族宗教委员会加强理论学习，打牢履职基础。履行党建职责，促进工作开展。主动担当作为，认真履职尽责。主动对接相关单位部门，协商年度委室开展的调研、视察课题，落实年度工作重点。认真开展提案协商督办工作。围绕工作重点，开展调研协商。

组织开展玉溪市民族文化传承保护发展情况、决胜全面建成小康社会三大攻坚指数完成情况、依法管理宗教事务提高宗教工作法治化水平等调研。深入县区、乡镇（街道）、村（社区），村民小组、农户家中及企业、宗教活动场所，就民族团结进步创建、乡村振兴、美丽乡村建设、特色小镇、产业发展、脱贫攻坚、生态环境保护、抗旱保民生等情况进行调研，掌握了解相关情况，宣传党的民族宗教政策，落实相关工作要求，帮助协调解决相关问题，反映相关社情民意，积极建言献策。加强委员服务，强化履职实效。

【文化文史和学习委员会】 2020年，文化文史和学习委员会提高政治站位，将理论学习成果与推进本委工作有机结合，切实增强协商民主履职实效。重视党风廉政建设，严格依法依规办事。增强履职能力。编辑出版第二十辑文史资料《玉溪山水》。协助省政协征集《全省政协系统助推脱贫攻坚纪实》《抗击新冠肺炎疫情》等文史资料。继续坚持与省内16个州市、省外部分市区进行文史资料交流，积极扩大社会影响。对玉溪市全面建成小康社会进程中文化建设情况进行专题调研。组织无党派、农业界别和驻华宁县市政协委员对澄江市民宿文化产业发展情况进行视察。协助省政协做好“推动云南花卉产业高质量发展”重点视察。联合民盟玉溪市委会、江川区委统战部到江川区前卫中学开展助力中考“烛光行动”。反映社情民意6条。到德宏州、保山市考察城市规划建设与管理工作。

【联络委员会】 2020年，联络委员会加强思想政治理论学习，切实改进工作作风。深入开展调研视察。对玉溪市城镇老旧小区改造、电子商务发展、民营经济发展情况进行调研。对提案《关于加大新平旅游业发展的建议》进行协商督办。提升委员服务管理水平。制定《开展界别活动组活动的实施办法（试行）》。把全市314名市政协委员划分为17个界别活动组，全部编入市政协8个专门委员会，强化专委会对委员的联系与服务。对市政协委员建立了一人一档的履职档案，加强委员履职活动的服务与管理。举办五届市政协委员和政协机关干部培训班，加强委员履职能力建设。组织30名市政协委员分别列席市政协常委会，拓宽委员的知情明政和建言渠道。组织民主党派一组、驻新平县市政协委员开展2次跨县区委员视察活动和功能性党支部主题活动。做好住玉省政协委员的服务管理工作，组织住玉省政协委员到澄江市考察玉溪文化旅游产业。加强沟通交流与团结协作，参与做好滇中经济区五州市政协合作机制第十二次（玉溪）会议的筹备工作。密切联系群众服务基层。（刘仕芬）

纪检监察

DISCIPLINE INSPECTION AND SUPERVISION

责任编校：李海明

重要会议

【重要会议、活动】 2020年1月20日，中国共产党玉溪市纪律检查委员会五届五次全体会议召开。全会传达学习了习近平总书记在十九届中央纪委四次全会上的重要讲话精神和十九届中央纪委四次全会、省纪委十届五次全会精神，总结2019年纪检监察工作，部署2020年任务，审议通过了孟凡兵代表市纪委常委会所作的工作报告。

2月13日，市纪委市监委召开纪委常委会，传达学习习近平总书记考察云南重要讲话精神。会议要求，全市纪检监察机关要督促各级党委（党组）按照省委、市委的统一安排部署，加强“两个责任”落实和基础制度、日常规范的监督，健全制度执行监督机制，推动习近平总书记考察云南重要讲话精神落实落地、见行见效。25日，市纪委市监委召开常委会（扩大）会议，专题通报省委、省纪委省监委对蔡四宏涉嫌严重违纪违法进行纪律审查和监察调查的决定，研究以案促改相关工作。

3月11日，市纪委市监委召开年度纪检监察工作会议，研究部署十九届中央纪委四次全会、省纪委十届五次全会和市纪委五届五次全会目标任务贯彻落实工作。31日，市纪委市监委召开脱贫攻坚重点监督检查情况汇报会，对发现问题的监督整改工作作出安排部署，以强有力的监督执纪问责助推脱贫攻坚巩固提升。

4月9—10日，市纪委市监委开展全市纪检监察机关工作培训，全面增强履职担责能力，建设高素质专业化干部队伍，推动纪检监察工作高质量发展。27日，市纪委市监委举办全市2020年党风政风监督工作业务培训班。会议要求，全市各级纪检监察机关要坚守“严”的主基调，坚持党中央和省市委重大决策部署到哪里、监督检查就跟进到哪里，要在新冠肺炎疫情防控和稳定经济社会运行等重点工作中充分发挥监督保障执行、促进完善发展作用。

5月7日上午，市公安局留置勤务支队正式授牌成立。市委常委、市纪委书记、市监委主任孟凡兵为留置勤务支队授牌，市人民政府副市长、市公安局局长李锐出席授牌仪式并讲话，市委编办相关负责人宣读了《关于调整设置玉溪市公安局留置勤务机构的通知》。同日，市纪委市监委组织全体干部观看警示教育片《政治掮客苏洪波》，以案为鉴，以案为戒，切实教育引导广大纪检监察干部进一步强化廉洁自律意识，提高政治警觉，着力营造风清气正的政治生态。9日，市纪委市监委召开中央、省驻玉单位纪检监察工作座谈会，进一步加强全市纪检监察机关与中央、省驻玉单位纪检监察机构工作衔接。20日，市纪委市监委召开全市党务政务村务厂务公开监督工作推进会。会议要求，全市各级纪检监察机关要强化政治监督，强化监督的再监督、检查的再检查，督促主体责任落实，点对点、面对面确保中央和省、市委关于权力公开的各项决策部署落到实处。31日，市纪委市监委组织开展以“传承廉洁齐家好家风·建设清廉玉溪”为主题的家庭助廉警示教育活动。

6月4日，玉溪市召开全市对村（社区）党组织巡察工作推进会，会议总结上一阶段工作成效，安排部署下阶段工作任务，要求全力以赴确保本届任期内高质量完成县级巡察与对村（社区）巡察全覆盖。11日，市纪委市监委组织举办纪检监察机关案件监督管理业务培训班，推动玉溪市纪检监察案件监督管理工作换挡提速、实现高质量发展。17日，玉溪市召开对市属国有企业开展机动巡察动员部署会，启动对市属国有企业机动巡察工作。

7月22日，市纪委市监委召开全市上半年纪检监察工作座谈会。会议要求，全市各级纪检监察机关要牢牢把握政治方向，严格管理监督，建设一支本领高强、忠诚干净担当的纪检监察干部队伍，彰显云南纪检监察工作玉溪"辨识度"，确保全年目标任务如期高质量完成。

8月5日，市纪委常委会专题听取各县（市、区）党委书记履行全面从严治党主体责任情况汇报。会议强调，专题报告会是"政治体检""政治检查""政治考试"，各级党委要牢记习近平总书记的党建"三问"，抓住重点工作、关键环节，把主体责任落细落实。

9月12日，市纪委市监委组织5名新任市管国有企业负责同志进行集体廉政谈话，要求市属国有企业负责同志提高对党风廉政建设和全面从严治党重要性的认识，进一步增强廉洁勤政意识，拧紧拒腐防变阀门。

10月20日，玉溪市召开市国资国企系统警示教育大会，通报典型案例，扎实开展以案为鉴、以案警示、以案促改工作。21日，玉溪市召开2020年反腐败协调小组工作会议。30日，市纪委市监委召开市直单位党委（党组）书记履行全从严治党主体责任情况专题报告会，听取10家市直单位党委（党组）2020年度全面从严治党主体责任情况报告。

11月2日，首届"清廉玉溪"演讲比赛总决赛在聂耳大剧院举行。9日，玉溪市召开对县（市、区）巡察指导督导动员部署会，传达学习全国巡视工作会议和十九届中央第六轮巡视工作动员会议精神及中央全面开展巡视指导督导的经验和做法，对我市开展巡察指导督导进行动员部署。

12月7日，市纪委召开常委（扩大）会议专题学习省市村（社区）"两委"换届动员部署视频会议精神，要求紧盯村级组织换届选举关键环节，严明换届纪律，强化纪律监督，确保换届风清气正。8日，市纪委市监委召开派驻（出）机构专项检查情况通报会，会议通报了专项监督检查情况，总结了当前派驻（出）机构工作中值得肯定的做法，分析了存在问题、提出了改进意见建议。

全面从严治党

【政治监督】 2020年，市纪委市监委牢牢把握习近平总书记强调的"四个着力点"，坚持把"两个维护"落实到监督执纪、审查调查、巡察问责各环节，聚焦政治立场、政治方向、政治原则、政治道路，扎实推进政治监督具体化、常态化，查处违反政治纪律案件20件25人。紧紧围绕贯彻落实党的十九届四中全会和习近平总书记考察云南重要讲话精神及统筹疫情防控和经济社会发展、打好三大攻坚战、做好"六稳"工作、落实"六保"任务、全面建成小康社会、优化营商环境和脱贫攻坚、"四个一百""五网"重点建设项目、"三城""三个国际城市"建设等重大决策部署，制定8项监督工作方案，跟进监督、精准监督，发现并处置问题线索60件，给予党纪政务处分35人，问责11个单位、

2020年5月7日，市委常委、市纪委书记、市监委主任孟凡兵（前排左一）为玉溪市公安局留置勤务支队授牌 （邓雪飞　摄）

2020年5月31日，市纪委市监委组织市管领导干部家属开展家庭助廉活动（邓雪飞　摄）

71人；通报曝光疫情防控失职失责典型问题17起，涉及7个单位43人，向市疫情防控领导小组上报监督检查工作建议5期23条，向9个县(市、区)和市直部门反馈问题74个。严格执行政商交往正负面清单，召开民营企业家座谈会，督促解决13个难点问题。加强中央和省级环保督察、审计反馈问题整改情况督查，对抚仙湖“十三五”规划、山水林田湖草项目和星云湖、杞麓湖专项督察反馈问题整改情况进行10轮监督检查，发现问题77个。开展人防系统腐败问题专项治理，处置问题线索67件，立案16件17人，给予党纪政务处分15人，清缴违规减免易地建设费1.523亿元。

【全面从严治党政治责任落实】 2020年，市纪委市监委为市委主体作用发挥当好参谋助手和提供有效载体，推动不代替、到位不越位。督促各级党委(党组)贯彻落实全面从严治党主体责任规定，主动扛起全面从严治党政治责任。协助做好向省纪委常委会专题报告落实主体责任情况、省委党风廉政建设责任制检查考核、中央和省委巡视反馈意见的整改落实。向市级领导派出主体责任清单88份424项。优化党风廉政建设责任制检查考核，督促2019年度考核为基本合格的2个县(市)从严从实抓好整改并组织复查验收。组织9个县(市、区)、10个市直单位党委(党组)和74个乡镇(街道)党(工)委书记向上级纪委常委会专题报告落实全面从严治党主体责任情况。突出“五个必须”政治标准，“八个坚决肃清”督促各级党组织坚决肃清秦光荣流毒影响，持续修复净化政治生态。

【治理体系完善】 2020年，市纪委市监委制定《关于进一步加强县(市、区)纪委监委领导和监督的实施意见》，推进双重领导具体化、程序化。完成派驻法院、检察院、公安局、司法局纪检监察组单列管理干部划转，完善派驻机构考核办法。建立派驻机构与驻在部门监督协同机制，畅通日常沟通渠道，搭建监督检查、监督提醒、发挥合力的平台。探索建立与62家中央、省驻玉单位纪检监察工作协作机制。制定深化巡纪协作配合推进“四项监督”统筹衔接实施办法。围绕基本素质、基本能力、基本制度、基本机制、基本条件、基本任务六项工作实施“强基工程”，促进县乡纪检监察机构职能发挥。健全落实24项留置场所保障工作规范。

2020年6月4日，全市对村(社区)党组织巡察工作推进会议召开

(邓雪飞　摄)

【落实中央八项规定精神】 2020年，市纪检监察机关坚持问题导向，坚决防止“疲劳综合征”，紧盯重要节点强化监督检查。对违反中央八项规定精神突出问题进行“拉网式”、全方位起底排查，处置问题线索241件，给予党纪政务处分和问责287人，通报曝光典型问题38起，上缴库存物品资金430万元。开展领导干部违规领取自办刊物稿酬、发放奖金和津贴补贴、享受财政贴息贷款、参与借贷等突出问题专项整治，发现问题1 848个，清缴违规领取稿酬178万元，清退违规领取奖金津贴补贴4 288万元，48名领导干部主动上报违规借贷情况。督促教育系统开展财务工作及财经纪律执行情况自查自纠和职业教育行业不正之风专项整治、卫生健康系统开展行业不正之风清理整治。发现并督促整改餐饮浪费行为问题84个。查处形式主义、官僚主义问题69件，通报曝光典型问题19起24人。

【巡察“利剑”作用发挥】 2020年，市委巡察机构全面贯彻巡视工作方针，坚持科学谋划，“一盘棋”统筹推进市县巡察工作，圆满完成市本级101个、县(市、区)644个及村(社区)704个党组织的巡察全覆盖任务，共发现问题23 034个，问题线索1 640件，立案查处411人，移送司法机关31人。做实巡察“后半篇”文章，发现问题整改率达97%，建立完善制度3 612项，退缴违规资金3 933万元，挽回经济损失2.79亿元，巡察综合监督平台作用不断彰显。年内市委对23个党组织开展常规、机动巡察及“回头看”，发现各类问题420个，问题线索57件。对市属国有企业机动巡察，督促开展国有企业债权债务及资产配置、选人用人、招投标领域、合同管理等专项治理，助推新一轮国企改革。制定《玉溪市委巡察整改监督办法》《省委巡视县(市、区)反馈意见整改情况监督检查工作方案》，对省委巡视的8个县(市、区)党委整改情况开展专项监督检查。

【信访举报受理】 2020年，全市纪检监察机关受理信访举报3 920件，

2020年10月22日，市委常委、市纪委书记、市监委主任孟凡兵（左一）带队到通海县检查杞麓湖保护治理情况 （市纪委 提供）

处置问题线索3 084件次，立案951件（其中，主动投案73人、采取留置措施98人），给予党纪政务处分966人，涉嫌犯罪移送司法机关81人，挽回经济损失3.13亿元，严肃查处谢会卿、李长金、倪强、周龙武等严重违纪违法案件，严肃查处谭志平、邓柯、王明、杜林海、豆雄伟、王建斌等一批国有企业负责人腐败案件，严肃查处玉溪二职中贪腐窝案。运用“四种形态”批评教育帮助和处理4 019人次，其中，运用第一、第二、第三、第四种形态占比分别为73.9%、18.5%、2.8%、4.8%，第一种形态运用占比全省第一。坚决查处红塔区大小矣资村移民搬迁项目工程质量问题等侵害群众利益不正之风和腐败问题521件，通报曝光扶贫领域典型案例77起。聚焦深挖根治大会战、“六清”行动目标，处置涉黑涉恶腐败和“保护伞”问题线索86件，立案76件，给予党纪政务处分63人。

【日常监督】 2020年，全市纪检监察机关广泛采取“蹲点式”调研、“体验式”监督、交叉式、推磨式等方式方法，强化日常监督。聚焦群众痛点、难点、堵点问题，深化扶贫领域腐败和作风问题专项治理，参战督战脱贫攻坚，开展5轮监督检查，组织纪检监察干部全覆盖遍访建档立卡户26 016户，发现问题1 014个。开展基层“微腐败”集中整治，印发《玉溪市村务监督委员会履职尽责应知应会知识手册》，推进“清廉村居”建设。纠治烟叶种植收购管理漠视侵害群众利益问题，开展全市殡葬服务行业侵害群众利益突出问题专项整治、打击整治毁林种植破坏森林资源违法犯罪行为专项行动监督检查、农村乱占耕地建房问题整治专项监督。为1 399名市管领导干部建立廉政档案。严把政治关、品行关、作风关、廉洁关，开展党风廉政意见回复75批842人。把监督执纪的刚性与柔性、力度与温度结合起来，发出纪检监察建议书379份，提出整改建议787条；出台受处分人员回访教育办法，开展暖心回访教育293人，容错免责或从轻减轻处理38人，为受到不实反映的35名干部澄清正名，多维度激发干部干事创业热情。监督各级党组织贯彻落实习近平总书记关于纠“四风”、树新风重要指示批示精神“回头看”制度、集中学习制度、调查研究制度。督促严格执行“三重一大”集体决策制度，完善廉政风险防控机制，稳步推进党务、政务、村务以及各领域办事公开。推动市属国有企业建立双人会客制等制度，有效提升国有企业治理效能。制定实施维护制度权威保障制度执行监督工作意见，推动全市各级党组织和广大党员干部自觉尊崇制度、严格执行制度、坚决维护制度。

【党规党纪、法律法规宣传教育】 2020年，全市纪检监察机关不断加强纪律处分条例、政务处分法等党规党纪和法律法规的宣传教育。对66名新提拔县处级领导干部开展党风廉政建设及履职能力提升培训。开展“严纪律明规矩·立政德树家风”警示教育和家风教育“六个一”系列活动，举办“清廉玉溪”演讲比赛，征集微视频和家风故事100余部（篇），组织创作演出廉政现代滇剧《一夜乾坤》。拍摄《“山大王”覆灭记》《被贪欲吞噬的人生》《斩断黑手》等警示教育片，组织党员领导干部观看《政治掮客苏洪波》《围猎：行贿者说》《清流毒—云南在行动》等专题片。更新反腐倡廉警示教育基地和纪律教育文化长廊内容，打造廉政文化阵地。以胡长磊案为鉴，深挖市属国有企业乱象根源、发案成因，以案促改。以姜兴林、蔡四宏等身边典型腐败案例为镜鉴，召开警示教育大会154场次，督促指导以案促改专题民主生活会。组织县处级领导干部配偶参观反腐倡廉警示教育基地、观看廉政教育片、签订家庭助廉倡议书。通报胡长磊、谭志平、倪强等典型案件，教育引导党员干部知敬畏、存戒惧、守底线。

【纪检监察干部队伍建设】 2020年，市纪委市监委坚决贯彻落实习近平总书记关于“把队伍建强、让干部过硬”的政治要求。持续跟进学习习近平总书记重要讲话和指示批示精神，认真学习《习近平谈治国理政》第三卷，强化理论武装。着力提升干部专业素质，开发应知应会知识测评系统，建立知识能力评价体系，完善内部考核评价机制。举办民法典、纪检监察业务等30个专题培训。组织参加全国信访举报业务知识测试、中央纪委干部在线培训年中测试、全省纪检监察机关辨析式业务知识测试竞赛，成绩名列前茅。树牢“把工作交给自己，把自己交给组织”的用人导向，激发纪检监察干部干事创业积极性。构建多层次干部关爱激励机制，加强干部心理健康调适，落实干部家访制度。通报表扬12个监督检查、审查调查优秀集体和70名优秀个人。严格落实机关党建、意识形态责任制。积极开展文明单位创建，扎实抓好模范机关建设。开展“以案为鉴、正风肃纪、锻造铁军”警示教育，严肃认真召开坚决肃清秦光荣流毒和赵开江余毒影响专题民主生活会和组织生活会，深入检视整改问题。制定加强全市纪检监察干部监督工作实施意见、纪检监察干部行为规范及风险防控措施，推动内部监督制度化、常态化。处置纪检监察干部问题线索56件，立案4人，给予党纪政务处分3人，问责7人，为2名受到不实举报的纪检监察干部澄清正名。

【纪检监察制度建设】 2020年，市纪委市监委建成全面从严治党“两个责任”纪实系统，搭建监督大数据平台，提升责任制考核规范化、系统化、信息化水平。制定《玉溪市纪检监察机关“十四五”时期深化构建一体推进“三不”体制机制实施方案》，进一步明晰一体推进“三不”的路径和方法。出台《深化运用“四种形态”实施办法》，实现党员、公职人员“四种形态”运用全覆盖。制定实施《玉溪市纪委市监委开展同志式谈心谈话工作办法》，既体现全面从严的力度，又秉持仁爱之心，彰显组织关怀的温度。在全省率先实现巡察全覆盖、开展巡察整改复盘、对县（市、区）巡察工作指导督导。印发《关于建设高素质专业化纪检监察干部队伍的实施意见》《关于在监督执纪执法一线强化干部考察识别的实施意见》等系列文件，强化干部思想淬炼、政治历练、实践锻炼，加大在监督检查、审查调查、巡视巡察一线培养干部力度。全覆盖设立县级纪委监委纪检监察干部监督机构，改革经验在全省推广。葛井苑留置工作点顺利启用，成为全市领导干部廉政教育基地和纪检监察干部学习培训基地。高标准建设留置勤务队伍，成立全国首家看护辅警培训学校。高度重视办案安全工作，审查调查实现“零事故”。（许　勇）

民主党派·工商联

DEMOCRATIC PARTIES FEDERATION

责任编校：李海明

民革玉溪市委

【组织建设】2020年，民革玉溪市委员会按照民革中央、省委的决策部署和要求，认真开展组织建设年各项工作。坚持政治统领，加强思想政治建设，不断提高领导班子成员及广大党员的政治判断力、领悟力、执行力。积极派员参加民革云南省委员会、中共玉溪市委和市委统战部组织的各类学习、培训和考察活动，12月19日，市委会召开民革党员学习贯彻中共玉溪市委五届十二次全会精神培训会，传达学习中共十九届五中全会、省委十届十一次全会和市委五届十二次全会精神。坚持以质量为核心的组织发展方针，积极稳妥推进党员发展工作，发展民革党员3人。加强示范支部创建和党员之家建设工作，组织11名骨干党员到保山、大理、楚雄考察学习，不断提高基层支部工作制度化、规范化、程序化水平。

【参政议政】2020年，民革玉溪市委员会运用自身优势和特长，组织精干力量，围绕中共玉溪市委、市人民政府决策部署和经济社会热点焦点问题，深入开展调研，形成调研报告并进行成果转化，提出“关于把老年人康养旅居产品业态作为玉溪市建成国际高品质康养旅居新高地的支撑品牌进行重点打造的建议”“关于高质量统筹推进玉溪城市更新”“关于提升县域经济实力夯实玉溪高质量发展基础”等建议。市政协五届四次全会期间，民革玉溪市委员会提交了5件提案，其中，“关于高质量统筹推进玉溪城市更新的建议”，入围市政协五届四次会议4件重点督办提案之一，后确定为2021年市政协常委会重点调研课题；“关于把老年人康养旅居产品业态作为玉溪市建成国际高品质康养旅居新高地的支撑品牌进行重点打造的建议”，确定为市政协五届四次会议委室督办的十件重要提案之一。

【社会服务】2020年，民革玉溪市委员会助力新冠肺炎疫情防控工作，民革玉溪市委员会兼职副主委冯咏梅在云南文艺界组织创作了滇剧歌曲《卜算子　白衣天使》《大爱耀中华》，快板《众志成城迎曙光》等作品，通过“学习强国”“文旅中国”等多个信息平台传播，用文艺宣传疫情危害、防疫常识、防控举措等。民革党员白光芳率领企业员工抢抓物资生产，为抗疫一线捐赠价值人民币164万余元医用便携式氧气呼吸器，受到民革云南省委员会通报表扬。党员李沅遥和余诚自发购买价值5 000余元的药品和口罩，捐赠给红塔区市容卫生管理站员工。党员瞿柳、王凌、周忠华分别以坚守医院分诊台、参与疫情防控隔离工作和网络授课等方式支持疫情防控。文化艺术支部与玉溪市规划馆、红塔区教体局合作，组织花灯剧院、滇剧院文艺骨干走进玉溪一小、二小、五小举办“小小传承者”公益活动，开展滇剧、花灯表演培训，为玉溪戏剧文化保护传承作出了贡献。

【制度建设】2020年，民革玉溪市委员会把制度建设作为提高工作科学化水平的基础性、重要性工作，通过认真梳理，结合工作实际和发展要求，修订完善了41项规章制度，形成制度汇编；成立内部监督委员会，建立内部监督工作机制，进一步强化廉政建设工作。

（民革玉溪市委供稿）

民盟玉溪市委

【思想建设】2020年，民盟玉溪市委牢牢把握意识形态工作主旨，年内先后召开主委会、全委会各3次、盟员专题学习会3次，在支部新建3个并提升1个“盟员之家”，促进盟员学习基地、交流平台、履职阵地建设，为盟员个人自学、集中学习研讨创造良好条件。精心编印《玉溪民盟(2019)》；组织向“人民教育家”于漪学习研讨“烛光行动”引领立足本职作为；开展敬老节专题学习民法典活动，传承民盟优良传统；组织盟员参观峨山县城“老旧小区改造”和通海楹联文化县城打造，培育爱国爱家乡情怀。年内，玉溪民盟微信公众号发布信息124篇，被民盟中央网站采用17篇、省级采用34篇、市级72篇。

【组织建设】 2020年，民盟玉溪市委根据有关规定和程序，进行届中调整，同意蒋建明辞去兼职副主委和市委委员职务，补选旃太胜为市委委员。主委在民盟云南省委组织工作会上交流“五个坚持”组织建设经验，完成了玉溪四中、玉溪六中、玉溪农职学院、律师支部4个基层支部委员会换届工作。大力推进民盟后备队伍建设，先后推荐上报代表人士8名；年内发展新盟员20人，年发展率为4.83%，2020年12月，玉溪民盟共有19个基层支部，3个直属小组，428名盟员。探索开展基层组织和盟员履职“六个一”活动(重温一遍入盟誓词、深学一遍民盟章程、了解一段民盟历史和一位民盟先贤、学习一次市情政情、开展一次社会服务活动、提供一篇参政建言或社情民意)，增强活力。

【廉政建设】 2020年，民盟玉溪市委积极落实廉政建设责任制，主委2次与市委委员、机关干部开展集体廉政谈话廉洁提醒，强调遵守党纪国法和盟章，始终守住规矩纪律底线；组织市委委员集中学习《民法典》并购买115本《民法典》发放到各支部、直属小组，为基层组织学法用法提供条件。民盟市委监督委员会加强盟内监督，全程参与全委会、主委会、支部换届，审查监督2019年度经费收支情况和2020年支出计划。机关3名专职干部全部自觉接受驻市委统战部纪检监察组、民盟市委监督委员会和盟员的监督，落实“一岗双责”，结合实际工作坚持“晨会”制度，积极参加廉政警示教育和学习培训，廉洁服务。

【参政议政】 2020年，民盟玉溪市委紧扣中心工作和民生事项献智出力，年度政党协商重点课题调研座谈会提出《关于加快推进“美丽县城”建设的建议》，市政协界别联组会提出《关于推进全市烤烟生产高质量发展的建议》。省、市、区“两会”前共征集建议提案素材44件为参政建言打基础，民盟玉溪市委和盟员人大代表、政协委员提交省人大代表建议3件、市人大代表建议5件、区人大代表建议13件，提交政协集体提案10件、委员提案38件，其中3件被列为市政协“委室督办提案”；4名盟员被民盟云南省委会聘为“特约理论研究员”；实行课题调研主副委牵头负责制，年内开展加强和创新小区治理、科技成果转化运用、建筑业发展情况3个课题调研；向民盟云南省委常委(扩大)会议提出云南省国民经济和社会发展“十四五”规划意见建议4条，全市盟员向民盟省委报送学生营养餐改进等征文18篇，向省、市报送社情民意信息21篇。

【社会服务】 2020年，民盟玉溪市委积极引导和组织盟员同心战“疫”，及时发布防控新冠疫情倡议书、众志成城抗击疫情号召书，鼓励广大盟员积极抗疫，适时推送疫情和防控信息，盟员175人通过红十字会等平台捐款捐物合计55 378.66元；成立玉溪民盟常态化疫情防控和经济社会发展法律服务团，围绕“六稳”“六保”，全力服务复产复工复学，用工作实绩提高民盟的活力、凝聚力和影响力。承办“同心智汇”大讲堂社区“法治讲堂”，在葫田社区开展“写春联·送温暖”活动，到江川一中、前卫中学开展名师助力中高考“烛光行动”，到元江监狱开展送法送学“黄丝带”帮教，用行动谱写出民盟的担当作为和社会责任。

(民盟玉溪市委供稿)

民建玉溪市委

【思想建设】 2020年，民建玉溪市委高度重视思想政治建设及学习培训工作，推动会员理论学习深入开展。深入学习领会习近平新时代中国特色社会主义思想、习近平总书记考察云南重要讲话精神、习近平总书记在决战决胜脱贫攻坚座谈会上的重要讲话精神，抓好会员对民建会章、会史及多党合作制度的学习，认真学习全国“两会”精神，学习贯彻民建云南省委九届四次全会精神，召开专题会议学习中共十九届五中全会、中共玉溪市委五届十次全会精神，举办《民法典》专题培训会。

【组织建设】 2020年，民建玉溪市委抓好会员队伍建设，不断提高会员整体素质，按照“三为主”基本方针做好组织发展工作，一些高层次有代表性和影响力的人士被吸收入会。年内共发展新会员9名，截至12月底，民建会员人数达381名，其中：男会员220名，女会员161名，会员平均年龄48.5岁；具有大专以上学历的会员355名，占会员的93.2%；具有中高级以上职称的会员169名，占44.3%。

【参政议政】 2020年，在政协玉溪市五届三次全会上，民建玉溪市委向大会提交《关于进一步完善物业管理体制机制的建议》等4件集体提案，民建政协委员提出《关于进一步激发本地生物医药大健康产业全面发展的建议》等8件个人提案。在玉溪市五届人大三次会议上，市人大代表高风兰向大会提交《关于在全市统一推广使用玉溪智慧停车综合管理平台的建议》的个人建议案，市人大代表岳修辉向大会提交《关于营造更好营商环境，切实采取有效措施帮助实体企业渡过难关的建议》的个人建议案。民建向大会提交的提案、议案被全部立案。

【调研活动】 2020年，民建玉溪市委紧扣市委、市政府中心工作，组织调研组人员深入市、县区有关部门，开展了《玉溪市食用菌产业发展情况调研》等专题调研，为玉溪食用菌产业发展提出对策和建议，为市委、市政府献计献策。

【“民建之家”建设】 2020年12月，民建玉溪市委首个“民建之家”建设完成，以图文并茂的形式集中展示了中共中央对统一战线以及对民主党派的工作要求、民建重要历史事件、玉溪民建发展历程和重要工作等内容。“民建之家”的建成，推动了民建思想建设、组织建设向基层延伸。

【社会服务】 2020年，民建玉溪市委认真做好疫情防抗工作，玉溪民建会员企业玉溪保安服务有限公司、云南玉清物业服务有限公司、云南阳光食品有限公司、云南维和控股有限公司、玉溪同定乾商贸有限公司等企业齐心协力、众志成城，发挥密切联系人民作用和优势，为疫情防控作出了积极贡献。（马国富）

民进玉溪市委

【思想建设】 2020年，民进玉溪市委认真组织会员学习习近平新时代中国特色社会主义思想，党的十九大、十九届二中三中四中五中全会精神，习近平总书记考察云南重要讲话精神和全国、省市“两会”精神、民进云南省委八届四次全会精神、中共玉溪市委五届十次、十一次、十二次全会精神，准确把握国家大政方针和民进省委、中共玉溪市委、市政府的工作中心和年度工作目标；加强廉政教育，组织各基层组织骨干会员到昆明市民进会史教育基地“冰心默庐”开展会史学习教育活动；选派会员参加民进云南省委、中共玉溪市委统战部举办的各项学习培训；机关全体干部积极参加中共玉溪市委统战部组织的廉政教育系列活动，参观陈表故里，进行廉政宣誓、承诺签名。

【组织建设】 2020年，民进玉溪市委印发《民进玉溪市委基层组织换届工作方案》，9个基层组织认真按照方案要求，规范化顺利完成换届工作。制定《民进玉溪市委2020年履职能力建设主题年实施方案》《中国民主促进会玉溪市监督委员会工作规则》，进一步强化了领导班子的凝聚力。按照组织发展工作的各项方针政策，发展新会员8名，目前共有9个基层支部，会员220人，其中，教育界会员占55.9%，文化艺术界会员占18.6%，出版传媒界会员占0.5%。会员中具有中高级职称的占77.3%；省政协常委1人，市政协委员11人（常委3人，委员8人），市人大代表1人，县区政协委员、人大代表6人。

【同心抗疫】 2020年，民进玉溪市委全面系统安排部署疫情防控、宣传引导等重点工作，确保疫情防控工作抓实抓细。1月25日，民进玉溪市委在玉溪市七个民主党派中，率先发出关于抗击新型冠状病毒疫情的倡议书，号召全市会员认真贯彻落实党委政府的决策部署，共同参与抗疫战役。全市广大会员以各种方式投入疫情防控工作，全会参与疫情防控的医卫人员10余名，全市会员累计捐款2.5万余元，爱心捐物和防疫用品价值2万余元，10余名教育文化界会员创作展演了防疫主题文艺作品30余件，并广泛开展网课微课等活动。

【参政议政】 2020年，民进玉溪市委在玉溪市政协五届三次全会期间，提交集体提案14件，委员个人和联名提案12件，共计26件提案，全部立案，其中，提案《关于组织驻村扶贫工作队助力村民销售农产品的建议》被市发展和改革委员会采用，推动了《玉溪市消费扶贫联席会议办公室关于印发〈玉溪市消费扶贫2020年工作要点〉的通知》的出台。提案《关于加快推行中心城区垃圾分类的建议》被市机关事务管理局采用，助推了《2020年玉溪市公共机构生活垃圾分类工作实施方案（试行）》的出台。年内，完成《关于云南省数字农业发展的研究》《玉溪市农村义务教育学生营养改善计划调研报告》《玉溪市传染病预防控制和能力建设的调研》《一带一路背景下，加快推进玉溪国际农产品交易中心建设》4个调研课题。

【社会服务】 2020年，民进玉溪市委主委多次深入各县区就精准脱贫、乡村振兴、产业发展等情况进行专题调研、视察和开展讲座。组织书法家举办庚子年“春联万家·迈向小康”活动，为市民义务书写春联500余幅，书写“福”字1 000余张；组织玉溪民进医卫界部分医卫专家会员到红塔区李棋街道金州社区开展“义诊·疾病预防”联合公益活动。（黄蕊仪）

农工党玉溪市委

【思想建设】 2020年，农工党玉溪市委班子以集中学习和个人自学、线上学习与线下学习相结合的方式，深入学习中共十九大、十九届四中、五中全会会议精神、习近平新时代中国特色社会主义思想和习近平总书记考察云南重要讲话精神。组织党员通过学习强国等平台认真学习多党合作理论、多党合作史、农工党党史，年内共开展各项专题学习4次，组织开展“农工学习讲坛”2次。组织5名骨干党员到井冈山参加市委统战部举办的全市民主党派和无党派骨干代表人士培训班，传承革命先辈的理想信念。

【组织建设】 2020年，农工党玉溪市委新建支部1个，发展新党员5名，其中主界别党员3名，均为本科及以上学历，全年共有18个支部，党员248人。农工党玉溪市第四届监督委员会，组织召开3次工作会议，列席1次市委全委会，分别对市委组织发展、资金使用、先进基层组织和优秀党员资格审核等方面进行了监督。

【参政议政】 2020年，农工党玉溪市委针对全市食品卫生安全监管工作情况、生产障碍耕地修复情况以及疫情背景下城乡公共卫生应急能力体系建设情况开展了调查研究，积极履行参政议政和民主监督职能，并以人大建议、政协提案形式，积极建言献策。向玉溪市人大五届三次全会提交了《关于进一步加强玉溪主题歌曲创作与传播的建议》人大代表建议1件，向政协玉溪市五届三次全会提交了《关于扩展计划生育商业保险对象的建议》等政协集体提案和委员提案14件，向政协玉溪市红塔区五届四次全会提交了《关于加强电动自行车充电安全服务和监管的建议》委员提案1件。

【社会服务】 2020年6月19日，农工党玉溪市委组织医卫界专家党员到通海县杨广镇落凤村委会开展2020年环境与健康宣传周活动，活动接诊群众200多人次，并针对不同疾病免费发放了9 000余元的相关药品，向镇落凤村幼儿园捐赠幼儿桌椅8套和2 000余元的幼儿图书玩具，总价6 000余元。7月24日，市委到华宁县青龙镇紫马龙村向福禄德小学图书室捐赠了共计8 300余元的课外图书416（册）。9月22日，市委组织第十二支部（红塔区疾控中心支部）党员到红塔区洛河乡清水河麻风病康复院慰问在院的麻风畸残老人。9月24日，市委到红塔区春和街道波衣小学开展捐赠校服活动，向波衣小学的全体学生捐赠秋冬款运动服45套，运动T恤144件，总价9 500余元。10月10日，农工党玉溪市委九支部副主委、云南祺晟物流有限公司总经理毛志明以个人名义向福禄德小学捐赠总计5 400余元的学生床垫56条，在深秋为孩子送来了农工党的关怀。同日，市委向红塔区小石桥乡玉苗村捐赠卫生室洗涤设备1台，价值2 300元。11月11日，市委组织医卫界专家党员到红塔区北城镇皂角社区开展送医送药义诊活动，向社区居民免费发放9 000余元的相关药品。 （黄晓薇）

致公党玉溪市委

【思想建设】 2020年，致公党玉溪市委加强思想建设，不断夯实共同思想政治基础，先后组织学习领会中共十九大、十九届二、三、四、五中全会精神、《中国致公党简史》《中国致公党章程》《中国新型政党制度与中国致公党学习问答》、习近平总书记考察云南重要讲话精神、致公党云南省委纪念中国致公党成立95周年座谈会上的讲话等文件精神。通过学习，引导全市党员进一步增强“四个意识”、坚定“四个自信”、坚决做到“两个维护”，牢固树立坚持和发展中国特色社会主义的理想信念，牢固夯实共同思想政治基础。切实承担起中国特色社会主义亲历者、实践者、维护者、捍卫者的重要职责。

【组织建设】 2020年，致公党玉溪市委认真贯彻落实中央、省、市关于致公党的工作部署要求，作出工作谋划；为纪念中国致公党成立95周年，回顾党的历史，继承优良传统，坚守合作初心，勇担时代使命。致公党玉溪市委组织开展纪念中国致公党成立95周年暨重阳节座谈会参观学习活动，组织老党员和各支部党员代表30人，到昆明参观陆军讲武堂、南侨机工纪念馆、学习杨洋主委在省委纪念中国致公党成立95周年座谈会上的讲话和十九届五中全会精神。协助做好“五侨”联席会议有关工作及联席会议制度修订完善工作，强化联席制度优势。年内，致公党玉溪市委共发展新党员4人，其中：归侨1人，侨眷2人，本科学历3人，硕士研究生学历1人，平均年龄35.5岁。

【参政议政】 2020年，致公党玉溪市委深入到相关部门和企业扎实开展调研，完成了重点调研课题《玉溪市地方政府专项债发行情况调研报告》，以调研报告为基础，梳理转化为中共市委协商会汇报发言和政协界别联组会发言材料。在玉溪市政协五届三次会议上，提交《关于持续加大信息基础设施建设的建议》等集体提案8件，《关于加快玉溪市民主党派机关“三定”工作的建议（民进民革致公党联合提案）》联合提案1件，《解决好抚仙湖沿岸失地农民再就业问题的建议》等委员个人提案8件，17件提案所提意见建议均被办理单位采纳，提案全部办理完毕，有效促进了党委政府中心工作的推动和民生难点问题的解决。下半年，市委会组织调研组深入市财政局、市国资委、市机关事务管理局、市发改委等单位，开展《玉溪盘活政府闲置资源资产调研》《玉溪市地方政府专项债发行情况调研》，做好参政议政工作。

【社会服务】 2020年，致公党玉溪市委发挥党派特色优势，持续开展爱心义诊送医送药下乡活动，联合市委统战部、市侨联、玉溪美年大健康体检中心到元江县甘庄街道甘坝社区、红塔区金州社区、峨山文明社区、通海纳古镇开展送医送药义诊活动，共计接诊1 100余人次，发放价值30 000余元的各类药品，为广大归侨侨眷和群众解决看病难的实际困难，宣传侨法和涉侨的相关知识。致公党玉溪市委71名党员参与“致公爱心小包裹”活动，捐款人民币10 200元，以实际行动践行致力为公、侨海报国精神。（杨艾琪）

九三学社玉溪市委

【思想建设】 2020年，九三学社玉溪市委团结带领全市广大社员深入学习中共十九大、十九届二中三中四中五中全会精神、习近平新时代中国特色社会主义思想和习近平总书记考察云南重要讲话精神；组织全市广大社员开展学习中共十九届四中全会精神知识网络竞赛考试；传达学习中央、省市“两会”精神；组织社员收听收看社中央举办的专题政治辅导课；组织社员通过学习强国、社员之家等平台学习多党合作理论、多党合作史、九三学社社史。分批组织93人次到蒙自查尼皮中共云南第一次代表大会会址、西南联大蒙自分校旧址、井冈山革命根据地、威信扎西干部学院、丽江方国瑜故居、红军长征过丽江纪念馆等革命传统教育基地开展传统教育学习活动，缅怀先贤业绩，传承九三精神。年内，社市委、各基层支社共开展联合调研、学习培训等活动21场次，431人次参加。

【组织建设】 2020年，九三学社玉溪师范学院支社成立。截至年底，九三学社玉溪市委有9个支社203名社员，本党派主体界别160人（高等教育17人、科学技术86人、医药卫生44人、部分新的社会阶层人士13人），占社员总数78.82%；高中级职称191人，占社员总数的94.09%（中级职称67人，高级职称124人）；硕士以上学历40人（博士5人），占社员总数的19.7%；全国人大代表1人，省政协委员1人，市人大代表1人，市政协委员13人（常委3人），区人大代表（常委）1人，县区政协委员9人（常委3人）。

【参政议政】 2020年，九三学社玉溪市委完成了《关于提升我市“绿色食品牌”竞争力的调研报告》《关于持续改善农村人居环境助力乡村振兴的调研报告》等5篇调研报告。向市政协五届三次会议提交了10件集体提案和22件委员提案，《关于进一步加强家庭医生签约服务工作的建议》《关于使用公筷公勺聚餐倡导卫生安全健康生活方式的建议》2件委员提案和《关于构建玉溪市现代职业教育体系的建议》1件联合提案被确定为对口委室督办提案，分别由提案委、教科卫体委督办。向市人大五届三次会议提交4件人大议案（建议）。向市政协提交社情民意信息5条，被采用3条，反映情况得到解决落实。

【九玉合作】 2020年，九三学社玉溪市委与九三学社温州市委缔结“友好市委”签约仪式在玉溪举行，开启了两地社务工作新模式。签约活动期间，围绕“健康与绿色发展”主题，开展了《特殊情况下的新生儿复苏策略》《水生态环境保护与治理》《运动与健康》等5个专题培训，60余名社员参加了培训。

【疫情防控】 2020年，面对突如其来的新冠肺炎疫情，社玉溪市委第一时间发出倡议，组织社员捐款捐物，共捐款14 950元，专项用于疫情防控工作。社员任洪冰在每车运费上涨8 000—12 000元的情况下，坚持产品不涨价，并支付员工3倍加班工资，支持武汉疫情期间物资供应，合计让利400余万元；任洪冰向咸宁市慈善会捐赠价值21.44万元的小米辣、老坛酸菜、风味豆豉、红油豇豆等1 400多件产品。

【社会服务】 2020年，九三学社玉溪市委到红塔区、峨山、新平等县区开展“一县一业”花卉产业培训、蔬菜种植、牛羊养殖、农村人居环境综合整治等专题讲座15场次，受益人数达4 000余人次；开展农村饮水安全宣传3场次，发放农村饮水安全宣传资料600余份；组织社内19名医卫专家深入华宁县火特村、新平县老厂乡太桥村、江川土官田村开展“健康扶贫”义诊活动，为360余名村民进行了诊断咨询，免费发放价值13 200余元的常用药品，发放宣传册500余份，赠送毛巾、水杯等生活用品60余份；组织40余位口腔医学专家开展“爱牙日义诊”活动，走进玉溪师院附中举办口腔健康知识讲座，并为学生进行口腔健康检查，就学生关心的口腔问题进行耐心解答，走进聂耳音乐广场为市民检查口腔，宣传口腔健康知识。“爱牙日义诊”活动期间共提供咨询服务1 500余人次，赠送牙膏、牙刷、漱口水等口腔保健用品1 000余份（其中600把牙刷、口腔漱口水、洁口净等捐赠给玉溪师院附中学生），发放口腔保健宣传资料300余份。社市委6次深入扶贫联系点开展走访调研，协调16万元人饮工程项目资金，帮助华宁县火特村、新平县者竜乡小鹅毛村解决人饮工程项目建设资金。

（周海琼）

工商业联合会

【五届四次执（常）委会】 2020年11月18日，市工商业联合会（商会）召开五届四次执（常）委会，通报2019年度会费收支情况，听取执委会工作报告，3名企业家副主席（副会长）在会上现场述职。对人事调整有关情况进行说明并通过拟卸任和增补的执（常）委名单，调整后市工商联（商会）有常委57名、执委158名。

【非公经济人士理想信念教育】2020年，市工商业联合会印发《玉溪市工商业联合会深入开展理想信念教育2020年度工作推进方案》，以“守法诚信，坚定信心”为重点开展非公经济人士理想信念教育活动。12月9—11日，在文山州老山举办年轻一代民营企业家理想信念教育暨创业创新实践观摩活动，全市24名年轻一代民营企业家代表和市、县（市、区）工商联理想信念教育分管领导38人参加。

【非公经济人士教育培训】2020年8月26日，市工商业联合会举办“玉溪市2020年非公经济代表人士暨‘法律三进’培训班”，全市130余名商会负责人、民营企业负责人、管理人员参加培训。9月6—12日，在复旦大学举办“玉溪市年轻一代民营企业家创业与传承能力素质提升培训班（第二期）”，73名年轻一代企业家参加培训，期间联合玉溪市青年企业家商会、上海市云南商会、上海市普陀区青年创业商会、上海市黄浦区青商会、复旦大学经济学院EDP中心举办“未来已来，智者先行”沪滇青商会暨青年企业家交流会。全年共组织全市非公经济人士参加各级各类培训19期554人次。

2020年9月6—12日，市工商联在复旦大学举办玉溪市年轻一代民营企业家创业与传承能力素质提升培训班暨“未来已来，智者先行”沪滇青商会暨青年企业家交流会 （市工商联 提供）

2020年，市工商联发出《关于开展防控新型冠状病毒感染的肺炎疫情爱心捐赠活动的倡议书》，呼吁全市非公经济组织和人士积极为湖北和本地疫情防控捐款捐物价值达3 600余万元 （市工商联 提供）

【会员发展和商会管理服务】截至2020年底，全市工商联会员共有11 259个，包括：个人会员9 455个、企业会员1 706个、团体会员108个，位居全省前列。研究制定《玉溪市工商业联合会联系服务原工商业者暂行办法》，每位原工商业者由一位年轻非公经济人士进行结对联系。争取市政府配套2.2万元慰问金，将原工商业者慰问纳入全市春节慰问统筹开展。指导玉溪市公共关系协会完成脱钩改革任务，指导县区工商联、市属商会开展新版会员组织管理系统录入工作，督促指导县级工商联开展“一个设立、五个有”回头看工作。督促玉溪市花卉行业商会、玉溪市小微企业金融促进会办理注销登记手续。组成考察组对玉溪市川渝商会换届领导班子候选人进行考察，督促指导11个商（协）会填报年检材料并提出初审意见。

【改善营商环境】2020年3月19日，市工商业联合会与市纪委市监委联合召开助推民营经济发展促进新型政商关系座谈会。组织规模以上企业、小微企业、个体工商户三个层次共计459户民营经济代表开展评议政府职能部门工作。联合市政务服务管理局建立服务联系企业制度，制作服务联系标牌1 500个。落实五届市委常委会第192次会议要求，对玉溪籍在市外投资发展的民营企业情况开展调研排查，采集、提交88条玉溪籍在市外投资发展民营企业信息作为招商引资重点。

【经济服务】2020年，市工商业联合会选取14个民营企业重大投资项目建立包联服务企业投资项目工作机制，项目投资逾10.5亿元。建立青年企业家与老工商业者结对帮扶机制，组织开展民营企业社会责任调研，推荐14户企业参加全省优秀案例遴选。收集整理48户重点民营企业和9个重点项目融资需求情况上报省工商联。上报2户企业参与省联支持民营企业开展互联网营销推广项目。与建行玉溪支行联手推出“云税贷”“建行惠懂你”APP，向全国中小企业融资综合服务“信易贷”平台推荐22户企业申报信易贷资金。动员134家企业分别进入玉溪工财贸技术学院、玉溪农业职业技术学院等院校开展到校招聘，提供就业岗位2 314个，累计1 400余名应届毕业生参会，达成初步就业意向500余人。参与联合举办第八届大中城市联合招聘玉溪市高校毕业生专场招聘会，共计157家企业参与活动，发布岗位需求1.42万个，1.2万余人次进场求职，初步达成就业意向1 167人。

【云南省非公企业100强】 2020年9月1日，2020云南省非公企业100强发布会在云南海埂会堂举行，玉溪市11户非公企业跨越9亿元营收门槛入围“云南省非公企业100强”，分别是：云南玉溪玉昆钢铁集团有限公司（第2位），云南玉溪仙福钢铁（集团）有公司（第3位），云南省活发集团（第18位），云南玉溪百信商贸集团有限公司（第19位），云南太标太阳能集团（第33位），云南穆光工贸有限公司（第35位），云南滇雪粮油有限公司（第56位），云南达利食品有限公司（第60位），云南通变电器有限公司（第68位），云南通海方圆工贸有限公司（第79位），云南联塑科技发展有限公司（第91位）。玉溪民营企业上榜数量居全省第三位。同时，玉昆钢铁、仙福钢铁雄踞“制造业20强”第一、第二位。“制造业20强”上榜4户，上榜数量和昆明并列全省第一位，“服务业20强”上榜2户，上榜数量居全省第。

【落实创业促就业政策】 2020年，市工商联圆满完成省、市下达的“贷免扶补”700户工作任务，发放贷款1.038 3亿元，吸纳带动就业1 877人。完成个人创业担保贷款任务403户，发放贷款6 095万元，吸纳带动就业938人，超额完成全年任务指标。完成小微企业创业担保贷款审核31份，发放贷款8 301万元，吸纳带动就业1 127人。

【参政议政和调查研究】 2020年，市工商联向市政协五届三次会议提交《关于推进上规模民营工业企业加快发展的建议》《关于进一步加强我市中小学校周边环境综合整治的建议》《关于鼓励支持民营企业参与文化产业发展的建议》《关于促进民办非学历教育培训机构健康发展的建议》4个提案。其中《关于推进上规模民营工业企业加快发展的建议》被市政协列为重点督办提案。完成《新冠肺炎疫情后玉溪市中小企业的生存发展状况调研报告》《玉溪市生物医药产业发展情况调研报告》《关于民营企业参与乡村产业振兴的调研报告》3个课题调研报告。其中《关于民营企业参与乡村产业振兴的调研报告》作为重点调研课题在玉溪市各民主党派工商联无党派人士2020年度重点调研课题协商座谈会上向市委、市政府主要领导作专题汇报。

【民营企业家服务社会】 2020年，市工商联牵头市扶贫办、市光彩会、农发行玉溪分行共同开展“万企帮万村”精准扶贫行动，动员238户民营企业以签约结对、村企共建为主要形式，结对帮扶211个村，实施帮扶项目544个，投入帮扶资金超1.27亿元，惠及困难群众36 855人。开展消费扶贫行动，动员33户企业参与销售扶贫产品，销售金额7 865万元，111户企业参与采购扶贫产品，购买金额3 305.4万元。指导玉溪市光彩事业促进会召开第三次会员大会选举产生新一届理事会，接收7户民营企业捐款179.43万元，转出捐赠资金218.3万元。

【疫情防控和复工复产】 2020年，市工商联多次深入县区、商会、民营企业开展疫情防控指导和复工复产调研，及时将困难问题向有关部门反馈，提供决策参考。发出《关于开展防控新型冠状病毒感染的肺炎疫情爱心捐赠活动的倡议书》，呼吁全市非公经济组织和人士积极为湖北和本地疫情防控捐款捐物价值达3 600余万元。

【民营企业调查点建设】 2020年，市工商联动员全市131家民营企业加入调查点，年内开展的9次调查中，玉溪的问卷填报总量为1 003户，年度平均填报率85.07%，远超全省60%的平均填报水平。12月9日，玉溪市工商联被全国工商联表彰为“2020年调查点工作先进基层工商联”。

【法律维权】 2020年，市工商联牵头召开玉溪市民营企业法律维权委员会第三次联席会议。与市司法局、市律师协会联合开展民营企业“法治体检”活动，参与律所45家，律师152人次，开展法治讲座、政策宣传及法律咨询73场（次），帮助企业梳理法律风险点193个，出具法律意见113条，协助企业化解矛盾纠纷35件，帮助企业审查完善规章制度78项，出具法治体检报告56件次。与市检察院联合开展“服务‘六稳’‘六保’，护航民企发展”检察开放日活动。组织并参加劳动关系三方四家联席会议，联合开展“稳就业促发展构和谐”行动、防范劳动关系风险稳定劳动关系工作。

（刘亚丹）

人民团体

MASS ORGANIZATIONS

责任编校：李海明

总工会

【概况】2020年，市总工会在市委、市政府和省总工会的领导下，以习近平新时代中国特色社会主义思想为指导，深入学习党的十九大、十九届二中、三中、四中、五中精神，围绕中心、服务大局，充分发挥优势，围绕市委中心工作，在政治高度上突出坚持党的领导，增强“四个意识”，坚定“四个自信”，做到“两个维护”，切实承担好引导广大职工群众听党话、跟党走的政治责任，不断夯实党执政的阶级基础和群众基础。工会各项工作扎实推进、稳步提升，各项工作取得了新的进展和成效，确保了玉溪工会工作干在实处、走在全省前列。

【市总工会五届三次全会】2020年7月21—22日，市总工会召开第五届委员会第三次全体会议。全市各级工会组织在团结动员广大职工群众投身改革发展生动实践，推动经济发展、抓实疫情防控、助力企业复工复产、维护职工合法权益、促进社会和谐稳定等方面做了大量卓有成效的工作，全市工会事业迈上了新台阶，工会服务大局、服务职工群众的作用和影响力不断扩大，为推动全市经济发展作出了积极贡献。

【技能提升】2020年，市总工会弘扬劳模精神、劳动精神、工匠精神，工人阶级主力军作用发挥得到彰显，职工创新能力得到进一步提升。开展滇中引水项目、“三湖”保护治理和复工复产企业“七比一创”劳动竞赛。组织导游员等7个工种职业技能技术大赛，培养技术能手78人。累计培育和认定省、市级“劳模创新工作室”“玉溪工匠工作室”“职工创新工作室”和“技师工作站”84个；职工技能技术素质得到提高，以实施云岭职工素质建设工程为抓手，重点完成电工等4个工种共2 000名职业技能培训任务。

【评先评优】2020年，市总工会推荐评选“全国劳模”2名、“全国五一劳动奖章”2名；云南省“劳动模范”14名、“五一劳动奖状”4个、“五一劳动奖章”11名、“工人先锋号”1个。

【维权工作】2020年，市总工会维权工作格局趋于完善，着力推动行业协商、区域协商，建立《工会劳动法律监督意见书》和《工会劳动法律监督建议书》制度，发出《意见书》73件。设立10个工会法律援助站，实施困难职工法律援助67件。巩固公有制企事业单位实行厂务公开民主管理和职工代表大会制度；劳动安全维护机制趋于完善，建立完善工会劳动安全保障机制，维护职工生命安全和职业健康权益。和谐劳动关系机制趋于完善，妥善解决涉及职工切身利益的问题，促进了职工队伍和社会和谐稳定；困难职工帮扶机制趋于完善，制定完善困难职工帮扶“1+10”制度，全市国家级在档困难职工从2017年3 874户减少到2020年263户；普惠服务职工制度趋于完善，职工医疗互助稳步开展，非公企业工会会员非因工意外伤害保障制度持续推进，组织531名职工参加全省援鄂医疗队员、劳模和企业一线职工等疗休养活动。

【“安康杯”竞赛活动】2020年，市总工会组织开展“安康杯”安全生产竞赛活动，完善竞赛机制、奖励机制、激励机制，在企业工会中广泛宣传贯彻落实“安全第一、预防为主、综合治理”的方针，开展“查隐患防事故”群众性安全生产活动，增强企业重视安全、人人关心安全、人人遵章守纪的主动性、积极性和自觉性。全市共有532家企事业单位报名参加“安康杯”竞赛活动，参赛班组（科室、车间）4 332个，参赛职工72 356人。

【职工帮扶】 2020年，市总工会深入实施“强信心、战疫情、维权益、保稳定、促发展”十项行动，筹集资金537.9万元，慰问45名援鄂医务工作者和全市疫情防控503个单位一线工作人员和企业职工33 347名（医务人员5 426人）。发布并送达维权提示函660份、203个企业工会发起集体协商要约应约103个、通报表扬疫情防控优秀抖音短视频367个、走访调研43个企业发放防护工具包20 000个。玉溪市第十六期职工医疗互助活动参加单位共2 053家，参加活动总人数183 183人，收取互助金2 229万元，超额完成省中心下达的任务并及时将收缴的互助金按时、足额上交中心。玉溪市第十六期职工医疗互助共补助26 697人，发放医疗互助金1 429.7万元。8—12月，分9批到云南省工人疗养院、安宁职工疗养基地、腾冲职工疗养基地开展职工疗休养活动，参与疗休养活动人数共计549人，包括援鄂医疗队员29人、脱贫攻坚一线干部职工24人、一线职工295人、市内疫情防控一线干部职工120人、劳动模范10人、优秀技能人才21人、灵活就业群体50人。认真开展元旦春节送温暖活动、单亲女职工、金秋助学、中秋国庆送温暖活动、专项救助行动等帮扶救助活动和日常帮扶工作，共使用帮扶资金1 067.1万元，帮扶人数7 504人次。其中：生活救助847.5万元，帮扶人数6 688人次；医疗救助35.2万元，帮扶人数124人次；助学救助181.6万元，帮扶人数418人次；法律援助2.8万元，帮扶人数274人次。

【改革创新】 2020年，市总工会牵头推进新时期产业工人队伍建设改革，建立“党政主导、工会牵头、部门聚力、企业响应、社会参与、职工受益、共同发展”工作格局，促进28项改革措施落实落地。积极发挥产业工人队伍建设改革工作领导小组办公室作用，及时挖掘提炼和总结推广，为全市改革顺利推进提供参考借鉴。深入推进工会改革，坚持“党建带动工建、工建服务党建”，积极融入各级“党群服务中心”建设，推动工会工作力量下沉街道、服务社区、聚焦企业，促进工会建起来、转起来、实起来。全市建立基层工会组织3 208个，涵盖单位5 536个，工会会员231 026人。全面推进工会专业人才队伍建设改革，按照“社会化运作、契约化管理、专业化培训、职业化发展”的标准，建立一支200名的工会社会化工人人才队伍，派驻到市、县（市、区）、工业园区、乡镇（街道）总工会。

（郭春梅）

共青团玉溪市委

【疫情防控】 2020年，共青团玉溪市委积极组织开展疫情防控工作。广泛组织动员，积极投身参与。通过微信公众号、微信工作群等发出倡议书，5 000余名志愿者迅速投身到疫情防控阻击战中；各级团组织充分挖掘和宣传青年志愿者、青年突击队等先进事迹，仅市级团组织推送疫情知识、防控信息80余条，累计阅读量10余万人次。部分团组织录制“青春逆行者”宣传片、青年自编歌曲等方式开展防控宣传和舆情引导；组织全市16万少先队员助力疫情防控，制作防疫手抄报、战“疫”绘画、复学疫情云课堂、疫情“先锋”人物宣讲。积极募集款物，为疫情防控添加补给。广泛动员募集款物，累计收到95笔捐款，共计人民币82 764.3元，全部用于疫情防控工作；向团省委积极争取资金的基础上，为9个县（市、区）团委等划拨了20.5万元的专项团费，用于开展疫情防控工作。开展关爱行动，守护逆行者家庭及困难青少年群体。积极开展“6+n”暖心行动，围绕全市所有赴湖北参与防疫医务人员家属及子女的生活需求开展援鄂医护人员“6+n”暖心行动。为30名援鄂医护人员家庭送上了暖心礼包、配备了一名家庭联络员等“6+n”暖心帮扶；为全市100名因疫情影响的青少年每人送去了500元的慰问金；依托12355青少年服务热线组织49名具有国家资质的心理咨询师向广大市民提供免费心理咨询及疏导服务，共受理202人次线上援助和现场心理辅导，同时动员8名心理咨询师踊跃参与湖北咸宁电台直播连线心理服务活动。积极助力复工复产和经济社会发展工作。认真做好服务青年创业就业工作，针对无法外出务工并且有创业意愿的青年，在2020年共青团承办的创业贷款中给予优先考虑和倾斜；积极为青年就业提供岗位信息，各级团组织积极与人社部门、工业园区对接协调，通过微信公众号等方式积极向青年推荐就业岗位信息，在“青春玉溪”微信公众号推送了2期就业岗位信息，阅读量达到7万多人次。

【思想宣传】 2020年，共青团玉溪市委利用青年讲师团广泛开展学习贯彻党的十九届四中全会精神和习近平总书记考察云南讲话精神等新时代中国特色社会主义思想现场宣讲活动6场，共3 000余人参与学习；加强青少年党史、国史、国情省情市情和形势政策教育，深入开展“青春心向党　建功新时代”“争做新时代好队员”等系列教育活动；推出“从小学先锋，长大做先锋”主题教育系列活动10余期，推出网上“红领巾”云讲坛20余期，加强未成年人思想道德建设；在全市广大青少年中开展抗疫精神宣讲活动，邀请中宣部、团中央等部门选树的7名90后、00后抗疫英雄到玉溪开展宣讲；“五四”期间在“青春玉溪”公众号制作推出致全市广大青少年的一封信，传达学习习近平总书记

2020年3月9日，共青团玉溪市委联合玉溪市青少年发展基金会、爱心企业云南大满贯商贸有限公司助力抗疫——“大满贯”护苗计划捐赠活动

（共青团玉溪市委　提供）

2020年7月8日，共青团玉溪市委组织开展城市基层治理　服务青少年成长成才——“青少年课堂”项目走进北苑社区活动（共青团玉溪市委　提供）

“五四”寄语；“六一”期间通过微信公众转发习近平总书记向少年儿童的节日祝贺，帮助青少年儿童从小树立制度自信观念；开展“两红两优”选树活动，共有298名共青团员获得2019年度“玉溪市优秀共青团员”称号，选树了一批优秀的团干部和团组织；组织开展青年马克思主义者培养工程培训班，全市200余名团干部集中参与培训；组织开展少先队辅导员培训班，全市100余名少先队辅导员参与培训。

【青年服务】2020年，共青团玉溪市委组织开展“禁毒防艾”“敬老爱老”“阳光助残”“暖冬行动”“抗疫阻击战”“关爱乡村留守青少年”“爱心圆梦”“同舟共济　青春携行”“6+N”暖心行动、“关爱扶贫和乡村振兴干部子女、抗疫医护人员子女”等主题志愿服务活动；做好青少年利益诉求协商代言工作。深入开展“共青团与人大代表、政协委员面对面”活动和“倾听日活动”4次；聚焦毕业求职、创新创业、社会融入、婚恋交友、子女教育等青年的烦心事、操心事，开展暖人心的服务。依托玉溪市青少年发展基金会持续推进希望工程项目，着力深化“四点半课堂”“情暖同心”等关爱项目，努力做好农村留守儿童、农民工随迁子女等困难群体的关怀帮助，共有百余名困难儿童参与活动；做好青少年身心健康教育。累计完成心理公益课、中高考减压等20余场辅导课，共3 000余人受益；做好爱心书屋建设工作，在峨山县、元江县等地建设10余个爱心书屋并投入使用。出台《玉溪市中长期青年发展规划（2019—2025年）》，营造帮助青年成长、促进青年发展的氛围。

【服务大局】2020年，共青团玉溪市委始终坚持“党建带团建、团建服务党建”，在基层党建和基层治理“双推联建”工作中认真研究、精心策划，扎实开展好全市共青团组织融入城市基层党建和基层治理工作。制定《玉溪市共青团组织融入城市基层党建与基层治理工作的实施方案》，市、县两级成立10家青少年社会事务工作服务中心，积极承接政府购买服务项目60余项。发挥青年的优势，牢牢把握共青团助力脱贫攻坚、生态文明建设、创业就业等的着力点，认真推进创业就业帮扶工作。年内，成功扶持455名“贷免扶补”创业人员和155名小额担保贷款创业人员；联合人社举办大型大中专毕业生招聘会，现场提供岗位600余个；打造生态环保品牌，组织动员广大青少年积极投身抚仙湖、星云湖、杞麓湖等湖泊河流生态监护活动，在澄江市探索建立全国青少年生态文明教育实践基地；通过开展直播“云南·京彩青春”玉溪市青年网络主播达人选拔大赛，为玉溪特色、绿色产品代言，为广大新兴青少年群体提供平台。

（共青团玉溪市委供稿）

妇女联合会

【概况】2020年，市妇联以习近平新时代中国特色社会主义思想为指导，深入学习贯彻党的十九大、十九届四中、五中全会精神，全面贯彻落实习近平总书记考察云南重要讲话精神及关于妇女和妇女工作的重要论述，以及党中央、省市委决策部署，聚焦保持和增强政治性先进性群众性这个根本标尺和长期任务，着力做好引领服务联系工作。

2020年7月11日，市妇联组织开展“扶企助农　巾帼带货”活动，直播带货浏览点击量达到60余万人次（市妇联　提供）

持续深化“百千万巾帼大宣讲”，全市共举办各类宣讲活动139期，受众人数4万余人，引导广大妇女增强制度自信，进一步坚定听党话、跟党走的信念信心，更加紧密地团结在党的周围，为党夯实执政的妇女群众基础。多项工作被全国、省妇联和市级相关媒体报道，其中2篇推送到学习强国平台。玉溪市妇联被评为第十二届全国家庭工作先进集体。全市受省表彰三八红旗手6名，三八红旗集体3个。

【创业脱贫】 2020年，市妇联团结动员妇女积极投身脱贫攻坚、乡村振兴。完成“贷免扶补”资金600户8 955万元，“创业担保贷款”400户6 100万元，主动服务妇女创业就业。深化“巾帼创业创新行动”，积极推进玉溪刺绣产业发展，年内共培训绣娘2 000余人次，促进广大妇女居家灵活就业。积极探索“网红经济”，开展3期“扶企助农　巾帼带货”活动，直播带货浏览点击量达到60余万人次，促进产教融合，带动玉溪女性创业就业及直播行业的长期发展，助力女性企业复工复产。

【乡村振兴】 2020年，市妇联稳步推进“乡村振兴巾帼共建美丽家园”行动，全市共创建市县乡三级示范点91个，建立巾帼志愿者队伍229支。在推进“乡村振兴巾帼共建美丽家园”行动的基础上，按照系统谋划、项目推进、品牌打造的思路，提出“乡村振兴巾帼行动”1+5体系化推进的工作方案，突出妇女素质提升、“美丽庭院”建设、家庭教育、家政培训、创业就业等重点工作，探索形成具有本地特点特色的妇字号品牌项目，以点带面示范推动，激发农村广大妇女积极投入到乡村振兴、社会主义现代化建设的时代大潮中，推动“乡村振兴巾帼行动”落地见效。全市妇联系统联动启动玉溪市“美丽乡村·女子学堂”，各县（市、区）各自实际对农村妇女群众开展了丰富多彩的培训。开展“巾帼家政乡村行”骨干培训，依托骨干家政人员和取得家政相关证书的从业人员，进村（社区）入户对全市广大农村妇女群众开展操家理物技能、健康生活方式养成等培训45场次，促进美丽庭院创建工作。推动广大妇女群众参与爱国卫生“7个专项行动”，开展推广“公筷公勺·文明用餐”行动，带动家庭成员养成健康生活方式和行为习惯。

【家庭文明建设】 2020年，市妇联深入开展“家家幸福安康工程”，以居家环境卫生整治为突破口，深化家庭文明建设，探索建立多样化、系统性的家庭教育服务体系，助力产业发展，通过专业化、项目化深入实施家家幸福安康工程，推动新时代妇联家庭工作实现新发展。创建市、县、乡三级家家幸福安康工程示范村87个，打造出江川侯家沟村、新平曼哈村等一批精品示范点。加强家庭教育指导服务，全市建成社区家长学校648个，创建云南省家庭教育创新实践基地11个，启动“童·成长”父母支持计划，致力于开展师资培训、师资能力提升、家庭教育支持体系构建，在13个村（社区）开展亲职教育工作坊，不断推动妇女儿童工作社会化专业化。启动绿色家庭创建，持续深入寻找市级最美家庭30户、绿色家庭20户。10户家庭获得省级最美家庭荣誉称号（其中6户家庭获评省级抗疫最美家庭），封正文、吴亚磊家庭被评为全国最美家庭。

【关爱维权】 2020年，市妇联认真做好妇女儿童维权专项工作，积极协调推动市人大开展《反家庭暴力法》实施情况调研。发放男女平等基本国策等法律法规等宣传资料共1万多份，强化对宪法、民法典的宣传学习。实施“两癌救助”“母亲水窖”等项目，救助“两癌”贫困妇女161人，开展关心关爱工作，慰问贫困妇女儿童200人。加强基层维权网络建设，积极提供法律咨询和服务，及时受理调处婚姻家庭纠纷及其他涉及妇女儿童权益的民事纠纷，强化妇女儿童司法保护。年内，共接听12338热线电话43个、接待来访妇女132人。

【疫情防控】 2020年，市妇联积极宣传发动，发起倡议，通报表扬了在疫情防控工作中表现突出的31个女性先进集体和70名女性先进个人。积极倡议捐款捐物65万余元，关爱慰问30名援鄂医务队家庭及1 200余名一线医务人员、社区工作人员。组建93人的心理疏导和法律咨询专家队伍，为136人提供心理疏导和33人提供法律咨询服务。

【实施“两个规划”】 2020年6月、10月，市政府分别召开《玉溪妇女发展规划（2011—2020年）》《玉溪儿童发展规划（2011—2020年）》重点难点工作推进会和妇女儿童发展规划实施暨终期评估专项部署工作会议。4月，市人大常委会牵头赴红塔区、江川区、华宁县、新平县开展反家庭暴力法专题调研。市妇儿工委启动终期预评估，突出问题导向，强化督导考核，加大协调力度，推动万人拥有专业社会工作者人数、儿童之家、农村卫生厕所普及率及基层妇女参政议政等指标取得突破性进展。建立了地方政府规章和规范性文件性别平等评估审查机制，确保法规政策体现性别平等。在峨山县实施“春芽工程”，在江川区实施云南省儿童保护与发展项目，有力促进了全市妇女儿童事业与经济社会协调发展。

【深化妇联改革】 2020年，市妇联针对妇联改革重难点问题，着力抓改革、促发展、强服务、转作风。认真落实党建带群建、“两新”组织党建联席会议制度，在基层社区党群服务中心加强妇女组织建设，充分发挥基层阵地作用，探索“妇联组织＋高校＋社区服务”“党建＋妇建＋社会组织”社区服务模式。加强两新妇联组织建设，推动基层妇联组织向新领域新阶层延伸，实现组织形式新突破。深入县（市、区）开展妇联改革“回头看”，积极巩固妇联改革成果；着力整合党员活动室、党小组活动场所作为妇女活动阵地，推进妇女之家标准化建设，夯实联系服务妇女群众工作基础。全市共建立“妇女之家”1 632个，实现在村（社区）全覆盖。积极争取成立各级妇女儿童发展中心，充分发挥服务妇女儿童的主阵地作用。

（雷　蕾）

2020年9月19日，全市妇联系统联动启动玉溪市“美丽乡村·女子学堂”，各县（市、区）针对农村妇女群众开展了丰富多彩的培训（市妇联　提供）

2020年12月23日，市妇联组织开展“巾帼家政乡村行”骨干培训，推动广大妇女群众参与爱国卫生“7个专项行动”（市妇联　提供）

科　协

【概况】 2020年，市科协以习近平新时代中国特色社会主义思想为指导，深入学习党的十九届四中、五中全会和习近平总书记考察云南重要讲话精神，贯彻落实市委五届十二次全会精神，认真履行“为科技工作者服务、为创新驱动发展服务、为提高全民科学素质服务、为党和政府科学决策服务”工作职责，在推进全市科协系统深化改革、学会创新发展、公民科学素质提高等方面做了大量卓有成效的工作。

【改革发展】 2020年，市科协持续推进“4+2”基层科协组织力提升工作，向上争取资金980万，江川区、峨山县科协新配备科普大篷车各1辆，全市科普大篷车增加至8辆。在县级、乡镇级科协领导机构兼职挂职共241人，其中：农科站长、文化站长、医院院长、学校校长139人，基层科协组织力量进一步增强。全市成立18支科技志愿服务队，有队员830人，开展各类志愿服务活动77场次，285人次参加。清理瘫痪农技协90余个，2020年全市共有农技协126个，完成规范化建设118个，提档升级示范38个。

组织通海福慧科技股份有限公司参加2020年中国创新方法大赛云南赛区分赛，其“自动装卸固液运输车箱体设计”项目荣获三等奖。

【学会管理】 2020年，市科协开展行业协会商会与行政机构脱钩改革，完成与市心理咨询师协会、市轻化工协会、市老教授协会脱钩，指导玉溪市风景园林学会与玉溪市苗木行业协会合并，组建玉溪园林苗木林产业联合会。市科协主管和指导的学会有23个，其中，主管4个(市老科技工作者协会、市学会研究会、市反邪教协会、市心理学会)，联系指导19个。共有会员12 562人，会员中具有职称的科技人员11 724人，其中，高级职称2 094人。开展学会专项资助，共征集项目38个，对“滇中板栗产业发展学术研讨会”等17个项目立项支持，资助资金20万元，形成调研咨询报告5个，编印《薄壳山核桃栽培管理技术》《心理健康知识科普手册—情绪管理篇》6 000册。

【学术交流活动】 2020年11月19—20日，市科协举办“学会工作培训班”，传达学习习近平总书记在科学家座谈会上的重要讲话精神，组织40余名学会工作人员参观云南省天文学会，并围绕学会改革与发展等进行交流座谈。出台《玉溪市科协优秀科技论文评选暂行办法》，开展玉溪市第十一届优秀科技论文征集评选，共征集论文168篇。

2020年9月4日，“中国流动科技馆云南 · 玉溪第三轮巡展元江站”活动在元江县举行启动仪式 （冷健康 摄）

2020年9月20日，以“决胜全面小康，践行科技为民”为主题的2020年“全国科普日”云南省主场活动启动仪式在玉溪聂耳文化广场举行，70家企业及现场3 000余名群众参加 （冷健康 摄）

【科技工作者日】 2020年5月29日，市科协在玉矿大厦报告厅举办“全国第四个科技工作者日”庆祝活动。市政府副市长李劲松出席会议并致辞，市人民医院护士罗云梅、云南快大多畜牧科技有限公司总经理杨保和、江川区畜牧水产站站长张四春、蓝晶科技有限责任公司董事长吴康4位优秀科技工作者围绕援鄂抗疫、脱贫攻坚、生态保护、创业创新等，分别以《心愿》《我和我的快大多》《表白星云湖》《冠军是怎样炼成的》为题作演讲报告。王芳、刘世胜、许艳斌、杨文昌、张四春、张军云、陈保连、李顺祥、易志恒、普金安10名同志被评选为2020年玉溪市“最美科技工作者”，方婷英、宋子波、陈秋汐、杨海梅、胡晓5名同志被评选为2020年玉溪市“最美科技工作者入围者”。市精神文明建设指导委员会成员单位、市全民科学素质工作领导小组成员单位、市级学会及相关基层科协等120余人参加活动。

【青少年科技创新大赛】 2020年，市科协共征集第35届青少年科技创新大赛参赛作品385件。市级评出并推荐参加省级竞赛作品193件，经过省级大赛评审委员会初审、复评、技能测试、现场答辩和终评，玉溪市48件作品获奖，其中，创新大赛作品一等奖4项、二等奖8项、三等奖36项。

【青少年学科竞赛】 2020年，市科协组织玉溪市第一中学、云南玉溪衡水实验中学、易门县第一中学247名高中生参加全国中学生生物学联赛云南分赛，共获奖37人，其中，一等奖1人、二等奖16人、三等奖20人。

【基层科普组织建设】 2020年，全市科协系统新发展、新成立或新命名各类基层科普组织40个，其中，农村专业技术协会5个、科普示范基地15个、科普示范学校9所、科普示范社区及社区科普大学11个(所)。通海锦海农业科技发展有限公司、通海大禹轴承有限公司、云南云秀花卉有限公司、云南通海杨氏天然产物有限公司、通海见昌工贸有限公司、华宁县牛山柑橘试验场6个企业创建为“云南省科协专家工作站”；元江第一小学、华宁县华溪镇中心小学、澄江市凤山小学、峨山彝族自治县化念中心小学4所学校创建为“云南省科普示范学校”；元江县红河街道红河社区、通海县九龙街道大梨社区、澄江市凤麓街道澄波社区、易门县浦贝乡浦贝社区4个社区创建为“云南省科普示范社区”；红塔区凤凰街道、峨山县化念镇、通海县秀山街道、易门县浦贝彝族乡、元江县红河街道5个乡镇(街道)创建为“云南省科普小镇”。

【科普信息化工作】 2020年，全市运营科普中国e站共473个，其中：社区e站77个、乡村e站312个、校园e站84个。全市注册科普中国APP科普信息员12 876人，分享或转发“科普中国”科普知识37.44万篇(次)，市科协微信公众号、科普网发布科普知识2 215篇(条)，浏览26.8万人次。

【科普宣传活动】 2020年，市科协持续组织开展各类科普宣传活动。2月14日—3月4日，举行玉溪市“科普+战‘疫’”新冠肺炎防疫科普知识网络竞答活动，活动访问量167 924人次、参赛人次达70 323人次，知识点传播492 324次。5—11月，组织参与“2020年全国农民科学素质网络知识”竞赛活动，全市累计参赛1 847 112人次，综合排名全省第二位、全国第九位。组织5所中小学参加“体验科学·快乐成长”全国青少年科学调查体验活动，提交网络作品4 500件。到5个县(市区)12个乡镇(街道)开展“百名专家下基层”科技培训活动，举行科技讲座20场1 900余人参加。完成中国流动科技馆第三轮玉溪站4个县区巡展工作，到馆参观4.1万人次。农村公益数字电影科教片放映3 025场次，观众31.76万人次。市科协科普大篷车共参与科普活动30场次，行程3 537公里，受众11.4万人次。通过以上活动，全年科普受众人数累计达250余万人次。

【农函大办学】 2020年，全市科协系统在68个乡镇(街道)开办106个专业249个(统办专业班118个、地方特色专业班131个)农村专业致富技术函授大学教学班，招收学员14 712人(统办专业8 045人、地方特色专业6 667人)，其中，农村党员2 853人、基层干部2 085人、少数民族7 068人、妇女6 036人、返乡农民工及其他人员785人。（杨继林）

侨 联

【概况】 2020年，市侨联以党的政治建设为统领，切实加强自身建设，推进侨联工作全面发展。以党的“不忘初心、牢记使命”主题教育常态化建设为抓手，结合巡察整改工作要求，扎实开展集中学习、教育培训、基层调研及宣讲活动，不断强化思想政治建设。召开四届三次全委(扩大)会议，贯彻落实中央、省、市关于侨联工作的部署要求，作出工作谋划；协助做好“五侨”联席会议有关工作及联席会议制度修订完善工作，强化联席制度优势。加强侨情研判分析，做好矛盾疏导、事前协调，维护和谐稳定。开展干部负面清单管理、承诺践诺，切实履行党风廉政建设、宣传思想及意识形态工作责任，建设风清气正的侨联机关；加强项目资金监管，组织签订了2020年度玉溪市华侨事务预算专项和国内侨务工作经费使用及项目廉政承诺书。举办全市侨务干部培训，切实提高干部队伍能力素质。

【春节慰问系列活动】 2020年1月17—22日，市委统战部(市侨办)、市侨联、红塔区侨联联合开展寒冬送暖及春节慰问活动，体侨情、察侨意、听侨声，把党和政府的温暖和关怀送到广大侨界群众家中。陪同省委统战部一级巡视员胡明学一行深入甘庄、红河2个侨场看望归侨侨眷，送上春节祝福。组织机关干部捐款购买粮油和慰问金到扶贫联系点新平扬武马鹿寨村，鼓励贫困户战胜困难、搞好生产、建设美丽家园。开展“侨法进社区”“义写春联”等活动，召开侨情恳谈会。系列活动共走访慰问归侨侨眷240户，发放慰问金12万元；发放宣传资料1 600份，送出春联、福字400余幅，收集侨界群众意见建议30条。

【侨界同心抗疫】 2020年，市侨联及时向省侨联、云南华商基金会协调争取到海外侨商捐赠的84消毒液2吨、防疫资金8.5万元及医用防护面罩1 000个，交由市应对疫情工作指挥部支援抗疫一线。动员侨界党员干部群众参与一线防控工作，发布防疫抗疫信息宣传14篇。组织捐资捐物，市侨界为抗击疫情捐款300多万元，捐赠医用口罩4万多个及方便面、方便米线及矿泉水等物资。

【服务经济社会发展】 2020年，市侨联充分履行职能，凝聚侨心侨力服务全市经济社会发展。择优向中国侨商联合会、云南省侨商会、海外华商会及侨商会等平台推送玉溪重点招商引资项目。开展全市经济科技调查工作，全市登记在册、正常经营的侨资企业32户，投资总额50.1亿元。支持全市10名侨界市级人大代表、政协委员积极参政议政，提交建议提案12件。积极向中侨联、省侨联、云南华商公益基金会申报项目，共争取到21个项目75.5万元

2020年9月14日，市侨联到元江县甘庄街道甘坝社区侨乡开展"送医送药送侨法活动"（市侨联　提供）

资金支持，组织开展防疫抗疫、归侨侨眷建档立卡贫困户帮扶及临时救助、侨乡文化建设、归侨侨眷电子商务培训等项目。

【基层侨联组织及"侨胞之家"建设】2020年，玉溪市大力推进基层侨联组织及"侨胞之家"建设，研究制定《关于新时代加强全市侨联组织建设工作实施方案》《玉溪市侨联"侨胞之家"创建工作实施方案》，举办2次专题培训、1次交叉检查和1次现场教学。积极开展市级"侨胞之家"创建申报认定，对玉溪市首批5家市级"侨胞之家"进行集中授牌。年内，全市新建成立9个基层侨联组织，建成侨胞之家8个、侨法宣传角7个、为侨服务法律工作站2个。建立侨联委员到"侨胞之家"报到工作机制，动员市侨联27名委员与54户侨界名望人士、侨资侨企负责人、生活困难群众建立联系，协助基层单位开展"侨胞之家"创建和联谊交友、为侨服务活动。

【"侨"联玉溪系列活动】2020年，市侨联向上争取、整合资源，创新推出"'侨'联玉溪"2020系列活动，组织开展习近平总书记考察云南重要讲话精神和党的十九届四中、五中全会精神宣讲活动，"我为侨乡振兴献一策"调研座谈、"党侨同心圆、端午情更浓""党心聚侨乡、邻里促和谐""侨胞之家"侨法及侨务方针政策宣讲、华侨农场建场60周年联谊等活动11项13次。

【网上夏令营】2020年7—8月，玉溪市积极申报并成功承办"亲情中华·为你讲故事"网上夏令营玉溪营2期3个营，通过与加拿大华语广播中文电视、加拿大超越中文学校、加拿大亚省中华文化教育协会的协调配合，168名加拿大华裔青少年通过微信课堂、打卡作业的方式收听收看中华优秀传统文化小故事，了解云南、玉溪的人文山水、风土民情，观看《幸福玉溪》，学习和传承中华优秀传统文化和中文，讲好玉溪故事，传播玉溪声音。

【侨法宣传贯彻】2020年，市侨联认真开展侨法宣传并抓好贯彻落实。组织开展"侨法宣传月""宪法宣传周"等服务活动，年内在元江县甘庄街道干坝社区、峨山县小街街道文明社区、通海县纳古镇组织开展了3次"送医送药送侨法"活动。陪同省人大调研组到峨山县双江、小街街道开展了华侨权益保护工作专题调研。组织《民法典》专题学习，参与中国普法办民法典竞答、"云南普法·宪法在你身边"及"平安云南知识竞答"等活动。组织全市统战、侨联干部及归侨侨眷1 932人参加第二届"侨商杯"法律知识竞赛，获云南省侨联"侨商杯"竞赛优秀组织单位通报表扬。全市各级侨联组织利用微信公众号、微信群、QQ群等一些自媒体平台和"侨胞之家"宣传栏、侨法宣传角等开展涉侨法律和政策宣传。做好信访协调服务，全力帮助归侨侨眷协调解决困难问题，确保侨法落实落地。年内，共组织开展宣传活动82次，发放宣传资料15 000余份、宣传画8 000份、宣传手提袋2 600个。

【聂耳故居纪念馆入选中国华侨国际文化交流基地】2020年11月，玉溪聂耳故居纪念馆被中国侨联确认为第八批"中国华侨国际文化交流基地"，基地的入选将在组织归侨侨眷和海外侨胞开展丰富多彩的文化交流活动、宣传聂耳音乐文化、弘扬聂耳时代精神、提升玉溪影响力等方面发挥积极作用。（市侨联供稿）

法 治

LEGAL SYSTEM

责任编校：王　斌

政法及综治

【概况】 2020年，玉溪市政法机关深入学习贯彻习近平法治思想和考察云南重要讲话精神，统筹抓好防风险、控疫情、保安全、护稳定、促发展各项措施，全市社会持续保持和谐稳定，未发生影响国家政治安全和社会稳定的重大案事件，全国、全省“两会”期间赴省进京“零上访”，玉溪市被中央政法委确定为第1期（2020—2022年）全国市域社会治理现代化试点城市。

【维护社会稳定】 2020年，市委政法委组织对全市突出矛盾风险进行排查化解，制定《关于依法妥善化解影响社会稳定矛盾纠纷的工作方案》《玉溪市2020—2022年命案防控三年行动工作方案》《房地产领域突发群体性事件应急处置预案》《玉溪市村（社区）“两委”换届维稳工作应急预案》等方案预案，推动落实领导干部包保责任，大量矛盾纠纷得到有效化解。依法依规、稳妥有序完成路居镇违规加层建房整治工作。组织开展“大排查、大包保、大化解、大清结、大稳控、大稳定”专项行动，推动突出矛盾风险早发现、早处置、早化解。严打扰乱疫情防控秩序的违法犯罪行为，设立环玉、环县区、环乡镇三级圈层防疫检查点94个，依法严惩非法收购、运输、贩卖野生动物等行为。

【扫黑除恶专项斗争】 2020年，市扫黑除恶专项斗争领导小组纵深推进扫黑除恶专项斗争。截至2020年底，全市共打掉涉黑涉恶犯罪团伙88个，其中涉黑集团18个、涉恶团伙70个，抓获黑恶势力犯罪嫌疑人1 023人。全市纪检监察机关共立案审查调查涉黑涉恶腐败、黑恶势力“保护伞”、工作失职失责等问题347件347人，办结337件337人，党纪政务处分295人，问责49个单位、59名干部，移送司法机关58人。全市扫黑除恶专项斗争整体战果位居全省前列。全市八类严重刑事案件、命案、盗窃案件、“两抢”案件同比分别下降7.6%、4.5%、9.4%和17.2%。在群众安全感满意度调查中，玉溪综合满意率达95.51%，较上年同期上升1位。

【平安玉溪建设】 2020年，市委政法委抓住玉溪市被中央政法委批准为第1期（2020—2022年）全国市域社会治理现代化试点城市的契机，充分发挥市级层面统筹协调优势，聚焦两向八维、推动九城同创，构建全体动员、全面覆盖、全域联动的市域社会治理现代化共同体，成立由市委书记任组长、市长任第一副组长的平安玉溪建设（市域社会治理现代化）领导小组，召开领导小组会议，建立领导小组副组长挂钩联系县（市、区）和成员单位挂钩联系乡镇（街道）制度，形成高位推动、整体推进的良好局面。将试点工作指标纳入平安建设目标责任制考核，细化评价体系，持续跟踪问效。启动新一轮综治中心规范化建设，实现有机构、有编制、有人员；乡镇（街道）政法委员全配备并落实政法工作津贴；新增视频监控1.8万多个，启动基层社会治理智慧化平台建设，“雪亮工程”等智慧政法工作深入推进；树牢“全周期管理”意识，筑牢公共安全防线，全市未发生重特大道路交通事故。

【政法领域改革】 2020年，全市政法机关坚持以政法领域全面深化改革为动力，完善法院职权配置、案件管辖和机构设置，深化检察机关内设机构改革，有序推进森林公安管理体制机制调整，政法系统体制机制焕发新活力。在全国首发机动车检验合格标志电子凭证，探索“OBD+北斗+V2X”系统智慧车牌模式。在全省建立了第一家“公安自助便民服务超市”，并在全省首家实现公安治安、交管、出入境窗口进驻政务中心“一门通办”。建成785个覆盖城乡的公共法律服务实体平台，完成了“12348”公共法律服务热线平台和公共法律服务网络平台建设。积极稳妥推进公证体制改革，推进办理公证“最多跑一次”试点、公证参与司法辅助事务试点工作。深入开展“应援尽援”法律援助惠民工作，抓好刑事案件律师辩护全覆盖试点工作。聚焦“六稳”“六保”，出台《政法机关依法保障和服务城市规划建设管理18条措施》，持续优化法治营商环境，集中力量支持复工复产。

【政法队伍建设】 2020年，市委政法委深入践行习近平总书记重要训词精神，严格落实管党治党责任，纵深推进党风廉政建设和反腐败斗争，在全市政法系统开展“五学五比五提升”活动，打造党和人民信得过、靠得住、能放心的高素质过硬政法队伍。规范权力运行和监督，严格执行民主集中制，修订完善《市委政法委机关“三重一大”决策制度》，召开全体会议6次，委务会22次，科学、民主、依法决策的能力水平得到提升。坚决贯彻《中国共产党政法工作条例》，严格落实政治督察、政治轮训制度，建立全市各级政法单位向党委政法委请示报告制度和述职制度。扎实开展“以案促改”工作，坚决肃清周永康、白恩培、秦光荣等流毒影响，确保全市政法队伍政治上的绝对坚定，思想上的绝对清醒，组织上的绝对纯净，营造良好的政治生态。成立市域社会治理研培基地，组织开展每季度一次的政法大讲堂，政法队伍在法律政策运用、重大风险防控、复杂事件处置、信息化运用和群众工作方面的能力水平得到很大提升。

（王建文）

立法工作

【概况】 2020年，市人大常委会坚持完善党委领导、人大主导、政府依托、各方参与的立法工作格局，不断提高立法质量和效率。充分发挥人大及其常委会在立法中的主导作用，扎实履行法规起草、组织协调、论证评估、审议把关等职责，做好审议时间安排，把握好审议进度节奏，确保按质按量完成年度立法任务。发挥人大代表、政协委员、立法咨询专家、基层立法联系点、地方立法基地在立法工作中的作用。根据立法项目，邀请人大代表、政协委员、立法咨询专家直接参与《玉溪市革命遗址保护利用条例（草案）》的调研、起草、论证、审议、评估等工作，畅通民主立法渠道。认真贯彻落实习近平总书记关于基层立法联系点的重要指示精神，先后到10个基层立法联系点指导开展工作和听取对法规草案的意见建议，进一步扩大人民群众参与立法的途径，有效发挥基层立法联系点社情民意直通车的作用。充分发挥地方立法基地的外脑和智库作用，争取智力支持，弥补立法能力不足。2020年召开专家论证会两次，共22名专家参加论证会，提出意见建议200余条；立法专家参与立法调研1次，参与法规草案修改8次；地方立法基地提供咨询服务7次。开展《玉溪市文明行为促进条例》立法调研，将社会主义核心价值观融入法治建设，坚持依法治国和以德治国相结合，发挥法治引领、规范和保障作用。

【《玉溪市革命遗址保护条例》立法工作】 2020年，市人大常委会牵头开展立法调研，确保底数清、情况明；创新立法工作方式方法，提高立法质量和效率，采取立法工作“双组长制＋工作专班”的工作模式，建立人大和政府的沟通协调机制，形成工作合力；坚持提前介入和全程参与条例起草和修改工作，协调解决重大问题、重大分歧，确保条例起草质量。8月28日，市五届人大常委会第二十三次会议进行了第一次审议，10月26日市五届人大常务委员会第二十四次会议通过，报请省人大常委会审查批准。

【环保立法】 2020年，市人大常委会依法对《玉溪市飞井水库饮用水水源保护条例》搁置审议。9月，市政府根据实际情况提出将《玉溪市飞井水库饮用水水源保护条例》搁置审议

2020年12月25日，市人大常委会召开《玉溪市革命遗址保护条例》颁布施行新闻发布会（谢翠波 摄）

的函，市人大法制委、常委会法工委及时进行研究并报市委同意，由市人大常委会主任会议决定将条例进行搁置审议；对《玉溪市东风水库饮用水水源保护条例》开展立法调研。专门召开立法工作座谈会，专题听取有关部门对东风水库饮用水水源保护立法工作的意见建议。

【健全完善立法体制机制】 2020年，市人大常委会制定出台《玉溪市地方性法规实施情况报告办法》，加大地方性法规的贯彻执行力度，督促政府及有关部门及时推进地方性法规颁布后的宣传贯彻实施，把地方性法规建立起来的制度优势有效转化为治理效能。按照省人大常委会关于修改云南省实施民族区域自治法办法的相关工作要求，指导好峨山、新平、元江3个民族自治县修改自治条例，5月3个民族自治县自治条例已经省人大常委会批准通过并颁布施行。

【规范性文件备案审查】 2020年，市人大常委会严格执行新修订的《玉溪市人民代表大会常务委员会规范性文件备案审查实施办法》，督促制定机关纠正与宪法及法律规定和精神相抵触、不符合、不适应的规范性文件，切实维护国家法治的统一、尊严和权威。坚持备案审查工作年度报告制度。3月，向市人大常委会报告2019年度规范性文件备案审查工作情况，通过审议意见，保证市人大常委会依法履行职责，强化备案制度刚性约束。依法审查人大决议。对《玉溪市人民政府提请审议废止<玉溪市人大常委会关于同意市人民政府设立抚仙湖—星云湖生态建设与旅游改革发展综合试验区项目保证金和抚仙湖保护治理专项资金的决议>的议案》进行审查，并提请市人大常委会会议废止。完善备案审查衔接联动机制。针对市政府报备的《玉溪市殡葬管理办法》审查中存在的问题，及时与市政府办联系对接，出具审查意见函，并与民政部门进行沟通联系和工作提醒。针对华宁县人大常委会在对《"华宁陶"地理标志产品保护管理暂行办法》备案审查中发现的问题，给予工作指导，并协调市政府办公室提出书面审查意见，切实发挥备案审查工作的纠错功能。对《通海县城镇土地使用税等税种征收调整方案》发现的存疑问题及时与有关部进行沟通，依据政策法规和工作实际提出意见建议。做好备案审查信息平台的信息化、规范化建设。按要求向省人大常委会报送备案审查规范性文件5件；对市政府和县市区人大报送备案的10件规范性文件进行备案审查。

【法规清理】 2020年，市人大常委会按照云南省人大常委会办公厅关于开展食品药品安全、野生动物保护、民法典涉及法规等规范性文件专项清理工作的要求，及时组织对玉溪市制定的地方性法规和规范性文件进行自检自查。 （官家燕）

法治政府建设

【依法治市】 2020年，依法治市办全面履行统筹协调作用。筹备召开市委全面依法治市委员会第二次会议，制定2020年度依法治市工作要点及任务分工，下发2020年法治督察计划分工方案，统筹推进立法、执法、司法、守法普法四个协调小组各项工作顺利开展。抓好全市习近平法治思想、民法典等重点学习宣传活动的开展，配合做好市委理论学习中心组法治方面内容的学习。完成省、市2019年度法治成效考核，玉溪市被评为优秀等次。深入开展法治政府建设及政府立法工作。制定下发《玉溪市2020年法治政府建设工作计划》，组织召开年度法治政府建设工作会议，高位推动法治政府建设工作，抓好中央及省法治政府建设全面督察问题整改落实，完成6次市政府常务会会前学法及专题法治讲座。做好《玉溪市革命遗址保护条例》审查各项工作，参与市人大相关立法调研，做好省级9部法规规章意见建议反馈工作。玉溪市法治政府建设得到上级肯定，在2020年全省法治政府建设工作电视电话会议上，市长作交流发言。加强行政复议应诉工作。认真做好行政复议体制改革调研，持续推进行政复议办案系统应用及行政复议决定书网上公开制度落实，认真办理行政复议案件，做好行政应诉工作。加大行政执法监督的力度。持续推进行政执法"三项制度"贯彻落实，抓好执法主体公告和重大行政执法决定法制审核，配合抓好农业农村、文化旅游、生态环境、交通运输和市场监管五个重点领域综合行政执法体制改革，积极推进新平戛洒镇基层综合行政执法改革试点。 （王 丹）

【政府常务会议学法】 2020年，制定印发《2020年度玉溪市人民政府常务会议学法计划》，对市政府常务会议学法及政府系统领导干部法治专题讲座进行安排部署，要求各县（市、区）和部门及时制定本地本部门学法计划，并抓好组织落实。市政府常务会议学习了《中华人民共和国外商投资法》《中华人民共和国传染病防治法》以及《保障农民工工资支付条例》等6部法律法规。组织召开全市领导干部《中华人民共和国民法典》专题培训会议、专题讲座，领导干部法治思维和法治意识进一步提升，遵法守法学法用法自觉性不断增强。

【依法科学民主决策】 2020年，认真履行重大行政决策合法性审查程序，行政决策科学化、民主化、法治化迈上新台阶。在全省率先制定公布《玉溪市人民政府重大行政决策目录标准》，细化重大行政决策目录标准，进一步严格合法性审查程序。314件涉及市政府重大决策、重要建设项目等事项通过合法性审查，并形成书面审查意见，做到了市政府重大决策事项合法性审查率100%，有效确保市政府重大行政决策的合法性。

【行政规范性文件管理】 2020年，大力推进行政规范性文件监督管理工作规范化建设，坚持有件必备、有备必审、有错必纠。市政府修订《玉溪市殡葬管理办法》《玉溪市网络预约出租汽车经营服务管理实施细则》《玉溪市综合评标评审专家库和专家管理办法》《玉溪市公共租赁住房管理办法》4件行政规范性文件，备案审查县（市、区）政府和市级部门行政规范性文件32件，提出修改意见48条，责令限期改正7件。组织开展涉及民法典的行政规范性文件清理，拟废止3件，拟修订19件，已废止3件，已修订3件。

【政府法律顾问工作】 2020年，全面加强政府法律顾问管理，修订《玉溪市政府法律顾问考核办法》等制度，进一步健全和完善政府法律顾问工作规范。市政府聘任第六任政府法律顾问17名（其中外聘13人，内聘4人），成为全省聘任市政府法律顾问较多的州市之一。市政府及所属47个市直部门，9个县（市、区）政府及所属县级部门和74个乡镇（街道）全部聘请法律顾问，政府法律顾问覆盖率达100%。市政府法律顾问共参与审查涉及政府投资及招商引资重大项目合同51件，参与书记、市长接待日、市级领导干部视频接访12期，接待群众反映信访事项30件140人次，参与研究、办理市政府行政复议、行政诉讼案件27件，为市政府妥善解决和处理行政争议、化解人民内部矛盾、维护社会稳定提供了优质高效的法律服务。

【政府立法工作】 2020年，市司法局配合市人大常委会、市文化和旅游局完成《玉溪市革命遗址保护条例》制定出台；参加《玉溪市文明行为促进条例》前期立法调研，为编制2021年地方立法工作计划做准备；配合市自然资源规划局开展《玉溪市禁止违法建设若干规定》立法工作，配合市政务服务局开展《玉溪市优化营商环境实施办法》立法工作；印发《玉溪市司法局关于申报2021年度政府规章立法建议项目的通知》到各县（市、区）政府和市直有关单位，通过电视、报纸等传统媒体和网站、微信等新媒体渠道向社会发布《关于公开征集2021年市政府规章立法建议项目的公告》，广泛征集市政府2021年度政府规章立法建议项目。

【法治政府建设督察整改】 2020年，根据市委、市政府“工作提升年”工作部署要求，以2019年中央依法治国办、省委依法治省办及全市法治政府建设督察和第三方评估发现存在问题为导向，结合实际，印发实施《玉溪市法治政府建设补短板强弱项促提升工作方案》。4月中旬，根据省委依法治省办转发中央依法治国办法治政府建设全面督察反馈意见和问题清单，按照“照单全收、深刻反思、对标对表、迅速整改”的要求，及时召开中央依法治国办法治政府建设全面督察反馈问题整改落实推进会，研究制定全市贯彻落实督察反馈意见问题整改方案，深入检视问题，明确工作目标和总体要求，推进督察发现问题的全面整改。

【综合行政执法改革】 2020年，市司法局做好综合行政执法体制改革。推进农业农村、文化旅游、生态环境、交通运输和市场监管五个重点领域综合行政执法体制改革，相继出台五大领域改革方案；积极推进基层综合行政执法改革，对新平县戛洒镇综合执法工作情况开展调研，为上级决策提供数据支撑；贯彻落实中央、省委关于推进基层整合审批服务执法力量的决策部署，对照《云南省推进基层整合审批服务执法力量任务清单》进行细化实化，确保职责履行到位；针对城市综合执法改革面临的困难和问题，对2010以来各县（市、区）城市综合执法工作开展情况进行调研，摸清基层执法现状，提供解决问题的意见和建议。

【行政执法三项制度】 2020年，市司法局持续推进行政执法三项制度的贯彻落实。认真落实行政执法公示制度，对市退役军人事务局行政执法主体进行资格确认公告，根据市公安局、市交通运输局等4个执法主体信息变更情况重新进行确认公告。严格落实重大行政执法决定法制审核制度，全市各行政执法单位开展重大行政执法决定法制审核5 151件（其中重大行政许可492件，重大行政处罚3 942件，重大行政强制616件，其他重大行政执法决定101件），通过事前监督，切实发挥重大行政执法决定法制审核“安全阀”作用。

【行政执法案卷评查】 2020年，市司法局认真开展行政执法案卷评查工作。在省、市2019年评查的基础上，研判问题，分析不足，印发《玉溪市司法局关于认真做好2019年全省涉企行政执法案卷评查情况通报存在问题整改落实工作的通知》及《2019年全市涉民营企业行政执法案卷评查情况通报》，制发行政执法案卷评查反馈意见书26份，督促县（市、区）和市级部门对照问题及时进行整改落实。组织开展2020年行政执法案卷评查工作。全市共组织评查行政执法案卷13 950卷，其中优秀12 751件，合格1 152件，不合格47件。在县（市、区）和部门自评的基础上，市司法局随机抽取全市各级行政执法部门的30卷案卷进行集中评查，共评出优秀案卷7卷、合格案卷17卷、不合格案卷6卷，评查结果在全市范围进行了通报。

【行政执法人员管理】2020年，市司法局全面落实行政执法人员网上考试和资格管理制度。保障疫情防控期间行政执法工作正常开展，对疫情防控期间行政执法证件到期人员实行免考试集中换证。审核县（市、区）、市级各执法部门报送的11 256条人员信息，对符合免试换证条件的1 897条人员审核通过后报省司法厅制证。组织、指导全市行政执法人员网上考试工作。全市共组织15批1 869人次参加了行政执法人员网上考试，有效提升了行政执法人员的法律素质。

【行政复议】2020年，全市共收到行政复议申请189件，依法受理160件，不予受理29件，正在办理22件，已审结138件，纠错率29.71%。全市各级政府和部门参与行政应诉案件251件，其中已判决、裁定161件，正在审理90件。全市行政机关负责人出庭应诉率98.62%。全市共受理行政调解案件9 505件，以调解方式结案9 263件，调解成功率97.51%。办理仲裁案件70件，涉案标的额9 059.47万元。（张 迪）

公 安

【概况】2020年，全市公安机关围绕平安玉溪建设和公安工作现代化目标，紧扣市委“工作提升年”、省公安厅党委“1551”工作部署和市局党委“1655”工作思路（一条主线、六场战役、五个牵引、五个抓手），立足新时代公安机关使命任务，全力以赴战疫情、防风险、保安全、护稳定、推改革、强队伍，有力维护了全市社会和治安大局持续稳定，为全市“十三五”圆满收官，决胜全面建成小康社会营造了安全、稳定、和谐的社会环境，取得了“五无五降一全”的成绩：无影响国家安全和政治稳定的重大案事件、无暴恐案事件、无重大舆论热点炒作事件、无群体性事件、无较大以上交通事故；全市八类主要案件、命案、盗窃案、“两抢”案件、涉众型经济犯罪同比下降；命案全破。第四轮禁毒人民战争圆满收官，玉溪入选全省唯一“全国禁毒示范城市”。

全市公安机关有3个集体和1名个人记一等功，6个集体和10名个人记二等功，27个集体和110名个人记三等功，一批集体和个人受到嘉奖和通报表扬，交警大风垭口中队被省政府评授集体一等功；讲好“公安故事”，组织开展“向人民报告”“最美基层民警”“战‘疫’”“双学评选”等主题活动，市公安局被省厅评为“云南十大亮点工作先进单位”，“玉溪警方”抖音号在公安影视宣传考评中排名全省第一。

【社会维稳】2020年，全市公安机关始终把防范政治安全风险置于首位，着眼大局促稳定，紧盯目标任务控风险，严密防范打击敌对势力的各种破坏围堵渗透颠覆活动，全力筑牢政治安全屏障，有效维护了全市政治和社会大局持续稳定。多渠道、全方位搜集敌社情情报信息，有效防范抵御境外敌对势力的渗透颠覆活动。强化意识形态领域斗争，深化打击整治网络政治谣言和有害信息工作，及时破获了一批影响政治稳定的案件，查处了一批违法犯罪人员。打击邪教犯罪和防范宗教渗透成效显著。深入开展反邪教专项打击整治行动，查破了一批邪教案件；加强与统战、民宗等部门协作配合，深入推进专项治理取得阶段性成效；把准民族宗教问题的法律红线，依法打击查处非法宣教活动，遏制境外宗教非法活动渗透的发展蔓延势头。强化反恐怖情报侦察打击工作，深入推进涉恐安全隐患排查整治和防回流、防偷渡、严打暴恐音视频等专项工作，逐级推动落实反恐怖工作层级责任，坚决打好反恐防恐防御战，守住暴恐案件“零发生”的底线。强化风险意识和底线思维，严密防范化解房地产、生态环保、重大工程建设和利益诉求群体等各类涉稳风险，严密防范化解各类涉稳风险，及时稳妥处置了一批涉稳问题，全市没有发生影响重大的群体性事件和涉稳事件。

【筑牢疫情防控防线】2020年，新冠肺炎疫情暴发后，全市公安机关按照市委、市政府和省公安厅的统一部署，守初心、担使命，第一时间取消春节休假全员返岗抗疫，以最坚决的态度、最坚定的决心、最扎实的措施筑牢疫情防控防线，全市启动重大突发公共卫生事件一级响应后，市公安局迅速调整完善疫情防控指挥运行体系和工作机制，成立指挥调度、大数据分析、防控查缉等10个工作组，建立了研判调度、情况通报核查、治安联查联控等10项工作机制，统筹疫情防控和维护安全稳定工作，采取大数据导控、治安卡点查控、基层社区管控、社会面巡控、网络舆情监控等措施，全力以赴做好“外防输入、内防反弹”各项工作。全市累计投入警力13万余人次，设立94个疫情防疫检查点，查验过往车辆121.5万余辆次、人员232.2万余人次，市局下沉276名警力增援基层疫情防控，全市派出15名警力驰援武汉；汇聚、分析各类疫情数据上百万条，向市疫情防控领导小组和各县（市、区）公安局推送《疫情防控大数据分析报告》235期，涉国内关注地区16 998人次、密切接触者1 284人、一般接触者1 362人、入境驻留玉溪人员5 214人、疑似非正常途径入境人员55人，利用公安大数据实现对全市14例确诊病例中13例的精准预警落地，利用新冠检测“数计盒”核查人员85.6万余人，协助推动全市65 421个场所注册使用“云南抗疫情”小程序，累计扫码3 441万余人次，为疫情防控做出了重大贡献，市公安局被评为“云南省抗击新冠肺炎疫情先进集体”，涌现了牺牲在抗疫一线的二级英模朱宏彦等一大批先进典型，全市共有524名民警受到表彰表扬。

【扫黑除恶】 2020年，全市公安机关以创建“全国扫黑除恶重点培育市”为契机，以组织开展涉黑涉恶在逃人员专项追逃、重大督办案件攻坚、重点行业领域专项整治三大行动为重点，深入推进线索清仓、逃犯清零、案件清结、黑财清底、网伞清除、行业清源“六清”攻坚和完善扫黑除恶长效机制建设。全年共打掉黑恶势力犯罪团伙13个，破获各类刑事案件229起，刑拘犯罪嫌疑人138人，查封、冻结、扣押涉案资产3.8亿余元，建立了20个扫黑除恶长效常治工作机制，为扫黑除恶专项斗争常态化推进奠定了坚实基础，扫黑除恶总体成绩位居全省第三名，三年为期的扫黑除恶专项斗争取得决定性胜利。

【跨境违法犯罪侦查】 2020年，全市公安机关严打整治跨境违法犯罪，坚决维护边境安全稳定。通过聚焦打击跨境赌博、偷越国（边）境、电信网络诈骗“三大战役”和推进“断卡”专项行动，全年侦破跨境赌博案件71起；破获偷越国（边）境案件359起（同比上升65倍），查获“三非”人员149人；破获跨境赌博案件71起，推送线索1 314条；破获电诈案件374起，推送有效线索171条，抓获“背包客”226名；破获涉枪案件79起，抓获26人，缴获枪支18支；破获传播暴恐音视频案件1起，核查重点人员160人，采录信息280份；破获毒品案件255起，抓获嫌疑人258人，缴毒445.77千克；破获野生动物刑事案件169起，抓获121人；破获走私案件104起，推送有效线索104条，打击跨境违法犯罪综合成绩在全省非边境州市中排名第二位。按照省厅统一部署，与普洱警方结对打击跨境违法犯罪，共派出13批470人次赴普洱支援开展情报研判、案件侦办工作，共同侦办妨害国（边）境类刑事案件484起901人，行政拘留1 441人。

【刑事犯罪侦查】 2020年，全市公安机关全面加强命案侦防工作，打好合成作战，快侦快破现行命案，奋力攻克命案积案，积极防范命案发案。全市共发命案21起，创玉溪市历年来最低纪录，并连续5年实现现行命案全破；通过开展命案积案攻坚专项行动，破获命案积案15起，抓获命案逃犯11人。深入贯彻《侦破有广泛社会影响案件工作机制》，落实刑侦、技侦、网侦等部门多侦联动、同步上案、同担责任等措施，合成作战、合力攻坚，快侦快破放火、爆炸、劫持、杀人、伤害、强奸、绑架、抢劫等八类暴力性案件，最大限度地消除社会不良影响。全市共立八类暴力性案件471起，同比减少39起，下降7.6%；破获464起（含积案105起），同比少破67起，下降12.6%。全市共立传统“盗抢骗”案件6 683起，同比减少429起，下降6.0%，占全部刑事案件总数的69.2%；破获传统“盗抢骗”案件1 594起，同比减少205起，下降11.3%。其中，盗窃案件立5 237起，下降9.3%，破获1 387起，下降9.8%；“两抢”案件立53起，下降20.7%，破获50起，下降18.0%；传统诈骗案件立1 427起，上升7.7%，破获190起，下降25.4%。

【经济犯罪侦查】 2020年，全市公安机关积极创新打击经济犯罪新机制，依法严厉打击涉烟涉税、非法集资和网络传销等犯罪，在全省创新推出“1163”非法集资处置工作机制，打造形成“党委领导、政府主导、部门协同、属地负责、公安主侦”的涉众风险处置玉溪样板，实现涉众型经济犯罪从“单打独斗”到“联防联控”。全市共立经济犯罪案件282起，挽回损失4 730万元，抓获犯罪嫌疑人268人。其中，涉众型经济犯罪案件无新增，实现了案件“零增长”，为群众捂紧了“钱袋子”；完善警税联动机制，合力打击涉税犯罪，立涉税案件37起，涉案金额24 448万元，破案33起，挽回经济损失259.65万元；联合烟草专卖部门开展“春雷”“猎非”“绿滇2020”涉烟专项打击整治，共立涉烟案件103起，破案72起，抓获犯罪嫌疑人168人，缴获假非私卷烟1 163.55件，烟叶684.9吨，价值5 320万元。全年共立电信网络诈骗案件2 132起，同比增加1 046起，上升96.3%，损失9 814.22万元，上升1.14倍；破获374起，同比多破182起，上升94.7%，抓获嫌疑人137人，上升40%，查获“两卡”3 531张，“四件套”222套，实现了破案数、抓获数“两升”目标，发案数、损失数“两降”未实现，打击电诈犯罪形势依然严峻。

【禁毒工作】 2020年，全市公安机关共破获毒品案件255起，抓获犯罪嫌疑人283人，缴获毒品440.937千克，追缴涉毒资产237.385万元、车辆7辆、枪支2支、子弹29发。其中破获万克以上毒品案件9起，抓获犯罪嫌疑人19名，缴获毒品322.44千克；破获零星贩毒案件176起，抓获零贩人员183人；破获省级目标案件3起，与外地公安机关联合破获部级毒品目标案件4起、省级1起；抓获涉毒在逃人员7人。认真落实查处、管控、帮教、戒毒康复等措施，深化系统治理，构建全环节管控吸毒人员防线，最大限度地减轻社会危害。全市共收戒吸毒人员1 492人，其中，强制隔离戒毒571人、社区戒毒353人、社区康复568人。第四轮禁毒人民战争圆满收官，玉溪入选全省唯一“全国禁毒示范城市”。

【基层社会治理】 2020年，全市公安机关主动融入党建引领基层社会治理大局，推动派出所社区警务网与党建网、综治网等网格的“多网合一”，推进社区民警进村（居）委会班子，积极组织和参与基层网格化服务管理工作，探索建立与市域社会治理现代化试点创建相适应的新型警务机制。大力推动警力下沉，派出所民警占比、社区民警占比分别提升7.7、11.1个百分点，达到43.6%、54.4%；深化“枫桥式公安派出所”创建活动，1所2人被评为省级先进，4所7人被评为市级先进；积极投入党建网、综治网、警务网等“多网合一”的网格化服务管理工作，协调完成全市709个行政村6 369个村居民小组7 249个网格划分，构建市、县、乡、村（社区）、小组、基础网格六级组织工作体系，推出通海秀山派出所、华宁青龙义警、红塔梁王坝社区等一批基层社会治理先进典型，为推进基层社会治理现代化奠定了坚实基础。进一步健全完善“三级联调”和“三调联动”的矛盾纠纷多元化排查调处机制，多元化化解矛盾、全时空守护平安、零距离服务群众，全市共排查各类社会矛盾纠纷11 885起，化解10 513起，化解率88.5%。

【行业场所管控整治】 2020年，全市公安机关紧紧围绕COP15安保工作这一主线，紧盯重点领域、重点地区、重点行业，特别是对宾馆、酒店、歌舞娱乐场所、洗浴按摩场所、特种行业、旅游市场、矿山、出租房、流动人口、车站等行业场所，常态化推进“三查四告知一宣传”专项行动，持续开展每周清查，及时发现整治行业场所治安隐患和管理薄弱环节。全年共随机检查旅馆1 494家次，娱乐服务场所154家次，废旧金属收购42家次，物流寄递93家次，机动车修理196家次，公章刻制2家次，共下发整改要求81家次，查处行政违法案件77件，最大限度净化治安环境，做到人、物、地干净。

【扫黄禁赌】 2020年，全市共查处涉黄行政案件180起，抓获涉黄违法人员271人（其中行政拘留210人，罚款60人），查处涉黄刑事案件19起，抓获涉案人员39人；查处涉赌行政案件297起，抓获涉赌违法人员1 072人（其中行政拘留144人，罚款819人），查处涉赌刑事案件74起，抓获嫌疑人227人，收缴赌资58.7万余元，查缴大批赌博工具，扫黄禁赌工作成效显著。

【枪爆物品管控】 2020年，全市共侦办涉枪涉爆刑事案件48件，采取刑事强制措施47人，办理治安案件7件，治安处罚7人；共收缴各类枪支244支（仿军用枪支2支、猎枪6支、小口径枪3支、气枪40支、火药枪44支、改制射钉枪118支、其他31支），子弹19 699发，炸药50.7千克、雷管670枚，黑火药734千克，索类爆炸品157米，炮弹8发，仿真枪15支；收缴管制刀具1 273把、易制危险化学品125千克。

【户籍管理】 2020年，全市公安机关认真落实省、市政府及上级公安机关关于深化户籍制度改革以及户籍管理的有关政策和制度，按照“能放尽放、应落尽落”的原则，全面放开人才、学生等重点群体落户限制，全面放开中心城区和建制镇地区落户限制，对自愿进城落户人员，不设任何附加条件，积极推进户籍人口城镇化工作。截至11月30日，全市户籍人口统计806 924户2 218 341人（男性1 115 070人，占50.27%；女性1 103 271人，占49.73%），城镇人口933 528人，乡村人口1 284 813人；从2019年12月1日至2020年11月30日，全市农业转移人口落户城镇3 095人，户籍人口城市化率达到42.08%，比上年底增加0.1个百分点。深化公安“放管服”改革工作，充分发挥“互联网+公安政务”服务实效，开展网上受理、信息公开、业务咨询等便民服务，实现人口管理服务向互联网延伸，2020年，全市通过身份证自助设备成功受理申领业务16 299人，积极开展异地居民身份证申领等服务，共受理省内异地办证20 071证，跨省异地办证2 176证。认真落实第七次全国人口普查有关工作部署要求，积极开展户口清理整顿，共核查人像比对异常情况1 980条，核实处理部级人像监管比对下发数据184条，处理疑似死亡人员844人，核查18岁以上未办理二代居民身份证人员4 603人，为2 953人办理二代居民身份证，处理18岁以上无二代证相片人员2 560人。

【交通安全管理】 2020年，全市交警部门以压降事故、保安全、保畅通为重点，持续开展事故预防“减量控大”，强化人、车、路源头隐患管控，积极开展重点车辆、驾驶人源头隐患清理和事故多发点段安全隐患排查治理，适时调整优化交通管理勤务模式，不断强化路面控力度，大力查处整治酒驾醉驾等多发性严重交通违法行为，着力解决人民群众最关心的交通拥堵、停车难等热点难点问题，全力确保全市道路交通安全、有序、畅通。至2020年底，全市公路通车里程1.7万千米，机动车保有量94.30万辆、驾驶人95.72万人；全市共受理一般程序处理交通事故825起，事故造成238人死亡、629人受伤、直接财产损失186余万元，与上年同期相比，事故数上升3.96%、死亡人数下降3.25%、受伤人数下降2.48%、直接财产损失下降15.56%；同期，共受理适用简易程序处理的道路交通事故26 244起，事故造成9 175人受伤，直接财产损失593万元，与上年同比，事故起数上升2.08%、受伤人数下降10.33%、直接财产损失下降44.04%；全市未发生一次死亡3人及以上的较大道路交通事故，连续三年未发生一次死亡5人以上的较大和重特大道路交通事故；全年共查处各类交通违法行为71.28万起。

【公安“放管服”改革】 2020年，市公安局在全省率先实现公安窗口业务“一门通办”，治安、交警、出入境等办证业务整体进驻市政务服务中心，进驻事项达25大类91项，实现了“一个窗口、一次排队、一次办结”，梳理、挖掘推出87项“直接受理”“马上办”“最多跑一次”事项清单，实现27项事项网上流转、10项事项网上备案，全市车驾管业务“网办率”提升至92%；年内全市通过身份证自助设备成功受理申领业务16 299人，通过“一部手机办事通”和“云南公安微警务”申请办理各项户籍业务299笔。在疫情防控期间推出服务经济社会发展24条措施，为实现疫情防控和复工、复市、复学提供了有力保障。在全国率先实现新型汽车电子标识社会化首发，探索实践了一条“政府主导推动、国有资本控股、社会资本注入、开放股权平台、建营一体运作、构建市场生态、提升治理能力”的“智慧车牌”建设路径，“智慧车牌”形成全国首创经验；至年底，全市“智慧车牌”发行量已达33万余张，完成了玉溪数字汽车公共服务平台搭建、发行系统安装部署、14套路面识读设备建设和8个应用场景的建设，为全省推广创造出了可复制、可借鉴的“玉溪模式”。 （陈 刚）

检 察

【概况】 2020年，全市检察机关坚持党对检察工作的绝对领导，充分发挥党组把方向管大局保落实的重要作用，印发加强和改进全市检察机关党的建设、深入推进检察工作创新发展的实施意见。认真履行管党治党的政治责任，针对孙小果案件暴露出的政法队伍突出问题，全面剖析和深刻反思近年来全市基层检察院违纪违法案件多发的原因，扎实开展“以案为戒、以案促改”专题警示教育大会，教育引导全市检察人员深刻汲取教训，强化纪律规矩意识，筑牢法纪防线。扎实开展“庸懒散乱”专项整治，全面整饬纪律作风。健全检察权运行监督制约机制，构建以“案—件比”为核心的检察官业绩考评指标体系，对办案程序、办案过程和办案期限进行全程跟踪、预警和监督，切实防范和纠正不规范办案行为。全市检察机关15个集体、84名检察人员受到市级以上表彰。红塔区检察院被最高人民检察院表彰为“全国先进基层检察院”“全国检察宣传先进单位”。玉溪市检察院许增平被评为全国检察机关检务保障工作表现突出个人；赵亮被评为云南省扫黑除恶专项斗争先进个人。在全省检察机关“十佳公诉人”业务竞赛中，澄江市检察院张雯雯、易门县检察院范青青获全省“十佳公诉人”称号，新平县检察院张霞获全省“十佳公诉人”提名奖，元江县检察院陈军获全省“优秀公诉人”称号，玉溪市检察院获“优秀组织奖”。

全年审查逮捕1 542人、审查起诉4 390人，办理各类诉讼监督案件1 015件，监督纠正违法97件次，立办公益诉讼案件415件。在疫情期间，迅速建立办理涉疫情案件快速反应机制，从重从快起诉涉疫情犯罪30人，其中涉野生动物保护犯罪18人；立办涉疫情防控行政公益诉讼案件85件。

【审查批准逮捕】 2020年，全市检察机关受理审查逮捕案件1 179件1 926人，经审查批准逮捕案件994件1 542人，不批准逮捕案件197件372人，不捕率为19.44%，与上年同期相比，件数和人数分别下降28.9%和37.2%。其中不构成犯罪不捕20人，事实不清、证据不足不捕232人，无社会危险性不捕114人，符合监视居住条件不捕2人，其他情形不捕6人。无捕后撤案、捕后判无罪案件。

【审查起诉】 2020年，全市检察机关受理公安机关及监察委移送审查起诉的各类刑事案件3 384件5 199人，提起公诉2 773件4 390人，决定不起诉414件728人，其中附条件不起诉41人，法定不起诉15人，情节轻微不起诉480人，证据不足不起诉207人，不起诉率为14.22%，同比不起诉人数上升42.7%。出席一审法庭支持公诉2 758件次，人民法院一审作出有罪判决2 761件4 482人。办理二审刑事案件124件760人，同比分别上升19.98%和47.86%，其中上诉案件104件714人，抗诉案件20件46人。

【维护国家政治安全和社会稳定】 2020年，全市检察机关认真贯彻总体国家安全观，严厉打击防范敌对势力渗透颠覆破坏活动，依法办理各类危害国家安全、政治安全犯罪8件17人，其中成功办理了玉溪第一起为境外刺探、非法提供国家秘密犯罪案件。按照省委省政府和省检察院的工作部署，积极投入打击整治跨境违法犯罪专项行动，以法治自觉推动解决全市办理案件存在的突出问题，从办案程序、实体、证据、量刑、羁押五个方面与公安、法院统一执法思想、执法尺度，起诉偷越国（边）境、毒品等跨境犯罪540人。坚决惩治严重暴力犯罪，起诉217人。持续严惩“两抢一盗”、黄赌毒等严重影响群众安全感的多发性犯罪，起诉977人。依法保护妇女、儿童、老年人、残疾人权益，起诉强奸、拐卖、家庭暴力等犯罪72人。

【扫黑除恶专项斗争】 2020年，全市检察机关围绕打击遏制、深挖根治、长效常治目标，持续加大办案力度，起诉涉黑涉恶犯罪31件451人，其中涉黑犯罪7件180人，涉恶犯罪24件271人；不起诉38人，抗诉14人。制定并全面落实两级检察院领导案件办理“双包保”制度，对检察环节存量、增量案件和线索实行清单管理，由包保领导亲自督办、亲自审查，有力推动“六清”工作任务如期完成。紧盯“骨头案”，引导公安机关从一起涉恶犯罪案件中，深挖彻查并一举突破王云贵、王春利等45人家族式黑社会性质组织犯罪，指导配合公安机关补充移送犯罪事实30起，追诉被告人4人，移送党员、公职人员违纪违法线索10件，依法查封、扣押、冻结涉案财物3亿余元，实现了“依法严惩”“打伞破网”“打财断血”协同推进的办案效果。紧盯“钉子案”，充分发挥检察一体化优势，集中优势力量办理重大案件。从全市检察机关调配公诉骨干支持华宁县检察院组成办案组，仅60天就成功完成了马东元、马品东等60人涉黑案件54起犯罪事实、20起违法事实的审查起诉工作。积极参与全市11个重点行业领域专项整治，发出检察建议22份，全部收到整改落实反馈意见，促进源头治理。

【刑事检察】 2020年，全市检察机关秉持客观公正的立场，坚持少捕慎诉的司法办案理念，不批准逮捕372人，不起诉728人，提出抗诉27件，监督侦查机关立案42件、撤案73件。认真贯彻宽严相济刑事政策，全面推进适用认罪认罚从宽制度，促使犯罪嫌疑人、被告人自愿认罪认罚，适用率81.66%。加强监检衔接，提前介入案件调查63件，起诉监察委移送职务犯罪61人。发挥玉溪检察机关办理大要案的人才资源和专业优势，办理省检察院交办和指定管辖的重大案件14件14人，其中厅级领导干部职务犯罪1人、处级13人；立案查办省检察院指定管辖的司法工作人员徇私舞弊、滥用职权等损害司法公正犯罪2件2人。对玉溪监狱和元江监狱深入开展巡回检察，及时反馈发现问题并发出检察建议。监督纠正减刑、假释、暂予监外执行不当94件，监督纠正财产刑执行192件，书面提出各类监督纠正意见756件。

【民事检察】 2020年，全市检察机关办理民事诉讼监督案件857件，其中依法审查当事人不服民事裁判案件86件，对确有错误的民事生效裁判、调解书发出再审检察建议15份，对正确的法院裁判开展释法说理，促成案结事了、维护司法权威；对审判程序中的违法情形发出检察建议75份；对执行中的违法行为发出检察建议70份；严查虚假诉讼，查办案件26件，涉案金额2 208.3万元。

【行政检察】 2020年，全市检察机关办理行政案件174件，发出检察建议163份。推动行政争议实质性化解，针对行政诉讼“案结事不了”的问题，采取促进和解、督促纠正违法、司法救助等方式，化解行政争议15件，既为政府解决法治难题，又为群众排忧解难。通过公开送达不支持监督申请决定书，联合街道、村组干部向当事人进行释法说理，开展心理疏导，解开当事人心结。

【公益诉讼检察】 2020年，全市检察机关立办公益诉讼案件415件，发出诉前检察建议379份，提起公益诉讼12件。按照最高人民检察院“积极、稳妥”的原则，立办公民个人信息保护、未成年人保护、农业农村等领域拓展公益诉讼范围案件115件，发出检察建议114份。开展“生物多样性保护—检察官在行动”专项监督，立办“红娘蜂”养殖破坏生物多样性公益诉讼案件10件，主动向两级人大专题汇报案件办理情况，向负有监管职责的林草、农业农村、生态环境等部门发出检察建议，督促建立生态环境和生物多样性保护工作机制。加大食品药品安全“四个最严”专项行动工作力度，立办公益诉讼案件24件。

【三大攻坚战】 2020年，全市检察机关坚持以防范和化解金融风险为重点，严厉打击非法吸收公众存款、集资诈骗、传销等涉众型经济犯罪，起诉16人；坚决惩治电信网络新型违法犯罪，依法维护网络信息和财产安全，起诉利用电信网络实施的犯罪23人。坚持检察业务与扶贫工作同向发力，办理国家司法救助案件59件，向70名受害人发放司法救助金77.66万元；支持农民工讨薪601人，追讨工资报酬498.77万元；针对农村小额扶贫贷款逾期问题，及时发出检察建议21份，收回逾期贷款167.61万元。依法严惩破坏生态环境资源犯罪，起诉污染环境、非法采矿、非法占用农用地等犯罪119人，立办生态环境和资源保护领域行政公益诉讼案件212件；聚焦“三湖”保护治理，完善“检察长+河（湖）长”工作机制，两级检察院参与巡河巡湖巡水源地65次，立办行政公益诉讼案件38件，针对抚仙湖多条入湖河道下段水质浑浊、湿地出水口及河道入湖口水质不良等问题，发出检察建议。

【未成年人检察工作】 2020年，全市检察机关坚持对侵害未成年人犯罪“零容忍”，起诉侵害未成年人犯罪186人。坚持宽容不纵容，对罪行较重的涉罪未成年人，起诉239人，制作社会调查报告301份；对罪行轻微的未成年犯罪嫌疑人，附条件不起诉41人。加强未成年被害人保护救助，为困境儿童、事实孤儿等未成年被害人开展综合救助、心理疏导73人，红塔区检察院建成集取证、救助等功能的“一站式”未成年人检察办案区。持续落实“一号检察建议”，针对校园安全管理隐患，发出检察建议10份；常态化开展“法治进校园”活动，全市两级检察长、副检察长担任法治副校长60人，开展线上、线下法治巡讲116场次，受教育学生15.45万人。

【服务民营企业】 2020年，全市检察机关坚决贯彻“两个毫不动摇”“三个没有变”，营造民营企业发展的良好法治环境，起诉欺行霸市等严重影响企业发展的刑事犯罪108人。开展涉民营企业案件立案监督、积案挂案清理、羁押必要性审查专项工作，监督撤销案件22件，审查涉民营企业家羁押必要性案件5件。持续落实高检院服务民营经济11项检察政策，组织民法典讲座进企业，向企业赠送《民法典》，为300余名企业家和职工代表开展民法典巡讲；与工商联共同举办“服务‘六稳’‘六保’，护航民企发展”检察开放日活动，邀请民营企业家走进检察机关，倾听企业家司法需求。市检察院与市工商联建立沟通联系机制，在全省率先设立服务和保障民营经济发展工作联系点，办理涉民营企业民事、行政监督案件115件。依法监督纠正云南宏源电力建设工程有限公司被诉买卖合同纠纷案，被《检察日报》、最高人民检察院影视中心作为检察机关依法维护民营企业的成功案例进行了深度报道。

【检察信访工作】 2020年，全市检察机关牢记“矛盾不上交、平安不出事、服务不缺位”，加强检察环节预防和化解社会矛盾纠纷。办理刑事申诉案件47件，对752件群众来信来访，均在7日内告知“收到了、谁在办”，3个月内办理过程或结果答复率100%。将释法说理寓于办案全过程，邀请人大代表、政协委员、特约检察员、人民监督员参与，举行案件公开听证76件。

【案件管理】 2020年，全市检察机关案件管理部门受理各类案件5 578件，接收卷宗15 892册，送案审核4 453件，移送案件4 349件，制作电子卷宗4 457件18 493册。对涉案财物登记、入库、调用、出库情况规范录入统一业务系统，实行智能化监督管理，接收、登记并入库涉案款1 683万余元，登记并入库涉案物品13 937件。加强案件质量评查工作，规范司法办案流程，组织案件质量评查778件，建立流程监控案件4 786件，针对办案中存在的违法违规情形，发送《流程监控通知书》55份，进行口头提示308次。深化案件信息公开工作，公开案件程序性信息共计5 634条，发布重要案件信息826条，审核并公开法律文书2 566份。安排律师阅卷1 329次。

【接受监督】 2020年，全市检察机关认真落实市人代会决议和人大代表审议意见，梳理汇总“两会”期间人大代表、政协委员意见，抓好整改落实，向市人大常委会专题报告民事行政诉讼监督工作情况。配合省检察院邀请28位全国、省人大代表、省政协委员、特约检察员专题视察玉溪公益诉讼检察工作，231名人大代表、政协委员参加检察开放日、案件公开听证会等系列活动。开通全市人大代表手机“视频短信”联系平台，及时向人大代表推送检察工作情况，走访各级人大代表293人，面对面接受监督。 （段青衿）

2020年10月23日，玉溪市人民检察院联合玉溪市工商联共同举办以“服务‘六稳’‘六保’，护航民企发展”为主题的检察开放日活动 （李明霞 摄）

法　院

【概况】 2020年，全市法院紧紧围绕扫黑除恶专项斗争、打好三大攻坚战、推进新型城镇化建设等重点工作，着重把握市委“稳、保、变、进”四条要求，及时调整工作部署，落实服务保障措施，确保法院工作始终紧贴中心、服务大局。积极融入市域社会治理现代化建设，推进矛盾纠纷的源头防治、有效化解，努力满足人民群众对司法工作的新期待。弘扬社会主义核心价值观，通过新媒体平台开展民法典宣讲、以案普法等活动，充分发挥司法裁判的引导、规范作用。坚持疫情防控和执法办案两手抓，审结涉疫情防控刑事案件4件、破坏野生动物资源犯罪案件56件，妥善审理因疫情引发的合同违约、企业债务、租金纠纷、劳资纠纷等案件。认真开展做好“六稳”工作、落实“六保”任务专项执行行动，执结涉民生案件1 658件，执行到位金额5 503.4万元；执结职务犯罪涉财产案件9件，执行到位金额504.16万元；执结党政机关国有企业拖欠民营企业、中小企业债务案件15件，执行到位金额1 297.26万元；执结违法占用耕地类行政非诉执行案件29件，执行到位金额26.89万元。

2020年，全市法院共受理各类案件43 173件，审执结41 331件，同比分别上升10.22%和14.01%。其中，中院受理案件5 936件，审执结5 739件，同比分别上升11.02%和12.62%。中院审监庭被评为全国法院审判监督工作先进集体，中院新闻中心被评为全国法院新闻舆论工作先进集体，中院柴继红被评为2019年度云南十大法治新闻人物和2020年度云南省三八红旗手。

【扫黑除恶】 2020年，全市法院推进“六清”行动，聚焦“案件清结”，提高办案质效，缩短办案周期。自专项斗争开展以来，一审审结涉黑涉恶案件99件1 089人，二审审结涉黑涉恶案件57件723人。坚持大要案攻坚不放松，审理“王云贵等39人涉黑案”等一批省、市督办重大案件。加大“黑财”清缴力度，追缴、没收违法所得执行到位3 658.97万元，财产刑执行到位4 153.87万元。落实依法严惩要求，认定判决涉黑涉恶案件91件1 025人，判处五年以上有期徒刑338人，重刑率32.98%。聚焦“打伞破网”不动摇，一审审结黑恶势力“保护伞”“关系网”案件16件17人。

【刑事审判】 2020年，全市法院坚持宽严相济刑事政策，一审审结刑事案件2 840件，判决生效4 450人，同比分别上升17.02%和33.63%。依法审理危害国家安全、邪教犯罪案件6件，审结跨境犯罪案件81件，审结杀人、抢劫、强奸等严重暴力犯罪案件158件，危险驾驶、交通肇事等危害公共安全犯罪案件1 228件，盗窃、诈骗等多发性侵财犯罪案件678件。依法严惩涉民生犯罪，审结危害食品药品安全、非法吸收公众存款、集资诈骗、电信诈骗等犯罪案件147件。严厉打击毒品犯罪，审结涉毒刑事案件156件。依法严惩贪污贿赂犯罪，彰显有腐必惩、有贪必肃的决心，审结贪污贿赂、渎职犯罪案件45件。依法办理减刑假释案件2 235件，确保刑罚执行严肃公正。加强精准脱贫司法保障，审结扶贫领域职务犯罪案件2件。

【民商事审判】 2020年，全市法院受理民商事案件21 598件，审结20 790件，同比分别上升4.34%和6.47%。依法支持民营经济发展，加强产权司法保护，审结公司治理类纠纷案件88件。围绕市委推进“两新一重”建设和中心城区“三城”建设，发挥司法裁判对公平竞争市场环境的维护和引导作用，审结征地拆迁、租赁买卖、建设工程等合同案件12 842件，标的金额45.29亿元，其中金融借款、民间借贷案件4 182件，标的金额17.57亿元。中院二审审理的云南建投集团与重庆兴达实业（集团）有限公司建设工程施工合同纠纷案，被确定为2019年度影响力十大税务司法审判案例。规范财产保全工作，慎用查封、扣押、冻结措施，避免因强制措施不当影响企业正常生产经营。保障供给侧结构性改革，依法稳妥处置“僵尸企业”，审理公司强制清算、破产清算和破产重整案件10件。妥善审理事关人民群众生命健康权和财产权的案件，审结就业、教育、医疗、社会保障、交通事故案件787件。全面推进家事审判改革，妥善审结婚姻、继承等家事纠纷案件2 664件，调撤率65.73%。坚持最大化保障劳动者合法权益，审结劳动争议、人事争议案件805件。加大乡村振兴领域司法保障力度，审结涉脱贫攻坚和乡村振兴领域民事纠纷案件360件。坚持让法律更有温度，让司法更有温情，依法为经济困难当事人缓减免诉讼费50.3万元，向特困当事人发放司法救助金219.6万元。切实践行“绿水青山就是金山银山”理念，依法支持检察机关和社会组织提起环境民事公益诉讼，审结环境民事公益诉讼案件9件。通过互联网庭审的方式成功调解“仙湖锦绣”环境民事公益诉讼案。

【行政审判】 2020年，全市法院受理一、二审行政案件330件，审结256件。加强行政诉讼协调和解工作，实质化解行政争议，当事人主动撤回起诉18件。充分发挥行政审判职能作用，监督行政机关依法履职，保障国家重点基础设施建设、棚户区改造、农村居民“一户一宅”政策落实等工作有序推进，裁定准予行政机关申请行政非诉执行235件。深化司法与行政良性互动，应邀参加行政执法案件评查活动，开展行政法律知识讲座，对行政机关制定规范性文件提供咨询意见，向行政机关发送司法建议4件；深入落实行政机关负责人出庭应诉制度，行政机关负责人出庭率95.05%；发布2017至2019年度行政审判白皮书。

【诉讼服务】 2020年，全市法院构建“厅网线巡”为一体的诉讼服务工作格局，最大限度减少人员聚集流动，持续提供安全高效的“非接触式诉讼服务”，全市法院网上立案1 958件、自助立案218件、跨域立案269件、网上开庭1 272件次，电子送达法律文书3 625件次，确保疫情防控与审判执行工作两不误。华宁法院盘溪法庭积极参与“盘溪诉讼治理中心”建设，新平法院在漠沙法庭、戛洒法庭设立诉讼服务站、法官联系点，将诉讼服务延伸到群众家门口。

【执行工作】 2020年，全市法院受理执行案件14 634件，执结13 870件，执行到位金额15.22亿元。巩固“基本解决执行难”成果，坚定不移向“切实解决执行难”目标迈进，全市法院有财产可供执行案件法定审限内执结率为97.47%、无财产可供执行案件终本合格率为100%、执行案件信访办结率为100%、执结率为94.78%。推动构建综合治理执行难工作格局，市委全面依法治市委员会印发《关于加强综合治理从源头切实解决执行难问题的实施方案》，中院与市税务局印发《关于完善人民法院不动产强制执行与税务机关税费征缴协同联动机制的实施方案》。探索智慧执行工作，借力“异地协作执行”平台，有效破解异地执行难题，委托外地法院执行事项1 431件，办理受托执行事项1 359件。综合运用各种强制执行措施，惩戒失信行为，推进社会诚信体系建设，曝光失信被执行人6 614人次，限制高消费9 488人次，限制出境3人次，司法拘留38人次。深化网络询价和网络司法拍卖，提高财产处置效率，网拍成交标的物681件，网拍成交金额达4.17亿元，溢价率达258.99%。

【多元解纷】 2020年，全市法院设立诉调对接中心10个，法律援助工作站14个，第三方调解室30个，特邀调解组织52个，在册调解员391名。努力将矛盾纠纷化解在基层、化解在诉前，立案前委派调解案件6 195件，调解成功2 441件；立案后委托调解778件，调解成功637件。打通“线上＋线下、现场＋远程”的网上纠纷化解方式，在线调解案件2 014件，调解成功1 728件。受理司法确认案件1 814件，确认有效1 773件。妥善处理涉抚仙湖环湖棚户区改造暨生态移民搬迁群体性诉讼案件，有效防止纠纷升级。

【司法改革】 2020年，全市法院加快推进司法制约监督体系改革建设，中院制定关于贯彻落实司法责任制完善审判监督管理的规定，规范审判监督与管理方式；强化对“四类案件”的识别监管，细化监管范围、发现机制、启动程序和监管方式。统筹推进司法体制综合配套改革，中院修订完善员额法官绩效考核办法，配合省高院做好2020年度法官遴选相关工作。推进法院人员分类管理，做好法官等级择优选升、按期晋升工作，完成司法行政人员、审判辅助人员职级套改、职级晋升工作。深入推进刑事审判庭审实质化，严格执行“三项规程”，召开庭前会议117件次；完善侦查人员、证人、有专门知识的人和鉴定人出庭作证机制，“四类人员”出庭案件91件；推进刑事案件律师辩护全覆盖，最大限度依法保障被告人诉讼权利，全市法院指派律师为1 648名被告人提供辩护，为1 429名被告人提供法律援助。探索建立“分调裁审”工作机制，全市基层法院诉讼服务中心、快审团队、人民法庭化解案件10 911件，占一审民事、行政收案数的60.55%。

【审判管理】 2020年，全市法院紧盯“落实年”活动目标任务不松劲，综合结案率为95.85%，结收案比为101.85%，员额法官人均结案182.3件，审判效率稳步提高。二审发回重审案件64件，同比下降20%；二审改判案件368件，同比下降12.8%，案件质量保持良好。将裁判文书公开和庭审直播作为加强司法规范化的切入点，裁判文书上网公开率92.8%、庭审直播7 868件。健全新型审判监督管理机制，深入开展“三评查”“两评选”活动，实现全市228名员额法官评查工作全覆盖。

【智慧法院】 2020年，中院成功申报全国法院第五届司法大数据专题研究试点，并在红塔区法院、江川区法院开展政法跨部门大数据办案平台试点。中院自主研发远程视频开庭排期应用APP，有效保障网上开庭和远程提讯工作顺利开展。以华为、联通大数据中心为依托，探索“司法云”建设，利用云计算中心存储法院审判执行工作数据。充分发挥“数助决策”作用，向市委报送基于司法大数据的玉溪经济社会运行情况评估报告。

【接受监督】 2020年，全市法院始终坚持党的领导，主动向市委、市人大、市政府、市政协汇报通报重点工作、重要事项，市人大先后就扫黑除恶、行政审判、矛盾纠纷多元化解工作进行专题调研。加强代表、委员联络工作，全市法院办理人大代表建议、政协委员提案7件，办结率和满意率均达100%。认真开展阳光司法活动，邀请代表、委员视察座谈、旁听庭审、见证执行。依法接受检察机关法律监督，邀请两级检察长列席审判委员会会议，认真办理检察建议，共同维护司法公正。广泛接受社会各界监督，听取各民主党派、工商联、无党派人士意见。加强法律职业共同体建设，落实律师调查令制度。发扬司法民主，人民陪审员参审案件4 080件。

【云南建投集团与重庆兴达实业（集团）有限公司建设工程施工合同纠纷案】 本案系云南建投集团认为重庆兴达实业（集团）有限公司未向其开具已付建设工程款的增值税普通发票给其造成了相应损失，故而提起诉讼要求重庆兴达实业（集团）有限公司向其开具增值税普通发票。发票事项是近年来重要的争议焦点，也是税法关注的问题。在认定双方合同有效的前提下，一审法院认为，未按规定开具发票的行为应由税务机关处理，故云南建投集团的诉讼请求不属本案的审理范围，不予支持。二审法院认为，在收款后向支付工程款的发包人开具发票既是其履行合同的附随义务，也是其根据相关税务法规应当承担的法定义务，故二审予以改判，支持了云南建投集团要求重庆兴达实业（集团）有限公司向其开具增值税普通发票的诉讼请求。该案在中国法学会财税法学研究会、首都经济贸易大学法学院、首都经济贸易大学财税法研究中心和德恒律师事务所组织开展的年度影响力税务司法审判案例评选活动中，被确定为2019年度影响力十大税务司法审判案例，评审委员会认为，开具发票是合同法所规定的附随义务，还是从给付义务，司法实践中认识不一，对开票义务性质的认识直接影响案件的结果，玉溪中院审理的该起案件对司法实践特别是民事审判具有参考意义。

【“仙湖锦绣”环境民事公益诉讼案】 云南江川仙湖锦绣旅游物业发展有限公司（以下简称“仙湖锦绣公司”）在抚仙湖南岸，开发中国云南江川“仙湖锦绣”暨抚仙湖鲭鱼湾—棋盘山度假娱乐旅游区房地产旅游项目。该项目自2012年施工建设后，在抚仙湖一级保护区内违法填湖建设人工沙滩、违法建设景观水池、售楼部和灯塔。后玉溪市、江川区有关部门对仙湖锦绣公司的相关违法行为进行了罚款，并责令拆除。因仙湖锦绣公司未严格按照要求进行处理，自然之友遂于2017年2月22日向玉溪市中级人民法院提起诉讼。诉讼过程中，经玉溪市中级人民法院多次召集双方当事人及玉溪市抚仙湖管理局相关工作人员进行现场勘验、协商，本案于2020年2月19日通过互联网在线调解，最终促成双方当事人达成调解协议。由仙湖锦绣公司拆除售楼部、景观水池、灯塔、观景台等位于抚仙湖一级保护区内的建筑物、构筑物及设施，并进行生态恢复。并由仙湖锦绣公司出资200万元设立抚仙湖公益保护基金，由玉溪市抚仙湖管理局对基金进行管理，专门用于抚仙湖的生态保护工作，支持环境公益事业。本案创新之处在于以调解形式确定被告出资设立专门的生态保护基金，被评为最高人民法院第四届全国环境资源审判优秀业务成果评选活动“案例类”二等奖。（张 坤）

司法行政

【公共法律服务体系建设】 2020年，市司法局先后出台了《玉溪市公共法律服务实体平台建设实施方案》《关于加快推进公共法律服务平台建设的通知》及关于加强司法鉴定、人民调解、法律援助、法治宣传教育等工作的系列文件，为推进公共法律服务规范化提供制度保障。全面推进公共法律服务实体、热线、网络三大平台建设。完成市、县（市、区）、乡镇（街道）、村（社区）四级实体平台建设全覆盖，建成785个公共法律服务中心（工作站），为群众提供“面对面”服务，同时推动公共法律服务与科技手段融合，开展“非接触”式公共法律服务模式。“12348法律服务热线”：在市公共法律服务中心开通“12348法律服务热线”，由值班律师值守提供法律咨询和服务。“12348云南法网”：整合司法行政各项业务数据，向社会提供查询业务机构信息，网上预约业务办理，在线咨询、留言、投诉建议等三大服务功能。“12348微信公众号”：囊括法律援助、人民调解、公证办理等12个公共法律服务板块，为群众提供流程查询、在线申请或预约办理等服务，让群众可以“一键”自助获得公共法律服务。“云岭法务通”法律服务机器人：可提供24小时服务，能将复杂的法律问题变成简单的提问，引导群众输入相关信息，获取有针对性的法律意见书；53台机器人已落地市、县（市、区）两级党委政府办公区域、公共法律服务中心、车站、政务服务中心等人员密集场所，使用率为100%。深入开展“应援尽援”法律援助惠民工程，发挥法律援助制度优势，持续畅通法律援助申请渠道，以司法所、村（居）委会公共法律服务工作站建设为重点，构建布局合理的法律援助网络体系，为困难群众免费担任法律顾问、代理诉讼案件、解答法律咨询、办理法律援助案件。全市共办理法律援助案件6 207件。其中：办理刑事法律援助案件4 775件，民事法律援助案件1 422件，办理行政法律援助案件10件，办理法律咨询5 689人次，受援对象6 207人。

【普法与依法治理】 2020年，市司法局制定印发了《玉溪市2020年普法依法治理工作要点》，对全市普法依法治理工作进行安排部署。把学习宣传习近平总书记全面依法治国新理念新思想新战略作为全民普法的首要任务，大力弘扬宪法精神。贯彻落实好《关于进一步深化全市宪法宣传教育工作的意见》，常态化组织开展宪法进企业、进农村、进机关、进校园、进社区、进军营、进网络、进万家活动，推动宪法精神深入人心。组织开展“12.4国家宪法日”暨“宪法宣传周”活动，发挥“报、网、微、屏”在宪法宣传教育中的作用，进一步推动全社会宪法学习宣传教育实现制度化、经常化、阵地化。加强重点对象学法用法。举办全市2020年领导干部法治讲座（云岭大讲堂·玉溪讲坛）暨“七五”普法骨干培训班，邀请专家从“推进放管服改革，优化营商环境，助力云南高质量发展”“运用法治思维，推进基层治理体系和治理能力现代化”等方面进行讲授，对250余名学员开展《民法典》知识培训。8月18日，组织召开玉溪市2020年普法责任制联席会议，统筹推动国家机关“谁主管谁普法”“谁执法谁普法”责任制有效落实。制定印发《关于建立法官、检察官、行政执法人员、律师等“以案释法”制度的实施意见》，推动法官、检察官、行政执法人员、法律服务人员积极开展庭审观摩、重大案件旁听、阳光司法等活动，加强典型案例发布，确保了以案释法工作的有效进行。制定印发《关于推动全市国家工作人员旁听庭审活动常态化制度化的实施意见》，推动全市国家工作人员旁听庭审活动常态化、制度化。以创建“民主法治示范村（社区）”为抓手，开展多层次多领域法治创建，深入推进法治乡村建设，全市共创建民主法治示范村（社区）182个，其中国家级6个，省级40个，市级136个。完成“七五”普法检查验收。制定印发《玉溪市“七五”普法规划总结验收方案》，7月市委宣传部、市司法局、市普法办按照《玉溪市“七五”普法规划检查验收指导标准》对各县（市、区）、市级各部门开展书面验收。在书面验收的基础上，由5名市级领导带队，组成5个检查验收组对全市9个县（市、区）、20个市级单位（含中央省驻玉单位）开展实地检查验收。并对全市“七五”普法检查验收情况进行通报。8月省检查验收组到新平县、市人社局、市民政局、市抚仙湖管理局执法中队进行了实地抽查，省检查验收组对玉溪市开展“七五”普法工作的成效给予肯定。

【学习宣传贯彻《民法典》】 2020年，市司法局制定印发了《关于开展〈中华人民共和国民法典〉集中学习宣传工作方案》，以组织开展“六个一”活动（召开一次学习宣传民法典座谈会、召开一次学习宣传民法典全市动员会议、开展一次普法知识竞赛、开展一系列民法典访谈活动、组建一个普法宣讲团、开展一系列普法宣讲活动）为抓手，推进《民法典》的学习宣传。组建了以七五普法宣讲团为主的民法典宣讲团。组织全市各级各部门观看学习民法典公开课、民法典有奖知识竞答活动以及“云南省民法典学习线上答题”活动，推动民法典学习宣传。利用新媒体，制作刊播民法典系列宣传图文、动漫和短视频，以图文并茂、形象生动、喜闻乐见的形式做好民法典的宣传普及。6月30日，组织举办玉溪市领导干部法治讲座“云岭大讲坛.玉溪讲坛”暨“七五”普法骨干培训班，对全市280余名领导干部和普法骨干进行民法典专题辅导。8月3日，配合市委宣传部组织好五届市委理论学习中心组举行集中学习，专题学习《中华人民共和国民法典》和习近平总书记在中央政治局第二十次集体学习时的重要讲话精神，市委书记王力主持学习并作动员讲话；8月3日下午，组织举办玉溪市领导干部学习民法典专题培训会，市委常委、市委政法委书记马加能主持，全国人大常委会法制工作委员会民法室原主任贾东明到会作民法典专题辅导。会议以视频形式开至县（市、区），约1 444人参加培训。9月7日，组织全市干部职工参加云南省民法典巡回宣讲团玉溪宣讲会，会议以视频形式开至县（市、区），约1 100人参加培训。

【人民调解工作】 2020年，全市有人民调解员10 601人，人民调解组织942个，其中村（居）调委会703个，乡镇（街道）调委会74个，企事业单位调委会49个，医疗纠纷调委会8个，道路交通事故纠纷调委会17个，劳动争议纠纷调委会14个，物业纠纷调委会10个，商会调委会4个，设立人民调解参与信访问题化解工作室或调委会10个。积极开展矛盾纠纷排查，切实把矛盾纠纷解决在萌芽状态。加大基层矛盾纠纷排查化解力度。遵循“以自治消化矛盾、以法治定纷止争、以德治春风化雨”的工作理念，推进“枫桥经验”焕发出蓬勃生机。发挥“一纵N横”组织网络“全覆盖”的优势，调动人民调解员的工作积极性和主动性，实现人民调解工作由以化解纠纷为主向，以预防纠纷为主转变。按照常规排查与专项排查相结合的原则，发挥调解工作“例会制”作用，及时登记并研判排查出来的矛盾纠纷，认真进行梳理归口，做好矛盾纠纷化解工作。2020年，全市人民调解组织共开展矛盾纠纷排查3 955次，预防纠纷2 569件，调解矛盾纠纷12 005件，调解率达100%；调解成功11 945件，成功率达99%以上。防止民间纠纷转化为刑事案件113件230人，防止群体性上访1件8人。调解协议的履行率不断提高，在调解成功的11 945件中，履行11 858件，涉及当事人26 943名，协议涉及金额17 111万元。继续开展“万人进千村帮万户”活动。2020年，全市共建立法润脱贫群75个，调解建档立卡户纠纷75件，涉及150人；基层法律服务工作者提供法律服务咨询1 368次1 050件；提供现场法律服务426次，举办法治讲座67次，组织法律服务活动进村居251次，开展“法治文艺汇演”43场。推进人民调解参与信访问题化解工作。将人民调解员人熟、地熟、情况熟的基础性优势同信访工作紧密结合起来，以党政领导包案为突破口，做好信访矛盾纠纷化解工作。2020年全市人民调解组织排查信访纠纷1 868次321件，受理和调解信访纠纷429件，调解成功369件，履行协议369件。

【基层法律服务】 2020年，全市共有64个基层法律服务所、148名基层法律服务工作者通过考核，新申请执业3人，注销9人，换证3人，转所14人，法定代表人变更7人。进一步加强基层法律服务“三个一”工程建设。着力解决公益法律服务发展不平衡不充分的问题，在全市全面推进“一乡一所”“一村一法律顾问”“一村一公示牌”为主要内容的基层法律服务“三个一”工程。基层法律服务重点以村（居）委会为落脚点，建立基层法律服务微信平台，组建以基层法律服务工作者、司法所人员和人民调解员为主的法律顾问团，向基层群众及时提供优质便捷高效的法律服务。全市基层法律服务共担任法律顾问3 727家，代理诉讼1 090件，代理非诉讼538件，调解纠纷940件，解答法律咨询20 739人次，办理农民工事项135件，办理法律援助142件，参与司法行政工作144件，避免和挽回经济损失2 176.34万元。

【人民陪审员人民监督员管理】 2020年，全市司法部门切实推进人民监督员管理，按照进一步深化司法体制和工作机制改革，建立健全权力运行制约和监督体系的要求，积极改革人民监督员选任管理方式，拓展人民监督员监督范围，确保全市人民监督员工作稳步推进。人民监督员在监督评议过程中更加积极主动，对人民检察院的监督实效更加凸显，有力健全了检察权力运行的外部监督制约机制，规范了司法行为，促进了司法公正。全市40名人民监督员参与案件审查、公开听证等检务活动11次、24人。按照《玉溪市人民陪审员选任工作实施方案》，督促指导各县（市、区）司法局完成人民陪审员的选任工作任务。2020年，全市共有人民陪审员569名，其中本届新选任373名，人民法院选任后留任123名。《人民陪审员法》颁布实施后参与陪审案件3 801件，充分发挥了人民陪审员参与审判、服务群众、监督司法等方面的职能作用，拓宽了司法民主，促进了司法公正。

【社区矫正及安置帮教】 2020年，玉溪市社区矫正委员会成立并召开第一次全体会议，组织开展4次社区矫正执法检查，预防和减少重新违法犯罪。2020年，全市共接收社区矫正对象1 963人，解除矫正1 595人，对违反规定收监执行41人，警告155人，治安处罚14人。累计接收社区矫正对象14 719人、解除12 765人，在册1 954人。加强刑满释放人员衔接协调工作，加大信息核查力度，衔接率达100%。全年共接收安置帮教对象2 557人，全市在册安置帮教对象8 123人，其中刑满释放4 491人，解除社区矫正3 632人。持续抓好扫黑除恶专项斗争法治宣传教育，结合"法律六进+N"等活动，推进扫黑除恶相关法律法规及知识进基层。做好"两类人员"管控，深挖彻查涉黑涉恶犯罪人员，组织开展黑恶犯罪线索"大起底、大排查"，共摸排涉黑涉恶线索13条。扎实开展行业整治，贯彻落实"三个规定"，把开展对黄赌毒和黑恶势力听之任之、失职失责，甚至包庇纵容、充当"保护伞"的问题整治作为深化扫黑除恶专项斗争的关键举措，制定工作方案，明确目标任务，查找工作中的不足，细化整改措施，部署推动集中整治行动。加强对全市执业律师培训，建立健全律师辩护代理涉黑涉恶案件监督机制。

【律师工作】 2020年，全市共有律师事务所54个（16个个人所，2个国资所，36个合伙所）398名执业律师，共担任法律顾问1 190家，办理刑事辩护2 230件，民事、经济代理5 182件，提供法律援助2 040件，代写法律文书3 680件。10月31日，第三次国家统一法律职业资格考试玉溪考区开考，考区设一个考点一个批次，应参考人数794人，实际参考623人，参考率78.5%。

4月14日，市律师行业党委、市律师协会组织召开全市律师行业党的建设暨律师工作会议，对律师行业年内各项重点工作进行安排。6月19—21日，2020年度全市律师执业教育培训在市委党校举办，全市9县（市、区）司法局分管领导、执业律师、实习人员共420名人员参加了培训，组织全体执业律师着律师袍进行执业宣誓。抓好律师事务所、律师执业年度考核工作，健全律师执业状况评价机制。年内，完成了市律协的换届选举，并对律师行业党建，律师业务中涌现出来的一批先进党组织、优秀律所、个人进行了表彰。

【疫情防控法律服务】 2020年，市司法局深入开展"防控疫情、法治同行"专项法治宣传行动，制定印发了《防控新型冠状病毒感染的肺炎疫情法治宣传教育工作方案》，广泛宣传传染病防治法、突发公共卫生事件应急条例、野生动物保护法等相关法律法规。同时大力宣传疫情防控工作中涌现的感人事迹和先进典型，向社会传递司法行政系统抗击疫情正能量。全市司法行政系统在疫情防控期间，共出动宣传人员8 155人次，出动宣传车550辆次，通过微信、微博等客户端宣转发各种防疫信息17.5万余条；发放宣传资料16.4万余份；利用广播在村（社区）及小组，宣传预防新型冠状病毒感染方法和疫情期间公安机关重点打击的违法犯罪行为5.7万余次。全方位做好服务疫情防控和经济社会发展法律服务工作。加强行业监管指导，做好针对疫情防控公共法律服务，积极回应公众针对疫情的法律咨询。加强司法鉴定工作，积极受理与疫情相关的医疗纠纷等鉴定案件，积极配合有关部门开展野生动植物鉴定。扎实做好仲裁工作，对因疫情导致资金困难的企业，依法依规减免费用。为复工复产企业困难职工提供有效法律援助。认真办理相关公证事项，针对企业复工复产面临的债务偿还、资金周转、扩大融资等困难，提供专项公证服务。加强疫情防控相关行政复议案件审理工作，对涉及行政机关依法处罚囤积居奇、非法牟利、制造传播谣言、隐瞒病情、拒绝隔离或恶意传播疫情等违法行为的行政复议案件，依法稳妥从快审理。针对企业因疫情引发的生产经营、合同履行、劳动争议等矛盾纠纷，各人民调解组织开辟绿色通道，优先化解，促进企业尽快复工复产。2020年，全市人民调解组织共排查出涉疫情纠纷31件，调解率100%。组建律师公益法律服务团，开展企业复工复产"法治体检"专项行动，推动律师服务企业复工复产。引导全市律师做好复工复产政策举措的合法性审查和法律论证工作，针对企业普遍关心的政策性金融、减税降费、社会保险延期缴纳等举措，加强政策解读，回应企业关切，为企业做出复工复产决策把好法律关、政策关。为企业提供在线合同审查、知识产权保护等法律服务，堵塞法律风险和制度漏洞，做好涉企业诉讼、仲裁案件辩护代理工作，维护企业合法权益。疫情防控期间，共设立5个专项法律服务团，为党委政府决策提供法律意见和建议14件次，为企业复工复产提供法律意见15件次。组织45家律所、152人次律师开展"法治体检"活动，帮助56户企业梳理法律风险点193个，出具法律意见113条，协助化解矛盾纠纷35件，帮助审查完善规章制度78项，出具法治体检报告56件次。

（王 丹）

军事

MILITARY

责任编校：王　斌

玉溪军分区

【开训动员】 2020年1月3—7日，玉溪军分区召开2020年开训动员会议，拉开2020年度军事训练的序幕。会上全体人员向分区党委递交了2020年度军事训练目标承诺书，副司令员周文春总结了上年军事训练完成情况，部署2020年军事训练工作，政委刘祖文对2020年军事训练做了指示要求。全体人员学习军事训练法规，依据大纲组织年度军事训练"首考"，以比开训、以赛开训，将考核成绩拉榜排名、张榜公布，并以此次考核成绩为基准，制定半年度和年度各科目目标成绩，提振官兵的士气斗志，有效激发训练热情，营造军事训练的浓厚氛围，为新年度训练开展打下了坚实的基础。

【党管武装】 2020年8月18日，玉溪市召开市委议军会议，认真传达学习《中国共产党军队党的建设条例》和省委议军会议精神，系统总结上年全市国防动员和后备力量建设情况，安排部署2020年工作任务。会议组织县（市、区）人武部党委第一书记党管武装工作述职和履职情况讲评，深入研究在党管武装、应对强敌动员准备、民兵调整改革和兵员征集工作中存在的矛盾问题，要求地方党委政府认清职责、补齐短板、完善机制，坚决做到"管好政治方向、管好思想教育、管好组织队伍、管好应急备战、管好建设保障"，办好涉及退役军人、军属就业、子女入学等"情系国防暖心事"，号召军地双方架好"连心桥"、上好"同心锁"，促进玉溪市经济建设和国防建设同频共振、协调发展，形成全要素、多领域、高效益的军民融合深度发展新格局。

【国防教育】 2020年，玉溪军分区进入乡镇（街道）和村委会进行党课教育10余次，入校进行国防教育授课21次，组织民兵国防教育授课9次，累计教育在校学生、党政机关干部、企事业职工、社会青少年1万余人。利用聂耳纪念馆、聂耳故居、峨山觅耻冲滇中地委旧址、元江阻击战遗址等爱国主义教育资源，面向广大青少年群体，开展党史军史教育。积极协调联系市委宣传部、玉溪师范学院和玉溪农业职业技术学院，关注"爱我国防"为主题的大学生演讲比赛、读书征文等活动，在各县（市、区）开展"寻找最美征兵故事"活动，激发广大青年热爱国防、支持军队建设的热情。

【双拥共建】 2020年，玉溪市全国双拥模范城创建实现"五连冠"目标。7月30日，玉溪军分区牵头组织玉溪市4套班子领导、驻玉部队主要领导约100余人到驻玉某部野外驻训点参加"八一军事日"活动，现场体验官兵野外驻训生活，参观装备静态展示，观看军事科目演练，强化了党政机关领导爱国防、管武装、当后备的政治意识和责任担当。2020年，全市共接收转业干部32人，计划安置26人，自主择业6人，计划分配军转干部100%安置到党政机关和参公事业单位，202名符合政府安排工作退役士兵和退出消防100%安置到事业及国有企业工作。协调解决1 431名军人子女入学入园问题，为军人子女实行中考加分照顾3人，接收安置随军随调军人家属7名，消除退役军人的后顾之忧。

【后备力量建设】 2020年2月27日，玉溪军分区协调市政府、市民兵调整改革领导小组成员单位、驻玉部队，召开2020年度玉溪市民兵组织整顿任务部署会。会议从摸实潜力底数，编实民兵队伍，落实教育训练，抓实各项制度，配实装备器材，用实民兵经费，留实工作痕迹七个重点进行安排部署，就如何抓好年度民兵组织整顿任务提出工作要求。并针对社会经济发展、“两会”安保维稳、疫情防控等任务叠加形势下的民兵整组工作提出建议，确定各级本区域民兵组织结构和建设布局，建立与预备役部队、人防、交通战备、应急管理等有关单位和部门的协调对接机制，防止各类队伍扎堆组建、重复编兵、交叉编兵，并视疫情形势展开年度民兵基地化训练和在岗训练。3月28日至4月3日，玉溪军分区组织开展民兵干部和民兵教练员集训。集训以《民兵军事训练与考核大纲》为依据，邀请市反恐支队、市应急管理局的专家辅导授课，依托国防训练基地实施社会化保障，圆满完成了12个课目的学习训练，进一步提高了民兵骨干组训能力，经考核33人具备了民兵教练员资格。5月12日，玉溪军分区组织红塔集团武装部搬迁揭牌仪式暨民兵应急营连部规范化建设观摩活动，省军区、市政府、军分区和红塔集团主要领导出席，各县（市、区）武装部、市政府相关职能部门、红塔集团所属4个卷烟厂武装部87人参加，市应急营1连、3连及红塔集团安保队伍进行了升旗仪式和训练成果演示。省军区首长高度肯定红塔集团武装工作和民兵建设成果，就进一步加大武装工作，建设一流的队伍、营区，提升民兵队伍备战打仗提出了新期望。

【抢险救灾】 2020年，全市出动官兵和民兵2.79万人次，圆满完成扑灭山火、抗旱保苗、河道清理治安执勤等任务79次，抢救财产价值918万元，投入救灾捐款43.3万元，有效维护了驻地社会稳定和人民群众生命财产安全。

【学生军训】 2020年，全市学生军训工作以《学生军事训练工作规定》《普通高等学校军事课教学大纲》《高级中学学生军事训练教学大纲》为依据，积极探索适应玉溪全面普及学生军训的新形势和新任务，开展“灌输式”讲授与“开放式”训练相衔接的学生军训组训施训方式，着力打造“引领示范、走在前列”的学生军训玉溪品牌，全年共派出799名教官，完成2所高校，27所高中，共计32 190名学生军训工作。

（玉溪军分区供稿）

驻玉部队

【思想建设】 2020年，驻玉部队坚持用习近平新时代中国特色社会主义思想和习近平强军思想统一思想，引领部队。强化理论武装。第一时间跟进学习习近平主席视频慰问扫雷排爆大队重要指示精神，抓好十九届五中全会精神学习宣传贯彻，组织党委集中学习27次、为部队辅导授课11次，扎实开展“习近平强军思想、做新时代的好战士”岗位实践活动，推动理论武装走深走心走实。抓实思想教育。深化主题教育，掀起向“硬骨头六连”和“排雷英雄战士”杜富国学习热潮，倡导构建“学习型”军营，建立“部队社会家庭共教共育”机制，开展“爱党报国见行动，抗击疫情做贡献”主题实践活动，凝聚同心战“疫”强大精神力量。厚植强军文化。总结梳理部队红色传统，建成军史长廊，广泛开展“先锋”系列文化活动，评选第二届“十大工化先锋”。

【备战练兵】 2020年，驻玉部队针对任务多样、点多面广、基础薄弱、资源有限等现状，突出在立导向、抓落实、提质效上下功夫，不断提升胜仗能力。紧盯形势抓备战。严格党委议战议训，扎实开展形势战备教育，抓好地震救援、抗洪抢险、核生化应急、西南边境疫情防控、重装运输分队等应急力量常态备勤，确保一有情况，能够迅速出动。按纲施训夯基础。解决偏训漏训弱训课目41个，弹药、油料、摩托小时指标完成率100%，参加上级十类尖子教学法集训比武，3人获评“首席教练员”11人获评“优秀教练员”。圆满完成年度野外驻训、中泰“金色眼镜蛇-2020”演习、维和分队轮换等任务，高标准承办战区陆军工兵、防化兵尖子教学法集训，部队应急应战能力得到大幅提高。

2020年7月28日，中国第19批赴黎巴嫩维和部队第2梯队205名官兵，搭乘专机从昆明长水机场出发，飞赴黎巴嫩维和任务区 （驻玉部队 提供）

【组织建设】2020年，驻玉部队深入贯彻军委基层建设会议精神聚焦“三个过硬”全面抓建设打基础。制定《党委机关按纲精准抓建基层措施》《“双争”活动实施细则》，持续抓好“应急抢险先锋连”建设，强化示范引领，扫雷排爆大队被表彰为全国“拥政爱民模范单位”。规范“三会一线”，取消基层不合规登统计13类，投入800万元办成33件实事，救济慰问121名困难官兵，办理13名官兵家属随迁、子女入学，与玉溪市汇欣律师事务所建立法律咨询协作机制，解决官兵家庭涉法涉诉问题，官兵幸福感获得感不断提升。组织3轮安全法规学习培训，邀请驻地国安、交警、消防等单位人员来队授课、组织防火应急演练。投入200余万元，完善营门等重要目标安防设施，建成营区视频监控系统，安全发展基础更加稳固。

【疫情防控应急救援准备】2020年，根据南部战区陆军赋予的支援保障任务要求，驻玉部队成立疫情防控应急救援队，备勤210人，各型车辆33辆，全方位做好执行任务准备。按照专业化、模块化共编2组4队1站，按照指挥协调、消毒处置、集中洗消、后勤保障4个不同任务分工展开临战训练；组织对武汉地区可能担负的定点收治医院、方舱医院和集中隔离点等重疫区的消毒任务进行研判；充分预想3类19种情况研究制定《行动预案》《疫情防控行动消杀灭处置规范》；同步配备补充洗消装备285台，防护器材210人份，消毒剂2.7吨。

【参加“金色眼镜蛇-2020”人道主义救援演练】2020年3月1—4日，驻玉部队25名官兵在泰国北柳府国家减灾训练中心与美国、泰国等7国200余官兵混合编组，围绕不同灾害类型，对空中及地面搜索、水上打捞、现场医疗急救等课目进行联合演练，通过演练体现中国积极参加多边安全防务合作意愿，增强与参演国间重大自然灾害救援响应的良性互动和交流合作。

【赴黎巴嫩“维和”】2020年7月28日，以驻玉部队为主体组成的中国第19批赴黎维和部队指挥部组织所属多功能工兵分队、建筑工兵分队、医疗分队3支分队第一梯队205人，搭乘专机从昆明长水机场出发，飞赴黎巴嫩维和任务区，接替中国第18批赴黎维和部队第一梯队回国人员，执行为期12个月的防护工程建设、人道主义救援、“蓝线”栽桩、临时边界扫雷标定战场区域清排等维和任务。9月10日，驻玉部队对维和分队完成任务情况进行总结，对载誉凯旋的维和官兵予以表彰，7人荣立三等功，53人获嘉奖。任务期间，维和分队安全高效清排雷场10 427平方米，发现并销毁地雷1 577枚，帮助柬埔寨销毁地雷997枚，累计完成工程施工30项，无偿接诊当地民众3 000人次，赢得了联合国、黎巴嫩政府和人民的广泛赞誉，分队180名官兵被授予“联合国和平勋章”，分队及10名官兵荣获联黎最高荣誉司令嘉奖。

【地震救援骨干集训】2020年12月13—23日，驻玉部队联合云南省地震局，组织集团军部队和昆明军犬训练队63名地震救援骨干，展开地震救援搜索技术暨指挥管理骨干集训。邀请国家应急管理部搜救中心、山东省地震局、云南省消防总队、云南省红十字会专家，围绕“地震救援行动案例分析”“INSARAG体系与协调机制”“生命迹象搜索”“现场医疗救护及心理安抚技术”等18项内容辅导授课；进行狭小空间救援、水域救援、高空救援等8个科目实操训练；研讨修订救援队建设能力评估细则（标准）、救援队战备标准、地震救援行动安全概论3类建设标准，不断提高救援行动科学性，着力推动西南方向国家地震灾害紧急救援队建设走深走实。

（驻玉部队供稿）

武　警

【概况】2020年，武警玉溪支队在面对疫情防控、决战决胜、应对强敌“三大背景”下，全体官兵团结奋进，聚力锻造过硬先进支队目标，围绕“八精”抓建思路，坚决贯彻民主集中制，守正创新谋发展，群策群力攻难关，重心下移打基础，转改作风抓落实，在大事难事中经受了历练，部队建设水平再上新台阶。武警玉溪支队被武警部队表彰为“抓建基层先进单位”“安全工作先进单位”和“三化”达标先进单位；支队参谋部信息通信股、政治工作处宣传保卫股被总队表彰为“机关服务基层先进股”；武警玉溪支队执勤二大队被总队表彰为“四铁”先进大队；武警玉溪支队执勤一大队红塔中队、机动中队、执勤二大队执勤二中队、执勤三大队华宁中队被总队表彰为“四铁”先进中队；武警玉溪支队执勤一大队机动中队被支队表彰为全面过硬先进单位。陈红明等15人被表彰为三等功臣。

【政治建军】2020年，武警玉溪支队坚持不懈用习近平强军思想灌注部队，着眼精诚教育铸牢思想忠诚，通过探索实践“8+8+7”教育路子，深入开展“月读一好书、周写一体会、日学一法规”等活动，抓好理论学习。在紧扣精美文化的主题中抓建设，使部队面貌有了新变化。贯彻落实武警部队“金华会议”精神，投入约145万元率先完成支队军史长廊和大（中）队荣誉墙建设。同时组建成立“五小兴趣小组”，常态开展“七红”“庆八一、迎国庆”群众性文化活动，组织“致敬忠诚·党在我心中”主题演讲比赛，

2020年12月13—23日，驻玉部队联合云南省地震局，组织集团军部队和昆明军犬训练队，展开地震救援搜索技术暨指挥管理骨干集训 （驻玉部队　提供）

举办第二届音乐汇暨欢送老兵文艺晚会，让官兵传承了红色基因，在寓教于乐中丰富了生活。在国家公祭日、建党节、建军节等，组织参观红色教育基地，开展各类仪式教育，坚定官兵信仰。结合军官（士）退役、先进评比等时机，邀请官兵家属参加晋衔、退役，评比表彰等活动，通过注重仪式熏陶增强全体官兵的荣誉感、归属感。

【练兵备战】 2020年，武警玉溪支队以训词训令为遵循，紧盯精品勤务保中心，围绕驻地任务特点，处置突发事件、群体性事件、抢险救援等大型任务，坚持高站位备战，严密组织训练演练、战备拉动。在练兵备战上，武警玉溪支队瞄准精兵训练，练强打赢能力，探索创新军事训练新模式，有效提升官兵训练的科学性和针对性。采取全覆盖、分层次落实训练大纲，坚持常态化、专业化组织各类集培训；广泛开展“双百一争”活动、定期举行练兵比武竞赛，着力推动“六种组训模式”“八落实”军事训练新规范、新标准落地见效，以比促训的实战化训练氛围更加浓厚，部队训练基础逐步夯实。支队先后荣获总队“巅峰-2020”特战分队比武团体第一名、总队“锋锐-2020”机动分队比武团体第二名、总队“论剑-2020”教练员比武团体第三名、总队“论剑-2020”导调员比武团体第三名、总队“密战-2020”机要专业比武团体第三名等佳绩，3名官兵被武警部队通报表彰，21名官兵被总队表彰奖励。在固定目标执勤任务上，武警玉溪支队着力推进“智慧磐石”工程建设，年底所属单位“智慧磐石”工程全面建成，科技强勤作用进一步凸显。部队遂行任务能力显著提升，中心工作完成出色。

【安全管理】 2020年，武警玉溪支队坚持落实安全工作“八个规范”。在新冠疫情期间，积极探索疫情防控措施，研究制定“五个第一”“十项规范”和“1-1-3-3-3”防护机制，确保部队疫情防控“零输入、零感染”。支队疫情防控14条经验做法被总队快报转发应用。开展主官每月与官兵及其家属“三位一体”谈心交流活动，全方位掌握官兵思想，使干部骨干知兵、谈心、说理和解难能力得到持续增强。采用每日坚持翻安全倒计时牌、安全“早提醒晚讲评”、定期邀请驻地国安局专家到支队现身说法、组织官兵到交通安全警示教育基地参观见学。严格“八个环节”正规用车秩序等方法，车辆安全管理经验做法被总队转发应用。支队被武警部队评为暑期百日安全竞赛优胜单位，连续25年安全无事故。

【后勤保障】 2020年，武警玉溪支队及时优化“一组五队”后勤力量，广泛开展后装岗位大练兵活动，后装人员职业技能稳步提升。在服务官兵上，探索创新官兵点菜式办伙，点菜软件集家乡菜、面食、教学和满意度测评等多元一体，走出伙食保障的新路子；坚持后勤工作“三个倾斜”，全年紧盯“三化”“四全”要求，抓实装备管理工作，投入经费30余万元为基层采购配发给养器材、系列化营具和装备维修器材，后勤服务质效大幅提升。支队被武警部队表彰为装备管理“三化”达标先进单位。

【作风建设】 2020年，武警玉溪支队主要领导每季作党纪专题党课，严格落实规范固化党日、党课、双重组织生活等制度，本着治病救人态度严肃查处违纪问题。从严组织“不忘初心、牢记使命”常态化教育。实行政治领域官僚主义专题清除纠治和“严四风强四研”作风整顿，官兵绝对忠诚的政治品质、听令景从的政治自觉愈加纯正。武警玉溪支队定期组织党员干部参观玉溪市反腐倡廉警示教育基地，通过以案说法、以案为鉴，引导官兵知敬畏、存戒惧、守底线。紧盯入党、考学、学技术、干部任用等敏感事务，坚持公平、公正、公开选人用人，突出挺纪在前，深化武警部队、总队纪检监察干部网上培训效果，严密组织纪检委员业务培训和纪检干部整治活动。运用谈话提醒、电话问询等手段，抓早抓小，防微杜渐。从严落实纪委监督责任，有效提升纪检监察队伍的责任意识和能力素质。狠刹基层官兵身边“微腐败”和不正之风，有力推动全面从严治党向基层延伸。

（王文富　张　然）

预备役三团

【思想政治建设】 2020年，预备役三团认真落实“学懂弄通做实”标准，按照“1+1+4”模式、“六有”要求，抓严党委中心组学习，全年临时党委组织25次集中学习；学习习近平主席视察云南部队时的重要讲话和给“硬骨头六连”回信，开展向“硬骨头六连”学习活动，开展检视反思，推动“学、育、建”经验成为普遍实践；深化主题教育，广泛开展“习近平强军思想、做新时代的好战士”实践活动，促进“传承红色基因、担当强军重任”成为价值追求。

【党组织建设】 2020年，预备役三团党委按照新时代党的建设总要求和中央军委党的建设会议精神，严格落实《军队党的建设条例》，紧紧扭住党的建设这个关键，以严实党风淬炼过硬班子、锻造过硬队伍、建设过硬部队。深入推进“两学一做”学习教育常态化制度化，严肃认真落实收缴党费、“双重组织生活”“三会一课”等基本制度，及时调整健全党组织，进一步规范机关、基层党组织职能、权责和运行机制；严肃政治监察，突出抓好贯彻军委主席负责制、执行政治纪律政治规矩的监督检查，把政治红线拉紧实、踩到底；常态开展深化“双十条”整治活动，全员开展“落实组织生活制度、因私出国(境)和社团管理情况”清查整改，严格疫情防控和调整改革期间监督执纪。

【战备建设】 2020年，预备役三团坚决贯彻习近平主席疫情防控与练兵备战“两手抓、两手硬、两不误”号令，确保疫情零感染、备战绷紧弦。对表《陆军部队战备工作暂行规定》，修订完善战备方案，坚持每月组织1次作战值班培训，完成2次军情研究，常态组织训演练，部队“五种能力”有效提升；10月份，完成年度综合战备演练，综合排名全师第一，3名指挥员总评优秀。

【军事训练】 2020年，预备役三团扎实按新大纲施训组训，全员完成训练等级评定，组织首长机关“五能六会”专攻精练，基础体能、基本技能提升明显；7月份，完成年度入队训练，8-9月份，完成单兵－班组－连排－营队4级战术训练并组织步兵连进攻战斗连贯演练，分队成建制训练水平进一步提升。

（普玉龙）

2020年10月，预备役三团战备演练　（预备役三团　提供）

人民防空

【概况】 2020年，市人防办坚持“长期准备、重点建设、平战结合”方针，认真履行职能职责。制定了7个行政管理制度、5个人防设施设备管理制度、16个内控制度，规范人防工程建设和各项工作管理。继续推进市级人防基本指挥所建设，完成了23个项目的防空地下室竣工验收备案工作。开展2次人防通信培训和野外训练，增强了人防通信的快速反应能力和野外遂行通信保障能力。完成人防档案扫描数字化，认真开展人防工程质量监督检查工作，围绕“五个专项治理重点”“六个审计反映问题整改”扎实有效组织推进全市人防系统腐败问题专项治理工作，在全市专项治理工作中取得的优异成绩。

【基本指挥所建设】 2020年，市人防办继续推进市级人防基本指挥所建设。11月27日组织红塔区、峨山县、通海县、澄江市和新平县5个县区项目可研报告集中评审，完成省人防办立项和建议书批复；易门县、华宁县、元江县进入立项报批阶段，江川区在做前期准备工作。

【人防指挥通信训练】 2020年，市人防办开展2次人防通信培训和野外训练，所有参训人员统一着装、迅速集队、听从指挥、分工合作，在复杂的地形环境及天气条件下，严格按照计划分别进行了北斗卫星通信系统、超短波电台、显示控制系统等训练科目；10月20日集中组织人员到新平县、通海县、元江县开展为期3天的人防野外通信训练；10月28日参加省人防办组织的全省人防野外通信训练，参照“准军事化”管理，在省人防办的统一指挥下，迅速集结队伍，采用摩托化机动方式，迅速机动至训练场地，按照统一组织、讲解示范、技术指导的方式，由省人防办技术人员向各州市进行卫星通信、视频会议、图像采集、无人机航拍、机动指挥所系统开设与应用等5个内容的操作示范及指导。

【防空警报试鸣】 2020年4月4日10时，根据国务院公告要求，全市鸣响防空警报，表达全市各族人民对抗击新冠肺炎疫情斗争牺牲烈士和逝世同胞的深切哀悼。9月18日，在全市同时组织开展防空警报试鸣活动。两次防空警报试鸣活动取得圆满成功，防空警报器随时处于良好战备状态。同时，采取悬挂人防布标、组织人防知识宣传展板、发放人防知识宣传单、印发人防标识、人防政策宣传袋等形式，组织开展以“歌颂人防发展成就，喜迎人民防空成立70周年”为主题的防空警报试鸣宣传教育周活动。

【人防建设管理】 2020年，市人防办根据专项治理安排部署和工作要求，对机动巡察、审计专项调查、财政专项检查、人防系统自查发现的问题反思根源，补齐短板，建立长效管理机制，规范人防工程建设和各项工作管理，杜绝问题再次发生。制定了《玉溪市县级人民防空机动指挥所建设指导意见》《玉溪市人防办保密审查制度》《人民防空质量监督检查工作制度》《人民防空工程档案管理工作制度》《人防工程竣工验收备案工作制度》等7个行政管理制度；制定了《人防战备值班执勤制度》《指挥所管理使用制度》《防空警报维护管理方案》等5个人防设施设备管理制度；制定了《玉溪市人防指挥信息保障中心财务管理制度》《玉溪市人防指挥信息保障中心人防设施设备维护管理制度》《玉溪市人防指挥信息保障中心绩效考核办法（试行）》等16个内控制度。各县（市、区）分别制定11个人防审批管理制度。同时加强与发改、自然资源和规划部门的沟通协调，建立信息资源共享机制，实行科学合理的联批联审制度，制定《玉溪市房屋建筑和市政基础设施工程竣工联合验收工作细则（试行）》《人民防空工程审批制度》《玉溪市工程项目审批制度改革实施方案》等制度。（蔡　娥）

农 业

AGRICULTURE

责任编校：李海明

农业管理

【概况】 2020年，全市实现农林牧渔业总产值343.53亿元，按可比价增长5.8%，其中：农业产值240.15亿元，可比增4.8%；林业产值10.22亿元，可比减0.5%；牧业产值82.03亿元，可比增10.3%；渔业产值2.71亿元，可比减3.4%；农林牧渔服务业产值8.42亿元，可比增6.7%。实现农林牧渔业增加值208.8亿元，按可比价增长5.8%。实现农村居民人均可支配收入16 835元，增长7.1%，绝对值位列全省第2名。（吕 丽）

【督查督办】 2020年，市农业农村局按照中央和省、市政府要求，本着抓重点、促实效、易操作原则，结合实际，按照立项、承办、督办、反馈的督查督办程序，圆满完成各项督查任务。认真落实省、市政府工作报告中涉及的重点工作和惠民实事等36项，已全部办结，办结率100%。认真落实市委、市政府主要领导批示件，其中市委领导批示件2件，市政府领导批示件10件，已全部办结，办结率100%。认真落实市委、市政府重要会议相关事项，其中市委常委会议决定事项8项、市委五届九次全会决定事项18项、市委五届十次全会决定事项10项、五届市委常委会第175次会议决定事项7项。扎实做好市委市政府督查室下达的立项督查事项，完成习近平总书记考察云南重要讲话精神任务分工牵头事项5项、市级领导联系"七位一体"重点工作4项、杞麓湖保护治理任务分解落实情况8项、省委主要领导调研抚仙湖保护治理有关工作要求进行立项督查3项，所有交办件均按照要求落实上报，办结率100%。（白 帆）

【建议、提案办理】 2020年，市农业农村局按照市"两会"建议、提案交办会议要求，承办人大代表建议43件，其中主办32件、协办11件，比2019年承办的27件（其中主办11件、协办16件）多16件。32件主办件中有24件A类件，7件B类件，1件C类件。在主办的32件人大代表建议中，涉及农村基础建设4件、农业农村农田水利工程建设8件、农业产业发展扶持8件、农村人居环境整治与美丽乡村建设7件，农村经济管理4件、农业面源污染治理1件，主办件的面商率、满意率均达到100%。承办政协委员提案27件，其中主办15件、会办12件，比2019年承办的34件（其中主办22件、会办12件）少7件。在主办的15件政协委员提案中，涉及农业产业发展6件、生态绿色农业发展3件、农村人居环境整治2件、乡村振兴2件、畜牧业发展1件、脱贫攻坚1件，均为A类件，主办件的面商率、办结率、满意率均达到100%。（秦甜甜）

【"绿色食品牌"打造】 2020年，红塔区、通海县入围国家花卉、蔬菜优势特色产业集群，6个农产品评为2020年云南省"10大名品"、1家企业评为绿色食品"10强企业"、2家企业评为绿色食品"20佳创新企业"，获评名企名品数量居全省第二。新增68个绿色食品认证，"三品一标"农产品认证累计达268个。

【红河谷—绿汁江热区农业产业开发】 2020年，市农业农村局加快实施红河谷—绿汁江热区11个农业产业重点项目，种植蔬菜26.8万亩；年度新植水果3.71万亩，占全市新植水果面积的58.8%；在园水果面积58.9万亩，占全市在园水果面积的58%；土地流转面积21.1万亩，占全市土地流转面积的36%；加快德康、双胞胎生猪养殖项目建设，建成生猪家庭农场80个单元。

【产业扶贫】 2020年，市农业农村局围绕产业扶贫“六必查六必改”排查出的6个方面118个问题，强化问题导向、抓实问题整改，于6月29日完成全部问题整改。产业扶贫质量效益有效提升，全市农村贫困人口人均可支配收入10 979元，同比增长15.3%，其中生产经营净收入5 310元，同比增长9.2%，占可支配收入比重的48.3%。（吴 敏）

【农业专项扶持资金】 2020年，中央、省级投入市农业农村部门专项扶持资金8.05亿元，其中，中央6.04亿元，省级2.01亿万元。市级投入资金0.68亿元。

【农业保险补贴】 2020年，全市农作物(水稻、玉米、油菜、能繁母猪、育肥猪)保险补贴3 757.11万元，其中：中央2 363万元、省级272.2万元、市级1 121.91万元。政策性农业保险(种植业、养殖业)投保涉及品种包含玉米、水稻、油料作物(油菜)、甘蔗、能繁母猪、育肥猪6个品种。政策性农业保险承保水稻11.54万亩、保费311.53万元，投保农户56 597户、企业6户；玉米69.55万亩、保费1 251.83万元，涉及农户143 940户；油菜14.71万亩、保费235.34万元，投保农户53 208户；甘蔗2.75万亩、保费115.47万元，投保农户2 202户；能繁母猪8.76万头、保费716.18万元，投保农户15 816户、企业6户，赔款780.76万元，受益5 270户；奶牛23头，保费0.85万元，投保农户3户；育肥猪18.71万头、保费684.66万元，投保农户8 861户、企业3户，赔款796.95万元，受益8 246户。

【中央草原生态保护补助奖励】 2020年，澄江、华宁、易门、峨山、新平、元江等县区获得中央草原生态保护补助奖励2 929.1万元，其中，禁牧124.83万亩、补助资金936.22万元，草畜平衡797.15万亩、补助资金1 992.88万元，资金通过一折通发放给养殖户。草原禁牧补助和草畜平衡奖励的发放对象为承包草原并履行禁牧或草畜平衡义务的农牧民，按照已承包到户的禁牧或草畜平衡草原面积，禁牧补助为每亩7.5元、草畜平衡奖励为每亩2.5元。

【中央农业生态环境治理专项补助】 2020年，上级下达中央农业资源及生态保护经费2 267万元，其中，耕地轮作休耕试点450万元，主要用于开展3万亩轮作试点；畜禽粪污资源化利用1 786万元，主要用于支持规模养殖场粪污治理项目；耕地保护与质量提升31万元，主要用于全市耕地质量等级调查评价工作。

【中央和省动物防疫补助】 2020年，中央和省级下达动物防疫工作补助经费1 321万元，用于乡村两级动物防疫人员开展强制免疫经费补助。中央动物防疫等补助经费实行“大专项＋任务清单”管理方式，动物防疫等补助经费主要用于动物疫病强制免疫、强制扑杀、养殖环节无害化处理补助等三方面支出。省级补助经费用于强制扑杀补助、养殖环节无害化处理补助等。

【渔业资源保护项目】 2020年，上级下达中央渔业资源保护项目资金64万元，主要用于渔业资源经济物种抚仙湖抗浪鱼、杞麓湖杞麓鲤、大头鲤等土著鱼。

【省级农业发展专项资金】 2020年，省级下达省农业发展专项资金1 523.5万元，主要用于粮食生产、农村经济信息统计、畜牧业生产发展、渔业技术推广与资源保护、农业科技教育、农产品质量安全、农机技术推广与购置补贴、农产品加工及统计监测、环境资源保护、农村集体产权制度改革。

【绿色食品奖励资金】 2020年，省级下达绿色食品“10大名品”和“10强企业”“20佳创新企业”奖励资金1 220万元，用于奖励获得“10大名品”“10强企业”“20佳创新企业”的优秀企业。通过绿色食品加工业评选活动，引导我市绿色食品加工企业不断做大、做强、做精，加快培育玉溪市食品工业市场新主体。

【村级动物防疫员及动物协检员工资补助】 2020年，市级下达村级动物防疫员(协检员)工资及村级动物防疫员人身意外伤害保险项目计划及补助经费518.41万元，其中，村级动物防疫员工资补助费288.48万元。全市村级动物防疫员1 202人，补助标准每人每月300元，其中市级补助200元，县区补助不低于100元。村级动物防疫员人身意外伤害保险6.01万元，人均年度保费100元，市、县区各承担一半。村级动物协检员工资补助费223.92万元。全市村级动物协检员933人，补助标准每人每月300元，其中，市级补助200元，县区补助不得低于100元。

【省级美丽村庄奖补资金】 2020年，红塔区大营街街道大营街社区，澄江市右所镇吉花社区马房村、龙街街道禄充社区禄充村、龙街街道高西社区，通海县秀山街道大树社区，华宁县华溪镇甫甸社区，易门县十街彝族乡贾姑村，新平县桂山街道亚尼社区获得省级美丽村庄奖补资金补助，合计补助资金540万元。

【基层农技推广体系建设】 2020年，上级下达基层农技推广体系建设资金404万元。通过项目实施，进一步健全公益性农技推广服务网络，创新服务方式，提升农技人员能力素质，建设长期稳定的农业科技示范基地，培育农业科技示范主体，加强农业主推技术示范推广，基层农技推广服务水平得到提高。

【糖料蔗良种良法技术推广补助】2020年，上级下达糖料蔗良种良法技术推广补助资金1 032.98万元，主要用于甘蔗良种推广4.4万亩，其中新平县1.7万亩、元江县2.7万亩；甘蔗机械化深翻开沟3.09万亩，其中新平县1.39万亩、元江县1.7万亩。（王宏伟）

【农兽药整治百日行动】2019年11月28日至2020年3月8日，市农业农村局全面启动和开展农兽药整治百日行动，着力消除食用农产品质量安全隐患，严厉打击农产品领域的各类违法违规行为，提高了农兽药依法、科学、规范、高效监管水平。行动开展期间，共发放张贴挂历挂图、公告书等各类宣传资料5.7万份，查处农药兽药、动物卫生监督违法案件22件，收缴罚没款4.9万元。

【农产品质量安全专项整治】2020年，市农业农村局组织开展农药及农药残留、“瘦肉精”、兽用抗菌药、生猪屠宰监管、“三鱼两药”、生鲜乳质量安全和农资打假等七个专项整治行动，对农产品生产企业、基地、合作社等进行专项监督和检查。共检查农药兽药等经营主体564家，畜禽养殖生产企业、农民专业合作经济组织460家，发放张贴宣传资料3 833张。

【农产品合格证制度试行】2020年，玉溪市制定出台《玉溪市试行食用农产品合格证制度实施方案》，成立玉溪市试行食用农产品合格证制度工作领导小组，各县（市、区）制定了具体工作方案。3月、4月，市农业农村局分别组织开展了全市食用农产品合格证制度网络培训，参训人员累计达9.1万人次，累计出具肉品品质检验合格证章46 737张，附带合格证上市农产品1 448吨，附带合格证捐赠农产品317吨。（张　明）

【捐赠农产品支援湖北战疫情】2020年，湖北省发生新冠肺炎疫情，玉溪市向湖北省武汉、孝感、潜江、襄阳、咸宁、随州、黄冈等地政府、红十字会、医院、指挥部捐赠蔬菜、水果等农产品946.45吨，价值315.98万元。（颜洪敏）

【农产品质量安全定量检测】2020年，市级农产品质量安全定量检测共计抽检867个批次，其中：蔬菜539个、水果178个、畜禽肉50个、禽蛋50个、水产品50个。植物源性产品抽检项目为甲胺磷、氧乐果等67个农药品种，动物源性产品抽检项目为氯霉素类、磺胺类等6类33个品种。市级样品抽检总合格率99.0%，其中：蔬菜抽检合格率98.9%、水果抽检合格率97.2%、动物源性产品抽检合格率100%。

【蔬菜水果农药残留快速检测】2020年，全市共完成21 813个批次的蔬菜、水果样品农药残留快速检测，其中，蔬菜19 730个、水果2 083个。全市农残快检总合格率99.3%，其中，蔬菜合格率99.3%、水果合格率98.9%。

【“双认证”工作取得新进展】2020年，市农产品质量安全检测中心通过“双认证”扩项考核评审，扩增农药残留检测项目11项、兽药残留检测项目7项、备案兽药检测方法2个、备案农药非标准检测方法2个。扩项后市农产品质量安全检测中心农药残留检测项目达81项、兽药残留检测项目达42项。通海县于12月取得“双认证”资质。（李双艳）

【全省职工职业技能大赛】2020年8月25—28日，全省第十七届职工职业技能大赛动物疫病防治员和农产品质量安全检测员竞赛决赛在大理州举行。来自全省16个州市、省农垦局、社会第三方机构的18支代表队77名参赛选手参加了决赛。玉溪市以1 430.32分的团体总成绩夺得全省团体第一名，金鹏、吕嵘、郭红佳、罗磊、杨露5名选手，夺得动物疫病防治员第二名、第四名、第五名，农产品质量安全检测员第十三名。（张　明　杨耀兰）

【贯彻落实法治思想】2020年，全市农业农村系统共有兼职普法人员852人，投入普法经费28.15万元，上报普法信息175条，中心组学法135次，开展普法培训77次3 982人次、法治讲座46次2 488人次，组织宣传活动224次5 675人次，开展专项活动444人次，组织法律“六进”522次，编制典型案例1个，开展以案释法29次，制作宣传展板304块，印发宣传资料22.27万份，提供法律咨询1 883次，发布普法短信302次，发布法律微信427条，发布客户端普法微信53条，开辟宣传网页9个、报刊专栏2个、电子信息屏11块，制作宣传专栏86个。

【农业综合行政执法】2020年，市农业农村局采取强化宣传提高防控意识、落实责任强化执法监管、突出重点狠抓案件查办三项措施，严厉打击坑农害农违法行为，维护农民合法权益，为春耕生产和“菜篮子”等重要农产品生产保供提供执法保障。疫情防控期间，受理投诉举报4起，及时妥善处理易门蜂农舆情事件，开展行政检查340次，检查管理对象1 517个（次），立案查处行政违法案件8起，罚款43 637元，实施行政强制措施5起。

【双随机、一公开监管】2020年，市农业农村局完善“两库一单”及部门联合抽查事项清单，完善执法人员信息128条，制定部门随机抽查计划18个，实际完成检查18个，完成率100%；开展部门联合检查2次，检查市场主体189个，录入检查结果信息189条，全市农业农村系统在国家企业信用监管平台录入执法人员信息659条、相关监管信息1 392条，其中行政许可信息819条、行政处罚信息19条、抽查检查554条。

【互联网+监管】 2020年，市农业农村局对照部门权力清单，梳理监管事项目录清单，共认领84条，认领率达100%。对照部门监管事项目录清单，完成检查实施清单49条，完成率达100%。

【权责清单梳理】 2020年，市农业农村局对照本部门权责清单规范完善了事项要素，将涉及农业农村部门的事项全面梳理录入"云南省政务服务平台"及"一站式惠民"政务服务平台，两个平台共录入254项事项，其中行政许可7项、行政处罚243项、行政确认2项、其他行政职权2项，事项准确率达100%。按照"五级十二同"要求，承接省政务服务管理平台推送事项共16个主项35个子项，其中行政许可11个主项25个子项，其他行政职权1项，行政确认1项，公共服务3个主项8个子项，均完成实施清单本地化并进行发布。

【规范性文件备案审查】 2020年，市农业农村局全面落实市场准入负面清单制度，涉及市农业农村局市场准入负面清单共17个主项43个子项。全年对《关于抓好"三农"领域重点工作确保农村同步全面建成小康社会的实施意见》等14件重大行政决策性文件及《玉溪市产业扶贫规划（2018—2022年）技术咨询合同补充协议》等6件重大事项进行合法性审查，并出具审查意见。

【食品药品监管执法司法督察发现问题整治】 2020年，市农业农村局按照《玉溪市农业农村系统食品药品监管执法司法督察发现问题三年整治工作方案（2019－2021年）》，检查各类农产品生产企业和农资市场经营企业8 026家次，抽样监测样品7 700批次，合格样品7 696批次，合格率99.95%；调处各类涉农质量纠纷投诉案15件，协议赔偿5.31万元。

【农业行政执法改革】 2020年，市农业农村局落实专职执法人员118人，其中，红塔区10人、江川区10人、澄江市8人、通海县11人、华宁县17人、易门县11人、峨山县15人、新平县20人、元江县16人，安排了办公地点，人员实现集中办公。

【行政执法】 2020年，全市出动执法人员13 049人次，检查企业11 729个次，整顿市场1 077个次，查获假劣农资4 502.6公斤，货值金额5.95万元，挽回经济损失6.8万元。全市立案查处各类农业行政处罚案件117件，受理举报案件16件，办结案件113件，金额31.94万元，公开案件信息72件，涉案人员27人。在玉溪市农业信息网"玉溪农业执法"专栏主动公开农业执法信息155条。

【无证无照经营查处】 2020年，全市检查定点屠宰场、农药、肥料、种子、兽药、饲料和饲料添加剂、农机及零配件经营主体12 320个次，发现无证经营户31户，引导办理证照35户，依法查处案件16件，罚没金额7.6万元，会同市场监管等部门开展联合行动116次。 （周文忠）

【农产品推介展销活动】 2020年，市农业农村局组织46家次企业参加上海对口帮扶地区特色商品展销会、第十八届中国国际农产品交易会、"云南特色+冬农魅力"云南绿色食品牌（北京）展示推介活动等3个现场推介展销活动，现场销售76万元。云南宏斌绿色食品集团有限公司等2家企业现场签约3份2 700万元的供销合同，通海锦海农业科技发展有限公司、玉溪魔芋园区管理有限公司等4企业与北京农业科学院等相关单位签订了6个项目合作协议。组织45家企业参加"永不落幕的南博会在线展"活动。

【绿色食品"10大名品"】 2020年，玉溪市有6家企业6个产品荣获2020年云南省绿色食品"10大名品"："10大名菜"第一名云南宏斌绿色食品集团有限公司，第二名通海高原农产品有限公司；"10大名果"第五名新平褚氏农业有限公司；"10大名花"第二名云南云秀花卉有限公司，第五名通海锦海农业科技发展有限公司；"10大名药材"第七名云南万绿生物股份有限公司。

【农村电子商务】 2020年，玉溪市从事农产品电子商务企业85户，交易额超10.7亿元，其中，超过1亿元的3家（玉溪百信电子商务有限公司、新平褚氏农业有限公司、通海高原农产品有限公司），超过5 000万元的3家（云南特行果业有限责任公司、云南实建果业有限公司、新平励志果业有限责任公司），超过3 000万元的3家（新平久字号果品专业合作社、云南新平南恩糖纸有限责任公司、玉溪红河谷果业有限公司）。

【农产品仓储保鲜冷链设施建设】 2020年，红塔区、通海县、华宁县获中央农产品仓储保鲜冷链设施建设立项，32家合作社建设136项仓储保鲜冷链及加工配套设施，建设规模10 524吨，总投资4 987.21万元，其中中央财政补助资金958.2万元。通过项目实施，实现产地集中收购、集中处理、集中运输，有效降低了生产成本，提高了产品质量，提高了合作社农产品冷储保鲜、加工能力和经济创收能力，带动了当地农村经济发展。

【新基建建设项目】 2020年，市农业农村局报送新基建建设项目38项，第一批批复新基建项目5个：滇中智慧农业产业园（云南云菜集团雄关农业开发有限公司）、玉溪市大数据物联网生产示范基地建设（通海锦海农业科技发展有限公司）、玉溪市发酵蔬菜数字及智能化生产管理体系建设（云南宏斌绿色食品集团有限公司）、玉溪市新型科技花卉产业园（玉溪瑞珀花卉有限公司）、玉溪市高技术蝴蝶兰产业化项目（云南绿聚隆生物有限公司）。

【农产品出口额占全省六成】 2020年，玉溪市积极推动高原特色农业对外开放，不断拓展农产品国际市场，农产品出口企业加紧复工复产，危中寻机，抢抓新订单，抢占新市场，重点企业、重点市场、重点商品出口稳中有增，全市农产品出口实现“逆势飞扬”，再创历史新高。全年农产品出口额31.5亿美元，同比增18.5%，农产品出口额占全省的60.3%，位居第一。

【阿里巴巴春雷计划·云南特色产业带招商大会】 2020年，市农业农村局组织全市生鲜类、食品类80余家生产企业、合作社、家庭农场等，参加阿里巴巴春雷计划·云南特色产业带招商大会，让本地企业进入阿里巴巴平台，拓宽销售渠道，提升玉系“绿色食品牌”名品的影响力和市场占有率。

【京彩玉溪　慧链未来——京喜＆京东冷链玉溪鲜花产业带战略发布会】 2020年，玉溪市政府联合京东冷链、京喜、京东智联云举办了京彩玉溪　慧链未来——京喜＆京东冷链玉溪鲜花产业带战略发布会，组织全市70多家鲜花企业、合作社、种植大户参加，共同打造玉溪鲜花品牌直采产业名片。（颜洪敏）

【信息进村入户工程】 玉溪市连续3年开展信息进村入户工程整市推进工作，2020年取得阶段性进展，完成建设并通过验收益农信息社567个，占目标任务数的125.4%。

【玉溪数字农业示范点建设】 2020年，市农业农村局抓住玉溪市与京东集团“互联网＋”新经济项目合作机遇，大力发展数字农业，赋能现代农业发展新动力，围绕花卉、蔬菜及中药材等玉溪优势产业，在全市优选5家最具代表性的涉农企业启动建设第一批数字农业示范点建设，为玉溪建设数字农业探索和积累了经验，推进玉溪市农业产业的整体提升改造。

【农业招商引资】 2020年，全市高原特色现代农业及食品加工产业招商新建、续建项目2个，总投资4 700万元，其中：云南绿聚隆生物科技有限责任公司蝴蝶兰新品种繁育、现代化组培苗工厂及蝴蝶兰鲜切花示范基地一期建设项目已完成投资3 000万元；辽宁东亚农业发展有限公司江川区现代化“洋桔梗技术研发中心”建设项目已完成投资1 000万元，一期已建成并投入生产运行；玉溪桦兰世家花卉有限公司大花蕙兰设施大棚建设项目已完成投资700万元，并建成投入使用。与33家国内知名省内外企业洽谈项目合作，与4家企业签订项目合作框架协议，其中：新平县漠沙镇15 000头父母代种猪场项目签订投资总额3亿元、路居仙湖田园大榕树盆景园林项目签订投资总额0.523亿元、易门鸿兴农业开发有限公司种养循环示范基地建设项目签订投资总额0.265亿元、集中迁建通海县生猪定点屠宰加工厂项目签订投资总额0.385亿元，协议总投资额4.173亿元。（赵艳丽）

【“美丽村庄”评定】 2020年，市农业农村局按照“村级申报、乡级推荐、县级核录、州（市）级复审、省级评定、分级授牌”6个步骤，组织各县（市、区）开展美丽乡村评定工作。全市获评美丽乡村80个，其中：省级8个、市级42个、县级30个，同比增加23个，增幅40.35%。

【农村人居环境整治三年行动圆满收官】 2018年以来，玉溪市围绕建成“产业生态化、居住城镇化、风貌特色化、特征民族化、环境卫生化”美丽宜居村庄目标，高位统筹，重点投入，实现村庄规划编制全覆盖，农村“厕所革命”全面完成，农村生活垃圾治理成效明显，农村生活污水治理梯次推进，村容村貌全面提升。2020年，在全省农村人居环境考核验收中，澄江市、通海县在一类县中分列第一、第二；易门县在二类县中排名第九；全市所有县（市、区）均达到三年行动既定目标。（黄晓芳）

【高素质农民培育】 2020年，玉溪市争取中央高素质农民培育项目资金220万元，举办培训班8个，培育1 590人，其中，经营管理型674人、中央生产型388人、技能服务型528人。玉溪市农广校作为省级认定的培育基地，完成高素质农民培育299人，应用分段式、重实训、参与式的培育模式，开创校园（种植示范园区、工业园区）结合、校企结合、校社（合作社、合作社联社）结合的实训模式，为全市开展高素质农民培育工作积累了经验。（黄莲英　张学芳）

【农业农村实用技术培训】 2020年，全市农业农村系统共开展农业农村实用技术培训1 095期72 311人次，其中：妇女20 765人次，占比28.7%；贫困地区9 820人次，占比13.6%；建档立卡户4 128人次，占贫困地区人数的42%；少数民族32 503人次，占比44.9%。

【农业优秀论文征集评选】 2020年，市农学会在全市农业农村系统开展农业优秀论文征集评选活动，共征集到农业论文35篇。经专家组评审，评选出优秀论文21篇，其中，一等奖5篇，二等奖6篇，三等奖10篇。

【农业专题调研】 2020年，市农学会在全市农业农村系统组织开展农业专项调研课题研究，共收到调研申报课题51项，经专家组评审立项42项，参与调研人数303人（次）。（黄莲英）

【三湖保护“雷霆行动”】 2020年，市农业农村局以“一控两减三基本”

为抓手，着力推进农业面源污染防治。根据《玉溪市2020年抚仙湖保护治理雷霆行动任务分解方案》要求，加快推进抚仙湖径流区现代标准化农业产业面源和土壤污染控制示范项目建设，开展抚仙湖径流区休耕轮作区域2.01万亩水肥一体化灌溉系统建设，着力实现示范区农作物生产智能化管理及绿色标准化生产。（朱林立）

【农业农村污染治理攻坚行动】2020年，市农业农村局根据市委三大战役要求，持续推进玉溪市农业农村污染治理攻坚战，106项任务内容已全部按时间节点完成，确保农业农村污染治理攻坚战取得实效。（林婕婕）

【"最受欢迎特聘农技员"评选】2020年，市农业农村局根据《云南省农业农村厅办公室关于组织推荐最受欢迎的特聘农技员的通知》要求组织申报，全国共评选出20人，玉溪入选1人，通海县张恩鸿入选全国"最受欢迎特聘农技员"。

【"最美农技员"评选】2020年，市农业农村局按照《云南省农业农村厅办公室关于开展第二届寻找最美农技员活动通知》要求，经综合评审、研究，向省农业农村厅推荐张四春、普金安、杨菊琴、张海鹏参加第二届最美农技员评选，最终张四春、普金安2名同志入选全国"最美农技员"。（施丽梅）

农业经济管理

【农村集体经济组织收益分配】2020年，全市农村集体经济组织总收入17.09亿元，其中，经营收入3.83亿元，发包及上交收入3.73亿元，投资收益0.81亿元，补助收入4.98亿元，其他收入3.74亿元。全年总支出11.68亿元，其中，经营支出1.34亿元，管理费用5.05亿元，其他支出5.29亿元。全年实现收益5.42亿元，加上年初未分配收益1.16亿元和其他转入1.49亿元，可分配收益8.08亿元，提取公积公益金4.91亿元，应付福利费0.19亿元，外来投资分利706万元，农户分配2.38亿元，其他分配306.1万元，年末未分配收益5 026.2万元。

【农村集体经济组织资产负债】2020年，全市农村集体经济组织资产总额190.05亿元，其中，流动资产67.83亿元，农业资产0.09亿元，长期资产16.98亿元，固定资产104.09亿元，其他资产1.06亿元。负债24.72亿元，其中，流动负债14.37亿元，长期负债10.35亿元。所有者权益165.33亿元。

【农村集体产权制度改革】2020年，全市652个行政村、6 105个村小组完成农村集体产权制度改革试点工作；652个行政村、6 105个村小组在农业农村部门登记赋码；改革时点量化资产总额129.90亿元，其中量化经营性资产总额67.69亿元；股东总数152.36万个，其中，成员股东数151.35万个，集体股东1.01万个；股本总额129.72亿元，其中，成员股本金额合计83.87亿元，集体股本金额合计45.85亿元；本年股金分红总额5.43亿元；累积股金分红总额13.1亿元；年末资产总额190.05亿元，其中，经营性资产总额66.22亿元；上缴税费总额1 231.64万元，其中，代缴红利税总额0.09万元。

【农村集体"三资"管理】2020年，全市代管农村集体资金共计33.58亿元，资产76.33亿元。在集体资源中，耕地5.02万块，面积30.5万亩；林地72.7万块，面积640.47万亩；果园446块，面积7 872亩；建设用地1.55万块，面积8.1万亩；水面84.39万块，面积3.2万亩；矿山2 662宗，面积8.5万亩；道路50.25万条，长度34 664千米；沟渠700.74万条，长度25 966千米；其他农用地229.51万块，面积21.44万亩。（廖树琼）

【农村土地承包经营及管理】2020年，全市家庭承包耕地流转总面积为426 193亩，比上年度增加17 141亩，增幅4.19%；出租面积409 430亩，占流转总面积的96%。流转入农户的面积199 287亩，占总流转面积的46.76%；流转入企业的面积172 162亩，占总流转面积的40.37%。全市用于粮食作物面积53 853亩，比上年增加1 993亩，增幅3.84%。签订规范书面流转合同120 871份，占应签订流转合同份数的84%；口头协议流转合同22 565份，占应签订流转合同份数的16%。全年发生土地承包及流转纠纷190件，比上年减少539件，减幅73.94%，共调处纠纷180件，余下10件正在处理中。全市各县（市、区）均建立了仲裁庭，有仲裁委员会9个，组成人员178人（其中农民委员17人），聘任仲裁员217人，仲裁委员会日常工作机构人数60人（其中专职人员22人）。（杨雪莲）

【农村土地承包经营权确权登记颁证工作】2020年，全市有641个行政村完成数据入库，确权合同面积329.05万亩，占应开展土地确权面积的99.99%，确权地块数量269.11万块，完善土地承包合同数量48.94万份，颁发土地承包经营权证书48.93万份。

【农村宅基地管理利用】2020年，全市现存农村宅基地51.18万宗，面积11.74万亩，涉及农户数52.84万户、180.43万人。其中，占有1处宅基地农户43.42万户，占有2处及以上宅基地的农户3.87万户，宅基地面积超标准的农户0.57万户，非本集体成员占有宅基地0.77万宗，面积0.17万亩。盘活利用闲置宅基地方面，农户将使用权出租给他人的

0.11万宗，面积0.04万亩，转让宅基地0.03万宗，面积0.02万亩，有偿使用宅基地面积0.02万亩，涉及有偿使用金额为4 754.12万元，农户按照自愿有偿原则退还给村集体的宅基地0.000 2万亩，补偿金额112万元。（陈云瑞）

【农民负担情况】2020年，全市上交集体各种款项2 635万元，共58个村发生了一事一议筹资筹劳行为，其中一事一议筹资42万元，涉及村数36个，涉及人数18 772人，人均筹资22.37元；一事一议筹劳53 777个，涉及村数33个，涉及人数20 184人，人均筹劳2.67个；以工代劳1 936个，以资代劳10万元。农业生产性收费1 983万元，行政事业性收费2 708万元。（李连坤）

【农民专业合作社规模稳步增长】2020年，全市在农业农村部门备案的农民专业合作社共1 076个，比上年增加37个。247个合作社被各级农业农村部门认定为合作社示范社，其中国家级22个、省级62个、市级98个，县级65个。16个合作社被认定为省级示范社；评审认定合作社市级示范社25个。参加农民专业合作社的成员11.06万户，占全市承包农户的22.55%，合作社成员中建档立卡户10 946户，比上年减少197户，带动非成员建档立卡户7 101户、21 968人。

【家庭农场发展规模过万】2020年，全市有家庭农场12 296个，963个家庭农场被县级以上农业农村部门认定为家庭农场示范场，其中省级27个、市级425个、县级511个，12 296个家庭农场全部纳入家庭农场名录管理系统。年内新增家庭农场11 183个，注销家庭农场39个，总数增加11 144个。2020年评审认定市级家庭农场示范场53个。（张红梅）

种植业

【种植结构持续调优】2020年，全市农作物播种面积424.88万亩，同比增加6.28万亩，增1.5%，其中，粮食166.18万亩，经济作物258.7万亩，粮食作物与经济作物比为39.1∶60.9，粮食作物比重降低0.4个百分点。调减甘蔗1.19万亩、油料6.46万亩，增加烤烟1.64万亩、蔬菜6.74万亩、鲜切花0.3万亩。

【粮食生产实现“十五连增”】2020年，全市粮食作物播种面积达166.18万亩，同比减0.08万亩，减0.06%；粮食单产达368.3千克，同比增5.3千克，增1.5%；总产量达61 204万千克，同比增830万千克，增1.37%，全年粮食产量实现自“十一五”以来恢复性十五连增，其中：小春粮食面积47.62万亩，同比增2.13万亩，增4.67%；总产8 671万千克，增561.07万千克，增6.92%。大春粮食面积118.56万亩，同比减1.94万亩，减1.61%；总产量52 533万千克，同比增加268.86万千克，增0.5%。（张志军　孙　钺）

【经济作物生产呈现“三增两减”特点】2020年，全市经济作物种植面积达258.7万亩，同比减3.65万亩，减1.39%。花卉、烤烟、蔬菜面积增加，花卉面积8.28万亩，同比增加0.08万亩。烤烟面积61.03万亩，同比增加1.64万亩，增2.76%。蔬菜面积140.5万亩，同比增6.8万亩，增5.09%；产量343.32万吨，同比增74.07万吨，增27.5%。油料、甘蔗面积减少，油料面积20.29万亩，同比减6.46万亩，减24.1%；产量3.099万吨，同比减1.03万吨，减24.98%。甘蔗面积11.58万亩，同比减2.68万亩，减18.8%；产量达46.0万吨，同比减8.1万吨，减15.0%。（张志军）

【冬季农业开发】2020年，全市冬季农业开发面积达118.25万亩，同比增加1.38万亩，增1.18%。总产量达147.08万吨，同比增加10.11万吨，增7.38%。产值32.72亿元，同比增加1.15亿元，增3.6%。平均亩产值2 767元，同比增加66元，增2.44%。

【晚秋作物种植】2020年，全市种植晚秋作物50.21万亩，其中，晚秋粮食28.74万亩，晚秋蔬菜21.47万亩。晚秋粮食中，种植秋玉米14.92万亩，占51.91%；秋大豆1.76万亩，占6.12%；秋马铃薯2.22万亩，占7.72%；秋荞1.25万亩，占4.35%；晚稻2.1万亩，占7.31%；其他6.58万亩，占22.89%。晚秋粮食产量7 959.6万千克。

【十大科技增粮措施促进粮食增产增收】2020年，全市完成省级粮油作物绿色高质高效创建示范区13片，平均亩产595.16千克，比当年非示范区亩增产65.31千克，增产13.45%。实现增产粮食67.59万千克，每亩节本84.87元，每亩增效229.81元，辐射带动面广，增产增收明显。完成农作物间套种150万亩以上。完成测土配方施肥210.53万亩。完成粮食地膜覆盖栽培40万亩。集中育秧育苗1.32万亩。完成良种推广总面积130万亩。完成重大病虫草鼠害防治面积1 139.28万亩次，其中统防统治面积522.26万亩、绿色防控面积476.68万亩次。完成玉米“三干”播种65万亩。开展绿色高产高效模式攻关0.065万亩，平均亩产696.82千克，亩增产60.1千克。晚秋生产完成播种面积50.21万亩。

【灾情】2020年，全市农作物受灾面积91.97万亩，占农作物播种面积的21.65%，其中：成灾35.74万亩、占8.41%，绝收3.26万亩、占0.77%。受灾具体情况如下，冰冻灾，农作物受灾面积12.18万亩，占农作物播种面积的2.87%，其中：成灾3.24万亩、占0.77%，绝收0.7万亩、占0.16%。洪涝灾，农作物受灾面积2.07万亩，占农作物播种面积的0.49%，其中：成灾0.84万亩、占0.2%，绝收0.18万亩、占0.04%。风雹灾，农作物受灾面积8.35万亩，占农作物播种面积的1.97%，其中：成灾3.88万亩、占0.91%，绝收0.78万亩、占0.18%。干旱灾，农作物受灾面积69.38万亩，占农作物播种面积的16.33%，其中：成灾27.79万亩、占6.54%，绝收1.61万亩、占0.38%。（张志军　孙　钺）

【农作物保险】2020年，全市种植业保险计划面积为121.15万亩，其中：水稻19.30万亩、玉米72.20万亩、油菜14.15万亩、甘蔗13.00万亩、小麦1.30万亩、马铃薯1.20万亩。参加种植业保险的九县（市、区）签单承保面积达98.55万亩，其中：水稻11.54万亩、玉米69.55万亩、油菜14.71万亩、甘蔗2.75万亩，比计划少22.60万亩。年内增加了甘蔗、小麦、马铃薯保险，甘蔗签单承保面积2.75万亩。全市政策性农业（种植业）保险已结案件合计58件，赔款合计451.41万元，其中水稻43.8万元、玉米79.58万元、油菜140.25万元、甘蔗187.78万元。（吕　萍）

【花卉种植转型升级初见成效】2020年，全市花卉园艺种植面积8.28万亩，花卉一产产值25.88亿元，其中：鲜切花、盆花种植面积4.3万亩，鲜切花产量17.47亿枝，盆花8 301万盆，产值20.11亿元。药用花卉金银花1 800亩，工业用花除虫菊2 100亩，食用花卉主要有茉莉花3 600亩、食用玫瑰5 809亩。产品销往全国各大中城市，并出口俄罗斯、日本、澳大利亚、韩国、东盟、欧盟、阿盟国家和地区，玉溪已成为云南鲜切花、盆花、种球种苗重要生产地。（张志军）

【蔬菜种植】2020年，市农业农村局在调整优化蔬菜品种结构的基础上，大力推广测土配方施肥、有机质提升、绿色防控等技术，大力发展高山夏秋蔬菜、低热河谷地区冬春早菜、常年菜生产基地，全市蔬菜生产稳中向好，产量增加产值提高，蔬菜成为农民增收的主渠道。全市蔬菜种植面积140.5万亩，比上年的133.7万亩增加6.8万亩，增5.09%；全年蔬菜产量343.32万吨，比上年的269.25万吨增加74.07万吨，增27.5%；蔬菜产值90.28亿元，比上年的60.62亿元增加29.66亿元，增48.9%。

【水果种植】2020年，全市新植果园面积7.93万亩，其中新植芒果22 899.5亩、柑橘21 967.7亩、香蕉7 442亩、草莓5 725.0亩、桃5 374亩、蓝莓2 920亩、李子2 896.0亩。红河谷—绿汁江流域水果新植面积3.95万亩，占全市水果新植面积的49.8%。水果在园面积累计达101.57万亩，比上年的97.25万亩实际增加4.32万亩，增4.4%，其中挂果面积82.57万亩，比上年的77.46万亩增加5.11万亩，增6.6%；水果产量111.29万吨，比上年的103.0万吨增加8.29万吨，增8.0%；水果产值55.2亿元，比上年增加5.04亿元，增10.0%；水果综合平均单价4.96元/千克，比上年提高0.09元/千克，涨幅1.8%。

【蔗糖生产】2020年，全市甘蔗种植面积11.58万亩，比上年的14.26万亩减少2.68万亩，减18.8%；甘蔗产量46.0万吨，比上年的54.1万吨减少8.1万吨，减15.0%；甘蔗总产值3.26亿元，比上年的3.91亿元减少0.65亿元，减16.6%。市内3家制糖企业生产白糖4.22万吨，比2019年4家制糖企业生产白糖6.5万吨减少2.28万吨，减35.1%。

【茶叶生产】2020年，全市茶园总面积6.99万亩，比上年减少2 372亩，减3.28%；采摘茶园面积6.84万亩；无性系茶园面积2 676亩，绿色食品茶园面积2 200亩，有机认证茶园面积4 668亩；中低产茶园面积42 114亩，中低产茶园改造面积8 459亩。全市茶叶总产量3 550吨，比上年增加18.86吨，增0.53%，其中毛茶产量3 550吨，成品茶产量2 554.62吨。全市茶叶亩均产量51.87千克/亩。全市茶叶总产值22 257.34万元，比上年增加1 334.92万元，增6.38%，其中第一产值（农业产值）9 015.3万元，第二产产值（加工产值）12 055.24万元，第三产产值1 186.8万元。亩产值3 252元/亩。全市有茶叶地理标志1个，有机产品认证5个，绿色食品认证1个，招商引资1个3 134万元，SC认证企业4个，省级龙头企业1个，州市级龙头企业2个，初制所31个，专业合作社10个，种植大户17个，家庭农场2个。加工企业固定用工328人、临时用工773人，茶业第三产业用工1 526人。全市茶农人数36 500人，茶农总纯收入5 465.03万元，比上年增加55.06万元，增1.02%；茶农人均纯收入1 497.27元，人均增加17.68元，增1.19%。

【芦荟生产】2020年，全市芦荟种植面积11 050亩，比上年增0.2%；芦荟鲜叶产量33 405吨，比上年减3.6%；芦荟产值1 986.3万元，比上年减3.4%，芦荟鲜叶平均单价0.59元/千克。

【除虫菊种植】2020年，全市除虫菊种植面积1 986.4亩，比上年减16.8%；除虫菊产量292.9吨，比上年增44.7%；除虫菊产值702.9万元，比上年增44.7%，平均单价24.00元/千克。

【茉莉花种植】2020年，全市茉莉花种植面积3 609亩，比上年减4.9%；茉莉花产量2 345.9吨，比上年增6.4%；茉莉花产值6 568.3万元，比上年增6.4%，平均单价28.00元/千克。

【三七种植】2020年，全市三七种植面积15 721.6亩，比上年减22.7%；

三七产量1963.6吨，比上年增11.3%；三七产值18941.3万元，比上年减9.8%，平均单价96.46元/千克。

【重楼种植】2020年，全市重楼种植面积5239.5亩，比上年增13.9%，其中新植面积815亩；重楼产量99吨，比上年增332.2%；重楼产值4373.6万元，比上年增170.9%，平均单价441.94元/千克。

【露水草种植】2020年，全市露水草种植面积4621亩，比上年增加3047亩，增193.6%；露水草产量3973.4吨，比上年增加1097.8吨，增38.2%；露水草产值1110.8万元，比上年增加406.9万元，增57.8%。

【蔬菜新品种新技术推广】2020年，全市共引进40个蔬菜新品种，试验面积25.4亩；蔬菜新品种展示4个，展示面积64亩。蔬菜新技术推广应用面积155.84万亩次，其中：漂浮育苗31.06万亩、喷滴灌技术9.84万亩、测土配方施肥39.46万亩、绿色防控33.10万亩、地膜覆40.72万亩、其他技术1.65万亩。全市设施蔬菜面积60281.04亩，其中大中棚蔬菜面60153.04亩，小棚蔬菜面积128亩。

【水果新品种新技术推广】2020年，全市共引进80个水果新品种，试验面积29.5亩；水果新品种展示1个，展示面积100亩。水果新技术推广应用面积162.30万亩次，其中：高接换种0.32万亩、喷滴灌技术30.56万亩、测土配方施肥34.15万亩、病虫害统防统治37.11万亩、绿色防控55.58万亩、其他技术4.63万亩。大棚设施水果面积1789.6亩。（杨云光　侯贵琼）

【经作技术培训】2020年，市农业技术推广站继续开展水果、蔬菜等经济作物栽培技术培训和技术指导服务工作，共开展蔬菜、水果等科技培训及指导2109人次，印发技术资料623份。（杨云光　肖　梅）

【新平柑橘线上发布会】2020年9月22日，2020年中国农民丰收节暨新平柑橘产品线上发布会在南方+、微赞两大平台同步开播。新平柑橘人士和全国100多万观众共同庆丰收，并发布《2020年新平柑橘采购指南》，多举措推动新平柑橘实现精准产销对接。新平县柑橘种植面积13万亩，其中挂果面积10.98万亩，柑橘产量18.84万吨，产量逐年提升。现已打造了“褚橙”“褚柑”“高原王子”“南恩金果”“佳贡”等13个柑橘品牌，均已通过绿色食品认证，其中“褚橙”“高原王子”被评为云南省著名商标。

【第二届中国“新平柑橘”产品推介会】2020年10月15日，第二届中国“新平柑橘”产品推介会在新平举办，旨在打造柑橘产业交流对接平台，让柑橘生产企业、合作商与渠道商零距离接洽，深入探讨产业发展新思路，促进新平柑橘行业品牌建设。会上，以广东百果园、本来生活网、杭州鲜科果品等为代表的采购企业与新平县柑橘产业发展协会签订了战略合作协议。共有来自全国70余家采购商和当地300余家供应商参加，现场成功签约订单2.35万吨，意向采购4.59万吨，电商发货需求1.8万吨。（侯贵琼）

【名品强企】2020年，云南省“10大名品”和绿色食品“10强企业”“20佳创新企业”玉溪市榜上有名：云南云秀花卉有限公司的“云秀”牌月季鲜切花和通海锦海农业科技发展有限公司的“锦海”牌月季种苗被评为“十大名花”，分别位于全省第2、5排位；云南宏斌绿色食品集团有限公司的“宏斌”牌小米辣和通海高原农产品有限公司的“高原绿洲”牌娃娃菜被评为“十大名菜”，分别位居云南省第1名、第2名；新平褚氏农业有限公司的“褚橙”牌冰糖橙被评为“十大名果”，位居第5名；云南万绿生物股份有限公司的“万绿”牌芦荟粉被评为“十大名药”，排位第7。云南达利食品有限公司被评为绿色食品“10强企业”。云南磨浆农业股份有限公司、云南猫哆哩集团食品有限责任公司、云南省通海斯贝佳食品有限公司被评为绿色食品“20佳创新企业”。（杨云光　侯贵琼）

【水果蔬菜茶叶花卉出口】2020年，全市水果、蔬菜出口再创历史最高，茶叶、花卉增长1倍以上，其中出口水果25.14亿美元，增长23.2%；出口蔬菜4.39亿美元，增长10.0%；茶叶0.66亿美元，增长1.8倍；花卉0.29亿美元，增长2.8倍。茶叶、蘑菇罐头、脱水蔬菜、芦荟制品等深加工农产品出口额1.27亿美元，增长43.0%。（杨云光　侯贵琼）

畜牧业

【畜牧业发展】2020年，玉溪市畜牧业发展以“优供给、强安全、保生态”为目标，以稳生猪、强家禽、兴渔业、防疫病、减兽药、治粪污、调结构为抓手，以生猪、家禽生产为重点，积极发展牛羊生产，推进适度规模养殖，推广种养结合循环养殖模式，扶持培育畜牧及水产龙头企业，引进推广良种畜禽，促进养殖业转型升级。克服新冠疫情对养殖业的影响，全力抓好重大动物疫病防控、恢复生猪生产、畜禽水产品稳产保供等重点工作。2020年全市肉总产量18500万千克，同比增3.93%；蛋总产量7610万千克，同比增25.79%；奶总产量920万千克，同比增13.58%。实现畜牧业产值82.03亿元，同比增22.7%，畜牧业产值占农林牧渔业总产值的23.9%。全年未发生区域性重大动物疫病、渔业安全和重大畜产品质量安全事故。

【生猪生产】2020年，全市生猪存栏108.4万头，同比增8.65%，其中能繁母猪存栏12.48万头，同比增29.73%；肥猪出栏143.2万头，同比增8.26%，出栏率143.53%。

【畜禽生产】 2020年，全市家禽存栏1 843.37万只，同比增19.95%；家禽出栏3 346.79万只，同比增2.84%，出栏率217.78%。禽蛋产量7 610万千克，同比增25.79%。牛存栏19.38万头，同比增2.87%；肉牛出栏11.25万头，同比增2.37%，出栏率59.71%。山绵羊存栏39.45万只，同比增3.54%；肉羊出栏32.43万只，同比减0.64%，出栏率85.12%。 （李敏华 杨灼雄）

【重大动物疫病防控】 2020年，全市累计排查养殖场户16.4万场次、屠宰场1 134个次、无害化处理点119个次，共计排查生猪510.85万头次；监测养殖场猪鼻棉拭子、屠宰场环境棉拭子、非洲猪瘟调运监测、屠宰场自检抽样等9 744份；在高速公路收费站口设立28个检查站点，检查运输车辆3 005辆，检查生猪89 581头，查处未备案车辆4台；完成运输车辆备案2 189辆，通过牧运通进行网络备案且在有效期的生猪运输车辆997辆；开展餐厨废弃物禁用饲喂生猪排查，出动9 421人次、车辆3 092辆次，排查生猪饲养场54 664个次，驻场官方兽医依法对13个屠宰企业开展非洲猪瘟自检的监督工作；开展非洲猪瘟巡查5 436次，出动执法人员25 479人次，出动执法车辆6 130辆次，同时对生猪规模养殖场开展巡查7 826个次、对生猪定点屠宰场巡查1 242个次、对关闭的生猪交易市场巡查7个次；组织参与防控技术培训、应急演练等5场次474人次，编写、印发各类宣传材料2.04万份、发放宣传告知书4.9万份。全市共采购、发放使用牲畜口蹄疫、高致病性禽流感等疫苗3 067.19万毫升，贮备应急防疫物资120.32万元；免疫畜禽疫病21种、13 602.28万头（只），其中重大动物疫病免疫5 085.4万头（只），其他常规疫病免疫8 516.88万头（只），全市高致病性禽流感、口蹄疫、小反刍兽疫等重大动物疫病免疫密度均达应免数的100%，猪瘟、高致病性猪蓝耳病、鸡新城疫等主要动物疫病免疫密度均达应免数的95%以上；开展畜禽疫病监测32种、7.39万头（只），其中口蹄疫、高致病性禽流感等免疫效果监测评估3.44万头份，非洲猪瘟、口蹄疫等病原学监测3.95万头份。市动物疫控中心实验室完成病原学检测3.25万份，全年发出检测报告书651本，超额完成监测任务，为全市动物疫病防控工作和畜牧业持续健康发展提供了科学详实的数据依据。全市动物卫生监督机构实施畜禽产地检疫5 862.52万头（只、羽），产地检疫率达100%。其中，检疫生猪99.4万头，检出病猪702头；检疫牛2.63万头；检疫羊3.81万只；检疫家禽5 756.69万只，检出病禽1 110只。对检出的病畜禽按规定进行处理，有效防止动物疫病传播蔓延。

（杨耀兰 杨灼雄 杨晓橙）

【“两项制度”落实情况】 2020年2月起，市农业农村局组织人员抓好生猪定点屠宰厂配齐官方兽医和非洲猪瘟自检“两项制度”落实，每月对全市运营的13个生猪定点屠宰场开展非洲猪瘟、环境样品监测，同时对屠宰场自检样品进行抽检。全市通过审核备案的13家生猪定点屠宰场全部足额派驻官方兽医、开展非洲猪瘟PCR自检，全部经农业农村部审核备案公布为合规合法屠宰场。持续开展屠宰“扫雷”行动，私屠滥宰、注水等违法违规行为得到有效遏制，全年未发现畜禽屠宰违法线索。

【畜禽养殖废弃物资源化利用】 2020年，全市畜禽粪污综合利用率稳步提高，完成规模养殖场粪污处理设施装备配套1 253个（其中大型规模养殖场配套571个），规模养殖场粪污处理设施装备配套率达到100%。全市畜禽粪污综合利用量468.25万吨，畜禽粪污综合利用率为94.57%。完成禁养区限养区划定清查工作，取消禁养区52个，面积1 003.63平方千米。 （杨灼雄）

【兽药监管】 2020年，市农业农村局对18个兽药经营店开展了兽药GSP认证，通过18个。目前全市无兽药生产企业，有通过兽药GSP认证的兽药经营店171个。出动执法人员1 280人次对经营企业进行检查，检查兽药门市1 044个（次）；开展兽药质量监督抽样，抽取40个样品，其中35个产品检测合格，5个不合格，不合格产品经营户已立案查处；办理兽药监管执法案件15件，立案查处15件，结案15件，罚款1 228元。

【屠宰环节“瘦肉精”监督监测】 2020年，各县（市区）动物卫生监督机构开展屠宰场“瘦肉精”抽检12 710头份，均为阴性。市动物卫生监督所监督抽取300头份猪尿液和80头份牛羊尿液检测均为阴性。

（杨灼雄 杨晓橙）

【德康百万头生猪项目】 2020年，德康新平新化种猪场建成投产，有序推进新平漠沙15 000头父母代种猪场建设项目。全市德康生猪家庭农场意向合作户343户，正式签约191户549个单元（年出栏肥猪1 000头为一个单元），动工98户243个单元，建成80户196个单元，完成投资36 289万元。

【双胞胎养猪项目】 2020年，峨山双胞胎存栏9 000头母猪扩繁场建成投产，存栏生猪4 719头，其中母猪4 700头，种公猪19头。有序推进甸中元山存栏6 000头母猪扩繁场项目和甸中春漫山庄年出栏15万头生猪生态循环养殖小区建设项目。

【省级畜禽标准化示范场通过验收】 2020年，市农业农村局组织开展创建省级畜禽标准化示范场活动，参加创建活动的峨山安欣农业科技发展有限责任公司生猪养殖场、峨山永蒙生猪养殖场，于9月2日顺利通过省级示范场现场验收。

【“双随机、一公开”】 2020年，市农业农村局组织开展畜牧兽医和水产领域“双随机、一公开”专项执法检查活动11个，出动执法人员120余人次，共检查监管对象41个，其中开展种畜禽场、畜禽大型规模养殖场粪污资源化利用联合执法检查2次。 （杨灼雄）

【跨省引进种用动物检疫登记】 2020年，市动物卫生监督所共审核登记跨省引进种用动物申请材料9批，涉及种畜禽共7.12万头（羽），其中，种猪0.37万头、种禽6.78万只。

【动物屠宰检疫】 2020年，全市动物卫生监督机构向13个生猪定点屠宰场派驻官方兽医并开展屠宰检疫工作。全年共检疫畜禽197万头（只），其中，检疫生猪47.69万头，检出病害猪534头；检疫牛羊2.36万头（只）；检疫禽类146.95万只，检出病害禽8 102只。对检出的病害动物及其产品开具《检疫处理通知单》，并监督畜主进行无害化处理。

【检疫电子出证】 2020年，全市检疫电子出证总计37.72万份，其中，动物A证564份，动物B证9.51万份，动物产品A证1 711份，动物产品B证27.99万份。

【动物疫病可追溯体系建设】 2020年，全市动物卫生监督机构继续在74个乡镇全覆盖推广使用动物标识，共佩戴动物标识135万个，其中，佩戴猪标识128.3万个、牛标识3.1万个、羊标识3.6万个。

【活畜禽及其产品跨省移动监管】 2020年，全市共受理出省动物检疫284.02万头（只、羽），其中，猪0.12万头、牛0.08万头、羊0.01万只、禽279.67万只、其他4.15万只（羽）；出省动物产品3.2万吨。出省畜禽及其产品检疫率和标识率均达100%。 （杨晓橙）

【小反刍兽疫消灭和牲畜布病净化】 2020年，全市继续推行羊小反刍兽疫全面免疫，重点对新补栏、新生、外地调运羊进行补免，累计免疫33.79万只。按计划开展小反刍兽疫监测工作，全年监测样品3 008份，其中病原学监测1 351份、未检出阳性，免疫抗体监测1 657份、抗体合格率达80.14%。布病全年累计监测猪、牛（含奶牛）、羊血清3 681头只份，超额完成年度监测任务。 （杨耀兰）

【畜牧业地方标准】 2020年，市畜牧站牵头编制《新广青脚（铁脚）麻鸡配套系养殖技术》《玉溪市肉牛人工授精技术》2个地方标准，由市市场监督管理局批准发布，弥补了玉溪市畜牧业在地方标准上的缺失。

【蛋鸡产业发展研讨会】 2020年8月27—28日，云南省蛋鸡产业发展研讨会在玉溪召开，全省蛋鸡养殖企业、个体养殖户及行业相关企业、专家教授等300余人参加研讨会，会议宣传了玉溪禽蛋产业发展成效。

【肉牛产业发展】 2020年，全市肉牛产业加速发展，肉牛提质增效技术措施初步形成，肉牛冻精改良数量呈逐年上升趋势。全市正常运行牛冻精改良点46个，较2015年新增28个。全市完成牛冻精改良7 851头，超额完成5 000头任务，较2015年增87.82%。牛冻精改良受胎6 868头，产犊5 910头，受胎率为87.48%，受胎率比2015年提高10.97%。 （李鸿俊）

【农牧民补奖政策落实】 2020年，全市农牧民信息电子档案录入15.78万户，草原承包921.97万亩，其中：禁牧124.83万亩，草畜平衡797.17万亩；农牧民补助奖励2 929.09万元，其中：禁牧补助936.23万元，草畜平衡奖励1 992.85万元。家畜存栏羊单位70.12万羊单位，出栏12.62万羊单位，核定载畜量135.95万羊单位，发放到户金额173.89万元。

【生鲜乳收购站监管】 2020年10月，澄江、通海2家生鲜乳收购站接受由陕西省农业产品检验检测股份有限公司代表农业农村部的抽查，重点检查生鲜乳收购许可证、生鲜乳准运证及生鲜乳交接单“两证一单”等情况；对生鲜乳收购站的基础设施、卫生条件、机械设备、检测手段、操作规范和人员素质等方面进行现场审核。经检查判定，2家生鲜乳收购站和运输车均符合要求，判定合格。

【饲料经营门店检查】 2020年，市畜牧站组织对部分饲料生产企业是否存在“三无”饲料产品及非法添加违禁药物添加剂等违规违法行为开展专项整治行动，先后对峨山县、新平县、红塔区部分饲料经营门店进行现场抽查，重点检查销售饲料产品的包装、标签、台账记录等情况，要求各饲料经营户加强饲料经营管理，定期开展饲料产品出入库日常巡查，严防不合格饲料产品流入畜禽生产环节。检查中未发现“三无”饲料产品及非法添加违禁药物添加剂等违法违规行为。

【一年生饲草种植调研】 2020年，市畜牧站抽取全市28个乡镇65个村（居）委会进行一年生饲草种植情况调查统计，涉及7个一年生饲草品种，种植地块288个。冬春农闲水田推荐种植一年生黑麦草，水稻收割后，水田种植一年生黑麦草，农闲田旱地种大麦、小麦、燕麦、青稞、苕子、黄白萝卜等，作为青绿牧草供给的补充。 （刘双玲）

乡镇企业

【重点龙头企业年销售收入情况】2020年，全市182家市级以上农业产业化经营与农产品加工重点龙头企业实现销售收入212.4亿元，云南猫哆哩、玉溪丫眯、云南万绿等55家企业年销售收入超过亿元，其中，玉溪百信商贸集团、云南滇雪粮油、云南达利食品等3户企业年销售收入超过10亿元。

【农产品加工业产值】2020年，全市农产品加工业产值达426.16亿元（不含烟叶复烤和卷烟），上缴税金7.66亿元，农产品加工业产值与农业总产值之比达1.3∶1（若含烟叶复烤和卷烟，全市农产品加工业产值达934.46亿元，农产品加工业产值与农业总产值之比达2.8∶1）。

【市级重点龙头企业认定】2020年12月，市农业农村局根据《玉溪市农业产业化经营与农产品加工市级重点龙头企业认定和运行监测管理办法》规定的认定程序和标准，经专家评审和市农业产业化领导小组审定，新认定云南通茂进出口有限公司、华宁惠丰农业开发有限责任公司、通海皇鲜生进出口有限公司等18家企业为第十三批玉溪市农业产业化龙头企业。

【休闲农业经营主体】2020年，全市休闲农业经营主体达380个，其中农家乐325个、休闲农庄27个、休闲农业园8个、民俗村5个、其他10个，全年接待游客549.5万人次，营业收入5.33亿元。

（李连兴　阮　波）

渔　业

【渔业经济】2020年，全市渔业经济总产值达5.95亿元（按现行价格计算），同比减11.88%，其中第一产业产值2.63亿元，第二产业产值0.71亿元，第三产业2.61亿元，第一产业产值占渔业经济总产值的44.11%，第二产业产值占渔业经济总产值的12%，第三产业产值占渔业经济总产值的43.89%。全市渔业经济增加值达1.46亿元，其中第一产业增加值0.83亿元，第二产业增加值0.2亿元，第三产业增加值0.43亿元。（张员超）

【渔业生产】2020年，全市水产养殖面积2 303.7公顷，同比减78.27%，其中：水库养殖面积1 106.7公顷，占全市水产养殖面积的48%，同比减56.61%。完成水产品产量14 292吨，同比减17.05%，其中：养殖水产品产量9 544吨，同比减37.13%；捕捞水产品产量4 748吨，同比增131.72%。稻田养鱼面积2 092.4公顷，同比减7.39%；鱼产量624吨，同比减4.29%。完成渔业产值5.95亿元。（张培清）

【水产品总产量】2020年，全市水产品总产量14 292吨，同比减17.05%，其中淡水捕捞水产品产量4 748吨，占水产品总产量的33.22%，同比增131.72%。淡水捕捞产量中以湖泊捕捞产量为主，抚仙湖1 421吨、星云湖973吨、杞麓湖1 586吨。淡水养殖水产品产量9 544吨，占水产品总产量的66.77%，同比减37.13%，其中，池塘养殖产量6 136吨，同比减12.59%；水库养殖产量2 747吨，同比减17.26%；河沟产量37吨，同比增2吨；稻田养鱼产量624吨，同比减4.29%。受新冠疫情影响，星云湖未开湖捕捞、抚仙湖径流区禁养、杞麓湖修建环湖截污大沟池塘退出养殖等原因，造成2020年水产品总产量减少。

【水产养殖面积】2020年，全市水产养殖面积2 303.7公顷，同比减78.27%，其中池塘养殖面积1 194.3公顷，占全市水产养殖面积的51.9%，同比减4.27%；湖泊养殖面积较上年同期减少6 800公顷，减幅100%；水库养殖面积1 106.7公顷，占全市水产养殖面积的48%，同比减56.61%；河沟养殖面积2.7公顷，占全市水产养殖面积的0.1%，与上年同期持平；稻田养鱼面积2 092.4公顷，同比减7.39%。（张员超）

【渔业生产安全】2020年，市农业农村局加强渔业安全生产和水产品质量安全生产监管，与各县（市、区）签订责任书，层层压实责任，在重要节日、重点时段开展渔业安全生产检

2020年6月5日，全国“放鱼日”云南分会场——星云湖大头鲤增殖放流活动现场（梁用本　摄）

查、督查，全年未发生渔业安全生产事故，实现渔业安全生产“零死亡”。

【水产品质量安全】 2020年，省渔科院和省农科院质标所对玉溪市红塔区产地和市场进行风险监测，抽取鲢鱼、鲤鱼、草鱼、鲫鱼、罗非鱼样品15个批次（其中产地7个，市场8个），抽检合格率100%。（王宝云）

【《玉溪市养殖水域滩涂规划（2020—2030年）》出台】 2020年7月13日，市政府办下发《关于印发玉溪市养殖水域滩涂规划（2020—2030年）的通知》，科学划定了养殖区、限养区、禁养区，明确了保护和利用玉溪水域资源相关内容，对全市渔业绿色健康发展起到积极促进作用，规划水域滩涂36 034.62公顷，其中禁养区33 492.3公顷，限养区741.25公顷，养殖区1 801.08公顷。

（张培清　张员超）

【水产滩涂养殖证发证登记】 2020年，全市有序推进水域滩涂养殖证发证登记工作，江川区发证70本、面积320.87公顷，完成任务基数的93.82%；通海县发证128本、面积154.35公顷，完成任务基数的81.54%，其余各县（市、区）水域滩涂养殖证发证登记均做到应发尽发。

（张培清）

2020年4月26日，市农业农村局在江川区前卫街道秧田冲水库开展2020年渔业安全生产救援应急演练实训现场 （王宝云　摄）

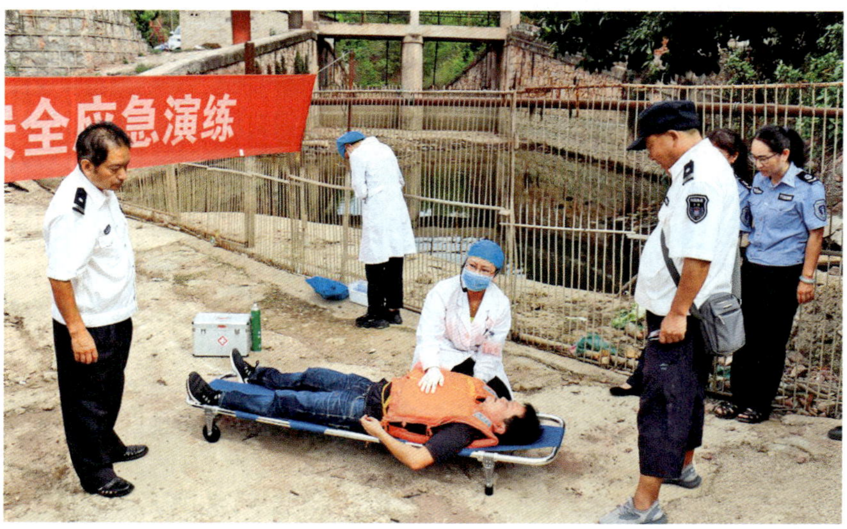

2020年6月9日，峨山县农业农村局开展的水上安全生产救援应急演练现场

（张员超　摄）

【水生生物资源增殖放流】 2020年6月5日，市农业农村局在星云湖岸举办全国“放鱼日”云南分会场—星云湖大头鲤增殖放流活动，活动的主题是“养护水生生物资源、促进生态文明建设”，当日向星云湖投放体长10—20厘米的大头鲤大规格鱼种3 629千克，当年繁殖5厘米以上夏花鱼苗68.25万尾。（张培清）

【渔业安全应急演练】 2020年4月26日，市农业农村局在江川区前卫街道秧田冲水库开展2020年渔业安全生产救援应急演练实训，6月9日，市水产工作站对峨山县农业农村局开展的水上安全生产救援应急演练进行现场指导和渔业安全生产培训。

（王宝云）

农村能源

【农村能源建设】 2020年，市能源站完成太阳能热水器推广1 610台、节柴改灶推广1 600台；开展户用沼气池兴废利旧安全改造处置1 000座。完成“十三五”期间规模化养殖场大型沼气工程4座的总体验收。完成2019年秸秆资源调查，并上传农业农村部农业生态与资源保护总站“农作物秸秆资源台账系统”。

【农作物秸秆综合利用重点县推进项目】 2020年，市能源站指导新平县开展农作物秸秆综合利用重点县推进项目，完成农作物秸秆机械化粉碎还田8 000亩；完成农作物秸秆收集5 000吨；完成农作物秸秆粉碎还田机购买意向登记85台；完成秸秆基料化利用32个大棚建设并投入使用；完成购买秸秆打包机8套；建成秸秆收储间2 844立方米；购买铡揉一体机＋柴油机2套，完成任务数的100%；购买铡揉（铡粉）一体机7台、拌料机1台、铡草机1台、储料袋700只；完成秸秆肥料化利用生产有机肥建设1家。累计召开秸秆机械化现场试验示范演示8场次450人次；累计完成秸秆燃料化项目指导核实5次20人次；累计举办农作物秸秆综合利用重点县项目培训班3期254人；累计开展项目指导20次60人次。

【《玉溪市100m³沼气池建设地方规范》出台】 2020年10月，市市场监督管理局批准发布《玉溪市100m³沼气工程建设规范》，该规范适用于当地各类土质、不同气候条件下，农村中小型畜禽养殖场（小区）100m³钢筋混凝土沼气工程的施工建设和质量验收，适合养殖规模为生猪存栏100—300头、牛存栏20—60头、蛋鸡存栏1 000—3 400羽、肉鸡出栏10 000—30 000羽左右的养殖场（小区）沼气工程建设。《玉溪市100m³沼气工程建设规范》的批准实施，将进一步提高100m³沼气工程建设质量，推动畜禽粪污资源化利用，推进生态循环农业发展。

【“三品一标”认证】 2020年，全市新增34家企业68个产品获得“三品一标”证书，“三品一标”认证累计达101家企业268个产品，其中20家企业54个产品获得“绿色食品”证书，14家企业14个产品获得“无公害农产品”证书，超额完成省级下达的目标任务。

【受污染耕地安全利用】 2020年6月，市能源站完成了资料收集、边界核实和农用地环境质量类别划分工作；10月完成了646个农作物协同监测和点位核实工作；11月全面完成了安全利用区耕地面积33.9万亩、7 397个图斑和严格管控区耕地面积2.23万亩、531个图斑的措施落地工作，措施覆盖率100%。协调专项资金180万元用于在各县（市、区）开展耕地生产障碍修复利用试验示范区建设工作，面积达600余亩。经核算，玉溪市受污染耕地安全利用率达81.3%，超额完成《玉溪市土壤污染防治目标责任书》任务目标。

【全生物可降解地膜项目】 2020年，市能源站在高、中、低海拔地区烤烟覆膜试验的基础上，遴选出适合湖盆区和山区的全生物可降解地膜，全市共计示范推广全生物降解地膜1 213亩，其中，澄江市604亩、元江县109亩、江川区100亩、新平县200亩、易门县200亩，田间观察20余次，培训村民38人，在澄江核心区选取了5个土样进行观测。该项目通过了中国农科院的验收。

【中国起源作物基因多样性的农场保护与可持续利用项目】 2020年11月26日，联合国粮农组织FAO、全球环境基金GEF及农业农村部确定在元江羊街乡启动“中国起源作物基因多样性的农场保护与可持续利用项目”，审议并通过了项目启动报告和年度工作计划。计划以元江红河红米（蚂蚱谷）为目标保护品种，通过加强政策环境和长期激励机制的创新与示范，实现中国起源全球重要农业和粮食作物地方品种农场保护和可持续利用的主流化，对实现联合国《2030年可持续发展议程》具有重要推动作用。

【第二次全国污染源（农业源）普查】 2018年8月至2020年5月，市能源站完成2 910户畜禽养殖场清查，建库1 276户，普查1 202户规模以上畜禽养殖场，抽样调查529户规模以下养殖户；完成了800个种植业典型地块的抽样调查，完成通海县116户农户、2个合作社、3个种植大户的地膜抽样调查，完成了元江县4个乡镇8个行政村共120户的秸秆抽样调查；完成了全市《县（区、市、旗）水产养殖基本情况》综合表的填报工作；完成了各县（市、区）移动源基本情况的收集整理和相关报表填报；以“三湖”为重点，在抚仙湖原有的2个种植业原位监测点基础上，新建种植业原位监测点3个，小流域农田氮磷流失监测小区1个，做好水、土、作物的样品采集和日常管理工作。市农业农村局、市农业环境保护和农村能源工作站获得国务院第二次全国污染源普查领导小组办公室“表现突出的集体”表彰。 （曾维庆）

种子管理

【种子市场监督检查】 2020年，在春秋两季农作物种子销售期，全市种子管理机构对农作物种子市场进行监督检查，出动种子执法人员60人次，检查种子经营门店118个次，检查种子包装、标签2 112个次。所检查的种子经营门店，证照齐全、资质合法，种子经营档案建立、记录较为规范，能为购种农户开具购种凭证，没有发现无证和“套牌”生产、销售授权品种等违法行为。种子包装、标签和使用说明全面、真实、规范，绝大多数种子包装标签的二维码信息符合要求，可实现追溯，对少数种子包装二维码信息不符合要求和没有二维码的做下架停止销售处理。

【种子质量抽样检验】 2020年，全市种子管理部门在春秋两季对辖区内经销户、门店的种子进行抽样，并进行“净度、水分、发芽率”三项指标室内检验。春季对全市158户经销户或门店调进已经备案登记的种子进行抽样，共抽取样品317份，涉及杂交稻、常规稻、杂交玉米、蔬菜类等，抽检合格率99.1%。秋季对全市121户经销户或门店调进已经备案登记的种子进行抽样，共抽取样品161份，涉及油菜、小麦、莱豌豆、蔬菜类等，抽检合格率100%。

【种子生产经营备案登记】 2020年，全市种子生产经营备案者可通过网络进行备案，全年网点生产（制繁种）备案种子企业3户9个点，经营不再分装种子的网点备案936个，合计网点备案945个，网点备案率93.8%；全市网络备案4 726单，其中生产备案4单，经营不再分装的种子备案4 722单，备案品种数1 121个次。玉米制种及亲繁生产备案品种数11个、小麦及油菜繁种生产备案品种数5个，制繁种生产种子备案面积9 525亩。

【农业转基因生物（种子）安全监管】 2020年，市种子管理部门开展农业转基因生物（农作物种子）专项检查，运用上海佑隆生物科技有限公司生产的转基因快速检测试纸条（Bt CrylAb/Ac试纸）对春、秋两季农作物种子质量进行抽查，对抽取的413个种子样品进行转基因成分快速定性检测。结果显示413个种子样品全部检测反应为（—）阴性，即不含Bt CrylAb/Ac试纸对应的转基因成分。

【杂交玉米制种基地田间抽检】 2020年，云南正大种子有限公司在易门县龙泉街道、浦贝乡、十街乡、铜厂乡、小街乡、绿汁镇和峨山县大龙潭乡7个街道乡镇12个村委会，实施了杂交玉米制种基地18个片区，制种面积6 700亩，品种以正大719为主，包括正大749、正大608等。检查内容有：查看种子生产档案，实地调查、抽检基地制种田父母本的真实性、杂株率，母本去雄、残枝弱株散粉株率等。检查结果为：云南正大种子有限公司为持证生产，并按种子生产许可证规定的地点、品种生产种子，生产技术操作较为规范；制种田植株生长较整齐，长势较好，父母本田间纯度高，母本去雄、残枝弱株散粉株率符合检验要求。并对云南正大种子有限公司在易门、峨山2县辖区内组织生产的“正大719”“正大749”制种田父本、母本进行植株生长点嫩叶采样检测，共采集样品6个，检测结果为6个样品全部检测反应为（—）阴性，即不含Bt CrylAb/Ac试纸对应的转基因成分。

【杂交玉米新品种引进展示及示范】 2020年，市种子管理部门开展了玉米新品种引进展示2组，中海拔组54个品种，低海拔组26个品种，在玉米成熟期组织召开新品种展示观摩会，现场讲解各品种特征特性、抗逆性、适宜种植区域等，各品种代理商确定各自心意的品种，为玉米新品种推广打牢基础。

【鲜食玉米开发及品种展示示范】 2020年，市种子管理部门引进鲜食（甜、糯）玉米16个新品种开展筛选试验，选育适宜种植的糯玉米品种荆彩11号、石糯2号、天紫23、桂黑糯609。组织开展鲜食（甜、糯）玉米区域试验两组（27个品种）两轮，完成区域试验、生产试验总结报告。

【省级农业发展专项示范项目】 2020年，市种子管理部门完成省级农业发展专项（粮食生产）玉米区域试验、优质水稻品种示范项目，完成优质水稻品种示范种植38亩，完成计划种植面积的190.0%，实收总产15 770公斤，平均单产415公斤，比目标产量亩增65公斤、增18.6%；比邻近非示范区平均单产385公斤亩增产30公斤、增7.8%，共增产1 140公斤。涉及农户15户，辐射带动3个乡镇（街道）的1 147户农户3 879人，带动种植面积2 850亩。

【种子市场观察点工作】 2020年，全市建有云南王记彩云种业公司、云南农夫乐种业有限公司等8个种子市场观察点，均有专人全程督促和指导观察点准时上报相关价格和行情信息。8个观察点全年共上报信息2 508条，上报品种319个，其中上报玉米价格1 287条，上报水稻价格655条，上报油菜价格49条，上报蔬菜价格497条，上报小麦价格3条，上报大豆价格10条。

【企业监管】 2020年，市种子管理部门对生产经营玉米、水稻种子的云南秋庆种业公司、云南盛衍种业公司、云南正大种业公司3家生产经营企业，进行监督检查及抽样送样检测转基因成分、品种真实性和种子质量等事项。抽取杂交玉米种子9个品种，检测样品27份进行抽样送检。3份样品送全国农技中心安排检测纯度、品种真实性和转基因成分，4份样品送省种子管理站安排检测纯度，其他样品由玉溪市种子管理站检测净度、发芽率、水分等项目。经检测，9个品种的样品均符合国家农作物种子质量标准和种子标签标注要求，品种真实、不含转基因成分。

【主要粮油作物良种面积】 2020年，全市主要粮油作物良种推广面积139.61万亩，其中：玉米良种推广面积83.69万亩，玉米良种中大田玉米良种推广面积76.23万亩，主推品种是华兴单7号、罗单566、华兴单88、康农2号、秋庆1号、良禾367、红单6号、路单8号、迪玉2号、先达901、秋硕玉6号、正大719等；鲜食玉米良种推广面积7.46万亩，主推品种是SBS902、双色鲜蜜、库普拉902、金卡珍、库普拉903、花超902等。水稻良种推广面积21.97万亩，其中杂交水稻良种推广面积12.11万亩，主推品种是宜香3 728、明两优527、宜香优2 115、两优1 259等；常规稻良种推广面积9.86万亩，主推品种是楚粳28号、楚粳37号、云资粳41、玉粳17号等。小麦良种推广面积16.54万亩，主推品种是云麦42、云麦56、石麦001、豫麦16矮、绵阳20等。油菜良种推广面积17.41万亩，主推品种是料油243、云花油早熟1号、玉油2号、花油6号、玉红油5号等。

【企业联合体区域试验监管】 2020年，市种子管理部门共检查玉米联合体试验55组473个品种，生产试验106个品种，同一生态区引种试验26个品种；水稻区域试验6组56个品种，生产试验18个品种；青贮玉米试验4组11个品种，大豆新品种试验3组14个品种。 （董　灵）

农业机械

【农业机械购置补贴】 2020年，上级下达玉溪市购机补贴资金4 679.14万元，已使用补贴资金5 002.17万元（含超录入资金），使用率达106.90%（含报废），结算资金4 374.96万元，结算率达93.50%（含报废），报废使用资金补贴2.4万元，报废使用比例0.05%，报废结算比例0.05%。资金涉及全市6县2区1市，补贴受益19 325户，共补贴11个大类23个小类42个品目的各型农机具30 346台（套），新增农机原值18 829.88万元，新增农机总动力3.66万千瓦，拉动全市农户和农业生产经营组织投入资金13 828.30万元。全市新增农机作业面积4万亩，农机化作业量达668.5万亩，比2019年增加8.1万亩。耕种收综合机械化水平达52.1%。

【农机春耕备耕】 2020年，全市组织农机力量投入春耕备耕工作，检修农机具9.18万台，共投入农机具11.75万台（套），其中：拖拉机2.94万台、插秧机0.01万台，投入抗旱机具6.49万台（其中：拖拉机1.84万台，排灌机械3.86万台），共完成机耕整地面积154.06万亩，其中：深松面积7.47万亩，计划机播面积4.19万亩，完成机播面积1.89万亩，早稻栽植面积2.09万亩（其中机插［播］水稻面积0.98万亩），中稻和一季稻栽植面积8.08万亩（其中机插［播］水稻面积1.09万亩），春玉米播种面积21.29万亩（其中机播玉米面积0.32万亩），机械浇（灌）地面积91.69万亩（其中农机抗旱灌溉面积65.88万亩）。培训机手、修理工人数0.24万人。

【农机“三秋”作业】 2020年，全市农机部门投入“三秋”工作，玉米收获面积47.93万亩（其中机收玉米面积2.74万亩），中稻及一季稻收获

2020年3月11日，玉溪市、红塔区两级农机监理部门联合开展农机春耕生产安全宣传活动（李　翔　摄）

2020年4月29日，市农机监理部门参加水稻生产机械化现场会安全检查（李　翔　摄）

2020年6月24日，市农机监理部门组织开展农机事故应急处置演练（李　翔　摄）

面积11.67万亩(其中机收水稻面积7.95万亩),晚稻收获面积1.85万亩(其中机收水稻面积1.63万亩),冬小麦播种面积12.59万亩(其中机播小麦面积2.04万亩),冬油菜播种面积9.33万亩,机耕整地面积120.83万亩(其中深松面积6.55万亩),投入农机具6.29万台(其中玉米联合收割机数量0.01万台、水稻联合收割机数量0.04万台、播种机械数量0.01万台、拖拉机数量1.54万台),培训机手、修理工数量1.01万人,检修各类农业机械数量4.51万台。

【农业安全生产监管】 2020年,全市农业行业安全生产形势稳定向好,农机、渔业、能源、农药4个安全生产重点监管行业中,均没有事故报告,年度安全生产目标责任考核评定为优秀。 (普　燕)

【农田建设项目】 2020年,省下达玉溪市高标准农田建设任务13.16万亩(其中高效节水灌溉3.35万亩),共投入资金21 356.29万元。农田建设项目共17个,其中:红塔区项目1个、建设面积1.04万亩,江川区项目3个、建设面积1.59万亩,澄江市项目1个、建设面积1.05万亩,通海县项目2个、建设面积1.05万亩,华宁县项目2个、建设面积1.08万亩,易门县项目1个、建设面积1万亩,峨山县项目2个、建设面积1.04万亩,新平县项目2个、建设面积2.6万亩,元江县项目3个、建设面积2.71万亩。项目主要建设内容包括土地平整、土壤改良、灌溉和排水、田间道路、农田防护与生态环境保护、农田输配电和科技推广措施等。 (普　燕　陈燕红)

【全程机械化实施】 2020年,全市完成水稻机械化插秧面积47 451.3亩,机械收割水稻14 518.4亩;小麦机播60 139.5亩,机械收割小麦145 129.8亩;玉米机播40 245亩,玉米机械收割8 610亩。 (方永宏　徐彦明)

【农机职业技能鉴定培训】 2020年10月、11月,市农机监理部门分别在澄江市、易门县、新平县举办农机职业技能鉴定培训班3期,总报名参加人员189人,其中通过农机职业技能鉴定考试合格181人次,缺考8人次,参考率95.76%,合格率96%。

【农机化教育培训】 2020年,市农机监理部门完成农机实用人才培训8 670人次,其中:拖拉机驾驶员238人次,收割机驾驶员10人次,微耕机操作手3 039人次,农产品初加工机械操作员805人次,农业机械维修人员214人次,管理人员培训119人次,科技人员培训70人次,新型职业农民233人次,农机职业技能189人次,其他培训3 753人次。 (普文学　徐彦明)

【经济作物机械化推广】 2020年,市农机监理部门结合开展中央农机购置补贴工作,引进水稻穴直播机械试验、示范,完成8亩机械化穴直播水稻种植;引进无人植保机械进行植保飞防;引进自走式双行育秧机进行示范推广;在华宁县新增轨道运输机400余米;引进先进适用的烤烟生产机械进行试验示范推广;引进空气能烘干机进行试验示范推广;引进适宜核桃脱皮机、板栗脱皮机、尖果脱皮机进行试验示范推广;引进适宜青贮饲料设备进行试验示范推广。 (尹绍萍　徐彦明)

【农机安全监理】 2020年,玉溪市共注册登记拖拉机94台(以下数据均不含变型拖拉机),注销拖拉机3 189台,检验7 756台,累计在册拖拉机30 429台;注册登记联合收割机19台,检验59台,累计在册联合收割机105台。拖拉机驾驶员考试合格发证289人,期满换证2 903人,驾驶证注销2 803个(包含超期一年未检系统自动注销),拖拉机驾驶员累计在册31 921人,联合收割机驾驶员累计在册110人。

【农机安全宣传教育】 2020年,市农机监理部门针对春耕备耕、汛期、国庆中秋等重点时段,全市各级农机监理部门利用宣传画册、手机短信、互联网等多种形式,广泛开展送教下乡、宣传进村、科普赶集等活动,组织开展农机“安全生产月”活动和农机安全宣传教育“七进”工作,共出动宣传车辆950车次,宣传人员3 285人次,粘贴宣传标语2 986条,悬挂宣传横幅126条,发放宣传材料88 917份,发送手机短信29 137条,开展“七进”活动4 293次,举办安全知识讲座93次,参与群众7 061人次。

【农机安全生产“打非治违”专项行动和事故隐患排查治理】 2020年,全市各级农机监理部门与公安、安监部门协同配合,在岁末年初、春耕备耕、两会、中秋国庆等期间开展了7次农机安全检查,共开展执法检查678次,检查农业机械5 764台次,检查驾驶人员4 204人次,查出农机无牌行驶126起,农机无证驾驶219人次,农机未检作业89起,证件到期未审38人次,违法载人农机38台次,进行批评教育747次。查出一般隐患619项,整改619项。

【变型拖拉机注销登记】 2020年,玉溪市持续开展对连续3年未获得安全技术检验标志以及使用年限满9年的变型拖拉机的清理注销工作,共注销变型拖拉机2 212台,现存量10 520台。

【变型拖拉机社会化检验】 2020年,玉溪市上机动车检测线检验变型拖拉机1 617台,变型拖拉机总检验数6 332台。通海县、澄江市、元江县、红塔区、易门县5县(市、区)共有7家机动车检验机构完成备案,其中通海县、易门县、元江县已全面启动变型拖拉机社会化检验工作。

【农机安全监理示范岗位标兵创建】 2020年,市农机监理部门按照《云南省农业机械安全监理总站关于开展2020年“平安农机”示范县和农机安全监理示范岗位标兵申报评选工作的通知》要求，推荐、申报2名省级农机安全监理示范岗位标兵，华宁县农机管理服务站李洪获评“2020年云南省农机安全监理示范岗位标兵”。

【农机事故应急救援演练】2020年6月24日，市农机监理部门联动应急管理、公安交警、交通、卫生、保险等相关部门在江川区开展农机事故应急处置演练，全市各级农机监理部门100余人观摩、学习，进一步完善农机事故应急预案，明确各部门工作职责和现场处置程序，强化事故预测预警工作。

【简易保鲜储藏设备质量调查】2020年，市农机监理站在通海县、新平县、易门县组织开展简易保鲜储藏设备质量调查，通过实地查看、问询、座谈的方式，了解已销售的简易保鲜设备产品质量、安全性、可靠性、适用性、售后服务及购机补贴办理等情况，为进一步加强农机质量安全监管、提高财政资金使用效率，提供了基础数据和实施方向。

（龚文颖）

土肥植保

【耕地质量提升】2020年，全市农田土肥部门持续强化耕地质量监管，着力提升耕地质量水平，整合国家级、市级耕地质量监测点、市级长期定位肥力监测点、休耕监测点及耕地质量调查评价核心样点等耕地质量监测点，健全完善耕地质量监测网络。在已建成的100个市级耕地质量监测点的基础上，新建24个长期定位监测点，其中国家级1个、省级3个、市级8个、县级12个。通过开展耕地质量调查监测评价与信息统计，编制并印发了《2019年玉溪市耕地质量监测报告》，为保护耕地，改善耕地生态环境，提高耕地综合生产能力提供了依据。

【耕地质量等级调查评价】2020年，市农田土肥部门认真做好耕地质量等级评价工作，以县为单位开展耕地质量等级年度调查、土壤样品采集和检测工作，按照国家划定的区域及其对应的耕地质量评价指标体系，分级汇总耕地质量等级调查评价数，构建市、县两级耕地质量数据库。对耕地地力、土壤健康状况和田间基础设施构成等满足农产品持续产出和质量安全的能力进行评价，把全市耕地质量等级由高到低依次划分为一至十等，完成《2019年玉溪市耕地质量评价成果报告》。

【测土配方施肥】2020年，全市完成测土配方施肥面积213.53万亩。在继续开展粮食作物测土配方施肥工作的基础上，抓好果、菜、烟、花等特色高效经济作物的测土配方施肥工作。健全完善科学施肥技术体系，根据全市农作物需肥特点，总结近年化肥减量增效技术，以“控氮、减磷”为重点，出台《玉溪市2020年主要作物化肥减量增效技术指导意见》，引导企业按方生产、指导农户按方用肥。在全市建设五个化肥减量增效示范区，共完成示范区面积5 033亩，涉及39个村民小组、2 341户农户。在项目示范区共开展化肥减量增效试验23组，化肥利用率达到40%以上，单位面积化肥施用量均较常规减10%以上，粮食平均单产示范区比非示范区增8.7%。

（秦 婧）

【肥料市场监管】2020年，全市各级农田土肥部门共出动执法人员415人次，检查肥料生产企业27家，肥料市场82个，肥料经销户928户，抽检肥料样品30个，受理投诉案件3件，协议赔偿1.70万元，处罚不合格产品4个，处罚金额0.83万元。通过持续加强肥料市场监管，进一步规范了肥料生产经营正常秩序，维护了农户合法权益。（李红彦）

【农作物病虫害监测预警】2020年，全市农作物病虫草鼠害发生程度总体为轻发生、部分病虫局部中等发生，全年发生面积737.64万亩次，防治面积1 335.36万亩次，挽回粮食损失44 531.27吨。其中，水稻病虫害发生面积22.90万亩次，防治面积40.14万亩次；玉米病虫害发生面积153.03万亩次，防治面积254.66万亩次；小麦病虫发生面积18.45万亩次，防治面积26.84万亩次；油菜病虫发生面积20.85万亩次，防治面积29.87万亩次；蚕豆病虫害发生面积8.95万亩次，防治面积12.74万亩次；蔬菜病虫发生面积203.17万亩次，防治面积398.53万亩次；其他经作病虫害发生面积62.98万亩次，防治面积143.97万亩次；马铃薯病虫害发生面积1.28万亩次，防治面积3.54万亩次；柑橘病虫害发生面积44.33万亩次，防治面积145.63万亩次；其他水果病虫害发生面积41.45万亩次，防治面积47.75万亩次；黄脊竹蝗发生面积0.66万亩次，防治面积0.66万亩次；农田鼠害发生面积40.07万亩次，防治面积78.41万亩次；农田草害发生面积128.14亩次，防治面积164.74万亩次。全年发布农作物病虫害发生趋势预报、简报83期，在玉溪农业信息网发布信息74条，发送手机短信189条，电视台报道11期次，玉溪日报报道3条。

【绿色防控技术推广】2020年，全市对蔬菜、花卉、水果、粮食、烤烟等作物开展绿色防控与统防统治面积998.94万亩次。其中：绿色防控面积476.68万亩次（性诱面积38.07万亩次、光诱面积96.25万亩次、色诱面积49.98万亩次、使用生物农药防治面积213.43万亩次、生物防治面积78.95万亩次），统防统治面积522.26万亩次。

【农村农田鼠害防治】 2020年，通海、华宁2个鼠情系统监测点布鼠夹9 000夹，捕鼠192只。农村室内以褐家鼠为主，农田以卡氏小鼠为优势种。 （王田珍）

【农药生产经营现状】 2020年，全市登记持证农药生产企业2家，农药经营门店2 089家；取得《农药经营人员职业技能培训合格证》的从业人员3 230人，全市办理农药经营许可证1 983个，其中限制农药经营许可证40个。 （旃庆全）

【农药行业市场监管】 2020年，全市开展农药市场检查253次，出动执法人员904人次、车辆363台次，依法检查农药生产企业11次、农药经营单位（门店）2 286户、农药使用者146户，检查农药产品24 824个；农药标签抽查9 374个，合格数量9 096个。办理农药经营违法案件25个，涉及违法经销商35家、农药产品51个，查处涉案农药共计544.99公斤，没收农药164.04公斤，货值金额29 934.7元，没收违法所得19 945元，并处罚款102 000元。 （刘建辉）

【农药使用安全风险防控】 2020年，全市共受理群众投诉农药药害事件3起，药害面积13亩，经济损失27 000元，调处金额26 100元。组织农药合理使用技术培训130期，培训人数15 784人次。

【农药使用专项统计】 2020年，全市农药商品使用量4 365.68吨，同比减4.8%。三湖径流区农药商品使用量533.83吨，同比减9.91%。 （旃庆全）

【植物检疫】 2020年，全市实施植物和植物产品产地检疫43.55万亩次，开具调运检疫签证826批次，调运种子391万千克、苗木357.17万株、植物产品1 950千克。签证苗木以茉莉花、木瓜、柑橘、玫瑰为主，种子以水稻、玉米和烤烟为主，植物产品以玉米、蔬菜为主。

【柑橘黄龙病防控】 2020年，市农田土肥部门开展柑橘木虱防治面积112.3万亩次，挖除病树12.73万株，推广无病苗171万株。开展技术培训9期，培训橘农445人次。开展会议宣传25次，参会人员2 562人次，发放技术资料17 206份。

【红火蚁疫情防控】 2020年，红火蚁在红塔、澄江两地发生，农田发生面积8 067亩，防治面积13 970亩次。市农田土肥部门召开防治技术培训会12期，培训人员963人次，发放资料1 860份。

【有害生物疫情调查和防控】 2020年，全市柑橘溃疡病发生面积10 799亩，防治面积21.05万亩次；香蕉枯萎病4号生理小种发生面积678亩，防治面积4.06万亩次；水稻细菌性条斑病菌发生面积530亩，防治面积8.86万亩次。

【植物检疫执法】 2020年，全市开展植物检疫宣传培训34期，培训人员1 559人次，发放宣传培训资料10 917份。开展植物检疫执法35次，检查种子门店264个，立案查处1起，处罚款500元。 （普 群）

【草地贪夜蛾发生防控】 2020年，全市草地贪夜蛾累计发生面积86.9万亩次，防治面积174.79万亩次，其中统防面积72.06万亩次，发生面积同比增12.46%。全市建立草地贪夜蛾性诱捕器监测点398个、长期监测点4个，新增自动虫情监测仪7台，开展草地贪夜蛾防治新药剂、新技术试验13组，建立统防统治和绿色防控示范点45个、示范面积5.96万亩，其中统防统治示范点26个、面积4.49万亩次，绿色防控示范点11个、面积1.47万亩次。安装高空测报灯3个。累计出动调查人员10 734人次，排查面积187 735亩次，发布植保信息（简报）24期、开展培训402期次、培训人数29 973人次、发放宣传资料87 513份。

【黄脊竹蝗监测与防控】 2020年7月15日，农田土肥部门在元江县因远镇卡腊村得收组竹子上发现1头黄脊竹蝗、龙潭组烟叶上发现1头疑似黄脊竹蝗，经省专家鉴别确认为黄脊竹蝗。截至8月20日，全市累计发生面积6 559.1亩次，发生程度为零星轻发生，每亩4—6只，主要危害玉米、水稻、甘蔗等，累计防治面积6 565.3亩次，投入2 075人次、机动喷雾器1 480台（次），使用农药296.17千克，培训人数7 839人次。 （王田珍）

农业科研

【基层农技推广体系构建】 2020年，市农业科学院实施全国基层农技推广体系改革与建设补助项目，争取中央财政资金404万元，确定红塔区、通海县、新平县3个县（区）实施农技推广补助项目，加快构建农业社会化服务新机制，加强基层农技推广队伍建设。实施村级农技推广员认定工作，稳定村级农技推广队伍，全市共认定村农科员705人，每人每月给予300元的工作补贴（市级承担200元，县级承担100元），列入年度财政预算支出。各县（市、区）结合实际对村农科员进行绩效考核，合格者继续聘用。通过基层农技推广体系构建，提高了基层农技推广工作质量效益，较好地解决了科技服务“最后一公里”问题。 （张 波）

【国务院特殊津贴专家推荐】 2020年，市农业科学院组织各县（市、区）和市农业农村局局属各事业单位进行申报，按照自下而上、民主公开、好中选优的原则，全市农业农村系统共有5名在职从事专业技术人员申报“国贴”，并择优推荐1名作为享受国务院特殊津贴专家候选人。

【云南省有突出贡献优秀专业人才和享受云南省政府特殊津贴专家申报】 2020年，市农业科学院组织各县(市、区)和市农业农村局局属各事业单位进行申报，按照自下而上、民主公开、好中选优的原则，全市农业农村系统共有17名在职从事专业技术人员申报“省突、省贴”，并择优推荐3名作为2020年云南省有突出贡献优秀专业人才和享受云南省政府特殊津贴专家候选人。 （林姣姣）

【传统粮食作物研究】 2020年，市农业科学院继续就水稻、玉米、小麦、马铃薯等几大主粮作物开展了多项课题研究，共新引进相关种质材料957份，种植材料8 674份，开展国家、省级相关品种试验21组，完成品种比较试验12组，配套技术试验5组，自主选育的4个主粮新品种(系)进入省区试或联合试验。推广主粮新品种种植面积6.01万亩，新技术2.00万亩，开展技术培训和田间生产指导2 494人次，审定通过小麦品种1个，授权实用新型专利10项，发表科技论文3篇。(胡选江)

【水稻绿色优质高效示范基地建设】 2020年，市农业科学院粮油所承担了《玉溪市水稻绿色优质高效示范基地建设》项目，在易门县龙泉街道、十街乡2个乡镇(街道)4个村委会(社区)和红塔区贾井基地实施粳稻区和籼稻区2片水稻绿色优质高效示范基地646亩。 （瞿 观）

【省级玉米+豌豆绿色优质高效示范基地建设项目】 2020年，市农业科学院在易门县、华宁县、红塔区实施了省级玉米+豌豆绿色优质高效示范基地建设项目，完成示范面积1 515亩，平均亩产695.14千克，比非示范区增24.13%，节本增效28.51%，化肥使用量减少5.33%，农药使用量减少6.53%，新增玉米93.69万千克。举办培训班5期，培训农户512人次。 （安正云）

【杂粮作物研究】 2020年，市农业科学院开展了豆类(豌豆、蚕豆、大豆)、荞麦、甘薯等几类重要杂粮研究工作，新引进种质资源材料39份，种植材料1 431份，开展省级品种试验4组，品比试验4组，实施配套技术试验20组，新品种示范推广面积172亩，新技术示范推广面积1 033亩，开展技术培训和田间指导1 060人次，发表科技论文3篇。 （瞿 观）

【油料作物研究示范推广】 2020年，市农业科学院新引进种质资源材料215份，种植材料329份，开展国家、省级品种试验6组，实施品种比较试验9组，配套栽培技术试验4组，选育的新品系有3个进入省区试或联合试验，油菜新品种示范推广面积1.11万亩，新技术示范推广5.19万亩，开展技术培训和田间指导2 250人次，推荐农业农村部品种登记1个，获实用新型专利授权5项，发表科技论文7篇。 （胡选江）

【山地蔬菜栽培技术研究】 2020年，市农业科学院开展山地蔬菜配套技术试验6组，新品种示范推广种植面积3.35万亩，新技术示范推广应用面积8.87万亩，开展山地蔬菜栽培技术培训和田间指导2 470人次。 （瞿 观）

【花卉作物配套技术研究】 2020年，市农业科学院围绕月季、绣球花、姜荷花、洋桔梗、长寿花、非洲菊、露薇花、沙漠玫瑰、蕨类、腊梅、百合、六出花、天竺葵等品种，市农业科学院新引进种质材料98个，种植材料438个，开展洋桔梗品种比较试验1组，其他花卉配套技术试验37组，与花卉生产企业合作推广栽培花卉新品种32个，开展花卉示范栽培面积共76.9亩，生产月季、绣球花、姜荷花合计48.5万盆。 （王文智）

【组培扩繁研究】 2020年，市农业科学院开展了蔬菜、花卉、植物药及特殊植物的组培扩繁工作，涉及八月瓜、魔芋、野生甜菜树、火龙珠、嘉兰百合、八仙花、天门冬、八角茴香、木姜子等9类作物13组试验的组培快繁技术研究。

（王文智）

【菜用大豆新品种、菜用红薯叶选繁工作】 2020年，市农业科学院果蔬所与云南农业大学合作开展菜用大豆新品种、菜用红薯叶选繁工作，完成20个材料的扩繁杂交选育工作，完成2个材料的扩繁、调查工作，完成9个红薯叶材料的扩繁、调查工作。

【植物药配套栽培技术研究】 2020年，市农业科学院以滇黄精、天门冬、金铁锁、除虫菊等为主要研究对象，种植材料27份，开展品种试验4组，配套技术试验7组，开展技术培训和田间指导295人次。水塘滇黄精在品种试验中优势明显，生长势强，病虫害轻，适应性好，可作为玉溪滇黄精主推品种。

（杨淑艳）

【受污染耕地安全利用种植结构调整示范基地项目】 2020年，市农业科学院在澄江市右所镇和江川区大街街道办实施受重金属污染耕地调整种植烤烟，烟后种植蚕豆、红花甜荞和藜麦，种植青蒜等示范工作，共完成示范面积658.2亩，培训指导人数480人次；同时开展了烤烟深耕深翻小区试验、烤烟根际拌客塘土小区试验、受重金属污染耕地增施碱性有机肥钝化试验、低积累重金属农作物品种筛选试验、受重金属污染耕地种植模式及耕作制度试验，相关试验共计实施16组。 （张艳军）

【抚仙湖北岸种植结构调整模式及其关键技术试验示范】 2020年，市农业科学院在抚仙湖流域坝区开展绿色生态烟叶/早蚕豆种植模式及其配套关键技术试验研究，示范绿色生态烟叶种植技术1 300亩，田间烟株长势均匀、清秀，得到烟草部门及相关专家的认可，完成了烟叶交售任务；对烟后早蚕豆开展了品种、播期、密度、施肥技术及绿色防控技术的试验研究，示范烟后早蚕豆绿色种植技术900亩，成效显著。（钱荣青）

【蓝莓种植关键技术研究与示范】 2020年，针对蓝莓生产中存在的影响产量和质量问题，市农业科学院高原特色作物营养物化技术团队以改善蓝莓生长的根际土壤环境，提高产量和质量，促进蓝莓产业可持续发展为主要目标，开展相关的试验研究与示范，提出以"酸性微生物有机物料调节蓝莓根际土壤酸度、科学施肥"为核心内容的提高蓝莓产量的关键种植方法，制定蓝莓技术标准（DB 5304/T 038—2020），示范应用蓝莓种植关键技术1 000亩，成效显著。（沐 婵）

林 草

【概况】 2020年，全市完成林业投资35 521.03万元，完成营造林14.31万亩，完成义务植树518万株。森林覆盖率提升到64.06%，森林蓄积量由5 843万立方米增加到6 187万立方米。全市林业有害生物发生面积47.35万亩，防治面积46.17万亩，防治率97.5%。全年举办林业和草原技术培训137期，累计培训专业技术和林农17 090人次，发放技术资料3.5万份。

【森林资源】 2020年，全市森林面积95.88万公顷，有林地面积110.18万公顷，森林覆盖率64.06%；森林蓄积量6 187.07万立方米；乔木林单位面积蓄积量80立方米/公顷。全市已建立各级自然保护地27个，其中自然保护区15个，面积164.45万亩，占国土总面积的7.32%。市境内有国家级重点保护野生植物31种，其中：国家一级保护野生植物5种，国家二级重点保护野生植物36种；有陆生野生动物资源735种，其中国家重点保护陆生野生动物87种：一级保护陆生野生动物14种，二级保护陆生野生动物73种。（尹琳芳）

【林业资金投资】 2020年，中央、省级、市级共投入林业资金35 521.03万元，其中：中央22 588.11万元，省级8 915.16万元，市级4 017.76万元，比上年减少17 264.03万元，减32.70%。其中：中央投入比上年减少14 291.48万元，减38.75%；省级投入比上年减少1 644.93万元，减15.57%；市级投入比上年减少1 327.62万元，减24.83%。（张丽慧）

【林业草原产业总产值持续增长】 2020年，玉溪市林业草原总产值完成91.07亿元，其中：林业产业总产值91.05亿元，草原产业总产值167万元，完成计划数的107.14%，比上年增8.35亿元，增长10.09%，其中：第一产业73.08亿元，比上年增8.54亿元，增长13.23%；第二产业11.85亿元，比上年增1.91亿元，增长19.23%；第三产业6.13亿元，比上年减少1.71亿元，减21.82%。（张丽慧）

【实施营造林工程】 2020年，全市实施营造林14.31万亩，完成率100%，分项目完成情况：石漠化综合治理项目计划实施0.31万亩，完成0.31万亩，完成率100%；防护林工程项目计划实施0.5万亩，完成0.5万亩，完成率100%；国家森林抚育项目计划实施4.5万亩，完成4.5万亩，完成率100%；国家造林补贴（低效林改造）项目计划实施9万亩，完成9万亩，完成率100%。（杨艳萍）

【义务植树】 2020年，全市适龄公民人数122.65万人，参加植树人数116.14万人，义务植树尽责率94.7%，完成义务植树518.15万株，完成率112.64%。（杨春江）

【高速公路绿化美化项目】 2020年，全市积极推进"美丽公路"项目建设，累计完成5 288.6亩，为计划5 286.7亩的100.04%，其中：昆磨高速公路（玉溪段）绿化美化工程完成5 274亩，为计划的100%；昆丽高速公路（玉溪段）绿化美化工程完成14.6亩，为计划12.7亩的115%。（李忠跃）

【林业技术培训】 2020年，全市发挥首批市级教育培训基地的作用，围绕全市森林林业和草原资源的培育、保护和利用工作重点，结合特色经济林、林草业发展和生态公益建设，采取现场示范、专题讲座、发放资料等多种形式，全年举办林业和草原技术培训137期，累计培训专业技术和林农17 090人次，发放技术资料3.5万份。（蒋志东）

【千亩大砂壳核桃科技创新示范基地】 2020年，华宁县林业科技推广站继续组织实施中央财政林业科技推广示范资金项目—《华宁大砂壳核桃科技创新示范基地》，项目在华宁县宁州街道西冲村委会和普茶寨村委会营建1 000亩核桃科技创新示范基地，通过实施土、肥、水管理、密度调整、整形修剪、病虫害防治等技术措施，示范基地内核桃生长良好，基本形成丰产树形，5月16日，项目通过云南省林业和草原局的验收。（蒋志东）

【《薄壳山核桃栽培管理技术》出版发行】 2020年10月，由市科学技术协会、市林学会编著的玉溪市科学普及丛书—《薄壳山核桃栽培管理技术》在云南科技出版社出版发行。针对薄壳山核桃产业快速发展的同时，部分山区群众对栽培管理表现缺知识、缺技术，市场上缺乏图文并茂、通俗易懂、操作性强的丛书，为此编撰出版科普该图书，旨在解决科学普及的最后一公里，促进农民增收，助力巩固脱贫攻坚成果、乡村振兴，推动云南核桃产业可持续发展。该书从薄壳山核桃形态特征、生物学特性、生长的生态条件着手，详细介绍了主栽品种及授粉树配置、砧木培育、嫁接苗培育、山地建园技术、规范化栽植、土肥水管理、整形修剪、病虫害防治、低产林分改造、果实采收与初加工等综合配套技术，并插入200多幅实景、实作图片，做到图文并茂、通俗易懂，易于操作。

（蒋志东）

【破坏森林资源违法违规问题专项整治】 2020年，全市涉及问题图斑270个，涉及面积63.2公顷，涉及案件总数256起并全部移交森林警察和林政执法部门，共查处行政案件198起，刑事案件2起，行政处罚金额167.01万元，行政处罚202人。

（吴建勇）

【生态效益补偿成效明显】 2020年，全市实施森林生态效益补偿及管护面积727.23万亩，投入补偿资金总计11 467.53万元，其中：国家级公益林补偿面积368.85万亩，补偿资金5 801.75万元；省级公益林补偿面积340.56万亩，补偿资金5 409.6万元；市级公益林补偿面积17.82万亩，补偿资金256.18万元。补偿资金投资额比上年度增加418.195万元，增长3.78%。（高兴忠）

【退耕还林和陡坡地生态治理】 2020年，全市实施新一轮退耕还林工程13.15万亩，其中：红塔区0.35万亩，江川区0.32万亩，澄江市1.16万亩，通海县0.27万亩，华宁县0.82万亩，易门县1.54万亩，新平县5.43万亩，元江县3.26万亩。实施陡坡地生态治理项目2.2万亩，其中：澄江市2万亩，元江县0.2万亩。（高兴忠）

【草原监测】 2020年，全市完成监测样地114个，其中红塔区、澄江市、通海县、易门县、峨山县、新平县分别监测12个样地，江川区、华宁县13个，元江县16个。全部样地分布在全市9县（区、市）40个乡镇草原分布区。热性草丛类12个，热性灌草丛类66个，暖性草丛类5个，暖性灌草丛类18个，山地草甸类10个，热性稀树灌草丛类3个。

（高兴忠）

【森林防灭火目标任务全面完成】 2020年，全市始终坚持“预防为主，积极消灭”的方针，各级各部门先后召开相关会议4 172场次专题会议安排部署森林草原防灭火工作，签订联防协议160份，全市共出动督查组978支、3 963人参与督促检查；共上岗护林员4 547人，巡山护林58.2万人次。在林区入山路口设置森林防火检查站、卡707个1 661人，对140万人次入山人员、车辆实名登记；全市落实4 905人的监护责任。开展了“无火清明”武装巡护和“双严”专项行动，森林火灾综合查处率100%，最大限度地减少了森林草原火灾的发生，全圆满完成了年度森林草原防灭火工作目标任务。

【林业有害生物防治】 2020年，全市林业有害生物发生面积47.35万亩（其中轻度36.89万亩、中度7.56万亩、重度2.9万亩），在47.35万亩的林业有害生物发生面积中，病害发生面积为8.36万亩；虫害发生面积为38.86万亩；鼠害0.13万亩。防治面积46.17万亩，防治率97.5%，其中防治作业面积47.11万亩，无公害防治作业面积46.03万亩，无公害防治率97.7%，成灾面积1.456万亩，成灾率1.14‰，全年预测发生面积48.79万亩，实际发生面积47.35万亩，测报准确率97%；种苗产地检疫率100%；主要林业有害生物常发区监测覆盖率100%。无松材线虫病和无特别重大、重大突发有害生物事件发生，成灾率远低于省、市4‰的控制指标，其他指标均超额完成省、市考核指标。（倪海浪）

【森林乡村】 2020年，玉溪市9个乡村入选国家林业和草原局公布的第一批、第二批国家森林乡村名单，其中，第一批5个乡村入选，龙街街道禄充村、路居镇明星村、雄关乡白石岩村、大街街道三街社区、古城街道古城社区；第二批4个乡村入选，路居镇小凹村、大街街道河咀社区、九溪镇矣文村、铜厂乡铜厂村。经云南省林草局评价认定，玉溪市56个乡村入选云南省第一批省级森林乡村名单，其中，江川区6个、澄江市7个、通海县11个、华宁县11个、易门县5个、峨山县6个、新平县4个、元江县6个。

（陈桂芬）

【磨盘山国家森林公园康养基地入选全国森林康养基地】 磨盘山国家森林公园位于新平县城南部，公园总面积73.49平方千米，有高等植物1 600多种，野生动物100余种，森林覆盖率达83.4%，每立方米空气中负氧离子含量达2.2—2.6万个。景区海拔1 260—2 614.4米，地形地貌多样，以山川缓坡地势为主，景区内原始森林、次生丛林、花海草甸、悬崖幽谷、湖泊等资源富集，构成“山—林—谷—泉—湖—花”为一体的生态旅游空间，资源组合度高，有观光、康养、探险、游乐、运动价值。2020年11月3日，中国林产业联合会公布第六批全国森林康养基地试点建设单位，新平县磨盘山国家森林公园康养基地名列其中。

（蒋志东）

【湿地资源监测】 2020年，市林业局完成了2019年度湿地资源监测，监测结果显示全市湿地面积44 253.62公顷，较上一年增加395.61公顷，湿地保护率75.04%，位列全省第一。

【食用类人工养殖野生动物清退处置】 2020年9月，玉溪市全面完成食用类人工养殖野生动物清退处置工作，通过转变用途、放归自然、收容调配、综合利用、无害化处理等处置方式，共计处置驯养繁殖场74个，存栏共计55 988头（只/条）。

（杨清华）

【自然保护地整合优化工作】 2020年，市林业和草原局深入贯彻落实中共中央办公厅　国务院办公厅《关于建立以国家公园为主体的自然保护地体系的指导意见》和《自然资源部　国家林业和草原局关于做好自然保护区范围及功能分区优化调整前期有关工作的函》的精神和要求，遵从保护面积不减少、保护性质不改变、保护强度不降低的原则，对全市29个自然保护地进行摸底调查、科学评估，在严格论证的基础上组织编制《玉溪市自然保护地整合优化预案》，预案已上报国家林草局预审。

（杨清华）

水 利

WATER CONSERVANCY

责任编校：李海明

水利规划与建设

【概况】 2020年，全市水利系统较好地完成了各项目标任务，省级对玉溪市水资源管理考核考核结果为优秀。全年完成水利固定资产投资23.87亿元，争取上级资金4.65亿元，完成农村饮水安全巩固提升7.17万人，完成水土流失综合治理面积134.65平方千米，完成库塘蓄水4亿立方米。在全力推进水利改革发展的同时，始终坚持以人为本的安全理念，坚持与日常业务同安排同部署同落实，安全生产、综治维稳等工作成效显著。

【水利规划】 2020年，市水利局认真做好水利规划工作。水利规划前期工作，继续抓好《玉溪市水利发展"十三五"规划》拟定的49件，其中中型水库4件、小(一)型水库23件、中小河流11条、主要支流项目6条、引调水工程5件。重点水利项目前期工作的推进。全力推进以新平县十里河、白沙河、亚尼河中型水库为主的一批重点水利项目前期工作，做好"十三"规划开工项目收官工作。配合做好滇中引水工程二期工程前期工作。水利规划编制工作，为"十四五"期间大干快建补齐水利工程短板，编制《玉溪市水利基础设施空间布局规划》《玉溪市"十四五"水安全保障规划》《玉溪市全域现代化水网建设规划(2020—2030年)》等一批重点水利规划。紧紧围绕"十四五"水安全保障规划防洪、供水、水生态和水利信息化建设"四大板块"进行总体布局，系统构建水安全保障"九大体系"，坚定不移践行水利改革发展总基调，加快建成玉溪全域现代化水网体系，系统解决全市水资源供需矛盾问题。"十四五"期间，玉溪市计划总投资666.31亿元，规划水利项目建设1 805件，新增供水能力6.25亿立方米，新增蓄水库容2.488亿立方米。

【水利工程建设】 2020年，市水利局加快推进水源续建工程12件(已完工3件)、水系连通工程3件(已完工1件)，澄江小冲和华宁三家村等10件小(一)型水库顺利开工，累计完成投资39.38亿元，年内完成投资5.36亿元；如期完成小型病险水库除险加固工程11件(已投入使用3件)，开工建设易门大谷厂水库除险加固工程。玉溪市东片区暨"三湖"生态保护水资源配置应急工程通海支管一、二标段已完工。易门岔河水库连通工程完工并成功进

新平县水窖建设（市水利局　提供）

行了试通水。澄江抚仙湖水资源生态保护甸垛龙潭调水工程有序推进，年底完成主管铺设和试通水。元江陆家店、峨山新街河、通海琉璃河和澄江小冲水库有序推进。华宁县核桃冲小(一)型水库完成竣工验收，新增蓄水库容275.6万立方米，新增供水能力290万立方米。

【农村水利】 2020年，市水利局以骨干水源、引水调水工程为依托，统筹安排，通过完善配套，全力构建农村供水安全保障网。不断强化农村饮水安全巩固提升，实施贫困地区农村饮水安全巩固提升工程108件，总投资1.91亿元。完成全市3 272件农村供水工程，受益人口187万。按照《云南省脱贫攻坚农村饮水安全评价细则》四项标准，开展农村饮水安全达标评价，均已达标。制定农村供水工程水价相关政策制度，加强农村饮水监督工作。实施重点中型灌区节水改造项目2个（易门县扒河灌区节水改造、新平县漠沙灌区节水改造），完成渠道防渗加固总长35.2千米，配套渠系建筑物75座，完成投资2 395万元。受益灌溉面积8.01万亩，新增粮食324.6万千克，年节水能力2 368.7万立方米。

【水利扶贫】 2020年，全市水利部门紧扣决胜全面建成小康社会、决战脱贫攻坚目标任务，严格按照《云南省脱贫攻坚农村饮水安全评价细则》要求，围绕“饮水安全有保障”，抓重点、强弱项、补短板，确保全面解决现有贫困人口饮水安全问题，坚决打赢农村饮水安全脱贫攻坚战。按照“突出重点、轻重缓急、建管并重、分级负责”原则，围绕水源保护措施、输水安全基础设施、水质安全提升处理设备、用水管理终端计量设备等措施近期分批实施了贫困地区农村饮水安全巩固提升工程108件，规划总投资1.91亿元，巩固提升农村饮水安全3.43万户12.34万人，其中建档立卡贫困户0.61万户2.2万人。通过实施108件贫困地区农村饮水安全巩固提升项目，受益区贫困群众的饮用水水质得到显著提高，有效解决了贫困群众饮水安全问题。

2020年8月11日，滇中引水工程老尖山隧洞施工现场 （市水利局　提供）

玉溪大河 （市水利局　提供）

【水土保持】 2020年，全市水利部门积极践行“绿色”发展理念，压实水保责任，把其作为全市生态文明建设的重要工作内容抓紧抓实，努力为生态文明建设和乡村振兴战略增色添绿。全市水土流失防治目标任务为完成新增治理水土流失面积122平方千米，通过水利、发改、财政、自然资源、生态环境、农业农村、林草等部门和社会各界的共同努力，全市共完成水土流失综合治理面积134.65平方千米，占目标任务数的110.37%，水土保持措施增加收入约3 189.09万元，受益人口11.67万人。实施国家水土保持重点工程（新平县双河小流域坡耕地水土流失综合治理工程）2.41平方千米。项目主要为土地整治、陡坡地治理、退耕还林、石漠化治理、异地造林等项目。

【农村水电】 2020年，市水利局按照《小水电清理整改“一站一策”方案》要求，全市93座小水电站中，85座为整改类（华宁2座整改类调整为限期退出类），5座为立即退出类，3座为限期退出类。截至12月，85座整改类电站中，有生态下泄流量要求的70座，已全部修建生态流量下泄设施；70座电站已全部安装监测设施；5座退出类电站已经完成退出并销号；3座限期退出类电站退出时限为2022年，已按时限开展退出工作。

【水利安全生产和质量监督】 2020年，市水利局坚持以人为本的安全理念，全面贯彻落实上级党委、政府关于安全生产工作的一系列重要指示和重大部署。严格落实“党政同责、一岗双责、失职追责”和“三个必须”工作要求，始终坚持把安全生产工作与日常业务同安排同部署同落实。加强宣传教育，强化督促检查，狠抓日常监管，进一步健全完善安全生产管理制度，形成一级抓一级，一级对一级负责、层层抓落实的安全生产监管体系，推动水利生产经营单位标准化管理，不断提高安全生产保障能力。同时，牢固树立“质量第一、安全至上”的思想，落实项目法人、设计、施工、监理等单位质量和安全责任，严格执行参建单位工程质量领导责任制和工程质量终身责任制，确保工程安全、资金安全、干部安全、生产安全。

水利管理

【河（湖）长制】 2020年，市水利局强化政治担当、完善治理体系、加强技术支撑、狠抓责任落实，不断推进河湖治理体系和治理能力现代化，打好河湖保护治理攻坚战，加快推动河（湖）长制从“有名”向“有实”转变，抚仙湖稳定保持Ⅰ类水质，星云湖实现水质脱劣，杞麓湖水质持续好转，河湖库渠面貌显著改善。开展清河行动，全市开展大小规模的“河长清河”行动1 173批次，共发动人员54 115人次、车船机械5 311台次，投入资金1 040.73万元。共清理河沟491条，清理库塘389个，清理湖滨湿地5 120.5亩，清除岸上岸下垃圾污物32 175.8吨，铲除淤泥11.3万立方米。抓实考核评估，根据《2020年玉溪市全面推行河（湖）长制工作要点》及主要工作任务，印发《2020年玉溪市全面推行河（湖）长制考核细则》，组织有关部门专家形成考核组，完成对各县（市、区）和市级成员单位的考核工作。

【“放管服”改革】 2020年，市水利局着力提升水行政服务质量，深入推进“放管服”改革“六个一”行动，落实“三集中、三到位”和“一颗印章管审批”模式，及时公布“最多跑一次”和内部审批事项清单，落实涉水市场准入负面清单制度。进一步推进“双随机、一公开”抽查实现“全覆盖”。认真承接省水利厅下放的审批事项，加强事中事后监管，修订完善审批事项办事指南、业务手册，精减优化审批服务流程，大幅压缩审批时限。审批法定时限20个工作日，承诺时限5个工作日，部分审批事项压缩至3个工作日。目前，市水利局行政许可审批事项有8项，相比2012年精简率为65%。年内，入驻投资项目审批服务中心窗口接收行政许可申请10件，办结10件。

【工程运行管理】 2020年，市水利局深化水利工程运行管理体制机制改革，全面推行水库大坝安全管理责任制，落实水库安全管理“三个责任人”和“三个关键环节”，强化预警监测，加强巡查巡视，及时排除安全隐患。积极筹集建设资金，做好灾后水利薄弱环节小型病险水库除险加固项目建设管理和小型水库维修养护工作。统筹协调，积极开展开展小型水库运行管理专项督查、水利工程管理与保护范围划定和病险水库除险加固遗留问题专项整治。全市共开展水库大坝安全鉴定85座，已完成50座，剩余水库安全鉴定工作正在积极推进；完成水库报废批复2座；完成管理和保护范围划界水库151座，完成确权水库64座。

【议案提案办理】 2020年，市水利局共收到交办的人大代表议案54件、政协委员提案7件，共计61件（其中：主办52件，协办件9件，）内容涉及加强水利基础设施建设、水资源管理调度、饮水安全、河道治理等方面。截至10月29日，交于市水利局的代表建议全部办理完毕，面商率、办结率、满意率均达到100%。

水资源管理

【最严格水资源管理制度】 2020年，市水利局为迎接省级对玉溪市2019年度实行最严格水资源管理制度考核，编制完成了《玉溪市人民政府2019年度实行最严格水资源管理制度自评报告》，上报省政府。根据省级下达的指标，全市实际完成情况为：用水总量、万元国内生产总值用水量、万元工业增加值用水量、农田灌溉水有效利用系数、30个重要水功能区水质五项指标均达到或优于省级下达的指标，全面完成2019年实行最严格水资源管理考核任务，省级对玉溪市考核结果为优秀。为做好市政府对全市各县（区、市）实行最严格水资源管理考核工作，玉溪市实行最严格水资源管理制度工作领导小组办公室制定印发了《玉溪市实行最严格水资源管理制度2019年度对县区考核工作通知》，分3个组于4月15—17日对各县（区市）进行了考核，经市政府同意于8月向各县（区市）公布考核结果，圆满完成最严格水资源管理制度考核工作。制定印发了《玉溪市实行最严格水资源管理制度工作领导小组办公室关于印发实行最严格水资源管理制度2020年考核工作方案的通知》。

【严格水资源论证和取水许可】 2020年，市水利局严格实施水资源论证制度，认真执行重大规划水资源论证，督促开发建设项目业主编报《水资源论证报告》。凡直接从江河、湖泊或者地下取用水资源的建设项目，对未提交经审定的建设项目水资源论证报告书的，政府投资主管部门不予审批、核准，对擅自开工建设或投产的一律责令停止。强化项目申请与核准水资源论证及审批工作，以流域和区域用水总量控制红线为依据，强化水资源论证制度，严格水资源论证报告的审查。加强水资源论证及审批后的日常监管与执法工作。严格执行《取水许可和水资源费征收管理条例》和《云南省取水许可和水资源费征收管理办法》，加强取水许可管理和水资源费征收。首先是理顺全市取水许可管理体系，按照分级负责的原则，推进规范化管理，建立全市统一、证账相符、信息全面、便于监督管理的市和县（区）两级取水许可台账和信息库。年终保有有效取水许可证1 214套，取水许可台账录入率100%，全年征收水资源费2 102.97万元。其次加强日常监管，严格按总量控制红线，执行取水许可的暂停和限制审批。强化取水许可现场核验制度，凡取水工程设施未经过和通过验收的，不得发放取水许可证。

【节水型社会建设】 至2020年末，全市农田灌溉用水利用系数0.52，根据《水利部关于开展县域节水型社会达标建设工作的通知》《云南省节水型社会建设“十三五”规划》和《玉溪市“十三五”水资源消耗总量和强度双控行动实施方案》，11月4—6日，完成江川区、通海县、华宁县、易门县4个县域节水型社会达标建设通过省级初验。根据省水利厅、省节约用水办公室工作安排，认真组织做好县级水利节水机关建设，完成7县（市、区）（2个不具备独立物业管理县）水利机关节水建设已完成建设，12月18日已完成县级水利节水机关建设验收。

【星云湖补水】 2020年，玉溪市东片区暨“三湖”生态保护水资源配置应急工程主体工程建设完成后，为充分发挥其效益，经市委、市政府研究决定，市水利局依托应急工程向星云湖、杞麓湖进行生态补水，以达到保护和治理“三湖”的目的，最大限度发挥应急工程生态效益、环保效益。通过实施星云湖“十三五”项目，配合生态补水，对水体进行置换，以改善星云湖劣Ⅴ类水体，缓解枯水季节入湖水量不足、水位下降导致蓄水量减少、湖泊自净能力下降等问题，达到对湖泊水环境质量和水生态改善的作用。2016年10月17日启动星云湖生态补水工作，截至2020年共计补水7 076万立方米，其中，2020年补水194万立方米。3月19日开始启动杞麓湖补水工作，截至12月6日，完成向杞麓湖补水1 517立方米。

【依法管水治水】 2020年，市水利局以法治水利建设为目标，加快推进水法规制度体系建设，加强水法治宣传教育，协调推进依法行政、依法治水等工作，不断夯实玉溪水利改革发展法治基础。加强组织领导，落实法治建设第一责任，成立了以局党组书记、局长为组长的依法治市工作领导小组；局党组会专题研究法治建设、依法治市（依法行政）工作，始终把依法治市工作放到全局工作中谋划推进；认真组织开展案卷评查、法律知识讲座工作；积极推行行政执法“三项制度”，积极参与全国人大、省人大组织的《中华人民共和国水污染防治条例》的执法检查活动；严格落实水资源管理、河道采砂、水土保持、防汛抗旱、水利安全生产等方面的行业监管和查处主体责任，做好组织指导水政监察和水行政执法，协调、仲裁跨县区水事纠纷，组织查处重大涉水违法事件。

防汛抗旱

【雨情与水情】 截至2020年末，全市平均降水量720.8毫米，比上年同期增长16.3%。雨季开始期正常稍偏晚，雨季结束期偏早，冬春干旱较常年严重；主汛期降水偏少，气温正常偏高。全市库塘蓄水为4.02亿立方米，完成市级目标任务4.0亿立方米的100.6%。蓄水量偏少的主要县（市、区）为通海县（540.92万立方米），江川区（2 126.34万立方米），红塔区（6 130万立方米），易门县（4 966万立方米），峨山县（3 240万立方米），华宁县（2 762万立方米）。抚仙湖水位1 721.33米，比法定最低运行水位（1 721.67米）低0.34米，蓄水量201.82亿立方米；星云湖水位1 723.15米，蓄水量1.947亿立方米；杞麓湖水位1 795.15米，蓄水量1.28亿立方米。“三湖”水量总体偏少，湖泊水环境安全存在隐患，沿湖农业生产用水受到很大影响，湖泊安全运行和保护形势严峻。东风水库水位1 666.86米，蓄水量3 315.6万立方米，飞井水库水位1 645.53米，蓄水量521万立方米，两个水库供需平衡缺水约516万立方米，中心城区供水形势严峻。

【抗旱减灾】 2020年，受上年降水异常偏少的影响，全市地表地下水和库塘蓄水没有得到有效补充，且今年雨季来临前全市无有效降雨，旱情较常年偏重。截至6月30日，全市2座小（一）型水库、70座小（二）型水库和581座小坝塘干涸，42条河流断流，15眼机电井出水不足，9个县（市、区）58个乡镇（街道）252个村（居）委会909个村组（自然村）34.93万人和5.25万头大牲畜饮水困，农作物受旱面积61.73万亩（轻旱48.95万亩、重旱11.08万亩、干枯1.70万亩）。累计投入抗旱资金17 481.6万元（中央1 250万元、省级1 600万元、市级3 051万元、县级4 436万元、群众自筹7 144.6万元）；投入抗旱人数48.33万人次，投入机电井224眼，抗旱泵站629处，机动抗旱设备6.60万台套次，机动运水车辆6.13万辆次，抗旱用电591.2万度、抗旱用油1 522.4吨，抗旱灌溉面积84.92万亩，临时解决33.69万人和5.15万头大牲畜饮水困难，拉送水量772.31万立方米，提水量530.62万立方米，累计拉（提）水总量1 302.93万立方米，挽回经济损失6.75亿元。

【防汛工作】 2020年，5次强降雨共造成6个县（市、区）65个乡镇（街道）170 491人受灾，无人员伤亡；农作物受灾面积13.3万亩；公路交通设施损毁44处；房屋损毁15间；水利设施损毁53处；其他生产设施损毁11处。灾情直接造成经济损失22 466.29万元。全市水毁工程急需修护所需资金共计3 797.09万元（其中：水库1 161.58万元，堤防543.00万元，水闸33.03万元，排涝泵站50.70万元，山洪非工程措施211.60万元，其他1 797.18万元）。灾情已向省水利厅和市政府汇报，汇聚各方力量抓好防汛减灾工作。

【山洪灾害防御项目建设】 2020年，市水利局继续实施山洪灾害防御措施项目，累计批复资金10 153.40万元（中央资金7 525.60万元、省级资金1 363.13万元、市级资金650.29万元、614.38万元），到位资金共计8 580.31万元（中央资金7 234.92万元、省级资金931.20万元、市级资金173.00万元、241.15万元）。实际完成投资共计7 460.31万元（不含未审计项目资金），实际支付5 848.92万元。截至年末，全市累计建成图像监测站17个，视频监测站39个，自动水位站118个，全市自动雨量站211个，群测群防点1 441个（简易雨量站1 330个、简易水位站111个），预警广播685个。

【江河治理】 2020年，全市江河治理在建项目9个，其中8个项目（绿汁江新平县段，新平县峨德河龙树段、大田段，峨山县三乡河白土村段，澄江市海口河海口镇段，元江县南昏河南昏村段、江川区西河村段、元江县车垤河山洪沟治理工程）已完成批复治理内容；华宁县青龙河斗居段因县财政问题，目前完成一个标段的治理。项目共完成投资6 352万元，治理河长21.5千米，堤防长度33.5千米。项目实施后有效保护沿线4.2万人、4.28万亩农田和基础设施安全。

（向小华　孙红梅）

工　业

INDUSTRY

责任编校：李海明

工业运行

【工业经济运行情况】 2020年，全市工信系统认真贯彻中央和省、市决策部署，全面落实应对新冠疫情稳定经济增长各项政策措施，扎实做好"六稳"工作，落实"六保"任务，加快产业转型升级，全力推进项目建设，挖增量、盘存量，全市工业经济总体保持平稳增长。全市规模以上工业总产值同比负增长1.36%，工业增加值同比负增长0.3%。

主要呈现以下特点：规上工业增加值下降，全市规模以上工业增加值负增长0.3%，增速环比上月（2.2%）回落2.5个百分点，低于全国3.1个百分点，比全省低2.7个百分点，列全省第12位。

从省内看，增速2.4%，比昆明市的0.9%低1.2个百分点，比曲靖市的6.8%低7.1个百分点、红河州的5.5%低5.8个百分点。（详见附件1）

工业投资持续下降，全市完成工业投资94.3亿元，负增长20.8%，负增长幅度较上月扩大0.3个百分点。三大门类一增一降一持平。从三大门类看，电力、热力、燃气及水生产和供应业增长2.3%，采矿业增加

玉溪市规上工业增加值累计增幅情况

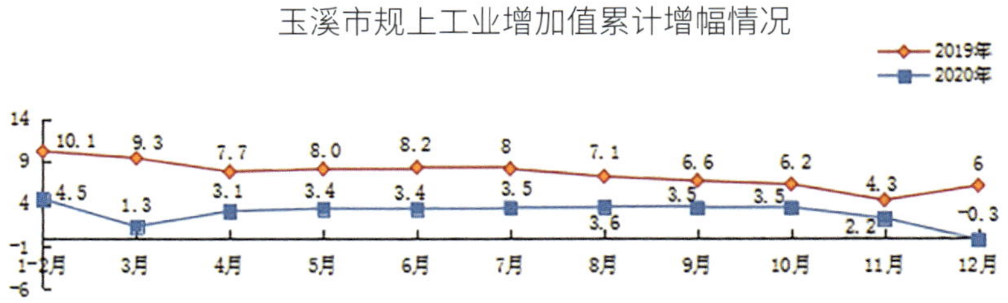

2020年1-12月全省及部分州市规上工业增加值增速情况

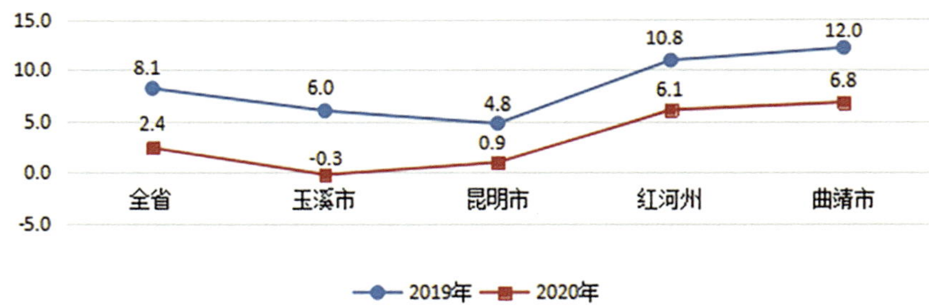

玉溪市扣除烟草制品业以外的其他行业工业增加值增长情况

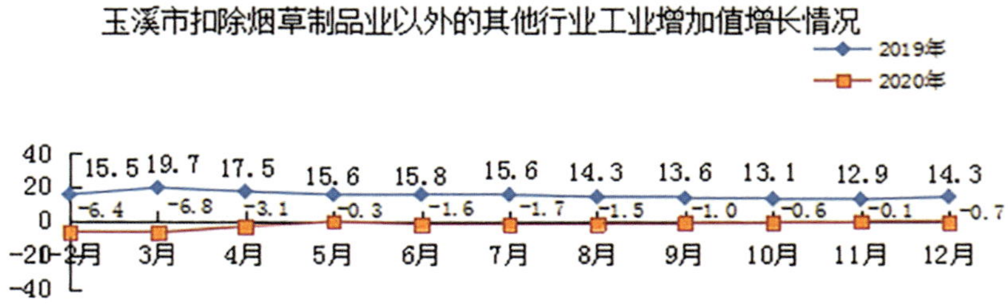

玉溪市烟草制品业增加值增长情况

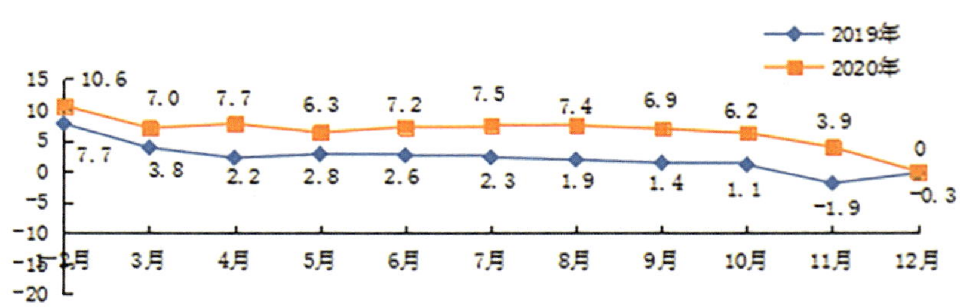

值同比下降6.4%，制造业持平。扣除烟草制品业外其他行业增速持续下降。扣除烟草制品业外其他行业规上工业增加值同比负增长0.7%，降幅比上月扩大0.6个百分点。

烟草制品业增速持平，烟草制品业增加值增长与去年同期持平。

多种工业品价格小幅波动，12月份，市工信局监测的9种主要工业产品及原材料价格环比是“3涨4平2跌”即焦炭、钢坯和线材环比价格上涨，铁矿石原矿、铜选矿、粗铜和电解镍环比持平；黄磷和水泥环比价格下跌；同比是“5涨4跌”即焦炭、钢坯、粗铜、电解镍和水泥同比上涨，铁矿石原矿、线材、铜选矿和黄磷同比下跌。具体情况是：焦炭环比5.98%，同比12.79%；铁矿石原矿环比持平，同比-5.42%；钢坯环比5.48%，同比2.80%；线材环比5.25%，同比-1.15%；铜选矿环比持平，同比-14.37%；粗铜环比持平，同比22.30%；电解镍环比持平，同比1.11%；黄磷环比-1.07%，同比-13.26%；水泥环比-3.83%，同比11.26%。

2020年12月份主要工业品价格对比表

单位：元、%

品名称	历史最高价格	现价	现价较历史最高价变化幅度		去年同期	现价与去年同期增减幅	
			绝对值	百分比		绝对值	百分比
焦炭	2 200	2 019	-181	-8.23	1 790	229	12.79
铁矿石原矿	800	192	-608	-76.00	203	-11	-5.42
钢坯	5 000	3 850	-1 150	-23.00	3 745	105	2.80
线材	6 000	3 872	-2 128	-35.47	3 917	-45	-1.15
铜选矿	56 000	36 180	-19 820	-35.39	42 251	-6 071	-14.37
粗铜	82 000	52 231	-29 769	-36.30	42 706	9 525	22.30
电解镍	450 000	101 317	-348 683	-77.49	100 200	1 117	1.11
黄磷	28 000	15 422	-12 578	-44.92	17 779	-2 357	-13.26
水泥	450	326	-124	-27.56	293	33	11.26

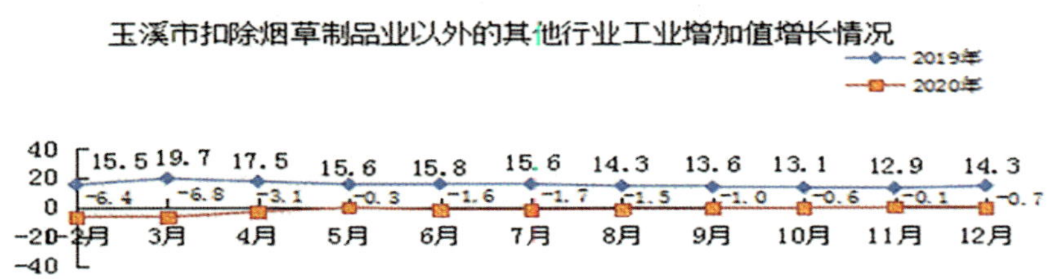

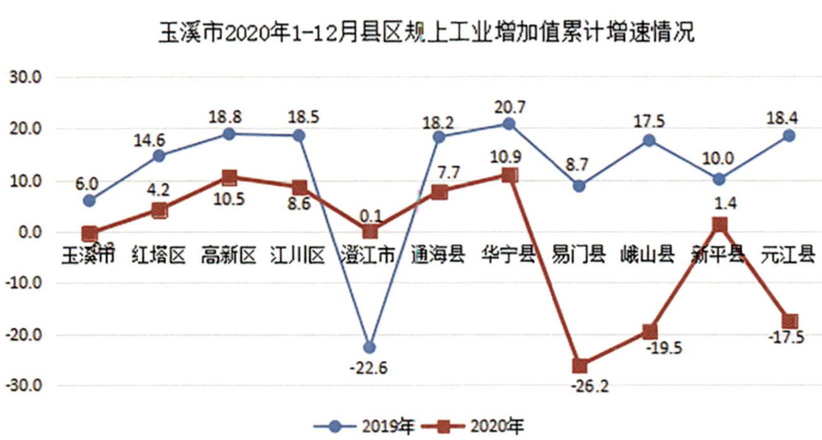

工业用电量增长，12月，工业用电量完成11亿千瓦时，同比增加5.44%。1-12月，工业用电量完成114.59亿千瓦时，同比增加10.80%。电信业务总量增长，全市电信业务总量增长20%。负增长和停产企业情况，全市产值累计负增长规上工业企业256户，环比减少15户，其中：负增长5%以上的233户，负增长10%以上的212户，负增长30%以上的134户。全市规上企业负增长面达57.14%，其中：易门县高达83.33%，峨山县高达73.08%，高新区为66.10%，元江县为62.50%，通海县为60.27%，红塔区为56.14%，华宁县为55.17%，新平县为54.84%，研和工业园区为44.00%，澄江市为31.82%，江川区为22.92%。全市448户规上企业中有23户企业停产，占全市规上企业总户数5.1%。

【其他行业规上工业增长情况】 2020年，红塔区（按考核口径）同比增长4.2%，高新区（按考核口径）增长10.5%，研和工业园区负增长7.3%，江川区增长8.6%，澄江市增长0.1%，通海县增长7.7%，华宁县增长10.9%，易门县负增长26.2%，峨山县负增长19.5%，新平县增长1.4%，元江县负增长17.5%。

玉溪高新区和各县（市、区）扣除烟草制品业以外的其他行业规上工业增加值增速均未完成目标任务，特别是易门县（差41.2%）、元江县（差35.5%）、峨山县（差35.5%）、研和工业园区（差19.3%）、红塔区（差12.8%）、高新区（差12.5%）、通海县（差12.3%）、江川区（差11.4%）、新平县（差10.6%）、华宁县（差7.1%）、澄江市（差6.9%）。

【重点产业运行情况】 2020年，全市“四大产业”实现工业总产值1 743.8亿元，下降2.4%；完成工业增加值665.3亿元下降1.0%。其中：卷烟及配套产业工业总产值同比负增1.0%；工业增加值同比负增长0.3%。卷烟配套工业总产值同比下降17.5%；工业增加值同比下降12.9%。矿冶及装备制造业工业总产值同比负增长0.3%；工业增加值同比下降1.8%。矿冶业工业总产值同比增长1.8%；工业增加值同比下降0.4%。其中：钢铁行业，黑色金属冶炼及压延加工业增加值同比增长9.2%；生产钢材1 036.7万吨，同比增长15.9%。有色行业，有色金属冶炼及压延加工业增加值同比增长9.2%；生产铜金属含量45 319吨，同比下降-4.7%。化工行业，化学原料和化学制品制造业增加值同比下降3.1%；生产黄磷139 625吨，同比增长34.1%。建材行业，非金属矿物制品业增加值同比下降11.2%；生产水泥1 609.3万吨，同比增长5.5%。装备制造业工业总产值同比下降12.3%；工业增加值同比下降11.7%。生物医药制造业工业总产值同比下降6.0%；工业增加值同比增长6.7%。其中：生物医药工业总产值同比增长59.3%；工业增加值同比增长81.8%。食品加工工业工业总产值同比下降19.7%；工业增加值同比下降23.6%。电子信息产品制造业全市信息产品制造业完成工业总产值同比下降60.7%；工业增加值同比下降56.3%。

【工业经济运行存在的问题和困难】2020年，全市企业生产经营困难，由于受新冠疫情和市场因素影响，全市企业产能利用率不高，产值下降。仙福钢铁、新兴钢铁、易门铜业因产品价格波动，产值持续下降；电子信息产品制造、磷化工、五金等生产企业因国外疫情蔓延，产品出口持续下滑，减产严重；卷烟配套企业因云南中烟公司招标采购政策调整，订单减少、开工不足。全年448户规上企业中累计负增长企业256户，比2019年增加139户，负增长面达到57.1%，减少产值198.5亿元。部分重点县区持续负拉动。全市“六县一市两区”加高新区、研和工业园区中，红塔区、高新区、江川区、澄江市、通海县、华宁县、通海县、新平县等七个县(市、区)非烟规上工业增加值实现正增长。易门县、峨山县、元江县、研和工业园等三县一区为负增长。其中，易门县负增长26.2%、峨山县负增长19.5%、元江县负增长17.5%、研和工业园区负增长7.3%，四个县区对全市工业形成负拉动，共拉低规上工业增加值6.1个百分点。工业投资增长乏力。受市场影响，加之近年来财政鼓励支持投入力度不足，在新开工项目储备上支撑不足。部分工业园区撤销以及开发区优化提升工作未完成，对部分项目建设企业在投资上产生了暂缓情绪。营商环境还有短板，要素保障还不到位，工业项目建设难以撬动主力军民间资本的投资。

附件：1. 2020年1—12月云南省分地州工业增加值增速排名

2. 2020年1—12月玉溪市分县区规上工业增加值情况

3. 2020年1—12月玉溪市“四大产业”增速情况

附件 1

2020年1—12月云南省分地州工业增加值增速排名

州市	累计增长（%）	排名
总计	2.4	
昆明市	0.9	11
曲靖市	6.8	6
玉溪市	-0.3	12
保山市	3.4	8
昭通市	1.2	10
丽江市	9.5	4
普洱市	-4.5	15
临沧市	-4.3	14
楚雄州	7.2	5
红河州	6.1	7
文山州	9.6	3
版纳州	-2.4	13
大理州	-7.6	16
德宏州	10.2	1
怒江州	1.7	9
迪庆州	10.1	2

附件 2

2020 年 1—12 月玉溪市分县区规上工业增加值情况

单位：%

县区 \ 指标	全年任务目标	1-12 月工业增加值增速完成情况	增速与全年目标任务 ± 百分点	增速排名
玉溪市		-0.3		
烟草制品业		0		
其中：扣除烟草制品业	16	-0.7	-16.7	
红塔区（按考核口径）	17	4.2	-12.8	5
高新区（按考核口径）	23	10.5	-12.5	2
研和工业园区	12	-7.3	-19.3	8
江川区	20	8.6	-11.4	3
澄江市	7	0.1	-6.9	7
通海县	20	7.7	-12.3	4
华宁县	18	10.9	-7.1	1
易门县	15	-26.2	-41.2	11
峨山县	16	-19.5	-35.5	10
新平县	12	1.4	-10.6	6
元江县	18	-17.5	-35.5	9

附件 3

2020 年 12 月玉溪市“四大产业”增速情况表

	当月增长（%）	累计增长（%）
一、工业总产值	-11.1	-2.4
1. 卷烟及配套产业	-31.0	-1.0
其中：卷烟配套	-29.3	-17.5
2. 矿冶及装备制造业	-0.9	-0.3
（1）矿冶业	1.1	1.8
（2）装备制造业	-12.6	-12.3
3. 生物医药及食品制造业	5.4	-6.0
（1）生物医药	32.8	59.3
（2）食品工业	-1.7	-19.7
4. 电子信息产品制造业	-68.9	-60.7
二、工业增加值	-21.6	-1.0
1. 卷烟及配套产业	-32.9	-0.3
其中：卷烟配套	-28.4	-12.9
2. 矿冶及装备制造业	-5.1	-1.8
（1）矿冶业	-4.1	-0.4
（2）装备制造业	-12.0	-11.7
3. 生物医药及食品制造业	10.5	6.7
（1）生物医药	43.6	81.8
（2）食品工业	-6.1	-23.6
4. 电子信息产品制造业	-65.0	-56.3

说明：“四大产业”统计范围根据市工信局、市统计局、市发改委联发《玉工信〔2017〕130 号》文件认定的企业归属标准确定，仅包含规模以上工业企业；增长速度按同口径可比价计算。

工业产业

【生物医药制造业】 2020年，全市有规模以上生物医药制造企业19户，尽管受新冠肺炎疫情影响，全市生物医药制造业仍呈现逆势走强态势，全市规上生物医药制造业工业产值同比增长59.3%、增加值同比增长81.8%，增速在全省名列前茅。沃森生物13价肺炎疫苗获批上市，打破美国疫苗巨头在婴幼儿肺炎疫苗领域10余年的垄断，填补了国内市场空白，泽润2价HPV疫苗完成3期临床揭盲，九州生物破伤风免疫球蛋白将完成III期临床试验并申报生产，国内首个mRNA新冠疫苗生产车间开工；全市新投产5户口罩生产企业，形成300万只医用平面口罩、100万只KN95口罩、3吨熔喷布日产能规模，美辰医疗成为云南省最大的口罩生产企业和全省唯一的熔喷布生产企业；林缘香料中药饮片提取加工项目、赛灵集团扩产生产线项目、佑生药品生产扩建项目等一批项目建成达产，形成27亿片口服片剂、100亿粒软硬胶囊剂年产能规模。

【卷烟及配套产业】 2020年，全市卷烟产品结构调整和销售环节优化成效突出，坚持做精“玉溪”、做稳“红塔山”，玉溪卷烟厂就地技术改造、玉溪大营街“幸福小镇”建设“退二进三”等项目顺利推进。全市卷烟及配套产业产值减少1.0%，增加值减少0.3%。

【食品工业】 2020年，全市从事食品生产加工且规模大于100万元的企业共149户，规模以上企业82户，销售收入过亿元企业39家，滇雪粮油进入“中国食用油加工企业50强”“中国油菜籽加工企业10强”榜单；达利食品有限公司连续三年入选“云南省绿色食品10强企业”；猫哆哩连续三年入选“云南省绿色食品20佳创新企业”。受疫情影响市场下滑，规模以上食品加工业产值同比减少19.7%、增加值同比减少23.6%。

【蔗糖产业】 2020年，受甘蔗种植面积下滑影响，元江金珂集团2月7日落庶生产，3月22日停榨；新平恒源糖业公司和新平恒诚糖业有限公司因原料不足问题合并生产，2月2日开榨，4月15日停榨；新平南恩糖纸有限责任公司2月2日开榨，3月28日停榨。全市甘蔗入榨面积144 837.3亩，同比减少4.2%；实际榨蔗量（甘蔗收购量）321 491.2吨，同比减少43.4%；食糖产量42 200.1吨，同比减少42.6%。

【矿冶产业】 截至2020年底，全市拥有规模以上矿冶企业151户，2020年1—12月，全市矿冶产业生产总值增长1.8%，增加值下降0.4%。矿冶业工业总产值是2016年的1.78倍，占全市规上工业总产值的56%，实现工业增加值是2016年的2倍，占全市规上工业增加值的29%。

【钢铁行业】 2020年，全市钢铁行业依托云南玉溪钢铁集团，以红塔区、新平县通海县为重点，形成800万吨/年炼铁、1 000万吨/年炼钢生产能力。仙福钢铁一期技改项目建成点火投产，通海聚元工贸40吨电炉、穆光工贸50吨转炉技改项目建成投产，依托玉昆钢铁、仙福钢铁产能置换升级改造项目，打造云南绿色钢城，项目加快推进。2020年，生产铁矿石原矿量1 310万吨，增长1.1%；生铁608万吨、增长4.6%，粗钢907万吨、增长5.5%，钢材1 037万吨、增长15.9%，分别比2015年增长59.2%、72.7%、69.9%，分别占全省产量比重为32.4%、40.6%、39.3%。

【有色金属行业】 2020年，全市有色金属行业依托铜、镍优势矿产资源，形成规模化开采和加工，集中在新平、元江和易门3个县。主要企业有玉溪矿业、易门铜业、贵研资源等。其中玉溪矿业公司形成铜精矿（含铜）1.8万吨/年产能、铁精矿40万吨/年产能；易门铜业经技改拥有粗铜10万吨/年产能；贵研资源是目前国内最大的贵金属回收企业，专业从事贵金属二次资源循环利用，通过物料预处理精炼提纯回收铂、钯、铑、金、银等稀贵金属，技术实力和开发水平处于全国领先地位。年内生产铜金属含量45 319吨，下降4.7%，占全省比重为17.4%。铂族金属8.8吨，增长17.6%，金银产品147.5吨，增长4%。

【化工行业】 2020年，全市化工行业主要为磷化工，集中于澄江、华宁和江川3个县，共有黄磷生产企业15户，形成35万吨/年黄磷产能。2020年生产黄磷13.9万吨，增长34.7%，占全省比重为25.3%。

【建材行业】 2020年，全市的建材行业主要是水泥生产企业，以华宁县、红塔区、易门县为重点，通过淘汰7条落后生产线258万吨熟料产能，形成水泥生产企业10户水泥熟料企业16条熟料生产线1 100万吨产能，全部是新型干法水泥熟料生产线。华宁玉珠、活发刘总旗5 000吨、易门大椿树4 000吨新型干法水泥熟料产能置换项目建成投产，易门典集水泥日产5 000吨建设项目产能置换方案通过省厅公告，建材行业大部分装备技术水平达到国内同行业领先。全市水泥生产企业落后产能全部退出，企业数量减少，装备水平和盈利能力提升。年内生产水泥1 609万吨，增长5.5%，占全省比重为12.4%。

【装备制造业】 2020年，全市规模以上装备制造企业增加到113户，受疫情影响，装备制造业工业增加值呈现负增长，1—12月工业增加值负增长11.7%。优化完善产业布局。全市装备制造业以数控机床、电力装备、基础铸件、五金机电为重点，编制实施《玉溪市装备制造业发展规划（2016—2025）》《玉溪市数控机床产业发展规划（2018—2025）》《玉溪市新能源汽车及配套产业发展规划（2018—2025）》等产业发展规划；科学布局了研和数控机床产业园、峨山小街、研和园区基础铸造基地、华宁风力发电设备生产基地、通海县五金机电特色园等重点装备制造产业聚集区。抓实项目巩固发展。杭萧钢构"钢结构绿色工业装配化建筑产业基地"、升华电梯西南生产运营中心、玉溪建福集团LS400自动化车削单元、云南普菲特数控机械有限公司五轴加工中心、研和工业园区数控机床数字化转型一揽子等项目的建设，稳住装备制造业投资，促进工业发展。招商引资助推发展。全市装备制造业把招商引资作为促进装备制造业新旧动能转换，推动工业经济转型升级、跨越发展的重要抓手，促成锦福智能铸造、云南省玉溪市智能制造工程技术中心、云界科技、数控机床产业提质增效、优铸科技高端铸造智能工厂、辉煌汽车制造有限公司半挂车、台机机床生产等一批招商引资项目成功落地，助推装备制造业高质量发展。打造支柱支撑发展。全市共有数控机床及其配套企业80余家，占全省机床制造业企业总数的三分之二。其中规模以上企业18家，具备年产2万台光机、1万台整机、70余万吨铸件的生产规模，研和数控机床产业基地已打造成为云南省最大、配套最全、产业链较为完整的数控机床产业聚集地，数控机床产业成为玉溪市装备制造业的支柱产业。智能制造促进转型。全市装备制造业以智能制造作为产业转型升级的抓手，深入贯彻落实《中国制造2025》和《中国制造2025玉溪行动计划》，搭建智能制造领域产学研全方位、宽领域、多层次的合作平台，为玉溪智能化发展能走在全省前列提供科技支撑和智力保障。建成前列电缆智能制造生产线、腾达机械制造有限公司数字化智能化升级改造、正成工精密机械有限公司数控机床生产提质增效"三化"改造试点示范等一批智能制造项目，助推我市"装备制造"向"装备智造"迈进。

（市工业和信息化局供稿）

电力工业

【概况】 2020年底，玉溪供电局运行维护35千伏及以上变电站120座（500千伏变电站2座，220千伏变电站14座，110千伏变电站56座，35千伏变电站48座），总变电容量1 488.185万千伏安。500千伏网架成为全省"三横两纵一中心"的重要组成部分，220千伏网架以双回链式接线为主的坚强网架结构。基本实现每个县城均有2座110千伏变电站联合供电，配网联络率提升至92%，配网可转供电率提升至85%。运行维护35千伏及以上输电线路345条，长度4 883千米（500千伏线路10条，长度659千米；220千伏线路36条，长度937千米；110千伏线路146条，长度1 993千米；35千伏线路153条，长度1 294千米）。运行维护10千伏及以下配网线路648回，长度12 227.86千米（架空线路11 053.53千米，电缆线路1 174.33千米），配变24 348台，总配变容量622万千伏安（公用配变8 830台，容量171万千伏安，专用配变15 518台，容量451万千伏安）。全年完成售电量132.16亿千瓦时，同比增长5.65%。营业收入43.62亿元，同比增长2.73%。完成固定资产投资6亿元。全员劳动生产率91.81万元/人·年，同比增长9.85%。客户平均停电时间（中压）22.43小时/户。

2020年供电经济技术指标

指标名称（全口径）	计量单位	本年完成	上年完成	同比增减	备注
供电量	亿千瓦时	138.313 8	130.980 7	5.6%	
售电平均单价	元/千千瓦时	370.35	381.89	–3.02%	含税
最高日供电量	万千瓦时	4 256.13	4 212.93	10.25%	
最高日负荷	万千瓦	207.2	206.9	0.14%	
平均日负荷率	%	85.73	85.79	–0.06%	
线损率	%	4.45	4.50	–0.05%	
主设备可用率	%	99.95	99.95	0	
综合电压合格率	%	99.679	99.508	0.17	
综合供电可靠率	%	99.892 3	99.899 0	–0.006 7	
电费回收率	%	100	100	0	
企业总资产	亿元	56.82	55.71	1.99%	
固定资产原值	亿元	113.79	109.19	4.21%	
固定资产净值	亿元	47.59	47.23	0.76%	
主营业务收入	亿元	43.44	42.31	2.67%	
上缴税金	亿元	2.42	3.49	–30.66%	
全员劳动生产率	万元/人年	91.81	83.58	9.85%	

【安全生产】 截至2020年12月31日，玉溪供电局全年未发生人身、设备、电力安全事故和有责任的三级及以上电力生产安全事件。累计安全生产天数3 288天，总体安全生产形势保持平稳。安全生产风险有效防控。全面提升风险管控能力，发布电网风险预警57份，制定风险防范及控制措施463项，Ⅴ级以上电网风险控制率100%，未发生四级及以上电网风险事件。严控人身、作业风险，制定强化人身安全专项治理措施187项。落实密闭空间作业安全规定，开展有限空间风险排查，形成风险数据库166项。设备运维质量有效提升，编制输变电设备运行方案及重点工作计划，制定154项措施落实主网设备风险控制。累计完成覆冰、山火检测装置，雷电、外力破坏、故障定位监测装置等智能终端加装109套，逐步覆盖重要线路和重要管控区段全覆盖。制定《玉溪供电局全面提升配网管理水平 推动高质量发展工作方案》，落实承接措施309项。制定《玉溪供电局配网涉电公共安全隐患识别定级与治理技术标准》，统一隐患排查治理度量与定级标准。涉电隐患治理率同比提升28.41%，涉电隐患事件数量同比减少50%。开展带电作业4 781次，提高供电可靠率0.41个百分点。应急能力持续增强，建立政企联合山火防控机制，充实地震、防冰抗冰等应急储备物资，开展地震应急野外拉练和直流融冰实战演练，队伍应急处置能力进一步提升。完成疫情防控、国庆等保供电任务72次。圆满完成“护网-2020”网络攻防演习任务和目标。

2020年2月12日，玉溪江川供电局创新服务，助力企业复工复产 （范 楠 摄）

2020年9月28日，玉溪电网开展2020年应急抢险队伍拉练活动
（贺 璇 范 楠 摄）

【电力改革发展】 2020年，玉溪供电局持续深化电力体制改革，在册交易用户6 312户，同比增加232.49%，年度结算电量102.81亿千瓦时，累计为企业降低用电成本10.83亿元。积极推进改革后企业盘活发展，建立健全监管体系和工作机制，“一企一策”制定瘦身健体方案，完成企业法人压减8户，提前完成玉电电力设计院公司制改革任务。指导制定“两金”压降方案，收回陈欠账款1.14亿元。强化资金管理21项问题的整改，防范资金安全风险。围绕工程建设、带电作业、委托运维、设计、市场拓展等5个核心业务制定提升计划118条。玉溪恒立建安工程有限公司带电作业工作站实现首次独立开展旁路作业和采用“双旁路”作业模式。拓展智能运维市场，配电智能运维平台签约上线客户263个。“滇信中汇”品牌充电桩在昆明、玉溪、普洱、临沧、大理等13个州市销售1 143台，充电桩技术达国内先进水平。中汇公司与玉溪智投公司签订战略合作协议，开展能源管理、充电基础设施建设合作。

【科技进步】 2020年，玉溪供电局承接国家重点项目“物联网智能感知终端平台系统与应用验证”工作落地，开展公司重点科技项目“配网可靠性群”“面向新农村的分布式光伏发电示范工程二期”建设工作。申请和受理发明专利11项，承担国家和南方电网公司级重点科技项目各1项。获得公司科技进步奖等21项奖励。全年开展19项科技创新成果转化，签订转化合同190余万元。

基于“云电智云”和南网云数据中心开发了供电可靠性分析系统等8项大数据应用。开展南方电网公司人工智能平台应用，成功调用平台识别组件8.5万次。完成公司5项配网“两册”落地信息化固化试点开发任务。

【电力供应】 2020年，玉溪供电局积极促进市域清洁能源消纳，全力消纳区域内清洁能源，清洁能源发电量共计27.1亿千瓦时，连续多年完成清洁能源100%消纳。投资277万元，确保新平山绿玖光伏电站、澄江垃圾电站的接入。有力推进“电代煤、电代油、电代气、电代柴”工程，累计完成电能替代项目2 030个，电能替代电量3.5亿千瓦时，完成全年目标153.5%。大力推进充电基础设施建设，年度投资建成10个项目190枪，累计投资6 702万元建成投运44个充电站点698把枪，助力玉溪市成为全省电动汽车充电基础设施建设运营示范区，在全省率先实现充电桩县县通。不断优化营商环境，严格落实国家一般工商业电价降价政策，为用户节约用电成本0.97亿元。落实疫情支持性电价政策，为用户节约用电成本1.03亿元，开展疫情重要保供电用户用电检查及客户走访3 702次，有效保障防疫机构和医疗物资生产企业正常用电。以客户需求为导向，分析整治服务短板指标、客户抱怨集中区域、故障前十线路，客户投诉保持全省较低水平。推广客户经理“微名片”，新增客户经理公示牌2 566块，充分运用网格经理服务微信群发布供用电信息、响应客户诉求。按月开展县（区）局客户服务指标评价，督促提升短板指标，14项指标均排名全省前列。大力推广智能交费业务，覆盖率94.17%，排名全省第二。深化计量实用化应用，综合自动抄表率99.84%，综合电子化结算率99.93%。全面推动供电所规范化建设，供电所电费回收率100%、非现金缴费率100%，12个供电所实现台区线损零异常，39个供电所实现客户零投诉，18个供电所自动抄表率100%，31个供电所综合电子化结算率100%。

【电网建设】 2020年，玉溪供电局统筹研究解决变压器重过载、电网安全风险变化等问题21项。协调内外部专家资源，45天完成6个35千伏输变电工程的可研。完成年度4个常规批次项目可研，解决中压配网突出问题，储备中低压配网投资5.3亿元，“一县一可研”在公司两次抽查中排名前列。制定玉溪全域智能电网规划建设方案，三年规划投资53.71亿元。编制小型基建“十四五”规划，初步确定13个入库项目，投资规模2.67亿元。全力协调500千伏玉溪变扩建工程取得核准。110千伏哨坡输变电工程顺利投运。110千伏李棋变、尖山变线路工程开工建设。取得6个35千伏输变电工程初步设计审查意见。7个供电所项目实现“拎包入住”，小型基建工作荣获公司董事长嘉奖一等奖。率先建成公司首个全预制式智能低压配电房项目。4项电网基建工程获公司2019–2020年度优秀奖。

2020年各县（区、市）供电企业技术经济指标

县级供电单位指标名称	年度	售电量（亿kW·h）	售电收入（含税）（万元）	电费回收率（%）	综合线损率（%）	电压合格率（%）	供电可靠率（%）	客户平均停电时间（h）
玉溪澄江供电局	2020年完成	5.34	21 066.38	100	2.37	99.72	99.805 2	17.11
	2019年完成	5.23	21 700.71	100	2.73	99.51	99.79	17.71
	同期相比（%）	2.1	−2.92	0	−0.36	0.21	0.015 2	−3.39
玉溪峨山供电局	2020年完成	4.43	16 592.27	100	1.19	99.716	99.77	20.1
	2019年完成	4.77	18 928.88	100	3.16	99.446	99.83	14.6
	同期相比（%）	−7.13	−12.34	0	−1.97	0.27	−0.06	37.67
玉溪华宁供电局	2020年完成	8.81	27 900.00	100	2.88	99.61	99.827 4	15.160 5
	2019年完成	8.025	29 517.134 6	100	2.66	99.222	99.916 5	20.077 2
	同期相比（%）	9.78	−5.48	0	0.22	0.39	−0.089	−24.49
玉溪江川供电局	2020年完成	10.158	30 611	100	1.895 6	99.618	99.627	32.73
	2019年完成	8.35	25 261	100	2.328 4	99.471	99.743	22.51
	同期相比（%）	21.66	21	0	−0.43	0.147	−0.116	45.4

续表

县级供电单位指标名称	年度	售电量（亿 kW·h）	售电收入（含税）（万元）	电费回收率（%）	综合线损率（%）	电压合格率（%）	供电可靠率（%）	客户平均停电时间（h）
玉溪通海供电局	2020 年完成	9.53	38 728.97	100	4.13	99.751	99.716 7	24.884
	2019 年完成	10.34	43 902.94	100	4.04	99.573	99.842 5	13.795
	同期相比（%）	-7.83	-11.78	0	0.09	0.178	-0.125 8	80.38
玉溪新平供电局	2020 年完成	11.6	46 147.28	100	2.33	99.75	99.68	28.06
	2019 年完成	11.27	52 002.05	100	2.35	98.77	99.68	28.09
	同期相比（%）	2.93	-11.26	0	-0.020	0.980	0	-0.11
玉溪易门供电局	2020 年完成	11.08	45 537.05	100	1.737	99.780	99.781 2	19.216 2
	2019 年完成	11.16	47 695.71	100	1.605	99.452	99.797 9	17.700 7
	同期相比（%）	-0.72	-4.53	0	0.132	0.328	-0.016 7	8.56
玉溪元江供电局	2020 年完成	6.66	2.74	100	3.64	99.40	99.60	35.04
	2019 年完成	7.26	2.79	100	3.22	99.28	98.78	19.22
	同期相比（%）	-8.26	-1.79	0	0.42	0.12	0.82	82.31

（玉溪供电局供稿）

信息化建设

【概况】 2020年，全市积极贯彻落实《玉溪市加快数字经济发展实施意见》《玉溪市数字经济发展规划（2020年—2024年）》《玉溪市支持数字经济发展七条措施》《玉溪市工业互联网行动计划（2020—2022年）》《玉溪市5G建设发展专项规划（2019—2030）》等系列规划文件，以“推进数字经济发展，培育发展新动能”为导向，大力推进5G、云计算、物联网、工业互联网、人工智能、区块链等新技术新业务的创新应用，促进一二三产业数字化转型升级，让传统产业赋予新的发展动能，数字经济的社会发展推动作用愈加显现。

【信息通信基础设施不断夯实】 2020年，全市按照既定的规划，大力推进信息通信基础设施发展，夯实通信基础，全面推动5G、光纤网络的建设。截至10月，全市电信业务总量同比增长30.2%，互联网普及率指数增长到107%。互联网出口总带宽达到3 444G，光缆总长度74 770Km，宽带用户610 696户，新建4G补点基站294座，光纤通达的自然村（社区）694个（100%），宽带通达的自然村达到3 566个，互联网用户达到2 607 877户，每月移动通信数据量达到22 193TB，信息通信基础设施呈现出良好的发展势头。年内计划建设5G基站1 200座，截至12月底，已建设开通1 344座，5G用户24万户，覆盖了玉溪中心城区、县城、工业园区和重要旅游景区，除加强公众应用推广外，重点推动了行业应用，培育应用场景，已尝试开展远程医疗、电力管理、矿山、工业互联网等应用。以华为、联通两大数据中心为代表的绿色数据中心集群正在形成，目前承载了省、市政务云业务140多个，数据中心业务逐步拓展，融建信息、联通数据中心已进入省工业互联网服务商资源池，中国移动第二数据中心建设项目已签约，建设面向南亚东南亚的通信国际出口节点和“孟中印缅”信息走廊国际数据服务基地的基础初步成型。

【互联网产业集聚效应初显】 2020年，玉溪国家级高新技术园区已形成互联网创业园、双创中心、大数据产业园、电子信息产品制造园区等一批产业集聚区，汇集了齐安信、中科曙光、航天信息、猪八戒网、清华启迪等90多户业内一流企业和上百个互联网行业创业团队，培育了云南永兴元科技、融建信息、玉力科技等一批优秀本土企业，创建了玉溪—华为互联网大学、同济大学玉溪智能制造研究院、云南省网络安全示范培训基地，建立了一套完善的人才交流、培育体系，为发展数字经济提供了良好的软环境。其中云南永兴元科技有限公司的软件技术服务业务已发给云南、广西、重庆大部分地区，总部经济的战略初步形成，玉溪融建信息科技有限公司开发建设的基因组学大数据云服务平台取得突破，已被中科院昆明、成都、武汉等地的动植物研究机构普遍采用，成为基因研究的有力云服务平台。

【电子信息制造业蓬勃发展】2020年，依托美辰科技、信德科技、泰阳时代、蓝光旭、奇沃、格可达、敏华达等重点企业，玉溪高新区九龙片区的手机整机生产、微电机生产、智能穿戴生产、3D打印、新能源电池、工业机器人生产等智能终端制造及配套产业项目顺利推进。玉溪高新区智能终端制造产业园已签约项目24项，协议总投资253.2亿元，其中，已投产运营项目9项，美辰科技园、粤辉电子产业园、听听语音翻译机等11个项目正在进行装修施工建设，为玉溪市信息产业奠定了良好的发展基础。

【农业数字化初见成效】2020年，全市工信系统把农业信息化列为全市农业农村重点工作，从农业政务管理、农业物联网、农业生产、农产品质量安全等多层次、多维度全面推进"互联网＋现代农业"，坚持以农业生产、农民生活需求为导向，加快农业信息化建设步伐。已建成"二网五系统"，即"耕地土壤水分自动监测示范区和农机作业定位通系统""玉溪市农产品质量安全追溯系统""生猪定点屠宰可视化监控平台"，构建起农资产品"源头可追溯、流向可追踪、信息可查询、产品可召回"的质量可溯源体系，农业全产业链应用成效初显，如通海县高大"佳缘"养猪场、江川区九溪"爱必达"花卉、云南云秀花卉有限公司、玉溪吉乡高原果业有限公司、云南鼎成农业科技有限公司等8家智能化现代农业示范园建成运营，数字农业和规模化运营效益逐步体现。

【工业数字化快速推进】2020年，玉溪市深推工业互联网应用，驱动玉溪工业数字化转型。玉溪紧扣"中国制造2025"主线，按照《玉溪市工业互联网三年行动计划》，把工业互联网应用、智能制造作为推动玉溪工业转型升级、高质量、跨越式发展的突破口，建成开通了云南省首个工业互联网标识解析二级节点，并已接入了玉溪、昆明、红河等地的50多户企业；由数字经济局牵头、高新区配合申报的"工业互联网标识解析在数控机床领域的应用"项目被工信部列为全国试点示范项目；工业互联网应用平台已开工建设，涉及化工、装备制造、卷烟配套、食品生产电力服务等多领域应用项目已开始建设；统筹全市工业生产的产业大数据平台已在实施中；升华电梯、新兴钢铁、猫哆哩、嘉和生物和力高箱包的流程制造入选云南省智能制造试点示范项目；大红山矿业、猫哆哩智能化项目入选云南省工业互联网"三化"改造试点示范项目，传统产业数字化转型和工业互联网应用呈现出良好的发展势头。

【服务业数字化普遍应用】2020年，全市智慧旅游、交通运输、社会保障、环境保护、电信和金融、车联网、智慧医疗、智慧物流等领域数字化运用服务取得新的进展。社会服务领域，"工保网"已在全市全面开展工程采购领域的保证金担保业务，累计为工程建设企业解决超过10亿元周转金的问题。旅游行业，通过A级景区智慧建设，完成9个县区城市名片、31个景区名片的编制上线工作，实现4季语音讲解、电子导览、门禁系统、停车、厕所、路慢直播智慧化，有效提升了景区服务智能化、品质化、个性化的文化旅游需求，提升玉溪文化旅游数字化水平。在智慧交通领域，以宏程物流、云南通力、聚联优服、国炬（玉溪）科技等物流平台，整合3万多辆货车，通过全程跟踪人、车、货、单、场的实时查询和风险管控，实现长途车货匹配、城市中转配送和"接力"式港港互通，车辆的跟踪与智能调度，提高物流时效，降低综合物流成本，全面提升企业运营与管理效率、实现降本增效。

（市工业和信息化局供稿）

【数字经济优先发展】2020年，玉溪市确立了打造"云南数字经济第一城"的新目标，起草《玉溪市打造云南数字经济第一城行动计划》，坚持持续加快新型基础设施建设，以建设"数字经济、数字政府、数字社会、数字城市"四条线同步发展思路，推动数字经济与实体经济深度融合，先后制定出台了《玉溪市数字经济发展规划(2020—2025年)》《玉溪市加快数字经济发展实施意见》《玉溪市推进5G基站建设十条措施》《玉溪市加快推进数字"新基建"行动方案(2020—2022年)》等一系列培育扶持数字经济发展的地方性规划和政策措施，数字经济发展思路更加清晰，扶持政策措施体系更加完备。

【信息化系统保障有力】2020年，全市OA系统使用单位1 414家，注册用户49 011个。公文交换发出文件33.93万件，已签收441.78万件；内部流转办理文件261.76万件，内部传阅54.58万件。市政府网站发布数据4 333条，各县（市、区）政府网发布数据累计13 101条；市级信息公开发布数据8 023条，各县（市、区）信息公开累计发布数据59 693条，保障视频会议778场次。组织开展政务云资源梳理，共有42个部门59个信息系统使用华为政务云资源，23个部门32个信息系统使用联通政务云资源。

【数字经济加快发展】2020年，玉溪市加速推进数字化在政务服务、城市发展等领域融合应用，数字神经系统加速延伸到经济社会发展每个角落。率先在全省建成政务一朵云，40多个党政部门的重要业务系统实现上云，智慧政务日活跃用户2.3万户，月处理公文24万份，政务信息化应用走在了全国地级市前列。在全省率先构建了全市一站式惠民(互联网＋政务服务)平台，实现了政务信息资源有效整合，有效解决信息资源“孤岛”，有力推动“放管服”改革落地见效，承诺1个工作日办结事项达581项、提高了69.88%，承诺5个工作日以上办结事项压缩至335项、压缩了57.86%，行政效能大幅提高；坚持用城市数字化解开市域社会治理新密码，注重数字运用，互联网＋网格化、打造“智慧城市”、数字化医疗云平台建设等一批城市数字化项目落地，703个村(社区)建立了网格化社会服务管理信息系统平台；城市数字化运用惠及教育、医疗等民生事业，“互联网＋教育”模式影响不断扩大，构建起“一个中心、一个平台、三大应用系统”和“横向到边、纵向到底”的区域卫生信息化体系；建成全省第一个实战型“信息资源互联共享平台”，实现共享数据4 400万条，助力税务部门追缴应交未交税费6.5亿元。

【数字化乡村建设】 2020年，玉溪市依托“宽带乡村”“宽带中国”战略，积极推进数字乡村建设，全市435个行政村实现100%光纤和4G网络覆盖，4 098个自然村中有3 065个光纤通达，20户以上自然村覆盖率达到90%，农村人口光纤覆盖率达到90%；全市宽带用户增长到51.8万户，家庭宽带普及率达到65.6%；按照网络精准扶贫工作要求，督促运营商针对建档立卡贫困户和扶贫干部，全面做好移动业务和宽带的应用推广，制定多种优惠举措，主要开展个人资费五折优惠，承诺保底送宽带、赠送通话时长、赠送流量等。依托玉溪政务云平台，在数据中心部署农机定位管理系统，农产品质量安全追溯系统、农村集体“三资”管理系统，农村土地确权管理系统等信息化支撑系统，为农业信息化项目共提供CPU92核，内存200G，存储13 160G，为数据提供高级互联网安全防护。（李　溶）

【电信运营】 2020年，全市电信业务总量同比增长29.5%，互联网普及率指数增长到107%。互联网出口总带宽达到3.5T，光缆总长度7.6万千米，宽带用户6万户，新建4G补点基站294座，互联网用户达到261万户，每月移动通信数据量达到25 200TB。年内共建成5G基站1 344个，5G用户达到20万户。

（电信玉溪分公司供稿）

【移动通信运营】 2020年，移动玉溪分公司全面推进“5G+计划”，担当网络强市、数字玉溪、智慧社会主力军，抢抓新基建机遇，不断加大信息基础设施投资建设力度，玉溪步入“全千兆”时代。实现移动5G网络在红塔区主城区、县城核心城区的连续覆盖和4A级以上风景区、特色小镇、重点企业的有效覆盖；主要城区、乡镇具备千兆宽带接入能力；云南移动第二数据中心及核心网灾备中心基本完成前期准备工作，为打造“数字玉溪”新引擎奠定坚实基础。围绕中心服务大局，为高质量发展保驾护航。联合市委组织部推广“国企带民企”党建和创新模式，与15家民营企业开展“优势互补、资源共享、共谋发展”的多维合作；深入探索5G应用及重点信息化项目，打造行业应用标杆；红塔区、新平县、峨山县智慧停车荣获云南移动标杆示范基

2020年11月27日，铁塔玉溪分公司在聂耳文化广场开展5G建设暨数字新基建电磁辐射科普宣传（高　倩　提供）

地称号；智慧公厕、智慧门禁等物联网技术方案在江川区、澄江市、峨山县美丽县城、智慧小区项目中得到应用；移动云助力红塔区、江川区实现智慧医疗；智慧教育新模式在通海进行试点；5G智能制造取得新进展，5G专网及边缘计算在红塔集团、太标集团、易门大椿树水泥厂、中汇电力等企业得到实践应用，数字经济与传统产业加速融合。主动作为，为全市121家学校、企事业单位提供热成像测温服务、为玉溪支援湖北医疗队赠送话费和流量、为钟南山院士远程会诊玉溪重症患者搭建“云视讯”连心桥，短信小程序、云视讯、视频彩铃、大数据分析等产品工具手段在抗疫中发挥了积极作用；投资1 700余万元实现全市198个贫困村无线、有线网络覆盖率100%，为全市建档立卡户提供话费优惠128余万元。

（移动玉溪分公司供稿）

【铁塔公司生产经营】 2020年，铁塔玉溪分公司完成生产经营收入1.58亿元，同比增幅6.75%，其中包含一体收入1.48亿元，同比增幅1.97%；能源经营收入369.69万元，同比增幅1 830.55%；跨行业务591.46万元，同比增幅150.28%，两翼占收比6.06%。着力满足客户交付需求，年内总计获取需求1 565个，其中宏站需求：1 555个、室分6个、微站4个。其中，移动总计需求站点1 039个，满足率100%；联通需求159个，需求满足率100%；电信需求367个，需求满足率100%。交付及时率提升明显：一季度70.1% 全省排名第10、二季度89.3% 全省排名第3、三季度98.6% 全省排名第1，四季度98.22% 全省排名第2。积极拓展业务。年内共计完成项目签约30个，累计签约金额达4 943.91万元。换电业务方面，玉溪铁塔共投放安装换电柜30个，换电客户达517多户，换电业务月收入突破9万元。通过发展合作伙伴，加大宣传度，打造换电合作模式等方式，成功实现换电业务发展突破，公司铁塔换电业务市场渗透率达30%，市场渗透率排名全省第一。充电业务方面，玉溪公司小区充电桩站点位共计196个，设备数量394台，累计建设完工端口数3 448个，开通端口数3 448个，注册用户16 556人，端口使用率达26%，累计收入达30.03万元。备发电业务方面，签订其他能源业务项目6个，玉溪市汇龙科技有限公司灯杆维护及重点杆路备发电服务项目、澄江太阳山能源项目、一心堂备发电、红塔农商行营业网点及自助银行备发电、中石油应急发电服务、玉溪市发改委充电桩代维服务（能源），累计合同金额达398.93万元。（高 倩）

烟草产业

TOBACCO

责任编校：王　斌

烟草管理

【概况】 2020年，全市计划烤烟种植面积56.7万亩、烟叶收购量153.1万担，种烟涉及9个县（市、区）、63个乡镇（街道）、410个村（社区）、60 845户烟农。全市认真贯彻落实省、市烟叶工作会议精神，紧紧围绕市委、市政府确定的目标任务，以高质量发展为统领，贯彻新发展理念，着力稳定核心烟区，以提高发展质量和效益为中心，统筹抓好新冠肺炎疫情防控和烤烟生产工作，沉着应对前期高温干旱、中后期区域性持续阴雨寡照等诸多挑战，攻坚克难、积极作为，圆满完成全年烟叶生产收购目标任务。2020年，全市种植烤烟56.7万亩，完成计划的100%，完成烟叶收购量153.1万担，完成计划的100%，烟农实现烤烟交售收入22.46亿元，均价29.34元/千克，上等烟比例70.24%，实现烟叶税4.94亿元。

【烤烟种植收购】 2020年，全市合同种植烤烟面积56.7万亩，其中：红塔区3.65万亩、江川区7.6万亩、澄江市5.6万亩、通海县4.9万亩、华宁县8.3万亩、易门县5.9万亩、峨山县7.4万亩、新平县7.52万亩、元江县5.83万亩。全市烟叶收购量153.1万担，其中：红塔区10万担、江川区21万担、澄江市15.2万担、通海县13.5万担、华宁县22.25万担、易门县16万担、峨山县20万担、新平县20万担、元江县15.15万担。全市于5月14日完成烤烟移栽计划，10月21日完成153.1万担烟叶收购任务。

【烟叶产业政策扶持】 2020年，出台了《玉溪市人民政府关于切实抓好2020年烤烟生产工作的通知》《玉溪市2020年烤烟生产收购管理千分制考评办法》《玉溪市2020年烤烟商品有机肥推广实施方案》《玉溪市2020年“2260”高端特色烟叶开发工作方案的通知》，为烟农增收、特色优质烟叶产业发展提供政策保障。保持16元/担的县、乡、村、组烤烟生产组织奖励政策，整合工商企业资源，工商企业扶持资金达3.17亿元，按市级要求，各县（市、区）制定“以烟养烟”扶持政策，原则上县（市、区）每年保证按不低于上年烟叶税的10%安排用于扶持烤烟产业发展。

【核心优质烟区规划】 2020年，全市共规划烟田面积133.56万亩，其中，核心烟区101.85万亩、占比76.26%，优质烟区25.25万亩、占比18.91%，适宜区6.46万亩、占比4.83%。将种烟区域重点布局到核心烟区、骨干烟区、规模集中连片区域。全市综合运用烟农自主流转、合作社（村委会）集中流转、龙头特色企业战略合作、多元化投资经营等多措并举实施核心烟区土地流转共13.8万亩种植烤烟。

【烤烟种植品种】 2020年，全市着力提升烟叶质量，保障红塔烟叶原料需求，安排种植K326品种20万亩、KRK26品种1万亩、云烟87品种33.7万亩、NC297品种2万亩。同时坚持“三个优先”：总量优先，在全市烟叶收购总量不变的情况下，计划调拨红塔烟叶110万担，比上年增加6万担；好烟优先，全市55万担K326、3万担KRK26、5万担NC297的所有国内计划全部调拨红塔集团；扶持政策优先，增加K326品种补贴投入标准400元/亩，对KRK26积极争取优于“2260”项目扶持政策。

【烤烟生产有机肥推广】 2020年，全市围绕烟叶高质量发展目标，坚持新发展理念，大力推广烤烟施用有机肥，改善烟株际环境，提升烟叶质量，助力烤烟生产减肥增效，推动全市烟叶生产发展方式向绿色、生态、清洁转变，着力打造烟叶绿色发展新典范。全市组织推广施用商品有机肥35万亩，占烤烟种植面积的61.7%。其中："2260"项目区5万亩，非"2260"项目K326品种种植区15万亩，KRK26品种种植区1万亩，其他品种种植区14万亩。

【样板示范工程】 2020年，在5县区实施"2260"项目，全力打造高端特色烟叶生产典范；非"2260"4县区，每县区打造三片由书记、县区长和分管副县区长挂钩联系的千亩连片科技示范样板。

【烟叶生产基础设施建设】 2020年，全市烟叶生产基础设施建设完成工程总建数2 717件，项目总投资5 309.21万元（不含建设主体投工投劳折资）其中：烟水配套项目122件，机耕路项目5件，烟叶调制设施2 590件（其中：配套颗粒燃烧机410台，新建热泵电烤房106座，新建生物质燃料烤房350座，编烟操作台64台，配套烟夹160座，新建卧式密集烤房8座，新建果蔬烟叶烘干机烤房1 492座）。全市建设烟草水源工程6件，共申请烟草援建资金4亿余元，其中在建项目4件：元江县陆家店水库、华宁县小箐水库、峨山县新街河水库、澄江市小冲水库。已竣工项目2件：华宁县核桃冲水库、峨山县笃川水库。准备上报国家级评审3件，省级已评审通过，概算投资2.6亿元，分别是新平县阿者河水库，华宁县三家村水库，元江县那诺一库。

【烟叶生产基础设施建设规划】 2020年，全市确定规划地块1 047块，总面积71.42万亩，规划建设项目144 677个，建设投资概算165 053.61万元，其中高标准基本烟田地块114块，连片面积13.65万亩，规划建设项目26 660个，建设投资概算48 171.11万元；急需完善设施地块933块，连片面积57.78万亩，规划建设项目118 017个，建设投资概算116 882.5万元。 （白寿光）

烤烟生产

【烤烟生产】 2020年，全市有种烟县（市、区）9个、乡（镇、街道）63个、村（居）委会410个、村（居）民小组2 748个、烟农60 845户，种烟人口19.02万人；签订烤烟种植合同60 845份。年内，全市种植烤烟3.78万公顷，其中田烟1.21万公顷、地烟2.57万公顷；收购烟叶7 655万千克，其中国内计划收购量7 025万千克、出口备货计划收购量630万千克，百分之百完成了省级下达的烤烟种植收购计划。上等烟比例70.24%，比上年提高0.17个百分点；实现烟农售烟总收入22.46亿元，加上各项生产补贴和"K326"品种补贴，种烟总收入达25.33亿元，烟农种烟总收入较上年增加6 179.94万元（同比增2.5%），户均售烟收入3.69万元、增5.94%，均价29.34元/千克、同比提高0.51元/千克，上缴烟叶税4.94亿元、同比增1.76%。

2020年，为应对烤烟生产前期严重干旱，全市政企投入抗旱资金2 575.4万元（其中烟草投入1 534.15万元），有效保障分批次播种精准育苗、最佳节令集中移栽和膜下苗移栽技术的落实，全市75%左右的烤烟集中在20日内移栽，膜下小苗推广面积2.86万公顷、占比75.7%，其中红塔区继续保持100%推广应用。同时以"促生长、提单产"为中心，落实"增肥追肥、揭膜破膜、培土填塘"等平衡生产关键技术。全市推广商品有机肥2.25万公顷；以烟蚜茧蜂防治烟蚜为代表的生物防治技术在烤烟上继续实现全覆盖；实施烟田面源污染综合防控，推广0.01毫米增厚地膜回收利用1.18万公顷；推广使用清洁生物质燃料房3 577座，天然气烤房10座，热泵电能烤房216座；推行STP项目446.67公顷，红塔区实现整区推进。在新平县实施雪茄烟种植3.33公顷，突破了栽培、调制、发酵等一批关键技术，生产的雪茄烟叶风格特色鲜明，得到四川中烟的认可和好评，为开辟玉溪烟叶生产发展的新亮点和增长点奠定了基础。

【烟叶生产扶持政策】 2020年，玉溪烤烟生产继续执行0.32元/千克的县乡村组烤烟生产组织奖励，市政府统筹扶持政策补贴预算资金约1.18亿元。烟叶产前投入扶持标准由2.4元/千克提高到2.6元/千克，总投入金额1.99亿元，比上年增加1 531万元。采取市级统筹和县级自控相结合，其中市级统筹资金13 419.5万元，县级自控资金6 483.5万元。加大"K326"品种生产扶持力度，在常规扶持标准基础上提高6 000元/公顷，其中种植补贴3 000元/公顷、商品有机肥推广600元/公顷、烟用化肥补贴2 400元/公顷；烟叶收购结束，并按照烟叶收购金额的5%给予品种补贴。优化专业化分级散叶收购补贴，其中特色特需"K326""KRK26"和"NC297"品种补贴标准提高到1元/千克，"云烟87"品种补贴标准调整为0.7元/千克。其他扶持项目补贴标准保持稳定，烟蚜茧蜂防治烟蚜补贴75元/公顷，烟田废弃残膜回收处理补贴750元/公顷，职业烟农培育补贴500元/户，非建档立卡户种植保险补贴750元/公顷，建档立卡种植保险补贴810元/公顷，烟种全额补贴，除"K326"品种化肥补贴500元/吨，核心烟区土地流转贷款利息补贴不超过300元/公顷，病虫害统防及绿色防控补贴不超过1 200元/公顷，高效节水滴管补贴不超过3 000元/公顷，专业化育苗补贴不超过450元/公顷，专业机耕补贴不超过1 500元/公顷，上部烟叶一次性采烤补贴不超过150元/公顷，专业化烘烤补贴

2020年3月13日，全市烟叶工作现场会在江川召开 （市烟草公司　提供）

不超过0.3元/千克，采烤一体化补贴不超过0.5元/千克，专业运输补贴不超过0.12元/千克，生产技术培训补贴不超过0.06元/千克。年内，全市烟叶实际执行产前投入补贴23 102.98万元，其中专用物质补贴4 540.38万元、专业化服务补贴18 562.60万元。

【调优烟区生产布局】 2020年，全市调优烟区生产布局，推动计划资源向核心烟区、骨干烟区、生产水平高、烟叶质量好、种烟积极性高的区域集中，红塔区调增到10万担、峨山县调增到20万担烟叶收购计划，全市9个县(市、区)烟叶生产规模均达到50万千克以上，1 000万千克级县(市、区)达到4个、50万千克乡47个、千亩村186个。围绕"'K326'+其他"品种规划，实施品种轮换，全市共落实"K326"品种1.33万公顷、占比35.27%，红塔集团特需"KRK26"和"NC297"品种0.20万公顷、占比5.29%，"云烟87"品种2.25万公顷、占比59.44%，基本实现了"良种、良区"相配套。

【稳定烟叶生产规模】 2020年，全市烟叶生产继续稳定核心烟区，以恢复"三湖"流域传统核心烟区为突破口，着力推动核心烟区稳定。澄江市在抚仙湖径流区继续打造万亩核心烟区，江川区恢复星云湖沿岸传统核心烟区田烟288.91公顷，全市各地多措并举实施核心烟区土地流转共9 446.67公顷、占比24.99%。精准核实移栽面积。全面实施栽后插牌验收管理，全市验收插牌地块25.5万块，平均每亩实栽面积1 170株，做到了情况明、底数清。压实合同管理责任，联合市、县两级纪委监委开展烤烟合同专项治理，进一步规范合同分解过程。

【创新烟叶生产管理方式】 年内，玉溪创新烟叶生产管理组织形式。变革激励政策。烤烟生产收购专项考核设立创先争优将和"总量、特色特需品种、质量"三个专项贡献奖励，营造了基层"比、学、赶、超"的创先争优氛围。变革收购组织模式。推进实施预检分级关口前移，将预检员与专业化分级人员职责合并，组织专业化预检分级人员开展入户分级指导、预检考核和帮助烟农分级，对于化解交售矛盾、提高等级质量、保障平稳收购、助力烟农增收起到了重要的推动作用。变革生产服务模式。推进合作社整合，一县一社得到全面落实，在育苗环节首次实现了一县一价，既保证了专业化育苗水平提升，也维护了广大烟农的利益。（焦永鸽）

【"4+1"品牌培育】 2020年，市烟草公司携手云南中烟持续推进"4+1"品牌培育，以"玉溪·中支和谐""玉溪·细支108""玉溪·华叶蓝""云烟·黑金刚印象""玉溪·硬和谐"新老规格组合的"4+1"品牌培育为突破口，通过2—3年的持续培育推动300—600元价位段卷烟销售提升，为玉溪卷烟销售结构提升注入新动力。2020年实现"4+1"规格卷烟销售2 155箱，同比增长1.79%。"4+1"规格占300—600元卷烟销量比重的46.60%，5个规格为全市单箱增长贡献1 396元。

【文明吸烟环境建设】 2020年，市烟草公司通过烟草补贴，政府统建方式建成文明吸烟环境项目213个，其中室内吸烟室13个、室外吸烟亭68个、室外吸烟区132个，共投入补贴资金442.57万元。并移交相关部门（单位）41个，同时与这些部门（单位）分别签订《文明吸烟环境建设项目移交与管理使用协议》。

（何忠仙）

卷烟生产

【概况】 2020年，红塔集团以母分公司形式下辖云南省内玉溪、楚雄、大理、昭通4家不具有法人资格的卷烟厂；控股红塔辽宁烟草有限责任公司、海南红塔卷烟有限责任公司、香港红塔国际烟草有限公司、老挝寮中红塔好运烟草有限公司、云南合和（集团）股份有限公司；参股吉林烟草工业有限责任公司、中烟国际欧洲公司。集团本部及省内四厂总资产1 187.33亿元，其中固定资产净值76.86亿元、流动资产474.73亿元，资产负债率10.00%。集团省内企业在岗员工8 566人，其中博士研究生3人、硕士研究生414人、大学本科2 541人；有专业技术职称人员3 898人，其中高级57人、中级1 396人。集团坚定任务目标不动摇，采取非常措施，全力夺取疫情防控和生产经营“双胜利”；聚焦品牌发展核心，深化“净管理”理念，落实落细产品力提升工程和云南中烟“企业管理推进年”各项工作，企业管理效能、品牌发展动能进一步增强，总体保持平稳向好发展态势，圆满收官“十三五”。“十三五”期间，红塔集团累计实现税利2 604.08亿元，为做优做强云南烟草产业和促进地方经济社会发展做出积极的贡献，为开创“十四五”发展新局面奠定了坚实的基础。

【卷烟生产经营】 2020年，红塔集团境内外卷烟生产总量（含集团省内四厂内销与出口、品牌合作、境外加工生产卷烟）2 153.9亿支（430.78万箱），比上年下降4.39%。省内四厂生产内销卷烟1 723.65亿支（344.73万箱），比上年增长1.04%。其中，玉溪卷烟厂生产内销卷烟942.15亿支（188.43万箱），比上年增长1.01%，按类别：生产一类烟557.45亿支（111.49万箱）、比上年增长0.88%，生产二类烟25.9亿支（5.18万箱）、比上年增长11.75%，生产三类烟358.8亿支（71.76万箱）、比上年增长4.27%；按品牌：生产“玉溪”557.45亿支（111.49万箱）、比上年增长0.88%，生产“红塔山”384.7亿支（76.94万箱）、比上年增长5.19%；生产出口卷烟14.2亿支（2.84万箱）、比上年下降34.63%。

集团境内外卷烟工业销售总量（含集团省内四厂内销与出口、合作生产、境外加工卷烟销售）2 176.15亿支（435.23万箱），比上年下降4.74%。省内四厂内销卷烟销量1 747.15亿支（349.43万箱），比上年增长0.65%，其中，销售一类烟699.4亿支（139.88万箱）、比上年下降0.8%，销售二类烟30.45亿支（6.09万箱）、比上年增长17.97%，销售三类烟1 000.7亿支（200.14万箱）、比上年增长6.43%，销售四类烟16.65亿支（3.33万箱）、比上年下降74.34%。合作生产卷烟销量（含回购销售）342.8亿支（68.56万箱），比上年下降16.77%。境外加工卷烟销量71.8亿支（14.36万箱），比上年下降33.24%。出口卷烟销量14.35亿支（2.87万箱），比上年下降50.63%。

集团省内实现税利533.73亿元，比上年增长1.21%；实现工业总产值747.49亿元，比上年增长0.63%，在玉溪市实现工业总产值508.30亿元，比上年增长0.63%。

【品牌建设】 2020年，红塔集团坚持推动品牌高质量发展的靶向不移、全方位提升产品力的重心不变，着力优状态、稳销量、提结构，品牌发展稳中向好。重点品牌“玉溪”“红塔山”分别实现商业销量706.55亿支（141.31万箱）、1 280.9亿支（256.18万箱），分列全国一类烟销量第四位和全国卷烟品牌销量第四位；新品“玉溪（鑫中支）”“红塔山（大经典1956）”及次新品“玉溪（双中支翡翠）”等累计销量44.2亿支（8.84万箱）；“细短中爆”创新品类卷烟累计销量95.55亿支（19.11万箱），其中，细支烟销量63.05亿支（12.61万箱）、比上年增长5.44%，中支烟销量13.95亿支（2.79万箱）、比上年增长3.07%。品牌结构稳步提升，单箱批发销售收入2.97万元，比上年增长2.01%。

【生产管理】 2020年，红塔集团统筹推进疫情防控和复工复产，集团本部及玉溪、楚雄、大理、昭通卷烟厂于2月10日有序复工复产；结合玉溪厂就地技改，持续优化省内四厂品规生产布局，提高柔性生产能力，确保技改、生产两不误；制定《综合净效率管理实施方案》，分类设计“卷烟设备综合运行净效率”评价公式，构建生产组织竞争模式，提升设备资源等要素的配置效率，全年生产计划满足率和订单需求满足率100%。系统梳理优化现行工艺质量管理标准，形成以《卷烟生产过程质量控制总则》为统领的卷烟生产过程质量管控标准体系；持续深化工艺评价及验证机制，识别省内四厂需改进项256项，有效消除质量隐患；继续开展核心规格产品品质系统性优化，完成“低温搭口胶应用”“烟支燃吸综合性能研究”等25个专项改进，产品品质稳定提升，全年卷烟产品质量监督抽检合格率100%，包装标识质量得分100分，包装与卷制质量加权平均得分99.69分。升级优化物流运行管理，制订《成品卷烟供应链（2020—2022）三年保障方案》，建立订单需求与码段补码预警机制和车辆在途监控与预警模块，提高订单处理效率和承运车辆的网络化、可视化、智能化管理水平，推进信息技术与物流业务进一步融合，以智慧物流助推智能制造，快速响应市场需求，全年卷烟运输准时发货率99.68%、准时到货率99.97%。

【科技创新】 2020年，红塔集团科技项目获云南省科技厅科学技术进步奖二、三等奖各1项，获云南中烟科学技术进步奖一、二等奖各2项和三等奖3项。专利技术362件(其中发明专利52件)，获国家知识产权局授权328件，其中发明专利30件、实用新型专利295件、外观设计专利3件；获计算机软件著作权41件。组织申报玉溪市专利资助项目222件；配合玉溪市知识产权局做好“创新城市”申报和建设工作，通过参与此项工作，集团98%的发明专利获得国家知识产权局予以优先审查的条件，缩短了发明专利的审查周期。

【重点建设项目】 2020年，红塔集团加热不燃烧卷烟高速卷包成型生产线建设项目，建成3条年产能6万箱的中心加热生产线和1条年产能2万箱的周向加热生产线；行业首个年产25万箱的从芯基材到卷包的全流程、全产业链新型烟草产业化加工制造基地和新型烟草工业园区项目正在积极筹建。集团安防消防中心建设项目取得玉溪市建设工程竣工验收备案证。玉溪卷烟厂就地技改项目进入施工图设计阶段，原卷包一、三车间和制丝一车间、成品库等设备拆除，中水站新建项目启动。玉溪卷烟厂复烤一车间易地搬迁技改项目、新建烟叶存储仓库建设项目，通过云南中烟项目竣工结（决）算审查。

【烟叶生产联合下乡】 2020年4月21日，红塔集团举行“全程参与、深度介入”烟叶生产联合下乡启动仪式，这是集团与市烟草公司加强战略合作，聚焦核心区域、特需特色品种、关键环节和技术措施落实，共商共制“一地一策”“一品一策”工作方案，组建跨部门、跨专业的联合下乡工作组深入烟田，进一步落细落实“第一车间”建设，工商协同打造玉溪高端特色烟叶名片的又一新举措。

【原料采购】 2020年，红塔集团原料采购突出“产区、品种、质量”重点，与12个省级烟区签订17.475万吨（349.5万担）国内烤烟购销协议，其中省内采购计划14.35万吨（287万担），占采购总量的82.12%，玉溪、楚雄、大理三大高端核心烟区采购占比较上年提高6.44个百分点。完成省内外烟叶工商交接13.96万吨（279.3万担），集团本部国家局检查合格率71.4%，同比提高5.18个百分点，云南中烟、云南省烟草专卖局检查合格率分别为72.7%、84.65%，超过既定目标，入库烟叶质量较往年更好、品种更优、纯度更高。采购进口烤片0.73万吨（14.69万担）。工业调剂（调出）烤片2.5万吨（50万担）。采购薄片1.06万吨(21.23万担)；销售薄片原料1.35万吨(27.01万担)。从源头上抓好成本控制，原料采购资金同比上年降低1.32亿元。

【特色烟叶培育】 2020年，红塔集团制定《特殊香气风格烟叶开发工作方案》《朱砂烟分级标准（试行）》，在澄江市建立特殊香气风格“朱砂

2020年4月21日，红塔集团、玉溪市烟草公司的领导为奔赴烟叶生产一线的联合下乡工作组送行（红塔集团 提供）

烟”生产示范区420亩，重点探索标准化生产措施，稳定特殊香气风格烟叶质量。全年检验采购入库朱砂烟叶25.54吨（510.8担），工业分级手工撕片及复烤生产朱砂片烟11.65吨（233担）。

【特色品种保障】 2020年，红塔集团围绕“特定区域种植特需品种、扶持政策倾斜特色烟叶”，集中在玉溪等优质核心区域规划布局种植特需特色品种，以“K326”特需品种为主保障卷烟品牌对原料的特定需求，以“红大”“KRK26”“NC297”特色品种为主满足卷烟品牌对原料的多元化需求，以“云烟87”等品种满足卷烟品牌对原料量的需求，形成了更趋合理、更符实际的品种梯队体系，为推进集团卷烟品牌的发展奠定坚实原料基础。

【烟叶分级及复烤加工】 2020年，红塔集团完成省内烟叶工业分级12.94万吨（258.89万担）。其中：“翡翠工坊”全手工特选70吨（1 400担）、工业分级7.07万吨（141.4万担）、常规分级5.87万吨（117.4万担）。完成烟叶复烤加工计划14.13万吨（282.52万担），含片烟回烤计划1.52万吨（30.38万担），其中玉溪厂原烟加工7.50万吨（150.03万担）、提质加工1.52万吨（30.38万担）。

【社会公益】 2020年，红塔集团本部及玉溪卷烟厂捐款1 045.5万元，助力玉溪扶贫攻坚、教育事业、公益活动。其中：向玉溪市、红塔区教育体育局捐款475万元，用于部分中小学、幼儿园设施设备改造项目；向峨县财政局、富良棚乡捐款398.5万元，用于挂钩扶贫点富良棚乡及美党村基础设施建设等项目；向玉溪市慈善总会捐款112万元，用于救助困境儿童、资助贫困家庭学生；连续第10年向玉溪市山区民族教育促进会捐款60万元，用于“百名贫困学子大学圆梦计划”和奖励山区民族地区优秀教师。

【主要荣誉】 2020年1月15日，红塔集团职工邓邵文、张丽鲜、陈超、杨皓、赵培文、余彬炀被国家烟草专卖局授予“烟草行业技术能手”。7月8日，玉溪卷烟厂职工林斌被共青团中央、人力资源社会保障部授予“全国青年岗位能手”。10月，玉溪卷烟厂退休老战士、老职工万增荣，荣获中共中央、国务院、中央军委颁发的“中国人民志愿军抗美援朝出国作战70周年”纪念章。11月24日，玉溪卷烟厂职工邱仕强被中共中央、国务院授予“全国劳动模范”。12月3日，红塔集团“玉溪工匠张良工作室”“烟叶分级职工创新工作室”“王云祥技师工作站”被玉溪市总工会分别命名为“玉溪市第二批工匠创新工作室”“玉溪市第五批职工创新工作室”“玉溪市第五批职工技师工作站”。（彭　林）

卷烟营销及专卖管理

【卷烟营销】 2020年，全市销售卷烟8.70万箱（43.50亿支）、同比增1%，其中一类烟22 535箱、同比增4.35%，二类烟7 134箱、同比增28.16%；实现销售收入29.33亿元，同比增3.46%；实现单箱销售收入3.37万元，同比增2.44%，低于全省平均水平468元。其中全市云产卷烟销售80 585箱，占卷烟总销量的92.54%，同比减少0.92个百分点。（何忠仙）

【专卖管理监督】 2020年，全市有持证卷烟零售户14 127户，占全市人口比例的5.9‰，比上年增2 921户。年内，全市开展专项行动5次，完成APCD任务数9 161个，双随机抽查20个，检查零售户2 424户次；全年查获涉烟案件589起，大要案件97起（移送公安案件33起），其中：卷烟案件530起（假烟案件126起、走私烟案件7起、真品卷烟案件397起）、烟叶案件59起。查获“假私非”涉案卷烟1 379.54万支（案值1 529.49万元），查获烟叶、烟丝等原料846.845吨（案值4 926.87万元），查获小型制假设备26台，大型制假设备2台。刑事拘留246人，批捕165人，判刑165人。全市侦办重大案件4起，其中一级案件1起（“3·22”非法加工烟丝网络案）、二级案件1起、三级案件2起。

【“3·22”非法加工烟丝网络案告破】 3月22日，市专卖、江川区专卖局配合市公安、区公安在江川区破获一起涉及烟叶收购、运输、仓储、烟丝加工、销售等多个环节的网络案件，查获初烤烟叶20.94吨、片烟0.22吨、烟丝5.14吨，烟草专用设备12台套，其他辅助设备4台，扣押涉烟车辆2辆，涉案金额314万元。抓获涉案人员19人，其中逮捕12人、取保候审2人、监视居住5人。（杨　妹）

烟草科技

【烟草科技成果】 2020年，市烟草公司技术中心申报专利7件，获得授权专利6件。“烟草主要害虫绿色防控技术集成与应用”获省公司科技进步二等奖，“密集种植烟区土壤保育及烟叶质量提升技术研究与应用”“昆虫病原线虫资源筛选及综合利用技术”“烟草蓟马绿色防控技术体系研究与应用”通过省公司验收，鉴定为国内先进。全市所有科技项目在省局（公司）组织的病虫害绿色防控、土壤保育、提质增效烘烤三个科技重大专项现场评估中，均被评为优。

【绿色防控专项工作】 2020年，市烟草公司在绿色防控专项工作中取得五方面的突破：（1）蚜虫基础研究迈上新台阶，以分子标记手段建立全新的蚜茧蜂生态效益评价方法，并奠定滞育调控方法，相关研究成果处于世界领先水平。年内开发出三代采选机、分装机及配套僵蚜盒，完善繁蜂队伍建设、扩大繁蜂基地规模、优化蚜源、蜂源，进一步强化标准化生产操作，降低成本，提高质量。2020年覆盖省内9家州市公司、省外5家公司，推广面积覆盖烤烟413万亩，大农业349万亩，以技术主体支撑三农公司实现了蚜茧蜂产品市场化运营，实现销售额2 065万元、利润298万元。（2）绿色防控影响力提升，积极落实国家局安排，牵头承担国家局重大课题研究，相关人员又多次获邀参与国家局项目立项审定、学术论文评审，国家局、省局“十四五”创新规划设计编写，充分体现玉溪市（局）公司的研究水平和影响力。（3）烟草内源抗烟草花叶病组分研究及开发利用方面，通过4年多艰难探索，分离鉴定出烟草内源抗病毒化合物，并成功实现人工合成，2020年进一步实现规模化量产，前期生产的30千克经大田验证防效达50.3%，优于“宁南霉素”的25.5%，亩均成本约60元，年末实现商业化试生产1吨，为下步商品化运作打下基础。（4）昆虫病原线虫资源筛选及综合利用技术方面，在开发的固体、液体剂型基础上，承担产品化开发的国家局项目，着力突破液体剂型生产技术，安装10L小型发酵罐一套，完成设备调试，下一步将开展EPN发酵培养技术研究。（5）捕食性螨类天敌的研究与应用方面，完成蠋蝽、黄带犀猎蝽、叉角厉蝽等国家局安排的扩繁释放任务，田间防效理想并取得实用技术发明。

【植烟土壤保育】 2020年，全市植烟土壤保育重大专项有序言推进。（1）抚仙湖面源污染防治，创新生态种植和湿地改造协同治理，开发保护并重，为科学推进湖畔生态农业发展提供依据。（2）病害营养协同技术，发挥团队优势率先在行业内探索药肥一体化技术体系路线，通过年内创新材料和创新组配，已为未来专项突破病害营养调控打下基础。（3）高复种烟区土壤保育技术在坝区有效破解烟菜连作障碍，进入省局成果鉴定。氯离子消减、耕层扩容技术、有机肥农家肥推广圆满完成省局的推广面积和考核指标。

【烟草科技项目推进情况】 2020年，市烟草公司继续加大科技项目推进工作。（1）雪茄烟种植技术开发，依托科技项目，在新平持续开展50亩试验示范，筛选出稳定适宜的茄衣、茄芯品种各1个，通过研究供肥强度、种植密度、遮阳率、留叶数以及晾制和发酵过程的温湿度控制参数，为下步全程数字化管控生产打下基础。烟叶经项目协作单位四川中烟长城雪茄厂的技术专家评吸，认为雪茄烟叶风格彰显，适宜作为其高端产品原料。（2）农残检测和管控，制定云南省烟草公司玉溪市公司烟叶农残管控工作方案，从工作措施、考核办法和工作要求等方面要求强化相关要求，加强绿色防控核心示范点建设、规范烟用农药管理。（3）2020年全市统一推广应用手机APP及PC版智能测报系统，完成了全市烟草病虫害预测预报及指导综合防治工作（共8期）。（4）烟草可持续发展（STP）工作扎实推进。红塔区整区推进试点工作，澄江龙街、峨山小街2个整站推进试点工作。STP项目继续从“组织管理、烟叶生产、环境保护、人”四个维度推进对标工作，进一步提高烟草公司农业用工规范实施项目的管理，改善烟草生产环境。同时，做到各环节烟农调查、监测、资料收集与归档，全面提高烟叶生产绿色栽培、绿色植保、绿色烘烤、规范用工、质量追溯工作水平，成为全省STP工作的亮点单位之一。

（孟玉芳　苏玉龙）

园区经济

PARK ECONOMY

责任编校：王　斌

园区宏观管理

【园区规划建设】 2020年，全市共有11个工业园区，其中国家级高新区1个，省级工业园区6个（红塔工业园区、研和工业园区、通海五金产业园区、新平矿业循环经济特色工业园区、易门工业园区、华宁工业园区），市级工业园区4个（玉溪大化产业园区、江川工业园区、澄江工业园区、元江工业园区）。

玉溪台达数控机床有限公司光机生产

【园区经济运行】 2020年，全市工业园区（不含红塔集团）实现主营业务收入1 668.6亿元，减少0.14%，完成工业增加值336.53亿元，减少6.06%，完成固定资产投资180.71亿元，同比减34.32%。

【园区规划调整】 2018年，全市按照“三区三线”和“多规合一”要求，对市内工业园区空间布局和产业布局进行调整，全市工业园区规划面积由352.32平方千米调整为241.86平方千米，瘦身面积110.46平方千米。园区空间布局由“一园多片”调整为“一园三片”，产业定位调整为“一主两副”3个产业。

【园区基础设施建设】 2020年，全市工业园区完成园区基础设施投资65.04亿元，完成土地收储620.17亩，开发和整理土地198亩。建成标准厂房28.81万平方米。加快园区“五通一平”建设，完成通海五金产业园区、江川龙泉片区、易门工业园区、大化产业园区、元江工业园污水集中处理设施现场核查验收工作。

【园区项目建设】 2020年，全市工业园区完成招商引资224.87亿元，同比减55.45%。新开工工业项目115个，其中投资5 000万元以上的项目38个。工业竣工项目109个，其中投资5 000万元以上的项目29个。 （张　倩）

高新技术产业开发区

【概况】 2020年，玉溪高新区在全国169个国家级高新区中排名第62位，比2015年的第72位上升10位。园区企业达3 329户，个体工商户7 050户。其中，规模以上工业企业有69户（不含研和工业园区），高新技术企业有47户。

【生产总值】 2020年，玉溪高新区含玉溪卷烟厂，预计园区实现地区生产总值522.8亿元，同比增长1.3%；规模以上工业总产值688.4亿元，同比增长0.7%；规模以上工业增加值472亿元，同比增长1.1%。不含玉溪卷烟厂，完成非烟地区生产总值126.4亿元，同比增长11.1%。完成非烟规上工业总产值180亿元，同比增长0.4%。完成非烟规上工业增加值59.2亿元，同比增长10.5%；完成固定资产投资34.45亿元；完成外贸进出口总额5.73亿美元。

【财政运行】 2020年，玉溪高新区完成财政总收入115 863万元，同比增收7 542万元，增长7.0%。完成一般公共预算收入57 869万元，同比增收4 939万元，增长9.3%。其中，完成税收收入49 379万元，同比减收26万元，下降0.1%；完成非税收入8 490万元，同比增收4 965万元，增长140.9%。完成政府性基金收入78 661万元，同比增收66 822万元，增长564.4%。完成一般公共预算支出49 599万元，同比增支689万元，增长1.4%。完成政府性基金支出74 894万元，同比增支67 900万元，增长970.8%。

【产业发展】 2020年，玉溪高新区聚焦重点产业，聚力重点项目，大力实施精准招商、产业招商、以商招商，取得了积极成效。2020年实现生物医药大健康产业产值66.5亿元。以疫苗、单抗为代表的生物技术药取得重大突破，沃森13价肺炎疫苗获准上市，年产值36.5亿元。国内首个mRNA新冠疫苗生产项目开工；嘉和生物成功在香港上市。2020年实现装备制造产业产值24.9亿元。集聚正成工精密机械、华溪数控、太标等11家数控机床规上企业，形成年产2万台光机的生产规模，成为全国最大、品种最全的专业化机床光机生产制造基地。依托区位交通优势，滇中（玉溪）粮食物流产业园、玉溪海关等重大项目相继落地，现代物流基础设施加速建设。成功引进京东、猪八戒等平台型企业，电子商务领域打开新局面。全省首个区块链产业金融服务平台在京东数字经济产业园上线运行，注册企业3 891家，融资贷款58.76亿元。围绕“数字云南”建设，高标准建成玉溪华为云数据中心和云南联通玉溪数据中心，支持云界科技探索数控机床“集中采购＋标准化代工”的生产组织模式，数字经济发展初现雏形。2020年实现产值8.9亿元，发展实现新突破。围绕“绿色能源牌”打造，洽谈一批电池隔膜、锂电池材料、动力电池组等新能源新材料产业项目，新动能蓄势待发。

【优化营商环境】 2020年，玉溪高新区完成“一颗印章”管审批试点工作。1月21日启动行政审批事项划转移交工作，推进“双建设”相互结合，制定“双批次”移交方案，采取“双流程”审批方式，规范“双平台”运行管理，创新“双服务”服务工作，贯彻“双制度”落实到位，提前完成第一、第二批22项以及第三批中3项行政审批事项的划转移交。高新区作为“一颗印章管审批”试点单位，为全市行政审批制度改革迈出了第一步，也为全市营商环境提质年工作打通了第一站。2020年，共简化了24项行政许可审批程序，集中33个事项进入大厅办理，服务事项平均办结时限压缩50%以上。并结合高新区实际，出台了《玉溪高新区管委会“1对1”企业服务实施方案》，以重点项目为试点，提供贴身精准政务服务，促进项目快速落地，不断优化营商环境。

【科技创新】 2020年，玉溪高新区加强创新创业特色载体建设，云科玉溪高新区科技企业孵化器经科技部火炬中心专家评审通过，进入国家级孵化器的公示名单。玉溪双创中心启迪众创园也先后被认定为省级众创空间、省级小企业创业示范基地、省级科技企业孵化器，高新区内的双创载体品牌影响力实现了质的飞跃，实现了“科研－在孵－毕业－加速－产业化”规模阶梯式培育发展模式，成为玉溪高新区促进创新创业，助推企业快速成长的重要孵化载体。2020年，高新区新增企业技术中心4个，市级以上工程技术研究中心3个，院士工作站2个。

【招商引资】 2020年，玉溪高新区聚焦卷烟及配套传统产业和电子信息、生物医药及大健康、先进装备制造、新能源新材料等新兴产业，加大招商

玉溪沃森生物技术有限公司董事长黄镇（右二）与研发人员探讨疫苗新品研发进展情况 （沃森公司 提供）

引资力度，实施精准招商，积极组织外出招商考察洽谈活动33批次，先后吸引非常道(中国)科技有限公司、中腾圣火科技发展有限公司、58科创集团等一批优秀企业到玉溪高新区考察洽谈近80批次。积极参加云南省重点招商引资项目互联网签约会、云南省重点招商引资项目线上签约会和七彩云南·抚仙玉溪— “相约春天　共筑梦想” 2020年聚云端、谋发展投资合作线上推介会等线上活动。2020年，玉溪高新区(南片区、九龙片区)招商引资到位内资80.14亿元，同比增11.34%；到位省外资金73.89亿元，同比增6.43%；到位外资51.36万美元。龙泉园区到位省外投资15.33亿元，研和园区到位投资2.67亿元。签约亿元以上项目11项，超目标任务10%；新开工亿元以上项目16项；竣工亿元以上项目12项；开发包装重点招商项目19项，其中研和园区5项。

【园区建设】 2020年，玉溪高新区立足本地基础优势，坚持新兴产业培育和传统产业提升两手抓，产城融合有序推进，形成“一区四园”发展格局。围绕“一区四园”空间格局，不断完善基础设施建设和城市功能配套，园区承载能力显著增强，入选“全国产城融合示范区”试点。南片区先后批准同意实施“退二进三”转型升级企业19户，盘活闲置低效利用土地238亩。谋划打造玉溪城市功能重要承载区“玉溪高新智慧城”，编制完成了《玉溪高新智慧城控制性详细规划》，明确了功能分区。9月28日，玉溪师范学院高新附小开工建设。玉溪海关项目进展顺利。九龙片区积极布局数字产业基础设施，建成32万平方米标准厂房，建成华为、联通两大数据中心，共计2 400个机柜。龙泉片区致力打造绿色能源特色制造区，以产业为保障，驱动园区更新和完善服务配套，打造一个创新、生态的园区，已完成20.7万平方米标准厂房和污水处理厂建设。研和工业园区以绿色开放特色高端制造区为发展目标，加快推进云南太标公司铸锻件全供应链能力提升项目和高端数控机床铸件智能化加工生产线等项目，实现数控机床产业聚集发展。

【数字经济】 2020年，玉溪高新区抢抓机遇，一批数字经济基础设施建成投入使用，为玉溪发展数字经济打下良好基础。玉溪华为数据中心、云南联通玉溪数据中心相继正式启动运营，华为鲲鹏云平台迁移工作有序进行；齐安信、京东、猪八戒网、启迪等90多户知名企业和上百个互联网行业创业团队落地高新区；永兴元科技、融建信息、玉力科技等优秀本土企业脱颖而出；互联网大学、同济大学玉溪智能制造研究院、云南省网络安全示范培训基地成功创建。智能穿戴设备、3D打印、新能源电池、工业机器人等智能终端制造及配套产业项目顺利推进。2020年，首个利用区块链技术解决中小企业融资难的平台在玉溪高新区正式上线。致力于云计算相关领域的融建信息技术有限公司与多家科研机构合作搭建新冠病毒全球演化跟踪和动态监测平台，实现了全球新冠病毒谱系分布实时跟踪监测，以数据共享方式为科研单位开展研究和政府抗疫决策提供有效支撑。

【人才建设】 2020年，玉溪高新区新建两个省级专家基层工作站，云南得能环保科技有限公司批准建立省级田森林专家基层科研工作站，玉溪紫玉花卉产业有限公司批准成立省级王继华专家基层科研工作站。园区2人取得正高职称，1人入选云南省产业技术领军人才，1人获得云南省有突出贡献专业技术人员三等奖，1人获得省政府特殊津贴。6人入选“兴玉玉溪市青年企业家”培养计划，6人入选第七批玉溪市中青年学科技术带头人，1人入选玉溪市有突出贡献技术人才。玉溪市2020年“三个计划”入选项目中，高新区“引进计划”入选3人、“培育支持计划”入选4人和2个项目、“储备计划”入选43人。逐步确立支撑园区核心产业发展的人才竞争优势，为打造千亿级产业园区提供强大动力和智力支持。　（应倩倩）

特色园区

【研和工业园区】 2020年末，实现主营业务收入179.74亿元，同比减0.9%；规模以上工业总产值113.81亿元，同比减少7.4%；规模以上工业增加值16.77亿元，同比减7.3%；固定资产投资4.42亿元，同比增74.6%；一般公共预算收入1.77亿元，同比增3.0%；招商引资实际到位市外国内资金2.67亿元；新开工5 000万元以上工业项目2个；新竣工5 000万元以上工业项目2个；升规工业企业2户。截至2020年末，入园企业378户，其中工业企业133户，规模以上工业企业25户，拥有玉溪新兴钢铁有限公司、云南太标集团、云南正成工精密机械有限公司、云南滇雪粮油有限公司、云界科技(玉溪)有限公司等一批知名企业。新入驻工业企业8户，新竣工投产企业4户，培育纳规升规企业2户；续建项目4个，新开工项目13个；统计新入库项目13个。

立足主导产业基础优势，实施技术创新驱动战略，补齐短板强弱项，不断提升产业链，增强企业核心竞争力。(一)数控机床产业转型升级取得新成效。云界科技发布3个系列，8款车床产品，还发布首台国产五轴车床；玉溪精工成为云界科技首家标准化的代工企业(OEM)，产量同步增长；机床第一社群微信平台上线运营，实现机床销售网上直播带货；普菲特与意大利法吉玛公司合作生产五轴加工中心通过意方验收，开始批量化生产；正成工完成一期MES项目投入运行。完成工业总产值14.99亿元，同比增30.7%；营业收入和利润总额同比分别增长57.8%、459.6%，数控机床产业产销实现全增长。（二）钢铁及压延加工产业延链取得新进展。玉钢正式启动提钒炼钢，正在准备产能置换升级改造项目；天隆工贸镀锌改扩建项目实现增产；太标精工启动优化供给结构发展循环经济示范项目建设年产42万吨优特钢和铸锻件全产业链供应提升项目，项目建成后将填补云南省特种钢生产的空白；优铸3D打印精密铸件智能工厂落户园区，正推进数字化示范工厂建设，推进工业绿色转型发展。年内实现工业总产值81.58亿元，同比减10.6%。（三）物流产业不断聚集。园区新增物流企业8户，累计实现营业收入4.64亿元，同比增20.2%；园区在建物流项目9个，滇中（玉溪）粮食物流产业园等重大项目顺利推进，年内物流企业实现营业收入9.69亿元，同比增51.0%。（四）中小企业创业园成为经济新增长极。以园中园模式建立的集五金机电、机械加工、现代轻工和现代物流为一体的中小企业创业园，已入驻23户，竣工投产企业11户，累计完成投资4.6亿元（不含产业大道投资），实现营业收入2.69亿元，已达规企业4户。

围绕突出先进装备制造、钢铁及压延加工、现代物流三大主导产业，咬定招商引资年度目标不放松，充分发挥好聚焦产业招商、领导带头招商、招商代理招商，优化环境招商效应，线上线下融合推进，重项目洽谈抓签约，重签约项目抓落实，力促招商引资“不断链”，续好招商引资“生命线”。累计签约项目4个，协议投资总额达2.2亿元，其中签约5 000万元以上项目3个；开发包装重点产业招商项目7个（其中外资项目2个）；“走出去”外出招商8次，“请进来”考察洽谈项目35项，接待来访客商100余人。

研和工业园区与省机械研究设计院合作建设的云南数控机床研究院筹建工作，正式开展合作项目2个，拟开展合作项目4个。完成申报高新技术企业2户、省级科技型中小企业8户。做好园区企业知识产权申报工作。取得专利授权45项，其中：发明专利1项，实用新型专利40项，外观设计专利4项。玉溪市龙门式数控机床光机产品工程技术研究中心通过市级认定；玉溪精工大功率高精度数控机床开发项目进入2020年入库科普项目；2名企业管理人员入选第七批玉溪市中青年学科技术带头人；太标、滇雪2户企业入列2020云南非公企业百强榜单；争取配套到位资金700万元。

（赵雪如）

2020年9月22日，全国台联率领海峡两岸媒体人云南行参访团一行走进玉溪研和工业园区，参观考察园区企业（研和工业园区　提供）

【红塔工业园区】 2020年，红塔工业园区规划面积18.65平方千米，是云南省重点培育的10个国家级园区和10个销售收入超千亿元园区之一，相继被认定为“国家新型工业化（生物医药产业）示范基地”“云南省高新技术产业开发区”“云南省劳动关系和谐园区”“云南省新型工业化（烟草加工产业）示范基地”。园区有企业142户，其中规模以上企业32户，就业人员1.3万人。年末，园区主营业务收入231.22亿元，同比增长12.1%，上缴税金5.36亿元，同比增长33.43%，工业增加值42.72亿元，同比增长12%，固定资产投资完成11.28亿元，同比增长5%，新开工亿元以上项目4个；标准厂房建成5.01万平方米。年内，签约市外国内招商引资项目14项，省外国内项目6项，市外省内项目8项。实际到位市外国内资金20.99亿元，其中省外资金17.69亿元，省内资金3.3亿元。

项目建设。2020年，红塔工业园区坚持把项目建设作为园区工作的重中之重，牢固树立“不抓项目是失职，抓不好项目是不称职”的鲜明导向，以项目为依托，一手抓引进，一手抓落地，形成了“投产一批、在建一批、开工一批、策划一批”的滚动发展格局。年内，固定资产入库项目14个，是上年入库项目的2倍；在建项目30个，总投资20余亿元，其中：投资1亿元以上项目5个，5 000万元—1亿元项目3个，2 000万元—5 000万元项目13个，1 000万元—2 000万元项目7个。

创新能力提升。2020年，红塔工业园区累计培育高新技术企业14户，比上年净增5户；科技型中小企业26户，比上年净增5户；建成工程技术研究中心9个；企业技术中心15个，其中新增省级企业技术中心4个；建成云南省院士工作站2个；拥有国家知识产权优势企业1户，云南省知识产权优势企业3户。云南玉溪玉昆钢铁集团有限公司、云南宇城杭萧钢结构有限公司、玉溪市康胤胶粘制品有限公司、云南能投汇龙科技股份有限公司、玉溪思润印刷有限公司5家企业新认定为高新技术企业。云南克雷斯制药股份有限公司成为2020年第二批专精特新“小巨人”企业，并成功建立张兴栋院士工作站。云南玉溪玉昆钢铁集团有限公司以营收总额207.03亿元，位居2020云南省非公企业100强榜单第二位和非公制造业20强榜单首位。玉溪市兴红太阳能设备有限公司入选2020年云南省知识产权优势企业。云南维和药业股份有限公司联合云南中医药大学联合开发的“化瘀止痛类中药制剂制备技术及应用”项目，获“云南省科学技术进步奖”三等奖。玉溪建福集团机床有限责任公司、玉溪市兴红太阳能设备有限公司、云南前列电缆有限公司、玉溪思润印刷有限公司4家企业技术中心被认定为云南省第二十三批企业技术中心。

2020年，红塔工业园区抓住提前批次债券申报机遇，争取到2020年提前批次地方政府专项债券2亿元，主要用于创业路南段、科技孵化中心、高压线路搬迁等基础设施建设，有效解决园区基础设施薄弱的短板。加强与红塔银行、农合行、富滇银行等金融机构的对接协调，解决园区建设投资公司融资难问题。与市开发投资公司、市工业信息投资公司达成合作协议，共同投资组建投资开发公司，加快园区的开发建设。红塔工业园区协助通力物流集团等4户企业获得贷款和授信9 200万元；指导服务企业向上争取政策资金支持，10户企业11个科技项目进入2021年财政预算项目库，推荐7个项目进入玉溪市“十四五”规划工业领域重大科技项目征集库；与市、区相关部门协调，帮助解决泷水塘片区5户搬迁企业历史遗留的奖补资金3 000万元，落实玉昆钢铁、活发水泥新上项目奖补资金2 000万元。

年内，红塔工业园区“十四五”特色产业发展规划通过评审。“十四五”重点规划打造特色产业园6个：利用北城青龙山地块约133.33公顷土地，以蓝晶科技为依托，打造“电子/通讯产业园”；利用北城卧牛山地块约200—266.67公顷土地，以玉昆集团为依托，打造“钢铁商贸物流产业园”；利用观音山创业路南段沿线地块约86.66公顷土地，打造“产城融合示范区”；利用北城莲池地块约66.67公顷土地，以维和、克雷斯为依托，打造“生物医药和大健康产业园”；利用观音山已建成的区域和原春和红砖厂地块约166.67公顷，打造“建筑工业集成制造基地”；利用观音山黑龙潭地块约200公顷土地，预留发展空间，跟踪产业发展动态，适时调整发展方向，实现可持续发展。

（刘晰恺　张国栋）

【江川工业园区】 2020年，江川工业园区实现工业总产值22.14亿元，同比增3.9%；实现主营业务收入20.59亿元，同比增10.5%；实现工业增加值4.46亿元，同比下降4.9%；完成固定资产投资9.04亿元，同比下降28.3%，其中：工业投资6.07亿元；基础设施建设投资2.97亿元；完成招商引资额15.33亿元，同比下降54.7%，其中：省外国内资金15.33亿元。园区企业从业人员1 209人。

基础设施建设。园区新开工5 000万元以上基础设施项目2个：园区江源路江滇路电力配网（土建）工程等基础设施配套建设项目、龙泉片区标准厂房配套设施建设项目；竣工5 000万元以上基础设施项目4个：园区江源路江滇路电力配网（土建）工程等基础设施配套建设项目、龙泉片区标准厂房配套设施建设项目、龙尚路道路工程、江义街延长线道路工程。园区已建成仙水大道、龙泉大道、龙腾路、江滇路、江源路、龙滨路、江义街、江鼎街、龙翔路、龙尚路等10条道路；完成供排水、截污管、电缆沟、电信管道、绿化亮化、污水处理、电力线路改签等工程项目17个；建成标准化厂房27万平方米。

建成投产企业。截至年底，园区建成投产企业13户，分别为云南联塑科技发展有限公司、江川新天力现代农业装备制造有限公司、云南特固电气有限公司、云南腾达机械制造有限公司、云南天虹彩印包装材料有限公司、云南天合立光电技术有限公司、云南升华电梯有限公司（一期）、玉溪市金美印刷包装有限公司、玉溪万丰彩印包装有限公司、云南福胤钢结构工程建筑有限公司、玉溪天宇科技有限公司（第一事业部）、玉溪市云兴燃气有限公司、玉溪博能燃气有限公司。

招商引资及项目建设。2020年，园区新开工5 000万元以上招商引资项目5个：玉溪华电达新能源科技有限公司众智科技智能电子产品生产线项目、云南嘉科包装科技生产项目（一期）、天宇科技充电变压器生产项目（第一事业部）、联塑二期项目、天宇科技第二事业部项目；竣工5 000万元以上招商引资项目4个：玉溪华电达新能源科技有限公司众智科技智能电子产品生产线项目、云南嘉科包装科技生产项目（一期）、高新区科技研发服务中心、天宇科技充电变压器生产项目（第一事业部）。

园区规划。2020年，园区完成云南省高端医疗器械产业园、玉溪高新区新能源新材料产业园概念性规划设计。园区已完成龙泉片区分区规划编制、小井坝水库西侧与南侧及原王牌火炮厂两片区约3.6平方千米控规编制、龙泉片区电力专项补充规划勘察设计、2.5产业园概念性规划设计、云南省高端医疗器械产业园及玉溪高新区新能源新材料产业园概念性规划设计。（江川区史志办公室供稿）

【澄江工业园区】 2020年，澄江工业园区实现工业总产值40.66亿元，工业增加值9.16亿元，主营业务收入27.12亿元，固定资产投资2.89亿元，上缴税金0.84亿元，实现招商引资到位资金1.21亿元。统筹推进开发区优化提升和园区总体规划修编，园区优化提升工作方案已报批。

年内，澄江工业园区加快推进蛟龙潭片区土地征用储备，全年收储土地1 391.96亩，保障云南巨力集团浙商产业园项目一期建设用地。完成提古片区1 049.93亩土地清表，完成环保包装产业园配套市政道路工程可行性研究报告编制。启动总投资998.34万元的蛟龙潭片区南充沟安全隐患应急排险工程和总投资51.34万元的蛟龙潭片区应急排洪工程项目。完成投资968.7万元的蛟龙潭片区8号市政道路建设和投资72.48万元的蛟龙潭片区1号路尾桩高边坡排水工程。实施东溪哨片区环境综合整治提升行动，制订实施澄江工业园区环境卫生运营管理实施方案，提升园区环境质量。

2020年，澄江市政府与云南巨力集团浙商产业园项目签订投资协议，拟投资75亿元，项目用地面积约5 000亩。接待来访考察企业30余户到澄江工业园区实地考察，储备有初步投资意向企业4户。

2020年，澄江工业园区新增开工项目4个，分别为云南汇盈环保包装科技有限公司年产1亿平方米环保型高档纸板纸箱项目，总投资20 000万元；澄江活发商贸有限公司年产80万立方米预拌混凝土项目，总投资2 200万元；云南天辰磷肥有限公司年产30万吨磷石膏水泥缓凝剂项目，总投资1 957万元；澄江隆创混凝土有限公司年产120万方绿色环保型商品混凝土搅拌站项目，总投资4 481万元。新增竣工项目4个，分别为云南三创安防工程有限公司警用装备及零部件制造项目，总投资2 400万元；云南鑫成鹏高分子科技有限公司生产电线电缆项目，总投资7 000万元；云南赣滇轻型材料有限责任公司新型环保节能建筑新材料水性涂料生产及技术研发建设项目，总投资2 000万元；云南天辰磷肥有限公司年产30万吨磷石膏水泥缓凝剂项目，总投资1 957万元。（赵腾蛟）

【通海五金产业园区】 2020年，园区完成工业总产值114.72亿元，其中规模以上工业总产值达110.32亿元。园区五金机电、彩印包装、生物资源加工等三类优势产业产值达104.26亿元，占园区工业总产值90.88%。五金机电主导产业工业总产值达86.03亿元，占园区工业总产值74.99%；园区企业用电总量达68 647万千瓦时，从业人员7 764人。

2020年，园区共有入园企业112户，其中建成投产企业85户、在建企业27户；完成主营业务收入113.02亿元，比上年增长4%；完成工业总产值114.72亿元，比上年增长5%；完成工业增加值18.32亿元，比上年减少7%；完成规模以上工业总产值110.32亿元，比上年增长12%；规模以上企业实现工业增加值17.51亿元，与上年同期持平；完成固定资产投资7.13亿元，比上年减少8%；完成投资5 000万元以上新开工、新竣工项目4个、5个，比上年分别增加1个；完成标准厂房建设5.89万平方米，比上年增18%。园区企业实现利润总额2.45亿元，比上年增长36%。

招商引资。2020年，通海五金产业园区积极拓展招商引资渠道和领域，推动招商引资工作再上新台阶，先后赴北京、河北、昆明、重庆进行招商引资活动。园区实施招商引资项目8个，完成招商引资总额4.51亿元，其中省外资金2.16亿元。

基础设施建设。截至年末，园区建成主干道路总长约10千米，配套供排水管网、电力网、通信网络等基础配套设施；建成污水处理能力3 000吨/d污水处理厂投入使用，为园区发展提供有力保障；筹备园区通建高速路口改扩建工程，工程设计基本完成；完成园区高清视频违停监控系统建设项目及园区天然气管道建设项目公共管网。

重点项目建设。园区新开工工业投资项目15，其中投资5 000万元以上项目4个，云南通海西南焊管有限公司年产35万吨环保镀锌管生产线项目、通海锦鑫工贸有限公司新建年产20万吨型钢万能连轧生产线项目、通海和创包装公司新建年产泡沫保鲜箱及泡沫保温板1 500万套生产项目、博能燃气通海五金产业园区里山片区天然气利用项目；竣工项目17个，其中5 000万元以上竣工项目5个，通海聚元工贸有限公司产品节能降耗增效及质量环保设施技术升级改造、云南通海佳康型材有限公司年产35万吨环保镀锌管生产线建设项目、云南通海永幸工贸有限公司年产5万吨五金标准价技术改造项目、通海和创包装公司新建年产泡沫保鲜箱及泡沫保温板1 500万套生产项目、博能燃气通海五金产业园区里山片区天然气利用项目。（吴 媛）

【玉溪大化产业园区】 截至2020年底，园区共有64户企业入园，67个项目入驻，其中49个项目建成，14个项目在建，正在开展前期工作的项目4个。当年完成主营业务收入46.74亿元，同比下降36.5%；完成工业总产值50.021亿元，同比下降31.8%；完成工业增加值12.89亿元，同比下降31.39%。招商引资、固定资产投资、向上争取资金均完成县级目标任务。2020年拨付产业发展专项引导资金29 576.196万元。

基础设施建设。基础设施建设项目(一期)有序推进，专项债券申报于2019年12月19日通过省级评审，4.8亿元专项债券资金于2020年1月21日已到账，园区各子项目工作有序开展。其中：绿化工程施工已完成80%；污水处理厂项目另行选址重新启动，已缴纳土地保证金290万元，完成招标代理机构、监理、造价咨询、EPC招标，正在开展前期工作；供水工程项目于12月25日开工建设；监控系统项目已完成设备安装、系统调试，正在进行竣工审计；物流园及排水系统项目建设正在开展前期工作。

招商引资工作。2020年，园区配合做好玉昆产能升级改造项目建设，项目完成8 360亩土地上270个点位的地勘工作，场平工程涉及土地7 330亩，总挖填方量6 500万方，共划分14个标段，由12家施工单位组织施工。10月6日全面启动主厂区场平工程，日均投入工程机械、车辆近1 000台同时作业，开挖面积6 000余亩，回填土方约2 600万方，预计2021年4月完工。

重点项目建设。化念片区项目。云南能投应急气源储备中心工程项目已取得环评批复、施工许可证，消防设计已通过审核，完成场地平整、边坡、挡墙建设、储罐基础，储罐外部罐体、内部罐体已经安装完毕，办公楼已建成，二期工程2.5万立方气罐项目已完成项目可研编制工作，取得县发改局项目备案证，开展可研评审及土地手续办理工作。

玉昆项目建设征地搬迁工作。配合完成玉昆项目主厂区范围内土地征收。完成主厂区范围内涉及县发改局、化念社区居委会、化念社区7个居民小组、念江社区7个居民小组及原大化园区化念片区低丘缓坡开发已征土地、青苗、林木（果树）、建（构）筑物征收补偿，理清原大化已收储土地范围界线，配合县土储中心规范完善征地手续，完成集体土地征收7 864.6亩，兑付征地补偿款2.69亿元；收回国有建设用地161.12亩，兑付资金9 213.1万元；完成供地3 918.1亩，审批临时用地1 326.85亩。完成化念社区8个居民小组390户居民房屋征收及5个居民小组273户居民房屋拆除及过渡搬迁安置，公山组下班秧过渡搬迁安置工作正在开展；10月2日安置点建设全面进场开工；焙烧磁选厂、丰晨电缆厂完成拆除，滇泉啤酒厂已签订征收补偿协议（新厂建设项目有序推进）；累计兑付补偿款3.32亿元。 （大化产业园区供稿）

大化产业园区化念片区玉昆项目施工现场 （大化产业园区管委会 提供）

【易门工业园区】 2020年，易门工业园区完成工业总产值160.22亿元，同比下降28.56%；工业增加值55.82亿元，同比下降20.69%；主营业务收入223.5亿元，同比增长5%；招商引资21.91亿元、同比下降28.32%；固定资产投资56.14亿元、同比增长18.7%；利润总额7.74亿元，同比增长2.33%；税金总额5.11亿元，同比增长3.5%。

基础设施建设。完成40 000平方米标准化厂房工程竣工验收并办理了不动产权证；完成大椿树循环经济产业园污水管网及配套设施建设工程项目（一期）工程初步验收工作；继续推进大椿树片区（公鸡山）二期开发市政道路工程；完成大椿树片区（公鸡山）二期开发供水保障工程，投入试运行；完成麦子田片区、曾所片区亮化工程路灯安装调试并投入使用；启动麦子田综合服务区一期项目工程建设，党群服务中心、展示厅、商业街（S2、S3、S6栋）基础浇筑和党群服务中心、展示厅钢结构安装；完成园区部分道路中心隔离栏制作安装工作。

招商引资。结合易门县环境、区位、政策三大优势，一手抓招商引资，一手抓项目开工，积极采取上门招商、以商招商、合作招商等方式，组织召开项目审查会议9次，审查项目76个，通过审查项目53个，意向投资总额65.14亿元，成功引进项目25个，协议总投资达36.53亿元；针对各个招商引资项目的进展情况，分别采取不同措施，进行全程监督和管理，积极开展土地收储工作，确保重点项目用地保障，共报批新增建设用地26个地块368.45亩，调整完善土地利用总规划640.5亩，挂牌出让土地44宗1 097.79亩。

重点项目工程建设。园区管委会一手抓项目开工，一手抓工程质量。报批新增建设用地指标583亩，挂牌出让土地34宗863.32亩；通过项目置换、合作共建、资产转让、约谈倒逼等方式盘活了辰丰农产品、三联新型墙材、红棉涂料、全家盛、易威德5户僵尸企业；积极持续跟踪推进中南建材交易展示中心建设项目、易门云粤投资有限公司易门县工业园区基础设施建设项目（麦子田）、云南果岭装备制造产业基地建设项目等11个项目进展情况，力促项目开工及入库，积极推进了广东雄塑、鑫易金属结构等项目建设，力促同润生物、顺隆泰普洱茶生产等29个新签约项目尽快落地开工建设。 （李东华）

【新平工业园区】 2020年，新平工业园区实现主营业务收入299.7亿元，同比增2.4%；工业总产值281.1亿元，同比增3.1%；工业增加值65.8亿元，同比增1.4%，固定资产投资22亿元，同比增24.8%（其中园区项目完成投资1.3亿元，完成县级目标任务数的108.3%）；新开工5 000万元以上工业投资项目3个：新平宏山生物科技有限公司年产大麻二酚10吨（CBD）建设项目，计划总投资6 800万元；新平鲁电矿业有限公司自走铁矿80万 t/a 地下采矿工程改扩建项目，计划总投资13 792万元；新平甬福环保有限责任公司年产150万吨矿粉生产线，计划总投资20 981万元。新平工业园区认真贯彻落实县委县政府产业扶持政策，做好协调服务，全力助推企业稳步发展。按照扶持政策兑现资金2 744.3万元，其中：玉溪仙福公司产业发展扶持专项资金2 188.2万元、新平宏山生物科技有限公司产业发展扶持专项资金300万元、新平昆仑莲花天然气公司产业发展扶持专项资金29万元、新平醉花腰酒业公司产业发展扶持专项资金227万元。

基础设施建设。新平工业园区实施5个重点基础设施建设项目，完成投资10 849.81万元，其中，大开门片区综合开发搬迁安置配套附属工程1 544.59万元、斗戛二期基础设施德康饲料厂项目场地平整工程2 190.22万元、平甸河管道供水工程5 000万元、大沙坝箐弃渣场工程1 060万元、居拉里地块场地平整（弃渣场）工程55万元。

招商引资。外出招商4次，完成招商引资9亿元，完成目标任务的100%。完成储备工业项目4个，完成目标任务100%。围绕仙福公司矿渣和钢渣资源，寻求固体废物综合利用方面的招商引资项目和配套仙福公司焦化项目，成功引进2个项目。新平甬福环保有限责任公司150万吨固废资源化综合利用项目，项目概算投资2.1亿元，预计年产值2.55亿元，税金4 800万元，解决就业50人左右。云南仙福能源科技开发有限公司配套仙福120万吨/年焦化建设项目，项目概算投资19.6亿元。园区洽谈项目11个，签约2个项目，项目概算投资19.1亿元，分别是新平甬福环保有限责任公司150万吨固废资源化综合利用项目和云南成发能源科技开发有限公司年产105万吨焦化转型升级项目。

项目建设。新平工业园区扬武片区大开门综合开发项目。项目规划总面积4 805亩，其中：一期规划面积1 510亩，主要以居住、商业、公共服务及仓储物流等功能为主；二期规划面积3 295亩，主要以工业、仓储物流等产业发展为主。一期项目已完成小团山等5个小组134户的过渡临时搬迁安置点简易房及搬迁安置建设、项目区内场地平整、强弱电迁改、化念河道改造等工程，完成征地拆迁2 068.80亩，累计完成投资2.7亿元。新平工业园区桂山片区产城融合基础设施建设项目。项目规划用地255.64亩（净用地面积249.78亩），总建筑面积22万平方米，概算投资约7.74亿元，已完成项目修建性详细规划、可行性研究报告编制，PPP项目实施方案、PPP项目财承报告及PPP项目物有所值报告等前期工作，并列入财政部PPP项目信息库。

（张国英）

【元江工业园区】 2020年，园区共入驻企业39户，其中规模以上工业企业18户，实现工业总产值31.34亿元，同比下降22%；实现规模以上工业增加值12.52亿元，同比下降11%，实现主营业务收入27.88亿元，同比下降12%，固定资产投资完成3亿元，完成县委县政府下达目标任务4亿元的75%。

园区规划建设。2020年，元江工业园区管理委员会根据省、市规划调整的要求，按照"一园三片区"的区域格局进行规划，规划总面积8.76平方千米，其中甘庄干坝片区4.55平方千米、江东片区2.98平方千米、安定片区1.23平方千米；按照"一主两副"的产业布局打造（一主即特色生物资源及农产品加工业，主要在甘庄干坝片区和江东片区打造；两副即综合物流服务业和矿冶及新材料加工业，综合物流服务业将在甘庄片区打造，矿冶及新材料加工业将在安定片区打造）。目前，规划编制工作已完成，等待评审。以推进土地平整及标准厂房（二三期）配套设施建设项目为依托，完善园区基础设施建设，不断提升园区吸引力和承载力。完成土地平整约300亩，建成二期标准厂房7 475.98平方米，累计完成投资5 200万元。

项目建设。以推进云南康福茶叶有限公司5 000吨普洱茶精深加工项目、云南凤昇酒业有限公司年产1 000吨白酒和1 000吨规模的茶酒项目、元江润晟木业有限公司建设年产50 000立方建筑木模板、云南元富食品有限公司肉制品加工项目等项目建设为抓手，服务企业，推进项目建设，完成固定资产投资统计入库2.29亿元。

招商引资。园区共接待来访客商116人次，来访企业20家。开展华治医药有限公司计划投资3 500万元的医用水蛭深加工项目、元江县汇新能源有限公司计划投资1 500万元的年产1万吨注塑等塑料制品生产项目、生态大鹅屠宰及加工项目等洽谈推进工作；完成计划总投资2.5亿元的玉溪亿达铁合金有限公司年产15万吨硅锰合金及尾气废渣资源综合利用项目、计划总投资3 000万元的云南老寿星豆制品有限公司云南老寿星豆制品加工建设项目、计划总投资6 000万元的云南高原红国王果业有限公司元江水果品牌孵化园区项目等3个项目的签约工作。

（祝德勇）

城乡发展

URBAN AND RURAL CONSTRUCTION

责任编校：李海明

城乡规划

【国土空间总体规划工作】 2020年，市自然资源规划局制定印发《玉溪市国土空间规划编制工作方案》，全面开展全市国土空间总体规划编制工作，完成技术单位招标、专题培训、收资调研等前期工作，年内形成双评价、双评估及专题研究和规划初步方案的编制等工作，同步督促指导9个县（市、区）启动招投标，开展县级国土空间总体规划编制工作。

【市城乡规划建设委员会办公室工作】 2020年，市国土空间规划委员会办公室制定印发《玉溪市国土空间规划管理办法（试行）》《关于规范抚仙湖径流区内重点项目概念性规划编制审查程序和审查要点的通知》，完成《玉溪市城乡规划管理技术规定（2020年修订版）》等；同时，为进一步完善全市研究审议重大规划项目体制机制，将玉溪市城乡规划委员会更名为国土空间规划委员会，制定实施《玉溪市国土空间规划委员会章程》，年内组织召开市国土空间规划委员会办公室会议7次，研究审议议题36项；组织召开市国土空间规划委员会全体会议4次，研究审议议题28项，为重要规划和重大项目建设方案审议决策做好服务保障。

2020年6月22日，市自然资源规划局召开自然资源和规划专场座谈会 （市自然资源规划局 提供）

2020年，市自然资源规划局组织开展"多规合一"实用性村庄规划编制培训
（市自然资源规划局　提供）

【"三湖"保护和科学利用专项规划】 2020年，市自然资源规划局认真落实以规划统领全市高原湖泊流域空间管控保护要求，年底前督促指导澄江市、江川区、通海县分别完成《抚仙湖保护和科学利用专项规划（2018—2035年）》《星云湖保护与开发利用总体规划(2020—2035年)》《杞麓湖保护与开发利用总体规划（2020—2035年）》编制报批工作。

【加强规划引导和控制】 2020年，市自然资源规划局严格根据城市总体规划，组织开展云南安宁化工厂有限公司玉溪分公司、玉山城片区、太极路以西片区控制性详细规划的编制和修改工作，推动片区重点招商引资项目及时落地实施。

【"多规合一"实用性村庄规划编制】 2020年，市自然资源规划局指导各县(市、区)开展"多规合一"实用性村庄规划编制工作。制定"多规合一"实用性村庄规划编制计划；督促各县（市、区）完成了对2008年以来编制的村庄规划评估工作，通过评估，全市需要编制"多规合一"实用性村庄规划的行政村597个，自然村规划中需要新编的1 964个，需要提升完善的1 514个，可沿用原成果的1 401个，纳入国土空间管控的301个，整村搬迁、城市更新等的自然村257个；全面启动村庄布局专项规划；抓好试点示范，确定了2个省级和7个市级共9个试点村庄，均已形成村庄规划编制初步成果。

【规划审批管理】 2020年，市自然资源规划局按照国家和省的要求完成了规划用地审批"多审合一"工作。6月发布《玉溪市自然资源和规划局关于规划用地"多审合一、多证合一"改革工作的实施意见》，7月1日起将《建设项目选址意见书》与用地预审合并发放《建设项目用地预审与选址意见书》，将《建设用地规划许可证》与用地批准书合并同步发放。年内，对中心城区136个建设项目进行了规划审查，核发规划"一书两证"48件，完成规划设计方案审查61件，配合市抚管局完成对三湖周边项目审查18件，配合红塔区综合执法局出具违法建设项目规划认定意见10件，出具规划条件5件，出具海绵城市建设指标5件，补充项目用地主要规划指标2件，办理规划查询1件，组织开展验线（含初验和复验）28次，规划竣工验收50件。（王继青）

城镇基础设施建设

【概况】 2020年，市住建局按照市委、市政府的决策部署，以重点项目和重点工作为推手，着力增强城镇综合实力、完善住房保障体系、壮大房地产业和建筑业、提高城乡管理水平，增强城市聚集辐射功能，提升城乡人居环境，实实在在解决了一批群众所急所需所盼的突出问题。以抓落实为手段，疫情防控成效显著。疫情发生后，对全市4个公租房片区22 480户4.5万人进行排查和有效管理；督促指导全市1 500多个物管小区、605个城市公厕、22个垃圾中转站、64个城市公园落实了防控措施，完成了229个房地产建设项目和市政基础设施项目实现100%复工复产。以稳增长为重点，努力完成经济指标。房地产业固定资产投资完成128.7亿元，同比增长1.2%，以强督查为抓手，全面完成脱贫攻坚农危改任务。全面完成上报省级的2020年动态新增4类重点对象153户（建档立卡户42户）和各县区自查排查出的新增4类重点对象危房户1 065户（其中建档立卡户374户）的改造；完成建新拆危应拆危房总数49 055户；以惠民生为目的，推进棚户区和老旧小区改造。以保稳定为目的，强化房地产市场管理。全力化解全市排查出的39个矛盾纠纷房地产项目。以城市化为切入点，加快重点市政基础设施项目建设。出台了《玉溪市公共租赁住房管理办法》，公租房、物业管理工作有序推进。以见成效为要求，扎实推进爱国卫生"清垃圾、扫厕所、勤洗手"专项行动。全市累计摸排出垃圾点401个，已清除394个。全市城镇、农村已建成投入使用的3 060座厕所，其中：565座达到"三无三有"标准，1 153座公厕已达到"四净三无两通一明"标准，318座村庄公厕已达到"三净两无一明”标准，达标率66.54%。规划新建洗手设施1 959座，累计完成778座。“厕所革命”和城乡人居环境提升行动顺利开展。以精细化为落脚点，全面提升城市治理水平。加快数字化城市管理平台一体化建设，于6月5日接入国家城市综合管理服务平台，成为全国71家联网地级市之一，云南省第二家（其一为昆明市）联网城市，9月实现市、县区两级平台信息互联互通、案件调派督办。

【城市基础设施建设】 2020年，全市城镇化率达到52.98%，城市供水普及率96.89%，中心城区建成区面积32.92平方千米，建成区绿化覆盖率41.95%，人均公园绿地面积15.41平方米。

【城市污水、垃圾处理工程】 截至2020年末，玉溪建成县城以上污水处理厂共10座，日处理规模19.5万立方米/日，建成污水管网1 095千米，污水处理率达95.31%，出水水质达标排放率达100%；建成规范化生活垃圾处理厂7座，配套7座渗滤液处理站，建成生活垃圾焚烧发电厂1座并已投入试运行，日处理规模1 732吨/日，全市生活垃圾处理率达100%，生活垃圾无害化处理率达95.97%。

【城市供水工程】 截至2020年末，全市供水企业9家，自来水厂17个，供水管网总长1 377.55千米，日供水能力27.56万 m^3/d，城市供水普及率96.03%，水质合格率100%；实施北片区供水（一期）工程建设，净水厂构筑物已完成主体土建工程，设备安装进入尾声，完成投资约5 235.29万元；完成玉江大道配水管主干管敷设约2.5千米及太极路与玉江大道交叉口顶管工程，完成投资约1 545万元，大坝路配水管约1.95千米，完成投资约670.24万元，项目建成后将为玉溪科教创新城片区、观音山片区、李棋街道和科创大道、玉江大道沿线居民供水提供保障。

【黑臭水体治理】 2020年，市住建局开展全市城市黑臭水体治理攻坚战，按照实施方案要求，共十六项目标任务。年末，十六项目标任务已全部完成，基本实现城市水体无黑臭，持续巩固玉溪市黑臭水体治理成效。

【城镇天然气推广利用】 2020年，全市新增城镇天然气管网25.3千米，新增居民用户3 800户、工业用户16户，商业和公共服务用户23户；华宁县完成二期工程LNG气化站建设，澄江市完成新增60立方米储气设施安装；玉溪市应急气源储备中心项目工程完成工程建设，具备储气条件；全市天然气用量4 117.06万立方米。

【市政道路建设】 2020年，市住建局加强城市路网建设调研，提出中心城区东西向道路贯通建设初步方案，春节前西河路、汇溪路、环山路延长线、新城大道、老康井、路、规划馆片区1号路、3号路项目已实现通车；有序推动聂耳路至珊瑚路道路改扩建项目，启动红塔区西南片区道路项目前期工作。持续推进火车西站市政道路建设，完成道路建设长度6.61千米，配套地下管廊3.78千米；完成红龙路、科创大道、玉江大道提升改造项目竣工验收，提升改善玉溪市政路网建设。

【农村危房改造】 2020年，全市住建部门在完成全市17 588户4类重点对象和655户非4类重点对象无力建房户“清零”的基础上，全面完成上报省级的2020年动态新增4类重点对象153户（建档立卡户42户）和各县区自查排查出的新增4类重点对象危房户1 065户（其中建档立卡户374户）的改造；完成建新拆危应拆危房总数49 055户；完成全市建档立卡户共计26 016户信息数据录入，比省级规定时间提前6天，是全省第一家完成的州市；完成市纪委监委第一轮监督检查的83个问题，完成建档立卡贫困户住房核验工作。

【“厕所革命”】 2020年，市住建局完成城市公厕新改建任务32座，共有各类城市公厕473座，全部按照“三无三有”“四净三无两通一明”标准进行管理；乡镇镇区公厕352座，达到“四净三无两通一明”标准313座，达标率88.92%，全市已建成2座以上公厕的乡镇有61个，覆盖率100%。起草了《玉溪市城镇公共厕所管理实施办法》，经局务会、局党组会研究通过，报送市法制办审查，召开调度会和培训会2次，及时总结分析推进情况，安排部署下一步工作，对各级督查“公共厕所全达标”专项行动存在的问题，梳理成问题清单移交各县市区整改落实。

【传统村落保护】 2020年，市住建局持续推进传统村落保护发展工作，全市共有5批36个村庄列入国家传统村落名录，共争取到中央下达的传统村落保护资金8 455万元。开展中国传统村落数字博物馆建馆工作，有8个传统村落进入国家数字博物馆，全力申报全国传统村落集中连片保护利用示范市。举行传统村落挂牌仪式，提高传统村落保护发展知晓度，组织开展《玉溪市传统村落集中连片保护规划》编制工作。

【人居环境整治行动】 2020年，按照中央、省、市提升城乡人居环境行动和农村人居环境整治总体布局，市住建局深入贯彻落实城乡人居环境提升决策部署，紧盯城乡人居环境“攻坚之年”“收官之年”，认真对照省、市城乡人居环境五年提升行动、农村人居环境三年整治行动目标任务，开展“找差距、抓落实、补短板”，认真总结工作中存在的不足，制定整改措施，明确责任清单、强化督促检查，深化巩固成果，开展攻坚行动，圆满完成各项目标任务。乡镇镇区垃圾处理设施覆盖率达100%，澄江市、通海县、红塔区实行城乡垃圾统一收转处置，36个非正规垃圾堆放点全部完成销号，加快推进13个镇区垃圾处置设施提升改造工作，已完工1座；乡（镇）镇区生活污水治理设施覆盖率，一类县达到95.23%，二类县达到85.71%；圆满完成脱贫攻坚住房安全保障任务，实现了“危房不住人、住人无危房”目标要求；全市61个乡镇已建成2座以上公厕，覆盖率100%；乡镇镇区公厕达到“四净三无两通一明”标准313座，达标率88.92%；全市共有5批36个村庄列入国家传统村落名录。有8个传统村落进入国家数字博物馆，全市城乡人居环境日益改善。

【红色物业】 2020年，市住建局加快红色物业建设，继续探索党建引领小区治理工作方法，提升小区治理水平。6月，市委组织部、市住房和城乡建设局联合下发《关于进一步规范“红色物业示范小区”“红色物业示范企业”创建工作的通知》《关于进一步深化“红色物业”推进党建引领小区治理工作的通知》，加强和创新党对物业企业的领导，全市在云南省物业服务企业信息平台上注册的企业有138家（中心城区59家，六县一市一区79家），通过联合建、挂靠建等方式，有47家物业企业成立了党组织，有党员346人，实现党建工作考评与信用评价工作同步录入、同步考评、同步加减分、同步推进；按照把业务骨干培养成党员、把党员培养成业务骨干、把党员业务骨干培养成党组织书记的工作工求，积极组织34名企业员工参加“2020年‘保利杯’云南省物业管理行业职业技能竞赛”物业管理员、电工、秩序维护员（安防管理）三个专业类的省级决赛；物业企业党组织依托“党群服务中心”以“组织生活馆”“文艺学堂”“儿童之家”“青年汇”等为载体，建设了集学习交流、便民服务、党群议事、文体活动、矛盾调解于一体的“红色物业”活动阵地；全市共有住宅小区1 735个，实行专业物业管理的小区392个，在“红色物业”工作推动下有588个小区成立了业主委员会，全部小区实现党的组织工作覆盖。

【职称评审】 2020年，市住建局核发上年度工程系列职称证书925份，其中，高职86份，中职257份，初职582份；组织开展2020年度工程系列职称评审工作，制定印发《玉溪市住房和城乡建设局关于开展2020年度工程系列中级专业技术职务评审工作的通知》，申报期间共收取2020年度工程系列专业技术职务评审申报资料1 600余份，其中，高级职称185份，中初级职称1 400余份；9月下旬完成资格审查1 400余份，11月完成1 360人初、中级职称的评审工作，其中：中级通过515人，未通过105人，通过率83%。初级通过726人，未通过14人，通过率98%。通过现场观摩教育系统职称评审工作，学习借鉴优秀评审经验，促进职称评审工作更加规范、高效。

【营商环境】 2020年，按照“三集中三到位”原则，市住建局减少审批事项，取消社会投资的房屋建筑工程和市政工程初步设计审批，取消政府投资按照工程设计资质标准属于小型设计规模的房屋建筑工程和市政工程初步设计审批，共有行政审批事项33项，32项已进驻政务大厅。其中，涉及法人的29项入驻法人大厅，涉及个人的3项入驻自然人大厅。行政审批科全体人员进驻法人大厅，实现企业群众办事“只进一扇门”“只到一个窗”“办理所有事”。下放审批权限，房地产开发项目的商品房预售许可证明，全部按照属地原则审批；加强事中事后监管，推进“双随机、一公开”的监管机制，建立市住建局随机抽查事项清单，制定了行政审批科抽查和联合其他部门抽查计划。将抽查工作全面化，常态化，做到监督公开透明，合理公正；动态调整行政审批事项办事指南。结合玉溪实际及企业和群众办事关心的热点、难点、堵点，对行政审批事项办事指南进行修改完善；出台了《玉溪市进一步促进建筑业发展的十条措施》。

【工程建设项目审批制度改革】 2020年，市住建局积极落实《玉溪市工程建设项目审批制度改革实施方案》中的措施举措，合并审批事项，将建设项目选址意见书、建设项目用地预审意见合并，统一核发《建设项目用地预审与选址意见书》；转变管理方式，调整审批时序，地震安全性评估在工程设计前完成即可；统一工程建设项目审批的一套表单、事项清单、审批流程；积极开展区域性评估工作，研和工业园区管理委员会实现压覆重要矿产资源、地质灾害危险性评估、环境影响评估、安全风险评估等区域性评估。高新开发区、红塔工业园区制定区域性评估的工作计划；实现多审合一，将房屋建筑及城市基础设施建设工程消防设计审核、人防设计审查、防雷装置审核等技术审查并入施工图设计文件审查，相关部门不再进行技术审查，由施工图审查机构统一出具《施工图设计文件审查合格书》，报审批部门备案；推行联合验收，制定《玉溪市房屋建筑和市政基础设施工程竣工联合验收工作细则（试行）》，已有3个项目实行联合验收。

【拖欠民营企业中小企业资金清理】 2020年，全市各级住房城乡建设主管部门直接受理拖欠农民工工资举报42件，涉及人员1 720余人，涉及拖欠工资3 380万元，已及时解决；协助市人社局清理建设领域拖欠农民工工资46件，涉及人员680余人，涉及拖欠工资755万元，已全部解决。

【建议提案办理】2020年，市住建局共收到政协提案63件（主办：47件，会办：16件），内容涉及市政道路建设、智慧停车、物业管理、老旧小区改造、垃圾分类处理等方面；共收到人大建议50件（主办35件，协办15件），内容涉及物业管理、道路建设、垃圾处理、路灯安装、智慧停车、旧村改造等方面。截至目前，已圆满完成全部办理任务，满意率和答复率都达到了100%。（蔡　娥）

建筑业

【建筑企业产值】2020年5月12日，市住建局印发《关于做好省级许可建筑业证书业务电子审查管理的通知》，按照有关要求，全省取缔省级许可建筑业资质证书业务全过程纸质材料递交，实现全流程网上电子审批、不见面审批、企业和个人"零跑腿"。截至12月底，全市建筑业具有资质企业总数达到432家，其中一级17家、二级148家、三级205家、不分等级62家。疫情发生以来，在市委、市政府的坚强领导下，市住建局科学研判疫情发展，制定一系列政策措施，一手抓防控，一手抓复工开工，3月份全市229个房屋建筑和市政基础设施项目实现了100%复工复产，工人到岗率达100%。一季度完成建筑业总产值47.22亿元，同比增长8.7%；二季度完成建筑业总产值104.39亿元，增速2%；三季度完成建筑业总产值158.35亿元，增长0.2%。疫情影响下，完成了"扭负为正"的目标任务，全市完成建筑业总产值287.87亿元。

【二级建造师考试】2020年，根据云南省住建厅关于做好2020年度云南省二级建造师执业资格考试工作的通知精神及要求，市住建局积极筹备并圆满完成玉溪市二级建造师执业资格考试工作，确保试卷接收、保管、运送、分发、回收、移交，以及考场监督巡视等各个环节有保障。玉溪考区有2 173人参考，考试科目为4 778人次（主项4 156人次，增项622人次）。

【建设工程消防审验】2020年，全市开展建设工程消防审查验收备案项目256个，其中消防设计审查项目56个，消防验收项目153个，验收备案项目47个，较2019年工作量大幅提升。市住建局召开2次消防专题会议，对各县（市、区）进行一次消防督查，组织一期消防培训，共计80余人参加培训。解决了建设工程消防工作"不会验、不敢验"问题，消防验收工作步入正轨。

【安全生产"一岗双责"】2020年，市住建局继续落实《关于明确党政领导班子成员"一岗双责"安全生产责任制的通知》的要求，主要领导就安全生产工作与各分管领导签订了责任书，分管领导与16家市属企业签订了安全生产责任书，明确了企业董事长、党组织书记、总经理等有关人员的安全生产责任，做到"一岗双责"。

【房屋市政工程领域安全工程"三年行动"】2020年，全市安全工程三年行动完美收官，截至12月底，全市依法取得建筑施工企业安全生产许可证的建筑施工企业有345家，在建项目367个，其中房屋市政工程重点项目50个，企业安全生产标准化考评率100%，在建项目安全生产标准化考评率100%，危大工程专项整治整改合格率100%；燃气充装企业有13家，安全考核合格率100%，利用《云南省房屋市政工程安全质量监管信息系统》进行质量安全监管的项目有551个。

【安全生产标准化示范引领】2020年，在省、市两级房屋市政工程施工现场安全生产标准化创建工作中，全市7个项目被评为市级标准化工地，4个项目被评为市级工程质量管理标准化示范项目；6个项目被评为省级标准化工地，3个项目被评为省级工程质量管理标准化示范项目。6月5日，在玉溪锦俯·景明项目现场举行观摩交流会，与会人员认真观摩工地现场质量样板展示区、安全体验展示区、智慧工地展示区等，体验了VR、AI设备安全项目、智能安全帽、安全教育运用平台等活动，并就项目质量安全生产标准化管理所采取的各项举措与项目管理人员展开了深入的交流探讨。参加本次现场观摩活动人数达300余人。

【行业协会脱钩改革】2020年，按照行业协会商会脱钩改革相关部署及要求，玉溪市建筑业协会于6月18日组织召开第六届会员代表大会，选举产生了第六届理事会、监事会并完成法人变更登记手续。为确保协会工作顺利衔接，8月17日，市住建局指导市建筑业协会召开第五、六两届协会理事会工作移交会议，完成各项移交工作。

【安全生产宣传活动】2020年，市住建局全面提升监管人员的工作能力和执法水平，强化从业人员安全防范意识，先后3次组织法律法规和危大工程管理培训会，累计参加培训人次达1 500余人次。5月9—15日防灾减灾宣传周，广泛开展各项防灾减灾宣传教育活动，共悬挂宣传标语97条，展出宣传展板21块，发放宣传册子、宣传单及其他宣传品5 180份，排查消除风险隐患点356处，举行防灾应急演练19场。开展2020年"安全生产月"咨询日、线上培训活动，发放《建筑业农民工入场安全知识必读》40册，《加强安全法制，保障安全生产》宣传单60份，建筑施工安全常识宣传资料450份。

【城建档案管理】2020年，市住建局共签订报送建设工程竣工档案责任书22份，发放建设工程档案初验认可证5份、初审意见9份，发放移交及接收证明书2份。入库建设工程竣工档案772卷，其中，纸质档案733卷，电子档案39卷。累计馆藏档案27 133卷，其中，纸质26 252卷，电子881卷。

【建筑工程招投标监管】 2020年，市住建局贯彻落实好放管服，优化营商环境的相关要求，将实质性备案审查变为符合性审查，推行备案工作限时办结制，将招标备案由法定时间三天改为当天办结。加强建设项目招投标事中、事后监管，对招标人和招标代理机构共发出监管函6份。加强评标专家管理工作。起草了《玉溪市房屋建筑和市政基础设施工程评标专家考评管理办法》，已经通过社会意见征求、专家讨论、市住房和城乡建设局局务会决议，待修改完善后印发。全市完成房屋建筑及市政工程招投标，限额以上工程招投标156个。招标工程造价60.87亿元，中标造价58.65亿元，节约造价2.22亿元，工程造价降低了3.65%，公开招标率100%。

【建设工程质量安全监管】 2020年，全市新增市属监督工程项目28项，建筑面积约43.1万平方米。历年结转工程61项，建筑面积约143.6万平方米。竣工验收14项，建筑面积约83.5万平方米；办理竣工验收备案工程16项，竣工备案面积约151.5万平方米，备案工作规范、统一、有序。

【工程造价检查】 2020年，根据《玉溪市住房和城乡建设局关于深入推进全市房屋建设和市政工程建设行业专项整治工作的通知》要求，市住建局对全市房建市政工程市场行为、招投标、建筑质量安全、消防验收、建设标准执行情况、造价执行情况等进行专项检查整治。在“双随机、一公开”检查中，共抽查29个在建项目的标准实施情况及造价咨询企业执业行为情况，针对存在问题，现场下发《玉溪市住房和城乡建设局工程建设标准实施责令改正通知书》18份。

【工程造价计价】 2020年，全市共有工程造价咨询公司7家，其中，甲级资质1家，乙级资质6家，造价公司从业人员157人。发布12期《玉溪工程建设标准造价》，刊登578种建筑材料预算指导价，为建设主体提供材料定价依据。

【市政工程帮扶复工复产】 2020年，疫情发生以来，按照国家、省、市关于疫情防控和“六稳”“六保”工作任务以及疫情防控和稳增长“两手抓、两不误、两促进、两必胜”的部署要求，市住建局重点研究解决建设单位、施工企业在防控物资、原材料供应、物流运输、资金、用工等方面存在的困难和问题，尽最大可能实现项目复工复产。先后印发《做好项目企业复产复工帮扶五项工作措施方案》《关于开展项目企业复工复产疫情防控党员攻坚行动的通知》《房建市政项目复工期间疫情防控工作方案》，帮扶支持全市具备复工条件的229个房建市政工程项目全部复工。

【质量安全检查】 2020年，全市住建系统检查建筑工程项目170个，下发整改通知书74份，发停工整改10份，排查安全生产隐患1 502项，整改1 502项，整改率100%。(蔡　娥)

房地产业

【房地产开发企业管理】 截至2020年末，全市共有房地产企业582家，其中：房地产开发企业295家(其中二级资质7家，三级资质19家，四级资质113家，暂定资质156家)，物业服务企业138家，房地产估价机构9家，房地产经纪机构140家。规模企业从业人员10 337人。

【房地产业投资】 2020年，全市房地产业固定资产投资预计完成148亿元，其中：房地产开发投资预计完成139亿元，同比增长9.5%。1—10月，全市商品房销售面积完成204万平方米，同比增长31.2%。三季度(错季统计)，全市房地产从业人员期末上报10 337人，房地产业工资总额增速0.5%。为促进产业平稳发展，市住建局建立房地产行业联络制度，定期分析研判房地产运行。实现月落实、月调度、月通报。

【房地产去库存】 2020年，全市商品房施工面积1 361.22万平方米，同比增长7.4%，其中商品住宅施工面积952.47万平方米，同比增长5.2%；商品房竣工面积374.28万平方米，同比增长117.2%，其中商品住宅263.46万平方米，同比增长84.6%；商品房销售面积完成244.9万平方米，同比增长21.1%。

【“一窗受理、并行办理”】 2020年9月，由市委网信办、市财政局、市政务局、市自然资源规划局、市住房和城乡建设局、市税务局六部门联合成立调研组，对除红塔区以外的其他各县(市、区)相关工作情况开展专题调研，推进不动产登记与交易、缴税信息化“一窗受理、并行办理”，江川、易门、华宁已实现线下“一窗受理、并行办理”，通海、新平实现集中办理。

【二手房交易管理】 2020年，全市二手房成交面积107.18万平方米，同比下降13.54%；成交金额45.82亿元，同比下降12.27%。其中，二手住房成交面积93.79万平方米，同比下降15.46%；成交金额40.73亿元，同比下降11.22%；成交套数8 069套，同比下降13.33%。

【房地产中介机构管理】 2020年，市住建局结合“双随机、一公开”“优化营商环境”改革以及行业乱象专项整治，加大对各县（市、区）房地产中介机构管理工作的指导力度，到红塔区、澄江、易门等县（市、区）检查、了解经纪机构情况。年内，房地产经纪机构新增备案43家，信息变更4家；云南省房地产经纪人协理初始登记63份、延续登记117份，信息变更44份。全市注册登记的房地产经纪人84人，房地产经纪人协理296人。

【棚户区改造】 2020年，全市棚户区改造新开工目标任务1 722套、基本建成514套。截至12月底，全市棚户区改造新累计开工1 722套，开工率100%，基本建成514套，圆满完成目标任务。中央补助资金1 216万元、省级补助资金861万元，已下达各县区。

【老旧小区改造】 2020年，市住建局在2019年开展老旧小区摸底调查的基础上，继续推进城镇老旧小区改造，组织全市各县区、街道对老旧小区改造相关政策进行集中学习；邀请省上专家对老旧小区改造政策法规、程序方法、时间步骤、信息系统等方面内容进行系统培训；结合玉溪实际情况印发《关于做好2020年老旧小区改造有关工作的通知》《玉溪市住房和城乡建设局关于简化城镇老旧小区改造项目审批的通知》等配套政策办法；争取省级奖励资金800万元、县区政府配套290万元、小区居民筹集857.1万元、管线单位筹集1 150.62万元、协调其他投资84万元，参与老旧小区改造，指导元江县成功发行老旧小区改造专项债0.8亿元。通过网络、报刊、电视、粘贴标语、公众号等方式，协调配合玉溪市电视台、玉溪日报等媒体，结合“美丽县城”三年行动计划，全方位、多角度深入宣传中央、省、市老旧小区改造工作的政策措施。2020年，全市城镇老旧小区改造任务12 926户、226个小区、945栋，建筑面积116.46万平方米。截至12月底，开工率100%，完工127个小区、350栋、5 746户。中央财政专项资金7 673万元、配套基础设施建设补助资金7 410万元，已全部下达各县区。

【公租房分配】 截至2020年12月底，全市累计建设公租房63 794套，其中，政府直接投资54 800套、盘活处置3 376套，政企共建5 618套，用于分配入住公租房60 418套。累计分配入住56 795套，其中，政府投资51 676套、政企共建5 119、分配入住率94.45%。

【“平安小区”建设】 2020年，市住建局按照市委、市政府推进社区治理加强平安小区建设的部署要求和《玉溪市“平安小区”创建活动方案》，不断深化“平安玉溪”建设工作，强化住宅小区安全防范措施，提升物业行业整体服务水平，积极打造组织保障有力、公共秩序井然、物防技防完备、环境卫生整洁、物业服务规范、居民满意的“平安小区”示范典型。年内，在社区推荐、县区初评的基础上，经市推进社区治理加强平安小区建设领导小组综合复评，全市共有8个住宅小区达到“平安小区”创建标准。

【住宅专项维修资金缴存及管理】 2020年，市住建局继续推进住宅专项维修资金缴存及管理工作，严格执行《玉溪市房屋租赁和物业管理所住宅专项维修资金管理制度》等政策法规，全市共计交存商品房住宅专项维修资金小区444个149 364户，住宅专项维修资金账户余额110 314万元；各县区累计交存277个小区70 718户，商品房住宅专项维修资金余额50 868万元。

【市直公房管理】 2020年，全市累计出租市直公房（住房、办公、商铺）165套（户），出租率86%，租金总收入373.56万元；通过淘宝网资产竞价网络平台公开竞拍处置市直公房86套（间），竞拍成交45套（间），总成交价1 503.98万元，实现国有资产增值198.1万元。

【《玉溪市物业管理办法》修订出台】 2020年12月23日，新修订的《玉溪市物业管理办法》经市政府第58次常务会议讨论通过，将于2021年3月1日正式施行。《玉溪市物业管理办法》分为总则、业主、业主大会与业主委员会、前期物业管理、物业管理服务、物业的使用和维护、法律责任和附则共七章五十三条。增加了10个方面的内容，明确将物业管理纳入社区治理体系的治理架构，通过整合基层治理资源，构建社区党组织领导下村（居）民委员会、业主委员会或业主、物业服务人等多方联动的“红色物业”体系，着力解决居民群众的操心事、烦心事和揪心事，努力提升居民群众的获得感、幸福感、安全感。

【房屋租赁登记备案】 2020年，市住建局按照市政府统筹安排，完成服务窗口搬迁入驻市政务服务中心大厅，并于6月10日正常对外开展政务服务工作。截至年底，中心城区累计办理并发放《玉溪市房屋租赁登记备案凭证》1 659户（本）。

（蔡　娥）

公积金管理

【业务指标完成情况】 2020年，市住房公积金中心与市政府签订责任书，全市归集任务31亿元、发放个人住房公积金贷款任务13亿元，已圆满完成各项指标任务。全年实际完成归集住房公积金33.65亿元，比上年同期增长8.05%，完成计划数的108.53%；提取住房公积金29.45亿元，发放个人住房贷款3 517笔共计13.29亿元，比上年减少1 081笔共计5.1亿元，同期减少27.75%，完成计划数的102.24%；

开展“公转商”贴息贷款1 855笔8.52亿元。全年实现增值收益0.99亿元，分配公共租赁住房资金0.87亿元。截至2020年底，全市缴存单位3 606个，实缴职工136 853人，缴存余额86.03亿元，委托贷款余额85.05亿元，资金运用率高达98.86%，贷款风险准备金1.70亿元，风险准备金充足率为2%。业务支出1.81亿元，比上年同期减少5.4%。贷款余额84.84亿元，存贷率98.86%（其中个贷率98.62%），逾期率0.04%。

【扩大住房公积金制度覆盖面】 玉溪市已将三类人员纳入住房公积金制度覆盖范围，截至2020年末，国家机关及事业单位非编制用工人员17 168人中，缴存住房公积金2 832人，缴存余额2 727.43万元；公益性岗位907人中，缴存住房公积金13人，缴存余额8.52万元；非公企业人员379 000人中，缴存住房公积金33 088人，缴存余额85 928.39万元，三类人员缴存人数占总人数的9.05%。

（市住房公积金管理中心供稿）

“六城”同创

【文明城市创建】 2020年，玉溪市文明城市创建取得新成效，澄江市荣获“第六届全国文明城市”称号和全省唯一的全国未成年人思想道德建设工作先进城市（区）称号。玉溪市获评第六届全国文明村4个、全国文明单位3个，第二届全国文明家庭1个、全国文明校园2个。设计制作创建文明城市公益广告模板3套、视频9条，利用140块商业街区宣传展板、140座公交站台、310辆公交车、550辆出租车等广告位资源，刊播发布社会主义核心价值观、创建文明城市等公益广告和“遵德守礼”文明提示语。制发创建文明城市宣传折页、抽纸、手提袋56万份。持续打造精品项目宣传阵地，完成玉溪第一小学、玉溪聂耳小学（玉湖校区）、玉溪市高龙潭公园（柴家大山）社会主义核心价值观项目建设及维护。通过全市建成的9个文明实践中心、66个乡级实践所、471个村级实践站、793支志愿服务队、13万余人志愿者，开展新时代文明实践活动6 050余场次，覆盖95.3万余人。（张严予）

【“海绵城市”建设】 2020年，玉溪市海绵城市建设采取“五个一”的组织推进模式，即“一把手”组织领导、“一盘棋”顶层规划、“一站式”打包建设、“一体化”提质增效、“一条龙”智慧管控。采取“渗、滞、蓄、净、用、排”等措施，将70%的降雨就地消纳和利用，建成区20%以上的面积达到目标要求。

【数字化城市管理】 2020年，市住建局不断拓展完善数字城管信息系统功能配置，深入探索数字化城市管理运行机制体制，稳步提升系统运行效率，逐步发挥信息化平台作用，顺利完成全市六县两区一市数字城管平台信息联网、案件调派，“12319”城建服务热线、“智慧城管”微信公众号、“市民通”APP开通运行，逐步形成政府主导、社会参与的城市管理良好氛围，不断提升城市治理精细化、智慧化水平，促进城市高效有序健康运行，年内，全市通过数字城管平台处理城市管理问题180 293件，其中：立案173 925件、立案率96.47%，结案173 767件、结案率99.97%，按期结案164 652件、按期结案率94.75%。（蔡　娥）

2020年11月24日，玉溪市召开澄江市成功创建全国文明城市总结暨玉溪市创建全国文明城市动员大会（市文明办　提供）

玉溪市生活垃圾焚烧发电厂（市住房城乡建设局　提供）

环境保护

ENVIRONMENTAL PROTECTION

责任编校：李海明

生态环境保护

【概况】 2020年，市生态环境局面对发展形势的深刻复杂变化，新冠肺炎疫情的严重冲击等多重压力叠加，面对污染防治爬坡攻坚克难，特别是“十三五”生态环境质量决战收官，牢固树立“绿水青山就是金山银山”理念，把推动生态环境高水平保护和经济社会高质量发展作为全局工作的主线，把全面建成小康社会的生态环境指标作为全局工作的目标，保持方向不变、力度不减，扎实做好“六稳”工作，全面落实“六保”任务，为“十三五”画上了圆满句号。

【蓝天保卫战】 2020年，市生态环境局着力打好蓝天保卫战，圆满完成了蓝天保卫战三年行动各项重点攻坚任务。淘汰县级城市建成区10蒸吨及以下燃煤锅炉38台套；完成钢铁行业超低排放改造项目56个；完成工业炉窑综合治理项目37个；完成工业企业无组织排放深度治理23项；2020年夏季挥发性有机物治理攻坚行动取得明显实效，25家重点企业全面启动VOCs治理工艺提升改造；率先建成使用黑烟车智能监控识别系统；全市22家机动车排气污染检验机构73条检测线共检测402 626辆次，机动车尾气检测工作稳步走在全省前列。2020年，中心城区环境空气质量一级245天，二级117天，超标3天，与去年同期相比一级天数增加34天，二级天数减少23天，超标天数减少10天。中心城区环境空气质量优良天数比率为99.2%（“十三五”目标为99%）；易门县、新平县环境空气质量优良天数比率为100%。全市环境空气质量呈持续向好态势。

【碧水保卫战】 2020年，市生态环境局着力打好碧水保卫战，按照“保护好优良水体、整治不达标水体、全面改善水环境质量”的总体思路，以“三湖两江”保护治理为重点，强化精准施策，狠抓控源截污，严格执法监管；全市共建成10个水质自动监测站点，站点覆盖全市三个高原湖泊以及南盘江、元江、曲江、绿汁江等主要地表水体，初步形成地表水水质自动监测网；履行好市级河（湖）长联系部门职责，加强全市河流国控及省控断面水质监测，加大“三湖”水质监测的密度和频次，分析研判水环境形势，尤其是认清杞麓湖尚未脱劣的严峻形势，对水质下降情形及时预警通报，拉好警报，提好建议；澄江市、江川区在湖泊保护治理方面做了大量的工作，也取得了较好的成绩；强化集中式饮用水水源地保护区环境监管，开展饮用水水源地规范化建设，完成26个千吨万人、42个乡镇级饮用水源地保护区划定并得到省政府批准；按照实施乡村振兴战略总要求，制定实施《玉溪市推进农村生活污水治理的实施意见》，各县（市、区）按期完成农村生活污水处理专项规划编制，全市完成654个行政村黑臭水体排查，完成6 131个自然村生活污水治理信息管理系统录入工作；积极组织县区开展“十三五”农村环境整治成效自查自评工作，已累计完成整治村229个，超额完成省级下达我市整治任务数。抚仙湖总体保持Ⅰ类水质，星云湖水质为Ⅴ类，杞麓湖水质为劣Ⅴ类；纳入国家、省级考核的地表水水质优良（达到或优于Ⅲ类）比例为72.7%（“十三五”目标为大于62.5%）；纳入国家、省级《水十条》考核的丧失使用功能（劣Ⅴ类）水体比例为9.1%，达到省级确定的水环保约束性指标要求；地级城市和县级城市集中式饮用水源地水质全部达到或优于Ⅲ类，县级以上集中式饮用水水源地达标率为100%。

【净土保卫战】 2020年，市生态环境局着力打好净土保卫战，顺利完成17家重点行业企业用地土壤污染状况调查工作；圆满完成11个疑似污染地块场地土壤污染状况调查工作；重金属削减率15.91%，已完成2020年重金属污染物削减9%的任务指标；完成10个企业涉镉等重金属污染源整治任务并上报销号；全市6县2区1市完成耕地土壤环境质量类别划分工作，完成了“一图一表一报告”的编制工作；完成省级下达受污染耕地安全利用面积33.899万亩，严格管控类面积2.226万亩任务指标，完成污染地块安全利用率大于90%的任务指标；机构改革职能调整后，首次启动地下水污染成因调查；加强固体废物污染防治和资源化综合利用，深入开展“清废行动”并圆满收官；加强固体废物全过程规范化监管，严厉打击非法转移、倾倒、处置危险废物和工业固体废物行为，提高环境风险管控能力。

【8个标志性战役】 2020年，市生态环境局着力推进抚仙湖星云湖杞麓湖保护治理、两大水系保护修复、水源地保护、城市黑臭水体治理、农业农村污染治理、生态保护修复、固体废物污染治理、柴油货车污染治理等8个标志性战役。8个标志性战役总体指标任务597项，已完成539项，完成率90.28%。年内须完成重点硬性指标任务218项，已完成216项，完成率99.08%。

【服务经济社会】 2020年，市生态环境局坚持把人民群众的身体健康和生命安全放在第一位，做好“六稳”工作、落实“六保”任务，统筹推进疫情防控和经济社会发展生态环境保护工作，为疫情防控取得决定性胜利贡献了环保力量。深化“放管服”改革，优化营商环境，构建亲清政商关系。对防疫急需的临时性医疗卫生、物资生产、研究实验3类项目实施环评手续豁免；全市实施豁免的登记表项目10个，采用告知承诺制审批的项目14个。对关系民生且纳入《固定污染源排污许可分类管理名录（2019年版）》实施排污许可登记管理的相关行业，以及社会事业与服务业，不涉及有毒、有害及危险品的仓储、物流配送业等10大类30小类行业的项目，不再填报环境影响登记表；对属于产业结构调整指导目录中的鼓励类项目以及环境影响总体可控等行业，实施环评告知承诺制审批，包括工程建设、社会事业与服务业、制造业、畜牧业、交通运输业等多个领域，共涉及《名录》中17大类44小类行业。紧盯加快转变经济发展方式，落实新型基建和交通、水利、能源等领域投资的环评审批服务工作；紧盯红塔区“三城”和澄江市“三个国际城市”“三个抚仙湖”等重点工作加强服务，抓紧抓实市委市政府决策部署要求；紧盯重点建设项目推进，做好405项市级“四个一百”和136项“五网”重点建设项目的服务工作，保障重点建设项目落地见效。2020年，全市共审批建设项目环评文件338项；对842个建设项目进行了登记表备案；审批输变电和核技术利用建设项目环评文件18项；在“全国排污许可证管理信息平台”核发国家统一排污许可证705家，进行排污登记的企业3 032家，超前优质完成国家规定的集中核发任务。

【第二次全国污染源普查】 2020年，在全市各级各部门积极努力下，玉溪市第二次全国污染源普查工作任务圆满完成，摸清了各类污染源的基本情况、主要污染物排放数量、污染治理情况等，建立了重点污染源档案和污染源信息数据库，为加强污染源监管、改善环境质量、防范环境风险、服务环境与发展综合决策提供了重要依据。

【生态文明体制改革】 2020年，市生态环境局深入开展生态文明体制改革工作，围绕重点领域和关键环节，全面推进7个方面的改革任务。2014—2020年列入市委改革台账的生态文明体制改革任务共110项，已完成70余项，完成率63.6%，出台生态文明体制改革方面的成果或文件50余类（个），其余事项属于国家和省还未出台具体方案或指导意见暂未推进。对各县（市、区）及市直相关职能部门推进落实《玉溪市生物多样性保护实施方案（2015—2020年）》的情况进行了调度；积极配合省级做好联合国《生物多样性公约》第十五次缔约方大会相关工作。截至2020年底，获得命名的国家级生态文明建设示范县1个（华宁县），省级生态文明县3个，国家级生态乡镇4个，省级生态文明乡镇（街道）62个，市级生态村538个。生态环境机构改革和垂直管理工作有序推进；市委市政府和9个县（市、区）党委政府均成立了生态环境保护委员会；完成各县（市、区）分局及所属单位308名人员的划转、工资发放、人事档案移交审核工作以及各县（市、区）分局及所属单位的各类资产、债务债权、结余结转资金、财务收支等的审计工作；市生态环境局选举产生第一届机关委员会和机关纪律检查委员会。

（市生态环境局供稿）

环保执法

【环保督察】 2020年，全市生态环境部门深入贯彻落实习近平总书记生态文明思想，坚决扛起政治担当、历史担当、责任担当，夯实生态文明建设和环保督察反馈问题整改的政治责任，抓紧抓实各级环保督察反馈意见问题整改，各级环境保护督察反馈意见问题160个，已完成整改157个；各级环保督察投诉举报件涉及玉溪市共294件，已全部完成整改。按照“一个问题、一套方案、一名责任人、一抓到底”的要求，明确具体责任部门、责任人、整改目标、整改措施和整改时限，对经研究确定的整改措施，定期督导，挂账督办，确保督察反馈问题逐条逐项、保质保量、限时限刻整改到位。2016年中央环保督察、2017年省委省政府环保督察、2017年省委省政府抚仙湖环保专项排查、2018年中央环保督察“回头看”和2020年“两湖”省级环保专项督察涉及“三湖”79个问题全部验收。

【环境监管执法】 2020年，市生态环境局加大环境监管和环境执法力度，保持严厉打击环境违法行为的高压态势，推动最严格的源头严防、过程严管和后果严惩制度落到实处。全面依法开展规划环境影响评价，紧盯全市“三线一单”编制和落地，从决策源头预防生态环境的破坏。深入开展环境安全隐患和危险化学品、危险废物大排查，密切关注环境风险源。继续加大环境违法案件和环境信访投诉案件的查处力度，有力化解矛盾纠纷。年内，全市累计出动环境监察人员7 258人次，检查企业2 747家次，立案查处各类环境违法案件160件，罚款1 587万元。全市共办理四个配套办法案件25件；全市共接到群众投诉783件，办理783件；完成全国核技术利用辐射安全监管系统150家技术利用单位信息维护完善工作；对全市32家核技术应用单位的辐射安全许可证到期进行延续、变更、注销；新办辐射安全许可18家；收贮废旧放射源3家12枚。认真开展环境应急管理工作，严格落实《企业事业单位突发环境事件应急预案备案管理办法（试行）》，备案企业事业单位突发环境事件应急预案293户，组织开展了“2020年玉溪市突发环境事件综合应急演练”。认真执行《玉溪市生态环境局“双随机、一公开”优化营商环境工作制度》，采取“分类管理，不同权重”的原则，采用电子表格相关函数随机抽取检查对象和执法人员，确保执法公正。全市抽查重点企业533家次，一般排污企业464家次，特殊监管对象14家次，建设项目184家次，其他执法事项监管367家次。2020年，污染源得到有效监管，信访矛盾得到有效化解，环境风险得到有效管控，全市未发生重特大环境污染事件，人民群众环境权益得到有效维护。

【环境法制】 2020年，市生态环境局加强依法行政工作，推进法治政府建设。完成《玉溪市生态环境局权力清单和责任清单（2020年本）》修订工作和7项行政许可事项工作手册、办事指南修订工作。参与了《玉溪市飞井水库饮用水水源保护条例》立法调研工作；组织开展《玉溪市噪声污染防治管理办法（试行）》规范性文件修订工作。全面推行生态环境保护行政执法“三项制度”相关要求，持续推进生态环境保护综合行政执法改革，加强环境保护行政执法力度，加大对危害疫情防控行为的行政执法力度。组织开展2020年度案件评查工作，对28件行政处罚案件、157件行政许可证案卷进行了全面评查，经过评查行政处罚案卷28件均为优秀；行政许可案卷116件为优秀，合格41件。制定印发《玉溪市生态环境损害事件报告办法（试行）》、《玉溪市生态环境损害鉴定评估管理办法（试行）》等七个配套办法，全力推进全市生态环境损害赔偿制度改革落地见效。为进一步规范行政处罚案件的调查取证、处理处罚决定、案卷归档等工作，生态环境部从2019年全国各地推选和抽选的大练兵案卷中，组织专家逐一评析，形成《2019年生态环境保护执法大练兵典型案卷汇编》。8月4日，生态环境部办公厅印发《2019年生态环境保护执法大练兵典型案卷汇编》，公布全国入选优秀案件20个，玉溪市是云南省唯一入选的州市。

【环境宣传教育】 2020年，市生态环境局大力开展新闻宣传、舆论监督和环境宣传教育工作，通过市生态环境局微信公众号、微博及现场督导检查等方式加强疫情防控信息宣传报道。全年政务信息报送386条，在中国环境报微信公众号宣传报道2条，玉溪环保微信、微博公众号分别转发编发信息800条、3 670条。制定“六·五”环境日系列宣传活动，发布2019年玉溪市环境状况公报，制作环保设施和污水处理设施“云视频”开放宣传片、“文明城市环保志愿者在行动”和“一对一”法律帮扶工作宣传、举办新闻发布会等，在全市营造全民参与生态环境保护工作、争当全省生态文明建设排头兵的浓厚氛围。

（市生态环境局供稿）

“三湖”保护

【“三湖”水质综合防治】 2020年，市抚仙湖管理局紧紧围绕水污染防治行动计划、省九大高原湖泊保护治理攻坚战实施方案、“十三五”规划收官目标，认真落实中央和省、市有关部署要求，坚持一湖一策、精准施策、系统治理，全力推动“三湖”保护治理各项措施落实落地。通过整体保护、系统修复和综合治理，“三湖”保护治理成效显著。抚仙湖水质保持Ⅰ类，水质状况优，水体营养状态贫营养，与2015年和2019年相同，与2019年相比，抚仙湖叶绿素a、总磷、综合营养状态指数、高锰酸盐指数分别下降25.0%、12.5%、8.19%、7.14%。星云湖水质持续向好，十七年来，星云湖首次实现水质脱劣，水质改善为Ⅴ类，圆满完成星云湖保护治理水质阶段性目标，与2019年同期相比，总磷、叶绿素a、综合营养状态指数比上年同期分别下降51.3%、8.26%、1.96%。

【“三湖”水质监测分析】 2020年，市抚仙湖管理局认真发挥好生态环境部门职能作用，加大“三湖”水质监测的密度和频次，及时分析研判湖泊水环境形势，拉好警报，提好建议。制定印发了《玉溪市2020年“三湖”水华预警防控预案》《星云湖、杞麓湖2020年水质应急加密监测方案》《玉溪市“三湖”径流区初期雨水取样及监测组织方案》，组织做好水质加密监测及水质分析研判。全年发布三湖水质加密监测快报54期，对国考、省考及主要入湖河流断面水质出现下降的县（市、区）发布水质预警通报13期，发布星云湖、杞麓湖水质分析研判报告3期。

【“三湖”流域环境执法】 2020年，市抚仙湖管理局认真组织开展了抚仙湖、星云湖、杞麓湖流域环境执法工作。出动监察人员2 004人次，共检查企业、项目646家次，对检查发现的50个环境违法行为进行立案查处，处罚款436.35万元，办理四个配套办法案件8件，其中：查封扣押1件、移送拘留6件、环境污染犯罪1件，有效打击和震慑了环境违法行为。

【“三湖”水环境保护治理】 2020年，“三湖”流域水环境保护治理“十三五”规划项目共67项，规划总投资146.91亿元（其中：抚仙湖94.15亿元，星云湖36.32亿元，杞麓湖16.44亿元），部分项目设计变更后批复总投资136.36亿元（其中：抚仙湖92.16亿元，星云湖28.47亿元，杞麓湖15.73亿元）。截至2020年底，67项规划项目完工65项，完工率97.01%，在建2项，项目到位资金93.99亿元，完成总投资122.61亿元，以批复投资为基数，投资完成率89.92%，达到了省市的考核目标。

【“三湖”水质达到国考考核目标】 2020年，抚仙湖水质综合评价为Ⅰ类，各项水质指标持续好转；星云湖水质综合评价为Ⅴ类，湖心总磷均值为0.140mg/L，达到“十三五”国家考核目标（总磷≤0.4mg/L），同时也实现了全湖水质脱劣目标。

【生态环境持续改善】 2020年，玉溪市着力实施环湖生态建设行动，启动15.17万亩“森林抚仙湖”建设，完成植被恢复15.09亩，治理水土流失面积180平方千米，抚仙湖25个、星云湖18个矿山环境恢复治理和杞麓湖生态修复工程全面完工，统筹推进国家湿地公园、生态调蓄带建设，抚仙湖国家湿地公园项目通过国家验收，抚仙湖、星云湖、杞麓湖流域森林覆盖率分别提高到33.36%、46.65%、33%。实施土著鱼人工增殖放流，年内放流土著鱼苗到抚仙湖117.8万尾、星云湖343吨、杞麓湖21.7万尾，建立健全淤泥清理和水生植物收割打捞长效机制，消失20多年的抗浪鱼渔汛重现抚仙湖，彩鹮、白眼潜鸭等保护动物现身“三湖”周边湿地。

【空间管控全面加强】 2020年，市抚仙湖管理局编制执行《抚仙湖保护和科学利用专项规划（2018—2035年）》《星云湖保护和科学利用专项规划（2020—2035年）》《杞麓湖保护和科学利用专项规划（2020—2035年）》，划定“三湖”生态保护红线、保护岸线，设置一级保护区界桩1 495棵，着力实施分区管控。进一步理顺市县（区）水政管理工作职责，10月28—29日，市抚仙湖管理局与通海县、江川区签订《杞麓湖一级保护区县级水行政管理工作移交确认书》《星云湖一级保护区县级水行政管理工作移交确认书》，杞麓湖、星云湖一级保护区水行政管理职能由通海县、江川区移交市抚仙湖管理局。铁腕“关停拆退”、加快“人退水进”，抚仙湖沿湖2.2万余人完成生态移民搬迁，一级保护区38家中央、省、市、县属企事业单位和私营企业全部退出，关闭餐饮住宿服务业153户、砂石料场等37个；星云湖一级保护区退出房屋422户、农田（鱼塘）1.03万亩；杞麓湖一级保护区退出农田6 622亩、兑付征租资金4.42亿元，“三湖”流域空间管控实现全方位。

【截污工程深入实施】 2020年，市抚仙湖管理局加快推进抚仙湖径流区农村生活污水治理示范项目建设，8.5千米抚仙湖北岸生态调蓄带全面贯通，第二污水处理厂、海口污水处理厂、路居污水处理厂投入试运行，建成垃圾应急填埋场1座、垃圾收集转运站9座（日处理规模295吨）；开展江川区污水处理厂降磷提标改造试点，17.37千米星云湖环湖截污治污生态调蓄带全面贯通，南片区污水中水回用工程、水资源循环利用工程、原位控藻及水质提升工程投入运行，完成74个村落环境综合整治；杞麓湖南岸、西南岸截污治污工程投入运行，老城区雨污分流改造项目、环湖截污治污工程、纳古镇雨污分流子项目均已完工，建成污水处理系统16套、乡镇垃圾中转站8座，一污、二污和纳古污水处理厂运行管理不断加强。

【农业面源防治得到强化】 2020年，市抚仙湖管理局对抚仙湖径流区5.8万亩重度污染区耕地实施休耕轮作，并调整优化种植结构，轮作区化肥、农药施用量同比减少3 750吨和39.7吨，削减率达93.9%和89.4%；径流区全部划为禁养区，1 090个养殖场138万头畜禽全部退出；拆除农业大棚138户737亩，推广测土配方施肥15万亩；星云湖沿湖调减蔬菜种植1.65万亩，种植水稻1.61万亩、荷藕1 860亩、烤烟4.81万亩，减少化肥用量512.8吨、农药用量8.48吨；杞麓湖沿湖推广测土配方施肥技术109.9万亩，建成高效节水灌溉0.88万亩，推广实施水旱轮作种植示范区1.4万亩，农业面源污染防治取得新成效。（市抚仙湖管理局供稿）

经济管理

ECONOMIC MANAGEMENT

责任编校：李海明

经济社会建设投资

【概况】 2020年，全市完成生产总值2 058.1亿元，同比增长2.1%，其中：第一产业增加值207.3亿元，同比增长5.8%；第二产业增加值864.3亿元，同比下降0.6%；第三产业增加值986.6亿元，同比增长4.4%。固定资产投资同比下降1.5%；社会消费品零售总额790.3亿元，同比下降2.9%；一般公共预算收入134.5亿元，同比增长1.0%；一般公共预算支出301.6亿元，同比增长3.0%；城镇居民人均可支配收入42 125元，同比增长3.5%；农村居民人均可支配收入16 835元，同比增长7.1%；居民消费价格涨幅3.5%，城镇登记失业率3.78%。（马庆凯）

【固定资产投资】 2020年，玉溪市聚焦2019年投资增速全省排名末尾、重大项目支撑不足等问题，相继出台《玉溪市防疫情稳增长若干措施》《玉溪市应对新冠肺炎疫情稳定经济运行25条措施》《关于建立健全推动重大项目建设工作机制的通知》《2020年市级领导包保稳增长促投资工作方案》等政策措施，着力扭转投资持续下滑的局面。全市完成固定资产投资781.1亿元，负增长1.5%，较去年收窄7.3个百分点。县（市、区）投资“六正四负”，其中，红塔、澄江、通海、华宁、峨山、新平6个县市投资正增长，江川、易门、元江、高新区4个县区投资负增长。澄江、通海、华宁、新平4个县市完成承诺目标任务，红塔、江川、易门、峨山、元江、高新6个县区未完成承诺目标任务。行业投资“八正三负”，其中，房地产业、综合交通、水利业、教育业、卫生计生业、公共设施管理业、文化旅游业、仓储物流业8个行业投资正增长，农业、工业、教育业3个行业投资负增长，农业、房地产业、综合交通、水利业、卫生计生业、教育业、公共设施管理业、文化旅游业、仓储物流业9个行业完成承诺目标任务，工业、教育业2个行业未完成承诺目标任务。

【专项债券】 2020年，全市发行专项债券项目18个，发行债券资金31.9亿元，发行抗疫特别国债项目5个，发行债券资金14.85亿元。全市专债储备项目189个、总投资1 080亿元、专债资金需求479亿元。根据省发展改革委、省财政厅关于2021年新增地方政府专项债券项目申报工作安排和要求，全市共上报推送2021年新增地方政府专项债券项目129个、总投资738.48亿元、申报专债资金254.16亿元。加强对已发行专债项目的跟踪调度，针对玉溪市妇幼保健院迁建项目、玉溪市红塔区中医医院建设、红河谷农产品物流与交易园区（一期）建设工程等重点项目，逐项分析、找准问题，形成责任清单、任务清单，及时向相关县区政府和市直主管部门发函督促问题整改落实。（杨　斌）

【“五网”建设】 2020年，玉溪市坚决贯彻中央、省、市“六稳”“六保”工作部署，全面开展项目建设“百日攻坚行动”，实施重点项目推进副市长牵头负责和县区部门“一把手”负责制，全力以赴推进“五网”重点项目建设。全市“五网”重点建设项目计划安排136项，总投资1 715.6亿元，年度计划投资162.4亿元，其中，竣工22项、投资9.4亿元，续建28项、投资100亿元，新建35项、投资52亿元。全年完成投资202.4亿元，完成年度计划的125%；其中综合交通网56项、完成投资166.3亿元，能源保障网17项、完成投资51.7亿元，水保障网49项、完成投资20.9亿元，互联网2项、完成投资5.8亿元，物流网12项、完成投资3.4亿元，顺利完成年初确定目标任务，为全市促投资、稳增长，实现“六稳”“六保”做出积极贡献。（方绍东）

能源工作

【生活垃圾焚烧发电项目】 2020年8月28日，玉溪市生活垃圾焚烧发电项目举行运营启动仪式，正式点火投运，累计完成投资4.82亿元。该项目位于红塔区高仓街道龙树社区，项目业主为玉溪市科林环保科技有限公司。项目日处理生活垃圾700吨，全年焚烧处理生活垃圾25.55万吨，发电装机1.2万千瓦，年上网电量7 110万千瓦时。

【充电基础设施建设】 2020年，全市累计建成充电站群共76座，安装充电枪1 481枪，总功率73 290千瓦，其中：直流充电枪1 354枪，功率72 343千瓦；交流充电枪127枪，功率947千瓦。充电基础设施基本覆盖各县（市区）中心城区、高速公路服务区、重点集镇。（高　丽）

国有资产管理

【重大项目投资】 截至2020年12月31日，市国资委监管企业实施项目43个，全年固定资产投资完成89.14亿元。澄川高速、葛井苑建设项目、化念凤凰谷过渡安置房项目、澄江化石地博物馆等重点项目相继投入运营使用。完成数字玉溪运营中心建设，实现智慧车牌、智慧停车、城市APP、智慧国资等4个智慧城市建设项目落地实施，2019年助力玉溪荣获中国政府信息化管理创新奖。安排部署监管企业谋划编制2021—2025发展战略规划，据初步统计，2021至2025年，5户监管企业预计完成项目固定资产投资619.18亿元，涉及公益民生、智慧城市、生态环保、数据信息、旅游康养、教体文卫、现代物流地产开发等多个领域。

【国有资本经营预算管理】 2020年，市国资委印发《玉溪市财政局玉溪市国资委关于逐步提高市属企业国有资本经营利润上缴比例等有关事项的通知》，将市国资委监管企业上缴经营利润比例提高到10%，增强监管企业贡献。纳入国有资本经营预算收缴范围的16户投融资公司归属母公司净利润3 229.04万元，实缴国有资本经营收入190.12万元，比上年增加50.68万元，增长36.35%。

【深化国有企业改革】 2020年，市国资委印发实施玉溪市市属国有企业改革整合重组方案和市国资委5户监管企业改革发展实施方案，成立市国资委监管企业整合重组过渡期改革工作领导小组，确保改革工作有序推进。编印《玉溪市深化国有企业改革配套文件汇编（五）》，为监管企业和县（市、区）国资监管、国企改革提供指导。撰写《盘活国有资产的方向标——创办红塔区生态实验小学的启示》等9篇企业改革经验做法成功案例，编印《玉溪市深化国有企业改革发展典型经验材料汇编（一）》。指导支持市开投公司由AA增信评级提升至AA+，指导协调市抚投公司、玉溪运营公司和玉溪科教投公司AA评级的前期准备工作。市国资委指导监管企业完成“一企一策”改革发展实施方案、公司章程修订及党建入章、发展战略规划、工商登记变更等重点工作。12月14日，市国资委印发《玉溪市进一步推进市属国有企业市场化转型发展实施意见》《玉溪市国资委关于推进监管企业项目融投建管营一体化工作的实施意见》等文件，为企业转型发展、项目管理、投资融资等指明方向。

【提升国资监管能力】 2020年，市国资委印发《玉溪市国资委监管企业资产盘活工作方案》，持续推进“僵尸企业”破产清算工作。制定《关于加强玉溪市国有企业资产负债约束的任务交办清单》《玉溪市市属国有企业工资总额管理办法》《玉溪市市属国有企业商务招待管理规定》《玉溪市市属企业负责人经营业绩考核实施意见》等一批制度办法，进一步规范经营业绩考核，分类管理企业工资总额，明确商务宴请、接待用车、安排住宿、赠送纪念品等企业商务招待标准，实施精准、有效的国资监管。

【防范化解债务风险】 2020年，市国资委研究制定工作方案，组织监管企业逐笔逐项分析债务成因，制

2020年8月17—21日，市国资委党委在市委党校举办市国资国企系统“万名党组织书记大轮训”培训班（市国资委　提供）

定"一企一策"债务化解方案，实行月报、季报、半年报、年报制度，动态统计管控监管企业债务，做到底数清、情况明。牵头金融机构协调，通过提供抵押资产或匹配存款等资源作为增信措施，调整延长监管企业存量债务还款期限和金额，缓解到期债务压力，年内监管企业共化解债务105.38亿元。

【拖欠民营企业中小企业账款清理】 2020年，市国资委制定《关于监管企业清理拖欠民营企业中小企业账款工作方案》，明确清欠目标，将清欠工作纳入年度经营业绩考核。市国资委监管企业清偿拖欠民营企业中小企业无分歧账款1 243.23万元，无分歧账款清偿进度100%，按照要求完成全年清偿目标任务。

【农民工工资支付工作】 2020年，市国资委成立根治欠薪工作领导小组，认真开展《保障农民工工资支付条例》宣传，深入企业现场督促指导监管企业做好保障农民工工资支付工作。公开欠薪举报投诉电话，认真落实举报投诉首问负责制。督促指导监管企业依法及时办理欠薪案件，依法维护农民工合法权益，杜绝群体性事件、极端事件的发生。建立制度措施，规范企业和工程建设项目的工资支付管理。

（市国资委供稿）

工商行政管理

【企业注册】 2020年，市市场监管局全力推进市场主体登记全程电子化改革，全面实现全程电子化登记制度改革和简易注销改革，年内审核通过企业1 971户、个体3 929户，简易注销企业1 657户、已办结1 417户，颁发电子营业执照65 507份。继续推进"多证合一""证照分离"有机结合的改革，2020年办理"多证合一"企业营业执照15 219份；按照四种方式办理"证照分离"改革涉及事项企业8 928户，涉及业务9 041件，其中：取消审批13件，备案343件，告知承诺2 774件，优化准入服务5 916件。

【民营经济发展】 2020年，市市场监管局认真贯彻落实降费减负惠民惠企政策措施，营造发展民营经济的营商环境。全市企业免登记费12 911户、免收金额1 213万元，免收个体登记费102万元。加快实施市场主体简易注销登记改革，破解市场退出难题。全市申请简易注销企业1 657户、办结1 417户，其中，通过"网上服务专区"申请简易注销企业545户，办结370户。服务民营经济发展，全市市场主体总数达227 572户，其中：内资（非私营）3 255户、外资企业222户、私营企业31 264户、农民专业合作社1 795户、个体工商户191 036户。全市私营企业新开业登记5 233户、个体工商户新开业登记36 792户，新发展数分别比2019年底增长31.9%、34.5%。

【企业监督管理】 2020年，全市应公示年度报告企业户数为30 290户，已公示27 870户，年报公示率为92.01%；个体工商户应年报154 416户，已年报112 138户，年报率72.62%；农民专业合作社应年报1 623户，已年报1 530户，年报率94.27%。市市场监管局制定《玉溪市市场监管局随机抽查事项清单（第二版）》，通过政府信息公开网进行公示；制定了市本局及各县区市场监管局2020年抽查工作计划，于2月4日报省局备案；下发《玉溪市市场监管领域统一随机抽查事项清单》《2020年度玉溪市市场监管领域市级相关部门双随机抽查工作计划》《2020年度玉溪市市场监管领域市级部门联合双随机抽查工作计划》《关于印发玉溪市市场监管领域部门联合"双随机、一公开"监管工作督查方案（试行）的通知》《关于印发玉溪市市场监管领域部门联合抽查事项清单（第一版）的通知》《关于印发2020年度玉溪市市场监管领域部门联合"双随机、一公开"抽查工作计划的通知》，报省市场监管领域部门联合"双随机、一公开"领导小组办公室备案。推进涉企信息归集共享和失信联合惩戒机制建立，已经归集涉企信息201 326条（其中，行政许可信息178 401条，行政处罚信息5 083条，抽查检查信息17 826条，联合惩戒信息16条）。

【市场规范管理】 2020年，市市场监管局组织开展清理整治无证无照经营专项执法行动，共出动执法人员79 548人次，检查发现无证经营1 238户，检查发现有证无照经营327户，检查发现无证无照973户，引导办理营业执照1 341户，依法查处279件，处罚金额288.77万元，向有关单位抄告无证经营57户，受理群众举报86件，会同有关部门采取联合行动681次，组织集中学习培训1次，参加人数110余人，开展宣传活动1 108次、发放宣传资料416 583份。开展野生动物市场专项整治工作，全市市场监管系统对104个农（集）贸市场开办者和376户活禽经营户进行管控；对12 988户餐饮服务单位和集体用餐单位进行全面排查，签订《餐饮服务单位保护野生动物承诺书》9 000多份；畅通12315消费者投诉举报热线，受理、分流、处理涉野生动物保护投诉和举报，累计处理有关投诉举报2 164件；开展常态野生动物保护市场执法检查，出动执法人员5 267人次，检查经营场所14 891个次，检查相关经营主体55 619户次。开展"消费满意在云南"、协助相关部门开展一部手机游云南等工作，加强节前旅游市场行政指导工作，将旅游市场监管关口和时间前移，杜绝安全事故和经营"乱象"发生。结合玉溪市文明城市创建工作，全市共完成创建"诚信经营、放心消费"承诺企业119户、"诚信经营、放心消费"承诺店333户。

【"管集市"专项行动】 2020年，市市场监管局成立领导小组及工作专班，加强指导督导检查，跟踪问效，全力推动全市爱国卫生"管集市"工作深入开展。"定标准、搞服务；抓宣传、强培训"，拟定、印制发放各类宣传材料35 000余份，组织各类培训643人次；暗访督导市场点位360余个，提出整改意见1 441项；城市建成区市场提升改造16个，巩固规范10个，新建增加1个，完成建成区市场整治任务数 的100%。经过采取集中整治、完善制度、业务培训、休市整改、搬家式大扫除，定责、定时、定点卫生保洁等方式，全市城区27个农(集)贸市场环境卫生明显提升，彻底改变农贸市场"脏、乱、差"现象，全市"管集市"工作取得明显成效。

【网络市场监管】 2020年，玉溪市辖区内共有网络经营主体3 447个，其中：网络交易平台网站2个，非网络交易平台网站505个，网店474个，其他2 466个。上级分配新的网络市场主体认领率为100%、巡查率100%；全市共有电子标识278个；查办网络违法案件7件，罚没金额0.984万元。全年开展了落实电商平台主体责任、网络野生动植物交易、"6.18"网络促销信息监测、网络直播行业整治、推进华宁陶发展专项行动、长江流域非法捕捞渔获物专项行动、"双十一"网络集中促销活动监测监管等网络专项检查20余项，进行网络检查17 843个/次，实地检查2 786个/次。函报有关部门处理涉非法经营网站3个；下架涉野生动物及其制品经营的信息6条；对省局下发的7条长江流域非法捕捞渔获物及2条野生植物网络监测线索逐一进行了核查上报；在开展推进华宁陶发展专项行动中共检查电商平台6个，涉及玉溪市的网络经营户13户，商品信息160条，未发现相关违法线索；疫情防控期间参与及时处理涉及玉溪市7千多名消费者、40多万元预售款的网络口罩预售重大隐患事件1件。

【价格监督管理】 2020年，市市场监管局扎实做好价格监督检查工作，紧紧围绕新冠肺炎疫情防控工作要求，认真做好疫情防控用品和民生用品市场的保价稳供工作。认真履行《中华人民共和国价格法》《云南省价格管理条例》《云南省行政事业性收费管理条例》等法律法规规定的价格、行政事业性收费监督检查职能，先后组织开展涉企收费专项治理、行政审批中介服务收费专项检查、行业协会商会收费行为检查、景区门票减免优惠情况检查、《省政府关于应对新冠肺炎疫情稳定经济运行22条措施意见》减免优惠情况调研检查、医疗服务价格专项整治、电力价格专项检查、教育收费检查、殡葬服务收费检查、邮政快递末端收费行为专项整治等，继续着力加强春节等重要节日市场价格行为监管，及时调查处理群众价格举报、投诉、咨询，切实维护群众合法权益，化解价格收费矛盾，全市查处价格违法案件35起，没收违法所得13.78万元，责令清退多收价款46.04万元，罚款57.12万元。

【广告监督管理】 2020年，全市市场监管系统整治虚假违法广告工作，共出动执法人员1 294人(次)，执法车辆272辆(次)，检查经营主体2 915户；监测检查大众传播媒介广告1 284条(次)，监测检查户外广告1 491条(次)，监测检查经营场所店堂广告4 096条(次)，监测检查网络广告3 556条次。查处广告违法案件31件，罚没68.01万元，其中，查处互联网广告案件16件，查处零售广告案件10件，查处房地产广告案件8件，查处食品广告案件6件，查处医疗服务广告案件4件，查处药品广告案件1件，查处建材广告案件1件，查处广告制作广告案件1件。高度重视广告监测，加强对市级广播、电视、报刊，玉溪网、玉溪广播电视新闻网、玉溪高古楼三家门户网站以及一些重点网站主流媒体的广告监测。通过全国互联网广告监测平台和移动互联网广告监测平台，依托该系统提供的大数据，实时掌握了解玉溪市互联网广告发布情况及违法线索。移动互联网广告监测平台派发的监测线索为6件，全部都已办结回复，5件为网站被盗用，一件涉嫌运动培训虚假宣传，高新分局已进行行政告诫。

【消费者权益保护】 2020年，"12315"中心共接听消费者咨询电话12 867个，受理投诉1 936件，办结1 929件，办结率99.6%，受理举报1 061件，办结1 056件，办结率99.5%，为消费者挽回经济损失299.69万元。组织开展玉溪市"3.15"宣传活动，发布各类维权宣传信息1 885条，原创制播微动漫6条，开展假冒伪劣商品销毁及线上诚信承诺活动。开展12315工作调研和2019年度消费满意度测评工作，形成专题报告。办理信访件5件、参加新闻发布会1次、天天315电台节目1次、发布简讯10期、党委信息约稿刊登7篇。现场组织消费维权调解37件，其中妥善处理了宝马4S店等群体纠纷35件，为消费者挽回经济损失57万元，获得消费者好评。切实推进消费纠纷在线和解工作，完成全国12315平台ODR企业注册23家。10月31日，完成全市市场监管部门主管19个行业协会脱钩(含注销)工作。完成2020年创业担保贷款各项工作任务，帮助解决创业资金困难，其中，"贷免扶补"扶持创业人员60人，带动就业155人，发放贷款900万元；创业担保贷款扶持创业人员30人，带动就业47人，发放贷款450万元。

【案件稽查】 2020年，市市场监管局紧紧围绕年初制定的工作目标，强化队伍建设、强化制度落实、强化市场监管、进一步加强稽查能力建设，以规范市场秩序为目标，以查办行政违法案件为重点，加大违法案件查处力度，严厉打击违法违规行为。全市共办结各类案件共994件，涉案案值391.98万元、罚没金额853.28万元，其中，工商行政管理工作涉及案件：广告33件、市场准入82件、反不正当竞争8件、消费者权益保护5件、价格违法36件、其他37件，移送公安机关案件18件。市局共办结各类案件81件，涉案案值154.56万元，罚没金额217.83万元，其中，工商行政管理工作涉及案件：广告4件、反不正当竞争1件、消费者权益2件、价格1件。（周　游）

物价管理

【农业水价综合改革】2020年，市发改委联合市财政局、水利局、农业局、国土资源局，对省下达的全市农业水价综合改革任务18.97万亩分解到1市6县2区，全市完成20.2万亩改革任务，平均执行农业水价0.39元/立方米。红塔区农业用水价格1.0元/立方米，江川区农林供水0.1元/立方米、高效节水项目供水0.35元/立方米、机电提灌原水0.28元/立方米，已达到成本。通海县农业综合用水价格水平0.66元/立方米。新平县漠沙灌区农业成本水价0.18/立方米。实现供水计量的中型灌区41万亩，小型灌区20.11万亩，占全市有效灌溉面积54.35%。

【加强电价管理】2020年，市发改委严格执行支持性两部制电价政策，在疫情防控期间，采取“远程+现场宣传”方式，在全市印发32 700份宣传折页，向651户大工业企业宣传讲解支持性两部制电价政策。采取“系统+现场走访”模式，主动跟踪企业用电情况，优化基本电费计收方式，降低基本电费开支。采取“当日办结”，资料“容后补缺”方式，及时为企业办理基本电费变更业务，全力支持企业复工复产，为节约企业基本电费1 726.74万元。严格执行疫情支持性电价政策，对全市大工业、一般工商业企业的190 975个计量点结合获取的名单进行核实，保障企业及时享受到疫情期间支持性电价政策，为企业降低用电成本8 573.95万元。持续落实国务院工作报告中一般工商业降低10%的要求，严格执行省发改委一般工商业降价政策，一般工商业电价同比降低88.04元/千千瓦时，为一般工商业客户节约用电成本12 662.33万元（剔除疫情支持电价的影响，一般工商业电价降价政策为客户节约用电成本9 660.78万元）。

【行业协会商会收费清理规范】截至2020年10月30日，玉溪市共有行业协会商会555个，其中市级99个。减免收费情况：减轻行业协会商会会员负担，299个行业协会商会免收会费400余万元，82个行业协会商会减收会费240.4万元，全市行业协会商会共减免会费600.47万元。各行业协会商会积极规范收费行为，积极调整规范会费，主动降低过高收费，在按照满足日常工作需要前提下，尽可能少收取企业会员会费。收费公示情况：11月底，全市所有行业协会商会收费信息在“信用中国”网站完成公示工作。（柴文斌）

【价格监测预警】2020年，市发改委及时开展重要民生商品和医药防护用品应急价格监测，全市各级发展改革部门每天安排专人到相关集贸市场、超市、药店开展巡查，加强与市场监管、商务、卫健等部门的信息沟通，实行监测情况日报告日通报，全面反映全市重要民生商品市场和价格动态，对各级党委政府及时掌握市场价格动态，有针对性地提出保供稳价措施，消除群众的涨价恐慌心理，稳定市场预期，发挥了积极作用。

【价格认定】2020年，市发改委认真贯彻执行《价格认定规定》，做好涉案、涉纪、行政、涉烟等价格认定工作和全市价格认定管理工作，积极开展价格认定质量评查工作，推进价格认定法规制度建设，为维护司法、行政执法公正、社会和谐稳定、促进我市烟草产业的健康持续发展发挥了积极作用。全市共办理价格认定案件1 425件，涉案金额20 099.4万元，其中，涉纪案件9件，涉案金额113.73万元；涉刑案件967件，涉案金额18 907.57万元；涉烟案件387件，涉案金额847.03万元。经国家发展改革委价格认证中心综合考评，峨山县发展改革局价格监测收费管理股被评为2019—2020年度全国先进价格认定机构。（杨　蕾）

审　计

【审计成果】2020年，全市审计机关共完成审计（调查）项目280项，审计查出违规金额74 007万元。审计促进整改落实资金共391 926万元，其中：已上缴财政71 253万元，已减少财政拨款或补贴68万元，已归还原渠道4 794万元，已缴纳其他资金50 850万元，已调账处理264 577万元。固定资产投资审计核减投资额6 858万元。审计后出具审计报告和专项审计调查报告373篇，提出审计建议661条，被采纳审计建议525条；提交审计信息452条，被批示、采用审计信息231篇次。向社会公告审计结果222篇。

【疫情防控资金和捐赠款物专项审计】2020年，市审计局在做好局机关疫情防控工作的同时，组织开展对全市疫情防控资金和捐赠款物专项审计，重点审计了8 180万元财政资金、3 032万元捐赠资金，延伸审计11家红十字会和慈善组织，214家疾病控制中心等政府机构和单位，对7家企业的重要事项进行延伸调查。通过审计，督促相关单位对捐赠物资管理不规范、部分承诺捐赠物资不到位、物资采购手续不齐全等问题及时进行整改。

【重大政策措施落实跟踪审计】 2020年，市审计局始终把重大政策措施落实跟踪审计作为首要任务，组织开展全市专项债券资金、减税降费政策落实，清理拖欠民营企业中小企业账款、新增财政资金直达市县基层直接惠企利民情况等审计调查。重点关注重大政策措施贯彻落实过程中存在的主要问题，遇到的制度瓶颈和出现的新情况，全面揭示相关政策措施制定和实际执行中存在的突出问题，以及相关管理不规范等薄弱环节，有针对性地提出审计建议并督促整改，着力促进政策落地生根、发挥实效。

【财政审计】 2020年，市审计局继续探索和深化财政决算草案和预算执行审计，以全面深化财政体制改革，加快建立现代财政制度，健全政府预算管理体系，提升财政管理水平为目标，重点审查预算支出绩效情况、国有资产管理、专项资金及存量资金清理统筹、财政收支真实性等内容。持续加大对财政存量、税收征管、政府债务、“三公”经费以及中央八项规定精神执行情况的审计力度。完成市本级2019年度财政决算草案编制情况、高新区管委会2019年度财政预算执行及部门预算执行情况审计。揭示了虚增（减）财政预算收支、财政隐性赤字、上级专项转移支付资金下达不及时、扩大开支范围等问题。

【部门预算执行审计全覆盖】 2020年，市审计局采取五项举措，将全市70个一级预算单位全部纳入审计范围，首次实现一年一轮的部门预算执行审计全覆盖。坚持市、县两级审计机关“一盘棋”的思路，以“六统一”的方式，带领县区同时实现市县两级部门预算执行审计监督全覆盖。强化运用“两统筹”，注重与经济责任、党费管理等审计有效结合，切实拓展审计的广度和深度，实现一审多果、多果多用。明确以“重点单位年年审、一般单位批量审、问题单位跟踪审、多个项目结合审、全部单位周期审”五种方式实现全覆盖。以“重点＋批量”的审计模式，实现纵向到底、横向到边全覆盖。对管理分配公共资金规模较大、关系国计民生或多年未审计过的预算单位实施重点审计，对其他单位通过每年从不同的维度确定部分审计事项运用大数据进行批量审计。依托“玉溪智慧审计平台”，实现大数据环境下的智慧审计全覆盖。组建数据分析团队，构建数据分析模型，集中开展跨年度、跨部门、跨领域的综合数据分析，提高问题核查精度，提高审计工作效率。

【领导干部经济责任审计】 2020年，市审计局组织召开玉溪市领导干部经济责任审计工作联席会议第一次会议，联席会议制度的建立，形成了审计机关与纪检监察和组织、人力资源社会保障等部门统筹协调的监督合力，提高了监督效能。完成11名领导干部离任交接、19名新(转)任领导干部任前告知、196名主要领导干部履行经济责任年度报告，分别向省审计厅、市委组织部等回复了357人/次领导干部的审计廉政意见，进一步加强对权力运行的制约和监督，对全面促使领导干部认真履行职责，做到守法、守纪、守规、尽责起到积极的作用。组织实施了市交通局、市水利局、市网信办3名市直单位离任领导和澄江市委书记、市长，江川区委书记、区长的经济责任审计。在审计实践中积极探索经济责任审计转型，围绕领导干部权力运行和直接责任，侧重从审事转变到审人、从审财政财务收支转变到审工作职责和权力运用、从审问题转变到审责任的思路转变。

【资源环境审计】 2020年，全市审计机关共组织实施自然资源资产审计项目12项，其中：市局审计3项，各县（市、区）局审计9项；共涉及19名领导。首次对市直单位主要领导履行自然资源资产管理和生态环境保护责任进行审计。通过审计，揭示了被审计单位在自然资源资产保护和利用方面存在政策法规执行不到位、行政许可不规范及相关资源主管部门监管不到位等方面的问题。全市共出具审计意见书12份，共查出106个问题，其中：非金额计量问题95个，金额计量问题11个，涉及金额77 013.44万元，移送纪委监委及相关部门进一步查处案件11件。

【乡村振兴跟踪审计】 2020年，市审计局在全省审计机关中先行先试，率先结合实际制定乡村振兴跟踪审计三年行动计划，对江川、易门2个区县开展乡村振兴跟踪审计。通过审计，揭示了未认真贯彻执行党中央、国务院关于实施乡村振兴战略的问题及情况；揭示和查处项目资金管理、使用中违规违纪问题；揭示和查处项目报建、招投标、合同签订等建设程序执行、建设管理等存在问题；对今后高效、高质、合规推进乡村振兴战略提出切实可行的审计建议。

【固定资产投资审计】 2020年，市审计局按照审计署、省审计厅关于投资审计转型发展和全覆盖的要求，围绕市委、市政府重点建设项目有序推进投资审计转型发展和投资审计全覆盖。采取摸底调查、资料审阅、行业分类、重点区分等方式掌握2019—2020年三个时间节点预计具备竣工决算审计条件的投资项目，初步建立2019—2020年政府投资项目数据库。开展涵盖高速公路“能通全通”“五网”建设、产业发展、环境保护、人防系统等领域组织实施审计，促进投资审计“从数量规模向质量效益转变”。首次应用智慧审计平台投资审计模块对工程设计、监理、采购等招投标进行审查，深入揭示工程项目串标围标的突出问题，促进投资审计“从传统投资审计向现代投资审计转变”。

（王　曦）

统　计

【统计服务】2020年，市统计局加强对各县（市、区）和市直部门的统计服务指导，编印《玉溪市国民经济和社会发展统计公报》《玉溪市国民经济和社会发展主要指标》《领导干部手册》和《玉溪统计年鉴》，及时提供统计信息咨询服务，推广“数据玉溪”应用客户端，及时做好数据服务。完善重点领域统计监测，建立反映新发展理念和推动高质量发展统计指标体系，制定印发各统计专业数据质量控制制度办法17项。建立“三新”经济核算制度拓展资料来源渠道，全面真实反映全市新经济发展态势。抓好全面建成小康社会和七大重点产业统计监测。做好乡村振兴战略实施监测，进一步提升生态文明建设考核评价时效性。提升统计服务玉溪经济发展水平，加强信息上报，多篇信息被省统计局采用，共41篇信息被市委、市政府采用，《2019年玉溪市小康监测预测评价分值未达满分指标的情况报告》《2018年玉溪生态文明建设年度评价结果解析》《2019年生态文明排头兵建设工作情况报告》等多篇统计专报得到市委、市政府主要领导和分管领导批示。

【统计改革】2020年，市统计局认真做好季度地区生产总值统一核算改革，加强对市直各部门和各县（市、区）季度地区生产总值统一核算改革方案培训学习，认真做好41项核算基础指标的月度监测，及时预警、分析经济运行中出现的问题，密切关注各行业发展动态，确保联网直报单位实现真实反映各行业发展水平。积极推进农业农村、固定资产投资、新兴服务业等统计改革，健全社会统计指标体系，完善科技统计研究与试验发展活动统计调查方法；健全主要农产品统计，特别是高原特色农业统计，强化人口动态统计监测，推进劳动工资统计改革。按照国家和省的统一部署要求，改进完善妇女儿童发展规划统计监测报表制度，深化法人单位和产业活动单位关系研究，研究数字经济、电子商务、大数据应用、现代服务业等统计方法。连续有序开展5个年度自然资源负债表编制试点，2019年度GDP年报编制、小康监测、2018年绿色发展指标体系及生态文明建设年度评价等工作。

【普查工作】2020年，市统计局有序推进第七次全国人口普查，全市9个县（市、区）政府、75个乡镇（街道）、709个村（居）委会全部成立人口普查组织机构。全市共落实普查经费2 455.41万元，落实各级人普办工作人员1 301人，落实普查办公用房2 500平方米，完成人口摸底972 453户。截至11月17日，全市快速汇总总人口数上报进度100.4%。召开玉溪市第四次全国经济普查主要数据成果发布会，发布《玉溪市第四次全国经济普查公报》1—6号，各县（市、区）普查公报顺利审核通过。

【统计基础】2020年，市统计局积极组织参与各级干部教育调训和统计业务培训，积极参加各级干部教育培训155人次，其中省级以上培训60人次。组织全局56名在职在编干部参加国家统计局在线学习并按时完成学习任务要求。加强与行业主管部门统计业务交流沟通，按季度通报地区生产总值核算及相关专业数据情况，健全部门统计数据质量抽查监督制度，定期对部门统计数据质量检查指导。强化对县（市、区）统计人员业务指导培训，组织全市统计系统业务培训17次，共计472人次参加各项统计业务培训，切实夯实统计工作基础。

【统计法制】2020年，市统计局加强法制宣传，持续深入学习贯彻习近平总书记对统计工作重要批示批示精神，组织全市统计系统干部认真学习《意见》《办法》《规定》等法律法规，以红河州泸西县、建水县经济普查违纪违法案件为鉴，开展以案促改警示教育，开展好《民法典》相关法律知识集中宣讲学习。深入推进依法统计，办理地方统计调查项目行政备案3件，做好领导干部违规干预统计工作记录台账填报工作。强化监督管理，对106家单开展“双随机一公开”执法检查。强化统计执法监督检查，查处统计违纪违法案件4起，完成对3起23个单位的统计违法处罚并向市纪委监委移送了相关责任人处理建议。高位推动统计督察整改工作，及时成立市委书记、市长任组长的玉溪市防范和惩治统计造假、弄虚作假督察整改领导小组，研究制定《玉溪市统计督察整改实施方案》，认真抓好整改落实。截至12月底，《国家统计局统计督察反馈意见指出问题整改任务清单》涉及玉溪市的15项整改事项，已整改完成14项。

（市统计局供稿）

国土资源管理

【土地利用规划】2020年，全市有1个县（元江县）开展了县级土地利用总体规划修改，38个乡镇（街道）开展了乡级土地利用总体规划修改（调整）。元江县土地利用总体规划修改方案于4月17日经省自然资源厅批复；38个乡级规划修改方案，已有32个经市政府批准并报省自然资源厅备案。

【生态保护红线调整】2020年，市自然资源规划局按照县级自查、市级初审、省级复核的工作安排，做好生态保护红线评估调整工作，经过“三上三下”、多轮修改，全市生态保护红线评估调整成果全部通过省级联合审查，并与自然保护地进行有效衔接，生态保护红线调整后做到面积不减少，功能不降低，性质不改变。

【省级预留规划建设用地指标追加】 2020年，经市政府申请，省政府同意，省自然资源厅追加玉溪市省级预留规划建设用地指标2 500亩，其中：追加澄江市抚仙湖生态屏障构建项目、“一城三镇八村”规划布局的乡村振兴等项目专项指标1 500亩，追加江川区星云湖一级保护区生态修复及生态屏障构建项目、星云湖南岸乡村振兴示范区项目等用地需求专项指标1 000亩。

【重大项目用地保障】 2020年，全市共保障公路用地42 414亩，澄江至江川高速公路用地报件已获批复，晋宁至红塔、武定至易门、玉溪至雄楚、弥勒至玉溪、元江至蔓耗、墨江至临沧（新平段）、大开门至戛洒已上报自然资源部。加快国省道公路提级改造，保障国道213线、S218省道澄江至华宁至通海、国高网G85渝昆高速公路及其联络线G8 511昆磨高速公路会泽段研和段甘庄段通关段安全隐患改造项目（玉溪市境内）等提级改造工程用地2 430亩。保障滇中引水工程建设项目926亩。保障澄江生态移民搬迁2 887亩。绿色钢城用地保障：玉昆钢铁集团有限公司产能置换升级改造项目用地6 862亩，新平县“大开门片区仙福公司转型升级项目”一期建设用地1 500亩。

【新增建设用地年度计划指标核拨使用】 2020年1月，省自然资源厅预下达玉溪市年度新增建设用地计划3 300亩，年内获批新增建设用地46件，面积17 901亩，使用新增建设用地计划指标17 189亩。

【土地成片开发方案编制】 2020年7月31日，“峨山县成片开发方案”获得省政府批准，成为云南省第一个获批的成片开发方案。为加强玉溪市建设用地管理，推进土地成片开发编制报批工作，为全市经济社会发展提供用地保障，10月20日，玉溪市土地征收成片开发方案技术审查论证专家库成立，有专家20人。

【批而未供闲置土地处置】 全市2009—2017年批而未供土地基数13 289亩，2020年处置4 420亩，处置率33%；闲置土地基数10 734亩，2020年处置5 976亩，处置率55.67%。

【第三次全国国土调查完成】 2020年，市自然资源规划局组织各县（市、区）梳理完善第三次全国国土调查初始调查，配合国家“三调办”完成了9个县（市、区）的“互联网+”在线核查及实地核查，确保调查数据真实性，全市已全面完成“三调”的各项调查任务，调查数据已上报自然资源部。

【耕地占补平衡】 2020年，市自然资源规划局为落实国家“占一补一、占优补优、占水田补水田”政策要求，强力推进土地整治项目实施。全市已完成37个土地整治项目整改及新增耕地核定验收工作，核定补充耕地数量15 686亩、水田规模5 081亩、粮食产能1 123万千克；申报实施项

元江县菠萝山土地整治项目（提质改造）实施情况 （市自然资源规划局 提供）

元江县撮科土地整治项目（补充耕地）土地平整工程现场
（市自然资源规划局 提供）

目31个(其中8个已进入实施阶段),占补平衡取得较大突破。高速公路、环湖棚改搬迁、绿色钢城等29个批次建设用地得以顺利报批。收取建设项目单位补充耕地资金9.07亿元,支付县级补充耕地指标市级统筹费4.15亿元,下达年度土地整治项目投资0.91亿元,有效缓解了县(市、区)项目投入不足问题,促进了财政非税收入的提增,增加了固定资产投资。

【扎实推进生态保护】2020年,市自然资源规划局完成抚仙湖径流区山水林田湖草生态保护修复工程土地整治项目5个,其中,澄江市3个,江川区2个,整治面积13 931.02亩。完成抚仙湖径流区山水林田湖草生态保护修复工程矿山生态修复项目43个,其中,江川区18个,澄江市25个,修复面积7 912.5亩。

【增减挂钩助力脱贫攻坚】2020年,市自然资源规划局充分发挥增减挂钩政策对脱贫攻坚"超常规"作用,申报并实施易地扶贫搬迁增减挂钩项目16个。拆旧复垦复绿地块涉及38个乡镇98个行政村239个自然村,全市共完成拆除旧房2 654户,旧房拆除后全部完成了复垦复绿,面积3 354.66亩,复垦复绿完成率100%,保障了全市易地扶贫搬迁、地灾搬迁等安置用地,为全市脱贫攻坚作出了贡献。

【地质灾害防治】2020年,全市发生小型地质灾害3起,其中,崩塌2起、小型泥石流1起,直接经济损失59.5万元,4人受伤;成功预报避让1起,紧急转移人口41人,避免人员伤亡13人。做好巡排查,落实监测员制度。组织巡查排查隐患点837处,处置隐患点13处。全市辖区内通过巡查排查落实地质灾害监测点1 047个,落实监测员1 346名,确保每个重要隐患点有1—2名群测群防员负责监测。开展宣传培训和避险演练。全市各县(市、区)组织地质灾害避险演练142次,参加人员5 979人次;组织地质灾害群测群防专题培训90次,参加人员4 002人次。

【执法监察】2020年,市自然资源规划局坚持以服务大局、保障发展为"纲",以严格监管、保护资源为总牵引、总要求,忠实履行职能职责,严格执法监督,保持"零容忍"高压态势,坚决制止和查处自然资源违法违规行为,保障自然资源管理法律法规全面有效实施。扎实开展动态巡查,及时发现、制止、查处各类自然资源违法违规行为,全市开展自然资源动态巡查4 727次12 771人次,发现自然资源违法行为784起,下达责停通知书617份,当场整改违法行为239起。依法开展案件查处工作,全市发现土地违法案件484起,立案143起,罚没款3 695.92万元,没收违法建(构)筑物2 048 950平方米,拆除违法建(构)筑物169 650平方米。发现矿产违法案件立案26起,罚没款800.55万元。认真处理自然资源投诉举报,依法对举报问题及线索开展调查取证工作,切实维护群众权益。市本级受理自然资源违法线索举报13件,其中,省级转办3件,市级受理10件,涉及土地9件,矿产4件,已处结12件。聚焦"年度+季度"土地矿产卫片执法监督检查工作,实地核查、研判及系统填报2019年度土地卫片监测图斑1 564个,实际拆分为1 600个,监测面积45 740.1亩(其中耕地面积21 264.41亩)。土地卫片违法用地445宗,立案查处139宗,面积15 726.85亩(其中耕地面积7 538.76亩);非法采矿6宗,其中,越界开采5宗,其他1宗。狠抓矿产资源领域"打非治违",全市发现矿产资源领域违法采矿行为43起,均已立案查处,罚款111.45万元,没收违法所得857.48万元,其中,移送公安机关追究刑事责任8起。加大监管力度巩固"大棚房"问题清理整治成果,建立"大棚房"问题常态长效监管机制,加强日常巡查监管,严格落实属地主体责任,严守耕地保护红线,严防已整改到位的75个"大棚房"问题"死灰复燃",坚决遏制农地非农化乱象。持续发力,切实加大整治力度,"大棚房"另案处理问题已完成处置125个。全面开展农村乱占耕地建房问题整治工作,成立了市委、市政府主要领导挂帅的"双组长制"专项整治工作领导小组,印发《玉溪市农村乱占耕地建房问题摸排工作实施方案》。严格执行国家"八不准"要求,零容忍态度坚决遏制新增,全市纳入摸排范围的农村乱占耕地建房问题24 927个,占用耕地

2020年,红塔区洛河乡组织开展地质灾害演练 (市自然资源规划局 提供)

12 719.41亩（其中，占用永久基本农田2 292.23亩）。（余进宏）

土地储备

【概况】 2020年，市土地储备中心供应市级储备土地1 014亩，实现供应收入47亿元（缴入市级财政44.15亿元），收储土地1 762亩，超额完成土地收储及供应任务。

【土地收储】 2020年，市土地储备中心聚焦重点项目，推动土地储备工作再上新台阶。年内完成收回卫校及体校、高等级公路公司闲置土地、瀑布生态公园周边地块（冯家冲片区）等项目，共计收储土地1 762亩，完成年度收储计划410亩目标的429.8%，筹措土地收储资金3.78亿元；完成了玉溪监狱和元江监狱土地置换工作，置换市级储备土地627亩，分别为峨山县、元江县提供发展用地2 688亩和2 349亩，实现土地价值8.59亿元，为玉溪市经济发展提供了有力的土地资源保障；为支持县区经济发展，市土地储备中心分别与江川区、华宁县和元江县开展了江川润特仓储物流项目、华宁南国境路200米范围内土地联合收储、元江县医养结合试点项目等5个合作储备项目，为加强与县区对接交流，市土地储备中心成立专项调研小组，制定整改方案，同时以定期发函和现场督促相结合的方式督促工作有效推进。

冯家冲片区储备土地情况 （市土地储备中心　提供）

2020年4月15日，市土地储备中心举办2020年度春季玉溪市土地出让项目云端推介会，利用“互联网+”理念，打破空间和地域限制，在线向74家省内外企业推介全市6 467亩储备土地 （市土地储备中心　提供）

荷花池片区E地块管护利用现场 （市土地储备中心　提供）

【前期开发整理】 2020年，市土地储备中心开展前期开发整理主要涉及科教创新城片区、泷水塘片区和大河二期以北片区。督促土地一级开发整理单位市科创投公司、市物流投公司和市土投公司做好土地一级开发整理工作。拨付了市科创投公司1.9亿元土地一级开发整理费用，拨付了市土地矿产开发经营有限公司1 350万元土地一级开发整理费用，切实做好片区土地平整和道路建设，保障了土地需用能供、供则能用。市科创投公司修建的科创城职教片区11条道路和市土投公司修建的王家庄二号路已投入使用，科创城市总工会等项目用地正在开展土地平整，太极路以西3条道路正在建设中。攻坚克难完成瀑布生态公园周边地块（冯家冲片区）前期开发整理工作，顺利完成土地供应。

【土地供应】2020年，市本级土地供应21宗储备土地，面积共计1 096.36亩，实现供地收入47.65亿元（含追缴历年欠缴价款20.47亿元），其中，出让供应6宗商住用地，面积643.18亩，盘活了冯家冲片区存量土地，为科教创新城片区产业发展提供了用地保障；划拨供应15宗，面积453.18亩，包括云南省玉溪监狱综合培训基地项目、云南省滇中引水建管局玉溪分局建设管理调度中心项目、玉溪市人民医院扩容提质项目、玉溪市机关事务管理局后勤保障周转房、玉溪市司法局业务用房等省、市重点项目。市土地储备中心完成批而未供土地598亩，收回闲置土地315亩。

【土地管护】2020年，市土地储备中心创新土地管护模式，并逐步建立长效机制。市本级储备土地5 035余亩，主要采用委托管护、自行管护和临时利用的方式统筹推进储备土地的安全管护、环境整治及开发利用，其中，委托土地一级开发整理单位管护2 540亩，占总市级储备土地50.44%；自行管护2 314亩，占总市级储备土地45.96%；委托物业管理公司管护82亩，占总市级储备土地2%。实施管护利用储备土地217亩，实现临时利用收入60万余元，储备土地管护利用成效显著，既强化了土地的管理，又降低了管护费用，充分体现储备土地社会效益和经济效益。（韩　楠）

2020年，市自然资源规划局多次组织开展矿产储量动态测量现场核查

（市自然资源规划局　提供）

矿产资源管理

【矿政管理】2020年，全市公开挂牌出让采矿权16个，出让金额33 843.21万元，保障重点建设项目砂石供应矿山7个，其中，铁路供应矿山2个，高速公路供应矿山3个，滇引工程供应矿山2个。按规定征收采矿权出让收益50 548.79万元，征收探矿权采矿权使用费（占用费）16.81万元。推进矿产资源“同一矿种同级出让登记”管理改革不断深入落实，市级矿业权登记归并行政审批科实行“一颗印章管审批”，市级审结并配号发证32件（探矿权22件、采矿权10件）。继续严格实行矿业权联勘联审依法审批和采矿权生态环境综合评估工作机制，构建多部门“联合踏勘、联合审查、依法审批”的矿业权设置审查机制。压减地质勘查报告（储量核实报告）由行政机关评审备案的类型，矿产资源开发利用方案、矿产资源勘查实施方案、矿业权出让收益评估服务的评估、评审费用纳入财政预算，进一步减轻矿业权人负担。组织开展探、采矿权人信息公示工作，全市探矿权填报公示率97.78%，采矿权填报公示率98.41%。按照“双随机、一公开”要求，制定了《玉溪市矿业权人勘查开采信息公示工作专项抽查工作方案》，累计随机抽取检查采矿权20个，抽查比例达15.87%。

【矿山转型升级】2020年，市自然资源规划局全面开展非煤矿山安全生产专项整治行动，全面扭转非煤矿山数量多、“小、散、弱”、开采不规范、布局不合理、转型升级或淘汰矿山关闭不彻底的问题。全市253座非煤矿山已全部完成转型升级，大中型矿山数占比从原来7.51%提高至13.5%，全市砂石料矿山年生产规模均达到了10万吨以上，非煤矿山“小、散、弱”状况明显改善。市级自行废止公告及公告注销探矿权采矿权3个批次，公告废止探矿权13个，采矿权11个。各县（市、区）公告注销采矿权25个。

【储量监管】2020年，市自然资源规划局着力推进建设项目用地压覆重要矿产资源按区域统一办理管理模式改革工作，已完成按区域查询压覆重要矿产资源报告15个（县城中心城区4个、集镇8个、工业园区3个）。建设项目用地压覆重要矿产资源查询实行市、县一次性查询，在提交查询资料齐全、符合查询要求的前提下，1个工作日内办结。办理建设项目用地压覆矿产资源查询98件/次。推进新的矿产资源储量分类标准执行，做好新分类标准下的矿产资源储量统计工作，做好新老分类标准矿产资源储量数据衔接，结合矿产资源国情调查工作，夯实矿产资源家底，全面开展新老分类标准数据转换工作。

（李　力）

质量技术监督管理

【质量强市】 2020年，市市场监管局组织召开质量强市及质量提升推进会、联席会各1次，研究部署质量工作，对"十三五"质量工作进行全面收集和总结，提出"十四五"初步思路。组织各部门编制9个领域质量提升工作要点，对全年工作进行总结并上报省品质办。督促15家单位做好公共服务质量改进提升工作，召开质量提升推进会，通报整改情况。组织开展"质量月"宣传活动。制定中小企业质量技术服务活动方案，走访企业552家次，发放调查问卷280份，收集企业需求67条，建立服务档案136家，帮助解决82个问题，引导9家企业申报第四届省政府质量奖。摸排全市有要生产非医用口罩行为和意向的企业5家，检查17家销售门店。对危化品获证企业21家、危包8家开展质量安全隐患排查工作，对8家获证化肥生产企业、20家水泥获证企业、5家电线电缆生产企业开展质量安全专项整治。对食品相关产品生产许可证获证企业47家开展全覆盖例行检查，对全市涉钢、铸造企业90户开展检查，未发现地条钢生产企业和无证生产企业。对市内工业产品生产企业8类15个品种84个样品进行抽检，经检验样品全部合格。

【质量宣传】 2020年9月4日，玉溪市2020年"质量月"活动启动仪式在市市场监管局第二办公区举行，市市场监管局、高新区分局、局属各事业单位全体干部职工，市质量技术综合检测中心、各县（市、区）市场监管局、有关协会组织负责人等200余人参加了启动仪式。各县（市、区）分别举行了启动仪式。开展了产品质量、计量服务、知识产权等多项进社区、进企业、进乡镇宣传教育活动。加大质量宣传力度，传播质量故事，弘扬追求卓越、崇尚质量的价值导向和时代精神。向群众宣传产品质量、标准、计量、认证认可、食品安全、用药安全等相关法律法规知识。把爱国卫生7个专项行动内容与质量月活动结合起来，在宣传动员会上把管集市、净餐馆活动融入"质量月"活动中，召开启动仪式，大力开展宣传活动。全市共制作、张贴宣传画300余张，制作、发放宣传资料18 000余份，制作展板112个，接受咨询200余次，组织60余户企业开展诚信经营承诺。

【标准化工作】 2020年，由云南云秀花卉有限公司承担的国家月季鲜切花高效无土栽培标准化示范区项目正式启动，顺利完成三年项目周期的第一年目标任务。完成了红塔区紫玉花卉和澄江森海蓝莓两个市级农业标准化示范区的评估考核工作。指导第三批市级农业标准化示范区项目（峨山县大马士革玫瑰种植标准化示范区项目）开展标准化示范工作。两个服务业标准化点项目顺利通过专家组的评估考核，分别是：玉溪映月潭温泉娱乐有限公司承担的国家级服务业标准化试点项目和玉溪百信商贸集团有限公司（物流）承担的省级服务业标准化试点项目。指导由红塔区政府承担的生源地信用助学贷款基本公共服务标准化专项试点开展标准化工作。指导第一批市级服务业标准化试点项目（云茶山庄旅游服务标准化试点）开展标准化试点工作。收集疫情防控相关标准文本30余项，下发到各县（市、区）市场监督管理局。通知相关企业190余家，于3月1日至6月30日期间办理商品条码注册和续展业务，享受中国物品编码中心相关的费用优惠政策，帮助指导企业在网上办理。批准发布《元江县芒果种植技术规程》（DB 5304/T 036-2020）等11项地方标准，共计发布地方标准46项。共有210家企业，累计937项标准，涵盖1 177种产品在企业标准信息公共服务平台自我声明公开。对玉溪市8家企业的17个标准进行"双随机、一公开"监督抽查。强化标准实施与监督，大力推进农用地面薄膜强制性国家标准《聚乙烯吹塑农用地面覆盖薄膜》（GB13735-2017）的监督实施工作。开展国六（B）标准的车用汽油和国六标准的车用柴油的监督检查工作。开展烤烟收购监督检查工作。积极鼓励企业参与国家标准、行业标准、地方标准的制修订工作。开展世界"标准日"宣传活动，共发放宣传资料1 200余份，接受现场咨询

2020年9月4日，玉溪市2020年"质量月"活动启动仪式在市市场监管局第二办公区举行 （市市场监管局 提供）

450余人次。办理商品条码续展112家，新注册57家。

【计量管理】2020年，市市场监管局对3家企业计量标准行政许可事项及计量授权行政许可事项进行了现场评审；开展疫情期间体温计量值准确检查，确保玉溪市各疫情况监测站点在用体温计量值准确；积极推进云南省计量信息管理系统的使用，实现强制检定的计量器具网上备案和报检；共有1 473家企业在平台上备案，全年线上、线下共为企业检定96 424台（件）计量器具，其中，强检计量器具54 008台（件），非强检计量器具42 416台（件），为企业减免强检计量器具检定费410万元；围绕民生计量开展专项检查，对70个集贸市场，4 350台（件）强检计量器具、16个烤烟收购站点在用的51台电子秤，268个烟筐、对58家眼镜店在用的244台（件）计量器具进行抽查。全面推进“双随机、一公开”监管工作，对20批次定量包装商品净含量进行抽查，抽查合格率80%；对10个眼镜店、10个加油站、10家医疗机构在用计量器具、8家销售企业和1家生产企业使用的能效（水效）标识进行抽查，做好检查结果录入及后续处理工作。推进重点用能单位能耗在线监测系统建设工作，共有33家企业完成能源数据实时上报工作；开展“5·20”世界计量日主题宣传活动，发放宣传单及彩页3 000余张。

【认证认可工作】2020年，市市场监管局全面落实检验检测统计直报制度，完成94家检验检测机构统计直报工作，完成率100%；对风险较高的22家机动车检验检测机构开展明察暗访；全面推进“双随机、一公开”监管工作，做好10家机构2019年双随机检查的后处理工作，开展2020年双随机检查，对23家检验检测机构、7家强制性产品认证获证企业、5家强制性产品认证销售企业、10家有机产品认证获证企业、7家自愿性认证从业机构进行抽查，做好检查结果录入及后续处理工作；开展口罩、防护用品排查口罩、酒精、额温枪生产企业7个，流通企业100余个；开展低速电动车整治，检查销售单位76个，出动执法人员120人次。开展货车非法改装专项整治，检查大型维修单位23家，机动车检测机构11家；对举报“从事汽车货箱非法改装经营活动”的案件进行调查。开展2020年世界认可日主题宣传活动。

【特种设备安全监察】2020年，全市共有特种设备设计单位4家，制造单位8家，安装、改造、修理单位18家；气体充装单位22家；特种设备检验检测单位1家，气瓶检验检测单位8家；特种设备使用单位5 127家；特种设备总数17 530台，其中：锅炉745台，压力容器7 265台，电梯4 873台，起重机械3 587台，场（厂）内专用机动车辆1 040台，大型游乐设施20台；各类气瓶191 358只，其中液化石油气钢瓶127 698只、氧气瓶48 526只、乙炔气瓶13 264只。市市场监管局下发了《玉溪市2020年特种设备安全监察与节能监管工作要点的通知》等4个文件，修订完善《玉溪市特种设备应急预案》，开展2020年度特种设备使用单位“双随机、一公开”抽查工作，开展涉及危险品相关特种设备、移动式压力容器、城市燃气管道、大型游乐设施、起重机械、电站锅炉、液化石油气瓶专项整治，共出动特种设备执法人员1 744余人次，执法车辆789车次，检查特种设备使用单位1 575户，检查特种设备6 638台套件，下达安全监察指令书239份，责令整改安全隐患1 110起，进行行政约谈1起，向公安移交1件涉嫌伪造《特种设备作业人员证》案件。全市2019—2020年淘汰任务为38台，2019年已淘汰21台，2020年淘汰锅炉18台，合计淘汰39台，淘汰率为102.6%。

【案件稽查】2020年，全市共办结各类案件共994件，涉案案值391.98万元、罚没金额853.28万元，其中，质量技术监督工作涉及案件：特种设备27件、标准化1件、认证认可2件、计量47件、产品质量131件。市局共办结各类案件81件，涉案案值154.56万元，罚没金额217.83万元，其中，质量技术监督工作涉及案件：特种设备5件、标准化1件、认证认可2件、产品质量20件、计量2件。（周　游）

食品药品监督管理

【食品安全监管】2020年，全市共有383家食品生产取证企业，食品生产加工小作坊登记1 656家。年内新增食品生产企业实施危害分析和关键控制点（HACCP）管理体系认证7家，共有29家。开展保健食品行业专项清理、白酒等食品专项整治工作，检查保健食品生产企业3家，保健食品经营主体991家，白酒企业31家，白酒小作坊406家。对食品生产企业管理人员进行食品安全知识监督抽查考核，应参考企业293家，参考人数585人，覆盖率达100%，合格率达97.6%。充分发挥市政府食品安全办综合协调职能，调增市食安委成员单位，由28家增至30家，修订、完善市食安委工作规则、6个食安委专项协作小组议事规则，进一步健全跨部门的联合执法、行刑衔接、隐患排查、事故处置等协调联动机制；修订《玉溪市食品药品安全举报奖励办法（试行）》。切实做好食物中毒防控工作，印发《关于疫情防控期间食品安全的消费提示》《关于预防误食有毒野生菌中毒的预警公告》《玉溪市市场监管局关于凉菜、熟食食品安全的风险提示》《关于转发国家市场监管总局特殊医学用途配方食品选购消费提示》和《玉溪市人民政府食品安全委员会办公室关于进一步加强食用野生菌中毒防控工作的通知》，印制《谨防食用野生菌中毒》宣传图片5 000份，全年报告及处置食用野生菌中毒事故29起。全面推进2个食用农产品批发市场规范化建设和4个农村食品市场安全规范化试点建设工作。督促食品生产企业落实质量安全主体责任，企业食品安全自查率100%，食品安全员监督抽查考核覆盖率100%、合格率97.6%。组织开展特殊食品、进口食品、食用盐、豆芽菜、固体饮料、压片糖果、代用茶、保健食品、白酒、规范清真食品生产经营和网络食品安全、禁食野生动物等专项整治，围绕春、秋季开学及中高考等重点时段，加强对学校（幼儿园）食堂、学生集体用餐配送单位、校园周边餐饮服务单位全覆盖监督检查和风险隐患排查，全面推进爱国卫生“管集市”“净餐馆”专项行动，全面开展公筷公勺、制止餐饮浪费行为专项工作，贯彻落实食品安全大检查。继续巩固推进明厨亮灶建设工作，全市12 988户持证餐饮服务单位完成“明厨亮灶”，完成率95.6%。完成重大活动食品安全保障任务12次，农残快速检查250批次，累计保障43.5天、121餐次、44 360人次的饮食安全，实现保障工作“零投诉、零差错、零事故”。完成食品抽检任务9 995批次，其中，国抽647批、风险检测55批；省抽及市抽共安排食品750批次，食用农产品2 400批；3、市抽食品743、食用农产品4 042批；4、县级1 358批。

【药品安全监管】 2020年，市政府成立疫苗药品管理工作领导小组，构建市级疫苗药品安全管理协调机制，强化组织领导。开展WHO疫苗国家监管体系评估试点工作，与市卫健委联合成立工作领导小组，建立联动机制，制订方案，细化任务。推进疫苗信息化追溯体系建设，积极推动建立覆盖疫苗生产、流通和预防接种全过程的信息化追溯体系。在偏远农村地区设置“农村便民药柜”，解决群众“购药远、购药难、购药贵”问题。有序高效组织完成586户药品零售企业到期换证。强化日常监管，双随机检查药品零售企业411户、飞行检查45户。

【医疗器械安全监管】 2020年，市市场监管局认真组织开展日常监督检查，守住抗疫医疗器械质量安全。制定出台相关措施，派出了5个检查组，对7家医疗器械生产企业、7家医疗机构、30家医疗器械经营企业进行现场监督检查，立案查处3起。办理1家急需销售医用口罩和医用防护服等疫情防控第二类医疗器械经营企业备案工作。疫情防控期间，加强对国际采购或国际捐赠医疗器械的监管和抽检工作，共抽检国际采购或国际捐赠医用防护物资口罩51批、防护服4批。积极配合省药监局完成对6家二类医疗器械生产企业应急审批工作。认真组织开展“无菌和植入性医用高值耗材医疗器械”“清网”行动、“医疗器械安全三年专项”等专项整治，共出动执法人员713人次，车辆110车次，检查经营、使用单位263家次，收到企业自查报告176份，下达责令整改通知书5份。认真组织开展医疗器械安全宣传周活动，集中组织全市医疗器械生产、经营、使用单位法定企业负责人共计70余人参加医疗器械安全宣传周活动启动仪式及业务培训，通过监管QQ群、微信群、进社区等形式发放宣传资料10 000余份。

【化妆品安全监管】 2020年，市市场监管局强化化妆品日常监管，开展“双随机、一公开”抽查全市138家化妆品经营使用单位，抓实化妆品专项整治，重点突出检查美容美发、网络销售、集散市场、专营店、商场、小商店、超市、宾馆酒店等场所中的婴幼儿、染发、防晒、祛斑美白、祛痘等产品。专项整治以来全市共检查化妆品经营户1 618户，加大案件查办力度，办结案件41件，责令改正3户。抓好新修订《化妆品监督管理条例》宣传贯彻工作，在全市范围内广泛组织县乡三级联动，开展以“安全用妆，伴您同行”为主题的“5·25爱肤日”宣传活动，引导消费者正确认识化妆品功效，普及选购化妆品注意事项，落实企业主体责任等方式，多层次、多单位协作开展宣传，共发放化妆品、药品科普知识手册等宣传资料15 000余份。

【监测评价】 2020年，市市场监管局药品评价中心与市疾病预防控制中心联合印发《玉溪市疫苗疑似异常反应信息互通制度》，积极推进国家药品不良反应监测哨点联盟建设，市人民医院、市第二人民医院成功申报加入国家药品不良反应监测哨点联盟并获授牌，占全省比例50%。调查处置药品风险信号6个、医疗器械风险信号17个、化妆品风险信号5个，预警风险信号现场调查率100%。报告质量核查100%、审核评价完成率100%、及时率＞95%，国家监测系统登录率＞90%。派出人员39人次，督导5家市级医疗机构、18家县级医疗机构、7家乡镇卫生院、8家美沙酮门诊、7家县级疾控中心、1家化妆品经营企业、1家皮肤专科医院的药品安全监测报告工作。派人员2人次，协助云南省药品评价中心检查玉溪2家高风险制剂药品生产企业药物警戒工作。开展2019年下半年、2020年药品不良反应病例报告质量评估工作。举办药品安全监测业务培训10次，培训人数近500人。

【“净餐馆”专项行动】 2020年，市市场监管局及时成立领导小组及工作机构，集中人力物力，加强指导检查，加强跟踪问效，全力推动全市爱国卫生“净餐馆”工作深入开展。全市共组织“净餐馆”食品从业人员集中培训63期，培训人数达

2.6万人次；派人参加省级培训2次40人次，组织市级培训3次210余人次。共制作发放“净餐馆”宣传海报18 000份；制作餐饮浪费、使用公勺公筷宣传帖23万份；光盘行动、文明用餐宣传海报17 000份；下发餐饮服务环境卫生全改善行动工作规范和标准1 200本；制作公勺公筷桶6 000个。共出动执法人员19 008人次，检查各类餐饮服务单位24 740户次，整改达标8 317户，截至12月4日，玉溪市城区中型以上餐馆达标290家，达标率100%；小型餐馆达标5 721家，达标率100%；学校食堂达标147家，达标率100%；其他单位食堂达标297家，达标率100%；餐饮类食品摊贩达标816家，达标率100%。城区所有类型的餐饮服务单位完成7 271家，达标率100%。

【监督抽检】2020年，市市场监管局完成食品抽检任务9 995批次，其中，国抽647批、风险检测55批；省抽及市抽共安排食品750批次，食用农产品2 400批；市抽食品743、食用农产品4 042批；县级1 358批。完成药品抽检任务280批次，达到玉溪市生产基本药物抽检全品规全覆盖；完成化妆品抽检任务41批次；完成国省医疗器械抽检27批次和应急审批抽检5批，疫情期间完成抽样国际采购或国际捐赠医用防护物资口罩51批、防护服4批。完成化妆品抽检41批次，检验发现不合格2批，合格率为95.1%。

【案件稽查】2020年，全市共办结各类食品药品案件994件，涉案案值391.98万元、罚没金额853.28万元，其中食品药品监管工作涉及案件食品433件、药品22件、医疗器械43件、化妆品41件。市局共办结各类食品药品案件81件，涉案案值154.56万元，罚没金额217.83万元，食品药品监管工作涉及案件食品31件、药品1件、医疗器械5件、化妆品4件。（周　游）

安全生产监督管理

【概况】2020年，玉溪市各级各部门深入学习贯彻习近平总书记关于安全生产重要论述精神，牢固树立“生命至上、安全第一”的发展思想，坚持统筹发展和安全，强化底线思维和红线意识，紧紧围绕党中央、国务院和省委、省政府关于安全生产的重大决策部署，以防范遏制事故为目标，以健全压实安全生产责任为核心，以推进实施安全生产专项整治三年行动为主线，坚持问题导向、目标导向和结果导向，深化源头治理、系统治理和综合治理，深入扎实开展安全生产大检查、隐患排查治理、重点行业领域专项整治、打非治违等重点工作，及时有效防范化解各类安全风险隐患。年内，全市共发生各类事故122起、死亡118人，同比事故起数与去年同期减少42起，下降25.6%，死亡人数减少15人，下降11.3%，实现“双下降”目标。发生一起较大事故，死亡4人。全市安全生产形势保持总体稳定，已连续18年杜绝了一次死亡10人以上的重特大事故发生。

【安全生产责任制落实】2020年，市委、市政府高度重视安全生产工作，把安全生产纳入全市国民经济和社会“十四五”发展规划，相关重点工作列入政府工作报告，作为综合考评、平安建设、精神文明建设、领导干部绩效考评的重要内容，加大量化考核权重，严格“一票否决”。严格执行党政领导干部安全生产责任制，市委书记、市长、分管副市长等领导对安全生产工作亲自安排部署，带队深入一线调研；召开市委常委会2次、市政府常务会4次，专题研究安全生产工作；党政班子成员严格落实“一岗双责”责任，亲自研究推动分管行业领域安全生产各项重点工作；市政府领导班子成员、9个县（市、区）政府、23个行业部门和单位层层签订安全生产目标责任书，细化明确年度安全生产责任和目标任务；制定出台了《玉溪市市直有关单位安全生产监督管理职责（试行）》，全面厘清机构改革以后各有关部门和单位安全生产监督管理职责，及时调整市安全生产委员会成员单位，有效推动落实部门安全生产“三个必须”责任。全市“党政同责、一岗双责、齐抓共管、失责追责”的安全生产责任体系进一步健全完善。

【安全生产领域改革发展】2020年，市应急局认真贯彻落实省委、省政府关于推进安全生产领域改革发展的部署要求，结合玉溪市实际，对照实施意见中6大部分29项要求60条具体措施重点推进。夯实安全监管执法基础。市政府将市应急管理部门纳入执法机构进行管理，人员经费按照政法B类给予保障。市应急局、市委组织部、市委编办等6部门联合印发《关于强化基层安全生产执法能力建设的实施意见》，进一步充实各级安全生产监管执法人员，9个县（市、区）应急局安全生产执法力量均不少于15人，全市74个乡镇（街道）均配备1名以上专职安全监管人员，全市所有工业园区均明确了负责安全生产监管工作的机构和人员。深化应急管理综合行政执法改革。认真学习贯彻《关于深化应急管理综合行政执法改革的意见》，市委王力书记对加强综合执法队伍建设作批示，由常务副市长担任应急管理综合行政执法改革协调组组长，牵头组织市直有关部门召开座谈会，有序推进执法改革工作，进一步强化安全监管执法力量。全面提升城市安全水平。市委、市政府印发了《关于贯彻落实云办发相关文件精神的通知》，细化责任分工，部署重点工作任务，以红塔区、江川区、澄江市为重点，开展试点城市安全现状调查与风险分析；编制《玉溪市创建国家安全发展示范城市咨询服务方案》，持续加强城市规划、设计、建设、运行等各个环节的安全管理，优化配置城市管理资源；以建设玉溪市应急指挥平台为重点，充分运用科技和信息化手段，加快推进安全风险管控、隐患排查治理体系建设，不断推动城市安全发展。

2020年6月19日，市应急管理局会同消防救援支队及红塔区政府在中国石油云南玉溪油库开展油库储罐冒顶着火应急救援演练　（何远航　摄）

2020年9月4日，市公安局红塔分局、红塔区应急管理局联合组织对收缴的烟花爆竹进行销毁　（何远航　摄）

【安全工程三年行动圆满收官】 2020年，市委、市政府高度重视、科学统筹安全工程三年行动总体工作，盯紧盯牢目标任务，倒逼工作时限，强化措施、综合施策，全力推动安全工程三年行动计划圆满收官。全面开展评估，梳理道路交通（水上交通）、建筑施工、煤矿、非煤矿山、危险化学品、烟花爆竹等重点行业领域任务落实情况，对25项治理工程、5个行业监管平台和4类专项行动进行全面评估，形成专题评估报告，对发现的短板、问题及时查缺补漏、逐一完善，扎实推动各项任务落实到位。交通运输："三个道路运输安全闭环业务系统"100%覆盖"两客一危"运输企业，295辆不具备限速功能的客运车退出运输市场，投入资金1.98亿元，完成公路安全生命防护工程2 918千米，实施危桥改造治理工程，改造加固31座；煤矿：整体关闭退出煤矿5座，已全面完成现场关闭任务；非煤矿山：注销采矿许可证119座，注销安全生产许可证105座，完成1座"头顶库"综合治理；危险化学品：完成2户涉城镇人口密集区危险化学品生产企业搬迁改造工程，9户（套）危险化学品生产（储存）企业已全部完成关闭，3户涉及乙炔气体生产的企业完成自动化控制，6户重大危险源企业完成在线风险监测系统建设；烟花爆竹：3户烟花爆竹生产企业从业人员减少265人，同比降低59.28%，烟花爆竹加盟或连锁经营店220户，连锁经营率达到64.33%。

【风险隐患排查整治】 2020年，市应急局始终把防范和化解重大安全风险放在首位。加强安全生产形势分析研判和预警。把握全市安全生产工作规律特点，加强事故形势分析研判，针对不同时期安全防范重点工作，提前预警，落实各项安全防控措施，先后召开7次全市安全生产电视电话会和安委会会议，通报全市安全生产形势，部署重点任务，形成事故防范合力。狠抓重点时段和重点领域风险隐患排查。紧盯元旦、春节、汛期、国庆等重点时段和节点，开展"查灾害、除隐患"专项行动，形成《防范化解汛期重大安全风险分析报告》；对重点领域开展风险隐患排查，集中开展硝酸铵、小化工重大安全风险隐患排查治理，对全市24户危险化学品重大危险源企业开展集中检查，排查问题隐患128项，已全部整改到位；对全市32座非煤矿山尾矿库进行全面检查，发现隐患和问题107项，如期整改到位，全市5座三等以上尾矿库已建成在线监测系统，12座尾矿库完成风险评估和应急预案编制；开展工贸行业安全生产综合治理，排查整治528条隐患和问题，对45户重点工贸企业开展安全生产三级动态巡查和四级预警工作，其中市级开展27户，超额完成计划巡查15户指标。深入开展风险隐患大排查大整治。深刻汲取华宁县顺昌工贸有限公司"11·19"较大事故教训，深入开展全市2020年岁末年初安全生产风险隐患大排查大整治，按照“全覆盖、零容忍、严执法、重实效”的原则，突出道路交通、非煤矿山、危险化学品和烟花爆竹、冶金工贸等重点行业领域，抓住关键、强化执法，及时排查消除各类隐患；市政府组织3个市直部门主要领导带队，抽调20余名行业业务骨干开展综合督导检查，由常务副市长亲自跟踪督办、听取督导情况汇报并安排部署下步重点工作，抓紧压实风险防控责任措施，严防各类事故发生。持续深化安全生产大检查长效机制。采取网络巡查、现场抽查、暗访暗查等方式，强化安全监管和隐患排查治理，全市企业自检自查、部门专项检查、政府综合督查、专家检查等各项指标综合排名始终位居全省前列。

【安全生产专项整治三年行动】 2020年6月，玉溪市制定出台了《玉溪市安全生产专项整治三年行动计划》，采取“1+2+10”模式，对2个专题、10个行业领域进行重点推进。高位推动整治工作。市委理论学习中心组第五十二次暨2020年第十一次集中学习，重点学习习近平总书记、李克强总理关于安全生产重要论述和指示批示精神以及安全生产专项整治三年行动等安全生产方面重点内容，市委书记和市长多次在会议上对整治工作提出要求；成立了由市长任组长、各位副市长任副组长、各责任单位主要领导为成员的领导小组，组建成立专项工作机构，建立工作提醒、专报通报等9项工作制度，确保专项整治工作有序推进。提升企业本质安全水平。督促企业落实主体责任，指导企业开展安全生产标准化规范化建设工作，危险化学品、工贸、非煤矿山等行业444户企业安全生产标准化创建达标等级，推进企业构筑安全风险辨识管控和隐患排查治理两道“防火墙”，全市已有110户企业开展双重预防机制建设，依法进行风险辨识和评估。加大执法检查力度。建立隐患问题和制度措施“两个清单”，推动整治工作清单化、责任化；对事故易发多发领域和高风险单位进行全覆盖摸排，彻底摸清企业底数和生产经营建设情况，严格安全生产“四个一律”“五个一批”，共开展安全督查检查5 586次，督查企业和单位7 303家，排查一般事故隐患20 224项，已完成整改18 696项；市、县政府实施重大隐患挂牌督办22项，打击非法行为1 612项，整治违法行为2 425项，实施行政处罚2 434起，关闭取缔13户，停产整顿4户，罚款593.1万元，联合惩戒2户，警示约谈797户，下达督办通知243份，实施约谈117次，通报14次，有力推进专项整治工作落到实处。

2020年5月11日，市应急管理局聘请专家排查矿山安全

（市应急管理局 提供）

【安全生产督促指导】 2020年，市安委办充分发挥指导协调、监督检查、巡查考核作用，督促各县区、各部门、各单位严格落实安全生产责任制。抓好隐患督促整改，坚持每季度开展安全生产综合督查，并对督查发现的221项隐患逐一进行跟踪督办；做好国务院安委会考核巡查反馈意见问题整改工作，针对13个方面、17项问题逐一制定整改措施，严格按照时序进度抓好整改任务落实；对省安委办开展的在建高速公路铁路明察暗访、综合督查、危险化学品安全生产集中整治等督导检查反馈211项问题隐患全部整改到位。严格开展安全生产责任制考核，发挥好考核“指挥棒”作用，强化考核结果运用。制定出台《玉溪市安全生产约谈实施办法（试行）》《玉溪市道路交通事故联合约谈制度（试行）》，针对部分县区、部分行业领域事故多发、易发的实际，市安委办向5个县区、2个行业部门发出安全生产工作提醒通知书，对5个县区政府分管领导、2个行业部门主要负责人进行约谈。

【非煤矿山转型升级目标任务全面完成】 截至2020年11月，全市非煤矿山数量减少到省级同意的156座控制数以内，253座矿山已全部完成转型升级。大中型矿山数占比从原来7.51%增到现在的15.4%，所有砂石料矿山年生产规模均达到了10万吨以上，非煤矿山“小、散、弱”状况明显改善，安全生产基础条件得到大幅改善，安全管理水平显著提升。

【安全生产法制建设】 2020年，市应急管理局持续加强安全生产法制建设，扎实推进依法治安，按照“双随机、一公开”要求，督促各重点行业主管部门科学合理制定年度监督检查计划，增强安全生产重点领域行政执法工作，不断提高执法效能。开展庭审旁听以案释法，提高着力提高安全监管执法人员执法办案取证工作水平，夯实基层执法基础。严格落实惩戒制度，对澄川高速“7·11”高处坠落较大事故责任单位实施严厉的行政处罚，对相关责任单位按规定实施安全生产失信行为联合惩戒和“黑名单”管理，严格执行行政执法与刑事司法衔接制度，对3名事故责任人进行刑事立案侦查。持续推进“放管服”工作，完成“互联网+监管”事项的梳理录入，分别在政务服务中心窗口、局办区域设置便民服务宣传栏，制作并印制行政审批办事指南简版9 500份，供群众自助取阅或交由相关培训机构进行发放宣传。共颁发、办理安全生产许可证、延期换证、变更和注销安全生产许可证27件，对安全生产许可证发证情况进行公告；共核发特种作业操作证2 432件。

【安全生产宣传教育】 2020年，全市各级各部门认真学习宣传贯彻习近平总书记关于安全生产重要论述，全市共有219家单位党委(党组)理论学习中心组、10家党校将习近平总书记关于安全生产重要论述纳入学习主要内容，13家媒体开设了专栏专题，共举办专题讲座932场，开展网络课堂培训7 150场。以“消除事故隐患，筑牢安全防线”为主题，深入开展“安全生产月”和“安全生产玉溪行”活动，发放各类安全宣传海报11万余份，企业开展启动活动450场，举办专题讲座932场，开展网络课堂培训7 150场，举办安全发展论坛、讲坛、研讨会450场，参与安全知识竞赛8 900人次，开展安全生产警示教育8 560余场次。继续深入开展“安康杯”竞赛、青年安全生产示范岗、安全宣传“五进”等具有行业领域特色的群众性安全生产共建共享活动，在全社会积极营造安全氛围。深持续开展“三项岗位人员”培训，全市开展安全生产培训76期，培训3 884人。（市应急管理局供稿）

商业贸易

TRADE

责任编校：李海明

国内贸易

【概况】 2020年，全市商务系统扎实做好"六稳"工作，全面落实"六保"任务，凝心聚力、攻坚克难，统筹抓好新冠肺炎疫情防控和经济社会发展各项工作，全市商务经济运行回稳向好，好于预期，为全市经济社会平稳健康发展作出积极贡献。全年实现社会消费品零售总额790.3亿元，同比下降2.9%，降幅分别小于全省(-3.6%)、全国(-3.9%)0.7和1个百分点，全省排名第5位。批发业销售额838.3亿元，增长2.0%，低于全省(10.5%)8.5个百分点，全省排名第8位；零售业销售额623.3亿元，增长5%，高于全省(-0.2%)4.8个百分点，全省排名第3位；租赁与商务服务业下降7%，装卸搬运和仓储业增长55%，居民服务、修理和其他服务业增长35%。

【消费市场】 2020年，市商务局组织开展"消费促进月""玉溪+伴你畅享"等促消费活动，推进玉溪靖叶商城、百信超市等一批大型实体零售企业开展线上业务，打造青花街、戛洒镇花街等14个夜间经济街区，引导促成万达广场、新天地等核心商圈项目签约一批国际国内知名品牌。启动家政服务业信用体系建设，组织家政企业、家政服务员建立信用记录，向家政服务员、消费者推广使用"家政信用查"手机APP进行服务消费；持续开展家政服务行业培训，打造一批"玉溪厨娘""玉溪月嫂""玉溪保洁""玉溪陪护"等有影响力的家政服务品牌。发展陶文化直播、鲜花直播、柑橘直播等直播带货、网红带货电商新模式，线上下单、线下配送的新零售模式迅速兴起，消费市场较快恢复。玉溪市企业"通海县豆沫糖糕点厂"成功申报云南老字号。制定出台《玉溪市促进夜间经济发展的实施意见》。全年新增限额以上企业53户。

【数字商务】 2020年，玉溪京东云"互联网+"新经济项目实施成效显著，"玉溪柑橘"区域公共品牌整合做强做大，普洱茶区块链溯源平台建成试运行，录入饼茶信息50 000余饼，京东智联云玉溪直播服务中心建成投运，举办多场县区特色产业直播活动，"陶冶千秋　京心传承"华宁陶文化市长直播活动在线参与人数突破183万，华宁陶品牌客户关注度提高10倍。"玉溪鲜花产业带"发布运营，落地1个鲜花产地仓，引进一批花卉线上企业落户玉溪入驻京东平台开店，73户本地龙头入驻京东电商平台。县乡村电子商务公共服务体系发展得到全面加强，华宁县、易门县成功申报全国电子商务进农村综合示范县并启动建设。区块链产业金融服务平台建成投运，注册企业3 891户、金融机构65户，完成487项融资对接，累计授信58.8亿元。

【物流产业】 2020年，市商务局积极组织申报中央预算内资金和专项债券项目，获得地方专项债券资金2亿元。新开工建设物流项目32个，完成固定资产投资7.53亿元。滇中智慧农业产业园、杨广农产品冷链物流园项目一期等一批重点物流项目建成投运，滇中粮食物流产业园、中国东南亚食品商贸物流港等项目有序推进，缘多物流、通力物流等传统物流企业实施供应链数字化管理加速智慧化转型。商贸流通与消费无缝连接的物流服务体系服务能力明显提升，各县（市、区）"统仓共配"、快递综合站点、"快递进村"工程等跨领域、跨行业的物流业态向精细化、标准化发展。新增3A国家级物流企业1户，升级达标4A级物流企业1户，物流产业市场主体不断壮大，交通运输、邮政及仓储业增加值增长10%。

【成品油供应】 截至2020年末，全市持有《成品油零售经营批准证书》的加油站（点）221座，批准新建加油站11座，建成验收8个；按照打赢“蓝天保卫战”工作部署，完成了加油站环保升级改造116座、加油站旅游厕所改造8个；玉溪中石油、中石化两大石油公司累计购进汽柴油822 109吨，同比增长6.5%，累计销售汽柴油786 885吨，同比增长2%，其中：汽油销售256 189吨，柴油销售530 696吨。从两大石油分公司看，中石化玉溪石油分公司的汽柴油累计销售量与上年相比降1%，中石油玉溪销售分公司销量与上年相比增7%。

【市场体系建设】 2020年，市商务局围绕“一县一业”，依托区域产业、产品优势，统筹推进发展县、乡、村三级市场体系建设，形成了各具县域特色的市场发展格局（红塔区以日用消费品等大宗商品交易为主，通海县以蔬菜交易为主，澄江市蓝莓交易为主，新平县以畜禽、高原特色农产品交易为主，江川区以高原水产品交易为主，华宁县以柑橘交易为主，易门县以食用菌交易为主，元江县以热带水果交易为主）。积极推进乡镇集贸市场和村级农产品交易市场的建设，搭建商品双向流通平台，年内全市新建改造农贸市场7个，分别是澄江市凤麓农贸市场、澄江市翠竹湾农贸市场、通海县里山乡农产品交易市场、易门县六街白邑村农贸市场、新平县黄坡头集贸市场、新平县新化乡白达莫村蔬菜交易市场、新平县新化乡阿宝村蔬菜交易市场。全市共建成农贸市场（农产品交易市场）186个，经营面积152万平方米，其中城区农贸市场31个、乡镇集贸市场61个、村级市场94个。 （市商务局供稿）

对外贸易

【概况】 2020年，市商务局强化分析研判和帮扶指导，支持企业危中寻机，稳中求进，全市对外贸易逆势增长。年内，全市实现进出口总额36.35亿美元，增长18.1%，其中，出口34.65亿美元，增长15.0%；进口1.7亿美元，增长160.8%。折合人民币，全市实现进出口总额251.2亿元，增长17.5%，其中，出口239.29亿元，增长14.3%；进口11.91亿元，增长162.9%。进出口总额、出口总额分别居全省第四位、第三位，进口增幅居全省第二位。在贵研资源（易门）有限公司进出口业务的带动下，全市进口首次突破1亿美元，达1.7亿美元，进口占全市进出口总额比重提升至4.7%；对欧洲出口首次过亿美元，达1.85亿美元，增长14倍。9月单月进出口4.73亿美元、出口4.22亿美元、进口0.51亿美元创历史新高。

【外贸经营主体】 2020年，全市新开展进出口业务企业38户，有实绩企业达227户，八成以上企业实现正增长，进出口额上千万美元企业94户，其中进出口额上亿美元企业3户。全省第一批外向型农业发展百强企业玉溪上榜73户，外贸发展综合贡献百强企业玉溪上榜47户，上榜数量居全省首位。

【出口商品结构】 2020年，全市158户企业向49个国家和地区出口农产品31.5亿美元，增长18.5%，占全省农产品出口总额的60.4%。工业品出口3.15亿美元，其中贵金属出口1.72亿美元。

【外资外经】 2020年，全市新设立外资企业8户，投资总额2 196.53万美元，合同外资771.23万美元；新备案境外投资企业3户，中方协议投资额3 212.36万美元，涵盖批发、零售、农业等领域。截至2020年底，全市经商务部及省商务厅核准备案的境外投资项目39个，境外投资备案项目涵盖11个国家和地区，其中“一带一路”沿线国家对外投资项目35个，占全市对外投资项目总数的89.7%。

【展会成果】 2020年，第三届进博会玉溪分团成功报名注册成员共计259人，其中行政团成员102人，采购团成员157人，涵盖83户企业、3户公益性医疗机构。展会期间，场外签约项目9个，场内成交项目7个，签约总额人民币18.5亿元。2020年

2020年11月26日，玉溪海关举行过渡性办公场所南祥路办公区挂牌开关仪式
（市商务局 提供）

南博会在线展玉溪共有329户参展商、专业买家注册报名云上南博会，406件玉溪产品实现网上展示，在线成交外贸出口意向订单金额达83亿元。

【玉溪海关建设】 2020年，玉溪海关建设项目于年初完成审批立项并开工。截至12月25日，完成投资约7 600万元，主体工程完成约75%。11月26日，经海关总署批复同意，玉溪海关过渡性办公场所南祥路办公区挂牌开关，开展部分海关业务。

【商务代表处管理】 2020年，市商务局增设玉溪市驻缅甸（仰光）、玉溪市驻马来西亚（吉隆坡）2个境外商务代表处，由缅甸寿山红塔肥料有限公司作为玉溪市驻缅甸仰光商务代表处、通茂（马来西亚）贸易有限公司作为玉溪市驻马来西亚吉隆坡商务代表处的依托企业。调整象腾蔬菜公司为玉溪市驻泰国曼谷商务代表处的依托企业。（市商务局供稿）

招商引资

【概况】 2020年，全市投资促进系统不断强化"一把手"亲自招、聚焦重点产业精准招、创新招商方式线上招、兑现优惠政策诚信招、提升营商环境全员招，以"大招商"的良好成效有力推动全市经济社会高质量发展。年内，全市引进市外国内资金同比增长13.2%，利用外资273万美元，新设外资企业8户，新签约项目258个，顺利建成玉溪市招商引资大数据服务中心，京东、万科、绿地、正大、华氏医药、小马国炬等重大招商引资项目落地推进取得新进展。

【资金引进】 2020年，全市引进市外国内资金同比增长13.2%。各县（市、区）引进资金分别为：红塔区引进市外国内资金同比增长8%，江川区引进市外国内资金同比增长15%，澄江市引进市外国内资金同比增长6%，通海县引进市外国内资金同比增长12%，华宁县引进市外国内资金同比增长27%，易门县引进市外国内资金同比增长33%，峨山县引进市外国内资金同比增长12%，新平县引进市外国内资金同比增长14%，元江县引进市外国内资金同比增长24%，高新区引进市外国内资金同比增长11%。全市一、二、三产业分别引进市外国内资金63.3亿元、250.5亿元、446.8亿元，较去年同期分别增长60%、-11%、21%，二产降幅较上年有所回升，一产和三产均保持平稳增长态势。一产占全市引资比重较2019年提高2.6个百分点，拉动到位资金总额增长3.4%；二产占全市引资比重较2019年下降8个百分点，拉动到位资金总额负增长4.7%。其中，工业项目引进市外国内资金占全市引资比重的30.6%，较2019年同比下降9.3个百分点，拉动到位资金总额负增长6.2%；三产占全市引资比重较2019年提高5.4个百分点，拉动到位资金总额增长11.3%。

【重点产业】 2020年，全市引进"三张牌"总体保持平稳增长态势，项目数及到位资金分别占全市引进项目及到位资金的46%和55%，较上年同期分别增长149%和56%。其中，"绿色能源""绿色食品""健康生活目的地"引进市外国内资金分别占全市引进市外国内资金的3%、9%和44%。"绿色能源"较上年同期负增长16%，"绿色食品""健康生活目的地"保持平稳增长，增速分别为52%和74%。"绿色食品"项目主要以蔬菜水果种植、中药材及农产品种植加工、生猪养殖业等为主，"健康生活目的地"集中在旅游房地产开发、医药制造业、医用设备制造业等。年内，重点产业项目引资小幅下滑，项目个数及引进市外国内资金分别占全市招商引资项目数及到位资金的76%和66%，较上年同期分别增长104%和下降0.5%。新兴产业及传统产业引进资金分别占七大产业引进资金的54%和46%，较上年同期分别增长7%和下降8%。其中，新兴产业引资保持增长，旅游文化、生物医药及大健康产业对新兴产业支撑较为明显，两大产业对全市引进市外到位资金拉动率为18.7%。

【区域合作】 2020年，全国重点区域入玉投资领域涉及医药、电力、地产、农业、商贸、基础设施、新能源、信息、装备制造等行业，投资来源地主要是北京、上海、河北、江苏、四川、福建、浙江、重庆、广东等地。泛珠三角、长三角、环渤海、京津冀引进市外国内资金分别占全市引进市外国内资金的42%、29%、10%、9%，较上年同比增长-0.2%、39%、-27%、-32%。从东中西部地域看，引进市外国内资金占全市比重分别为62%、8%、30%。东部地区恢复正增长，中、西部继续保持正增长，且西部地区入玉投资增速较快，三个区域较去年同期分别增长2%、16%、25%。泛珠三角地区、东部地区仍是到玉投资重点区域，占比较高。

【优化营商环境】 2020年，市投资促进局向社会公开"玉溪市市外来玉国内投资企业投诉受理工作流程"，从全市各部门选出52名专业人才，组成"项目咨询评估专家库"，为全市招商引资工作提供建议和项目评估。下发项目落地推进清单，坚持每月通报各县（市、区）、高新区、各部门党政"一把手"抓招商情况、项目签约与资金到位情况、政策兑现落实等情况，定期清理已批准但长期未开工建设的招商项目。对省、市级重点招商引资项目，实行重点调度、重点跟踪、重点服务、重点督查，市县（市、区）协同联动、解决企业实际问题，努力提高项目合同履约率、如期开工率、资金到位率、投产达产率。年内，全市重点推进招商引资项目81个，其中，在谈12个、筹建32个、在建30个、完工1个、终止退出6个；全市签约项目219个，25个为框架协议、194个为投资协议。其中，已开工项目71个、未开工项目93个、完工49个、退出6个。

【精准对接】 2020年，全市共组织外出招商223次，市级组织63次，其中，市领导带队36次，市党政一把手带队7次。先后拜访考察了均和集团、华人文化、壁仞科技、正大集团、览海集团、国科控股、京东集团、伟光汇通、乐华城、工惠驿家、海升果业等知名企业。接待来玉溪考察洽谈企业904场（次），市级组织洽谈335场（次），市党政“一把手”省内会见客商133次，会见了蓝城万信、华人文化、融创集团、复星集团、长城集团、华氏医药等重点企业及科研机构，就新能源、生物医药及大健康、文化旅游、数字经济等产业合作项目交流洽谈。

【创新举措】 2020年，市投资促进局创新推出“八度玉溪”、《抚仙玉溪》人文宣传片和《玉溪印象》精简版，在2019年策划包装180个项目的基础上，征集项目177个。调整充实14名工作人员到北京、上海、深圳、重庆驻点招商，加大“优惠政策”和“百千万人才计划”的宣传力度，与组织人事部门共同做好“迎老乡、回故乡、建家乡”活动；顺利建成玉溪招商引资信息服务平台，构建起“一部手机招商通”“一部手机投玉溪”的招商引资新模式。积极开展网络招商、网络推介和网络签约招商新模式，举办了“相约春天”2020年聚云端、谋发展投资合作线上推介会。通过“云招商”模式，与华为、华谊兄弟等知名企业进行了项目洽谈。年内，全市集中组织网上签约5次、签约项目11个，成功借助网络把招商引资从线下搬上了“云端”。

【引进外资】 2020年，市投资促进局改革利用外资绩效考核方式，充实市利用外资工作领导小组和市利用外资工作专班，举办外资工作专题培训、驻玉商会2020年稳投资保增长招商恳谈会，加强向省级部门的请示汇报，整合《财富》全球可持续论坛等大型推介活动厚植的资源，加强与云南驻香港商务代表处、加拿大云南商会、一带一路国际智库代表处等机构的合作，充分利用艾瓦特境外网站的优势，在脸书等境外社交媒体上推送项目14次。及时印发《玉溪市2020年稳外资工作方案》，出台“外资项目负面清单”，坚持用好“一事一议”“一企一策”，持续深化“放管服”改革，助力全市利用外资工作又好又快发展。

（李　强）

贸易促进

【参展“线上”展会】 2020年，市贸促会积极创新对外贸易模式，服务外贸企业参与线上对接平台。针对疫情导致的通关、流动受限等问题，5月26—27日，组织通海高原农产品有限公司、通海添达农产品进出口有限公司、云南星源农业开发有限公司3户企业参加省贸促会与越南贸促局合作举办的“2020年越南—中国（云南）农业&食品企业线对接会”活动，以及“云南省贸促会国际商事信用服务工作会议”（线上），通过线上推介和一对一洽谈，帮助企业积极应对疫情影响，寻求经贸合作伙伴。8月28日，市贸促会积极组织云南转畅砂轮科技有限公司参加2020年中国（云南）—缅甸农副食品五金家电企业线上对接会暨缅甸有机天然产品国际博览会，积极为企业开拓市场。12月2—5日，市贸促会组织通海元润进出口有限公司参加“2020年泰国—中国（云南）特色商品线上对接会”和“2020年老挝—中国（云南）企业线上对接会”，为玉溪企业提供双边交流平台，促进双边贸易持续发展。

【打造滇中农产品出口基地】 2020年，市贸促会持续优化调研和研判分析，培育具有区域特色和技术含量的出口型企业，推进具有外贸比较优势的农产品深加工发展。鼓励和支持全市农业龙头企业积极走出去，带动对外投资和服务贸易发展，着力把玉溪打造成云南省滇中农产品出口基地。10月13—14日，市贸促会联合市供销合作社联合社举办全市食用菌产业培育和进出口贸易营销能力提升培训班，全市从事食

2020年10月13日，市贸促会举办食用菌产业培育和进出口贸易营销能力提升培训班 （市贸促会　提供）

2020年9月28日，玉溪市国际商会第四届会员大会召开（市贸促会 提供）

用菌产业及开展进出口贸易的营销企业，供销合作社社有企业负责人，农民专业合作社的经营管理者及其相关企事业经营管理者，共101人参加培训。培训邀请滇中海关副关长陈云勇、云南省农科院块菌研究所教授苏开美、云南省食用菌研究协会秘书长部丽梅、云南省食用菌研究所菌种与资源研究中心副主任刘绍雄分别就《国际贸易政策及进出口贸易经营管理》《块菌的栽培及野生菌可持续发展》《食用菌产业发展的趋势及方向》及《羊肚菌、大球盖菇等菌种栽培知识》等方面进行授课。通过培训，进一步加快全市食用菌产业发展，激发玉溪市内外贸企业的转型发展。

【开展外经贸实务培训班】 2020年10月27日，市贸促会与省贸促会共同举办"企业国际化发展和对外投资贸易机会介绍"专题培训讲座，以提升玉溪企业国际化经营能力。来自玉溪各县（市、区）商务局，工业商贸和科技信息局，高新区产业发展和科技创新局、外经贸企业人员共计150余人参加了培训。云南能投集团代表管理处管理部部长贺钰翔、云南省驻新加坡商务代表处副主任尹瑜、通海县国际商会执行会长通海高原农产品公司总经理杨卫、云南孙文东律师事务所主任孙文东为参训人员讲解了国际国内贸易投资发展形势、国外贸易合作机会、玉溪外经贸经济发展优劣势、对外经济贸易的法律风险防控等知识，为参与聆听的企业人士更好地融入全球国际经贸一体化有了更加深刻的认知和理解，为下一步玉溪做好对外进出口经济贸易提供可视化经典案例和经验分享。

【完成玉溪市国际商会换届选举】 2020年9月28日，玉溪市国际商会第四届会员大会在通力物流园召开，大会选举产生商会第四届理事会理事41人，第四届第一次理事会选举产生会长1人，执行会长2人，常务副会长2人，副会长23人，秘书长1人。其中，会长由市贸促会会长自福庄兼任，其余职务均由各企业代表担任，商会执行会长、法人代表为玉溪通力红供应链管理有限公司总经理张腾，另一位执行会长是玉溪钟艺商贸有限公司总经理钟灿艺。市委常委、副市长梁栋到会指导工作并讲话。

【着力改善营商环境】 2020年，市贸促会积极宣传《外商投资法》及配套法规政策，指导和帮助企业用好政策，营造良好的投资氛围。5月21—22日，省贸促会副会长包文滔深入高新区、通海等地的6户企业走访座谈，调研营商环境，推进营商环境监测体系布网工作，宣传推广云南自贸区建设和中国贸促会"投资中国"平台，进一步推动对外开放。6月6日，市贸促会领导赴文山参加2020年中国双绿66人圆桌会，围绕"两山理念与双绿产融合作·文山三七产业高质量发展"主题交流学习，汲取先进经验。

【贸促服务工作】 2020年，市贸促会在做好疫情防控前提下，主动联系服务外经贸企业，通过接待来访、走访等多种渠道，开展调研分析、研判预警，认真落实已出台的促进外贸稳增长措施，帮助企业做好复工复产，动员企业参与线上专题培训讲座，及时做好防范、应对和化解工作，努力做好稳外贸、稳外资工作。努力改善外贸结构，提升外贸进出口质量。市贸促会服务外贸企业加大进口力度和工业品出口力度，引导企业开发高附加值产品，提高产品的质量和档次，增强出口后劲。围绕"一带一路"倡议，帮助企业开拓东亚、中东、欧美、南亚等市场，着力改善玉溪外贸出口高度集中于东南亚的出口市场单一局面，推动外贸进出口优化发展。加大投资促进，积极协调服务招商引资工作。市贸促会加强与各县区的合作，牵线搭桥，服务协调招商引资项目引进、落地工作，联络云南巨力集团到澄江市，促成澄江市政府与云南巨力集团成功签约《云南浙商产业园项目投资合作协议》。

（市贸促会供稿）

粮食行业

【疫情防控粮食保供稳市全面落实】 2020年，市粮食储备局加大对粮食市场的监督检查和监测预警力度，主要领导带队到各县市区开展专项检查；持续开展粮食市场监测、重点粮油品种价格监测、政策性粮食出入库等情况统计和质量抽检，强化监测预警和风险防控。发挥国有粮食企业主渠道作用，及时复工复产，采取以低于市场价进行成品大米投放等方式，有效确保粮油市场供应稳定。做好粮源联系调度，及时从市外、省外购进粮食，补足全市粮食储备供应。组织国有粮食企业开展应急加工演练，为及时启动粮食应急加工保障市场供应提供保障。加大对粮食供应保障情况的宣传，消除群众恐慌。加大服务力度，为12户粮食应急保障重点企业争取专项贷款2.3亿元。

【粮食储备管理和应急保供能力不断提高】 2020年，全市粮食储备任务7 500万千克（成品粮420万千克）落实到位，完成储备粮轮换任务。全面贯彻落实改革完善体制机制加强粮食储备安全管理相关政策，制定全市具体工作任务并细化了5项重点任务分工方案。加强储备管理，制定《玉溪市粮食和物资储备局关于认真贯彻落实国家、省部署要求切实增强全市粮食安全和重要应急物资储备安全保障能力的实施方案》。加快粮食应急供应体系建设，争取到市级财政补助粮食应急供应体系建设及运营维护资金325万元，建成全市粮食应急供应点106个、认定市级粮食油脂应急加工企业12户。组织完成2020年全市粮食流通统计培训，认真抓好粮食流通统计和监测预警工作。充分利用粮库信息化管理平台组织开展粮食库存情况远程巡查工作，提升储粮管理水平。认真组织开展安全生产专项检查、安全储粮工作层级检查、“查灾害除隐患”专项行动等工作，全市粮食行业安全生产能力不断提升。

【粮食购销存实现“三增长”】 2020年，市粮食储备局深入开展粮食产销合作，切实解决全市粮食供需缺口问题。认真抓好政策性粮食供应，圆满完成军粮供应保障任务，粮食购销库存实现“三增长”。全市纳入统计的粮食企业购进粮食（原粮）80 141.5万千克，同比增33.53%，其中，省外购进粮食49 202.5万千克；省内市外购进粮食30 172万千克；市内购进粮食767万千克。国有粮食企业购进47 253.1万千克，同比增28.65%。全市销售粮食（贸易粮）66 174.3万千克，同比增32.67%，其中：国有粮食企业销售33 142.7万千克，同比增15.55%。12月末全市商品粮库存（原粮）11 221.9万千克，同比增200.92%；其中国有粮食企业库存8 675万千克，同比增303.16%。全市纳入统计的粮食企业购进油脂18 241.8万千克，同比减17.49%。销售油脂18 327.1万千克，同比减13.42%。油脂库存4 362.2万千克，同比增35.29%。

【粮食产业发展劲头增强】 2020年，滇中（玉溪）粮食物流产业园一期基础设施项目争取到中央资金和政府专项债资金12 570万元，建成质检楼及业务用房、5万吨筒仓，园区影响力不断提升。10个中心库粮库智能化升级改造项目全面投入使用，完成投资1 250万元。“优质粮食工程”全部实施，云南玉溪国家粮食储备库、云南滇雪粮油有限公司、云南源天生物集团有限公司3户中国好粮油示范企业项目争取到中央、省补资金5 875万元，项目建设推进顺利；总投资920万元的江川、易门粮食产后服务中心项目建设完成；粮食质量安全检验监测体系建设基本完成。军民融合军粮工程项目获中央补助资金600万元，业务用房已竣工。完成《玉溪市“十四五”粮食和物资储备发展规划》专项规划编制工作。继续做大做强本土粮油企业，滇雪、源天、尊晟、马老表、星益等粮油品牌效应不断提升。云南玉溪国家粮食储备库荣获全国粮食和物资储备系统先进单位；云南滇雪粮油有限公司获评“全国粮油加工50强”“全国菜籽油加工10强”，滇雪一级菜籽油、菜家村上等菜籽油获“中国好粮油”称号；云南源天生物集团有限公司获中国百佳粮油企业，源天木本食用油获评中国十佳粮油优质特色产品荣誉。全市国有粮食企业完成粮油销售收入136 983.9万元、同比增25.14%；实现利润1 304.3万元，国有粮食企业全部实现盈利。全市纳入粮食产业经济统计企业完成粮油工业总产值324 430.9万元、同比增1.37%。

【粮食流通监管取得新成绩】 2020年，市粮食储备局扎实做好政策性粮食库存检查、大清查问题整改“回

2020年10月16日，市发改委成功承办2020年世界粮食日和全国粮食安全宣传周云南主会场系列活动（市发改委 提供）

头看”等检查工作，督促问题整改落实，促进管粮水平提升。开展粮食收购、节日期间、疫情期间粮油市场检查巡查，政策性粮食出库专项检查等工作，全年累计开展粮食流通执法检查354次。制定下发《玉溪市超标粮食处置实施方案（试行）》《玉溪市粮食和物资储备局关于开展2020年粮食质量安全监测工作的通知》，组织开展政策性粮食定检等质量检测工作，全年共抽检各类粮油样品1 358份，其中市级668份、县级监测点690份。加大爱粮节粮宣传，制定下发《玉溪市关于进一步做好节粮减损提高粮食安全保障能力的通知》，着力推进节粮减损反对粮食浪费。成功承办2020年世界粮食日和全国粮食安全宣传周云南主会场系列活动。玉溪市粮食质量监测中心、市妇女儿童发展中心、通海县螺髻小学、澄江市凤山小学4家单位成功申报省粮食安全宣传教育基地。

【救灾物资储备体系基本建成】 2020年，市级救灾物资仓库建设项目争取到中央补助资金1 148万元，实现当年批复、当年建成投入使用；易门、澄江、新平县级救灾物资储备库已建成，救灾物资专用仓库建设实现从无到有“零突破”。建立物资储备管理机构，“玉溪市救灾物资储备中心”批复成立，完成救灾物资储备库点设置32个，“市—县—乡”应急救灾储备网络初步形成。争取到省级物资10.48万件，全市储备各类救灾物资达23.44万件。制定了《玉溪市市级救灾物资管理办法（试行）》《市级救灾物资调运流程》，与有关企业签订救灾应急物资紧急供应、运输保障、物资搬运等合作协议，拓展全市救灾应急物资紧急采购与快速运输渠道，救灾物资日常管理能力不断加强。圆满完成通海7.8级大地震50周年纪念活动应急演练救灾物资展示任务和省粮食和物资储备局组织的粮食和救灾物资现场演练任务。（姚　梅）

供销合作

【概况】 2020年，全市供销合作社系统全面贯彻落实中央、省委、市委关于深化供销合作社综合改革的重大部署，积极主动服务和融入全市“三农”工作大局，主动融入乡村振兴战略，纵深推进综合改革。全市供销合作社系统实现销售总额147.88亿元；实现农副产品购进69.17亿元；实现汇总利润6 682万元；实现社会贡献总额2.79亿元；实现资产总额42.72亿元；实现电子商务销售额0.52亿元；实现化肥销售56万吨；食用菌农业产值8.6亿元；全年组织各类培训1 790人次。

【综合改革】 2020年，全市供销社系统持续攻坚克难，深化综合改革。建立了社领导联系县级供销合作社推进综合改革和完成年度目标任务专项工作制度；制定《玉溪市供销合作社联合社综合改革专项试点经验复制推广工作方案》，积极推进供销社综合改革专项试点经验复制推广工作；制定《玉溪市供销合作社联合社2020年综合改革重点任务分解实施方案》，层层分解，压实综合改革工作责任；全力推进“三会”制度建设，9月17—18日，选举产生了第一届理事会、监事会，建立完善了治理体制机制；指导红塔区、江川区供销合作社联合社按时召开了社员代表大会。按照省供销社要求，达到市级及各（县、区）建立“三会制度”全覆盖。32个乡镇级供销合作社建立了“三会”制度，覆盖率达59%；制定印发了《玉溪市供销合作社联合社理事会议事规则（试行）》等工作规则，建立完善了工作制度，推进全面从严治社进程。

【服务网络体系建设】 2020年，市供销社切实履行行业主责，大力推进“三张网”建设。大力推进农资流通网络建设，形成了市、县（区）有配送中心、乡镇有农资超市、村有农资店、加盟店的农资一体化经营服务网络，发挥着农资供应主渠道作用。目前全市供销合作社系统共有10家农资经营企业、16个农资配送中心、19个化肥仓库以及645个经营网点，庄稼医院26个，每年承担着全市约4万吨淡季化肥储备的重要任务。2020年实现化肥销售56万吨，农药销售1.3万吨。大力推进日用消费品服务网络建设，在服务城乡人民群众生产生活中发挥着重要作用。全市供销合作社系统共有县（区）级日用消费品配送中心5个，日用消费品连锁经营企业4家，具有配送功能的中心超市74家。2020年实现日用消费品销售总额22.76亿元。大力推进农产品购销网络建设，全力培育发展农产品加工龙头企业、农产品流通市场主体，加快构建双向流通的农产品经营服务网络，全系统共发展双向流通网点628个，年内实现农副产品购进69.17亿元，农副产品销售71.20亿元。

【合作经济组织建设】 2020年，全市供销系统创新发展合作经济组织，突出发展质量，发展方式由重数量转变为重质量，重点培育壮大一批具有示范带动作用的农民专业合作社，培植发展野生食用菌、畜牧业、花卉等高原特色产业。全年共改造薄弱基层供销合作社网点7个，创新发展村级供销合作社10个，创建全国总社标杆基层供销合作社1个，中华全国供销总社示范社2个，新建村级基层供销社5个。

【农业社会化服务】 2020年，全市供销系统积极开展农业社会化服务。依托农资企业、基层社、农民专业合作社开展农业社会化服务，包括提供测土配方、统防统治等业务，全系统共流转土地21 417亩，托管土地28 762亩，开展测土配方施肥18 760亩，统防统治9 912亩，农机作业11 448亩，科学试验示范田3 359亩。其中：市农资公司成立了飞防事业部，投资30余万元引进新型植保无人机5架及测绘无人机1架，发展无人机植保服务、技术培训及销售工作；自开展该业务来，已完成1万余亩烟田、水稻、藕田、园林的飞防作业，签订的意向性订单达2万亩。

【新型职业农民培训】 2020年，市供销合作社发挥市社合干校培训职能，通过联合办班、委托等方式围绕农业生产服务领域，培育现代农业服务企业、基层社、农民专业合作社、农业服务联盟等农业社会化服务主体，建成一支懂农业、爱农村、爱农民的为农服务人才队伍。全年共开展各类培训22期1 790人次，比年初计划超额完成575人次，其中，开展基层社、农民专业合作社、综合服务社及社属企业发展及经营管理能力提升培训2期175人次；举办农资农化服务培训、食用菌产业发展、农村电商网点建设、果蔬种植及经营管理等新型职业农民培训16期1 292人次；同市农广校、市贸促会、民建玉溪市委、市农科院、省农滇中分公司等部门和科研院所开展合作办学、联合办班4期，共323人次，多渠道培育人才，提高培训质量，丰富培训内容。

【消费扶贫】 2020年，市供销合作社认真做好消费扶贫工作。积极推进供销社系统消费扶贫产品数据库建设，涉及45个合作社、6个企业，可供应产品73个；建立向建档立卡贫困户的“购物特惠网点”共50个，在百信超市设置扶贫产品销售专区9个；切实履行消费扶贫责任，会同市扶贫办，于9月21日举办玉溪市消费扶贫月启动仪式暨扶贫产品推介展示活动，推进全市消费扶贫工作，切实拓宽扶贫产品销售渠道，促进消费扶贫工作走在全省前列。年内共实现扶贫产品销售172.36万元，其中，财政预算单位工会采购52单共163.46万元，玉溪供销电商公司线上平台销售8.9万元，涉及贫困户3 652余户。（李　林）

交通·邮政

TRANSPORTATION · POST

责任编校：王　斌

公路运输

【概况】 2020年，全市交通运输系统广大干部职工坚定不移抓重点、抓关键，抗疫复工复产成效斐然，交通项目建设实现新突破，取得明显成效。全市综合交通固定资产投资完成191.4亿元，超额完成目标任务4.4亿元，比上年增长2.57%。多项经济指标完成情况位居全省前列。公路运输总周转量增速为8.9%，名列全省第3；多式联运和运输代理业营业收入增速为5%，名列全省第4；居民服务、修理和其他服务业营业收入增速为39.7%，名列全省第2；邮政业业务总量增速30.6%，名列全省第4。全年向上争取项目资金7.47亿元，超额完成目标任务3.01亿元；申报新增地方政府专项债、特别国债15项249.37亿元，已到位5.66亿元；积极配合市财政局化解债务16亿元，为推动全市经济发展做出了积极贡献。至年底，全市公路里程达17 426.814千米，其中国道874.299千米，省道697.521千米、县道2 652.09千米、乡道11 082.014千米、村道2 004.701千米、专用道116.189千米。全市新改建农村公路255.806千米，完成投资37 999.9万元。

【高速公路建设】 2020年，全市在建高速公路项目共9项。国家高速网项目3项：弥楚高速弥勒至玉溪段、弥楚高速玉溪至楚雄段、墨江至临沧高速玉溪段；地方高速网项目3项：澄江至江川高速、新平大开门至戛洒高速、元江至蔓耗高速玉溪段；新开工建设“互联互通”工程3项：云南省S35永金高速新平（戛洒）至元江（红光）段、澄江至华宁高速、峨山至石屏至红河高速玉溪段。

弥楚高速弥勒至玉溪段起自红河州弥勒市新哨镇刁岗哨，接已建广昆国家高速公路，止于玉溪市红塔区研和街道多依树村，接已建的昆磨国家高速公路和拟建的弥楚高速玉溪至楚雄段；主线里程115.66千米，项目概算总投资230.5亿元。玉溪市境内里程74.6千米，玉溪市境内概算投资161.5亿元。截止到2020年底，项目自开工全线累计完成投资133.7亿元，占项目总投资230.5亿元的58%，玉溪市境内累计完成投资111.2亿元，占玉溪市境内概算投资161.5亿元的68.85%。

弥楚高速玉溪至楚雄段起于玉溪市研和街道多依树村，与昆明至磨憨国家高速公路交叉并顺接在建的弥勒至玉溪高速公路，止于楚雄市大坝村，与杭州至瑞丽国家高速公路交叉并顺接在建的楚雄至大姚高速公路；线路全长190.597千米，概算批复总投资349.87亿元，其中玉溪市境内线路全长约93.65千米，概算投资约177.431亿元。至年底，项目全线自开工累计完成投资233.5亿元，占项目总投资318.98亿元的73.2%。玉溪境内完成144.4亿元，占玉溪段概算投资177.431亿元的81.4%；2020年全线累计完成投资91.3亿元，玉溪段完成投资50.5亿元。

墨江至临沧高速玉溪段位于新平县境内，起讫里程为K39+163-K51+097建设里程11.934千米，占墨临高速公路（中国铁建段）建设里程138.134千米的8.64%；截至年底完成投资16.02亿元，占玉溪市境内总投资16.6亿元（按批复概算的指标估算）的96.51%。

澄江至江川高速公路，路线全长46.177千米，起于昆明东南绕城高速仙湖大桥，止点与江通高速大寨至通海秀水沟段起点相接；项目概算投资66.7亿元，自开工累计完成投资67.15亿元。8月31日通车试运营。

大戛高速公路项目路线起于新

平县大开门接国高G8511昆磨高速，止于戛洒镇，路线主线全长66.65千米，概算投资108.34亿元，其中建筑安装工程费85.84亿元。全线设4处互通式立交、45座大桥、17座隧道，项目桥隧比为70.04%。截止到2020年底，大戛高速累计完成投资金额108.67亿元，完成可研批复总投资99.59亿元的109.12%，完成初设/PPP合同总投资108.34亿元的100.30%。其中，大戛高速公路大开门至新平东段于2019年10月1日通车试运行，新平东至新平西段于2020年1月1日通车试运营。

元江至蔓耗高速公路玉溪段，项目全长39.4千米，起点位于元江县红光农场附近，接国高网G8511元磨高速，止点位于元江与红河县交界处，接拟建项目省高网S35永仁至金水河高速公路红河州境内路段起点；项目于2017年开工建设，截至年底，控制性工程已全部完成，累计完成投资55.2亿元，完成概算投资55.52亿元的99.4%。

云南省S35永金高速新平（戛洒）至元江（红光）段起点位于新平县戛洒北，在达哈枢纽与大戛高速相交，止于元江县水塘村与G8511高速相接。按双向四车道高速公路标准建造，设计速度80千米/小时，主线路基宽度25.5米，总里程65.975千米，概算总投资100.23亿元。其中：新平县境内46.507千米，元江县境内19.468千米。项目采用“股权合作+BOT+施工总承包”建设模式实施，运营期30年。项目选取4个先行动工点：达哈枢纽、腰街隧道、腰街互通、大黑箐隧道，其中达哈枢纽完成土石方挖方30万方，腰街隧道、大黑箐隧道进行进场便道施工。

澄江至华宁高速项目起点位于澄江市九村镇温水河附近，与昆明绕城高速东南段枢纽互通相接；止点位于华宁县城西南侧王马村附近，设复合式枢纽互通与在建弥楚高速相接，按双向四车道高速公路标准建设，设计速度100千米/小时，路基宽度26.0米。项目主线长63.28千米，估算投资128.52亿元。其中澄江市境内主线长23.195千米，华宁县境内主线长40.085千米。项目采用“股权合作+BOT+施工总承包”建设模式实施，运营期30年。项目已确定第一批五个控制性工程的先期开工点：九村1号隧道、老里箐隧道、三家村隧道、松元特大桥、华宁北互通已开工建设。

峨山至石屏至红河高速玉溪段起点位于峨山县东北侧安常村接国高网G8511（昆磨高速玉溪至元江段），止点接峨山与红河交接处。按双向四车道高速公路标准建设，设计速度80千米/小时，路基宽度25.5米。项目全长114.31千米，其中：峨石红高速玉溪境内主线全长18.2千米、红河境内96.1千米。峨石红高速玉溪段项目总投资47.72亿元，总长30.09千米（含11.89千米连接线）。项目采用“股权合作+BOT+施工总承包”建设模式实施，运营期30年。

澄川高速仙湖立交（李培润 摄）

【规划编制与项目储备】 2020年，市交通运输局开展《玉溪市“十四五”综合交通运输发展规划》《玉溪市交通枢纽“十四五”专项发展规划》《玉溪铁路“十四五”规划研究》等9项规划编制。围绕昆玉同城化发展要求，梳理项目，在规划中增加昆玉同城化篇。加大项目储备，将呈贡至通海、华宁至建水岔科等12个项目纳入市级“十四五”规划，并申请纳入省级“十四五”规划。提前完成农村公路数据核查，为“十四五”建立项目库提供数据基础。

【民航机场推进情况】 2020年，市交通运输局积极推进玉溪民用运输机场前期工作，预可研已上报民航局。元江、新平通用机场选址获批，已签署元江通用机场军地协议。澄江、华宁、易门通用机场正在开展选址工作。（赵艳芳）

铁路运输

【玉磨铁路玉溪段建设情况】 2020年4月7日，玉磨铁路全线开始铺架，标志着玉磨铁路玉溪段征地拆迁工作基本完成。截至年底，玉磨铁路玉溪段累计完成永久征地5 651.45亩，已交付用地5 051.36亩；完成临时用地租用并交付5 613.49亩，拆迁面积144 271.6平方米。正线建设方面，累计完成路基土石方7 076万方，特大桥26 725延米，大桥20 029延米，中桥2 975延米，小桥1 974延米，涵洞8 215横延米，隧道394 680成洞米，铺轨247千米。

2020年玉磨铁路玉溪段共完成投资390 572.1万元，同比增长

15.1%，其中正线建设完成投资384 000万元，征地拆迁完成投资6 572.09万元。开工以来全线累计完成投资4 835 000万元，完成总投资5 054 327万元的95.66%；玉溪段累计完成投资1 707 603.34万元，其中正线建设完成投资1 569 907.4万元，征地拆迁完成投资137 695.94万元。向省交通运输厅和滇南铁路公司协调资金3 785.79万元。

完成研和站进站道路项目可行性研究报告，初步设计待批，正在开展征地拆迁前期工作；峨山火车站站前广场及进站道路由峨山县提质扩容指挥部负责组织实施，已完成施工图设计，正进行征地拆迁工作；罗里火车站站前广场概算总投资约2 025万元，正进行施工图设计，罗里火车站连接线工程概算总投资6 627万元，已完成施工图设计，正进行招投标工作；元江火车站站前广场及进站道路已完成可行性研究报告的批复，完成站前广场核心区域施工招标工作，已开展2、3、4号配套道路施工，完成3号路K0至K520段清表、管涵安装及土方回填夯实施工，完成4号路K0+K120至K0+K420段清表工作，完成站前广场核心区域清表及工程桩试桩，正在开展场地平整。（赵艳芳）

交通运输管理

【公路养护管理】2020年是云南省开展“美丽公路”创建示范路的第二年，对照验收办法，全市自检达到美丽公路里程448千米，完成投资6 796.705万元。完成的主要工程项目为：路基修复276.088千米，路面修复185.897千米，补种绿化120.708千米，新增指路指示标志115块，新增或完善里程碑119块，新增和完善百米桩1 092棵，新增公路标线333.757千米，路域环境整治495.062千米。

2020年，下达农村公路危桥改造工程2个，已完工1个；下达农村公路安全生命防护工程221个，已完工78个。开展路域环境综合治理，推进公路沿线广告类设施清理整治专项行动，清理广告类设施3 727块。排查拆除违规设置非交通标志1 707起、公路沿线占道经营及违章建筑717起、治理村镇路段路域环境1 353段，整治率100%。

全市县道（含地管国省道）优良中等路率87.04%，经常性养护率99.96%，绿化率94.9%，乡道优良中等路率79.9%，经常性养护率90.2%，绿化率71.2%，村道优良中等路率72.6%，经常性养护率80.7%，绿化率57.4%。

【路政管理】2020年，全市累计上路巡查7 548趟次，巡查里程200 199千米，办理涉路许可8件，查处路政案件2 889起，封闭非法平交道口4个，排查安全隐患875起，消除安全隐患760起，已向公路管养、修复部门发出治理整改通知正在整改的有115起。自2019年12月，市治超办启动整治公路货车非法改装和泼洒治理统一专项行动以来，对超限超载违法行为打击效果显著。5-7月开展全市公路货运车辆超限超载治理专项行动，深化上年公路货车非法改装和泼洒治理统一专项行动，继续推进公路货运车辆超限超载治理工作，维护道路交通安全和正常运输秩序。2020年，共计发放宣传材料1.4万余份，接受群众及企业主咨询620余人次，出动宣传人员5 000余人次。截至年底，全市共出动执法车辆1.43万辆次，出动执法人员7.49万人次，检查过往货车32.62万辆，查获各类违法车辆1.66万辆，共处罚金616.11万元。其中，非法改装车辆7 286辆，处罚132.27万元，恢复车辆原状2 295辆；查获泼洒漏5 379辆，处罚11.61万元，卸载319.2吨；查获超限超载车辆3 953辆，百吨王114辆，处罚472.24万元，卸载7.98万吨。2019年12月底，省交通运输厅推行交通运输行政执法综合管理信息系统，市路政支队率先完成执法信息系统的人员信息校验、执法设备绑定、模拟案件输入等数据库构建工作，并指导县（市、区）路政大队进行平台信息搭建。执法信息系统的推行，实现电子数据、执法流程、监督检查等一系列信息化管理，提升执法效率。

【道路运输管理】2020年，全市运管机构累计出动稽查人员1万余人次，检查车辆4.36万辆次，受理道路运输各类违法案件1 572件。全市新增道路运输从业资格证2 033人，换补从业资格证918人，从业资格证诚信考核74 305人。

在四十天春运期间，全市投入客车1.85万辆次，完成客运量20.28万人，同比下降66.68%；共储备应急运力321辆：客车152辆，货车169辆，严格按照全市防控工作要求开展道路运输行业疫情防控工作；未发生重特大交通事故。中秋、国庆期间道路运输行业运行平稳，投入客车7 564辆次（其中加班12辆，包车83辆次），完成客运量14.8万人，未发生安全生产事故，未发生突发事件。2020年运输总周转量增速8.9%。全市道路客运实名制售票率达到100%，实名制检票率达到95%，在全省16个州市中排名前三。督促企业充分利用GPS动态监控系统，加强站场监控和车辆动态监控，全市二级以上客运站实现监控视频全覆盖，旅客运输企业通过GPS联网联控系统对“两客一危”车辆重点监管，及时纠正违规行为。全市543辆危险品运输车辆均100%安装视频监控动态终端、安全带和灭火器，实现GPS动态监控全覆盖，监控数据上传的准确率达到98%以上。抓好“两客一危”车辆联网联控工作，对车辆轨迹完整率低于90%的，由系统自动锁定车辆，车辆轨迹完整率低的局面得到改善；危险货物运输电子运单闭环管理系统覆盖率达100%。全市“两客一危”企业车辆未发生较大以上道路运输安全事故，辖区道路运输安全形势平稳。

深化“放管服”工作，推进道路运输重点领域改革。重点推进4项改革：一是推动班线客运转型升级。督促不具备限速功能的客运车辆退出市场，落实销号制度，全市282辆客车完成安装或退出客运市场。实行客运班线车辆自主选择起讫客运站和试点设置中途停靠客运站，确保客运转型升级工作平稳顺利开展。二是推动道路货运结构优化。依托物流基地，推进多式联运和甩挂运输建设，支持物流货场转型升级为城市配送中心，建设城市绿色体系。积极指导协调云南宏程物流集团有限公司在建现代物流配送及综合加工项目。三是提升公共交通发展质量。指导各县（市、区）运管局推进毗邻县城乡公交对接换乘，乡镇之间客运班线公交化改造，鼓励和规范发展定制公交、网约车新业态。四是提高网上便民服务水平。市运管局优化办事程序，进驻政务服务中心，持续完善互联网道路运输便民政务服务系统，提升用户体验，在各类业务平台开展线上线下办理各项业务，提高服务质量及水平。

组织全市运管系统进行质量信誉考核，对11户客运企业、214户货运企业、1 623户机动车维修企业质量信誉考核结果进行公示，引导道路运输行业诚信经营、安全生产、提高服务质量。

开展驾培行业专项整治，提高道路运输从业人员教育培训质量。全市38户驾校（一级5户、二级25、三级8户）全部安装计时培训系统，能提供“计时培训、先培后付”服务模式。适度提高考试难度，运用科技手段及互联网对各培训机构培训情况全程实施视频动态监控，要求培训机构提高理论培训质量。全年全市共有5 416人次参加道路运输从业人员从业资格培训考试，其中2 532人次参加客货驾驶员从业资格考试，2 042人次参加网络预约出租车驾驶员考试，842人次参加巡游出租车驾驶员考试。

【城市公交、出租车管理】 截至2020年底，玉溪市中心城区共有城市公共客运从业人员1 020人，其中：公交车在岗从业人员350人、出租车在岗从业人员670人。联合支付宝、美团在原有公交实体卡、虚拟卡，银行手机APP、微信、支付宝在线码等支付方式的基础上，增加了“支付宝、美团预充值离线码支付方式”及相应的“乘车享9折”的惠民活动，为市民提供更多元的出行支付方式。2020年，公交IC卡消费总次数为1 384.89万次，其中：爱心卡1 176.16万次，普通卡42.98万次，学生卡21.29万次，员工卡4 032次，交通一卡通卡异地卡2.78万次，在线扫码支付141.07万次；车载刷卡机乘车消费总金额197.43万元（含交通一卡通尚未清分清算金额2.78元）；此消费统计未包含美团、支付宝预充值离线码扫码消费次数及金额。完成营运里程782.34万千米。3月在红塔区党群中心（聂耳公园）增设爱心卡审验窗口，该窗口3—12月共计年检审验爱心卡1.35万人次，极大方便了老年人及残疾人办理爱心卡年检。2020年，优化调整公交线路2条，5路、15路。

7月高考期间，市公共汽车服务公司和玉溪交运、玉龙、天马、通力等4家出租汽车企业，分别组织123辆公交车、150辆网约车、100辆出租车，免费提供爱心送考服务。2020年，全市有13家公司取得网络预约出租汽车经营许可证，有376辆车辆取得网络预约出租汽车运输证，已核发网络预约出租汽车驾驶员证271本。5月，对辖区4家出租汽车公司和6家网络预约出租车公司开展2019年度服务质量信誉考核工作。经过公开、公平、公正的考核，4家出租车公司服务质量信誉考核分数和等级均为AA级（合格）、5家网络预约出租车公司服务质量信誉考核等级为AA级（合格）、1家为B级（2019年运营不参加考核）。

按照国家、省、市有关节能与新能源公交车运营补助资金发放的通知精神，对各企业上报的相关车辆信息、业主变更情况进行认真审核，并将发放名单和金额予以公示，确保行业稳定。全年发放运营补助资金741万元、燃油补助资金295.26万元。

为方便群众打车，降低驾驶员经营成本，有效解决玉溪中心城区交通拥堵和巡游出租车驾驶员运营困难问题，对原有的出租车专用停车泊位和拟新增加的停车泊位进行实地查看，听取出租车驾驶员意见并结合实际制定了《关于在中心城区设置巡游出租汽车待客泊位的方案（征求意见稿）》。同时，与相关部门实地查看现场，经过协商并按照相关程序进行审批，重新设置6处巡游出租车待客泊位点、25个待客泊位，为广大乘客及经营者提供便利。

全面强化出租车营运监管措施，稽查人员轮班每日上路稽查，加大路检路查力度，严厉查处拒载、不使用计价器、无从业资格证等违章行为，全年出动稽查人员414人次，检查出租车辆695辆次，处理出租汽车驾驶员违章案件23起，罚款金额4 600元，督促“滴滴出行”科技公司清理不合规车辆17 959辆。公交安保大队开展公交站点驻点检查6.53万次，各站点每月平均检查次数8次；跟车巡查4.94万辆次，车辆每月巡查平均次数9次，针对客流量较大的站点进行重点线路维护；公交从业人员、安全设施设备检查1.02万（人）次；检查可疑人员1.25万人、可疑物品1.33万次，制止乘客携带管制刀具、易燃易爆物品等违禁物品618次，配合司机维护上下车秩序，制止乘客不文明行为742次，处理、调解各类纠纷15次。

全面推进公共交通行业公益广告刊播工作，中心城区190座公交车站台、187座站台线路牌、100座电子站台、200余辆公交车车辆均按要求全部刊载创文公益广告；550辆出租车安装使用“社会主义核心价值观”主题座位套，车载顶灯循环滚动播放各类公益广告。

【公路质量管理】2020年，市交通运输局监督检查工程建设项目34个/58次，投入检查人员195人次，填发《工程质量抽查意见书》18份，《工程质量安全督查痕迹记录》58份，会议纪要12期。对元蔓高速（玉溪段）交工验收检测方案进行审核备案；对澄川高速公路交工验收检测报告进行审核备案，并下发《澄江至江川高速公路交工验收工程质量检测核验意见》；对晋红、江通高速机电工程，及晋红高速环保（声屏障、绿化）工程，进行专项交工验收质量检测核验工作；对晋红、武易（玉溪段）高速公路竣工质量检测大纲进行审查，对江华一级公路路面修复工程办理质量监督手续资料进行审核提出完善书面意见。工地试验室新增备案2个，备案延期审查3个，撤销2个，增项审查1个，办理试验检测人员变更9人次，试验室巡视检查2次，试验检测专项督查2次，开展元蔓、大戛高速工地试验室的水泥、沥青能力比对试验，试验检测动态信用评价1批次。完成2020年度试验检测信用评价工作，对澄川、江通、大戛、元蔓（玉溪段）高速公路共37家试验检测单位及试验检测员、检测工程师240人、14家监理单位及监理工程师125人进行信用评价。

【运输服务管理】2020年9月7日，市政府印发《玉溪市网络预约出租汽车经营服务管理实施细则》。全市柴油已更换为国Ⅵ标准；注销国三及以下排放标准的老旧柴油车7 747辆，完成省下达淘汰2 774辆的指标，完成率达279%；注销拖拉机8 036台；建成2套黑烟车抓拍设备，并实现国家、省、市三级联网；配备油气回收装置的运输车辆145辆，全市城市建成区2座油库、212个加油站完成改造；开展云油利剑行动，对12个加油站进行了“双随机、一公开”检查，没有发现违法生产、销售、储存和使用假劣非标油现象。年底前完成杞麓湖6艘柴油机船的淘汰任务。10月28日市政府办印发《玉溪市新能源汽车推广应用工作实施方案》。全市累计建成充电站群62个，其中：集中式充电站33座，分散式充电群29个，安装充电枪1 259枪，总功率57 923.3千瓦，其中：直流充电枪1 115枪，功率56 886千瓦；交流充电枪144枪，功率1 037.3千瓦。截至12月31日，全市新能源车3 635辆，其中：公交车728辆，出租车611辆，预约出租71车，班线客运11辆，其他2 214辆。2020年1—12月，全市推广新能源汽车645辆，其中：公交车54辆，出租车31辆，预约出租车65辆，其他495辆。

【行政审批】2020年，市交通运输局推广“互联网＋行政审批”办理模式，采用一站式惠民系统集中办理审批事项。网上办事大厅与市级统一新建的全市网上政务服务平台前端整合，做到互联网用户整合、事项统一和网上申报渠道无缝衔接，确保实现全市政务服务的入口统一。通过全市网上政务服务平台与市交通运输局办事系统进行数据对接，实现统一身份认证、单点登录和信息共享、业务协同，做到“一号申请、一网通办”。行政审批事项52项全部进驻政务服务大厅，采用窗口接件，后台审批的模式集中办理行政许可事项，深入推进“一颗印章管审批”，推进政务服务“一网一门一次”改革，群众办事“只进一扇门，只到一个窗，最多跑一次”。全面落实“一站式惠民”政策，将局属单位自建办事大厅整合统一入驻政务服务管理中心，方便了办事群众。窗口受理行政审批252件，其中网络出租车车辆营运证215本，城市公交线路运营许可6件，网络预约出租汽车经营许可6件，道路危险货物运输许可4件，道路客运班线运营许可9件，公路工程施工图设计文件审批1件，在公路上增设或改造平面交叉道口审批8件，占用挖掘公路用地或使公路改线审批1件，跨越、穿越高等级公路、修建桥梁、埋设管线电缆审批2件。

【交通运输安全生产】2020年，市交通运输局开展监督检查25次，发现问题隐患1 234项，整改1 210项，整改率98%；全力推进安全生产专项整治三年行动计划，排查道路运输一般事故隐患492项，整改481项，约谈道路运输企业5家，整治违法行为2家，实施行政处罚474次；排查公路工程项目隐患290项，整改249项，处理工程质量安全隐患535起；落实公交车安全防护设施安装工作；应用“双随机、一公开”监管平台，开展安全生产双随机抽查检查；应用省市信用信息归集平台归集信息13.2万条，居全省第二位，实施诚信处罚6人。全市交通运输行业未发生较大及以上生产安全事故，全市交通运输行业安全生产形势总体平稳。全年接报较大及以上事故0起，同比下降100%；接报一般事故7起，死亡8人，受伤1人，死亡人数较上年持平。

【信访维稳工作】2020年，市交通运输局深挖细查涉黑涉恶线索，以道路运输行业、在建交通工程、审批许可等为重点，深入组织开展大排查大起底专项行动，核查办理线索46条。协助公安机关破获通海“12.4”专案，打掉通海县道路旅客运输市场充当“地下执法队”黑恶势力团伙，净化了道路运输市场环境。

全年受理市信访局转办、交办信访案件53件，按时结案率100%，回复率100%；完成人大代表议案和政协委员提案共53件，实现代表委员面商率、满意率100%。受理12328交通运输服务监督电话1 914单，其中信息咨询1 883单，投诉举报28单，意见建议3单，为群众解惑答疑。

【交通运输防疫防控】 2020年，全市交通运输部门在疫情管控阶段，严格落实交通管制措施，开通“绿色通道”，确保疫情防控、生产生活物资运输畅通。71个检查点累计检查车辆69.37万辆、人员136万人次，确保应急物资绿色通行车通行1 374辆次，应急运力转运旅客4.26万人。精准防控阶段，有序恢复全市交通运输秩序，全力推进行业复工复产，公路、铁路在建项目到岗人数2.2万人，达到春节前在岗人员的101.2%。常态化疫情防控阶段，抓好进口冷链食品运输、省外务工人员在玉过年运输服务等重点工作。将各汽车客运站作为“外防输入”的前沿阵地，严格落实客运车辆、公交车、出租车等运输工具防控工作，严格落实站内上下旅客制度，加强全市客运站周边，高速公路出入口的巡查，全市21个客运站及火车站累计检测登记旅客342万人，承运境外入滇到玉集中隔离医学观察人员3 733人。在疫情高风险时期，积极协调货运企业运送支援湖北的应急或保障物资1 000多吨；组织储备运力82辆，15日内共运送学生5 584人，顺利完成校园直通车运输任务。在此次疫情防控工作中，全市交通运输系统干部职工冲锋在前，涌现出一批优秀党员干部，其中玉溪交通运输集团公司董事长邹桂鹏被评为全省抗击新冠肺炎疫情先进个人。 （赵艳芳）

邮　政

【概况】 截至2020年末，全市许可快递企业56家(不含邮政EMS)，备案分支机构126家(不含邮政EMS)，快递末端网点174个(不含邮政EMS)，全市共有15个品牌快递，即：邮政EMS、圆通、申通、中通、百世快递、韵达、顺丰、天天、优速、京东、全峰、德邦、东骏、极兔、苏宁。全市共有邮政普遍服务营业场所85个，机要通信营业场所9个。

2020年4月24日，元江县电商快递仓配中心挂牌运营 （市邮政管理局 提供）

2020年，全市邮政业累计完成业务收入3.02亿元(未包括邮政储蓄银行直接营业收入)，同比增长13.4%；累计完成业务总量3.89亿元，同比增长28.73%。其中：全市快递业务量累计完成1 416.66万件，同比增长35.2%；快递业务收入累计完成1.98亿元，同比增长23.16%。受理、处理消费者申诉19起，办结19起，用户满意率达100%。

【优化行业发展环境】 2020年，市邮政管理局紧紧围绕寄递安全生产薄弱环节、关键节点做好政策法规宣传，继续加大对《中华人民共和国邮政法》《快递市场管理办法》《中华人民共和国反恐怖主义法》和《邮政普遍服务标准》《快递暂行条例》等法律法规宣贯，利用世界邮政日、“12.4”法制宣传日等组织开展用户现场咨询活动，发放宣传资料，扩大宣传广度和深度。全年举办邮政业安全生产知识、行业法律法规培训4次，开展反恐演练1次。

7月，国家邮政局办公室印发《关于开展“快递进村”试点工作的通知》，玉溪市作为全国“快递进村”试点城市之一，为云南省唯一试点。为切实抓好“快递进村”试点工作，9月市政府办印发了《玉溪市“快递进村”试点工作实施方案》成立了由分管副市长任组长的领导小组，明确了重点工作任务，各相关部门协作配合，共同抓好玉溪市“快递进村”试点工作的落实。

12月市政府办公室印发《玉溪市交通运输领域财政事权和支出责任划分改革方案》。《方案》从3个方面明确了邮政领域市级与县(市、区)的财政事权和支出责任：邮政业安全管理和安全监管由市级承担支出责任；邮政领域履职能力建设由市级承担支出责任；邮政普遍服务、特殊服务和快递服务末端基础设施邮政业环境污染治理由市级与县(市、区)共同承担支出责任。

市邮政管理局与市人社局联合印发《关于加强快递从业人员职业技能提升行动工作的通知》，组织开展快递从业人员技能提升培训，全年累计培训12期639人，争取资金补贴44.73万元。组织开展快递工程专业技术人员职称评审工作，全市有1人通过快递工程初级职称评审。

积极推动企业资源整合和综合服务平台建设。按照“抓大不放小、主动自愿”的原则，充分发挥行业集聚效应，有序推动企业资源整合，提高企业抗风险能力、经营发展能力和服务能力，降本增效明显。至年底，7个县（区）部分快递企业实现了分拣、收寄和配送“三统一”；构建“快递+N”运营模式，打通快递进农村渠道，新平县城设立10个快递超市，在漠沙、戛洒、桂山、古城、扬武等10个乡镇试点设立快递超市，建成大开门等9个村级试点；引导企业加强与电信、移动、金融等合作，因地制宜打造一批“快递+电信”“快递+移动”“快递+金融”等综合服务平台，稳步提升快递末端服务水平，已建成“快递+电信”网点15个，“快递+移动”网点66个，“快递+金融”网点37个。新平县和元江县快递企业自主投资100多万元，建成县级电商快递仓配中心。

【“放管服”改革】 2020年，市邮政管理局依法开展了撤销提供邮政普遍服务邮政营业场所审批、邮政企业停止办理或者限制办理邮政普遍服务业务和特殊服务业务审批经营审批工作，普遍服务营业场所备案信息变更登记工作。加强快递业务经营许可常态化、规范化管理，严格管控审批时限，认真做好快递市场准入工作，依法办理快递企业分支机构及末端网点备案工作，做好许可快递企业委托核查和经营许可年度报告工作。2020年，受理停止办理邮政普遍服务业务审批1份，邮政代办所设置备案1起，营业时间、迁址等信息变更备案16起；办理许可证变更核查和协查企业39家，办理增设分支机构11份，撤销分支机构30份，分支机构信息变更4份。

【邮政服务监管】 2020年，市邮政管理局以贯彻落实《邮政普遍服务》新标准为监管工作主线，强化监督检查，召开季度邮政普遍服务和机要通信监管通报会，全面推进建制村投递“打卡”考核，确保邮政普遍服务水平不降低，确保国家秘密载体绝对安全，万无一失。全市建制村直接通邮率达100%，县级城市党政机关《人民日报》当日见报率100%。全年，实地检查邮政普遍服务营业场所78个，邮政普遍服务处理场所49个，执法监督检查446人次；开展乡镇邮政局所专项检查78次；巡视专用邮政信箱寄递情况检查13次；高考录取通知书寄递情况检查18次；邮政业安全大检查34次；问题复查31次；检查纪特邮票发行销售情况11个次，检查22人次；检查邮政机要通信网点20个次，检查40人次；开展建制村直接通邮检查45个次。约谈企业1次。玉溪市8位邮政特邀社会监督员共开展社会监督75个次，反馈监督报告75份。

2020年2月14日，易门邮政分公司将滞销的玫瑰花上线销售，并组成应急小组帮助包装、发运（市邮政分公司　提供）

【快递市场监管】 2020年，市邮政管理局按照中央、省、市关于疫情防控部署要求，督促指导企业建立完善疫情防控工作体系，细化作业流程，做好“云南健康码”“战疫速递”等推广应用，全面落实疫情防控措施，推动常态化疫情防控工作；按照“全覆盖、零容忍、严执法、重实效”的总要求，加强日常监督检查和专项检查，与邮政企业和各快递企业主要负责人签订《2020年度玉溪市邮政业寄递安全和保障责任书》，制定印发了《玉溪市邮政管理局全面推选“双随机、一公开”监管工作实施方案》等，推进“双随机、一公开”工作实施，加强事中事后监管，全面强化邮政企业和快递企业落实安全生产主体责任，全面贯彻落实寄递安全“三个100%”管理制度，加大执法检查力度，依法检查企业违法违规经营行为，保障行业安全平稳运行；着力做好全国“两会”等重大活动期间和快递业务旺季安全保障及应急工作，扎实开展全市邮政业“扫黄打非”“反恐维稳”“行业禁毒”、打击“假冒侵权”“缉枪治爆”等工作；组织开展安全生产专项整治三年行动计划、实名收寄信息异常问题整治、快递末端服务违规收费清理整顿等专项活动，夯实企业主体责任，提升安全生产标准化水平。2020年，实地检查快递企业及分支机构网点359家次，出检718人次，下发书面《责令改正通知书》15份，约谈企业24家，实施行政处罚13起，共处罚款12.5万元。（杨媛媛）

【中国邮政集团有限公司玉溪分公司】 2020年，全市实现邮政业务收入11 280万元，同比增长2.37%，净增245万元。邮务类业务收入2 763万元。代理金融业务实现收入3 162万元。2020年，全市寄递类业务收入2 092万元。全市邮件处理量718万

2020年10月15日，在新平冰糖橙基地开展全国邮乐网直播带货活动

（市邮政分公司　提供）

件。全市已建成“快邮驿站”138个，快递包裹投放“快邮驿站”自取量达87.24万件。收寄高考通知书7 381件，高考通知书收寄投递做到“零误投、零丢失”。进口16 019件通知书全部妥投，保证每位考生都能顺利拿到通知书。由于春节及新冠疫情叠加，邮件量同比增长达100%以上，玉溪邮政分公司及时启动应急预案抗疫保生产，及时协调车辆、人员增援。疫情期间（2、3月）共计处理邮件180万件，在确保人员安全的情况下圆满完成此次突发任务。投入1 241万元用于履行邮政普遍服务和特殊服务责任，投入217.45万元改造普遍服务网点，不断改善普遍服务用邮环境与服务质量。玉溪市辖内实现乡镇网点覆盖率100%，建制村直接通邮率100%。县及县以上城市主要党政机关《人民日报》当日见报率达100%。全面推行个人平信条码化保障群众通信权利，平信条码化率达99.99%。通过邮政渠道传递29 341件机要邮件，做到“及时、安全、保密”三个百分百。

2020年，全市有邮政支局（所）85个，设置服务网点90个，其中农村支局所65个。开通邮路93条，城市投递段道达2 239千米（单程），农村投递线路达8 121千米（单程），其中汽车1 114千米（单程），电动三轮车536千米（单程），摩托车5 819千米（单程），电动自行车625千米汽车（单程），自行车15千米（单程），步班12千米（单程）。红塔区51个乡镇、429个行政村通邮面达100%。年内，邮政免费收寄义务兵函件和盲人读物1件，收寄国际国内及港澳台平常信件4.22万件、印刷品13万件、给据函件5.44万件、邮资封片卡2.43万件、普通包裹0.73万件、快递包裹134.46万件、标准快递101.31万件、投递国内平常函件193.56万件、给据函件50.23万件、快递包574.58万件、无名址函件2.63万件、普通包裹1.1万件、国际及港澳台函件包裹标快2.39万件、速递物流0.1万件、标准快递110.96万件，投递报纸杂志1 633.9万份，处理进出口机要邮件3.1万件，开发汇票1.16万笔，代收话费及公共事业费19.69万笔，代理彩票、航空、铁路、汽车票务2.68万张。

玉溪市邮政分公司与玉溪市交通警察支队车辆管理所合作，为老百姓打造“家门后的车管所”，实现“让数据多跑腿、让群众少跑路”。疫情期间，全市13个警邮便民合作点坚持不歇业对外办理业务，48个警邮合作便民服务点自2月6日起全面恢复对外办理窗口。2020年，全市共受理窗口交管业务300余笔，受理网办业务1 000余笔，共妥投车辆合格标志711单，妥投车牌3 595副，受到广大车主用户一致好评。

免费寄递助力疫情防控。疫情防控期间玉溪邮政免费寄递云南玉溪生物制药有限公司捐赠给文山州广南县红十字会46件价值10余万元的抗疫药品。元江县邮政分公司免费寄递元江县万绿集团无偿捐赠给湖北省咸宁市防疫指挥部的价值45万元的防疫救灾物品。易门县邮政分公司通过易门邮政邮乐店（易门农品）帮助销售玫瑰量5 500把，销售玫瑰88 000支，销售额达11万元，助力农户销售。

邮政惠农服务。市邮政分公司通过多方努力，将下辖41户建档立卡户的新平振兴农业合作社种植基地推选为云南邮政冰糖橙基地，成为云南省唯一一个首批入围全国50个邮政惠农扶贫基地的项目，提供“金融＋寄递＋电商”一揽子服务，为合作社解决生产难题，于10月15日通过线上直播方式向全国邮乐农品的粉丝展示冰糖橙生态无污染的生长环境。该项目累计销售62吨，线上、线下销售2.6万单，累计实现销售额近81万元，为农户创收近50万元。（黄播心）

财政·税务

FINANCE · TAXATION

责任编校：王　斌

财　政

【概况】 2020年，全市一般公共预算收入完成134.53亿元，同比增长1%。一般公共预算支出完成301.57亿元，同比增长3%。政府性基金收入完成155.39亿元，同比增长91.9%，政府性基金支出完成151.5亿元，同比增长84.7%。执行国家和省取消、暂停、免征、降低行政事业性收费和政府性基金的各项降费减负政策措施，为企业和社会降费5 338.20万元，切实降低了企业和社会运行成本，促进了地方实体经济发展。全市社保基金收入完成110.70亿元。其中，企业养老保险基金50.50亿元，城乡居民基本养老保险基金7.28亿元，机关事业单位基本养老保险基金14.14亿元，职工基本医疗保险14.32亿元，城乡居民基本医疗保险15.55亿元，工伤保险基金1.42亿元，失业保险基金4.37亿元；支出完成136.56亿元。其中，企业职工基本养老保险基金79.24亿元，城乡居民基本养老保险基金4.46亿元，机关事业单位基本养老保险基金16.21亿元，职工基本医疗保险基金15.05亿元，城乡居民基本医疗保险基金14.95亿元，工伤保险基金2.16亿元，失业保险基金4.49亿元。市级行政事业单位共处置国有资产129件，账面原值24 224.17万元，累计折旧19 975.70万元，账面净值4 248.47万元，其中：国有资产报废、报损办理80件，账面原值13 665.80万元，累计折旧13 414.87万元，账面净值250.93万元；国有资产无偿划拨、捐赠办理42件，账面原值7 991.68万元，累计折旧4 768.72万元，账面净值3 222.96万元；国有资产出售办理4件，账面原值1 967.55万元，累计折旧1 192.97元，账面净值774.58万元，评估价值3 177.84万元；货币性资产核销办理3件，账面原值599.14万元。全市入库土地出让收入152.48亿元，全市供地收入目标完成率152%。其中，市本级入库土地出让收入51.98亿元。省财政厅下达玉溪市政府还贷二级公路取消收费后中央补助资金预算153 503.13万元。

【国有经营性房产房租减免】 2020年，玉溪市机关事业单位和国有企业经营性房产减免房租2 887.76万元（含顺延租期减免1 588.09万元），涉及面积360 427.69平方米，惠及市场主体1 832户。

【民生支出】 2020年，全市一般公共财政预算教育支出49.93亿元，较上年48.8亿元增长2.32%，在教育投入上实现了“两个确保”，一是确保一般公共预算教育支出只增不减，二是确保按在校学生人数平均的一般公共预算支出逐年只增不减。按照2020年玉溪市小康监测指标任务目标，全市人均公共文化财政支出353元/人，完成目标值≥220元。投入城镇保障性安居工程（含老旧小区改造）资金38 290.412万元，城镇保障性安居工程开工1 722套，基本建成514套；全市租赁补贴发放1 035户；老旧小区改造户数开工12 926户、改造面积开工116.46万平方米、改造楼栋开工945栋、改造目标小区完成226个，任务完成率100%。

【债务化解】 2020年，市财政局贯彻落实中央、省关于防范化解地方政府性债务和隐性债务风险的决策部署和相关要求，采取一债一策、一企一策、一县一策，积极牵头会同各县（市、区）、各部门，采取灵活方式多措并举化解政府债务，全市债务风险等级由红色降为橙色；县（市、区）中，债务风险等级从红色降为黄色的1个、从橙色降为黄色的3个，9个县（市、区）中，风险等级为橙色3个，黄色6个。

【专项债券】 市财政局积极做好专项债券投资项目储备和发行工作，2020年申请发行专项债券31.9亿元，有力保障了玉溪市重点项目合理资金需求，为推动全市经济社会发展提供了可靠的支撑。

【财政支持产业发展】 2020年，玉溪市市级财政共安排资金1.9亿元，用于支持钢铁行业转型升级、工业企业发展、淘汰落后产能、华为联通数据中心购买云服务等。

【预算绩效管理】 多措并举着力加强财政资金绩效管理，依托云南省地方财政预算标准化管理平台（简称预算标准化平台）建立贯穿预算编制、执行、决算和监督全过程的预算绩效管理链条。2020年，全市各级财政部门建立了绩效评估机制，开展了绩效评估的试点工作。市级部门填报整体支出绩效目标的部门有72个，纳入预算绩效目标管理范围的本级财力安排项目数的847个，项目金额735 703.52万元。上级专项转移支付的项目593个，项目金额659 619.34万元。绩效运行监控管理方面，市本级实施绩效运行监控管理的部门数量有72个，项目数量有847个。2020年对纳入2019年市级部门预算安排的72个部门（单位）开展部门整体自评，对其及其所属单位实施的1 253个预算支出项目开展绩效自评，涉及财政资金总额为606 072.29万元，其中上级资金：274 039.37万元，本级资金：332 032.92万元，自评资金实现全覆盖，包括一般公共预算、政府性基金、社保基金和国有资本预算“四本账”。并首次由市财政局会同第三方机构组成核查小组，抽取31个市级预算单位实施的33个预算项目，涉及财政资金资金28 257.83万元，开展市级预算项目支出绩效自评核查工作。同时，市级财政聘请第三方对2019年13个重点项目和2个部门整体涉及资金16.56亿元开展绩效评价。

【政府采购】 2020年，玉溪市政府采购需求预算201 971万元，实际采购金额184 780万元，比上年增加99 240万元，增长116.02%，节约采购资金17 192万元，节约率为8.51%。省政府采购评审专家库玉溪分库审核合格在库专家432人。省政府采购管理信息系统随机抽取专家评委的项目数量519项，抽取专家评委，3 663人次，到位参评专家1 423人次。1月1日，玉溪政府采购网上交易平台（政采云电子卖场）上线运行，全年共入驻供应商540家，成交4 795笔，成交金额9 300万元。1月1日，玉溪市率先在全省开通“政采贷”业务，向“中征应收账款融资服务平台”推送合同信息，支持供应商向商业银行开展线上融资业务，实现线上融资554.975万元。优化政府采购营商环境，开展投标保证金清理，年内采购代理机构整改支付投标保证金退还逾期资金占用费6 240元。全市全面融入省政府采购管理信息系统，实现政府采购事项备案、核准、审批和信息统计的“互联网＋政府采购”管理模式，全面实现“网上办”“一次性办”和“不见面办”目标。

【彩票公益金】 2020年，全市共分配下达彩票公益金8 057.6万元，其中体育彩票公益金3 070.2万元、福利彩票公益金2 066.4万元、其他2 921万元。彩票公益金资助范围不断扩展，涉及的受益人群也不断扩大，为促进基层社会福利、社会保障及体育事业的发展发挥了重要作用。

【专项扶贫资金】 2020年，年初预算安排18 131.4万元市级财政专项扶贫资金，比2015年增加12 913.55万元，年平均增加2 582.71万元，年平均增长28.29%，占市级财政预算安排农口部门资金比重从2015年的20.03%增加到66.05%，占中央和省级投入资金比重从2015年的41.53%增加到121.29%，占各级投入资金比重从2015年的28.35%增加到48.10%。

【农村综合改革转移支付项目】 2020年，市财政局对全市2019年农村综合改革转移支付项目开展绩效自评。涉及中央财政资金8 413万元，项目212个，其中：美丽乡村建设项目26个，中央财政资金2 600万元；农村公益事业建设项目120个，中央财政资金2 513万元；扶持村级集体经济发展试点项目66个，中央财政资金3 300万元。

2020年，市财政局下达县（市、区）农村综合改革转移支付项目117个，上级财政资金4 900万元，其中：农村公益事业建设项目32个，上级财政资金200万元；扶持村级集体经济发展试点项目84个，上级财政资金4 200万元，“美丽乡村＋文化”试点1个，上级财政资金500万元。

【强农惠农补贴】 2020年，全市争取中央耕地地力保护补贴10 136万元，全市耕地地力保护资金兑付率99.65%。全市争取中央农机购置补贴资金4 679万元，已兑付4 375万元，兑付率93.5%。

【厕所革命】 2020年，全市共下达“厕所革命”资金13 507.85万元，其中：中央农村“厕所革命”整村推进财政奖补资金1 971.60万元、中央厕所管护经费5 535.41万元、省级农村无害化卫生户厕改建补助资金1 147.04万元、省级行政村村委会所在地公厕改建补助资金2 590万元、市级财政配套资金2 263.8万元。

【疫情防控资金管理】 2020年，全市共计投入资金12.44亿元，其中，中央疫情防控补助资金2.31亿元；省级疫情防控补助资金0.13亿元；市、县（市、区）投入9.99亿元。严格落实有关医疗保障政策，对确诊为“新型冠状病毒感染肺炎”患者采取特殊报销政策，确保患者不因费用问题影响就医；对集中收治的医院预付资金减轻医院垫付压力，患者医疗费用不纳入医院总额预算控制指标，确保收治医院不因支付政策影响救治。切实加强疫情防控经费监管，同时督促各县（市、区）和部门加快资金拨付和支出，确保提升资金配置效率和使用效益，对照“急事急办、特事特办”原则简化资金拨付管理流程事项，事后及时补齐相关报批手续，确保资金安全、合规、高效。积极向上争取抗疫国债卫生项目资金94 472万元，争取到的抗疫国债医疗卫生项目有以下四个：中山大学澄江教学医院（玉溪市人民医院澄江院区、澄江市人民医院）建设项目、玉溪市第三人民医院提质扩容项目、华宁县中医医院新建项目、通海县妇幼保健院整体搬迁新建项目。

2020年6月23日，市财政局和玉州社区联合开展防范非法集资宣传活动
（市财政局 提供）

【阶段性减免企业社会保险费】 按照《云南省阶段性减免企业社会保险费实施意见的通知》等文件精神，明确了云南省阶段性减免政策“2020年2—6月，对参保的中小微企业（含以单位方式参保的个体工商户）免征三项社会保险单位缴费部分；2020年2—4月，对参保的大型企业、各类社会组织等其他参保单位（不含机关事业单位）减半征收三项社会保险单位缴费部分；年内，受疫情影响生产经营出现严重困难的企业，可向参保地社会保险经办机构申请缓缴三项社会保险费，经省级社会保险行政部门批准后缓缴，缓缴期限不得超过6个月。《云南省人民政府关于应对新冠肺炎疫情稳定经济运行22条措施的意见》有关延期缴费政策措施一并执行”。玉溪市与全省同步执行减免政策，共计减免医疗保险1.30亿元，企业养老、工伤保险及失业保险减免16.85亿元。

【完善企业职工基本养老保险省级统筹制度】 2020年，市财政局进一步完善企业职工基本养老保险省级统筹制度，规范企业职工基本养老保险基金缴拨管理；与人力资源和社会保障部门、税务部门联发《玉溪市人力资源和社会保障局 玉溪市财政局 国家税务总局玉溪市税务局关于企业职工基本养老保险省级统筹制度实施意见》，自7月起已严格按照养老保险省级统筹制度相关政策落实此项工作，截至年底，全市共上划企业养老保险基金37.54亿元，确保了企业养老保险省级统筹工作顺利进行。

【政府会计】 2020年，市财政局为进一步推进政府会计改革，举办政府会计改革培训班，共296人参加培训。培训内容包括《政府会计准则第10号——政府和社会资本合作项目合同》《政府会计准则制度解释第2号》《财经纪律与法律精讲》《云南省行政事业单位内部控制建设基本指引》。市财政局做好会计专业技术初级资格、会计专业技术中级资格、注册会计师等考试的组织工作，其中初级资格7 721人报考，中级资格2 335人报考6 024科次，注册会计师1 395人报考3 986科次。年内，华宁盘溪中心校被中国珠算心算协会认定为珠心算教育教学实验校（园）。2019年至2020年，全市财政部门对38户企业和行政事业单位开展会计监督检查，其中企业和行政事业单位33户，会计师事务所2户，资产评估机构3户。投入检查力量108人，其中财政部门投入95人，聘请中介机构专业人员13人，投入检查经费4.87万元，纠正违规资金4 182.28万元。

【抗疫特别国债基础设施建设项目】 2020年，市财政局抓住国家发行抗疫特别国债支持基础设施建设的政策机遇窗口期，积极向上争取支持。争取到抗疫特别国债基础设施建设项目直达资金36 098万元，其中，交通基础设施项目市本级S45永金高速公路新平（戛洒）至元江（红光）段资金26 598万元；易门县城镇污水处理建设项目资金2 600万元；峨山县县城建城区供水基础设施建设及提标改造项目资金4 800万元；新平县城部分市政道路提升改造项目资金2 100万元。

【“三湖”保护治理】 2020年，市财政局持投入三湖保护财政专项治理资金3.23亿元、融资自求平衡专项债券8.3亿元，加速推进抚仙湖“十三五”规划和山水林田湖草生态保护修复试点项目建设，推进抚仙湖沿湖54个自然村剩余2.2万余名群众一次性生态移民搬迁工作。生态保护修复投入专项资金2亿元，支持天保工程及森林生态效益补偿，加快推进"森林玉溪"建设，健全完善流域横向生态补偿制度，支持好新一轮退耕还林还草、陡坡地生态治理、石漠化综合治理、低效林改造、"美丽公路"等项目建设，全力支持地质灾害防治体系建设。投入资金0.18亿元加大环境保护管理事务与能力建设，保障环境执法监测工作开展。

【疫情防控重点企业贷款贴息支持】2020年，市财政局审核、申报列入国家级的疫情防控重点企业5户，获得人民银行专项再贷款8笔，共计10 000万元。争取到中央、省级贷款贴息资金支持301.5万元；共审核申报列入省级的疫情防控重点企业51户，共获得新增贷款102笔，共计89 636.5万元。争取到省级财政贷款贴息资金支持3 611.11万元。

【支持民营和小微企业发展】2020年，市财政局发挥财政支持深化民营和小微企业金融服务综合改革试点5 000万元奖补资金效益，利用资金池担保增信，与6家金融机构合作，为玉溪25户民营和小微企业提供贷款担保，担保贷款14 695万元，支持了民营和小微企业的发展。

【农业保险提标扩面】2020年，市财政局结合玉溪市实际，贯彻落实政策性农业保险提标政策，切实做好稳定生猪生产保障。全市从1月1日开始执行提高生猪（能繁母猪、育肥猪）保险保额政策。能繁母猪保额由1 100元/头提高至1 500元/头，保费由60元/头提高至81.8元/头；育肥猪保额由700元/头提高至800元/头，保费由32元/头提高至36.6元/头。

【政府与社会资本合作（PPP项目）管理】2020年，全市纳入财政部PPP综合信息平台管理库项目59个，总投资603.6亿元。涉及市政工程、交通运输、水利建设、生态建设和环境保护、林业、农业、教育、文化及医疗卫生等公共服务领域。

【财政监督】2020年，玉溪制定出台了《玉溪市关于进一步完善防范和处置非法集资工作机制的通知》《玉溪市2020年涉非涉稳风险专项排查工作实施方案》，健全完善处非工作机制。抓实抓好风险排查工作，全市共排查出涉非重点风险6件、涉稳风险5件，并对排查风险实行"一件一档"台账式管理。深入开展防范非法集资主题宣传活动，投入20余万元统一标准、统一模式印制宣传资料，以中心城区集贸市场为重点，开展为期1个月巡回宣传展；投入8万余元在全市居民小区电梯广告投放3个月宣传片。从严抓实P2P网贷信息中介机构和民间融资登记服务机构整治力度，全市纳入整治范围机构8家，办理合规退出机构8家，退出率100%；督促异地展业机构清退逾期资金800万元。年内，办理涉非法集资信访案件3件，接待信访群体10批次75余人次。

【直达资金】2020年，省级共下达玉溪市直达资金36.2亿元，其中特殊转移支付资金15.63亿元，抗疫特别国债资金15亿元，列入正常转移支付的直达资金5.57亿元；下达玉溪市参照直达资金18.67亿元，各县（市、区）直达资金均已按要求录入直达资金监控系统。（任　嫒）

税　务

【概况】2020年，全市税务系统累计组织各项税费收入548.3亿元，同比减收14.33亿元，下降2.55%，其中：税收收入462.85亿元，同比减收9.38亿元，下降1.99%；社会保险费57.21亿元，同比减收5.66亿元，下降9%；非税收入23.01亿元，同比增收0.53亿元，增长2.36%；其他收入5.23亿元，同比增收0.18亿元，增长3.47%；完成出口退税14.21亿元，同比增加3.39亿元，增长31.37%。其中，组织中央级税收收入339.90亿元，同比减收13.44亿元，下降3.8%；组织地方级税收收入122.95亿元，同比增收4.06亿元，增长3.41%，实现全市地方级税收收入总量、增量、增幅、占全省比重"四提升"，税收收入总量排名全省第二，圆满完成中央级、地方级收入目标任务。市本级收入（含教育费附加）累计完成52.82亿元，同比增收1.56亿元，增长3.05%。其中：税收收入完成49.06亿元，同比增收1.57亿元，增长3.31%；教育费附加完成3.76亿元，同比减收0.01亿元，下降0.25%。市税务局顺利通过复查继续保留"全国文明单位"称号；华宁县税务局荣获"全国税务系统先进集体"称号。

【分税种收入】2020年，全市增值税入库100.18亿元，同比减收4.59亿元，下降4.38%；消费税入库256.05亿元，同比减收15.47亿元，下降5.7%；企业所得税入库40.52亿元，同比增收4.71亿元，增长13.15%；个人所得税入库6.77亿元，同比增收1.23亿元，增长22.27%；资源税入库3.04亿元，同比增收0.07亿元，增长2.47%；城市维护建设税入库24.02亿元，同比减收0.01亿元，下降0.05%；房产税入库2.6亿元，同比增收0.07亿元，增长2.93%；印花税入库3.76亿元，同比增收2.07亿元，增长122.47%；城镇土地使用税入库2.67亿元，同比减收0.03亿元，下降1.21%；土地增值税入库3.92亿元，同比增收0.06元，增长1.47%；车船税入库1.77亿元，同比减收0.3亿元，下降14.55%；车辆购置税入库5.38亿元，同比增收0.75亿元，增长16.13%；烟叶税入库4.94亿元，同比增收0.85万元，增长1.75%；耕地占用税入库1.41亿元，同比增收0.82亿元，增长138.91%；契税入库5.27亿元，同比增收1.07亿元，增长25.46%；环境保护税入库0.53亿元，同比增收0.57亿元，增长12.00%；营业税入库0.01亿元，同比减收0.03亿元，下降180.71%。

【产业税收结构】2020年，全市第一产业共组织税收收入0.33亿元，同比减收0.19亿元，下降36.63%；受烟草制品业税收下降的影响，第二产业共组织税收收入396.89亿元，同比减收9.63亿元，下降2.37%；在资本市场服务和房地产开发经营增长的拉动下，第三产业组织税收收入65.63亿元，同比增收0.45亿元，增长0.68%。

【社会保险费征收】2020年，全市企业职工基本养老保险费15.23亿元，同比减收5.53亿元，下降26.64%，减收主要是由于受新冠肺炎疫情影响，阶段性减、免、延、缓缴企业单位部分养老保险费；城乡居民基本养老保险费1.56亿元，同比增收0.17亿元，增长11.93%；机关事业单位基本养老保险费15.12亿元，同比增收0.29亿元，增长1.93%；职工医疗保险费18.85亿元，同比增收0.65亿元，增长3.58%；城乡居民基本医疗保险费4.93亿元，同比增收0.56亿元，增长12.93%；失业保险费0.92亿元，同比减收0.18亿元，下降16.58%；工伤保险费0.6亿元，同比减收0.3亿元，下降33.71%；生育保险费0.005亿元，同比减收1.31亿元，下降99.6%，减收主要是由于自2020年1月1日起，生育保险费并入医疗保险费合并征收。

【非税及其他收入】2020年，全市非税收入入库23.01亿元，同比增收0.53亿元，增长2.36%。其中：教育费附加10.57亿元，同比减收0.05亿元，下降0.5%；地方教育附加7.04亿元，同比减收0.4亿元，下降0.51%；残疾人就业保障金收入0.39亿元，同比减收0.27亿元，下降40.63%，减收主要是由于疫情影响，出台了残疾人就业保障金税收优惠政策；防空地下室易地建设费1.62亿元，同比增收1.37亿元，增长550.6%，增长主要是由于专项清理追缴以前年度欠费。工会经费2.16亿元，同比增收0.2亿元，增长0.83%；职业年金3.07亿元，同比增收0.16亿元，增长5.41%。

【减税降费】2020年，全市税务部门严格落实新出台的7批28项减税降费政策，巩固和拓展原12个税种和18个费种减税降费政策，充分释放政策红利，助力复工复产。全市累计新增减税降费31.12亿元，其中：2020年出台的支持疫情防控和经济社会发展税费优惠政策新增减税降费10.96亿元；2019年中出台政策在2020年翘尾新增减税降费20.16亿元。

【依法治税】2020年，全市税务部门深入推进个税改革，建立健全专班轮值、部门定点联络、网格化管理责任和征纳互动等年度汇算工作机制，抓实网格化管理责任，强化宣传辅导，圆满完成首次个税改革汇算工作；组织开展土地增值税预征率和核定征收率测算确认工作，会同财政、自然资源部门联合开展资源税法调研工作，做好资源税法实施准备工作。全面推行行政执法“三项制度”工作，开展重大执法决定法制审核218次，配备执法记录仪289台，记录执法音像条数2 187条，行政执法公示2 646条。持续开展打击虚开骗税两年专项行动、扫黑除恶专项行动，推进行业专项整治，严厉打击涉税违法行为。2020年，全市共对111户纳税人立案检查，稽查查补收入1.004亿元。

【优化营商环境】2020年，全市税务部门深入开展便民办税春风行动，全面落实4类26项95条便民办税服务措施。全面推行“非接触式”办税，实现285项事项可全程网上办，14项事项可线上线下融合办理，全年共为纳税人免费配送发票333.6万份。持续加强办税服务厅规范化建设，推广个人所得税APP、一部手机办税费等网上办税渠道，稳妥推进区块链电子发票和增值税电子发票公共服务平台，坚持做好信用等级评定，深化“银税互动”开展项目，助力解决市场主体复工复产融资难题。2020年，通过“银税互动”银行累计授信贷款907户（次），贷款金额12.3亿元，其中小微企业获贷881户（次），贷款金额8.77亿元。认真贯彻落实《优化营商环境条例》，充分利用政务服务“好差评”、营商环境“红黑榜”通报制度，持续推进不动产登记办税便利化，主动融入玉溪智慧政务建设，提升纳税服务质量。（张　楠）

金融业

FINANCE AND INSURANCE

责任编校：王　斌

金融管理

【概况】 2020年，市人行围绕“讲政治、转作风、抓特色、提质效”的工作主线，认真贯彻落实稳健的货币政策，坚决做好金融支持疫情防控和地方经济发展工作，持续做好“六稳”“六保”等重点工作，守住金融风险底线，积极推动金融改革，全面提高金融服务与管理水平，确保各项工作有效推进。稳步推进各项货币政策落地工作。用好再贷款政策，全力以“复”促发展。全省首单3 000亿元防疫专项再贷款落地玉溪；5 000亿复工复产再贷款再贴现专用额度玉溪运用投放量居全省第一；以“先贷后借”模式发放中小银行1万亿再贷款10.1亿元。两项直达实体经济货币政策工具快速推进，通过“信用贷款支持计划”累计为全市2.3万户客户办理普惠小微信用贷款20.6亿元。通过利率互换方式开展“贷款延期支持工具”操作3.3亿元，向3家法人机构发放奖励金额330万元。至年末，全市金融机构人民币各项存款余额2 011亿元，同比增加54.1亿元，增长2.8%；人民币各项贷款余额1 513亿元，同比增加172亿元，增长12.8%，贷款增速在滇中经济区5州市中排名第一。

【统筹金融支持稳企业保就业】 2020年，市人行多措并举统筹金融支持稳企业保就业工作，成效明显。建立专项工作机制，搭建横向银政企、纵向省市县多方位金融服务平台，实地走访银行和企业730次，涵盖671户企业。以“市对市、县对县、行对企”为原则，市县两级人行共开展“专项融资对接”33场，对接企业876户、项目72个，梳理发掘融资需求共170.1亿元。畅通重点企业名单动态管理，建立重点领域“一企一策”帮扶机制。2020年累计向金融机构和各主管部门推送名单企业183户，向97户名单企业累计发放贷款27.6亿元。

【信贷总量快速增长】 2020年，市人行进一步优化融资环境，促使信贷总量快速增长。信贷增长有力发挥金融对经济增长的托举作用。全市金融机构人民币各项贷款余额1 513亿元，同比增加172亿元，增长12.8%，人民币各项存款余额2 011亿元，同比增加54.1亿元，增长2.8%。特殊时期小微企业信贷扶持力度持续加大，小微贷款“增量扩面”。截至年末小微企业贷款余额359.5亿元，同比增长18.39%，高于同期各项贷款增速5.6个百分点；普惠小微贷款余额154.7亿元，比年初增加21.5亿元，同比增长16.2%。切实为辖区企业减税降费。2020年全市银行业机构减费让利金额累计6亿元，其中利息减免5.8亿元；为普惠小微企业减费让利金额1.3亿元。实体经济融资成本明显下降。至年末全市银行机构企业贷款加权平均利率为5.36%，较年初下降44个基点，其中小微企业贷款加权平均利率为5.24%，较年初下降99个基点。

【金融改革支持民营和小微企业】 2020年，市人行围绕支持民营和小微企业发展为中心，大力推动金融改革。推广应收账款融资服务平台运用。至年末全市平台注册用户9 564户，同比增长502.4倍，开通用户5 417户，同比增长317.7倍，融资成交39笔，融资金额122.8亿元，政府采购融资业务3笔，融资金额555万元。9月玉溪市区块链产业金融服务平台上线运行。平台通过金融支持疫情防控、复工复产以及玉溪市政府抗疫情稳经济等11项扶持政策，85项金融产品和市级工商、税务、环保等580多项涉企

2020年9月16日，市政府与中国人民银行昆明中心支行签署战略合作协议
（曾永洪　摄）

信息，有效打通涉企信息孤岛。至年末入驻金融机构31家，注册企业3 881户，发布融资需求160.4亿元，银行通过“线上接单，线下核准”授信58.7亿元。建立玉溪市首贷企业培育名单库，引导金融机构设立首贷服务团队，推出企业专属信贷产品，重点支持无贷款记录的企业首次获得贷款。截至11月末，全市成功培育民营小微首贷企业1 543户，发放贷款5.3亿元。

【助推涉外经济发展】 2020年，市人行积极提供外汇政策支持与服务，建立疫情防控外汇工作沟通联系机制和外汇政策绿色通道。深化跨境投融资便利化，协助企业借入外债2笔，金额分别为500万元人民币和71万欧元。出口逆势增长，跨境收支和银行结售汇增幅明显。2020年全市跨境收支申报总额16.4亿美元，同比增长27.6%，跨境收支顺差13.1亿美元，银行结售汇总额4.5亿美元，结售汇顺差2.3亿美元。完成跨境人民币结算金额81.9亿元，同比增37.9%。

【金融服务与管理】 2020年，市人行金融服务与金融管理工作双双迈向新台阶。深化金融业综合统计，加大数据分析和治理，有力服务决策和风险防范。完善调查研究机制，深入企业、金融机构调研已成为全市人民银行工作常态。保障支付清算及账户办理渠道畅通。全市支付系统共处理业务580万笔，清算资金4.2万亿元。国库服务和管理进一步加强。全市共办理国库业务288.5万笔，同比增长18.2%；办理各级预算收入654.3亿元，同比增长11%；办理预算支出440.4亿元，同比增长15.1%；办理社保五险和工会经费收支62.5亿元。继续推进农村和中小企业信用体系建设，加大征信查询服务渠道建设，累计在金融机构布放10台查询机。扎实开展反洗钱监督管理。市人行共协助公安部门查询账户156批次，查询账户1 310户。加强人民币现金和反假管理，做好现金供应和服务工作，疫情防控期间确保群众用上“干净钱”“放心钱”。累计投放现金71.7亿元，累计回笼现金52.9亿元，累计净投放现金18.8亿元。稳步推进金融法治和消费者权益保护工作，深入推进依法行政工作，认真开展综合执法检查，扎实开展金融知识普及宣传教育。夯实IT基础设施基石，加强网络信息安全管理，推动金融标准贯彻实施，切实提升科技管控和服务质效。

【金融风险防范】 2020年，市人行加强金融风险防范协调机制建设，分层级搭建起多角度金融风险防范协调机制，制定了《玉溪市银行业金融机构金融稳定联系制度》《玉溪市金融风险防范化解协调合作机制》《玉溪市突发金融机构集中取款风险事件应急预案》。督促高风险地方法人机构制定风险化解处置方案，积极采取风险化解措施，推动市内5家高风险机构全部“脱帽出列”。督促金融机构及时报告重大事项，对地方法人银行开展资产质量真实性现场核查和压力测试，组织开展银行业金融机构集中取款事件应对预案圆桌演练。

（王　松）

外汇管理

【概况】 2020年，市外汇局以习近平新时代中国特色社会主义思想为指导，落实总分行、总分局各项工作要求，坚持稳中求进工作总基调，围绕“严党建、转作风、强基础、谋创新”的工作主线，结合实际贯彻落实“稳企业保就业”外汇管理系列政策，突出服务实体经济、推动双向开放、防范化解风险，有力支持了统筹推进“新冠”疫情防控和地方经济发展大局，有效维护了全市外汇市场稳定。

【助力复工复产】 2020年，新冠肺炎疫情发生后，市外汇局迅速落实外汇“绿色通道”政策，支持防疫物资进口，市区3家外贸企业进口口罩116.49万只，涉及金额153.8万元人民币；落实疫情防控相关政策，简化办理流程，简化现场核验手续，推动金融支持企业复工复产，支持市场主体通过“网上办”“电子邮件办”等“非接触”方式办理正常外汇业务，确保绿色通道畅通无阻；开通线上外债登记渠道，为涉外企业借入外债业务提供高效服务，协助涉外企业借入外债2笔，分别涉及金额500万元人民币和71万欧元；指导玉溪市外汇市场自律机制发布《玉溪市外汇市场自律机制抗疫情、谋服务倡议书》，提出“齐心协力抗疫情，奋勇争先谋服务”倡议口号和11条具体倡议措施。

【深化“放管服”改革】 2020年，市外汇局全面贯彻党中央、国务院关于扎实做好“六稳”工作，全力落实“六保”任务的决策部署，对标对表《玉溪市金融支持稳企业保就业八大专项行动实施方案》，完善区域性外汇管理体制机制，切实开展优化外汇领域营商环境专项行动，推动“稳企业保就业”工作取得实效，持续深化“放管服”改革，服务实体经济。提升外汇行政许可效率，推广使用“外汇政务服务网上办理系统”，全年办理各类外汇行政许可事项95笔，线上办理率达70.53%，降低市场主体“脚底成本”；推进跨境贸易收支便利化，进一步优化经常项目外汇业务办理流程、简化证明材料，提高银行单证审核自主性与展业能力，提升经常项目外汇结算效率，为辖区规范、合规的企业降低时间和人工成本；深化跨境投融资便利化，为外资企业借入外债业务提供高效服务。落实全口径跨境融资宏观审慎调节参数上调政策，支持辖区符合条件的中资企业，在风险可控的前提下开展全口径跨境融资71万欧元；提升个人用汇便利化水平，坚持“小额便利、大额规范”原则，对个人外汇业务实施常态化抽查，切实保障个人真实合法用汇权益；扎实开展百名行长“进银行、访企业”专项调研，推动稳保工作取得实效，牵头或参与调研活动5次，访谈企业35户次，收集困难、诉求和有效建议10余条；落实省政府稳外贸24条措施，制定玉溪辖区进出口企业金融帮扶“白名单”，指导玉溪市外汇自律机制适时协调解决名单内企业在涉外经营过程中存在的困难和问题，降低涉外企业制度性交易成本；鼓励创新金融产品服务，以需求调研的方式向辖区14家外汇指定银行和40家辖区外贸企业传导“跨境金融区块链服务平台”破解“融资难、融资贵”问题的解决方案；开展“诚信兴商宣传月”活动，推动稳保宣传工作取得实效。

【外汇监管】 2020年，市外汇局充分利用各业务非现场监管系统平台，加强事中事后管理，定期与不定期开展货物贸易业务、资本项下业务、国际收支业务、服务贸易业务、个人外汇业务及银行结售汇业务等非现场核查监管，针对贸易主体监管、跨境资金异常流转、收付汇及各个环节真实性交易的审核把关，对监管中发现的异常情况及时向银行、企业联系落实，发现问题立即要求规范整改，并进行相关责任人、管理部门、分管领导的约见谈话，督促银行、企业严格执行外汇政策规定，提高银行、企业及个人的合规经营。发出风险提示函2份，开展现场核查3次，重点关注辖区资本市场业务，针对辖区FDI上市企业外方股东违规进行可转债交易的套汇行为，深入调查、摸清线索、持续跟踪，收集相关材料积极向上级主管部门沟通汇报，同时形成《FDI上市公司境外个人股东境内证券投资外汇管理问题浅析》案例调研报告上报云南省分局。

【维护外汇市场秩序】 2020年，市外汇局重点关注虚假贸易、虚假融资、虚假资本金汇入、分拆交易等高风险业务，密切监管虚假、欺骗性、非法套利套汇等违规行为，加强涉汇主体监管；有针对性地开展出口少收汇、服务贸易利润对外支付、个人外汇业务明察暗访及个人大额支出核查、资本项目收支便利化等核查监管，充分发挥跨部门联合监管合力，严厉打击和震慑各类外汇违法违规行为；积极开展外汇政策法规宣传，不断完善内控管理与内部检查机制，夯实外汇检查基础工作，提高辖区外汇业务合法合规能力，促进辖区外汇市场健康稳定发展。 （王　松）

银行业监管

【概况】 2020年，根据国家金融监管体制改革要求，玉溪银保监分局实施内设机构改革和职责调整，对全市55家银行保险机构608个营业网点实施全面监管。截至2020年末，全市共有银行业金融机构30家，其中法人机构16家，分支机构14家。机构类别涵盖政策性银行、国有大型银行、股份制银行、城市商业银行、农村商业银行、农村信用社、村镇银行，共有持证营业网点350个，从业人员5 318人。全市银行业发展由规模快速增长转为结构优化，经营发展稳中有进，资产、负债、存款余额、贷款余额规模均排名全省第三（仅次于昆明、曲靖）。年末，全市银行业金融机构资产总额2 894.62亿元，较年初增加209.20亿元，增长7.79%；负债总额2 712.49亿元，较年初增加207.22亿元，增长8.27%；各项存款余额1 997.12亿元，较年初增加65.87亿元，增长3.14%；各项贷款余额1 512.61亿元，较年初增加173.02亿元，增长12.92%；不良贷款率2.74%，较年初上升0.65个百分点。全年实现账面利润20.71亿元，同比下降1.83亿元，降幅8.13%。

【实体经济金融服务】 2020年，玉溪银保监分局聚焦玉溪经济社会发展的重点领域和薄弱环节，引导银行业与地方经济协调稳健发展。全市银行业对受疫情影响的1 677户企业的47.39亿元贷款本金、210户企业的1.25亿元贷款利息给予临时性延期偿还政策扶持；对玉溪市列入国家、省、市三级疫情防控重点保障名单的企业提供了29.81亿元贷款支持，贷款平均利率4.45%。引导银行机构主动服务国家重大战略实施，突出支持先进制造业发展，扩大中长期贷款投放，积极发展绿色金融。全市银行业紧紧围绕玉溪经济社会发展“5577”工作思路，加大金融资源投入力度，全年新增中长期贷款116.14亿元，贷款余额922.60亿元，较年初增长14.40%；新增“四个一百”重点项目建设贷款84.14亿元，贷款余额179.97亿元，较年初增长87.80%；新增绿色信贷4.40亿元，贷款余额95.52亿元，较年初增长4.9%。

【普惠金融服务】 2020年末，全市银行机构与税务部门“银税互动”合作签约率达100%，“百行进万企”活动问卷完成率达100%。全市小微企业贷款余额647.07亿元，较年初增长9.34%，其中：普惠型小微企业贷款余额167.31亿元，较年初增加21.52亿元，增幅14.76%；贷款户数87 688户，较年初增21 101户；贷款平均利率5.41%，较年初下降1.10个百分点；减免各类费利金额累计2.18亿元，其中小微企业减费让利金额1.55亿元。全市涉农贷款余额达721.63亿元，较年初增长12.91%，完成年度计划的168.61%；普惠型涉农贷款余额186.81亿元，较年初增长12.2%，完成年度计划的176.42%，“三农”金融服务持续加强。全市农村基础金融服务实现“村村通”，全市银行机构网点覆盖全市75个乡镇，各银行机构通过ATM机、POS机、转账电话、自助服务终端等方式提供的金融服务覆盖全市709个行政村。

【银行业改革】 2020年，玉溪银保监分局持续推进农村信用合作联社改制成农村商业银行，督促农村中小银行机构进一步坚守“支农、支小”市场定位，推动法人银行机构完善公司治理机制。按照“成熟一家、组建一家”的总体原则，累计完成6家农村商业银行改制并挂牌营业。其中：澄江农村商业银行7月获分局批复，8月正式开业。积极巩固农村中小银行机构县域双法人地位，加大力度培育村镇银行，鼓励有条件的村镇银行进行“多县一行”制探索，全市有6家村镇银行成立，县域覆盖率达66.67%。推进中小银行机构完善公司治理机制，督促机构把党的领导纳入法人公司治理体系，完成农村中小银行机构股东股权“三年排查整治”任务，推动云南红塔银行完成股权集中托管。

【金融风险管控】 2020年，玉溪银保监分局紧盯重点，牢牢守住系统性金融风险底线。年初对全市银行业不良资产情况进行全面摸底，督促机构做实贷款分类并制定不良贷款处置目标和实施方案，锁定“双控”目标，按月实时监测掌握辖内银行机构不良处置进度情况，对处置不力的机构加强监管提示。全年银行机构累计处置不良贷款21.49亿元，较年初处置目标超额完成5.26亿元，不良率为2.74%，信用风险总体可控。持续巩固高风险机构风险化解成果，坚持“一行一策”对已出列的4家高风险机构实施差异化监管，年末辖内4家已出列高风险机构不良率均控制在5%以内，较年初全部实现不良双降；有序拆解云南红塔银行高风险影子银行和互联网贷款业务，银行业务合规性不断提升。稳妥推进处置“原油宝”风险事件、“绿孔雀”公益诉讼判决引起的戛洒江一级水电站建行项目贷款风险事件的化解。加强与地方政府有关部门信息沟通，摸清政府隐性债务底数，配合政府做好债务置换。全年对5家机构开展现场检查，发现各类问题62个，涉及违规金额41.3亿元，提出整改意见58条。针对检查发现的违法违规行为，严格执行“双罚制”，对5家机构罚款合计180万元，对4名高管给予警告的处罚。协同市金融办、人行合力开展非法金融机构和非法金融业务活动专项整治，实现玉溪市内注册P2P网贷机构全部出清。开展银行业保险业金融放贷领域涉黑涉恶问题专项整治，督促机构积极配合有权机关开展涉黑涉恶账户资金查控，建立健全扫黑除恶长效工作机制。

【消费者权益保护】 2020年，玉溪银保监分局进一步完善信访、举报、投诉处理工作规程，畅通消费者维权渠道，全年接收银行保险违法行为举报46件，接收信访3件，处理投诉97件。同时，指导玉溪银行业协会推进金融纠纷多元化解工作，与地方法院、司法局、银行机构多方对接，探索成立消费者权益保护专业委员会和玉溪市银行业人民调解委员会，构建“行业调解＋法院司法确认”模式的银行业债务纠纷调解机制。2020年，玉溪市银行业人民调解委员会累计调解案件770件，涉及银行债权金额12 535.4万元。其中，调解成功216件，涉及银行债权金额4 801.4万元。 （段彩云）

商业银行

【中国农业发展银行玉溪市分行】 2020年，市农发行全面贯彻党中央、国务院方针政策和决策部署，全力服务“三农”、脱贫攻坚、粮食安全和乡村振兴。至年末各项贷款余额60.71亿元，比年初增加9.52亿元，增幅18.6%，累计发放各项贷款17.23亿元。全行无不良贷款，资产质量持续保持较高水平。累计投放粮油贷款2.98亿元，同比多投1.5亿元，疫情期间发放粮油应急贷款9 218万元，及时足额保证了地方粮油储备轮换、地方储备粮增储的信贷资金供应，确保粮油市场物足价稳。审批疫情防控应急贷款2.52亿元，且支付率均达100%，支持云南滇雪粮油有限公司、云南玉溪国家粮食储备库、云南维和药业股份有限公司、玉溪凤凰生态食品有限责任公司等14家实体企业，助力疫情期间粮油收购、生猪采购、医疗物资采购、重要农产品的生产供应。获批扶贫贷款项目4个，审

2020年2月，疫情期间农发行到企业调研（农发行 提供）

批金额27.05亿元，累计投放扶贫贷款9亿元，其中项目扶贫贷款3亿元，产业扶贫贷款6亿元。投入扶贫工作资金11.6万元，其中抗疫捐赠资金2万元，市县两级工作经费1.5万元，员工捐款2.1万元，捐赠指标6万元；积极参与消费扶贫，全年累计消费扶贫金额8.83万元。支持实体企业21户，累计发放贷款2.95元，贷款余额达3.43亿元；落实减费让利政策，为企业降低融资成本1 380万元，减免相关信贷费用32万元。（史　丽）

【中国工商银行玉溪分行】 2020年，市工行不断创新融资服务方式，全力以赴支持重点项目、重点企业、民营企业和小微企业发展。至年末，市工行各项人民币存款余额148.4亿元，比年初增加1.4亿元，增长0.95%。公司贷款95.06亿元，比年初增加6.05亿元，增幅6.8%。紧紧围绕云南省"四个一百"重点项目、工业转型升级"三个一百"项目清单，建立项目储备台账和营销责任人，持续抓好元蔓、大夏、江通、弥玉等项目跟进服务，积极做好红塔区医共体、猫哆哩、快大多等企业年度评级授信，上报50户企业的评级授信方案，向滇雪粮油发放云南省首笔疫情防控专项再贷款500万元，成功为红塔塑胶开立进口信用证555.92万欧元，成为全省首笔项目下开立进口即期信用证业务。加强税务贷、用工贷、结算贷、泛交易链、e抵快贷等快贷产品的宣传和推介，积极支持江川包装行业、澄江民宿行业发展。至年末，人民银行降准口径贷款余额31 248万元，较年初净增6 586万元；银保监普惠口径贷款余额33 740万元，较年初净增8 583万元，增速34.18%，高于各项贷款同比增速24.88个百分点，实现"两增两控"目标。精准扶贫贷款余额14 646万元，较年初增加8 860万元。开展"春润行动"，优化疫情防治重点企业准入流程，建立疫情期间应急融资需求绿色审批通道，支持企业复工复产和助力脱贫攻坚，累计提供授信支持18 150万元，为77户中小微企业办理展期、延期还本、调整分期还款计划，金额7 748万元。加强对重要行业、重点客户、重大项目信贷支持，及时将江通、武易高速公路21亿元项目贷款的结息周期由"按季付息"调整为"按年付息"。累计对6户名单内重点抗疫企业提供授信2 400万元，首贷户增加53户、余额增加6 459万元，信用贷款增加77户、余额增加26 067万元，中长期贷款增加124 676万元。（瞿　敏）

【中国农业银行玉溪分行】 截至2020年末，市农行各项存款突破250亿元，净增17.54亿元，增幅7.7%；各项贷款突破180亿元，净增21.2亿元，增幅13.23%；2020年实现各项收入10.56亿元，同比增加3 799万元，存贷款余额、拨备前利润均居四行（工、农、中、建）首位。疫情期间投放贷款2.21亿元，支持12户抗疫重点企业。其中对5户国家级企业提供融资支持，金额1.05亿元。对接企业514户，累计为33户企业提供超过2 900万元的信贷支持。市农行与玉溪市国税局联合开展银税互动暨支持企业复工复产工作。截至2020年末"纳税e贷"余额4 763万元，较年初增2 294万元，有贷户数较年初增53户。通过区块链融资服务平台注册对公客户320户，帮助平台注册用户实现融资1.2亿元；通过应收账款融资服务平台注册用户457户，实现融资10亿元。市农行参与项目包装及申报共15个，金额30亿元，占全市发债项目比例的78.95%，居同业第一。至年末，市农行普惠金融贷款余额36.3亿元，比年初增加6亿元；农业产业化龙头企业贷款余额10.12亿元。全行县域贷款余额123.03亿元，占全行各项贷款余额的67.71%；县域贷款比年初增加15.18亿元，占全行各项贷款增量的71.5%；县域贷款增速为14%，高于全行各项贷款增速0.77个百分点。农户贷款余额达15.5亿元，农户贷款余额位居全省农行前列。发放扶贫小额信贷534笔，金额2 625.5万元，超额完成玉溪市扶贫办扶贫小额信贷任务。至年末，市农行制造业（按贷款投向）贷款余额达19.19亿元，其中战略性新兴产业和现代服务业2.61亿元，居同业第一。市农行依托科创贷、纳税e贷等产品，支持玉溪市科技型企业、小微企业，助力玉溪打造"打造云南数字第一城"。顺应抗击疫情和复产复工融资需求，发展"零接触"金融服务。至年末"惠农e贷"农户贷款余额11.8亿元，比年初增4.91亿元，完成省分行计划任务的140%。（柏存龙）

【中国银行玉溪分行】2020年，市中行全体员工对人民银行、银保监局以及上级行的工作部署认识到位、执行坚决、行动有力，全行整体业务发展和市场攻击力均有较好的提升。至年末，各项存款余额96.77亿元，较上年新增16.30亿元，增幅20.26%。存款新增16.3亿元，四大行新增绝对额、市场份额第一；贷款新增17.8亿元，四大行新增份额第一；贷款不良率继续维持在0.36%的较低水平。市中行积极介入主流市场，直面存量业务，全力做好对外金融服务工作。新增行政事业类账户71户，新增户数和任务完成率全省第一，行政事业存款市场份额提升0.8个百分点，增量四大行第二；在烟草领域，市场最重要的三个客户中两个重新与中行建立业务合作关系；在钢铁领域，排名前2名的客户均开始在中行办理业务；在新入驻企业方面，与中铁、中建、中电建、北京城建、融创、中粮、云南省建投等企业建立业务合作。在个人客户方面金融服务效果明显，VIP客户数辖内州市行第一，金融资产增量全省中行第二，私人银行业务考核得分全省中行第二。2020年，玉溪整个市场公司存款较年初下降22亿，市中行逆势而上，公司存款新增11.5亿元。在狠抓业务发展指标的同时，高度重视风险内控工作，以保证对外金融服务最终的良好效果。在授信业务管理上，突出对客户贷前的全面和真实性了解，以及根据市场变化及时调整金融服务策略。至年末，贷款余额达到75.9亿元，0.36%的贷款不良率始终远低于玉溪市金融同业水平，尤其是公司贷款质量长期保持优良。

（管迎春）

【中国建设银行玉溪市分行】截至2020年末，市建行一般性存款余额228.75亿元，较上年增加14.35亿元，增长6.69%，其中：对公和个人存款分别增长1.71%和12.03%。各项贷款余额124.62亿元，较上年增加21.97亿元，增长21.4%，其中：对公和个人贷款分别增长18.5%和23.96%。不良贷款余额1.5亿元，不良率1.21%，较上年末下降0.26个百分点。实现中间业务收入1.46亿元。全力支持企业在疫情期间顺利复工复产，为3个县医院提供授信1.07亿元，为7户疫情保障企业提供授信30 847万元；加大对疫情防控相关小微企业的信贷投放力度，主动缓解普惠客户的临时性流动性困难，创新推出“云义贷”专属服务，为227户企业授信1.9亿元，贷款余额1.2亿元；为受疫情影响还款困难客户办理续贷业务195笔，贷款金额5 217万元。配套“融智”服务，配合市县区政府4个政府专项债券项目申报，发行金额10.2亿元；为澄川高速、玉溪沃森等11个大中型客户提供授信50.87亿元，通过贷款、贴现等方式投放信贷资金20.51亿元。积极加大普惠金融信贷投放，至年末，普惠金融贷款余额7.78亿元。自2017年全线上创新型纯信用类贷款“小微快贷”业务开办以来，已累计实现纯信用贷款投放6 557笔25.85亿元，全力支持小微企业经营发展，有效缓解小微企业“融资难、融资贵、融资慢”的压力。（桂登云）

【交通银行玉溪分行】截至年末，市交行人民币各项存款余额48.14亿元，增加1.65亿元，日均存款余额48.50亿元，增加0.37亿元，增幅0.78%。高度重视“六稳”“六保”工作，成立金融支持复工复产和助力决战决胜脱贫攻坚工作小组统筹推动。对接地方发展战略，支持实体经济。对照“四个一百”“五网建设”、乡村振兴、新旧动能转换等重点项目和企业清单申报项目，贷款投放8.48亿元，持续为实体经济‘输血通脉”。年末各项贷款日均余额49.79亿元，增加18.80亿元，增幅60.66%。大力发展普惠业务，服务小微。定期召开项目储备会，做实做细储备及投放，营造全员做普惠的氛围，公私联动成立专营团队推动普惠业务发展，以普惠线上产品为突破口，以产业链为依托大力发展普惠业务。至年末，两增余额较上年同期增长率在玉溪市排名第一，两增和降准指标全面完成。坚持全面风险管理，开展精细化管理提升工程，开展专项治理工作，内控合规管理能力进一步增强。加强临期管理，加大清收力度，全面完成资产质量控制目标，年末对公不良余额继续保持为0，个贷不良贷款27.51万元，不良率0.005%，继续保持分行资产质量的优良。（乔艳梅）

【中国邮政储蓄银行玉溪市分行】2020年，市邮储行坚守零售银行战略定位，围绕“服务实体经济、防控金融风险、深化金融改革”三大任务，坚持服务“三农”、城乡居民和中小企业三大定位，推进全行系统化转型。截至2020年末，全行总资产67.14亿元，同比增长11.67%。各项存款余额59.70亿元，同比增长10.58%；各项贷款余额61.01亿元，同比增长11.87%，全行不良率0.93%。市邮储行创新金融产品，对受疫情影响的企业做到不抽贷、不断贷、不压贷，积极推广“小微易贷”“极速贷”等线上产品。对抗疫名单企业授信9户，金额1.47亿元，同时通过罚息减免，贷款展期、停息等方式，帮扶百余户受困客户渡过难关。持续加大金融精准扶贫力度，投放小额扶贫贷款1 206笔，金额5 936万元，产业扶贫6笔，金额9 640万元；落实绿色银行三年规划，截至年末，绿色信贷余额1 938万元；落实全面风险管理，推进“平安邮储”建设，年内未发生案件、风险以及重大安全事件。落实中小微企业减费让利、延期还本付息、信用贷款等政策，强化对民营小微企业首贷培育，2020年降低实体经济融资成本约432万元，至年末，普惠小微贷款余额1.2亿元，再就业贷款本年累计投放1 779笔，金额2.751亿元。加大对“三农”领域的信贷支持，持续推进“一县一业、一行一品”，做大“云”系贷款，至年末，“云花”“云菜”贷款累计投放3.5亿元，涉农贷款余额51.09亿元。推进重点公贷项目落地，为玉溪沃森生物授信1亿元，获批玉楚、弥玉高速共110亿元项目贷款，市邮储行率先投放10亿元。联合市邮政公司与玉溪市农业农村局、退役军人事务局、工业和信息化局等签订战略合作协议，推进各项业务发展。（刘园丽）

【上海浦东发展银行玉溪分行】 2020年，市浦发行紧紧围绕“调结构、稳增长、严合规、提质量、优管理、强能力”的经营主线，积极支持玉溪地方经济建设。至年末，市浦发行各项存款余额为18.88亿元，比上年减少0.61亿元；各项贷款12.15亿元，比上年增加2.24亿元。个人金融资产余额达21.59亿元，不良贷款余额为54.33万元，较上年减少31.24万元。不良率0.04%，较上年下降0.05个百分点。全年累计实现普惠口径小微企业贷款5 417.95万元，较上年新增1 250万元。为星云湖环湖截污项目PPP贷款2020年度利息全额延期至2020年底，缓解实体企业受疫情影响暂时性付息困难的情况。澄江化石博物馆PPP项目累计投放9 600万元，为澄江市旅游及文化产业重点项目的建设提供支持。积极支持玉溪西美西公司、玉溪健坤生物公司等抗疫企业，并实现授信投放。对于受疫情影响的保供企业，市浦发行先后对得俊家居、得胜集团、蓝晶科技、红塔塑胶、玉昆钢贸等实体企业到期贷款还款后快速放款，为企业在疫情影响下持续正常经营提供有效保障。（李晓琳）

【广发银行玉溪分行】 2020年，市广发行把支持地方经济建设与自身业务发展有机结合，服务实体经济，助力小微企业。在新冠肺炎疫情防控特殊时期，加强资产管理，严控经营风险，强化案防措施，确保全行稳健经营发展。至年末各项存款余额30.69亿元，较上年增加7.72亿元，增幅33.59%；各项贷款余额12.43亿元，较上年增加2.78亿元，增幅28.82%。积极跟踪“四个一百”重大项目支持玉溪市重大项目的建设，投放5.5亿元支持“四个一百”重大项目—高铁新城项目。通过专项债投放1亿元支持玉溪大化产业园区市政建设，投放1亿元支持杞麓湖环保治理。参与智慧玉溪建设，落地智慧城市项目5个，打造智慧广发新形象，与小马国炬公司签订的智慧物流合作项目，带动行内公司零售业务的同步增长。持续加大对普惠小微企业融资支持力度，利用行内推出的“税银通”“政采贷”“E秒贴”等系列创新产品拓展服务客户新渠道，提升满足小微企业差异化融资服务需求的能力。全年向普惠型小微企业投放贷款1.93亿元，较上年增长1 281.10万元。（杜红霞）

2020年4月10日，广发银行商业联盟签约仪式（广发银行 提供）

【华夏银行玉溪支行】 2020年，市华夏行坚持提质转型、存款立行、合规护行、精细化管理等工作部署，统筹疫情防控和经营发展，通过全行上下的努力拼搏，各项业务平稳运行，风险管理成效明显。积极推动总行帮扶小微企业十项硬措施落地，助力受疫情影响的企业脱困。灵活运用展期、借新还旧、调整还款计划、征信保护、免收罚息复利等方式为企业排忧解难。充分利用总行推出的“排忧贷”“复工贷”“房贷通”“银税通”等产品，对客户提供差异化金融服务。至年末，实现各项存款余额29.51亿元，较上年增加3.12亿元。其中对公存款24.04亿元，储蓄存款5.46亿元，实现考核利润1.08亿元。面对疫情冲击、经济下行等复杂的外部环境，市华夏行顺应国家政策导向，加大服务实体经济力度。年内成功置换9亿元政府隐性债务，实现6.2亿元公司债主动投资；撮合玉溪家园建设，市国资公司与华夏租赁的合作，完成放款3亿元。至年末，实现各项贷款余额31.4亿元，较上年增加12.38亿元。其中对公贷款余额30.39亿元，普惠及个人贷款余额1.0亿元，较上年增加0.67亿元。（白云兰）

【中国民生银行玉溪支行】 2020年，市民生行加强风险管控，加大项目储备及信贷投放力度，支持地方经济建设，各项业务健康、平稳、高质量发展。至年末，各项存款余额15.61亿元，比年初增加1.01亿元，各项贷款14.20亿元，比年初增加4.97亿元。主动适应经济金融形势，积极探索新业务模式，加强项目储备，加大资产投放，支持实体经济发展和复工复产工作。在完善基础设施建设、促进民营经济发展上贡献力量。为玉溪市保障性住房、云南昆楚高速等政府重点基础设施建设项目发放贷款9.61亿元。联合泰康养老及华夏保险向红塔区卫健系统一线医护人员及民营医院医护人员赠送20万/人的新冠保险。全年投放公司贷款10.52亿元，个人贷款3.68亿元，按揭贷款2.23亿元，个人财富资产规模12.54亿元。（廖　雁）

【中信银行玉溪分行】 截至2020年末，市中信行各项存款余额8.41亿元，较年初增长1.86亿元，增幅28.40%；各项贷款余额40.58亿元，较年初增长6.51亿元，增幅19.11%。市中信行立足玉溪实际，紧紧围绕玉溪市发展规划谋划布局，主动担当作为，在债券投资、普惠金融、疫情防控等方面充分发挥中信银行“融资+融智+融产”优势，促进业务发展稳步提升，积极支持地方经济建设。为地方小微企业提供综合金融服务，发放普惠金融贷款1 583万元。在疫情防控紧要关头，市中信行主动作为，为玉溪市承接国开行疫情应急资金提供金融服务，为七县两区9家疫情防控平台公司高效开立账户，顺利承接国开行3亿元疫情资金，保障了抗击疫情应急物资的采购结算。（龙　蓉）

【富滇银行玉溪分行】 2020年，市富滇行作为省属地方性国有控股商业银行，立足玉溪实际，紧密围绕总行“453”发展战略，大力支持地方经济发展。至年末，各项存款余额（含外币）20.32亿元，各项贷款余额36.95亿元。市富滇行面对新冠肺炎疫情带来的挑战，全力支持“六稳”“六保”，助推复工复产，加快普惠金融建设。为疫情防控重点企业提供贷款3.77亿元，办理延期还本14户，金额8.16亿元。积极推进首贷企业融资培育行动，新投放17户普惠型小微企业，其中首贷户10户，金额0.29亿元，普惠金融“惠企效应”显著。市富滇行加大对区域信贷投放，助推区域经济发展。定向认购地方平台公司债券4亿。为新平县老城片区综合开发投放贷款4亿元。落实银政合作协议，12月26日市富滇行澄江支行挂牌开业，助力区域经济发展。12月31日市富滇行首个“普惠金融服务点”在新平县平甸乡挂牌开业，助力乡村振兴。（赵基臣）

【云南红塔银行】 截至2020年末，云南红塔银行资产总额1 294亿元、负债总额1 178亿元，资产规模超过交通银行及所有全国性股份制银行在云南的分行；各项存款971亿元、各项贷款461亿元，存贷款均保持快速增长，平均增速远远高于全省平均水平；主要风险指标保持优良水平，不良贷款率和拨备覆盖率双双进入全国城商行前十名，全年实现净利润7.91亿元。公司治理能力和市场知名度进一步提高，监管评级始终保持3A级，外部主体评级由AA升至AA+，连续3年获得“本币市场交易300强”称号，并荣获银行间市场“最佳进步奖”。整体运行呈现出“规模与效益同步增长、速度与质量协同提升”的良好态势。至年末，云南红塔银行通过传统信贷、债券投资等方式对玉溪重大项目、各类企业、民生工程及个人提供的融资余额达到224亿元，有效满足地方项目建设、企业发展、个人创业消费融资需求。全行近120亿元资产业务和省外烟草工商企业近196亿元存款全部落地玉溪，快速提高了玉溪金融增加值，对玉溪GDP增长形成有力支撑。（赵杨骁潇）

【云南省农村信用社联合社玉溪办事处】 2020年，玉溪农信社坚守支农支小战略定位，扎实做好服务地方经济本职工作，有效推动地方经济发展。至年末，全市农信社各项存款余额596.55亿元，较上年增长17.33亿元；各项贷款余额419.55亿元，较上年增长10.16亿元，存贷款市场份额居全市同业首位。累计上缴税金1 974万元。玉溪农信社对已确认的疫情保障企业150户全部进行对接，累计对名单内企业发放贷款9.55亿元。使用普惠小微贷款延期支持工具对5.09亿元普惠小微企业贷款办理延期还本付息，获得利率互换激励资金132.62万元，占本地金融机构使用该工具的73.34%。全年累计发放扶贫小额贷款3.12亿元，占全市发放金额的90%以上；累计对508户企业、小微企业主及个体工商户首次授信2亿元，发放贷款1.49亿元，贷款余额1.49亿元。玉溪农信社普惠型小微企业法人贷款平均利率较上年下降0.79个百分点，普惠型个体工商户及小微企业主贷款平均利率较上年下降0.67个百分点。对符合条件的小微企业办理延期还本付息，缓解企业经营困难，普惠小微企业办理延期还本贷款比例达80.04%。全年，玉溪农信社累计发行惠农贷记卡5.90万张、ETC卡2.39万张、电子社保卡56.03万张，代理城乡居民养老保险缴费55.37万人、缴费9.54亿元，代理城乡居民医疗保费缴费112.82万人、缴费3.03亿元，有效提升普惠金融服务质量。玉溪农信社以华宁农商行为首，创新推出乡村振兴贷，主动降低贷款利率，减轻农户负担，发放乡村振兴贷8.4亿元，为农户降低融资成本2 800万元。（潘文强）

证　券

【太平洋证券玉溪营业部】 2020年，太平洋证券玉溪营业部着力加强推进资管产品、基金销售等业务，优化营业部收入结构，取得了较好的经营成绩，被评定为公司优秀营业部，受到公司表彰。至年末，营业部共有员工35人，其中投资顾问11人，投顾助理1人，客户经理16人。成功发行“玉溪市红塔区国有资产经营有限责任公司”公司债，实现营业部在开展综合业务公司债发行零突破。（信长科）

【大同证券玉溪营业部】 2020年，大同证券玉溪营业部紧跟公司步伐，抓住年度总体工作思路不放松，统筹兼顾、并重并举，推动“十个一”工程的有序实施，取得了较好的经营业绩。至年末，营业部有员工18人，经纪人16人。营业部积极加强经纪业务客户的开发工作，积极推进业务转型，在做好基础客户服务的前提下，进一步优化客户结构，加大对机构客户和中高净值客户的开发力度，为业务转型打好客户基础。至年末，玉溪营业部共有客户资金账户17 700余户，全年交易量近200亿元；累计销售开放式基金3 100余万元，其他金融产品10 200余万元；融资融券业务获批可使用授信额度8 900余万元；稳健推进期权期货业务。（雷亚萍）

2020年6月15日，玉溪市保险业2020年防范非法集资集中宣传活动在东风广场举行（市保险业协会　提供）

【国泰君安证券玉溪营业部】 2020年，国泰君安证券玉溪营业部秉承“以客户为中心”的理念，积极践行“合规、诚信、专业、稳健”的行业文化，以“全业务上线、全员上线、全管理上线”的完备线上服务为投资者提供优质的金融产品和服务。至年末，国泰君安证券玉溪营业部在职员工6人；全年证券交易金额480 140余万元，其中A股交易金额376 090余万元，债券融券回购交易金额71 811余万元，基金交易金额13 542余万元；全年期货交易金额51 683余万元。（雷冬梅）

保险业监管

【概况】 截至2020年末，全市共有保险公司26家，其中财产险公司15家，人身险公司11家。全市保险公司共有员工1 985人，保险营销员14 822人。全年实现资产总额81.36亿元，同比增长13.41%，其中财产保险公司资产总额10.01亿元，同比增长11.90%；人身保险公司资产总额71.36亿元，同比增长13.62%。累计原保险保费收入51.41亿元，同比增长7.25%，其中财产保险公司累计原保险保费收入23.10亿元，同比增长14.09%；人身保险公司累计原保险保费收入28.31亿元，同比增长2.25%。累计赔付支出18.07亿元，同比增长13.44%，其中财产保险公司累计赔付支出12.07亿元，同比增长18.94%；人身保险公司累计赔付支出5.60亿元，同比增长3.78%。

落实银保监会及地方政府关于保险支持经济发展政策，主要包括政策性农险生猪保险提额政策、招投标保险保函政策等，其中招投标保险保函政策有效减轻企业经营成本。发挥保险公司专业优势积极承办城乡居民和城镇职工大病保险业务。2020年玉溪市城乡居民大病保险已重返商业保险公司承保，且大病保险逐步向贫困人口特别是建档立卡贫困户倾斜。持续维护交险快处快赔服务点工作，保障道路交通有序、畅通、安全，缓解因道路交通事故造成的拥堵，提高道路通行效率。2020年道路交通事故损害赔偿纠纷案件占年度保险纠纷总案件1 551件的98.07%，调解成功率达100%。规范发展第三支柱养老保险，强化各类养老金融产品与客户风险等级的匹配度。强化保险在灾害防护体系中的作用，探索发展巨灾保险。大力发展农业保险，提高农业风险保障水平，提升辖内农村地区的保险密度和保险深度，推动农业保险提质、增效、扩面。

【保险业改革】 2020年9月19日，新一轮车险综合改革正式实施。玉溪银保监分局组织辖区内财产保险公司开展车险综合改革调研座谈会，深入到各保险公司开展新系统上线及业务培训情况督导，全面宣传贯彻银保监会关于车险综合改革的相关政策，确保车险综合改革工作平稳推进。各财险公司统一执行商业车险示范条款（2020版），合理降低保费，扩大产品和服务保障范围。截至年末，各财险公司车均保费均有明显降幅，改革后全市汽车车均保费1 905.11元，较改革前车均保费2 699.55元下降29.43%，车险综合改革“降费、增保、提质”目标得到有效落实。进一步规范意外险市场秩序，全市26家保险公司开展意外险市场清理整顿工作，稳妥推进中国银保监会《关于加快意外险改革的意见》的落实，有效推动意外险市场高质量发展。年末，全市26家保险公司实现意外伤害保险原保险保费收入1.50亿元，占全市原保险保费收入的2.92%。意外险业务同比增长11.73%，增速高于全辖原保险保费收入增速4.48个百分点。

【保险乱象治理】 2020年，玉溪银保监分局深化整治保险市场乱象，注重抓行业违规典型并从严处理，引导保险机构及从业人员转变观念，推动行业提高依法合规经营意识。开展“抓违规促合规”专题活动。对日常保险监管发现的问题下发监管提示7份，约谈机构主要负责人5次。对案件督查发现的问题，组织全市保险公司开展印章证照管理、账户开立情况自查自纠。落实反保险欺诈牵头职责。制定下发《玉溪银保监分局办公室关于进一步加强反保险欺诈工作的通知》，明确行业机制建设、信息共享、日常风险排查、宣传教育管理，形成反保险欺诈长效机制。加强风险管控。按照银保监会对相关公司的接托管工作部署，玉溪银保监分局加强风险预判和自媒体管控，禁止借机炒作、诋毁同业并临时建立了新入职人员统计报表监测同业挖角行为，稳妥推进2家公司分支机构正常运营。组织开展保险中介领域乱象整治、意外险市场清理整顿自查自纠、保险公司乱象整治“回头看”等工作，对2家公司开展意外险及乱象整治“回头看”工作进行现场督查。

【保险纠纷化解】 2020年，玉溪银保监分局致力于推进保险纠纷多元化解体系建设，引导市保险行业协会建立健全化解保险纠纷工作机制。市保险业人民调解委员会与公安、司法部门及鉴定机构紧密合作，建立健全各保险机构及其县（市区）保险调解室建设，推进保险矛盾纠纷化解在基层。截至年末，市保险业人民调解委员会共受理保险纠纷案件1 511件，调解成功率达99.93%。4月，市保险行业协会成立了消费者权益保护专业委员会，制定印发了《玉溪市保险行业协会消费者权益保护专业委员会工作规程》及《玉溪市保险业消费者权益保护（暂行）公约》。引导市保险行业协会每月对15家财产保险公司的车险理赔客户满意度进行抽样调查，电话回访中发现问题及时反馈各保险公司及时整改。全年共计回访809件理赔案件，平均电话回访成功率96.31%，成功回访案件车险理赔客户满意度调查平均得分90.83分，客户满意度进一步提升。

【保险行业自律】 2020年，玉溪银保监分局加大力度推动玉溪保险业强化车险自律和保险从业人员自律工作。引导市保险行业协会每半年召开车险市场自律专题会议，传达和学习中国银保监会财险部有关车险改革的相关要求和玉溪银保监分局对各机构的各项工作要求。组织市保险行业协会全面开展保险销售从业人员自律检查，排查品质不良从业人员，追踪“云南省保险从业人员综合信息服务平台”与中介系统数据同步情况。12月2—4日，市保险行业协会派出5个检查小组深入全市26家保险公司开展2020年度保险销售从业人员自律检查工作，强化保险销售人员执业管理，落实保险公司、保险机构主体管控责任，规范销售人员执业行为。（段彩云）

【行业宣传】 2020年，市保险行业协会充分利用微信公众号、协会网站、《玉溪日报》、各保险公司工作动态和理赔信息等渠道，面向社会大力推广、宣传普及保险知识及相关政策法规，有效扩大了保险宣传面。配合市委宣传部、市文明办、市司法局、人民银行、银保监分局等部门，组织各保险公司开展“3.15”消费者权益保护、“7.8保险宣传日”“金融知识普及月”“12.5国际志愿日”“防范非法集资宣传月活动”等宣传活动，让社会公众感受保险的保障功能。11月25日，为进一步加大保险宣传力度，成立保险宣传专业委员会。11月，协会被云南省保险行业协会评为2019年度云南保险行业信息宣传工作“先进单位”。（邹丽辉）

保险公司

【中国人民财产保险股份有限公司玉溪市分公司】 2020年，人保财险玉溪市分公司全险种保费收入10.11亿元，综合成本率101.75%，全险种已结赔案8.37万件（不包括大病医疗保险），支付赔款5.94亿元；账面利润122万元；上缴国家税收8 865.69万元；提供财产和人身保险保障10 289.28亿元。

保险支持复工复产。自新冠肺炎疫情发生以来，人保财险玉溪市分公司聚焦企业在营业中断保障、货物滞留保障、员工隔离工资保障、财产损失保障、员工意外保障几方面的需求，推出营业中断损失险、安全生产责任保险等险种，并结合行业类别及企业类型，分别厘定了保额和保费设定保险方案，通过扩大保障范围、免费扩展传染病责任、免费延长保险期限、适当缓缴保险保费等方式保障企业权益，缓解企业压力；开展企业复工复产保险推广，为112家企业提供营业中断保险责任，承担2 269.5万元风险保障。为75家企业2 593名雇员扩展承保传染病责任，解除了企业复工复产的后顾之忧，增强了企业复工复产信心。

推进大病保险业务。人保财险玉溪市分公司中标承办《玉溪城乡居民大病保险》和《玉溪市全市城镇职工团体住院补充医疗保险》业务。截至年底，城镇职工大病医疗保险参保人数28.83万人，城乡居民大病医疗保险参保人数为185.29万人，全市受理案件6.53万件，赔款1.39亿元。推出医保个人账户资金购买商业健康险的业务，盘活了职工基本医疗保险个人账户结余资金，激活了商业医疗保险市场。

积极发展农业保险，为农产品“稳产保供”提供稳定持续的保险保障，截至12月31日，全市市政策性种植业保险（水稻、玉米、油菜、甘蔗）承保98.54万亩，为25.59万户种植户提供风险保障（保额）4.96亿元；政策性养殖业保险（能繁母猪、育肥猪、奶牛）承保27.46万头，为2.46万户养殖户提供风险保障（保额）2.81亿元。截至12月31日，全市受理政策性农险报案1.32万件，赔款2 028.14万元。持续推进农险"扩面、增品、提标"，增加甘蔗、育肥猪、奶牛保险新增保费800.98万元，在华宁、新平探索开办地方特色柑橘保险，累计承保面积2.64万亩，实现保费收入528万元。

提升服务品质。在本地保险行业首家推出理赔出险代步车服务，提升车险保单附加价值；投入16万元宣传费，深化警保联动合作，推进41个"警保合作"劝导站建设；开展柜面一体化建设，实现标识、形象、服务三个统一，打造规范人保柜面，一体化门店建设覆盖率达到100%；启动实施"温暖工程"，全市所有机构建设劳动者驿站11个；深入推进理赔服务线上化、数字化，优化服务效能，简化理赔手续和理赔流程，家用车理赔线上化处理案件达35 641件，家用车理赔线上化率达93.2%。（罗雅馨）

【中国人寿保险股份有限公司玉溪分公司】 2020年，人寿保险玉溪分公司实现总保费收入7.19亿元，同比增长11.11%。其中：新单保费2.41亿元，同比增长4.47%；续期保费4.78亿元，同比增长14.77%。首年期交保费1.26亿元，同比负增长2.18%；保障型业务保费4 427万元，同比增长2.55%；短期险保费（含红塔集团业务）9 502万元，同比增长11.11%。总保费市场份额25.40%，玉溪市寿险公司排名第一。综合金融发展持续推进，为中国人寿集团成员单位玉溪国寿财险公司代理产险业务345万元，为市广发银行开卡1 237张。玉溪分公司各类赔款支出6 400万元，同比增长22.65%，其中意外伤害险赔款支出1 467.16万元，同比增长24.68%；健康险赔款支出4 932.89万元，同比增长22.06%。死伤医疗给付支出2 699.52万元，同比增长86.39%。其中：寿险支出2 190.52万元，同比增长99.99%；健康险支出509万元，同比增长44.2%；满期给付支出692.36万元，同比负增长26.59%。年金给付支出2 546.61万元，同比增长2.42%。

继续领跑全省，法人业务、综拓业务取得新突破。计生保险在疫情期间，承保面不降反增，实现计生险保费1 596.95万元，相比上年保费规模增长近80万元。全市实现老龄险保费953.05万元，承保人数18.89万人，占全市60岁以上老年人口50.34%。实现学平险保费2 516.06万元，学平险通过商户保出单1 903.64万元，占比为75.66%。大项目拓展取得突破，中标红塔区公安分局、玉溪烟草退休人员保险服务项目。实现法人业务保费999.14万元，较上年保费规模增长近470万元。全年综拓业务突破1 105.32万元，同比增长11.61%，保持高位增长。

渠道代理合作迈上新台阶。疫情防控期间，全面发动合作网点开展"防疫国寿有爱　争创精品网点"急速劳动竞赛，开单网点21个，累计代理期交保费207.6万元。"五六联动"期间，坚持实施一行一策，差异化经营发展策略，利用汇鑫项目全面推进五年期渠道期交代理。在加快推进农行"农情国寿528燃爆周活动"、邮储"客户服务节—六六大顺"活动、工行"真爱永相随　工行国寿日"活动基础上，积极推进广发、建行、中行、邮政合作，实现单日渠道五年期代理期交达102万的历史新突破。

坚持提升服务能力，以科技赋能为手段，推动客户服务的高质量发展。2020年，长险个人投保总件数15 155件，团险投保总件数1 434件，无纸化投保率为100%。运用移动调查、视频调查等科技手段调查件1 757件，风险排查解约15件，退还保费15.7万元，涉及风险保额155.8万元。处理各类型长、短险赔案21 413件次（不含红塔集团），其中：常规短期险（不含红塔集团）赔付19 694人次，简单赔付率为54.41%。运营服务实现寿险APP注册用户15 390户，保全作业件数10.41万件，可e化保全作业件数52 817件，通过e化作业操作52 050件，保全e化率98.55%，有效提升了联络服务电子化、智能化水平。3月份公司开展医保卡购买商业保险业务以来，收取医保刷卡保费481件，保费165.86万元；有效助推公司业务的多元化发展。经调查取证，拒付被保险人醉酒驾驶保险金理赔申请，为公司挽回经济损失25万元。

在疫情防控期间，切实强化疫情防控和复工复产两手抓、两不误，按照"六稳"和"六保"要求提升金融服务实体经济能力。在2020年老年人保险承保方案中，将意外住院津贴保险责任从3 000元提高至9 000元，保费不变，保费减免188.52万元；减免计划生育家庭意外伤害保险总保费399.24万元；减免在校学生总保费19.37万元；减免303名客户保单复效利息13.15万。减免个体工商户铺面租金12.6万元。按照"回头看补短板强弱项抓提升"工作要求，向精准扶贫贫困户77人赠送计划生育家庭意外伤害保险，提高风险保障能力。（李跃辉）

玉溪市2020年12月份财产保险公司业务统计表

单位：万元

单位	险种	保险金额	保费收入				赔款支出			
			本年累计	上年同期	同比	份额	本年累计	上年同期	同比	简单赔付率
人保财险	1. 企业财产保险	4 371 667.84	1 776.91	1 619.95	9.69%	60.24%	671.23	779.30	−13.87%	37.77%
	2. 家庭财产保险	1 539 325.39	587.60	551.62	6.52%	82.63%	295.26	254.84	15.86%	50.25%
	3. 机动车辆保险	20 370 109.15	62 715.69	57 988.74	8.15%	37.43%	33 223.59	40 547.67	−18.06%	52.97%
	其中：交强险	3 771 784.40	16 410.60	15 038.90	9.12%	34.71%	5 828.62	7 019.57	−16.97%	35.52%
	4. 工程保险	123 698.65	356.19	96.72	268.27%	70.23%	96.99	37.98	155.40%	27.23%
	5. 责任保险	8 107 719.30	2 761.39	2 428.84	13.69%	51.79%	1 065.00	1 166.67	−8.72%	38.57%
	6. 信用保险	–	–	–	–	–	–	2.09	−100.00%	–
	7. 保证保险	31 462.85	−473.86	1 667.91	−128.41%	−7.02%	1 026.80	795.73	29.04%	−216.69%
	8. 船舶保险	–	–	–	–	–	–	–	–	–
	9. 货物运输保险	765 719.50	505.78	380.77	32.83%	53.51%	97.26	−37.57	−358.88%	19.23%
	10. 特殊风险保险	108.60	1.02	–	–	–	–	–	–	–
	11. 农业保险	42 081.15	1 806.58	2 362.90	−23.54%	21.26%	1 058.71	1 552.46	−31.80%	58.60%
	12. 健康险	52 751 363.11	28 604.03	4 105.52	596.72%	95.94%	22 895.55	2 767.58	727.28%	80.04%
	13. 意外伤害保险	14 789 631.26	2 505.66	2 228.50	12.44%	28.48%	984.04	848.73	15.94%	39.27%
	14. 其他险	–	–	–	–	–	–	–	–	–
	合计	102 892 886.82	101 146.99	73 431.46	37.74%	43.57%	61 414.43	48 715.49	26.07%	60.72%
太保产险	1. 企业财产保险	1 537 470.43	333.21	435.61	−23.51%	11.30%	27.25	137.49	−80.18%	8.18%
	2. 家庭财产保险	4 277.35	1.34	1.73	−22.46%	0.19%	–	0.30	−100.00%	0.00%
	3. 机动车辆保险	4 668 000.20	17 192.48	17 231.20	−0.22%	10.26%	7 035.33	6 392.71	10.05%	40.92%
	其中：交强险	707 651.80	4 694.34	4 837.31	−2.96%	9.93%	1 657.66	1 482.28	11.83%	35.31%
	4. 工程保险	–	–	5.19	−100.00%	–	–	23.23	−100.00%	–
	5. 责任保险	507 598.60	193.87	189.46	2.33%	3.64%	46.23	29.14	58.62%	23.84%
	6. 信用保险	–	–	–	–	–	–	–	–	–
	7. 保证保险	13 702.16	2 273.20	2 446.14	−7.07%	33.65%	549.97	–	–	24.19%
	8. 船舶保险	–	–	–	–	–	–	–	–	–
	9. 货物运输保险	59 677.12	52.96	43.75	21.05%	5.60%	0.80	6.71	−88.02%	1.52%
	10. 特殊风险保险	–	–	–	–	–	–	–	–	–
	11. 农业保险	105 838.77	4 820.69	4 457.23	8.15%	56.72%	1 935.44	3 162.19	−38.79%	40.15%
	12. 健康险	881 242.86	479.86	378.55	26.76%	1.61%	136.17	127.30	6.97%	28.38%
	13. 意外伤害保险	6 733 818.67	521.12	485.51	7.34%	5.92%	189.04	95.00	98.99%	36.28%
	14. 其他险	–	–	–	–	–	–	–	–	–
	合计	14 511 626.16	25 868.74	25 674.37	0.76%	11.14%	9 920.23	9 974.07	−0.54%	38.35%

续表

单位	险种	保险金额	保费收入				赔款支出			
			本年累计	上年同期	同比	份额	本年累计	上年同期	同比	简单赔付率
平安产险	1. 企业财产保险	311 362.42	107.25	123.60	-13.23%	3.64%	10.89	27.69	-60.66%	10.16%
	2. 家庭财产保险	147 000.00	64.83	39.76	63.07%	9.12%	2.02	27.31	-92.59%	3.12%
	3. 机动车辆保险	11 303 331.66	28 807.35	29 875.72	-3.58%	17.19%	12 554.57	10 964.30	14.50%	43.58%
	其中：交强险	1 521 277.60	7 669.09	7 503.34	2.21%	16.22%	2 992.85	2 212.25	35.29%	39.02%
	4. 工程保险	50 266.62	77.30	4.06	1 801.51%	15.24%	4.62	46.91	-90.15%	5.98%
	5. 责任保险	1 296 422.86	846.64	623.82	35.72%	15.88%	107.89	234.90	-54.07%	12.74%
	6. 信用保险	-	-	-	-	-	6.13	15.89	-61.42%	-
	7. 保证保险	19 379.59	98.09	-	-	1.45%	0.39	-	-	0.40%
	8. 船舶保险	-	-	-	-	-	-	-	-	-
	9. 货物运输保险	1 081 095.53	230.79	145.77	58.32%	24.42%	44.91	80.11	-43.94%	19.46%
	10. 特殊风险保险	-	-	-	-	-	-	-	-	-
	11. 农业保险	231 858.12	235.12	1.25	18 709.60%	2.77%	1.56	1.39	12.23%	0.66%
	12. 健康险	2 634 415.70	400.36	203.70	96.54%	1.34%	246.13	85.38	188.26%	61.48%
	13. 意外伤害保险	34 706 741.65	2 090.92	1 381.63	51.34%	23.76%	337.64	127.01	165.83%	16.15%
	14. 其他险	90 288.96	265.41	43.21	514.24%	99.23%	38.02	2.17	1 652.28%	14.33%
	合计	51 872 163.11	33 224.05	32 442.52	2.41%	14.31%	13 354.77	11 613.06	15.00%	40.20%
天安产险	1. 企业财产保险	1 150.50	0.92	-	-	0.03%	-	-	-	0.00%
	2. 家庭财产保险	960.00	0.04	-	-	0.01%	-	-	-	0.00%
	3. 机动车辆保险	195 431.01	252.67	218.08	15.86%	0.15%	68.64	18.12	278.81%	27.17%
	其中：交强险	-	128.69	74.28	73.25%	0.27%	31.62	4.80	558.75%	24.57%
	4. 工程保险	-	-	-	-	-	-	-	-	-
	5. 责任保险	24 423.81	20.42	10.24	99.41%	0.38%	13.46	0.01	134 500.00%	65.92%
	6. 信用保险	-	-	-	-	-	-	-	-	-
	7. 保证保险	-	-	-	-	-	-	-	-	-
	8. 船舶保险	-	-	-	-	-	-	-	-	-
	9. 货物运输保险	-	-	0.03	-100.00%	-	-	-	-	-
	10. 特殊风险保险	-	-	-	-	-	-	-	-	-
	11. 农业保险	-	-	-	-	-	-	-	-	-
	12. 健康险	40 013.70	14.09	10.56	33.43%	0.05%	3.08	7.41	-58.43%	21.86%
	13. 意外伤害保险	106 841.33	29.97	31.20	-3.94%	0.34%	0.03	20.49	-99.85%	0.10%
	14. 其他险	144.52	0.68	-	-	0.25%	-	-	-	-
	合计	368 964.87	318.79	270.11	18.02%	0.14%	85.21	46.03	85.12%	26.73%

续表

单位	险种	保险金额	保费收入				赔款支出			
			本年累计	上年同期	同比	份额	本年累计	上年同期	同比	简单赔付率
华泰产险	1. 企业财产保险	8 257.10	12.70	219.94	-94.23%	0.43%	2.81	72.67	-96.13%	22.15%
	2. 家庭财产保险	3.50	0.06	0.02	252.39%	0.01%	0.10	-	-	163.36%
	3. 机动车辆保险	188 778.09	1 856.60	1 662.71	11.66%	1.11%	596.66	565.70	5.47%	32.14%
	其中：交强险	157 312.60	740.44	521.57	41.96%	1.57%	160.48	128.61	24.78%	21.67%
	4. 工程保险	-	-	-	-	-	-	-	-	-
	5. 责任保险	66 092.00	78.53	78.07	0.59%	1.47%	101.45	80.35	26.26%	129.18%
	6. 信用保险	-	-	-	-	-	-	-	-	-
	7. 保证保险	-	-	-	-	-	-	-	-	-
	8. 船舶保险	-	-	-	-	-	-	-	-	-
	9. 货物运输保险	-	-	46.98	-100.00%	0.00%	0.17	25.00	-99.33%	-
	10. 特殊风险保险	-	-	-	-	-	-	-	-	-
	11. 农业保险	-	-	-	-	-	-	-	-	-
	12. 健康险	234 439.12	16.83	17.09	-1.54%	0.06%	0.99	10.05	-90.15%	5.88%
	13. 意外伤害保险	275 519.26	86.35	73.77	17.07%	0.98%	4.04	11.32	-64.30%	4.68%
	14. 其他险	-	-	-	-	-	-	-	-	-
	合计	773 089.05	2 051.07	2 098.56	-2.26%	0.88%	706.23	765.08	-7.69%	34.43%
大地产险	1. 企业财产保险	35 797.37	11.86	50.46	-76.50%	0.40%	6.60	9.29	-28.96%	55.65%
	2. 家庭财产保险	25 455.30	3.96	2.50	58.40%	0.56%	0.29	0.35	-17.14%	7.32%
	3. 机动车辆保险	7 720 926.85	20 489.56	20 905.69	-1.99%	12.23%	9 694.42	7 927.30	22.29%	47.31%
	其中：交强险	1 514 706.60	6 206.25	6 019.16	3.11%	13.13%	2 027.61	1 662.22	21.98%	32.67%
	4. 工程保险	1 868.09	5.06	2.31	119.05%	1.00%	-	20.10	-100.00%	-
	5. 责任保险	362 422.73	266.89	284.56	-6.21%	5.01%	136.88	196.68	-30.40%	51.29%
	6. 信用保险	-	-	-	-	-	-	-	-	-
	7. 保证保险	19 591.54	3 444.93	4 942.13	-30.29%	51.00%	1 110.30	265.45	318.27%	32.23%
	8. 船舶保险	-	-	-	-	-	-	-	-	-
	9. 货物运输保险	154 302.25	33.10	17.97	84.20%	3.50%	0.04	-	-	0.12%
	10. 特殊风险保险	-	-	-	-	-	-	-	-	-
	11. 农业保险	-	-	0.68	-100.00%	-	-	-	-	-
	12. 健康险	1 551 261.60	143.49	74.60	92.35%	0.48%	52.67	23.26	126.44%	36.71%
	13. 意外伤害保险	5 993 321.80	1 406.17	902.70	55.77%	15.98%	194.27	275.34	-29.44%	13.82%
	14. 其他险	-	-	-	-	-	-	-	-	-
	合计	15 864 947.53	25 805.02	27 183.60	-5.07%	11.11%	11 195.47	8 717.77	28.42%	43.38%

续表

单位	险种	保险金额	保费收入				赔款支出			
			本年累计	上年同期	同比	份额	本年累计	上年同期	同比	简单赔付率
永安产险	1. 企业财产保险	5 250.00	2.73	0.20	1 265.00%	0.09%	–	–	–	0.00%
	2. 家庭财产保险	–	–	–	–	–	–	–	–	–
	3. 机动车辆保险	497 264.82	987.09	922.70	6.98%	0.59%	293.31	221.16	32.62%	29.71%
	其中：交强险	203 843.20	451.69	413.35	9.28%	0.96%	137.54	93.76	46.69%	30.45%
	4. 工程保险	–	–	3.61	–100.00%	–	–	–	–	–
	5. 责任保险	8 953.51	12.48	37.83	–67.01%	0.23%	9.33	2.21	322.17%	74.76%
	6. 信用保险	–	–	–	–	–	–	–	–	–
	7. 保证保险	14 678.00	52.75	–	–	0.78%	–	–	–	0.00%
	8. 船舶保险	–	–	–	–	–	–	–	–	–
	9. 货物运输保险	–	–	–	–	–	–	–	–	–
	10. 特殊风险保险	–	–	–	–	–	–	–	–	–
	11. 农业保险	–	–	–	–	–	–	–	–	–
	12. 健康险	61 199.32	14.15	3.18	344.97%	0.05%	1.81	–0.21	–961.90%	12.79%
	13. 意外伤害保险	285 487.04	64.23	121.17	–46.99%	0.73%	12.26	12.25	0.08%	19.09%
	14. 其他险	–	–	–	–	–	–	–	–	–
	合计	872 832.69	1 133.43	1 088.69	4.11%	0.49%	316.71	235.41	34.54%	27.94%
大家财险	1. 企业财产保险	–	–	–	–	–	–	–	–	–
	2. 家庭财产保险	–	–	–	–	–	–	–	–	–
	3. 机动车辆保险	154 413.04	385.54	–	–	0.23%	75.11	–	–	19.48%
	其中：交强险	27 616.60	152.49	–	–	0.32%	10.71	–	–	7.02%
	4. 工程保险	–	–	–	–	–	–	–	–	–
	5. 责任保险	180 054.29	43.30	–	–	0.81%	–	–	–	0.00%
	6. 信用保险	–	–	–	–	–	–	–	–	–
	7. 保证保险	–	–	–	–	–	–	–	–	–
	8. 船舶保险	–	–	–	–	–	–	–	–	–
	9. 货物运输保险	–	–	–	–	–	–	–	–	–
	10. 特殊风险保险	–	–	–	–	–	–	–	–	–
	11. 农业保险	–	–	–	–	–	–	–	–	–
	12. 健康险	3 512.60	0.31	–	–	0.00%	–	–	–	–
	13. 意外伤害保险	17 659.58	3.80	–	–	0.04%	0.60	–	–	15.93%
	14. 其他险	–	–	–	–	–	5.27	–	–	–
	合计	355 639.51	432.95	–	–	0.19%	80.99	–	–	18.71%

续表

单位	险种	保险金额	保费收入				赔款支出			
			本年累计	上年同期	同比	份额	本年累计	上年同期	同比	简单赔付率
阳光产险	1. 企业财产保险	205 586.20	55.71	62.34	-10.64%	1.89%	4.94	7.89	-37.39%	8.87%
	2. 家庭财产保险	6 471.05	0.36	0.44	-18.18%	0.05%	–	9.70	-100.00%	0.00%
	3. 机动车辆保险	70 346.99	4 702.06	5 071.54	-7.29%	2.81%	1 940.24	1 720.10	12.80%	41.26%
	其中：交强险	–	1 836.70	1 915.88	-4.13%	3.88%	530.95	488.25	8.75%	28.91%
	4. 工程保险	134.86	0.42	3.07	-86.32%	0.08%	–	–	–	0.00%
	5. 责任保险	229 827.07	147.35	182.63	-19.32%	2.76%	70.59	23.60	199.11%	47.91%
	6. 信用保险	–	–	–	–	–	–	–	–	–
	7. 保证保险	2 956.41	1 267.50	1 707.00	-25.75%	18.76%	1 325.23	1 542.22	-14.07%	104.55%
	8. 船舶保险	–	–	–	–	–	–	–	–	–
	9. 货物运输保险	181 165.60	23.50	16.99	38.32%	2.49%	–	7.69	-100.00%	0.00%
	10. 特殊风险保险	–	–	–	–	–	–	–	–	–
	11. 农业保险	–	–	–	–	–	–	–	–	–
	12. 健康险	–	–	–	–	–	–	–	–	–
	13. 意外伤害保险	2 524 872.68	309.04	232.30	33.03%	3.51%	141.69	30.88	358.84%	45.85%
	14. 其他险	–	–	–	–	–	–	–	–	–
	合计	3 221 360.86	6 505.94	7 276.31	-10.59%	2.80%	3 482.69	3 342.08	4.21%	53.53%
永诚产险	1. 企业财产保险	15 350.04	9.45	0.80	1 082.43%	0.32%	11.64	–	–	123.17%
	2. 家庭财产保险	154.20	0.01	–	–	0.00%	–	–	–	0.00%
	3. 机动车辆保险	521 570.80	733.17	696.76	5.23%	0.44%	390.76	388.73	0.52%	53.30%
	其中：交强险	49 073.60	214.72	193.91	10.73%	0.45%	99.84	111.77	-10.67%	46.50%
	4. 工程保险	–	–	–	–	–	–	–	–	–
	5. 责任保险	1 664.00	2.65	2.90	-8.82%	0.05%	–	0.01	-100.00%	0.00%
	6. 信用保险	–	–	–	–	–	–	–	–	–
	7. 保证保险	956.19	6.26	–	–	0.09%	–	–	–	0.00%
	8. 船舶保险	–	–	–	–	–	–	–	–	–
	9. 货物运输保险	–	–	–	–	–	–	–	–	–
	10. 特殊风险保险	–	–	–	–	–	–	–	–	–
	11. 农业保险	–	–	–	–	–	–	–	–	–
	12. 健康险	18 005.00	1.63	1.52	7.55%	0.01%	0.18	4.17	-95.70%	10.97%
	13. 意外伤害保险	225 039.14	28.74	22.10	30.09%	0.33%	3.39	3.34	1.55%	11.80%
	14. 其他险	–	–	–	–	–	–	–	–	–
	合计	782 739.37	781.92	724.08	7.99%	0.34%	405.97	396.25	2.45%	51.92%

续表

单位	险种	保险金额	保费收入				赔款支出			
			本年累计	上年同期	同比	份额	本年累计	上年同期	同比	简单赔付率
渤海产险	1. 企业财产保险	–	16.14	1.88	758.51%	0.55%	5.17	–	–	32.03%
	2. 家庭财产保险	–	0.43	–	–	0.06%	–	–	–	0.00%
	3. 机动车辆保险	184 167.00	500.70	423.13	18.33%	0.30%	216.82	289.60	-25.13%	43.30%
	其中：交强险	38 523.00	198.00	147.90	33.87%	0.42%	44.69	125.60	-64.42%	22.57%
	4. 工程保险	–	–	–	–	–	–	–	–	–
	5. 责任保险	–	38.18	2.56	1 391.41%	0.72%	23.95	26.00	-7.88%	62.73%
	6. 信用保险	–	–	–	–	–	–	–	–	–
	7. 保证保险	–	–	–	–	–	–	–	–	–
	8. 船舶保险	–	–	–	–	–	–	–	–	–
	9. 货物运输保险	–	–	–	–	–	–	–	–	–
	10. 特殊风险保险	–	–	–	–	–	–	–	–	–
	11. 农业保险	–	–	–	–	–	–	–	–	–
	12. 健康险	–	5.16	5.02	2.79%	0.02%	5.14	19.30	-73.37%	99.61%
	13. 意外伤害保险	–	16.91	14.43	17.19%	0.19%	5.10	24.40	-79.10%	30.16%
	14. 其他险	–	–	–	–	–	–	–	–	–
	合计	184 167.00	577.52	447.02	29.19%	0.25%	256.18	359.30	-28.70%	44.36%
人寿产险	1. 企业财产保险	756 223.68	367.46	268.89	36.66%	12.46%	41.07	193.82	-78.81%	11.18%
	2. 家庭财产保险	85 092.73	42.89	33.31	28.76%	6.03%	7.51	3.05	146.37%	17.52%
	3. 机动车辆保险	6 456 874.80	21 423.66	18 713.31	14.48%	12.79%	9 473.79	8 101.47	16.94%	44.22%
	其中：交强险	913 650.20	5 767.00	5 127.26	12.48%	12.20%	1 548.20	1 072.40	44.37%	26.85%
	4. 工程保险	8 370.57	28.53	8.54	234.02%	5.62%	86.01	98.89	-13.03%	301.51%
	5. 责任保险	546 403.59	688.51	669.68	2.81%	12.91%	629.86	510.61	23.35%	91.48%
	6. 信用保险	–	–	–	–	–	–	–	–	–
	7. 保证保险	3 269.80	73.60	1.38	5 233.04%	1.09%	-2.08	-0.05	4 051.78%	-2.82%
	8. 船舶保险	–	–	–	–	–	–	–	–	–
	9. 货物运输保险	20 624.76	93.41	11.90	684.99%	9.88%	-1.90	9.06	-120.92%	-2.03%
	10. 特殊风险保险	–	–	–	–	–	–	–	–	–
	11. 农业保险	188 023.13	792.23	1 968.90	-59.76%	9.32%	704.06	460.53	52.88%	88.87%
	12. 健康险	828 758.50	115.58	51.05	126.41%	0.39%	-1.07	1.72	-162.39%	-0.93%
	13. 意外伤害保险	1 206 144.95	765.60	553.57	38.30%	8.70%	163.52	176.50	-7.35%	21.36%
	14. 其他险	3 501.00	1.39	0.61	127.66%	0.52%	-0.04	0.02	-295.85%	-2.82%
	合计	10 103 287.52	24 392.86	22 281.14	9.48%	10.51%	11 100.73	9 555.62	16.17%	45.51%

续表

单位	险种	保险金额	保费收入				赔款支出			
			本年累计	上年同期	同比	份额	本年累计	上年同期	同比	简单赔付率
诚泰产险	1. 企业财产保险	953 490.85	169.59	90.40	87.60%	5.75%	7.76	31.31	-75.22%	4.58%
	2. 家庭财产保险	2 643.00	0.34	-	-	0.05%	-	-	-	0.00%
	3. 机动车辆保险	1 077 462.68	2 739.84	3 527.15	-22.32%	1.64%	1 719.68	1 926.33	-10.73%	62.77%
	其中：交强险	162 991.00	877.31	1 101.47	-20.35%	1.86%	877.31	351.25	149.77%	100.00%
	4. 工程保险	-	-	-	-	-	-	-	-	-
	5. 责任保险	156 639.44	128.86	116.04	11.05%	2.42%	4.44	47.51	-90.65%	3.45%
	6. 信用保险	-	-	-	-	-	-	-	-	-
	7. 保证保险	-	-	-	-	-	-	-	-	-
	8. 船舶保险	-	-	-	-	-	-	-	-	-
	9. 货物运输保险	15 000.00	1.39	0.56	148.21%	0.15%	0.01	-	-	0.72%
	10. 特殊风险保险	-	-	-	-	-	-	-	-	-
	11. 农业保险	196 359.69	844.01	699.64	20.63%	9.93%	136.13	12.83	961.03%	16.13%
	12. 健康险	880.00	1.89	0.97	94.85%	0.01%	0.14	0.03	366.67%	7.41%
	13. 意外伤害保险	404 576.62	325.98	293.01	11.25%	3.70%	211.77	210.35	0.68%	64.96%
	14. 其他险	-	-	-	-	-	-	-	-	-
	合计	2 807 052.28	4 211.90	4 727.77	-10.91%	1.81%	2 079.93	2 228.36	-6.66%	49.38%
太平产险	1. 企业财产保险	17 443.99	17.26	13.08	31.94%	0.59%	0.10	354.92	-99.97%	0.57%
	2. 家庭财产保险	126 321.60	9.23	4.92	87.54%	1.30%	0.00	0.40	-99.93%	0.00%
	3. 机动车辆保险	1 886 147.45	3 691.86	3 477.42	6.17%	2.20%	1 382.84	1 029.68	34.30%	37.46%
	其中：交强险	899 797.20	1 578.84	1 518.39	3.98%	3.34%	564.09	444.72	26.84%	35.73%
	4. 工程保险	1 500.17	4.32	2.26	90.64%	0.85%	0.02	-	-	0.47%
	5. 责任保险	65 407.02	90.45	85.21	6.15%	1.70%	12.10	12.71	-4.78%	13.38%
	6. 信用保险	-	-	-	-	-	-	-	-	-
	7. 保证保险	2 183.70	9.67	-	-	0.14%	-	-	-	0.00%
	8. 船舶保险	-	-	-	-	-	0.01	0.02	-63.33%	-
	9. 货物运输保险	-	0.09	-	-	0.01%	0.11	0.23	-53.07%	126.28%
	10. 特殊风险保险	-	-	-	-	-	-	-	-	-
	11. 农业保险	-	-	-	-	-	-	0.01	-100.00%	-
	12. 健康险	118 523.00	11.70	18.43	-36.50%	0.04%	0.83	0.37	125.59%	7.09%
	13. 意外伤害保险	79.78	508.28	358.30	41.86%	5.78%	230.13	73.91	211.38%	45.28%
	14. 其他险	1 105 748	-	-	-	-	-	-	-	-
	合计	3 323 354.47	4 342.85	3 959.63	9.68%	1.87%	1 626.14	1 472.25	10.45%	37.44%

续表

单位	险种	保险金额	保费收入				赔款支出			
			本年累计	上年同期	同比	份额	本年累计	上年同期	同比	简单赔付率
鼎和产险	1. 企业财产保险	33 181.49	68.45	65.81	4.01%	2.32%	7.52	0.97	675.26%	10.99%
	2. 家庭财产保险	214.00	0.04	–	–	0.01%	–	–	–	0.00%
	3. 机动车辆保险	456 575.70	1 069.14	1 053.46	1.49%	0.64%	389.38	245.16	58.83%	36.42%
	其中：交强险	138 656.80	353.59	326.77	8.21%	0.75%	92.77	50.53	83.59%	26.24%
	4. 工程保险	10 809.30	35.39	32.41	9.19%	6.98%	6.94	–	–	19.61%
	5. 责任保险	4 900.00	12.48	8.74	42.79%	0.23%	–	–	–	0.00%
	6. 信用保险	–	–	–	–	–	–	–	–	–
	7. 保证保险	324.51	2.70	–	–	0.04%	–	–	–	0.00%
	8. 船舶保险	–	–	–	–	–	–	–	–	–
	9. 货物运输保险	1 340.00	4.22	0.62	580.65%	0.45%	–	–	–	0.00%
	10. 特殊风险保险	12 935.46	42.53	59.01	–27.93%	97.65%	17.29	17.46	–0.97%	40.65%
	11. 农业保险	–	–	–	–	–	–	–	–	–
	12. 健康险	13 281.60	4.23	0.80	428.75%	0.01%	–	–	–	0.00%
	13. 意外伤害保险	333 675.00	135.78	78.72	72.48%	1.54%	65.74	8.15	706.63%	48.42%
	14. 其他险	–	–	–	–	–	–	–	–	–
	合计	867 237.06	1 374.96	1 299.57	5.80%	0.59%	486.87	271.74	79.17%	35.41%
行业合计	1. 企业财产保险	8 252 231.90	2 949.64	2 952.95	–0.11%	100.00%	796.97	1 615.36	–50.66%	27.02%
	2. 家庭财产保险	1 937 918.11	711.13	634.29	12.11%	100.00%	305.19	295.95	3.12%	42.92%
	3. 机动车辆保险	55 751 400.25	167 547.42	161 767.60	3.57%	100.00%	79 055.14	80 338.03	–1.60%	47.18%
	其中：交强险	10 106 884.60	47 279.76	44 739.49	5.68%	100.00%	16 604.94	15 248.02	8.90%	35.12%
	4. 工程保险	196 648.26	507.20	158.18	220.65%	100.00%	194.58	227.11	–14.32%	38.36%
	5. 责任保险	11 558 528.22	5 332.01	4 720.59	12.95%	100.00%	2 221.17	2 330.40	–4.69%	41.66%
	6. 信用保险	–	–	–	–	–	6.13	17.98	–65.90%	–
	7. 保证保险	108 504.75	6 754.84	10 764.56	–37.25%	100.00%	4 010.61	2 603.35	54.06%	59.37%
	8. 船舶保险	–	–	–	–	–	0.01	0.02	–63.33%	–
	9. 货物运输保险	2 278 924.76	945.24	665.34	42.07%	100.00%	141.40	91.24	54.98%	14.96%
	10. 特殊风险保险	13 044.06	43.55	59.01	–26.19%	100.00%	–	17.46	–100.00%	–
	11. 农业保险	764 160.87	8 498.63	9 490.60	–10.45%	100.00%	3 835.90	5 189.41	–26.08%	45.14%
	12. 健康险	59 136 896.12	29 813.31	4 870.98	512.06%	100.00%	23 341.61	3 046.35	666.21%	78.29%
	13. 意外伤害保险	67 603 408.75	8 798.55	6 776.90	29.83%	100.00%	2 543.27	1 917.66	32.62%	28.91%
	14. 其他险	1 199 682.24	267.48	43.82	510.41%	100.00%	43.26	2.19	1 875.24%	16.17%
	合计	208 801 348.29	232 169.01	202 904.83	14.42%	100.00%	116 512.54	97 692.52	19.26%	50.18%

玉溪市2020年12月份人寿保险公司业务统计表

（单位：万元）

单位	险种	保险金额	保费收入				赔款支出			
			本期	同期	同比	份额	本期	同期	同比	简单赔付率
中国人寿	人身意外伤害险	7 778 901.81	2 868.35	3 218.48	-10.88%	43.77%	1 485.10	1 182.76	25.56%	51.78%
	健康险	8 480 345.13	12 888.45	10 778.75	19.57%	19.14%	5 437.89	4 392.41	23.80%	42.19%
	寿险	6 570 416.78	56 157.59	50 729.06	10.70%	26.36%	11 645.55	13 008.00	-10.47%	20.74%
	合计	22 829 663.71	71 914.39	64 726.29	11.11%	25.06%	18 568.54	18 583.17	-0.08%	25.82%
太保人寿	人身意外伤害险	282 356.98	769.20	895.43	-14.10%	11.74%	175.67	273.17	-35.69%	22.84%
	健康险	348 233.40	277.67	275.98	0.61%	0.41%	99.47	85.55	16.27%	35.82%
	寿险	2 082 223.82	15 791.19	16 655.86	-5.19%	7.41%	4 000.07	4 691.60	-14.74%	25.33%
	合计	2 712 814.20	16 838.06	17 827.27	-5.55%	5.87%	4 275.21	5 050.32	-15.35%	25.39%
平安人寿	人身意外伤害险	572 091.50	661.33	714.94	-7.50%	10.09%	57.00	133.90	-57.43%	8.62%
	健康险	1 883 400.17	3 998.19	3 407.68	17.33%	5.94%	553.74	577.96	-4.19%	13.85%
	寿险	712 336.71	14 239.41	14 640.58	-2.74%	6.68%	1 435.47	1 584.51	-9.41%	10.08%
	合计	3 167 828.38	18 898.93	18 763.20	0.72%	6.59%	2 046.21	2 296.37	-10.89%	10.83%
泰康人寿	人身意外伤害险	942 800.18	289.11	114.74	151.98%	4.41%	29.00	34.31	-15.48%	10.03%
	健康险	5 935 034.65	17 607.40	13 691.83	28.60%	26.15%	2 513.46	2 127.97	18.12%	14.28%
	寿险	1 325 912.93	41 860.87	43 742.07	-4.30%	19.65%	10 951.81	8 169.51	34.06%	26.16%
	合计	8 203 747.77	59 757.38	57 548.64	3.84%	20.82%	13 494.28	10 331.78	30.61%	22.58%
新华人寿	人身意外伤害险	1 254 356.00	572.78	383.50	49.36%	8.74%	188.38	226.28	-16.75%	32.89%
	健康险	2 255 473.07	16 568.67	13 593.07	21.89%	24.61%	1 464.41	1 101.87	32.90%	8.84%
	寿险	204 076.01	25 963.78	22 323.40	16.31%	12.19%	822.64	603.12	36.40%	3.17%
	合计	3 713 905.08	43 105.23	36 299.97	18.75%	15.02%	2 475.43	1 931.27	28.18%	5.74%
平安养老	人身意外伤害险	650 593.80	283.35	222.67	27.25%	4.32%	382.32	317.97	20.24%	134.93%
	健康险	701 628.29	394.15	354.56	11.17%	0.59%	357.38	256.28	39.45%	90.67%
	寿险	34 204.70	39.95	104.19	-61.66%	0.02%	114.28	94.03	21.54%	286.06%
	合计	1 386 426.79	717.45	681.42	5.29%	0.25%	853.98	668.28	27.79%	119.03%
人民人寿	人身意外伤害险	639 449.69	308.38	389.79	-20.89%	4.71%	32.29	135.46	-76.16%	10.47%
	健康险	183 269.35	3 731.08	4 279.36	-12.81%	5.54%	343.08	1 756.64	-80.47%	9.20%
	寿险	77 955.62	15 543.46	20 584.24	-24.49%	7.29%	2 543.60	1 573.85	61.62%	16.36%
	合计	900 674.66	19 582.92	25 253.39	-22.45%	6.82%	2 918.97	3 465.95	-15.78%	14.91%
太平人寿	人身意外伤害险	399 277.04	361.58	430.41	-15.99%	5.52%	26.42	19.63	34.63%	7.31%
	健康险	1 411 398.80	3 961.45	3 381.31	17.16%	5.88%	538.01	269.35	99.74%	13.58%
	寿险	36 980.37	6 226.98	6 548.24	-4.91%	2.92%	359.60	458.32	-21.54%	5.77%
	合计	1 847 656.21	10 550.01	10 359.97	1.83%	3.68%	924.03	747.30	23.65%	8.76%

续表

单位	险种	保险金额	保费收入				赔款支出			
			本期	同期	同比	份额	本期	同期	同比	简单赔付率
阳光人寿	人身意外伤害险	135 667.43	168.07	228.81	-26.55%	2.56%	15.07	0.66	2 183.33%	8.97%
	健康险	192 717.27	1 282.65	1 094.47	17.19%	1.90%	252.79	99.20	154.83%	19.71%
	寿险	92 488.70	12 030.57	7 740.28	55.43%	5.65%	474.02	657.95	-27.96%	3.94%
	合计	420 873.40	13 481.29	9 063.56	48.74%	4.70%	741.88	757.81	-2.10%	5.50%
富德生命	人身意外伤害险	168.00	6.73	125.22	-94.62%	0.10%	-	1.00	-100.00%	0.00%
	健康险	117 646.31	1 122.27	965.31	16.26%	1.67%	173.79	105.90	64.11%	15.49%
	寿险	48 408.94	7 113.63	3 304.90	115.25%	3.34%	416.52	295.82	40.80%	5.86%
	合计	166 223.25	8 242.63	4 395.44	87.53%	2.87%	590.31	402.72	46.58%	7.16%
华夏保险	人身意外伤害险	406 834.00	264.35	195.56	35.18%	4.03%	142.03	93.47	51.95%	53.73%
	健康险	81 193.30	5 503.71	4 609.69	19.39%	8.17%	648.76	424.80	52.72%	11.79%
	寿险	19 397.22	18 104.47	27 892.14	-35.09%	8.50%	1 094.97	110.77	888.51%	6.05%
	合计	507 424.52	23 872.53	32 697.39	-26.99%	8.32%	1 885.76	629.04	199.78%	7.90%
行业合计	人身意外伤害险	13 062 496.43	6 553.24	6 919.55	-5.29%	100.00%	2 533.28	2 418.60	4.74%	38.66%
	健康险	21 590 339.75	67 335.69	56 432.03	19.32%	100.00%	12 382.79	11 197.94	10.58%	18.39%
	寿险	11 204 401.79	213 071.90	214 264.96	-0.56%	100.00%	33 858.53	31 247.48	8.36%	15.89%
	合计	45 857 237.97	286 960.83	277 616.53	3.37%	100.00%	48 774.60	44 864.02	8.72%	17.00%

教育体育

EDUCATION AND SPORTS

责任编校：王　斌

教育管理

【概况】 2020年，市教育体育局认真贯彻落实党中央、国务院和省委、省政府的决策部署，以促进公平为重点，以提升质量为核心，以改革创新为动力，以教育现代化为目标，千方百计加大教育投入，不断深化教育领域综合改革，圆满完成各项目标任务。华宁县、易门县通过省级督导评估，2个县被认定为"教育工作合格县"。

截至2020年底，全市共有各级各类学校1 128所，其中，幼儿园491所，小学506所，初中84所，普通高中23所，职业中学10所，普通中专3所，成人中专8所，普通高等学校2所，特殊教育学校1所。在校学生370 656人（含技校生）。共有教职工32 169人，其中，专任教师26 760人。全市学前三年儿童毛入园率为94.05%，比上年提高5.54个百分点；九年义务教育巩固率为99.76%，比上年提高4.47个百分点；高中阶段毛入学率为95.85%，比上年提高5.65个百分点；残疾儿童入学率为99.66%，比上年提高0.13个百分点。

【市委主要领导调研基础教育工作】 2020年6月12—13日，市委书记王力率队到市教育体育局调研基础教育工作，详细听取学前教育、义务教育和普通高中教育发展现状、存在问题、原因分析及下步工作措施的情况汇报；要求市教育体育局在全市党员领导干部中，做有情怀有境界的示范、做参谋助手的示范、做提高政治素质的示范；强调要深刻理解和把握坚持优先发展教育事业的战略部署，深入开展调查研究，认真总结玉溪教育曾经辉煌的工作经验，找准找实问题所在，深入分析原因，提出具体解决的对策和措施；明确"三个目标"的努力方向，要求通过三年时间，实现玉溪教育在全省的位次与人均GDP位次相一致，教育教学质量连年提升，作风建设持续向好。

【全市教育工作会议】 2020年9月8日，全市教育工作会议在聂耳大剧院召开。市委书记王力传达学习习近平总书记关于教育的重要论述，全面分析了玉溪教育，指出了教育存在的问题，明确新目标新使命，谋划新思路新举措。会议强调，要以教育兴市、教育惠民、教育报国的情怀办好教育，重塑玉溪教育辉煌。会议要求，通过三年努力，实现玉溪教育在全省位次与人均GDP位次相匹配。会议表彰了全市教育体育系统20个先进集体、100名优秀教师、50名优秀班主任、19名优秀校长、20名优秀教育工作者，为获省级表彰的乡村学校从教20年以上优秀教师代表颁发了证书，4位受表彰代表作发言。会议宣读了《玉溪市加快基础教育改革发展　提高教育质量若干措施》。

（沈海亮　陈永丽）

【市委、市政府出台教育发展文件】 2020年5月28日，市委　市政府印发《玉溪教育现代化2035》《加快推进玉溪教育现代化实施方案》。《玉溪教育现代化2035》分为背景、总体思路、主要任务、实施路径、保障措施五部分39条，是玉溪市第一个以教育现代化为主题的中长期战略规划，是新时代推进玉溪教育现代化的纲领性文件，在总结党的十八大以来教育改革发展成绩的基础上，面向未来描绘教育发展图景，系统勾画了玉溪市教育现代化的战略愿景，明确教育现代化的战略目标、主要任务和实施路径。《加快推进玉溪教育现代化实施方案》分为指导思想、工作目标、重点任务、重点工作、保障措施五部分58条，定位于行动计划和施工图，是2020—

2022年加快推进玉溪教育现代化的时间表、路线图，聚焦未来3年玉溪教育发展的战略性问题、当前教育发展面临的紧迫性问题和人民群众关心的问题，将教育现代化远景目标和战略任务细化为具体目标任务和工作抓手。文件突出了教师队伍建设、学前教育普及优质发展、义务教育优质均衡发展、普通高中质量提升、职业教育特色发展、中小学劳动教育、学校体育工作、预防和处置学校安全事故8项主要措施。

9月7日，市委办、市政府办印发《玉溪市加快基础教育改革发展 提高教育质量若干措施》，明确提出加快基础教育改革发展的13条措施，具体是：坚持党对教育事业的全面领导、健全立德树人落实机制、加强学前教育普及普惠发展、推进义务教育优质均衡发展、提升普通高中教育教学质量、切实提高教育科研能力、促进信息技术与教育深度融合、加强教师队伍建设、强化教育教学管理、大力推进名校集团化办学、加大财政对教育的投入、激发办学活力和积极性、严格督导考核与督查。2023年前，新建、改扩建幼儿园10所，增加城区公办学位4 521个，缓解城区入园难问题；新建、改扩建中小学15所，增加中心城区中小学学位11 736个，基本解决中心城区入学难问题，逐步实现中心城区以居住地为主的就近入学目标。从2021年起，市级财政每年新增预算专项安排3个1 000万元，分别用于全市学前教育、义务教育和普通高中教育发展。

12月31日，市委全面深化改革委印发《玉溪市基础教育集团指导意见》。《玉溪市基础教育集团指导意见》分为指导思想、总体目标、基本原则、组建模式与运行机制、保障措施五部分，采取委托管理式、多法人组合式、单一法人式、单一法人和多法人混合式四种模式进行组建，深入推进教育机制改革，积极引进市外名校、优质教育资源，支持市内优质名校组建基础教育集团，完善基础教育集团化办学机制。力争2021年，各县（市、区）至少组建一个基础教育集团，突显集团化办学优势，使教育资源布局更加合理，不断扩大优质教育资源覆盖面和受益面。

（沈海亮　陈永丽　李　彤）

【校园安全工作】 2020年，市教育体育局全力维护校园安全稳定。完善预防中小学校园欺凌“互联互通”工作机制。开展以“打架成本核算”“以案释法”为主题的宣教、实践活动。发挥14 047名安全信息员作用，排查化解学生矛盾纠纷。加强防范性侵害，对“校园性侵”坚决“零容忍”。开展“爱护我们的身体”防性侵专题讲座，提升未成年学生青春期健康知识水平和防范性侵意识。对全市学校6 311名非在编人员进行政审，杜绝有犯罪前科人员入校。加强师德师风教育，落实法治副校长评聘。年内开展了4次部门联合或专项督导检查。加强学校疫情防控工作，动态排查师生健康状况及活动轨迹。转入常态化防控后，完成普通高考、初中学业水平测试工作。全面推进爱国卫生“7个专项行动”。开展校园应急处置疏散演练，全市共组织开展6 389次全校性应急演练，其中防震演习2 681次、消防演习1 959次、反恐防暴737次、疫情防控演练1 012次，参与学生约200万人次，演习中无一起安全事故发生。督促学校履行食品安全、饮用水安全主体责任，全市869所中小学、幼儿园食堂“六T”实务管理覆盖率、“明厨亮灶”覆盖率、食堂食品安全保险覆盖率均达100%。2020年学校意外伤亡数比上年降低，未发生一票否决的安全责任事故。（刘家伟）

【学校督导评估】 2020年，县级督评完成160所，占登记录入幼儿园的31.94%，市级抽评幼儿园6所；全市已评估幼儿园总分平均得分805.87分，其中：城镇幼儿园得分895.25分，农村幼儿园得分785.27分；公办幼儿园得分810.94分，民办幼儿园得分807.54分。全面开展新一轮义务教育学校督导评估，全市县级评估学校80所，其中初中13所，小学67所。开展等级学校（幼儿园）和现代教育示范学校（幼儿园）评估，市民中成功晋升省一级二等普通高中，易门一幼晋升省一级一等幼儿园，通海杨广中心幼儿园晋升省一级三等幼儿园，红塔区二幼获评省现代教育示范幼儿园。

（官紫婷）

【德育工作】 加强思政课建设。紧紧围绕“培养什么人、怎样培养人、为谁培养人”的根本问题，牢牢把握立德树人根本任务，在大中小学开设好思想政治理论课，印发《中共玉溪市教育工委关于深化学校思政课改革创新的实施意见》，从大力加强思政课程建设、培养高素质思政课教师、建立健全激励评价制度、强化保障机制等方面，对推进思政课改革创新进行安排部署；组织召开全市学校思想政治工作推进会，全面提升学校思政工作质量；采取试点示范与推广应用相结合的方式，开展“思政精品课程”的遴选建设工作，编撰了《小学道德与法治、初中道德与法治、高中思想政治优秀教案集》；组织全市普通高中思政课教师参加2020年普通高中统编教材培训，市教育体育局与玉溪师院联合举办“玉溪市大中小学思想政治课一体化建设‘爱国主义教育’主题教学研讨会”；组织全市各级各类学校开展党组织书记、校长同讲一堂思政课活动，授课实录制作成光盘，并逐级评选，形成优质授课光盘33份，评选表扬18份；开展思政教师优质课、基本功比赛和思政学科优秀教研组评比，不断提升思政课教师专业水平；开发了《聂耳》《童心菌乡》《红色课本剧》等多个具有地方特色的校本课程，形成了龙泉小学“泉源”文化、市民中全员育人导师制等多个实践品牌，打造了《聂耳和国歌》等一批具有特色的思政精品课程，实现大中小学不同学段的一体化衔接；市教育体育局、通海县教育体育局和玉溪一小所撰写的三个案例入选全省学校思想政治工作优秀案例；邀请奥运冠军、禁毒英雄、抗疫英雄等进校园，教育引导和激励广大师生向英雄模范学习。推进家校协调育人，在疫情防控期间，市教育体育局积极利用网络开辟“云上教育”，将各类教育教学活动和家校沟通走向云端；组织开展“让爱更有智慧”家校共育云课堂活动，全市超过11.4万家长参与互动，云课堂直播访问量突破140万人次；推选出45所玉溪市家长学校课程化试点学校，组织140位家庭教育骨干教师开发家长学校市本课程5个学段58个课程资源，6所中小学被评选为“云南省家庭教育创新实践基地”。选树先进典型，省教育厅认定玉溪市251名同学为省级三好学生，62名同学为省级优秀学生干部，20个班级为省级先进班集体；市教育体育局认定252名同学为市级三好学生，62名同学为市级优秀学生干部，20个班级为市级先进班集体。推进劳动教育，在江川二中召开全市劳动教育推进会，认定13所市级劳动教育示范学校，推动劳动教育落地落实。组织全市中小学生参加云南省第五届“彩云杯”中华优秀传统文化节系列活动，全市12支队伍参加了现场知识竞赛，43名教师参加了说课大赛，13万多中小学生参加了线上答题，省级决赛中，玉溪代表队荣获知识竞赛二等奖。12月教育部公布全国中小学“一校一案”落实《中小学德育工作指南》典型案例名单，玉溪一小、澄江凤山小学和江川大街小学入选全国首批德育典型案例。

（唐文娟　邵昌云　张帆舸　陈永丽）

【生态文明教育】 2020年，全市共开展河湖保护和生态文明教育宣传680余次，召开主题班队会2 000余次，组织实践活动370余次，参与师生超过2.5万人次。将绿色环保理念融入“我们的节日”“文明讲堂”等活动中，丰富宣传教育形式，开展“文明健康　有你有我”公益广告宣传629次；开展文明餐桌主题月实践活动，制止餐饮浪费，印发“公筷公勺·文明用餐”宣传海报15.5万份，桌贴22万份。切实将生态文明教育融入课堂教育内容，连接课内课外，打造全方位的生态文明教育环境。（唐文娟）

人工智能编程教学（市教育体育局　提供）

【科研课题】 2020年，市教育体育局组织全市各类学校申报国家、省、市教育科学规划课题，申报国家级课题5项，省级课题35项，市级课题60项，批准立项省级课题1项、市级课题39项，结题验收省级课题3项、市级课题16项。推荐13项成果参加省2019年基础教育教学成果评选活动，获一等奖1项、二等奖5项。增补推荐46名优秀教师申报省教育科研专家。

【语言文字工作】 2020年，全市普通话测试站组织测试2 957人次，2 908人获得普通话等级证书。开展第23届“推普周活动”，验收语言文字规范化达标学校36所。语言扶贫APP推广学习使用人数新增14 406人，达到幼儿园教师全覆盖。选派117名教师参加省级普通话培训、国家通用语言文字教学能力提升培训。组织40人参加省教育厅开展的2020年度中华经典诵读网络专项培训学习。（张帆舸）

【学生资助】 2020年，全市共投入资金7.21亿元，其中，中央资金4.26亿元，省级资金1.67亿元，市级资金4 937.52万元，县级资金7 827.36万元，受助学生达1 295 264人次。大力推进教育精准扶贫工作，共资助建档立卡户学生30 980人次，资助金额4 549.09万元。全市共投入“三免一补”资金2.59亿元。义务教育家庭经济困难学生生活补助投入资金7 863.6万元，春季受益学生43 611人，秋季受益学生44 037人。生均公用经费投入资金1.77亿元，受益学生达215 628人。文具费投入资金433.74万元，春季受助学生215 896人，秋季受助学生212 371人。

农村义务教育学生营养改善计划。全市558所学校（小学475所，初中83所，含玉溪体校、市少体校、市特殊教育学校农村学生，通海三中、华宁二中、新平三中初中部农村学生）开展营养改善计划工作，受益学生169 785人，其中，小学生115 321人、初中生54 464人。支出营养改善计划补助资金累计1.33亿元。其中：中央资金1 607.07万元，省级资金8 082.61万元，市级资金1 880.56万元，县级资金1 694.99万元。558所学校中有411所农村中小学校采取学校食堂供餐方式，占全市农村中小学总数的73.66%。享受食堂供餐的学生数达109 646名，占享受营养改善计划学生总数的64.58%。147所农村中小学校采取企业供餐方式，占全市农村中小学总数的26.34%。享受企业供餐的学生数60 139人，占享受营养改善计划学生总数的35.42%。现有1 833名工勤人员，应配备2 359名，缺配526名。地方政府购买服务性岗位1 542个，投入资金累计3 883.57万元。

普通高中资助。全市按照普通高中一等2 500元/生/年、二等1 500元/生/年的国助金标准，投入资金1 429.59万元，其中，中央资金1 152.45万元，省级资金194万元，市级资金48.95万元，县级资金34.19万元。受助学生11 716人次。免除普通高中建档立卡家庭经济困难学生学杂费项目投入资金134.1万元，其中，中央资金107.27万元、省级资金18.76万元、市级资金4.66万元、县级资金3.41万元。受益学生4 953人次。普通高中建档立卡贫困户学生生活费补助项目投入资金422.43万元，其中，省级资金126.73万元、市级资金28.48万元、县级资金267.22万元，受益学生3 168人次。市属三所高中学校少小民族“三免一补”项目，按照“免补”对象的条件、内容及标准，下拨资金25.81万元，对125名符合条件的学生进行资助。

中等职业资助。按照中等职业教育2 000元/生/年的国家助学金标准，投入资金576.14万元，其中，中央资金460.89万元，省级资金80.65万元，市级资金23.27万元，县级资金11.33万元，受益学生10 104人次。免学费项目按照2 000元/生/年的标准，投入资金4 693.86万元，其中，中央资金3 792.31万元，省级资金663.66万元，市级资金132.46万元，县级资金105.43万元。受益学生46 501人次。迪庆州怒江州中等职业教育农村学生全覆盖生活补助项目由玉溪工业财贸学校（玉溪技师学院）负责实施，补助标准为2 500元/生/年。共资助16名学生，发放省级资金3.75万元。中职学校省政府奖学金奖励人数39人，奖励资金15.6万元。中职国家奖学金奖励人数32人，发放资金19.2万元。

生源地助学贷款及其他资助。2020年，全市共为18 056名家庭经济困难学生办理生源地信用助学贷款，申贷金额达1.42亿元。贷款学生人数、申贷金额再创历年新高，实现“应贷尽贷”目标。同时，做好生源地信用助学贷款还款救助工作，共有2名学生获得此项救助，救助资金达21 075.51元。省级优秀贫困学子奖励及高校建档立卡户家庭经济困难学生学费奖励项目投入省级资金793万元，837名优秀贫困学生获得奖励；69名优秀贫困学生获高校建档立卡户家庭经济困难学生学费奖励。市级优秀贫困学子奖励项目投入资金231.3万元，771名优秀贫困学生获得奖励。普通高校新生入学资助项目受助学生117名学生，发放资金8.55万元。89名学生享受滋蕙计划，发放资金17.8万元。

（胡贵青　尹艳彬）

【中小学教育提质增效】 2020年，全市以高中为重点、兼顾初中和小学，加强教学视导，落实教学常规。疫情期间，借助网络平台，多渠道多形式开展线上教学，选取玉溪一中、师院附中和玉溪三中为线上教学直播点，面向全市高中学生开设了高一、二、三年级共20个科目的线上直播课；选取玉溪四中为线上教学直播点，面向全市初三学生开设部分学科的线上教学直播课。加强教学质量监控评价，组织开展全市87所初级中学质量监控综合评价工作，对评价结果优秀和成绩进步较快的学校进行通报表彰，获一等奖6所、二等奖12所、三等奖17所、进步奖10所、先进县区3个；圆满完成全市初中学业水平考试评卷、质量分析和成绩反馈工作，印发《2020年玉溪市初中学业水平考试质量分析报告》。举办全市中小学（幼）和职业学校20个学科教师参加的“秋韵杯”课堂教学竞赛，评出一等奖98名、二等奖146名，3 000余人次教师参加现场观摩、近2 000人次教师通过同步远程直播观看课赛评比实况。组织举办高中新教材培训，全市普通高中一年级950余位教师参加学习培训。

（邵昌云　张帆舸）

学前教育

【学前教育普及优质发展】 2020年，全市学前三年毛入园率达94.05%，公办幼儿园占比达54.6%，普惠性幼儿园覆盖率达90%。全力推进“一乡一公办”建设，澄江海口中心幼儿园、江川九溪中心幼儿园建成投入使用，已建成公办中心幼儿园63所。“一村一幼”已基本实现“全覆盖”，各县（市、区）随着生源流向不断调整优化教育资源布局。易门一幼晋升为省一级一等幼儿园。遵循幼儿发展规律，坚决扭转“小学化”倾向，提升保教质量，制定幼儿园课程游戏化实施方案并整体推进幼儿园课程游戏化，创建省级游戏化实验园9所，区级游戏化实验园13所。组织优秀游戏活动案例参加评选，1个入选国家级活动案例、12个入选省级活动案例。充分发挥市一幼省级园长骨干教师培训基地优势，举办第五期园长培训班，培训学员80人，为全市学前教育质量提升提供人才保障。

【课程游戏化改革】 2020年，玉溪市探索区域内整体推进课程游戏化的有效途径和方法，形成了“453N41”课程游戏化整体推进模式。即：突出“四个抓手”——突出教育部门作用，抓统筹组织和协调督促；突出教科研部门作用，抓业务活动组织和专业指导、引导；突出教师培训部门作用，抓游戏化教学教师专项培训；突出园区牵头园作用，抓组织带动和辐射示范。实施“五个

2020年9月28日，玉溪师范学院附属高新小学举行开工仪式

（玉溪师院　提供）

策略”——强化组织领导，强化教研培训，强化环境创建，强化平台搭建，强化评价导向。区分“三个层次”——加强对山区（民族地区）、坝区、城区幼儿园在游戏环境创建、游戏材料投放、游戏化课程生成、儿童发展评价等方面因地制宜、分类分层引导和指导，尽可能探索出适宜于不同区域、不同性质、不同规模幼儿园的课程游戏化实施途径及方法。依靠“N个支点”——以省级课程游戏化试点园和市、县（区）示范园为龙头，分批选取游戏化环境相对较好、师资力量强的公办或民办幼儿园，将其打造成为若干个“工作支点”，突出“支点”在区域内的中心辐射作用，以课题的方式开展课程游戏化的实践研究，整合区域师资力量，不断推进同一区域内幼儿园的课程游戏化建设。探索“四条路径”——组织引导所有“支点”充分挖掘自身特色亮点和周边的自然文化资源，从传承优秀文化、挖掘乡土资源、打造地域特色、游戏浸润生活四条途径有选择地开展实践研究，走出既适宜于自身发展，又能启发带动他人提升的课程游戏化路子。带动“一个整体”——整体提升了全市学前教育教师专业化水平和保教质量。（杨全发）

【玉溪师院附属第一幼儿园揭牌】2020年12月25日，玉溪师院附属第一幼儿园在玉溪光华幼儿园正式揭牌，云南学前教育硕士点研究基地、云南师大附属幼儿园教学实践基地同步落地，这是市校合作落实落细的具体举措，标志着党委政府、大学、企业联合支持地方教育发展合作新模式扬帆起航。玉溪师院、市教育体育局主要负责人及部分师生代表、家长代表共150余人参加揭牌仪式。（陈永丽）

义务教育

【义务教育优质均衡发展试点工作】加快推进红塔区义务教育优质均衡发展试点工作，截至2020年12月，红塔区79所（含市少体校）公办义务教育学校中，65所小学有53所达到优质均衡资源配置指标要求，较上年增加了36所，占应达标校数的81.54%；14所初中学校有12所学校达到优质均衡资源配置指标要求，较上年增加了2所，占应达标校数的85.71%。

【义务教育质量监测】2020年，9个县（市、区）全部参加国家义务教育质量监测，红塔区、江川区、易门县、新平县和元江县5个县区被教育部基础教育质量监测中心授予“县级优秀组织单位”荣誉称号。（官紫婷）

【控辍保学工作】2020年，市教育体育局不断压实“双线四级”责任，在全市范围内开展了控辍保学专项行动，每月制定详细的工作目标，坚持定期召开控辍保学工作视频调度会，每周通报一次工作进度，每月开展一次控辍保学专项督查。全面落实依法控辍保学“四步法”，采取宣传教育、责令改正、行政处罚、申请强制执行或提起诉讼，依法劝返。截至4月25日，全市建档立卡户辍学学生全部清零，截至7月14日，全市所有辍学学生实现动态清零（比上年减少244人）。在全市辍学学生实现动态清零的基础上，将工作重点放到提高保学质量上，将学生按照稳定和不稳定两类进行分类保学，建立红名单和白名单分类保学制度。对稳定就读学生（白名单），采取加强师生互动、改进教学方式和评价方式、丰富校园文体活动等措施促其学习进步，思想稳定；对就读不稳定学生（红名单），落实好保学责任和措施，加强与乡镇（街道）、村（社区）联动，建立对红名单学生及家长的结对包保稳控工作机制。九年义务教育巩固率达99.76%。

【义务教育均等化】按照以公办学校为主、以流入地政府为主的原则，落实进城务工人员随迁子女、农转城子女在流入地接受义务教育政策，凡符合条件的进城务工人员随迁子女、“农转城”居民子女等全部就近或相对就近安排在公办学校就读。2020年，全市义务教育阶段随迁子女在校生为27 129人，在公办学校就读人数为25 273人，就读公办小学和公办初中比例达93.16%，就读公办学校比例高于云南省85%的指标要求。

【乡村温馨校园建设】2020年，玉溪市红塔区大营街甸苴小学入选全国第一批100所乡村温馨校园典型案例学校，全省有3所小学入选。玉溪市将乡村温馨校园建设作为推进全市城乡义务教育一体化发展的一项重要内容，按照布局建设科学合

理、办学条件保障到位、教育教学保证质量、校园文化健康向上、校园关系和谐融洽、校园管理安全规范的基本要求，认真落实《义务教育学校管理标准》，着力实施乡村学校底部攻坚，加快推进乡村温馨校园建设，不断提升农村教育质量，努力建设环境优美、安全舒适的乡村小规模学校和乡镇寄宿制学校。（杨　蕊）

普通高中教育

【等级学校创建】 2020年，玉溪市有23所普通高中，其中18所公办普通高中，5所民办普通高中，省一级高完中11所（一级一等1所，一级二等3所，一级三等7所）。8月6日，市民中晋升为省一级二等高中。4月玉溪师院附中“杨勇老师雕塑与陶艺特色工作室”“李国辉老师版画特色工作室”“高俊老师书法特色工作室”被省教育科学研究院认定为省美术特色工作室，玉溪师院附中雕塑陶艺工作坊还被省教育厅评定为特色工作坊；12月23日，市民中荣获“云南省民族团结进步教育示范学校”称号。（李　彤）

【高考备考】 2020年，市教育体育局启动基于大数据应用分析的精准教学工程，借助高中质量提升研究指导中心和名师工作室的资源优势，发挥名师的引领和辐射作用，加强备考复习、检测命题和考试分析研究，提高备考指导的针对性和实效性。组织高中质量提升研究指导中心主持人和成员到部分高中学校进行高三教学常规调研。组织全市1.2万余名高三学生参加省、市高中毕业生统一复习检测三次，制定市统一检测试题双向细目表，命制市检测试卷，认真组织考务和网络阅卷，对考试成绩进行质量分析，形成《2020年玉溪市省统测简要分析报告》。针对省、市统测情况，组织召开4次质量分析暨全市高考研讨会，共930余名教师参加；组织全市普通高中学校高三年级9个学科的教师参加“新高考备考线上研讨培训”。开启线上线下同步的“名师助力高考”教学、研讨模式，以高考、中考复习内容为主题，启动玉溪市中小学名师“云讲坛”的录播工作，全年共播出20讲。（邵昌云　张帆舸）

中等职业教育

【中等职业招生就业情况】 2020年，全市3所中专学校、10所职业高中、2所技工（师）学校（院）共计划招生8 860人，实际完成招生8 111人，完成招生计划的91.55%。全市13所职业院校毕业生8 390人，共有2 053人升入高一级院校，升学率为24.47%，较上年提升11.47个百分点。一次就业人数5 862人，一次就业率为69.87%，毕业生对口就业率达到84.46%，较上年提高11个百分点，升学率与就业率之和为94.34%。本地就业2 319人，占就业人数的39.6%；异地就业3 543人，占就业人数的60.4%，升学与就业均保持良好态势。（刘寒丽）

2020—2021学年玉溪市高三毕业班第一次教学质量检测分析培训会
（市教科所　提供）

【玉溪师院高等职业技术学院成立】 2020年2月24日，市教育体育局批复同意玉溪工业财贸学校（玉溪技师学院）加挂玉溪师院高等职业技术学院牌子。9月29日，玉溪师院高等职业技术学院在玉溪工业财贸学校（玉溪技师学院）揭牌，开启了市校合作新篇章。玉溪师院和玉溪工业财贸学校（玉溪技师学院）的合作，是玉溪市发展本科层次职业教育，有效破解玉溪职业教育领域难题的新举措，对推动玉溪职业教育高层次和高品质发展，促进玉溪现代职业教育体系进一步完善具有重要意义。（刘寒丽　陈永丽）

【综合高中试点】 2020年，玉溪二职中、江川职中、澄江职中、华宁职中、峨山职中5所职业学校被省教育厅批准为第二批综合高中试点学校，每所综合高中招生60—200人，为学生提供升学为主、就业为辅的教育，提升职业教育招生吸引力。综合高中试点学校重点抓好两项工作：引导学生校内有序分流，组织成绩优异的学生参加学业水平考试，分流到普高班，确保毕业后参加普通高考或“三校生”高考，实现升学目的；其他学生分流到职高班，实现就业目标。引导普通高中学生向职业学校分流，根据兴趣爱好、能力水平等自主选择普高班或职高班。

【普职融合班】 2020年，全市9县（市、区）职业高中办好普职融合班，制定了科学合理、内容丰富、形式多样的课程方案，让学业困难学生通过学习和体验活动，树立正确的学习观和职业发展观，构筑多元化、多层次的人才培养体系，满足多样化、多途径人才发展需求。全市普职融合班共有162人，其中：红塔区3人、江川区39人、澄江市12人、通海县41人、华宁县14人、易门县6人、峨山县26人、新平县8人、元江县13人。

【职业技能比赛】 2020年1月，云南省职业技能大赛在红河州举办，玉溪市13所职业院校共592名师生参加比赛。经过激烈角逐，中职学校共获得48个一等奖、63个二等奖、98个三等奖，涉及78个竞赛项目共209个奖项，获奖项目覆盖率97.5%，获奖数占全省总奖项的10.7%；高职院校荣获4个一等奖、15个二等奖、18个三等奖，涉及19个竞赛项目共37个奖项，获奖项目覆盖率37.6%，获奖数占全省总奖项的4.53%。市教育体育局、玉溪农职学院、玉溪工业财贸学校（玉溪技师学院）荣获优秀组织奖。

【专业增设及规划】 2020年，玉溪卫校、玉溪体校等学校增设家政、养老、育幼、健康管理、康养等社会服务领域紧缺人才专业，共增设27个专业，并获得省教育厅审批。积极做好专业建设规划，确定2020—2025年拟规划建设17大类78个专业，涉及各地各校139个专业，3所学校撤销6个专业。4月17日，市教育体育局召开专家评审会，对规划进行了评审。4月21日，经局党组会议讨论研究，同意专业建设规划方案。

【“1+X”证书制度试点】 2020年，“1+X”证书制度试点学校由上年的玉溪农职学院、玉溪工业财贸学校（玉溪技师学院）2所院校扩大到玉溪体校、玉溪卫校、玉溪二职中、峨山职中共6所试点学校，参加试点培训学生4 356人，划拨专项资金107万元。玉溪工业财贸学校（玉溪技师学院）实施汽车运用与维修、建筑信息模型（BIM）、Web前端开发、物流管理等证书制度试点15个，参与试点学生345人；玉溪卫校实施失智老年人照护、母婴护理、幼儿照护考试（初级）证书制度试点，学生160人；玉溪体校实施无人机驾驶职业技能等级证书试点（初级、中级、高级），学生250人；玉溪二职中实施电子商务、电气运行与控制、数控技术应用、电子技术应用、会计、计算机网络技术、计算机应用等证书制度试点，学生720人；峨山职中实施评茶员、焊工、电工、砌筑工等证书制度试点，学生235人；玉溪农职学院“1+X”证书制度主要有农作物植保、农产品食品检验、动物检疫检验、动物疫病防治、家畜防治、汽车维修、西式面点和中式面点等14类证书，学生2 646人。

【社会培训】 2020年，市内12所中职学校面向全市乡村干部、居民、党员、青年的多层次、多形式的社会技能培训，全年共培训3.2万人次，举办林果、市场营销、养殖、计算机等专业培训班，开展了早熟豌豆栽培技术、沼气科学利用、稻谷瘟病防治、水稻旱育秧播种及管理、起重装卸机械操作工、热切割作业、工艺美术制作、食品烘焙、农产品营销、中医药适宜技术等84项社会技能培训，涉及工农业生产、卫生健康、社会服务等多个领域。同时，积极开展社区思想道德、法律法规及卫生健康等方面的宣传教育。

【“3+2”五年一贯制高职专科】 2020年，4所中职学校新增“3+2”联合办学专业27个，其中，玉溪工业财贸学校（玉溪技师学院）与昆明冶金高等专科学校联办汽车运用与维修、机电技术应用；与云南国土资源职业学院联办数控技术应用；与玉溪师院联办旅游服务与管理；与云南国防工业职业学院联办机电技术应用、数控技术应用。玉溪卫校与楚雄医专联办康复技术；与玉溪农职学院联办药剂；与曲靖医学高等专科学校联办护理；与大理护理职业学院联办助产。玉溪体校与云南体职院联办运动训练；与云南司法警官职业学院联办保安。玉溪二职中与昆明工职院联办机电技术应用、计算机网络技术、工程造价；与玉溪农职学院联办网站建设与管理、食品生物工艺、电气运行与控制、会计电算化；与云南国土资源职业学院联办高星级饭店运营与管理、数控技术应用；与云南交通运输职业学院联办汽车运用与维修、汽车车身修复；与云南理工职业学院联办城市轨道交通运营管理、计算机应用、物联网技术应用、建筑工程施工。

【校企合作】 2020年，全市职业院校与市内外158家企业开展校企合作，其中大型企业38家，中型企业28家，小型企业92家。2020年，13所职业院校全部开展东西部校企合作，大力推行“引厂入校”“引校进厂”等校企深度合作模式，其中，玉溪二职中分别与昌硕科技（上海）有限公司、昆明嘉华食品厂、玉溪市一幼、中德诺浩（北京）教育投资股份有限公司、玉溪百信超市等企事业单位建立长期的合作关系；玉溪工业财贸学校（玉溪技师学院）与云南蓝晶科技有限公司、云南快大多畜牧科技有限公司、云南宇城杭萧钢结构有限公司、玉溪中汇电力设备有限责任公司等企业合作实施“新型学徒制”人才培养模式；峨山职中与沿海发达地区的大中型企业联合办学；江川职中与玉溪达利园、通海斯贝佳食品、昆明面包工坊、TCL（惠州）公司、上海桂满陇餐饮有限公司、上海望湘园餐饮有限公司、江苏昆山微盟电子、江苏太仓同维电子等多家企业形成合作关系。

【职业技能鉴定】 2020年，玉溪农职学院被指定为“云南省第110职业技能鉴定所”，玉溪工业财贸学校(玉溪技师学院)为“云南省第23职业技能鉴定所”“云南省玉溪市安全生产考试分中心玉溪技师学院考试点”，开展焊接作业、电工作业、高处作业、制冷作业等特殊工种上岗证考核取证工作。2020年，2所院校鉴定数达15 000余人次。（刘寒丽）

【玉溪工业财贸学校(玉溪技师学院)】 2020年，玉溪工业财贸学校(玉溪技师学院)有全日制在校生6 242人。教职工487人，有硕士及在读博士70人，正高级教师6人，国家级高层次人才1人，省级高层次人才10人，市级高层次人才2人，“双师型”教师375人。下设机电工程系、财经系、信息工程系、汽车技术系、现代制造工程系和建筑工程系6个教学系，开设6大专业群40多个专业，建有中央财政支持的区域性综合实训基地和机电类、财经类、信息技术类、汽车类、现代制造类、建筑工程类、陶艺、机械加工、3D打印、物联网、光伏技术、工业机器人等实训中心。在中华人民共和国第一届职业技能大赛中，教师刘圣赐参加“国赛精选项目”竞赛获全国第四名，荣获优胜奖，并获得“全国技术能手”称号。学生选手李国祥参加“世赛选拔项目”，竞赛成绩排名全国第八名，荣获优胜奖，入围第46届世界技能大赛国家集训队。在2020年云南省职业院校技能大赛中，师生荣获一等奖22名、二等奖27名、三等奖13名。在第二届全国技工院校教师职业能力大赛云南省选拔赛中，教师参加了9个类别的竞赛项目，荣获二等奖3名，三等奖4名。在第二届全国技工院校教师职业能力大赛中，获三等奖1个。

科研工作　成功申报课题4项，其中省级课题2项。教职工在各类刊物上公开发表论文76篇，参与编写教材13部。单文周、瞿连贵获得“玉溪市中青年学科技术带头人”称号。

招生职培　2020年，招生4 657人(含非全日制)；完成47家企业、3 032人的新型学徒制招生工作，招生人数位列云南省各技师学院之首。2020年，共完成各类培训鉴定考核18 217人次(其中：各类培训3 252人次、鉴定10 736人次、安全生产考核4 229人次)；同时积极申请备案职业技能等级第三方评价机构和特种设备培训考核资质，拓宽培训鉴定渠道，增加鉴定工种数量。

校校合作　玉溪工业财贸学校(玉溪技师学院)与玉溪师范学院、云南开放大学、昆明冶金高等专科学校、云南省国土资源职业学院、云南国防工业职业技术学院等高校合作，开展以“3 + 2”五年制大专为主的联合办学，满足学生接受高层次教育的需求。9月29日，玉溪工业财贸学校(玉溪技师学院)挂牌设立玉溪师范学院高等职业技术学院。（易　帅）

【玉溪卫生学校】 2020年，玉溪卫生学校成功申报药剂、中医护理、幼儿保育、老年人服务与管理4个新专业，与农村医学、护理、助产、康复技术、营养与保健共同形成了9个专业组成的大健康产业体系专业群。学校面向全省招生，现有全日制在校生2 835人。校内建有2栋专业实训楼，校外有24家合作实习基地。有在职教师110人，其中高级讲师32人、讲师35人、助理讲师30人、双师型教师53人。完成科研课题结题1项，立项和正在开展的课题13项。

招生就业　2020年超额完成招生任务，截至12月确认录取人数为1 235人，完成招生计划的123.5%，毕业率97.5%。举行2020届毕业生网络招聘会，初次就业人数561人(含升学人数)，就业率95.2%，对口就业率83%，用人单位满意度达97%。2020年7月，北京中医药大学东直门直属附属医院破格录用1名玉溪卫校中专生，是该院近5年首次录用中专层次合同制护士。

校企合作　玉溪卫校与曲靖医专、楚雄医专、大理护理职业学院和玉溪农职院四所学校联合开展“3+2”大专合作办学；与傲拓道(北京)人力资源服务有限公司合作开办中德护士/护理高端人才项目，打通中职留学通道。学校与市人民医院签订《云南省玉溪市人民医院与云南省玉溪卫生学校战略合作框架协议》，计划在玉溪卫校挂牌“云南省玉溪市人民医院教学基地”、在玉溪市人民医院挂牌“云南省玉溪卫生学校教学医院”。

培训工作　学校成功申报成为“1+X”证书制度(失智老年人照护、母婴护理、幼儿照护证书)试点院校；开展国家护士执业资格证考试培训531人次，中医药适宜技术－母

2020年12月7日，玉溪卫校技能体育艺术周开幕式（玉溪卫校　提供）

婴保健技能培训309人次，开展三校生考前培训138人次，公办高职院校录取率100%。6月，学校人体生命科学馆挂牌“玉溪市红十字生命教育培训基地”，年内共接待校内外参观人员8 656人次；授牌成为市人力资源和社会保障局批准的玉溪市青年就业见习基地，为高校毕业生及失业青年增强职业技能和工作经验、促进就业提供见习机会。（毛倩雯）

【玉溪体育运动学校】 学校于2020年9月搬迁至玉溪科教创新城职教园区，校园占地面积605亩，投资15.68亿元，校舍总建筑面积29.28万平方米。运动区建设有容纳1.3万人的主体育场、容纳5 000人的主体育馆，以及游泳馆、电子竞技决赛馆、射击馆、体操馆、综合训练馆、篮排球乒羽馆、室内网球馆、风雨网球场、风雨田径场和4块足球场，是2022年云南省第十六届运动会的主要比赛场馆。

学校有教职工174人，其中正高级职称5人，副高级职称53人，中级职称54人，初级职称26人。国家级教练4人，高级教练12人，国家级裁判6人，一级裁判19人，国家级社会体育指导员2人。现有在校学生1 556人，其中运动员705人。2020年，招生536人，其中五年制招生389人，三年制招生147人。学校设有田径、自行车、游泳、击剑、射箭、武术、篮球、排球、沙滩排球、拳击、摔跤、柔道、散打、举重、皮划艇、射击、足球、三人篮球、铁人三项等19个在训项目。2020年，学校在原有基础上开设无人机操控与维护、健体塑身、幼儿保育、休闲体育服务与管理、体育设施管理与经营、保安6个新专业。与成都体育学院、云南体育运动职业技术学院、玉溪师范学院、云南司法警官职业学院四所高校成立联合办学点。与北京华体体育场馆施工有限责任公司、北京同道伟业体育科技有限责任公司、速得尔科技（北京）有限公司、云南云健体育用品有限公司等10多家企业开展校企合作，全面推进中高衔接的人才培养模式改革，以及互联网＋竞技体育＋职业技能的新型专业建设模式改革。2020年，五年制学生68人参加专升本考试，录取本科62人，录取率91.17%，形成“学制一条龙，训练一贯制”的办学格局。

学校柔道队参加“达衣岩”杯2020年全国青少年柔道锦标赛获得1金1银1铜；拳击队参加云南省青少年U系列拳击锦标赛获得6金3银5铜；女篮参加2020年全国U18三人篮球锦标赛获全国冠军；击剑队参加2020年云南省U系列青少年击剑锦标赛获6金7银3铜，大众击剑公开赛暨云南省第二届青少年（学生）运动会击剑预赛获1金4银；武术队参加2020年云南省青少年武术套路锦标赛暨云南省第二届青少年运动会武术套路预赛获3金1银2铜；摔跤队参加云南省青少年U系列摔跤锦标赛暨云南省第二届青少年运动会摔跤预赛获2金2银10铜；田径队参加云南省青少年U系列田径锦标赛暨云南省第二届青少年（学生）运动会田径预赛获4金2银2铜；武术散打队参加2020年云南省U系列青少年武术散打锦标赛获5金2银1铜；女篮队参加云南省青少年U系列篮球锦标赛暨云南省第二届青少年（学生）运动会篮球预赛获1金；皮划艇队参加2020年云南省青少年U系列皮划艇（静水）冠军赛获5金3银3铜；射击队参加2020年云南省U系列青少年射击锦标赛暨云南省第二届青少年（学生）运动会射击预赛获25金、19银、16铜。建校以来参加省内外赛事累计获得金牌超过1 500枚。（杨黎冉）

高等教育

【玉溪师范学院】 2020年，玉溪师院有13个二级学院、13个党政管理机构、12个直属机构、2个群团组织。建有4个云南省实验教学示范中心，其中“湄公河次区域民族民间艺术传习实验中心”被中国艺术人类学学会授予首个“非物质文化遗产传承与保护工作站”称号。建有省重点实验室1个，省高校重点建设实验室7个，省高校工程研究中心3个，玉溪市重点实验室4个，省级人才培养模式创新实验区1个，省级法学专业应用型法律人才培养模式创新实验区1个，省级实验实习实训基地与技术创新服务中心2个，省级名师工作室4个。建有湄公河次区域民族民间文化传习馆、濒危语言研究中心、古生物研究所、玉溪市经济社会发展研究中心、污染控制与生态修复研究中心等23个研究机构。图书馆有纸质藏书109万多册，电子图书约78万册，电子期刊1.5万余种，各类数据库22个，已实现对现有纸刊的全覆盖。面向全校学生开设《民族民间文化解读》等30余门中华优秀传统文化公共选修课，开设《民间纸工艺》《民间陶艺》《绝版套色木刻》等21门云南本土特色课程。持续推进“云南省道德讲堂示范点”建设工作。学校结合区域资源优势，开展科研和文化传承。利用多民族融合的滇中核心区域和聂耳故乡的优势，依托“湄公河次区域民族民间艺术传习实验中心”和美术学、体育学、音乐学等学科，组织开展民族民间文化的挖掘、收集、整理、提升，形成科研的优势聚集和创新发展，构建了特色鲜明的民族民间文化课程体系，培养了一批具有创新精神和创新能力的应用型艺术体育人才，形成了鲜明的办学特色。7月，玉溪师院财政管理体制上划获省政府审批同意，升本以来困扰学校发展的财政管理体制不顺问题终获解决。年内，聂耳和国歌研究院在玉溪师院成立，是校地联动打造聂耳文化品牌、创新研究机制的创新举措。

学科专业 现有57个专业，其中，美术学为国家级特色专业，泰语为云南省高等学校重点建设专业，地理科学、生物科学、艺术设计为云南省高等学校特色建设专业。有省级教学团队5个，省级精品课程9门、省级一流课程4门，省级双语教学示范课程1门。现有省级高校B类一流学科1个，省级重点学科5个，省级立项硕士授权点建设学科3个。12月20—23日，玉溪师范学院美术学专业接受云南省教育评估院专家组对师范类专业认证（第二级）现场考查。年内，17个专业综合评价为C类专业，在非硕士授权单位中排名第一。4门课程入选首批省级一流本科课程。在文学院、外国语学院、数学与信息技术学院三个学院的一本录取专业开设“红塔实验班”，在大学英语四、六级过级率和学风建设等方面取得优异成绩。

师资队伍　现有教职工830人，专任教师中，正高级73人，副高级182人；硕士及以上学历514人。云南省“高层次人才引进计划”4人，“高层次人才培养支持计划”7人，省级教学名师4人，云南省中青年学术与技术带头人及后备人才9人；玉溪市“高层次人才引进计划”50人，“高层次人才培育支持计划”14人，玉溪市学科技术带头人及后备人才26人。聚焦申硕短板，加大人才引进和培养力度，引进博士31名，考取博士17人，博士毕业9人，在职攻读博士研究生83人，博士144人。2020年入选省市高层次人才引进培养支持计划15人。

招生就业　玉溪师范学院圆满完成普高、专升本、预科升学、五年制高职录取工作，其中普通本科录取人数3 000人，专升本录取人数602人，少数民族预科录取人数150人，五年制升段录取人数316人，五年制高职录取413人。从录取情况看，一本批次生源质量提升明显。二本批次生源充足，生源情况继续保持较好水平，省外生源情况稳定。学校认真推进与落实“县校合作计划”继续向省教育厅、省招生考试院请示，争取到针对峨山、元江、新平三个民族自治县少数民族考生的定向少数民族预科计划80人，较上年增加30人。定向少数民族预科共录取峨山籍少数民族考生37名、元江籍少数民族考生27名、新平籍少数民族考生16名。2020年学校共录取玉溪籍考生1 108人，占学校录取人数比为24.73%。2020届毕业生就业工作未受疫情影响，截至2020年12月31日就业率为94.2%。在2020年云南省基础教育学校专项招聘中，玉溪师范学院师范类毕业生录取率名列前茅。69名学生应征入伍，超额完成大学生应征入伍指标。认真落实“六稳”“六保”要求，多措并举全面发力做好就业工作。

科研工作　2020年，获准纵向立项项目共计71项，包括国家级项目7项（在非硕士授权单位学校中排名第一），其中国家自然科学基金项目6项（含外单位转入1项），国家社科基金项目1项。省部级项目22项，地厅级项目42项。顺利申报“云南省智慧城市网络空间安全重点实验室”并开展前期建设。与中科院云南天文台签订合作共建景东120米脉冲星射电望远镜（JRT）科学数据分析中心协议。争取到“玉溪市水利基础设施空间布局规划”等横向项目。

学生工作　在疫情期间，按照“应开尽开”的要求，开设894门线上课程，做到停课不停教、停课不停学。实行分批错峰开学，组织学生分10批次返校复课。坚持以学生能力培养为中心，构建形成第一课堂和第二课堂协同实践育人体系，全面促进大学生核心素养的发展。2020年学院共立项建设大学生创新创业训练项目87项，投入经费42万元。组建双创导师团队50余人，指导学生参加“互联网+”创新创业竞赛项目673项，参与学生人数2 921人；第九届“挑战杯”大学生创业计划竞赛项目15项获奖；“创翼玉溪”创业创新大赛28项获奖。

继续教育　年内，学校成人函授招生专业29个（本科18个、高起本8个和专科3个）。成人函授在籍学生1 867人，本科1 351，专科516人；奥鹏在籍本专科学生304人，涉及的本专科专业有28个。教学管理已经推进实施“线上+线下”混合学习模式。玉溪师范学院同步拓展非学历教育工作，完成2019年“国培计划”项目线上培训，共计培训1 100人。完成2020年“国培计划”未摘帽贫困县“一对一”结对帮扶培训到澜沧县的送教下乡培训，分3个批次组织小学语文、数学，初中语文、数学、英语、物理、化学专家团队赴澜沧县乡镇学校示范教学、帮扶指导。完成纪检监察学院两期80人的培训，新平县税务局党员干部培训68人，玉溪市中小学幼儿园领军校（园）长175人初选培训。完成15种各类社会考试，服务考生29 080人。

合作交流　学校主动服务国家“一带一路”倡议，积极融入和服务国家及云南发展战略，扎实推进国际化办学。建立与南亚东南亚地区，如泰国、缅甸、老挝等国家的院校长期稳定合作交流关系，拓展与美国、澳大利亚、加拿大、保加利亚、新加坡、韩国等国家的高校联系，开展多种形式的联合办学，互派师生进行学术及文化交流。2020年有国外实习基地30个，国外汉语言文化中心3个，是首批云南省华文教育基地和国家汉办汉语水平考试（HSK）考点。开展33门留学生课程线上教学，保证留学生教学不受疫情影响。组织完成境外应届毕业留学生线上论文开题报告，顺利完成2020年中美人才培养计划121项目。开展线上入学新招收本科留学生工作。创新国际交流方式，与泰国呵叻皇家大学、清莱皇家大学等重要合作学校线上沟通，开展交流合作。

（玉溪师院供稿）

【玉溪农业职业技术学院】 2020年，玉溪农职学院有在职在编教职工261人，其中，专任教师241人，正高级职称7人，副高级职称66人；硕

2020年10月31日，聂耳和国歌研究院揭牌暨聂耳和国歌爱国主义教育基地奠基仪式在玉溪师范学院举行。省市相关领导及学界教育学者代表参加仪式，并在聂耳和国歌研究院建设方案专家研讨会上对研究院建设发展进行研讨　（董正福　摄）

士学位113人。“双师素质”教师114人，省级教学名师2人，省级科技特派员1人，省级“三区”人才计划1人，省级教学团队2个，市级中青年学科技术带头人3人。国家级心理咨询师13人。省级技能大师工作室1个，省级教学名师工作室1个。在校生10 278人（校本部8 191人，联合办学2 087人），年技能培训鉴定超过5 000人次。设有农林科学技术学院、建筑与环境艺术工程学院、经济管理学院、动物科技学院、信息电气工程学院、食品药品学院、马克思主义学院、康养学院8个二级学院，开设60个三年制高职专业，27个五年制高职专业和12个中专专业。近两年，学校就业率达到98%以上。

教学改革　推进常态化教学诊断与改进工作，以赛促教，技能大赛、创新创业成效凸显。在2020年云南省高职院校大学生技能大赛中，获一等奖5项、二等奖20项、三等奖21项，学校连续四年被省教育厅授予“优秀组织奖”荣誉称号。新开设三年制高职专业5个，省现代学徒制试点验收通过，完成了省第三批“1+X”证书试点工作申报，共有15个项目获试点。制定了《玉溪农职学院教师下企业锻炼管理办法》，实行“人员互聘、职务互兼”的“双师”教师培训体系，先后送教师到企业跟岗锻炼学习3批4人次。

招生就业　学校高职专科招生计划3 535人（其中，普高、三校生2 638人，单招862人，扩招35人），五年制专科计划1 500人（联合办学点1 500人），五年制转段496人。完成高职专科录取计划3 542人，计划完成率100.20%，三年制专科、五年制专科转段、五年制专科总报到数4 328人。毕业学生1 740人，截至12月31日，就业人数1 695人，就业率达到97.41%。

科研与社会服务　加强与玉溪工业财贸学校（玉溪技师学院）、玉溪卫校等市属职业学校和玉溪师院的合作办学，实现中高（职）本科的有效衔接；主持完成各级各类课题12项，其中省级课题7项，市级课题1项；主持立项各级各类课题13项，其中省级课题11项，横向课题2项（共获资助11.5万元）；专利3项。发表教科研论文29篇；主编教材或著作4册，获得各级各类课题立项23项，获得科研成果奖励4项、专利1项。围绕产业发展需求，调整专业设置，新增护理、药学、中医养生保健等五个专业，建设形成7个专业群。

基础建设　围绕创建“双高”综合高等职业院校的发展定位，加强对学校“十四五”发展规划、专业发展规划编制的统筹，全力推进综合教学楼、学生公寓等二期重点项目建设。持续推进补短板项目中实训基地建设工作，至年底，在原有61个校内实训室（基地）的基础上改造21个，新增34个，现有校内实训室（基地）95个，校外实训基地169个。

（郭　力）

成人教育

【成人中专】 2020年，玉溪市报备开展非全日制的职业学校是玉溪二职中、江川职中、华宁职中3所学校。截至年底，华宁职中招生121人，玉溪二职中、江川职中没有实现招生。报备民办普通高中及社会培训机构新增附设中职班（高考辅导班）的县（市、区）是红塔区、澄江市、华宁县、新平县，年内共招生388人，其中红塔区招生272人，澄江市招生53人，新平县招生63人。

【老年教育】 2020年，全市共有市级老年大学1所，县级老年大学9所，乡镇街道老年学校5所，城乡社区（行政村）老年学校或教学点29个，远程教育收视点2个。全市各级各类老年大学校舍面积3.5万平方米，开设45个专业，399个班级，在读老年学校学员19 858人，累计毕业学员9.33万人。财政经费投入186.976万元，社会经费投入445.5万元。

【社区教育】 2020年，社区教育主要依托各县（市、区）职业院校成立社区教育指导中心，施行“两块牌子、一套班子”的运行模式，结合各校实际开展公民素养、中华优秀传统文化、人文艺术、养生保健、家庭教育、安全教育、环境保护、职业技能提升、乡村振兴等主题培训，全年共培训3.2万人次。　（刘寒丽）

特殊教育

【普通中小学设立特殊教育班试点】 2020年，玉溪市进一步推进普特融合，发挥市特殊教育资源中心的指导作用，做好云南省在普通学校设立特殊教育班试点工作，推进适龄残疾儿童少年精准入学安置，探索符合玉溪市残障学生教育与康复需要的“送教上门+特教班”的新型安置模式。以市特殊教育学校（市特殊教育资源中心）为主导，以县（市、区）特殊教育资源中心为主体的方式，在澄江市、通海县、新平县设立特殊教育班，首批招生28人。根据学校和教学对象的实际情况，特殊教育班采用“全日制”特教班形式（适用于学校残疾学生人数较多，教学对象是重度残疾儿童）为主，以校内“半日制”（适用于学校残疾学生人数较少，教学对象是中度残疾儿童）、“走班制”（适用于以随班就读为主，或送教上门为主的教学对象）等多种形式为辅开展教学，为适龄残疾儿童少年提供适合的教育，争取试点结束后为全省提供可借鉴的经验做法。为更好地开展特殊教育班试点工作，自2020年起，市教育体育局充分发挥特殊教育学校专业师资平台的优势，选派25名指导教师组成9个巡回指导组到各县（市、区）开展为期三年的特殊教育工作巡回指导，充分发挥资源中心（教室）的辐射效用，进一步提升县级适龄残疾儿童随班就读、特殊教育班就读和送教上门教师的业务能力，加强对资源中心和资源教室的建配管用等方面指导工作，初步实现普、特教师、教育教学的融合发展。（侯树平）

【成立通海县特殊教育学校】 2020年底，经通海县委编办研究，同意成立通海县特殊教育学校，为通海县教育体育局所属全额拨款事业单位，机构规格股所级，核定事业编制15名。（李　彤）

民办教育

【概况】 2020年，全市有民办学校728所，其中民办幼儿园241所、民办小学2所、民办高完中2所、民办普通高中2所、民办中职学校1所、校外培训机构480所，在校学生38 157人，教师9 279人，占地面积2 765.664 1亩，校舍建筑面积69.1万平方米，资产11.41亿元，教学仪器设备总值58 765.16万元。与上年相比，新增民办幼儿园10所、校外培训机构145所，学生总数增加147人，教师总数同比增长37.93%，建筑面积增加4.56万平方米，教学仪器设备值同比增长161%。全市民办教育分类登记工作正在有序推进，有营利性幼儿园24所、高中1所、职中1所，校外培训机构452所，非营利性校外培训机构28所、幼儿园217所、小学2所、高完中2所、高中1所。

【民办教育治理扶持】 2020年，玉溪市加大对无证幼儿园及校外培训机构的治理力度，11所无证幼儿园治理完毕。出台《玉溪市校外培训机构管理办法（试行）》，全面加强校外培训机构的日常监督和规范管理。下达玉溪市民办教育发展专项资金250万元，惠及全市33所民办幼儿园；积极争取到上级普惠性民办幼儿园奖补资金637.88万元，其中，234.1万元对28所普惠性民办幼儿园进行一次性奖补、403.78万元按2019年事业统计报表普惠性幼儿园在园人数进行奖补。（杨全发）

玉溪卫校人体生命科学馆（玉溪卫校　提供）

招生考试

【普通高校招生情况】 2020年，全市高考报名人数15 634人，比上年增加891人。其中：文史类考生6 457人，理工类考生7 401人，三校生1 776人。红塔区4 638人、江川区1 827人、澄江市1 034人、通海县1 661人、华宁县1 186人、易门县1 032人、峨山县1 802人、新平县1 351人、元江县1 103人。报考13 858人，实考13 023人，上线12 695人，上线率93.51%。全省前50名玉溪6人，700分以上8人，600分以上703人。全市共录取考生14 298人，录取率91.45%。

【市直3所普高高考情况】 2020年，市直3所普通高中高考情况：玉溪一中961人参加高考，上线率100%。其中，全省前10名2人，前

2020年12月2日，云南省第五届彩云杯中华优秀传统文化知识竞赛总决赛，玉溪代表队荣获二等奖（唐文娟　摄）

50名6人，前100名10人，700分以上8人；600分以上487人，600分率达到50.7%，首次突破50%大关；一本上线856人，文理一本率89.12%；尖子生、600分率、一本率指标创学校历史新高，德语班成绩各项指标稳居全国第一，学校重回云南省高中第一梯队。

玉溪师院附中630人参加高考，上线率100%。其中，一本上线330人，一本率53%；本科上线609人，本科上线率96.67%；600分以上97人；理科最高分670分。一本率保持稳定，600分以上人数再创新高，本科率较快提升，高考保持了稳中有升的态势。

玉溪市民中742人参加高考，上线率100%。其中，600分以上52人；文、理科一本上线319人，一本率46.43%；本科上线663人，本科率96.5%。人口较少民族考生14人参加高考，本科上线7人，本科率50%。迪庆籍学生29人，600分以上3人，最高分656分，一本上线15人，一本率51.7%，13人上本科线，本科率96.6%。（杨仕才　张　开　杨强国）

【高中阶段招生情况】 2020年，全市初中毕业生26 392人，比上年的26 977人减少585人，减幅2.2%。文化科目报考人数：初三24 439人，报考率93.1%；体育科目报考人数26 233人，比上年的26 188人增加45人。玉溪市普通高中学校招生计划15 519人，录取16 414人（含外地州民办高中800人），完成率105.77%，在全省位居前列，录取占报考人数的67.16%，比上年提高14.16个百分点（含外地州民办高中841人）。

【其他考试情况】 2020年，全市第83次自学考试报考人数1 889人，报考科次4 115科；第84次自学考试报考人数1 788人，报考科次3 937科。成人高考报考人数7 279人。中小学教师资格考试报考人数14 470人，报考科次30 305科。高中学业水平考试报考人数21 350人，报考科次67 132科。

【高中阶段招生制度改革】 2020年6月，市教育体育局制定出台《关于进一步深化高中阶段学校考试招生制度改革的实施意见》，创新提出7条招生政策。推进普通高中招生指标分配改革。普通高中定向招生计划分配比例提高到55%，其中40%定向到校，15%定向到县（市、区）。推行公办高中跨县招生改革。试行县（市、区）公办高中面向全市跨县域招生改革，招生计划控制在各县（市、区）50人以内；年内，跨县（市、区）招生共下达450人计划，录取219人，完成计划的48.67%。推进综合高中招生改革试点工作。综合高中试点学校的综合高中学生统一注册为中职学籍，在校三年期间享受中职学生相应补贴和资助政策；学生三年学业修满，成绩合格，可获取普通高中毕业证书或中等职业学校毕业证书；考生毕业后可参加普通高考或三校生考试，还可参加各大专院校单独招生考试，实现升学目的。完善民办高中学校招生备案手续。严格管理到玉溪跨区域招生的民办学校，凡到玉溪市进行招生和录取的外州市民办高中学校，必须按省教育厅有关规定，到市教育体育局备案；年内，有52所外州市民办高中学校备案，高中招生计划1 272人，录取考生841人。简化进城务工人员随迁子女就读政策。符合“随迁子女在玉溪市具有三年初中学籍的应届毕业生”，就可参加玉溪市的初中学业水平考试和普通高中学校全市择优录取。落实一线医务人员子女照顾加分政策。出台了《关心一线医务人员子女就学的实施意见》，对玉溪市援助湖北医疗队员子女在2020年初中毕业升高中时享受本校考生定向招生待遇；2020年秋季报考市内高中学校时，给予加10分照顾；对2020年参加高考的一线医务人员及援助湖北医疗队员子女，由考生所在高中学校提供“一对一”的政策指导和咨询服务；就读市内中职学校的，按照考生意愿直接录取；年内，有1名考生享受加分政策。推进中职招生体育艺术类专业考试改革。即初中学业水平考试成绩+专项成绩为中职体育、艺术类专业考试成绩。省教育厅批准玉溪一中、市民中、江川一中自主招收体育特长生。2020年共录取体育特长生58名，其中玉溪一中13人，市民中18人，江川一中27人。（陈跃明）

教师队伍建设

【教师队伍建设】2020年，全市通过公开招聘、选调等方式，新增教职工733人（含应对新冠肺炎疫情影响专项招聘251人）。圆满完成玉溪考区36个学科3 257名考生的教师资格证国考面试工作。全市申报中专、教练员、中小学教师3个系列中级、高级职称共2 681人，评审通过中级职称1 105名、高级职称1 013名。27名乡村从教20年以上优秀教师获省教育厅表彰，市委、市政府对全市20个先进集体、100名优秀教师、50名优秀班主任、19名优秀校长和20名优秀教育工作者予以表扬。选派86名优秀教师分别到迪庆、怒江、昭通开展教育扶贫。20名教师获得玉溪市“兴玉教学名师”荣誉称号、3名教师被评选为省级教学名师，新建10个玉溪市教育体育行业专家工作站。实施“5123XE”教师培养工程，组织全市中小学校长和教师参加海上名师讲坛网络培训；组织开展全市中小学幼儿园172名领军校（园）长初选培训，完成50名领军校（园）长、200名学科带头人、300名骨干教师培养对象的初选工作；选派48名校长到云南师范大学进行为期半年的“万名校长培训计划”全脱产培训，选拔34人分别参加教育部乡村教师优秀青年教师培养奖励计划、国家安全教育国家级网络培训、中小学教师网络法治教育培训等，完成中小学幼儿园国培计划18个项目7 186人的学员遴选工作（包括乡村中小学教师6 158人、幼儿园教师1 028人）。组织完成全市第二届中小学名师工作室27个工作室的年度考核工作，完成第三届中小学名师工作室29个主持人的遴选工作，筹备组建29个名师工作室。对全市的8位云南省“万人计划”教学名师进行年度评价工作，3人优秀，5人合格。筹备组建玉溪市教育行业10个专家科研工作站。

【师德师风建设】2020年，市教育体育局下发了《关于加强和改进新时代师德师风建设的通知》，以“九个一”为抓手，持续推动师德师风建设。选树21名市级师德宣讲骨干先进典型，开展“云岭红烛·育人先锋”主题宣讲15场，参与教师超过1.5万人次；开展以“三爱”“三全”“三让”为主要内容的师德教育活动1 000余场次。12月23日，市教育体育局举办学习“时代楷模”张桂梅先进事迹演讲比赛，玉溪一中李晓忠、玉溪五小孔祥伟获一等奖，随后2人选送参加省赛。在省级决赛中，玉溪一中李晓忠荣获二等奖，玉溪五小孔祥伟获优秀奖。

（周　洁　邵昌云　张帆舸　唐文娟）

学生工作

【“扣好人生第一粒扣子”主题教育实践活动】2020年，全市中小学开展“新时代好少年”学习宣传活动，评选出20名“新时代玉溪好少年”，张宿桐、罗春芸、杨原羽被评为“新时代云南好少年”。开展“传承红色基因”系列教育活动，在清明期间以“祭奠革命先烈、致敬抗疫英雄”为主题开展“清明祭英烈”活动；“七一”期间，开展“童心向党”主题活动；“十一”期间，开展“向国旗敬礼”等线上、线下活动，共计22万余人次参与到活动中。开展中华优秀传统文化传承活动，将中华优秀传统文化教育融入学校教育，组织中小学校开展中华优秀传统文化知识竞赛、经典诵读和戏曲、书法、传统体育进校园等活动。开展学雷锋志愿服务活动，全市中小学校结合综合实践活动、团队会主题活动，雷锋志愿服务月，组织开展亲情关爱、环保小卫士、校园自主管理等志愿服务活动，帮助学生在服务他人、奉献社会的过程中培育美好心灵、强化责任意识，全市20万余人次参加。开展“劳动美”社会实践活动，全市各学校以网络知识竞赛、朗诵、演讲、征文等形式共同开展“美好生活　劳动创造”主题教育活动710余场次，组织55 174名学生参加劳动教育在线知识竞赛测评，在演讲比赛全国赛中，玉溪八中学生王舒衡荣获初中组一等奖，排名全国第九。开展“阳光成长”心理健康教育活动，结合疫情防控，组织录制面向不同学段学生的心理健康微课14节，组织15万人次学生参与心理健康状况调查测评，有针对性地开展团体或个人心理辅导；制作了“学生心理危机识别与干预云课堂”6个系列教学资源，全面普及学生心理危机干预知识，呵护学生健康成长。

【文明校园建设】2020年，全市中小学广泛开展第一届全国、省级、市级文明校园集中宣传活动和文明校园“大家谈”征文活动，组织教师、学生谈心得、讲变化、提建议，全市118 770余人次参与活动；经过逐级推荐，澄江凤山小学、玉溪八中被认定为第二届全国文明校园，并确认玉溪一小、玉溪工业财贸学校（玉溪技师学院）第一届全国文明校园复查合格。（唐文娟）

【参加全省第五届“学宪法讲宪法”活动】2020年，市教育体育局组织全市青少年学生参加省第五届“学宪法　讲宪法”活动。11月17日至12月9日，全市共162 288名学生完成“宪法小卫士”学习测评，占全市中小学学生总数的58.25%，市教育体育局被评为优秀组织单位。“学宪法　讲宪法”演讲比赛中，玉溪一小宋羽获得小学组三等奖，玉溪八中李笑怡获得初中组优秀奖，玉溪三中郭鹏获得高中组优秀奖。“学宪法　讲宪法”知识竞赛中，玉溪聂耳小学刘轶获得小学组三等奖，玉溪八中张鑫月获得初中组二等

奖，玉溪一中殷明睿获得高中组三等奖。（谭 悦）

办学条件

【教育经费投入】2020年，全市改善办学条件投入9.71亿元，其中：中央1.2亿元、省级2 100万元、市级9 825万元（其中体彩公益金1 500万元）、县（市、区）73 150万元。按照改善办学条件投入级次分类：高等教育投入5 802万元；中等职业教育投入6 402万元；普通高中教育投入1.2亿元；中小学教育4.34亿元；幼儿教育1.12亿元；其他1.76亿元。（迟天龙）

【项目建设】2020年，全市各级各类学校项目建设共投入各级资金2.99亿元（其中：中央资金1.36亿元，省级资金4 799.4万元，市级资金668.6万元，县级资金1.08亿元，其他资金9.8万元），全年施工面积12.57万平方米（其中新开工面积5.58万平方米），竣工校舍面积8.82万平方米（其中：教学及辅助用房5.5万平方米，行政办公用房2 364平方米，生活服务用房2.54万平方米，其他用房5 429平方米），校园新增土地面积2.36万平方米，新增固定资产价值2.98亿万元，全市各级各类学校校舍建筑面积达598.57万平方米。（业 凌）

【师院附属高新小学开工建设】2020年9月28日，玉溪师院附属高新小学项目在高新区开工建设。项目位于红塔区创新东路与创研路交叉口东北角，预计总投资1.4亿元，用地面积47亩，总建筑面积2.2万平方米，由同济大学建筑设计研究院设计，拥有功能齐全的综合楼、教学楼、图书馆、实验楼及风雨操场、篮球场、田径场等基础设施，学校将设置班级36个，可容纳1 600余名适龄儿童就读，力争2021年9月实现招生办学。（教体局）

【信息化建设】2020年，全市各级各类学校互联网接入率100%，拥有触控一体机多媒体教室7 809间，计算机教室856间（台式计算机3.33万台、笔记本电脑835台），教师用计算机1.8万台，每10人拥有计算机台数为8.38台。全市建设直录播教室（1+N录播教室）129间，移动录播设备10余套。建成玉溪一小、聂耳小学、玉溪三小、玉溪四小和玉溪五小共8间标准化编程教室，部署人工智能应用终端480余个，开设人工智能编程课程50个班次。完成升级“玉溪教育云1.0”为2.0新架构，并已上线运行。玉溪教育云平台开设学校空间594所，教师教育空间21 538个。全市中小学校积极运用玉溪教育云平台开展“互联网+课堂教学活动”“互联网+教研活动”“互联网+教学评价活动”，促进城乡教育齐头并进、共同发展。（戴廷波 陈 琳）

新建成的玉溪体育运动学校（市科教创新服务中心 提供）

体育管理

【概况】2020年，市教育体育局认真贯彻落实国家体育总局、省体育局的安排部署，抓实“省十六运会”筹办，推进群众体育、竞技体育和体育产业发展，开创了玉溪体育事业发展新局面。

群众体育蓬勃发展。争取上级资金425.84万元用于群体工作。以“中心城区全民健身圈”和“环湖康体全民健身圈”为点，辐射全市全民健身活动开展，打造具有玉溪特色的群众体育活动。开展玉溪市·红塔区元旦春节环城赛跑、“全民健身日”系列活动、玉溪市老年人健身运动会、“2020年格兰芬多国际自行车节玉溪澄江抚仙湖精英挑战赛”等61项赛事活动。各县（市、区）打造“一县一品”群众体育品牌活动。全市经常参加锻炼人口比例达37.8%。全市基础设施建设乡镇和行政村实现100%全覆盖。完成26个市级体育协会与行政机关脱钩改革工作。

竞技体育稳步推进。竞技体育工作围绕以筹备“省十六运会”为重点，抓实新周期组队备战训练，推进基层青少年体育和学校体育工作，组织各级各类赛事活动。成立“省十六运会”筹备工作领导小组，快速推进各项筹备工作。起草《关于进一步加强玉溪市运动员文化教育和优秀运动员保障工作的实施办法》《云南省第十六届运动会场馆建设实施方案》等，进一步建立健全政策保障体系。加快推进场馆建设工

玉溪科教创新城职教园区足球场 （市教育体育局 提供）

作。主赛区除“一场三馆”正在进行施工外，其余体育场馆已建设完成并投入使用。投入240万元在江川区星云湖新建皮划艇水上运动训练基地。狠抓备战训练，组织19个项目780名运动员开展备战训练，后备人才培养规模增幅达40%以上。竞技体育再创佳绩，玉溪培养输送运动员参加全国比赛获得4个第一名、1个第二名、1个第三名、1个第八名。组织田径、游泳等19个项目684名运动员参加云南省青少年年度比赛及“省二青会”预赛，共获得金牌106枚、银牌98枚、铜牌102枚。承办2020年云南省青少年U系列网球锦标赛暨云南省第二届青少年（学生）运动会网球、自行车预赛，来自全省各州市61支代表队，575名运动员参加比赛。率先在全省实践体教融合发展新模式，制定出台《玉溪市青少年体育后备人才基地认定实施办法》及《玉溪市体育传统特色学校创建实施办法》，组织开展青少年体育后备人才基地和体育传统特色学校的认定，创新体教融合发展模式，形成统一体系，全面提高青少年学生身体素质。

体育产业加快发展。市政府办公室制定出台《关于促进全民健身和体育消费推动体育产业高质量发展的实施意见》，激发全民健身和体育消费热情，推动体育产业高质量发展。起草《玉溪市贯彻落实云南省关于加快建设体育强省的意见实施方案》，推动玉溪市体育事业全面发展。玉溪市有1个项目入选中国体育旅游精品景区，4个项目入选云南省体育旅游精品项目，1个项目入选云南省体育文化优秀项目。成功举办2020年玉溪市第三届全民健身体育狂欢节暨体育文化节系列活动，开展体育产业文化展览会、云南省气排球精英挑战赛、云南省跆拳道交流邀请赛等赛事。扶持红塔区第四届“高鲁山泉杯”国际越野挑战赛、红塔区自行车爬坡赛、元江县“萨王纳”冬季户外运动嘉年华等赛事活动开展。规划玉溪体育训练中心、星云湖皮划艇水上训练基地、元江低海拔训练基地、新平戛洒低海拔训练基地等一批高原体育基地群上报省体育局。

（李洪周　靳志良　解家敏　陈永丽）

【体育彩票销售】 2020年，玉溪销售管理部销售5.8997亿元，完成任务113.52%，销量全省州市排名第四，玉溪市体彩与福彩的市场份额占比为64.35%，全省排名第二。

（董文明）

【“省十六运会”筹备工作】 2020年，市教育体育局按照市政府建立健全“1+N”制度保障体系的筹备指导思路，完成了《玉溪市筹备云南省第十六届运动会总体工作方案》《关于进一步加强玉溪市运动员文化教育和优秀运动员保障工作的实施办法》《云南省第十六届运动会场馆建设实施方案》等配套方案和实施办法的起草。对主要比赛场地科教创新城体育运动中心工程建设情况定期开展督促，截至年底，除主体育场因调规因素影响还在进行基础施工外，其余所有体育场馆已完成主体工程并进入装修阶段。推动县（市、区）体育基础设施建设，对各县（市、区）进行了比赛项目的预安排，组织各县（市、区）及有关单位申报体育场馆的新建修缮改造项目，向上争取资金扶持，完成全市具备“省十六运会”比赛条件的28处体育场馆项目编制，核拨240万元星云湖皮划艇训练比赛基地建设经费，加快推进工程建设进度。适时引入专家咨询服务团队。拟制完善《玉溪市教育体育局采购云南省第十六届运动会筹备工作总策划方案》，按照相关规定和程序，完成“省十六运会”总策划服务的招标采购。

（靳志良）

竞技体育

【备战训练】 2020年4月15日至5月7日，全市17个项目运动队陆续完成集中复训，17个项目共选拔建立630余人规模的在训备战运动员队伍，参与备战训练运动员人数较上几个周期大幅增加，重点队员逐渐凸显，队伍趋于稳定合理。通过采取续聘、竞聘、调整岗位、公开招聘、考核选调、特聘等多种方式不断调整优化教练员结构，调整摔跤项目教练员离开训练一线2人，补充田径、摔跤项目教练3人。截至年底，两个市级训练单位共配备带训备战教练员70人，其中，玉溪体校47人，市少体校23人。加强资金筹集力度，在体彩公益金分配中，资金向备战参赛倾斜，保障备战工作日常基本训练需求。开展新上项目组队工作。根据省体育局竞赛项目设置要求，及时协调对接，对铁人三项、三人篮球、足球3个项目进行调研和准备，指导训练单位制定新上项目的组队工作方案，3个项目已完成教练员配备，选拔近50名运动员。

【承办省级各项比赛】 2020年10月上旬，承办了“2020年云南省青少年U系列网球锦标赛暨云南省第二届青少年(学生)运动会网球预赛”，全省各州市49支代表队，432名运动员参加比赛。10月下旬，承办了“2020年云南省青少年U系列自行车(公路、山地)锦标赛暨云南省第二届青少年(学生)运动会自行车预赛”，全省12支代表队，143名运动员参加了比赛。

【参加全省青少年体育比赛】 2020年，市教育体育局组织射击、游泳等18个项目参加云南省青少年U系列锦标赛及云南省第二届青少年运动会预赛，共获得金牌106枚，银牌98枚，铜牌102枚。组队参加2020年云南省青少年足球夏令营活动暨云南省第三届校园足球最佳阵容比赛，全市选拔抽调42名青少年学生足球运动员参加了3个组别的比赛，玉溪市1名运动员入选全省最佳阵容，代表云南省参加全国比赛。

【全市青少年儿童体育比赛】 2020年，市教育体育局采取分片区主客场联赛、小聚集赛会制比赛、线上线下评比，小学、初中、高中衔接等模式组织了田径、游泳、足球、篮球、排球、校园足球联赛、青少年足球精英联赛、足球啦啦操、羽毛球、乒乓球等9项次体育比赛，全市近5 000人次参加了各项目的比赛。

2020年10月23—25日，“中国体育彩票杯”2020年玉溪市青少年(学生)游泳比赛在市少体校举行，比赛分县(市、区)组7岁、8—9岁、10—11岁3个组别，学校、俱乐部组12—13岁、14—15岁2个组别，来自6个县(市、区)的180名运动员参加了50米、100米、200米、400米蛙泳、仰泳、自由游等共39个项目的角逐。最终获得男子团体总分第一至第六名的代表队是：江川区、通海县、元江县、新平县、红塔区、华宁县。分获女子团体总分前六名的代表队是：元江县、江川区、通海县、红塔区、新平县、华宁县。江川区代表队打破了女子4×50米自由泳接力赛儿童纪录，4人6次打破玉溪市儿童游泳纪录。元江县、江川区代表队及21名个人荣获体育道德风尚奖。

11月6—8日，“中国体育彩票杯”2020年玉溪市青少年(学生)乒乓球比赛在江川区体育馆举行，比赛设高中组，初中甲、乙组，小学甲、乙组5个组别，全市共有12支运动队120名运动员参赛。比赛设男、女团体和单项共13个项目。红塔区少体校、江川区前卫小学、玉溪乐享体育文化传播有限公司代表队分获小学女子甲组团体第一至第三名；红塔区少体校、江川区前卫小学、玉溪山水俱乐部、澄江凤山小学代表队分获小学男子乙组团体第一至第四名。高新区博鸣乒乓球俱乐部一队、玉溪实验中学、高新区博鸣乒乓球俱乐部二队、江川前卫中学代表队分获初中男子甲组第一至第四名；红塔区少体校、江川区前卫中学、玉溪实验中学代表队分获初中男子乙组团体第一至第三名。市民中一队、玉溪实验中学、玉溪三中一队、峨山代表队、市民中二队、玉溪三中二队代表队分获高中男子甲组第一至第六名。红塔区少体校、市民中代表队及33名个人荣获体育道德风尚奖。

11月13日至12月6日，“中国体育彩票杯”2020年玉溪市青少年(学生)篮球比赛分别在新平县、华宁县、江川区、玉溪工业财贸学校(玉溪技师学院)进行，比赛设男、女县(市、区)12—14组、学校俱乐部14、17岁组6个项目，来自全市的19支球队416名运动员参赛。玉溪艾京体育、江川区江城镇中心小学分获学校俱乐部组男子U12前两名；玉溪四中、玉溪艾京体育、新平县戛洒一中、江川区江城镇中心小学分获学校俱乐部组男子U14前四名；玉溪师院附中、玉溪一中、市民中、玉溪工业财贸学校(玉溪技师学院)分获学校组男子U16前四名；峨山县少体校、玉溪艾京体育、玉溪峰人篮球分获俱乐部组男子U16前三名；华宁县代表队、澄江市代表队、峨山县代表队、新平县代表队、江川区代表队、元江县代表队、通海县代表队、红塔区代表队分获县(市、区)女子组前八名；峨山县代表队、新平县代表队、通海县代表队、红塔区代表队、元江县代表队、澄江市代表队、易门县代表队、华宁县代表队分获县(市、区)男子组前八名。

10月，“中国体育彩票杯”2020年玉溪市青少年(学生)校园足球联赛暨啦啦操比赛分别在全市各县(市、区)开赛，近3 000名青少年学生参与县级选拔赛。11月13日至12月13日，片区赛及总决赛分别在红塔区、江川区、玉溪师院附中举行。比赛设男、女小学、初中、高中组6个组别，全市有62支球队970名运动员参加了校园足球比赛，有23支队伍共387名运动员参加了啦啦操比赛。经角逐，玉溪四小、华宁示范小学、新平一小、玉溪聂耳小学、元江四小、澄江右所旧城小学、易门龙泉街道中心小学、通海里山中心小学代表队获得小学男子组第一至第八名；玉溪四小、通海里山小学、新平一小、元江曼来中心小学、华宁盘溪中心小学、玉溪聂耳小学、澄江海口中心小学、峨山化念小学代表队获得小学女子组第一至第八名。玉溪四中、玉溪八中、新平二中、华宁二中、元江二中、澄江五中、峨山双江中学、江川大街中学代表队获得初中男子组第一至第八名；华宁二中、元江因远中学、澄江五中、易门小街中学、玉溪四中、玉溪八中、江川九溪镇中学、新平二中代表队获得初中女子组第一至第八名。玉溪师院附中、华宁二中、玉溪一中、市民中、峨山一中、玉溪三中、江川一中、玉溪衡水实验中学代表队获得高中男子组第一至第八名；元江民中、峨山一中、澄江一中、玉溪一中、华宁一中、市民中、玉溪二中、玉溪三中代表队获得高中女子组第一至第八名。龙泉小学“spring”啦啦操队、通海秀山二小、玉溪四中、易门六街中学、峨山一中、江川一中代表队荣获啦啦操比赛“优秀组织奖”。

11月19—22日，“中国体育彩票杯”2020年玉溪市青少年（学生）田径比赛在玉溪体校举行，比赛设县（市、区）组男、女17个竞赛项目，学校、俱乐部组男、女14个竞赛项目。来自全市的15支队421名男、女运动员参赛。元江县、澄江市、华宁县、易门县、通海县、江川区、红塔区、峨山县代表队分获县（市、区）组男子团体总分第一至第八名。红塔区、元江县、峨山县、澄江市、通海县、江川区、华宁县、新平县代表队分获县（市、区）组女子团体总分第一至第八名，其中红塔区代表队破6项赛会纪录，峨山县代表队破1项赛会纪录。华宁一中、易门一中、玉溪师院附中、玉溪卫校、市民中代表队分获学校、俱乐部组团体总分第一至第五名。红塔区、易门县、元江县、新平县、华宁一中、市民中代表队及43名个人荣获体育道德风尚奖。

11月20—22日，“中国体育彩票杯”2020年玉溪市青少年（学生）羽毛球比赛在玉溪市体育发展促进中心举行。比赛设大学组、高中组，初中甲、乙组，小学甲、乙组6个组别，共有205名运动员参加男、女单打、双打、团体共10个项目的比赛。经角逐，玉溪一中一队、玉溪一中二队、玉溪师院附中一队、玉溪师院附中二队、玉溪二职中分获高中组团体第一至第五名。新平县羽毛球协会、玉溪二职中、玉溪师院附中、元江县代表队及34名个人荣获体育道德风尚奖。

11月27—29日，“中国体育彩票杯”2020年玉溪市青少年（学生）排球比赛在玉溪工业财贸学校（玉溪技师学院）举行，比赛设男、女县（市、区）12—16岁、学校俱乐部组14、16岁6个项目，全市7支球队共136名男、女运动员参赛。江川区、澄江市、元江县代表队分获县（市、区）组男子第一至第三名。澄江市、华宁县、江川区代表队获得县（市、区）组女子第一至第三名。玉溪二职中代表队获得学校俱乐部组男子第一名。玉溪卫校、玉溪二职中代表队获得学校俱乐部组女子第一、二名。江川区、澄江市、玉溪卫校代表队及22名个人荣获体育道德风尚奖。

【玉溪籍运动员参加国内比赛情况】 2020年11月10—14日，全国皮划艇静水锦标赛暨第十四届全国运动会皮划艇静水资格赛在浙江省宁波市举行，刘浩获1 000米单人划艇、1 000米双人划艇金牌。11月11—14日，邱雪、法亚娇获2020年U18全国三人篮球锦标赛冠军。12月1—5日，在江西省赣州市于都县举办2020年全国青少年柔道锦标赛中，李晓凤获女子青年组 -70公斤级冠军、王欣获女子青年组 +78公斤级亚军、董冉获女子少年组 -45公斤级季军；玉溪市射击队参加U20全国青少年射击锦标赛获得团体第八名，运动员张锐涵达到一级运动员。

【运动员等级及裁判员批授】 2020年，授予田径、游泳、柔道、射击、击剑、皮划艇、篮球、羽毛球、武术、排球等10个项目30名国家二级运动员称号。授予田径、拳击、篮球、排球、乒乓球、网球、柔力球、中国象棋等8个项目296名国家二级裁判员称号。

【学校体育】 2020年，市教育体育局在疫情防控期间，组织各项运动队积极开展线上运动训练和居家体能训练工作。组织全市327人次参加“和孩子跑向六一”云南省线上亲子健身活。完善《玉溪市义务教育阶段学校体育工作措施》，对上好体育课，广泛开展学生体育活动做出明确规定。指导组织初高中体育考试。完成全市27 894人次学生参加的初中学业体育考试组织和部署，带队647名高三学生参加高等体育院校体育专业考试。

评选推荐全市66所中小学参加全国青少年校园篮球、排球、足球特色学校及冰雪特色项目示范学校

玉溪市少年儿童体育学校体操项目是云南省体育局省布点项目、云南省第一批省级预备队，代表玉溪市参加省级以上比赛，多次取得优异成绩。图为体操女队（尹永波 摄）

的申报，最终27所申报为足球特色学校，26所申报为篮球特色学校，11所申报为排球特色学校，2所申报为排球特色学校。

开展学生体质健康检测。全市272 276学生参加测试，17 620人测试成绩为优秀，优秀率为6.47%，96 914人测试成绩为良好，良好率为35.59%，147 649人测试成绩为及格，及格率96.28%，10 112人测试成绩不合格，不及格率3.71%。

（靳志良）

群众体育

【元旦·春节环城赛】 2020年1月10日，“七彩云南全民健身运动会”2020年玉溪市红塔区元旦·春节环城赛跑在聂耳文化广场鸣枪开赛，13 087名市民参与比赛。本次环城赛跑主题为“运动使生活更美好”，活动设单位集体方队、中青年组（个人竞赛组）和老年人活动组三个组别。

【国家体育锻炼标准达标测验】 2020年1月4日下午，“全民健身 活力中国”国家体育锻炼标准达标测验活动在市体育场进行，此项活动由国家体育总局主办，玉溪市作为全国150场示范性达标测验活动城市之一。市教育体育局牵头组织群众参加，当日参加测验的人数为264人，其中253人达标并领取达标测验证书。

【玉溪市·红塔区万步有约健走大赛】 2020年9月5日，玉溪市第五届“万步有约”红塔区“中国农业银行杯”健走大赛暨第14个全民健康生活方式日活动在市体育场启动，为期100天的“万步有约”健步走大赛正式开赛，旨在号召全民“管住嘴，迈开腿”，养成“日行万步，科学健走”的健康生活方式，共同建设健康玉溪。本届大赛共119个团队报名，参与人数1 657人；个人赛457人报名，参赛总人数2 114人。项目有特色健走5天挑战赛、7天挑战赛、14天挑战赛、城市定向挑战赛、健康知识讲座等。

【云南省“全民健身日”玉溪分会场系列活动】 2020年8月8日是全国第12个“全民健身日”，8—11月全市举办了各类丰富多彩的全民健身活动。省级线上比赛项目中，玉溪市代表队报送的民族健身操荣获全省第一名，第九套广播体操和广场舞分别荣获全省第四名的好成绩。8月12—14日，“全民健身日”系列活动柔力球比赛在玉溪市体育馆举办，网式柔力球10支代表队96名运动员参赛，红塔区代表队获得第一名；花式柔力球7支代表队85名运动员参赛，玉溪市代表队获得团体总分第一名。8月14—16日，羽毛球比赛在众康体育中心举办，参加人数130人；地掷球比赛在市老年人体育文娱活动中心举办，54支代表队，300名运动员参赛。8月17—19日门球比赛在玉溪市老年人体育文娱活动中心举办，22支代表队，160名运动员参赛。8月21—23日，乒乓球比赛在玉溪市体育馆举办，17个代表队，110名运动员参赛，乐享乒乓球俱乐部获得了女子团体第一名，侧身抢搓代表队获得男子团体第一名。9月11—13日气排球比赛在众康体育举办，参加人数220人。

【“七彩云南健康行”—全民健身科普巡展系列活动（玉溪站）】 2020年12月23—24日，2020年“七彩云南健康行”全民健身科普巡展系列活动（玉溪站）在聂耳文化广场举办。本次巡展活动以“参与爱国卫生，人人科学健身”为主题，由省体育科学研究所、市教育体育局主办，旨在扩大体育服务多样化供给，引导市民积极参加全民健身活动、科学锻炼和运动，强健体魄，增强体质。活动包括体育锻炼标准达标测验、国民体质测定、科学健身指导咨询服务、体育项目展演、运动健身科普展以及全民健身科普知识大讲座等内容。

【“众康运动杯”羽毛球邀请赛】 2020年1月4—5日，由市体育总会主办的“众康运动杯”羽毛球邀请赛在市众康体育健身中心举办。本次比赛项目设男子双打、女子双打、男女混合双打，来自全市各地的200名羽毛球爱好者参加了比赛。

【社会体育指导员批授】 2020年，全市举办4期社会体育指导员培训班，批授袁婷等528人为二级社会体育指导员称号，授予奎发宽等192人为三级社会指导员称号。

（李洪周　董朝阳　王冬洁）

【第三届全民健身体育狂欢节暨体育文化节】 2020年11月21日至12月6日，举办“2020年玉溪市第三届全民

七彩云南格兰芬多国际自行车节玉溪澄江抚仙湖精英赛开幕式

（市教育体育局　提供）

健身体育狂欢节暨体育文化节”，活动围绕体育产业精品赛事、体育展演、体育培训及体育产业展览会4大板块开展，设“恒佳杯”云南省气排球精英挑战赛、云南省跆拳道交流邀请赛、云南省拉丁舞公开赛等省级赛事3项，市级赛事10项，参赛选手来自湖南、江西、昆明、玉溪、红河等地，共计200多支队伍，8 000余名运动员参加比赛，观众人数超3万人。体育产业公益讲座培训包含9项培训内容，较上年新增体育专业人才培训、安全救护培训、运动损伤紧急救护培训等。体育产业展览会现场共设33个展位，展览内容包含各类体育运动、体育器材、服装、体育体验类项目等，体育展演节目达60余场，为广大体育爱好者、体育工作者搭建了切磋技艺、交流技术、展示技能的平台。（赵志丹）

【老年人体育活动】 2020年省、市两级各补助彩票公益金200万元，项目资金年底到位。9月2—10日，举办玉溪市第18届老年人健身运动会，此次运动会设比赛项目六个，非竞技类项目为花式柔力球、健身操舞、武术健身气功；竞技类项目分别为门球、气排球、网式柔力球，参赛人数达800余人。9月21—23日，举办市老年人体育文娱活动中心第二十一届运动会暨第十六届体育文艺汇演活动，中心19个项目活动组共900余人参加。9月27—30日，承办“玉溪市第二届中央省、驻玉单位老年人健身”运动会，设健身操舞、地掷球、乒乓球3个项目，共300余人参加本次运动会。

年内，举办花式柔力球二级裁判员、教练员，网式柔力球二级裁判员、教练员，武术气功二级裁判员、教练员，健身操舞二级裁判员、教练员培训。骨干人才申报等级证书115人，市老体协评定并发放证书115人。其中，评定操舞项目裁判员、教练员二级10人、三级22人；评定健身气功项目裁判员、教练员二级10人、三级20人；评定花式柔力球项目裁判员、教练员二级10人、三级18人；评定网式柔力球项目裁判员、教练员二级9人、三级16人。

【“七彩云南格兰芬多国际自行车节”玉溪澄江抚仙湖精英赛】 2020年第七届“七彩云南格兰芬多国际自行车节”玉溪澄江市抚仙湖精英赛于11月27—30日在抚仙湖举办，这是一项通过电子芯片计时为非专业和休闲自行车爱好者提供的个人骑行挑战赛事，对世界各国开放。来自中国、比利时、白俄罗斯、美国、马来西亚、日本、瑞典等国家和地区的300名选手报名参赛。本次比赛的赛道全长108千米，其中有两座海拔超过2 000米的山峰，累计爬升超过1 500米，属于集美景与挑战于一体的经典赛道。贾智超以3小时2分的优异成绩获男子组冠军，龚百墨和罗丹志分获二、三名。张曦浠获得女子组冠军，高艳娇和李梓渝分获亚军和季军。云南昆明自行车队获得团体赛冠军。（瞿　俊　郭文俊）

体育产业

【体育场地统计调查】 截至2020年底，玉溪市共有体育场地8 275个，体育场地面积452.909万平方米，人均体育场地面积1.90平方米。基础大项场地共374个，其中田径场地322个（田径场45个、小运动场163个、田径跑道105个、田径跑廊1个、体育场8个），游泳场地52个（游泳池29个、游泳馆21个、天然游泳场2个）；球类运动场地共计5 324个（足球场地371个，篮球场地3 058个，排球场地41个，乒乓球场地1 352个，羽毛球场地317个，其他球类运动场地185个）；体育健身场地1 855个（健身房127个、全民健身路径1 684个、健身步道44个）；大型体育场馆2个（体育馆2个）。（杨　莹）

【体育企业调查】 2020年，玉溪市规模以上体育企业3户，分别为云南大满贯商贸有限公司、玉溪滔博经贸有限公司和元江县畅享商贸有限公司。规模以下体育企业1 067户，其中体育产业法人单位112户，比上年增加20.43%，个体工商户438户，体育彩票销售机构520户，规模下企业主要由体育彩票销售机构、个体工商经营户、体育场馆产业运营服务类、体育培训机构组成，体育制造业、体育竞赛表演业及体育传媒与信息服务等企业较少，有较大的发展空间。（赵志丹）

【足球场地建设】 2020年，玉溪市被国家发展改革委、体育总局等确定为全国社会足球场地设施建设专项行动第二批重点推进城市。市、县级投入资金2 357万元，争取到中央、省级补助资金4 320万元。全市“十三五”以来已建成社会足球场96块，超额完成省级下达92块建设任务。“十三五”以来已建成校园足球场200块，超额完成省级下达195块建设任务。（解家敏）

【入选国家、省体育旅游精品奖项目】 2020年，新平磨盘山国际户外运动公园获中国体育旅游精品景区，抚仙湖国际户外营地获云南体育旅游精品项目，澄江市抚仙湖体育旅游目的地获云南体育旅游精品目的地，元江县冬季滑翔伞邀请赛、玉溪江川铁人三项公开赛获云南体育旅游精品赛事，元江“梯田人家”哈尼族民俗系列活动获云南体育文化优秀节庆项目。10月9日，中国田径协会公布2019年中国马拉松及相关运动等级赛事及特色赛事评定结果。玉溪市有2个赛事获评，2019“一带一路·七彩云南”抚仙湖国际半程马拉松被评为金牌赛事，2019抚仙湖万科新年马拉松（高原）被评为铜牌赛事。（曾琪芮）

科学技术

SCIENCE AND TECHNOLOGY

责任编校：王　斌

科技管理

【概况】 2020年，玉溪科技工作坚决落实省委省政府和市委市政府科技创新工作的重大决策部署，坚持新发展理念，统筹疫情防控和科技创新"两手抓两手硬"聚焦国家创新型城市建设，着力构建科技创新发展新格局，实现研发经费增长率、投入强度增加值、投入强度增长率三项指标居全省第一位；省级研发机构、高新技术企业拥有量、技术合同成交额居全省第二位。企业创新主体地位全面提升，创新平台建设不断加快，创新人才队伍逐渐壮大，科技合作与交流取得重要进展，科学普及工作亮点纷呈，科技支撑生物医药产业蓬勃发展，为赋能玉溪高质量跨越式发展提供了强有力支撑。

【科技助力疫情防控】 2020年，市科技局积极支持企业复工复产，鼓励全市生物医药领域相关科技型企业，加强疫情防控物资生产和供应。深入高新区和各县（市、区）开展疫情防控和复工复产调研，现场帮助企业解决涉及科技创新等难题，推动科技型企业297户正常复工生产。组织企业申报"科技助力经济2020"项目10项，其中7项通过省级评审并推荐到科技部立项，在全省50个推荐项目中玉溪市项目占比排名第一位；组织企业申报"百城百园"行动项目3项，在全省上报6个行动中占比达50%，为支持全市疫情防控做出贡献。

【国家创新型城市建设】 2020年3月11日，市委市政府召开国家创新型城市建设推进电视电话会议，总结上年创新型城市建设情况，通报各县（市、区）、高新区上年度国家创新型城市建设目标任务考评结果，分析存在主要问题，对2020年工作进行安排部署。会议印发了《市直部门2020年建设国家创新型城市考核指标》，市政府与各县（市、区）、高新区签订2020年国家创新型城市建设目标责任书，层层压实创建责任。积极向上争取支持，4月15日，市科技局与省科技厅共同起草的《关于支持玉溪市开展国家创新型城市建设的实施意见》，经省政府同意由省科技厅印发实施。玉溪市创新型城市建设工作领导小组办公室定期召开国家创新型城市建设工作会议，研究各季度指标完成情况，研究安排下季度工作，对指标任务完成进行分析预判。根据省科技厅《关于支持玉溪市开展国家创新型城市建设的实施意见》相关事项，征集各单位需省直单位解决的问题、支持的事项，向上汇报争取支持，推进建设指标攻坚。9月2日，省政府在玉溪召开玉溪国家创新型城市建设推进专题会议，总结玉溪国家创新型城市建设工作情况，分析存在的困难和问题，研究推进下一步重点工作，副省长董华出席会议并做讲话，12个省直相关部门为支持玉溪国家创新型城市建设作表态发言、献计献策。10月市科技局组织2批企业家（每批45人）赴上海参加省科技厅在上海交通大学举办的玉溪国家创新型城市及通海国家创新型县科技企业家培训班，提高企业创新发展能力。11月5日，市政府召开创新型城市建设专题会议，进一步推进创建工作，压实建设指标攻坚责任。年内，创新型城市41项建设指标已完成32项占78.0%，预计能完成但具体数据未出的指标3项占7.3%，已完成和预计能完成的指标占比达到85.4%。

【创新企业培育】 2020年，全市拥有高新技术企业136户，居全省第二位，比上年的98户增加38户，增长38.78%；拥有国家、省级科技型中小企业789户，居全省第二位，比上年的520户增加269户，增长51.73%。全市136户高新技术企业主营业务收入478.54亿元，比上年增加120.5亿元，增长33.66%；产品销售收入415.39亿元，比上年增加92.2亿元，增长28.53%；实际上缴税费19.77亿元，比上年增加2.23亿元，增长12.71%；上亿元的高新技术企业共有45户。高新技术产业已成为全市经济增长的新亮点，在玉溪经济发展中起到越来越重要的作用。

【创新平台建设】 2020年，全市拥有1个国家级、4个省级高新区，建有国家火炬特色产业基地1个（生物医药产业基地）。云南数控机床产业技术研究院落户研和工业园区。各级工程技术研究中心、重点实验室68个，其中，省级工程技术研究中心、重点实验室9个，居全省第二位，市级工程技术研究中心、重点实验室59个；比“十二五”末的34个增加34个，增长100%。各级众创空间8个，其中，国家级2个，省级6个；比“十二五”末增加了6个，增长300%。科技企业孵化器和星创天地建设在“十三五”期间实现了零的突破，建有国家级科技企业孵化器2个，省级科技企业孵化器3个，国家级星创天地2户，省级星创天地7户。

【创新人才培引】 2020年，全市新建院士专家工作站3个，累计建站16个，涉及高原特色农产品加工、饲料加工、生物医药、精细化工、矿冶材料、贵金属、高端装备制造等重点产业领域，推动企业创新能力提升。认定省“两类”人才3人（省中青年学术和技术带头人后备人才2人、省技术创新人才培养对象1）人；新培育选拔市级中青年学科技术带头人62人；柔性引进高层次创新创业团队2个。全市共有国家创新创业人才4人，国家科技创业领军人才3人，省中青年学术和技术带头人及后备人才16人、省技术创新人才及培养对象16人；省创新团队4个，居全省第二位；累计培养选拔玉溪市中青年学科技术带头人210人。审批“外国人来华工作许可”50件。

【获云南省科学技术奖项目】 2020年度玉溪单位主持或参与完成的5项科技成果获云南省科学技术奖，其中科学技术进步特等奖1项、一等奖1项、二等奖2项、三等奖1项。云南云秀花卉有限公司、云南爱必达园艺科技有限公司参与完成的“低纬高原花卉绿色高效生产关键技术与应用”获省科学技术进步奖特等奖；云南克雷斯制药股份有限公司参与完成的“恒古骨伤愈合剂促骨形成集成创新与应用推广及产业化示范”获省科学技术进步奖一等奖；红塔烟草（集团）有限责任公司主持完成的“电加热卷烟核心工艺装备体系创制及生产应用”和云南通变电器有限公司参与完成的“电力变压器耐受短路能力动态特性检测及评估技术与应用”获省科学技术进步奖二等奖；红塔烟草（集团）有限责任公司参与完成的“基于数字化的叶丝制造技术研究及产业化应用”获省科学技术进步奖三等奖。

【生物医药产业】 2020年，玉溪生物医药制造产业围绕“打造生物医药产业核心区、开发中成药和原料药新品种”，初步形成以玉溪高新区为核心、各县区协同发展的产业发展格局。构筑了以生物疫苗、单抗为代表的生物技术药，以民族药、特色药为代表的中成药两个特色产业体系。生物医药制造业覆盖生物制品、中成药及中药饮片、化学原料药及制剂、植物提取在内的四大类生产领域。沃森生物13价肺炎多糖疫苗获批上市，标志着玉溪生物医药制造业在生物制品领域取得突破性发展。全市除已获批上市销售的7个品种9个品规疫苗外，正在研产的英夫利昔单抗、可普妥单抗已进入Ⅲ期临床试验末段或生产批件报批阶段。2020年，全市各药企拥有药品批准文号254个，全国独家品种16个，国家中药保护品种1个，民族药品10个。单品种销售额达到100–500万的10个，达到500–1 000万的6个，达到1 000万以上的16个。全市生物医药及医疗器械制造业工业产值、增加值同比分别增长59.3%和81.8%。

【科技合作与交流】 2020年7月9日，市科技局举办校企产学研合作系列活动，玉溪师院与市内32家科技型企业签订产学研合作协议。8月19日，举办抚仙湖保护与开发专家咨询会，中国科学院、云南大学11名专家对

市科技局开展科技扶贫培训 （市科技局　提供）

2020年7月9日，玉溪市科技局与玉溪师院共同开展校企产学研合作

抚仙湖保护与开发开展咨询。开展重点项目研究，市科技局参与由云科院组织的“云南锂资源开发利用全产业链战略布局及关联产业发展”课题研究，组织玉溪师院等单位的相关专家开展玉溪市锂资源产业前期研究，形成了《云南锂资源开发利用全产业链战略布局及关联产业发展报告》《玉溪市锂矿产业前景分析报告》报市委、市政府。抓好招商引资工作，市科技局开发包装重点产业招商项目5个（“中科·玉溪科学家小镇项目”“医用重离子加速器项目”“循环经济产业园项目”“可降解地膜项目”“云南省新能源电池及材料产业技术研究院项目”），牵头组织开展市外重点产业招商活动7次；对接洽谈企业33户；签约重点产业招商项目2个（“抚仙湖面源污染防控与作物健康栽培综合技术示范项目”“‘EONS’伊洋斯品牌开发合作”）。

【农业科技创新】 2020年，科技部对第六批认定的47家国家农业科技园区进行综合评估，云南玉溪国家农业科技园区顺利通过科技部的视频答辩、现场考察以及综合评议，被科技部评估为合格园区。推进星创天地培育建设和认定工作。云南万家红园艺有限公司的万家红樱花星创天地、云南福慧科技股份有限公司的通海福慧循环农业星创天地通过省科技厅批准备案建设省级星创天地。通海锦海农业科技发展有限公司的锦海月季鲜切花星创天地通过一年的备案建设，经省科技厅验收，成为省级星创天地。做好科技特派员申报工作。申报省级科技特派员332名，其中328名被省科技厅认定为省级科技特派员，认定总数超过过去5年认定数总和，玉溪市作为全省唯一没有贫困县的市，在全省率先完成9个贫困乡镇（198个贫困村）的科技特派员服务全覆盖，科技扶贫迈出新步伐。创新科技精准扶贫模式。在全市9个扶贫攻坚乡开展“点餐式”科技扶贫培训9期（每个乡镇1期），将科学扶贫实用技术送到贫困地区、田间地头，科技扶贫提升“造血”功能，受到贫困户好评。

【科技惠民活动】 2020年1月8日，玉溪市2020年文化科技卫生“三下乡”活动启动仪式暨集中示范活动在澄江市海口镇海口社区举行，市委宣传部、市科技局、市科协等27家单位参加活动，为海口镇送去156万余元的项目、资金和物资，组织开展捐赠、宣传、咨询、义诊及文艺演出等。8月23日，由市科技局、市委宣传部、市卫健委、市科协主办，峨山县委、县政府承办，以“科技战疫　创新强国”为主题的2020年玉溪市科技活动周启动仪式暨集中示范活动在峨山县民族团结广场举行，通过开展丰富多彩的群众性科技活动，突出展示玉溪科技创新成就，集中展示新成果、新技术、新产品、新服务，出动科普大篷车5辆，负压救护车1辆，展出科普展板35块，科普电教展示12套。展出人工智能、医药健康、智能装备、5G等领域的科技创新成果和互动体验产品60余种，发放各类科普宣传资料38 850份。9月17日，市科技局在市图书馆举办玉溪市第五届科普讲解大赛，选拔4名优秀选手参加9月29日云南省第六届科普讲解大赛，4名选手分别获一等奖、二等奖、三等奖、优秀奖，市科技局获“优秀组织奖”；2名选手参加2020年全国科普讲解大赛（云南3人参赛），玉溪2名选手均获三等奖，创历史最好成绩。　（胡　晓）

自然科学研究与应用

【气象监测及预报】 2020年，市气象局以项目为抓手，持续推进气象现代化建设。通过山洪地质灾害气象保障工程项目和财政部“乡村振兴”项目实施，完成9个国家气象站“三温三雨”传感器安装和业务软件升级运行工作；红塔区等五个县（市、区）完成气象防灾减灾“六个一”标准化建设，全市防灾减灾地图制作完成。

监测预警预报能力稳步提升。加强国家级、区域站自动站管理维护，确保观测资料稳定可靠，截至年底，全市国家级自动气象观测站和区域自动气象观测站观测资料业务可用性分别达到99.99%和99.6%；完善“滚动监测、及时预警、靶向服务”的策略，提高气象灾害预警信息发布的准确率和时间提前量，截至年底，全市气象灾害预警准确率暴雨达100%、大风达98%、大雾达100%、雷电达93.9%、（目标值81%），灾害性天气预警时间提前量暴雨达76分钟、大风达40分钟、强对流天气达63.8分钟。

各类专题专项气象服务。完成小春作物产量预报、农气旬报、农业气象灾害监测评估、农业气象灾害影响评估等农业气象服务材料50期；完成烤烟气象服务专题服务材料79期；制作《星云湖专题气象服务》12期；发布短期气候趋势预测、关键期气候预测、干旱监测报告、地质灾害旬报气象服务、森林火险专题气象服务、专业电力气象服务材料、玉溪市气候影响评价、玉溪市抗旱专题气象服务等气象服务材料141期；根据新冠病毒疫情防控工作要求，为玉溪新冠肺炎疫情防控指挥部提供新型冠状病毒疫情防控气象服务专报69期。

2020年1月5日，玉溪市在通海六中举行“纪念通海大地震50周年”应急演练（市防震减灾局　提供）

【人工影响天气工作】 增雨抗旱工作。按照《玉溪市人民政府办公室关于印发玉溪市化解2020年冬春干旱风险及抗旱救灾工作方案的通知》要求，组织各县（市、区）布设28个人工影响天气固定作业点和一辆人工影响天气流动作业车，积极组织开展人工增雨作业。截至12月底，全市共实施人工增雨作业217点次，作业区域增雨效果显著。

人工防雹工作。按照《2020年玉溪市人工影响天气工作实施方案》，全市布设人工防雹点92个，组织开展人工防雹作业444次，保护烤烟约43万亩，其他经济作物约41万亩，粮食作物约45万亩。防区外烤烟受灾2 734.7亩，防区内烤烟受灾2 305亩，防区外烤烟受灾率为2.0%，防区内受灾率为0.54%，烤烟冰雹受灾面积与烤烟种植计划面积比例在10%以内。

人影科研能力建设。玉溪市人工影响天气中心分析研究全市近15年的405个降雹过程个例，成功提炼了关键降雹影响因子，并利用LSTM人工神经网络建立了玉溪市冰雹天气预测模型。该模型的建成和应用，对进一步发挥人工影响天气社会经济效益具有积极作用。

【“三湖”保护治理服务】 2020年，市气象局结合生态文明建设需求，着力构建“三湖”生态保护气象监测网。截至年底，“三湖”流域共建设区域自动站66个，其中多要素自动站15个，温雨二要素自动站36个，单雨量站15个，“三湖”流域气象环境监测能力进一步提升。围绕“三湖”生态监测评估，深入探索开展研究性业务建设。利用卫星遥感技术开展“星云湖蓝藻水华”气象监测评估，制作形成《星云湖蓝藻监测报告》，帮助和指导相关部门对星云湖蓝藻面积进行估算和有针对性地进行灭藻除藻作业。印发《玉溪市气象局卫星遥感综合应用体系建设实施方案》，试点开展遥感综合应用体系建设工作，着力推进卫星遥感技术应用，提高气象服务“三湖”治理的能力和水平。

【气象行政许可和防雷安全管理】 2020年，市气象局进一步规范防雷许可工作。通过加强防雷安全管理、加大执法检查力度，纠正违法行为380件，依法办理施放气球活动审批3件，防雷装置设计审核17件，防雷装置竣工验收18件，无投诉及复议、诉讼案件发生。组织对辖区内的施放气球企业开展施放气球“双随机一抽查”工作，全市防雷装置设计和竣工验收许可率达100%。做好防雷安全监管。积极开展“查灾害、除隐患”专项行动，在全市范围内开展防雷安全隐患排查工作，检查易燃易爆危险化学品场所431家，雷电易发区矿区25家，雷电易发区景区18家，易燃易爆场所检测面达100%。（周泽宝）

【防震减灾概况】 2020年，全市防震减灾各项工作成果丰硕、富有成效。成功创建江川区江城镇龙街中心小学、通海县兴蒙中心小学、玉溪聂耳小学玉湖校区3所学校为“2019年度国家防震减灾科普示范学校”。市防震减灾局荣获云南省2020年度州市防震减灾综合考核二等奖及法制建设工作单项奖；云南省2020年度地震趋势研究报告评比第一名；云南省防震减灾科普讲解大赛获第二名；2019年度云南省地震监测质量评比中获信息学科信息节点州市组第二名、信息学科模拟前兆数据传输州市组优秀奖、信息学科短波通信州市组第三名、信息学科综合奖、州市强震动台站第一名。通海县防震减灾局获云南省2020年度县（市、区）防震减灾工作综合考核二等奖。市防震减灾局尹晓蕾被中国灾害协会表彰为“2019防震减灾千场科普讲座活动优秀讲师”。市防震减灾局李燕、红塔区防震减灾局杨红获省防震减灾工作“先进个人”称号。

【地震活动】 2020年1月1日至12月31日，玉溪市境内共发生可定位1.0级以上地震977次。其中：1.0—1.9级952次，2.0—2.9级22次，3.0—3.9级3次。具体分布为：红塔区102次，江川区24次，澄江市16次，通海县39次，华宁县14次，易门县248次，峨山县37次，新平县368次，元江县129次。最大地震为4月11日04时03分发生在元江县甘庄街道的M3.5级地震，震源深度9千米，距离元江县城约16千米，震时元江县城、甘庄、曼来等乡镇震感明显。

【纪念通海7.8级大地震50周年活动】 2020年1月4—8日，全市组织开展纪念通海7.8级大地震50周年系列活动。举行防震减灾科普馆通海大地震专题展厅揭牌仪式；在通海县召开通海7.8级大地震50周年纪念大会，市级四套班子有关领导出席；组织开展地震应急处置演练活动；召开通海大地震亲历者座谈会；邀请国内有关地震专家学者举办地震学术研讨会；开展地震监测预报工作交流会；发放《通海大地震真相》图书3 000册。

【地震监测预报】 2020年，市防震减灾局强化地震观测资料异常核实，提升震情研判能力。制定印发《玉溪市2020年度震情监视跟踪工作方案》等制度措施，组织召开或参加周、月、年中、年度、紧急、专题等各类会商会50余次，及时上报会商报告、宏微观零异常报告，编制年中、年度地震趋势研究报告，及时分析研判震情。配合做好滇南—滇西南重点危险区震情监视跟踪工作。截至年底，全市共有固定地震宏观观测点112个，上报宏观异常14起。加强地球物理观测场建设和管理，确保数据连续可靠。2020年1月，易门县绿汁地震观测站完成洞内钻孔2口，深度分别为50米和30米，2月安装形变观测设备，12月完成洞内基墩改造，绿汁地震观测站改造基本完成。配合省地震局开展国家地震烈度速报与预警工程项目云南子项玉溪分项建设，到12月底基本完成4个基准台和3个基本台土建，完成43个一般台和44个预警终端信息服务设备安装调试，峨山、华宁两县已基本实现地震预警服务能力。开展地震综合观测站、强震台、低精度水温观测点等站（点）巡检，完成4个测震台供电线路和新平局网络升级改造接入等工作，做好各类培训会及震情会商会议保障。

【震害防御】 2020年，市防震减灾局通过“1·05”“5·12”“11·6”等宣传日深入开展防震减灾知识“七进”活动，累计发放宣传资料30万份。组织各学校播放防震减灾科普讲座宣传片371场次，覆盖565个班级，参与师生2万余人，发放防震减灾宣传册1.6万份，宣传光碟125张。开放防震减灾科普馆41次接待2 000余人次，“防震减灾科普馆线上展厅”累计点击率达4.4万人次。市县两级举办科普讲座136场，受众3.19万人。发行6期《玉溪防震减灾》报，每期发行2.55万份，随《玉溪日报》发行至全市乡镇一级。

防震减灾科普示范学校和综合减灾示范社区创建工作。成功创建3所“2019年度国家防震减灾科普示范学校”。认定华宁县宁州镇新庄小学为市级防震减灾科普示范学校。截至年底，全市共创建国家级防震减灾科普示范学校3所，省级防震减灾科普示范学校18所，市级防震减灾科普示范学校55所。推荐通海县秀山街道六一社区和华宁县宁州街道上村社区申报全国综合减灾示范社区。

【震灾处置】 2020年，市防震减灾局修订印发《玉溪市重大、特别重大地震灾害应急处置工作方案》。按照玉溪市自然灾害管理委员会管理架构，修订《玉溪市地震应急预案》。更新修订《玉溪市防震减灾局地震应急工作方案》。指导各县（市、区）防震减灾局修订《县区防震减灾局地震应急工作方案》《县区防震减灾局地震应急工作流程》（破坏性地震）。5月市防震减灾局对红塔区、江川区和华宁县减灾救灾工作专题督查。按市地质灾害应急指挥部办公室要求，牵头对通海县、华宁县进行7轮次汛期地质灾害防范工作督促检查。1月5日，在通海县组织开展地震应急实战演练。11月24日，市抗震救灾指挥部进行地震应急桌面推演，进一步加强地震灾害应急指挥、抢险救援和协调联动能力。全面支持配合好省抗震救灾指挥部开展“省政府领导赶赴突发事件现场指导救援工作桌面推演”“云南地

2020年1月5日，在通海县举行通海7.8级大地震50周年纪念大会（默哀仪式）

震预警信息发布演练”和“全省‘担当2020’地震救援跨区域实战演练”，市抗震救灾指挥部39个成员单位领导全程观摩演练，有力提升各成员单位应急处置能力。年内，更新“云南地震灾害快速评估与信息服务系统”数据库10万余条数据，确保地震灾害发生后灾区地震灾害快速评估的准确性。（尹俊峰）

知识产权

【知识产权专利】 2020年，全市专利授权量2 059件、发明专利有效量986件；商标申请量7 282件、注册量3 380件、有效注册量27 893件；地理标志保护产品4个、地理标志证明商标23件。玉溪市商标受理窗口受理商标申请530件，共接待商标咨询业务3 000余人次，为申请人提供网上商标注册申请手续及缴费业务高效优质便民服务，按规定减免商标注册费用1.59万元。

【知识产权应用转化】 2020年，全市推进知识产权强县强企强园区工作，组织申报国家知识产权试点园区1个，获批省知识产权示范园区1个，获批省知识产权优势企业7家；3家企业参加第二十二届中国专利奖评选，10家企业开展国家知识产权试点示范工作评估及年度考核；申报批准2件地理标志证明商标，1件地理标志产品、2件地理标志证明商标待国家局审查；达成专利权质押贷款2项融资5 440万元。落实“放管服”改革措施，制订方案，主动服务，开展专利申请、实质审查、维持缴费、恢复权利、意见答复技术指导和援助服务257件，全市开展专利权维持年费提醒1 011件次，专利权恢复请求提醒23件次，提交优先审查90件获授权4件，提交专利权利恢复请求10件恢复7件，完善10件国外发明专利、合作申请发明专利26件的统计收集，通过“保存量、促增量，月报告、月分析”措施，促进发明专利拥有量增长。开展“4·26”知识产权宣传周系列活动，组织线上宣传，在玉溪电视台、《玉溪日报》和市场监管局门户网站开展“4.26”专题宣传；组织进园区、进企业宣传服务，普及知识、发放资料、解答疑问，积极推进以“尊重知识、崇尚创新、诚信守法”为核心的知识产权文化建设，推荐申报省高层次人才2人、实务人才6人，获认定高层次人才、实务人才各1人。

【知识产权保护】 2020年，全市持续抓好知识产权保护，坚持日常执法与专项执法相结合，充分发挥市场监管综合行政执法优势，提升知识产权行政执法效能，积极营造公平竞争的营商环境，为玉溪高质量发展服务。持续开展系列专项整治行动和专项检查。全市市场监管系统知识产权“铁拳”专项行动办结知识产权案件46件，涉案货值6.26万元，罚没金额36.61万元。加大打击商标、专利、地理标志侵权假冒工作力度，开展“蓝天”专项整治行动，严厉打击恶意商标代理、无资质专利代理等行为，收集全市20家相关代理机构的商标代理告知承诺书、“蓝天”专项整治行动商标代理机构自查表。元旦、春节、中秋节日期间开展专项检查，抽查市场主体，进行咨询服务。开展“双随机、一公开”工作，开展商标、专利等4项检查，抽查市场主体34户，抽查市场主体34户，抽查结果在系统内公示。推动诚信体系建设，办结商标侵权假冒行政处罚案件信息均在企业信用信息公示系统内公示。开展知识产权维权援助服务，指导4户企业解决专利纠纷，指导个人处理专利纠纷20人次。做好全市月专利申请、授权、有效量统计报表分类整理提供各县（市）区局使用。初核全市省级专利资助电子申请241件通过233件，完成市级专利奖励申请619件收集。（周　游）

科技情报

【技术合同登记】 2020年，玉溪市技术合同登记站认定登记各类技术合同42项，全市新注册企业19家，技术合同成交总额28 631.89万元，其中反映技术转移和成果转化规模的技术交易额为4 140.66万元，全省排名第二。全市认定登记的42项各类技术合同中，按合同类别分：技术开发合同35项，合同成交金额为27 905.39万元，技术服务合同7项，合同成交金额为726.5万元；按合同计划来源分：计划内30项，其中国家科技合作计划5项，合同成交金额为1 660万元；省市计划15项，合同成交金额为18 775.36万元；地市计划10项，合同成交金额为2 643.75万元，计划外项目12项，合同成交金额为5 552.78万元；按社会经济目标分：农林牧渔业项目14项，合同成交金额为1 993.06万元；社会发展和社会服务项目13项，合同成交金额为1 081.55万元；其他15项。按知识产权目标分：拥有知识产权的有13项，合同成交金额为18 411万元；未涉及知识产权的有29项，合同成交金额为10 220.89万元。

【科技统计】 2020年，科学研究和技术服务业非企业单位科技统计调查名录清单核定，玉溪市核定新增19家调查单位，玉溪市在统调查单位数量由上年的11家增加到30家。上年度，玉溪市财政科学技术支出37 781万元，占财政支出比重1.29%。（胡　晓）

社会科学

【社科研究】 2020年，市社科联围绕市委“5577”经济社会发展总体思路，按照省委对玉溪“六个走在全省前列”的工作要求，聚焦经济转型升级、深化改革开放、脱贫攻坚、乡村振兴、新型城镇化、生态文明、民生保障、党的建设等重点领域和关键环节，精心策划选题，积极开展2020年度社科课题研究，共收到课题申报书111项，立项33项，其中：市社科联经费予以资助“党建引领基层社会治理创新的路径探析”等重点课题研究20项，与市发改委合作推动“玉溪市金融服务实体经济对策研究”等重点课题研究5项，与市外办合作推动“玉溪市服务周边命运共同体建设(南亚东南亚)研究”等重点课题研究2项，与医疗卫生部门合作推动“互联网医疗提升我市基层防病治病能力的协同创新机制研究”等重点自费研究课题6项。加强社会科学智库建设，引导社科专家立足玉溪实际、坚持问题导向开展课题研究，多出务实管用的研究成果，为全市改革发展稳定提供决策参考，与市委宣传部共同完成《玉溪市发展蓝皮书2019-2020年经济社会发展年度评价报告》组织编撰工作，并印发各相关领导和部门作资政参考。第六次南盘江论坛征文工作收到文章11篇，向省级推荐8篇。玉溪师院“中、越、老、缅、泰跨境中华民族语语音比较研究”荣获2020年国家社科基金立项。

【社科组织建设】 2020年，市社科联走访21家市属社科类社会组织、科普示范基地和县(市、区)社科联，为出台《玉溪市社科类社会组织(团体会员)管理服务办法》奠定了基础。持续深入开展社科类社会组织党组织覆盖提升行动，挖掘和推广以党建促会建的成功经验，推进规范化建设，扩大党的组织和工作覆盖。深入县(市、区)沟通协调，推动县(市、区)社科联建设工作落地落实，力争实现工作面的拓展和向基层延伸。与市委宣传部、市民政局共同印发《关于加强玉溪市哲学社会科学学术社团建设的实施意见》，指导市古滇国文化研究会、市集邮协会圆满完成换届。

【社科知识普及】 2020年，市社科联依法组织开展社会科学普及工作，组织带领全市社科工作者以服务公众为工作导向，努力提升与人民群众精神文化需求相适应的理论惠民能力的社会科学普及活动。建立玉溪市社会科学普及工作联席会议制度，明确联席会议成员单位的主要职责、工作规则和要求。组织召开玉溪市实施《云南省社会科学普及条例》座谈暨2020年社科普及宣传周启动会议，市级相关部门、县(市、区)社科联和省市级科普示范基地积极参与以“决战决胜脱贫攻坚，推动走在全省前列”为主题的科普宣传周活动。稳步推进社科普及品牌提升，扎实推动“云岭大讲堂·玉溪讲坛”进机关、入基层，不断提升讲坛的影响力。2020年承办“云岭大讲堂·玉溪讲坛”10讲、受众6 000余人次。以《民法典》宣传普及为主题，与市司法局合作举办专题辅导1场，市直300多名领导干部受益。以学习贯彻习近平总书记考察云南重要讲话精神为主线，在全市开展学习宣讲活动2次。注重抓好“云岭大讲堂”主讲嘉宾推荐工作，推荐两人参加全国科普日·首届云南青年社科学术演讲比赛，1人荣获三等奖。整理推荐“云南少数民族传统体育图说”作为重点项目，“近代云南名将故事集”“云南故事地图(游记篇)”“聂耳与国歌”“基于文化自信的天文科普视频展播”作为一般项目，获2020年度云南省社科规划科普项目立项。玉溪师院“涓公河次区域民族民间文化普及教育与创新”，澄江化石科学研究博物馆“澄江化石地世界自然遗产社科普及创新展示”入选2020年度云南省第一批社科普及创新示范项目。通海县青少年学生校外活动中心入选2020年度云南省社会科学普及示范基地名单。

(新　雨)

文化旅游

CULTURE AND TOURISM

责任编校：王　斌

文化管理

【概况】 2020年，全市文化工作以战疫情促发展为主线，聚焦全面建成小康社会目标任务，建设“聂耳音乐之都”，繁荣文艺创作，保护文化遗产，完善公共文化服务体系建设，各项工作取得新的成绩。改造建设2个文化馆分馆、2个图书馆分馆、16个文化站，建设、提档升级5个博物馆，文化馆、图书馆、博物馆县级区划建设覆盖率均达到133%，乡级文化站行政区划建设覆盖率达122%以上，超额完成小康指标。提前完成了公共文化领域推进基本公共文化服务标准化、基层综合性文化服务中心建设、文化馆图书馆总分馆制建设和公共文化法人治理结构改革“四项”改革工作任务，拓展公共服务渠道，增加公共文化产品供给，提升公共服务质量和水平，不断满足广大群众对文化的需求。玉溪市获“中国最佳楹联文化城市”“云南省诗词之乡”称号，编印出版《玉溪市诗词集》。开展第五批市级非物质文化遗产项目评选，组织开展“文化和自然遗产日”“国际博物馆日”系列活动。新增傣族服饰和彝族花鼓舞2项国家级“非遗”项目。繁荣文化艺术创作，新创作滇剧《一夜乾坤》等6个剧目和169件“抗疫”作品，完成文化惠民演出940余场，观众达235万余人次（含线上观众）。文物保护工作成效显著。全省首部文物遗址保护条例——《玉溪市革命遗址保护条例》制定，于2021年1月1日正式颁布实施。争取文保资金2 458.93万元，对新平陇西世族庄园，通海河西圆明寺、常氏宗祠和江川金甲阁等18个项目开展抢救性修缮。完成新平县博物馆、华宁陶博物馆和通海斯贝佳“云南滇式传统食品博物馆”、通海蒙古民族文化研究传承保护中心“兴蒙蒙元历史文化博物馆”的登记备案工作。　（李　敏）

【公共文化领域“四项”改革】 2020年5月，玉溪完成公共文化领域推进基本公共文化服务标准化、基层综合性文化服务中心建设、文化馆图书馆总分馆制建设和公共文化法人治理结构改革“四项”重点改革工作。改造建设红塔区文化馆聂耳公园分馆、江川区文化馆海门桥分馆2个文化馆分馆，澄江市图书馆禄充景区分馆、通海县图书馆河西分馆2个图书馆分馆，红塔区春和文化站刘总旗分站、红塔区高仓街道文化站麦溪冲分站、江川区九溪镇文化站六十亩分站等16个文化站。发挥基层综合性文化服务中心功能和作用，以增加活动功能为重点，拓展活动渠道，提升活动质量和档次，把握“便捷、便利”的原则，把“中心、室”建到群众集聚的村、组，使基层群众参加文化活动更加便捷，为满足广大群众的文化需要提供阵地和服务。顺利完成县级文化馆图书馆总分馆制建设，实现了总馆、分馆、支点的挂牌，完成图书录入和相关信息的收集整理录入工作。全面推进市文化馆、市图书馆、市博物馆法人治理结构改革工作，顺利召开第一届理事会，按有关程序和要求确定、选举产生理事会理事、理事长、监事，举行了成立大会和授牌仪式。（王　一）

【文化产业博览会】 2020年12月12—16日，由市委宣传部、市文化和旅游局主办的2020年玉溪市文化产业博览会举办。文博会以“决胜全面小康，文化产业助力”为主题，分为历史与传承、创新与发展、文化+未来三大板块，展示玉溪传统民俗、民族手工艺文化产品、5G科技展品等文化产业精品，并配以玉溪

文旅融合创新发展论坛、云南省“工美杯”评选活动等文博会系列活动。（杨云舒）

【央视到玉录制花灯剧目】2020年9月5—6日，市花灯剧院配合央视CCTV11完成选定红色题材剧目《山茶花红》、花灯小戏《冤家亲家》《闹菜园》《小姨妹过河》《花街情》录像，并在央视CCTV11“九州大戏台”“梨园周刊”“央视频”等栏目播出，进一步加大玉溪花灯宣传。（李忠福）

【全民阅读活动】2020年，市委宣传部制发了《玉溪市2020年全民阅读工作实施方案》《关于做好2020年“新时代乡村阅读季”活动的通知》《关于开展第九届全市中小学生“好书相伴　快乐成长”征文活动的通知》以及《关于开展玉溪市2020年“我的书屋·我的梦”读书征文活动的通知》，安排部署全民阅读系列活动；联合教育、文旅、共青团等部门举办第25个世界读书日暨全民阅读系列活动启动仪式，共发放“绿书签”1万份、向澄江市梁王小学捐赠了价值3万元图书。2020年，推荐18名“发现乡村阅读榜样”、157篇征文以及6幅绘画作品参加“我的书屋·我的梦”评选。

【文化惠民工程建设】2020年，全市完成6个“乡愁书院”和8个“校园书店”建设工作。对531个农家书屋出版物补充更新53 283册；红塔区葫田社区农家书屋与新时代文明实践中心融合建设，成为全民阅读示范点。认真组织农村公益电影放映，不断丰富基层群众文化生活，全市共放映公益电影5 552场，观影人数37.32万人。（谭俊熊位）

【举办2020年闽滇赣文化市场综合执法第二协作区对口交流协作暨联合培训】2020年10月26—30日，2020年闽滇赣文化市场综合执法第二协作区对口交流协作暨联合培训在新平县举办，来自云南省文化市场综合行政执法总队，福州市、九江市、玉溪市、普洱市文化市场综合行政执法支队的执法骨干82人参加交流培训。培训班采取以案施训、执法案件评查、实地市场联合执法交叉检查、座谈等方式，由闽滇赣三省优秀执法人员围绕文化市场、旅游市场、网络市场以及文化市场行政执法文书制作等，讲授《对旅行社的监督检查》《执法文书制作要点解析》《旅游行政执法实务和案例简析》等；由福州市、九江市、玉溪市各支队各提供3件行政处罚案件参与案件评查，使案件评查成为执法人员取得办案经验最实用、业务水平提升最有效的环节。参训执法人员联合对新平县主城区的书店、网吧、文物保护单位等进行实地联合交叉执法检查。（殷学勇）

2020年4月23日，新平古城街道“全民阅读”活动现场（李娟摄）

【省书协、民间文艺家协会培训班在玉举行】2020年8月7—11日，省书法家协会第二期会员培训班在市委党校举行，邀请《中国书法报》社长助理、社委朱中原，中国书法家协会理事、草书委员会委员、中国国家画院研究员王厚祥，中国书法家协会楷书委员会委员、中国国家画院研究员李明授课，全省9个州（市）、省直机关、高校、新文艺群体的100余名省书协会员参加此次培训。培训班由省文联主办，省书法家协会承办，玉溪市文联和玉溪市书法家协会协办，旨在提高广大书法工作者的综合素质，为广大会员搭建一个交流学习的平台，同时以“抓创作、出精品、出人才”为目标，努力打造一支明方向、重品行、富学养、强素质的优秀书法创作和学术人才队伍。10月17—20日，2020年云南省民间文艺家协会会员培训班在玉溪举办。培训班邀请中国民协副主席、中国艺术研究院研究员、博士生导师苑利等授课，来自全省各地的云南省民协会员及民间文化研究爱好者近80人参加培训。（杨勇）

群众文化

【参加省群文作品赛】2020年，全市初选作品108件，经专家现场评比，41件作品（音乐3件、舞蹈2件、戏剧2件、曲艺1件、美术9件、摄影11件、书法13件）进入决赛。最终曲艺《童心变奏曲》、小彝剧《顺英养猪记》和摄影《花涧里》荣获省第四届群众文化“彩云奖”，其余38件作品荣获入围奖。全市初选作品343件，经专家现场评比，最终报送作品34件（音乐2件、舞蹈2件、戏剧2件、曲艺1件、美术5件、摄影6件、书法6件、文学6件、短视频

4件）参加"奋斗杯"云南省群众文艺作品大赛。有8件作品脱颖而出，荣获文学类、音乐类、舞蹈类、戏剧类等多个类别的相关奖项。舞蹈《彝山美·花鼓花》、彝剧《顺英和阿爹的故事》荣获一等奖，曲艺《童心变奏曲》、书法《录习近平谈脱贫建小康》荣获二等奖，小合唱《姊合六妹赶新街》、文学《心结》、书法《脱贫攻坚诗三首》、摄影《幸福农活》4个作品荣获三等奖。（李卓泽）

【第三届"爱阅读"朗读大赛】 2020年，玉溪市第三届"爱阅读"朗读大赛于1月拉开帷幕，9月结束。本次朗读赛联合各（市、区）县公共图书馆及学校图书馆共同举办，其中新平县民族图书馆、澄江市图书馆、易门县图书馆、通海县图书馆及玉溪市农职院图书馆举办分站比赛。整个比赛共计227人参加，87个作品进入决赛。经专家评审，评出一等奖4名，二等奖6名，三等奖12名，优秀奖50名。

【开展《讲好玉溪故事》公开课拍摄】 2020年6月26日至7月5日，玉溪市图书馆进行《讲好玉溪故事》公开课拍摄，邀请玉溪本地文化名人及玉溪师院文学院老师11人，围绕11个主题，讲述玉溪本土文化及名人轶事。其中：《大国工匠高应美》《玉溪青花瓷》《米线节的故事》《中国戏剧——高原之莺冯咏梅》《云南白药创始人曲焕章》《玉溪花灯》《聂耳与国歌》《彝族雄鹰杨国祥》《哈尼族棕扇舞》《华宁碗窑村》《石头将军范石生传奇人生》等11个课题后期将制作成60—70节的慕课，发布到公共数字文化工程公开课项目平台中，供全国读者免费收看。（罗启元）

【"我们的中国梦——文化进万家"公共文化讲堂】 玉溪市公共文化讲堂是由市图书馆、市文化馆主办，各基层图书馆和文化中心共同承办的进农村、社区讲座活动，2020年先后走进红塔区玉兴街道玉州社区、研和街道贾井社区、大营街街道、小石桥乡、春和街道飞井社区等街道、社区，举办《防疫情，保健康》《心理压力与负面情绪调节疏解——兼谈亚健康的传统心理养生方法》《预防脑卒管理血压》等讲座和消防知识培训、舞蹈知识培训等共8次，3 000余名基层干部职工和群众参与培训。（罗启元　陈南男）

【成人公益培训】 2020年8月31日至9月25日，市文化馆举办第五期成人公益培训班，共开设18个专业，20个班级。课程设置针对性强，课程除保留受众面较广的健身操、书法、美术、钢琴等传统项目外，特别增加民间剪纸、彝绣等带有玉溪民族特色和地域特点的民族民间文化类课程。11月16日至12月11日，第六期成人公益培训班举办，共开设书法、声乐、瑜伽、素描、服装设计、钢琴、古琴、架子鼓、形体舞蹈、民族舞蹈、剪纸、刺绣、古筝、爵士舞14个专业，17个班级，培训学员232名学员。

（马一雄　梁　昆）

【推出地方特色慕课】 2020年，市文化馆通过组织群文工作者深入基层，收录一批群众喜闻乐见的艺术作品，并辅以艺术加工，将涉及音乐、舞蹈、非遗、民俗等方面，适宜不同年龄段文艺爱好者模仿学习的广场

2020年6月10日至12月10日，由市博物馆、通海县博物馆共同推出的"澄怀韵秀——云南玉溪藏古代书画精品展"在市博物馆开展。展览分作"翰墨生辉——玉溪地区藏书法精品""丹青流韵——玉溪地区藏绘画精品"两个部分，展出玉溪收藏、遴选出的105件书画作品（王　溢　摄）

舞教学、民间技艺传承、器乐学习等内容进行录制，最终形成极具玉溪地方特色的慕课。其中“玉溪市少数民族特色文化资源慕课”已推出少数民族广场舞专题视频5集，“全民艺术普及慕课”中的少儿公益培训班线上教学课程正在不断更新。两个系列慕课均具有课程时长短、课堂重点讲解细致到位、简单易学、可反复观看揣摩等特点。其中“玉溪市少数民族特色文化资源慕课”还被人民网、新华网、学习强国等多家平台转载，点击率过百万。

（陶晓兰）

【“碧玉清溪是我家”系列展】 “碧玉清溪是我家”系列展在市文化馆展出。2019年12月27日至2020年1月20日第五届“碧玉清溪是我家”摄影作品展出来自全市各行各业摄影爱好者的88幅作品。1月22日至2月20日，第五届“碧玉清溪是我家”绘画作品展出作品80件，其中，国画46件、油画24件、粉彩9件、工艺1件。8月，“碧玉清溪是我家”美术、书法、摄影优秀作品联展展出基层美术爱好者创作的美术作品27件、书法作品26件、摄影作品26件，参展作品风格多样，题材广泛。作品主要讲述百姓故事，反映多彩生活，注重民族特色和地方特色，具有浓郁生活气息。10月，第五届“碧玉清溪是我家”书法作品展出作品91件，展出作品多为原创诗词，作者以文艺的形式礼赞抗疫事迹，讴歌伟大祖国和家乡在脱贫攻坚和乡村振兴中所取得的成就。7月3日，第四届“碧玉清溪是我家”少儿美术书法展出时间为一个月。共收到全市160位青少年儿童205件书法、绘画作品，其中入选展出90件作品，展出作品有很强的观赏性和感染力，展现了孩子们的想象力和创造性。

（张喜云　杨　敏　杨　赟）

【国庆中秋群众文化系列活动】 2020年10月1—5日，由市文化和旅游局主办，市文化管理服务中心承办的“奋进新时代·共圆小康梦”国庆中秋群众文化系列活动在聂耳文化广场舞台举行，十余支群众文艺团体轮番登台亮相，5场演出观众约5000余人次。9月26日至10月8日，市博物馆举办花好月圆庆中秋，张灯结彩迎国庆——2020年玉溪市博物馆中秋国庆系列活动。活动采取线上报名与线下参与相结合的方式，与多个机构合作，组织开展传统中秋团圆扇制作、集体创作立体书《宝藏玉溪》、打卡拍照集赞等趣味活动，弘扬中华民族优秀文化，丰富国庆期间全市人民的精神文化生活，营造热烈喜庆、文明和谐的节日氛围。　　（刘　毅　杨云舒）

【红河三绝——乌铜走银·紫陶·锡传统手工艺品展】 2020年4月28日至7月5日，由红河州博物馆、玉溪市博物馆主办的“红河三绝——乌铜走银·紫陶·锡传统手工艺品展”在市博物馆开展。红河哈尼族彝族自治州有国家级非物质文化遗产14项、省级非物质文化遗产67项。其中，石屏乌铜走银制作技艺、建水紫陶工艺和个旧锡器制作工艺在国家级、省级非物质文化遗产中独树一帜，堪称“红河三绝”。

【“中国的声音——聂耳与国歌”在晋宁区博物馆开展】 2020年9月18日至2021年1月20日，由晋宁区博物馆与玉溪市博物馆、玉溪市聂耳纪念馆联合举办的“中国的声音——聂耳与国歌”图片展在晋宁博物馆开展。53块展板介绍以及实物展示、视频播放的方式再现聂耳人生经历、聂耳的主要音乐作品、聂耳创作《义勇军进行曲》的故事以及《义勇军进行曲》被确定为中华人民共和国国歌的过程等内容。　（杨云舒）

文化交流

【市滇剧院赴外演出】 2020年10月28日，市滇剧院携移植改编小剧场滇剧《马克白夫人》赴北京参加由北京戏剧家协会、北京天艺同歌国际文化艺术有限公司主办的“第七届当代小剧场戏曲艺术节”，获优秀剧目奖；12月13日赴上海参加由中国戏剧家协会、上海戏曲艺术中心、上海市黄浦区委宣传部、文汇社共同主办的“2020年中国小剧场戏曲展演”。

12月8日，市滇剧院携滇剧小戏《面子》赴南宁参加中国——东盟（南宁）戏剧周全国折子戏精品专场演出，荣获2020年中国东盟戏剧周朱槿花奖·优秀剧目，主演朱理智荣获2020年中国东盟戏剧周朱槿花奖·优秀演员。

2020年12月10日，市花灯剧院携花灯小戏《花街情》赴深圳参加由中国田汉研究会、深圳市文化广电旅游体育局等单位合作举办的“深圳市青年戏剧月”活动（市花灯剧院　提供）

【《秘境云南》西部巡演】 2020年10月28日至11月11日，玉溪聂耳竹乐团携国家艺术基金资助项目——大型跨界融合舞台剧《秘境云南》赴重庆、四川南充、甘肃武威、山西永济四地开展西部巡演。巡演过程中，玉溪聂耳竹乐团分别在四川南充大剧院、甘肃武威天马大剧院开展文化交流活动，展示乐团特色竹制乐器，传播竹乐文化，展现玉溪文化形象。（刘　毅）

【星海音乐学院到玉交流】 2020年8月19—23日，广州星海音乐学院作曲学科带头人，作曲教授曹光平带领星海音乐学院合唱指挥专业研究生一行5人，到峨山、新平、元江、澄江四县市开展民族民间音乐文化采风活动。24日市文化和旅游局相关领导、局属有关单位负责人、作曲和音乐界代表与星海音乐学院曹光平教授一行进行交流座谈，双方就民族音乐与戏剧音乐、现代音乐的结合、音乐编排创作、玉溪音乐文化发展方向等方面进行了交流探讨。曹光平教授将其根据聂耳音乐作品改编的合唱作品《卖报歌》和《春日谣》赠予市文化和旅游局。（瞿文君）

文化市场管理

【文化市场督查检查】 2020年，全市开展文化市场执法检查10 237人次、检查经营单位4 545家次、受理举报17件、立案调查33件、办结案件33件(其中：网吧14件，出版物5件，印刷业2件，娱乐场所10件，营业性演出1件，广播电视1件)，警告19家次，吊销许可证1家次，取缔经营单位12家次，罚款258 050元，没收违法所得8 304元，查缴网吧上网设备73套、路由器1台，KTV厅点歌系统设备2套、服务器1台，非法出版物982册，非法音像制品329碟，严厉打击各类违法经营行为。

2月18—27日，市文化和旅游局对全市各县(市、区)文旅市场疫情防控工作开展全覆盖督导检查工作。对滞留游客集中安置酒店详细了解游客数量、安置情况、游客情绪和医务人员配备等情况，查看游客信息登记、工作人员防疫、酒店疫情防疫措施等情况。同时，深入县城区及乡镇(街道)网吧、KTV厅、A级景区、旅行社等文旅经营单位停业情况进行抽查。抽查全市9个县(市、区)20个乡镇(街道)26家网吧、19家KTV、3家A级景区、4家旅行社，对发现的19个一般性的问题，督促责任单位立行立改。

【专项整治行动】 2020年1—3月，开展2020年元旦、春节和寒假期间文化旅游市场专项整治行动，全市文化市场综合执法机构共出动执法人员3 631人(次)，检查场所1 694家(次)，取缔无证经营场所4户，其中：网吧2户，KTV厅2户；吊销网吧网络文化经营许可证1户；罚款71 050元；查缴网吧上网设备73套、路由器1台，KTV厅点歌系统设备2套、服务器1台，非法出版物180册，专项整治工作取得明显成效。

9月19—20日，市文化和旅游局抽调3名执法队员，参与由市政府督查室、市文化和旅游局、市住房城乡建设局、市市场监督管理局、市商务局、卫健委组成的联合督查组，采取明查和暗访等方式，对全市国庆黄金周旅游业和爱国卫生“7个专项行动”等工作落实进行督查。检查景区景点11家(其中：A级景区7家，非A级景区景点4家)、旅行社23家(含旅行社服务网点4家)、酒店14家(其中：星级饭店9家，新开酒店2家，其他酒店3家)。

【文化市场综合执法工作会议暨以案施训活动】 2020年4月26—27日，全市文化市场综合执法工作会议暨以案施训活动在元江县召开，共50人参加。会上对全国文化市场技术监管与服务平台进行业务操作培训，安排2020年全市文化市场综合执法考评和旅游市场综合监管考核评价相关工作、旅游综合监管考核评价任务和校园周边文化旅游市场专项整治行动暨二季度“双随机、一公开”交叉执法检查的工作任务。同时，组织执法人员随机抽取元江县文旅市场经营单位开展校园周边文旅市场专项排查治理行动，对校园周边网吧、书店等经营户进行执法检查；开展营业性演出市场以案施训活动，针对某营业性演出场所进行明察暗访，在明察暗访过程中指导执法人员如何进行案件线索摸排并结合本案线索摸排情况，讲授酒吧违规情形、酒吧内演出执法实务等内容。（殷学勇）

文化基础设施建设

【各县图书馆总分馆制建设】 2020年，玉溪市图书馆完成1个市级中心馆、9个区市县级总馆、76个乡镇级分馆建设任务，不断推进玉溪766个村级基层综合文化服务中心具备建设条件的服务点建设工作。1个中心馆、9个总馆、76个分馆及部分服务点，已完成软件系统部署及调试、规范统一标准、图书录入、硬件配备、业务及技术培训等工作，完成全部总馆、分馆的挂牌和规章制度上墙工作。共录入图书2 867 429册。在各县(市、区)分别举办10次集中培训，对全市和76个乡镇文化站相关工作人员进行总分馆系统操作及相关业务培训。（罗启元）

【澄江化石地自然博物馆开馆】 2020年8月10日，澄江化石地自然博物馆开馆，澄江化石地自然博物馆建于澄江动物群古生物国家地质公园内，投资6.3亿元，占地面积近200亩，建筑面积4.2万平方米。该馆以

"生命大爆发、生命大演化、生物多样性"为主要脉络，"讲述地球生命宏大的演化故事，突出澄江化石重要的位置"。馆内收藏了来自世界各地的古生物化石标本和现生动物标本6万余件。采用VR、智能体感互动等手段，展示了寒武纪生命大爆发的生动场景，为参观者提供了有趣的视觉体验。该馆将作为开展生命科学教育、自然教育、生态文明教育的重要阵地，努力打造科考研学体验基地、文化旅游精品目的地。（李　敏）

2020年1月19日，民族民间非物质文化遗产展演专场晚会在聂耳大剧院举行（瞿文君　摄）

2020年12月2—3日，建设"聂耳音乐之都"系列演出——诗乐舞《大国芬芳》在聂耳大剧院上演（瞿文君　摄）

文学艺术

【民族民间非遗展演专场晚会】 2020年1月19—20日，由市文化和旅游局和玉溪广播电视台主办的民族民间非物质文化遗产展演专场晚会分别在聂耳大剧院和聂耳文化广场舞台举行。晚会集中展示国家级非物质文化遗产项目元江哈尼《棕扇舞》；省级非物质文化遗产项目玉溪聂耳竹乐团《竹乐器制作技艺》，新平彝族傣族自治县《彝族烟盒舞》和《磨皮花鼓舞》，峨山彝族自治县《彝族四腔》，市级非物质文化遗产项目易门县绿汁镇白沙坡《虎掌舞》等，旨在充分展示玉溪民族民间非物质文化遗产的独特魅力与风采，推动非物质文化遗产传承、普及、弘扬和振兴。晚会还进行现场录制，于春节期间在玉溪广播电视台播出。（刘　毅）

【"奋进新时代·全面建小康"主题文艺巡演】 2020年12月1日晚，由市纪委、市监委、市委组织部、市委宣传部、市委全面依法治市委员会办公室、市文化和旅游局、云南聂耳音乐基金会主办，市花灯剧院承办的"奋进新时代·全面建小康"玉溪市聂耳大众文化小分队主题文艺巡演启动仪式在聂耳广场举行，2—9日，小分队到各县（市、区）开展9场巡回演出，现场观看群众3 000余人，网络直播单场在线最高人次达51.4万，全网点播量约120万余次。（李忠福）

【"中国梦·唱响云南"原创音乐晚会】 2020年12月18日晚，由市委、市政府、云南广播电视台主办，市委宣传部、云南广播电视台音乐频率、市文化和旅游局、玉溪广播电视台、云南聂耳音乐基金会承办，市文化管理服务中心协办的"聂耳音乐之都"——"中国梦　唱响云南"原创音乐晚会在聂耳大剧院举行。音乐晚会是"中国梦·唱响云南"项目落地玉溪以来举办的第四届活动。晚会通过线上线下相结合方式开展，"哇家玉溪七彩云"平台点击量5.51万次，云南广播电视台"七彩云"平台点击量5.5万次。

【"中国梦·童声起航"音乐会】 2020年12月26日，由市文化和旅游局主办，市文化管理服务中心、红塔区教育体育局、玉溪聂耳小学承办，玉溪盛世龙腾文化传播有限公司协办的建设"聂耳音乐之都"唱响玉溪花灯系列活动——"中国梦·童声起航"音乐会在聂耳大剧院奏响。音乐会由悦耳童声——《致敬祖国》《创新绽放》《奋进起航》三个篇章组成。来自玉溪聂耳小学的小演员们通过齐奏、合奏、独奏、重奏等多种器乐演奏形式，为现场观众带来了一场古典音乐的华丽演绎和现代音乐的独特改奏。

【新年音乐会】 2020年12月30日，由市委宣传部、市文化和旅游局、市文联、玉溪广播电视台、云南聂耳音乐基金会主办，市文化管理服务中心、市文化馆承办的《唱响新时代　开启新征程》2021玉溪市新年音乐会在聂耳大剧院举行。音乐会采用合唱、管弦乐、男女声独唱、诗朗诵等相结合的方式，展现“聂耳音乐之都”玉溪的文化魅力。音乐会通过线上直播的方式与广大观众见面，共吸引近3万人次在线观看。

（刘　毅）

【“我们的节日——端午”诗歌朗诵晚会】 2020年6月23日，2020年玉溪市新时代文明实践活动暨“我们的节日——端午”诗歌朗诵晚会在市文化馆举办。活动以“品味端午神韵传承中华文化”为主题，以网络直播的方式向观众呈现。此次活动由市委宣传部、市文明办主办，市文化馆、玉溪网新媒体发展有限公司承办。通过云南公共文化云、玉溪+等平台进行直播，云南公共文化云3.8万人次、云南省文化馆微博3.1万人次，共6.9万人次观看直播。

（马一雄　顾世丹）

【“周末小舞台”演出】 2020年，市文化馆举办“周末小舞台”演出活动16场，接待演职人员500余人次，群众3 000余人次；演出内容涵盖声乐、舞蹈、曲艺、戏曲、小品、音乐、舞蹈、非遗专场、少儿专场等。引进精品演出6场，内容涵盖管乐、弦乐、声乐、舞蹈、地方戏、杂技等形式，采用“菜单式、订单式”服务模式，活动预告细化到“周”，采用门户网站、公众微信平台、户外版面宣传每周发布“舞台有戏，下周有啥”，做到活动信息与百姓零距离。

【文化惠民巡演活动】 “中国梦·大地情”文化惠民巡演活动自2014年首次举办至2020年，已经走过6个年头。2020年11月16—25日，“中国梦·大地情”文化惠民巡演活动共演出7场，分别在华宁县华溪镇、新平县扬武镇、峨山县文山村、塔甸村、易门县浦贝乡、澄江市海口镇，所到之处受到群众欢迎。

（王　博）

【迎新春文化活动】 2020年1月14日，“我们的中国梦”文化进万家——2020年迎新春文艺晚会在聂耳文化广场举行。晚会由市文联、市退役军人事务局共同主办，市戏剧家协会、市曲艺家协会承办，红塔集团工会、市滇剧院、市花灯剧院、红塔区非物质文化传承保护展演中心参加演出。晚会演出了《多彩民族花》《玉彩乡音》《幸福中国一起走》等10多个文艺节目，节目内容丰富、形式多样、精彩纷呈，丰富了广大群众和退役军人的精神文化生活，营造了文明健康、安定祥和的节日氛围。1月15—20日，市文联、市书法家协会共同举办“我们的中国梦”文化进万家——2020年迎新春书赠春联活动，组织10余名书法家分别到澄江市海口镇、红塔区紫艺社区、驻玉部队为广大群众和部队官兵免费书赠春联3 000余幅，赠送文艺书籍400余册，营造文明和谐的节日氛围。3月24日至5月19日，“我们的中国梦”文化进万家2020年迎新春书画展在市图书馆举办。此次展览由文联、市文化和旅游局共同主办，市图书馆承办，共展出书法、美术作品125幅。

【“文艺扶贫奔小康”家风家训书法作品捐赠】 2020年7月1日，市文联、市文明办在新平县戛洒镇曼哈社区举行“文艺扶贫奔小康”家风家训书法作品捐赠仪式，向戛洒镇曼哈社区的易地搬迁贫困群众赠送书法作品100余幅。省文联党组书记、主席李勇出席捐赠仪式并向群众赠送书法作品，戛洒镇曼哈社区干部和群众代表40余人参加捐赠仪式。捐赠活动现场，市文联组织4名书法家为参加活动干部群众现场书赠家

2020年12月18日，“中国梦·唱响云南”原创音乐晚会在聂耳大剧院举行（瞿文君　摄）

风家训书法作品50余幅。"文艺扶贫奔小康"书赠家风家训活动从5月开始，面向全市广大书法爱好者广泛征集反映优秀家风家训、弘扬家庭美德的书法作品270余幅，分别赠送给新平县戛洒镇曼哈社区、华宁县盘溪镇矣得村委会、峨山县大龙潭乡迭所村委会的易地扶贫搬迁贫困户，教育引导贫困群众增强对党的脱贫攻坚政策的认同感，激发贫困群众树立"自强、诚信、感恩"意识，坚定脱贫致富、创造美好生活的信心和决心。

【乡村振兴文艺创作活动】 2020年4—10月，市文联组织开展"一村一歌""一村一画""一村一故事""一村一视频""一户一幅字"系列文艺创作活动，同时举办"美丽乡村"村歌比赛和"美丽玉溪"微视频创作比赛，动员全市文艺创作骨干深入玉溪市45个乡村振兴示范点，挖掘创作素材，描绘生动现实，创作推出音乐、美术、民间故事、微视频等作品161件，编辑出版《玉溪美丽乡村"一村一故事"作品集》，描绘乡村巨大变化，丰富乡村群众精神文化生活，推动乡村文化振兴。

【全面建成小康社会书画摄影展】 2020年10月16日至11月16日，市委宣传部、市文联、市文化和旅游局共同举办玉溪市全面建成小康社会书画摄影展，展出书法、美术、摄影作品各70幅。展出作品聚焦玉溪全面建成小康社会和决战决胜脱贫攻坚主战场，生活气息浓厚、表现手法多样、创作水平精湛，集中展现了近年来玉溪经济发展、社会和谐、民族团结、生态改善、文化繁荣的大好局面，充分展示了新时代玉溪各族人民团结奋发，决胜全面建成小康社会的坚定信心和昂扬向上的精神风貌。

【脱贫攻坚文艺惠民演出】 2020年12月8日，由市文联主办，市戏剧家协会、市花灯剧院承办的"决战脱贫攻坚　决胜全面小康"2020年文艺惠民演出在新平县戛洒镇曼哈社区举行。市戏剧家协会、市花灯剧院的演员们为曼哈社区的群众上演舞蹈《我们迎来了好时代》、情景剧《纪检干部的一天》，歌曲联唱《廉政颂歌》《坚信爱会赢》等多个精彩节目，向广大群众宣传党的十九届五中全会精神，充分展现脱贫攻坚、全面建成小康社会的重要成果，热情讴歌了党员干部和基层群众的精神风貌，增强了基层群众的文化获得感、幸福感。

【云巅炼彩·玉溪画家群美术作品展举行】 2020年12月26日至1月30日，云巅炼彩·玉溪画家群美术作品展在玉溪师院美术学院美术馆举行。展览由市委宣传部、省美术家协会、玉溪师院、市文化和旅游局、市文联、云南聂耳音乐基金会主办，市美术家协会、玉溪画院、玉溪师范学院美术学院承办，共展出玉溪画家群45位成员的美术作品160余件，展出作品类型丰富，涵盖中国画、油画、版画、雕塑、水彩等多个画种，充分展示了近年来玉溪美术创作成果。玉溪画家群是玉溪市文联与玉溪市美术家协会着力打造的以玉溪优秀艺术家为主体的画家群体，画家群的45位成员成包括玉溪籍、生长在玉溪或在玉溪生活工作的美术家。玉溪画家群自2016年成立以来，在秉着继承、发展和创新的地方美术发展之下，以群体创作新兴力量崭露头角，创作的作品无论是人物绘画、人文景物，还是自然景观，都呈现出相对完整的艺术表达和崭新的艺术语境，开创了一个独具地方特色的绘画新时期。

（杨　勇）

文艺人才培养

【艺术人才培训活动】 2020年4—7月，由市文化和旅游局主办，市艺术创作研究所、市文化管理服务中心承办的"玉溪市2020年繁荣艺术创作作品征集暨艺术人才培训活动"举行，在全市范围内征集"戏剧、音乐、舞蹈、美术"艺术作品，共征集113件作品（戏剧20件，音乐42件，舞蹈7件，美术44件）。8月24—27日在玉溪举办"戏剧、音乐、舞蹈"文艺人才培训，邀请7位省、市级专家授课，75名学员参加培训，各艺术门类的专家们现场反馈并提出作品修改意见。优秀作品分别参加2020年"云南省花灯滇剧艺术周""云南省彩云奖"比赛，成绩喜人。美术人才培训活动12月25—28日在聂耳大剧院举办，来自市内的美术工作者和美术爱好者30人参加培训。培训班以"美丽玉溪"为主题，分为中国画、油画、美术理论三个板块，采取专家集中授课、写生示范、座谈交流相结合的方式进行，授课老师在写生现场示范，与学员进行互动交流、答疑解惑。（徐亚玲）

【省戏剧家协会花灯艺术人才培训班】 2020年5月7—16日，由云南省戏剧家协会主办，玉溪市花灯剧院承办的"2020年云南省戏剧家协会花灯艺术人才培训班"在市花灯剧院剧场举行。培训班由杨丽琼、陈丽宇、陈翠红等授课，通过以戏带功的方式，让学员们进一步掌握戏曲表演艺术上"唱、念、做、舞，手、眼、身、法、步"的表演能力和表现手段。市花灯剧院所有演职人员80余人参加培训。（李忠福）

【戏剧人才培养】 2020年，市滇剧院委托河北廊坊益田艺术学校继续培养29名学员，进行系统、深入、细致学习。市花灯剧院委托省艺术职业学院培养的26名五年制培训学员中，11人在8月招聘进入市花灯剧院实习，10名八年制学员继续培养中。（徐亚玲）

【少数民族文学创作骨干培训】 2020年12月6—8日，2020年玉溪市少

2020年12月25—28日，2020年玉溪市美术作品创作暨美术人才培训活动在红塔区大营街举行。图为云南油画学会名誉主席、云南省文史研究馆馆员姚钟华油画人物写生示范（瞿文君　摄）

数民族文学创作骨干培训班在新平县举行。此次培训班由市文联主办、新平县文联承办，邀请《民族文学》副主编陈亚军、《边疆文学》编辑雷杰龙、《滇池》副主编包倬授课，各县（市、区）文联主席、全市少数民族文学创作骨干近60人参加培训班。陈亚军、雷杰龙、包倬结合自己多年的创作经验和编辑经验，分别就现实主义题材文学创作、小说创作技巧、散文创作方法等进行了讲授，有效激发少数民族文学骨干的创作热情。

【“两片区”文学创作笔会】 2020年7月15—17日，由市文联、市作家协会主办，华宁县文联承办的2020年“抚仙湖文学创作笔会”暨玉溪市作家协会文学创作“1+N”活动签约仪式在华宁县举行，云南省著名作家张庆国、《滇池》主编李小松到会授课，红塔区、江川区、澄江市、通海县、华宁县的文学爱好者90余人参加培训。市作家协会6名作家分别与6名文学爱好者签订“1+N”创作协议，由导师对学员进行跟踪式的传习指导，在观念创新、机制创新、活动创新等方面探索玉溪文学发展新路子，培养本地青年文学人才，促进玉溪文学创作繁荣发展。9月23—25日，2020年“哀牢山四县文学创作笔会暨少数民族文学创作座谈会”在峨山县举行，省文联党组书记、主席李勇，市委常委、宣传部部长杨兴荣，省作家协会副主席、秘书长胡性能出席会议，《边疆文学》编辑雷杰龙到会授课，易门县、峨山县、新平县、元江县文学爱好者70余人参加培训。会议期间，在峨山县双江镇万和村举行“云南省作家协会创作基地”“玉溪市作家协会创作基地”“峨山作家之家”授牌仪式。

【书协会员培训暨书法创作高研班】 2020年9月12—13日，市文联举办全市书协会员培训暨书法创作高研班，邀请中国书法家协会会员、北海市书法家协会副主席杨科云授课，180余名市级书协会员参加会员培训，30名书法创作骨干参加书法创作高研班。此次培训深入学习贯彻习近平总书记关于文艺工作的重要论述和考察云南重要讲话精神，加强对全市书法爱好者的思想政治引领，学习创作技巧，开拓创作视野，丰富创作经验，提升创作水平，鼓励全市书法爱好者创作推出更多优秀书法作品，争取有更多的作品入选全国书法展览。（杨　勇）

文艺创作

【演艺作品创作】 2020年，全市国有文艺院团继续开展“深入生活　扎根人民”实践活动，先后创排艺术作品150部，其中，新创大型滇剧《一夜乾坤》《红盖头》《马克白夫人》3部重点剧目，小型剧目（戏剧、曲艺、音乐、舞蹈）126个（含33个战“疫”作品），提升打磨花灯剧《山茶花红》、滇剧《王者江上》2个国家艺术基金资助项目，复排剧目13个，移植改编剧目6个。（徐亚玲）

【创作战“疫”艺术作品】 2020年2—4月，新冠病毒疫情防控期间，市文化和旅游局组织市、县区国有文艺院团、文化馆，广大文艺工作者以战“疫”为主题，创作戏剧、曲艺、音乐、舞蹈、美术等艺术门类作品169件（含文艺作品33件、书法美术作品136件），并举办“同舟共济战疫情”玉溪市美术作品网络展4期。10余件作品在腾讯、优酷、玉溪文旅、文旅头条等平台播出。抗疫公益歌曲《微光》在人民网、新华网、学习强国以及各主要地方媒体相继报道，网络点击率破百万，作品入围云南省广播电视局2020年度广播电视网络视听节目创新创优作品扶持项目。

2—6月，市文联动员广大文艺工作者创作推出反映抗击新冠肺炎疫情题材的文艺作品，其中文学作品470篇（首）、音乐作品97首、书法作品420幅、美术作品207幅、摄影作品368幅、舞蹈作品22部、曲艺作品23个、短视频51个，并通过《人民日报》《云南日报》《玉溪日报》、“学习强国”、云南文艺网、玉溪发布、玉溪文联公众号等新闻客户端和网络平台进行宣传展示，编辑出版了《玉溪》文学杂志“抗疫专辑”。（徐亚玲　杨　勇）

2020年7月9—11日，玉溪市文联、玉溪市文化和旅游局共同举办玉溪市第七届青年演员比赛

【滇剧《红盖头》】 2020年8月15—17日，市滇剧院青春版大幕滇剧《红盖头》在玉溪花灯剧院公演。《红盖头》是根据文坛巨匠巴金激流三部曲之一《家》改编创作的滇剧，以新的视角将觉新与梅芬、觉慧与鸣凤、觉民和琴表妹的爱情故事作了新的描述，诠释封建制度下，深宅后院中青年一代所遭受的精神虐待和桎梏。该剧用滇剧形式呈现经典剧作，创作视角新颖，舞台设计精美，大胆起用新人，整台剧目的表演者平均年龄在30岁左右。（李佳晴）

【参加第八届云南文学艺术奖评选】 在省文学艺术界联合会主办、省戏剧家协会承办的第八届云南文学艺术奖评选中，市花灯剧院花灯剧《山茶花红》获得“云南省戏剧山茶花奖·剧目奖”、易门县文化馆（群众文化辅导展演工作队）编剧薛琴创作的花灯小戏《谷花鱼》获得“云南省戏剧山茶花奖·剧本奖”。市滇剧院优秀演员李娜在参加第八届云南文学艺术奖——第十一届云南省戏剧“山茶花”表演艺术展演中，获得“云南戏剧山茶花奖·表演奖”。

【第七届青年演员比赛】 2020年7月9—11日，由市文化和旅游局、市文学艺术界联合会共同主办、市艺术创作研究所承办的“玉溪市第七届青年演员比赛”在玉溪举办，全市96名青年演员携83个剧（节）目参加比赛，最终评选出一等奖6名、二等奖14名、三等奖20名、特别奖10名，育花奖7名，选送20名优秀选手参加省级评审。12名（戏剧类7名，音乐类4名、舞蹈类1名）青年演员入选参加9月17—25日在昆明举办的“云南省第十三届青年演员比赛”决赛，荣获戏剧类表演一等奖1个、戏剧类育花奖1个、戏剧类表演二等奖2个、戏剧类表演三等奖3个，共7个奖项的好成绩。（徐亚玲）

【参加省花灯滇剧艺术周活动】 2020年11月15—22日，市花灯剧院的《犟人匠心》《别样“网红”》《喇叭声声》3个花灯小戏、市滇剧院的《信号》《“疫”不容辞》《面子》3个滇剧小戏、1个花灯舞蹈《好久不到这方来》以及10名花灯、滇剧演唱比赛演员参加在楚雄州元谋县举办的“2020年云南省花灯滇剧艺术周”活动。玉溪市代表队荣获2个小戏奖、2个单项奖、5个青年演员演唱比赛奖共9个奖项。

【参加云南民间故事展演】 2020年10月12日，省文联、省文化和旅游厅联合主办的2020云南民间故事展演活动在曲靖市落下帷幕。经过激烈角逐，由市文化馆选送的《南娥与洛桑》和《望乡台》两个节目分别荣获二等奖和三等奖，玉溪市文化馆获“优秀组织奖”。（王静霞）

【两节目荣获首届云南原创舞蹈展演活动奖项】 2020年11月3—6日，首届云南原创舞蹈展演在云南省歌舞剧院剧场举行，本次活动由云南省文联主办，云南省舞蹈家协会承办。玉溪市选送作品《彝山美　花鼓花》荣获优秀作品奖，《踩田克啰》荣获入围作品奖。（姜力榕）

文化遗产保护管理

【参加“文化和自然遗产日”云南主会场活动】 2020年6月12—16日，云南省2020年“文化和自然遗产日”主会场活动在楚雄举办。玉溪市三个省级非遗项目——四腔、易门豆豉制作技艺、易门浦贝陶制作技艺分别参加展演和展示活动。此前，易门豆豉制作技艺的传承人魏建堂和易门浦贝陶制作技艺的传承人杨建云曾多次被邀请参加“文化和自然遗产日”展示活动，四腔传承人李成刚曾获西部民歌大奖赛金奖和山花奖荣誉。此次参展，魏建堂和杨建云推出的易门豆豉、浦贝陶器因为工艺独特，受到大家的追捧；李成刚、李春、郑成等人的四腔组合表演也凭借独特的声腔、过硬的唱功，得到观众好评。中央电视台、新民晚报、上海电视台等多家媒体对此次活动做集中宣传报道。（张培学）

【“文化和自然遗产日”非物质文化遗产展示活动】 2020年6月12—14日，市文化馆（市非物质文化遗产保护中心）联合红塔区文化馆，在红塔区青花街以“非遗传承　健康生活”为主题，开展玉溪市2020年“文化和自然遗产日”非物质文化遗产展示活动。共展出62块图文展板，展

示滇剧、玉溪花灯戏、棕扇舞、通海高台等玉溪市国家级、省级、市级非遗项目及外州市部分非遗项目。通过生动详实的图文介绍，让群众深入了解每个非遗项目的内涵、渊源和特点。6月15日后，展出的图片转入市文化馆综合展厅继续展览，持续半个月。

【第五批市级非物质文化遗产代表性项目】 2020年10月20日，市政府公布第五批市级非物质文化遗产代表性项目名录，共30个项目列为市级非物质文化遗产代表性项目，其中新增项目28项，扩展项目2项。此次公布的第五批市级非物质文化遗产代表性项目涵盖民间文学（1项）、传统音乐（4项）、传统舞蹈（1项）、传统美术（1项）、传统技艺（18项）、传统医药（1项）、民俗（4项）七大门类。

【新增2项国家级“非遗”项目】 2020年12月21日，文化和旅游部公示《第五批国家级非物质文化遗产代表性项目名录推荐项目名单》，玉溪市傣族服饰和彝族花鼓舞2个项目入选。至此，全市共有8项国家级“非遗”保护项目。玉溪傣族服饰有30余种样式，涵盖头饰、上衣、筒裙、花腰带、三角巾、绑腿、首饰、配饰八部分，用自纺、织、染土布做面料，银泡、绸缎、丝线、织锦、刺绣装饰，在色彩、形态、技艺上形成协调搭配和完美结合。彝族花鼓舞用于彝族民间丧礼，旨在基于彝族祖灵信仰的送灵归祖，也用于咪嘎哈（及村寨神）、开新街、贺新居、火把节等节日民俗活动中，主要分布于滇中彝区，峨山县境内塔甸、岔河、甸中、富良棚、大龙潭等彝族乡镇，其中塔甸镇塔甸村委会九龙村花鼓舞套路最丰富，动作技巧最高。（王静霞）

【古籍《医药书》入选第六批《国家珍贵古籍名录》】 2020年10月，文化和旅游部发布关于公布第六批国家珍贵古籍名录和第六批全国古籍重点保护单位名单的通知。其中，云南省玉溪市新平县民族图书馆收藏申报的古籍《医药书》入选《国家珍贵古籍名录》名单。（李　敏）

【革命遗址保护】 2020年，对全市革命遗址保护单位及基本信息进行再普查核实，全市共有革命遗址130个，革命遗址中文物保护单位26个（含国保1个、省保3个、市保11个、县保11个），列为爱国主义教育基地的31个。按类别将革命遗址分为遗址遗迹和纪念设施两大类，其中：重要机构旧址44个、重要活动遗址或纪念地26个、战斗遗址20个、烈士陵园或墓地25个、重要人物故居15个。革命遗址中保存较好的仅有56个。革命遗址保护纳入了“十四五”文化旅游发展规划和文物保护利用专项规划，制定《革命遗址保护工作方案》。（徐晓秋）

【文物保护工程修缮】 2020年，全市共争取文物保护工程修缮资金2 458.93万元，其中：中央资金1 458.13万元、省级资金100万元、市级资金381万元、县（市、区）级资金459.8万元和其他资金60万元。其中实施陇西世族庄园等续建项目3个，启动红塔区李鸿祥旧居、通海河西圆明寺等7个修缮项目，玉溪文兴祥商号旧址、北城李家大院9号院、峨山八字岭大庙3个修缮工程已进入招投标阶段，元江白塔修缮工程、九龙池古建筑群、五司庙修缮工程等5项工程已完工验收。（王　蕊）

【宋官青铜墓地考古勘探】 2020年5月下旬至6月初，市文物管理所、红塔区文物管理所及研和街道办宣传文化服务联合对红塔区研和街道宋官青铜墓地进行考古勘探。勘探采用探沟试掘方式，布置规格2×11、3×7、2×7、2×5米四条探沟，试掘面积67平方米，勘探确认36座竖穴土坑墓葬，灰坑1个，清理23座墓葬，采集青铜器、陶器、石器、银器等标本13件，基本确定墓葬分布范围，为研究玉溪青铜文化提供珍贵资料。

【澄江小路南明代许公墓葬抢救性清理】 2020年7月15—31日，市文管所联合澄江市文管所，对澄江小路南明代许公墓葬进行抢救性清理。小路南明代许公墓葬位于澄江市海口镇蒿枝箐，为夫妻合葬墓，两个墓坑均为竖穴土坑墓。早期墓葬为男性墓，墓坑相对较大较深，在棺椁周围有一圈白石灰；晚期墓葬为女性墓，与早期墓葬方向一样。两座墓葬棺椁已腐朽，各保存有一具

研和宋官考古勘探（张雁鸿　摄）

较完整的人骨，出土明代青瓷罐1个。墓葬有碑文，石雕构件雕花较多，具有一定的历史及文化价值。此次抢救性清理，对明代墓葬结构、埋葬方式、随葬情况及雕刻艺术等有更多了解。清理工作结束，墓碑、石鼓等石雕构件由澄江市文物管理所收集保存。（张琼梅）

文化场馆

【"三馆一站"建设】截至2020年，全市建成文化馆12个，包含1个市文化馆、9个县（市、区）文化馆、红塔区文化馆聂耳公园分馆、江川区文化馆海门桥分馆2个文化馆分馆，覆盖率133%。全市建成图书馆12个，包含1个市图书馆、9个县（市、区）图书馆、澄江市图书馆禄充景区分馆、通海县图书馆河西分馆2个图书馆分馆，覆盖率133%。全市建成乡镇文化站90个，覆盖率122%。全市建成博物馆12个，覆盖率133%，其中文物类博物馆（纪念馆）7个，包括玉溪市博物馆、玉溪市聂耳博物馆（纪念馆）、玉溪市红塔区聂耳故居纪念馆、云南李家山青铜器博物馆、通海县博物馆、新平县博物馆和华宁县陶博物馆；行业类博物馆2个，澄江化石地自然博物馆和易门县野生菌博物馆；非国有博物馆2个，云南玉溪市通海滇式传统食品博物馆和兴蒙蒙元历史文化博物馆；2个拟在2020年内进行提升改造、建设的行业类博物馆分别是：澄江规划馆。（王　一）

【县区博物馆建设】2020年，市文化和旅游局对全市开展调研，及时制定提升全市博物馆覆盖率的相关措施，完成新平县博物馆、华宁县陶博物馆两个国有博物馆和通海斯贝佳"云南滇式传统食品博物馆"、通海蒙古民族文化研究传承保护中心"兴蒙蒙元历史文化博物馆"两个非国有博物馆登记备案工作。（王　蕊）

【玉溪市图书馆】2020年，玉溪市图书馆总藏量553 069册，其中图书508 991册、报刊42 542件、视听文献6 300件、盲文图书1 536册。全年接待读者13.25万人，阅览书刊51.08万册，外借图书3.59万人，4.56万册。电子阅读总访问量为26.79万人，总下载量为39.46万次，组织各类阅读活动185次，10.68万人参加。新办借书证867个（新办读者证696个，证卡升级171个），清退借书证336个，注册读者净增长531名。向全市23个图书流通点及2个分馆配送图书1次，共计配送图书1 733册。10月23日，市图书馆荣获"第二批云南省家庭亲子阅读体验基地"称号并举行授牌仪式。

【市图书馆科普和阅读活动】2020年，玉溪市图书馆采取线上阅读推广，线下阅读、分享、展览、讲座、培训等方式开展科普和全民阅读推广活动。全年举办线下科普和阅读活动185次、106 771人次参与，其中：讲座24次、4 227人参加，培训32次、1 193人参加，阅读推广49次、1.1万人参加，展览26次、8.29万人参加，基层辅导20次、120人参加，其他活动34次、7 259人参加；举办网上科普和线上数字阅读推广活动275次、12.98万人次参与；全年数字资源访问量为26.79万人次、下载量为39.46万件次；全年网站访问量为5.59万人次，微信公众号关注人数为1.59万人、访问量为8.12万人次。市图书馆和红塔区教体局共同举办"携手共育　亲子共读"全民阅读推广进校园活动10次，2 646人参加。（罗启元）

【免费开放服务】2020年，受新冠疫情影响，市博物馆、市聂耳纪念馆于1月23日闭馆，暂停展览参观及所有社教活动，3月23日恢复面向公众免费开放。全年，市博物馆参观观众20.99万人次（其中未成年人为4.19万人次）；聂耳纪念馆参观观众12.89万人次（其中未成年人2.58万人次）。玉溪市博物馆开展活动8次，共2 457人次参与，其中未成年927人次；聂耳纪念馆开展活动5次，共1 117人次参与，其中未成年223人次。（杨云舒）

新闻出版印刷管理及电影发行

【概况】2020年，全市有印刷企业158家，其中省管印刷企业13家、市管印刷企业145家。资产总额100.67亿元，营业收入26.57亿元，利润总额4.13亿元，工业总产值26.62亿元，工业总产出27.7亿元，印刷企业从业人员5 954人。出版物发行单位228家，资产总额2.02亿元，营业收入2.44亿元，利润总额2 308.3万元，从业人员1 055人。

2020年，受理印刷企业行政许可46起、出版物发行单位（零售）21起、核发内部资料准印证169个。全市城市影院累计放映6万余场、观影人数39.13万人、票房收入128.35万元。

【版权保护】2020年，市委宣传部制发了《玉溪市打击网络侵权盗版"剑网2020"专项行动工作实施方案》《玉溪市版权行政执法监管工作实施方案》，联合文化、公安、网信、工信等部门加强新闻出版市场检查力度，严厉打击侵权盗版违法违规行为，2020年，查处了1起侵权案件。建立"玉溪市推进使用正版软件工作联席会议制度"，进一步完善规范政府机关软件正版化日常使用管理制度。圆满完成省版权局对市级党政机关软件正版化工作"全覆盖"检查；举办"玉溪市2020年知识产权版权宣传周"系列活动，利用市级媒体开展版权保护宣传74次，在"4.26世界知识产权日”及“12.4国家宪法日”活动中，向广大市民发放宣传资料2 000余份、接受群众版权保护咨询30余起，引导市民利用“云南版权”服务网站开展版权保护登记49项。（谭俊熊位）

2020年3月23日，市新闻出版（版权）局到通海县开展印刷企业年度核验（陶玲摄）

疫情期间，玉溪广播电视台记者在重点工程玉磨铁路新平隧道项目建设现场，采访重大项目复工复产情况（玉溪广播电视台 提供）

广播电视

【概况】 2020年，市广电局紧紧围绕市委、市政府工作大局，深入贯彻落实省委省政府和市委市政府各项决策部署，按照《公共文化服务保障法》《云南省关于加快构建现代公共文化服务体系的实施意见》等法规文件精神，不断加大广播电视公共服务体系建设资金投入，扎实推进直播卫星公共服务“村村通”“户户通”建设，加快高山无线发射台站基础设施建设，推动中央广播电视节目、市县地方节目无线数字化覆盖工程建设，基本建成了“有线无线＋卫星全覆盖”的广播电视信号传输覆盖体系，全市广播节目综合人口覆盖率100%，电视综合人口覆盖率100%，市县地方节目覆盖率达到90%以上，全市广播电视公共服务走在全省前列。全市10家股东单位取得所属政府的批复，将持有的有线电视网络股权无偿划至省财政厅，率先完成有线电视网络股权划转归集工作。始终坚持正确舆论导向，牢牢把握思想意识形态正确导向，加强对全市广播电视制作播出机构和业务监管，不断创新新闻宣传，弘扬主旋律、传播正能量，营造良好舆论氛围，取得显著成绩。玉溪广播电视台荣获人力资源社会保障部、广播电视总局、国家新闻出版署联合授予的“全国新闻出版广播影视系统先进集体”称号，是本届评选中云南省唯一获此荣誉的州市级广播电视台。（马苑）

【书写“抗疫”媒体担当】 2020年，新冠肺炎疫情发生以来，玉溪广播电视台及各县级融媒体及时启动突发新闻应急响应，全力以赴开展疫情防控宣传。市广电局督促指导各级广电媒体统一开设“万众一心 众志成城 防控疫情”专栏（后期更名为“众志成城 团结奋进 抗击疫情”），对中央和各级党委政府的重要决策部署、全市各地开展疫情防控的做法、经验、成效，全市上下投入疫情防控一线的感人事迹进行及时报道，充分展示各级各部门及干部群众团结一心，共同抗击疫情的信心和决心。在疫情防控严峻时期（1—3月），各级广电媒体利用广播、电视和新媒体平台共播发、推送疫情防控相关信5 346条8 410条次，其中650多条新闻被云南广播电视台各档新闻节目和新媒体平台播出、推送；制作播出广播社教节目350期、电视社教节目58期，约340小时；播出公益广告、公益歌曲、公告、游动字幕等合计60 562条次，密集有序的宣传声势，为玉溪抗击疫情凝聚众志成城、共克时艰的强大力量，充分彰显广播电视媒体应急宣传能力和责任担当。

【公益展播活动】 2020年，新冠疫情发生后，广电总局、省广电局为解决基层广播电视播出机构受疫情影响、内容供给困难的问题，组织开展“众志成城　抗击疫情”公益展播活动。玉溪市广电局积极响应，迅速投入“共同战‘疫’”的行列中，在全力做好舆论引导、指导各级广电媒体开展疫情防控宣传的同时，发挥职能优势，强化统筹协调，及时下达指令，竭力为全市人民提供丰富优质的节目资源。自2月11日起，市广电局依托总局公益展播平台和省局公益展播活动，先后组织9批节目资源，共262部、2 864集（期），供全市各播出机构选择展播，节目类型涵盖电视剧、动画片、纪录片、文艺节目等。同时积极响应省广电局“众志成城　抗击疫情——云南影视人在行动”活动，及时向市内广电播出机构提供18部电视剧和70部（个）视听产品，其中不乏《聂耳》《军人荣誉》《大理我爱你》等云南本土影视机构制作的优秀作品，版权费近3 000万元。全市广播电视播出机构共下载展播各类广播电视节目92部、1 979集（期），大量免费播出的优秀节目极大地丰富广播电视节目内容。

【广播电视精品创作】 2020年初，市广电局党组研究成立“新时代精品创作传播”工程领导小组，力促各级广电媒体和新媒体聚焦新时代新思想，打造广播电视和网络视听节目精品力作。依托以总局、省局“季度推优”为主的评优平台，每季度组织全市广播电视和网络视听节目评选活动。玉溪广播电视台有6件作品获云南新闻奖、2件作品获云南广播电视奖、3件作品获省局“季度推优”奖、市广电局获评云南广播电视奖“优秀组织奖”。

（陈　娜）

【公益广告播出】 2020年新冠肺炎疫情发生以后，玉溪市广电局组织玉溪广播电视台和各县（市、区）广播电视局、融媒体中心积极制作展播防控新冠疫情、复工复产广播电视公益广告，落实好各项管理要求。先后提供国家广电总局、云南省广播电视局推荐的防控疫情等公益广告160余条次供全市各机构选择展播。引导各播出机构制作防疫和复工复产公益广告，向省广电局报送玉溪本地作品20余件，8件作品入选云南省广播电视公益广告作品库。市广播电视局还组织落实防范非法集资、脱贫攻坚、“扫黑除恶”等公益广告展播工作。玉溪广播电视台两个电视频道、两套广播节目播出防控新冠疫情公益广告28 570条次；播出防范非法集资公益广告4 860条次；播出脱贫攻坚公益广告13 130条次；播出“扫黑除恶”相关公益广告5 970条次。年内，市广播电视局组织辖区内广电媒体落实广播电视公益广告扶持项目评审工作，向省广播电视局报送“电视类优秀作品”扶持项目2个，“优秀传播机构”扶持项目2个。经过省广播电视局初评，玉溪市广播电视台电视类优秀作品《同唱一首歌　共爱一个国》被推荐参加总局评审；玉溪市广播电视台被推荐参加国家广电总局优秀传播机构评审。

2020年7月20日，玉溪市辖区内在播的27部模拟电视发射机全面关停，玉溪全面迈入“数字电视”新时代（玉溪广播电视台　提供）

【非法卫星电视地面接收设施专项整治】 2020年，全市开展非法卫星电视地面接收设施专项整治工作联合执法22次，出动187人次，查处拆除非法接收设施12套。积极探索建立多部门联合防治“黑广播”的长效管理机制，利用广播电视监测平台的非法频率扫描功能，积极构建全市广电系统“黑广播”监测网络，全市依法取缔“黑广播”设备1套。

（普　悦）

【关停地面模拟电视节目】 2020年，全市广电部门积极推进地面模拟电视节目关停工作，于7月20日0时0分全面关停辖区内在播的27部模拟电视发射机，模拟电视节目正式退出历史舞台，标志着玉溪全面迈入“数字电视”新时代。进一步提高了玉溪广播电视无线频谱资源利用率，推动玉溪广播电视无线传输覆盖网的数字化转型升级。此次关停的模拟电视信号节目包括中央电视台综合频道（CCTV1）、农业农村频道（CCTV17）和云南卫视（YNTV1），转为数字电视信号后，用户可通过无线接收的方式免费收看到16个电视频道，且画质更加清晰。

【玉溪与云南广电网络集团签署战略合作协议】 2020年12月7日，玉溪举行“智慧广电和广电5G一体化建设助力玉溪打造数字经济第一城”专题讲座暨与云南广电网络集团有限公司战略合作框架协议签约仪式，副市长曾敏与云南广电网络集团有限公司签订《玉溪市人民政府与云南广电网络集团有限公司“数字玉溪、智慧广电、广电5G"一体化发展战略合作框架协议》，省广播电视局党组副书记、副局长蔺斯鹰，云南广电网络集团公司党委书记、董事长和向东，市委书记王力出席签约仪式并讲话。市委常委、宣传部部长杨兴荣主持仪式。云南广电网络集团公司党委副书记、总经理赵联涛与玉溪市副市长曾敏代表双方在协议上签字。市委书记王力强调，广电网络事业是党的事业，玉溪市各级单位要充分认识"全国一网"整合发展的重大意义，加强与云南广电网络集团的合作力度。希望借助此次合作，充分利用双方资源优势，不断巩固和深化合作领域，全力推动应急广播建设，打通广电网络村村通、户户用的"最后一公里"，巩固好党的执政基础。市委副书记江华、人大常委会主任李洪云、政协主席夏立洪、市委秘书长王志新，相关委办局主要负责人，以及所属各市（县）的市长（县长）、宣传部部长出席签约仪式。签约仪式前，云南广电网络集团公司副总经理贾云涛介绍了"智慧广电"项目在玉溪实施的情况及下步推进计划。技术管理中心总经理魏明作了"智慧广电和广电5G一体化建设助力玉溪打造数字经济第一城"专题讲座。

（刘燕锋）

【广播电视"户户通""村村通"工作】 2020年，全市完成4 060套"户户通"建设任务，巩固58 396户"村村通"用户和76 643户直播卫星"户户通"用户已取得成果，完成9个贫困乡镇"两个百分之百"（一是所有自然村，二是所有家庭）广播电视信号综合覆盖率的调研，确保脱贫退出自然村广播电视覆盖率（信号覆盖）达100%，脱贫退出的建档立卡户广播电视覆盖率（信号覆盖）达100%。

【广播电视安全播出】 2020年，市广电局通过强化组织领导，上下联动、层层抓实安全播出保障责任，高度重视安全播出组织机构建设，将中国电信、中国移动、中国联通三大运营商相关负责人纳入安全播出指挥部，不断充实完善安全播出指挥机构。安全播出指挥部统一指挥和协调市县区安全播出工作，组织检查组对全市安全播出责任单位进行检查，全面梳理排查安全播出隐患并督促落实整改，切实提高安全播出保障能力。完成17天重保期期间安全播出任务，完成228天《新闻联播》重点时段延时播出预警任务，全年发送预警、指挥调度信息14 041条，圆满完成了2020广播电视安全播出任务，全年未发生重大安全播出事故。

（马　苑）

【新闻宣传工作】 2020年，玉溪广播电视台自觉发挥媒体的舆论引导作用，全力以赴抓好各阶段重点宣传任务，共采制播出广播电视新闻11 635条，其中：《玉溪新闻》播出电视新闻4 589条，《大众新闻》播出电视新闻1 076条，《玉广新闻》播送广播新闻3 978条，《新闻直通车》播出县（市、区）电视新闻1 992条。新媒体平台编发推送新闻信息和相关资讯超过26 178条次。

发挥好媒体引领作用，广泛深入学习宣传贯彻习近平新时代中国特色社会主义思想和习近平总书记考察云南重要讲话精神。开设"沿着习近平总书记指引的目标奋勇前进　谱写好中国梦玉溪篇章""在习近平新时代中国特色社会主义思想指引下·新时代新作为新篇章""绿水青山就是金山银山"等多个栏目。及时播发各级各部门学习宣传贯彻习近平总书记考察云南重要讲话精神的报道，推动习近平总书记重要指示精神落实落地、见行见效。

发挥好舆论引导作用，为全面打赢疫情防控人民战争、总体战、阻击战凝聚起强大正能量。玉溪广播电视台采制、播发疫情防控相关信息1 800多条次，制作播出防疫类电视栏目报道30期、广播节目549期，对全市新冠疫情防控工作进行全面深度的宣传报道。公益广告《新冠病毒肺炎的防护措施》《公众预防指南》、公益宣传片《守望春天》《疫病无情　玉溪有爱》等播出后受到广大市民的好评。

围绕市委市政府各阶段中心工作，突出主题主线，深入践行"四力"，努力做好疫情防控、"六保六稳"、生态文明建设、城乡融合发展、数字经济、重大项目建设、创建全国文明城市、民生保障等经济社会发展方面的宣传报道，为全市经济社会高质量跨越式发展营造良好舆论氛围。开设"聚焦玉溪城市建设""落实全会精神""推进爱国卫生7个专项行动进行时""厉行节约　反对浪费""乡村振兴""打造云南数字经济第一城"等专栏，对全市重点工作进行全方位、多角度宣传。

【新闻外宣实现"六连冠"】 2020年，玉溪广播电视台广播电视及新媒体新闻在上级台播出推送1 879条，其中云南台1 793条，中央台86条（央视新闻联播6条）。据云南广播电视台统计，2020年总分排名全省各州市广播电视台第一，实现"六连冠"。

【媒体融合步伐加快】 2020年，玉溪广播电视台进一步深化媒体融合四大工程建设，通过再造采编流程，加大新媒体互动产品的原创和开发力度，实施全媒内容分发，融媒体矩阵影响力正逐步提升。玉溪广播电视台新媒体主平台七彩云端APP注册用户总数达到65万，微信公众号和外平台账号的粉丝总量在10万左右。2020年，共编发推送新闻信息和相关资讯超过26 178条次。新媒体原创作品方面也有较大突破，单条最高播放量短视频《主动登记　从我做起》，播放量为182万多次。

【获奖广电作品】 2020年，玉溪广播电视台短纪录片《普朝富的黑板报》在全国第五届"五个一百"网络正能量精品评选活动中入选"百部网络正能量动漫音视频作品”，并在云南广播电视奖评选中获二等奖。此外，七件作品获云南新闻奖、云南广播电视奖三等奖；多件作品在省广电局、省广播电视台季度推优活动中入围优秀作品。

【社教节目提质增效】 2020年，玉溪广播电视台8个电视专栏共播出356期，完成各类电视专题节目、微视频等100部集，20个广播自办栏目共播出节目7 300期；共播出电视连续剧49部2 132集、动画片40部728集、5个资料性栏目共播出1 820期。广播电视合计播出公益广告12.83万条次，内容涉及弘扬社会主义核心价值观、新冠疫情防控、决战决胜脱贫攻坚、爱国卫生七个专项行动等多个方面。（张　涛）

报　刊

【玉溪日报】 2020年，玉溪日报社深入贯彻习近平总书记在中央党的群团工作会议和党的新闻舆论工作座谈会上的重要讲话精神，坚持做到党管媒体不动摇，确保正确政治方向；坚持正确舆论导向，用心用情用力讲好新时代玉溪故事；坚持守正创新，不断提高新闻舆论传播力、引导力、影响力、公信力；坚持正确工作取向，做党和人民信赖的新闻工作者。开设“沿着习近平总书记指引的方向奋勇前进”“玉溪人民心向党　砥砺奋进奔小康”“打赢脱贫攻坚巩固提升总攻战”“抓投资、促发展”“聚焦玉溪城市建设”等专栏专题，发布“贯彻落实省委对玉溪市工作要求”9篇评论员文章，“落实市委五届十次全会精神”1篇社论和4篇论员文章，党报影响力、引导力不断增强。在全省党报质量抽查中，《玉溪日报》差错率仅为0.775/万字，处于领先水平。在第36届云南新闻奖、2019年度云南新闻论文奖获奖作品中，玉溪日报9件作品获奖，其中新闻奖7件、论文奖2件。

玉溪日报记者在通海县采访花农（曾永洪　摄）

2020年，面对突如其来的新冠肺炎疫情，玉溪日报社扛起党报责任，用党的新闻工作者的担当与坚韧，逆行出征、众志成城、共克时艰，圆满完成各项工作任务。利用报纸、网站和客户端、公众号、微博、抖音等新媒体平台，开设“万众一心、众志成城，防抗疫情”“来自疫情防控一线的报道”两个专栏，宣传有关政策，普及防控知识，传播先进典型，讲述感人故事，汇聚打赢疫情防控阻击战的强大正能量。各媒体平台累计发布稿件近万条，累计阅读量超2亿人次。报社荣获全国党报党媒抗疫宣传先进单位称号，黄思敏被评为全省抗疫工作先进个人、优秀共产党员。落实“六稳”“六保”要求，积极推进复工复产，各公司全年完成经营收入5 072万元，超额完成预期目标。印刷厂转企改制基本完成，实现平稳过渡，再次荣获全省报刊印刷质量评比金质奖。如期完成《玉溪日报》2.4万份征订发行任务，获评全国报纸自办发行先进集体。

2020年，玉溪日报社开展“记者走基层”走进高新区、峨山县、新平县全媒体集中采访活动，全媒体齐上阵，深入乡（镇、街道）、村（社区），聚焦园区建设、特色城镇化、重大工程、美丽县城、脱贫攻坚、高原特色农业、乡村振兴、民生建设等重点工作，记录基层经济社会发展取得的成就，利用报纸、网站、客户端、微信、微视、微博等全媒体手段，以图文、视频、直播等方式，全方位、多层次、立体式讲述基层故事，展现大美玉溪。时隔14年再次向各县（市、区）派驻9名记者，开展驻县（市、区）工作，把镜头和笔触对准基层，在加强与各县（市、区）委宣传部、融媒体中心等部门的沟通合作、树立玉溪主流媒体的良好形象的同时，下沉到基层、践行“三贴近”、深化“走转改”、锤炼“四力”，以受众喜闻乐见的形式讲好玉溪故事，为玉溪高质量跨越式发展营造良好的舆论氛围。

【媒体融合发展】 2020年，玉溪日报社紧抓中央高位推动媒体融合发展、玉溪着力建设“数字经济”的重大机遇，趁势而上、顺势而为，实现平稳健康发展，为玉溪发展做出应有贡献，继续走在全省州市党报前列。争取数字玉溪建设专项资金170万元，完成融媒体指挥中心一期项目建设，完成“玉溪+”客户端重构，上线以来用户接近6万人，浏览量超过320万次。玉溪日报抖音《有担当的好孩子，下次一定要注意安全啊》播放量超2亿次、获赞778万。现场云直播《玉溪援助湖北医疗队30名队员归来》阅读量达32.9万人次。在2020年第二届全国百强城市融媒体传播力调查结果发布中，玉溪日报抖音号获评最具传播力抖音号，“玉溪＋”荣获优秀客户端称号。报社全媒体矩阵用户总量突破120万。集报纸、网站和客户端、公众号、微博、抖音等为一体的融合传播格局逐步形成。

【新闻工作者协会第三次代表大会】2020年12月18日，玉溪市新闻工作者协会第三次代表大会召开，会议听取了玉溪市新闻工作者协会工作报告，选举产生了第三届理事会，对协会章程进行了修改。会议指出，要加强记协机构的政治意识，把记协建设成为真正的“记者之家”，大力号召、倡导、带领记者践行“四力”，做让党和人民放心的新时代新闻工作者，团结带领全市广大新闻工作者，为玉溪开创高质量发展新局面作出新贡献。号召玉溪市新闻工作者持续深入宣传玉溪市发展战略和发展思路，宣传玉溪市经济社会发展取得的成就和经验，努力营造一心一意谋发展的玉溪舆论氛围。

（李　丹）

景区建设与促销

【概况】2020年，受新冠疫情影响，全市接待国内游客3 213.84万人次，同比下降31.85%；旅游总收入266.21亿元，同比下降41.11%，全市住宿业营业额增速下降15.7%，排全省第10位。文化、体育和娱乐业营业收入同比增长19.6%，全省排名第一。文化、体育和娱乐业工资总额增长15.1%，排全省第5位。完成固定资产投资63.8亿元，同比增长39.8%，完成目标任务的120.37%（目标任务53亿元）；完成承诺目标任务的149.27%（全年承诺目标任务42.74亿元）。旅游品牌创建成绩突出，年内创建省级以上旅游目的地品牌项目29个，其中国家级品牌1个、省级品牌28个。评定新增14个A级景区。澄江市小湾村入选第二批全国乡村旅游重点村名单。旅游产品业态不断丰富，寒武纪乐园欢乐大世界、果香四季国际旅游度假区2个项目纳入省级20个重大文旅项目库；玉溪青花街、新平戛洒金湾花腰田间等纳入省级50个新业态项目库；抚海湾、太阳山网红小镇成为游客打卡点。半山酒店建设独具特色，抓住大滇西旅游环线建设发展机遇，建成运营半山酒店10个。持续推进智慧旅游建设，建成3个省级智慧景区，获得以奖代补资金400万元。累计14个文物保护单位、25件文化旅游商品上线“游云南”平台，实现“智慧导览”和在线销售；探索“直播＋文旅”营销推广方式，选拔孵化培养本地优秀网红；做好智慧旅游新基建工作，加强玉溪市智慧景区建设、大营街省级旅游度假区智慧化建设、澄江寒武纪小镇数字化建设、澄江广龙旅游小镇智慧化建设工作。强化文化旅游市场整治，完成涉旅企业诚信评价并通过“游云南”平台发布，建立健全旅游购物退货监理中心和“红黑榜”制，提升投诉处置响应能力及办理质量。

【A级旅游景区创建】2020年，玉溪成功创建易门花果山欢乐谷景区、抚仙湖星空国际度假社区、抚仙湖广龙旅游小镇、斯贝佳滇式食品艺术生活场景区、新平县哀牢山石门峡景区、元江县红河谷热海景区、华宁碗窑村、玉溪市博物馆、龙马山景区、云南琴淮庄园和玉溪青花街11家3A级旅游景区；创建易门绿汁滇铜古镇景区、李家山青铜器博物馆、峨山彝人谷竹海3家2A级旅游景区，全年创建14家A级景区，全市A级旅游景区数量达到33家。

【全域旅游示范区、旅游度假区、旅游名镇、旅游名村创建】2020年，玉溪成功创建1家省级全域旅游示范区、2家省级旅游度假区、1家省级特色旅游城市、2家省级旅游强县、3家省级旅游名镇、9家省级旅游名村。澄江市获评省级全域旅游示范区、特色旅游城市、旅游强县；红塔区大营街获评省级旅游度假区；新平县创建省级旅游强县；红塔区大营街街道、澄江市龙街街道、新平县戛洒镇创建省级旅游名镇；澄江市禄充村、华宁县碗窑村、新平县大沐浴村、红塔区大营街道大营社区、通海县白阁中村、江川区安化社区、易门县摆衣村、峨山县年景村、元江县移民新村9个村(社区)创建省级旅游名村省级全域旅游示范区。

【旅游扶贫示范村创建】2020年8月旅游扶贫示范村创建工作完成，元江县洼垤乡它才吉村、易门县铜厂彝族乡铜厂村委会、万宝厂村创建为省级旅游扶贫示范村。认定命名江川区安化彝族乡安化社区、峨山县富良棚乡塔冲村、峨山县双江街道厂上村、元江县那诺乡那诺社区、元江县因远镇因远村、易门县浦贝乡朋多村、澄江三百亩村7个村为玉溪市旅游扶贫示范村。

【旅游厕所建设】2020年，全市旅游厕所建设任务为50座，其中旅游部门牵头建设24座、住建部门13座、商务部门7座、交通部门6座。截至11月底，全市旅游厕所已完工56座，完工率112%。其中旅游部门牵头建设完工28座，完工率116.66%。

【全市旅游景区管理和标准化建设培训】2020年9月3—4日在澄江市市委党校举办，各县（市、区）文旅局分管景区工作的领导，19家A级景区负责人和拟创建A级景区负责人50余人参加培训。邀请省内知名专家学者针对景区运营管理和标准化建设进行培训，采取现场教学和课堂授课相结合的方式，让学员能够理论和实践相结合，融会贯通、学以致用。培训班课程丰富、知识专业，具有很强的实用性和操作性，得到培训学员的积极反响，取得了预期的效果。

【乡村旅游】2020年，玉溪市通过建设一批特色旅游小镇、精品休闲农业庄园、特色旅游村等乡村休闲产品，实现全市乡村旅游接待国内旅游者1 339.34万人次，恢复到上年水平的71%；实现旅游总收入79.11亿元，恢复到上年水平70%。全市共有全国乡村旅游重点村2个（红塔区大营街社区、澄江小湾村）、省级旅游名村9个，星级乡村旅游经营户125家（四星级18家、三星级89家，二星级18家），乡村旅游经营户（餐饮、住宿、出行、商品、娱乐等）超过5 000户，直接从业人员超过3万人。（普　允）

【文旅招商引资】2020年，全市完成开发策划包装文化旅游产业重点招商引资项目30个，其中易门县绿汁镇滇铜古镇项目、元江泽畔温泉康养项目被省文化和旅游厅列入省级20个重大招商引资项目库。完成签订招商引资投资合同和协议4个，合同投资额65.9亿元，其中世博旅游集团江川星云湖项目已完成概念性规划等前期工作；组织到北京、上海、重庆、长沙等地开展市外文化旅游重点产业招商引资活动7次；对接洽谈企业35户。

月亮湾湿地公园旅游公厕（市文化和旅游局　提供）

澄江市小湾村阑珊宿民宿（市文化和旅游局　提供）

【文旅重大项目建设】2020年，玉溪文旅项目固定资产投资完成投资63.79亿元，同比增长39.8%，完成120.37%，超额完成全年53亿元固投任务。纳入国家旅游项目统计系统的71个项目全年共完成144.09亿元，同比增长40.64%。寒武纪乐园欢乐大世界、果香四季国际旅游度假区2个项目纳入省级20个重大文旅项目库；抚仙湖三百亩村汽车旅游营地综合体、玉溪青花街、新平戛洒金湾花腰田间纳入省级50个新业态项目库。建立玉溪市“十四五”期间文化和旅游发展规划的项目库，梳理出全市文化旅游八大类195个项目，储备项目140个，为大力推动玉溪文化旅游产业发展打下坚实基础。

【半山酒店建设】2020年，市文化和旅游局制定了《玉溪市贯彻落实“大滇西旅游环线”建设推进工作方案》和《玉溪市加快半山酒店建设工作计划》，积极融入大滇西旅游环线——西南环线建设规划，按照“国际化、高端化、特色化、智慧化”要求，结合玉溪区位优势和资源禀赋进行差异化发展，以昆曼大通道为主线，在“一核”区域突出温泉养生、高山景观特色，布局建设田园风光型半山酒店；“东翼”区域突出湖泊风光、水上运动、山谷景观特色，主要建设滨水度假型半山酒店；“西翼”区域突出茶文化、哀牢山—红河谷自然风光、热区资源等独特的气候和民族风情，主要建设森林野奢型、特殊景观体验型半山酒店。计划建设46个高品质半山酒店，预计总投资119.58亿元。2020年玉溪市上报常乐温泉度假酒店、花腰田间、树几山舍、古月宿清等10家拟争取省级半山酒店项目，常乐温泉度假酒店已纳入省级半山酒店项目库。2020年建成运营半山酒店10个。（吴瑞帅）

新平县戛洒镇树几山舍民宿 （市文化和旅游局 提供）

【智慧景区建设】 2020年，市文化和旅游局积极争取落实省2019年智慧景区建设以奖代补资金，为2019年通过智慧景区建设省级验收的新平磨盘山国家森林公园、江川古滇国文化园、澄江仙湖古镇·仙湖湾3个景区争取落实以奖代补资金共计400万元（磨盘山4A级景区200万元，古滇国和仙湖湾两个3A级景区各100万元），全部奖补资金已全部逐级下达至景区。

【"一部手机游云南"工作】 2020年，全市继续推进特色景区上线"一部手机游云南"平台，组织聂耳文化广场、花洞里、青花街3家单位完成景区名片编制、审核、上线工作；继续做好名特优旅游商品上线工作，精选上线玉溪"滇雪"粮油、江川"丫眯"鲜花饼、江川"高原彩"辣椒酱、通海"斯贝佳"豆末糖、新平"褚橙""花易宝"鲜切花等25件名特优旅游商品；协调指导5个4A景区完成36路景区视频监控画面接入省级平台，实现了全省景区统一安全监管。 （普俊松）

【文化旅游资源宣传】 建立了覆盖全市各级文化旅游行政部门、市局属单位及3A级以上景区、3星级以上酒店、精品酒店等文化旅游企业的65名信息员队伍。认真抓好旅游信息采编、报送工作，2020年共采编（写）信息150余篇次，采编《玉溪文化旅游信息》33期。加大省、市媒体对全市旅游资源的宣传报道力度，2020年采访报道稿件3 000余篇次。向省文化旅游宣传平台上报各类信息300余篇次，被采用稿件212余篇次。探索"直播＋文旅"的营销推广方式，从全市A级景区、高星级酒店、星级民宿客栈、博物馆、纪念馆、文艺团体等文旅行业人员筛选出50名学员组成全市文旅网红队伍第一批成员，组织"全市文化旅游系统网红队伍培训""京东智联云－玉溪文旅电商短视频培训"两个短视频及直播培训。继续利用微信公众号等新媒体加大宣传，整合原"玉溪旅游""玉溪文化旅游"工作两大微信公众号为"玉溪文旅"微信公众号，发布各类提示、公告、工作情况等各类信息共计500余条。 （瞿梦杨）

【参加旅游交易会】 2020年11月16—18日，市文化和旅游局组织7个县（市、区）、4家文旅企业及演艺人员组成55人代表团赴上海参加2020中国国际旅游交易会。通过图片视频展示、发放宣传手册、歌舞表演、现场咨询讲解、有奖问答、特色旅游商品展销、与投资商洽谈等喜闻乐见的方式，推介玉溪独具特色的旅游资源、旅游产品和精品旅游线路，全方位、立体化向参展商和公众展示宣传玉溪文化旅游目的地形象和"一地四乡"品牌形象。12月8—10日，2020中国－东盟博览会旅游展在广西桂林举办，玉溪组团参展，向广大参展商展示、推介玉溪丰富多彩的文旅新产品新业态，会展扫码"玉溪文旅"，为来宾提供玉溪旅游攻略、出行信息、权威的智慧旅游咨询服务。12月12—18日，由中国南亚博览会秘书处主办的2020"永不落幕的南博会"在线展举办。玉溪积极动员组织各县（市、区）及文旅企业参展。在链接入口输入关键词"玉溪"，来自玉溪的滇瓦紫砂、玉溪泛福海农业开发有限公司、玉溪润通进出口贸易有限公司、云南高原王子等文创产品、生物科技产品、农产品等均有展示，备受网友关注。

【户外平面广告媒体宣传】 2020年，市文化和旅游局继续加强与市内外各类媒体的合作，延续与户外平面广告媒介合作，在昆石高速公路、华溪公路、红塔大酒店等易于引人注目的场所投放5块文化旅游宣传广告，宣传玉溪旅游整体形象，擦亮帽天山、抚仙湖、花腰傣三张名片，提升玉溪旅游关注度和知名度。

【参加"亲近自然·静心养性"文化旅游线路产品大赛】 2020年2月27日，市文化和旅游局组织玉溪16家文化旅游企业参加省文化和旅游厅主办的"亲近自然·静心养性"文化旅游线路产品大赛，全市精选28条旅游线路产品（其中创意线路产品8条、精品线路产品20条）参赛。经专家评选，玉溪选送的创意线路产品"舌尖旅行 休闲玉溪"和玉溪花腰王子旅游文化传播有限公司选送的创意线路产品"舞动玉溪"两条旅游线路产品在全省613件参赛作品中脱颖而出，入围80条大赛决赛线路产品，最终荣获创意线路产品二等奖。

【参加2020中国特色旅游商品大赛】 2020年9月22日，市文化和旅游局组织华宁、江川、通海、新平四个县区参加在四川省乐山峨眉山市四川国际旅游交易博览中心举办的“2020中国特色旅游商品大赛”。10家旅游商品生产商的21件旅游商品进入决赛。经过专家多轮评选，云南省共获奖项19个（2个金奖、9个银奖、8个铜奖），其中，玉溪高原彩特色食品有限公司选送的松茸拌饭酱系列和松茸鸡汤米线系列商品分别荣获文化和旅游部颁发的大赛金奖1枚和铜奖1枚。（杨　梦）

旅游节庆活动

【金芒果文化旅游节】 2020年6月12—14日，以“金色芒果·火热元江”为主题的中国·元江2020金芒果文化旅游节在元江县举行。以金色芒果·欢乐天地、高空温泉·随波漂流、侨乡美食·别具风味、美丽乡村·花果采摘休闲游为板块的十余项活动上演，让游客领略花果元江的闲适生活。同时，举办花果元江·芒果飘香“第二届元江芒果产业大会暨元江电商公共品牌推介会”，进一步提升红河谷流域干热河谷山地芒果及当地农产品知名度、美誉度，推动旅游+农业的融合发展。节日期间共接待游客24.59万人次，实现旅游业总收入1.59亿元。

【野生食用菌交易会】 2020年7月31日至8月4日，以“做强‘云菌’产业·助推乡村振兴”为主题的第十六届中国（云南）野生食用菌交易会在易门e农数字融创广场主会场和花果山欢乐谷分会场开幕。传承文化的非遗展演、舌尖上的羊肉美食、野生菌直播拍卖、音乐家协会专场演出、野生菌产品及农特产品交易、现场网红采菌直播带货、高空玻璃龙狮表演、“靓丽花果山”旗袍秀、“七彩花果山·激情欢乐谷”广场舞大赛、“欢乐谷之夜”摇滚音乐节等活动热烈有序开展。“花果山·欢乐谷”特色旅游商品展示暨美食街区，让游客体验到易门野生菌特色美食文化。此次活动吸引大量自驾游客和团队游客，较好地实现疫情后的经济复苏和良好的社会效益。

【中国·云南华宁国际陶都柑橘节】 2020年9月18—20日，华宁县举办以“泉润橘乡　陶冶华宁”为主题的第十八届中国·云南华宁国际陶都柑橘节。在泉乡文化广场和碗窑村举办“泉润橘乡·陶冶华宁”摄影、短视频征集、薛兴嶙大师工作室挂牌、个人专展系列活动、华宁陶博物馆展陈馆揭牌仪式、华宁陶拉坯技能大赛、华彩凝釉·陶韵泉乡系列陶艺活动、非遗展示活动、“画童年·绘陶乡”书画展等十项系列活动外，主要以线上直播带货柑橘、名特产品和华宁陶为主，活动提升了华宁“泉乡、橘乡、陶乡”文化品牌形象。

【梯田人家“嘆奢扎”】 2020年10月2日，中国·元江2020年“佳园明珠”哈尼梯田人家“嘆奢扎”节在国家级非物质文化遗产“棕扇舞”之乡——元江县羊街乡阿郎邦克梯田拉开帷幕。哈尼群众以梯田稻浪为舞台，蓝天白云为背景，载歌载舞迎接今年的新米，进行古老的民俗感恩祈福活动，并向游客赠送新米饭团，送上祝福。被现场热情氛围所感染，来宾们纷纷融入梯田秋收农耕文化“疯狂的泥巴”趣味活动，尽情地在梯田里摸鱼、抓鸭、拔河，沉浸在收获的喜悦中。系列活动的开展，有效展示、弘扬了哈尼民族传统文化，打响了民族节庆旅游品牌。（杨　梦）

旅游行业管理

【疫情防控】 按照市委、市政府和上级主管部门防控工作的安排部署，2020年疫情初期，全市关闭人员密集的公共文化场馆、文化娱乐场所、网吧和景区景点690个，其中公共文化服务场馆100个、文化娱乐场所350个、网吧205个、景区景点35个；全市紧急取消春节期间旅游文化活动39个；206家旅行社及分支机构停止经营活动，取消旅游合同53个246人。设立疫区滞留游客安置酒店13家（1 089间客房1 932个床位），做好各项安全保障防控措施，圆满安置省外游客2 246人，其中：湖北籍游客1 533人。做好境外入滇集中隔离人员的生活食宿和其他服务保障工作，抽调局机关及下属单位34名干部职工，轮流到酒店参与集中隔离保障工作。协调含红塔区、江川区、澄江市、通海县、易门县、华宁县、峨山县19家酒店1 640个房间，分7批次接收境外入滇隔离人员，累计接收32个航班4 649名境外入滇人员到玉溪。

落实应对疫情稳定经济运行的各项政策措施，推动文化旅游企业全面复工复产。在全省率先开展全景区超时长免票感恩“抗疫英雄”回馈活动，“来到玉溪，购物无忧”活动，组织2 045个旅行团队参与景区免费入园政策；暂退28家旅行社401万元质保金；为7家安置酒店落实奖补资金90万元；上报690家宾馆酒店、景区景点等非电力市场化交易电价优惠用户名单；上报183家文旅重点企业贷款融资需求50余亿元。组织华宁县国际陶都等7个项目申报抗疫基础设施建设特别国债，申报资金达69.42亿元。

【旅行社申报审批】 2020年，市文化和旅游局审批设立4家国内（入境）旅行社（云南安途国际旅行社有限公司和车游国际旅行社有限责任公司），注销一家国内旅行社经营许可证（玉溪丽健行国际旅行社有限公司），设立分社2家、服务网点32家。截至年底，全市有40家旅行社（出境旅行社2家、国内旅行社38家），分社8家，服务网点（门市部）169家，完成电子导游证换发402人。

【星级饭店复核】 2020年，市文化和旅游局以树立云南诚信旅游品牌为目标，改变之前星级饭店复核工作由行政部门包办的状况，建立“部门引导、专家评审、企业参与”的方式，年度复核聘请高星级酒店管理专家参与，由专家提出专业意见，企业对照星级标准进行整改，着力提升星级饭店服务水平和运营质量，促进玉溪旅游饭店业健康持续发展。截至年底，全市共有星级酒店24家（四星级酒店2家、三星级饭店14家，二星级饭店8家）。

【推进“放管服”改革】 2020年，市文化和旅游局进一步细化文化旅游行政处罚标准，压缩自由裁量权执行空间，强化执法自我监督和自我约束，深入推进“放管服”改革，进一步简政放权，做到严格规范有序执法。公示行政许可事项清单，编制规范化的行政许可事项办理流程图、材料清单、服务指南，简化行政许可审批材料，并对社会公布。通过系统网络服务平台，实现旅行社设立许可、导游证核发两项事项“不见面”审批，申请人在线提交材料，审批人在平台中实现审批事项。旅行社设立许可和两项文物行政审批时限，由10天压缩至5天。

【文旅系统爱国卫生“7个专项行动”】 2020年，市文化和旅游局制定下发《关于成立推进爱国卫生运动工作领导小组的通知》《推进爱国卫生专项行动工作实施方案》，抽调专人组成爱国卫生“七个专项行动”办公室，全面负责全市文旅系统爱国卫生“七个专项行动”工作。2020年，全市19家A级景区全部消除旱厕，全部达到A级标准厕所，全市A级景区和图书馆、文化馆、博物馆、文艺院团及其演出剧场等公共服务场所新建12座洗手设施，厕所全部达到“三无三有”标准。19家A级景区、16家星级饭店规范设置洗手池。辖区内19家A级以上旅游景区、16家三星级以上酒店（宾馆）卫生、113家娱乐场所清洁消毒全覆盖，配备专（兼）职卫生管理人员，建立健全卫生清洁消毒管理档案。制作宣传折页5 000份，并通过LED显示屏开展宣传活动。

（杨晶晶）

【游客购物退货和旅游“红黑榜”工作】 2020年，经过一年多的实践运行，全市已初步构建起了“10个监理中心+2条诉求渠道+5个退货服务点+28个企业宣传点”工作机制。自设立退货监理中心（服务点）以来，全市完成游客退货6件次，退货金额100 729元，得到游客认可，有效提升玉溪的文化旅游形象。充分发挥旅游“红黑榜”守信激励和失信惩戒作用，2020年发布文化旅游“红黑榜”共1期（总第7期），其中上“红榜”的单位（个人）有4家，“黑榜”1家，“红黑榜”制度的实施进一步规范了文化旅游市场秩序，促进了全市文化旅游业持续健康稳定发展。

（普俊松）

卫生与健康

HYGIENE

责任编校：王　斌

卫生管理

【概况】2020年，新冠肺炎肆虐，全市卫生健康系统践行"人民至上、生命至上"使命与担当，1.8万卫生健康工作者坚守抗疫一线，全力以赴抗击疫情，全力救治新冠肺炎病人，全市无一例医务人员感染，累计集中隔离机场分流境外入滇人员7批4 649人，未发生无症状感染者和境外输入病例，保障了人民群众的生命安全和身体健康，涌现出一大批抗击新冠肺炎疫情先进典型。系统聚焦"年度脱贫攻坚摘帽清零"目标，深度推进健康扶贫工作。全市127家县及县以下医保定点医疗机构全面落实"先诊疗后付费"政策，36种大病病种全部纳入专项救治范围，大病救治率达99.45%，建档立卡贫困人口实现100%参保，贫困群众"基本医疗有保障"问题得到解决，健康扶贫工作成果持续巩固提升。抓住国家加大对卫生健康领域投入窗口期，更加注重项目建设。全市申报专债、抗疫特别国债资金储备项目共30个，概算投资86.25亿元，市传染病医院项目、中山大学澄江市医院建设项目、市妇幼保健院迁建项目、"双提升"工程、县级救治能力提升工程等18个项目全部实现开工建设，年度健康产业新增到位投资增长20.05%。紧扣"补短板、堵漏洞、强弱项"主线，深化医药卫生体制改革。全市公立医院医疗服务收入占比达33.70%、百元医疗收入的医疗支出（不含药品）达105.94元，二级以上公立医院病床使用率达91.72%；全市577家医疗单位引进DRGs支付模式，覆盖了10家市县级人民医院98%以上的出院病例，成为全省唯一开展药品联合限价采购和实施公立医疗机构药品采购药款医保资金清算抵扣的州市；城乡居民参保人员市外就医总费用、医保基金支出增长较上年分别下降18.31%、16.24%，基本实现大病不出县，综合医改初见成效并领跑全省。突出"保障医疗安全和提升医疗质量"主题，切实加强医疗服务能力建设。全市9家县级综合医院和3家县级中医医院全部通过达标验收，争取到省级临床重点专科5个，急性心脑血管等"五大中心"建设快速推进，100%的乡镇卫生院、社区卫生服务中心（站），83.62%的村卫生室能够提供中医药服务，每千常住人口执业（助理）医师和注

2020年1月，疫情期间，高速公路卡点检查　（杨燕梅　摄）

市急救中心120调度（市急救中心　提供）

册护士数分别为2.93人和4.08人。围绕"均等、便捷提供基本公共卫生服务"课题，全面提升基本公共卫生服务质量。高质量完成2020年市政府10件惠民实事，爱国卫生"7个专项行动"有序开展，国家健康城市试点通过全国爱卫办评价。无甲类传染病报告，妇女常见病筛查率达83.75%，0—6儿童健康管理率达97.12%、65岁以上老年人健康管理率达70.21%，群众整体健康水平不断提升，人均预期寿命达77.78岁，位列全省第二，高于全省75.1岁2.68岁，高于全国77.3岁0.48岁。（杜　洋）

【医疗质量控制和管理】 2020年，市卫健委加大医院感染防控力度，组织开展全市医疗机构感控检查督导工作，杜绝院内感染。加强卫生机构医疗废物垃圾管理，落实医疗废物管理有关工作要求。组织开展医疗卫生机构医疗废物处置情况排查、医疗废物专项整治有关数据摸底统计，做好2019年度医疗废物申报登记、处置情况公示工作。认真落实《医疗技术临床应用管理办法》，加强监管和做好医疗技术临床应用备案管理工作。2020年，审核备案限制类临床应用技术14项。组织第五批质控中心的申报工作，督促30个市级质控中心上报工作计划，开展专业质控工作，充分发挥质控中心在医疗质量管理中的作用。（孔凡莲）

【血液管理】 2020年，市中心血站健全无偿献血工作机制，持续推动无偿献血。强化血液质量安全管理和保障工作，推进血液管理信息系统建设，加强临床合理用血管理；依法依规开展血液检测，在全省率先为献血者进行COVID-19病毒核酸检测。拓展无偿献血模式。巩固团体无偿献血工作，新冠肺炎疫情期间联合玉溪市红十字会，组织玉溪农职院等单位团体献血8次。2020年，采集全血24 088人，36 720.5单位。采集血小板493人，机采血小板797单位。驰援湖北250单位，最大限度保障了临床用血。

【院前急救】 2020年，市急救中心受理呼救54 871人次，较上年增加11.5%，其中：有效院前急救派诊7 761人次，较上年同期的6 350人次增长22.22%，完成院前急救派诊6 304次，空跑或退车1 457次；受理长途转运2 877人次，较上年同期的2 842人次，增加25人次，增长0.08%。全年受理危重患者986人，抢救危重患者986人，危重患者处置率100%；院前CPR46人次，成功6人，CPR成功率13.04%。全年派出117人次为单位提供卫生保障服务48次。组织全市院前急救医务人员150人次参加疫情防控演练培训4次，进一步提高突发事件应急处置能力。指挥调度人员按照"谁接听，谁受理，谁负责"的原则，努力提高综合调度能力。总体实现"一分钟调度，二分钟出诊"的要求，充分体现了"救命电话"的特殊功能。全年共接听电话54 871次，日平均完成院前急救调度21次，日平均完成转运返送8次，日最高派诊次数41次。

【院前急救全市联网平台建设】 2020年，全市60辆救护车的GPS终端与市急救中心调度系统联网完成，初步实现了与各县(市、区)急救站救护车终端的相互连接，为实现"平时分级调度，战时统一指挥"的目标提供了硬件基础。完成了全市参与院前急救车辆的网络信息全覆盖，在全市范围内形成一个完整、统一的急救医疗网络，为实现省、市、县三级联网无缝对接，提升院前急救工作水平做好了前期准备。（杞云博）

医疗保障

【基本医疗保险】 2020年，全市城镇职工基本医疗保险参保303 140人，城乡居民基本医疗保险参保1 845 028人，共计参保2 148 168人。根据2019年年末全市户籍人口2 212 703人计算，全市基本医疗保险参保率为97.08%，超额完成省局下达的213万人目标任务，同时统筹推进2021年城乡居民基本医疗保险集中缴费。2020年，城镇职工基本医疗保险参保单位缴费费率机关事业8.3%、企业9.5%，个人缴费费率为2%，灵活就业人员缴费费率为10%，全年征缴城镇职工基本医疗保险基金14.98亿元，支出15.05亿，累计结存21.77亿；全市城乡居民医保筹资金额达到每人每年800元，其中各级财政补助550元（中央财政补助440元，省级财政补助77元，市县区补助33元），个人缴费250元。2020年城乡居民医保财政补助资金新增30元的一半（人均15元）用于大病保险，稳步提升医疗保障待遇。2020年城乡居民收入15.55亿，支出14.95亿，累计结存7.68亿。

【基本医疗保险待遇水平】 2020年，全市城乡居民在政策范围内平均住院报销比例为59.18%，城镇职工政策范围内平均住院报销比例为76.8%。全市参保城镇职工就医687.86万人次，统筹基金支付72 732.59万元。参保城乡居民就医881.60万人次，统筹基金支付136 387.9万元。落实重特大疾病医疗救助政策，对符合重大疾病医疗救助对象在定点医疗机构发生的政策范围内住院费用，经基本医疗保险、大病保险及各类补充医疗保险、商业保险报销后的个人负担费用，年度救助限额内按70%的比例给予救助，救助金额年度累计不超过10万元。

【健康扶贫】 2020年，市扶贫办锁定的建档立卡贫困人口92 710人，除参加城镇职工医疗保险1 233人、死亡169人、参加异地居民医保131人、异地职工医保163人、服刑1人、服兵役19人外，剩余90 994人全部参加城乡居民基本医疗保险和大病保险，实现建档立卡贫困人口100%参加医疗保险。全面落实《云南省健康扶贫30条措施》政策。认真贯彻落实云南省健康扶贫30条措施医保扶贫政策，实现建档立卡贫困人口住院费用实际自付比例控制在10%以内，基本医疗、大病保险、医疗救助“一站式”就医即时结算，建档立卡贫困人口办理慢特病证应办尽办。2020年，建档立卡贫困人口享受门诊待遇356 776人次（含慢特病门诊），住院待遇18 571人次；发生门诊总费用3 158万元，门诊统筹报销1 751万元；发生住院医疗总费用9 666万元（政策范围内住院费用9 233万元），报销8 732万元，其中：基本医保报销6 524万元，大病保险报销448万元，医疗救助1 371万元，县级政府兜底保障389万元，实际报销比例90.34%，个人自付比例9.66%。

【打击欺诈骗保专项行动】 全市医保部门通过打击欺诈骗保专项治理、扶贫领域医疗费用全面核查、聘请第三方机构协助调查评估部分协议医药机构医疗保障基金使用情况等工作，持续巩固基金监管高压态势，全面提升基金监管水平。2020年，全市核实扶贫领域不合理医疗行为9 365例，医疗费用35.984万元，检查定点医疗机581家，处理违规医疗机构281家，追回金额35.984万元；全市有协议医药机构1 711家（定点医疗机构895家、定点药店816家），现场检查覆盖率达100%。处理违规医药机构525家，违法违规典型案例18例，暂停医保支付系统29家，解除医保服务协议5家，拒付追回违规金额3 390.59万元（含违约金）；查处参保职工和居民违规107例，追回违规费用13.54万元。全市10个经办机构实现专项评估检查全覆盖，全市医疗保险基金支付能力持续可控，基金安全总体坚实。

【医保异地就医】 2020年，全市开通异地就医结算定点948家（其中：跨省异地就医结算定点60家），全市城镇职工参保人员异地就医直接结算294 504人次，25 220万元；城乡居民参保人员异地就医直接结算33 238人次，36 592万元。玉溪市参保人员跨省异地就医联网结算1 321人次，3 503万元；跨省参保人员在玉溪市就医联网结算922人次，717万元。取消省内异地联网结算就医备案审批，严格跨省异地就医联网结算人员备案工作，将跨省异地就医联网结算的人员范围扩大到异地安置退休人员、异地长期居住人员、常住异地工作人员、异地转诊人员、灵活就业人员和其他异地急诊入院人员，同时进一步精简手续，对长期异地居住参保人员全部直接备案，灵活就业人员和其他异地急诊入院人员，通过电话报备即可以实现跨省异地联网结算。

【重大疫情医疗保障】 2020年，全市医保部门实行“两个确保”，即确保患者不因费用问题影响及时就医，确保定点医疗机构不因支付政策影响救治。全市医保部门向集中救治定点医院预拨医保资金2 200万元，截至12月底，结算医疗费用421 154.33元，医保支付379 038.9元。落实“减、缓、延”政策，积极帮助企业解决当前生产经营面临的困难和问题，全力支持企业复工复产，并让广大城乡居民享受到医疗保障待遇。为4 711户企业减免职基本医疗保险费12 977万元；对申请缓缴的46户企业办理缓缴手续，缓缴金额累计796万余元；延长城乡居民基本医疗保险缴费截止期限间，为20 597人办理城乡居民基本医疗保险缴费。

【医保惠民政策】 2020年1月起，全市城镇职工、城乡居民大病保险业务交由商业保险公司承办，充分发挥商业保险机构在提升运行效率和分担基金风险方面的优势。截至12月底，已拨付人保财险云南省分公司大病保险费21 252万元。自7月1日起，调整城镇职工、城乡居民基本医疗保险门诊慢性病特殊病病种范围，调整后的待遇水平在省级参考标准范围内，报销范围、经办服务与省级同步执行。自1月1日起，生育保险和城镇职工基本医疗保险合并实施，统一由玉溪市医疗保险中心经办，6月起，职工生育医疗费用在定点医疗机构实行即时结算。截至12月底，全市共报销生育费用9 773人次，统筹基金支付10 829万元。贯彻落实《云南省医疗保障局　云南省财政厅关于医疗救助实行异地就医“一站式”直接结算的通知》，实现市内、市外医疗救助费用“一站式服务、一窗口办理、一单式结算”。截至12月底，全市医疗救助收入6 248万元，支出5 953万元。

【“智慧医保”建设】 2020年5月，省医保专网与玉溪市医保网络实现互联互通，实现对医疗保障业务、参保对象和定点医药机构全流程贯通服务和监管。全面推广医疗保险网厅办理，全市参保单位网厅注册率达96%以上，通过医保网上大厅办理业务48 092件；医保电子凭证启动和应用，标志着全市医保凭证从刷卡时代进入扫码时代和刷脸时代，截至12月31日，完成38.11%以上激活量，激活量排名全省第三，9个县（市、区）均完成30%以上激活量。

【医保支付向中医药倾斜】 2020年7月，印发实施《玉溪市医疗保障局玉溪市卫生健康委员会　玉溪市财政局　玉溪市市场监督管理局关于医保支付政策向中医药倾斜的通知》，完善并拓宽医疗保险向中医药倾斜支付政策，将倾斜范围扩大到全市城镇职工、城乡居民医疗保险定点的中医医院、综合医院、乡镇卫生院（社区卫生服务中心）中的中医类科室，村卫生室、社区卫生服务站中的中医药服务。参保人员在定点中医医院，综合医院、乡镇卫生院（社区卫生服务中心）中医类科室，村卫生室、社区卫生服务站中的中医药服务普通门诊就诊，按每次处方金额的一定比例给予报销：村卫生室、社区卫生服务站50%；一级医疗机构（含乡镇卫生院、社区卫生服务中心）40%；二级医疗机构30%；三级医疗机构20%。每次就诊最高支付限额为40元（不含一般诊疗费），一个自然年度内最高支付限额为300元（含一般诊疗费），不纳入最高支付限额累计。参保人员在定点中医医院、综合医院中医科住院治疗，医疗费用住院起付标准在现行基础上给予降低：一级医疗机构调整为200元；二级医疗机构调整为400元；三级医疗机构调整为600元。三级中医医院纳入分级诊疗的首诊医院、转诊医院。

【DRG结算支付】 按照云南省统一疾病编码的工作安排，自2020年1月1日起，全市所有医院统一上传医保版疾病诊断、手术操作分类代码。在2019年DRG付费工作的基础上，优化病组支付标准结构，缩小46个常见病二、三级医院支付标准的差距，以促进分级诊疗，2020年付费病组577个，覆盖10家人民医院90%以上的住院病例，DRG付费继续发挥对医保基金的精细化管理作用。

【医共体打包付费改革】 2020年，对全市所有县域医共体全面实行城乡居民基本医疗保险按人头打包付费，压实医共体责任，助推紧密型医共体建设进一步深入，促进基层医疗机构健康发展。全市共组建9个县（市、区）医共体，将县（市、区）人民医院、中医医院、乡镇卫生院、村卫生室和部分民营医院纳入医共体统一管理，包含二级医院25家，乡镇卫生院（含社区卫生服务中心）78家，村卫生室680个。通过医共体打包付费的经济杠杆作用，全市参保人员市外就医总费用增幅下降19个百分点，统筹基金增幅下降7个百分点，医共体内统筹基金支出占比提升7.8个百分点，全市城乡居民基本医疗保险基金支出138 520万元。医共体打包付费有效促进分级诊疗，促进基层服务能力提升。

【医疗服务价格改革】 根据国家、省医疗保障局关于取消公立医疗机构医用耗材加成改革实施方案，从2020年1月1日起，全市各级各类公立医疗机构全面取消医用耗材加成。从3月1日起执行，调平补齐各级各类公立医疗机构取消耗材加成减少的收入，共调整7项医疗服务价格，其中调整3项手术类、平均调高24%，3项注射类、平均调高53%，1项护理类、调高50%。截至12月31日，全市公立医疗机构取消耗材加成减少的合理收入由医疗服务价格弥补1 304.82万元，实现超额全面弥补。

【药品耗材采购改革】 2020年，组织开展公立医院药品采购，共计采购药品9.84亿元，与省平台相比结余资金3 006万元，降幅4.23%；根据《玉溪市公立医院2020年药品采购工作方案》，2020年11月5日启动新一轮的药品采购工作，12月18日发布中选公告，中选的7 377个品规于2021年1月1日正式挂网执行

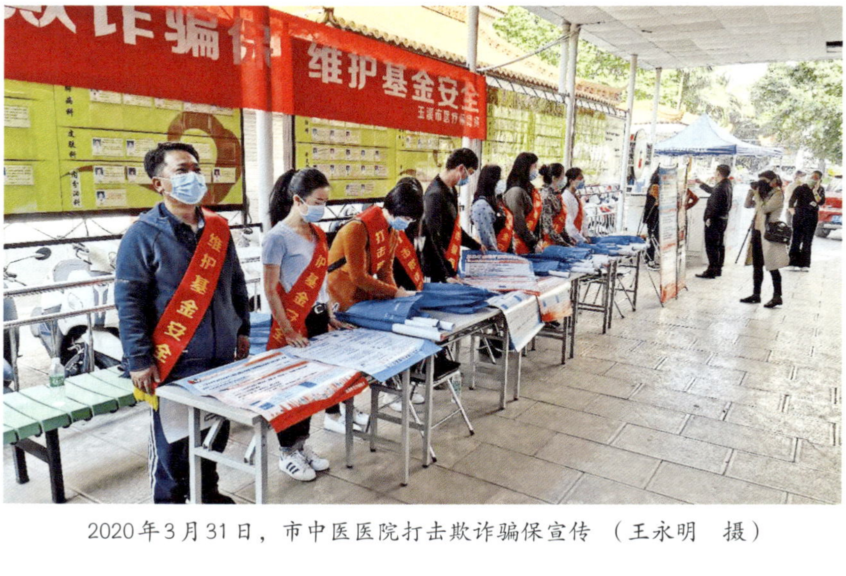

2020年3月31日，市中医医院打击欺诈骗保宣传　（王永明　摄）

采购；建立药品价格、目录动态调整机制。2020年，通过价格动态调整375个品规，与确标价格相比平均降幅11.1%，最大降幅78.18%；贯彻落实国家药品和医用耗材集中带量采购、医保谈判药品采购工作，积极参与“三明联盟”的带量采购和省医疗保障局组织的各省级之间药品、医用耗材联盟的带量采购；实行县、乡、村一体化配送，确保基层医疗机构用药需求。（唐丽婷）

卫生规划与建设

【“双提升”工程项目】 新建玉溪市传染病医院项目：2020年，市政府安排项目前期工作经费45万，土地划拨费用3 252.726万元经市政府第46次常务会议研究同意列入2020年市级财政预算解决，并于7月24日划拨至市人民医院。按省“双提升工程”领导小组责任清单的要求，共有17项前期工作任务，已经完成项目土地预审、项目地形测绘及勘测定界、项目地规划条件的取得、矿产压覆的查询及三通一平等14项。项目于9月23日全省同步举行开工仪式。改造类项目进展：截至9月底，8个县级医院核酸实验室改造项目已全部完工并验收投入使用。截至12月底县级疾控机构改造工程已全部完成工程改造。剩余县级感染科改造项目及县级疾控第二间实验室改造已完成图纸审查，正在有序推进。

【中央预算内资金项目】 2020年，全市成功申报7个中央预算内资金项目，涉及除红塔区、江川区外的7个县（市），主要进行可转换病区、发热门诊、感染科业务用房等改造及相关医疗设备的购置，每个县（市）1 375万元，其中中央预算内资金1 100万元，自筹275万元。改造类工程已完工，设备购置均已进入招标阶段采购。

【地方政府专债、特别国债项目】 2020年，全市6个项目申报成功地方政府专债，落实专债资金6亿元，分别是：通海县中医院建设项目、通海县妇幼保健计划生育服务中心建设项目、通海县人民医院建设项目、新平县人民医院综合大楼建设项目、玉溪市妇幼保健院迁建项目、玉溪市红塔区中医医院建设项目，截至12月底第一批次专债支付率达100%，第二批次专债平均支付率达80%。4个项目申报成功抗疫特别国债（基建类），落实国债资金9.46亿元，分别是：中山大学澄江市医院建设项目、玉溪市第三人民医院提质扩容项目、华宁县中医医院新建项目、通海县妇幼保健院整体搬迁新建项目，截至12月底抗疫特别国债平均支付率65%。

（黎明燕　许珊珊）

【市妇幼保健院迁建项目】 2020年，玉溪市妇幼保健院迁建项目纳入市政府“卫生十大重点目”“四个一百”重点工程。项目位于玉溪市红塔区太极路西侧，占地面积27 593平方米，项目一期总建筑面21 779.95平方米（含门诊医技楼和住院综合楼），其中：地上面积18 153.68平方米，地下面积3 626.27平方米，投资估算1.94亿元。12月项目开工建设。

（杨新燕）

卫生监督执法

【“双随机、一公开”工作】 2020年，市卫生监督局以深化简政放权、提高行政工作效率、优化服务水平为重点，积极扎实开展“双随机、一公开”工作，通过制度保障、调查研究、提高执法人员业务素质等多种途径，提高卫生监督执法水平。全市双随机任务执行单位1 083户，任务完成977户，任务关闭106户，全市监督完成率达97.51%，完结率达100%。

【卫生监督稽查】 2020年，市卫生监督局开展对各县（市、区）卫生监督局的卫生监督执法专项稽查和层级稽查工作；在医疗机构和公共场所进行行政处罚、行政许可的执法过程中全程记录。全市卫生监督机构对2019年的行政处罚案卷和行政许可案卷进行自查；在信用云南和卫生监督信息网公示市级行政处罚案件23件；市级共受理查处投诉举报19件。全年全市共查处卫生行政违法案件359件，罚没金额145.99万元。

【卫生监督协管】 2020年，市卫生监督局制定下发《卫生监督协管服务工作实施方案》《卫生监督协管服务工作督导考核方案》，拟定《玉溪市卫生健康委员会卫生监督协管服务工作实施意见》，按要求归集各县（市、区）卫生监督协管数据信息在省基本公共卫生服务项目直报系统进行上报。对全市卫生监督协管服务工作进行1次督导。

【行政许可业务】 2020年，全市累计共受理办结各类卫生行政许可事项8 122件，其中：医师1 704件、护士1 880件、医疗机构执业登记1 590件、医疗机构设置审批（含港台，外商独资除外）31件、公共场所许可1 817件、计划生育许可676件、母婴保健技术服务机构执业许可18件、母婴保健服务人员资格认定83件、放射源诊疗技术和医用辐射机构许可95件、医疗机构放射性职业病危害建设项目预评价报告审核35件、医疗机构放射性职业病危害建设项目竣工验收39件、饮用水供水单位卫生许可79件，利用新材料、新工艺和新化学物质生产的涉及饮用水卫生安全的产品卫生许可14件，麻精药品购用许可31件、医疗广告审查13件、用于传染病防治的消毒产品的单位审批1件、消毒产品卫生安全评价报告备案8件、医疗机构其他备案登记事项8件。

认真消杀（市急救中心 提供）

【传染病防治监督】 2020年，全市开展传染病防治监督检查1 015户次，医疗机构控感管理、医疗废物及医院污水管理卫生监督1 312户次，消毒药物、消毒器械使用及消毒实施情况监督检查1 285户次，实验室生物安全监督检查170户次，预防接种单位监督检查879户次，内镜室监督检查58个，口腔科（诊所）196个；全年共抽检医疗机构373户、样品1 833件，合格1 796件，合格率97.98%；全年产生医疗废物224.81万千克，督促集中处置224.65万千克，集中处置率99.93%。

【医疗机构监督管理】 2020年，卫生监督部门加大对依法执业情况、医疗技术、抗菌药物管理、麻醉药品及第一类精神药品的监督检查工作，依法对各类无证行医、医疗乱象等违法违规行为进行严肃查处。全年共监督检查医疗机构执业情况1 422户次，医疗技术和医疗质量管理1 206户次，抗菌药物临床应用管理1 165户次，麻醉药品及第一类精神药品管理119户次。对36户次医疗机构不良执业行为进行记分。全年共查处非法行医113起（其中非法行医摊点37起），责令停止执业活动113起，给予立案查处78起，罚没金额139.98万元，移送司法机关4起，申请强制执行1起。

【餐饮具集中消毒监管】 2020年，卫生监督部门监督检查餐饮具集中消毒服务单位26户，建档率为100%，抽检消毒备用餐具253件，检测合格246件，合格率97.23%。组织人员对9个县（市、区）餐饮具集中消毒服务单位进行监督检查及督导，并对5户餐饮具集中消毒服务单位进行跟踪评价工作。

【食品安全企业标准备案】 2020年，卫生监督部门依法规范开展食品安全企业标准备案工作，从人员、技术、管理等方面保证食品安全企业标准备案工作顺利开展。制定工作方案、配套措施和管理制度，明确具体操作流程，按照规程办理备案工作。共审查并发布各类食品安全企业标准127个。

【学校卫生监管】 2020年，卫生监督部门全力开展好春秋两季学校卫生监督检查工作，对学校教学环境、饮用水、传染病防控工作进行综合评价，对不合格学校进行通报并下达卫生监督意见书并要求整改。积极开展防控儿童青少年近视卫生监督工作，对全市610所学校及254所托幼机构开展监督检查，监督检查覆盖率100%。

【生活饮用水卫生监管】 2020年，卫生监督部门对全市二次供水单位实施发证管理，261户二次供水单位，取得卫生许可证259户，持证率99%。组织检查全市涉水产品生产企业8户，年内开展生产能力现场审查3户次，审查涉水产品15个；监督检查涉水产品经营单位23家，检查涉水产品26件，均为合格。新冠肺炎疫情防控工作期间组织对全市12家城市集中供水单位及部分二次供水单位监督检查，持证率100%。对全市63户农村（乡镇）集中供水单位开展“回头看”卫生监督检查。对7个服务区饮用水情况开展调查。全市共处罚5家农村（乡镇）集中供水单位。组织县区卫生监督机构继续对全市198个建档立卡贫困村饮用水开展卫生监督巡查工作。经检测机构对所有贫困村饮用水进行检测，水质全部合格达标。

【放射卫生监管】 2020年，卫生监督部门组织开展对全市117户放射诊疗单位监督检查，持有放射诊疗许可证117户，持证率100%；对市级发证的放射诊疗建设项目预评价卫生审核21户次，职业病危害放射防护设施竣工卫生验收23户次；换发、校验放射诊疗许可证22户次。

【职业卫生监督】 2020年，卫生监督部门按照国家和省级工作安排，及时组织对全市范围内的职业健康检查机构开展专项监督检查，着重对机构的体检信息上报情况进行专项检查。对全市370家用人单位开展职业卫生监督检查，下达监督文书450份，给以警告处罚18家，责令改正41家。抽查7家职业危害用人单位，要求各单位在生产期间，做好疫情防控工作的同时不能放松职业病防治工作，要确实维护劳动者身体健康。

【公共场所卫生监管】 2020年，卫生监督部门抓实卫生许可管理，严把卫生许可证的发证及审验关，完善基础卫生设施。对达到办证条件准予发证的经营单位统一发放公共场所卫生管理制度、操作规程及公共用品用具清洗消毒记录本，对申请办证、审证及换证的公共场所经营单位进行现场审查，认真书写卫生监督意见书和检查表。全市公共场所新发卫生许可证1 090户，变更67户，延续349户，注销19户。开展日常卫生监督，对公共场所日常卫生监督管理实行分片区网格化管理，预防性卫生审查与经常性监督相结合，通过卫生监督管理信息统计分析并进行相关督导。公共场所卫生监督覆盖率100%。从业人员16 747人，持健康合格证及卫生知识培训合格16 473人，持证率98.4%。强化专项监督检查工作，市、区联合开展公共场所新型冠状病毒感染的肺炎疫情防控专项监督检查。加强公共场所艾滋病防治卫生监督检查，全市现有公共场所艾滋病防治应监管单位2 553户，全部持有公共场所卫生许可证。有从业人员9 019人，持健康合格证明人数9 011人，持证率99.9%。对住宿、美容美发、沐浴、游泳场所实施公共场所卫生监督量化分级管理共计5 138户，A级单位38户，B级单位680户，C级单位4 371户，不予评级49户。对确定卫生信誉度等级的公共场所经营单位发放“公共场所卫生信誉度等级公示牌”，并张贴在公共场所的醒目位置。

【消毒产品卫生监管】2020年，全市卫生监督机构均建立了消毒产品生产企业卫生许可和监督管理档案，消毒产品经营单位卫生监督管理档案。全市有消毒产品生产企业18家，消毒产品经营单位273家。对全市消毒产品生产企业进行了全覆盖的现场监督检查，对273家消毒产品经营单位进行了监督检查，检查消毒产品1 492个。（赵思嘉）

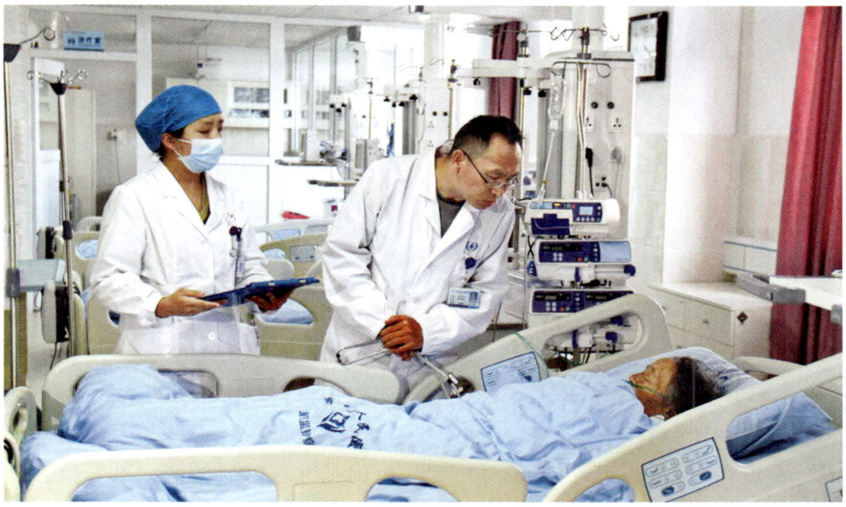

峨山县建档立卡贫困户患者在基层医院得到市级专家优质医疗服务（高双桥 摄）

基层卫生

【基层服务能力提升】2020年，省级补助800万元，完成全市20个卫生院慢性病管理中心建设和15个乡镇卫生院心脑血管救治站建设。争取中央补助320万元，支持19个中心卫生院开展重大疫情救治能力提升和人才培训项目建设。市级预算160万元，补助26个村卫生室开展提质达标建设。开展2020年基层卫生人才能力提升培训项目，培训乡村两级医疗卫生机构医务人员38人。开展“优质服务基层行”活动，新平县漠沙镇、戛洒镇中心卫生院达国家推荐标准，新平县戛洒镇中心卫生院和华宁县盘溪中心卫生院达社区医院标准。

【慢性病综合防控示范区建设】2020年，华宁县、峨山县、元江县命名为省级慢性病综合防控示范区。全市所有县（市、区）100%建设为慢病综合防控示范区，其中国家级示范区3个（红塔区、新平县，易门县），其余县（市、区）为省级示范区，玉溪市成为全省继昆明之后，首个州市级中100%覆盖。

【家庭医生签约服务】2020年，全市已组建家庭医生签约服务团队1 483个，提供签约服务的人员5 722人，签约总数为880 315人，其中建档立卡贫困人口签约83 237人。10月以后，各县（市、区）按“边履约、边宣传、边核查、边签约”的方式，在做好年度履约工作的同时，启动2021年度签约工作，至12月31日，新一轮已签约89万人。下发《玉溪市卫生健康委关于统筹抓好疫情防控工作和基层医疗卫生业务工作进一步巩固脱贫攻坚成果的工作提醒》，强化责任担当，强化督促指导，建立乡村医疗机构建设达标账、家庭医生签约服务账、乡村医生补助经费兑现账，狠抓工作落实。

【基本公共卫生服务项目】2020年，全市基本公共卫生服务项目补助调整为每人每年74元，新增5元经费全部落实到乡村和城市社区，统筹开展新冠肺炎疫情防控的人员经费、公用经费等支出，加强基层疫情防控经费保障和提高疫情防控能力。及时将2020年基本公共卫生服务项目补助16 786.07万元下达县（市、区）。下发《玉溪市卫生健康委员会关于推进2020年基本公共卫生服务项目的工作提醒》，强调积极主动落实地方财政事权和支出责任，确保项目经费按时足额到位，不得挤占、挪用项目经费。统筹抓好疫情防控工作和基本公共卫生服务项目，按要求配合开展基本公共卫生服务项目第三方绩效评价工作。因地制宜开展2020年基本公共卫生服务项目宣传月活动，进一步提高城乡居民对国家基本公共卫生服务项目政策的知晓率，提升群众对项目的感受度和满意度。（邓雪松）

疾病预防控制

【新冠肺炎疫情防控】2020年，新冠肺炎疫情发生后，全市卫健部门能够及时响应，有效应对、立即行动，按照岗位职责履行好疫情防控指挥部疫情防控组联络员的职责，全力以赴抓紧抓实抓细疫情防控各项工作，全市共确诊14例新冠肺炎病例，病例以输入为主，14例病例中输入11例，输入后传播本土病例3例，传播系数为0.27（低于全省0.74）。组建全市采样、流调、检测、消杀4支队伍共1 818人。全市累计排查密切接触者1 034人，管控境外入玉人员5 309人，健康监测外省入玉人员5万多人次。全市集中隔离医学观察场所80个，累计实行集中隔离医学观察6 321人。冷链食品从业人员、食品及环境实现每周全覆盖核酸检测。全市云南健康码平台扫码入库217.08万人，总入库率达90.98%。核核酸检测能力得于提升，检测机构从疫情发生时的1家发展到14家（其中：公立医疗机构12家、疾控机构2家），日单检能力达12 660人份。全市应对突发事件的应急处置能力得到进一步提高，各定点救治医疗机构应对秋冬季疫情医疗救治物资可实现满负荷运转30天。完成省级分配的7批4 649人机场分流境外入滇人员隔离观察，未发生二次感染。组建市级卫生应急队伍，先后2次建立点对点对口支援机制，根据边境地区疫情发展态势，迅速赶赴勐海、孟连边境一线支援防控工作。市指挥部成功组织开展了疫情防控应急综合演练，达到了检验预案、磨合机制、锻炼队伍的预期目标，进一步提高了应急处置实战能力。制定完善防控方案，结合防控工作实际，及时制定疫情防控应急预案方案，成立了工作专班及疫情防控常备工作组，有效提高防控工作的针对性和科学性。

【玉溪援鄂医疗队】2020年2月19日至3月22日，玉溪市援助湖北医疗队紧急奔赴湖北省武汉市新型冠状病毒疫情防控的第一线，在武汉市疫情防控指挥部及云南省第六批援助湖北医疗队的统一部署下，全力以赴做好新冠肺炎疫情防控和患者医疗救治工作，实现了“打胜仗、零感染”的总体目标。玉溪援鄂医疗队来自全市12家医院共30人，高级职称2人，中级职称28人，专科护士10人。医疗队下设宣传组、后勤保障组、感控组、纪检组和护理工作组。在鄂期间，累计参与诊治新冠肺炎确诊病例39例（其中重症病例9例、危重病例1例），疑似病例0例；治愈出院确诊病例27例（其中重症病例7例），治愈率为96.43%；治愈出院疑似病例0例；病亡1例（颅内出血死亡），病亡率2.56%；累计护理259人次。玉溪医疗队不但做好相关治疗及护理工作，还把科学、规范的玉医现代医院护理管理带到所管病区，为前线共同奋战的医疗队提供了“玉医经

2020年4月6日，市委、市政府举行欢迎仪式，欢迎玉溪援鄂医疗队归来（高双桥　摄）

行走在健康扶贫路上的元江县因远镇卫生院家庭医生（高双桥　摄）

验”。玉溪护理团队与医师紧密配合，在发热一区隔离病房组织参与了第一例危重患者的抢救、第一例肺呼吸康复操、第一例叙事护理疏导、第一例心情指数问卷调查、第一例心愿墙，发挥了良好的团队协作精神。

【疾病预防控制】 2020年玉溪市甲乙类传染病发病率112.98/10万，为历史最低水平，已连续15年低于全省平均水平，连续5年全省最低。如期实现艾滋病“三个90%”目标任务，全市艾滋病感染者发现率90.6%，艾滋病抗病毒治疗比例为93.6%，接受抗病毒治疗的感染者和病人治疗有效94.8%。按照消除麻风病危害达标考核验收要求，全市9个县（市、区）全部通过省级达标验收，提前实现了国家全面消除麻风病规划目标。慢性病防控工作深入推进，全市9个县（市、区）通过慢性病综合防控示范区建设达标验收，实现省级示范区全覆盖，红塔区、新平县、易门县为国家级示范区。截至12月31日，全市共接种Hib疫苗13.2万剂、23价肺炎疫苗24.37万剂。全市计划免疫接种率多年保持在95%以上水平。精神卫生工作不断深入，成立了精神卫生项目办，组建心理危机干预队，开通一条心理热线服务，截至年底在册严重精神障碍患者报告患病率4.73‰，规范管理患者10 608人，规范管理率94.06%，精神分裂症服药率88.55%，实施开展了以奖代补工作及伤害他人保险。儿童青少年近视和饮用水卫生监测工作稳步推进，儿童青少年近视等常见病监测实现了县级全覆盖，生活饮用水在全市乡镇辖区设置实现了全覆盖。

【艾滋病防治】 2020年，全市继续贯彻落实省、市《第四轮防治艾滋病人民战争实施方案》精神，坚持政府组织领导、部门各负其责、全社会共同参与的防治原则，认真落实各项目标任务，不断完善和落实各项工作措施，防治工作取得积极进展，已基本遏制艾滋病的快速传播蔓延势头。2020年，全市共完成艾滋病病毒抗体检测1 567 780份（较上年同期增30.71%），筛查人次数占全市常住人口的比例为66.75%。新报告艾滋病病毒感染者/病人311例（较上年同期增加24例，上升了8.36%），占全市总人口的0.013 2%，首次随访率100%。全市艾滋病感染者发现率90.6%，艾滋病抗病毒治疗比例为93.6%，接受抗病毒治疗的感染者和病人治疗有效94.8%，如期实现“三个90%”目标任务。

（罗永波）

卫生应急

【突发公共卫生事件】 2020年，全市报告突发公共卫生事件25起累计发病651例，事件波及18 698人，死亡6例，及时报告率和及时处置率为100%。

【卫生应急能力建设】 2020年，全市进一步加强卫生应急能力建设。卫生应急体系进一步完善，修订完善《地震灾害卫生应急预案》等应急预案，部门联防联控、区域和跨境联防机制不断强化，紧急医学救援体系进一步强化。卫生应急能力进一步提升。针对新冠肺炎疫情，全市及时组建了采样、流调、检测和消杀应急队，市、县两级分别建立50人和30人的卫生应急队伍，实现了卫生应急队伍全市覆盖；分类组建了卫生应急专家组为卫生应急提供技术支撑。处置更加科学有序有效。建立了全市定期突发公共卫生事件风险评估机制，传染病监测和主动监测等多点触发预警机制初步建立。卫生应急值班值守进一步强化。全市各级卫生健康行政部门、疾控机构、医疗机构、卫生应急队伍实现全年应急值班值守，全天候待命，确保各类突发公共卫生事件的及时有效处置。政府惠民实事按期完成。全年完成“公共场所心脏急救设施配备工程”自动体外除颤仪安装220台，覆盖全市9个县（市、区）城乡的人员密集公共场所，在春节前全部安装到位，并投入使用。

（罗永波）

妇幼保健

【关爱妇女儿童健康行动】 市政府把“关爱妇女儿童健康行动”作为2020年政府10件惠民实事之一，组织实施保障母婴安全、妇女儿童重大疾病防治、出生缺陷三级综合防控行动和妇幼健康服务能力提升行动。2020年，全市产妇数18 613人，活产数达18 758人，孕产妇健康管理率93.43%，产妇系统管理率93.35%，住院分娩率99.97%；高危产妇管理人数3 169人，检出17.03%；孕产妇辖区内死亡4例，死亡率为21.32/10万。全市7岁以下儿童154 066人，其中5岁以下儿童114 593人，3岁以下儿童64 679人；7岁以下儿童健康管理率97.54%，3岁以下儿童系统管理率97.36%；婴儿死亡率3.52‰，5岁以下儿童死亡率5.22‰。婴儿死亡率和5岁以下儿童死亡率优于全省、全国平均水平。

（邓光明）

【综合防控出生缺陷】 2020年，全市全面执行婚前、孕前、孕期、产前、产后“一条龙”系列防控出生缺陷策略，出生缺陷发生率控制151.88/万。全年结婚登记26 362人，婚前医学检查23 964人，婚前医学检查率90.90%，检出疾病2 276人。整合国家免费孕前优生健康检查和农村妇女免费增补叶酸预防神经管缺陷项目资金资源，完成孕前优生健康检22 226人，省级下达目标任务完成率101.03%；完成叶酸发放人数22 039人，省级下达目标任务完成率110.75%。地中海贫血筛查夫妇1 149对，地中海贫血筛查补助23.57万元，基因检测夫妇31对，检出地贫基因携带者26人。地中海贫血孕妇产前诊断7人，α地贫胎儿4例，β地贫胎儿2例。全市完成18 139例产前血清学筛查，产前筛查率达94.91%；无创产前DNA检测12 642例，遗传咨询9 990人次，通过对946位筛查为高风险的孕妇进行羊膜腔穿刺羊水细胞培养产前诊断，确诊42例胎儿染色体异常。完成391例外周血染色体检查，确诊异常染色体核型15例；通过对20 304名新生儿进行遗传代谢病筛查，检出G6PD阳性103例，确诊先天性甲减9例、高TSH血症2例，确诊的阳性病例均得到了有效的随访管理和干预治疗。完成新生儿疾病苯丙酮尿症和先天性甲状腺功能减低症筛查20 304例，筛查率97.43%；听力筛查20 034例，筛查率99.70%。

【妇女常见病筛查】 2020年，全市20-64岁妇女病筛查202 688人，筛查率85.31%，妇女常见病患病总人数28 188人，患病率13.91%；乳腺癌筛查13 127人，乳腺癌6例，患病率45.71/10万；完成宫颈液基细胞（TCT）检查47 437例，宫颈癌30例，患病率63.24/10万，妇女常见病、宫颈癌、乳腺癌普查率和早诊率明显提高。

【消除艾滋病、梅毒和乙肝母婴传播】 2020年，全市为新婚登记人群提供HIV、梅毒免费检测24 560人，HIV阳性31例，阳性率0.13%；梅毒阳性52人，阳性率0.21%。为孕产妇提供HIV、梅毒和乙肝检测25 090人，检测率100.00%，HIV阳性孕产妇49例，检出率0.20%。梅毒阳性孕产妇130例，检出率0.52%。HIV阳性孕产妇服药率100%，婴儿服药率100%，HIV感染产妇所生儿童抗体检测率100%，HIV感染产妇及所生儿童母婴传播阻断措施覆盖率100%。梅毒孕产妇药物治疗率100%，药物规范治疗率100%。梅毒感染产妇所生儿童规范治疗率100%，乙肝感染产妇所生儿童免疫球蛋白注射率100%。母婴阻断网络直报及时报告率100%。（杨新燕）

【托幼机构卫生保健管理】 2020年，全市有托幼机构394个，幼儿园卫生保健员314人，教职工6 490人，体检率达100%。在园儿童562 267人，体检人数61 637人，体检率达98.99%。低体重占1.78%、龋齿占45.19%、弱视斜视占1.99%、佝偻病占0.32%、贫血人儿占1.53%。（邓光明）

【0-6岁儿童眼保健和视力筛查】 2020年，全市继续实施0-6岁儿童眼保健和视力筛查项目，全力做好儿童近视防控工作。0-6岁儿童视力健康电子建档率98.58%；0-6岁儿童眼保健和视力检查覆盖170 323人，检查覆盖率96.02%。

【医学影像学】 2020年，全市超声检查36 082人次，其中胎儿系统超声检查1 526人次，NT检查1 413人次，小儿发育性髋关节2 043人次，共检出胎儿畸形107人。玉溪市出生缺陷发生率低于全国平均水平。

【出生医学证明管理】 2020年，全市申请30 000份出生医学证明，使用签发23 042份，其中机构内首次签发21 047份，换发180份，补发345份，机构外签发58份。发生废证21份，废证率0.097%；年内未发生遗失、被盗出生医学证明的案件，亦未发生违规发放的情况。

【计划生育与药具管理】 2020年，全市综合避孕措施的人数362 955人，应使用药具人数349 630人，实际使用药具的人数348 235人。药具使用率99.6%，随访率97.14%，药具有效率97.56%。全市共有免费避孕药具发放网点1 082个，其中人工发放网店984个，药具自助发放机98台，均运行正常。年内新增加免费避孕药具发放网点52个，清理取缔不规范网点99个。（杨新燕）

爱国卫生

【爱国卫生“7个专项行动”】 2020年，玉溪成立以市长为组长、相关副市长为副组长的爱国卫生“7个专项行动”领导小组，下设办公室，成立住建、市场、卫健3个组7个专项小组。印发行动方案、工作规则，建立会议、文件、信息报送、督导落实、评估考核、通报曝光等制度。“7个专项行动”相关工作稳步开展。

消除裸露积存垃圾。城乡建城区主次干道、居民生活区、商业区域等场所每日开展普扫作业，巡回保洁作业人员18小时全面保洁，无裸露垃圾。全市累计清除5 314个垃圾点，清除垃圾13.68万吨，累计投入人力24.09万人次，累计投入经费3 175.382 5万元（建成区：累计清除1 197个，8 553.02吨，投入人员42 290人次，投入经费214.66万元；交通沿线：累计清除850个，3 779.04吨，投入人员5 978人次，投入经费284.165万元；村庄：累计清除3 267个，124 441.25立方米，投入人员19.26万人次，投入经费2 676.557 4万元）。录入国家信息系统的36个非正规垃圾堆放点，已整治完成销号36个，基本消除裸露垃圾。

持续推进“厕所革命”。按照“全面规划、合理布局、改建并重、卫生适用、方便群众、水厕为主、有利排运”的原则，进行规划建设。大力推进学校卫生厕所标准化建设，城市新（改）建公共厕所全部达到二类标准，新（改）建旅游厕所达到A级以上标准，洗手设施完善。全市公共厕所建成投入使用3 532座，其中：847座公厕达到“三无三有”标准，1 580座公厕达到“四净三无两

医务人员向群众示范正确洗手方法（市卫健委　提供）

通一明”标准，1 087座村庄公厕达到“三净两无一明”标准。3 529座公厕均设置指示引导牌和悬挂《公共厕所管理制度》《公共厕所保洁服务标准》《公共厕所监督管理公示牌》等标识标牌。

公众场所配置洗手设施。按照“因地制宜、方便实用，并与周围环境相协调”的原则，重点对学校、旅游厕所、城市公厕、医疗机构、农贸市场、室内公共场所、公园广场、旅游景区、高铁站、汽车客运站、高速公路服务区等场所洗手设施全面建设、改造、升级，确保数量足够、质量达标、管理到位、经久耐用。全市规划新建洗手台2 182座，已建设2 364座，投资1 871.53万元，均建立洗手台“台长制”。

以“开展餐饮服务环境卫生全改善行动”为突破口，强化餐饮服务单位主体责任，利用“互联网＋监管”平台，助力一线监管工作。持续改善餐饮服务环境卫生条件，实现周边环境整洁、就餐场所干净、后厨合规达标、仓储整齐安全、餐饮用具洁净、从业人员健康、配送过程规范“七个达标”。实施“明厨亮灶”工程，主要采用“透明厨房”“隔断房”“视频厨房”和“网络厨房”等模式，以各类学校（含托幼机构）食堂、重大活动接待单位、旅游景区餐饮接待单位、集体用餐配送单位、大型以上餐馆等为重点，逐步扩大“明厨亮灶”覆盖面，确保餐饮消费放心、安心、舒心。市、县（市、区）共组织餐饮食品从业人员集中培训62期、培训2.5万人次；制作发放“净餐馆”相关内容宣传海报3万份、宣传帖22万份；印制餐饮服务环境卫生全改善行动工作规范和标准1 200本；制作公勺公筷桶5 000个。全市持有食品经营许可证的餐饮服务单位14 956户，“互联网＋监管”平台上完成城区所有类型餐饮服务单位达标7 271户，达标率为100%。

通过“整治一批、规范一批、达标一批”专项活动，推进常态化清洁消毒，落实疫情防控重点要求，实现公共场所清洁消毒全覆盖。全市举办培训班43期，出动各类监督人员约1.98万余人次，出动4 000余人次对全市6 164家公共场所进行抽检。全市“八类”重点场所1 837家，监督覆盖率100%，累计发现问题22家，已全部整改到位；质量抽检率100%，发现不合格173家，全部整改到位，质量抽检合格率达100%。其他公共场所5 060家，监督覆盖率100%，累计发现问题159家，整改到位146家；质量抽检1 651家，抽检率32.63%，抽检不合格133家，整改到位119家；累计立案74件，结案73件，累计罚款金额23.55万元。“常消毒”小程序累计完成注册3 829家，10月底实现注册率118%。

提升改造农贸市场。全力整治“脏、乱、差”，打造安全放心农贸市场，以“优环境、防疫情、保健康、促规范、提品质”为主题，狠抓环境卫生、疫情防控、食品安全、野生动物及活禽交易监管、周边环境、提升改造等六项重点工作，改变市场垃圾乱扔、污水乱排、摊点乱设、货物乱摆、周边乱象的“五乱”状况。落实有完善的硬件设施、有严格的管理措施、有整洁的市场容貌、有安全放心的商品、有井然有序的周边环境“五有”要求，实现净化、美化、规范化、精细化、标准化“五化”目标。着力规范活禽交易，积极推进集中屠宰、检疫合格的白条禽上市交易。全市共有规模以上农贸市场108个、临时市场17个，经营面积107万平方米。年内纳入考核的城区农贸市场27个，已提升改造16个、巩固规范10个、新建增加1个。按照“不留死角、整齐有序”标准，完成年度目标任务的100%。为城区具有农残检测能力的农贸市场提供每天不少于6批次的食用农产品快速检测试剂；组织“管集市”工作人员现场培训、以会代训、视频培训643人次，有效提升“管集市”监管水平。

全员参与专项行动。全市累计悬挂、张贴宣传标语、宣传画、海报8.15万条（幅），发放宣传单128.79万张，滚动播出LED电子屏239.04万条（次）；县级融媒体中心各类新媒体平台宣传2 697条（次），电视频道专栏宣传753条（次），电视频道播出公益广告3.41万条（次），媒体曝光408条（次）。玉溪日报、玉溪广播电视台、玉溪网等市级媒体及所属新媒体平台开设《推进爱国卫生“7个专项行动”进行时》栏目，刊播新闻稿件380余篇（幅条次），《玉溪日报》刊登公益广告40余篇幅；玉溪广播电视台刊播300条次。全市共开展爱国卫生大扫除“众参与”5次，参与大扫除活动的单位数1 769个，参与人数64.95万人次。4 830个公共场所布设“一米线”。“禁烟标识牌”分别设置于各商业街区、主次干道、公共广场、公园、景点、农贸（集贸市场）。

【创建卫生城市（县城）】 2020年7月29日，全国爱卫办印发《全国爱卫会关于命名2017—2019周期国家卫生乡镇（县城）的决定》和《全国爱卫会关于2019年国家卫生城市（区）和国家卫生乡镇（县城）复审结果的通报》，华宁、通海、峨山、元江县成功创建国家卫生县城，澄江、新平、易门顺利通过国家卫生县城第二轮复审，实现国家卫生县城全覆盖。

【创建卫生镇、卫生村】 2020年6月19日，省爱卫办印发《云南省爱国卫生运动委员会关于命名2019年度云南省卫生乡镇和卫生村的决定》，玉溪申报的49个乡镇、501个村（社区）成功创建为省级卫生乡镇和省级卫生村。全市卫生乡镇覆盖率达到80%以上。

【控烟工作】 2020年11月17日，市爱卫办印发《玉溪市无烟环境建设实施方案》，从行动目标、重点任务、工作要求等三个方面对无烟环境建设工作进行具体安排，指导全市党政机关、医院、学校开展无烟环境建设工作，确保相关工作有序推进。年内，中国疾病预防控制中心控烟办选取玉溪市作为建设无烟党政机关国家级示范点，玉溪市选取市委办、市人大办、红塔区委办、江川区委办4家单位开展国家级试点创建工作，探索有效经验，创新开展无烟党政机关建设方式方法。着眼于控烟工作能力和水平提升，积极宣传“吸烟有害健康”的生活理念。以爱国卫生“7个专项行动”及第33个“世界无烟日”为契机，把控烟宣传与开展创建“无烟医院”“无烟单位”“无烟学校”活动结合起来，大力开展无烟党政机关建设宣传和多种形式的控烟健康教育，利用各种活动载体，提高控烟意识，分别在各商业街区、主次干道、公共广场、公园、景区景点、农贸（集贸）市场、医院、学校、窗口行业、商场超市、公共文化场馆、办公场所、宾馆、饭店、乡镇、街道、社区（村委会）、居民小区等点位设置“禁烟标识牌”，全市共张贴禁烟标识25.65万张。11月，玉溪市组织召开健康文明生活方式全参与行动无烟单位创建培训会。根据省级要求，选取15家无烟医疗卫生机构建设情况进行调研督导。召开全市党政机关开展爱国卫生“7个专项行动”电视电话会议，对县（市、区）及市直各单位进行无烟党政机关建设培训。根据《玉溪市无烟环境建设实施方案》的总体部署和具体安排，各县（市、区）、各单位按照坚持属地化管理，行业指导的原则，市爱卫办、市机关事务局于12月14—18日，组织专家对市级无烟党政机关建设进行评估检。

【病媒生物防制】 2020年，各相关县区结合创建卫生城市、卫生县城、城乡人居环境卫生综合整洁行动、千村整治、百村示范、美丽县城、厕所革命等工作实际，充分利用第32个爱国卫生月活动和春秋两季灭鼠灭蟑防制，认真组织开展城区（县城）的“四害”病媒生物防制工作。根据“四害”季节消长特点，坚持突击和经常相结合，在不一样时间段开展除“四害”工作行动。广泛开展以环境卫生治理为主、药物消杀为辅的病媒生物综合防制，对居民小区、垃圾中转站、建筑工地等重点场所进行卫生清理，处理垃圾污物，消除鼠、蟑、蚊、蝇等病媒生物孳生环境。动员群众自己动手清理死角、清除室内和庭院积水，彻底消除病媒生物孳生环境，组织专业技术队伍集中开展灭蚊、灭蟑、灭鼠、灭蝇活动。活动开展以来，累计投放灭鼠毒饵7 736.7千克，灭蟑药1 830.55千克，灭蚊282.65万平方米，投资90.72万元，清除四害孳生地31 189处。

【全国健康城市试点】 2020年，市卫健委制定了《玉溪市建设国家健康城市试点2020年度工作计划》，深入完善健康细胞工程，进一步完善已建成健康社区、健康家庭、健康单位、健康学校、健康餐饮、健康小屋等健康细胞工程。深入开展全民减盐、减油、减糖和健康口腔、健康体重、健康骨骼“三减三健”行动。全市3个示范区共建成健康社区70个，健康单位44家，健康家庭342户，健康学校27所，健康食堂9家，健康餐厅7个，健康主题公园4个，健康步道5条，健康一条街4条，健康小屋9个。实现社区15分钟健身圈设施覆盖率达100%，保持体育设施完好率达85%以上，实现人均体育场地平均面积达到1.8平方米。（黎明燕　王一舒）

医政管理

【医疗机构疫情防控和医疗救治】 2020年，市卫健委成立市级医疗救治领导小组和专家组，制定医疗救治工作方案。各级医疗机构预检分诊、发热门诊、传染病区实行24小时应急值守。对全市发热门诊和救治医院进行缩减和整合，保证医疗救治效率和救治效果。严格落实首诊负责制，加强预检分诊和发热门诊管理，认真执行医院感控制度，全面规范病例管理，实施集中隔离，加强筛查，最大限度减小传染系数、降低感染率，有效降低重症和危重症比例。围绕“提高收治率和治愈率、降低感染率和病亡率”目标，坚持“四集中”原则，建立市级专家咨询制度，规范转运病例，落实“早会诊、晚调度”工作机制，邀请钟南山院士团队及省级专家组进行指导。发挥中医药救治作用，中西医协同治疗率达100%。累计救治疑似病例38例，累计救治确诊病例14例（治愈出院13例，死亡1例），成功救治2例重型病例和1例危重型病例。强化院感管理，做好医疗机构新冠疫情常态化防控工作，抽调人员对各级各类医疗机构进行医院感染控制专项检查、落实疫情常态化防控措施情况明察暗访、医疗机构疫情防控及实验室生物安全专项检查等。做好应对秋冬季新冠肺炎医疗救治各项工作，制定《玉溪市应对秋冬季新冠肺炎医疗救治应急预案》，调整《玉溪市应对新冠肺炎医疗救治工作应急预案》，研究市级后备定点救治医院整建制腾空、改造的方案。做好秋冬季新冠疫情暴发的救治准备。组建应对境外输入新冠肺炎防控后备医疗队、支援边境医疗队和应急采样队。做好境外来滇人员在玉溪集中期间的医疗保障工作，及时向省级定点医院转运入境时核酸检测异常的人员63人次，并在定点医院排除新冠肺炎后将人员转运回隔离点继续集中隔离。提升医院核酸检测能力，组织开展新冠病毒核酸检测技术理论和实操培训。抽调10名核酸检测技术人员赴普洱市孟连县开展全员核酸检测工作。

（孔凡莲）

【推进紧密型县域医共体建设】 2020年，市卫健委制定下发《关于印发玉溪市建立县域医疗卫生共同体人员统筹使用机制的指导意见（试行）的通知》《玉溪市医共体内乡镇卫生院（社区卫生服务中心）绩效考核工作的指导意见（试行）的通知》。与市编办等五部门转发《关于做好紧密型县域医疗卫生共同体建设试点工作的通知》，进一步督促各县（市、区）结合实际，认真研究制定、完善实施方案和相关配套政策。组织峨山县、新平县做好紧密型县域医共体试点绩效评价工作。制订《玉溪市医疗联合体建设规划》，指导市级医疗机构、各县（市、区）加快医联体（医共体）建设工作进度。

【改善医疗服务行动计划】 2020年，全市医疗部门持续推进预约诊疗、远程医疗等5项制度建设，推广多学科诊疗和日间手术试点，增加日间手术试点病种和术式，提高医疗服务效率。组织全市二级及以上医院做好进一步改善医疗服务评估工作。向省卫健委推荐市人民医院为改善医疗服务先进医院。继续推进无痛分娩试点工作并要求试点医院做好分娩镇痛试点评估工作，加强和完善麻醉医疗服务。大力推进互联网医院建设。加强满意度管理工作，组织开展医院满意度调查工作，提高满意度在公立医院绩效考核中的占比。

疫情期间专家会诊 （高双桥 摄）

【“三大中心”建设】 2020年，市卫健委制定三大中心年度验收计划和要求，督促指导相关医院对标对表，加强整改，积极申报三大中心验收。江川区、易门县、澄江市、新平县、市第三人民医院已完成卒中中心和创伤中心的省级验收工作。江川区、华宁县人民医院通过国家胸痛中心认证。印发《玉溪市医疗机构呼吸疾病规范化诊疗体系与能力建设项目实施方案》，明确全市工作任务和年度创建目标；组织召开云南省呼吸疾病规范化诊疗体系与能力建设项目推进会玉溪片区工作会议，全面启动全市项目建设工作。玉溪市三医院等7家医院已完成PCCM项目申报和（或）验收工作。

【二级综合医院等级评审】 2020年，市卫健委建立医院评审组织机构、专家组及联络员工作组，细化评审方案，启动新一周期医院评审工作。10月邀请省医评中心专家进行医院评审相关培训。10月28日正式启动现场评审工作，3个评审组对8家二级医院进行现场评审，对评审过程中发现的问题要求医院进行限期整改。

【化解医患矛盾】 2020年，全市共受理并成功调解纠纷案件27起。深化“平安医院”创建活动。组织完成第四轮医疗责任保险统保招标、投保相关工作，全市102家医疗机构及下属卫生所（室）参加了统保。做好医疗事故行政处理工作，向省、市医学会移交医疗事故技术鉴定申请21起。做好信访处理、接待工作，接待现场咨询投诉6起，处理人民网地方政府留言板留言1条，信访件8件。

【促进社会办医】 2020年6月，市卫健委联合发改、科技、财政等部门联合下发《关于印发促进社会办医持续健康规范发展实施意见的通知》，在加大设置运营政策支持、优化简化审批服务、公立医疗机构与社会办医协调发展、优化运营管理服务及完善保险政策支持等五个方面明确工作措施及部门职能职责。（孔凡莲）

中医药管理

【提升县级中医医院服务能力】 2020年，按照《云南省提升县级中医医院综合服务能力工作方案（试行）》，玉溪市鼓励各县（市、区）因地制宜，探索创新，力争尽快取得实质性突破。制定《玉溪市公立中医医院综合服务能力工作方案》，将该项工作纳入2020年中医重点工作任务实施，对照“11+3+X”的建设模式和重点任务的实际建设情况进行自查，认真梳理县级中医医院达标建设中的“短板”，制定有针对性地切实有效的达标实施方案，明确创建目标和时限。10月澄江、新平、元江县中医医院三家已经通过达标验收，12月每家中医院获得省卫生健康委以奖代补300万元经费支持。

【中医药助力疫情防控】 2020年，玉溪市成立中医药防治新冠肺炎专家组，专家组以“全国名老中医”段其昌为首席顾问，专家组根据国家卫生健康委、国家中医药管理局《新型冠状病毒感染的肺炎诊疗方案（试行第五版）》《云南省卫生健康委关于印发新型冠状病毒感染的肺炎中医药防治方案》（试行第二版）等有关文件，结合玉溪实际制定了《玉溪市新型冠状病毒感染的肺炎中医药防治方案（试行）》。建立规范的中医参与的诊疗流程。促进中医药深度介入诊疗全过程。全市累计报告确诊病例14例，中医专家组先后7次对感染新冠病毒的患者进行中医会诊，参照《方案》分型，遵循辨证论治原则，“一人一方案”应用中药汤剂参与治疗，中医药参与治疗率为100%。市级中医药专家组巡诊22次，为全部13名新冠肺炎出院患者把脉问诊，并根据出院患者后期肺脾气虚，痰瘀胶结的致病特点，通过中药补土生金、益气健脾、化痰通络，达到了瘥后防复的效果。

【实施基层中医药服务能力提升工程】 截至2020年10月底，全市3个社区卫生服务中心、66个乡镇卫生院、3个社区卫生服务站、647个村卫生室能提供中医药服务的占比为100%、100%、100%、83.62%。中医门诊人次占总门诊人次分别为10.55%、14.21%、9.41%、11.35%。（龙江涛）

社会生活

SOCIETY

责任编校：王　斌

人力资源管理

【创新创业就业】 2020年，全市实现城镇新增就业2.93万人、新增农村劳动力转移就业7.27万人，农村劳动力就业培训21.15万人次，分别完成省目标任务的118.33%、207.64%、141.02%；城镇失业人员再就业1.02万人、帮助0.78万名就业困难人员实现就业，完成省目标任务的145.23%、123.43%，城镇登记失业率3.78%，控制在5.5%以内，开发城镇公益性岗位4 642个，就业补助资金安置907名就业困难人员就业；乡村公共服务岗位8 827个，吸纳贫困劳动力就业3 277人，保持了全市就业局势总体稳定。开展职业技能培训，组织企业职工、农村劳动力等群体培训10.198 6万人次。加大创业担保贷款扶持力度，实施网络申贷，优化贷款经办服务，发放创业贷款13.02亿元，扶持7 687人（户）创业。加强就业服务和就业帮扶，组织开展各类网络招聘活动，共发布3 392家企业的招聘岗位18.9万个，57.9万人次上线浏览求职信息，达成就业意向3.5万人。

市人社局落实市委关于加快昆玉同城化发展步伐的要求和部署，签订了《昆玉劳务合作框架协议》，建立劳务合作机制，成立了“昆玉农村劳动力转移就业工作服务站”；首次联合举办“2020年昆玉联合招聘会暨就业扶贫百日行动”现场招聘会；云南滇中国际人力资源产业园建成开园，吸引市内外185家人力资源服务机构入驻，打造一流人才服务高地。

【企业复工复产】 2020年，市人社局研究制定新冠肺炎疫情防控期间促就业稳增长有关工作7条措施及应对疫情稳就业21条措施。成立市局应对疫情影响稳就业指挥部，建立24小时重点企业用工调度保障机制，开展“百名人社专员服务千户企业”专项行动，为全市5 900余户复工企业提供用工保障服务，及时兑现87户企业吸纳就业奖补、工业结构奖补等就业创业补贴资金328.9万元。全力推进农村劳动力转移就业，通过收集发布岗位信息、强化组织动员、采取“点对点”“一站式”组织化转移输送等措施，实现转移就业66.7万人，其中有组织转移输出16.22万人，转移率24.31%。

疫情期间，人社部门采取有效措施，全力推进农村劳动力转移就业

（市人社局　提供）

2020年12月22日，玉溪市首个人力资源产业园—云南滇中国际人力资源产业园正式揭牌（市人社局 提供）

【人保扶贫】 2020年，人社部门在就业扶贫方面，扎实开展“零就业家庭清零行动”“就业扶贫百日提升行动”，建成就业扶贫车间30个，吸纳就业9 052人；新增建档立卡贫困劳动力转移就业7 712人，实现零就业家庭动态清零。推进社保扶贫“清零行动”，全市74 565名符合条件的建档立卡贫困人口100%参保，24 499名贫困人员基本养老保险费100%由地方政府代缴、总额245.28万元，14 927人60周岁以上建档立卡贫困老人100%按时足额领取养老待遇。在技能扶贫方面，大力实施技能扶贫专项行动，探索订单式培训模式，完成各类培训1 858期10.07万人次，全省排名第四。在人才扶贫方面，牵头组织实施好柔性引进高层次人才计划，重点引进医疗、农业类专家人才助力脱贫攻坚，建成市级专家基层科研工作站15个，“博士后科研工作站”5个，为脱贫攻坚注入“智动力”。

【人力资源服务机构管理】 2020年，全市现有人力资源服务机构178家，其中公共人力资源服务机构11家，经营性人力资源服务机构147家，培训机构20家。按行政管辖划分：市级46家，红塔区77家，江川区8家，澄江市12家，通海县7家，华宁县4家，易门县11家，峨山县5家，新平县4家，元江县4家。

【劳动关系】 2020年，玉溪在全省率先开展《保障农民工工资支付条例》宣传周活动，扎实推进根治农民工欠薪工作。加大劳动监察执法力度，及时受理举报投诉524件，结案率100%，向公安机关移送涉嫌犯罪案件7件，公安机关立案查处4件，为1 968名劳动者追发工资等待遇1 861万元。做好网上劳动用工登记和劳动合同备案，不断完善劳动用工综合管理。健全完善劳动关系“三方四家”协调机制，规范劳动合同管理，全市劳动合同签订率达98.32%，高于目标任务5.32%。认真处理劳动争议案件，坚持阳光仲裁、调解优先的原则办理案件，仲裁结案率、调解成功率达100%，88.27%，分别高于省下达目标任务的10%、28.27%。开展清理整顿人力资源市场秩序专项执法行动，加强人力资源市场的管理和监督，检查职业中介机构53户次，检查用人单位57户次，未发现重大违规行为。

【人才队伍建设】 2020年，全市建有国家级博士后科研工作站1个，省级博士后科研工作站4个，省级专家基层科研工作站30个，重点引进玉溪急需的省内外高层次人才，提升医疗、农业等行业发展水平和企业科技发展能力。设立玉溪市专业技术突出贡献奖，推荐评审首届“市突”人才30人；制定实施“百人计划”柔性引进人才实施办法，全年推荐获评“国贴”专家1人、“省突”专技人才3人、“省贴”专家2人，培育技能人才27.2万人，高技能人才7.8万人，并在全省率先建成玉溪市专业技术和技能人才工作展厅，全方位展示玉溪人才工作成果。继续落实放宽基层专业技术人员职称申报、评审、聘任条件，加强职称申报评审管理制度建设，设立64个市级管理的专业技术职称评委会，评审各类专业技术人员50 868人。加快推进新型学徒制人才培养工作，设立企业技能培训中心55家，支持玉溪技师学院、云南铜业高级技工学校与40余家企业开展企校合作新型学徒制人才培养，招收20个专业的新型学徒3 896人。

【事业单位人事管理】 2020年，全市通过公开招聘、提前招聘、“三支一扶”等基层项目定向招聘、“村官”定向招聘、退役士兵安置等方式共办理1 675人事业单位工作人员招聘聘用手续。完成市级政府口所属事业单位科级领导职务选聘备案171人。加强事业单位岗位管理，核发“岗位卡”1 372张，为329批次事业单位共1 446名工作人员办理各类岗位等级晋升聘任审核备案手续，对50家市级事业单位和258家县（市、区）及乡镇事业单位的岗位设置方案进行了调整核准。做好机构改革事业单位人员转隶工作，完成13家市直事业单位2 217人转隶工作（其中整体转隶2 077人，部分转隶140人）；完成市生态环境机构监测监察执法垂直管理制度改革人员划转工作（共计10家县区环境监测事业单位112人）；市质量技术监督综合检测中心整体移交市政府管理工作中的人员划转工作，共计58人。

【落实关爱医护人员政策】 2020年，市人社局开通面向援鄂编外医护人员招聘“绿色通道”，在全省首家实施并将18名援鄂编外医护人员招聘为事业单位编内工作人员。围绕救治环节涌现的先进典型，嘉奖个人319人，集体32个。核定发放疫情期间434人临时性工作补助41.41万元，落实30名援鄂医疗队员援鄂期间提高2倍薪酬约223万元。

【严格落实工资政策】 2020年，市社局认真贯彻落实事业单位实施绩效工资制度，规范事业单位奖励性绩效工资的核定和分配工作，促进事业单位收入分配制度的健康发展。调整义务教育教师基本工资提高部分，对义务教育教师待遇保障工作进行督导检查，确保义务教育教师平均工资收入水平不低于当地公务员平均工资收入水平政策落实到位。对全市机关事业单位各类工资津贴补贴发放情况开展自查自纠。研究出台《玉溪市卫生健康委员会　玉溪市人力资源和社会保障局　玉溪市财政局关于印发加强玉溪市医共体内乡镇卫生院（社区卫生服务中心）绩效考核工作的指导意见（试行）的通知》，按照“两个允许”的要求，合理核定基层医疗卫生机构奖励性绩效工资总量。落实疫情期间相关人员薪酬待遇保障。指导、督促企业和用人单位、职工个人继续严格贯彻落实云南省最低工资标准，红塔区月最低工资标准为1 500元，小时最低工资标准为14元；其他县区月最低工资标准为1 350元，小时最低工资标准为13元。及时发布玉溪市2020年企业工资指导线：企业货币平均工资增长上线为11%，增长基准线为7%，增长下线为3%。

【人事考试】 2020年，由市委组织部、市人事考试院共同组织与全国、全省同步统一开展国家、省公务员笔试考试，其中：中央机关及其直属机构2021年度考试录用公务员笔试人数9 380人，云南省考试录用公务员笔试参考人数15 966人。组织玉溪市事业单位公开招聘，全市共设59个考点，1 812个考场，提供公开招聘岗位579个，为54 129名考生提供了考试服务。玉溪市大学生志愿服务西部计划省级地方项目志愿者招募2个岗位共28人，参加笔试人员200人。

【高校毕业生“三支一扶”工作】 2020年，聚焦决战决胜脱贫攻坚和新冠肺炎疫情防控等重大决策部署，坚持服务脱贫攻坚和乡村振兴战略，围绕全市基层乡镇事业单位人才需求，按照有编有岗的原则。2020年度全市共设置招募岗位115个，为历年来设置招募岗位最多的一年，实际到岗85人，其中男性26人，女性58人；党团员占到招募人数的93%；本科学历72人，专科学历12人；支教32人，支农13人，支医6人，扶贫13人，水利2人，就业和社会保障9人，其他9人。

社会保险

【社保降费减免政策】 2020年，全市参保单位降费减免共计16.93亿元（其中：降费9.21亿元，阶段性减免7.72亿元），对2 173户企业拨付稳岗返还资金6 109.66万元，惠及职工9.112万人。

【社保参保扩面】 2020年，全市基本养老保险参保率达95.3%，高于省平均指标。参加基本养老保险159.04万人、失业保险17.86万人、工伤保险30.97万人，分别完成目标任务的101.44%、102.64%、110.61%；金融社保卡持卡人数达227.51万人，完成目标任务的101.82%；积极推进电子社保卡签发应用工作，签发数达73.14万张，签发数及签发率均居全省前列。

【工伤认定】 2020年，全市人社部门继续实施工伤保险“同舟计划”，推进工伤协议医院联网结算，全市建设领域按项目参保755个，惠及职工7.55万人。全市共办理工伤认定案件1 677件、劳动能力鉴定741件。

【足额发放社会保险待遇】 2020年，全市共支付养老、工伤保险待遇40.24亿元、惠及38.2万余人，为7.9万余名退休人员兑现调待资金9 372万元，为2.88万人次失业人员发放价格临时补贴338.77万元，各项社保待遇按时足额发放。

【社保领域重点改革】 2020年，全市人社部门稳慎做好2 354户家机关

2020年3月5日，玉溪市举行阶段性减免企业社会保险费启动仪式

（市人社局　提供）

事业单位职业年金上划归集省级，涉及社保基金13.62亿元；有序推进被征地农民养老保障改革、退役士兵养老保险接续和退休人员社会化管理服务等工作。

【社保基金风险防控】 2020年，全市人社部门做好养老保险基金收入上缴和申请拨付等工作，累计上解省级企业职工基本养老保险资金36.94亿元。开展社保信息大起底大排查并对检查发现问题及时整改，抓好基金保值增值，全市基金结余78.54亿元，收益率3.03%。

（王　锦）

退役军人事务管理

【移交安置】 2020年，全市完成26名安置计划分配军转干部、6名自主择业军转干部和1名随调家属安置任务；共接收退役士兵676名，符合政府安排工作退役士兵202名，自主就业474名。同时，发放自主就业和自谋职业补助经费607.68万元。

【退役士兵社保接续工作】 2020年，全市解决部分退役士兵社会保险接续受理2 122人，通过保险接续初审2 122人，养老保险已核查2 122人，医疗保险已核查2 122人，困难人员认定27人，养老保险已缴费1 713人，医疗保险已缴费3人。

【就业创业工作】 2020年，全市建立市级退役军人实训基地1家，组建市级退役军人就业创业导师团队，聘用导师23名。推选军创企业参加省级创业大赛，3家荣获优胜奖，1家荣获二等奖并获全国退役军人创业创新大赛优胜奖。组织退役军人参加高职扩招900人，组织退役士兵开展职业技能培训193人，转移支付培训经费86.85万元，组织退役军人专场招聘会25场。

【双拥工作】 2020年，全市紧紧围绕创建全国双拥模范城目标，扎实开展双拥创建活动。建立拥军支前军地协调和“双清单”制度等双拥工作“五项制度”机制；深入开展拥军优属活动，支出慰问部队经费185万元。安置随军随调家属6名，解决军人子女入园入学1 431人。融合运用“报、网、端、微、屏”等资源，广泛开展国防双拥宣传教育。军民共建不断深入。开展部队营区周边环境整治创建美丽军营活动，37个整治任务完成32个。驻玉部队积极投身处突维稳、紧急救援、精准扶贫、联防联治，打击犯罪、疫情防控和各项创建活动，为玉溪经济社会发展做出了积极贡献。10月20日，玉溪市再次荣获“全国双拥模范城”荣誉称号，实现全国双拥模范城“五连冠”目标。

【抚恤优待工作】 2020年，全市享受优抚的人员16 943人，其中：享受伤残抚恤金人数940人，享受定期抚恤金人数237人，享受定期补助人数15 766人。全年发放优抚资金总金额1.68亿元。共办理新评残7人，伤残关系转移24名，审批带病回乡退伍军人1名。采取定点采集和上门采集相结合、手工采集和电子采集相结合、自主申报和交叉比对相结合的方式，累计完成退役军人、军属及其他优抚对象信息采集65 717名。

（晋新苑）

民政事务管理

【社会救助】 2020年6月，玉溪市城市低保标准提高到640元/人·月，农村低保标准达到4 500元/人·年，特困人员基本生活供养标准达到832元/人·月；建立特困人员照料护理补贴制度，根据生活自理能力定额补贴，其中集中供养特困人员每人每月按835元、418元、251元三个档次补助，分散供养特困人员每人每月按151元、88元、50元三个档次补助。2020年，全市发放城乡低保资金2.33亿元，保障城市低保11 201户15 553人，农村低保22 900户41 535人的基本生活；发放4 057名特困人员救助供养资金4 477.68万元；发放临时救助资金2 479万余元，救助困难群众7 124人次，发放价格临时补贴61.33万人次2 670.35万元。核查扶贫系统中已脱贫需巩固的建档立卡户883人、边缘户3 862人、脱贫不稳定户2 642人相关数据，将符合条件的保障对象2 306人全部纳入保障范围，排查低收入家庭中的重残人员2 125人，重病患者1 251人，将符合条件的1 204名重残人员、390名重病患者参照“单人户”纳入低保保障范围；对因新冠肺炎疫情、自然灾害等影响无法外出务工、经营、就业，导致收入下降、基本生活出现困难的城乡居民5 281人进行全面排查，将符合低保条件的195人纳入保障范围。全面推广使用“一部手机办低保”申请低保，优化低保积分制流程，缩减低保办理时限。重点排查大额存款建档立卡户享受社会救助基本情况及“一兜了之”情况，及时整改脱贫攻坚存在问题。

【社会组织管理】 2020年，市民政局完成市本级149个社会组织年检工作，对36个社会团体和20个民办非企业单位发出换届提醒通知，发出整改通知7份，要求24个社会组织对存在问题进行整改，办理成立登记4件，变更登记56件，注销登记16件，公开募捐资格发放1件，行政处罚3个，开展自主抽查和跨部门抽查，对30个社会组织进行日常抽查和双随机检查。完善社会组织评估工作机制，全市具有4A、3A级社会组织分别为5个、12个。建立社会组织信用承诺机制、社会组织异常名录、严重违法失信名单、“黑名单”制度。开展清理规范行业协会商会收费等专项治理工作，299个行业协会商会免收会费400余万元，82个行业协会商会减收会费240.4万元，全市行业协会商会减免会费640.4万元。推进行业协会商会与行政机关脱钩改革，436个行业协会商会全部完成脱钩。推动“三社联动”试点工作，组织开展社会公益创投大赛、社区“金点子”提案大赛，投入160.03万元培育孵化社区社会组织；在8个社区试点推广“三社联动”工作，引进恩派社会创新发展中心指导“三社联动”试点工作及社会组织孵化工作，成立玉溪市社会组织服务中心。动员社会组织助力脱贫攻坚，全市45个社会组织参与扶贫攻坚活动，投入扶贫资金1 005.5万元，投入物资折合人民币33.8万元，开展扶贫项目70多个，投入志愿服务者3 947人，培训贫困人口5 037人，帮助贫困人员3 293人就业。

【专项社会事务管理】 2020年，完成澄江撤县设市、星云—宁海行政区域界线勘定工作，稳步推进阳宗镇行政区划调整工作、江川区、华宁县有关街道析置工作、通海县撤县设市基础性工作。深化平安边界建设工作，由红河州牵头，玉溪市配合共同开展“玉红线”边界联合检查及创建工作。“玉红线”由8条县级行政区域界线组成，全长393 160米，共埋设界桩19棵，玉溪市所涉及县（区）分别与相邻的红河州相关县（市、区）制定联检方案并严格按照联检方案开展联检工作，对界线、界桩、界线标志物进行联合检查，形成联检报告，签订边界公约。深化殡葬制度改革成果，修订《玉溪市殡葬管理办法》；提升殡葬信息化水平，实现火化信息与统计、医保等部门信息共享。落实惠民殡葬政策，全年共发放惠民殡葬补助1.1万人4 778万元。做好福利彩票销售发行管理，完成福利彩票销售3.26亿元。加强志愿服务管理，全市注册志愿团体1 928个，实名认证志愿者296 364人，申报志愿项目25 953个，项目总时长6 002 415.5小时。

【流浪乞讨人员救助】 2020年，市民政局制定《玉溪市加强和改进流浪乞讨救助管理救助工作任务清单》明确街面巡查职能职责，联合相关部门开展专项救助行动20次，累计救助571余次，其中救助管理机构救助542人次，社会力量29余人次。依托现代化科技手段加强寻亲服务，充分利用人脸识别技术、DNA检测等科技手段开展身份甄别工作，发挥媒体力量助力寻亲工作，长期滞留人员寻亲率达100%。

2020年4月15—22日，市民政局到各县（市、区）开展社会救助兜底保障工作检查 （市民政局　提供）

【儿童福利工作】 2020年，民政部门健全困境儿童和农村留守儿童关爱保护机制，动态管理336名困境儿童、3 656名农村留守儿童，发放336名困境儿童生活补助资金487.4万元，签订留守儿童监护责任书。实施“福彩圆梦·孤儿助学工程”项目，对符合条件的29名孤儿纳入资助范围。与玉溪市心理学会、玉溪义工联合会等社会组织合作，为困境儿童健康成长提供心理疏导、生活照料等服务。开展婚姻管理引领婚育新风三年专项行动，因早婚早育辍学13人全部复学。

【婚姻收养登记】 2020年，全市办理国内居民婚姻登记20 571对，其中结婚登记14 298对，协议离婚登记6 273对；涉外、涉港澳、华侨婚姻登记14对，其中结婚登记11对，离婚登记4对，国内收养73件。

【残疾人保障工作】 2020年，全市民政部门对34 910名困难残疾人、重度残疾人发放生活补贴、护理补贴4 215.84万元。组织实施“明天计划”“富康工程”“添翼计划”等残疾人康复项目。 （史　丽）

基层民主政治建设

【村务公开和民主管理】 2020年，市民政局制定下发《玉溪市民政局关于进一步加强和完善村务公开和民主管理工作的通知》，推进村务公开和民主管理工作制度化、规范化和程序化建设，完善和规范村务公开的内容、时间、方式、程序，保障村民的知情权、决策权、参与权和监督权，进一步深化城乡社区民主协商实践，激发村民自治的内生动力，不断提高城乡社区治理的能力和水平，为全市脱贫攻坚巩固提高、乡村振兴全面实现、市域治理稳步推进奠定坚实基础。

新平县古城街道锦绣社区"党建引领 三社联动 以邻为伴 幸福守望"活动启动仪式 （市民政局　提供）

【城乡社区治理体系建设】 2020年，市民政局及时下拨省级社区党组织和居委会专职人员生活补贴补助经费1 344万元及教育培训补助经费28万元，确保社区为民服务工作正常开展；农村原大队一级离职半脱产干部和农村离职村办干部定期生活补助经费14.36万元和29.9万元；703个村（社区）民政信息员生活补助经费168.72万元；市级第一批福彩公益金资助城乡社区为民服务体系建设资金50万元。扎实开展好平安社区建设工作，推进市域治理现代化，不断提升人民群众获得感、幸福感、安全感。指导红塔区、江川区按照"科学规划、合理布局，突出重点、因地制宜，依法组织、稳妥推进"的原则新成立"玉成社区""星云社区""宁海社区"，为新建城区居民提供优质服务。

红塔区凤凰街道葫田社区、澄江市凤麓街道揽秀社区、峨山县双江街道登云社区3个城市社区，通海县四街街道六街村委会、峨山县富良棚乡塔冲村委会2个行政村和华宁县华溪镇确定为2020年省级城乡社区治理现代化试点单位，围绕治理主题开展试点工作。下拨省级城乡社区治理试点补助经费30万元。

【村（社区）干部培训】 2020年8月17—20日，市民政局在市委党校举办2020年村（社区）干部培训班。各县（市、区）民政局分管领导、基层政权建设和社区治理科（股）长及工作人员，各乡镇（街道）分管民政工作的领导及民政办主任（民政信息员），部分村（社区）干部等共计150人参加培训。课程内容包含学习习近平总书记考察云南重要讲话精神、基层组织党风廉政建设、村务公开民主管理及村规民约（居民公约）修订完善工作、加强城乡社区治理创新推进市域社会治理现代化、乡村规划、学习《中华人民共和国民法典》、"三社联动"社区社会工作等。（史　丽）

地名管理

【地名普查成果转化】 2020年，推进地名图典志编纂工作，澄江市编制出版发行《澄江市行政区划图》；新平县编纂出版发行《地名志》，华宁县、红塔区编纂的《地名志》通过专家审稿修订，江川区、易门县编纂中，其他县筹划中。按照《云南省标准地名词典》采词规则采集填报，玉溪市采集地名词目814条。对2019版《云南省行政区划简册·玉溪》进行修订。报送地名大会试题36道。全市共投资172.96万元经费，设置各类地名标志牌646块。依法依规命名地名94条。

【地名普查档案归档】 2020年，全市建成专门地名档案室10间，已完成11大类，25 844条（含居民点、单位类、山地、河流、水利电力、交通设施等）地名普查成果档案的归档工作。加强地名数据库维护更新工作，分两批核实修正国家地名信息库中地名信息共计178条。（史　丽）

民族事务

【民族团结进步示范区建设"十百千万"工程】 2013–2020年，全市共实施三轮"十百千万"示范创建工程项目，争取中央、省级资金18 120万元，实施161个项目点建设。成功创建2个示范县、6个示范乡镇、146示范村（特色村）、7个示范社区；成功创建1个民族团结进步示范县、1个全国民族团结进步示范镇、3个省级少数民族特色乡（镇）、19个中国少数民族特色村寨、28个省级少数民族特色村寨。涌现出新平戛洒镇、红塔区灵秀村、峨山塔冲村等一批民富村美人和谐的民族地区乡村振兴示范带动典型。

【民族地区脱贫攻坚】 2020年，全市安排民族地区建档立卡贫困村项目18个，资金1 800万元，实施基础设施提升改造，产业发展扶持，民族文化提档升级等项目，受益建档贫困户372户1 302人。加大对"直过民族"拉祜族在内的6种人口较少民族（支系）的帮扶力度，采取特殊政策，对6种人口较少民族（支系）代缴新农合个人承担费用603.596万元。继续实施少数民族学生学历培养工作，市财政预算专项资金60万元。对考入玉溪师范学院、玉溪农

2020年1月17日，民族团结进步宣传教育活动月启动仪式在聂耳广场举行
（市民宗局　提供）

业职业技术学院、玉溪技师学院大专以上（含大专）学历的玉溪籍“六种人口较少民族”学生进行定额定期补助，共计76人，补助资金28.2万元；考取市外国内二本以上（含二本）院校的玉溪籍“六种人口较少民族”学生进行一次性补助，共计31人，补助资金9.9万元。以上两项共计107人，补助资金38.1万元。其他少数民族困难学生补助94人，资金21.9万元。

【民族文化】 2020年，市民宗局配合市政协组织开展玉溪市少数民族传统文化保护传承人专题调研，完成了《玉溪市民族文化传承保护与发展情况的调研》报告；配合市人大常委会组织开展的玉溪市少数民族非物质文化遗产保护工作专题调研，完成《玉溪市少数民族非物质文化遗产保护的调研》报告；向上争取民族文化资金155万元，实施省级少数民族文化项目10个，其中7个传统文化抢救保护项目，3个民族文化精品项目；积极申报2021年省级民族文化项目，从县（市区）申报的34个项目中筛选11个项目上报省民族宗教委评审；从县（市区）推荐的24名民间传统传承人才中筛选7名上报，参选云南省民族传统文化传承优秀人才。

【民贸民品】 2020年，市民族宗教局认真贯彻落实国家和省扶持民族贸易和民族特需用品生产企业的优惠政策，抓宣传，强服务，搭平台，重实效，培育发展民族特色优势产业，以通海银饰、工艺刀具、石雕、木雕品牌等为代表的民族民间工艺品影响力和产业实力逐步提升。争取到中央、省级民贸民品贴息引导性资金613.18万元。

【城市民族工作】 2020年，市民宗局建立健全由市民族宗教局牵头，公安、民政、教育、工商、人力资源等部门参加的城市民族工作协调联系机制和市、区、街道、社区四级工作网络，发挥城市社区和基层群众的作用，配合做好少数民族流动人口均等化服务管理和清真食品生产经营管理工作。建立少数民族流动人口跨区域协作为机制。进一步提升少数民族流动人口服务管理工作水平，切实保障少数民族人口合法权益，积极预防和妥善处置涉及民族因素矛盾纠纷和群体性突发事件，玉溪市与大理州、昆明市等九州市民族宗教工作部门在平等协商的基础上，建立少数民族流动人口流出地、流入地跨区域联动协作机制，于2020年11月、12月签订《少数民族流动人口服务管理跨区域联动协作协议书》。

【团结稳定】 2020年，市民族宗教局加强宣传教育，深入持久开展民族宗教政策法规学习宣传月活动，形成贯穿全年、覆盖全面的常态化工作。积极开展矛盾隐患排查调处，健全完善民族关系协调机制、监测机制和应急机制，制定了处置涉及民族宗教因素突发事件应急预案，进一步完善市县乡“三级”同步监测监管涉及民族宗教领域团结稳定问题长效机制，建立属地管理、受理接访和化解纠纷的联动机制；抓好矛盾纠纷排查化解，定期开展民族宗教关系分析研判，积极稳妥化解各类矛盾纠纷隐患，维护全市团结稳定的局面。（杨筱劼）

宗教事务

【政策法规学习月】 2020年6月，全市民族宗教系统和宗教界开展“民族宗教政策法规学习月”活动。紧扣“开展法人（宗教活动场所法人）登记、保障合法权益”主题，抓住学习主线，结合当前重点工作，采用深入群众“宣”、互联网上“学”、把握重点“讲”、结合工作“训”、寓教于乐“唱”等方式，在全市民族宗教领域掀起政策法规学习热潮，民族宗教干部队伍和宗教界的国家意识、法治意识得到进一步增强。

【宗教活动场所“五进”活动】 2020年，全市民族宗教系统持续开展“五进”活动（国旗国歌、宪法和法律法规、社会主义核心价值观、中华优秀传统文化、民族团结进步进宗教活动场所活动），引导宗教界坚持宗教中国化方向，培育和践行社会主义核心价值观，促进宗教与社会主义社会相适应，增强“五个”认同，筑牢中华民族共同体意识，全市宗教活动场实现“五进”活动全覆盖。

为持续深化“五进”活动宣传效果，打造了澄江市翠竹湾基督教堂、通海县纳古镇古城清真寺、新平县扬武镇福源寺三个场所作为示范点，从民族团结文化背景墙、社会主义核心价值观宣传栏、法律法规宣传栏、修建国旗旗杆、旗台、制度完善等方面着手，升级和完善了场所硬件设施，并指导场所开展政策法规学习月、宗教慈善周、社会主义核心价值观宣讲、专题教育、升国旗唱国歌等活动。通过打造示范点，树立宣传学习榜样，以点带面，推进“五进”活动广泛深入开展。

【宗教界抗击疫情行动】 2020年，新冠病毒疫情发生以来，全市宗教界迅速开展防控工作，严格执行“两暂停一延迟”要求，暂时关闭宗教活动场所、暂停各类宗教活动、延迟经文学校(班)开学时间，开展“大扫除、大消毒”工作。全市宗教界人士和信教群众积极捐款捐物，汇集大爱，通过当地红十字会和民政部门捐款累计133余万元，并购买口罩、消毒用品等物资支援疫情防控工作第一线，为抗击疫情作出积极贡献。

【宗教团体建设】 2020年，全市民族宗教系统认真抓好宗教团体建设，指导宗教团体积极开展讲经讲道交流活动，教育引导宗教界爱国爱教，帮助指导宗教团体开展对宗教教职人员的教育培训，坚持中国化方向。8月3—7日玉溪市基督教两会举办第三届讲道交流会暨第九期教牧人员培训班，以“同舟共济抗击疫情，践行荣神益人，始终坚持基督教中国化”主题，全市48个基督教活动场所的教职人员参与学习和交流，市宗教团体服务中心主任做了宗教界人士“四条标准”解读。9月12—13日，市伊斯兰教协会围绕“践行伊斯兰教中国化道路、弘扬伊斯兰教正信正行”主题，在新平县桂山清真寺举办了第六届“卧尔兹”演讲比赛。

【宗教界人士培训】 2020年11月16—19日，市民族宗教局在玉溪市委党校举办了全市宗教界人士培训班，全市佛教、伊斯兰教、基督教的80名代表人士参加培训。培训围绕政治理论、政策法律法规、爱国主义教育、中华优秀传统文化等专题，邀请相关部门领导、高校和社会主义学院专家进行授课，并安排了反恐知识讲座和消防演练。（杨筱勐）

移民工作

【移民规划安置工作】 2020年，市搬迁安置办完成年度溪洛渡水电站建设外迁化念移民投资470万元，主要为化念四个移民安置点基础设施；完成新平县洋发城和元江县鲁布水库移民投资855.6万元。完成《新平县十里河水库征地实物指标调查工作细则》和《洋发城水库初设阶段的移民安置规划报告》审批。完成溪洛渡水电站移民安置点土地整理、生产区外部水利设施配套等设计变更工作，争取到移民安置资金1 767.92万元，移民安置点土地整理、生产区外部水利设施配套完工，污水处理厂开工建设。开展化念移民安置房欠款清收工作，积极推动欠款清收工作。对冻结在县乡两级的移民安置资金进行认真清理，兑付结清征地补偿费72.96万元，新平县按程序回资退金4 064.34万元，连同市发改委专户上的资金4 089.26万元，共计8 153.61万元，全部退回中国水电顾问集团新平开发有限公司。扎实做好移民安置区社会稳定和移民信访工作，严格坚持月排查、季度分析和信访值班接访等制度，确保移民合理诉求得到及时办理，及时发现和有效处置不稳定隐患。（陈　明）

【移民后期扶持工作】 2020年，市搬迁安置办坚持移民动态管理，准确核实后期扶持对象，按月核减因死亡、判刑、参加工作、农转非等原因不符合扶持政策的移民，及时准确发放后扶直补资金。2020年，核减移民146人，发放后扶直补资金1 240.8万元，及时帮助移民群众解决生产生活中遇到的实际困难。安排大中型水库移民后期扶持计划项目33个，计划投资移民资金8 195万元。实施大中型水库移民后期扶持建设项目(其中上年续建20个)53个，计划投资移民资金13 764万元，已安排资金的项目完成投资7 688万元。组织实施“美丽家园・移民新村”项目建设8个(其中上年续建3个)，移民投资3 459万元。组织实施产业升级发展项目17个，移民投资7 089万元。组织符合报名条件的12名移民学生进行报名就读。全市有建档立卡贫困移民70户176人。5年来，全市共发放建档立卡贫困移民直补资金52.8万元；累计开展大中型水库贫困移民脱贫攻坚项目40个(建档立卡贫困移民受益的项目)，投入移民专项资金9 253.12万元。为进一步规范项目和资金管理，加强项目申报、立项、审查、实施、变更、验收等全过程管理，实现监管工作常态化制度化。配合省稽查组对红塔区大中型水库移民避险解困项目进行专项稽查，聘请重庆市明科建设咨询有限公司对澄江市的水库移民后期扶持项目及资金管理进行监测评估、绩效评价自评复核和稽查整改“回头看”，确保了大中型水库移民后期扶持政策落实到位。落实信访工作属地管理、分级负责职责，依法及时妥善处理移民来信来访，严格落实领导干部接访、下访工作机制，做好重要时段信访值班和“零报告”工作。落实各县(市、区)政府移民维稳工作主体责任，深化平安库区创建，积极开展移民矛盾纠纷排查、化解工作，加强分析研判及预警工作，切实维护移民合法权益，切实维护库区和移民安置区和谐稳定。全市没有出现涉及移民问题的越级上访和群体性上访。（赵艳霞）

计划生育

【计生组织建设】 2020年，全市共有计生协组织782个，其中：企业计生协24个、流动人口计生协50个，协会理事8 363人，团体会员3 859个，个人会员18.328 9万人，会员小组4 995个，志愿者团队687个13 661人，“会员之家”905个，文化社团880个。县乡村计生协会建会率达99%。

【计生协改革工作】 2020年，针对县级计生协改革中出现的新情况新问题，市计生协召开专题会议、多次开展专题调研，促成市深改委出台《关于在改革中进一步加强玉溪市计生协工作的意见》，对加强党的领导、强化组织保障、理顺工作关系、完善机构设置、加强基层组织建设做了明确，推动改革中重难点问题的解决，为全省协会改革探索了经验。年底，市、县区两级计生协改革方案已全部出台。各地加强了班子配备，8个县（市、区）会长由县级领导兼任，9个县（市、区）设常务副会长1名（正科级），7个县（市、区）设副会长1名（副科级），部分（市、区）实现独立办公，红塔区、华宁县计生协成立了党支部。加强对家庭服务中心建设、规范化“会员之家”建设、流动人口计生协建设等试点示范项目的指导督促。市计生协制定《关于做好玉溪市地方计生协综合改革成果产出研究工作的方案》，有序推进资料收集整理和成果研究工作。

市计生协加强对改革配套试点示范项目的督促指导，认真抓好项目实施工作的推进，积极探索计生协服务职能转型发展途径。主要呈现了4种服务模式：购买第三方社会机构服务、融入党群服务中心服务、整合项目资源服务、重点项目提档升级服务。通过改革试点，突出本地特点和优势，出台系列改革试点配套文件、制度，全面推动全市计生协系统政策和体制机制完善，工作制度健全，工作关系顺畅，服务模式优化，形成新时代新担当新作为的良好局面。

【计生协五届常务理事会第三次会议】 2020年5月26日，市计划生育协会召开五届常务理事会第三次会议暨纪念中国计生协成立40周年座谈会。市计生协会会长、专兼职副会长和常务理事，各县（市、区）政府联系领导、计生协会会长等50余人参加会议。会议听取了市计生协党组书记、副会长郑丽英作的市计生协2019年以来的工作和2020年工作安排情况的报告。与会人员围绕中国计生协成立40周年主题，畅谈了40年来计生协工作取得的成绩、计生协改革发展面临的问题，以及今后做好计生协工作的意见建议。会上，副市长、市计生协会会长曾敏对市计生协2019年的工作及40年来各级计生协发挥的作用给予充分肯定，对各级计生协提出了要求。

【计生宣传服务】 2020年，“5.29会员活动日”期间，全市计生协开展多种形式的宣传活动并协调资金8万元，对全市179户计生困难户进行慰问；全市各级计生协开展走访慰问活动56场，走访慰问442人，慰问金额72 060元，慰问品折币9 600元。

【计生保险工作】 2020年，全市参保人数361 394人，比上年同期359 244人增加2 150人，增长0.60%，共实现保费收入1 596.98万元，其中政府补助36.70万元、家庭投保金额1 560.27万元，同比增加86.18万元，增长5.70%。保费较上年有所增长，保费连续多年稳居全省第一，获省级一等奖。开展疫苗卫士和分娩无忧赠险活动，共赠送保险349人。做好失独家庭住院护理保险，共理赔81件11.78万元。充分发挥保险为政府分忧、为计生群众解难的保险功能作用。

【计生项目服务】 2020年，市计生协积极争取到中国计生协、省计生协的基金帮扶、“暖心家园”、乡村振兴促进家庭健康等13个项目80万元支持，推动“六项重点任务”落实。市计生协抓好省级在期帮扶项目和市级第七轮计生基金帮扶项目工作的跟踪督促，开展计生协项目资金管理使用情况的专项监督检查，对86户帮扶户进行遍访，对4个县（市、区）发出限期整改通知督促整改，确保资金安全和效益。（杜有福）

养老服务

【养老服务体系“三级一有”试点工作】 2020年，全市按照养老服务业综合改革试点工作要求，加快构建“三级一有”的全市养老服务体系，县（市、区）级城市养老服务机构加快建设，全市已建成城市公办养老机构9个，加快推进计划投资5 000多万元的市老年综合养护院的建设步伐；乡镇级区域养老服务中心的覆盖工作初具规模，实施通海、易门、峨山、元江四个县18个农村敬老院的消防改造工程。争取中央预算内投资项目资金570万元启动易门县小街乡敬老院搬迁新建工程。全市已建成农村敬老院49个；村级养老服务中心建设覆盖工作加快推进，启动新建23个城乡居家养老服务中心（农村互助养老服务站）项目，全市在建和已运营养老服务机构65个，已建城乡居家养老服务中心（农村互助养老服务站）239个，共拥有养老服务床位14 023张，每千名老年人养老服务床位已达37张，圆满完成每千名老年人养老服务床位35张目标。村组老年活动中心（室）3 248个。

【养老服务机构运营管理】 2020年，市民政局及时向各县（市、区）民政

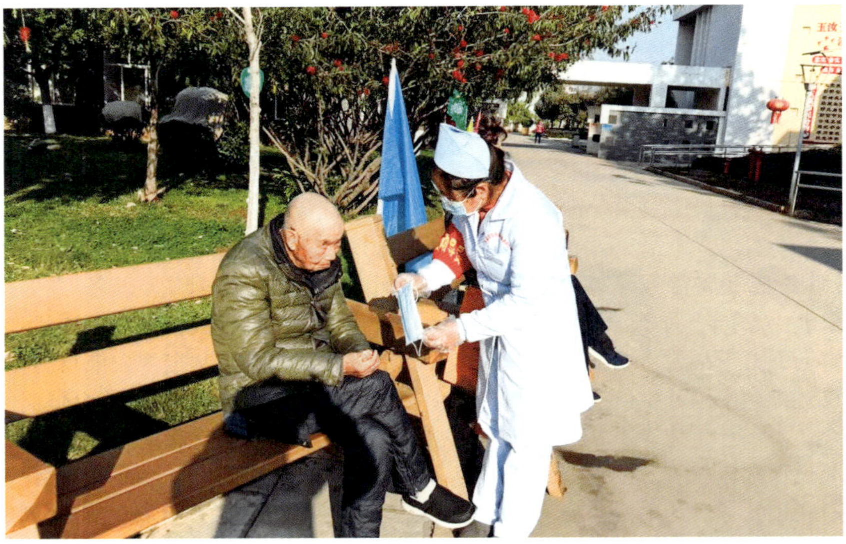

疫情期间，市社会福利服务中心工作人员为在院老人分发口罩（市民政局 提供）

局下拨省级养老机构运营及疫情防控一次性补助经费225万元，下拨市级公办养老机构运营经费400万元、民办养老机构运营经费10.95万元、特困供养机构运营经费20万元，最大程度消除疫情带来的负面影响，确保全市养老服务机构（设施）高效有序运转。开展养老院服务质量提升专项行动，督促指导各县（市、区）加强安全教育、排查、整改，不断推进养老服务信息化工作，对全国养老机构业务管理系统、全国养老服务系统、全国农村"三留守人员"信息管理系统、云南省互联网+智慧养老服务平台、云南省民政资金监管平台等各类信息平台系统信息及时维护更新，促进服务质量达标提升。

【落实老年人福利政策】 2020年，市民政局及时向各县（市、区）民政局下拨省级高龄津贴补助金286万元，下拨市级财政预算高龄保健补助金800万元。督促全市各地每月按时发放80周岁（红塔区、新平县70周岁）以上老年人保健补助金4 065万元。提高特殊困难老年人基本生活保障水平，特困人员基本生活供养保障标准达到每人每月832元，照料护理补贴标准达到每人每月835元（1档集中）、151元（1档分散）等，共为4 034名特困人员发放供养经费4 477万元。依托52家农村敬老院收养有集中供养意愿的特困供养对象837人。（史 丽）

关心下一代工作

【思想道德教育】 2020年，全市各级关工委积极主动与相关部门配合，充分利用地方红色资源，突出聂耳文化，打造聂耳品牌，自编爱国主义教育读本，成立"五老"宣讲团、演讲团，建立关心下一代党史国史教育基地，坚持在全市青少年学生中广泛开展"传承红色基因，争做时代新人""两史"教育、"中华魂"主题教育、中华优秀传统文化教育、"两有"教育等青少年思想道德教育，让广大青少年了解党史、国史、新中国史和改革开放史，不断增强对中国特色社会主义的道路自信、理论自信、制度自信和文化自信，激发青少年学生对党对祖国对人民的热爱，帮助青少年"扣好人生第一粒扣子"，坚定走中国特色社会主义道路的信心，听党话、跟党走。2020年，全市各级关工委成立"五老"宣讲团654个，有宣讲员1 381人，作报告2 600场次，受教育人数达63.9万人次，其中在校学生24.96万人次。

【关心下一代年度工作会】 2021年2月5日，市委、市政府召开了全市关心下一代工作会议。市委副书记、市委统战部部长、市关工委主任江华，市关工委执行主任、市政协原主席黄宪庭和市关工委成员单位领导、各县（市、区）党委和政府分管领导、关工委执行主任或常务副主任等共81人参加会议。会议传达学习习近平总书记对关心下一代工作的重要指示和纪念中国关工委成立30周年暨全国关心下一代工作表彰大会精神。市关工委执行主任黄宪庭总结了2020年的工作，并对2021年工作进行了安排部署，要求全市各级关工委要紧紧围绕党委政府的中心工作，以立德树人为根本任务，教育引导广大青少年践行社会主义核心价值观，全面关心青少年健康成长，主动作为，突出工作特色，打造工作品牌，把工作做深、做细、做实。市委副书记、市委统战部部长、市关工委主任江华对做好2021年及今后一段时期关心下一代工作提出要求。各县（市、区）党委政府要从党的事业后继有人的高度，继续加强对关心下一代工作的领导，既要放在心头、又要摆上案头，既要赋予任务、又要真诚服务，做到思想上真重视、工作上真支持、经费上真保障；各有关部门要热情支持关工委工作，加强与关工委的沟通配合，形成有利于青少年健康成长的良性互动工作机制。

【"中华魂"主题教育活动】 2020年初，市关工委与市文明办、市教育体育局、市司法局联发《关于开展2020年"中华魂"（科技托起强国梦）主题教育活动的通知》，投入12.5万元征订《科技托起强国梦》读本23 880册，在全市490所大中小学和市直学校的213 583名中小学师生及玉溪监狱、云南省第三强制隔离戒毒所的5 000余名劳教强戒人员中开展主题教育活动。年内，在全国"中华魂"主题教育活动表彰中，1个单位荣获先进集体，9人荣获先进个人，其中1名小学生参加全国视频演讲比赛荣获三等奖；在云南省“中华魂”主题教育活动表彰中，6个单位荣获先进集体，24人荣获先进个人。

【济困助学活动】 2020年，市关工委开展困难家庭未成年人救助工作，发放市级财政救助金21万元，共救助困难家庭未成年人259名，其中大学生1人、高中生109人、初中生87人、小学生62人。市关工委协调云南合和（集团）股份有限公司等爱心企业参与关心下一代公益事业捐赠，筹集到爱心捐赠资金480万元。全年，市关工委共慰问留守（困境）儿童、残疾少儿、贫困大学生1 074人，投入爱心救助款11.4万元。

【法治教育与帮教】 2020年，全市各级关工组织建法治教育基地64个，成立法治教育讲解团350个，法治宣讲人数1 450人，宣讲965场次，受教育人数达40.95万人次；成立帮教小组1 961个，帮教员4 836人，其中老同志1 179人，帮教对象4 417人（其中未成年人2 874人），通过开展帮教活动，有转变的2 749人（其中未成年人2 599人）。

【未成年人司法项目工作】 2020年，市未司项目指导小组进一步规范工作程序，提升工作质量，加强成员单位之间的沟通、协调。各县（市、区）理顺了未司项目领导小组及办公室工作关系，有序地开展未司项目工作，取得了明显成效。全年参与公安机关首次询问，维护合法权益282人；后续维权187人；参与检察机关维权120人；参与背景调查104人；提出分流意见59人；被采纳57人；组织对司法分流的触法未成年人帮教47人；对解除劳教青少年跟踪帮助125人。市未司项目办编制青少年法治宣传教育PPT《法治护航，健康成长》，作为全市中小学法治宣传教育教材。

【农村青年致富培训】 2020年，各级关工委坚持扶贫同扶志、扶智相结合，特别重视对回乡初、高中学历青年的技能培训，通过举办农村青年养殖、种植等培训班，培育讲政治、学科技、懂技术、会经营的先进青年，助力脱贫攻坚。各级关工委已成立农村（社区）青年致富报告团102个，参与报告人数452人，作报告232场；举办农村青年科技培训713期，受训青年16.46万人次（其中35岁以下青年6.02万人次）；全市共有科技致富带头人1 619人；建立农村青年科技培训基地63个。培训内容主要是农村生产技术及经营管理、机电器修理、信息技术、生态建设与种植、养殖科技、防瘟治病等。

（张　鹏）

残疾人事业

【概况】 2020年，市残联以“两不愁三保障”为目标，加大攻坚力度，巩固提升残疾人脱贫攻坚成效，全面落实“两项补贴”制度，建立困难残疾人生活补贴和重度残疾人护理补贴标准动态调整机制，累计发放困难残疾人生活补贴和重度残疾人护理补贴34 910人4 215.84万元。残疾人参加医疗保险人数42 645人、参加养老保险人数29 957人。为111户贫困残疾人家庭实施无障碍改造，培训农村残疾人适用技术2 490人次。“春节”“助残日”期间走访慰问贫困残疾人2 873人149.56万元，申报残疾人机动轮椅车燃油补贴2 338人，发放2019年燃油补贴2 638人68.6万元。全市残疾人建档立卡户5 600户6 397人全部实现脱贫。

【残疾人就业】 2020年，全市党政机关、企事业单位累计按比例安排残疾人就业2 760人。举办盲人按摩技能培训7期，培训盲人213人；扶持规范化盲人按摩店49家、盲人医疗按摩诊所4个，对受疫情影响的50家按摩机构给予10万元稳岗补助。扶持残疾人自主创业40户，扶持就业示范基地4个、创业就业示范点8个。举办职业技能培训班5期160名残疾人参加了培训，为高校残疾毕业生44名实施“一对一”的就业服务。承办云南省残疾人就业招聘会，参加企业29家，求职残疾人130余人，现场签约成功8人，意向性签约81人。组织10名选手参加全省残疾人岗位精英职业技能竞赛，取得2个第一、1个第二、3个第四，团体总分第二名的优异成绩。全市就业年龄段33 681名残疾人中，已就业19 314人，未就业14 367人，就业率57.34%。

【残疾人康复】 2020年，全市共投入资金1 010.525万元为122名残疾儿童实施康复救助、为5 500名残疾人进行基本康复服务、为1 065名残疾人开展辅具适配服务、完成“阳光家园”托养服务1 849例、为元江县听力残疾人验配助听器200台、为截肢残疾人安装普及型假肢80例、为200名重度精神病患者提供免费住院救助、1 350名精神病患者提供免费服药救助工作，筛查10名儿童等待安装人工耳蜗，完成白内障复明手术1 143例、翼状胬肉815例，帮助1 958名患者实现防盲脱盲，康复服务率达95%，辅具适配服务率达90%，有效预防和减少了残疾发生。

【残疾人教体工作】 2020年，争取省彩票公益金助学项目资金24万元，资助贫困残疾人学生及残疾人子女就学189人。投入资金16.26万元资助考取大中专院校残疾学生及残疾人子女324人。“六一”节期间投入资金11.49万元慰问残疾学生708人。为359名重度残疾儿童开展“送教上门”服务，实现了“零拒绝”和“一人一案目标”。为备战2022年全省残疾人运动会，委托玉溪师院开展9个项目80名残疾运动员参加的半个月的集训。先后向国家队、省队输送残疾人运动员3批24人。

2020年8月25日，市残联开展助残志愿者服务活动 （市残联 提供）

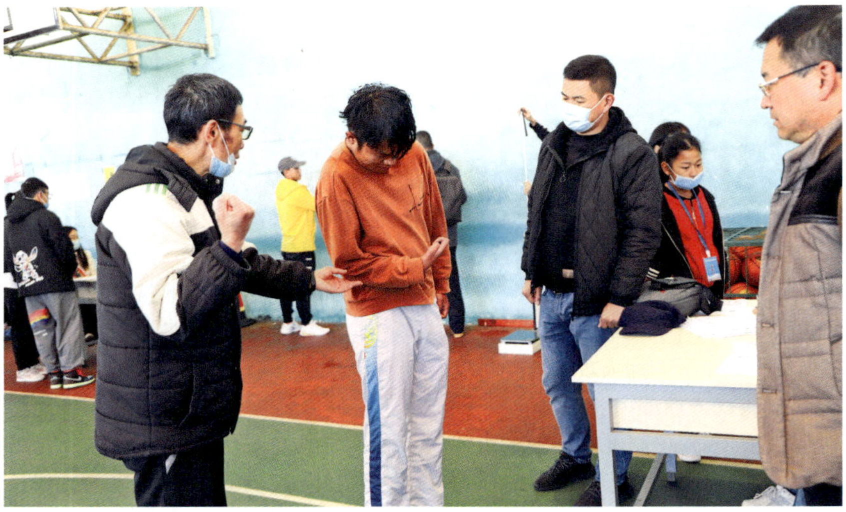

选拔运动员苗子 （市残联 提供）

【违规持有残疾人证清理工作】 为加强残疾人证核发管理，杜绝出现“人情证、关系证、金钱证”，进一步规范残疾人证核发工作，切实维护残疾人的权益。2020年，按照上级残联要求，全市残联系统开展违规持有残疾人证清理工作。全市工作人员1 046人中持有残疾人证613人，工作人员直系亲属3 556人，持残疾人证278人，经核查持有残疾人证的891名工作人员及其直系亲属，均无违规持有残疾人证情况，工作人员全部自愿签署无违规持有残疾人证承诺书。

【残疾人惠民实事】 2020年，市残联承担的惠民实事任务是为200名重度精神残疾人免费住院救助，完成249名；为1 350名精神残疾人免费服药求助，完成1 484名；为1 000名残疾人提供辅助器具适配，完成1 065名；为100户贫困残疾人家庭实施无障碍改造，完成110户，全部超额完成任务。 （张 莉）

慈善事业

【概况】 2020年，玉溪市慈善总会共接收捐款722.499万元，累计筹集善款3 960.989万元，累计接收捐赠物资价值961.41万元。2月3日至10月31日，累计接收社会捐赠新型冠状病毒感染肺炎疫情防控捐款共2笔，捐赠资金3.01万元；累计拨付资金3.01万元。市慈善总会服务爱心企业捐款122.5万元，并从市慈善总会创始资金利息中拨款0.138万元，为14个街道、社区、乡镇、村、小组开展精准扶贫工作，组织实施物质帮扶、生产设施建设改善、人居环境改善等系列帮扶项目。

【助学助教】 2020年，全市接收爱心企业捐款363万元，争取“衣恋阳光助学款”在云南师范大学易门附属中学实施衣恋阳光助学项目，项目每年从云南师范大学易门附属中学的新生中挑选50名贫困高中生，每学年每人资助3 000元的助学款，共发放3年，2020年为2018级、2019级学生发放助学款30万元。玉溪星启眼科视光有限责任公司捐赠“星启公益基金”11万元，其中：1万元定向用于1名贫困大学生助学款，5万元用于开展“情暖童心·爱系留守”公益夏令营活动，5万元用于开展“携手星启，光明向未来”主题公益活动的工作经费；云南玉山城投资开发有限公司捐赠100万元、云南合和（集团）股份有限公司捐赠25万元、红塔烟草（集团）有限责任公司捐赠75万元，定向用于市关心下一代工作委员会在全市困境儿童中开展助学、助困、助残、助孤、助医等“五助”关爱帮扶活动，建立“留守儿童之家”，帮扶残疾少儿困难家庭开展“生产自救”，举办“关爱”夏令营、少年军校、少数民族教师关爱学习培训等假期活动，开展未成年人司法项目工作，对青少年进行思想道德教育、法治教育、养成教育、民族团结教育、家庭教育、心理健康教育，举办农村青年科技培训、心理健康教育师资培训、“五老”及专兼职干部教育培训，助推脱贫攻坚等慈善公益工作；云南合和（集团）股份有限公司捐赠75万元，定向用于玉溪师院资助人才培养，资助困难学生、奖励优秀学生，开展符合玉溪师范学院教育发展基金会宗旨的其他公益慈善活动；红塔烟草（集团）有限责任公司捐赠30万元，定向用于玉溪技师学院玉溪工业财贸学校对该校贫困学生进行帮助；红塔烟草（集团）有限责任公司玉溪卷烟厂捐赠7万元，其中：3万元用于开展关爱留守儿童项目、4万元用于开展“儿童服务站”项目；玉溪高新集团房地产开发有限公司捐赠10万元，定向用于红塔区春和街道团山小学学生校服购买款。

【助医助残】 2020年，全市接收捐款193万元用于开展助医、助残工作。湖南爱眼公益基金捐赠160万元，联合市残疾人联合会、玉溪华山眼科医院共同实施“慈善玉溪光明行”公益救助项目，为残疾困难人群眼疾病（白内障、翼状胬肉等眼部常见多发疾病）患者提供慈善医疗救助及手术救治，为1 070名中、老年人白内障、翼状胬肉等眼病患者给予了手术救助，发放救助款86.453 103万元；省慈善总会下拨捐款30万元，在玉溪先施医院设立“爱心公益医疗费用救助基金”，为建档立卡户、贫困家庭、重急病患者等进行救助，为514名贫困家庭重、急病患者发放救助款25.848 8万元；云南澄江冶钢公司捐赠3万元，专项用于1名肝癌患者的疾病治疗。

【扶老关爱工作】 2020年，全市接收捐款40.96万元，并从市慈善总会创始资金利息中拨款5万元，用于开展扶老、关爱工作，为玉溪市7个县（区）38名抗战老兵，发放2019下半年生活补助金12.96万元。中国人寿保险股份有限公司玉溪分公司捐赠8万元，定向用于全市计划生育困难家庭、计划生育特殊家庭和因病、因灾、因意外等困难计生工作者的救助；市慈善总会创始资金利息中拨款5万元用于澄江市龙街街道养白牛社区居家养老服务中心活动经费；云南省慈善总会捐赠20万元，定向用于赴元江县开展2021年元旦春节“慈善情暖万家”慰问活动。（史　丽）

红十字会

【红十字会四届二次理事会】 2020年4月26日，市红十字会召开第四届理事会第二次会议，会议审议通过理事会2019年度工作报告和财务收支情况报告，审议通过《玉溪市红十字会理事会理事、常务理事及理事单位职责》和《玉溪市红十字会会员管理实施细则》。

【应急救护培训】 2020年，市红十字会与市文明办联合启动实施在全市机关单位干部职工中开展普及应急救护知识技能培训工作；利用新生开学集中军训，积极推进应急救护知识技能培训进学校；开办“健康玉溪红十字‘救’在身边”红十字救护员公益周末培训班。全市共举办应急救护培训、公益讲座178期，培训人员达4.28万余人。

【疫情防控捐款捐物】 2020年，新冠肺炎疫情发生后，按照市指挥部统一部署和要求，市红十字会迅速行动，制定疫情防控工作预案、募捐方案和捐赠款物接收流程，加强对全市红会系统捐赠款物接收使用的管理和指导，进一步规范捐赠款物接收、使用工作。截至12月30日，全市红十字系统累计收到捐赠款物合计4 443.85万元，其中捐款2 885.67万元，物资价值1 558.18万元，有力支持了全市新冠肺炎疫情防控工作。通过网站、新媒体、召开座谈会通报等方式，及时公开公示捐赠工作信息、捐赠款物使用等情况，严格执行相关程序和要求，主动接受审计、纪检、监事会及社会公众的监督，确保捐赠工作依法依规。召开捐赠者座谈会，向捐赠者致谢并颁发捐赠牌。通过红十字会网站、微信公众号等平台，积极宣传普及新冠肺炎防控知识，录制《小城大爱》节目，制作公益宣传片《爱满天地间》，讲述抗击新冠肺炎疫情中的捐赠者故事，传播正能量，弘扬大爱精神。

【“99公益日”活动】 2020年，红十字会策划组织开展“99公益日”活动，为15个公益项目募集资金45.92万元。其中，助学及支持教育发展项目10个32.14万元，社区促进项目4个6.29万元，大病救助项目1个7.49万元。市级红十字会全年募集资金和物资价值1 007.75万元，较好地发挥了党和政府在人道领域的助手作用。

【救助工作】 2020年，红十字会救助患有癌症、白血病等重大疾病和遭遇突发事故的困难群众1 086人（户），发放救助金102.23万元。为13名白血病和先心病贫困患儿申报中国红十字基金会救助项目。全市各级红十字会积极开展“红十字博爱送万家”活动，共筹集到救助款物价值11万元，通过各县（市、区）红十字会及时送到困难群众手中，活动惠及群众886户。

【红十字博爱周活动】 2020年5月8—14日“世界红十字日”，红十字会组织开展“红十字博爱周”活动。举办青年志愿者红十字知识网络大赛，开展博爱社区行活动，组织会员单位、志愿者开展糖尿病防治、眼健康服务进社区活动，组织红十字心理志愿服务队为中、高考学生进行“阳光助考，心理减压”心理辅导志愿服务等贴近基层、贴近群众的红十字特色活动，进一步推动“人道、博爱、奉献”的红十字精神传播。

【红十字会员和志愿者工作】 2020年，市红十字会制定《玉溪市红十字会会员管理实施细则》和《玉溪市红十字志愿服务工作激励办法》，指导各县（市、区）规范建立基层红十字组织，发展会员、志愿者，加强人道资源动员。团体会员单位发展到132个，会员747名；组建志愿者队

"玉禾助学　暖冬关怀"捐赠仪式 （陶家祥　摄）

爱心企业为开展新冠肺炎疫情防控工作捐款 （陶家祥　摄）

伍67支，发展志愿者3 618名，参与志愿服务活动的志愿者达30 699人次。红十字志愿者周乔明被中国红十字会表彰为抗击新冠肺炎疫情优秀志愿者；刘思宏等2名红十字志愿者荣获云南省红十字银蒲公英徽章，刘英等11名红十字志愿者荣获云南省红十字会铜蒲公英徽章。首次开展市级星级志愿者评定工作，共授予33名红十字志愿者1-3星级志愿者称号。

【红十字基层组织建设】 2020年，市红十字会制定下发《关于开展玉溪市基层红十字组织建设工作的指导意见》，与市民政局联合制定下发《关于充分发挥红十字会在城乡社区治理中重要作用的通知》，主动融入社区治理工作。通过组织会员、志愿者开展贴近基层、贴近群众的红十字特色活动，进一步增强了红十字会基层组织活力。年内新成立基层红十字组织11个，全市共建设社区红十字服务站104个。澄江市、新平县、元江县红十字会召开第一次会员代表大会，选举产生新一届理事会和监事会领导班子。

【"三献"工作】 2020年，市红十字会联合玉溪卫校共建玉溪市红十字生命教育培训基地，召开"三献"工作座谈会，研讨"三献"工作重难点问题。联合玉溪市中心血站、玉溪农职院、玉溪卫校组织开展"世界献血者日"红十字志愿服务系列活动。通过宣传推动，全年共采集入库造血干细胞志愿者血样80人（份），13人登记成为器官和遗体捐献志愿者。志愿者冯丽婷成功捐献造血干细胞，成为本市第5例成功捐献造血干细胞的捐献者。 （杨　梅）

人物

FIGURES

责任编校：王　斌

享受省政府特殊津贴专家

【王春勇】 男，汉族，1968年10月出生，云南通海县人，中共党员，大学本科学历，玉溪市兴玉乡村振兴人才，中青年学科技术带头人，农业技术推广研究员，现任通海县水产工作站站长。

自从业以来始终坚守渔业生产一线，针对本地土著鱼类杞麓鲤濒临灭绝、老旧池塘渔业产量低下、渔业养殖与生态环境矛盾等课题开展渔业科研以及技术推广，使全县渔业产量大幅度增长，与2005年相比池坝塘平均单产增长159%，渔业产量增长84.8%。特别是近五年来，在土著鱼类保护与开发利用、池塘鱼菜共生生态循环等方面取得突出业绩，共获云南省科技进步奖等省、市科技奖6项次；获实用新型专利授权11项；编写出版专业著作4部、渔业技术规范4个；发表科技论文13篇。2016年评为“全国农业技术推广先进个人”。2020年王春勇获准享受云南省政府特殊津贴。

【邹　荣】 男，汉族，1971年2月出生，云南建水县人，硕士研究生，炼钢正高级工程师，玉溪市青年学科技术带头人，玉溪市兴玉产业领军人才。1992年参加工作，长期从事钢铁产品质量管理、工艺研究、新产品开发等工作，现任玉溪新兴钢铁有限公司党委副书记、总经理、副董事长。

邹荣多次荣获昆明钢铁控股有限公司“优秀共产党员”“先进工作者”“技术质量优秀管理者”等称号，曾荣获武汉钢铁（集团）公司“劳动模范”“优秀科技工作者”称号。他负责或参与多项科技项目：作为项目负责人开展“复杂高磷钒钛铁水，半钢冶炼关键技术开发及应用”项目（第一顺序人），获2015年度玉溪市科学技术奖励一等奖、2016年度云南省科学技术进步一等奖；作为玉钢公司项目负责人开展“热轧带肋钢筋抗震性能技术开发及应用”项目（第七顺序人），获2014年度云南省科学技术进步二等奖；作为具体负责人开展“烟草烤炉专用钢KNS的研发及试制”项目（第五顺序人），烟草烤炉钢带被鉴定为“云南省省级新产品”，项目获2009年度玉溪市科学技术奖励一等奖；“玉钢钒钛矿冶炼、工业化提钒工业性试验研究”（第九顺序人）等十余项科技成果获昆明钢铁控股有限公司科技成果特等奖至三等奖。所负责或参与项目为企业创造数亿元的经济效益。

邹荣先后获12项专利授权，包括“一种中高磷半钢顶吹转炉脱磷炼钢方法”“一种高强度抗震钢筋及其生产方法”“一种测算钢材耐硫酸腐蚀当量的方法”“一种适应于中高磷半钢脱磷的造渣剂及制备方法”等5项国家发明专利，“一种能够提高中间包/钢包加热效率的气压控制装置”等7项实用新型专利。在中文核心期刊《钢铁》发表学术论文“微合金化控轧控冷钢筋纵向金相组织研究”；在《钢铁研究》期刊发表学术论文“KNS烟草烤炉专用钢的研发试制”。2020年邹荣同志获准享受云南省政府特殊津贴。

（市人社局供稿）

受表彰人物

【古利明】 男，汉族，1966年10月出生，主任医师，硕士研究生学历，云南省富民县人，现任玉溪市人民医院重症医学科主任。

2020年春节前夕，面对新冠肺炎疫情突发，有过非典防治经历的古利明第一时间参与其中，并积极参加全市《新型冠状病毒肺炎应急预案》的指导工作，成为玉溪市新冠肺炎研判专家组和市人民医院新冠肺炎救治专家组成员。1月24日，易门县出现首例新冠肺炎患者，古利明连夜赶到易门县人民医院，连续工作24小时，全程指导医院综合防治和病人救治工作。此后，随着江川、澄江等地病例的出现，全市共确诊14例新冠肺炎患者。面对来势汹汹的疫情，古利明与来自心内科、消化内科、内分泌科等临床医生组成的医护团队，入住隔离病房这个最特殊的战场。在隔离病区的50多个日夜，古利明枕戈待旦、科学施治、精准施治，每天工作十几个小时，除了查房、调整治疗方案，还要查找医护人员防护意识薄弱环节，指导流程改造，并创新性地提出间充质干细胞治疗新冠肺炎疗法，取得很好的治疗效果。在古利明的带领下，隔离病区的全体医护人员出色完成了救治生命、防控疫情的使命。

在2003的“防治非典”、2004年的禽流感、2009年的霍乱疫情、2010年的甲型流感、2009年和2010年重大群体性草乌中毒事件等多次公共卫生突发事件中，他都出现在救治工作一线。2003年，古利明荣获省委、省政府防治非典型肺炎做出突出贡献奖；2006年荣获玉溪市优秀职工荣誉称号；2009年荣获玉溪市委、市政府优秀党外人才称号；2017年荣获最美妇幼健康卫士称号；2018年度玉溪市保障母婴安全优秀个人荣誉称号等。2020年9月8日，荣获“全国抗击新冠肺炎疫情先进个人”称号。（杜　洋）

【杨爱斌】 男，汉族，1978年6月出生，中共党员，大学本科学历，云南省澄江市人，澄江市人民法院党组成员、副院长、四级高级法官。

自2009年担任法官以来，共办理刑事案件400余件。2014年6月，面对准备自焚的男子，杨爱斌冒着生命危险抢下汽油瓶。2015年澄江“2.13”人质劫持事件中，为解救人质，他不顾自身安全挺身而出。因工作成绩突出，杨爱斌于2015年被云南省高院评为“先进个人”；2016年被玉溪市委评为“优秀共产党员”；2017年1月，被最高人民法院评为“全国优秀法官”；2018年12月，被云南省委、省政府授予“人民满意的公务员”荣誉称号；2020年1月，被最高人民法院评为“全国模范法官”。

【孙　莉】 女，汉族，1970年8月出生，中共党员，大学本科学历，现任玉溪市红塔区人民法院刑事审判庭庭长、四级高级法官。

自1993年担任法官以来，办理各类案件2 000余件，在工作中始终兢兢业业、恪尽职守、默默奉献，在一名基层法官平凡的工作中创造出了非凡的业绩。先后承办李桥忠（孙小果继父）徇私枉法、徇私舞弊减刑、行贿、受贿、单位行贿案等重大疑难复杂案件。2018年3月，被云南省高级人民法院评为云南省优秀法官；2019年1月，被最高人民法院评为全国法院办案标兵；2020年12月，被最高人民法院评为全国优秀法官。

【沈金海】 男，汉族，1964年4月出生，本科学历，云南易门县人，现任通海县人民法院民事审判庭四级高级法官助理。

1994年12月到通海县人民法院工作，历任书记员、助理审判员、审判员、交通庭庭长、法官助理等职务。2006年8月，被任命为审判员，在任审判员期间，年均审理案件100余件，无1件发回重审。在司法体制改革后，担任法官助理，他圆满完成送达、勘验等各项工作，无一错漏。由于工作成绩突出，2019年6月，被玉溪市中级人民法院记个人三等功一次。2020年1月，被人力资源和社会保障部、最高人民法院评为全国法院先进个人。（张　坤）

【杨进宏】 男，彝族，1980年5月出生，大学学历，农业推广硕士。现任玉溪市教育体育局德育科科长。

自2018年担任德育科长以来，杨进宏练好学校德育工作“基本功”，守住思想政治工作“生命线”，认真履职，守正创新，充分用好“六个育人途径”，实现“五大教育内容”齐头并进，努力开创玉溪市学校未成年人思想道德建设工作新局面。他提出以师生“双德共育”推动立德树人，带领市县两级师德宣讲团开展巡讲80余场，参与教师超过1.5万人次。近三年来，在杨进宏的组织推动下，玉溪市未成年人思想道德建设工作不断加强顶层设计，系统推进、集中开展、同频共振，道德实践活动质量和覆盖面进一步提升，为学生的全面发展奠定了坚实基础。2020年11月，杨进宏被中央精神文明建设指导委员会评为第五届全国未成年人思想道德建设工作先进工作者。（市教体局供稿）

【飞晓瑞】 男，彝族，1993年11月18日生，中共党员，玉溪市红塔区人。2013年9月入伍，在驻滇某部服役。入伍八年来，飞晓瑞加强政治理论学习，服从命令，听从指挥，尊重领导，团结战友，立足本职、率先垂范，以本职岗位为成才沃土，以练兵实践为最好课堂，苦练内功提高本领，熟悉掌握各类装备储存、保管、操作等技能，掌握120余种装备原理、构造、技术性能。先后被表彰为优秀士官、爱军精武标兵，2019年参加比武竞赛获得第一名并荣立个人“二等功”。

【罗江波】 男，1982年11月出生，中共党员，玉溪市江川区江城镇人。江波2000年入伍，现任某部团长，在2019年度工作中，成绩突出，有较大贡献，经94559部队政治部批准，给予二等功奖励。

【廖云东】 男，1997年4月出生，中共党员，江川区大街街道朱家庄人。

2013年9月入伍，现任陆军某旅班长，他自入伍以来勤学苦练，参加比武多次获得佳绩，曾多次荣获优秀士官、嘉奖、三等功荣誉称号，2019年度参加“边海卫士”比武中再创佳绩，成绩突出，有较大贡献，经31643部队政治部批准，给予二等功奖励。

【李增仲】 男，峨山县人，1997年11月出生，中共党员。2015年9月入伍，中士军衔，现为32144部队86分队班长。2020年参加“晴空”国际军事比赛，担任导弹主射手，累计发射导弹20余枚，发发命中、精准无误，平时训练积极刻苦，一直以誓争第一的目标激励自己，在各阶段的考核都名列前茅。最终在检查考核中，400米障碍单项成绩打破往年纪录，导弹射击精准无误、完美交汇。为部队作战准备和单位建设做出突出贡献，荣立个人“二等功”。

【白发全】 男，通海县高大乡观音村人，1986年3月出生，中共党员。白发全曾参加过2011年广州亚运会、2011年世界军人运动会、2012年伦敦奥运会、2012年国际军事体育铁人三项锦标赛和2014年韩国仁川亚运会，并成为中国铁人三项男子选手凭积分夺取奥运入场券第一人，创造了中国铁人三项男子选手在铁人三项世界杯上的最好成绩，实现了中国男子铁人三项在亚运会上零的突破，喜获国际健将荣誉称号。他勇于挑战自我、超越自我，坚持从难从严从实战需要出发，刻苦训练，不断提高自身整体竞技能力，以过硬作风和强劲实力团结队友在赛场争金夺银。在仁川亚运会上勇夺男子个人铜牌，创中国铁人三项男子选手在亚运会的最好成绩。他多次刷新中国铁人三项男子个人记录，取得中国铁人三项男子历史性突破，并凭借年度成绩成为中国铁人三项男子荣获国际健将荣誉称号第二人。2017年荣获一等功1次，2013年荣获二等功1次、三等功8次。

【夏佰旭】 男，汉族，华宁县人，1984年3月出生，中共党员。2003年12月入伍，现任机动支队机动一大队政治教导员，少校警衔。入伍18年来，他忠实履行使命，在工作中认真履职、兢兢业业，在重大任务中模范带头、冲锋在前，在危险考验面前身先士卒、敢打头阵。在担任中队主官期间，所带中队先后被总队表彰为“基层建设先进中队”“基层建设标兵中队”，在担任政治教导员期间，所带大队被武警部队表彰为“基层建设标兵大队”，1人被评为武警部队第二十一届“十大忠诚卫士”。他先后被武警部队表彰为优秀“四会”政治教员、优秀基层带兵干部和优秀党务工作者，被总队表彰为十佳“四会”政治教员、军事优秀“四会”教练员、优秀基层带兵干部和基层建设标兵个人，被贵州省人民政府表彰为民族团结进步模范先进个人、双拥先进个人。5次被评为优秀党员，荣立个人二等功2次、三等功4次。

【非景山】 男，汉族，澄江市人，1988年6月8日出生，中共党员。2005年入伍，2006年荣获“优秀士兵”，2012年荣获“优秀共产党员”“优秀士官”，2013年荣获“十大利剑先锋”“优秀士官”，2014年荣获“优秀士官”、军事训练先进个人，2015年军事训练先进个人，2016年荣获“优秀士官”，2017年荣立三等功，2020年荣立二等功等荣誉。

【苗梦怡】 女，澄江市人，1987年4月出生，中共党员。2000年3月进入云南省体育运动学校击剑队女子花剑队进行专业训练，2002年3月经选拔特招进入八一跳伞队，一共夺得全国冠军6次，世界冠军3次，为国家争得荣誉。（晋新苑）

2020年度云南省优秀医疗卫生人员

马　坚　玉溪市人民医院核磁共振室主任

普兴富　玉溪市第二人民医院情感障碍科主任

罗劲松　玉溪市第三人民医院神经内科主任

王孝艳　玉溪市中医医院针灸科主任

吕　莹　玉溪市中医医院急诊（重症）医学科护士长

化媛梅　玉溪市妇幼保健院孕产保健部护士长

杨汝松　玉溪市疾病预防控制中心传染病控制科副科长

师进康　玉溪市儿童医院检验科主任

钟鸿波　玉溪市急救中心医教科副主任医师

杨　勇　江川区人民医院骨科主任

李定国　澄江市龙街街道办事处高西村卫生室乡村医生

张　萍　华宁县盘溪镇乐士堂社区卫生室乡村医生

方婷英　峨山县人民医院急诊科护士长

段　芸　新平县人民医院产科主任

乔尚学　元江县中医医院内二科主任

云南省抗击新冠肺炎疫情先进个人

罗云梅　玉溪市人民医院神外一科护士长，主管护师

赵丽惠　玉溪市人民医院感染性疾病科主任，主任医师

韩红梅　玉溪市儿童医院急诊科护士长，主管护师

吴　强　玉溪市疾病预防控制中心党支部委员、副主任，主任医师

龙桂美　峨山县人民医院护士，护师

施静琦　通海县人民医院护士，护师

付林华　江川区人民医院副院长，主任医师

刘红旭　澄江市人民医院党委纪检委员、内儿科党支部书记、重症医学科护士长，主管护师

许红林　元江县人民医院党总支副书记、院长，主任医师

尚　卿　易门县人民医院第一党支部书记、采购科科长，主任护师

赵　炳　华宁县疾病预防控制中心党支部书记，副主任医师

王　斌　新平县疾病预防控制中心医士

陈绍武　红塔区高仓街道梁王坝社区党总支书记、居委会主任

解　彬　通海县公安局交通警察大队四级警长

龙灿德　华宁县盘溪镇小龙潭村原村务监督委员会主任

谭发平　玉溪市委办公室保卫科科长

李　莉　玉溪市人民政府副秘书长，市应对疫情工作领导小组指挥部综合组副组长

周莉波　玉溪市公安局红塔分局党委委员、常务副局长

李　诚　玉溪市财政局社会保障科科长

刘庆华　玉溪市文化和旅游局市场管理科科长

房万光　玉溪市市场监督管理局餐饮食品监督管理科科长

邹桂鹏　玉溪交通运输集团公司党委书记、董事长

伏荣丽　玉溪广播电视台新闻中心主任

黄思敏　玉溪日报社记者

2020年度玉溪市有突出贡献优秀专业技术人才

赵永胜　玉溪师范学院

车稳平　云南省玉溪技师学院、云南省玉溪工业财贸学校

邓成丽　玉溪市第一幼儿园

董家明　澄江市第一中学

杨树贵　易门县第一中学

王桂林　玉溪第一中学

易志恒　赛灵药业科技集团股份有限公司

罗开才　红塔烟草（集团）有限责任公司玉溪卷烟厂

詹　武　云南福慧科技股份有限公司

罗秉俊　云南万绿生物股份有限公司

史启斌　玉溪市网络应急中心

向　飞　玉溪嘉和生物技术有限公司

庄典帅　红塔烟草（集团）有限责任公司玉溪卷烟厂

沐　婵　玉溪市农业科学院

杨云光　玉溪市农业技术推广站

杨淑艳　玉溪市农业科学院

张海鹏　玉溪市红塔区动物卫生监督所

吴绍良　玉溪市江川区农业科学技术服务站

王云赋　云南万家红园艺有限公司

赵加友　峨山彝族自治县林产业发展中心

普金安　新平彝族傣族自治县经济作物工作站

王和平　玉溪市人民医院

张轶群　玉溪市疾病预防控制中心

吕天虎　玉溪市人民医院

杨　光　玉溪师范学院

沈建南　玉溪花灯戏（国家非物质文化遗产）传承保护展演中心

解建文　玉溪广播电视台

侯长定　玉溪市生态环境质量分析中心

袁忠萍　玉溪市自然资源和规划局总规划师办公室

2020年度玉溪市见义勇为先进群体和先进个人

一、见义勇为先进集体

（一）李亮、白宇群体

李　亮　玉溪市元江县澧江街道江东社区漫林小组村民

白　宇　玉溪市元江县澧江街道江东社区漫林小组村民

（二）施春生、施海忠群体

施春生　玉溪市元江县红河街道红河社区滨江民生小区居民

施海忠　玉溪市元江县曼来镇平昌村委会施家寨村民

对以上2个群体，授予“玉溪市见义勇为先进集体”称号，颁发荣誉证书，各奖励3万元。

二、见义勇为先进个人

王瑞明　云南省交通投资建设集团有限公司职工

授予王瑞明同志“玉溪市见义勇为先进个人”称号，颁发荣誉证书，奖励2万元。

第六届“玉溪好人”

一、诚实守信

罗　勇　新平县太平建筑装饰工程有限责任公司总经理

杨　波　玉溪市人民医院质控部副主任

严正华　玉溪市研和振华肉制品有限公司总经理

傅映敏　云南江磷集团股份有限公司副总经理

二、见义勇为

谢俊禹 澄江市右所镇旧城村跨马九组村民

刘 红 云南通力物流集团有限公司保修厂厂长

（团体）刘永贵、徐增云、周运坤、周运祥 易门县龙泉街道水桥社区居民

黄家鹏 通海县四街镇二街村村民

三、敬业奉献

朱宏彦 红塔区拘留所教导员、二级警长

童光琼 澄江市人民医院门急诊党支部书记

施贵华 峨山县小街街道办事处兴旺社区广播员

黄 尉 玉溪市急救中心驾驶员

四、孝老爱亲

童绍芬 红塔区研和街道可官社区三组居民

杨中林 江川区九溪镇喜乐庄村老年协会会长

余卓俊 澄江市九村镇龙潭村大枯井小组村民

谢保忠 峨山县化念镇水湾村者都小组村民

五、助人为乐

郭金刚 玉溪市军队离退休干部休养所离休干部

杨琼仙 江川区前卫镇后卫村新河咀小组村民

普 智 新平县漂亮宝贝美发店店主

马跃升 云南穆光工贸有限公司董事长

统计资料

STATISTICAL INFORMATION

责任编校：王　斌

全市国民经济和社会发展主要指标（一）

指标名称	单位	2016年	2017年	2018年	2019年	2020年	2020年比2016年（%）	
							增　长	年均递增
一、综　合								
年末户籍人口	万人	217.49	219.00	220.25	221.27	221.83	2.0	0.5
年末从业人员数	万人	162.15	163.11	166.77	169.89	158.20	-2.4	-0.6
地区生产总值	万元	14 704 644	16 291 354	18 008 415	19 497 079	20 581 354	29.8	6.7
第一产业	万元	1 350 203	1 403 222	1 494 518	1 816 394	2 072 571	26.2	6.0
第二产业	万元	7 426 223	7 691 004	8 106 235	8 525 891	8 642 903	23.7	5.5
第三产业	万元	5 928 218	7 197 128	8 407 662	9 154 794	9 865 880	37.8	8.3
生产总值中：工业	万元	6 411 375	6 571 890	6 836 841	7 215 913	7 369 124	21.9	5.1
建筑业	万元	1 020 072	1 124 667	1 275 171	1 315 976	1 279 127	37.8	8.4
生产总值比重								
第一产业	%	9.2	8.6	8.3	9.3	10.1	—	—
第二产业	%	50.5	47.2	45.0	43.7	42.0	—	—
第三产业	%	40.3	44.2	46.7	47.0	47.9	—	—
二、农　业								
农林牧渔业增加值	万元	1 366 909	1 420 337	1 512 878	1 835 781	2 088 467	26.4	6.0
农林牧渔服务业增加值	万元	16 706	17 115	18 360	19 387	15 896	28.1	6.4

注：1. 年末户籍人口不含澄江市阳宗镇人口；

2. 2016-2019年年末从业人员数据含私营企业从业人员，2020年年末从业人员数据为预计算，不含私营企业从业人员数，故与往年数据不可比。

全市国民经济和社会发展主要指标（二）

指标名称	单位	2016年	2017年	2018年	2019年	2020年	2020年比2016年（%）	
							增长	年均递增
主要农产品产量								
1. 粮食	万公斤	58 044	59 381	60 156	60 374	61 204	5.4	1.3
2. 蔬菜	万公斤	229 669	240 216	268 029	278 925	290 163	26.3	6.0
3. 油料	万公斤	3 209	3 183	3 591	4 131	3 271	1.9	0.5
4. 甘蔗	万吨	75.60	74.51	67.79	63.04	59.39	–21.4	–5.9
5. 烤烟	万公斤	8 019	7 533	7 992	8 160	8 253	2.9	0.7
6. 园林水果	万公斤	70 575	83 638	95 947	97 233	104 985	48.8	10.4
7. 茶叶	万公斤	366.8	379.0	397.0	413.0	444.0	21.0	4.9
8. 水产品产量	吨	16 812	17 179	17 153	17 229	14 292	–15.0	–4.0
三、工　业								
1. 规模以上工业增加值	%	2.6	7.2	8.1	6.0	–0.3	22.5	5.2
其中：中央省属企业	%	–3.7	2.2	3.0	1.0	–0.7	5.6	1.4
市县区属企业	%	25.7	20.8	23.5	14.9	0.5	72.3	14.6
总计中：①卷烟及配套产业	%	–4.9	0.2	0.8	–0.2	–0.3	0.5	0.1
②矿冶业	%	9.1	19.4	26.4	16.5	–0.4	75.1	15.0
总计中：轻工业	%	–1.4	2.8	–0.3	1.4	0.8	4.8	1.2
重工业	%	15.5	21.9	33.6	15.3	–2.5	83.1	16.3
大中型企业	%	–1.7	3.9	3.7	4.6	1.8	14.7	3.5
2. 分行业增加值	%							
黑色金属矿采选业	%	12.5	13.2	23.3	2.7	–4.0	37.6	8.3
有色金属矿采选业	%	7.2	14.7	18.9	11.1	–5.1	43.8	9.5
制糖业	%	–20.3	9.7	28.6	28.8	–43.0	3.6	0.9
烟草制品业	%	–4.8	0.4	1.1	–0.3	0.0	1.2	0.3
印刷业	%	5.6	–1.1	26.1	3.7	3.5	33.9	7.6
造纸及纸制品业	%	32.1	15.4	17.5	4.0	–4.0	35.4	7.9
化学原料及化学制品制造业	%	14.8	20.3	15.9	–11.9	–2.9	19.3	4.5
肥料制造业	%	–5.8	28.7	4.9	15.9	–4.5	49.4	10.6
塑料制品业	%	25.2	22.5	22.3	11.6	–2.9	62.3	12.9

注：1. 云南调查总队根据第三次全国农业普查数据，对全市2015–2017年粮食、畜牧业数据进行了重新修订；

2. 云南省统计局对全市2016–2017年园林水果及茶叶数据进行了重新修订；

3. 2016–2020年规上工业增加值指标为增速数据。

全市国民经济和社会发展主要指标（三）

指标名称	单位	2016年	2017年	2018年	2019年	2020年	2020年比2016年(%)	
							增长	年均递增
水泥、石灰及石膏制造业	%	19.8	19.8	23.3	18.0	0.6	75.3	15.1
黑色金属冶炼及压延加工	%	8.2	8.5	32.3	25.7	9.2	97.0	18.5
有色金属冶炼及压延加工业	%	12.2	39.1	32.7	0.6	-3.1	79.9	15.8
金属制品业	%	77.7	13.4	36.6	18.6	-31.1	26.6	6.1
电气机械及器材制造业	%	9.7	25.9	27.2	-5.7	-3.9	45.1	9.8
电力、热力生产和供应业	%	6.0	26.1	43.3	14.3	2.8	112.3	20.7
自来水的生产和供应业	%	31.8	12.6	17.6	7.2	-5.7	33.9	7.6
3. 规模以上工业销售率	%	92.1	92.3	94.7	96.1	0.8	—	—
其中：中央省属企业	%	95.4	97.2	96.4	101.2	0.1	—	—
市县区属企业	%	88.7	88.3	93.3	92.6	1.2	—	—
4. 产品产量								
糖	吨	79 562	76 393	65 202	73 614	42 206	-47.0	-14.7
铁矿石原矿量	万吨	1 719	1 829	1 146	1 405	1 311	-23.7	-6.5
磷矿石（折含 $P_2O_5$30%）	万吨	122	156	111	98	110	-9.8	-2.6
硫酸（折 100%）	吨	263 470	351 092	451 552	438 779	436 062	65.5	13.4
黄磷	吨	159 794	166 457	154 490	106 345	139 625	-12.6	-3.3
水泥	万吨	1 070	1 163	1 293	1 525	1 609	50.4	10.7
生铁	万吨	401	409	515	580	608	51.6	11.0
成品钢材	万吨	665	660	759	883	1 037	55.9	11.7
变压器	万千伏安	361	403	488	567	525	45.4	9.8

注：2016—2020年工业增加值指标是比上年增长的数据。

全市国民经济和社会发展主要指标（四）

指标名称	2019年比上年	2020年比上年
	增长（%）	增长（%）
四、固定资产投资		
1. 固定资产投资完成额	-8.8	-1.5
其中：500万元以上项目投资	-16.7	-4.6
按经济类型分：		
国有经济	-25.4	9.9
集体经济	-50.0	-87.3
外商和港澳台投资	-33.2	-57.9
其他经济	20.1	-11.6
按隶属关系分：中央属单位	27.1	129.4
地方属单位	-39.1	9.9
其他属单位	41.9	-10.5
按三次产业划分：		
第一产业	4.8	-57.4
第二产业	-10.4	-21.5
第三产业	-9.7	9.3

续表

指标名称	2019 年比上年增长（%）	2020 年比上年增长（%）
2. 在库项目（不含房地产开发）	-0.6	-3.9
本年新入库项目	-12.6	15.7
建成投产项目	14.1	-12.3
3. 商品房施工面积	13.3	7.4
其中：住宅	13.8	5.2
商品房竣工面积	-3.6	117.2
其中：住宅	5.8	84.6
商品房销售面积	17.1	21.1
其中：住宅	10.5	26.1

全市国民经济和社会发展主要指标（五）

指标名称	单位	2016 年	2017 年	2018 年	2019 年	2020 年	2020 年比 2016 年（%）	
							增长	年均递增
五、社会消费品零售总额								
全市社会消费品零售总额	亿元	554.5	637.8	727.3	814.2	790.3	42.5	9.3
1. 按销售单位所在地分：								
城　镇	亿元	474.9	546.3	610.9	683.8	663.3	39.7	8.7
乡　村	亿元	79.6	91.5	116.4	130.4	127.0	59.5	12.4
2. 按行业分：								
商品零售	亿元	454.4	522.7	603.7	675.8	656.2	44.4	9.6
餐饮收入	亿元	100.1	115.1	123.6	138.4	134.1	34.0	7.6
六、人民生活								
单位从业人员	万人	27.64	27.66	30.51	18.62	19.21	-30.5	-8.7
在岗职工平均工资	元	60 408	70 106	76 141	94 006	97 300	61.1	12.7
城镇常住居民人均可支配收入	元	32 177	34 880	37 650	40 700	42 125	30.9	7.0
农村常住居民人均可支配收入	元	11 968	13 057	14 264	15 719	16 835	40.7	8.9

注：2020 年单位从业人员、在岗职工平均工资两项指标为预计数。

全市国民经济和社会发展主要指标（六）

指标名称	单位	2016 年	2017 年	2018 年	2019 年	2020 年	2020 年比 2016 年（%）	
							增长	年均递增
七、财政收支								
一般公共预算收入合计	万元	1 310 605	1 372 211	1 424 887	1 331 987	1 345 257	2.6	0.7
增值税（含改征增值税）	万元	377 388	490 541	555 090	510 232	462 817	22.6	5.2
企业所得税	万元	42 353	54 565	58 821	57 275	64 830	53.1	11.2
个人所得税	万元	13 802	19 498	17 874	8 855	10 725	-22.3	-6.1
城市维护建设税	万元	155 956	165 074	187 110	188 398	188 556	20.9	4.9
烟叶税	万元	53 791	44 666	49 433	48 561	49 414	-8.1	-2.1
一般公共预算支出合计	万元	2 333 523	2 621 228	2 778 124	2 926 903	3 015 709	29.2	6.6
教育支出	万元	418 644	483 273	440 205	487 968	499 287	19.3	4.5

续表

指标名称	单位	2016 年	2017 年	2018 年	2019 年	2020 年	2020 年比 2016 年（%）	
							增长	年均递增
科学技术支出	万元	31 031	57 963	39 753	37 781	97 669	214.7	33.2
卫生健康支出	万元	274 387	269 434	276 600	291 640	328 210	19.6	4.6
八、金融								
金融机构存款余额	亿元	1 515.7	1 719.4	1 847.4	1 956.8	2 010.9	32.7	7.3
金融机构贷款余额	亿元	903.5	996.9	1 142.5	1 340.6	1 512.6	67.4	13.7
住户存款	亿元	752.3	825.2	876.0	966.0	1 053.9	40.1	8.8
存贷比	%	59.6	58.0	61.8	68.5	75.2	—	—
九、对外经济与旅游								
外贸进出口总额	万美元	201 900	210 099	183 664	307 950	363 540	80.1	15.8
其中：出口总额	万美元	199 158	206 353	179 615	301 407	346 479	74.0	14.8
进口总额	万美元	2 742	3 746	4 049	6 543	17 061	522.2	57.9
接待国内旅游人数	万人次	2 710.7	3 580.6	4 290.2	4 716.0	3 213.8	18.6	4.3
旅游总收入	亿元	162.9	283.2	368.3	452.0	266.2	63.4	13.1

全市国民经济和社会发展主要指标（七）

指标名称	单位	2016 年	2017 年	2018 年	2019 年	2020 年	2020 年比 2016 年（%）	
							增长	年均递增
十、物价指数（以上年为 100）								
居民消费价格总指数	%	101.3	101.1	101.8	102.7	103.5	—	—
工业生产者出厂价格指数	%	99.4	110.0	104.0	103.8	96.2	—	—
商品零售价格总指数	%	100.5	100.9	102.1	101.9	101.6	—	—
农业生产资料价格指数	%	100.9	100.9	104.0	94.4	101.5	—	—
十一、交通运输邮电								
1. 公路通车总里程	公里	17 012	17 069	17 074	17 087	17 427	2.4	0.6
其中：高速公路	公里	259	293	293	407	552	113.1	20.8
一级公路	公里	108	107	107	118	118	9.3	2.2
公路密度	公里	112.7	111.7	111.7	111.8	114.0	1.2	0.3
2. 民用汽车拥有量	辆	364 583	407 159	435 082	467 834	498 148	36.6	8.1
汽车拥有量中：私车	辆	336 105	368 558	399 438	429 600	456 500	35.8	8.0
3. 摩托车	辆	385 214	464 234	458 682	445 778	437 505	13.6	3.2
4. 固定电话机总数	万部	11.3	10.5	9.7	7.9	9.0	−20.4	−5.5
移动电话用户数	万户	224.6	258.9	247.1	223.3	222.8	−0.8	−0.2
十二、教育文化								
高等学校在校学生数	人	15 687	16 148	16 799	19 212	21 326	35.9	8.0
普通中专学校在校学生数	人	7 890	7 618	7 973	7 673	6 794	−13.9	−3.7
普通中学在校学生数	万人	12.4	12.1	11.7	11.3	11.1	−10.5	−2.7
小学在校学生数	万人	14.8	14.4	14.3	14.3	14.3	−3.4	−0.9

续表

指标名称	单位	2016 年	2017 年	2018 年	2019 年	2020 年	2020 年比 2016 年（%）	
							增长	年均递增
学龄儿童入学率	%	99.96	99.96	99.96	99.98	99.97	—	—
广播人口覆盖率	%	99.10	99.11	99.11	100.00	100.00	—	—
电视人口覆盖率	%	99.28	99.29	99.29	100.00	100.00	—	—
十三、卫生								
全市卫生机构病床数	张	13 238	13 522	13 555	13 470	14 081	6.4	1.6
卫生机构技术人员	人	15 724	17 107	17 957	18 635	20 048	27.5	6.3
其中：执业（助理）医师	人	5 572	5 889	6 074	6 659	7 028	26.1	6.0

注：1. 普通中学在校学生数含普通高中在校学生人数；

2. 2019—2020 年高速公路指标含省公投管养玉溪境内里程。

分县（市、区）主要指标完成情况（一）

县　区	生产总值（万元）			第一产业增加值（万元）		
	2020 年	2019 年	增长（%）	2020 年	2019 年	增长（%）
全　市	20 581 354	19 497 079	2.1	2 072 571	1 816 394	5.8
红塔区	8 901 638	8 410 258	2.3	201 158	191 500	5.5
江川区	1 467 367	1 339 362	4.3	273 556	216 189	5.8
澄江市	1 406 387	1 397 636	-1.1	132 746	124 873	5.4
通海县	1 722 550	1 567 739	5.4	261 477	220 946	5.8
华宁县	1 194 838	1 150 327	2.3	264 086	240 369	5.8
易门县	1 325 161	1 363 727	-6.0	155 298	147 399	5.8
峨山县	1 176 238	1 125 492	1.6	175 930	153 144	5.9
新平县	2 138 601	1 972 186	4.9	295 292	264 477	5.9
元江县	1 242 585	1 170 352	1.7	313 028	257 497	5.9

分县（市、区）主要指标完成情况（二）

县　区	第二产业增加值（万元）			第三产业增加值（万元）		
	2020 年	2019 年	增长（%）	2020 年	2019 年	增长（%）
全　市	8 642 903	8 525 810	-0.6	9 865 880	9 154 875	4.4
红塔区	5 259 062	5 087 385	1.3	3 441 418	3 131 373	4.2
江川区	449 512	429 749	4.4	744 299	693 424	3.8
澄江市	272 604	321 467	-14.2	1 001 037	951 296	3.1
通海县	427 120	401 300	5.4	1 033 953	945 493	5.3
华宁县	220 129	236 831	-3.9	710 623	673 127	3.9
易门县	475 109	587 543	-20.6	694 754	628 785	8.3
峨山县	319 680	315 787	-1.5	680 628	656 561	2.3
新平县	879 253	802 430	3.8	964 056	905 279	5.7
元江县	336 035	343 318	-3.9	593 522	569 537	3.8

分县（市、区）主要指标完成情况（三）

县　区	一般公共预算收入（万元）			一般公共预算支出（万元）		
	2020年	2019年	增长（%）	2020年	2019年	增长（%）
全　市	1 345 257	1 331 987	1.0	3 015 709	2 926 903	3.0
市本级	610 836	599 502	1.9	668 518	657 479	1.7
高新区	57 869	52 930	9.3	49 599	48 910	1.4
红塔区	186 947	180 772	3.4	403 700	344 903	17.0
江川区	56 726	53 681	5.7	210 537	207 226	1.6
澄江市	79 585	92 199	−13.7	363 235	361 034	0.6
通海县	41 241	39 539	4.3	188 955	184 970	2.2
华宁县	32 709	31 537	3.7	185 048	174 149	6.3
易门县	72 496	68 331	6.1	208 768	203 196	2.7
峨山县	39 462	38 185	3.3	185 688	174 708	6.3
新平县	128 829	130 156	−1.0	353 562	365 060	−3.1
元江县	38 557	45 155	−14.6	198 099	205 268	−3.5

分县（市、区）主要指标完成情况（四）

县　区	固定资产投资	社会消费品零售总额（万元）		
	比上年增长（%）	2020年	2019年	增长（%）
全　市	−1.5	7 902 904	8 142 112	−2.9
红塔区	−8.1	2 744 206	2 831 845	−3.1
江川区	−22.4	646 028	665 092	−2.9
澄江市	19.4	926 422	952 246	−2.7
通海县	5.0	707 468	730 192	−3.1
华宁县	2.2	476 616	491 437	−3.0
易门县	−13.3	603 370	623 612	−3.2
峨山县	3.4	504 478	517 476	−2.5
新平县	21.8	786 004	806 807	−2.6
元江县	−16.6	508 313	523 407	−2.9

分县（市、区）主要指标完成情况（五）

县　区	农村居民人均可支配收入（元）			城镇居民人均可支配收入（元）		
	2020年	2019年	增长（%）	2020年	2019年	增长（%）
红塔区	19 988	18 733	6.7	43 672	42 154	3.6
江川区	15 701	14 688	6.9	41 158	39 766	3.5
澄江市	17 966	16 775	7.1	42 741	41 336	3.4

续表

县　区	农村居民人均可支配收入（元）			城镇居民人均可支配收入（元）		
	2020 年	2019 年	增长（%）	2020 年	2019 年	增长（%）
通海县	19 397	18 162	6.8	42 267	40 720	3.8
华宁县	16 535	15 381	7.5	41 371	40 127	3.1
易门县	16 220	15 102	7.4	41 881	40 465	3.5
峨山县	15 441	14 404	7.2	42 441	40 927	3.7
新平县	15 858	14 807	7.1	41 952	40 494	3.6
元江县	15 128	14 099	7.3	41 120	39 845	3.2

全省分州市主要经济指标完成情况（一）

州　市	生产总值（亿元）				第一产业增加值（亿元）			
	2020 年				2020 年			
	绝对数	排序	增速（%）	排序	绝对数	排序	增速（%）	排序
全　省	24 521.9	—	4.0	—	3 598.9	—	5.7	—
昆　明	6 733.8	1	2.3	14	312.4	4	5.6	12
曲　靖	2 959.4	2	6.6	3	553.5	1	5.9	2
玉　溪	2 058.1	4	2.1	15	207.3	11	5.8	4
保　山	1 052.6	9	4.8	8	243.3	6	5.6	12
昭　通	1 288.7	7	4.2	10	226.1	10	5.7	7
丽　江	512.8	14	4.6	9	77.5	14	5.5	14
普　洱	945.4	10	2.5	13	235.1	9	5.8	4
临　沧	821.3	11	3.7	11	242.3	7	5.7	7
楚　雄	1 372.2	6	6.0	4	261.9	5	5.7	7
红　河	2 417.5	3	5.2	6	344.8	2	5.9	2
文　山	1 185.1	8	5.4	5	241.3	8	5.4	15
西双版纳	604.2	12	3.6	12	138.3	12	6.0	1
大　理	1 484.0	5	2.0	16	339.0	3	5.7	7
德　宏	575.5	13	7.9	1	120.4	13	5.8	4
怒　江	210.7	16	7.1	2	30.6	15	5.2	16
迪　庆	266.9	15	5.1	7	18.5	16	5.7	7

全省分州市主要经济指标完成情况（二）

州　市	第二产业增加值（亿元）				第三产业增加值（亿元）			
	2020 年				2020 年			
	绝对数	排序	增速（%）	排序	绝对数	排序	增速（%）	排序
曲　靖	1 094.9	2	7.0	7	1 310.9	2	6.5	3
玉　溪	864.3	4	-0.6	14	986.6	4	4.4	8
保　山	392.6	9	4.5	10	416.7	10	4.6	6

续表

州　市	第二产业增加值（亿元）				第三产业增加值（亿元）			
	2020 年				2020 年			
	绝对数	排序	增速（%）	排序	绝对数	排序	增速（%）	排序
昭　通	482.8	6	2.9	11	579.8	6	5.0	4
丽　江	165.5	12	9.7	3	269.7	14	1.0	15
普　洱	228.6	10	−4.2	16	481.7	9	5.0	4
临　沧	203.8	11	1.4	12	375.1	11	3.9	11
楚　雄	545.9	5	8.8	4	564.3	7	3.0	12
红　河	940.4	3	5.8	9	1 132.3	3	4.4	8
文　山	396.8	8	6.3	8	547.1	8	4.5	7
西双版纳	151.6	13	10.0	2	314.4	13	−0.5	16
大　理	405.9	7	−3.2	15	739.2	5	4.1	10
德　宏	121.5	14	12.3	1	333.6	12	6.9	2
怒　江	74.0	16	8.0	6	106.1	16	7.0	1
迪　庆	102.7	15	8.2	5	145.8	15	2.6	13

全省分州市主要经济指标完成情况（三）

州　市	一般公共预算收入（亿元）				一般公共预算支出（亿元）			
	2020 年				2020 年			
	绝对数	排序	增速（%）	排序	绝对数	排序	增速（%）	排序
全　省	2 116.7	—	2.1	—	6 974.0	—	3.0	—
昆　明	650.5	1	3.2	7	875.1	1	6.6	3
曲　靖	155.1	2	4.0	5	532.2	3	−1.7	12
玉　溪	134.5	4	1.0	14	301.6	8	3.0	6
保　山	65.5	9	−2.5	15	270.9	11	0.0	11
昭　通	85.0	7	3.9	6	625.9	2	−2.3	13
丽　江	43.2	12	−5.0	16	175.6	13	1.5	8
普　洱	51.3	10	2.9	12	323.6	7	7.3	2
临　沧	47.9	11	3.1	8	276.9	10	1.0	9
楚　雄	90.3	6	3.0	11	293.6	9	5.0	5
红　河	151.3	3	2.2	13	532.0	4	5.2	4
文　山	65.7	8	3.1	8	384.4	6	3.0	6
西双版纳	35.8	14	3.1	8	133.9	16	−4.3	14
大　理	108.5	5	5.0	4	391.2	5	0.1	10
德　宏	42.3	13	5.5	3	182.7	12	10.4	1
怒　江	15.1	15	15.3	1	163.2	14	−7.1	16
迪　庆	15.0	16	6.4	2	159.5	15	−6.9	15

全省分州市主要经济指标完成情况（四）

州市	固定资产投资		社会消费品零售总额（亿元）			
	2020年		2020年			
	增速（%）	排序	绝对数	排序	增速（%）	排序
全省	7.7	—	9 792.9	—	-3.6	—
昆明	8.1	10	3 070.4	1	-3.6	6
曲靖	10.6	8	934.9	2	2.2	2
玉溪	-1.5	15	790.3	4	-2.9	5
保山	6.4	11	427.8	9	1.8	3
昭通	3.1	14	435.6	8	-9.0	13
丽江	12.3	6	233.6	14	-7.2	10
普洱	19.7	1	292.3	12	-7.5	12
临沧	19.7	1	317.0	11	-6.3	9
楚雄	13.6	4	518.7	7	-3.7	7
红河	6.0	13	883.0	3	-0.2	4
文山	-3.6	16	578.2	6	-9.2	14
西双版纳	12.9	5	272.5	13	-12.9	15
大理	9.0	9	607.6	5	-3.9	8
德宏	15.5	3	328.2	10	3.4	1
怒江	11.0	7	36.6	16	-14.4	16
迪庆	6.4	11	66.2	15	-7.4	11

全省分州市主要经济指标完成情况（五）

州市	农村常住居民人均可支配收入（元）				城镇常住居民人均可支配收入（元）			
	2020年				2020年			
	绝对数	排序	增速（%）	排序	绝对数	排序	增速（%）	排序
全省	12 842	—	7.9	—	37 500	—	3.5	—
昆明	17 719	1	8.3	2	48 018	1	3.7	8
曲靖	14 793	4	8.0	4	38 657	3	3.6	9
玉溪	16 835	2	7.1	12	42 125	2	3.5	12
保山	13 426	7	7.4	11	36 433	9	3.1	16
昭通	11 283	14	6.9	14	31 007	14	3.6	9
丽江	12 370	10	7.8	6	37 022	8	3.8	5
普洱	12 366	11	7.5	10	32 658	13	3.8	5
临沧	12 824	9	7.7	8	30 794	15	4.3	1
楚雄	12 861	8	7.0	13	38 285	6	3.8	5
红河	13 580	6	8.0	4	37 500	7	3.6	9
文山	12 001	13	7.8	6	33 709	10	3.3	13
西双版纳	15 463	3	6.8	15	33 147	11	3.9	3
大理	13 645	5	7.7	8	38 435	5	3.9	3
德宏	12 356	12	8.3	2	32 770	12	4.1	2
怒江	7 810	16	9.0	1	27 506	16	3.2	15
迪庆	10 088	15	6.8	15	38 547	4	3.3	13

索　引

INDEX

责任编校：李海明

说　明

一、本索引采用主题分析方法，索引范围包括各部类条目和表格。按主题词汉语拼音顺序排列。

二、书中的类目题、分目题用黑体字标明，其余用宋体字排印。

三、索引的主题词后面的数字表示内容所在页码，数字后面的字母（a、b、c）表示该页从左至右的栏别。

四、以数字开头的款项，不按音序排列，集中于“非音序”栏中。

条目索引

A

B

E

F

G

H

J

K

L

M

N

Y

Z

表格索引

非音序